Dorothée Stracke
Zur Übertragbarkeit des zivilrechtlichen Überschuldungsbegriffs in das Strafrecht

Schriften zum deutschen, europäischen und internationalen Insolvenzrecht

S-INSO Band 8

Schriften zum deutschen,
europäischen und internationalen
Insolvenzrecht

Herausgegeben von

Professor Dr. Stefan Smid, Kiel
Rechtsanwalt Dr. Mark Zeuner, Hamburg
Rechtsanwalt Michael Schmidt, Berlin

S-INSO Band 8

De Gruyter Recht · Berlin

Dorothée Stracke

Zur Übertragbarkeit des zivilrechtlichen Überschuldungsbegriffs in das Strafrecht

W DE G RECHT
De Gruyter Recht · Berlin

Dr. iur. *Dorothée Stracke*, Rechtsanwältin, Frankfurt am Main

∞ Gedruckt auf säurefreiem Papier,
das die US-ANSI-Norm über Haltbarkeit erfüllt.

ISBN 978-3-89949-392-4

Bibliografische Information der Deutschen Nationalbibliothek

Die Deutsche Nationalbibliothek verzeichnet diese Publikation in der Deutschen Nationalbibliografie; detaillierte bibliografische Daten sind im Internet über http://dnb.d-nb.de abrufbar.

Printed in Germany
Umschlaggestaltung: Christopher Schneider, Berlin
Datenkonvertierung/Satz: WERKSATZ Schmidt & Schulz GmbH, Gräfenhainichen
Druck und Bindung: Hubert & Co. GmbH & Co. KG, Göttingen

Meinen Eltern und Johannes

Vorwort

Die Problematik der Überschuldungsstrafbarkeit ist so aktuell wie alt. Seit seiner Schaffung ist der Überschuldungstatbestand umstritten. Die seit der Insolvenzrechtsreform für das Zivilrecht maßgebliche Überschuldungsdefinition lässt zahlreiche Fragen der Überschuldungsermittlung offen. Auch die in dem Gesetzesvorhaben zur Modernisierung des GmbH-Rechts und zur Bekämpfung von Missbräuchen (MoMiG) geplante Ergänzung des § 19 II InsO zur Frage der Behandlung von Gesellschafterdarlehen schafft nur hinsichtlich einer Detailfrage Sicherheit, hilft aber nicht über die grundlegenden Ermittlungsunsicherheiten hinweg. Die Überschuldung kann daher nach wie vor als eines der umstrittensten Phänomene des deutschen Rechts bezeichnet werden.

Für das Zivilrecht mag dieser Zustand wenig zufrieden stellend sein. Für das Strafrecht ist er angesichts der tief greifenden Einschnitte in die Freiheitsrechte des Einzelnen unerträglich. Der Versuch einer tragfähigen Auslegungsanleitung des strafrechtlichen Überschuldungstatbestandes ist daher Gegenstand dieser Arbeit. Nach Analyse der zugrunde liegenden historischen Entwicklung, Darstellung des zivilrechtlichen wie strafrechtlichen Ist-Zustandes und Auslotung der methodologischen Herangehensweise steht ein Vorschlag, wie nach aktueller Rechtslage der Überschuldungstatbestand bei Insolvenzverschleppung und Bankrott auszulegen ist.

Mein Dank gilt neben meiner Familie vor allem Professor Dr. Bernhard Haffke, dessen tragende Gedankenanstöße und zugleich tolerante Geisteshaltung für mich richtungsweisend waren.

Frankfurt am Main, den 8. Januar 2007

Inhaltsübersicht

Inhaltsverzeichnis

Abkürzungsverzeichnis

a.A.	anderer Ansicht
a.a.O.	am angegebenen Ort
Abs.	Absatz
ADHGB	Allgemeines Deutsches Handelsgesetzbuch
a.E.	am Ende
a.F.	alter Fassung
AG	Aktiengesellschaft oder Amtsgericht je nach Kontext
AktG	Aktiengesetz
Alt.	Alternative
Anm.	Anmerkung
APV	Adjusted Present Value
Art.	Artikel
art.	article
AT	Allgemeiner Teil
Aufl.	Auflage
BayOblG	Bayerisches Oberstes Landesgericht
BB	Betriebsberater, zit. nach Jahrgang und Seite
Bd.	Band
BeckRs	Rechtsprechungsdatenbank des Beck Verlag, Entscheidungsfundstellen zitiert nach Jahr und Nummer
betr.	betreffend
BetrVG	Betriebsverfassungsgesetz
BFuP	Betriebswirtschaftliche Forschung und Praxis, zit. nach Jahrgang und Seite
BGB	Bürgerliches Gesetzbuch
BGBl	Bundesgesetzblatt
BGH	Bundesgerichtshof
BGHR	Bundesgerichtshof, Rechtsprechung in Strafsachen
BGHSt	Entscheidungen des Bundesgerichtshofs in Strafsachen, zit. nach Band und Seite
BGHZ	Entscheidungen des Bundesgerichtshofs in Zivilsachen, zit. nach Band und Seite
BR	Bundesrat
BR-Drs.	Bundesratsdrucksache
bspw.	beispielsweise
BT	Besonderer Teil oder Bundestag je nach Kontext
BT-Drs.	Bundestagsdrucksache
BuW	Betrieb und Wirtschaft, zit. nach Jahrgang und Seite
BVerfG	Bundesverfassungsgericht
BVerGE	Entscheidungen des Bundesverfassungsgerichts, zit. nach Band und Seite
BVerwG	Bundesverwaltungsgericht
BVerwGE	Entscheidungen des Bundesverwaltungsgerichts, zit. nach Band und Seite
bzw.	beziehungsweise
dass.	dasselbe
DAV	Deutscher Anwaltsverein
DB	Der Betrieb, zit. nach Jahrgang und Seite
DBW	Die Betriebswirtschaft, zit. nach Jahrgang und Seite
DCF	Discounted Cash Flow

ders.	derselbe
d.h.	das heißt
dies.	dieselbe, dieselben
DStR	Deutsches Steuerrecht, zit. nach Jahrgang und Seite
DVBl	Deutsche Verwaltungsblätter, zit. nach Jahrgang und Seite
EEGInsO	Einführungsgesetz zur Insolvenzordnung im Entwurf
EGInsO	Einführungsgesetz zur Insolvenzordnung
EInsO	Insolvenzordnung im Entwurf
EStR	Einkommensteuerrichtlinie
etc.	et cetera
e.V.	eingetragener Verein
EWirR	Entscheidungen zum Wirtschaftsrecht, zit. nach Jahrgang und Seite
f., ff.	folgende, fortfolgende
FK-InsO	Frankfurter Kommentar zur Insolvenzordnung
Fn.	Fußnote
FS	Festschrift
GA	Goldammers Archiv, zit. nach Band und Seite
GBl	Gesetzblatt des Landes Baden-Württemberg
GbR	Gesellschaft bürgerlichen Rechts
Gds.	Gedächtnisschrift
gem.	gemäß
ggf.	gegebenenfalls
GenG	Gesetz betreffend die Erwerbs- und Wirtschaftsgenossenschaften
GesO	Gesamtvollstreckungsordnung
GmbHR	Die GmbH-Rundschau, zit. nach Jahrgang und Seite
GOB	Grundsätze ordnungsgemäßer Buchführung
GUV	Gewinn- und Verlustrechnung
Halbbd.	Halbband
HFA	siehe IDW HFA
HGB	Handelsgesetzbuch
HK-InsO	Heidelberger Kommentar zur Insolvenzordnung zit. nach Bearbeiter, § und Rn.
h.M.	herrschende Meinung
Hrsg.	Herausgeber
hrsg.	herausgegeben
HWiStR	Handbuch des Wirtschafts- und Steuerstrafrechts
HWSt	Handbuch des Wirtschaftsstrafrecht
IAS	International Accounting Standards
IAS	International Accounting Standards Committee
IDW	Institut der Wirtschaftsprüfer
IDW ES	Entwurf eines IDW Standards
IDW FAR	IDW Fachausschuss Recht
IDW-FN	IDW Fachnachrichten, zit. nach Jahrgang und Seite
IDW HFA	IDW Hauptfachausschuss
IDW PH	IDW Prüfungshinweise
IDW PS	IDW Prüfungsstandard
IDW RH	IDW Rechnungslegungshinweise
IDW RS	IDW Stellungnahme zur Rechungslegung.
IDW S	IDW Standard
i.e.S.	im engeren Sinn
IFRS	International Financial Reporting Standards
insbes.	insbesondere
InsO	Insolvenzordnung
i.V.m.	in Verbindung mit

InVo	Insolvenz und Vollstreckung, zit. nach Jahrgang und Seite
i.w.S.	im weiteren Sinn
JA	Juristische Arbeitsblätter, zit. nach Jahrgang und Seite
JfB	Journal für Betriebswirtschaft, zit. nach Jahrgang und Seite
JR	Juristische Rundschau, zit. nach Jahrgang und Seite
Jura	Juristische Ausbildung, zit. nach Jahrgang und Seite
JurBüro	Das juristische Büro, zit. nach Jahrgang und Seite
JuS	Juristische Schulung, zit. nach Jahrgang und Seite
JZ	Juristenzeitung, zit. nach Jahrgang und Seite
Kap.	Kapitel
KG	Kommanditgesellschaft
KGaA	Kommanditgesellschaft auf Aktien
KO	Konkursordnung
KR	Kriminalistik, zit. nach Jahrgang und Seite
kriminalistik	kriminalistik, zit. nach Jahrgang und Seite
krit.	kritisch
KritV	Kritische Vierteljahresschrift, zit. nach Jahrgang und Seite
KTS	Zeitschrift für Insolvenzrecht (Konkurs, Treuhand, Sanierung), zit. nach Jahrgang und Seite
LG	Landgericht
LK	Leipziger Kommentar, Großkommentar zum StGB, zit. nach Bearbeiter, § und Rn.
MDR	Monatszeitschrift für Deutsches Recht, zit. nach Jahrgang und Seite
MoMiG	Entwurf eines Gesetzes zur Modernisierung des GmbH-Rechts und zur Bekämpfung von Missbräuchen (MoMiG)
MRK	Menschenrechtskonvention
m.w.N.	mit weiteren Nachweisen
NJW	Neue Juristische Wochenzeitschrift, zit. nach Jahrgang und Seite
NJW-RR	Neue Juristische Wochenzeitschrift, Rechtsprechungs-Report Zivilrecht, zit. nach Jahrgang und Seite
NK	Nomos Kommentar, Kommentar zum Strafgesetzbuch, zit. nach Bearbeiter, § und Rn.
Nr.	Nummer
NStZ	Neue Zeitschrift für Strafrecht, zit. nach Jahrgang und Seite
NWB	Neue Wirtschafts-Briefe, zit. nach Jahrgang und Seite
NZG	Neue Zeitschrift für Gesellschaftsrecht, zit. nach Jahrgang und Seite
NZI	Neue Zeitschrift für das Recht der Insolvenz und Sanierung, zit. nach Jahrgang und Seite
obj.	objektiv
OHG	Offene Handelsgesellschaft
OLG	Oberlandesgericht
par.	paragraph
PrALR	Preußisches Allgemeines Landrecht
RegE	Regierungsentwurf
RG	Reichsgericht
RGBl.	Reichsgesetzblatt
RGSt	Entscheidungen des Reichsgerichts in Strafsachen, zit. nach Band und Seite
RGZ	Entscheidungen des Reichsgerichts
Rn.	Randnummer
Rspr.	Rechtsprechung
RWS	Kommunikationsforum Recht, Wirtschaft, Steuern, zit. nach Jahrgang und Seite
S.	Seite
Sch/Sch	Adolf Schönke/Horst Schröder, Strafgesetzbuch, Kommentar, zit. nach Bearbeiter, §, Rn.

SK	Systematischer Kommentar zum Strafgesetzbuch, zit. nach Bearbeiter, §, Rn.
s.o.	siehe oben
sog.	so genannt(e/er/es)
Sp.	Spalte
StGB	Strafgesetzbuch
StPO	Strafprozessordnung
StuB	Steuern und Bilanzen, zit. nach Jahrgang und Seite
s.u.	siehe unten
subj.	subjektiv
StÄndG	Strafrechtsänderungsgesetz
StV	Strafverteidiger, zit. nach Jahrgang und Seite
u.a.	unter anderem
usw.	und so weiter
u.U.	unter Umständen
Urt. v.	Urteil vom
US-GAAP	United States – Generally Accepted Accounting Principles
Var.	Variante
vgl.	vergleiche
VglO	Vergleichsordnung
WACC	Weighted Average Cost of Capital
WiKG	Erstes bzw. zweites Gesetz zur Bekämpfung der Wirtschaftskriminalität
WiSt	Wirtschaftsstrafrecht, zit. nach Jahrgang und Seite
wistra	Zeitschrift für Wirtschafts- und Steuerrecht, zit. nach Jahrgang und Seite
WM	Zeitschrift für Wirtschafts- und Bankrecht, Wertpapiermitteilungen, zit. nach Jahrgang und Seite
WPg	Die Wirtschaftsprüfung, zit. nach Jahrgang und Seite
WPr	Der Wirtschaftsprüfer, zit. nach Jahrgang und Seite
WuB	Entscheidungssammlung zum Wirtschafts- und Bankrecht, zit. nach Jahrgang und Seite
ZAP	Zeitschrift für die Anwaltspraxis
z.B.	zum Beispiel
ZfB	Zeitschrift für Betriebswirtschaft, zit. nach Jahrgang und Seite
ZfbF	Zeitschrift für betriebswirtschaftliche Forschung, zit. nach Jahrgang und Seite
ZGR	Zeitschrift für Unternehmens- und Gesellschaftsrecht, zit. nach Jahrgang und Seite
ZHR	Zeitschrift für das Gesamte Handels- und Wirtschaftsrecht, zit. nach Jahrgang und Seite
ZInsO	Zeitschrift für das gesamte Insolvenzrecht, zit. nach Jahrgang und Seite
ZIP	Zeitschrift für Wirtschaftsrecht, zit. nach Jahrgang und Seite
zit.	zitiert
ZPO	Zivilprozessordnung
ZRP	Zeitschrift für Rechtspolitik, zit. nach Jahrgang und Seite
ZStW	Zeitschrift für die gesamte Strafrechtswissenschaft, zit. nach Jahrgang und Seite

Einleitung

A. Der strafrechtliche Überschuldungsbegriff – ein aktuelles Thema

I. Praktische Relevanz der Überschuldungsproblematik

Die Überschuldung von Unternehmen und auch Privater ist von zunehmend großer Bedeutung für die Wirtschaftskriminalität; es gibt kaum ein Insolvenzverfahren, das nicht von strafrechtlich relevantem Verhalten begleitet wird.[1]

Die Schätzungen hinsichtlich des prozentualen Anteils der durch deliktisches Handeln begleiteten Insolvenzen schwanken.[2] Laut jüngerer Erfahrungen aus der Praxis der Strafverteidigung und der Staatsanwaltschaft werden im Rahmen von 80 bis 90 % der Unternehmensinsolvenzen Straftaten begangen.[3]

Dabei hat speziell der Überschuldungstatbestand eine größere praktische Bedeutung für die Straf- als für die Insolvenz- und die übrigen Zivilgerichte.[4]

Denn die Mehrzahl der gerichtlichen Eröffnungsbeschlüsse juristischer Personen und sog. „kapitalistischer" Personengesellschaften (solche, in denen kein persönlich haftender Gesellschafter eine natürliche Person oder Personengesellschaft mit natürlicher Person als persönlich haftendem Gesellschafter ist, § 19 III InsO) werden auf die Zahlungsunfähigkeit der Gesellschaft und nicht auf deren Überschuldung gestützt.[5] Dabei ist die gegenüber der Zahlungsunfähigkeit geringere Bedeutung der Überschuldung als Insolvenzeröffnungsgrund letztlich auf den engen wirtschaftlichen Zusammenhang von Überschuldung und Zahlungsunfähigkeit zu-

---

1 Vgl. *Pelz*, Strafrecht in Krise und Insolvenz (2004), Vorwort sowie Rn. 3; *Beck* in Wabnitz/Janovsky, 2. Aufl. (2004), Kap. 6 Rn. 53.

2 Über die Jahre verteilt reichen die Schätzungen von „rund ein Drittel" (*Wessels/Hillenkamp*, BT 2, 26. Aufl. (2003), Rn. 458) über 50 % (*Hammerl*, Bankrottdelikte (1970), S. 47 ff.; *Tiedemann/Sasse*, Delinquenzprophylaxe (1973), S. 18; Tröndle/*Fischer*, StGB, 52. Aufl. (2004), Vor § 283 Rn. 6), 50–80 % (*Kindhäuser*, NK-StGB (1998), Vor § 283 Rn. 5) bis hin zu 80–90 % (*Müller* in Müller/Wabnitz/Janovsky, Wirtschaftskriminalität, 4. Aufl. (1997), Kap. 6 Rn. 8; *Otto* Jura 1989, S. 32). Vgl. zu den verschienden Schätzungen auch *Beck* in Wabnitz/Janovsky, 2. Aufl. (2004), Kap. 6 Rn. 53.

3 *Pelz*, Strafrecht in Krise und Insolvenz (2004), Rn. 6; *Weyand*, Insolvenzdelikte (2003), S. 5.

4 Die primär strafrechtliche Relevanz betonen besonders *Altmeppen*, ZIP 1997, S. 1174; *Kirchof* in HK-InsO, 3. Aufl. (2003), § 19, Rn. 4; *Schmerbach* in FK-InsO, 2. Aufl. (1999), § 19 Rn. 7; *Smid* in Smid, InsO (1999), § 19 Rn. 2; *Uhlenbruck* in Schmidt/Uhlenbruck, Krise, Sanierung und Insolvenz, 3. Aufl. (2003), Rn. 850. Zu entsprechenden Erfahrungen aus der Praxis der Staatsanwaltschaft vgl. *Bieneck*, wistra 2001, S. 54.

5 Vgl. insoweit auch *v. Oncuil*, Rechtzeitige Auslösung (2000), S. 123; *Penzlin*, Auswirkungen der InsO (2000), S. 130.

rückzuführen.[6] Dadurch wird die Gesellschaft im Regelfall zeitnah zum Überschuldungseintritt zahlungsunfähig, so dass sich das Insolvenzgericht dann im Rahmen der Prüfung der Eröffnungsvoraussetzungen für das Insolvenzverfahren (§ 16 InsO) auf den leichter nachzuweisenden, mit weniger Prognoserisiken behafteten und von Bewertungsunsicherheiten nahezu freien Eröffnungsgrund der Zahlungsunfähigkeit (§ 17 InsO) konzentrieren kann.[7]

Und auch im Rechtsstreit um zivilrechtliche Schadensersatzansprüche wegen Insolvenzverschleppung sind die Gläubiger regelmäßig bestrebt, ihre Ansprüche auf den zeitnahen Eintritt der Zahlungsunfähigkeit zu stützen, um den erhöhten Beweisschwierigkeiten zu entgehen, denen die Gläubiger ausgesetzt sind, soweit sie die Beweislast für den Nachweis des Überschuldungseintritts trifft.[8] In der zivilrechtlichen Diskussion wird daher der Überschuldungstatbestand unter isolierter Betrachtung seiner Eröffnungsfunktion teilweise auch für überflüssig erachtet.[9]

Demgegenüber kommt der Überschuldung im *Strafrecht* eine ganz eigenständige Bedeutung zu. Hier sind Staatsanwaltschaft und Gericht dazu angehalten, im Wege der Amtsermittlung den Zeitpunkt der *erstmaligen* Verletzung der Strafgesetze von Insolvenzverschleppung und Bankrott festzustellen, so dass es regelmäßig auf die Überschuldung als die der Zahlungsunfähigkeit im Regelfall vorgelagerte Vermögensinsuffizienz ankommt. Die Strafgerichte sehen sich daher der zusätzlichen Schwierigkeit ausgesetzt, in jedem Fall rückblickend feststellen zu müssen, *wann* Überschuldung eingetreten ist, um beurteilen zu können, welche Bankrotthandlungen bereits in der Phase der Überschuldung vorgenommen wurden, oder wann erstmals von strafrechtlich relevantem Unterlassen der Antragstellung auf Eröffnung des Insolvenzverfahrens auszugehen ist.[10]

Insbesondere bei den Bankrotttatbeständen der §§ 283, 283a StGB kommt der Überschuldung eine vollkommen eigenständige Bedeutung zu: Hier wird der Überschuldungsbegriff nicht als insolvenzrechtlicher Eröffnungsgrund, sondern als ein Krisenmerkmal relevant, das anzeigt, wann die in § 283 I StGB tatbestandlich umschriebenen Verhaltensweisen die Befriedigungsinteressen der Gläubiger so stark gefährden, dass diese unter Strafandrohung zu unterlassen sind.[11] Daher ist dem Wortlaut nach selbst bei nicht insolvenzantragspflichtigen Personen und Personengesellschaften eine an den Überschuldungstatbestand knüpfende Strafsanktion möglich, ebenso wie nach Eröffnung des Insolvenzverfahrens bzw. nach Ablehnung

---

6 Zum Zusammenhang zwischen Überschuldung und Zahlungsunfähigkeit sogleich unter Einleitung D. II. 1. b) bb).

7 Vgl. *Uhlenbruck* in Schmidt/Uhlenbruck, Krise, Sanierung und Insolvenz, 3. Aufl. (2003), Rn. 850; zu weitgehend *Bichlmeier* in Bichlmeier/Engberding/Oberhofer (1998), S. 169, der die Überschuldung für überflüssig hält. Vgl. auch *Pelz*, Strafrecht in Krise und Insolvenz (2004), Rn. 81.

8 Vgl. zur Beweislastverteilung hinsichtlich des Überschuldungsnachweises *BGH* Urt. v. 7.3. 2005 – II ZR 138/03, NZI 2005, S. 351; *BHGZ* 126, S. 181, 200; *Bork*, ZGR 1995, S. 521; *K. Schmidt* in Scholz, GmbHG, 9. Aufl. (2002), § 64 Rn. 18; ausführlich *Höffner*, Insolvenzverschleppung (2003), S. 54 f.; *Altmeppen* in Roth/Altmeppen, GmbHG, 5. Aufl. (2005), § 64 Rn. 21 ff., 25.

9 *Bichlmeier* in Bichlmeier/Engberding/Oberhofer (1998), S. 169.

10 Vgl. *Pelz*, Strafrecht in Krise und Insolvenz (2004), Rn. 80.

11 Ausdrücklich zur praktischen Relevanz der Überschuldung als Krisenalternative im Rahmen des Bankrotts aus der Staatsanwaltschaft: *Bieneck*, wistra 2001, S. 54.

des Eröffnungsantrags mangels Masse jedes wirtschaftlich riskante oder gar unwirtschaftliche Handeln in der Zone der Überschuldung eine potentielle Bankrottstraftat darstellen kann.

In *tatsächlicher* Hinsicht beruht die Relevanz der Überschuldung vor allem darauf, dass im Zeitpunkt der Überschuldung als dem weniger offen zu Tage tretenden Vermögensinsuffizienztatbestand in der Regel keine Maßnahmen ergriffen werden, so dass in der Phase bis zum Eintritt der Zahlungsunfähigkeit bzw. bis zur Antragstellung auf Eröffnung des Insolvenzverfahrens wegen Überschuldung, welcher regelmäßig weit nach Eintritt der Überschuldung gestellt wird,[12] die Unternehmensleitung in Gefahr gerät, sich nicht nur wegen Insolvenzverschleppung strafbar zu machen, sondern auch strafbare Handlungen im Sinne des § 283 StGB zu begehen. Der Überschuldung kommt angesichts ihres zeitlich früheren Eintritts daher eine weitaus größere Bedeutung für Insolvenzverschleppung und Bankrott zu als der Zahlungsunfähigkeit.[13] Dies gilt umso mehr, als sowohl bei Insolvenzverschleppung (§ 401 II AktG, § 84 II GmbHG, § 130 b II HGB, § 148 II GenG) als auch im Rahmen des Bankrotts (§ 283 IV, V StGB) fahrlässiges Handeln unter Strafe gestellt ist.[14]

Mit dem stetigen Anstieg der Unternehmensinsolvenzen sind Vorstände und Geschäftsführer krisenbefangener Unternehmen in den vergangenen Jahren zunehmend in das Visier der Strafverfolgungsbehörden geraten.[15]

Dementsprechend sind auch auf rechtsberatender Seite die mit der Insolvenz verbundenen Strafbarkeitsrisiken für Vorstände und Geschäftsführer verstärkt in den Blickpunkt des Interesses gerückt und Fragen zur Vermeidung von Insolvenzverschleppung und Bankrottdelikten „an der Tagesordnung".[16]

Hier eine exakte Grenze zwischen strafbaren Verhaltensweisen und unternehmerischen Fehlentscheidungen zu ziehen, ist angesichts der Unternehmenspraxis, in der

---

12 *K. Schmidt* in Schmidt/Uhlenbruck, Krise, Sanierung und Insolvenz, 3. Aufl. (2003), Rn. 850. Zu entsprechenden Erfahrungen aus der Praxis der Rechtsanwälte vgl. *Penzlin*, wistra 2004, 133.

13 Vgl. auch *Altmeppen*, ZIP 1997, S. 1174, der die anhand der Zahlungseinstellung offen zu Tage tretende Zahlungsunfähigkeit für die zivilrechtliche Insolvenzverschleppungshaftung als „kaum relevant" bezeichnet. „Wenn die Gesellschaft bereits ihre Zahlungen eingestellt hat, wird sich der Konkurs kaum noch lange verschleppen lassen, da die Eröffnung des Konkursverfahrens alsbald von ungeduldigen Gläubigern beantragt wird". Dies gilt konsequenterweise auch für die strafrechtliche Seite der Insolvenzverschleppung.

14 So sieht auch *K. Schmidt* die „praktische Hauptbedeutung des Überschuldungstatbestandes (...) nicht in der Befugnis des Gerichts, einen Eröffnungsbeschluss zu erlassen, sondern in der Selbstprüfungspflicht" des Geschäftsführers und in den Insolvenzverschleppungssanktionen" (in Schmidt/Uhlenbruck, Krise, Sanierung und Insolvenz, 3. Aufl. (2003), Rn. 850).

15 Vgl. zur hohen Anzahl an Insolvenzen im Jahr 2002 (84.428 Fälle) und 12.814 bekannt gewordene Insolvenzstraftaten die Nachweise bei *Beck* in Wabnitz/Janovsky, 2. Aufl. (2004), Kap. 6 Rn. 53. Im Zeitraum von Januar bis April 2005 war ein Anstieg der Insolvenzen die Deutschland um 13,8 % gegenüber dem entsprechenden Vorjahreszeitraum zu verzeichnen; allein im Juni 2005 waren im Vergleich zum Juni des Vorjahres 2000 Unternehmen und Verbraucher mehr insolvent, vgl. die Mitteilungen des Statistischen Bundesmamtes unter http//:www.destatis.de/indicators/d/ins110ad.htm. (Stand: 8.9.2005).
Vgl. insgesamt auch *Weyand*, Insolvenzdelikte, 6. Aufl. (2003), S. 5; *Pelz*, Strafrecht in Krise und Insolvenz (2004), Vorwort; *Penzlin*, wistra 2004, S. 133.

16 *Penzlin*, WM 2004, S. 155.

schnelle Entscheidungen auch auf nicht gesicherter Informationsbasis gefordert sind, bereits tatsächlich kaum möglich.[17] Dies gilt besonders für die Strafbarkeitsrisiken in und wegen Herbeiführung der Überschuldung, deren Feststellung mit vielerlei Bewertungsunsicherheiten und Prognoserisiken verbunden ist.

Juristisch wird die Grenzziehung insbesondere dadurch erschwert, dass der strafrechtliche Überschuldungsbegriff auf allen Ebenen seiner Feststellung höchst umstritten ist.

Mit den Änderungen der am 1.1.1999 in Kraft getretenen Insolvenzordnung, die in § 19 II InsO erstmals eine detaillierter gefasste Legaldefinition der Überschuldung enthält, ist die Bewertungsunsicherheit insolvenzstrafrechtlich relevanten Verhaltens noch um ein Vielfaches gestiegen: Nicht nur, dass der Gesetzgeber die zwischenzeitlich in zivilrechtlicher Rechtsprechung und Literatur erreichte Einigung auf eine „modifiziert zweistufige" Überschuldungsprüfung durch eine Überschuldungsdefinition ablöste, bei der sich die Frage der Vermögensbewertung unter der Prämisse der Fortführung wieder stellt, und damit die Diskussion um die richtige betriebswirtschaftliche Bewertungsmethode in Zivil- und Strafrecht erneut entfacht wurde.[18] Vor allem stellt sich die Frage, *ob* überhaupt und wenn ja, *inwieweit* die zivilrechtliche Definition auch für das Strafrecht relevant ist, so dass die Diskussion um die richtige Methode – *einstufig, traditionell zweistufig, modifiziert zweistufig* – zwar für das Zivilrecht als beendet gelten kann, nicht aber für das Strafrecht. Im Gegenteil: Hier ist ein erneuter Streit um die richtige Methode der Überschuldungsfeststellung, insbesondere um die Verbindlichkeit der zivilrechtlichen Überschuldungsdefinition, entstanden, die zu höchst unterschiedlichen Auslegungsergebnissen von Überschuldung im Strafrecht führt. Dabei existiert bisher auch noch keine gefestigte Rechtsprechung zu den Auswirkungen des insolvenzrechtlich nun definierten Überschuldungsbegriffs auf das Strafrecht, die insoweit Klarheit bringen könnte. Die Möglichkeit einer grundlegenden Klarstellung der Überschuldungsfragen im Rahmen des derzeit im Entwurf befindlichen Gesetzesvorhabens zur Modernisierung des GmbH-Rechts und zur Bekämpfung von Missbräuchen (MoMiG) hat der Gesetzgeber verstreichen lassen.

Diese Unsicherheiten in *sachlicher* Hinsicht, wie der Überschuldungsbegriff im Strafrecht auszulegen ist, werden ergänzt durch die nach In-Kraft-Treten der InsO erhöhte Unsicherheit in *personeller* Hinsicht, auf welche Schuldnergruppen der Überschuldungstatbestand überhaupt Anwendung finden kann. Denn die Einführung eines eigens auf Private und nur geringfügig wirtschaftlich Tätige zugeschnittenen, kostengünstigeren und vereinfachten Verbraucherinsolvenzverfahrens (§§ 304 ff. InsO) einschließlich der Änderungen der InsO zum 1. Dezember 2001 hat zusätzlich zu einem enormen Anstieg der Insolvenzen *privater* Schuldner geführt und damit faktisch den Anwendungsbereich des § 283 StGB auf eine Schuldnergruppe erweitert, deren strafwürdiges Verhalten zuvor von § 288 StGB als einem Tatbestand ohne Überschuldungsvoraussetzung erfasst wurde.[19] In Verbindung mit der zuneh-

17 Vgl. die Erfahrung auf Seiten der insolvenzrechtlichen Beratung *Penzlin*, WM 2004, S. 155.
18 Dazu sogleich näher unter Erster Teil A. VI. 1. a) und Zweiter Teil A. II.
19 Vgl. aus der staatsanwaltschaftlichen Praxis *Weyand*, Insolvenzdelikte, 6. Aufl. 2003, S. 5. Für das Jahr 2003 waren ca. 60.000 Insolvenzverfahren natürlicher Personen und damit eine Steige-

menden Überschuldung deutscher Privathaushalte[20] führt diese Entwicklung zu einem erhöhten Klärungsbedarf bei der Frage nach dem personellen Anwendungsbereich von § 283 StGB für den Fall der Überschuldung (Stichwort *Verbraucherbankrott*).

Von der Zunahme der Insolvenzen betroffen ist auch eine Vielzahl von *Einzelunternehmen* und Freiberuflern.[21] Auch hier stellt sich die Frage der Anwendbarkeit des § 283 StGB im Überschuldungsfall, wenn Freiberufler und Einzelunternehmen nicht in der Rechtsform einer Kapitalgesellschaft oder beschränkt haftenden Personengesellschaft geführt werden, wie es § 19 I, III InsO für den Eröffnungsgrund der Überschuldung voraussetzt.

Die rechtlichen und tatsächlichen Unsicherheiten der Überschuldungsfeststellung bei gleichzeitig hoher Insolvenzhäufigkeit mit ca. 80 % begleitenden Straftaten vermitteln der Frage nach der Auslegung des strafrechtlichen Überschuldungsbegriffs daher eine tatsächliche und rechtliche Relevanz, die eine Klärung der Überschuldungsfrage dringend erforderlich macht.[22]

Versuche, die Überschuldungsfrage zu klären, blieben daher in der wissenschaftlichen Diskussion nicht aus:

II. Zur wissenschaftlichen Debatte um die Akzessorietät der Überschuldung

Kraft seiner Natur als juristischer Festschreibung von schwer analysierbaren ökonomischen Realitäten gehörte der Überschuldungstatbestand schon immer zu den in Betriebs-, Zivil- und Strafrechtswissenschaft am stärksten umstrittenen Tatbeständen des Rechts überhaupt. Die richtige Vorgehensweise zur Feststellung von Überschuldung ist daher eine endlos diskutierte Frage.[23]

---

rung im Vergleich zum Vorjahr i.H.v. ca. 28 % zu verzeichnen (vgl. *Henning*, ZinsO 2004, S. 585). Im ersten Halbjahr 2005 haben 30 937 Personen Verbraucherinsolvenz angemeldet. Das waren 37,5 Prozent mehr als im Vorjahreshalbjahr, vgl. die Mitteilungen des Statistischen Bundesamtes unter http//:www.destatis.de/indicators/d/ins110ad.htm. (Stand: 8.9.2005); vgl. auch *Sebastian Wolff* in Berliner Zeitung v. 9.10.2005, Rubrik Wirtschaft, S. 11 „Immer mehr Verbraucher Pleite …"

20 Nach Schätzungen der Verbraucherzentralen waren in 2004 3 Millionen Haushalte überschuldet, vgl. Frankfurter Allgemeine Zeitung, Art. vom 19.8.2004, Rubrik Wirtschaft S. 12, „Viele sind überschuldet". Vgl. zur Entwicklung in den Jahren zuvor auch die ausführliche Analyse von *Krug*, Verbraucherkonkurs (1998), S. 12 ff., 43. Auf ca. 3 Millionen belaufen sich auch die Schätzungen für 2005, vgl. *Wolff* in Berliner Zeitung v. 10.9.2005, Rubrik Wirtschaft, S. 11 „Immer mehr Verbraucher Pleite …".

21 Vgl. nur aus der Praxis der Staatsanwaltschaft *Weyand*, Insolvenzdelikte, 6. Aufl. 2003, S. 5.

22 Vgl. *Achenbach*, der dringend eine Klärung der Überschuldungsfrage für erforderlich hält (Schlüchter-Gds. (2002), S. 257 ff., 267). Kritik an der Schwerpunktsetzung in der Kommentarliteratur auf die Funktion als Eröffnungsgrund übt auch *Uhlenbruck* in Schmidt/Uhlenbruck, Krise, Sanierung und Insolvenz, 3. Aufl. (2003), Rn. 850.

23 Vgl. allein die Vielzahl der zur *alten* Rechtslage erschienenen Monographien: *Biermann*, Die Überschuldung als Voraussetzung der Konkurseröffnung (1963); *Fischer*, Die Überschuldungsbilanz (1980); *Giebeler*, Die Feststellung der Überschuldung einer Unternehmung unter beson-

Einigkeit bestand und besteht noch immer nur insoweit, dass Überschuldung vorliegt, wenn das Vermögen die Schulden/(sichere)Verbindlichkeiten nicht mehr deckt.[24]

Als sich vor In-Kraft-Treten der Insolvenzordnung die Überschuldung noch aus den Antragspflichten zu Lasten der Gesellschaftsorgane sowie aus §§ 207, 209 Konkursordnung (KO) ableitete und als Situation umschrieben war, in der „das Vermögen der Gesellschaft nicht mehr die Schulden deckt" (§ 92 II 2 AktG, § 64 I GmbHG, §§ 130a I HGB, 99 I GenG), bestand auch im Zivilrecht noch Uneinigkeit, wie die Fortführungsfähigkeit eines zur Fortführung bestimmten Unternehmens bei der Ermittlung der Überschuldung zu berücksichtigen sei.

In Abhängigkeit von dem Gewicht, das der Fortführungsfähigkeit insoweit beigemessen wurde, wurden verschieden*stufige* Überschuldungsbegriffe (Überschuldungsmethode) vertreten.

Die herrschende Lehre und zuletzt auch der BGH gingen unmittelbar vor In-Kraft-Treten der InsO von dem *modifizierten zweistufigen* Überschuldungsbegriff aus, wonach zunächst nach Liquidationswerten eine Überschuldungsbilanz zu erstellen war. Wenn danach rechnerisch Überschuldung vorlag, war eine Fortführungsprognose für das Unternehmen zu erstellen. Nur bei negativer Prognose lag (rechtlich) Überschuldung vor.[25]

Die Diskussion wurde für das Zivilrecht mit der erstmals rechtsformübergreifend außerhalb der Spezialgesetze allgemeinverbindlich[26] formulierten und zugleich detaillierter gefassten Legaldefinition der Überschuldung in § 19 II InsO[27] zu-

---

derer Berücksichtigung der Beziehung zur Zahlungsunfähigkeit (1982); *Groth*, Überschuldung und eigenkapitalersetzendes Gesellschafterdarlehen (1995); *Haack*, Der Konkursgrund der Überschuldung bei Kapital- und Personengesellschaften (1980); *Harneit*, Überschuldung und erlaubtes Risiko (1984); *Höfner*, Die Überschuldung als Krisenmerkmal des Konkursstrafrechts (1981); *Klar*, Überschuldung und Überschuldungsbilanz (1987); *Lütkemeyer*, Die Überschuldung der GmbH – ein Beitrag zum Recht der Unternehmensbewertung (1983); *Vonnemann*, Die Feststellung der Überschuldung (1989).

24 Vgl. *Tiedemann*, Insolvenzstrafrecht, 2. Aufl. (1996) Vor § 283 Rn. 150; *Groth*, Überschuldung (1995), S. 27. Zudem *Ulmer* in Hachenburg, GmbHG, 8. Aufl. (1997), § 63 Rn. 28; *Heinen*, Handelsbilanzen, 2. Aufl. (1986), S. 501; *BGH* Urt. v. 8.9.2004. Der Begriff der „*Verbindlichkeit*" wird in diesem Zusammenhang im Sinne von „*Schuld*" als einer sicheren Verbindlichkeit verstanden, auch wenn diese Einschränkung weder vom Gesetz selbst (§ 19 II InsO) noch in den Stellungnahmen von Literatur und Rechtssprechung eigens formuliert wird. Dazu näher unter Erster Teil B. I. 6.

25 *BGHZ* 119, S. 213 f.; *BGH* NJW 1998, S. 3201; *BGHZ* 129, S. 136; *BGHZ* 125, S. 148: *BGHZ* 126, S. 199. Dazu ausführlich sogleich unter Erster Teil A. VI. 1. a) aa).

26 Die Allgemeinverbindlichkeit beruht auf dem Zusammenhang von Definitionseinführung (§ 19 InsO) und Abschaffung der Definitionen in AktG, GmbHG, HGB und GenG (vgl. Begr. Zu Art. 38 Nr. 3 a) EEGInsO in BT-Drs. 12/3803, S. 81; vgl. auch *Moosmayer*, Einfluß der InsO (1997), S. 164).

27 § 19 InsO lautet in der derzeit geltenden Fassung:
„I. Bei einer juristischen Person ist auch die Überschuldung Eröffnungsgrund.
II. Überschuldung liegt vor, wenn das Vermögen des Schuldners die bestehenden Verbindlichkeiten nicht mehr deckt. Bei der Bewertung des Vermögens des Schuldners ist jedoch die Fortführung des Unternehmens zugrunde zu legen, wenn diese nach den Umständen überwiegend wahrscheinlich ist.

gunsten der *traditionell zweistufigen* Methode beigelegt, wonach eine überwiegende Fortführungswahrscheinlichkeit allein nicht die Überschuldung zu verhindern vermag, sondern lediglich Prämisse für die Wahl des Wertansatzes in der Überschuldungsbilanz ist.[28] Demgemäß liegt Überschuldung im Sinne der InsO vor, „wenn das Vermögen des Schuldners die bestehenden Verbindlichkeiten nicht mehr deckt. Bei der Bewertung des Vermögens des Schuldners ist jedoch die Fortführung des Unternehmens zugrunde zu legen, wenn diese nach den Umständen überwiegend wahrscheinlich ist."

Keineswegs beigelegt ist der Streit um die richtige Überschuldungsmethode im Strafrecht. Mit der Definition des § 19 II InsO ist vielmehr eine Belebung der strafrechtlichen Überschuldungsdiskussion eingetreten, weil sich nun zusätzlich die Frage der Verbindlichkeit außerstrafrechtlicher Legaldefinitionen für die Auslegung gleichlautender Begriffe im Strafrecht stellt, die viele Autoren dazu veranlasst hat, sich grundlegend dem Verhältnis des zivilen Insolvenzrechts zum Strafrecht unter Einbeziehung der Überschuldungsproblematik zu widmen.[29] Dabei reichen die vertretenen Ansichten von einem vollständigen Gleichlauf von straf- und zivilrechtlicher Überschuldungsfeststellung bei Bankrott und Insolvenzverschleppung[30] über insoweit differenzierende Lösungen, wonach jedenfalls für die Insolvenzverschleppung eine Bindung an § 19 II InsO bestehe,[31] bis hin zur vollständigen Unanwendbarkeit des zivilrechtlichen Überschuldungstatbestandes im Strafrecht.[32]

III. Ist bei einer Gesellschaft ohne Rechtspersönlichkeit kein persönlich haftender Gesellschafter eine natürliche Person, so gelten die Absätze 1 und 2 entsprechend. Dies gilt nicht, wenn zu den persönlich haftenden Gesellschaftern eine andere Gesellschaft gehört, bei der ein persönlich haftender Gesellschafter eine natürliche Person ist."

28 Dazu ausführlich Erster Teil A. VI.1.a) aa) und Zweiter Teil, A. II.

29 Vgl. zur aktuellen Rechtslage allein an Dissertationen und Monographien *Moosmayer*, Einfluß der Insolvenzordnung auf das Insolvenzstrafrecht (1997); *Penzlin*, Strafrechtliche Auswirkungen der Insolvenzordnung (2000); *Plathner*, Der Einfluß der Insolvenzordnung auf den Bankrotttatbestand (§ 283 StGB) (2002); *Reck*, Insolvenzstraftaten (1999); *Röhm*, Zur Abhängigkeit des Insolvenzstrafrechts von der Insolvenzordnung (2002); *Höffner*, Zivilrechtliche Haftung und Strafrechtliche Verantwortung des GmbH-Geschäftsführers bei Insolvenzverschleppung (2003). Zur zivilrechtlichen Diskussion unter § 19 II InsO auch die Monographien von *Karollus*, Die Fortbestehensprognose im Rahmen der Überschuldungsprüfung (1997); Ritter v. *Oncuil*, Die rechtzeitige Auslösung des Insolvenzverfahrens (2000); *Drews*, Der Insolvenzgrund der Überschuldung bei Kapitalgesellschaften (2003); *Götz*, Überschuldung und Handelsbilanz (2004).

30 Aufgrund der Annahme zwingender Zivilrechtsakzessorietät der strafrechtlichen Begrifflichkeit *Bieneck* in Müller-Gugenberger/Bieneck, 3. Aufl. (2000), § 76 Rn. 33, 56; *Höffner*, BB 1999, S. 198; *Reck*, GmbHR 1999, S. 267 ff., der allerdings in seiner Auffassung über die Inhaltsbestimmung des zivilrechtlichen Überschuldungsbegriffs mit seinem Postulat für nur gering korrigierte „Buchwerte" von der herrschenden Ansicht im Zivilrecht abweicht (*Reck*, ZinsO 2004, S. 661 ff. und S. 728 ff.). Strafrechtliche Besonderheiten durch das Erfordernis der Tatbestandsbestimmtheit berücksichtigen dennoch für eine Zivilrechtsakzessorietät *Moosmayer*, Einfluß der InsO (1997), S. 144 ff.; *Röhm*, Abhängigkeit des Insolvenzstrafrechts (2002), S. 165, 187 ff. Aus strafrechtsautonomen Gründen *Plathner*, Bankrottatbestand (2002), S. 200 ff., 210.

31 *Achenbach*, Schlüchter-Gds. (2002), S. 259; *Moosmayer*, Einfluß der InsO (1997), S. 56.

32 *Penzlin*, Auswirkungen InsO (2000), S. 213; *Wegner* in Achenbach/Ransiek, HWSt (2004), Kap. VII 1 Rn. 16 (S. 496) und Kap. VII 2 Rn. 8 (S. 548).

Sofern der zivilrechtliche Überschuldungsbegriff für nicht bindend erachtet wird, bleiben auch die verschiedenstufigen Überschuldungsmethoden relevant, so dass auf allen Ebenen der Überschuldungsermittlung, einschließlich der Frage nach der Berücksichtigung der Fortführungsfähigkeit des Unternehmens und der Wahl der für den jeweiligen Wertansatz heranzuziehenden Bewertungsmethode, unterschiedlichste Lösungen vertreten werden.

Die mit der Einführung der Legaldefinition einhergehende Verlagerung des Augenmerks von einer allein auf strafrechtspezifischen Erwägungen beruhenden Überschuldungsbestimmung hin zur Frage nach der Abhängigkeit strafrechtlicher Begriffsbildung von zivilrechtlichen Vorgaben wird besonders deutlich beim Vergleich der vor und nach der Insolvenzrechtsreform zum Insolvenzstrafrecht und der Überschuldung erschienenen Dissertationen; insofern reagieren die neueren Arbeiten auf die veränderten Anforderungen an die methodologische Herangehensweise bei der Auslegung des strafrechtlichen Überschuldungsbegriffs, die mit dem dogmatisch höheren Gewicht einhergehen, das nunmehr dem zivilrechtlichen Überschuldungsbegriff über seine Festlegung im Rahmen einer Legaldefinition zukommt:

Vor Einführung des § 19 InsO wurde vor allem im Rahmen des Bankrotts eine strafrechtsautonome Begriffsbildung von Überschuldung weniger problematisiert, als es sich unter Existenz der insolvenzrechtlichen Legaldefinition darstellt.[33] Angesichts der nach alter Rechtslage weniger konkreten und weniger augenfälligen, weil in konkurs- und gesellschaftsrechtlichen Regelungen verstreuten, Überschuldungsdefinitionen verwundert dieses nicht.

So fungierte das methodologische Argument im Rahmen strafrechtsautonomer Begründung mehr als Aufhänger eines durch wirtschaftliche Erwägungen entschiedenen Überschuldungsverständnisses denn als ausschlaggebendes Argument.

Wirtschaftliche Erwägungen im Hinblick auf die Wirkungsweise strafrechtlicher Sanktionierung waren zumeist bestimmend für ein konkretes Überschuldungsverständnis.[34]

Damit zusammenhängend lässt sich anhand eines Vergleichs der zum strafrechtlichen Überschuldungsbegriff Stellung nehmenden Dissertationen beobachten, dass seit Geltung der InsO das strafrechtliche Überschuldungsverständnis weniger durch wirtschaftliche Erwägungen präjudiziert wird als durch eine vorangestellte

---

33 Extrem tritt der Unterschied in den Dissertationen von *Harneit* einerseits, *Plathner* anderseits, hervor. *Harneit* belässt es im Rahmen seiner 1984 erschienenen Dissertation bei einem Hinweis auf die Zulässigkeit abweichender Begriffsauslegung gleich lautender Begriffe in verschiedenen Funktionszusammenhängen und stützt sein Ergebnis zum Überschuldungsbegriff der Insolvenzverschleppungsdelikte und des Bankrotts auf eine Interessenabwägung im Rahmen einer Risikobewertung nach den Grundsätzen der strafrechtlichen Lehre vom erlaubten Risiko (*Harneit*, Überschuldung (1984), S. 76 ff., 99, 101 ff.). Ganz anders *Plathner*, der den Hauptteil seiner Arbeit der abstrakten Klärung der Abhängigkeit strafrechtlicher Begriffsbildung vom Zivilrecht widmet (*Plathner*, Bankrottatbestand (2002), S. 16–139).

34 So bei *Harneit*, Überschuldung (1984), S. 76 ff.; *Groth*, Überschuldung (1995), S. 124 ff.

Lösung zur methodologisch richtigen Vorgehensweise strafrechtlicher Begriffsbildung unter Existenz zivilrechtlich vorgeprägter gleich lautender Begriffe.[35]

Eine fortschreitend stärkere Gewichtung des methodischen Problems strafrechtsautonomer Begriffsbildung lässt sich auch unter den zur neuen Rechtslage erschienenen Monographien zum Thema insolvenzstrafrechtlicher Begriffsbildung noch feststellen. Bereits *Moosmayer*[36] beginnt im Rahmen der Auslegung der Überschuldung mit einer im Ansatz abstrakten Klärung der „übergeordneten Frage nach der Akzessorietät des Strafrechts von außerstrafrechtlichen Regelungen", den *Penzlin*[37] und *Röhm*[38] aufgreifen; *Röhm* allerdings will vornehmlich mit den Mitteln der klassischen Auslegungsmethodik die Bedeutung der Legaldefinition des § 19 II InsO für das Strafrecht klären: Er legt sein Augemerk auf die Eigenschaft des Überschuldungsmerkmals als auslegungsbedürftigem *Begriff* und richtet dementsprechend seine Argumentation anhand der klassischen Auslegungsmethoden zur Begriffsbestimmung aus, im Rahmen derer auch er die Akzessorietätsfrage bzgl. des Überschuldungstatbestandes vorab klärt, um erst anschließend den seines Erachtens maßgeblichen Überschuldungstatbestand des § 19 InsO näher zu erläutern.[39] Schließlich legt *Plathner* sogar den Schwerpunkt seiner Arbeit auf eine außerhalb der eigentlichen Begriffsauslegung stehende, methodologisch abstrakte Klärung des Verhältnisses gleich lautender Begriffe in Zivil- und Strafrecht, indem er vorwiegend die Zulässigkeit strafrechtsautonomer Begriffsbildung unter Analyse der bestehender Rechtsfiguren wie der faktischen Betrachtungsweise untersucht.[40] Und *Höffner* wählt bereits im Titel die Insolvenzverschleppung als Aufhänger für eine generelle Auseinandersetzung mit dem Subsidiaritätsprinzip.[41]

Insgesamt lässt sich als Tendenz beobachten: Vor der Insolvenzordnung lag der Schwerpunkt bei der Suche nach dem strafrechtlichen Überschuldungsbegriff vermehrt auf der Frage, ob eine zivilrechtsgleiche Überschuldungsbestimmung sinnvoll wäre, also nach dem Übertragungs*sinn*.

Mit der Definition des § 19 II InsO wird diese ergänzt, teils sogar überlagert durch die Frage nach einem Übertragungs*zwang*; dabei ist festzuhalten, dass im Ergebnis die jüngeren Ansichten eher zu einer Annahme der strafrechtlichen Begriffsautono-

---

35 Vgl. zur alten Rechtslage *Harneit*, Überschuldung (1984), S. 76 ff.; auch *Groth*, Überschuldung (1995), S. 102 ff. Zur neuen Rechtslage *Moosmayer*, Einfluß der InsO (1997), S. 144 ff., 164; *Röhm*, Abhängigkeit des Insolvenzstrafrechts (2002), S. 82 ff., 158 ff.; *Plathner*, Bankrottatbestand (2002), S. 4 ff., 198 ff.

36 *Moosmayer*, Einfluß InsO (1997), S. 143, 144 ff., 164: Das Begriffsverständnis der insolvenzrechtlich vorgeprägten Strafnormelemente „lässt sich nicht ohne Inblicknahme der übergeordneten Frage nach der Akzessorietät des Strafrechts von außerstrafrechtlichen Regelungen auflösen." (S. 143).

37 Auch *Penzlin* zufolge ist „für das neue Insolvenzstrafrecht zu fragen, ob die zivilrechtlichen Vorgaben zu übernehmen sind, oder eine eigenständige strafrechtliche Auslegung möglich und geboten ist" (Auswirkungen der InsO (2000), S. 70).

38 *Röhm*, Abhängigkeit des Insolvenzstrafrechts (2002), S. 155 ff.

39 *Röhm*, Abhängigkeit des Insolvenzstrafrechts (2002), S. 155 ff.

40 *Plathner*, Bankrottatbestand (2002), S. 16–139.

41 *Höffner*, Zivilrechtliche Haftung und strafrechtliche Verantwortung des GmbH-Geschäftsführers bei Insolvenzverschleppung – Zugleich ein Beitrag zum ultima ratio-Prinzip.

mie neigen als die zur Rechtslage vor der Insolvenzrechtreform geäußerten Ansichten.[42]

Desweiteren wirkt sich die mit Einführung der InsO ausdrücklich angestrebte Vorverlagerung der Eröffnung des Insolvenzverfahrens zwecks eines effektiveren Gläubigerschutzes[43] auf die Diskussion um den strafrechtlichen Überschuldungstatbestand aus:

Während noch unter Geltung des modifiziert zweistufigen Überschuldungsbegriffs in der herrschenden Zivilrechtsliteratur und zuletzt auch in ständiger Zivilrechtsprechung des BGH bei der Suche nach dem strafrechtlichen Überschuldungsbegriff die Sorge um eine ausreichende Verwirklichung des Gläubigerschutzes geäußert wurde,[44] steht in der strafrechtlichen Diskussion nach Einführung des traditionell zweistufigen Überschuldungsbegriffs in § 19 II InsO[45] die Sorge um eine hinreichende Verwirklichung der rechtsstaatlichen Garantien für den Straftäter im Vordergrund. Insoweit reflektiert die durch die traditionell zweistufige Methode bedingte Vorverlagerung des Überschuldungseintritts[46] auf das Strafrecht und erzeugt eine der Strafbarkeitsausweitung gegensteuernde Reaktion des strafrechtlichen Schrifttums.[47]

Nicht nur in der Begründung, auch im Ergebnis ist das Meinungsbild zur Überschuldung im Strafrecht höchst uneinheitlich. Dabei kommen selbst Ansichten, die in ihrer Argumentation denselben methodischen Ansatz verfolgen, im Ergebnis zu unterschiedlichen strafrechtlichen Überschuldungsbegriffen:

So legen einige die Überschuldung bei allen Straftatbeständen einheitlich aus,[48] andere wiederum unterscheiden zwischen den Überschuldungtatbeständen bei *Insolvenzverschleppung* und *Bankrott*.[49] Divergenzen bestehen auch hinsichtlich des *Grades der Anlehnung an § 19 II InsO*, und zwar vor allem unter den Vertretern eines strafrechtsautonomen Begründungsansatzes. Die vertretenen Ansichten reichen von einer vollständig zivilrechtsgleichen Begriffsauslegung im Strafrecht, bis hin zu einem vollständig von den insolvenzrechtlichen Vorgaben abweichenden einstufigen Überschuldungsverständnis; dazwischen lässt sich auf jeder Ebene der zivil-

---

42 Vgl. insoweit die Nachweise bei Tröndle/*Fischer*, StGB, 52. Aufl. (2004), Vor § 283 Rn. 6.

43 Vgl. BT-Drs. 12/2443, S. 80 f., 84 f. und dazu *Moosmayer*, Einfluß der InsO (1997), S. 34 f.

44 Vgl. nur *Harneit*, Überschuldung (1984), S. 90 ff.

45 Die ganz h.M. interpretiert § 19 II InsO als Entscheidung des Gesetzgebers für die traditionell zweistufige Methode.

46 Ursache für die Vorverlagerung ist die geringere Relevanz einer positiven Fortführungsprognose, die allein nicht mehr die Überschuldung zu verneinen vermag, sondern lediglich als Maßstab für den Wertansatz der Vermögensgegenstände in der Überschuldungsbilanz fungiert, so dass dennoch Überschuldung vorliegt, wenn die Passiva die zu Fortführungswerten angesetzten Aktiva überwiegen. Vgl. dazu näher *Moosmayer*, Einfluß der InsO (1997), S. 34 f.; *Penzlin*, Auswirkungen der InsO (2000), S. 69 f.

47 Vgl. insbesondere zur Problematik der Tatbestandsbestimmtheit (Art. 103 II GG) vor allem *Penzlin*, Auswirkungen der InsO (2000), S. 150, 159; vgl. auch *Moosmayer*, Einfluß der InsO (1997), S. 144 ff.; auch *Röhm*, Abhängigkeit des Insolvenzstrafrechts (2002), S. 165.

48 *Penzlin*, Auswirkungen der InsO (2000), S. 159, 161; *Röhm*, Abhängigkeit des Insolvenzstrafrechts (2002), S. 165, 319 f.

49 Z.B. *Achenbach*, Schlüchter-Gds. (2002), S. 258; *Franzheim*, NJW 1980, S. 2502.

rechtlichen Überschuldungsfeststellung mindestens ein Vertreter finden, der insoweit noch zivilrechtsgleich vorgeht, und einer, der insoweit bereits eine Abweichung vornimmt:

Bieneck und *Bittmann* lehnen jede Modifikation im Strafrecht ab.[50]

So vertritt *Tiedemann*[51] eine mit der gesetzlichen Definition übereinstimmende Begriffsauslegung und trifft Modifikationen nur hinsichtlich der gesetzeskonkretisierenden Auslegungspraxis der Zivilgerichte und der herrschenden betriebswirtschaftlichen Praxis beim Wahrscheinlichkeitsurteil im Rahmen der Fortführungsprognose sowie dem Kreis zu berücksichtigender Bewertungsmethoden.[52]

Otto[53], *Penzlin*[54] und *Ransiek*[55] nehmen darüber hinaus eine Abkehr von dem in § 19 II InsO verankerten methodischen Vorgehen nach der sog. traditionell zweistufigen Methode vor und wählen für den strafrechtlichen Überschuldungsbegriff eine Prüfung entsprechend der vor der Insolvenzordnung in der Zivilrechtspraxis herrschenden modifiziert zweistufigen Methode.

Die stärkste Abkehr von den zivilrechtlichen Vorgaben vollzieht *Franzheim*, wenn er auf dem Boden eines autonomen Begründungsansatzes und daher auch unter § 19 II InsO in noch aktueller Weise ausdrücklich die zweistufige Überschuldungsfeststellung ablehnt und das Krisenmerkmal der Überschuldung in § 283 StGB allein durch eine Liquidationsbilanz ermitteln will.[56]

Unter den Vertretern einer zweistufigen Vorgehensweise, wie sie in § 19 II InsO angelegt ist, ist ferner umstritten, wie der Ansatz von Fortführungswerten in der Überschuldungsbilanz aus strafrechtlicher Sicht vorzunehmen ist. Nach den Methoden der Unternehmensbewertung entstammenden Substanz- oder Ertragswertmethoden/DCF-Verfahren[57], nach aktuell zu schätzenden Wiederbeschaffungs-/Herstellungskosten[58] oder anhand nur um die Aufdeckung stiller Reserven korrigierter handelsbilanzieller Buchwerte (fortgeschriebene historische Herstellungs- und Anschaffungskosten).[59]

Die Stellungnahmen divergieren auch hinsichtlich des *Grades an Entscheidung zivilrechtlicher Vorfragen* zur Ermittlung des strafrechtlichen Überschuldungstatbestandes.

---

50 *Bieneck* in Müller-Gugenberger/Bieneck, 3. Aufl. (2000), § 76 Rn. 34; *Bittmann*, wistra 1999, S. 17.

51 Vgl. *Tiedemann* in Scholz, GmbHG, 9. Aufl. (2002), § 84 Rn. 47 b.

52 *Tiedemann* „in dubio“ hinsichtlich der anzuwendenden Bewertungsmethode und Modifikation des Wahrscheinlichkeitsgrades bei der Fortführungsprognose in Insolvenzstrafrecht, 2. Aufl. (1996), Vor § 283 Rn. 156 f., dazu ausführlich unter Zweiter Teil II. 4.c) aa).

53 *Otto*, Aktienstrafrecht § 401 AktG, 4. Aufl. (1997), Rn. 37; *ders.*, BT, 6. Aufl. (2002), § 61 Rn. 83 ff.

54 *Penzlin*, Auswirkungen der InsO (2000), S. 154 ff., 158, 213.

55 *Ransiek*, Unternehmensstrafrecht (1996), S. 153 ff.

56 *Franzheim*, NJW 1980, S. 2502.

57 Z. B. *Röhm*, Abhängigkeit des Insolvenzstrafrechts (2002), S. 165, 187 ff.

58 Z. B. *Beck* in Wabnitz/Janovsky, 2. Aufl. (2004), Kap. 6 Rn. 102.

59 So *Reck*, ZinsO 2004, S. 661 ff.

So legt sich *Röhm*, auf eine bestimmte Bewertungsmethode zum Ansatz von Vermögenswerten in der Überschuldungsbilanz fest,[60] während *Achenbach* die Notwendigkeit, sich für eine Bewertungsmethode zu entscheiden, bezweifelt.[61]

Eine abschließende Klärung der strafrechtlichen Überschuldungsfrage ist trotz der zahlreichen Stellungnahmen auch sieben Jahre nach In-Kraft-Treten der Insolvenzordnung noch nicht in Sicht. Vor allem fehlt es an einer gefestigten Rechtsprechung zum strafrechtlichen Überschuldungsbegriff; eine eindeutige Stellungnahme des BGH zur Frage der Zivilrechtsakzessorietät des strafrechtlichen Überschuldungsbegriffs nach In-Kraft-Treten der Insolvenzordnung ist noch nicht erfolgt.[62] Nur vereinzelt finden sich in den nicht tragenden Passagen der Entscheidungen aus dem hier betrachteten Zeitraum von 1995 bis Mitte 2006 Hinweise auf die zukünftige strafrechtliche Bedeutung des neuen Insolvenzrechts, die für den Überschuldungstatbestand allerdings wenig ergiebig sind.

Der noch immer ausstehenden Klärung des strafrechtlichen Überschuldungsbegriffs[63] durch eine Beantwortung von Übertragungszwang, Übertragungssinn und Grenzen der Übertragbarkeit näher zu kommen, setzt sich die vorliegende Arbeit zum Ziel.

B. Problemdarstellung und Eingrenzung des Untersuchungsgegenstandes

Die Problematik strafrechtlicher Überschuldungfeststellung ist vielschichtig und wird aus drei „Problemquellen" gespeist, die über den strafrechtlichen Überschuldungstatbestand miteinander verflochten sind.

Die Problemquellen bei der Frage der Übertragbarkeit des zivilrechtlichen Überschuldungsbegriffs lassen sich einteilen in

- Probleme aufgrund *divergierender gesetzlicher Regelungstechnik* von Insolvenzverschleppungsdelikten[64] und Bankrott im Verhältnis zum zivilrechtlichen Insolvenzgrund,

60 *Röhm*, Abhängigkeit des Insolvenzstrafrechts (2002), S. 165, 187 ff.
61 Vgl. *Achenbach*, Schlüchter-Gds. (2002), S. 269.
62 Vgl. hierzu näher unter Zweiter Teil C. I.
63 Vgl. *Wegner* in Achenbach/Ransiek, HWSt (2004), Kap. VII 1 Rn. 15 (S. 495): Die Verbindlichkeit der Legaldefinitionen nach §§ 17 ff. InsO sei „rechtlich noch nicht abschließend geklärt". *Achenbach*, Schlüchter-Gds.(2002), S. 258, 269 fordert weiterhin Klärung; ebenso Tröndle/*Fischer*, 50. Aufl. (2001), Vor § 283 Rn. 6: „Ob die Legaldefinition des § 19 II InsO für die Auslegung der §§ 283 ff. bindend ist, oder ein eigenständiger strafrechtlicher Krisenbegriff fortbesteht oder erforderlich ist, ist noch weithin ungeklärt".
64 Insolvenzverschleppungsdelikte sind die §§ 401 I Nr. 1, II i.V.m. 92 II AktG; §§ 84 I Nr. 2, II i.V.m. 64 I GmbHG, §§ 148 I Nr. 2, II i.V.m. 99 I GenG, §§ 130b, 130a I, IV, (161 II) HGB. Aus Gründen der Vereinfachung wird im Folgenden auf eine zur genaueren Abgrenzung von § 283 StGB von *Tiedemann* empfohlene Bezeichnung als „Insolvenz*verfahrens*verschleppungsdelikte" verzichtet (vgl. *Tiedemann* in Scholz, GmbHG, 9. Aufl. (2002), § 84 Rn. 7).

- Probleme aufgrund *divergierender Funktionen* des Überschuldungstatbestands bei Bankrott und Insolvenzverschleppungsdelikten untereinander und gegenüber der Funktion des zivilrechtlich definierten Überschuldungsbegriffs als Insolvenzeröffnungsgrund sowie
- Probleme aufgrund der aus dem zivilrechtlichen Überschuldungsbegriff resultierenden *Unsicherheiten* der Überschuldungsfeststellung.

I. Gesetzliche Regelungstechnik

1. In sachlicher Hinsicht

Die Problematik der gesetzlichen Regelungstechnik beginnt hinsichtlich des kernstrafrechtlich geregelten Bankrotts bereits damit, dass § 283 StGB „Überschuldung" als Tatbestandsmerkmal voraussetzt, ohne sie in den Definitionskatalog des § 11 StGB aufzunehmen.

Angesichts der Existenz der zivilrechtlichen Definition von Überschuldung in § 19 II InsO stellt sich die Frage, ob diese auch für den Bankrotttatbestand verbindlich ist, obwohl sie einer anderen Teilrechtsordnung entspringt.

Die Frage nach der Verbindlichkeit der zivilrechtlichen Vorgabe hat dabei durch die erstmals *genauere* gesetzliche Festlegung des Überschuldungsbegriffs in § 19 II InsO an Bedeutung gewonnen: Soweit § 19 II InsO Festsetzungen zur Überschuldungsermittlung enthält, ist nicht nur mehr nach der Übertragung zivilrechtlicher Vorgaben einer durch Rechtsprechung und Literatur geprägten zivilrechtlichen Auslegungspraxis zu fragen, sondern nach dem Zwang durch Vorgaben des Zivilgesetzgebers selbst. Eine strafrechtsautonome Auslegung steht nun unter erhöhtem Begründungszwang.

Dabei wirft die Regelungstechnik der in den gesellschaftsrechtlichen Gesetzen verankerten Insolvenzverschleppungsdelikte auch strafrechtsintern gegenüber dem Bankrott eigenständige Fragestellungen zur Inhaltsbestimmung des Überschuldungstatbestandes auf.

Dies ist nicht schon durch die Verankerung der Insolvenzverschleppungsdelikte in zivilrechtlichen Gesetzen als Normen des Nebenstrafrechts[65] bedingt, da auch der Bankrott unter Geltung der Konkursordnung bis zum Ersten Wirtschaftskriminalitätsgesetz (1. WiKG) von 1976[66] noch im Nebenstrafrecht (§§ 239 ff. KO) verankert war und seine kernstrafrechtliche Verortung nur dem Bedürfnis des Gesetzgebers verdankt, die generalpräventive Wirkung des *allgemein* bedeutsamen Bankrotts

---

65 Nebenstrafrecht wird hier mit der h.M. *äußerlich-formal* verstanden. Nebenstrafrecht ist nach seiner technisch-formalen Stellung derjenige Strafrechtsteil, der nicht im StGB, sondern in anderen Gesetzen enthalten ist, vgl. *Tiedemann*, Tatbestandsfunktionen (1969), S. 63.

66 Erstes Gesetz zur Bekämpfung der Wirtschaftskriminalität vom 29. Juli 1976, BGBl 1976 I, S. 2034.

hervorzuheben.[67] Vielmehr ist es die *ausdrückliche Verweisung* der Insolvenzverschleppungsstraftatbestände auf die inhaltlich den § 19 II InsO inbezugnehmenden Zivilrechtsnormen zur Insolvenzantragspflicht, welche die zivilrechtliche Überschuldungsdefinition bei den Insolvenzverschleppungstatbeständen näher ins Blickfeld strafrechtlicher Anwendung rückt als der kernstrafrechtlich geregelte Bankrotttatbestand.[68]

Die Frage nach der Zulässigkeit einer von der zivilrechtlichen Definition abweichenden Auslegung des Überschuldungstatbestands für das Strafrecht kann daher schon aus Gründen der gesetzestechnischen Regelung nicht ohne weiteres einheitlich beantwortet werden, sondern ist für Bankrott und Insolvenzverschleppungsdelikte gesondert zu untersuchen.

2. In personeller Hinsicht

Auch in *personeller* Hinsicht wirft der gesetzliche Regelungszusammenhang Fragen hinsichtlich der Übertragbarkeit des zivilrechtlichen Überschuldungsbegriffs auf. Problemquelle ist hier die personelle Inkongruenz von § 19 I, III InsO und § 283 StGB.

Im Gegensatz zu den Insolvenzverschleppungsdelikten fehlt § 283 StGB eine dem § 19 I, III InsO entsprechende Einschränkung hinsichtlich der Rechtsform. Während die Überschuldung als Insolvenzeröffnungsgrund nur für juristische Personen und kapitalistische Personengesellschaften vorgesehen ist, kann dem Wortlaut des § 283 StGB zufolge jede Person den Tatbestand des Bankrotts auch bei Überschuldung erfüllen („*wer*“), soweit sie *Schuldner* ist.[69]

---

67 Art. 5 Ziffer 4; Art. 1 Nr. 5 des 1. WiKG; amt. Begr. BT-Drs. 7/3341, S. 34; vgl. auch *Hammerl*, Bankrottdelikte (1970), S. 37, *Röhm*, Abhängigkeit des Insolvenzstrafrechts (2002), S. 59, *Tiedemann*, Insolvenzstrafrecht, 2. Aufl. (1996), Vor § 283 Rn. 43.

68 Beispielhaft für die Aktiengesellschaft: § 401 I Nr. 2 AktG bestraft den, der „*es (...) entgegen § 92 II AktG unterlässt, (...) bei (...) Überschuldung die Eröffnung des Insolvenzverfahrens zu beantragen.*“ § 92 II AktG lautet: „Wird die Gesellschaft zahlungsunfähig, *so hat der Vorstand* ohne schuldhaftes Zögern, spätestens aber drei Wochen nach Eintritt der Zahlungsunfähigkeit *die Eröffnung des Insolvenzverfahrens zu beantragen*. Dies gilt sinngemäß, wenn sich eine *Überschuldung* der Gesellschaft ergibt.“ Dieselbe Regelungstechnik findet sich in §§ 64 I, 84 I Nr. 2 GmbHG; §§ 99 I, 148 I Nr. 2 GenG; §§ 130a I 1, 130b I (§ 161 II) HGB.

69 Der Sonderdeliktscharakter des § 283 StGB dergestalt, dass nur der Schuldner tauglicher Täter sein kann, ist einhellige Meinung; *BGH*, NJW 2001, S. 1874 ff.; *Kühl* in Lackner/Kühl, StGB, 25. Aufl. (2004), § 283 Rn. 2; *Hoyer* in SK-StGB (2002), § 283 Rn. 96; *Bieneck* in Müller-Gugenberger/Bieneck, 3. Aufl. (2000), § 77 Rn. 1 ff.; *Weyand*, Insolvenzdelikte, 6. Aufl. (2003), S. 34 Rn. 18; Tröndle/*Fischer*, StGB, 52. Aufl. (2004), Vor § 283 Rn. 18; *Röhm*, Abhängigkeit des Insolvenzstrafrechts (2002), S. 241 Fn. 808 m.w.N. Der Schuldnerbezug ergibt sich bereits aus dem grammatikalischen Zusammenhang, da der Täter „sein“ Vermögen durch die tatbestandlich umschriebenen Handlungen gefährden muss (§ 283 I, II, IV StGB). Der Schuldnerbezug lässt sich zudem unmittelbar auch aus dem tatbestandlichen Krisenerfordernis sowie der objektiven Strafbarkeitsbedingung des § 283 VI StGB und der auf diesen verweisenden §§ 283b III, 283c III StGB ableiten, da Krise, Zahlungseinstellung, Insolvenzverfahrenseröffnung und -ablehnung mangels Masse voraussetzen, dass der Täter Anderen zu geldwerten Leistungen verpflichtet ist. Zudem bezweckte der Gesetzgeber des 1. WiKG mit der Neuformulierung des § 283 StGB keine inhaltliche Abwei-

Damit ist der Anwendungsbereich des *zivilrechtlichen* Überschuldungsbegriffs im Hinblick darauf, wer Schuldner sein kann, auf den ersten Blick *enger* als der Anwendungsbereich des § 283 StGB.

Ob andererseits die *strafrechtlichen* Sanktionsnormen von Insolvenzverschleppung und Bankrott einen personell engeren Anwendungsbereich haben als das Zivilrecht, betrifft die generelle Problematik einer eigenständigen *Strafbarkeit von Verbandspersonen* (juristischen Personen und (teil-)rechtsfähigen Personengesellschaften).[70]

Zu klären ist daher einerseits, ob sich im Rahmen des § 283 StGB in bzw. wegen Herbeiführung der Überschuldung entsprechend der zivilrechtlichen Einschränkung nur Organe juristischer Personen (§ 14 I Nr. 1 StGB)[71] und Vertreter kapitalistischer Personenhandelsgesellschaften (§ 14 I Nr. 2 StGB) oder darüber hinaus alle am Handelsverkehr beteiligten *Kaufleute* bzw. Handelgesellschaften (§ 14 I Nr. 2 StGB) strafbar machen können, und ob sogar *Verbraucher* im Sinne des § 304 I InsO (alle natürlichen Personen und Personengesellschaften, die keine oder nur eine geringfügige wirtschaftliche Tätigkeit ausüben,)[72] dem personellen Anwendungsbereich des § 283 StGB in der Variante der Überschuldung unterfallen, soweit dies nicht aufgrund der tatbestandlichen Umschreibung der Bankrotthandlung ausgeschlossen

---

chung gegenüber den Vorgängernormen der §§ 239 StGB, die als Täter ausdrücklich den *Schuldner* bezeichneten; vgl. BT-Drs. 7/3341, S. 19 und *Tiedemann*, Insolvenzstrafrecht, 2. Aufl. (1996), Vor § 283 Rn. 59; *Röhm*, Abhängigkeit des Insolvenzstrafrechts (2002), S. 241. Diese Sonderdeliktseigenschaft weisen alle Insolvenztatbestände der §§ 283 ff. StGB mit Ausnahme des § 283d StGB auf: § 283d StGB erfordert zwar in der Person des Schuldners eine Krisensituation, als *Dritter* muss aber der Täter keine besonderen persönlichen Merkmale aufweisen. Da die auf Schuldnerseite erforderliche Krisensituation nicht die Überschuldung umfasst und die objektive Strafbarkeitsbedingung der Verfahrenseröffnung oder -ablehnung (Abs. I) nicht von den übrigen Bankrottdelikten abweicht, kann diese Ausnahme im Hinblick auf die Ausgangsfrage nach dem strafrechtlichen Überschuldungsbegriff vernachlässigt werden.

70 Ausführlich hierzu *Röhm*, Abhängigkeit des Insolvenzstrafrechts (2002), S. 242 ff.

71 Dass die von Bankrott und Insolvenzverschleppungsdelikten vorausgesetzte Schuldnereigenschaft ein persönliches Merkmal im Sinne des § 14 StGB ist, ist einhellige Meinung *BGHSt* 28, S. 371; *Kühl* in Lackner/Kühl, StGB, 25. Aufl. (2004), § 283 Rn. 3; Sch/Sch-*Lencker*, 26. Aufl. (2001), § 14 Rn. 11. Ausreichend ist insoweit, dass der Täter in einer besonders engen, qualifizierten Beziehung zum geschützten Rechtsgut steht. Der Schuldner hat zumindest auf das Gläubigervermögen Einflussmöglichkeiten, die ihm typischerweise durch Einräumung von Kredit gewährt sind und im Falle pflichtwidriger Ausübung einen gesteigerten Unwertgehalt begründen, das Näheverhältnis mithin qualifiziert ist. Dabei werden auch die Kreditwirtschaft und der gesamte Wirtschaftsverkehr als umstrittene Rechtsgutsbestandteile durch das Schuldnerverhalten tangiert. Ebenso setzen die Insolvenzverschleppungsdelikte eine Pflicht zur Eröffnung des Insolvenzantrags und damit das Bestehen von Verbindlichkeiten voraus. Zudem ist die Insolvenzantragspflicht ausschließlich für Gesellschaften vorgesehen, welche die Kaufmannseigenschaft nach § 1 II HGB oder § 6 HGB erfüllen. Vgl. *Tiedemann*, Insolvenzstrafrecht, 2. Aufl. (1996), Vor § 283 Rn. 59; *Gracia Martin* in Bausteine (1994), S. 19, 22; ebenso LK-*Schünemann*, (Stand 1993), 11. Aufl. (2003), § 14 Rn. 41.

72 „Verbraucher" im insolvenzrechtlichen Sinne der §§ 304 ff. InsO umfasst daher – abweichend von § 14 BGB – insbesondere auch Arbeitnehmer, Kleingewerbetreibende und Freiberufler, letztere weil die für das normale Regelinsolvenzverfahren geforderte wirtschaftliche Tätigkeit der gewerblichen Tätigkeit des § 1 HGB entspricht (vgl. *Pelz*, Strafrecht in Krise und Insolvenz (2004), Rn. 73). Dazu näher unter Dritter Teil A.

ist, wie etwa bei den auf die handelsrechtlichen Buchführungs- und Bilanzierungspflichten Bezug nehmenden § 283 I Nr. 5, Nr. 7 StGB.[73]

Zum anderen ist zu klären, ob als Täter der Insolvenzverschleppungsdelikte und des Bankrotts auch die Verbandsperson selbst in Frage kommt, deren Strafmaß dann nur auf die Verhängung einer Geldstrafe hinausliefe. Auch wenn diese Frage für alle Insolvenzgründe und Krisenmerkmale relevant ist, wird sie unter dem Blickwinkel der Überschuldungsstrafbarkeit aufgrund vermögenswirksamer, also massebezogener Auswirkungen von Geldstrafe besonders zu würdigen sein.

Auch die Problematik einer *berichtigenden Auslegung* des § 283 VI StGB stellt sich bei allen Krisenmerkmalen, ist aber für das Handeln in der Überschuldung ebenso wie für das die Überschuldung herbeiführende Handeln von besonderer Bedeutung. In dem zu diskutierenden Fall einer Einschränkung des Anwendungsbereichs von § 283 I Var. 1, II StGB auf den Personenkreis der insolvenzantragspflichtigen Rechtsformen kommt es gerade darauf an, wie der Konflikt zu lösen ist, dass einerseits die erforderliche *Schuldnereigenschaft* von der Verbandsperson erfüllt wird, § 283 VI StGB aber dem Wortlaut nach die objektive Strafbarkeitsbedingung an den *Täter*, also das handelnde Organ, anknüpft, so dass bei wortlautgetreuer Anwendung des § 283 StGB überhaupt kein Anwendungsfall für die erste Variante des § 283 I, II StGB verbliebe.

Von diesen überschuldungsspezifischen Fragen des personellen Anwendungsbereichs von § 283 zu trennen ist das *pars pro toto* unter dem Titel des *„faktischen Geschäftsführers/Vertreters“* diskutierte, generelle Problem zu trennen, ob § 14 III StGB eine nur deklaratorische Bestätigung einer auch im Übrigen für die Bestimmung des Täterkreises anzuwendenden Betrachtungsweise nach faktischen Gesichtspunkten darstellt und damit auch derjenige Normadressat sein kann, der die Funktion eines Vertreters wahrnimmt, ohne dass er jemals zu einem solchen – auch nicht rechtsunwirksamen – bestellt wurde,[74] oder ob § 14 III die Möglichkeit einer faktischen Sichtweise abschließend für den Fall konstitutiv normiert, dass ein Bestellungsakt erfolgte, dieser aber rechtsunwirksam ist[75] bzw. zumindest nach zivilrechtlichen Grundsätzen eine faktische Organschaft vorliegt.[76] Diese Problematik des § 14 StGB stellt sich zunächst bei den Insolvenzverschleppungsdelikten, die als echte Unterlassungsdelikte nur denjenigen erfassen können, der auch tatsächlich die Möglichkeit hat, die gebotene Handlung vorzunehmen, im konkreten Fall also

---

73 Der Sonderdeliktscharakter von § 283 I Nr. 5, 7, StGB als Sonderdelikt für Kaufleute ist einhellig anerkannt, vgl. *Kühl* in Lackner/Kühl, StGB, 25. Aufl. (2004), Vor § 13 Rn. 33; *Wessels/Beulke*, AT, 33. Aufl. (2003), Rn. 38 ff.; Sch/Sch-*Lencker*, 26. Aufl. (2001), Vor § 13, Rn. 131; Tröndle/*Fischer*, StGB, 52. Aufl. (2004), Vor § 13 Rn. 35.

74 *Bruns*, GA 1982, S. 19 ff.

75 So die ganz h.M., Sch/Sch-*Lencker/Perron*, 26. Aufl. (2001), § 14 Rn. 42; *Hoyer* in SK-StGB (2005), § 14, Rn. 79 f.; Tröndle/*Fischer*, StGB, 52. Aufl. (2004), § 14, Rn. 14; *Kühl* in Lackner/Kühl, StGB, 25. Aufl. (2004), § 14, Rn. 6; *Demuth/Schneider*, BB 1970, S. 646; *Hoyer*, NStZ 1988, S. 368 ff.

76 Vgl. zur Problematik des faktischen Geschäftsführers ausführlich *Tiedemann*, NJW 1986, S. 1845; *ders.*, Insolvenzstrafrecht, 2. Aufl. (1996), Vor § 283 Rn. 68 ff., *Plathner*, Bankrottatbestand (2002), S. 41; *Schäfer*, wistra 1990, S. 81; LK-*Schünemann* (Stand 1993), 11. Aufl. (2003), § 14 Rn. 67.

die Insolvenz zu beantragen.[77] Je nachdem, ob in zivilrechtlicher Hinsicht der faktische (einseitig die Geschäftsführung usurpierende ebenso wie der nicht bestellte aber mit Einverständnis des Geschäftsherrn handelnde) Geschäftsführer für *insolvenzantragsberechtigt* gehalten wird,[78] also das besondere persönliche Merkmal nach § 14 StGB verwirklicht, oder nicht, gerät eine Übernahme der zivilrechtlichen Analogie ins Strafrecht in Konflikt mit dem Bestimmtheitsgrundsatz des Art. 103 II GG, oder es scheidet eine Strafbarkeit aus.[79]

Und auch hinsichtlich des persönlichen Merkmals der *Schuldnereigenschaft* wird die Frage nach der Strafbarkeit faktischer Geschäftsführer relevant, nämlich dahingehend, ob die bei § 283 StGB und Insolvenzverschleppungsdelikten insoweit gleichermaßen erforderliche Zurechnung auch an den (ohne Existenz eines Bestellungsaktes) nur *faktisch* als Geschäftsführer Handelnden erfolgen kann.

Da allerdings diese Frage nicht von überschuldungspezifischer Relevanz ist, soweit nicht gerade für die Akzessorietätsproblematik der Überschuldung relevante Ableitungen dahingehend diskutiert werden, ob die faktische Betrachtungsweise als generelle Auslegungsmethode anzuerkennen sei,[80] wird die Problematik des faktischen Geschäftsführers im Rahmen dieser Untersuchung auch nur soweit berücksichtigt, wie sie speziell für die Akzessorietätsfrage strafrechtlicher Begriffsbildung bedeutsam werden kann.

II. Funktionszusammenhang

Diese gesetzestechnischen Besonderheiten gehen Hand in Hand mit der zweiten Problemquelle: dem differierenden Funktionszusammenhang, in welchem der Überschuldungstatbestand des Bankrotts und der Insolvenzverschleppungsdelikte stehen.

Funktionsdifferenzen sind für die Bestimmung des strafrechtlichen Überschuldungsbegriffs besonders bedeutsam, weil der Funktionszusammenhang eines Tatbestandsmerkmals grundsätzlich ausschlaggebend für dessen Inhaltsbestimmung ist.[81]

---

77 Vgl. *Tiedemann* in Scholz, GmbHG, 9. Aufl. (2002), § 84 Rn. 32; vgl. ausführlich hierzu auch *Plathner*, Bankrottatbestand (2002), S. 56 ff.

78 Vgl. hierzu *K. Schmidt*, in Scholz, GmbHG 9. Aufl. (2002), § 64 Rn. 7.

79 Vgl. hierzu ausführlich *Tiedemann* in Scholz, GmbHG 9. Aufl. (2002), § 84 Rn. 32 und hierzu *Plathner*, Bankrottatbestand (2002), S. 56 ff.

80 Vgl. insoweit *Plathner*, Bankrottatbestand (2002), S. 39 ff.

81 Vgl. bereits *Engisch*, Einheit der Rechtsordnung (1935), S. 43 ff., 45 Fn. 1 m.w.N.; aus der methodischen Literatur ferner *Felix*, Einheit der Rechtsordnung (1998), S. 188 ff., *Zippelius*, Methodenlehre, 9. Aufl. (2005), S. 1, 54 f.; aus der strafrechtlichen Literatur zur Frage des Überschuldungstatbestandes *Achenbach*, Schlüchter-Gds. (2002), S. 259 f.; *Groth*, Überschuldung (1995), S. 98; *Harneit*, Überschuldung (1984), S. 99; *Moosmayer*, Einfluß der InsO (1997), S. 145; *Penzlin*, Auswirkungen der InsO (2000), S. 71; *Plathner*, Bankrottatbestand (2002), S. 200; *Röhm*, Abhängigkeit des Insolvenzstrafrechts (2002), S. 158 (allerdings ohne die Funktion zum Auslegungsmaßstab zu erklären); implizit *Tiedemann*, Insolvenzstrafrecht, 2. Aufl. (1996), Vor § 283 Rn. 155.

Unterschiede bestehen dabei sowohl im Verhältnis des Bankrotts zu § 19 II InsO als auch auf strafrechtlicher Ebene im Verhältnis Bankrott zu Insolvenzverschleppungsdelikten, wodurch eine insoweit differenzierende Untersuchung bei der Frage nach der Verbindlichkeit der zivilrechtlichen Überschuldungdefinition für das Strafrecht gefordert ist.

Indem die *Insolvenzverschleppungsdelikte* das Unterlassen der in §§ 92 II AktG, 64 I GmbHG, 99 I GenG, 130a I, IV HGB geforderten Beantragung des Insolvenzverfahrens bei Vorliegen eines Insolvenzeröffnungsgrundes unter Strafe stellen, sanktionieren sie ein Verhalten, welches nicht nur unmittelbar sachlich und zeitlich mit dem Eintritt der Überschuldung korrespondiert, sondern auf die Überschuldung gerade in ihrer Funktion als Eröffnungsgrund i.S.d. §§ 16 I, 19 I InsO Bezug nimmt. Denn die Pflichtwidrigkeit des in den §§ 401 I Nr. 2, II AktG, 84 I Nr. 2, II GmbHG, 130b HGB, 148 I Nr. 2, II GenG, sanktionierten Verhaltens folgt unmittelbar aus der auf dem *Eröffnungsgrund* basierenden Antragspflicht. Die Überschuldung fungiert hier als *Auslöser der Insolvenzantragspflicht*.[82]

Dementsprechend bestehen auch in personeller Hinsicht keine Divergenzen zwischen dem Anwendungsbereich der Insolvenzverschleppungsdelikte und der ihnen vorgelagerten Antragspflichtigkeit. Nur der in § 19 InsO festgelegte Personenkreis der Kapitalgesellschaften und „kapitalistischen" Personengesellschaften ist tauglicher Täterkreis im Rahmen der Insolvenzverschleppungsdelikte. Dies gilt uneingeschränkt auch für die Genossenschaft, bei der die Überschuldung abweichend von § 19 I InsO nur in den von § 98 Nr. 1–3 GenG enumerativ aufgeführten Fällen Eröffnungsgrund ist, da kongruent auch die Antragspflicht nach § 99 I 2 GenG auf die Fälle des § 98 GenG beschränkt ist, also auch im Hinblick auf die Strafbarkeit keine Divergenzen zwischen Antragspflichtigkeit und Strafbarkeit entstehen können.

Demgegenüber kommt der Überschuldung im Rahmen des *Bankrotts* (§ 283 StGB) eine vom insolvenzrechtlichen Eröffnungsgrund unabhängige Funktion als Krisenmerkmal zu, da die sanktionierten Pflichtverletzungen in Handlungen bestehen, welche ihrer Art nach unabhängig von dem Vorliegen eines Eröffnungsgrundes sind, weil sie sich gerade nicht in der unterlassenen Antragstellung erschöpfen, sondern einen eigenständigen Handlungskern beinhalten. Die aufgeführten Verhaltensweisen „Vermögen beiseite schaffen" (Abs. 1 Nr. 1), „Geschäfte" i.S.d. Abs. 1 Nr. 2 „eingehen", usw. sowie das „in einer anderen (...) Weise seinen Vermögensstand" Verringern oder „seine wirklichen geschäftlichen Verhältnisse" Verheimlichen oder Verschleiern (Abs. 1 Nr. 8) sind ihrer Art nach selbstständig.

§ 283 StGB enthält also eine Auswahl von näher umschriebenen Handlungen, die, wenn sie im Zeitpunkt der Überschuldung vorgenommen werden, „den Anforderungen einer ordnungsgemäßen Wirtschaft grob widersprechen (...)."[83] Weder erschöpfen sich diese Handlungen im bloß allgemein die Vermögensmasse gefähr-

---

82 Vgl. näher hierzu Dritter Teil B. und C und bereits auch *Tiedemann* in Scholz, GmbHG, 9. Aufl. (2002), Rn. 7 ff.

83 Vgl. den Auffangtatbestand des § 283 I Nr. 8 StGB, der mit der Wortwahl „in einer *anderen*" signalisiert, dass die zuvor in den Ziffern eins bis sieben aufgeführten Handlungen insoweit eine Auswahl darstellen.

denden Weiterwirtschaften trotz Antragspflicht (wie bei den Insolvenzverschleppungsdelikten), noch nehmen die von § 283 StGB tatbestandlich umschriebenen *Handlungen* auf die verfahrensrechtliche Seite und damit auf die Überschuldung als Eröffnungsgrund Bezug. Die Überschuldung markiert hier nur einen Grenzpunkt, dessen Eintritt zwecks Erhaltung der restlichen, den Gläubigern „zustehenden"[84] Masse, so dass der Täter im Zeitpunkt, da das Vermögen nicht einmal mehr zur Deckung seiner Verbindlichkeiten ausreicht, bestimmte, als besonders masseschädigend erkannte Handlungen zu unterlassen hat. Die Überschuldung fungiert im Rahmen des Bankrotts damit als *allgemeines Krisenmerkmal*, welches dem Täter gegenüber der verfahrensrechtlichen Situation *eigenständige* Sorgfaltspflichten auferlegt.[85]

Bereits insoweit entspricht der Überschuldungsbegriff des Bankrotts in seiner Funktion nicht ohne weiteres dem insolvenzrechtlich definierten Eröffnungsgrund.

Auch die in personeller Hinsicht allgemein gehaltene Formulierung in § 283 I StGB („wer") verursacht weitere Probleme hinsichtlich der „Kompatibilität" des bankrottrechtlichen Überschuldungstatbestandes; dies nicht nur hinsichtlich des tauglichen Täterkreises selbst[86], sondern wiederum auch in Reflexion auf die Inhaltsbestimmung des strafrechtlichen Überschuldungstatbestandes in sachlicher Hinsicht:

---

84 Ob Vermögen des Schuldners den Gläubigern *„zusteht"*, ist in dem hier gemeinten Sinn danach zu beantworten, ob der Schuldner aus Gründen des Gläubigerschutzes nicht mehr frei über das Vermögen verfügen darf, wie es der Gesetzgeber für Schuldner mit Haftungsbeschränkung auf das Gesellschaftsvermögen bereits dann für nötig erachtet, wenn die gegenüber dem Rechtsverkehr kundgemachte Haftungsmasse (gezeichnetes Stammkapital) gefährdet ist. Schon in der Zone der sog. *Unterbilanz*, wenn das nominelle Stammkapital/Grundkapital vom Reinvermögen der Gesellschaft (Aktiva abzüglich Verbindlichkeiten und Rückstellungen) nicht mehr voll gedeckt ist, ist der Schuldner daher aufgrund von Kapitalerhaltungsregeln gehindert, das Gesellschaftsvermögen durch Ausschüttung an seine Gesellschafter zu schmälern (zur Definition *Ulmer* in Hachenburg, GmbHG, 8. Aufl. (1991), § 30 Rn. 29 ff.; *Westermann* in Scholz, GmbHG, 9. Aufl. (2000), § 30 Rn. 17; *Groth*, Überschuldung (1995), S. 25 mit weiteren Abgrenzungen zu Verschuldung und Unterkapitalisierung. *Unterbilanz* entsteht daher in dem Augenblick, in dem Verluste und sonstige Eigenkapitalminderungen größeren Umfangs das Eigenkapital schmälern und als besondere Korrekturposten zum Kapital auf der Aktivseite der Bilanz ausgewiesen werden müssen, vgl. *Uhlenbruck*, InsO, 12. Aufl. (2003), § 19 Rn. 11. Das Gesellschaftsvermögen unterliegt (spätestens) dann einer Ausschüttungssperre (vgl. bspw. §§ 30 ff. GmbHG; demgegenüber noch weitergehender Schutz des Sondervermögens in der Aktiengesellschaft nach §§ 57, 58 V, 62 AktG, vgl. *Westermann* in Scholz, GmbHG, 9. Aufl. (2000), § 30 Rn. 1, 2, 5). Erst recht steht den Gläubigern das verbliebene Vermögen bei der von der Unterbilanz zu unterscheidenden *Überschuldung* zu, wenn es nicht einmal mehr zur Deckung aller Gesellschaftsverbindlichkeiten ausreicht (vgl. Westermann in Scholz, GmbHG, 9. Aufl. (2000), § 30 Rn. 17; auch *Tiedemann*, Insolvenzstrafrecht, 2. Aufl. (1996), Vor § 283 Rn. 155). Ob auch das Vermögen überschuldeter natürlicher Personen oder Personengesellschaften mit natürlicher Person als persönlich Haftendem den Gläubigern *zusteht*, ist mangels sonstiger Kapitalerhaltungsvorschriften und Insolvenzantragspflichten allein davon abhängig, ob der Bankrott bei Überschuldung auch auf diese Anwendung findet.

85 Dazu näher unter Dritter Teil A. und C. IV.

86 Der taugliche Täterkreis bezieht sich auf die Rechtsform des Schuldners und betrifft die Frage, ob tauglicher Täterkreis entsprechend der Einschränkung des § 19 I, III InsO nur die Geschäftsleitenden der juristischen Personen und kapitalistischen Personengesellschaften sein können. Dazu ausführlich unter Dritter Teil A.

Die von dem Kreis der gem. §§ 19 I, III, 16 I InsO auch bei Überschuldung antragspflichtigen Gesellschaftsformen losgelöste Tatbestandsformulierung legt ebenfalls nahe, dass die Überschuldung nach § 283 StGB in einem anderen, vom zivilrechtlichen Eröffnungsgrund gelösten Funktionszusammenhang steht.

Auf den ersten Blick scheint damit die bereits durch die gesetzestechnische Regelung nahe gelegte Vermutung durch die Divergenz der Funktionszusammenhänge bestätigt, dass der Überschuldungsbegriff der Insolvenzverschleppungsdelikte einer stärkeren Bindung an die zivilrechtliche Vorgabe in § 19 II InsO unterliege, als der Überschuldungstatbestand des Bankrotts.[87]

Doch so eindeutig ist dies nicht, wie bereits durch die Existenz abweichender Meinungen belegt wird.[88]

Die Problematik des Funktionszusammenhangs, in dem der strafrechtliche Überschuldungsbegriff verankert ist, ist vielschichtiger. Dies wird offenbar, wenn man die Funktion der Überschuldung vor dem Hintergrund der Tatsache beleuchtet, dass das Strafrecht den Verstoß gegen Verhaltensanforderungen sanktioniert,[89] die bereits in einer dem Straftatbestand vorgelagerten Verhaltensnorm verankert sind.[90] Dann zeigt sich, dass sich die auf den ersten Blick unterschiedlich erscheinenden Funktionen des strafrechtlichen Überschuldungsmerkmals je nach Fragestellung bei der Suche nach der Verhaltensnorm durchaus ähneln können.[91] Denn auch die Funktion eines Tatbestandes und damit auch der Funktionszusammen-

---

87 So beschränkt auch *Achenbach* unter Berufung auf den unterschiedlichen Funktionszusammenhang des Überschuldungstatbestands in Insolvenzverschleppung und Bankrott von vornherein seine Fragestellung auf die bankrotttatbestandliche Überschuldungsdefinition: „Im Rahmen der Strafnormen, welche die verspätete Stellung des Antrages auf Eröffnung des Insolvenzverfahrens, die sog. Insolvenzverschleppung pönalisieren, kann eine Divergenz von Insolvenzrecht und Strafrecht nicht in der gleichen Weise auftreten." (*Achenbach*, Schlüchter-Gds. (2002), S. 258).

88 Den Überschuldungsbegriff im Rahmen der Insolvenzverschleppung von § 19 II InsO abweichend bestimmt z.B. *Penzlin*, Auswirkungen der InsO (2000), S. 137 ff.

89 „Die Notwendigkeit [einer trennscharfen Differenzierung zwischen Verhaltens- und Sanktionsnorm] ist heute im Grundsatz sowohl norm- und rechtstheoretisch als auch rechtssoziologisch unbestritten" (*Haffke*, Coimbra-Symposium (1995), S. 89).

90 Zur Differenzierung zwischen Sorgfaltsnorm und strafrechtlicher Sanktionsnorm wird im Folgenden die von *Haffke* gewählte Terminologie übernommen. Danach *erfüllt* das Verhalten des Verbrechers den ersten Teil des Strafgesetzes (*Sanktionsnorm*), aber er *übertritt*, er *verletzt* die dem Strafgesetz vorgelagerten Rechtsätze (*Verhaltensnorm*). (*Haffke*, Coimbra-Symposium (1995), S. 90). Dementsprechend können die Merkmale, aus denen die vorgelagerte Verhaltensnorm besteht, als *Normwidrigkeitsmerkmale* oder auch *Deliktsmerkmale* und die Merkmale der strafrechtlichen Sanktionsnorm auch als *Strafbarkeitsmerkmale* oder *Verbrechensmerkmale* bezeichnet werden (*Haffke*, a.a.O. S. 94). Vgl. auch den ähnlichen Ansatz bei *Moosmayer*, Einfluß der InsO (1997), S. 145. Näher sogleich unter Dritter Teil C. IV. 1. a).

91 Zur Notwendigkeit der Kenntnis über die Verhaltensnorm für die Inhaltsbestimmung von Tatbestandsmerkmalen vgl. nur *Haffke*, Coimbra-Symposium (1995), S. 94 f.: „Wir benötigen eine ganz klare Vorstellung von dem, was eigentlich der Inhalt der Verhaltensnorm ist; denn nur sie erlaubt die saubere und trennscharfe Differenzierung von Argumenten, die teils für oder gegen die Normwidrigkeit, teils für oder gegen die Strafbarkeit eines Verhaltens vorgebracht werden (S. 95). Um zu wissen, was Normwidrigkeitsmerkmale sind, muß man natürlich wissen, wie die Norm lautet (S. 94)."

hang eines Tatbestandsmerkmals werden durch die vorgelagerte Verhaltensnorm bestimmt.[92]

Je nach Grad der Identifizierung von Normwidrigkeits- und Strafbarkeitsmerkmalen lässt sich eine größere oder geringere Funktionengleichheit des Überschuldungsbegriffs bei Insolvenzverschleppung und Bankrott erzielen.

Denn ausgehend von der Zwecksetzung der strafrechtlichen Insolvenzverschleppungsregelungen, die verhaltenssteuernde Wirkung der zivilrechtlich geregelten Insolvenzantragspflicht zu garantieren,[93] könnte die den Insolvenzverschleppungsdelikten vorgelagerte Verhaltensnorm ganz spezifisch anhand der Zweckrichtung der Insolvenzantragspflicht ausgerichtet werden. Mit dem Ziel, beschränkt haftende Rechtsträger bei Aufzehrung der Vermögensmasse durch Verbindlichkeiten zum Schutz der Neugläubiger vor Kontrahierungsschäden und zum Schutz der Altgläubiger von der weiteren Teilnahme am Wirtschaftsverkehr auszuschließen und dadurch die Gefahr einer weiteren Schmälerung der Vermögensmasse durch Eingehen neuer Verbindlichkeiten und drohende Verluste zu bannen,[94] könnte die den Insolvenzverschleppungsdelikten vorgelagerte Verhaltensnorm ganz konkret und mit der (über die Verweisung auf die zivilrechtliche Antragspflicht als Deliktsmerkmal inkorporierten) Antragspflicht identisch lauten: *„Du sollst im Falle des Vorliegens eines Eröffnungsgrundes Insolvenzantrag stellen."*

Die Folge wäre eine Abweichung von den durch die Bankrottregelungen angedeutete Verhaltensnorm, die durch Umschreibung spezifisch massegefährlicher Handlungen dem Erhalt der den Gläubigern zustehenden Vermögensmasse dienen und dementsprechend lauten müsste: *„Du sollst die dort beschriebenen Handlungen unterlassen, wenn du überschuldet bist."*

Dann wäre ein unterschiedlicher Funktionenzusammenhang des Überschuldungstatbestandes bzgl. Insolvenzverschleppung und Bankrott tatsächlich vorgezeichnet und auch eine Abweichung des bankrottrechtlichen Überschuldungstatbestands vom insolvenzrechtlichen Eröffnungsgrund nahe liegend.

Aber die Verhaltensnorm ist auch ganz abstrakt formuliert denkbar:[95] *„Du sollst die Befriedigungsinteressen deiner Gläubiger nicht gefährden, wenn du überschuldet bist"*, indem du die deinen Altgläubigern zustehende Vermögensmasse keiner weiteren Schmälerungsgefahr aussetzen darfst (weder durch dein Haftungsvermögen immer abstrakt gefährdendes Weiterwirtschaften am Markt (Insolvenzverschleppungsdelikte) und erst recht nicht durch die Vermögensmasse besonders gefährdende oder gar schädigende Handlungen, die über die allgemeine, durch die Teilnahme am Wirtschaftsverkehr bedingte Gefährlichkeit hinausgehen (Bankrott) und indem du die Neu-

---

92 Vgl. das anschauliche Beispiel anhand § 242 StGB bei *Haffke*, Coimbra-Symposium (1995), S. 95.

93 Die Normsuche aus der Aufgabe ableitend ebenso *Haffke*, Coimbra-Symposium (1995), S. 94.

94 Vgl. statt aller *Groth*, Überschuldung (1995), S. 26 und näher unter Dritter Teil A. I. und B.

95 Eine Abstrahierung der Verhaltens- von der Sanktionsnorm ist wegen des ansonsten drohenden Verlusts des Erkenntnisgewinns aus der Differenzierung zwischen Verhaltens- und Sanktionsnorm bei zu starker Identifizierung sogar wünschenswert, vgl. *Haffke*, Coimbra-Symposium (1995), S. 94.

gläubiger nicht gefährden darfst, deren Befriedigungsinteressen bei Kontrahierung mit dir ebenfalls gefährdet sind.[96]

Unter diesem Abstraktionsgrad bei der Formulierung der den Sanktionsnormen vorgelagerten Verhaltensnorm läge den Insolvenzverschleppungsdelikten und dem Bankrott dieselbe Verhaltensnorm zugrunde, so dass sich insoweit auch hinsichtlich der Funktion des Überschuldungstatbestands eine Identität abzeichnen könnte.

Damit wird die Frage nach der Funktionsdivergenz von insolvenzverschleppungs- und insolvenzstrafrechtlichem Überschuldungstatbestand vor allem durch die Wahl des Abstrahierungsgrades bei der Formulierung der Verhaltensnormen bestimmt,[97] die es genauer zu untersuchen gilt.

Einer vorschnellen Ungleichbehandlung von Insolvenzverschleppungsdelikten und Bankrott steht zudem entgegen, dass es auch bei der Insolvenzverschleppung letztlich um die Funktion der Überschuldung als *Sorgfaltspflichten* auslösendes Moment geht, entsprechend der Sorgfalt eines ordentlichen Geschäftsmannes bei Überschuldung Insolvenzantrag zu stellen.[98]

Zur Beantwortung der Frage, inwieweit § 19 InsO eine für das Strafrecht verbindliche Vorgabe darstellen kann, ist der Funktionszusammenhang beider Delikte genau zu untersuchen.

III. Unsicherheiten bei der Überschuldungsfeststellung

Der dritte und größte Problemkreis betrifft die Unsicherheiten bei der Überschuldungsfeststellung, die vornehmlich Fragen nach der Vereinbarkeit einer zivilrechtsgleichen Auslegung des Überschuldungstatbestandes mit den rechtsstaatlichen Anforderungen an einen Straftatbestand aufwerfen. Aus ihm können sich wiederum Gründe ergeben, welche der Übertragbarkeit und – damit einhergehend – einer Verbindlichkeit der zivilrechtlichen Definition entgegenstehen können.

Die Unsicherheiten bei der Überschuldungsfeststellung sind in der zivilrechtlichen Überschuldungsdefinition selbst verankert und gehen letztlich auf das ihr zugrunde liegende Phänomen der Überschuldung als Umschreibung eines ökonomischen Zustands der Vermögensinsuffizienz zurück, der im Gegensatz zur Zahlungsunfähigkeit ein „zeitraumfüllendes Ereignis“ darstellt und nur mittelbar feststellbar ist.[99]

---

96 Daran ändert auch das Außenhaftungskonzept des *BGH* nichts, wonach der Neugläubiger bspw. nach § 64 I GmbHG, § 823 II BGB den vollen Kontrahierungsschaden ersetzt bekommt, weil insoweit der Schuldner personenverschieden ist.

97 Dies bedeutet allerdings keine Beliebigkeit in der Wahl der Verhaltensnorm; vielmehr hat diese anhand feststehender Kriterien zu erfolgen, vgl. *Haffke*, Coimbra-Symposium (1995) S. 94.

98 Insoweit ist *Achenbach* in Schlüchter-Gds. (2002), S. 258 zu widersprechen, der eine genauere Untersuchung der Überschuldung als Insolvenzverschleppungsstraftatbestand für entbehrlich hält.

99 *Stüdemann*, Geleitwort in Klar, Überschuldung (1987), S. V. Hierzu näher sogleich unter Einleitung D. II. 1. a).

Denn „Überschuldung bewegt sich auf leisen Sohlen, schleicht sich ein, schimmert kurz auf, scheint wieder zu vergehen, tritt allmählich stärker ins Bewusstsein, steigt zunächst nur als Verdacht auf, wird erst später zur Gewissheit (...).“ [100]

Das Kernproblem im Rahmen der Überschuldungsfeststellung ist die Bewertung des Vermögens, bei der zum einen *zukunftsbezogene* Ereignisse zu berücksichtigen sind (Fortführungsprognose und ggf. Ansatz der Vermögensgegenstände und Verbindlichkeiten [101] zu Fortführungswerten), die prognostische Aussagen über die künftige Entwicklung des Unternehmens verlangen und zum anderen eine *objektive* Aussagc über die Vermögenssituation des Schuldners anhand einer Bewertung von Vermögensgegenständen gefordert wird, die ihrer Natur nach aber *subjektiv*, weil vom Wertenden abhängig ist.[102]

Sowohl die Tatsache selbst, dass wegen Divergenz von einer objektiv zu treffenden Aussage anhand subjektiver Bestimmungsgrößen und wegen des Erfordernisses prognostischer Feststellung letztlich nur eine „Schätzung“ erfolgen kann, ob tatsächlich eine Vermögensinsuffizienz vorliegt *(der Überschuldung inhärente Unsicherheiten)*, als auch in Reflexion darauf eine Vielzahl verschiedener Auffassungen und Bewertungsmodelle für die Überschuldungsermittlung besteht (reflexive Unsicherheiten – Meindungsvielfalt), führen auf strafrechtlicher Seite zu Bedenken, ob der Überschuldungstatbestand mit den rechtsstaatlichen Anforderungen an die Bestimmtheit eines Straftatbestands noch vereinbar ist:

1. Der Überschuldung inhärente Unsicherheiten – Divergenz von objektiver Aussage und subjektiven Bestimmungsgrößen, Prognoserisiken

Überschuldung meint eine objektiv vorliegende Vermögensinsuffizienz des Schuldners, zu deren Feststellung eine Bewertung des schuldnerischen Vermögens erforderlich ist.

Der „Wert“ eines Vermögens hängt aber grundsätzlich davon ab, welchen Nutzen er seinem aktuellen oder potentiellen Inhaber bietet, ist also stark subjektiv geprägt.

Dementsprechend wurde die Anfang des 20. Jh. in der konkursrechtlichen Debatte aufkommende Forderung, dass in Abkehr von handelbilanziellen Werten in den Überschuldungsstatus [103] „wahre Werte“ einzusetzen seien, 1958 von *Pribilla* mit der heute einhellig herrschenden Erkenntnis bedacht, dass es *den wahren Wert* nicht gebe, da er vom Wertenden abhängig und damit subjektiv geprägt ist.[104]

---

100 *Stüdemann*, Geleitwort in Klar, Überschuldung (1987), S. V.

101 Ob nur die Vermögensgegenstände oder auch die Verbindlichkeiten in Abhängigkeit von der Fortführungsfähigkeit der Gesellschaft in der Überschuldungsbilanz anzusetzen sind, ist umstritten. Näher dazu unter Erster Teil A. VI. 1. d) und Zweiter Teil A. VI. 1., B. III. 3. a).

102 Vgl. *Stüdemann*, Geleitwort in Klar, Überschuldung (1987), S. V.

103 Die Begriffe „Überschuldungsstatus“ und „Überschuldungsbilanz“ werden hier und im Folgenden synonym gebraucht.

104 *Pribilla*, KTS, 1958 Teil 1, S. 1 u. Teil 2, S. 17, 4: „Der wahre Wert“ sei eine „Utopie“.

Zahlreiche Modelle aus der Betriebswirtschaft zur Unternehmensbewertung versuchen den Spagat zwischen allgemeingültiger Aussage und subjektiver Bestimmungsgröße bestmöglich durch Näherungslösungen zu meistern.

Dabei sahen und sehen sie sich noch heute dem Problem ausgesetzt, geeignete Kriterien zur Objektivierung der anzusetzenden Werte zu bestimmen, für das verschiedene Lösungsmodelle im Rahmen der Bewertungsmethoden angeboten werden. Dass eine bilanzielle Ermittlung als objektivierender Faktor dieses Problem allein nicht zu lösen vermag, legt ausführlich *Hommel* dar, der auf die präjudizielle Wirkung der – von *subjektiven* Einschätzungen geprägten – Fortführungsprognose hinweist.[105]

Zudem wird bezweifelt, ob die Methode der Vermögensbewertung generell ein geeigneter Ansatzpunkt für die Werte in der Überschuldungsbilanz ist.

Denn die von der Betriebswirtschaft entwickelten Grundsätze zur Vermögensbewertung wurden auf eine *Verkaufssituation* ausgerichtet, da das Bedürfnis objektivierter Werte vor allem in Situationen des Unternehmenskaufs bestand. Dementsprechend fragen die betriebswirtschaftlichen Regeln zur Unternehmensbewertung danach, welchen Wert ein potentieller Erwerber des Unternehmens zu zahlen bereit wäre und sind demzufolge dynamisch ausgerichtet.

Die dynamische Ausrichtung weckt Zweifel, ob sich die auch zur Überschuldungsfeststellung herangezogenen Methoden der Unternehmensbewertung hierfür überhaupt eignen.[106]

Denn auch wenn im Rahmen der aktuellen Überschuldungsfeststellung dynamische Gesichtspunkte im Rahmen der Fortführungsprognose und bei Ansatz von Fortführungswerten zum Tragen kommen, so wird die Überschuldung in ihrer Umschreibung einer objektiven Situation als eine doch eher statischere Größe verstanden als die aus der dynamischeren Situation des Unternehmenskaufs ermittelten Größen von *Ertrag, Ertragswert* und *Ertragsfähigkeit*.[107]

Mit der Entwicklung eines dynamisch ausgerichteten, zweistufigen Überschuldungsbegriffs, wonach je nach prognostizierter Überlebensfähigkeit des Unternehmens die Überschuldung auf unterschiedliche Weise zu ermitteln ist, wurde die Feststellung der Überschuldung vor allem mit dem Unsicherheitsfaktor der *Prognose* belastet. Das einer jeden Prognose inhärente Risiko einer Fehleinschätzung bedingt eine Unsicherheit, ob sich das aus der Sicht *ex ante* getroffene Urteil über die Fortführungsfähigkeit des Unternehmens *ex post* bestätigt oder möglicherweise gar keine Überschuldungssituation hätte angenommen werden dürfen.

Dabei begegnet auch die § 19 II InsO zugeschriebene Überschuldungsdefinition nach der sog. *traditionell zweistufigen Methode* nicht weniger Bedenken hinsichtlich

---

105 *Hommel*, ZfB 1998, S. 297 ff., 303, 304.
106 Vgl. *Tiedemann*, Insolvenzstrafrecht, 2. Aufl. (1996), Vor § 283 Rn. 157.
107 Deshalb für reine Liquidationswertbetrachtung im Strafrecht *Franzheim*, NJW 1980, 2501 und wistra 1984, S. 212 f. Weniger weitgehend *Tiedemann*, Insolvenzstrafrecht, 2. Aufl. (1996), Vor § 283 Rn. 157.

der Vereinbarkeit mit den rechtsstaatlichen Anforderungen an den Straftatbestand als bereits der vor der Insolvenzrechtsreform herrschende sog. mod. zweistufige Überschuldungsbegriff.[108]

Zwar wird der Fortführungsprognose danach weniger Gewicht beigemessen, indem sie nunmehr als Bewertungsprämisse lediglich über den Ansatz von Liquidations- oder Fortführungswerten entscheidet und eine positive Prognose allein nicht mehr die Überschuldung zu verhindern vermag; jedoch werden dadurch die rechtsstaatlichen Bedenken einer strafrechtlichen Anknüpfung nicht gemindert. Denn die Verringerung der Prognosewirkung erfolgt lediglich zu Lasten des Täters, weil nunmehr eine positive Prognose allein nicht mehr vor der Strafbarkeit schützt; mit der traditionell zweistufigen Methode ist gegenüber der modifiziert zweistufigen Methode eine Vorverlagerung des Überschuldungseintritts verbunden, die bei Anknüpfung strafrechtlicher Tatbestände strafschärfend wirkt.

Neue Unsicherheiten birgt eine Vorgehensweise nach der traditionell zweistufigen Methode, indem sie die höchst streitige Bewertung von Vermögensgegenständen zu Fortführungswerten erforderlich werden lässt (dazu sogleich unter 2.).

Und nicht nur die dynamischen Elemente des Überschuldungsbegriffs bergen ein Schätzungsrisiko in sich. Sogar unter Annahme der Liquidation gestaltet sich die Bewertung des Vermögens schwierig. Der Liquidationswert hängt seiner Höhe nach ebenfalls von Annahmen ab – prognostizierte Liquidationsgeschwindigkeit und Zerschlagungsintensität –, die ihn zu den „am schwierigsten feststellbaren Werten zählen lässt."[109]

Dementsprechend findet sich bereits in den Motiven zur Konkursordnung von 1877 Kritik an dem damals rein liquidationswertorientiert ausgelegten Überschuldungstatbestand: Die Feststellung der Vermögensunzulänglichkeit setzte eine Schätzung der Aktiva und eine Prüfung der Schulden des Gemeinschuldners zum Zwecke gegenseitiger Abwägung voraus; eine derartige Vermögensübersicht sei ohne die entgegenkommende Mitwirkung des Gemeinschuldners oder die Zuhilfenahme „bedenklicher Fiktionen und Präsumtionen" kaum zu erlangen.[110]

Andererseits steht diesen der Überschuldung inhärenten Unsicherheiten das Bedürfnis nach einem nahezu einhellig als unverzichtbar eingestuften strafrechtlich gewährleisteten Gläubigerschutz gegenüber.[111]

Denn zivilrechtliche Sanktionen reichen gerade dann nicht, wenn das Vermögen ohnehin nicht mehr dem Täter für eigene Zwecke nützt, weil es vorrangig der Befriedigung von Gläubigern dient, also hinzukommende Verbindlichkeiten aus zivilrechtlicher Haftung auch keinen subjektiv größeren Schaden bedeuten. Hinzukommende Ansprüche belasten lediglich eine Vermögensmasse, von der im Falle der

---

108 Zur Regierungsbegründung (BT-Drs. 12/7302, S. 157) und den Auffassungen in Rechtsprechung und Lehre näher unter Zweiter Teil A. II., B. I.

109 Vgl. *Höffner*, BB 1999, S. 199.

110 Motive zum Entwurf der Konkursordnung, abgedruckt bei *Hahn/Mugdan*, Materialien zu den Reichs-Justizgesetzen, Band 4 (1881), S. 291 f.; *Arens*, Überschuldungsprüfung (1991), S. 98.

111 Dazu ausführlich unter Dritter Teil A. I., B.

Vollstreckung aller Gläubigeransprüche ohnehin nichts mehr für ihn verbleibt, was durch weitere zivilrechtliche Verbindlichkeiten geschmälert werden könnte. Zweckadäquate Insolvenzauslöser müssen daher die Gläubiger dazu befähigen, auslöseunwillige Schuldner gesetzlich zu einer *rechtzeitigen* Auslösung des Insolvenzverfahrens zu zwingen[112] und zweckadäquate Krisenmerkmale müssen *rechtzeitig* erhöhte Sorgfaltserfordernisse einfordern.[113]

Dabei ist auf der anderen Seite zu berücksichtigen, dass eine Einleitung des Insolvenzverfahrens und Einschränkungen bei der Zulässigkeit bestimmten Wirtschaftens (§ 283 StGB) rechtlich erst dann vertretbar sind, wenn die Gläubigeransprüche erkennbar gefährdet sind. Denn als Anknüpfungstatsache strafrechtlicher Sanktionen unterliegt der Überschuldungstatbestand aus rechtsstaatlicher Sicht einer erhöhten Legitimationsnotwendigkeit.

Sofern man daher eine sorgfältige Analyse der zukünftigen Unternehmensentwicklung zur Bestimmung dieses Zeitpunktes für erforderlich hält, anstatt eine ausschließliche Liquidationswertbetrachtung anzustellen, sind Prognoseelemente unverzichtbar.

Dies mindert wiederum die juristische Handhabbarkeit und gerät in Konflikt mit dem Gebot der Tatbestandsbestimmtheit als dem rechtsstaatlichen Garant für die Vorhersehbarkeit von Strafe.

Damit besteht das Dilemma, dass eine hohe Funktionsgerechtigkeit des Insolvenzauslösers und der Krisendeterminante grundsätzlich einen großen Unbestimmtheitsgrad in der Messung erfordert, während umgekehrt eine hohe Präzisierung und inhaltliche Festschreibung einen Verlust an Funktionsgerechtigkeit mit sich bringt.[114] Die Fundamentalprinzipien des legitimierend wirkenden Strafbedürfnisses und des Gebots der Tatbestandsbestimmtheit stehen sich daher diametral gegenüber.

Die rechtsstaatlichen Bedenken mit dem Bedürfnis nach strafrechtlicher Sanktionierung von Handlungen in der Zone der Überschuldung in Ausgleich zu bringen, stellt die Strafrechtswissenschaft vor immense Probleme.

Die Komplexität dieses Problems bedingt dabei eine so große Vielzahl verschiedener Lösungsvorschläge, dass durch sie zusätzliche Unsicherheiten entstehen, die den Umgang mit dem strafrechtlichen Überschuldungsbegriff noch erschweren. Allerdings sind diese durch die *strafrechtliche* Diskussion bedingten Unsicherheiten im Rahmen einer strafrechtlichen Argumentation überwindbar und sind damit nicht selbst Problemgegenstand. Eigenständiger Bestandteil des Überschuldungsbegriffs, mit dem sich das Strafrecht im Rahmen der Frage nach der Übertragbarkeit des zivilrechtlichen Überschuldungsbegriffs auseinanderzusetzen hat, sind hingegen die verschiedenen Lösungsvorschläge zur Überschuldungskonkretisierung auf *zivilrechtlicher* Seite.

---

112 Vgl. auch *Hommel*, ZfB 1999, S. 299.
113 Vgl. auch *Groth*, Überschuldung (1995), S. 100.
114 Vgl. ebenso *Hommel*, ZfB 1999, S. 299 für die zivilrechtliche Problematik.

2. Reflexive Unsicherheiten (Meinungsvielfalt)

Dass die Objektivierungs- und Prognoseschwierigkeiten nur näherungsweise gelöst werden können ist ursächlich für eine nicht endende Diskussion um die „richtige" Methode zur Ermittlung eines möglichst objektiven und richtig prognostizierten Wertes.

Raum wird der Diskussion dadurch gegeben, dass seitens des Gesetzgebers letztlich keine klärende Festschreibung einer von ihm anerkannten Vorgehensweise bei der Überschuldungsfeststellung erfolgte.

Vor Einführung des § 19 InsO war der Überschuldungsbegriff durch den Zivilgesetzgeber im Rahmen der gesellschaftsrechtlichen Regelungen zur Konkursantragspflicht und in der Konkursordnung nur grob als *„Überwiegen von Schulden über das Vermögen"* umschrieben.[115]

Dementsprechend bestand zwar schon unter der Preußischen Konkursordnung 1855 Einigkeit darüber, dass eine Überschuldung dann vorliegt, wenn sich ein – (Überschuldungs)bilanziell ermitteltes – „negatives Eigenkapital"[116] ergibt; hinsichtlich der Frage, wie diese Situation zu ermitteln ist, bestand schon auf betriebswirtschaftlicher und zivilrechtlicher Ebene in jeder denkbaren Hinsicht Uneinigkeit.

Wenn sich auch insoweit ein allgemeiner Konsens darüber entwickelt hat, dass die Überschuldung anhand einer vom Jahresabschluss abweichenden Sonderbilanz zu ermitteln sei, so ist stets umstritten geblieben, welche Werte in dieser Bilanz anzusetzen seien, insbesondere, wann Fortführungs- und wann Liquidationswerte anzusetzen seien und welches Gewicht einer prognostizierten Fortführungsfähigkeit beizumessen sei,[117] welcher Wahrscheinlichkeitsgrad im Rahmen der Fortführungsprognose zu fordern sei und welche Methode dann zur Ermittlung des jeweiligen Vermögens (Liquidations-/Fortführungswertes) heranzuziehen sei.[118]

Auch nach Einführung der konkreter gefassten Überschuldungsdefinition des § 19 II InsO sind die Unsicherheiten im Rahmen der Überschuldungsfeststellung nicht beseitigt. Sogar der Streit um die richtige Vorgehensweise, die richtige Reihenfolge einzelner Prüfungsschritte im Rahmen der Feststellung der Überschuldung (*traditionelle* oder *modifiziert* zweistufige Methode) ist noch nicht restlos beseitigt.[119]

Insbesondere ist aber in Zivilrechtspraxis und Betriebswirtschaftslehre weiterhin umstritten, nach welcher Methode die Überschuldung zu ermitteln und nach welcher Bewertungsmethode der Wertansatz von Vermögensgegenständen und Verbindlichkeiten in der Überschuldungsbilanz vorzunehmen sei. [120]

Allein die Vielzahl der vertretenen und zu unterschiedlichen Ergebnissen führenden Ansichten zur Wertermittlung von Liquidations- und besonders von Fort-

---

115 Dazu ausführlich unter Erster Teil A. IV. 1.

116 Vgl. näher dazu unter Erster Teil A. III. 2. c) sowie *Götz*, ZInsO 2000, S. 77; *Höffner*, BB 1999, S. 198.

117 Unterschiedlich insoweit die sog. traditionelle/einfache zweistufige Methode und die modifiziert zweistufige Methode *(K.Schmidt)*

118 Ausführlich dazu unter Erster Teil A. IV., VI.

119 Ausführlich hierzu Zweiter Teil A.

120 Vgl. *Götz*, ZinsO 2000, S. 77 mit Hinweisen auf *Spliedt*, DB 1999, S. 1941 ff.; *K. Schmidt*, GmbHR 1999, S. 9.

führungswerten, die mangels Festlegung durch den Gesetzgeber in der zivilrechtlichen und betriebswirtschaftlichen Praxis in ihrer Mehrzahl weiterhin zum Tragen kommen, bedingen eine Unsicherheit, die Bedenken darüber hervorruft, ob unter Zugrundelegung des zivilrechtlichen Überschuldungsverständnisses der strafrechtliche Überschuldungstatbestand noch den rechtsstaatlichen Bestimmtheitsanforderungen genügt.[121]

C. Ziel der Arbeit und Gang der Untersuchung

Angesichts der Tatsache, dass sich entgegen der geäußerten Forderungen einer Gesetzesänderung[122] seit nunmehr über 7 Jahren nach In-Kraft-Treten der Insolvenzordnung kein Wille des Gesetzgebers zu einer grundlegenden Änderung der gesetzlichen Überschuldungsdefinition abzeichnet, der Gesetzgeber nicht einmal das MoMiG zu grundsätzlichen Änderungen genutzt hat, setzt sich diese Arbeit zum Ziel, eine methodisch saubere Handhabung des strafrechtlichen Überschuldungsbegriffs unter den *bestehenden* gesetzlichen Gegebenheiten zu ermöglichen. Hinweise auf die geringfügigen Änderungen im Rahmen des MoMiG erfolgen an den insoweit betroffenen Stellen.

Dass sich noch keine Tendenz der Rechtsprechung hinsichtlich der strafrechtlichen Überschuldungsermittlung herausbilden konnte, soll Ansporn sein, der strafrechtlichen Praxis, insbesondere den Strafgerichten, eine Hilfestellung zu bieten, eine den rechtsstaatlichen Geboten des Strafrechts gerecht werdende Handhabung des Überschuldungsbegriffs in Bankrott- und Insolvenzverschleppungsdelikten zu finden.

Daher sucht diese Arbeit nach einer Auslegung des strafrechtlichen Überschuldungsmerkmals, die allen Prinzipien der Rechtsordnung, insbesondere den verfassungsrechtlichen Vorgaben, genügt. Gegebenenfalls ist aufzuzeigen, wo eine Auslegung aufgrund der erhöhten rechtsstaatlichen Anforderungen im Strafrecht nach derzeitiger Gesetzeslage nicht mehr möglich ist.

Das Ziel, eine methodischen Anforderungen genügende Handhabung des strafrechtlichen Überschuldungsbegriffs *de lege lata* zu finden, impliziert zugleich, dass rechtspolitisch wünschenswerte, aber nicht von Verfassung wegen gebotene Änderungen aus der Lösungsfindung ausgeklammert werden. Dementsprechend will die vorliegende Arbeit auch die in der Literatur geführte Diskussion für die praktische Anwendung fruchtbar machen, indem sie überwiegend rechtspolitisch motivierte, aus strafrechtlicher Sicht nicht zwingend gebotene Änderungsvorschläge aussondert und die verbleibenden Argumente systematisiert. Dabei sollen rein begriffliche

---

121 *Penzlin* folgert aus dem gesetzgeberischen „Versäumnis" sogar die Verfassungswidrigkeit der insolvenzrechtlichen Regelung zur Überschuldung wegen Unbestimmtheit. „Der Gesetzgeber hat nahezu alle relevanten Bewertungsfragen offengelassen. Angesichts der Vielzahl der zur Ertragsbewertung vertretenen betriebswirtschaftlichen Ansätze erscheint sogar das Ergebnis vertretbar, dass das herkömmlich zweistufige Überschuldungsmodell (des § 19 II InsO) als strafrechtlicher Rechtsbegriff überhaupt nicht konkretisierbar ist!" (*Penzlin*, Auswirkungen der InsO (2000), S. 157 f.).

122 Vgl. z.B. *Penzlin*, Auswirkungen der InsO (2000), S. 135 Fn. 630, 138.

Unterschiede bei vermeintlich inhaltlich divergierenden Positionen aufzeigt und die verbleibenden Argumente in eine umfassende, nach methodologischen Vorgaben geordnete Argumentation eingeflochten werden.

Der Vorgehensweise im Rahmen einer *geltungserhaltenden Reduktion* ähnlich, soll am Ende der Arbeit ein Überschuldungsbegriff stehen, der einerseits sämtlichen Anforderungen an einen Straftatbestand genügt, andererseits aber mit der geltenden Rechtslage bestmöglich in Einklang zu bringen ist.

Zurückhaltung bei der Entscheidung zivilrechtlicher Streitigkeiten

Die Arbeit widmet sich allein der *strafrechtlichen* Überschuldungsproblematik. Dementsprechend soll eine Vorentscheidung betriebswirtschaftlicher und zivilrechtlicher Streitigkeiten, die sich auf die Überschuldungsfeststellung auswirken, solange unterbleiben bis geklärt ist, inwieweit bei der strafrechtlichen Begriffsbildung überhaupt zivilrechtliche Streitigkeiten entschieden werden dürfen.

Diese Frage wird anhand des strafrechtlichen *Subsidiaritätsprinzips* zu klären sein, demzufolge es grundsätzlich „nicht Aufgabe des Strafrechts ist, zivilrechtliche Streitigkeiten zu entscheiden“ [123].

Und selbst dort, wo das Subsidiaritätsprinzip dem Strafrecht keine unumstößliche Grenze setzt, sondern im Rahmen einer Abwägung gegen andere Prinzipien des Strafrechts überwunden werden könnte, sucht diese Arbeit primär einen verfassungsrechtlich haltbaren Umgang mit der Vielfalt der zivilrechtlichen und betriebswirtschaftlichen Auffassungen im Rahmen des strafrechtlichen Überschuldungsbegriffs. Ausgesondert werden lediglich für die betriebswirtschaftliche und zivilrechtliche Praxis nicht relevante Sondermeinungen, da sie auch in der Vorstellung des Normadressaten von Bankrott und Insolvenzverschleppungsdelikten in der Regel keine Berücksichtigung finden.

Insbesondere hinsichtlich der verschiedenen Bewertungsmethoden, die im Rahmen der Überschuldungsfeststellung miteinander konkurrieren, soll keine juristische Festschreibung erfolgen, die nicht unbedingt aus strafrechtlichen Gründen geboten ist. Andernfalls würde nicht nur ein Konflikt mit dem strafrechtlichen Subsidiaritätsprinzips erzeugt, sondern vor allem auch die Chance eines sich den Neuerungen wissenschaftlicher Erkenntnisse anpassenden, dynamischen Überschuldungstatbestandes verpasst. Mit jeder Änderung zivilrechtlicher Überschuldungsfeststellung wäre die Frage der Legitimation staatlichen Strafens nach einem dann überholten Überschuldungstatbestand zu stellen.

Dementsprechend ist auch *Achenbach* zufolge „mit der Erkenntnis der Notwendigkeit einer eigenständigen, strafrechtlichen Begriffsanalyse (...) nicht automatisch auch die Übernahme des Plädoyers für einen bestimmten Prüfungsansatz verbunden wie bei *Otto* und *Penzlin*.“ [124]

---

123 *Haffke*, KritV 1991, S. 166.

124 *Achenbach*, Schlüchter-Gds. (2002), S. 269 (Fn. 63) unter Hinweis auf *Otto*, Aktienstrafrecht, 4. Aufl. (1997), § 401 Rn. 37; *dens.*, BT, 5. Aufl. (1998), § 61 Rn. 87 und *Penzlin*, Auswirkungen der InsO (2000), S. 146 ff., 213).

Umfassende Darstellung des zivilrechtlichen Überschuldungstatbestands

Zur Lösung der strafrechtlichen Überschuldungsproblematik ist jedoch ein umfassendes *Verständnis* der *zivilrechtlichen* und *betriebswirtschaftlichen* Parameter für die Erstellung eines Überschuldungsstatus und der im Rahmen dessen angewandten Bewertungsmethoden. Vor der Klärung der strafrechtsspezifischen Fragen sind daher die betriebswirtschaftlichen und zivilrechtlichen Grundlagen der Überschuldungsfeststellung zu erläutern.

Denn das dem Strafrecht zugrunde liegende Überschuldungsverständnis ist seit jeher untrennbar mit der Entwicklung des zivilrechtlichen Überschuldungsbegriffs verbunden.

In den Anfängen gesetzlicher Sanktionierung schuldnerischer Vermögensinsuffizienz wurde nicht einmal zwischen strafrechtlicher und zivilrechtlicher Rechtslage unterschieden.[125] Trotz der fortschreitenden Differenzierung zwischen zivilrechtlichen und strafrechtlichen Sanktionsnormen erfolgte die Bestimmung der später als Überschuldung bezeichneten Vermögensinsuffizienz im Zivil- und Strafrecht weitestgehend einheitlich.[126]

Eine gesetzliche Inhaltsbestimmung des Überschuldungsbegriffs erfolgte nur für den konkurs-/insolvenzrechtlichen Eröffnungsgrund und damit für das Zivilrecht. Die Strafgesetze beschränkten sich hingegen stets auf eine bloße Übernahme des zivilrechtlich vorgeprägten Begriffs („Überschuldung"/„Vermögensinsuffizienz"[127]) in den Gesetzeswortlaut.

In den Augen des Gesetzgebers war der zivilrechtliche Überschuldungsbegriff in seiner durch Schrifttum und Rechtsprechung geprägten Ausdifferenzierung auch für das strafrechtliche Überschuldungsverständnis maßgebend.

Dies gilt für den Gesetzgeber des 1. WikG 1976, der das Überschuldungsmerkmal des § 283 StGB im Sinne des Konkursauslösers verstanden wissen wollte,[128] ebenso wie für den Gesetzgeber der Insolvenzordnung, der im Zuge der Neuregelung des zivilrechtlichen Überschuldungsbegriffs keine Veranlassung sah, zur strafrechtlichen Überschuldungsfrage inhaltlich gesondert Stellung zu nehmen, sich stattdessen in Art. 60 EGInsO auf rein terminologische Anpassungen beschränkte und damit nahtlos an die Regelungsintention seines Vorgängers von 1976 anknüpfte, die den Überschuldungstatbestand als in der Rechtssprache bekanntem, zivilrechtlich vorgeprägten Begriff anknüpfen wollte: So beließ es der Gesetzgeber des EGInsO bei der Umbenennung des 24. Abschnitts im StGB von „Konkursstraftaten" in „Insolvenzstraftaten" und dem Austausch der Bezeichnung „Konkursverfahren" durch „Insolvenzverfahren" im Rahmen der objektiven Bedingung der Strafbarkeit § 283 VI StGB. Eine inhaltliche Neuordnung des Insolvenzstrafrechts hielt er auf-

---

125 Dazu sogleich näher unter Erster Teil A. I.
126 Dazu sogleich näher unter Erster Teil A. II, III.
127 So der – mit identischem Inhalt – an Stelle von „Überschuldung" in den Konkursrechten deutscher Städte des Mittelalters verwendete Begriff (vgl. *Oetker*, Beiträge zur Lehre vom Concurse (1847), S. 15 f.; *Götz*, KTS 2003, S. 7).
128 Dazu näher unter Erster Teil A. V. Vgl. auch *Höffner*, BB 1999, S. 198.

grund des Gleichlaufs von zivilrechtlicher und strafrechtlicher Schutzrichtung nicht für angezeigt.[129]

Die hier festgestellte Anbindung des aktuellen Gesetzgebers an den vorgeprägten Begriff der Überschuldung, die das zivilrechtliche Überschuldungsverständnis zumindest in groben Zügen auch für das Strafrecht relevant sein lässt, verlangt bereits eine genaue Vorstellung davon, wann Überschuldung im *Zivilrecht* vorliegt. Ob der Gesetzgeber der EGInsO darüber hinaus den strafrechtlichen Überschuldungsbegriff im Detail zwingend der zivilrechtlichen Definition folgen lassen wollte, wie manche Vertreter einer zwingenden Zivilrechtsakzessorietät der Regierungsbegründung zu Art. 60 EGInsO entnehmen wollen,[130] kann an dieser Stelle dahinstehen. Die Notwendigkeit, sich mit dem zivilrechtlichen Überschuldungsbegriff auseinanderzusetzen, besteht bereits bei nur grober Anbindung an den zivilrechtlichen Überschuldungstatbestand im Sinne einer sinngemäßen Umschreibung von Vermögensinsuffizienz.

Auch eine verlässliche Beurteilung der in der strafrechtlichen Literatur vertretenen Auffassungen zur zivilrechtsakzessorischen Begriffsbestimmung kann nur vor dem Hintergrund eines detaillierten Verständnisses vom aktuellen, zivilrechtlichen Überschuldungsbegriff getroffen werden. Und der zivilrechtliche Überschuldungstatbestand ist sogar unter den Vertretern eines strafrechtsautonomen Begründungsansatzes stets Ausgangspunkt für die Inhaltsbestimmung des strafrechtlichen Tatbestandsmerkmals, welches in Verhältnis zum zivilen Eröffnungsgrund gesetzt und anhand seines Abweichungsgrades definiert wird, denn in methodologischer Hinsicht kann die Frage der Übertragbarkeit des zivilrechtlichen Überschuldungsbegriffs nur dann befriedigend beantwortet werden, wenn Klarheit über den Übertragungsgegenstand besteht.

Der Lösung der strafrechtlichen Überschuldungsproblematik muss daher die Aufarbeitung der *zivilrechtlichen Überschuldungsdiskussion* vorangehen.

Analyse der historischen Entwicklung des Überschuldungstatbestands

Die um den zivilen Eröffnungstatbestand geführte Diskussion über dessen Konstruktion und Ausgestaltung ist wiederum erst nach einer Analyse des *geschichtlichen Entwicklungsprozesses* verständlich.[131] Dabei ist das Erfordernis einer historischen Aufarbeitung nicht nur durch die Anknüpfung der InsO in Normwortlaut und Gesetzesbegründung an die durch Schrifttum und Rechtsprechung geprägte Rechtslage vor dem 1.1.1999 bedingt,[132] sondern vor allem auch dadurch, dass erst eine Analyse des geschichtlichen Entwicklungsprozesses des Insolvenztatbestandes und

---

129 Vgl. BT-Drs. 12/7303, S. 71 und BT-Drs. 12/3803, S. 100. Zum RegE zur EGInsO vom 24.11.1992 heißt es: „Im übrigen erscheinen Änderungen des Strafgesetzbuches von den Zielen der Insolvenzrechtsreform her nicht erforderlich." (BT-Drs. 12/3803 S. 100). Vgl. hierzu auch *Moosmayer*, Einfluß der InsO (1997), S. 21; *Beck* in Wabnitz/Janovsky, 2. Aufl. (2004), Kap. 2 Rn. 65–67, 119. Ausführlich hierzu unter Zweiter Teil am Anfang.

130 *Beck* in Wabnitz/Janovsky, 2. Aufl. (2004), Kap. 2 Rn. 65–67, 119 und *Moosmayer*, Einfluß der InsO (1997), S. 164. Dazu ausführlich unter Zweiter Teil am Anfang.

131 Ebenso *Götz*, KTS 2003, S. 1.

132 Vgl. auch *Penzlin*, Auswirkungen der InsO (2000), S. 75.

der zu ihrer Anwendung herangezogenen betriebswirtschaftlichen Meßmethoden ein Verständnis für die Probleme ermöglicht, die mit der geltenden Ausprägung des Überschuldungstatbestandes und den – unter einem autonomen Begründungsansatz für das Strafrecht bereits de lege lata relevanten – alternativen Lösungsansätzen verbunden sind.[133]

Insofern ist über die unmittelbar vor der Insolvenzrechtsreform herrschenden Ansichten hinaus ein Rückblick auch in die ältere Geschichte des zivilrechtlichen Überschuldungsverständnisses und der zur Überschuldungsfeststellung herangezogenen Messmethoden der Vermögensbewertung erforderlich. Im Vordergrund stehen hierbei die Bewertungsregeln für die *Aktivposten*, welche für die Meinungsverschiedenheiten der Einzel- und Gesamtbewertungsansätze prägend sind. Aufgrund der seit Entstehung gesetzlich kodifizierter, laufender Rechnungslegungspflichten[134] bestehenden, engen *Wechselwirkung*[135] zwischen handelsrechtlicher Rechnungslegung und den Methoden zur Vermögensbewertung sind auch Querverbindungen von den gesetzlichen Rechnungslegungsvorschriften zu den Messmethoden der Vermögensbewertung zu ziehen.[136] Vor diesem Hintergrund ist dann auch eine fundierte Bewertung der zum strafrechtlichen Überschuldungsbegriff vertretenen Auffassung möglich, wonach die Buchwerte aus der Handelsbilanz auch für den Ansatz von Fortführungswerten in der Überschuldungsbilanz maßgeblich sein sollen.[137]

Vor allem die Frage, *welche gesetzlichen Vorgaben* dem zivilrechtlichen Überschuldungsbegriff zu entnehmen sind, deren Verbindlichkeit für das Strafrecht zu diskutieren ist, kann nur dann verlässlich beantwortet werden, wenn die zum relevanten Zeitpunkt des Gesetzeserlasses der InsO diskutierten Überschuldungsmodelle in ihren Ausprägungen und Auswirkungen bekannt und verstanden sind. Dann erst können Gesetzeswortlaut und Regierungsbegründung fundiert daraufhin untersucht werden, welchen Regelungsgehalt der Gesetzgeber der Definition in § 19 II

---

133 Ebenso *Arens*, Überschuldungsprüfung (1991), S. 96; *Götz*, KTS 2003, S. 1 f. Auch *K. Schmidt*, JZ 1982, S. 167 ff. hebt die Bedeutung des historischen Elements bei der Auslegung des Überschuldungsbegriffs hervor. Ähnlich *Gurke*, Verhaltensweisen (1982), S. 21. Zur Notwendigkeit einer eigenständigen, (historisch verankerten) Analyse für das Strafrecht vor allem *Achenbach*, Schlüchter-Gds. (2002), S 267. Vgl. auch *Tiedemann*, Insolvenzstrafrecht, 2. Aufl. (1996), Vor § 283 StGB, Rn. 32.

134 „Laufende Rechnungslegungspflichten" meinen die handelsrechtliche Rechnungslegung, bei der eine Handelsbilanz zu erstellen ist, die am Ende eines Geschäftsjahres in den sog. Jahresabschluss (Abschlussbilanz) eingeht. Diese ist entsprechend dem Maßgeblichkeitsprinzip des § 5 I 1 EStG (i.V.m. 8 I KStG) auch für das Steuerrecht relevant, welches wiederum „umgekehrt" die handelsrechtliche Rechnungslegung beeinflusst (§ 5 I 2 EStG (i.V.m. 8 I KStG). Vgl. zur (umgekehrten) Maßgeblichkeit mit Ableitungen für den strafrechtlichen Überschuldungsbegriff auch *Reck*, ZinsO 2004, S. 665, 731.

135 Die enge Wechselwirkung von handelsrechtlicher Rechnungslegung und den Regeln zur Überschuldungsfeststellung basiert darauf, dass beide den ökonomischen Gesichtspunkt abgeschlossener, laufender und zukünftiger Tatbestände und Handlungsabläufe abbilden sollen, vgl. hierzu *Götz*, KTS 2003, S. 2.

136 Vgl. *Götz*, KTS 2003, S. 2; *Sigloch* in Michalski, GmbHG, Bd. II (2002), Anh. 2 zu §§ 41–42 a, Rn. 24 f.

137 Ein „Primat der Buchwerte" wird in der jüngeren Literatur vor allem von *Reck*, ZinsO 2004, S. 661 ff. und 728 ff. postuliert. Zuvor auch *Reck*, Insolvenzstraftaten (1999), Rn. 131; *ders.*, BuW 1998, S. 63 ff.; *Wolf*, DStR 1995, S. 862.

InsO beimessen wollte und welche diskutierten Überschuldungsmodelle und Bewertungsverfahren *hierfür* herangezogen werden können oder zu verwerfen sind.

Daher sollen die *theoretischen Grundlagen* der im Zivilrecht diskutierten Überschuldungsmodelle und Bewertungsmethoden bereits in die historische Darstellung zum Zeitpunkt integriert werden. Dadurch wird nicht nur eine Basis für eine verlässliche Beurteilung des § 19 II InsO und seiner festgelegten Inhalte geschaffen, sondern auch die Verständlichkeit des jeweiligen Modells und der jeweiligen Methode verbessert, weil die verschiedenen Modelle und Methoden als Erklärungsversuche von bestehenden Realitäten mitgeprägt sind durch die zum Zeitpunkt ihrer Entwicklung bestehenden Regelungszusammenhänge (z.B. handelsrechtliche Regelungen) und durch den wirtschaftswissenschaftlichen Kenntnisstand ihrer Zeit.[138]

Spezielle Relevanz der historischen Entwicklung für das Strafrecht

Und auch auf *strafrechtlicher Ebene* ist die Kenntnis der historischen Ansätze und Regelungsmodelle für ein selbständiges Insolvenzstrafrecht (ehemals Konkursstrafrecht) für das Verstehen der aktuellen Überschuldungsproblematik der §§ 283 ff. StGB und der Insolvenzverschleppungsdelikte der §§ 401 I Nr. 1, II i.V.m. 92 II AktG, §§ 84 I Nr. 2, II i.V.m. 64 I GmbHG, §§ 148 I Nr. 2, II i.V.m. 99 I GenG, §§ 130b, 130a I, IV HGB unabdingbar:[139]

Zum einen ist die historische Aufarbeitung der strafrechtlichen Überschuldungsproblematik erforderlich, weil der Bankrotttatbestand in seiner Fassung seit dem 1.1.1999 aufgrund der inhaltlich unveränderten Anknüpfung an die Regelungen des 1. WikG 1976 unmittelbar an der historischen Regelungsintention teilnimmt. Eine Übertragbarkeit des zivilrechtlichen Überschuldungsbegriffs ins Bankrottstrafrecht muss sich daher unter anderem daran messen lassen, ob die mit § 283 I Var. 1 StGB verfolgte Regelungsintention bei einer zivilrechtsgleichen (§ 19 II InsO) Auslegung des Überschuldungsbegriffs gewahrt bleibt.

Zum anderen kann die historische Entwicklung insolvenzstrafrechtlicher Regelungen als empirische Erhebung genutzt werden, die Aufschluss darüber gibt, inwieweit eine Anknüpfung von Strafe an ein Handeln im Zusammenhang mit der Vermögensinsuffizienz einem *natürlich gewachsenen Strafbedürfnis* entspringt oder eine Folge jüngerer Rechtsentwicklungen und Einflüsse ist; eine in die Anfänge des Insolvenzstrafrechts zurückreichende Analyse der Rechtsentwicklung ermöglicht, die natürlichen Ursachen der strafrechtlichen Regelungen auszumachen. Soweit Parallelen zwischen den historischen Umständen und Regelungen zu den heutigen Regelungen und den ihnen zugrunde liegenden sozialen Realitäten bestehen, lassen sich mit dem Wissen um die historischen Anfänge und Regelungsbedürfnisse die

---

138 Vgl. auch *Achenbach*, Schlüchter-Gds. (2002), S. 269: Die Inhaltsbestimmung des bankrottstrafrechtlichen Überschuldungstatbestands „setzt eine detaillierte Analyse der für die Erstellung eines Überschuldungsstatus maßgeblichen Parameter und der für ihre Bewertung angewandten Methoden voraus (...)".

139 Ebenso *Höffner*, BB 1999, S. 198; *Tiedemann*, Insolvenzstrafrecht, 2. Aufl. (1996). Vor § 283 StGB, Rn. 32. Vgl. auch *Achenbach*, Schlüchter-Gds. (2002), S. 269.

Straf(schutz)zwecke der aktuellen Strafnorm identifizieren, die als die maßgeblichen Schutzzwecke bei der Auslegung im besonderen zu berücksichtigen sind. Insbesondere hinsichtlich der Konkurrenz von *Überschuldung* und *Zahlungsunfähigkeit* in ihrer jeweiligen Funktion als Insolvenzgrund und Krisenmerkmal wirkt das Wissen um die historischen Wurzeln der Regelung und das erstmals entstandene Bedürfnis erkenntnisaufhellend hinsichtlich der Frage, ob für eine strafrechtlichen Anknüpfung an genau *diesen* Insolvenztatbestand ein Bedürfnis besteht. *Dem* Insolvenzgrund, *der* schon in Anfängen des Rechts als Auslöser strafrechtlich sanktionierter Verhaltensanforderungen war, kommt bei insoweit gleich oder ähnlich gebliebenen Lebensumständen daher ein besonderes Gewicht zu. Das zur Legitimierung erforderliche Bedürfnis einer Anknüpfung strafrechtlicher Sanktionen an einen Tatbestand, der seit jeher Leitbild von Insolvenzregelungen war, lässt sich unter Rückgriff auf ein historisch belegtes Strafbedürfnis leichter begründen, als wenn ein historischer Beleg noch aussteht (und es sich nicht gerade um eine gesellschaftliche Neuerscheinung, wie z.B. beim Computerbetrug handelt).

Dabei empfiehlt sich, ganz bis an die Anfänge der strafrechtlichen Insolvenzregelungen zurückzugehen, da nur so das von heterogenen, äußeren Einflüssen weitestgehend freie Strafbedürfnis auszumachen ist. Die Entwicklung der Insolvenzdelikte und des zivilrechtlichen Überschuldungstatbestandes soll daher im Interesse einer bestmöglichen Einordnung des aktuellen Meinungsstandes in Zivil- und Strafrecht von den Anfängen an und der Übersichtlichkeit halber *vorab* dargelegt werden.

Hinsichtlich der Entwicklung des *Meinungsstandes* zu der Frage der Übertragbarkeit des zivilrechtlichen Überschuldungsbegriffs ins Strafrecht beschränkt sich diese Arbeit im historischen Ersten Teil auf eine überblicksartige Zusammenfassung und verlagert die ausführliche Auseinandersetzung mit den vertretenen Ansichten in die Darstellung des *aktuellen* Diskussionsstandes. Denn die Frage der Übertragbarkeit ist von grundlegender Natur und nur durch grundlegende Argumente zu lösen, die schon damals und auch heute noch Geltung beanspruchen, so dass eine vollständige Vorabdarstellung der historischen Entwicklung des Straftatbestandes zu unnötigen Überschneidungen führen würde.

Daher werden im Anschluss an die historische Darstellung von der zivilrechtlichen Überschuldungsentwicklung und der Insolvenzdelikte als solchen sogleich die im Strafrecht vertretenen Auffassungen zur Übertragbarkeit der *aktuellen* zivilrechtlichen Überschuldungsdefinition unter gleichzeitiger Analyse der ihnen zugrunde liegenden Argumentationen dargestellt.

Die historische Darstellung der rechtlichen Diskussion um den Überschuldungsbegriff bis zur Insolvenzrechtsreform erfolgt im *Ersten Teil* der Arbeit.

Analyse des Überschuldungsbegriffs nach dem 1.1.1999

Im *Zweiten Teil* folgt die Darstellung des Rechts- und Diskussionsstands nach der Insolvenzrechtsreform.

Zunächst wird geklärt, welche *Festschreibungen* in § 19 II InsO getroffen werden, die als Definitionsbestandteil Gegenstand einer eventuell zwingenden Übertragung sein können.

Dann werden die im *Zivilrecht* in Ausfüllung des § 19 II InsO vertretenen Überschuldungsmodelle und Bewertungsmethoden erläutert und auf ihre Ergebnisverschiedenheit untersucht. Sofern Modelle oder Bewertungsmethoden gleiche Ergebnisse bei der Überschuldungsfeststellung hervorbringen, können sie im Strafrecht gleichermaßen Geltung beanspruchen und sind insoweit austauschbar. Probleme entstehen erst dann, wenn verschiedene Lösungsmodelle und Bewertungsmethoden zu verschiedenen Ergebnissen führen; dann ist anhand strafrechtlicher Maßstäbe, insbesondere anhand rechtsstaatlicher Prinzipien, zu untersuchen, wie gegebenenfalls mit den ergebniswirksamen Unterschieden umzugehen ist.

Bei der Darstellung des zivilrechtlichen Überschuldungsbegriff als dem Übertragungsgegenstand ist eine detaillierte Erarbeitung der wichtigsten Streitpunkte einschließlich von Bewertungsfragen einzelner Aktiv- und Passivposten erforderlich; zum einen, weil erst dann wirklich Klarheit über den Übertragungsgegenstand besteht, zum anderen, um mit der hier vorgeschlagenen Problemlösung konkrete Ergebnisse für den Einzelfall erzielen zu können: Soweit am Ende dieser Arbeit vorgeschlagen wird, die im Einzelfall tätergünstigste Bewertungsmethode zur Fortführungsbewertung anzuwenden, können unter Rückgriff auf eine detaillierte Darstellung der im Zivilrecht maßgeblich konkretere Ergebnisse abgeleitet werden.

Der zivilrechtlichen Streitdarstellung folgt die *strafrechtliche Diskussion* um die Frage nach der Verbindlichkeit der zivilrechtlichen Überschuldungsdefinition aus § 19 II InsO und die in Ausfüllung des § 19 II InsO ebenso wie die abweichend diskutierten Vorschläge zur Überschuldungsbestimmung bei Insolvenzverschleppungsdelikten und Bankrott.

Im Rahmen dieser Diskussion liegt zwecks umfassender Klärung der strafrechtlichen Überschuldungsproblematik das Gewicht auf der jeweils angeführten *Argumentation*, so dass auch Auffassungen aus der Zeit vor der Insolvenzordnung Berücksichtigung finden, sofern deren Argumentation nach aktueller Rechtslage Gültigkeit besitzt. Die eng mit der Frage der Inhaltsbestimmung des strafrechtlichen Überschuldungsbegriff zusammenhängende Diskussion um den personellen Anwendungsbereich des Bankrottstrafrechts in der Variante der Überschuldungsstrafbarkeit wird unmittelbar im Anschluss an den Streitstand um den sachlichen Anwendungsbereich erläutert.

Da diese Frage bereits vor Einführung der Überschuldungsdefinition in § 19 II InsO unverändert bestand, finden auch die zur Rechtslage vor dem 1.1.1999 geäußerten Ansichten uneingeschränkt Berücksichtigung.

In einem *Dritten Teil* folgt dann die Lösung der Überschuldungsfrage. Er beginnt mit der Klärung des *personellen Anwendungsbereichs* und endet mit der Klärung der *Inhaltsbestimmung* des strafrechtlichen Überschuldungsbegriffs. Am Anfang jeder Teilproblematik wird zunächst ausgelotet, welche methodologische Vorgehensweise zur Beantwortung der Fragen zu wählen ist. Hier finden auch die in der strafrechtlichen Diskussion angeführten Argumente Berücksichtigung, indem sie nach Überprüfung ihrer Eignung und Beseitigung rein terminologischer Differenzen in das eigene methodologische Konzept eingegliedert oder ausgeklammert werden, soweit sie nicht bereits bei der Analyse der strafrechtlichen Diskussion im Zweiten Teil ausgesondert worden waren.

Bei der Entwicklung der für die Lösung heranzuziehenden *Methode* steht das Bemühen im Vordergrund, neben der Schaffung einer ausreichend breiten methodologische Basis auch die Eigenheiten der Überschuldungsproblematik im Blickfeld zu behalten. Denn für die Klärung der strafrechtlichen Überschuldungsfrage reicht es weder aus, einen für das Zivilrecht als sinnvoll herausgearbeiteten Überschuldungsbegriff im Strafrecht einfach folgen zu lassen, noch darf eine Vorabklärung des Verhältnisses strafrechtlicher Begriffsbildung zu gleichlautenden Begriffen des Zivilrechts so abstrakt erfolgen, dass insoweit die Eigenheiten der Überschuldungsproblematik vernachlässigt werden.[140]

Daher soll die methodologische Vorgehensweise mit Blick auf die jeweils spezifische Problemstellung am Beginn jeder Teilfrage eruiert werden, indem die strafrechtspezifischen Auslegungsprinzipien zueinander in Beziehung gesetzt und gegeneinander abgewogen werden.

In der jeweils folgenden konkreten Problemlösung soll unter Anwendung der als maßgeblich herausgearbeiteten Kriterien der Überschuldungsbegriff der Insolvenzverschleppungsdelikte und des Bankrotttatbestands sowie dessen personeller Anwendungsbereich schrittweise bestimmt werden.

Die aufeinander folgenden Lösungsschritte zur Behandlung Übertragungsproblematik

Die Übertragbarkeit des zivilrechtlichen Überschuldungsbegriffs wirft sowohl Probleme in sachlicher als auch in personeller Hinsicht auf.

Bei der eigenen Lösungsfindung und auch schon im Rahmen der Darstellung der für das Strafrecht vertretenen Positionen ist daher zwischen dem personellen und dem sachlichen Anwendungsbereich der Delikte zu unterscheiden. Desweiteren ist bei der Lösungsfindung zwischen Insolvenzverschleppungsdelikten und Bankrott zu differenzieren:

Sachlicher Anwendungsbereich von Überschuldung:

In sachlicher Hinsicht ist zu fragen, wann im Strafrecht Überschuldung vorliegt.

Bei der Bestimmung des strafrechtlichen Überschuldungsbegriffs empfiehlt sich, anhand der Argumentationsmöglichkeiten zur Begriffsfindung zu gliedern. Zugleich ist der Lösungsweg durch die zivilrechtliche Definition der Überschuldung und die Stufen der Überschuldungsfeststellung vorgezeichnet:

In einem ersten Schritt ist zunächst zu fragen, ob sich das Strafrecht zwingend akzessorisch zum zivilrechtlichen Überschuldungsbegriff verhält. Dabei ist zwischen zwei Ebenen zu unterscheiden – der in der Legaldefinition enthaltenen Festschreibungen einerseits und die Zivilrechtspraxis in Ausfüllung der Legaldefinition andererseits:

---

140 Die Notwendigkeit einer sowohl methodologisch fundierten und dennoch speziell auf die Überschuldung ausgerichteten Vorgehensweise betont auch *Achenbach*, Schlüchter-Gds. (2002), S. 269.

Erste Ebene: Verbindlichkeit der in der zivilrechtlichen Legaldefinition festgelegten Inhalte für die strafrechtlichen Überschuldungstatbestände:

Zunächst wird zu prüfen sein, ob die *Legaldefinition* der Überschuldung für das Strafrecht bindend ist, also die gesetzlich in § 19 II InsO fixierten Feststellungsmodalitäten. Als Vorfrage muss daher geklärt werden, was § 19 II InsO tatsächlich festschreibt und welche Bestandteile bei der zivilrechtlich motivierten Überschuldungsfeststellung auf die Entwicklungen der betriebswirtschaftlichen und zivilrechtlichen Praxis in Rechtsprechung und Lehre zurückzuführen sind.

Zunächst sind nur die gesetzlichen Festschreibungen auf ihre Verbindlichkeit für Insolvenzverschleppungsdelikte und Bankrott hin zu untersuchen.

Die Verbindlichkeit der in Ausfüllung der Legaldefinition entwickelten Rechtspraxis ist auf zweiter Ebene gesondert zu überprüfen.

Zweite Ebene: „Verbindlichkeit" der in Ausfüllung der zivilrechtlichen Definition entwickelten betriebswirtschaftlichen und rechtlichen Praxis für die strafrechtlichen Überschuldungstatbestände:

Hier stellt sich vor allem die Frage, wie mit der Vielzahl an Bewertungsmethoden bei Aufstellung des Überschuldungsstatus zu Fortführungswerten im Strafrecht umzugehen ist.

Zunächst ist zu prüfen, ob bzw. inwieweit eine für das Zivilrecht tatsächlich verbindliche Methode der aktuellen Überschuldungsfeststellung überhaupt existiert.[141] Denn die Überschuldungsfeststellung im Rahmen des § 19 II InsO vollzieht sich in mehreren Einzelschritten (Stufen), der Erstellung der Fortführungsprognose, der Aufstellung eines Überschuldungsstatus, der Wahl der Bewertungsmethode für den Ansatz von Vermögensgegenständen und Verbindlichkeiten. Auf jeder dieser Stufen der Überschuldungsermittlung ist Raum für zahlreich geführte Diskussionen, so dass auf jeder Stufe zu fragen ist, ob eine einheitliche zivilrechtliche Praxis identifiziert werden kann. Nur im Fall einer insoweit einheitlichen Praxis der Überschuldungsfeststellung kann diese auch für das Strafrecht im eigentlichen Sinne *verbindlich* sein.

---

141 „*Stufe*" wird im Zusammenhang mit den Schritten der Überschuldungsfeststellung gebraucht, um die unterschiedlichen Fragenkreise, die sich im Rahmen der zivilrechtlichen Überschuldungsfeststellung nach einer festen Reihenfolge stellen, voneinander abzugrenzen (In welcher Reihenfolge von Prognose und Aufstellung eines Status ist vorzugehen? Wann ist eine Fortführungsprognose positiv? Und welche Vermögensgegenstände und Verbindlichkeiten sind im Überschuldungsstatus zu berücksichtigen? Welche Bewertungsmethode ist zur Wertermittlung des anzusetzenden Wertes (Liquidations-/Fortführungswert) heranzuziehen? Die *Stufen* reichen von der Reihenfolge der Prüfungsschritte über die Vorgehensweise im Rahmen der Fortführungsprognose und der Ansatzfähigkeit bestimmter Vermögensgegenstände bzw. Ansatzpflichtigkeit von Verbindlichkeiten bis hin zur Frage nach der richtigen Methode bei der Bewertung der einzelnen Vermögensgegenstände.
Der Begriff „*Ebene*" soll demgegenüber zur Differenzierung zwischen dem Inhalt der Legaldefinition einerseits und einer diese ausfüllenden Rechts-/Betriebswirtschaftspraxis andererseits gebraucht werden.

Hingegen ist der Frage nach der „Verbindlichkeit" unter einer modifizierten Lesart nachzugehen, sofern mehrere Auffassungen von (annähernd) gleichem Geltungsanspruch[142] miteinander konkurrieren:

Soll eine Vorentscheidung zivilrechtlicher Fragen aufgrund einer Subsidiarität des Strafrechts gegenüber dem Zivilrecht unterbleiben, so kann nur die *Vielheit* der Meinungen selbst in dem Sinne „verbindlich sein", dass auch *alle* zivilrechtlich anerkannten Methoden bei der strafrechtlichen Überschuldungsfeststellung heranzuziehen sind.[143]

Bezüglich der zahlreichen Streitigkeiten um die richtige Vermögensbewertung im Überschuldungsstatus könnte lediglich die *Vielheit* der in der Praxis anerkannten unterschiedlichen Methoden konkrete Verbindlichkeit beanspruchen. Ein solches Verständnis von Verbindlichkeit liegt letztlich der Ansicht *Tiedemanns* zugrunde, wonach in *dubio pro reo* die tätergünstigste aller ernsthaft vertretenen Schätzmethoden Anwendung findet.[144]

Die Verbindlichkeit *einer* zivilrechtlichen Methode für das Strafrecht ist hingegen unter grundsätzlicher Anerkennung der Subsidiarität des Strafrechts nur dann denkbar, wenn strafrechtseigene zwingende Gründe eine Entscheidung für eine Methode erfordern.

Vertreter eines aus strafrechtsautonomen Gründen zu fordernden völligen Gleichlaufs von zivil- und strafrechtlichem Überschuldungsbegriffs, die auch im Übrigen nur *eine bestimmte* Vorgehensweise bei der Vermögensbewertung (z.B. Ertragswertmethode) für das Strafrecht als verbindlich erachten,[145] können zu diesem Ergebnis nur gelangen, wenn sie eine Vorentscheidung im Zivilrecht treffen; inwieweit dies möglich ist oder die Verbindlichkeit der Vielheit anzuerkennen ist, betrifft die Frage nach dem Inhalt des strafrechtlichen *Subsidiaritätsprinzips*.

Somit zeigt sich, dass die Frage der „Verbindlichkeit" für die Ausgangsfrage wenig zielführend ist, wenn eine gewisse „Festlegung" auf eine Methode/Ansicht in der zivilrechtlichen Praxis fehlt. Die Frage nach der „Verbindlichkeit der Vielheit" geht dann auf in der Frage, inwieweit sich die strafrechtliche Begriffsbildung gegenüber dem Zivilrecht subsidiär verhält und damit die „Vielheit" der Meinungen gelten lassen muss.

Im Falle tatsächlicher Subsidiarität ist dann hinsichtlich Übertragbarkeit nicht nach dem *Übertragungszwang* zu fragen, sondern nach dem eigentlichen Problem, das durch die Vielzahl verschiedener Auffassungen und Methoden für den strafrechtlichen Überschuldungstatbestand entsteht: Zu fragen ist dann nach der Vereinbar-

---

142 Absolute Randmeinungen sind auch für den Adressaten der Strafrechtsnorm als solche erkennbar, so dass sie im Rahmen der Inhaltsbestimmung wie im Zivilrecht so auch im Strafrecht keine Berücksichtigung finden müssen. Ebenso *Tiedemann*, Insolvenzstrafrecht, 2. Aufl. (1996), Vor § 283 Rn. 158, der nur „alle ernsthaft vertretenen Schätzmethoden" in seine *„in dubio pro reo"*-Lösung einbezieht.

143 Vgl. ähnlich auch *Schlüchter*, wistra 1984, S. 43.

144 *Tiedemann*, Insolvenzstrafrecht, 2. Aufl. (1996), Vor § 283 Rn. 158.

145 So *Röhm*, Abhängigkeit des Insolvenzstrafrechts (2002), S. 155 ff., 187, 320.

keit der zivilrechtlichen Definition mit den verfassungsrechtlichen Anforderungen an die *Tatbestandsbestimmtheit* im Strafrecht.

Zu prüfen wäre unter dem Gesichtspunkt der Tatbestandsbestimmtheit:

a) Die Vorfrage, ob der tatsächliche Grad juristischer Festschreibung in § 19 II InsO auch als Inhaltsvorgabe für den strafrechtlichen Überschuldungstatbestand ausreicht und ob darüber hinausgehende Konkretisierungen der Rechtspraxis überlassen werden dürfen. Gegebenenfalls:

b) Welche Auslegungsmöglichkeit dem Überschuldungstatbestand im Strafrecht zugrunde zu legen ist, um den Bestimmtheitsanforderungen zu genügen.

Die in einem ersten Schritt zu stellende Akzessorietätsfrage gliedert sich damit in die Fragen nach

- dem Grad der gesetzlichen Festschreibung zivilrechtlicher Überschuldungsfeststellung durch § 19 II;
- der Verbindlichkeit dieser zivilrechtlichen Definition;
- dem Grad als einheitlich zu bezeichnender Konkretisierungen in der Rechtspraxis sowie
- der Verbindlichkeit dieser Rechtspraxis bzw. dem Konflikt mit der Tatbestandsbestimmtheit.

Zweiter Schritt: Falls mangels zwingender Akzessorietät des Überschuldungstatbestand eine strafrechtsautonome Begriffsbestimmung von Überschuldung grundsätzlich zulässig ist, ist in einem zweiten Schritt zu prüfen, ob strafrechtseigene Prinzipien bereits eine Abweichung von den verbindlichen Feststetzungen des § 19 InsO verlangen, oder dessen Übertragung erlauben und unter Umständen sogar wünschenswert erscheinen lassen.

Ist hingegen das Strafrecht an die festgeschriebenen Vorgaben des § 19 II InsO gebunden, ist die strafrechtliche Diskussion auf den Umgang mit den zivilrechtlichen Auffassungen, die sich im Rahmen des § 19 II InsO bewegen, beschränkt.

Zu unterscheiden ist daher, auf welcher *Stufe* der Überschuldungsfeststellung aus strafrechtlichen Gründen Abweichungen geboten sind und inwiefern diese Abweichungen sich noch mit der zivilrechtlichen Vorgabe decken und wenn nicht, ob eine Abweichung vom Zivilrecht zulässig ist. Unter Einbeziehung der im Zivilrecht herrschenden Auffassung, die im Folgenden noch zu überprüfen ist, § 19 II InsO schreibe das traditionell zweistufige Überschuldungsmodell vor, sind zunächst drei Stufen zu unterscheiden, auf denen Abweichungen oder Übereinstimmungen mit § 19 II InsO denkbar sind:

Erste Stufe: Abkehr von einer differenzierenden Vorgehensweise überhaupt. Stattdessen ausschließlicher Ansatz von Liquidationswerten („lex certa!") bzw. von Fortführungswerten („in dubio!") – Abweichung von § 19 II InsO.

Zweite Stufe: Übernahme der differenzierenden Überschuldungsermittlung in Abhängigkeit von der Fortführungsfähigkeit des Unternehmens, aber eine Vorgehensweise nach der modifiziert zweistufigen Methode – Abweichung von § 19 II InsO.

Dritte Stufe: Beibehaltung der zivilrechtlichen Differenzierung nach InsO (traditionell zweistufiger Überschuldungsbegriff), jedoch Abweichungen hinsichtlich der übrigen Festsetzungen, wie dem Wahrscheinlichkeitsgrad i. R.d. Fortführungsprognose und der Wahl der Methode zur Bewertung einzelner Werte.

Die konkrete Problemlösung hat für Insolenzverschleppung und Bankrott jeweils gesondert zu erfolgen. Dabei ist auch eine Differenzierungsnotwendigkeit/-möglichkeit innerhalb des Bankrotts zwischen solchen Tatbestandsalternativen zu untersuchen, die wirtschaftlich auch ohne Krise abstrakt gefährlich sind und solche, deren Gefährlichkeit nur in der Krise selbst besteht.[146]

Personeller Anwendungsbereich der Überschuldung:

Da der hier interessierende Problemkreis allein die personelle Inkongruenz der gesetzlichen Regelungen von § 19 I, III InsO und § 283 StGB betrifft, sollen die für alle Eröffnungsgründe bzw. Krisenmerkmale gleichermaßen diskutierten Probleme des personellen Anwendungsbereichs von Insolvenzverschleppungsdelikten und Bankrott grundsätzlich außer Betracht bleiben. Daher wird auch die Problematik des faktischen Vertreters mangels überschuldungsspezifischer Relevanz nur insoweit berücksichtigt, als aus diesem Problemkreis Ableitungen diskutiert werden, ob die faktische Betrachtungsweise als generelle Auslegungsmethode anzuerkennen sei.[147] Diese finden sich entsprechend nicht in der Darstellung zum personellen Anwendungsbereich der Insolvenzdelikte i.e.S., sondern im Rahmen der Bestimmung der „richtigen" methodologischen Vorgehensweise zur Lösung der Überschuldungsfrage.

Berücksichtigung finden die personellen Divergenzen zwischen den zivilrechtlichen Insolvenzregelungen und Bankrott auch hinsichtlich ihrer möglichen Auswirkungen auf das sachliche Argument, wenn die bewusste Inkaufnahme personeller Divergenzen durch den Gesetzgeber bei der Frage nach der Zulässigkeit strafrechtsautonomer Begriffsbildung berücksichtigt wird.

Die gesondert behandelte, überschuldungsspezifische Frage zum personellen Anwendungsbereich des § 283 I Var. 1, II StGB betrifft daher vornehmlich den Kreis potentieller Schuldner und damit die Frage, ob sich bei oder wegen Herbeiführung der Überschuldung

- nur Organe *juristischer Personen u. kapitalistischer Personengesellschaften*,
- alle am Handelsverkehr beteiligten *Kaufleute*, oder
- *jedermann*, auch Verbraucher im insolvenzrechtlichen Sinn (§ 304 InsO), strafbar machen können.

Um die hier aufgeworfenen Fragen fundiert beantworten zu können, erfolgt zunächst eine Verortung der Überschuldungsproblematik im gesetzessystematischen und wirtschaftswissenschaftlichen Zusammenhang.

---

146 So noch unter Geltung der alten Rechtslage *Schlüchter*, wistra 1984, S. 41 ff. Zur Rechtslage unter Existenz des § 19 II InsO hat *Schlüchter* keine Stellung mehr nehmen können. Vgl. *Achenbach*, Schlüchter-Gds. (2002), S. 257; *Tiedemann*, Insolvenzstrafrecht, 2. Aufl. (1996), Vor § 283 Rn. 148.
147 Vgl. hierzu ausführlich *Cadus*, Faktische Betrachtungsweise (1984), S. 101 ff.; *Hiltenkamp-Wisgalle*, Bankrottdelikte (1987), S. 160 ff.; *Plathner*, Bankrottatbestand (2002), S. 39 ff. Näher dazu unter Zweiter Teil C. II. 2. a).

D. Systematische und wirtschaftswissenschaftliche Einordnung des Untersuchungsgegenstandes

I. Gesetzessystematische Einordnung des Untersuchungsgegenstandes

1. Der Überschuldungstatbestand im System des Strafrechts

a) *Vorkommen des Überschuldungsbegriffs im Strafrecht*

Der Begriff der Überschuldung wird im *Kernstrafrecht* ausdrücklich nur in § 283 StGB und dementsprechend auch im Rahmen der Qualifikation des § 283a StGB verwendet. Die Überschuldung ist hier tatbestandliches Krisenmerkmal, das entweder bereits bei Vornahme der in Abs. I Ziff. 1 bis 8 aufgeführten Bankrotthandlungen vorliegen (§ 283 I StGB) oder Ergebnis einer solchen Handlung sein muss (§ 283 II StGB), wobei im Rahmen des Versuchs gem. Abs. 3 auch ausreicht, dass die Überschuldung beim unmittelbaren Ansetzen zur Tathandlung nur in der Tätervorstellung vorlag oder verursacht werden sollte.[148]

Die Tatbestände der Bankrotthandlungen können bzgl. der Überschuldung (im Gegensatz zur drohenden Zahlungsunfähigkeit)[149] nicht nur *in der Krise* bezüglich Handlung und Krise doppelt-vorsätzlich, gemischt vorsätzlich-fahrlässig oder doppelt-fahrlässig konstruiert sein (§ 283 I auch i.V.m. § 283 IV Nr. 1 und V Nr. 1 StGB), sondern auch bzgl. der Bankrottherbeiführungstatbstände (dann allerdings Leichtfertigkeit erforderlich, § 283 IV Nr. 2 StGB) verwirklicht werden.

Über den Bankrott hinaus, ist die Überschuldung als Tatbestandsmerkmal im Kernstrafrecht nicht zu finden. So ist ausschließlich vorsätzliches Handeln bei *Zahlungsunfähigkeit* als Gläubigerbegünstigung nach § 283c StGB strafbar; in den im Vergleich zu § 283 StGB geringer mit Strafe bedrohten Buchführungs- und Bilanzierungstatbeständen des § 283b I Nr. 1–3 StGB, deren Handlungsmerkmale mit denen des § 283 I Nr. 5–7 StGB übereinstimmen, fehlt es an jedem Bezug zur Überschuldung.[150]

Nur inzident und in seiner Funktion als Eröffnungsgrund des Insolvenzverfahrens tritt der Überschuldungsbegriff im Rahmen der objektiven Strafbarkeit gem. § 283 VI (283a) StGB sowie der auf ihn verweisenden §§ 283b III, 283c III StGB und im § 283d IV StGB in Erscheinung.

---

148 Vgl. *Tiedemann*, Insolvenzstrafrecht, 2. Aufl. (1996), § 283 Rn. 1, 197, 200.

149 Dies ist zugleich ein Indiz dafür, dass drohende Zahlungsunfähigkeit und Überschuldung seitens des Gesetzgebers für nicht identisch/austauschbar gehalten werden. Die in der Literatur zum Überschuldungstatbestand anzutreffende Kritik, die Anknüpfung an Überschuldung *und* drohende Zahlungsunfähigkeit sei wegen vielfacher Überschneidungen überflüssig, muss sich daher das Beispiel des § 283 II StGB als gesetzlich gewollte Differenzierung entgegenhalten lassen.

150 Vgl. Tröndle/*Fischer*, StGB 52. Aufl. (2004), § 283b Rn. 1.

In die *nebenstrafrechtlichen* Insolvenzverschleppungsdelikte wird der Überschuldungsbegriff durch den direkten Verweis auf die Norm der Antragspflicht tatbestandlich inkorporiert, welche wiederum die Überschuldung als den Auslöser der Pflicht nennt (§§ 401 I Nr. 2, II, (92 II 2) AktG; §§ 84 I Nr. 2, II, (64 I 2) GmbHG; §§ 130b (130a I 1) HGB; §§ 148 I Nr. 2, II, (99 I 2) GenG).

Gegenstand der nachfolgenden Untersuchung sind ausschließlich jene Delikte, die den Überschuldungsbegriff ausdrücklich als Tatbestandsmerkmal verwenden, also Insolvenzverschleppungsdelikte und Bankrott. Denn die überschuldungsspezifischen Fragen stellen sich nur dann, wenn die Überschuldung als materiellrechtlicher Zustand der Krise bzw. als materiellrechtlicher Auslöser einer Insolvenzantragspflicht in Erscheinung tritt.[151]

Im Rahmen der objektiven Bedingung der Strafbarkeit nach § 283 VI StGB und der jeweils im letzten Absatz auf ihn verweisenden Tatbestände der §§ 283b–d StGB hingegen wird die Überschuldung nur in der für alle Insolvenzgründe gleichermaßen geltenden Funktion als Verfahrensauslöser relevant, ist daher eindeutig zivilrechtsgleich auszulegen und ist im Hinblick auf die Ausgangsfrage ohne direkte Bedeutung. Hinzu kommt, dass der Strafrichter nicht einmal den tatsächlichen Eintritt der Überschuldung im zivilrechtlichen Sinne nachzuprüfen hat, sondern nur feststellen muss, ob die Tatsache der Eröffnung des Insolvenzverfahrens bzw. der Ablehnung des Eröffnungsantrags im Sinne eines „formalrechtlichen Akts des Insolvenzrichters mit Tatbestandswirkung“ vorliegt.[152]

Zwecks begrifflicher Klärung folgt nun die systematische Verankerung der zu untersuchenden Delikte.

b) *Einordnung des Untersuchungsgegenstandes in die Systematik des Insolvenzstrafrechts*

Im Insolvenzstrafrecht wird zwischen Insolvenzstraftaten im *engeren* und im *weiteren Sinne* unterschieden. Nach nahezu einhelliger Meinung[153] ist wie folgt zu differenzieren.

Bankrott- und Insolvenzverschleppungsdelikte gehören zu den Insolvenzstraftaten im *engeren* (auch *technischen* oder *dogmatischen*) *Sinn* (*eigentliche* Insolvenzstraftaten). Insolvenzstraftaten im *engeren Sinn* unterscheiden sich von den Insolvenzstraftaten im weiteren Sinne bereits formal durch ihre tatbestandliche Bindung an speziell insolvenzrechtliche Begriffe.[154]

---

151 Ebenso eingrenzend *Tiedemann*, Schröder-Gds. (1978), S. 290.
152 Unbestrittene Auffassung, RGSt 26, 37 f.; *Bieneck* in Müller-Gugenberger/Bieneck, 3. Aufl. (2000), § 76 Rn. 61, 66; *Kühl* in Lackner/Kühl, 25. Aufl. (2004), § 283 Rn. 28; *Hoyer* in SK-StGB (2002), Rn. 14 vor § 283; Sch/Sch-*Stree/Heine*, 26. Aufl. (2001), § 283 Rn. 61 f.; *Tiedemann*, Insolvenzstrafrecht, 2. Aufl. (1996), Vor § 283 Rn. 6; Tröndle/*Fischer*, StGB 52. Aufl. (2004), Vor § 283 Rn. 15.
153 A.A. ohne Begründung *Pelz*, Strafrecht in Krise und Insolvenz (2004), Rn. 10; *Weyand*, Insolvenzdelikte 6. Aufl. (2003) Rn. 14.
154 Vgl. *Moosmayer*, Einfluß der InsO (1997), S. 54; *Tiedemann*, Insolvenzstrafrecht Vor § 283 Rn. 2, allerdings der Rechtslage vor dem 1.1.1999 entsprechend Bezeichnung „konkursrechtliche Begriffe“. Trotz Anbindung an speziell insolvenzrechtliche Begriffe werden die Insolvenzverschleppungsdelikte dem Insolvenzstrafrecht i.w.S. zugeordnet von *Pelz*, Strafrecht in Krise und Insolvenz (2004), Rn. 10; *Weyand*, Insolvenzdelikte 6. Aufl. (2003), Rn. 14.

In materieller Hinsicht bezeichnen sie die Gesamtheit der Strafnormen, die das Verfahren der gleichmäßigen Gesamtvollstreckung zugunsten aller Gläubiger des Gemeinschuldners schützen (*par conditio omnium creditorum*).[155] Inwieweit darüber hinausgehende Schutzzwecke bestehen[156] – Schutz nur der Kreditwirtschaft[157] oder der Gesamtwirtschaft[158] – ist umstritten, für die Einordnung jedoch nicht relevant.

Zum Schutz einer gleichmäßigen Gesamtvollstreckung *par conditio omnium creditorum* hat der Gesetzgeber in den §§ 283–283d StGB abstrakt gefährliche Verhaltensweisen unter Strafe gestellt, die darauf gerichtet sind, das dem Zugriff der Gläubiger unterliegende Vermögen rechtswidrig zu verringern oder zu verschleiern, wenn die Handlung in einer Krisensituation (Zahlungsunfähigkeit, drohende Zahlungsunfähigkeit, Überschuldung) des Schuldners erfolgt oder zu einer Krise führt und der Täter – als objektive Bedingung der Strafbarkeit – seine Zahlungen einstellt, oder über sein Vermögen das Insolvenzverfahren eröffnet oder der Eröffnungsantrag mangels Masse abgewiesen worden ist.[159]

Mit den *Insolvenzverschleppungsdelikten* stellt der Gesetzgeber bei Gesellschaften, deren Haftung auf das Gesellschaftsvermögen beschränkt ist, bereits das bloße Weiterwirtschaften außerhalb eines geregelten Insolvenzverfahrens unter Strafe, wenn sich das geführte Unternehmen so tief in der wirtschaftlichen Krise (Zahlungsunfähigkeit oder Überschuldung) befindet, dass das Management laut Anordnung des Gesetzgebers die autonome Unternehmensleitung aufgeben muss, um die verbleibende Haftungsmasse, auf welche die Gesellschaftsgläubiger wegen der Haftungsbeschränkung verwiesen sind, nicht unkontrolliert den allgemeinen Risiken des Wirtschaftsverkehrs auszusetzen.[160] Durch die Insolvenzverschleppungsdelikte

---

155 So die ganz herrschende Ansicht. Vgl. *BGHSt* 28, S. 373 und 34, S. 311; *BGH,* NJW 1980 S. 407; *Röhm,* Abhängigkeit des Insolvenzstrafrechts (2002), S. 5; *Tiedemann,* Insolvenzstrafrecht, 2. Aufl. (1996), Vor § 283 Rn. 2; *Wessels/Hillenkamp,* BT 2, 27. Aufl. (2004), Rn. 458; *Weyand,* Insolvenzdelikte, 6. Aufl. (2003), Rn. 9. *Moosmayer* hingegen hält eine Differenzierung zwischen Insolvenzstraftaten im engeren und weiteren Sinn anhand der materiellen Gesichtspunkte von *par conditio omnium creditorum* einerseits und Einzelgläubigerbefriedigung andererseits aufgrund der insoweit Überschneidungen bringenden Rechtsprechungspraxis zur „Interessensformel" bei der Figur des gläubigerschädigenden Organs/Vertreters für „nicht durchzuhalten" (Einfluß der InsO (1997), S. 54).

156 Ablehnend *Krause,* Ordnungsgemäßes Wirtschaften und erlaubtes Risiko (1995), S. 173 ff.; *Matzen,* Zahlungsunfähigkeit (1993), S. 14 f.; *Maurach/Schroeder/Maiwald,* BT/1, 8. Aufl. (1995), 1 § 48 I 3; *Mohr,* Bankrottdelikte (1993), S. 147 ff.; *Hoyer* in SK-StGB (2002), Vor § 283 Rn. 6.

157 So insbes. *Bieneck* in Müller-Gugenberger/Bieneck, 3. Aufl. (2000), § 75 Rn. 39; *Bottke,* Bausteine (1994), S. 122; *Otto,* Jura 1989, S. 32; *ders.,* BT, 3. Aufl. (1991), § 61 VI; *Tiedemann,* Insolvenzstrafrecht, 2. Aufl. (1996), Vor § 283 Rn. 55; Tröndle/*Fischer,* StGB, 52. Aufl. (2004), Vor § 283 Rn. 3; *Weyand,* Insolvenzdelikte, 6. Aufl. (2003), Rn. 12.

158 So insbes. *Kühl* in Lackner/Kühl, StGB, 25. Aufl. (2004), § 283 Rn. 1; *Schlüchter,* JR 1979, S. 515; Sch/Sch-*Stree/Heine,* 26. Aufl. (2001), Vor § 283 Rn. 2; *Wessels/Hillenkamp,* BT 2, 27. Aufl. (2004), Rn. 457 ff.

159 Vgl. hierzu *Otto,* Jura 1989, S. 32; *Achenbach,* Schlüchter-Gds. (2002), S. 268.

160 Vgl. *K. Schmidt,* Wege zum Insolvenzrecht (1990), S. 39; *Mönning* in Nerlich/Römermann, (2005), § 19 Rn. 11; vgl. zum gesetzgeberischen Korrelationsgedanken von Haftungsbeschränkung und insolvenzrechtlicher Haftung *Drukarczyk/Schüler* in MüKo, InsO (2001), § 19 Rn. 1. Ausführlich dazu auch unter Dritter Teil B.

wird die gleichmäßige Gesamtvollstreckung *par conditio omnium creditorum* mittels Sanktionierung abstrakt gefährlichen Wirtschaftens geschützt.[161]

Insolvenzstraftaten im engeren Sinn sind damit (abschließend) die §§ 283–283d StGB und die Insolvenzverschleppungsdelikte gem. §§ 401 I Nr. 2 AktG, 84 I Nr. 2 GmbHG, 148 I Nr. 2 GenG, 130b HGB.[162]

Die Insolvenzstraftaten im *weiteren (untechnischen* oder *kriminologischen)* Sinn (auch *sonstige* oder *übrige* Insolvenzstraftaten) erfassen hingegen solche Verhaltensweisen, die lediglich im Zusammenhang mit einem wirtschaftlichen Zusammenbruch stehen und durch diesen bedingt zur Verwirklichung eines Straftatbestandes führen.[163] Insolvenzstraftaten im weiteren Sinn werden „typischerweise" neben den Insolvenzstraftaten im engeren Sinn, in „Insolvenz*nähe*" begangen; sie werden zu Insolvenzdelikten durch die besonders kriminogene Situation der wirtschaftlichen Krise, ohne von ihrer Tatbestandsstruktur auf diesen Anwendungsbereich beschränkt zu sein.[164] Als „typische Begleitdelikte" zählen zu den Insolvenzstraftaten im weiteren Sinn die §§ 263, 264, 265, 265b, 266a, 267, 156, StGB; §§ 401 I Nr. 1 AktG, 84 I Nr. 1 GmbHG, 148 I Nr. 1 GenG (Unterlassen des Einberufens der Gesellschafterversammlung) oder 370 ff. AO.[165]

Inhaltsgleich zur heutigen Differenzierung zwischen Insolvenzstraftaten im *engeren* und im *weiteren* Sinne wurde bis zum In-Kraft-Treten der Insolvenzordnung am 1.1.1999 zwischen *Konkursstrafrecht* (den heutigen Insolvenzstraftaten im engeren Sinne) und *Insolvenzstrafrecht* (dem heutigen Insolvenzstrafrecht im weiteren Sinne) unterschieden. Die entsprechende gesetzliche Titulierung der §§ 283–283d StGB als „Konkursstraftaten" wurde in „Insolvenzstraftaten" durch Art. 60 Nr. 1 EGInsO geändert, ohne dass damit eine inhaltliche Veränderung einherging.[166]

Hinsichtlich der Ausgangsfrage sind mit Bankrott und Insolvenzverschleppungsdelikten nur die Insolvenzstraftaten im *engeren* Sinne zu untersuchen.

---

161 Vgl. *Tiedemann*, Insolvenzstrafrecht, 2. Aufl. (1996), Vor § 283 Rn. 2.

162 Vgl. *Tiedemann*, Insolvenzstrafrecht, 2. Aufl. (1996), Vor § 283 Rn. 2.

163 *Tiedemann*, Insolvenzstrafrecht, 2. Aufl. (1996), Vor § 283 Rn. 2; *Weyand*, Insolvenzdelikte, 6. Aufl. (2003), Rn. 9.

164 Vgl. *Moosmayer*, Einfluß der InsO (1997), S. 54; *Tiedemann*, Insolvenzstrafrecht, 2. Aufl. (1996), Vor § 283 Rn. 27.

165 *Moosmayer*, Einfluß der InsO (1997), S. 54; *Röhm*, Abhängigkeit des Insolvenzstrafrechts (2002), S. 5; *Tiedemann*, Insolvenzstrafrecht, 2. Aufl. (1996), Vor § 283 Rn. 2; *Weyand*, Insolvenzdelikte, 6. Aufl. (2003), Rn. 9. Hierzu näher entsprechend den Nachweisen bei *Weyand*, Insolvenzdelikte, 6. Aufl. (2003), Rn. 9 Fn. 24; *Bittmann/Rudolph*, wistra 2000, S. 401; *Radtke*, GmbHR 1998, S. 311, 361.

166 Vgl. nochmals zur Absage an eine materiellrechtliche Änderung den RegE zur EGInsO, BT-Drs. 12/3803 vom 24.11.1992, S. 100 zu Art. 60 EGInsO: „Im übrigen erscheinen [über eine rein formale Umbenennung hinausgehende] Änderungen des Strafgesetzbuchs von den Zielen der Insolvenzrechtsreform her nicht erforderlich". Vgl. auch *Moosmayer*, Einfluß der InsO (1997), S. 21, 55, der aus diesem Grund eine materielle Zweiteilung weiterhin für nicht konsequent durchführbar hält.

2. Zur Frage nach der Übertragbarkeit des zivilrechtlichen Überschuldungsbegriffs (Zivilrechtsakzessorietät) – Die Rechtsnatur des insolvenzrechtlichen Überschuldungsbegriffs

Die Einordnung des insolvenzrechtlichen Tatbestands als Bestandteil des Zivilrechts bedarf im Hinblick auf Fragestellung und der im bisherigen Diskurs zumeist verwendeten Begrifflichkeit der Zivilrechtsakzessorietät einer näheren Erläuterung. Denn die Frage, welcher Rechtsmaterie das Insolvenzrecht der InsO zuzuordnen ist, wird uneinheitlich beantwortet.[167]

Mehrheitlich, aber nicht unbestritten wird das Insolvenzrecht dem Privatrecht[168], genauer dem Sonderprivatrecht[169] bzw. dem Wirtschaftsprivatrecht zugeordnet.[170]

Hinsichtlich der *materiellrechtlichen* Vorschriften ist die Zuordnung zum Privatrecht allerdings allgemein anerkannt, da sie auf die privaten Rechtsverhältnisse des Schuldners einwirken und auf Gleichordnung und freier Selbstbestimmung basieren.[171]

Soweit der Überschuldungstatbestand Auslöser von zivilrechtlichen *Schadensersatzansprüchen* der Geschäftsleitung bei Insolvenzverschleppung ist, kommt ihm eine speziell materiellrechtliche Funktion zu, so dass er insoweit unstreitig Bestandteil des bürgerlichen Rechts und damit des Zivilrechts ist.

Die *verfahrensauslösende Funktion* der Überschuldung bedarf hingegen einer genaueren Betrachtung. Denn hinsichtlich der Zuordnung des *verfahrensrechtlichen* Insolvenzrechts besteht Uneinigkeit:

So wird vertreten, das insolvenzrechtliche Verfahrensrecht teile den *bürgerlichrechtlichen* Charakter des materiellen Insolvenzrechts; es sei durch das materielle Recht strukturiert und geprägt, dessen Schutz und Verwirklichung es gerade dienen solle.[172]

Die *Gegenansicht* lehnt eine generelle Zuordnung auch des verfahrensrechtlichen Teils der Insolvenzordnung zum Bürgerlichen Recht ab. Das Insolvenzverfahrensrecht sei weitgehend auch durch das Insolvenzgericht geprägt, welches in Ausübung seiner Leitungs- und Aufsichtsaufgaben im Verhältnis von Über- und Unterordnung gegenüber Schuldner und Gläubigern einseitig hoheitlich, und damit öffentlich-rechtlich handle.[173]

---

167 Ausführliche Darstellung zu Streitstand und Diskussion bei *Lepa*, InsO und Verfassungsrecht (2002), S. 26 ff.

168 *Balz*, ZIP 1988, S. 273, 275; *Hänel*, Gläubigerautonomie (2000), S. 20; *Häsemeyer*, Insolvenzrecht, 2. Aufl. (1998), Rn. 105 ff.; Vgl. *Lepa*, InsO und Verfassungsrecht (2002), S. 26 m.w.N.

169 Vgl. den Bericht über die Diskussion der Arbeitsgruppe Zivilrecht in Göttinger Kolloquium, (1990), S. 87.

170 Allgemeine Begründung RegE, BT-Drs. 12/2443, S. 75; *Roth*, Verfassungsrecht und Insolvenzrecht (1990), S. 187 f.

171 Vgl. *Lepa*, InsO und Verfassungsrecht (2002), S. 26 f.

172 *Häsemeyer*, Insolvenzrecht, 2. Aufl. (1998), Rn. 1.05; *Schapp*, Grundlagen (1996), S. 4; zustimmend *Plathner*, Bankrottatbestand (2002), S. 142.

173 *Lepa*, InsO und Verfassungsrecht (2002), S. 27, 29 m.w.N.

Hinsichtlich der Frage, ob infolge dessen das Insolvenzverfahrensrecht in seiner Gesamtheit als öffentlichrechtlich zu qualifizieren ist, oder ob auch hier differenziert werden muss, besteht wiederum Uneinigkeit:

Eine Auffassung betont die Nähe des Insolvenzverfahrens zur Einzelvollstreckung.[174] Unter Zugrundelegung der herrschenden[175] Zuordnung des Einzelzwangsvollstreckungsverfahrens als öffentliches Recht würde bei Aufrechterhaltung dieses Ansatzes nach der Insolvenzrechtsreform auch das Insolvenzverfahrensrecht in seiner *Gesamtheit* als *öffentlich-rechtlich* zu qualifizieren sein.

Die Gegenauffassung lehnt eine Parallelwertung von Insolvenzverfahren und Einzelvollstreckung ab. Sie verweist auf das insolvenzrechtspezifische „Hand-in-Hand“[176] von hoheitlicher Gerichtstätigkeit und privatrechtlichem Handeln der in den Entscheidungsprozess eingebundenen Gläubigerseite[177] sowie auf die überwiegend[178] als privatrechtlich eingestufte Verfahrenstätigkeit des Insolvenzverwalters. Die Zuweisung der insolvenzrechtlichen Verfahrensvorschriften müsse im Einzelfall anhand des jeweiligen Regelungszusammenhangs ermittelt werden.[179]

Für die rechtliche Qualifizierung des Überschuldungstatbestandes wird die Diskussion um den Rechtscharakter von insolvenzrechtlichen Verfahrensnormen also nur relevant, sofern die Überschuldung im Sinne des § 19 I InsO zumindest *auch* verfahrensrechtlichen Charakter hat:

Als Eröffnungsgrund des Insolvenzverfahrens (§ 19 I InsO) ist die Überschuldung Verfahrensvoraussetzung gem. § 16 InsO. Jedoch spricht *gegen* eine Zuordnung zum *prozessrechtlichen* Teil der Insolvenzordnung, dass das Insolvenzverfahren als Antragsverfahren ausgestaltet ist. Es wird somit nicht von Amts wegen bei Vorliegen des Eröffnungsgrundes der Überschuldung das Insolvenzverfahren eingeleitet, sondern es bedarf hierzu gem. § 13 I InsO eines Antrags von Schuldner- oder Gläubigerseite. Die Überschuldung allein wirkt somit noch nicht verfahrensauslösend, sondern sie löst lediglich eine Antragspflicht unter den juristischen Personen (§ 19 I InsO) und den ihnen gem. § 19 III InsO gleich gestellten kapitalistischen Personengesellschaften aus. Damit ist der Eröffnungsgrund der Überschuldung nur ein dem Insolvenzverfahren vorgelagerter Tatbestand, was wiederum gegen dessen Zuordnung zum Verfahrensrecht spricht.

---

174 Vgl. *Uhlenbruck*, JurBüro 1976, S. 418 f.; bereits *Kohler*, Lehrbuch des Konkursrechts (1891), S. 3.

175 *Baur/Stürner*, Bd. I, 12. Aufl. (1995), Rn. 5, 13; *Blomeyer*, ZPO (1975), § 1 II; *Rosenberg/Gaul/Schilken*, Zwangsvollstreckungsrecht, 11. Aufl. (1997), § 1 III; *Münzberg* in Stein/Jonas, ZPO, 21. Aufl. (1995), § 811 Rn. 1 ff., § 850 Rn. 1; *Gerhardt*, Grundbegriffe (1985), Rn. 9; *Lepa*, InsO und Verfassungsrecht (2002), S. 28; vgl. auch bereits *RGZ* 128, S. 81, 85 und *RGZ* 156, S. 395, 398; Voraussetzend *BVerfGE* 49, S. 220 ff. (225), *BVerfGE* 52, S. 214 ff. (219). Abweichend *Henckel*, Prozessrecht (1970), S. 350 ff., welcher den Vollstreckungsschutz dem Privatrecht zuordnet.

176 *Lepa*, InsO und Verfassungsrecht (2002), S. 30 f.

177 Vgl. nur die Entscheidungsbefugnis der Gläubiger über die Ziele des Insolvenzverfahrens nach §§ 156 ff. InsO und im Insolvenzplanverfahren das Annahmeerfordernis durch die Gläubiger nach §§ 243 ff. InsO.

178 Vgl. *Bork*, Einführung (1998), Rn. 55; *Holzer*, Entscheidungsträger (1996), Rn. 512, *Lüke*, Haftung (1986), S. 51; *Lepa*, InsO und Verfassungsrecht (2002), S. 30.

179 *Lepa*, InsO und Verfassungsrecht (2002), S. 30 f. m.w.N.

Man könnte einwenden, die Eigenschaft des Eröffnungsgrundes sei zwar eine nicht hinreichende, so doch aber notwendige Bedingung für die Einleitung eines Insolvenzverfahrens. Würde man aufgrund dessen dem insolvenzrechtlichen Überschuldungstatbestand ein prozessuales Moment unterstellen, so spräche gegen eine auch öffentlich-rechtliche Einordnung des insolvenzrechtlichen Überschuldungstatbestands noch immer, dass die Überschuldung als einheitlicher Eröffnungsgrund auch für das Insolvenzplanverfahren gilt. Das Planverfahren ist aber selbst nach der differenzierenden Ansicht *Lepas* wegen des Gewichts der privatrechtlich handelnden Gläubigerseite gerade dem bürgerlichen Recht zuzuordnen.[180]

Der Überschuldungstatbestand ist somit hinsichtlich seiner prozessauslösenden Funktion „neutral" ausgelegt und vermag daher dem Überschuldungstatbestand kein öffentlichrechtliches Moment zu verleihen, das der *differenzierenden* Ansicht zur Annahme des öffentlich-rechtlichen Charakters reichen könnte.

Und eine *einheitlich* öffentlich-rechtliche Qualifizierung des insolvenzrechtlichen Verfahrensrechts in Parallele zum Einzelvollstreckungsrecht ist seit der Insolvenzrechtsreform obsolet und sogar contra legem. Denn eine einheitliche Zuordnung verfahrensrechtlicher Vorschriften zum öffentlichen Recht würde den vom Zweck gesteigerter Gläubigerautonomie bedingten Veränderungen des Gesamtvollstreckungsrechts durch die InsO nicht gerecht. Die Verlagerung wesentlicher Entscheidungen auf die Gläubiger, wie beim Zustimmungserfordernis zum Insolvenzplan und bei der Festlegung der Verfahrensziele, ist eine gesetzlich gewollte Verlagerung öffentlichen Handelns seitens des Gerichts auf privatrechtliche Verfahrenshandlungen der Gläubigerseite. Dieser, vom Einzelvollstreckungsverfahren abweichende, Rückzug hoheitlicher Tätigkeit, darf als bewusste gesetzgeberische Entscheidung nicht ignoriert werden. Nach der Insolvenzrechtsreform ist für eine pauschale Zuordnung des prozessualen Insolvenzrechts zum öffentlichen Recht kein Platz mehr.

Da nun die privatrechtliche und die differenzierende Auffassung den Überschuldungstatbestand als zivilrechtlich qualifizieren, kann eine weitere Streitentscheidung dahinstehen.

Der insolvenzrechtliche Überschuldungstatbestand ist ausschließlich zivilrechtlicher Natur.[181]

II. Wirtschaftswissenschaftliche Einordnung des Phänomens der Überschuldung

Nicht nur, weil Klarheit über den Übertragungsgegenstand des zivilrechtlichen Überschuldungsbegriffs Grundvoraussetzung für eine verlässliche Beantwortung der Frage der Übertragbarkeit ins Strafrecht ist, bedarf es einer genauen Vorstellung

---

180 *Lepa*, InsO und Verfassungsrecht (2002), S. 29 f.
181 Ebenfalls den insolvenzrechtlichen Überschuldungstatbestand als zivilrechtlich bezeichnend: *Bieneck*, StV 1999, S. 43; *Achenbach*, Schlüchter-Gds. (2002), S. 257 ff. Im Ergebnis ebenso *Plathner*, Bankrottatbestand (2002), S. 142.

davon, welches wirtschaftliche Phänomen sich hinter dem Überschuldungstatbestand verbirgt.

Vor allem ist aus Sicht des Strafrechts zu fragen, inwieweit sich das Phänomen Überschuldung als Anknüpfungstatsache für strafrechtliche Sanktionen überhaupt eignet. Dies setzt eine Vorstellung davon voraus, welcher Zustand durch die Überschuldung abgebildet wird und wie sich dieser zu dem weniger umstrittenen und für das Strafrecht weniger problematischen Insolvenzgrund der Zahlungsunfähigkeit verhält, insbesondere, welche Funktion die Überschuldung erfüllen kann, die durch den Insolvenzgrund der Zahlungsunfähigkeit nicht abgedeckt wird.

Denn erst dann kann beurteilt werden, ob eine strafrechtliche Sanktion des in § 283 StGB und den Insolvenzverschleppungsdelikten umschriebenen Handelns in der Phase der Überschuldung legitimiert werden kann[182] oder ob für die Umschreibung des strafrechtlich relevanten Unrechts die Eröffnungsgründe der Zahlungsunfähigkeit und der drohenden Zahlungsunfähigkeit ausreichen. Dabei ist die drohende Zahlungsunfähigkeit wegen ihrer besonderen Prognoselastigkeit weniger als potentiell geeignete *Alternative* zur Überschuldung zu betrachten; Überschuldung und drohende Zahlungsunfähigkeit miteinander in Beziehung zu setzen, ist allein wegen ihres vielfach problematisierten[183] Überschneidungsgrades angezeigt.[184]

1. Überschuldung als Beschreibung eines ökonomischen Zustands in Abgrenzung zur Zahlungsunfähigkeit

a) *Die Überschuldung als Zeitraumilliquidität – Begriffsklärung in Abgrenzung zur Zahlungsunfähigkeit*

Die Überschuldung ist nach heutigem Verständnis ein „zeitraumfüllendes Ereignis".[185]

Sie beschreibt einen ökonomischen Zustand, der als „Zeitraum-Illiquidität" im Sinne der Unfähigkeit zur Auszahlungsdeckung im Zeitablauf zu verstehen ist, und meint die Unfähigkeit zur Begleichung erst künftig, d.h. mittelfristig fällig werdender Zahlungspflichten.[186] Als Anhaltspunkt für die Fähigkeit zur Begleichung der künftigen Zahlungspflichten dient bei der Überschuldung – im Gegensatz zur drohenden Zahlungsunfähigkeit – die *Vermögensausstattung* des Unternehmens.[187]

Doch nicht immer, wenn von Zeitraumilliquidität die Rede ist, ist Überschuldung gemeint:

---

182 Dazu ausführlich unter Dritter Teil B. II.

183 Vgl. nur *Drukarczyk*, WM 1994, S. 1742 f.; *Penzlin*, Auswirkungen der InsO (2000), S. 138 ff.; *Röhm*, Abhängigkeit des Insolvenzstrafrechts (2002), S. 179 ff.; *Wolf*, Überschuldung (1998), S. 37 f.

184 Vgl. auch *Röhm*, Abhängigkeit des Insolvenzstrafrechts (2002), S. 48; *Tiedemann*, Insolvenzstrafrecht, 2. Aufl. (1996), Vor § 283 Rn. 147.

185 Vgl. *Hommel*, ZfB 1998, S. 300; *Stüdemann*, Geleitwort in Klar, Überschuldung (1987), S. V.

186 *Arens*, Überschuldungsprüfung (1991), S. 3, 161 ff. zurückgehend auf *Moxter*, Finanzwirtschaftliche Risiken (1976), S. 630 ff.

187 Vgl. *Groth*, Überschuldung (1995), S. 35; *Harneit*, Überschuldung (1984), S. 9.

Überschuldung und Zahlungsunfähigkeit werden oftmals gleichermaßen als *Zeitraumilliquidität* verstanden, Überschuldung als *mittelfristige* und Zahlungsunfähigkeit als *kurzfristige*.[188] Anderen zufolge ist nur die Überschuldung ein Fall der Zeitraumilliquidität, hingegen Zahlungsunfähigkeit als Zeit*punkt*illiquidität zu begreifen.[189]

Dabei taucht das Begriffspaar Zeitraum-/Zeitpunktilliquidität in zwei Zusammenhängen auf, die strikt voneinander zu trennen sind.

Zum einen wird die Frage, inwieweit Zahlungsunfähigkeit ebenfalls einen Fall der Zeitraumilliquidität darstellt, im Zusammenhang mit dem Verzicht des Gesetzgebers auf die Übernahme des bis dahin einhellig für erforderlich gehaltenen Merkmals der Dauerhaftigkeit in § 17 II 1 InsO erörtert. Es ist umstritten, inwieweit auch nach der Insolvenzreform kurze Zahlungsstockungen nicht zur Zahlungsunfähigkeit führen sollen und daher weiterhin eine gewisse Zeitspanne *nach* Eintritt der erstmaligen Unfähigkeit zur Schuldenbegleichung zugestanden wird (Zeitraumilliquidität)[190], oder ob bereits im Moment der erstmaligen Unfähigkeit zur Begleichung fälliger Verbindlichkeiten Zahlungsunfähigkeit anzunehmen ist (Zeitpunktilliquidität).[191] Der so verwendete Begriff der Zeitraumilliquidität hat keine Relevanz für die Abgrenzung zur Überschuldung, ist insoweit zu vernachlässigen.

Davon abzugrenzen ist die Frage, inwieweit sich Überschuldung und Zahlungsunfähigkeit bei der Berücksichtigung erst künftig fälliger Forderungen unterscheiden: Vor Einführung der drohenden Zahlungsunfähigkeit in § 18 II InsO war umstritten, ob bei der Zahlungsunfähigkeit nur gegenwärtig fällige Verbindlichkeiten zu berücksichtigen seien, dann eher *Zeitpunktilliquidität*,[192] oder ob auch künftige, innerhalb eines maximal dreimonatigen Zeitraums fällig werdende Verbindlichkeiten einzubeziehen seien, dann kurzfristige *Zeitraumilliquidität*.[193]

Mit Einführung der drohenden Zahlungsunfähigkeit hat diese Problematik an Relevanz eingebüßt, bleibt allerdings mangels Insolvenzantragspflicht bei nur drohender Zahlungsunfähigkeit noch immer aktuell. Allerdings ist festzustellen, dass nunmehr kürzere Zeiträume diskutiert werden[194] und sich damit die Überschnei-

---

188 Vgl. *Reck*, Insolvenzstraftaten (1999), Rn. 68; *Pape* in Kübler/Prütting, InsO (2005), § 17 Rn. 9.

189 Vgl. *Habersack* in Großkommentar AktG, 4. Aufl. (1999), § 92 Rn. 39; *K. Schmidt*, ZGR 1998, S. 633, 649 f.

190 Vgl. nur *Röhm*, Abhängigkeit des Insolvenzstrafrechts (2002), S. 108; *Bittmann*, wistra 1998, S. 321 ff.

191 *Moosmayer*, Einfluß der InsO (1997), S. 155 ff.; *Landerfmann*, BB 1995, S. 1651; *Burger/Schellberg*, BB 1995, S. 262, *Reck* BuW 1998, S. 63 ff. vgl. hierzu ausführlich *Jäger*, DB 1986, S. 1141, 1145; *Röhm*, Abhängigkeit des Insolvenzstrafrechts (2002), S. 108 ff. sowie den Konsensvorschlag bei *Reck*, Insolvenzstraftaten (1999), Rn. 85 ff.

192 So etwa *Ulmer* in Hachenburg, GmbHG, 8. Aufl. (1997), § 63 Rn. 22; *K. Schmidt* in Scholz, GmbHG, 7. Aufl. (1986), § 63 Rn. 7.

193 So *Schulze-Osterloh* in Baumbach/Hueck, GmbHG, 15. Aufl. (1988), § 63 Rn. 3; *Lutter/Hommelhoff*, GmbHG, 13. Aufl. (1991), § 63 Rn. 2; vgl. hierzu auch *Groth*, Überschuldung (1995), S. 35.

194 Nur noch kurzfristig fällig werdende Forderungen gehen in die Betrachtung ein; vgl. hierzu *Pape* in Kübler/Prütting, InsO (2005), § 17 Rn. 9. Vgl. etwa *Reck*: „Zeitpunktbetrachtung über die Zeit“, in Insolvenzstraftaten (1999), Rn. 68.

dungsproblematik der Insolvenzeröffnungsgründe auf das Verhältnis von Überschuldung und drohender Zahlungsunfähigkeit verlagert hat. Auf sie wird im Rahmen der Frage nach der Legitimation einer strafrechtlichen Anknüpfung an den Überschuldungstatbestand zurückzukommen sein, wenn zu klären ist, ob die strafbedürftigen Fälle vor allem im Rahmen des Bankrotts nicht einfacher über die drohende und eingetretene Zahlungsunfähigkeit erfasst werden können.

Der Zeitraumbezug wird noch in dritter Hinsicht zwischen Überschuldung und Zahlungsunfähigkeit hergestellt: Hinsichtlich der Art ihrer Ermittlung wird die Notwendigkeit einer bilanziellen Verankerung bei der Überschuldung im Gegensatz zur Zahlungsunfähigkeit für das Strafrecht noch immer diskutiert. Auch nach In-Kraft-Treten der Insolvenzordnung stehen sich stärker *vermögensbezogen-bilanziell* ausgerichtete und eher *finanzplanbezogen-zukunftsorientierte* Methoden zur Überschuldungsermittlung gegenüber.[195]

So wird auf dem Boden der bilanziellen Ermittlungsmethoden danach differenziert, dass die allein anhand eines Finanzplans zu ermittelnde Zahlungsunfähigkeit „die prospektive Zeitraumilliquidität anhand einer *dynamischen Stromgröße*" beschreibe, während die Überschuldung mittels einer Bilanz und damit als „prospektive Zeitraumilliquidität durch eine *statische Zeitpunktgröße*" zu ermitteln sei.[196]

Insgesamt ist festzuhalten, dass Zeitraumilliquidität im Sinne der Überschuldung einen im *Vorfeld* einer Zahlungseinstellung[197] deutlich längerfristigen Zeitraum umfasst als die Zahlungsunfähigkeit.[198]

Die zeitliche Vorverlagerung der Überschuldung ist aus Gründen des Gläubigerschutzes bezweckt[199] und reiht sich in das handelsrechtliche System der Gläubigerschutzvorschriften wie folgt ein:

b) Überschuldung als Produkt des Gläubigerschutzgedankens – allgemein und in Abgrenzung zur Zahlungsunfähigkeit

aa) Überschuldung als Gläubigerschutztatbestand – allgemein

Das eigentliche Wesen der Überschuldung als Tatbestand des zivilrechtlichen Insolvenz- und des Insolvenzstrafrechts ist über die Funktion des Überschuldungstatbestands als *Systembestandteil gläubigerschützender Vorschriften* zu begreifen:

---

195 Einstufig statische und traditionell zweistufige Methoden einerseits, modifiziert zweistufige andererseits, dazu ausführlich unter Erster Teil A. VI. 1. a) und Zweiter Teil C. II. 3. b).

196 So *Hommel*, ZfB 1998, S. 300.

197 Als *Zahlungseinstellung* wird das faktische Verhalten des Schuldners bezeichnet, wenn er seine fälligen und von den Gläubigern ernsthaft eingeforderten Verbindlichkeiten im Wesentlichen (Deckungslücke von 25 % oder mehr) nicht mehr erfüllt (*BGH*, NJW-RR 2001, S. 1204; *Wegner* in HStW (2004), Kap. VII 1 Rn. 90 f. m.w.N.).

198 Vgl. *Groth*, Überschuldung (1995), S. 35.

199 Der Zweck einer zeitlichen Vorverlagerung gegenüber der Zahlungsunfähigkeit ist seit der Differenzierung zwischen Zahlungsunfähigkeit und Überschuldung/Vermögensinsuffizienz wesensbestimmendes Merkmal der Überschuldung/Vermögensinsuffizienz. Dazu sogleich unter Erster Teil A. III 1. b), 2. b), d).

In ihrer Funktion als Insolvenztatbestand nach § 19 InsO reiht sich die Überschuldung in ein gestaffeltes System von gläubigerschützenden Kapitalerhaltungsvorschriften für haftungsbeschränkte Unternehmensformen ein, das einsetzt, wenn die Verluste der Gesellschaft ein bestimmtes Ausmaß erreichen.[200]

So tritt beispielsweise für die GmbH bereits im Fall der Unterbilanz, wenn das nominelle Stammkapital nicht mehr durch das Reinvermögen[201] der Gesellschaft gedeckt ist, ein Auszahlungsverbot *causa societatis* nach den §§ 30 ff. GmbHG ein.[202] Zugleich werden Gesellschafter bei qualifizierten Vermögensschädigungen nach der vom BGH geschaffenen Rechtsfigur des *existenzvernichtenden Eingriffs* im Wege einer Verhaltenshaftung persönlich in Haftung genommen.[203]

Führen die Verluste schließlich dazu, dass das Vermögen die Verbindlichkeiten nicht mehr deckt, so dass eine vollständige Befriedigung der Gläubiger nicht mehr gesichert ist und stattdessen das allgemeine Verlustrisiko wirtschaftlicher Betätigung nur noch die Gläubiger trifft, greift neben dem Bankrotttatbestand das Schutzsystem des Insolvenzverfahrens ein, dessen Einleitung durch die von zivil- und strafrechtlichen Sanktionen flankierte Insolvenzantragspflicht gesichert wird.[204]

Die Regelung des verbindlich einzuleitenden Insolvenzverfahrens dient vornehmlich dem Zweck, Gläubiger vor weiteren Schädigungen durch Vertiefung der Vermögensinsuffizienz zu bewahren und die Eigentümer (bzw. die von ihnen getragene Unternehmensleitung) auch schon im Vorfeld der Insolvenz zu einer sorgfältigen Finanzplanung anzuhalten, indem ihnen der Verlust der Entscheidungsfreiheit in ihrem Unternehmen in Aussicht gestellt wird.[205]

Der Überschuldungstatbestand des § 19 InsO nimmt daher sowohl eine insolvenzrechtliche „Ordnungsfunktion" wahr, indem versucht wird, Mindesthaftungsmassen in Abhängigkeit vom Umfang der Schulden festzuschreiben,[206] als auch eine

---

200 Hierzu ausführlich *Groth*, Überschuldung (1995), S. 25 ff.

201 *Reinvermögen* sind die verbleibenden Aktiva nach Abzug von Verbindlichkeiten und Rückstellungen, vgl. hierzu auch *Groth*, Überschuldung (1995), S. 25.

202 Näher hierzu *Altmeppen* in Roth/Altmeppen, GmbHG, 5. Aufl. (2005), § 31 Rn. 1 ff.; *Groth*, Überschuldung (1995), S. 25.

203 Die rechtliche Einordnung der Verhaltenshaftung ist umstritten. Vertreten wird in analoger Anwendung des § 128 HGB eine Einordnung als Durchgriffshaftung ebenso wie die Einordnung als Verstoß gegen die gesellschaftliche Treuepflicht oder als Fall der deliktischen Haftung gem. § 826 BGB oder § 823 II BGB i.V.m. den Bankrottdelikten oder als eine Sorgfaltspflichtverletzung gem. § 43 GmbHG oder gem. § 93 V 2, 3 AktG (analog). Vgl. hierzu statt aller *Altmeppen* in Roth/Altmeppen, GmbHG, 5. Aufl. (2005), § 13 Rn. 75 ff. und insgesamt zur Rechtsfigur des existenzvernichtenden Eingriffs *BGHZ* 149, 10, 16 f. = NJW 2001, S. 3622 (Bremer Vulkan); *BGHZ* 150, S. 61, 67 = NJW 2002, S. 1803, 1805; *BGHZ* 151, S. 181, 186 f. = NJW 2002, S. 3024 (KBV); *BGH* v. 13.12.2004, ZinsO 2005, S. 311 ff. und hierzu *Wilhelm*, NJW 2003, S. 175 ff.; *Altmeppen* in Roth/Altmeppen, GmbHG, 5. Aufl. (2005), § 13 Rn. 72 ff., Anh. § 13 Rn. 146; *Altmeppen* ZIP 2002, S. 1553.

204 Dazu ausführlich unter Dritter Teil A. II., III., B.

205 Vgl. *Drukarczyk*, Finanzierung, 9. Aufl. (2003), S. 516 f. Die Komplexität der Überschuldung als Insolvenztatbestand bedingt dabei zusätzlich, dass das Unternehmen nur durch eine langfristig solide Finanzierung bewerkstelligen kann, dass die Unternehmensleitung nicht ihre Leitungsbefugnisse im Rahmen des Insolvenzverfahrens abtreten muss.

206 *Arens*, Überschuldungsprüfung (1991), S. 31. mit ausgiebiger Darstellung der insolvenzrechtlichen Funktionen im marktwirtschaftlichen System S. 27 ff.

verhaltenssteuernde „Abschreckungsfunktion". Die verhaltenssteuernde Wirkung wird nicht erst durch die strafrechtliche Flankierung der Antragspflicht (Insolvenzverschleppungsdelikte) und die Bestrafung masseschädigenden Verhaltens ab dem Zeitpunkt der Überschuldung (Bankrott) erzielt, sondern bereits durch den zivilrechtlichen Überschuldungstatbestand, der *Terminierungsregel*[207] selbst:

Der zivilrechtliche Insolvenztatbestand gibt an, bei welchem Unternehmenszustand die Verfügungsrechte der Eigentümer auf die Gläubiger übergehen sollen, nämlich, sobald die Gläubigeransprüche bei optimaler Verwendung des Vermögens voraussichtlich nicht mehr befriedigt werden können.[208] Er markiert damit den Zeitpunkt, ab dem den Eigentümern der Verlust der Entscheidungsfreiheit über ihr Unternehmen droht und wirkt bereits dadurch verhaltensdisziplinierend im Hinblick auf das Ziel der Aufrechterhaltung einer Mindesthaftungsmasse zum Schutz der Gläubiger.

Hierauf wird im Hinblick auf die Frage, inwieweit die strafrechtliche Begriffsbildung durch die Funktion der Verhaltensteuerung mitbestimmt wird, zurückzukommen sein.[209]

bb) Überschuldung in Abgrenzung zur Zahlungsunfähigkeit

Dem Verfahrensauslöser Überschuldung kommt dabei gegenüber der Zahlungsunfähigkeit eine besondere Gläubigerschutzfunktion zu:

Bei alleiniger Haftung des Gesellschaftsvermögens ist das Interesse der Gläubiger auf vollständige Befriedigung ihrer Ansprüche besonders gefährdet, so dass hier Zahlungsunfähigkeit und Zahlungseinstellung keine hinreichend zeitigen Auslöser eines geregelten Insolvenzverfahrens sind.[210] Beispielsweise besteht hier in Krisensituationen eine besondere Gefahr, dass die Schuldner durch fremdfinanzierte Ausschüttungen oder risikoreiche Investitionsprojekte Reichtumsverlagerungen zu ihren Gunsten vornehmen.[211]

Der Überschuldungstatbestand soll aufgrund seines in der Regel[212] gegenüber der Zahlungsunfähigkeit zeitlich früheren Eintritts dieses Defizit ausgleichen und – als Korrelat zur alleinigen Haftung des Gesellschaftsvermögens – den Schutz der Gläubiger durch eine frühzeitige Überleitung in ein geregeltes Verfahren gewährleisten, um noch optimal vor dem Zusammenbruch reagieren zu können[213] und durch An-

---

207 *Drukarczyk*, Finanzierung, 9. Aufl. (2003), S. 517, *Drukarczyk/Schüler* in MüKo, InsO (2001), § 19 Rn. 1.
208 *Drukarczyk*, Finanzierung, 9. Aufl. (2003), S. 517; vgl. auch *Hommel*, ZfB 1998, S. 300.
209 Dritter Teil B. I.
210 Vgl. *K. Schmidt*, AG 1978, S. 335. Eingehend zu den Ursachen *Drukarczyk*, Finanzierung, 9. Aufl. (2003), S. 517.
211 So auch *Hommel*, ZfB 1998, S. 298.
212 Dass auch der umgekehrte Fall möglich ist, zeigen die von *Harneit* angeführten Beispiele (*Harneit*, Überschuldung (1984), S. 8, 9); im Regelfall aber geht die Überschuldung der Zahlungsunfähigkeit voraus (vgl. *Drukarczyk*, ZGR 1979, S. 559; auch *Reck*, Insolvenzstraftaten (1999), Rn. 134).
213 So bereits der Gesetzgeber von 1877, vgl. Motive zum Entwurf der Konkursordnung, abgedruckt bei *Hahn/Mugdan*, Materialien zu den Reichs-Justizgesetzen, Band 4 (1881), S. 390. Zur

zeigen besonderer Sorgfaltspflichten über die ansonsten drohende Sanktion des § 283 StGB gerade vor solchen Reichtumsverlagerungen schützen.

Die *zeitliche Vorverlagerung* ist wiederum letztlich durch die Komplexität der Wirtschaftsbeziehungen und der damit zusammenhängenden Informationsasymmetrie [214] zwischen schuldnerischem Unternehmen und Fremdkapitalgebern bedingt.

Denn unter der Annahme eines nahezu vollkommenen Marktes [215], wenn die potentiellen Fremdkapitalgeber im Augenblick ihres Eintritts von der Überschuldung Kenntnis erhalten, werden sie unter normalen Umständen nicht bereit sein, dem Unternehmen finanzielle Mittel zufließen zu lassen, wenn absehbar ist, dass der Schuldner seiner Rückzahlungsverpflichtung nicht mehr in voller Höhe nachkommen wird.[216] Umgekehrt tritt unter der Annahme der Marktvollkommenheit die Überschuldung unmittelbar zu Tage, sobald kein Marktteilnehmer mehr bereit ist, Fremdkapital zur Verfügung zu stellen, da dann davon auszugehen ist, dass die Verweigerung der Kapitalgewährung auf der Erkenntnis beruht, dass das Unternehmen mittelfristig nicht in der Lage sein wird, seine Verbindlichkeiten vollständig zu tilgen. Dann ließe sich also am Eintritt der Zahlungsunfähigkeit die Überschuldung ablesen.

Eindrucksvoll wird dieser Zusammenhang auch dadurch belegt, dass im Verständnis der Marktteilnehmer zu Zeiten, in denen noch keine ausgeprägten Kreditverflechtungen existierten und der Gläubigerkreis klein und gut informiert war, zwischen Zahlungsunfähigkeit und Überschuldung noch nicht differenziert wurde, sondern beide Begriffe zur Umschreibung des Insolventwerdens gleichermaßen gebraucht wurden.[217]

Erst mit den zunehmenden Kreditverflechtungen und der dadurch steigenden Informationsasymmetrie zwischen Schuldner und Gläubiger ist Raum für eine relevante zeitliche Divergenz von Überschuldung und Zahlungsunfähigkeit. Denn solange unwissende Gläubiger einem bereits überschuldeten Unternehmen noch Kredit gewähren, weil sie um das Ausfallrisiko ihrer Rückzahlungsforderung nicht wissen, kann der Zeitpunkt der Zahlungsunfähigkeit über den Zeitpunkt der letzten Rückzahlungsfälligkeit bereits bestehender Kredite hinaus herausgezögert werden.

Dies bedeutet aber zugleich, dass die Bereitschaft des Marktes, dem überschuldeten Unternehmen Kapital zur Verfügung zu stellen, in der Regel nur so lange andauert,

---

heutigen Rechtslage *IDW FAR* 1/1996, WPg 1997, S. 22; *Drukarczyk* in MüKo, InsO (2001), § 19 Rn. 1; *Fromm*, ZinsO 2004, S. 943; *Haas* in Gottwald, Insolvenzrechtshandbuch, 2. Aufl. (2001), § 91 Rn. 11; *Uhlenbruck* in Schmidt/Uhlenbruck, Krise, Sanierung und Insolvenz, 3. Aufl. (2003), Rn. 810; *Hommel*, ZfB 1998, S. 297.

214 Vgl. hierzu auch *Hommel*, ZfB 1998, S. 298 ff.

215 Unter der Annahme eines vollkommenen Marktes sind alle Marktteilnehmer zu jederzeit gleich gut über die Lage des Unternehmens, alle künftigen unsicheren Einzahlungen und Auszahlungen, informiert und verarbeiten ihre Informationen zu homogenen Erwartungen. Es gibt keine Transaktions- und keine Kontrollkosten. Vgl. *Hommel*, ZfB 1999, S. 300; *Götz*, Überschuldung (2004), S. 246.

216 Vgl. zu diesem Zusammenhang auch *Klar*, Überschuldung (1987), S. 10.

217 Dazu sogleich unter Erster Teil A. I., II.

wie die Information über die tatsächliche Vermögenslage fehlt. Angesichts der heutzutage gut und vor allem schnell informierten Märkte folgt der Überschuldung daher oftmals recht zeitnah die Zahlungsunfähigkeit.[218]

Der soeben geschilderte Zusammenhang von Vermögensausstattung bzw. Überschuldung und Liquidität bzw. Zahlungsunfähigkeit lässt sich systematisierend anhand der Liquiditätsquellen eines Unternehmens darstellen:[219]

Illiquidität im Sinne der Zahlungsunfähigkeit und Liquidität eines Unternehmens hängen von den an das Unternehmen gerichteten Zahlungsansprüchen einerseits und dem Zahlungsvermögen des Unternehmens anderseits ab.[220] Unter *Zahlungsvermögen* wird die Fähigkeit des Unternehmens verstanden, ausreichende Zahlungsmittel bereitzustellen.[221]

Einem Unternehmen stehen hierfür vier Liquiditätsquellen zur Verfügung – zwei originäre, zwei abgeleitete.

Originäre Liquiditätsquelle ist die *güterwirtschaftliche* Liquidität, die danach bemessen wird, welchen Geldbetrag man erzielen könnte, wenn man jeden Vermögensgegenstand des Unternehmens einzeln veräußern könnte und die *zukünftige* Liquidität, die auf die Erzielung finanzieller Überschüsse durch Verfolgung des Unternehmenszwecks baut.[222]

Abgeleitete Liquiditätsquellen orientieren sich an der Kreditgewährung durch Gläubiger. So ist die *verliehene* Liquidität daran zu messen, welchen Geldbetrag man unter Beleihung aller Unternehmensgüter als Fremdkapital bekommen könnte.[223] Die *antizipierte* Liquidität bemisst sich danach, welchen Geldbetrag man erzielen könnte, wenn man alle künftigen Nettoeinzahlungen des Unternehmens beleihen würde.[224]

Im Falle bekannt gewordener Überschuldung versiegen sogleich die abgeleiteten Liquiditätsquellen, weil im Normalfall kein Fremdkapitalgeber mehr Finanzierungsbereitschaft zeigt, wenn aufgrund der Überschuldung – im Fall einer negativen Fortführungsprognose[225] – keine Nettoeinkünfte zu erwarten sind, die zur Sicherheit beliehen werden könnten (antizipierte Liquidität).

Auch die *verliehene* Liquidität sinkt: Wenn die Fortführungsprognose negativ ausfällt und das Unternehmen überschuldet ist, dann heißt das, dass die Liquidationswerte der Unternehmensgegenstände nicht ausreichen, die Schulden zu decken; da-

218 Ebenso *Bichlmeier* in Bichlmeier/Engberding/Oberhofer (1998), S. 169; vgl. auch *K. Schmidt*, AG 1978, S. 335.
219 Dazu eingehend *Drukarczyk*, Finanzierung 9. Aufl. (2003), S. 23 ff.
220 *Drukarczyk*, Finanzierung 9. Aufl. (2003), S. 23.
221 *Drukarczyk*, Finanzierung 9. Aufl. (2003), S. 23.
222 *Drukarczyk*, Finanzierung 9. Aufl. (2003), S. 30 f.
223 *Drukarczyk*, Finanzierung 9. Aufl. (2003), S. 23.
224 *Drukarczyk*, Finanzierung 9. Aufl. (2003), S. 23.
225 Denkbar ist nach der derzeitigen Überschuldungsdefinition in § 19 InsO zwar auch eine Überschuldung bei positiver Fortführungsprognose, diese Fälle sind allerdings eher selten; vgl. *Haas*, Insolvenzrecht (1999), S. 18 f.; *K. Schmidt* in Schmidt/Uhlenbruck, Krise, Sanierung und Insolvenz, 3. Aufl. (2003), Rn. 856.

mit stellt eine Beleihung der Güter keine Sicherheit für einen Fremdkapitalgeber dar, weil er weiß, dass seine Befriedigungsquote hinter seiner Forderung zurückbleibt, selbst wenn er Befriedigung aus der Sicherheit sucht. Wenn die Fortführungsprognose positiv ist, aber die Fortführungswerte nicht ausreichen, die langfristigen Schulden des Unternehmens zu decken, zeigt dies dem Fremdkapitalgeber, dass langfristig gesehen die Erträge des Unternehmens hinter den Verbindlichkeiten zurückbleiben und damit nicht einmal die Sicherheit zur Befriedigung seiner Forderung ausreicht.

Die Überlegungen aus der Sicht der Fremdkapitalgeber zeigen bereits, dass diese faktische Reaktion des Marktes auf ein überschuldetes Unternehmen hinsichtlich der Finanzierungsbereitschaft nur Reflex aus einer tieferen Verknüpfung von Zahlungsunfähigkeit und Überschuldung ist:

Nach der aktuellen Konzeption des insolvenzrechtlichen Überschuldungstatbestandes, wonach eine Fortführungsprognose über den Wertansatz der Güter im Überschuldungsstatus entscheidet, ist zugleich eine Aussage über die künftige Liquidität des Unternehmens zu treffen, da die Fortführungsprognose ja gerade die Antwort auf die Frage ist, ob das Unternehmen in Zukunft fähig ist, seine Verbindlichkeiten zu decken, sei es im Sinne einer Zahlungsfähigkeits- oder Ertragsfähigkeitsprognose.[226]

Der soeben geschilderte Zusammenhang betrifft die Finanzierungsmöglichkeiten über Fremdkapital am *Markt*.

Eine Fremdkapitalzuführung durch die *Gesellschafter* unterbleibt zumeist angesichts der gesetzlichen Regelungen des Gesellschafts- und Insolvenzrechts, die in der Krise gewährtes oder aufgrund einer Finanzierungsentscheidung des Gesellschafters stehen gelassenes Fremdkapital wie Eigenkapital behandeln; und eine Eigenkapitalzuführung durch die Gesellschafter vermag darüber hinaus zumeist nur eine verhältnismäßig kurze Hinauszögerung der Zahlungsunfähigkeit zu bewirken und kann somit vernachlässigt werden.

Im Regelfall ist daher mit Eintritt der Überschuldung eine nachfolgende Zahlungsunfähigkeit präjudiziert.

Ob die Überschuldung als Terminierungsregel dadurch überflüssig wird, wie es zuweilen in der Literatur behauptet wird,[227] ist für das Strafrecht unter dem Aspekt des *Strafbedürfnisses* zu klären. Zu berücksichtigen ist dabei im Besonderen, dass im Rahmen des Bankrotts auch die drohende Zahlungsunfähigkeit mit ihren zahlreichen Überschneidungen mit dem Überschuldungstatbestand eine Krise definieren kann. Inwieweit eine strafrechtliche Anknüpfung an den Überschuldungstat-

226 Zu dieser Streitfrage ausführlich unter Erster Teil A. VI. 1. b) aa) und Zweiter Teil A. V. 2., Zweiter Teil B. II. 1.

227 Aufgrund des einheitlichen Auftretens von Überschuldung und Zahlungsunfähigkeit sei die „Überschuldung überflüssig", *Bichlmeier* in Bichlmeier/Engberding/Oberhofer (1998), S. 169. Mangels eigenständiger Bedeutung für den Gläubigerschutz verlangen daher auch *Egner/Wolff* AG 1978, S. 99, 109 und *Fenske*, AG 1977, S. 554, 559 die ersatzlose Streichung des Überschuldungstatbestandes. Vgl. hierzu auch *v. Oncuil*, Rechtzeitige Auslösung (2000), S. 123.

bestand zu legitimieren ist, wird sich insbesondere danach entscheiden, was die übrigen Insolvenztatbestände im Hinblick auf einen effektiven Gläubigerschutz zu leisten vermögen.[228]

2. Bilanzielle Ermittlung der Überschuldung – Sonderbilanz in Abgrenzung zur Handelsbilanz (bilanztheoretische Besonderheiten)

Ermittelt wird die Überschuldung seit Beginn ihrer rechtlichen Kodifizierung bilanziell durch einen Vermögens-Verbindlichkeiten-Vergleich; bei negativem Ausgang ist der Schuldner überschuldet.[229]

Zivilrechtlich war[230] und strafrechtlich ist umstritten, ob die Überschuldung *stets* anhand eines bilanziellen Ausweises abgelesen werden sollte oder ob zumindest im Falle einer prognostizierten Überlebensfähigkeit des Unternehmens auf die Aufstellung einer Bilanz verzichtet werden konnte.[231]

Auch die Wahl der dann in der Bilanz anzusetzenden Werte wurde und wird von verschiedenen Prämissen abhängig gemacht (Liquidation oder Fortführung) oder es wurde und wird der stete Ansatz bestimmter Werte propagiert (stets Handelsbilanzwerte oder stets eigens zu ermittelnde Liquidations- oder Fortführungswerte).[232]

Eine fundierte Diskussion der vor allem – für das Strafrecht in Frage kommenden – Alternativen zur Inhaltsbestimmung des Überschuldungstatbestandes erfordert einen kurzen Einblick in den bilanztheoretischen Zusammenhang zwischen Überschuldungsbilanz und Handelsbilanz.

a) Grundsatz der Zweckentsprechung

Die Wahl des Ansatz- und Bewertungsmaßstabs wird durch die allgemein anerkannte Regel bestimmt, dass die Aufstellung der Bilanz zweckgerichtet zu erfolgen hat.[233]

Dementsprechend wird auch die allgemeine Bewertungsregel der § 240 II, § 253 HGB, wonach in einer Bilanz sämtliche Vermögensgegenstände und Schulden mit dem Wert anzusetzen sind, der ihnen am Abschlussstichtag *beizulegen* ist, als Forderung einer zielentsprechenden Bewertung verstanden.[234] Dies gilt für die Wahl eines jeden Wertansatzes, auch im Rahmen der Bewertungen ganzer Unternehmun-

---

228 Hierzu ausführlich unter Dritter Teil A. II., III., B. II.

229 Vgl. *Götz*, KTS 2003, S. 4, 6, 7, 10. Der Überschuldungstatbestand wurde unter Geltung des Gemeinen Rechts bis zur Konkursordnung begrifflich – mit identischem Inhalt – unter „Vermögensinsuffizienz" geführt, vgl. *Götz*, KTS 2003, S. 7; *Oetker*, Beiträge (1847), S. 15 f.

230 Zivilrechtlich hat sich durch § 19 II InsO die Diskussion hinsichtlich der *de lege lata* anzuwendenden Überschuldungsmethode bis zur Entscheidungstiefe der anzuwendenden Methoden eingestellt.

231 Zur modifziert zweistufigen Methode einerseits und den einstufigen bzw. traditionell zweistufigen Methoden andererseits ausführlich unter Erster Teil A. IV. 4. e), VI. 1. a).

232 Dazu ausführlich unter Erster Teil A. IV. 4. e), VI. 1. c).

233 Vgl. *Moxter*, Rechnungslegung (2003), S. 1 ff.

234 *Heinen*, Handelsbilanzen, 12. Aufl. (1986), S. 501.

gen, die im Rahmen der Überschuldungsermittlung relevant werden; es entspricht dem Grundprinzip der Unternehmensbewertung, dass der Bewertungszweck die Art und Weise der Bewertung bestimmt.[235]

Soweit also keine expliziten gesetzlichen Regelungen bestehen, sind die bei der Aufstellung von Bilanzen zu beachtenden Ansatz- und Bewertungs- und Gliederungs- bzw. Ausweisgrundsätze ausgehend vom Sinn und Zweck der jeweiligen Bilanz zu entwickeln.[236]

Da der handelsrechtliche Jahresabschluss (auch) andere Zwecke verfolgt als die Überschuldungsbilanz, bedarf es bereits aus diesem Grund der Aufstellung einer eigenen Überschuldungsbilanz (*Sonderbilanz*). Und auch die zeitliche Divergenz der unterschiedlichen Stichtage bei Jahresabschluss und Überschuldungsermittlung steht selbstverständlich einem unkorrigierten Rückgriff auf den handelsbilanziellen Jahresabschluss entgegen. Die Überschuldung ist damit auch *Zwischenbilanz*.

Die umstrittene Problematik, inwieweit sich zur Aufstellung einer Überschuldungsbilanz die Ansatz- und Bewertungsvorschriften der Handelsbilanz eignen, also die Buchwerte der Handelsbilanz in den Überschuldungsstatus übertragen werden können, wird im Rahmen der Diskussion um strafrechtlich legitimierte Alternativen der Überschuldungsfeststellung relevant. Die Alternative des Rückgriffs auf die Handelbilanzwerte wird sich dann unter dem Gesichtspunkt der Strafbedürftigkeit daran messen lassen müssen, inwieweit sich die für den Zweck und die Funktionen der Handelsbilanz entwickelten Ansatz- und Bewertungsvorschriften auch für den Zweck und die Funktion der Überschuldungsbilanz aus strafrechtlicher Sicht eignen.[237] An dieser Stelle sei daher nur kurz auf die bewertungsrelevanten Unterschiede von Handels- und Überschuldungsbilanz hingewiesen:

b) *Zweck der Handelsbilanz und Folgen für den Wertansatz*

Zweck des handelsbilanziellen Jahresabschlusses ist die Ermittlung des Unternehmenserfolges. Dabei wird die Erfolgsermittlung durch eine von der zur Vermögensermittlung erstellten Überschuldungsbilanz abweichenden „Zweckpluralität"[238] geprägt, da sie der Verwirklichung einer Vielzahl von Bilanzschutzzwecken dient, die sich schlagwortartig zum einheitlichen Jahresabschlusszweck der *Vermögenskontrolle* zusammenfassen lassen:

Das für den handelsrechtlichen Jahresabschluss geltende, vor allem durch die gesetzlichen Ansatz- und Bewertungsvorschriften der §§ 243 ff. HGB mitbestimmte Normensystem der *Grundsätze ordnungsgemäßer Buchführung* (*GOB*)[239] soll nicht nur Auskunft darüber geben, wieviel Vermögen im Interesse der Schuldendeckung und

---

235 Vgl. *Piltz*, Unternehmensbewertung, 3. Aufl. (1994), S. 12; *Gelhausen* in WP-Handbuch (*IDW*), Band II 12. Aufl. (2002), Kap. L Rn. 84, dazu sogleich ausführlich unter Erster Teil A. VI. 1. c) bb) (1).

236 Vgl. *Förschle/Deubert* in Budde/Förschle, Sonderbilanzen, 3. Aufl. (2002), Einführung, Kap. A. Rn. 4.

237 Vgl. dazu Dritter Teil C. VII. 2. c).

238 Vgl. *Coenenberg*, Jahresabschluß und Jahresabschlußanalyse, 17. Aufl. (2000), S. 1089.

239 Ausführlich zu den GOB *Lang* in Leffson/Rückle/Großfeld (1986), S. 221 ff.; *Gelhausen* in WP-Handbuch, Band I, 12. Aufl. (2000), Kap. E Rn. 4 ff.; *Moxter*, Rechnungslegung (2003), S. 1 ff.

Kapitalerhaltung das Unternehmen hat (*Informationsfunktion* zwecks optimaler Betriebssteuerung und aus Gründen des Gläubigerschutzes)[240], sondern auch wieviel Vermögen dem Unternehmen als ausschüttbarer Gewinn ohne Gefährdung der gesetzlich geschützten Vermögensinteressen entzogen werden kann (*Ausschüttungsbemessungsfunktion*)[241] und daran anknüpfend auch, wieviel besteuerbarer Gewinn entsteht (*Steuerbemessungsfunktion*)[242].

Wesentlich für die Ansatz- und Bewertungsvorschriften ist der Funktionendualismus von *Gewinnanspruchsbemessung* (*Ausschüttungsbemessungsfunktion*) einerseits und der *Information* über die Unternehmenslage andererseits, da die handelsbilanziell zum Zwecke der Bestimmung von Gewinnansprüchen ermittelte Gewinngröße, der Reinvermögensgewinn,[243] selbst noch keine verlässliche Grundlage für die Informationsaufgabe[244] ist; für entscheidungstragfähige Informationen bedarf es noch einer detaillierten Gewinnanalyse.[245]

Vor allem aus der Funktion der Ausschüttungsbemessung resultieren für die Handelsbilanz Ansatz- und Bewertungsprinzipien, die mit dem Zweck der Überschuldungsbilanz, ein möglichst genaues Bild vom Effektivvermögen[246] zu liefern, selbst bei Annahme der Fortführung nicht ohne weiteres kompatibel sind.

So bestehen (auch) zum Schutz vor einer Gefährdung des Gesellschaftszwecks durch überhöhte Ausschüttungen an Gewinnberechtigte (Ausschüttungs*begrenzungs*funktion)[247] bei Ermittlung des Jahresbilanzgewinns Vorschriften zur „*vorsichtigen*" Gewinnermittlung.[248]

---

240 Die *Informationsfunktion* des handelsrechtlichen Jahresabschlusses lässt sich dahingehend umschreiben, dass der Jahresabschluss Nachrichten an Entscheidungsträger im Unternehmen (Management und Unternehmenseigner) und außerhalb des Unternehmens (kreditgewährende Gläubiger) liefern soll, die die Erwartungen der Entscheidungsträger über künftige Konsequenzen von Handlungsmöglichkeiten beeinflussen können. Vgl. § 238 I 1 HGB zur Selbstinformationspflicht und §§ 331, 334 HGB; 400 AktG, § 82 HGB zum Schutz der Unternehmenseigner hinsichtlich der Entscheidung über die Veräußerung oder den Erwerb von Anteilen. Zu allem ausführlich *Schildbach*, Der handelsrechtliche Jahresabschluss, 6. Aufl. 2000, S. 54 ff.; *Moxter*, Rechnungslegung (2003), S. 4 ff.).

241 Die dem handelsrechtlichen Jahresabschluss zukommende *Ausschüttungsbemessungsfunktion* ist darin begründet, dass er den Konflikt zwischen Unternehmenseignern und Managern hinsichtlich der Mittelverwendung dahingehend löst, dass er die unter der Verwendungskompetenz der Manager verbleibenden Mittel von den Mitteln trennt, deren Ausschüttung die Eigner verlangen können. Der handelsbilanzielle Gewinnausweis soll Eigner vor *Gewinnverkürzung* aber auch Dritte vor überhöhten Ausschüttungen schützen (Ausschüttungs*begrenzungs*funktion) Vgl. *Schildbach*, Jahresabschluss, 6. Aufl. (2000), S. 34; *Moxter*, Rechnungslegung (2003), S. 3.

242 Vgl. § 5 I EStG (Maßgeblichkeit der Handelsbilanz für die Steuerbemessung).

243 Vgl. hierzu *Moxter*, Rechnungslegung (2003), S. 19.

244 Die Informationsfunktion betrifft einerseits die kaufmännische Selbstinformation (vgl. § 238 I 1 HGB), andererseits die Information Dritter, insbesondere der Gläubiger. Vgl. hierzu *Moxter*, Rechnungslegung (2003), S. 7.

245 *Moxter*, Rechnungslegung (2003), S. 6.

246 Zum Gegensatz vom Effektivvermögen und Bilanzvermögen eingehend *Moxter*, Rechnungslegung (2003), S. 23.

247 Ausschüttungen an Gewinnberechtigte können die Erreichung des Gesellschaftszwecks gefährden und damit Interessen von Gesellschaftern und Gläubigern zuwiderlaufen; vgl. hierzu *Moxter*, Rechnungslegung (2003), S. 3 ff. Allerdings erkannte bereits *Schmalenbach*, dass das Vorsichtsprinzip auch eine wesentliche Rolle im Rahmen der *Informationsfunktion* des bilanziellen Ge-

Das handelsbilanzielle *Vorsichtsprinzip*[249] konkretisiert sich hinsichtlich der Bewertung dabei im *Realisationsprinzip*[250], im *Imparitätsprinzip*,[251] und dem *Prinzip* der *vorsichtigen Bewertung*.[252] Sie führen unter anderem dazu, dass in der Handelsbilanz trotz der Fortführungsannahme (*going-concern*)[253] (fortgeschriebene) historische Anschaffungs- bzw. Herstellungskosten die Wertobergrenze bilden (*Anschaffungskostenprinzip*)[254], so dass – entsprechend dem Zweck Überbewertungen zu vermeiden – zu prognostizierende Gewinne im handelsbilanziellen Gewinnausweis unberücksichtigt bleiben.[255]

Auch das handelsbilanzielle *Einzelbewertungsprinzip*[256], das aus dem Bedürfnis nach objektivierter Vermögensermittlung im Rahmen der Bilanzaufgabe „Gewinnanspruchsbemessung" erwächst und zugleich Bestandteil des Vorsichtsprinzips ist,[257] führt zu einem vom Effektivvermögen abweichenden Bilanzvermögen, indem positive wie negative Vermögensteile vernachlässigt werden, die sich einer Einzelbewertbarkeit entziehen und sich im originären Geschäfts- oder Firmenwert (Goodwill/Badwill) niederschlagen.[258]

---

winnausweises für eine optimale Betriebssteuerung spielt; vgl. *Coenenberg*, Jahresabschluß und Jahresabschlußanalyse, 17. Aufl. (2000), S. 1088.

248 Vgl. hierzu *Moxter*, Rechnungslegung (2003), S. 7.

249 Das *Vorsichtsprinzip* ist als Prinzip kaufmännischer Vorsicht ein allgemeiner Bilanzierungsgrundsatz des Handelsrechts, wonach in der Jahresbilanz nur solche Vermögensgegenstände aktiviert werden sollen, die sich im Handelsverkehr konkretisiert und einen Wert haben (§ 252 I 4. HGB), vgl. *Gabler*, Wirtschaftslexikon, 15. Aufl. (2000), Stichw. „Vorsichtsprinzip".

250 Das *Realisationsprinzip* findet seinen Niederschlag in § 252 I Nr. 4 und 5 HGB. Es besagt, dass grundsätzlich nur realisierte Ausgaben und Einnahmen, d.h. solche aus abgeschlossenen, erfolgswirksamen Vorgängen im Jahresabschluss als Reinvermögensminderung bzw. -mehrung zu verrechnen sind. Da nur solche Vermögensmehrungen als realisiert gelten, denen auf vertraglicher Grundlage vereinbarter, tatsächlicher Aufwand gegenüber steht, folgt aus dem Realisationsprinzip zugleich das der Handelsbilanz zugrunde liegende *Anschaffungs- bzw. Herstellungskostenprinzip*; vgl. *Buchner* in Leffson/Rückle/Großfeld (1986), S. 40.

251 Das *Imparitätsprinzip* besagt als Ausfluss des Vorsichtsprinzips, dass vorhersehbare Verluste und Risiken durch Bildung von Rückstellungen bzw. Abwertungen bereits vor ihrer Realisation zu berücksichtigen sind, (während hingegen nicht realisierte Erträge in die Erfolgsrechnung des abgelaufenen Jahres *nicht* einbezogen werden dürfen). Im weiteren Sinn formuliert, sind danach Risiken stärker zu gewichten als diesen gegenüberstehende Chancen; vgl. *Buchner* in Leffson/Rückle/Großfeld (1986), S. 40; *Gabler*, Wirtschaftslexikon, 15. Aufl. (2000), Stichwort „Vorsichtsprinzip"; *Moxter*, Rechnungslegung (2003), S. 34, 55 ff.; auch *Klar*, Überschuldung und Überschuldungsbilanz (1987), S. 164.

252 Das Prinzip der vorsichtigen Bewertung ist nunmehr rechtsformunabhängig, vgl. *Buchner* in Leffson/Rückle/Großfeld (1986), S. 40 ff.

253 § 252 I Nr. 2 HGB.

254 Nach dem *Anschaffungskostenprinzip* sind Ausgangspunkt und gleichzeitig Höchstgrenze der Bewertung die (fortgeschriebenen) historischen Anschaffungs- bzw. Herstellungskosten der Vermögensgegenstände (§ 253 I HGB).

255 Vgl. *Leffson*, GoB, 6. Aufl. (1982), S. 67.

256 Im Gegensatz zum Gesamtbewertungsverfahren bewertet der Kaufmann nach dem *Einzelbewertungsprinzip* nicht die zu erwartenden Ausschüttungen, sondern seine verschiedenen Sachen, Rechte, Verbindlichkeiten, seine rein wirtschaftlichen Güter/Lasten, soweit sie jeweils objektiviert einzelbewertbar sind; *Moxter*, Rechnungslegung (2003), S. 23.

257 *Moxter*, Rechnungslegung (2003), S. 23.

258 Der *Goodwill* ist der sich aus dem Zusammenwirken der Vermögensgegenstände gegenüber dem Wert der aus materiellen und einzelveräußerbaren immateriellen Vermögensgegenständen bestehenden Substanz ergebende Mehrwert. Bestimmende Größen sind das Know-how der Mit-

Entsprechend den Vorgaben des Imparitätsprinzips sind bei aktivierten Vermögensgegenständen drohende Verluste durch einen unter den Anschaffungs- und Herstellungskosten liegenden Wertansatz zu antizipieren (*Niederstwertprinzip*); bei Passiva ist die Verlustantizipation e contrario durch eine *Höchstbewertung* vorzunehmen und der tatsächliche Tilgungsbetrag anzusetzen, wenn dieser über den ursprünglichen Anschaffungs-/Herstellungskosten liegt.[259]

Die aus der Ausschüttungsbemessungsfunktion folgenden Bewertungsgrundsätze führen in der Regel zu einem gegenüber dem für die Überschuldungsfrage relevanten Effektivvermögen geringeren Bilanzvermögensausweis.

c) Zweck der Überschuldungsbilanz und Folgen für den Wertansatz

Die Überschuldungsbilanz hat den *Zweck*, über den Vermögensstatus des Unternehmens möglichst genau Auskunft zu geben,[260] um feststellen zu können, ob die Verbindlichkeiten der Gesellschaft durch Verwertung (Liquidation oder Fortführung) des Gesellschaftsvermögens in vollem Umfang bedient werden können.[261] Alleinige *Funktion* der Überschuldungsbilanz ist damit die Informationsfunktion.[262]

Inwieweit die Funktion der Überschuldungsbilanz, möglichst genau über den Vermögensstand des Unternehmens Aufschluss zu geben, dazu führt, dass auch hier das *Vorsichtsprinzip* und das *Prinzip der Verwertbarkeit* als Ausfluss des Einzelbewertungsgrundsatzes (das ansetzbare Vermögen muss im Eigentum des Schuldners stehen und in einem eröffneten Insolvenzverfahren selbständig verwertbar sein) Anwendung finden, ist streitig und zieht unterschiedliche Auffassungen über die Eignung von Handelsbilanzwerten im Überschuldungsstatus nach sich.[263]

Die *Grundsätze ordnungsgemäßer Buchführung* (GOB) lassen sich nach zweckentsprechender Umformulierung auf die Grundformel einer ordnungsgemäßen Vorgehensweise bei Aufstellung des Vermögensstatus reduzieren.[264]

---

arbeiter, die Qualität des Managements, Image und Bekanntheitsgrad des Unternehmens und seiner Produkte, Umfang und Unternehmenstreue des Kundenstamms, die Standortwahl des Unternehmens, Innovationskraft des Unternehmens u.a.; nicht zum Goodwill, sondern zum Substanzvermögen zählen die einzelveräußerbaren immateriellen Vermögensgegenstände. Vgl. *Moxter*, Rechnungslegung (2003), S. 23, 25, 30; *Helbling*, Unternehmensbewertung, 9. Aufl. (1998), S. 80 f.; *Uhlenbruck* in Gottwald, Insolvenzrechtshandbuch, 2. Aufl. (2001), § 9 Rn. 23; *Kallmeyer*, GmbHR 1999, S. 17.

259 *Moxter*, Rechnungslegung (2003), S. 59.

260 *Heinen*, Handelsbilanzen, 12. Aufl. (1986), S. 501.

261 *Uhlenbruck* in Schmidt/Uhlenbruck, Krise, Sanierung und Insolvenz, 3. Aufl. (2003), Rn. 883.

262 Vgl. *Piltz*, Unternehmensbewertung, 3. Aufl. (1994), S. 15.

263 Für die Geltung von Vorsichts- und Einzelbewertungsprinzip auch in der Überschuldungsbilanz: *Uhlenbruck* in Schmidt/Uhlenbruck, Krise, Sanierung und Insolvenz, 3. Aufl. (2003), Rn. 882 m.w.N.w. Vertreter eines einstufig handelsbilanziellen Ansatzes folgern daraus dann auch die Eignung der Handelsbilanzwerte in der Überschuldungsbilanz, vgl. Erster Teil A. VI. 1. c) aa) (2). Hingegen bedingen *Uhlenbruck* zufolge die in Handels- und Steuerbilanz anzuwendenden Bewertungsvorschriften (Vorsichtsprinzip/Niederstwertprinzip) dennoch einen für die Überschuldungsermittlung zu niedrigen Wertansatz der Vermögensgegenstände (*Pape* in Uhlenbruck (2002), S. 245; vgl. auch *Köchling*, BuW 2003, S. 45 f.).

264 Sog. „Deduktive Methode" entsprechend der ganz h.M., vgl. *Gelhausen* in WP-Handbuch, 12. Aufl. (2000), Kap. E Rn. 5; eingehend hierzu *Lang* in Leffson/Rückle/Großfeld (1986), S. 232 ff.

Die GOB der handelsrechtlichen Rechnungslegung hingegen finden wegen Verschiedenheit der Bilanzierungszwecke keine unmittelbare Anwendung; hier bedingt die Ausschüttungsbemessungsfunktion aufgrund des Vorsichtsprinzips mit seinen Bewertungsregeln einen gegenüber dem Effektivvermögen regelmäßig zu niedrigen (bilanziellen) Vermögensausweis.[265]

Die Ansatz- und Bewertungsvorschriften der Überschuldungsbilanz sind mangels gesetzlicher Vorschriften daher allein aus dem Zweck der Überschuldungsbilanz zu deduzieren. Inwieweit sich Ansatz- und Bewertungsvorschriften der Handelbilanz hierzu eignen, ist dabei allein an der Zwecksetzung der Überschuldungsbilanz zu messen.

Dass hinsichtlich der Eignung der Handelsbilanzwerte im Überschuldungsstatus unterschiedliche Auffassungen vertreten werden,[266] ist die Konsequenz einer unterschiedlichen Gewichtung der Bewertungsgrundsätze, die ausschließlich in der Handelsbilanz zum Ansatz kommen und solcher handelbilanzieller Grundsätze, die sich auch zur Realisierung der Informationsfunktion in der Überschuldungsbilanz eignen.

Dementsprechend unterschiedlich ist auch der Grad an geforderten Modifizierungen der Handelsbilanz, um sie für die Überschuldungsmessung heranzuziehen. Als Minimalkonsens wird stets die Aufdeckung stiller Reserven verlangt; inwieweit darüber hinausgehende Modifikationen zur Anpassung der Handelsbilanz an den Zweck der Überschuldungsermittlung gefordert werden oder ob die Handelsbilanz insgesamt für die Überschuldungszwecke ungeeignet gehalten wird, hängt ebenfalls von der Gewichtung der Gemeinsamkeiten und Unterschiede zwischen handelsrechtlicher Rechnungslegung und Überschuldungsbilanz ab.[267]

---

265 Vgl. *Gelhausen* in WP-Handbuch, 12. Aufl. (2000), Kap. E Rn. 5 und zu der Entwicklung der handelsrechtlichen GOB unter Erster Teil A. IV. 4. b).

266 Dazu näher unter Erster Teil A. VI. 1. c) aa) (2), bb) (2), cc).

267 Dazu ausführlich unter Erster Teil A. VI. 1. und Zweiter Teil B. III.

Erster Teil: Genese des Überschuldungsbegriffs – zivil- und strafrechtshistorische Entwicklung von den Anfängen bis zur Insolvenzrechtsreform – zugleich theoretische Grundlagen der aktuellen Überschuldungsmodelle

Ausgehend von der zu klärenden Frage nach dem *strafrechtlichen* Überschuldungsbegriff wird die Entwicklung des zivilrechtlichen Überschuldungstatbestandes vor dem Hintergrund der jeweils aktuellen Insolvenzstrafgesetzgebung beleuchtet. Dabei orientiert sich die nachfolgende Darstellung in ihrer zeitlichen Einteilung an den relevanten gesetzlichen Änderungen der Insolvenzstraftatbestände, unter anderem, um die geschichtliche Entwicklung des Überschuldungstatbestandes für die nach dem Gesetzgeberwillen fragende, historische Auslegungsmethode fruchtbar zu machen. Dies ermöglicht eine Offenlegung des Zusammenspiels zivilrechtlicher und strafrechtlicher Insolvenzregelungen in der Geschichte des Insolvenzrechts und wirkt verständnisfördernd auch im Hinblick auf die verschiedenen, auch heute noch diskutierten Überschuldungsmodelle, bei denen einige ihrer Besonderheiten durch den Regelungszusammenhang zur übrigen Gesetzgebung und durch den jeweiligen Kenntnisstand der Betriebswissenschaft mitgeprägt sind.

Durch eine überblicksartige Zusammenfassung der zivilrechtlichen Diskussion um die „richtige" Vorgehensweise der Überschuldungsermittlung sollen die Anfänge der heute vertretenen Überschuldungsmodelle beleuchtet werden und so die theoretischen Grundlagen der verschiedenen Überschuldungskonzepte in ihren Entstehungszusammenhang eingegliedert werden.[268]

Die Entwicklung des *strafrechtlichen* Überschuldungstatbestandes bildet dabei den zeitlichen Rahmen. Sie orientiert sich an folgenden Eckdaten:

Als ausdrückliches Tatbestandsmerkmal in seiner Funktion als Krisenmerkmal und Auslöser deliktischer Insolvenzverschleppungshaftung hat der Überschuldungsstraftatbestand in der jüngeren Geschichte seine Wurzeln:

In *bankrottstrafrechtlicher* Hinsicht taucht das Krisenmerkmal der Überschuldung erstmals seit der Ausgliederung der Bankrottdelikte aus der KO durch das 1. Wirtschaftskriminalitätsgesetz vom 29.7.1976 (1. WiKG) wieder auf.[269] Zuvor fand sich eine ähnliche Regelung bereits im Preußischen Allgemeinen Landrecht (PrAlR) von

268 Eingehende Darstellung der jüngeren historischen Entwicklung unter detaillierter Auseinandersetzung mit den einzelnen Methoden der zivilrechtlichen Überschuldungsermittlung *Klar*, Überschuldung (1987), S. 1 ff.
269 Erstes Gesetz zur Bekämpfung der Wirtschaftskriminalität vom 29.7.1976, BGBl S. 2034, in Kraft seit 1.9.1976.

1794, die jedoch im Rahmen der Reichsgesetzgebung aufgegeben wurde. Noch den Bankrottdelikten der §§ 239, 240 KO, aus denen der heutige § 283 StGB hervorging, war die Voraussetzung einer wirtschaftlichen Krisensituation des Schuldners fremd.

Die Überschuldung war seit Beginn der strafrechtlichen *Insolvenzverschleppungshaftung* nach dem 1870 novellierten ADHGB Anknüpfungspunkt der Anzeigepflicht und damit Tatbestandsvoraussetzung.

Dennoch reicht die Geschichte der Überschuldung als Anknüpfung strafrechtlicher Sanktionen weit in die Anfänge der Rechtsentwicklung zurück, die zunächst wenig ausdifferenzierte Sanktionsregelungen an die Überschuldung knüpfte. Im Zeitablauf ist eine fortschreitende *Differenzierung* festzustellen. Erste Ansätze einer Unterscheidung von *zivilrechtlichen* und *strafrechtlichen* Sanktionen bei Vermögensverfall finden sich unter der römischrechtlichen Lex Julia 17 v. Chr.

Eine inhaltliche Differenzierung zwischen *Zahlungsunfähigkeit* und *Überschuldung* wurde in erstmals relevanter Weise in der Preußischen Konkursordnung von 1855 getroffen, in der auch erstmals in personeller Hinsicht beim Insolvenzgrund unterschieden wurde.

Ebenfalls im 19. Jahrhundert finden sich erstmals *Ertragswertüberlegungen* zur Bewertung ganzer Unternehmen; eine gesetzliche Rechnungslegungspflicht wurde für Kaufleute hingegen bereits mit dem PrALR 1794 normiert.

Einen näheren Erkenntniswert für die Ausgangsfrage liefert allerdings erst eine genauere Betrachtung der Genese des Überschuldungstatbestandes, zurück bis in die Anfänge der Insolvenzstrafbarkeit:

A. Insolvenzstrafbarkeit und „Überschuldung" von den Anfängen bis zur Insolvenzordnung 1999

I. Altertum und Römisches Recht

1. Das Recht

Die Ursprünge des Insolvenzrechts liegen in Verfahren, die sich grundsätzlich gegen die Person des Schuldners (*Personalexekution*) und nicht gegen das dieser Person zuzuordnende Vermögen richten (*Sach-* oder *Vermögensexekution*). Dabei existierte kein Insolvenzstrafrecht im heutigen Sinne, insbesondere wurde hinsichtlich der Sanktionierung des Vermögensverfalls lange Zeit nicht zwischen zivilrechtlicher und strafrechtlicher Verantwortlichkeit unterschieden.[270]

---

270 *Götz*, KTS 2003, S. 3; *ders.*, Überschuldung (2004), S. 30; *Hammerl*, Bankrottdelikte (1970), S. 27 ff.; *Hiltenkamp-Wisgalle*, Bankrottdelikte (1987), S. 14; *Kindhäuser*, NK-StGB (1998), Vor § 283 Rn. 11; *Krause*, Ordnungsgemäßes Wirtschaften und erlaubtes Risiko (1995), S. 52 f.; *Neumeyer*, Darstellung des strafbaren Bankerotts (1891), S. 15; *Röhm*, Abhängigkeit des Insolvenzstrafrechts (2002), S. 51; *Tiedemann*, Insolvenzstrafrecht, 2. Aufl. (1996), Vor § 283 Rn. 33.

Vielmehr erfolgte die Sanktionierung des Vermögensverfalls anhand zivilrechtlicher Institute mit strafähnlichem Charakter. Strafrechtlich waren nur die allgemeinen Vermögensdelikte einschlägig (*crimen falsi, stellionatus, furtum*).[271]

Die wohl älteste bekannte Quelle insolvenzrechtlicher Sanktion stellt das Gesetzbuch des altbabylonischen Königs Hammurapi dar, der ***Codex Hammurapi*** (um 1700 v.Chr.), wonach sich der Schuldner mitsamt seiner Familie und Sklaven für die Dauer von maximal drei Jahren in die Schuldknechtschaft des Gläubigers begeben und für diesen zur Begleichung der offenen Schuld arbeiten musste, sofern er bei Fälligkeit der Schuld *nicht zur Zahlung in der Lage* war.[272] Entsprechende Formen der Personalexekution lassen sich auch bei den Ägyptern, Hebräern und den Griechen finden, wobei die Hebräer zunächst Befriedigung aus den Vermögensgegenständen des Schuldners suchten.[273]

Es ist davon auszugehen, dass die Anknüpfungstatsache, zur *Zahlung* nicht in der Lage zu sein, ebenso wie römischen Recht unter Geltung der ***Zwölftafelgesetze*** (etwa aus dem Jahre 451 v. Chr.)[274], nicht gegen die Überschuldung im Sinne eines Vermögens-Verbindlichkeiten-Vergleichs abgegrenzt wurde, da die Kreditbeziehungen weitaus weniger komplex als in der heutigen Zeit waren und die Märkte regelmäßig eine weitaus geringere Liquidität aufwiesen.[275]

Auch im Rahmen der Zwölftafelgesetze wurde der – schuldhaft wie schuldlos und ohne objektives Fehlverhalten[276] – herbei geführte Vermögensverfall durch ein Verfahren der Personalexekution sanktioniert, welches eröffnet wurde, wenn der Schuldner nicht zur *Zahlung* in der Lage war.[277]

Dann musste sich der vermögenslose Schuldner nach Ablauf einer 60-Tage-Frist, die ihm letztmalig die Möglichkeit zur Schuldbegleichung – Ausgangsschuld zuzüglich eines Versäumniszuschlags (*lis infitiando crescit in duplum*) – einräumte, in die lebenslange Sklaverei des Gläubigers begeben. Wahlweise konnte er vom Gläubiger (ins römische Ausland, *trans tiberim*) verkauft oder getötet werden. Existierten jedoch mehrere Gläubiger, durften diese den Schuldner nach Ablauf der letzten Frist in Stücke schlagen (*partis secantod*) und selbst noch den Leichnam zur Haftung für die Verbindlichkeiten heranziehen.[278] Ob jedoch eine Personalexekution nach dem Zwölftafelgesetz je vollstreckt wurde, ist zweifelhaft. Vermutet wird, dass ihre Be-

---

271 *Hammerl*, Bankrottdelikte (1970), S. 27 ff.; *Hiltenkamp-Wisgalle*, Bankrottdelikte (1987), S. 14; *Kindhäuser*, NK-StGB (1998), Vor § 283 Rn. 11; *Krause*, Ordnungsgemäßes Wirtschaften und erlaubtes Risiko (1995), S. 52 f.; *Neumeyer*, Darstellung des strafbaren Bankrerotts (1891), S. 15; *Röhm*, Abhängigkeit des Insolvenzstrafrechts (2002), S. 51; *Tiedemann*, Insolvenzstrafrecht, 2. Aufl. (1996), Vor § 283 Rn. 33.

272 Vgl. *Winckler*, Die Gesetze Hammurabis, 4. Aufl. (1906) zit. nach *Götz*, KTS 2003, S. 3; *ders.*, Überschuldung (2004), S. 31.

273 Vgl. *Dabelow*, Lehre vom Concurse (1801), S. 3 ff.; *Götz*, KTS 2003 S. 3.

274 Zit. bei *Neumeyer*, Darstellung des strafbaren Bankrerotts (1891), S. 3.

275 Vgl. *Dabelow*, Lehre vom Concurse der Gläubiger (1801), S. 48 ff., *Götz*, KTS 2003, S. 4, 7.

276 Vgl. *Hiltenkamp-Wisgalle*, Bankrottdelikte (1987), S. 14 f.; *Röhm*, Abhängigkeit des Insolvenzstrafrechts (2002), S. 51; *Tiedemann*, Insolvenzstrafrecht, 2. Aufl. (1996), Vor § 283 Rn. 33.

277 Vgl. *Götz*, KTS 2003, S. 4; *Paulus*, KTS 2000, S. 239.

278 Vgl. *Dabelow*, Lehre vom Concurse (1801), S. 16; *Götz*, KTS 2003, S. 4; *Hiltenkamp-Wisgalle*, Bankrottdelikte (1987), S. 15; *Röhm*, Abhängigkeit des Insolvenzstrafrechts (2002), S. 51.

deutung vornehmlich in der Androhung der drakonischen Sanktion bestand, damit sich der Schuldner dem höchstmöglichen Druck zur Schuldbegleichung ausgesetzt sah und gegebenenfalls Dritte für seine Schuld einsprangen.[279]

Auch wird bezweifelt, dass tatsächlich der Schuldner in seiner Person zerstückelt werden sollte. Die Auffassung, der Begriff der „Zerstückelung" sei vielmehr bildlich zu verstehen und beziehe sich letztlich auf das Vermögen des Schuldners, beruft sich darauf, dass nach dem Zwölftafelgesetz allein die Person des Schuldners für Verbindlichkeiten haftete und das Vermögen untrennbar mit der Person verbunden war. Um ohne dessen Einwilligung auf das Vermögen des Schuldners zugreifen zu können, musste ihm erst die Persönlichkeit genommen werden. Im Falle mehrerer Gläubiger sollten daher diese den Schuldner als Sklaven verkaufen und den Erlös teilen; diejenigen, deren Forderung nicht vollständig beglichen wurde, mussten auf den Rest verzichten.[280]

Die untrennbare Verbindung von Person und Vermögen war neben dem Fehlen von Kreditverflechtungen letztlich auch ein Grund dafür, dass unter den Zwölftafelgesetzen keine Differenzierung zwischen Zahlungsunfähigkeit und Überschuldung vorgenommen wurde.

So konnte der Schuldner zur Vermeidung des Exekutionsverfahrens gegen seine Person dem Gläubiger auch nach Ablauf der letzten Zahlungsfrist die Übertragung einzelner Vermögensgegenstände aus seinem Vermögen an Zahlungsstatt in der Hoffnung anbieten, dass dieser sich bereit erklärte, im Gegenzug Dilation zu erteilen.[281] Eine dahingehende Praxis, demzufolge der Schuldner die Zahlung durch Übertragung bestimmter Vermögensgegenstände ersetzen konnte, legt die Überlegung nahe, dass nicht-finanzielles Vermögen einerseits und liquide Mittel andererseits aufgrund der im Vergleich zur heutigen Zeit regelmäßig weitaus geringeren Liquidität der Märkte im Verständnis der Beteiligten viel enger miteinander verbunden waren. Das Vermögen des Schuldners als Befriedigungsmasse bestand dabei regelmäßig aus einer begrenzten Auswahl an allgemein brauchbaren Vermögensgegenständen, die leicht in Geldeinheiten zu bewerten waren, weil insoweit liquide Märkte vorhanden waren. Damit war das nicht-finanzielle Vermögen des Schuldners als Mittel zur Schuldentilgung im Verhältnis zur heutigen Zeit den liquiden Mitteln viel stärker angenähert; für eine Differenzierung zwischen Vermögensinsuffizienz und Zahlungsunfähigkeit bestand kein Bedürfnis.[282]

Zwischen Überschuldung und Zahlungsunfähigkeit wurde auch in der Folgezeit und auch noch unter Geltung des gemeinen Rechts *inhaltlich* nicht unterschieden. Ursache war dann allerdings nur der geringe Grad an Kreditverflechtung.[283]

Denn bereits in der auf die Zwölftafelgesetzgebung folgenden Zeit vollzog sich eine stete Entwicklung hin zu einer stärkeren Differenzierung zwischen Person und Ver-

---

279 *Dabelow*, Lehre vom Concurse (1801), S. 48 ff.; *Götz*, KTS 2003, S. 4.
280 *Dabelow*, Lehre vom Concurse (1801), S. 48 ff.; *Götz*, KTS 2003, S. 4.
281 *Dabelow*, Lehre vom Concurse (1801), S. 28.
282 Vgl. *Götz*, KTS 2003, S. 5.
283 Dies gilt auch bei teils anzutreffender Verwendung der Begriffe „*Überschuldung*" und „*Unfähigkeit zur Zahlung*". Vgl. *Götz*, KTS 2003 S. 6 f.; näher dazu sogleich unter III.

mögen. Im Rahmen der ***lex Poetilia (313/326 v. Chr.)***[284] wurde vor Vollzug der Personalexekution Befriedigung aus dem Vermögen des Schuldners gesucht. Erst nach der auf Gläubigerantrag vom Prätor vollzogenen „Einweisung in die Güter“ (*missio in bona*, die den Gläubigern zur Sicherung weitgehende Dispositionsbefugnisse über das Restvermögen des Schuldners gewährte) und nach dem „Verkauf der Güter“ im Wege der öffentlichen Versteigerung (*ventitio bonorum*, die nach fruchtlosem Ablauf einer zur Gläubigerbefriedigung gewährten 30-Tagesfrist erfolgte) durfte der Schuldner (nur) in Schuldhaft genommen werden, sofern noch offene Gläubigerforderungen bestanden.[285]

Dabei legte die *missio in bona*, wonach es den eingewiesenen Gläubigern oblag, durch eine zweckentsprechende Nutzung des vorhandenen Gesamtvermögens eine vollständige Tilgung ihrer Forderungen zu erreichen, bereits den Grundstein für ein fortführungsorientiertes Vermögensverständnis.[286]

Von wesentlicher Bedeutung war dabei auch, dass der im Wege der öffentlichen Versteigerung vorgenommene Verkauf der Güter (*ventitio bonorum*) bereits eine Form der Gesamtvollstreckung in das Schuldnervermögen darstellte, die einer möglichst gleichwertigen Gläubigerbefriedigung dienen sollte (*par conditio omnium creditorum*).[287]

Dieses – als *prätorisch* bezeichnete – Verfahren galt auch noch unter der ***lex Iulia (17 v. Chr.)***[288] in modifizierter Form fort.[289]

Mit der *Lex Iulia* und der unter ihr als Offenbarungsanreiz eingeführten Möglichkeit des in Vermögensverfall geratenen Schuldners, durch eine Übertragung des restlichen Vermögens auf die Gläubiger (*cessio bonorum*) der Schuldhaft zu entgehen, wurden zugleich erste Schritte in Richtung eines von der Vermögensvollstreckung getrennten Insolvenzstrafrechts gemacht. So wurde Voraussetzung zur Vermeidung der Schuldhaft ein besonderes Wohlverhalten des Schuldners nach Eintritt der Insolvenz: Er musste seine noch unbekannte Insolvenz *freiwillig* und offiziell erklären

---

284 Die Datierung ist uneinheitlich. Von der Entstehung 313 v. Chr. gehen aus: *Uhlenbruck*, in Uhlenbruck/Klasmeyer/Kübler (1977), S. 7; *Götz*, KTS 2003, S. 5. Die Entstehung 326 v. Chr. nehmen an: *v. Bethmann-Hollweg*, Civilprozeß, Bd. I (1864–1866), S. 672 ff.; *Hiltenkamp-Wisgalle*, Bankrottdelikte (1987), S. 16.

285 Vgl. *Uhlenbruck*, in Uhlenbruck/Klasmeyer/Kübler (1977), S. 7; *Götz*, KTS 2003, S. 5 f.; *Hiltenkamp-Wisgalle*, Bankrottdelikte (1987), S. 16–18; *v. Bethmann-Hollweg*, Civilprozeß, Bd. I (1864–1866), S. 164; *Puchta*, Cursus der Institutionen (1881), S. 175.

286 Vgl. hierzu *Burger/Schellberg*, BB 1995, S. 265.

287 Vgl. *Götz*, KTS 2003 S. 6; *Kaser/Hackl*, Römisches Zivilprozessrecht, 2. Aufl. (1996), S. 388 ff.; *Uhlenbruck*, in Uhlenbruck/Klasmeyer/Kübler (1977), S. 7.

288 Die Bezeichnungen divergieren: Lex Iulia *de iudicorum privatorum / de cessione bonorum* (vgl. *v. Bethmann-Hollweg*, Civilprozeß, Bd. I (1864–1866), S. 687 ff., *Hiltenkamp-Wisgalle*, Bankrottdelikte (1987), S. 18 einerseits und *Dabelow*, Lehre vom Concurse (1801), S. 113 ff.; *Götz*, KTS 2003, S. 6 andererseits.

289 Dem Schuldner wurde eine 60-Tagefrist statt einer 30-Tagefrist nach Einweisung in die Güter zur Befriedigung der Gläubiger gewährt, vgl. *v. Bethmann-Hollweg*, Civilprozeß, Bd. I (1864–1866), S. 687 ff.; *Götz*, KTS 2003, S. 6; Ausführlich zum prätorischen Verfahren vgl. auch *Kaser/Hackl*, Römisches Zivilprozessrecht, 2. Aufl. (1996), S. 388.

und anschließend ebenfalls freiwillig seine Güter im Wege der *cessio bonorum* zur Besitzergreifung und Verwertung den Gläubigern abtreten.[290]

Vor allem aber wurde der Schuldner dennoch der Schuldhaft unterworfen, sofern er versuchte, seine Gläubiger während des Verfahrens der *cessio bonorum* zu benachteiligen, wenn ihm also insoweit ein Verschulden vorgeworfen werden konnte. Zwar lag damit insoweit bereits ein Strafen im eigentlichen Sinne vor, Anknüpfungstatsache blieb aber auch noch unter der *Lex Iulia* allein das auch unverschuldete Insolventwerden als solches.[291]

Erst in der spätrömischen Kaiserzeit wurde nach dem Unwertgehalt auch des insolvenz*verursachenden* Verhaltens unterschieden und die Möglichkeit, der Schuldhaft zu entgehen, bei schuldhafter Herbeiführung der Insolvenz versagt.[292] So verordnete ***Gratian*** im Jahre ***379 n. Chr.***, dass nur ein durch Unglücksfälle insolvent gewordener Schuldner durch *cessio bonorum* von der Schuldhaft befreit wurde.[293]

Zu dieser Sanktionierung der schuldhaften Insolvenzherbeiführung sah sich Gratian veranlasst, weil viele Schuldner ihr Vermögen bis auf den letzten Pfennig verprassten, um dann den Gläubigern freiwillig ihre Vermögenslosigkeit zu offenbaren und durch das – dann praktisch nutzlose – Angebot zur Vermögensübertragung die Vorteile der cessio bonorum in Anspruch zu nehmen und der Schuldhaft zu entgehen.[294]

Diese neue Bestimmung hatte zur Folge, dass von dieser Zeit an gerichtlich entschieden werden musste, ob der Schuldner zur Zession zugelassen sei oder nicht. Das Gericht überprüfte, ob ein schuldhaftes Verhalten des Schuldners die Insolvenz herbeigeführt hatte; lag ein solches vor, waren die Voraussetzungen für die Schuldhaft gegeben.[295] Obwohl es sich dabei formal immer noch um eine zivile Rechtsfolge handelte, war hier doch eine echte „strafrechtliche" Bewertung der Insolvenzfälle zu beobachten, die auch in der Folgezeit beibehalten wurde.[296]

Die Vermögensverwertung erfuhr nach den Vorschriften Justinians, dem ***Codex Iustinianus (533/534 n. Chr.)*** einen wesentlichen Wandel: Die Versilberung der Insolvenzmasse hatte nicht mehr zwangsläufig auf dem Wege der öffentlichen Versteigerung der gesamten Masse zu erfolgen, sondern vornehmlich durch einen Verkauf der einzelnen Vermögensgegenstände (*distractio bonorum*) durch den Verwalter (*curator bonorum*), der im Anschluss den Erlös an die Gläubiger unter Aufsicht des Gerichts zu verteilen hatte.[297] Diese als Rechtswohltat gedachte Sondervollstreckung,

---

290 Vgl. *Hiltenkamp-Wisgalle*, Bankrottdelikte (1987), S. 14, 18–21.

291 Vgl. *Hiltenkamp-Wisgalle*, Bankrottdelikte (1987), S. 20.

292 Vgl. *Hiltenkamp-Wisgalle*, Bankrottdelikte (1987), S. 20 f.; *Tiedemann*, Insolvenzstrafrecht, 2. Aufl. (1996), Vor § 283 Rn. 33; *Röhm*, Abhängigkeit des Insolvenzstrafrechts (2002), S. 52 f.

293 Vgl. *Hiltenkamp-Wisgalle*, Bankrottdelikte (1987), S. 21.

294 VGl. *Hiltenkamp-Wisgalle*, Bankrottdelikte (1987), S. 21.

295 Vgl. *v. Bethmann-Hollweg*, Civilprozeß, Bd. I (1864–1866), S. 917, 918; *Hiltenkamp-Wisgalle*, Bankrottdelikte (1987), S. 21.

296 Vgl. *Hiltenkamp-Wisgalle*, Bankrottdelikte (1987), S. 21.

297 Vgl. *Kaser/Hackl*, Römisches Zivilprozeßrecht, 2. Aufl. (1996), S. 626 ff.; *Götz*, KTS 2003, S. 6. Der Eintritt des Konkursverfahrens konnte auch von Amts wegen erfolgen (vgl. *Götz*, KTS 2003, S. 9).

die als anständig und nicht schandhaft galt, sollte den Schuldner und seine Familie vor der als unehrenhaft empfundenen *cessio bonorum* bewahren, welche ihn und seine Familie der Infamie aussetzte.[298]

Damit ging bereits ein Gedanke in die Insolvenzregelungen ein, der sich nahezu wortgleich in den Zielen des Insolvenzgesetzgebers wieder findet, der „betont, dass trotz der Ausrichtung des Insolvenzverfahrens an der bestmöglichen Befriedigung der Gläubiger die Interessen des Schuldners, der eine natürliche Person ist, und seiner Familie nicht vernachlässigt werden."[299]

Ebenso neu war als Eröffnungsvoraussetzung für das Insolvenzverfahren die erfolglose Klage auf einen bestimmten Gegenstand oder eine bestimmte Geldsumme (*Spezialexekution*), ein von mehreren Gläubigern gemeinsam gestellter Antrag auf Verfahrenseröffnung sowie die Situation, dass das Vermögen nicht zu deren Befriedigung ausreichte, demzufolge bei *Überschuldung* des Schuldners.[300] Zu beachten ist allerdings, dass auch hier noch keine inhaltliche Differenzierung zwischen Überschuldung und Zahlungsunfähigkeit ersichtlich ist.[301]

2. Feststellungen im Hinblick auf die heutige Insolvenzgesetzgebung

Die Entwicklung des Insolvenzrechts unter der *Lex Iulia* und der *Verordnung Gratians* weist bereits interessante Parallelen zur heutigen Regelung von Insolvenzverschleppungsdelikten und Bankrott auf, welche die heutige Verwendung[302] römischrechtlicher Begrifflichkeit „par conditio (omnium) creditorum" verständlich werden lassen. Parallelen finden sich neben den ersten Ansätzen eines fortführungsorientierten Vermögensverständnisses sowohl hinsichtlich der zur Gesetzgebung motivierenden Umstände und dementsprechend zum Schutzzweck der Regelungen als auch hinsichtlich der Ausgestaltung der „Tatbestände", der Art des sanktionierten Verhaltens:

Das im Rahmen der *Lex Iulia* eingeführte Erfordernis, zur Vermeidung der Schuldhaft den Eintritt der Insolvenz freiwillig anzuzeigen, ähnelt dem Tatbestand nach bereits den heutigen Insolvenzverschleppungsdelikten, wenn *de facto* das Unterlassen der Antragstellung nach Eintritt des Insolvenzfalls sanktioniert wird.

Auch die Motivation und dementsprechend der Schutzzweck von römisch-rechtlicher und aktueller gesetzlicher Regelung der Insolvenzverschleppungsstrafbarkeit weisen Ähnlichkeit auf: Die Einführung der *cessio bonorum* und ihrer Voraussetzung der freiwilligen Anzeige war durch die Erfahrung motiviert, dass die sich Schuldner in schwieriger Vermögenslage gerne über ihre Situation täuschten und jeden Hoffnungsschimmer für Wirklichkeit nahmen, bis sie sich plötzlich davon überzeugen

---

298 Vgl. *Stüdemann*, WPg 1978, S. 416 m.w.N.; *Arens*, Überschuldungsprüfung (1991), S. 34 f.
299 BT-Drs. 12, 2443, S. 108.
300 Vgl. *Kaser/Hackl*, Römisches Zivilprozeßrecht, 2. Aufl. (1996), S. 626 ff.; *Götz*, KTS 2003, S. 6.
301 Vgl. *Götz*, KTS 2003, S. 6, Fn. 29.
302 Vgl. *Tiedemann*, Insolvenzstrafrecht, 2. Aufl. (1996), Vor § 283 Rn. 2, *Götz*, KTS 2003, S. 6 Fn. 23 krit. gegenüber der heutigen Begriffsverkürzung.

mussten, dass für sie und ihre Gläubiger alles verloren war.[303] Mit dem Anreiz der cessio bonorum sollten eine frühere Bekanntmachung der Insolvenz und die anschließende Vermögensübertragung zum Schutz der Gläubiger deren Befriedigungsinteressen erhöhen.[304]

Die Erfahrung, dass vor allem eine frühe Bekanntmachung der Insolvenz und Überführung des Unternehmens in ein geregeltes Insolvenzverfahren die Befriedigungsinteressen der Gläubiger nachhaltig erhöht,[305] motiviert auch noch heute gesetzgeberisches Handeln, beispielsweise die ausdrücklich erwünschte zeitliche Vorverlagerung der Insolvenzeröffnung durch Einführung des Eröffnungsgrundes der drohenden Zahlungsunfähigkeit (§ 18 InsO) und die Überschuldungskonkretisierung entsprechend der traditionell zweistufigen Methode (§ 19 II InsO).[306]

Dementsprechend ist auch *Zweck* der Sanktionierung des Weiterwirtschaftens im Rahmen der Insolvenzverschleppungsdelikte ebenso wie in den zivilrechtlichen Schadensersatzregelungen[307] eine rechtzeitige Einstellung der abstrakt gefährlichen Tätigkeit im Wirtschaftsverkehr, wenn eine für die Gläubiger kritische Vermögensmasse erreicht ist.[308]

Das Gesetz untersagt die Fortsetzung der insolventen Gesellschaft außerhalb des Insolvenzverfahrens, um im Interesse von Rechtsverkehr und Öffentlichkeit soweit wie möglich Vorsorge dafür zu treffen, dass insolvenzreife Gesellschaften mit beschränktem Haftungsfonds nicht länger am Geschäftsverkehr teilnehmen und dadurch Gläubiger schädigen oder gefährden.[309]

Die insolvenzreife Gesellschaft müsse vom Markt genommen werden, weil sie ohne Kapital keine Existenzberechtigung habe und kein tauglicher Geschäftspartner mehr sei.[310]

---

303 Vgl. *Hiltenkamp-Wisgalle*, Bankrottdelikte (1987), S. 19.

304 Vgl. *Dernburg*, Pandekten, S. 153; *Neumeyer*, Darstellung des strafbaren Bankrerotts (1891), S. 5; *Hiltenkamp-Wisgalle*, Bankrottdelikte (1987), S. 19.

305 Vgl. nur *BGHSt* 9, 86; *Klug*, JZ 1957, S. 463; *Tiedemann*, in Scholz, GmbHG, 9. Aufl. 2002, § 84 Rn. 7; *ders.*, Insolvenzstrafrecht, Vor § 283 Rn. 7; *Uhlenbruck*, BB 1985, S. 1277, 1279; *Canaris*, JZ 1993, S. 649 f.

306 BT-Drs. 12/2443, S. 80 f., 84 f. und dazu *Bittmann*, wistra 1998, S. 321 f.; *Penzlin*, Auswirkungen der InsO (2000), S. 76, 128; *Röhm*, Abhängigkeit des Insolvenzstrafrechts (2002), S. 26; *Wittig*, NZI 1998, S. 50; V. *Grub*, ZIP 1993, S. 393 f.; *Moosmayer*, Einfluß der InsO (1997), S. 34 f. m.w.N.

307 Auch wenn die nähere Ausgestaltung der zivilrechtlichen Insolvenzverschleppungshaftung, insbesondere ihre Rechtsgrundlage, umstritten ist, besteht hinsichtlich der Zweckrichtung der zivilrechtlichen Sanktion *insoweit* Einigkeit (vgl. *BGHZ* 29, 100; *Tiedemann* in Scholz, GmbHG, 9. Aufl. 2002, § 84 Rn. 7; *K. Schmidt*, JZ 1978, 661, 663 f.; *ders.* in Scholz, GmbHG, 9. Aufl. (2002), § 64 Rn. 1, 35). Zur umstrittenen Frage, ob § 64 I GmbHG als Schutzgesetz i.V.m. § 823 II BGB oder § 64 II GmbHG richtige Anspruchsnorm ist, vgl. *Altmeppen/Wilhelm*, NJW 1999, S. 673 ff. und *Altmeppen* in Roth/Altmeppen, GmbHG, 4. Aufl. (2003), § 64 Rn. 24 ff., 55 ff. und 5. Aufl. (2005), § 64 Rn. 61 ff., 94.

308 *Ulmer* in Hachenburg, GmbHG, 8. Aufl. (1997), § 64 Rn. 1; *Tiedemann* in Scholz, GmbHG, 9. Aufl. (2002), § 84 Rn. 7.

309 *K. Schmidt* in Scholz, GmbHG, 9. Aufl. (2002), § 64 Rn. 1, 10; *Ulmer* in Hachenburg, GmbHG, 8. Aufl. (1997), § 64 Rn. 1.

310 *Altmeppen* in Roth/Altmeppen, GmbHG, 5. Aufl. (2005), § 64 Rn. 4.

Die Insolvenzantragspflicht und dementsprechend auch der Schutzzweck der flankierenden Insolvenzverschleppungsdelikte dienen damit den Vermögensinteressen der aktuellen wie potentiellen Geschäftspartner.[311] Es soll sichergestellt werden, dass für Personenverbindungen und sonstige juristische Personen des Privatrechts eine Teilnahme am Rechtsverkehr als werbendes Unternehmen nicht möglich ist, wenn sie ihr gesamtes Eigenkapital verloren haben und den Gläubigern auch keinen Ausgleich durch unbeschränkte Haftung natürlicher Personen bieten.[312]

Damit lässt sich als Gemeinsamkeit festhalten: Zweck der *iulianischen* und heutigen Regelungen war und ist (zumindest auch) die Erhöhung der Gläubigerbefriedigungschancen durch rechtzeitige Einstellung der Teilnahme am Rechtsverkehr.

Der Unterschied besteht hingegen – abgesehen von der formalen Gestaltung der *cessio bonorum* als Norm des Zivilrechts – zum einen darin, dass im Rahmen der *Lex Iulia* die freiwillige Anzeige der Insolvenz eine Voraussetzung zur Ermöglichung einer als Anreizkomponente konstruierten *Rechtsverbesserung* gegenüber dem Normalfall der Sanktion darstellt, hingegen die Insolvenzverschleppungsdelikte eine direkte Sanktion des ansonsten straflosen Verhaltens (Nichtanzeige des Insolvenzeintritts) normieren. Der Anreizgedanke wird nach aktueller Gesetzeslage hingegen zivilrechtlich mit der Möglichkeit der Restschuldbefreiung nach den §§ 286 ff. InsO und der Einführung einer früheren Antragsmöglichkeit aufgrund § 18 InsO verwirklicht.

Zum anderen ist zu beachten, dass die generelle Sanktion der Insolvenz im römischen Recht ausnahmsweise ausgesetzt wird, während vor dem Hintergrund der heutigen Rechtsstaatlichkeit die Sanktionslosigkeit den Regelfall darstellt, der nur durch jeweils zu legitimierende Eingriffsnormen des Staates durchbrochen werden kann.

Unterschiede bestehen damit vor allem in der Wahl des *Mittels*, welches zum Rechtsgüterschutz eingesetzt wird und auch (damit verbunden) hinsichtlich des Regel-Ausnahme-Verhälnisses von Sanktion und „Straflosigkeit“.

Insbesondere auch die Unselbständigkeit des zur *cessio bonorum* annexen Anzeigeerfordernisses hindert daran, im römischen Recht schon Ansätze einer Insolvenzverschleppungsstrafbarkeit zu verorten.

Hinsichtlich der heutigen Regelungen des *Bankrotts* lassen sich demgegenüber bereits stärkere Ähnlichkeiten im römischen Recht feststellen.

Die Sanktionierung der schuldhaften Herbeiführung der Insolvenz unter *Gratian* ist heute in § 283 II StGB wieder zu finden.

Beide Regelungen bezwecken vor allem den Schutz der Gläubiger vor Verkürzung ihrer Befriedigungschancen durch schuldhafte Schmälerung der Vermögensmasse.

---

311 *K. Schmidt* in Scholz, GmbHG, 9. Aufl. (2002), § 64 Rn. 12 und *Tiedemann* in Scholz, GmbHG, 9. Aufl. (2002), § 84 Rn. 7, 9.
312 Vgl. *Höffner*, Insolvenzverschleppung (2002), S. 29.

So beschränkte *Gratian* die Möglichkeit der *cessio bonorum* auf die Fälle unverschuldet herbeigeführter Insolvenz zwar zunächst im Interesse fiskalischer Ansprüche, dann aber auch im Interesse der Privatgläubiger, um der viel geübten Praxis der nachkonstantinischen Zeit entgegenzuwirken, wonach etliche Schuldner ihr Vermögen bis auf den letzten Pfennig verprassten, um dann den Gläubigern freiwillig zu erklären, dass sie jetzt insolvent seien und ihr „Vermögen" abträten.[313]

Auch § 283 II StGB bezweckt aus diesem Grund den Schutz des Gläubigerinteresses an einer Befriedigung ihrer geldwerten Ansprüche durch Inkriminierung schuldhafter Herbeiführung der Insolvenz.[314]

Ebenso wie im Rahmen des *prätorischen Verfahrens* die Befriedigung der Gläubigergesamtheit bezweckt wurde (*par conditio omnium creditorum*), wird auch im Rahmen des § 283 II StGB nur das Interesse der Gläubiger*gesamtheit*, nicht die Befriedigungseinzelinteressen geschützt.[315]

Mit der schon in der *Lex Iulia* angelegten Förderung der Wohlverhaltensperiode während des Insolvenzverfahrens korrespondiert das heutige Bankrottstrafrecht ebenfalls, nämlich insoweit, als auch nach Eröffnung des Insolvenzverfahrens noch die von § 283 I StGB umschriebenen massegefährdenden Handlungen begangen werden können und dementsprechend sanktioniert werden.

Insgesamt zeigt der Vergleich:

Trotz aller Unterschiede deutet sich schon im römischen Recht ein der heutigen Gesetzeslage ähnliches Gläubigerschutzsystem an.

Die zur Deckung des umfassenden Schutzbedürfnisses vom römischen Gesetzgeber getroffene Wahl der zu sanktionierenden bzw. „subventionierenden" Verhaltensweisen konferiert auch heute noch mit dem Schutzsystem der Insolvenzverschleppungsdelikte und des Bankrotts.

So ergänzt die heutige Inkriminierung der Störung des Verteilungsverfahrens, nämlich der gleichmäßigen, quotenmäßigen Befriedigung aller Gläubiger (*par conditio omnium creditorum*), durch Unterlassen der Antragstellung als echte Insolvenzstraftat den durch §§ 283 ff. StGB intendierten Schutz der Befriedigungsinteressen und der Insolvenzmasse[316] ebenso, wie bereits nach römischem Recht der Gläubigerschutz durch eine Kombination von früher Antragstellung durch den Offenbarungsanreiz einerseits und der Sanktionierung schuldhafter Insolvenzherbeiführung und Vertiefung der Vermögensinsuffizienz im Verteilungsverfahren anderseits gewährleistet wurde.

---

313 Vgl. *Hiltenkamp-Wisgalle*, Bankrottdelikte (1987), S. 21.

314 *Tiedemann*, Insolvenzstrafrecht, 2. Aufl. (1996), Vor § 283 Rn. 45; *Maurach/Schroeder/Maiwald*, BT/1, 8. Aufl. (1995), Kap. 1 § 48 I 3; Sch/Sch-*Stree/Heine*, 26. Aufl. (2001), Vor § 283 Rn. 2.

315 *Tiedemann*, Insolvenzstrafrecht, 2. Aufl. (1996), Vor § 283 Rn. 45.

316 *Tiedemann* in Scholz, GmbHG, 9. Aufl. (2002), § 84 Rn. 7; vgl. auch *BGHSt* 9, S. 86; *Klug*, JZ 1957, S. 462, 463.

II. Germanische Zeit, frühes und hohes Mittelalter

Eine entsprechende Entwicklung fehlte in den germanischen und fränkischen Volksrechten und setzte sich daher auch im Recht des frühen Mittelalters zunächst nicht fort. In den germanischen und fränkischen Volksrechten gab es auf Grund der sozialen Strukturen abgesehen von Maßnahmen gegen sog. Wergeschuldner[317] weder zivil- noch strafrechtliche Regelungen bei Insolvenz des Schuldners. Handel, Tausch und Dienstleistungen, aus denen sich Schuldverpflichtungen hätten ergeben können, hatten keine Bedeutung, da die Menschen fast ausschließlich als Selbstversorger in der Landwirtschaft tätig waren und nur für den eigenen Bedarf produzierten.[318]

Erst nach den Wanderungen verschiedener Volksgruppen in der Zeit zwischen dem 4. und 6. Jh. erlangten allmählich auch Handelsbeziehungen und damit Schuldverträge Bedeutung und es kam zu Insolvenzen, die dann auch – den Anfängen des römischen Rechts ähnlich – mit einer verschuldensunabhängigen Schuldhaft sanktioniert wurden.[319]

Kreditverflechtungen fehlten auch hier noch, so dass eine inhaltliche Differenzierung hinsichtlich des Insolvenzgrundes – Überschuldung oder Zahlungsunfähigkeit – noch nicht erforderlich wurde.[320]

III. Gemeines Recht bis zur Reichskonkursordnung von 1877 (spätes Mittelalter und Neuzeit)

1. Entwicklung der Konkursrechte nach gemeinem Recht Preußischen bis zum Allgemeinen Landrecht (1794) – strafrechtlich, zivilrechtlich, bewertungstheoretisch, bilanziell

Bedingt durch das Aufblühen des Handels und das Anwachsen großer Städte zum Mittelpunkt weitläufiger Handels- und Wirtschaftsbeziehungen kam es im späten Mittelalter ab 1250 zu einer erheblichen Weiterentwicklung zivilinsolvenzrechtlicher und insolvenzstrafrechtlicher Regelungen.[321]

---

317 Wergeschuldner war, wer wegen Totschlags eine vom Stand des Getöteten abhängige Geldsumme an dessen Angehörige leisten musste. War er dazu nicht im Stande, durften ihn die Angehörigen töten (vgl. *Hammerl*, Bankrottdelikte (1970), S. 23; *Hiltenkamp-Wisgalle*, Bankrottdelikte (1987), S. 23; *Röhm*, Abhängigkeit des Insolvenzstrafrechts (2002), S. 53 Fn. 195).

318 Vgl. *Bechtel*, Wirtschafts- und Sozialgeschichte (1967), S. 105 f.; *Hammerl*, Bankrottdelikte (1970), S. 22; *Hiltenkamp-Wisgalle*, Bankrottdelikte (1987), S. 23 f.; *Hörl*, Vermögen (1998), S. 11; *Röhm*, Abhängigkeit des Insolvenzstrafrechts (2002), S. 53 f.; *Teufel*, Insolvenzkriminalität (1981), S. 69; *Wilda*, Geschichte des dt. Strafrechts, Bd. I (1842), S. 936 f.

319 Der Schuldner wurde vom Gläubiger „zu Hand und Halfter übernommen“ und musste danach die Schuld im Haus des Gläubigers als Knecht ggf. bei körperlicher Züchtigung abverdienen. Bei Flucht wurde er getötet (Vgl. Sächsisches Landrecht III. 39; Schwäbisches Landrecht, 304 zit. nach *Hiltenkamp-Wisgalle*, Bankrottdelikte (1987), S. 24 f. sowie Lex Burgundonium (ca. 509) S. 7, 19; Lex Visigothorum (ca. 654) V, VI § 5; Lex Baiuvariorum (ca. 741) II, 1, § 5; *Teufel*, Insolvenzkriminalität (1981), S. 69; *Hammerl*, Bankrottdelikte (1970), S. 23; *Bechtel*, Wirtschafts- und Sozialgeschichte (1967), S. 105 f.; *Röhm*, Abhängigkeit des Insolvenzstrafrechts (2002), S. 54).

320 Vgl. *Götz*, KTS 2003, S. 4, 6 Fn. 29.

321 Vgl. *Röhm*, Abhängigkeit des Insolvenzstrafrechts (2002), S. 54, *Hiltenkamp-Wisgalle*, Bank-

Nach und nach trat auch die staatliche Obrigkeit immer mehr in Erscheinung. Grund hierfür war, dass im Rahmen des weitläufigen Handelsverkehrs sowohl das Vermögen der einzelnen Gläubiger und auch der Handel selbst als Grundlage des Wohlstands in stärkerem Maße vor unsauberen Machenschaften von Schuldnern geschützt werden musste.[322]

a) Strafrechtlich

Vor allem mit dem Aufblühen des Bank- und Kreditwesens der oberitalienischen Städte im ***13. Jahrhundert*** waren differenziertere Regelungen unter obrigkeitlicher Kontrolle gefordert, die einen wirksamen Schutz gegen zunehmend betrügerische Insolvenzen erforderten.[323]

Zum ersten Mal in der Geschichte wurde hier eine Unterscheidung in zivil- und strafrechtlicher Hinsicht getroffen und es kam zur Ausgestaltung eigener ***Bankrotttatbestände***: Wie im römischen Recht führte die zunächst auch unverschuldet herbeigeführte Insolvenz zur Schuldhaft, die durch *cessio bonorum* abgewendet werden konnte, wenn der Schuldner öffentlich und in entehrender Form einen Offenbarungseid geschworen hatte. Der Personalexekution wurden – wie zuvor – dennoch unterworfen, wer während des Insolvenzverfahrens durch betrügerische Handlungen seine Vermögensmasse zu Lasten der Gläubiger schmälerte.[324]

Das ***italienische Statutarrecht*** nahm aufgrund der früh ausgeprägten gegenseitigen Handelsbeziehungen[325] wesentlichen Einfluss auf die Konkursrechte der deutschen Städte, so dass auch hier erstmals zwischen zivilrechtlichen und strafrechtlichen Folgen unterschieden wurde und es zur Ausgestaltung eigener Bankrottstraftatbestände kam.[326]

Diese Regelungen entsprachen auch hier zunächst noch weitgehend dem römischrechtlichen Institut der *cessio bonorum*, das im Rahmen der Rezeption in Deutschland übernommen worden war[327] und entwickelten sich je nach Intensität der Handels-

---

rottdelikte (1987), S. 26; *Teufel*, Insolvenzkriminalität (1981), S. 69; *Hammerl*, Bankrottdelikte (1970), S. 24; *Neumeyer*, Darstellung des strafbaren Bankrerotts (1891), S. 58 ff.

322 Vgl. *Hiltenkamp-Wisgalle*, Bankrottdelikte (1987), S. 26; *Loening*, Vertragsbruch (1876), S. 224; *Röhm*, Abhängigkeit des Insolvenzstrafrechts (2002), S. 54 f.

323 Vgl. *Hammerl*, Bankrottdelikte (1970), S. 29; *Hiltenkamp-Wisgalle*, Bankrottdelikte (1987), S. 28 f.; *Neumeyer*, Darstellung des strafbaren Bankrerotts (1891), S. 31 ff.; 51; *Röhm*, Abhängigkeit des Insolvenzstrafrechts (2002), S. 55; *Teufel*, Insolvenzkriminalität (1981), S. 70; *Tiedemann*, Insolvenzstrafrecht, 2. Aufl. (1996), Vor § 283 Rn. 34.

324 Die Personalexekution bestand in Verbannung, Todes- oder Galeerenstrafen (vgl. die Statuten von Genua von 1306, Florenz von 1327 und hierzu *Röhm*, Abhängigkeit des Insolvenzstrafrechts (2002), S. 55; *Neumeyer*, Darstellung des strafbaren Bankrerotts (1891), S. 39; *Hammerl*, Bankrottdelikte (1970), S. 29 f.; *Teufel*, Insolvenzkriminalität (1981), S. 70).

325 Vgl. *Hiltenkamp-Wisgalle*, Bankrottdelikte (1987), S. 29 ff.; *Tiedemann*, Insolvenzstrafrecht, 2. Aufl. (1996), Vor § 283 Rn. 34; *Götz*, KTS 2003, S. 7 Fn. 31 a. E.

326 Vgl. *Hiltenkamp-Wisgalle*, Bankrottdelikte (1987), S. 28 f.; *Neumeyer*, Darstellung des strafbaren Bankrerotts (1891), S. 31 ff.; *Röhm*, Abhängigkeit des Insolvenzstrafrechts (2002), S. 55; *Teufel*, Insolvenzkriminalität (1981), S. 70; *Tiedemann*, Insolvenzstrafrecht, 2. Aufl. (1996), Vor § 283 Rn. 34.

327 Vgl. *Tiedemann*, Insolvenzstrafrecht, 2. Aufl. (1996), Vor § 283 Rn. 34; *Hiltenkamp-Wisgalle*, Bankrottdelikte (1987), S. 29 ff. Das Römische Recht galt seit seiner Rezeption neben den Partibeziehungen mit den oberitalienischen Städten und dem Grad des Einflusses derer inzwischen hoch kommerzialisierten Regelungen[328] mehr oder weniger rasch zu differenzierteren Straftatbeständen. Zunehmend wurde vor allem zwischen einfachem und betrügerischem „Bankrott“ differenziert.[329]

In der dadurch äußerst partikularistischen Rechtslandschaft deutscher Stadtrechte differierten die insolvenzstrafrechtlichen Regelungen über lange Zeit insbesondere hinsichtlich des Strafgrundes:[330]

Die oberitalienisch beeinflussten Stadtrechte bestraften bereits seit dem Wiener Stadtrechtsbuch von 1340 einzelne Bankrotthandlungen.[331]

Hingegen stellte noch die – neben der Augsburger Reichspolizeiordnung von 1548 einzig überregional bedeutsame – ***peinliche Gerichtsordnung Karls V. (Constitutio Criminalis Carolina) von 1532*** recht allgemein auf die schuldhafte Herbeiführung der Insolvenz ab.[332]

Die ***Augsburger Reichspolizeiordnung von 1548*** differenzierte demgegenüber schon genauer: Unterschieden wurden zum einen der *einfache* Bankrott im Sinne einer pflichtwidrigen Insolvenzverursachung auf Grund des Misslingens fremdfinanzierter Geschäfte; zum zweiten der *betrügerische* Bankrott, der zusätzlich eine Gläubigerbenachteilungsabsicht voraussetzte. Die unverschuldet verursachte Insolvenz zog demgegenüber keinerlei strafrechtliche Sanktionen nach sich, sondern führte nur im Rahmen eines Vollstreckungsverfahrens zu einer Vermögensverwertung, vergleichbar der *cessio bonorum* des rezipierten römischen Rechts.[333]

Ein Großteil der folgenden landesrechtlichen Kodifikationen lehnte sich an die Regelungen der Augsburger Reichspolizeiordnung an. Als dann die Handels- und Kreditbeziehungen im wirtschaftlichen Liberalismus des ausgehenden 17. und beginnenden 18. Jahrhunderts immer weitläufiger und unübersichtlicher wurden, ergaben sich für den betrügerischen Schuldner neue Formen kriminellen Verhaltens, denen die Territorialgesetzgeber mit einer Ausweitung des Kreises strafrechtlich

---

kularrechten der deutschen Städte der Neuzeit als „Gemeines Recht“ (*ius commune*) – so die Bezeichnung ab dem 19. Jh. – „subsidiär fort“ (*Kaser/Knüttel*, Römisches Privatrecht, 17. Aufl. (2003), § 1 Rn. 29).

328 Vgl. *Hiltenkamp-Wisgalle*, Bankrottdelikte (1987), S. 29.

329 Vgl. *Hiltenkamp-Wisgalle*, Bankrottdelikte (1987), S. 29 ff.; *Neumeyer*, Darstellung des strafbaren Bankrerotts (1891), S. 58 ff.; *Röhm*, Abhängigkeit des Insolvenzstrafrechts (2002), S. 55; *Tiedemann*, Insolvenzstrafrecht, 2. Aufl. (1996), Vor § 283 Rn. 34.

330 Vgl. *Hiltenkamp-Wisgalle*, Bankrottdelikte (1987), S. 29; *Tiedemann*, Insolvenzstrafrecht, 2. Aufl. (1996), Vor § 283 Rn. 34.

331 Als einfacher Bankrott wurde insbesondere der unwirtschaftliche Verbrauch des eigenen (schuldnerischen) Vermögens bestraft, vgl. *Neumeyer*, Darstellung des strafbaren Bankrerotts (1891), S. 58 ff.; *Tiedemann*, Insolvenzstrafrecht, 2. Aufl. (1996), Vor § 283 Rn. 34.

332 Vgl. *Köstlin*, GA 5 (1857), S. 722; *Götz*, KTS 2003, S. 7; 11; *Hiltenkamp-Wisgalle*, Bankrottdelikte (1987), S. 30; *Röhm*, Abhängigkeit des Insolvenzstrafrechts (2002), S. 55; *Tiedemann*, Insolvenzstrafrecht, 2. Aufl. (1996), Vor § 283 Rn. 34; *Teufel*, Insolvenzkriminalität (1981), S. 71.

333 Vgl. *Röhm*, Abhängigkeit des Insolvenzstrafrechts (2002), S. 57; *Hiltenkamp-Wisgalle*, Bankrottdelikte (1987), S. 30; *Hammerl*, Bankrottdelikte (1970), S. 31; *Krause*, Ordnungsgemäßes Wirtschaften und erlaubtes Risiko (1995), S. 56; *Neumeyer*, Darstellung des strafbaren Bankrerotts (1891), S. 42 f.

relevanter Bankrotthandlungen begegneten. Erstmalig traten Insolvenzverursachung und Masseschmälerung durch Verringerung des Vermögensbestandes als eigenständige Deliktstypen nebeneinander.[334]

Das ***Preußische Allgemeine Landrecht von 1794*** bildete in seiner Differenziertheit vorerst den Abschluss und Höhepunkt dieser Entwicklung. Es unterschied in seiner umfassenden, den Betrugstaten systematisch zugeordneten[335] Regelung des Bankrottstrafrechts nicht nur mehr zwischen einfachem und betrügerischem Bankrott (§§ 1452–1487 PrALR), sondern auch dem mutwilligen (§§ 1458–1465 PrALR), fahrlässigen (§§ 1466–1472 PrALR) und unbesonnenen (§§ 1473 f. PrALR) Bankrott.

Der *unbesonnene* Bankrott pönalisierte das Fehlschlagen „verwegener und unsicherer Unternehmungen" „mit fremden Gelde, ohne Genehmigung des Gläubigers", betraf insoweit primär geschäftliche Dispositionen.[336]

Der *mutwillige* Bankrott stellte demgegenüber durch Pönalisierung eines übertriebenen Aufwands des Schuldners in erster Linie auf Pflichtverstöße in der privaten Lebensführung ab.[337] Maßgebend war, ob der Aufwand zu einer Zahlungseinstellung führte (vgl. den heutigen § 283 II StGB) oder vom Schuldner *in einem Zeitpunkt vorgenommen wurde, „da er keine wahrscheinliche Aussicht hat, seine Gläubiger jemals befriedigen zu können"* (vgl. den heutigen § 283 I StGB).[338]

Zum einen war damit bereits eine Krisensituation umschrieben, welche auch vom heutigen Überschuldungsbegriff erfasst wird.

Zum anderen war genau diese Situation der „Vermögensinsuffizienz", also der Überschuldung, zugleich einheitlicher Eröffnungsgrund eines zivilrechtlichen Verfahrens zur Verteilung des schuldnerischen Restvermögens an seine Gläubiger,[339] welches folgender Entwicklung unterlag:

b) Zivilrechtlich

Das zivilrechtliche Verfahren zur Verteilung des schuldnerischen Restvermögens wurde ebenfalls durch den Einfluss des ***italienischen Statutarrechts*** modifiziert.[340]

Die staatliche Obrigkeit trat auch im Rahmen des Verteilungsverfahrens aktiver hervor.

---

334 Vgl. das Preußiche Banqueroutier-Edikt von 1723; das Braunschweiger Edikt wider die Banqueroutierer von 1726; Augsburger Faillettenordnung von 1749; und hierzu *Arens*, Überschuldungsprüfung (1991), S. 97; *Röhm*, Abhängigkeit des Insolvenzstrafrechts (2002), S. 56; *Hammerl*, Bankrottdelikte (1970), S. 33 ff.; *Krause*, Ordnungsgemäßes Wirtschaften und erlaubtes Risiko (1995), S. 56.
335 Vgl. *Hiltenkamp-Wisgalle*, Bankrottdelikte (1987), S. 37.
336 Vgl. *Röhm*, Abhängigkeit des Insolvenzstrafrechts (2002), S. 57.
337 Vgl. *Röhm*, Abhängigkeit des Insolvenzstrafrechts (2002), S. 57.
338 *Tiedemann*, Insolvenzstrafrecht, 2. Aufl. (1996), Vor § 283 Rn. 35.
339 Näher sogleich unter 2. b); vgl. auch *Götz*, KTS 2003, S. 7.
340 Vgl. *Götz*, KTS 2003, S. 7; *Röhm*, Abhängigkeit des Insolvenzstrafrechts (2002), S. 55; *Tiedemann*, Insolvenzstrafrecht, 2. Aufl. (1996), Vor § 283 Rn. 34.

Während zuvor der Grundsatz vorherrschte, dass *der* Gläubiger das Erstzugriffsrecht auf das Vermögen des Gläubigers hatte, der als erster das Vermögen des Schuldners mit gerichtlicher Erlaubnis beschlagnahmte, wurde entsprechend dem italienischen Statutarrecht ein zur Befriedigung der Gläubigergesamtheit privatrechtliches Verteilungsverfahren eröffnet, das zwar vom Selbsthilfeprinzip und dem Grundsatz der Gläubigerautonomie geprägt war, jedoch unter gerichtlicher Aufsicht erfolgen musste.[341]

Unter dem Einfluss des ***spanischen Konkursrechts*** in der zweiten Hälfte des 17. Jahrhunderts, das im ***18. Jahrhundert*** fast überall in Deutschland galt, gewann die Obrigkeitlichkeit auch bei der zivilrechtlichen Vermögensverwertung die prägende Oberhand. Das auf eine Schrift *Salgado de Samozas*[342] zurückzuführende Verfahren war in hohem Maße gerichtsorientiert und formalistisch angelegt. Mit Ausnahme der Disposition über den Eintritt in das Konkursverfahren, das allein auf Schuldner- oder Gläubigerantrag erfolgen konnte[343], war den beteiligten Parteien kaum mehr Einflussmöglichkeiten auf das Verfahren gegeben.

Eröffnungsgrund des italienischen Statutarrechts selbst war zwar die *Zahlungsunfähigkeit* des Schuldners.[344]

Die Konkursrechte der deutschen Städte bestimmten hingegen vornehmlich die *„Vermögensinsuffizienz“* als den für alle Schuldner einheitlich geltenden Eröffnungsgrund, die in der damaligen Zeit begrifflich – mit identischem Inhalt – anstelle von „Überschuldung“ verwendet wurde.[345]

Dass sich zum Teil auch deutsche Gesetze und zeitgenössische Literatur entsprechend dem oberitalienischen Einfluss in der Wortwahl auf die Zahlungsunfähigkeit als Insolvenzgrund bezogen, war für die Prägung des damaligen Insolvenzverständnisses nicht von Relevanz.

Denn eine inhaltliche Differenzierung zwischen Überschuldung und Zahlungsunfähigkeit war dem gemeinen Recht noch immer fremd und Leitbild für das Insolvenzverständnis war nach wie vor die Überschuldung:[346]

So wurden die Begriffe von „Zahlungsunfähigkeit“ und „Vermögensinsuffizienz“ unter dem Einfluss des italienischen Statutarechts regelmäßig ebenso *synonym* gebraucht, wie unter den spanisch geprägten Konkursrechten des ausgehenden 17. und des 18. Jahrhunderts die Begriffe der „Insolvenz“ und der „Vermögensinsuffizienz“.[347]

---

341 Vgl. *Götz*, KTS 2003, S. 7.
342 „Labyrinthus creditorum concurrentioum ad litem per debitorem commungem inter illos causatam“ aus dem Jahre 1663 (vgl. *Götz*, KTS 2003, S. 7).
343 Vgl. *Kohler*, Lehrbuch des Konkursrechts (1891), S. 41; *Götz*, KTS 2003, S. 9.
344 Vgl. die Motive zum Entwurf der Konkursordnung, abgedruckt bei *Hahn/Mugdan*, Materialien zu den Reichs-Justizgesetzen, Band 4 (1881), S. 291; *Götz*, KTS, 2003, S. 7 Fn. 31.
345 Vgl. *Oetker*, Beiträge (1847), S. 15 f.; *Götz*, KTS 2003, S. 7.
346 Vgl. bereits die Tendenzen unter Justitian, wonach Eröffnungsvoraussetzung des Verteilungsverfahrens das Unzureichen des Vermögens zur vollständigen Befriedigung der antragstellenden Gläubiger war (s.o.); vgl. auch *Götz*, KTS 2003, S. 6, 7.
347 Vgl. *Oetker*, Beiträge (1847), S. 15 f.; *Götz*, KTS 2003, S. 7, 9.

Eine Unterscheidung zwischen Zahlungsunfähigkeit und Überschuldung findet sich erstmals im Rahmen der Preußischen Konkursordnung von 1855.[348]

Dass dabei immer die Vermögensinsuffizienz Leitbild des Insolvenzverständnisses war,[349] lässt sich bereits der zum gemeinen Recht erschienenen Literatur entnehmen. So führt *v. Bayer* zum Konkursverfahren nach gemeinem Rechte aus: *„Wenn nämlich Jemand so viele Schulden hat, daß er selbst mit Aufopferung seines ganzen Vermögens nicht mehr im Stand ist, alle seine Gläubiger zu befriedigen, so könnte die vollständige Befriedigung eines einzelnen Creditors ohne Rücksicht auf die Uebrigen diese letzteren leicht beeinträchtigen. Um nun diese Unbilligkeit zu verhüten, ist in Deutschland der Grundsatz angenommen, daß – sobald das Daseyn einer Ueberschuldung auf geeignete Art zur Kenntnis des Gerichtes gekommen ist – ein allgemeines Verfahren eingeleitet werden soll, in Folge dessen dem Schuldner die Dispositionsbefugniss über sein Vermögen entzogen, und die Exekution zu Gunsten einzelner Gläubiger eingestellt wird.“* [350]

Der *Grund* dafür, dass Überschuldung und Zahlungsunfähigkeit als einheitlicher Zustand begriffen wurden und die Überschuldung im Insolvenzverständnis der damaligen Zeit dominierte, ist auch noch unter Geltung des Gemeinen Rechts der Mangel an Kreditverflechtungen, der ursächlich für den zeitnahen Eintritt von Vermögensinsuffizienz und Zahlungsunfähigkeit war.

Schon der Verdacht der Vermögensinsuffizienz veranlasste den überschaubaren und daher rasch informierten Gläubigerkreis zu einem überwiegend zeitgleichen Zugriff auf das Schuldnervermögen, mit der Konsequenz, dass durch den Zugriff der zahlreichen Gläubiger zugleich die Zahlungsunfähigkeit des Schuldners eintrat.[351]

c) *Überschuldungsmessung*

In Konsequenz dessen trat auch das Messproblem der Überschuldung in den Hintergrund; eine formalisierte Überschuldungsbilanz war nach Gemeinem Recht nicht erforderlich.

Das Vorliegen einer Überschuldung wurde durch sog. „Vermögensuntersuchungen“ überprüft, welche in nur manchen Fällen die Aufstellung eines Vermögens- und Schuldenverzeichnisses erforderte.[352]

Wurde dennoch eine „ohnverfängliche Specification des gesammten Activ- und Passiv-Vermögens“ zur Ermittlung der Überschuldung gefordert[353], war diese willkürbehaftet, zumeist unvollständig und ausschließlich an Liquidationswerten orientiert.[354]

---

348 Dazu näher unten; vgl. auch *Götz*, KTS, 2003, S. 7.
349 Ebenso *Götz*, KTS 2003, S. 9.
350 V. *Bayer*, Theorie des Concurs-Processes, 4. Aufl. (1886), S. 4 f.
351 Vgl. *Biermann*, Überschuldung (1963); S. 34; *Götz*, KTS 2003, S. 8.
352 Z.B. war bei Schuldneranträgen ein Vermögensverzeichnis nur dann aufzustellen, wenn die Gläubiger den Überschuldungseintritt bezweifelten, vgl. *Götz*, KTS 2003, S. 9.
353 So Art. 1 der Konkursordnung des Fürstentums Brandenburg-Ansbach aus dem Jahre 1731 („Instruction und Ordnung des Fürstenthums Brandenburg-Onolzbach bey sich ereigneten Concursen und Schuld-Austheilungen vom 8.10.1731“; vgl. *Götz*, KTS 2003, S. 10; *ders.*, Überschuldung (2005), S. 372).
354 Vgl. *Götz*, KTS 2003, S. 10 f.

Dementsprechend existierten unter Privaten regelmäßig weder (umfassende oder partielle) Vermögens-Verbindlichkeiten-Vergleiche, noch Bilanzierungskenntnisse. Ertragswertüberlegungen zur Bewertung ganzer Unternehmen blieben noch bis ins 19. Jahrhundert weitgehend unbekannt.[355]

Die Überschuldungsprüfung der Kaufleute war mit denselben Problemen behaftet und daher ungenau. Nicht nur, dass auch hier ausschließlich an Liquidationswerten orientierte Vermögensaufstellungen vorgenommen wurden, so dass nicht selbständig verkehrsfähige Güter unberücksichtigt blieben, somit die Vermögensaufstellungen zwingend unvollständig waren; da das Führen von Handelsbüchern lediglich kaufmännische Sitte war, ohne dass es eine gesetzliche Grundlage gab, die der Willkür bei der Bewertung der anzusetzenden Vermögensgegenstände (insbesondere Forderungen) hätte entgegenwirken können, wurde auch durch die so geführten Bilanzen die Überschuldungsprüfung nicht zuverlässiger.[356]

Auch außerhalb der Überschuldungsermittlung waren Vermögensbewertungen offenbar von geringer Relevanz, da entscheidungstheoretische Bewertungskenntnisse im 17./18. Jh. noch in den Kinderschuhen steckten. Bis zu dieser Zeit der Aufklärung waren kaum entscheidungstheoretische Bewertungskenntnisse vorhanden und es existierten auch noch keine näheren Rechnungslegungsvorschriften, die in Wechselwirkung mit der Vermögensbewertung hätten treten können.[357]

Eine Wende wurde erst mit Einführung einer allgemeinen Buchführungspflicht für Kaufleute nach dem ***Preußischen Allgemeinen Landrecht von 1794*** eingeläutet, die sich auf die Überschuldungsprüfung mit der Einführung der Preußischen Konkursordnung von 1855 in erstmals relevanter Weise auswirkten.[358]

d) Zwischen-Feststellungen im Hinblick auf die heutige Insolvenzgesetzgebung, insbes. Überschuldungsstrafbarkeit

Damit lässt sich festhalten, dass das Phänomen der Überschuldung als ein der Zahlungsunfähigkeit vorgelagerter Tatbestand untrennbar mit dem Entstehen komplexer wirtschaftlicher Beziehungen verbunden ist.

Zivilrechtlich wie strafrechtlich gleichermaßen war die Überschuldung als vorrangiger Insolvenztatbestand im Rechtsverständnis der Beteiligten seit jeher verankert. Dies zeigt, dass der Überschuldungstatbestand kein von wirtschaftlichen Realitäten losgelöstes Konstrukt, sondern gleichsam ein Reflex wirtschaftlichen Handelns darstellt, der für den Rechtsanwender solange unproblematischer Anknüpfungspunkt rechtlicher Regelungen ist, wie mangels komplexer Kreditverflechtungen keine Notwendigkeit besteht, eine stichtagsgenaue und – aufgrund verflochtener Beziehungen zwischen den Wirtschaftssubjekten – komplexe Bewertung von Vermögen vorzunehmen.

---

355 Vgl. mit ausführlichen Nachweisen, *Götz*, KTS 2003, S. 8 ff.
356 Hierzu ausführlich *Götz*, KTS 2003, S. 10–12.
357 Vgl. *Arens*, Überschuldungsprüfung (1991), S. 96; *Götz*, KTS 2003, S. 2.
358 §§ 566 ff. APL; *Barth*, Bilanzrecht (1953), S. 66 f.; *Götz*, KTS 2003, S. 12; *Schmalenbach*, Dynamische Bilanz, 13. Aufl. (1962), S. 19 ff.; *Simon*, Bilanzen der AG und KGaA, 3. Aufl. (1899), S. 36 f. Dazu näher sogleich unter Erster Teil A. III. 2. c).

Deutlich wird dadurch nicht nur, dass die für das Strafrecht problematischste Frage der Überschuldungsermittlung, insbesondere der Vermögensbewertung, letztlich ein Problem der Aufschlüsselung wirtschaftlich komplexer Sachverhalte darstellt.

Vor allem die Kritik an dem Überschuldungstatbestand, er sei „überflüssig“[359], sieht sich dadurch dem Einwand eines natürlich „gewachsenen“ Phänomens ausgesetzt, wodurch vornehmlich die Frage nach dem Strafbedürfnis von masseschmälerndem Handeln in der Überschuldung oder mit der Konsequenz der Überschuldung tangiert wird.

2. Landesgesetzgebung unter dem Einfluss des Code de Commerce: Preußisches Strafgesetzbuch von 1851 – Preußische Konkursordnung von 1855

In zivilrechtlicher wie strafrechtlicher Hinsicht läutete der ***Code de Commerce*** durch seinen Einfluss auf die Landesrechte des 19. Jahrhunderts in der deutschen Gesetzgebung eine Wende ein. Maßgeblich beeinflusst wurden die Landesgesetzgebungen von Preußen, Bayern und Bremen, während die anderen länderspezifischen Konkursordnungen in der stark zersplitterten Rechtslandschaft[360] noch vornehmlich dem gemeinen Recht folgten.[361]

Der *Code de Commerce* von 1804 sah den Unrechtsgehalt des als Sonderrecht für Kaufleute ausgestalteten Bankrotts nicht mehr im Insolventwerden als solchem, sondern nur noch in der konkreten vermögensmindernden Handlung des Schuldners.[362] Die zivilrechtlichen Regelungen des *Code de Commerce* (insoweit von 1807/1838)[363] betrafen ebenfalls allein den kaufmännischen Konkurs.[364] Eröffnungstatbestand war hier nur die Zahlungseinstellung als kundgetane Zahlungsunfähigkeit (*cessations des paiments*).[365]

Mit dem *Code de Commerce* wurden auch erstmals beschränkt haftende Rechtformen geschaffen, so die Aktiengesellschaft (AG) und die Kommanditgesellschaft auf Aktien (KGaA),[366] die über das Preußische Aktiengesetz von 1843 Eingang in die deutsche Gesetzgebung fanden.[367]

---

359 So z.B. *Bichlmeier* in Bichlmeier/Engberding/Oberhofer (1998), S. 169.

360 Über eigenständige Konkursordnungen verfügten neben Preußen, Bayern und Bremen auch noch Baden, Oldenburg, Braunschweig, Sachsen-Gotha, Waldeck, Hamburg und Lübeck. Hervorgebracht wurden diese Regelwerke aus Reformbestrebungen zur Vereinfachung und Beschleunigung der Konkursverfahren (vgl. hierzu *Götz*, KTS 2003, S. 12 Fn. 67 und Fn. 68 m.w.N.).

361 Vgl. *Götz*, KTS 2003, S. 13 Fn. 70.

362 So die *art.* 586 ff.; vgl. *Hiltenkamp-Wisgalle*, Bankrottdelikte (1987), S. 33; *Röhm*, Abhängigkeit des Insolvenzstrafrechts (2002), S. 57, 58; *Tiedemann*, Insolvenzstrafrecht, 2. Aufl. (1996), Vor § 283 StGB Rn. 36 f.

363 Vgl. *Götz*, KTS 2003, S. 13; *Kohler*, Lehrbuch des Konkursrechts (1891), S. 22, 62 f.

364 Vgl. *Kohler*, Lehrbuch des Konkursrechts (1891), S. 63; *Götz*, KTS 2003, S. 13.

365 Vgl. *Götz*, KTS 2003, S. 13.

366 Vgl. hierzu *Wilhelm*, Kapitalgesellschaftrecht (1998), Rn. 14 ff.

367 Preußisches Aktiengesetz vom 9.11.1843 (Gesetzessammlung, S. 341), abgedruckt bei *Wentzel/Klose*, Preußische Konkursordnung (1855), S. 379.

a) Strafrecht

Beeinflusst durch den Code de Commerce sah auch das ***Preußische Strafgesetzbuch von 1851***, das dem anschließenden Reichsstrafgesetzbuch von 1871 als Vorlage diente,[368] den Umstand des Insolventwerdens nun nicht mehr als Strafgrund, sondern nur als Symptom, während die gläubigergefährdende Einzelhandlung des Schuldners den eigentlichen Unrechtskern darstellte. Die Insolvenz selbst bot dem Richter nur noch die formelle Handhabe zum Einschreiten im Sinne einer objektiven Bedingung der Strafbarkeit.[369]

Dem *Code de Commerce* entsprechend war dies die Zahlungseinstellung.[370]

Der Differenzierungsgrad bei der Einteilung der Bankrottdelikte wurde gegenüber dem Preußischen Allgemeinen Landrecht zurückgenommen; nunmehr wurde nur zwischen einfachem und betrügerischem Bankrott unterschieden.[371]

Der *einfache* Bankrott betraf vor allem den Verbrauch übermäßiger Summen durch Aufwand, Spiel usw. sowie Buchführungsdelikte und das Eingehen von Schulden sowie den Verkauf von Waren oder Wertpapieren unter Wert, „obgleich das Vermögen nach der letzten [der seit dem PrALR von 1794 von Kaufleuten verpflichtend aufzustellenden][372] Bilanz nicht die Hälfte der Schulden deckte“ (§ 262 Nr. 4).[373]

Der *betrügerische* Bankrott (§ 259) pönalisierte Beiseiteschaffen oder Verheimlichen von Vermögensstücken, die Anerkennung oder Aufstellung erdichteter Schulden oder Rechtsgeschäfte und die Manipulation der Buchführung. In beiden Fällen war die Strafbarkeit in personeller Hinsicht auf Kaufleute („Handelsleute, Schiffsreeder und Fabrikbesitzer“)[374] beschränkt. Auch insoweit wurde dem Vorbild des Code de Commerce von 1804 gefolgt.

In systematischer Hinsicht wurde der Bankrott nun nicht mehr als qualifizierte Art des Betruges, sondern als Delikt eigener Art geregelt und ein eigener Titel gebildet.[375]

---

368 RGBl. 1871; S. 127–205; vgl. *Röhm*, Abhängigkeit des Insolvenzstrafrecht (2002), S. 58; *Tiedemann*, Insolvenzstrafrecht, 2. Aufl. (1996), Vor § 283 Rn. 38.

369 Vgl. *Hiltenkamp-Wisgalle*, Bankrottdelikte (1987), S. 33; *Röhm*, Abhängigkeit des Insolvenzstrafrechts (2002), S. 58; *Tiedemann*, Insolvenzstrafrecht, 2. Aufl. (1996), Vor § 238 Rn. 37.

370 §§ 259, 261 PreußStGB bestrafte nur solche Schuldner, „welche ihre Zahlungen eingestellt hatten“. Vgl. *Tiedemann*, Insolvenzstrafrecht, 2. Aufl. (1996), Vor § 283 Rn. 37.

371 Vgl. *Hiltenkamp-Wisgalle*, Bankrottdelikte (1987), S. 33.

372 S.o. (§§ 566 ff. APL; *Barth*, Bilanzrecht (1953), S. 66 f.; *Götz*, KTS 2003, S. 12; *Schmalenbach*, Dynamische Bilanz, 13. Aufl. (1962), S. 19 ff.; *Simon*, Bilanzen der AG und KGaA, 3. Aufl. (1899), S. 36 f.).

373 *Tiedemann*, Insolvenzstrafrecht, 2. Aufl. (1996), Vor § 283 StGB Rn. 37, 39; beachtenswert im Hinblick auf das ***Bilanzerfordernis*** der Überschuldungsfeststellung des § 64 I 1 HS 1 GmbHG in der Zeit zwischen 1930 und August 1986 (Reichsgesetz v. 25.3.1930 (RGBl. I S. 93) und VO des Reichspräsidenten v. 6.8.1931 (RGBl. I. S. 433), geändert durch 2. WiKG mit Wirkung ab dem 1.8.1986) und den noch heute im Aktienrecht bestehenden ***systematischen Zusammenhang*** durch Regelung der Pflicht zur Verlustanzeige bei Verlust in Höhe der Hälfte des Grundkapitals (§ 91 I AktG) und Insolvenzantragspflicht (§ 92 II AktG) in einer Norm.

374 Vgl. *Tiedemann*, Insolvenzstrafrecht, 2. Aufl. (1996), Vor § 283 StGB Rn. 37.

375 Vgl. *Hiltenkamp-Wisgalle*, Bankrottdelikte (1987), S. 37.

b) Zivilrechtlicher Eröffnungsgrund und Konkursantragsgrund

Die zivilrechtlichen Insolvenzregelungen wurden ebenfalls maßgeblich vom *Code de Commerce* beeinflusst.[376]

Vor allem wurde durch seine Einflussnahme auf die preußische Gesetzgebung erstmals der Zahlungsunfähigkeit als Konkurseröffnungsgrund zu entscheidendem Gewicht verholfen.[377] Zuvor kannte nur die im Verhältnis dazu unbedeutende[378] hamburgerische *Falliten-Ordnung von 1753* – in Abweichung vom gemeinen Recht – die Zahlungseinstellung als Eröffnungsgrund und selbst insoweit bestehen angesichts fehlender inhaltlicher Differenzierung in der zeitgenössischen Kommentarliteratur Zweifel, ob der nur aus Vereinfachungsgründen eingeführte und von der damaligen Rechtspraxis als nachteilig empfundene Eröffnungstatbestand der Zahlungseinstellung auch als solcher verstanden wurde.[379]

In Anlehnung an den *Code de Commerce* führte dann die ***Preußische Konkursordnung (PrKO) von 1855***[380] (nur) für den kaufmännischen Konkurs die *Zahlungseinstellung* als ausschließlichen[381] Konkurseröffnungsgrund in § 113 PrKO ein,[382] so dass auch

---

376 Teile der Preußischen Konkursordnung von 1855 wurden sogar in fast wörtlicher Übersetzung übernommen. Vgl. *Götz*, KTS 2003, S. 13 Fn. 70; *Hellmann*, Lehrbuch des deutschen Konkursrechts (1907), S. 106 f.

377 Die Preußische Konkursordnung von 1855 war gegenüber den übrigen landesrechtlichen Regelungen von vorrangiger Bedeutung, wie sich an dem Leitbildcharakter der preußischen Gesetzgebung für die anschließende Reichsgesetzgebung ableiten lässt. So orientierte sich die Reichskonkursordnung von 1877 in weiten Zügen an der Preußischen Konkursordnung von 1855. Vgl. hierzu *Arens*, Überschuldungsprüfung (1991), S. 97; *Götz*, KTS 2003, S. 15 und zum Entstehungsprozess *ders.* a.a.O. Fn. 85 m.w.N.

378 Vgl. die Motive zum Entwurf der Konkursordnung, abgedruckt bei *Hahn/Mugdan*, Materialien zu den Reichs-Justizgesetzen, Band 4 (1881), S. 281; *Götz*, KTS 2003 S. 7.

379 Vgl. *Biermann*, Überschuldung (1963), S. 35 f., 37; *Arens*, Überschuldungsprüfung (1991), S. 97; insbesondere *Götz*, KTS 2003, S. 13 Fn. 72, unter Hinweis auf die widersprüchliche Kommentierung von *Hasche*, Erläuterungen zur hamburgerischen Falliten-Ordnung, Teil I (1797 ff.), S. 56: „Die Ursache aus welcher Concurs verhängt wird, ist sowohl Unzulänglichkeit des Vermögens zur Befriedigung der Gläubiger selbst als auch Mangel an bereitem Gelde, die andringenden Gläubiger zu bezahlen."

380 Preußische Konkursordnung vom 8. und 9. Mai 1855, abgedruckt bei *Wentzel/Klose*, Preußische Konkursordnung (1855).

381 Vgl. *Wentzel/Klose*, Preußische Konkursordnung (1855), S. 232 f. Die Aktiengesellschaft nahm eine Sonderstellung ein, da sie einerseits dem Kaufmannsbegriff unterfiel und damit den speziell kaufmännischen Vorschriften unterlag, andererseits aber aufgrund ihrer Rechtspersönlichkeit auch die allgemeinen Vorschriften Anwendung fanden (vgl. *Wentzel/Klose*, Preußische Konkursordnung (1855), S. 380). Daher war Konkurseröffnungsgrund bei der Gewerbe oder Handelsgeschäft betreibenden Aktiengesellschaft neben der Zahlungseinstellung (§ 281 Nr. 2 PrKO 1855) auch die Überschuldung (§ 281 Nr. 1 PrKO 1855); über eine Aktiengesellschaft *ohne* gewerblichen oder handelsgeschäftlichen Betrieb wurde das Verfahren nur bei Überschuldung gem. § 322 PrKO 1855 eröffnet (abgedruckt bei *Wentzel/Klose*, Preußische Konkursordnung (1855), S. 379, 407).

382 Gem. § 113 PrKO fand „der kaufmännische Konkurs statt, wenn ein Handelsmann, Schiffsrheder oder Fabrikbesitzer seine Zahlungen einstellt. Die Zahlungseinstellung ist vorhanden, wenn der Gemeinschuldner seine Zahlungsunfähigkeit selbst erklärt oder wegen Zahlungsunfähigkeit sein Geschäft schließt, oder wenn andere Umstände vorliegen, aus welchen erhellt, dass der Gemeinschuldner in dem Zustande der Zahlungsunfähigkeit sich befindet." Vgl. § 113 PreußKO, abgedruckt bei *Wentzel/Klose*, Preußische Konkursordnung (1855), S. 231 f.

erstmals die Zahlungsunfähigkeit relevant und eine genauere inhaltliche Differenzierung zwischen Zahlungsunfähigkeit und Überschuldung getroffen wurde.[383]

Die Begründung zur Anknüpfung an die Zahlungseinstellung lautete: „Bei Handeltreibenden ist die Zahlungseinstellung die ausschließliche Bedingung der Konkurseröffnung; sie enthält schon den thatsächlichen Ausbruch des Konkurses in sich“.[384]

Auch wenn Anknüpfungspunkt des Konkursverfahrens damit die Zahlungseinstellung sein sollte, so wurde sie offenbar nur als Realisierung des eigentlichen Konkurs*grundes* verstanden. Letzterer muss aber im Verständnis des Gesetzgebers zeitlich vorgelagert sein, wenn er erst noch in Form der Zahlungseinstellung zum *Ausbruch* kommen muss. Zu vermuten ist daher vor dem Hintergrund des bis dahin entstandenen Leitbildes der Vermögensinsuffizienz und angesichts des grundsätzlich gegenüber der Zahlungsunfähigkeit früheren Eintritts,[385] dass diese nach wie vor das Vorstellungsbild von der Insolvenz prägte.

Dementsprechend blieb auch als allgemeiner Konkurseröffnungsgrund für alle Nichtkaufleute und der ihnen gleichgestellten Aktiengesellschaften ohne Gewerbe- oder Handelsbetrieb (§ 325 PrKO 1855)[386] – dem gemeinen Recht gleich – die *Überschuldung*, die allgemein als „Unzulänglichkeit des Vermögens des Gemeinschuldners zur Befriedigung seiner Gläubiger“ verstanden wurde (§ 322 PrKO 1855) und sich bei der kaufmännisch betriebenen Aktiengesellschaft „nach der der Bezirksregierung vorgelegten Bilanz“ als Übersteigen „der Schulden der Gesellschaft über das Vermögen derselben“ darstellte (§ 281 Nr. 1 PrKO und § 26 PrAktG 1843[387]).[388]

Die zivilrechtliche Insolvenzgesetzgebung der übrigen Länder war bis zur Einführung der Konkursordnung 1877 uneinheitlich. Es fanden sich teils gleiche, teils abweichende Regelungen.[389]

c) *Überschuldungsmessung*

Mit § 281 Nr. 1 PrKO 1855, § 26 PrAktG 1843 war für die Aktiengesellschaft erstmals ausdrücklich festgelegt, dass das Vorliegen einer Überschuldung aus der Handelsbilanz abgeleitet werden musste.[390]

---

383 Vgl. *Arens*, Überschuldungsprüfung (1991), S. 96; *Götz*, KTS 2003, S. 4, 6 Fn. 29 m.w.N.
384 *Wentzel/Klose*, Preußische Konkursordnung (1855), S. 232 f.
385 Vgl. *Drukarczyk* in MüKo, InsO (2001), § 18 Rn. 53 ff., *Arens*, Überschuldungsprüfung (1991), S. 9 aber auch bereits die Motive zum Entwurf der Konkursordnung, abgedruckt bei *Hahn/Mugdan*, Materialien zu den Reichs-Justizgesetzen, Band 4 (1881), S. 291.
386 Vgl. *Wentzel/Klose*, Preußische Konkursordnung (1855), S. 408.
387 Preußisches Aktiengesetz vom 9. Nov. 1843, Gesetzessammlung, S. 341.
388 Vgl. *Wentzel/Klose*, Preußische Konkursordnung (1855), S. 379 f.; auch *Götz*, KTS 2003, S. 14 f.
389 In eigenständigen Konkursordnungen war die Zahlungsunfähigkeit außerhalb Preußens verankert in Bayern (1869), Baden (1864), Hamburg und Bremen; in Form eines Entwurfs zur Konkursordnung Sachsen-Gothas; im Wege der Verordnung in Schleswig Holstein (1863). Die Konkursordnungen von Oldenburg, Braunschweig, Waldeck, Lippe und Lübeck beschränkten sich weiterhin auf die Überschuldung als Insolvenzauslöser (vgl. *Götz*, KTS 2003, S. 12 Fn. 68 und S. 15 Fn. 81; die Motive zum Entwurf der Konkursordnung, abgedruckt bei *Hahn/Mugdan*, Materialien zu den Reichs-Justizgesetzen, Band 4 (1881), S. 291, 435 f.).
390 Vgl. die Nachweise bei *Götz*, KTS 2003, S. 14, 18.

Allerdings fehlten für Aktiengesellschaften nach dem PrAktG 1843 explizite Vorschriften für die Vermögensbewertung außerhalb des Gesellschaftsvertrages und auch die im Gesellschaftsvertrag zu vereinbarenden Ansatz- und Bewertungsregeln unterlagen keiner näheren gesetzlichen Bestimmung, so dass schon unter der PrKO 1855 eine Überschuldungsfeststellung auf Basis von Fortführungswerten theoretisch möglich war.[391] Dennoch ist angesichts noch weitgehender Unbekanntheit von Ertragswertüberlegungen zur Bewertung ganzer Unternehmen[392] sowie der anschließenden liquidationsorientierten Auslegungspraxis unter Geltung des Allgemeinen Deutschen Handelsgesetzbuchs (ADHGB) 1861 davon auszugehen, dass man sich bei Ermittlung des im Überschuldungstatus anzusetzenden Wertes üblicherweise an der sofortigen Versilberung der Gegenstände orientierte.[393]

Im folgenden ***ADHGB von 1861***[394] wurde die Bewertung gesetzlich kodifiziert. Die allgemeine, für die Aufstellung der Handelsbilanz geltende Bewertungsnorm des Art. 31 ADHGB von 1861 war offen formuliert, wurde aber in den Folgejahren als liquidationswertorientierte Bewertungsvorschrift ausgelegt:[395]

Die Auslegungspraxis entsprach der in einer Grundlagenentscheidung geäußerten Ansicht des Reichsoberhandelsgerichts (ROHG), in der Art. 31 ADHGB 1861 erstmals eine oberstrichterliche Auslegung erfuhr.[396]

Danach wurde der Jahresbilanzzweck gem. Art. 31 ADHGB darin gesehen, „(...) die Uebersicht und die Feststellung des Vermögensbestandes in einem bestimmten Zeitpunkte (...) zu bewirken. Alle einzelnen Aktiv- und Passivposten sind hiernach zu dem gegenwärtigen Wert, den sie in demjenigen Zeitpunkt, für welche die Bilanz aufgenommen wird, besitzen, in die Bilanz einzustellen (...).“[397]

Dementsprechend liege der Bilanz die „(...) Idee einer fingierten augenblicklichen allgemeinen Realisierung sämmtlicher Activa und Passiva zum Grunde, wobei jedoch davon ausgegangen werden muß, daß in Wirklichkeit nicht die Liquidation, sondern vielmehr der Fortbestand des Geschäftes beabsichtigt wird und daß daher

---

391 Aus Rechnungslegungssicht war nur die grundsätzliche Bilanzierungspflicht und die Weitergabe an den Staat geregelt; vgl. *Barth*, Bilanzrecht (1953), S. 68 f.; *Götz*, KTS 2003, S. 14 Rn. 79.

392 Bis ins 19. Jh. Ertragswertüberlegungen zur *Bewertung* ganzer Unternehmen weitestgehend unbekannt – der Vermögens-Verbindlichkeitsvergleich basierte auf Liquidationswerten des materiellen Vermögens, vgl. *Götz*, KTS 2003, S. 10–12.

393 Vgl. *Götz*, KTS 2003, S. 14, 18.

394 Allgemeines Deutsches Handelsgesetzbuch, abgedruckt in *Schubert*, Entwurfsverhandlungen (1986), S. 1 ff.

395 Art. 31 ADHGB 1861 lautete: „Bei der Aufnahme des Inventars und der Bilanz sind sämtliche Vermögensstücke und Forderungen nach dem Wert anzusetzen, welcher ihnen zur Zeit der Aufnahme beizulegen ist. Zweifelhafte Forderungen sind nach ihrem wahrscheinlichen Wert anzusetzen, uneinbringliche Forderungen aber abzuschreiben.“ Vgl. *Barth*, Bilanzrecht (1953), S. 135; vgl. auch *Götz*, KTS 2003, S. 14, 18.

396 Vgl. *Götz*, KTS 2003; Nur wenige Stimmen der Literatur bestritten, dass Art. 31 ADHGB 1861 eine Bewertung zu Veräußerungswerten zwingend vorschreibe; sie gingen davon aus, dass der Veräußerungswert lediglich eine Höchstbewertungsgrenze darstellen sollte, so z.B. *Barth*, Bilanzrecht (1953), S. 136 f., 146, 153 m.w.N.

397 Urteil des Reichsoberhandelsgerichts (*ROHG*) vom 3.12.1873, ROHG 12, S. 15, 17, Rep. 934/73; vgl. auch *Barth*, Bilanzrecht (1953), S. 139; *Götz*, KTS 2003, S. 19 Fn. 103; *Höffner*, BB 1999, S. 198.

bei der Ermittlung und Feststellung der einzelnen Werthe derjenige Einfluß unberücksichtigt zu lassen ist, welchen eine Liquidation auf dieselben ausüben würde.“ [398]

Art. 31 ADHGB verlangte daher nach herrschender Ansicht die Bewertung zum *beizulegenden* Wert im Sinne des Betrags, der im gewöhnlichen Geschäftsverkehr, d.h. ohne Zeitdruck, durch eine Einzelveräußerung des Vermögensgegenstands erzielt werden kann. Damit orientierte sich die Handelsbilanz am Liquidationswert [399] – im Gegensatz zu den aktuellen Rechnungslegungsvorschriften, bei denen von der Fortführung des Unternehmens auszugehen ist (Prinzip des *going concern,* § 252 I Nr. 2 HGB).

Die Anwendbarkeit des Art. 31 ADHGB 1861 auf die ebenfalls zu Zwecken der „Vermögensübersicht“ aufgestellte Überschuldungsbilanz wird nicht nur durch die zum Jahresbilanzzweck vertretene Auffassung des Reichsoberhandelsgerichts bedingt.[400] Sie resultierte positiv-gesetzlich aus Art. 240 ADHGB 1861, der die Überschuldungsermittlung anhand der *Handelbilanz* vorschrieb: „Ergibt sich aus der letzten Bilanz, daß (...) das Vermögen der Gesellschaft nicht mehr die Schulden deckt, so muß der Vorstand hiervon dem Gericht behufs der Eröffnung des Konkurses Anzeige machen.“ [401]

Mit der Aufstellung der Überschuldungsbilanz anhand der nach handelsrechtlichen Rechnungslegungsvorschriften aufgestellten Jahres- oder Zwischenbilanz [402] sah man zum einen die Schwierigkeiten bei der Vermögensbewertung behoben, zum anderen als vorteilhaft an, dass aufgrund der handelsrechtlichen Publizitätspflicht auch die Aktionäre und die Gläubiger den Eröffnungstatbestand erkennen konnten.[403]

Mit Art. 240 ADHGB 1861 war zugleich auch eine *Antragspflicht* bei Überschuldung als Grundvoraussetzung der strafrechtlichen Insolvenzverschleppungshaftung gelegt.[404]

---

398 *ROHG* 12, S. 15, 19; vgl. auch *Barth*, Bilanzrecht (1953), S. 139; *Götz*, KTS 2003, S. 19 Fn. 103; *Höffner*, BB 1999, S. 198.

399 Vgl. *Götz*, KTS 2003, S. 14, 18 f., 38. Eine abweichende Interpretation der Entscheidung des ROHG vom 3.12.1873, Rep. 934/73, liefert allerdings *Barth,* der Art. 31 ADHGB als Höchstbewertungsvorschrift gedeutet wissen will, die lediglich eine höhere Bewertung als zum Zeitwert verbieten wollte, ohne den Veräußerungswert als Wertansatz festzuschreiben (*Barth,* Bilanzrecht (1953), S. 136 f.) Da jedoch zum damaligen Zeitpunkt keine ernsthaft diskutierten Alternativen zum Einzelveräußerungswert existierten, ist die These Barths eher unwahrscheinlich.

400 So vor allem *Höffner,* BB 1999, S. 198, vgl. dazu auch unten Erster Teil A. IV. 4.

401 Vgl. *Puchelt,* Commentar zum ADHGB, Band I, 2. Aufl. (1876), S. 489; *Götz,* KTS 2003, S. 15.

402 Dass bei begründetem Verdacht auf Überschuldung dann auch eine unterjährige Zwischenbilanz aufgestellt werden sollte, wird durch die Gesetzesbegründung zur Reform des § 240 HGB durch das Aktiengesetz 1884 nahe gelegt, (vgl. die *Motive zum Entwurf des Aktiengesetztes 1884,* Stenographische Berichte der Verhandlungen des Reichstags V/4 – 1884, Anlageband 1 Nr. 21, S. 336; *Götz,* KTS 2003, S. 18 Fn. 99).

403 Vgl. die Motive zum Entwurf der Konkursordnung, abgedruckt bei *Hahn/Mugdan,* Materialien zu den Reichs-Justizgesetzen, Band 4 (1881), S. 291, 390; *Götz,* KTS 2003, S. 18.

404 Dazu sogleich näher unter Erster Teil A. III. 3. b).

d) Zwischen-Feststellungen im Hinblick auf die heutige Insolvenzgesetzgebung, insbes. Überschuldungsstrafbarkeit

Die Tatsache, dass als Anknüpfungspunkt zivil- und strafrechtlicher Regelungen erst spät die Zahlungsunfähigkeit Bedeutung erlangte und auch die Überschuldung als Verfahrensauslöser nie ganz aufgegeben wurde, zeigen, dass offenbar ein natürlich gewachsenes Regelungsbedürfnis schon in der für den Gläubiger sehr gefährlichen Phase der Überschuldung besteht.

Insbesondere wegen ihres früheren Eintritts ist die Überschuldung als Auslöser erhöhter Vorsicht zum Schutz der Gläubiger offenbar besser geeignet als die Zahlungsunfähigkeit. Dies wird eindrucksvoll durch den Ansehensverlust der hamburgerischer *Fallitenordnung* zahlungsunfähig gewordenen Schuldner belegt, die von auswärtigen Gläubigern grundsätzlich als „Betrüger" angesehen wurden.[405]

Insoweit zeichnet sich anhand der historischen Erfahrungen ab, dass die Frage nach dem Strafbedürfnis hinsichtlich massegefährdenden Handelns bereits in der Zone der Überschuldung positiv zu beantworten sein wird.

3. Aktiennovelle des Norddeutschen Bundes 1870 und Reichsstrafgesetzbuch von 1871

a) Bankrott

Das ***Reichsstrafgesetzbuch von 1871 (RStGB)***[406] übernahm in seinen §§ 281–283 die Bankrottregelungen des preußischen StGB von 1851 ohne wesentliche Änderungen und behielt den Charakter der Bankrottdelikte als eigenständig und als Sonderdelikte für Kaufleute bei.[407]

Ein den heutigen §§ 281–283 entsprechendes tatbestandliches Krisenerfordernis war in den §§ 281–283 RStGB noch nicht normiert.[408]

b) Insolvenzverschleppung

Das Unterlassen der seit dem ADHGB 1861 geforderten Anzeigepflicht (§ 240 II ADHGB 1861) bei Überschuldung[409] wurde für die Aktiengesellschaft unmittelbar

---

405 Vgl. *Biermann*, Überschuldung (1963), S. 35 f.; *Götz*, KTS 2003, S. 13 Fn. 73.
406 Reichsstrafgesetzbuch vom 15.5.1871; RGBl. 1871, S. 127–205; vgl. auch *Weber* in Jaeger, KO, 8. Aufl. (1973), Vor § 239 Rn. 1.
407 Vgl. *Hiltenkamp-Wisgalle*, Bankrottdelikte (1987), S. 37; *Tiedemann*, Insolvenzstrafrecht, 2. Aufl. (1996), Vor § 283 Rn. 38; *Krause*, Ordnungsgemäßes Wirtschaften und erlaubtes Risiko (1995), S. 59; *Röhm*, Abhängigkeit des Insolvenzstrafrechts (2002), S. 58.
408 Vgl. *Röhm*, Abhängigkeit des Insolvenzstrafrechts (2002), S. 59, 86, 156.
409 Vgl. nochmals § 240 II HGB 1861: „Ergibt sich aus der letzten Bilanz, daß (...) das Vermögen der Gesellschaft nicht mehr die Schulden deckt, so muß der Vorstand hiervon dem Gericht behufs der Eröffnung des Konkurses Anzeige machen." Vgl. hierzu *Puchelt*, Commentar zum ADHGB, Band I, 2. Aufl. 1876, S. 489; *Altmeppen*, ZIP 2001, S. 2201; *Götz*, KTS 2003, S. 15, 21 Fn. 117.

vor der Erhebung des ADGHB zum Bundesgesetz[410] durch die ***Aktiennovelle des Norddeutschen Bundes vom 11.6.1870***[411] unter Strafe gestellt.[412]

Hinsichtlich der Feststellungsmodalitäten der Überschuldung traten bis zur Reichskonkursordnung von 1877 keine relevanten Veränderungen ein.[413]

IV. Die Reichskonkursordnung 1877/1898 bis zum 1. WiKG 1976

Mit der nach dem Vorbild der PrKO 1855 geschaffenen ***Reichskonkursordnung (KO) von 1877***[414] wurde die territoriale Rechtszersplitterung der zivilrechtlichen Konkursregelungen beseitigt. Sie brachte weit reichende Änderungen im zivilrechtlichen Konkursrecht, des Bankrottstrafrechts und zeitigte auch Auswirkungen auf die Insolvenzverschleppungsstrafbarkeit im Falle der Überschuldung.

Vor allem aber trat mit ihr der Konkursgrund der *„Überschuldung“* erstmals als eigenständiger Begriff in Erscheinung, allerdings ohne genauere gesetzliche Festlegung, was unter Überschuldung zu verstehen sei[415] und noch ohne Relevanz für den Bankrotttatbestand.[416]

1. Zivilrechtlicher Eröffnungsgrund und Konkursantragsgrund

Die Reichskonkursordnung 1877 orientierte sich in weiten Teilen an der PrKO 1855 und beschränkte sich dementsprechend auf ein reines Liquidationsverfahren ohne vorgeschaltetes Vergleichsverfahren.[417]

---

410 Das ADHGB war mit Gesetzen vom 16.4.1871 (RGBl. 1871, S. 63 f.) und 22.4.1871 (RGBl. 1871, S. 87 ff.) zum Reichsgesetz erhoben, vgl. *Wilhelm*, Kapitalgesellschaftsrecht (1998) S. 8 Fn. 13, *Götz*, Überschuldung (2005), S. 370.

411 BGBl. S. 375, vgl. *Schmidt/Meyer-Landrut* in Großkommentar AktG, 2. Aufl. (1961), Einleitung S. 1, 2.

412 Zugleich wurde auch das ursprüngliche Konzessionssystem durch das System der Normativbestimmungen abgelöst. Das Konzessionssystem ermöglichte seit dem Preußischen Aktiengesetz von 1843 und zunächst auch noch nach dem Allgemeinen Deutschen Handelsgesetzbuch (ADHGB) von 1861 die Gründung einer Aktiengesellschaft nur mit staatlicher Genehmigung. Die Aktiennovelle des Norddeutschen Bundes vom 11.6.1870 beseitigte das Erfordernis der Staatsgenehmigung und ermöglichte erstmals auch Nicht-Handeltreibenden den Zugang zur Aktiengesellschaft. Die Kaufmannseigenschaft war nunmehr nicht Voraussetzung (so noch Art. 207 ADHGB 1861), sondern Folge der Rechtsformwahl der Aktiengesellschaft (Art. 208 des Gesetzes von 1870). Vgl. *Schmidt/Meyer-Landrut* in Großkommentar AktG Bd. I, 2. Aufl. (1961), Einleitung S. 1 und *Barth*, Bilanzrecht (1953), S. 68 f.; *Götz*, KTS 2003, S. 14, Fn. 77.

413 Vgl. *Götz*, KTS 2003, S. 14 f.

414 Konkursordnung vom 10.2.1877 (RGBl. 1877 S. 390), vgl. auch *Götz*, KTS 2003, S. 16.

415 Vgl. § 193 KO in der ersten Fassung von 1877; in der zweiten Fassung nach der Novelle von 1898 fand sich dieselbe Regelung in 207 KO wieder. Näher dazu sogleich unter Erster Teil A. IV. 4.).

416 Vgl. sogleich unter Erster Teil A. IV. 2.

417 Vgl. *Götz*, KTS 2003, S. 15 f.

Eine entscheidende Veränderung ging aber mit der Verallgemeinerung des zuvor nur auf Kaufleute beschränkten Konkursgrundes der Zahlungsunfähigkeit einher:[418]

Die Trennung zwischen kaufmännischem und nichtkaufmännischem Konkurs wurde aufgehoben und die Zahlungsunfähigkeit als allgemeine Konkursvoraussetzung für alle Rechtsformen und auch für Nichtkaufleute eingeführt.[419]

Die Überschuldung war nur noch bei einer beschränkten Gruppe von Rechtsformen neben der Zahlungsunfähigkeit weiterhin Eröffnungsgrund: zunächst nur für die seit 1843 existierende[420] Aktiengesellschaft (§ 193 KO), deren Vorstände mit dem Aktiengesetz vom 18.7.1884[421] Konkursantrag stellen mussten, sobald sich die Überschuldung aus einer Bilanz ergab (§ 240 S. 2 HGB).[422]

Konkursgrund war die Überschuldung auch bei der im Genossenschaftsgesetz (GenG) von 1889 geregelten eingetragenen Genossenschaft (§ 195 KO); und auch hier bestand die Pflicht zur Stellung des Konkursantrages, sobald sich die Überschuldung aus einer Bilanz ergab (§ 92 GenG).[423] Entsprechend wurde auch für die mit dem GmbHG von 1892 geschaffene Rechtsform der GmbH[424] Überschuldung als Konkurseröffnungsgrund in § 63 GmbHG normiert, der zugleich dem Geschäftsführer eine Konkursantragspflicht auferlegte, sobald sich die Überschuldung aus einer Bilanz ergab.[425]

Durch die *Konkursordnungsnovelle vom 17.5.1898*[426] wurde Überschuldung als Konkursgrund neben der Aktiengesellschaft (§ 207 KO 1998) auch für die KGaA (§ 209 KO 1898) und den Verein (§ 213 KO 1898) eingeführt.

Darüber hinaus blieb der Überschuldungstatbestand allerdings selbst für die Rechtsformen noch relevant, bei denen das Konkursverfahren allein wegen Zah-

---

418 Ebenso *Biermann*, Überschuldung (1963), S. 38; *K. Schmidt*, JZ 1982, S. 167; *Arens*, Überschuldungsprüfung (1991), S. 96.

419 Vgl. *Götz*, KTS 2003, S. 15 f.; *Arens*, Überschuldungsprüfung (1991), S. 97.

420 Preußisches AktG vom 9.11.1843 (Gesetzessammlung S. 341), vgl. *Wentzel/Klose*, Preußische Konkursordnung (1855), S. 379.

421 RGBl. 1884, S. 123 ff.

422 Dazu näher sogleich unter Erster Teil A. IV. 3.

423 Vgl. den Entwurf eines GenG, Stenographische Berichte über die Verhandlungen des Reichstages, 7. Legislaturperiode, IV. Sesion 1888/1889 Bd. IV, 1. Anlageband 1889 Aktenstück Nr. 28, S. 183, 237 ff. und hierzu *K. Schmidt*, AG 1978, S. 339 Fn. 51.

424 GmbHG vom 20.4.1892 (RGBl. 1892, S. 477 ff.).

425 Vgl. *Götz*, KTS 2003, S. 16 m.w.N. Die spezialgesetzliche Verankerung der Überschuldung als Konkursgrund bei GmbH (§§ 63 I, II GmbHG mit Verweisung auf §§ 207, 209 KO) und eingetragener Genossenschaft in § 92 GenG (später §§ 98 I, II, 100 I, II, 140 GenG) ist allein durch deren späteres Entstehen begründet. Die ungleiche Regelungstechnik wurde weder durch das AktG von 1937 noch durch das AktG von 1965 behoben, hatte aber keine inhaltliche Auswirkungen auf die grundsätzliche Gleichbehandlung Rechtsfähiger nach Konkursrecht und auf die Überschulung juristischer Personen und nichtrechtsfähiger Vereine. Mit dem konkursrechtlichen Überschuldungsbegriff bestand Übereinstimmung, vgl. *Weber* in Jaeger, KO, 8. Aufl. (1973), Vor zum 8. Titel Rn. 3 und *Götz*, KTS 2003, S. 16.

426 RGBl. 1898, 657 ff.

lungsunfähigkeit eröffnet wurde, da die Vermögensinsuffizienz als wesentliches Beweismoment für das Vorliegen der Zahlungsunfähigkeit dienen sollte.[427]

Das Motiv für den vollzogenen Wandel beim Eröffnungsgrund waren vornehmlich Vereinfachungsgründe für die Verfahrenseröffnung, da die Feststellung der Zahlungsunfähigkeit nicht mit den Bewertungsschwierigkeiten behaftet war, die mit dem Überschuldungstatbestand einhergingen.[428]

Doch auch in theoretischer Hinsicht klang Kritik an, der Überschuldungstatbestand vernachlässige, dass noch gewährter Kredit einen selbständigen Vermögenswert darstelle und es aus Gläubigersicht egal sein müsse, woher das Geld zur Begleichung ihrer Forderungen komme.[429] Niemand habe das Recht, sich in die Verhältnisse des Gemeinschuldners einzudrängen und seine produktive Tätigkeit zu unterbrechen, so lange er seinen Verbindlichkeiten nachkomme. Der Schuldner könne verlangen, dass vor eingetretenem Zahlungsverzug (eine sich durch Zahlungsschwierigkeiten ankündigende Vermögensunzulänglichkeit) ihm nicht die Möglichkeit genommen werde, seine Lage zu verbessern und das materiell vorhandene Defizit auszugleichen. Gemeinschuldner und dessen Geschäftspartner würden „ohne Grund und Nutzen“ der Gefahr des finanziellen Ruins ausgesetzt werden.[430]

Bemerkenswert ist nicht nur, dass mit dieser Hinwendung zur Unternehmensfortführung mit den Mitteln der Fremdfinanzierung eine Veränderung des Rechtsverständnisses weg vom Exekutionsrecht hin zum Insolvenzverfahrensrecht erfolgte,[431] sondern vor allem die der Überschuldung entgegengebrachte Kritik einer im Regelfall zu frühen Unternehmenszerschlagung. Da die Überschuldung zu dieser Zeit als die Unzulänglichkeit eines zu Liquidationswerten bewerteten Vermögens zugrunde lag,[432] formulierte bereits der Gesetzgeber der Konkursordnung genau die Bedenken, die später zur Abkehr der Rechtspraxis von einer reinen liquidationswertorientierten Bewertung und hin zu einem dynamischen Überschuldungsbegriff führten. Allerdings zog der Gesetzgeber von 1877 nicht die Konsequenz, den Überschuldungstatbestand dynamisch zu gestalten, sondern er sah stattdessen das Problem durch die Einführung der Zahlungsunfähigkeit als allgemeinen Eröffnungsgrund gelöst, der eine Abwendung des Konkurses durch Außenfinanzierung ermöglicht und damit im Regelfall zu einer späteren Verfahrenseröffnung führt. Ganz offensichtlich wird die Auffassung des Gesetzgebers, dass die

---

427 Vgl. *Götz*, KTS 2003, S. 16.

428 Vgl. Motive zum Entwurf der Konkursordnung, abgedruckt bei *Hahn/Mugdan*, Materialien zu den Reichs-Justizgesetzen, Band 4 (1881), S. 291 f., wonach die Feststellung der Vermögensunzulänglichkeit ohne die Mitwirkung des Schuldners oder die Zuhilfenahme „bedenklicher Fiktionen und Präsumtionen“ kaum möglich sei. Vgl. hierzu auch *Arens*, Überschuldungsprüfung (1991), S. 98; *Götz*, KTS 2003, S. 17.

429 Vgl. Motive zum Entwurf der Konkursordnung, abgedruckt bei *Hahn/Mugdan*, Materialien zu den Reichs-Justizgesetzen, Band 4 (1881), S. 291 sowie *Götz*, KTS 2003, S. 16 f.

430 Vgl. die Motive zum Entwurf der Konkursordnung, abgedruckt bei *Hahn/Mugdan*, Materialien zu den Reichs-Justizgesetzen, Band 4 (1881), S. 291 f. und hierzu *Arens*, Überschuldungsprüfung (1991), S. 99.

431 So *K. Schmidt*, JZ 1982, S. 167 f.; *Arens*, Überschuldungsprüfung (1991), S. 99.

432 Vgl. sogleich näher unter Erster Teil A. IV.4.

Überschuldung nach Liquidationswerten im Regelfall eine zu frühe Zerschlagung von Unternehmungen bedeutet, im Kontrast zur Regelung des Nachlasskonkurses (§ 215 KO): Hier wurde die liquidationswertbasierte Überschuldung als passend empfunden und als ausschließlicher Konkursgrund beibehalten, weil „die Gläubiger lediglich aus einem von der Person ihres Schuldners losgetrennten Vermögensinbegriff, dessen Schicksal abgeschlossen ist, ihre Befriedigung zu suchen" haben; bei Unzulänglichkeit des Nachlasses habe der Schuldner kein Recht mit ihm fortzuwirtschaften und ihn zum Gegenstand seiner Spekulation zu machen entsprechend der Maxime *„bona non intelliguntur nisi deducto aere alieno"*.[433] Der Gesetzgeber hielt also zum einen aufgrund des Liquidationszwecks des Nachlasskonkurses den insoweit exekutorisch verstandenen Überschuldungstatbestand noch für passend,[434] zum anderen aufgrund der nur beschränkten Erbenhaftung, die einen besonderen Schutz der Vermögensmasse zum Schutz der Gläubiger erfordere.[435]

Und auch die Aufrechterhaltung der Überschuldung als zweitem Insolvenzgrund bei Aktiengesellschaften verstand der Gesetzgeber nur als Korrelat der alleinigen Haftung des Gesellschaftsvermögens, dessen Erhalt durch die Konkursregelung abgesichert werden sollte, weil einerseits gerade der Kreditbestand auf dem Bestand des Vermögens beruhe, andererseits die Gesellschafter der Aktiengesellschaft keinen Skrupeln ausgesetzt seien, den Restbestand des Vermögens auch noch zu riskieren, so dass die Gläubiger und der übrige Rechtsverkehr im Vertrauen auf das Bestehen einer Mindesthaftungsmasse eines besonderen Schutzes bedürften, der auf die Aufrechterhaltung der Vermögensmasse zielt, bevor die Gesellschaft bereits zahlungsunfähig geworden ist.[436]

Die im Übrigen einheitliche Behandlung von Kaufleuten und Nichtkaufleuten ist darauf zurückzuführen, dass der Gesetzgeber die vorherige Differenzierung als „keine innerlich begründete", sondern als eine rein faktische Folge der Tatsache sah, dass die vorangegangenen Gesetzesvorbilder (zufällig) Spezialkodifikationen des Kaufmannsrechts gewesen seien.[437]

Der historische Gesetzgeber von 1877 verstand unter dem Konkurseröffnungsgrund der Überschuldung als Konkurseröffnungsgrund insoweit „einen *Zustand, in dem „das Vermögen der Gesellschaft nicht mehr soviel beträgt, dass dasselbe die Schulden deckt."*[438]

---

433 Motive zum Entwurf der Konkursordnung, abgedruckt bei *Hahn/Mugdan*, Materialien zu den Reichs-Justizgesetzen, Band 4 (1881), S. 291 und hierzu *K. Schmidt*, JZ 1982, S. 168; *Arens*, Überschuldungsprüfung (1991), S. 101.

434 Vgl. *Arens*, Überschuldungsprüfung (1991), S. 102 m.w.N.

435 Vgl. *K. Schmidt*, JZ 1982, S. 168; *Arens*, Überschuldungsprüfung (1991), S. 102.

436 Vgl. hierzu *Arens*, Überschuldungsprüfung (1991), S. 103; *K. Schmidt*, JZ 1982, S. 168; Motive zum Entwurf der Konkursordnung, abgedruckt bei *Hahn/Mugdan*, Materialien zu den Reichs-Justizgesetzen, Band 4 (1881), S. 291, 390.

437 Vgl. hierzu *Arens*, Überschuldungsprüfung (1991), S. 100 f.

438 Motive zum Entwurf der Konkursordnung, abgedruckt bei *Hahn/Mugdan*, Materialien zu den Reichs-Justizgesetzen, Band 4 (1881), S. 291, 390; vgl. *Höffner*, BB 1999, S. 198.

2. Bankrott

Mit In-Kraft-Treten der ***Reichskonkursordnung von 1877*** traten an die Stelle der Bankrottdelikte gem. §§ 281–283 RStGB zunächst die §§ 209–214 der KO.[439] Maßgebend für diese Veränderung waren in erster Linie generalpräventive Gesichtspunkte, deren Durchgreifen aber unter der Geltung der KO zunehmend für zweifelhaft gehalten wurde.[440]

Aufgrund der Erfahrungen der Gründerjahre wurden Verschärfungen vorgenommen; insbesondere entfiel 1877 die Beschränkung des Täterkreises, gefolgt von einer ausdrücklichen Erweiterung des tauglichen Täterkreises auf die Organe juristischer Personen im Rahmen der ***Konkursordnungsnovelle vom 17.5.1898***[441], die zugleich die §§ 209–214 KO durch die §§ 239–244 ersetzte.[442]

Der Vergehenstatbestand des *einfachen Bankrotts (§ 240 KO)* kombinierte schlicht bestimmte Bankrotthandlungen des Schuldners mit den alternativen Erfordernissen der Einstellung der Zahlung oder der Eröffnung des Konkursverfahrens, die schon damals überwiegend als bloß objektive Bedingung der Strafbarkeit verstanden wurden.[443]

Der Verbrechenstatbestand des *betrügerischen Bankrotts (§ 239 KO)* verband eine Reihe anderer Tathandlungen unter denselben Strafbarkeitsbedingungen mit dem hinzutretenden subjektiven Merkmal einer Absicht der Gläubigerbenachteiligung.[444]

In der Konkursordnung selbst trat der Überschuldungstatbestand nur zivilrechtlich in Erscheinung, da in den Tatbeständen der §§ 209–214 KO (1877) bzw. §§ 239–244 KO (1879) auf ein tatbestandliches Krisenerfordernis verzichtet wurde. Auch Zahlungseinstellung, Konkurseröffnung und Ablehnung der Konkurseröffnung mangels Masse wurden unter Geltung der KO nach herrschender Auffassung und der Rechtsprechung nur als schuldunabhängige Strafbarkeitsmerkmale außerhalb des Unrechtstatbestandes ausgelegt; eine Korrektur in Richtung eines verfassungsrechtlichen Schuldstrafrechts fand im Wege der Auslegung durch Beschränkung der Bankrotthandlungen auf wirtschaftlich gefährliche Verhaltensweisen mittels eines ungeschriebenen Merkmals der „Verschlechterung der Gläubigerposition“ statt.[445]

---

439 Vgl. § 3 II Nr. 3 EGKO, vgl. *Weber* in Jaeger, KO, 8. Aufl. (1973), Vor § 239 Rn. 1.

440 Vgl. hierzu mit Nachweisen auf die entsprechenden Gesetzesmaterialien *Hiltenkamp-Wisgalle*, Bankrottdelikte (1987), S. 39 f.; *Weber* in Jaeger, KO, 8. Aufl. (1973), Vor § 239 Rn. 1. Daher auch die Rückverlagerung in das StGB im Rahmen des 1. WiKG von 1967; dazu näher sogleich unter Erster Teil A. V.

441 RGBl. 1898, S. 657 ff.

442 Vgl. Motive zur Änderung der Konkursordnung, abgedruckt bei *Hahn/Mugdan*, Materialien zu den Reichs-Justizgesetzen, Band 7 (1898), S. 213 ff.; *Tiedemann*, Insolvenzstrafrecht, 2. Aufl. (1996), Vor § 283 Rn. 38; *Röhm*, Abhängigkeit des Insolvenzstrafrechts (2002), S. 58.

443 *RGSt 45*, S. 88, 91 f., 96; *66*, S. 268, 269; *BGHSt 1*, S. 186, 191; Sch/Sch-*Schönke*, StGB 17. Aufl. 1974, § 239 KO Rn. 9 m.w.N.; BT-Drs. 7/33441, S. 19 l. Sp., vgl. auch *Achenbach*, Schlüchter-Gds. (2002), S. 260.

444 Vgl. *Achenbach*, Schlüchter-Gds. (2002), S. 260.

445 Vgl. *Tiedemann*, Insolvenzstrafrecht, 2. Aufl. (1996), Vor § 283 Rn. 39; *ders.*, Wirtschaftsstrafrecht, Bd. I, S. 231 ff., 237; *Röhm*, Abhängigkeit des Insolvenzstrafrechts (2002), S. 59.

Mangels eigenständiger Bedeutung der Überschuldung in den Bankrotttatbeständen außerhalb der objektiven Bedingung der Strafbarkeit (und damit über die Funktion als Konkursgrund hinaus) war damit noch kein Raum für die Bildung eines eigenständigen bankrottstrafrechtlichen Überschuldungsverständnisses.

Tatbestandlich relevant war hingegen die Überschuldung im Rahmen der Insolvenzverschleppungsdelikte:

3. Insolvenzverschleppung

Wie bereits nach dem ADHGB in seiner Fassung vom 11.6.1870 wurden gem. **Art. 249c Nr. 2 *HGB vom 18. Juli 1884***[446] „die Mitglieder des Vorstandes und die Liquidatoren einer Aktiengesellschaft" bestraft, „wenn sie entgegen der Vorschrift des Artikels 240 II es unterlassen haben, die Eröffnung des Konkurses zu beantragen."[447]

§ 240 II HGB in der Fassung vom 18. Juli 1884[448] verlangte, dass „der Vorstand die Eröffnung des Konkurses" beantragt, „sobald die Zahlungsunfähigkeit der Gesellschaft eintritt; (...) dasselbe gilt, wenn aus der Jahresbilanz oder einer im Laufe des Geschäftsjahres aufgestellten Bilanz sich ergibt, daß das Vermögen nicht mehr die Schulden deckt", also bei Überschuldung.[449] Damit wurde das „Bilanzerfordernis" als Voraussetzung für eine Antragspflicht bei Überschuldung um die Variante der unterjährigen Bilanzerstellung in § 240 II HGB ergänzt, wie es bereits der Auslegungspraxis unter Geltung des ADHGB 1861 entsprach.[450] Die Anknüpfung der Konkursantragspflicht nicht schon an den Eintritt der Überschuldung, sondern an deren Ausweis in einer Bilanz sollte für Rechtsgewissheit sorgen und wurde aus diesem Grund auch in das Genossenschaftsgesetz von 1889 (§ 92) und von hier aus in das GmbHG von 1992 (§ 64 I) übernommen.[451]

Im anschließenden ***HGB vom 10. Mai 1897*** fand sich die Strafnorm der Insolvenzverschleppung inhaltsgleich in § 315 Nr. 2 HGB wieder.

---

446 Das HGB wurde durch das Aktiengesetz vom 18. Juli 1884 (RGBl. 1884, S. 123 ff.) grundlegend reformiert. Dazu im Einzelnen sogleich unter Erster Teil A. IV. 4.

447 Vgl. *Staub*, Kommentar zum ADGHB (1896), S. 628.

448 Das Bilanzerfordernis war in dem Entwurf des Aktiengesetzes 1884 noch nicht vorgesehen und wurde erst mit dem tatsächlich verabschiedeten Aktiengesetz vom 18.7.1884 (RGBl. 1884, S. 123 ff.) in § 240 II HGB eingeführt. Vgl. *Götz*, KTS 2003, S. 21.

449 Vgl. *Staub*, Kommentar zum ADGHB (1896), S. 588; *Götz* KTS 2003 S. 21, Fn. 117 f.

450 Dass bei begründetem Verdacht auf Überschuldung auch zuvor eine unterjährige Zwischenbilanz aufgestellt werden sollte, wird durch die Gesetzesbegründung zur Reform des § 240 HGB durch das Aktiengesetz 1884 nahe gelegt, (vgl. die *Motive zum Entwurf des Akteingesetztes 1884*, Stenographische Berichte der Verhandlungen des Reichstags V/4 – 1884, Anlageband 1 Nr. 21, S. 336; *Götz*, KTS 2003, S. 18 Fn. 99.)

451 Vgl. Begründung zum Entwurf des GmbHG, 1891, S. 110; Entwurf eines GenG, Stenographische Berichte über die Verhandlungen des Reichstages, 7. Legislaturperiode, IV. Sesion 1888/1889 Bd. IV, 1. Anlagenband 1889 Aktenstück Nr. 28, S. 183, 237 ff. und *K. Schmidt*, AG 1978, S. 339.

Danach waren Vorstandsmitglieder bzw. Liquidatoren strafbar, wenn sie entgegen der in § 240 II HGB geregelten Antragspflicht bei Überschuldung den Antrag auf Eröffnung des Konkursverfahrens unterließen.[452]

Wie zuvor wurde die *Überschuldung* in § 240 II HGB als Situation umschrieben, in der „das Vermögen der Gesellschaft die Schulden nicht mehr deckt.“[453]

Das Bilanzerfordernis wurde lediglich umformuliert, so dass sich die Überschuldung „bei der Aufstellung einer Jahres- oder Zwischenbilanz“ zu ergeben hatte.

Als Voraussetzung einer Konkursantragspflicht bei Überschuldung bestand das Bilanzerfordernis für die Aktiengesellschaft bis zum Aktiengesetz von 1937 fort und wurde auch im Zuge ihrer Schaffung[454] für die GmbH in § 63 S. 2 des GmbHG vom 20. April 1892 eingeführt.[455]

Im ***AktG von 1937*** wurde dann das Bilanzerfordernis gestrichen, so dass nunmehr allein das materielle Vorliegen der Überschuldung ausreichte, um die Pflicht zur Stellung des Konkursantrags zu begründen.[456]

Mit der Aufgabe des Bilanzerfordernisses war zugleich die Strafnorm der Konkursverschleppung grundlegend verändert worden. Zwar war § 297 Nr. AktG von 1937 noch mit § 315 HGB von 1897 inhaltsgleich formuliert, indem auch er den bestrafte, der „als Vorstandsmitglied vorsätzlich oder fahrlässig unterlässt, (...) bei (...) Überschuldung die Eröffnung des Konkursverfahrens oder des gerichtlichen Vergleichsverfahrens zu beantragen (§ 38 II)“.[457] Da aber durch den Verweis auf § 38 II AktG nunmehr die objektiv bestehende Überschuldungssituation und Fristablauf ausreichten, um den objektiven Tatbestand zu erfüllen, entfiel im Bereich der Fahrläs-

---

452 *§ 315 Nr. 2 HGB v 10.5.1897* lautet: „Mit (...) werden bestraft (...) 2. die Mitglieder des Vorstands oder die Liquidatoren, wenn entgegen den Vorschriften des § 240 II und § 298 II der Antrag auf Eröffnung des Konkursverfahrens unterblieben ist. Straflos bleibt der jenige, bezüglich dessen festgestellt wird, daß (...) der Eröffnungsantrag ohne sein Verschulden unterblieben ist“, abgedruckt auch bei *Otto*, Aktienstrafrecht § 401 Rn. 1; *Schmidt/Meyer-Landrut* in Großkommentar AktG Bd. I, 2. Aufl. (1961), Einleitung S. 2, 4 m.w.N. Die Vorschriften über die Aktiengesellschaft bei Überschuldung galten entsprechend für die Kommanditgesellschaft auf Aktien (KGaA), für die der Überschuldungstatbestand in der Konkursnovelle 1998 eingeführt wurde, vgl. Motive zum Handelsgesetzbuch, abgedruckt bei *Hahn/Mugdan*, Materialien zu den Reichs-Justizgesetzen, Band 6 (1897), S. 334; *Götz*, KTS 2003, S. 16 Fn. 87.

453 Vgl. *Schmidt/Meyer-Landrut* in Großkommentar AktG, 2. Aufl. (1961), § 83 Einleitung.

454 Vgl. *Götz*, KTS 2003, S. 16 Fn. 87; Wilhelm, Kapitalgesellschaftsrecht, Rn. 22.

455 Vgl. die *Motive zum GmbHG 1892*, Stenographische Berichte zu den Verhandlungen des Reichstags VIII/1 – 1890/92, Anlageband 5, Nr. 660, S. 3756; *Götz*, KTS 2003, S. 22.

456 In dem erstmals verselbständigten AktG von 1937 war nach dem insoweit mit § 240 II HGB von 1897 wortgleichen § 38 II AktG Überschuldung gegeben, „(...) wenn das Vermögen der Gesellschaft die Schulden nicht mehr deckt“. Allerdings verzichtete das AktG in § 38 II auf das Bilanzerfordernis als Auslöser der Antragspflicht. Bereits bei bloßem Vorliegen materieller Überschuldung hat der Vorstand die Eröffnung des Konkursverfahrens oder des gerichtlichen Vergleichsverfahrens zu beantragen. (Das Gesetz über Aktiengesellschaften und Kommanditgesellschaften auf Aktien (Aktiengesetz) vom 30. Januar 1937 (RGBl. I S. 107, berichtigt S. 588) in Kraft seit 1.10.1937, vgl. *Schmidt/Meyer-Landrut* in Großkommentar, AktG Bd. I, 2. Aufl. (1961) Einleitung S. 2, 4 und § 83 Anm. 10; *Klug* in Großkommentar AktG, 2. Aufl. (1961), § 297 Anm. 8; *Wilhelm*, Kapitalgesellschaftsrecht (1998), Rn. 31).

457 Abgedruckt auch bei *Otto*, Aktienstrafrecht, 4. Aufl. (1997), § 401 Rn. 1.

sigkeitsstrafbarkeit ein wegen seines subjektiven Einschlags einschränkend wirkendes Element. Durch die Aufgabe des Bilanzerfordernisses trat mit AktG von 1937 eine Strafschärfung ein.

Die aktienrechtliche Normierung der Insolvenzverschleppung im Überschuldungsfall hat sich seit dem Aktiengesetz von 1937[458] nicht relevant verändert. Der im Wesentlichen dem früheren § 297 AktG 1937 entsprechende § 401 AktG beruhte in der bis 1999 geltenden Fassung auf dem EGStGB v. 2.3.1974.[459] Mit Wirkung vom 1.1.1999 ist der Wortlaut des § 401 Abs. 1 Nr. 2 AktG an den Sprachgebrauch der Insolvenzordnung angepasst worden.[460]

Auch die Überschuldung wurde seit dem AktG von 1937 bis zum In-Kraft-Treten der Insolvenzordnung am 1.1.1999 wortidentisch normiert. Nach § 92 II S. 2 in seiner letzten Fassung vor dem 1.1.1999 lag Überschuldung vor, „wenn das Vermögen der Gesellschaft nicht mehr die Schulden deckt" (§ 92 II 2 AktG).[461]

Bei der ***GmbH*** wurde der Gesetzeswortlaut dem AktG von 1937 in der Folgezeit allerdings nicht angeglichen und erst im Rahmen des 2. WiKG[462] mit Wirkung ab dem 1.8.1986 das Bilanzerfordernis aus dem Gesetzestext gestrichen.[463]

Dadurch entstand zwischen 1937 und 1986 eine Diskrepanz hinsichtlich der Konkursantragspflicht von Aktiengesellschaft und GmbH, der Meinungsverschiedenheiten in Rechtsprechung und Literatur bei der Frage folgten, was Auslöser der strafrechtlich flankierten Antragspflicht nach § 64 I S. 1 HS 1 GmbHG von 1930/31 sein sollte. Umstritten war, ob für die Antragspflicht bei *Überschuldung* wortlautgemäß erforderlich ist, dass diese sich „bei der Aufstellung der Jahresbilanz oder einer Zwischenbilanz ergibt", oder ob es für die Antragspflicht ausreicht, dass (materielle) Überschuldung eingetreten war, während die Frage ihrer Feststellung oder Erkennbarkeit, sei es aus der Jahresbilanz oder aus einem speziellen Überschuldungsstatus, der *Verschuldensprüfung* im Rahmen der Haftungssanktion wegen Konkursverschleppung vorbehalten blieb.

---

458 Das Aktiengesetz von 1937 wurde durch das Aktiengesetz von 1965 abgelöst, ohne für die hier interessierende Frage der Überschuldung und deren strafrechtliches Begriffsverständnis.

459 BGBl I, S. 469, 590.

460 Einführungsgesetz zur Insolvenzordnung v. 5.10.1994, Art. 47 Nr. 22 (BGBl I, S. 2911, 2931), vgl. *Otto*, Aktienstrafrecht, 4. Aufl. (1997), § 401 Rn. 1.

461 Nach Auffassung der Rechtsprechung war dies zu dieser Zeit der Fall, wenn „die Passiva die Aktiva überwiegen" (*BGH*, wistra 1987, S. 28, NJW 1987, S. 2433).

462 Zweites Gesetz zur Bekämpfung der Wirtschaftskriminalität vom 15.5.1986 (2.WiKG) in Kraft ab 1.8.1986 (BGBl. 721 ff.).

463 *§ 64 I 1 GmbHG von 1930/1931* lautete dementsprechend bis zu seiner Änderung durch das 2. WiKG mit Wirkung ab dem 1.8.1986: „ I. [1]Wird die Gesellschaft zahlungsunfähig, so haben die Geschäftsführer ohne schuldhaftes Zögern, spätestens aber drei Wochen nach Eintritt der Zahlungsunfähigkeit, die Eröffnung des Konkursverfahrens oder die Eröffnung des gerichtlichen Vergleichsverfahrens zu beantragen; entsprechendes gilt, wenn sich *bei der Aufstellung der Jahresbilanz oder einer Zwischenbilanz ergibt*, daß das Vermögen nicht mehr die Schulden deckt. [2]Eine schuldhafte Verzögerung des Antrags liegt nicht vor, wenn die Geschäftsführer die Eröffnung des gerichtlichen Vergleichsverfahrens mit der Sorgfalt eines ordentlichen Geschäftsmanns betreiben. (...)", Reichsgesetz v. 25.3.1930 (RGBl. I S. 93) und VO des Reichspräsidenten v. 6.8.1931 (RGBl. I. S. 433); nachzulesen auch bei *Ulmer* in Hachenburg GmbHG, 7. Aufl. (1984), § 64 Rn. 5.

Die vertretenen Auffassungen gingen unterschiedlich weit bei dem Versuch, die Regelungen in der GmbH den aktienrechtlichen Neuerungen von 1937 anzugleichen.[464] In der Anpassung der GmbH-rechtlichen Antragspflicht bei Überschuldung an das AktG war vor allem zu Anfang der Entwicklung die Rechtsprechung zurückhaltender und sah sich eher durch den Wortlaut des Gesetzes in seiner Auslegung begrenzt, als die bis zuletzt zunehmende Tendenz in der Literatur.

So wurde an dem Erfordernis einer Bilanz in der Rechtsprechung zum ***Straftatbestand*** der Konkursverschleppung nach § 84 I Nr. 2, II GmbHG bis zuletzt festgehalten.[465]

Allerdings hat auch die Rechtsprechung im Laufe der Zeit immer geringere Anforderungen an die Bilanz gestellt, aus der sich die Überschuldung ergeben sollte. So sollte es nicht auf eine Jahresbilanz oder eine nach deren Grundsätzen aufgestellte Zwischenbilanz ankommen; vielmehr sollte bereits ein Zettel mit schätzungsweise gegriffenen Zahlen[466] bzw. eine schriftliche Gegenüberstellung von Aktiva und Passiva ausreichen.[467]

Dennoch: Aus dem wenn auch rudimentären Erfordernis einer Bilanz folgte, dass eine Strafbarkeit auch entfiel, wenn die Bilanzerstellung vorsätzlich oder fahrlässig unterlassen wurde.[468]

Die Gegenansicht argumentierte gegen das Bilanzerfordernis *a fortiori*, wenn schon die schuldhafte Antragsunterlassung beim Vorliegen einer schriftlichen Bilanz strafbar sei, dann erst recht die noch strafwürdigere schuldhafte Antragsunterlassung, zu der noch das schuldhafte Versäumen der schriftlichen Bilanzierung hinzukomme. Auch dürfe die Strafbarkeit nicht von einem Zufallsmoment des Vorhandenseins eines Zettels abhängig gemacht werden.[469]

In der ***zivilrechtlichen Auslegung*** von § 64 I GmbHG herrschte zuletzt in der Literatur eine deutliche Tendenz vor, auf das Bilanzerfordernis ganz zu verzichten und die Antragspflicht schon bei Eintritt der Überschuldung zu bejahen.[470] Dieser Tendenz schloss sich auch die Rechtsprechung mehr und mehr an.[471] Gegen das Bilanzerfordernis wurde der Vergleich zu den neueren Vorschriften der §§ (92 II AktG), 99 I

---

464 Vgl. zum Meinungsstand *Kohlmann* in Hachenburg, GmbHG, 7. Aufl. (1984), § 84 Rn. 50 ff.
465 RGSt 8, S. 424; RG GA 54, S. 417; RG GA 61, S. 347; *RGSt* 44, S. 48, 50; *BGH*, BB 1958, 891; *OLG Stuttgart*, NJW 1971, 1144; *BayObLG*, GmbHR 1982, 273; *OLG Düsseldorf*, BB 1983, 229; vgl. *Ulmer* in Hachenburg, GmbHG 7. Aufl. (1984), § 64 Rn. 17.
466 So RGSt 44, S. 48, 50.
467 So *BayObLG*, GmbH-Rdsch 1982, S. 273; vgl. *Ulmer* in Hachenburg, GmbHG, 7. Aufl. (1984), § 64 Rn. 17 und 8. Aufl. (1997), § 64 Rn. 18; *Kohlmann* in Hachenburg, GmbHG, 7. Aufl. (1984), § 84 Rn. 50.
468 *BGH*, NStZ 1981, S. 353; *BayObLG*, ZIP 1982, S. 444, *Tiedemann*, ZIP 1982, S. 653; *ders.* in Scholz, GmbHG, 8. Aufl. (1995), § 84 Rn. 26 ff., 28, vgl. *Kohlmann* in Hachenburg, 7. Aufl. (1984), § 84 Rn. 51.
469 *Kohlmann* in Hachenburg, GmbHG, 7. Aufl. (1984), § 84 Rn. 52.
470 *Ulmer* in Hachenburg, GmbHG, 7. Aufl. (1984), § 64 Rn. 18, *ders.*, KTS 1981, S. 482, *Schmidt* in Scholz, GmbHG, 8. Aufl. (1995), 12 ff.; *Fleck*, GmbHR 1974, S. 230; *Gurke*, DB 1982, S. 1857; *Kohlmann* in Hachenburg, GmbHG, 7. Aufl. (1984), § 84 Rn. 52.
471 *OLG Düsseldorf*, BB 1974, 712, 713; anders noch *BGH*, WM 1962, S. 764, vgl. *Ulmer* in Hachenburg, GmbHG, 7. Aufl. (1984), § 64 Rn. 17.

GenG, 130a I HGB ins Feld geführt und der Wortlaut des § 64 I 1 HS 2 GmbHG für überholt erklärt.[472] In sachlicher Hinsicht wurde gegen das Bilanzerfordernis eingewendet, es bedeute eine Vermengung von objektiven und subjektiven, pflichtauslösenden Tatbestandsmerkmalen, und ermögliche dem Geschäftsführer, sich durch ein Absehen von der Bilanzerstellung der Haftung zu entziehen.[473]

Insbesondere aber war die Anpassung an die aktienrechtlichen Regelungen vor dem Hintergrund, dass die Differenzen nur auf den unterschiedlichen Entstehungszeitpunkten von GmbHG und AktG beruhten, sie also nur Relikt eines ursprünglich vom Gesetzgeber gewollten Gleichlaufs der Insolvenzantragspflicht bei GmbH und AG waren, nur eine Frage der Zeit. So wurde dann auch die Diskussion mit Einführung des 2. WiKG beendet.[474]

Durch Art. 8 Nr. 4 des 2. WiKG wurde mit Wirkung ab 1.8.1986 § 64 I 1 GmbHG geändert und S. 2 eingefügt und damit in Übereinstimmung mit der zuletzt herrschenden Meinung in der Zivilrechtsprechung und -literatur unter Geltung der alten Regelung auf das Bilanzerfordernis zur Feststellung der Überschuldung verzichtet.[475]

Durch die Neuregelung des § 64 I GmbHG hing auch die Verwirklichung des objektiven Tatbestandes nach § 84 I Nr. 2 GmbHG nicht mehr von der Aufstellung einer Bilanz ab, so dass allein die materielle Überschuldung maßgebend wurde.[476]

Ebenfalls gesetzlich nicht erforderlich war für die Überschuldung, dass sie sich bei Erstellung einer Bilanz ergebe, bei den bereits durch das 1. WiKG 1976 eingeführten § 130a, 177a HGB.

Warum aber das Bilanzerfordernis zunächst eingeführt und anschließend wieder aufgegeben wurde, kann nur durch den Zusammenhang von Handelsbilanz und Überschuldungsbilanz in ihrer geschichtlichen Entwicklung erklärt werden, welcher zugleich Erkenntnisse über die vermeintliche Kompatibilität von Handels- und Überschuldungsbilanz vermittelt, wie sie in der strafrechtlichen Diskussion um den Überschuldungstatbestand als „Primat der Buchwerte“ postuliert wird.[477] Dies betrifft die Frage der Überschuldungsmessung an sich.

Eine über die Frage des Bilanzerfordernisses hinausgehende Diskussion, ob der Überschuldungstatbestand des Zivilrechts den rechtsstaatlichen Anforderungen an einen Straftatbestand genüge oder insoweit Abweichungen möglich und geboten seien, kam in zunehmendem Maße auch für die Insolvenzverschleppungsdelikte erst mit zunehmender Dynamisierung der betriebswirtschaftlichen Methoden zur Überschuldungsfeststellung auf.[478]

---

472 *Ulmer* in Hachenburg, GmbHG, 7. Aufl. (1984), § 64 Rn. 18 m.w.N.
473 *Ulmer* in Hachenburg, GmbHG, 7. Aufl. (1984), § 64 Rn. 18 m.w.N.
474 Anstatt wie ursprünglich geplant bereits im Rahmen der GmbH-Novelle von 1980, vgl. § 72 II RegE GmbHG 1971, vgl. *Ulmer* in Hachenburg, GmbHG, 7. Aufl. (1984), § 64 Rn. 6.
475 *Schulze-Osterloh* in Baumbach/Hueck, GmbHG, 16. Aufl. (1996), § 64 Rn. 1.
476 Vgl. auch *Schulze-Osterloh* in Baumbach/Hueck, GmbHG, 16. Aufl. (1996), § 84 Rn. 22.
477 Zum Primat der Buchwerte vor allem *Reck* ZInsO 1999, S. 195, *ders.*, GmbHR 1999, S. 273 f.; *ders.*, Insolvenzstraftaten (1999) Rn. 145; dazu ausführlich sogleich unter Erster Teil VI. 1. c) bb) (2) cc).
478 Vgl. einerseits *Klug* in Großkommentar AktG, 3. Aufl. (1975), § 401 Anm. 6; *ders.* in Hachenburg, GmbHG, 6. Aufl. (1959), § 84 Rn. 50 ff.; *Hueck* in Baumbach/Hueck, AktG, 13. Aufl. (1968)

4. Überschuldungsmessung

Die Genese des Überschuldungstatbestandes unter der Konkursordnung lässt sich in zwei Phasen einteilen:

Die erste Phase betrifft die Überschuldungsmessung unter Rückgriff auf die Rechnungslegungsvorschriften der Jahresbilanz.

Die zweite Phase zeichnet sich durch eine Abkehr von der Handelsbilanz und der Entwicklung eigener Ansatz- und Bewertungsvorschriften aus,[479] die im Anschluss an eine rein liquidationswertorientierte Betrachtung[480] zunehmend die Zukunftsaussichten des schuldnerischen Unternehmens berücksichtigte.

a) *Rückgriff auf die Bilanzierungsvorschriften aus der Handelsbilanz*

Der Zivilgesetzgeber von 1877 dachte wie zuvor „bilanztheoretisch“[481] und übernahm das Konzept der Überschuldungsmessung über die liquidationswertorientierte Handelsbilanz, sofern die jeweiligen Rechtsformen der handelsrechtlichen Rechnungslegungspflicht unterlagen.[482] Dies ging zwar nicht aus dem Gesetzeswortlaut[483] hervor, die diesbezügliche Gesetzesbegründung ist jedoch eindeutig:

Die Anbindung an die Handelsbilanz sollte zum einen die Messprobleme im Rahmen der Vermögensbewertung verhindern,[484] zum anderen erachtete es der Gesetzgeber ausdrücklich als vorteilhaft, dass aufgrund der handelsrechtlichen Publizitätspflicht auch die Aktionäre und die Gläubiger den Eröffnungstatbestand erkennen konnten.[485]

Wie bereits nach der PrKO 1855 und dem ADHGB 1861 war somit nach Auffassung des damaligen Gesetzgebers die Gesellschaft unmittelbar überschuldet, wenn in der handelsrechtlichen Jahresbilanz negatives Eigenkapital ausgewiesen wird.[486]

---

vgl. auch noch *Kohlmann* in Hachenburg, GmbHG, 7. Aufl. (1984), § 84 Rn. 50 ff.; andererseits *Tiedemann*, NJW 1979, S. 254, 255; *ders.*, Schröder-Gds. (1978), S. 300 ff., *ders.*, JZ 1980, S. 206 f.; *ders.*, GmbH-Strafrecht, 3. Aufl. (1995), § 84 Rn. 22; *ders.*, FS Dünnebier (1982) S. 537; *Schlüchter*, MDR 78, S. 255; *dies.* wistra 1984, S. 41 ff.; *Schulze-Osterloh* in Baumbach/Hueck, GmbHG, 14. Aufl. (1985), § 84 Rn. 22; *Franzheim*, NJW 1980, S. 2501; *Müller*/Wabnitz, Wirtschaftskriminalität (1982), S. 64; allerdings auch bereits *Hirsch* in FS-Hueck (1959), S. 307, 311.

479 Vgl. *Götz*, KTS 2003, S. 17.

480 Hierzu eingehend *Arens*, Überschuldungsprüfung (1991), S. 103 ff.

481 *Pribilla* KTS 1958, Teil 1, S. 1; Teil 2, S. 17, 4; vgl. *Höffner*, BB 1999, S. 198.

482 Vgl. *K. Schmidt*, AG 1978, S. 334, 338; *Götz*, KTS 2003, S. 38; *Höffner*, BB 1999, S. 198.

483 *§ 193 S. 1 KO 1877* lautete „Über das Vermögen einer Aktiengesellschaft findet das Konkursverfahren außer dem Falle der Zahlungsunfähigkeit in dem Fall der Überschuldung statt.“

484 Vgl. die Motive zum Entwurf der Konkursordnung, abgedruckt bei *Hahn/Mugdan*, Materialien zu den Reichs-Justizgesetzen, Band 4 (1881), S. 390.

485 „Die Schwierigkeiten, mit denen Gläubiger sonst zu kämpfen haben, um eine Überschuldung ihres Schuldners nachzuweisen, werden durch Veröffentlichung der Bilanzen zufolge Art. 239, 239a des Handelsgesetzbuchs behoben“, vgl. die Motive zum Entwurf der Konkursordnung, abgedruckt bei *Hahn/Mugdan*, Materialien zu den Reichs-Justizgesetzen, Band 4 (1881), S. 390; auch *Götz*, KTS 2003, S. 18 Fn. 100.

486 Vgl. *Götz*, KTS 2003, S. 18; *Höffner*, BB 1999, S. 198.

Die liquidationswertorientiert ausgelegte allgemeine Bewertungsnorm des Art. 31 ADHGB galt noch immer, so dass bei Aufstellen von Handels- und Überschuldungsbilanz nach wie vor eine Einzelbewertung der Vermögensgegenstände mit dem *beizulegenden Wert* im Sinne des Betrags vorzunehmen war, der im gewöhnlichen Geschäftsverkehr, d.h. ohne Zeitdruck, durch eine Einzelveräußerung des Vermögensgegenstands erzielt werden kann, mit dem Liquidationswert.[487]

Die Kompatibilität von Handels- und Überschuldungsbilanz folgte aus der weiterhin vorherrschenden Vorstellung, dass „wirkliche" bzw. „wahre" Werte in der Handelsbilanz anzusetzen seien.[488]

Die Vorstellung vom „wahren" Wert in der Handelsbilanz war zugleich der Grund dafür, dass das heute herrschende Anschaffungs- und Herstellungskostenprinzip[489] keinen Eingang in das ADHGB 1861 gefunden hatte und dementsprechend auch in den Anfangsjahren der Konkursordnung noch keine Rolle spielte, obwohl es bereits ursprünglich im Allgemeinen Preußischen Landrecht 1794 kodifiziert war[490] und auch im Ersten Preußischen Entwurf des ADHGB (1856)[491] eine diskutierte Alternative darstellte.[492]

Denn allgemeiner Konsens war bei den Beratungen zum ADHGB, dass ein wahrer Wert in keinem Zusammenhang mit dem Anschaffungswertprinzip stehe.[493] Die Forderung, „dass die Waren zu dem wirklichen Wertpreise, welchen dieselben zur Zeit der Aufstellung der Bilanz haben, bewertet werden sollten",[494] wurde als ablehnendes Argument dem Vorschlag einer Bewertung anhand der Anschaffungskosten – trotz Billigung der Abschreibungsregelung bei Forderungen und abnutzbaren Gegenständen – entgegengesetzt.[495]

---

487 Vgl. nochmals *Arens*, Überschuldungsprüfung (1991), S. 105 ff.; *Götz*, KTS 2003, S. 18 f. und Fn. 104 m.w.N.

488 Vgl. *Barth*, Bilanzrecht (1953), S. 130 f.; *Götz*, KTS 2003, S. 19.

489 Das *Anschaffungs- und Herstellungskostenprinzip* besagt, dass Betriebsgegenstände (Gegensatz: Veräußerungsgegenstände), die zur dauernden Nutzung im Betrieb bestimmt sind (Anlagevermögen, § 247 II HGB), in der Handelsbilanz mit den historischen Anschaffungskosten (Erwerbspreis) bzw. den Kosten ihrer betriebseigenen Herstellung zu bewerten sind, wobei Wertabschläge im Wege planmäßiger Abschreibungen bei abnutzbaren Gütern sowie außerplanmäßige Abschreibungen bei den nicht vorhersehbaren Wertminderungen vorzunehmen sind. Als Spiegel der individuellen Wertschätzung des Bilanzierenden werden sie als bestmögliches Substitut für den individuellen Betriebswert erachtet. Vgl. hierzu ausführlich *Coenenberg*, Jahresabschluss und Jahresabschlussanalyse, 17. Aufl. (2000), S. 1085, 1089. Entsprechend dem *Niederstwertprinzip* sind Veräußerungswerte nur dann anzusetzen, wenn diese unter den Anschaffungs- und Herstellungskosten liegen.

490 § 644 APrLR 1794 galt das Anschaffungskostenprinzip, sofern die Gesellschafter keine gesonderte Vereinbarung trafren; vgl. *Götz*, KTS 2003, S. 19 Fn. 105; *Barth*, Bilanzrecht (1953), S. 130. Eine Bewertung zu Herstellungskosten verlangte auch das Eisenbahngesetz vom 3.11.1838, vgl. *Barth*, Bilanzrecht (1953), S. 146.

491 § 33 des Entwurfs eines Handelsgesetzbuchs für die preußischen Staaten (1856).

492 Vgl. *Barth*, Bilanzrecht (1953), S. 130 f.; *Götz*, KTS 2003, S. 19.

493 Vgl. *Barth*, Bilanzrecht (1953), S. 131.

494 Vgl. *Passow*, Die Bilanzen der privaten und öffentlichen Unternehmungen, Bd. I, S. 8.

495 Vgl. *Barth*, Bilanzrecht (1953), S. 131.

Mit der Absage an das Anschaffungskostenprinzip, das zu einer abweichenden Bewertung gegenüber dem am Stichtag realisierbaren Wert des Vermögensgegenstandes hätte führen können, realisierte sich der maßgebliche Grund für die Entwicklung einer eigenständigen Überschuldungsbilanz daher zunächst noch nicht.[496]

Vielmehr bedingte die durch den handelsbilanziellen Ansatz von „wahren Werten“ erreichte Kompatibilität von Handels- und Überschuldungsbilanz, dass kein Bedürfnis für eine eigenen Regeln folgende Überschuldungsbilanz bestand.

Eindrucksvoll belegt wird die Nähe zwischen Handels- und Überschuldungsbilanz durch die zu Art. 31 ADHGB 1861 erschienene Kommentarliteratur. In Auslegung der Entscheidung des ROHG wurde in der Handelsbilanz der „allgemeine Verkehrswert“[497] – auch bezeichnet als „objektiver Verkaufswert“[498] und „gemeiner Wert“[499], „objektiver Tauschwert“[500] oder „Zeitwert“[501] – für maßgeblich erachtet im Sinne des „Tauschwertes“ der „präsumtiv für das betreffende Vermögensstück erlangt werden kann, (folglich) der Realisierungswert“, was sich „aus der Natur der Bilanz als eines das Verhältnis des Vermögens und der Schulden darstellenden Abschlusses“ darstelle; denn „lediglich der Realisierungswert“ sei „zur Schuldentilgung (!) geeignet.“[502]

Dem allgemeinen Verständnis zufolge war damit das Vermögen bereits in der Handelsbilanz als aktuelles und direktes Schuldendeckungspotential[503] auszuweisen, so dass sich die Handelsbilanz auch zur Überschuldungsfeststellung eignete.

b) *Abkehr von der Handelsbilanz – Entwicklung überschuldungsspezifischer Bilanzregelungen*

Die Abkehr von der Überschuldungsermittlung anhand von handelsbilanziellen Bewertungsvorschriften wurde durch zwei einschneidende Maßnahmen eingeläutet:

Zum einen durch die Einführung des Anschaffungskostenprinzips in der Handelsbilanz und damit der Absage an eine liquidationswertorientierte Rechnungslegung, zum anderen durch die Einführung des Maßgeblichkeitsprinzips zwischen Handels- und Steuerbilanz.[504]

---

496 Näher dazu sogleich unter Erster Teil A. IV. 4. b).
497 ROHG 12, S. 15, 17,19.
498 ROHG 12, S. 40.
499 ROHG 12, S. 40.
500 Vgl. *Barth*, Bilanzrecht (1953), S. 144 f.
501 Vgl. *Barth*, Bilanzrecht (1953), S. 144 f.
502 So *Simon*, Bilanzen der AG und KGaA, 1. Aufl. (1886), S. 150; vgl. *Barth*, Bilanzrecht (1953), S. 144.
503 Der Begriff des Schuldendeckungspotentials wird uneinheitlich gebraucht, teils als Synonym für eine liquidationswertorientierte Betrachtung (z.B. *Tiedemann*, Insolvenzstrafrecht, 2. Aufl. (1996), Vor § 283 StGB, Rn. 154), teils wertneutral. Um Missverständnisse zu vermeiden, wird im Folgenden das Schuldendeckungspotential im Sinne einer Betrachtung zu Liquidationswerten als *aktuelles/direktes Schuldendeckungspotential* bezeichnet. Da das *Potential* begrifflich auch den aus dem Vermögenseinsatz erzielbaren Mehrgewinn umfasst, ist mit der Verwendung nur des Begriffs des Schuldendeckungspotentials hingegen keine Entscheidung für einen Wertansatz verbunden.
504 Vgl. *Götz*, KTS 2003, S. 18 ff., 28 f.

aa) Das Anschaffungskostenprinzip – Gründe der Einführung und Auswirkungen auf den Überschuldungstatbestand

Die handelsbilanzielle Bewertung zum beizulegenden Wert sah sich zunehmender Kritik in der Literatur ausgesetzt. Bereits 1875 machte *Kießner* auf die Schwierigkeiten bei der Ermittlung des Zeitwertes von Gegenständen des Anlagevermögens aufmerksam,[505] die mitverantwortlich dafür waren, dass mit dem ***Aktiengesetz vom 18.7.1884***[506] das Anschaffungswertprinzip für die Aktiengesellschaft eingeführt wurde. So wurde die Abkehr vom beizulegenden Wert unter anderem damit begründet, dass die Einzelveräußerungserlöse von Vermögensgegenständen im Anlagevermögen teilweise nur willkürlich zu ermitteln seien.[507]

Hauptgrund für die Einführung des Anschaffungskostenprinzips aber war, die Ausschüttung noch nicht realisierter Gewinne zu unterbinden, wie es in den Gründerjahren bei Steigen der Preise für Anlagegüter vielfach Praxis der Aktiengesellschaften war.[508] Denn unter dem Primat einer Bewertung zum beizulegenden Wert war der Geldwerdungsprozess innerhalb eines Unternehmens für die bilanzielle Bewertung irrelevant und damit eine Ausschüttung noch nicht realisierter Gewinne möglich.[509]

Zudem sollte der Missstand beseitigt werden, dass allein durch den vorübergehend gesunkenen Veräußerungswert von Anlagegütern das Eigenkapital einer Aktiengesellschaft vollständig aufgezehrt sein konnte, auch wenn die Entwertung für den Geldwerdungsprozess innerhalb des Unternehmens irrelevant war und damit keinen Einfluss auf die Ertragslage besaß.[510]

Infolgedessen wurde für die Aktiengesellschaft das Anschaffungskostenprinzip für die Bewertung von Anlagevermögen und Umlaufvermögen in der Handelsbilanz in Abweichung zu den übrigen Rechtsformen eingeführt.[511] Für letztere galt die allgemeine Bewertungsnorm des Art. 31 ADHGB 1861/1870[512] zum beizulegenden Wert fort.[513] Die Beschränkung auf die Rechtsform der Aktiengesellschaft resultierte daraus, dass der Gesetzgeber von 1884 die neue Regelung als Korrelat der auf das Gesellschaftsvermögen beschränkten Haftung sah, indem er aus Gläubigerschutz-

---

505 Vgl. *Barth*, Bilanzrecht (1953), S. 147.
506 RGBl. 1884, S., 123 ff.
507 Vgl. hierzu die *Motive* zum Entwurf des Aktiengesetzes 1884, Stenographische Berichte der Verhandlungen des Reichstages V/4, Anlageband I, Nr. 21, S. 304; *Götz*, KTS 2003, S. 21; *ders.*, Überschuldung und Handelsbilanz (2004), S. 52.
508 Obwohl das Problem der Ausschüttung unrealisierter Gewinne bereits 1856 bekannt war (vgl. die Diskussion um den ersten preußischen Entwurf zum ADHGB, hierzu *Barth*, Bilanzrecht (1953), S. 131), ließen erst die späteren Erfahrungen der Gründerjahre den Gesetzgeber reagieren (vgl. *Barth*, Bilanzrecht (1953), S. 156; auch *Götz*, KTS 2003, S. 20)
509 Vgl. *Götz*, KTS 2003, S. 20, *Barth*, Bilanzrecht (1953), S. 156 f.
510 Vgl. *Barth*, Bilanzrecht (1953), S. 157.
511 Vgl. *Götz*, KTS 2003, S. 20.
512 Gesetz des Norddeutschen Bundes vom 11.6.1870 wurde das ADHGB in Teilen novelliert; die Bewertungsnorm des Art. 31 ADHGB blieb unverändert. Zum Gesetz von 1870, vgl. die tabellarische Übersicht unter *Anhang*.
513 Vgl. *Barth*, Bilanzrecht (1953), S. 157; *Götz*, KTS 2003, S. 20.

gründen die Gefährdung des „Haftungsobjekts“ durch die Ausschüttung unrealisierter Gewinne verhindern wollte.[514]

Mit der Einführung des Anschaffungskostenprinzips wurde eine grundsätzliche Neuorientierung bei der Überschuldungsermittlung eingeläutet, auch wenn die tatsächlichen Auswirkungen erst später realisiert wurden. Die grundsätzliche Problematik, die mit der Anbindung der Überschuldungsmessung an eine auf dem Anschaffungskostenprinzip basierende Handelsbilanz verbunden ist, blieb zunächst unerkannt.[515]

Mit Schaffung der Rechtsform der GmbH durch das ***GmbH-Gesetz vom 20.4.1892***[516] wurde der Überschuldungstatbestand auch für diese eingeführt. Dabei erfolgte im Gesetzeswortlaut des § 63 S. 2 GmbHG eine Anbindung an die Handelsbilanz,[517] obwohl die GmbH damals noch von der Publizitätspflicht ihrer Handelsbilanzen befreit war.[518] Die für die Aktiengesellschaft geführte Begründung zur Einführung eines handelsbilanziell angebundenen Überschuldungsbegriff, die Erkennbarkeit des Überschuldungseintritts für die Gläubiger zu garantieren,[519] konnte daher für die GmbH nicht greifen. Der eigentliche Grund für die Einführung des Überschuldungstatbestandes auch für die GmbH konnte daher nur die beschränkte Haftungsverfassung sein, die die GmbH mit der Aktiengesellschaft gemein hat und daher bei Vermögensinsuffizienz eine unmittelbare Gefahr für die aktuellen und potentiellen Gläubigeransprüche darstellt. Im Übrigen unterlag die GmbH aufgrund ihrer personalen Struktur und dem regelmäßig kleineren Geschäftsumfang eigenen, von den aktienrechtlichen Regelungen auch verschiedenen Regelungen. So war das Anschaffungskostenprinzip bei der GmbH in den für sie speziell geltenden Rechnungs-

---

514 Vgl. *Barth*, Bilanzrecht (1953), S. 157; Die Aktiengesellschaft stand hinsichtlich der bilanziellen Änderung im Blickpunkt des Interesses, weil hier – die GmbH existierte noch nicht als Rechtsform – durch die Haftungsbeschränkung auf das Gesellschaftsvermögen im Gegensatz zu den Personengesellschaften eine stärkere Gefährdung der Gläubigerinteressen durch verdeckte Gewinnausschüttungen gesehen wurde. Bereits in den Beratungen zum ersten Entwurf zum ADHGB von 1856 finden sich wie in den Beratungen zur Novelle des Aktiengesetzes von 1884 Hinweise dahingehend, dass der Gesetzgeber bei den Personalgesellschaften an der Berechnung der jährlichen Gewinnanteile und damit an Bilanzgesellschaften nicht so lebhaft interessiert war, wie etwa bei den Aktiengesellschaften, wo die ausgezahlten Gewinnanteile dem Zugriff der Gläubiger entzogen seien (*Barth*, Bilanzrecht (1953), S. 131).

515 Einerseits erfuhr die Konkursordnung keine Änderung der maßgeblichen Überschuldungsmessungsvorschriften, andererseits wurde im Gesetzeswortlaut des § 240 KO – entgegen seinem ursprünglichen Entwurf (!) – die Anbindung der Überschuldungsmessung an die Handelsbilanz verankert, vgl. zum Wortlaut des § 240 S. 2 HGB 1884 bereits oben unter Erster Teil A. IV. 3., sowie *Barth*, Bilanzrecht (1953), S. 157 f.; *Götz*, KTS 2003, S. 21, *ders.*, Überschuldung und Handelsbilanz (2004), S. 55.

516 RGBl. 1892, S. 477 ff.

517 Vgl. auch die Motive zum GmbHG, Stenographische Berichte zu den Verhandlungen des Reichstags VIII/1 – 1890/1892, Anlageband 5, Nr. 660, S. 3756.

518 Vgl. *Götz*, KTS 2003, S. 22.

519 „Die Schwierigkeiten, mit denen Gläubiger sonst zu kämpfen haben, um eine Überschuldung ihres Schuldners nachzuweisen, werden durch Veröffentlichung der Bilanzen zufolge Art. 239, 239a des Handelsgesetzbuchs behoben“, vgl. Motive zum Entwurf der Konkursordnung, abgedruckt bei *Hahn/Mugdan*, Materialien zu den Reichs-Justizgesetzen, Band 4 (1881), S. 390; auch *Götz*, KTS 2003, S. 18 Fn. 100, S. 22.

legungsvorschriften allein für die Bewertung des Umlaufvermögens – ebenfalls zum Schutz vor Ausschüttung unrealisierter Gewinne – als Höchstbewertungsgrenze vorgeschrieben; für das Anlagevermögen galt auch bei der GmbH die Bewertung zum beizulegenden Wert nach § 31 ADHGB 1861.[520]

Die Inkompatibilität von Anschaffungswert und dem „wahren Wert", der zur Ermittlung des Vermögens als Schuldendeckungspotential für die Überschuldungsfeststellung weiterhin für maßgeblich erachtet wurde, trat somit bei der Aktiengesellschaft am stärksten in Erscheinung, die zunächst vereinzelt das Schrifttum dazu veranlasste, entgegen dem ausdrücklichen Gesetzeswortlaut des ADHGB 1861/1870 und entgegen der Gesetzesbegründung zur Konkursordnung eigenständige Ansatz- und Bewertungsvorschriften für den Überschuldungstatbestand zu fordern.[521]

Als dann auch der Gesetzgeber im Rahmen der grundlegenden ***Reform des Handelsgesetzbuchs vom 10.5.1897***[522] explizit die Auffassung vertrat, dass die speziell für Aktiengesellschaften geltenden Ansatz- und Bewertungsvorschriften der Handelsbilanz nicht für die Überschuldungsmessung herangezogen werden sollten, war die Abkehr von der Überschuldungsmessung über die Bilanzierungsvorschriften der Handelsbilanz endgültig eingeläutet:[523]

So ist der Begründung zum *ersten Gesetzesentwurf von 1895* bereits zu entnehmen, dass trotz der im Wesentlichen mit der Vorgängervorschrift identischen Formulierung der Konkursantragspflicht bei Überschuldung in § 199 S. 2 des ersten Entwurfs[524] zu deren Ermittlung die anschaffungswertbezogenen aktienrechtlichen Bewertungsvorschriften ungeeignet seien: „Nach dieser Fassung könnte es scheinen, dass für die fragliche Bilanz auch die besonderen Vorschriften des Art. 185a [aktienrechtlicher Wertansatz in der Handelsbilanz] (...) über die Werthansätze maßgebend seien. Es ist jedoch einleuchtend, dass diese im Wesentlichen nur zur Verhütung der vorzeitigen Vertheilung unsicherer Gewinne bestimmten Vorschriften hier nicht maßgeblich sein können."[525]

Im *zweiten Entwurf zur Reform des Handelsgesetzbuches 1896* war aus Klarstellungsgründen sogar ein Zusatz zum Überschuldungtatbestand (jetzt § 220 S. 2) vorgesehen, der die Unanwendbarkeit der aktienrechtlichen Ansatz- und Bewertungsvorschrif-

---

520 Vgl. *Götz*, KTS 2003, S. 22 m.w.N.; *Arens*, Überschuldungsprüfung (1991), S. 103 ff.
521 So beispielsweise *Staub*, Kommentar zum ADGHB, 2. Aufl. (1894), § 240 Rn. 10. vgl. *Götz*, KTS 2003, S. 22.
522 RGBl. 1897, S. 219 ff.
523 Vgl. auch *Götz*, KTS 2003, S. 23.
524 Zum Vergleich: *§ 240 S. 2 HGB 1884*: „Sobald die Zahlungsunfähigkeit der Gesellschaft eintritt, muß der Vorstand die Eröffnung des Konkurses beantragen; dasselbe gilt, wenn aus der Jahresbilanz oder einer im Laufe des Geschäftsjahres aufgestellten Bilanz sich ergiebt, dass das Vermögen nicht mehr die Schulden deckt." *§ 199 S. 2 des ersten Entwurfs zum HGB 1895:* „Sobald Zahlungsunfähigkeit der Gesellschaft eintritt, hat der Vorstand die Eröffnung des Konkurses zu beantragen; dasselbe gilt, wenn sich bei der Aufstellung der Jahresbilanz oder einer Zwischenbilanz ergiebt, daß das Vermögen die Schulden nicht mehr deckt." Vgl. hierzu auch *Götz*, KTS 2003, S. 21 Fn. 117 und S. 23 Fn. 133.
525 Denkschrift zum Entwurf eines Handelsgesetzbuchs 1895, in: *Schubert/Schmiedel/Krampe* Band II, erster Halbbd., S. 125; vgl. auch *Götz*, KTS 2003, S. 23 ff.

ten für die Handelsbilanz klarstellen sollte: *„für die Feststellung, (...) ob eine Überschuldung vorliegt, sind die nach § 238 für die Aufnahme der Jahresbilanz geltenden Vorschriften nicht maßgebend.“* (§ 220 S. 3 des *zweiten* Entwurfs zum HGB 1895).

Zwar ging diese Konkretisierung des Überschuldungstatbestandes in die endgültige Fassung des Überschuldungstatbestandes nach § 240 HGB 1897 nicht ein.[526]

Der im zweiten Entwurf entsprechend als § 220 S. 3 HGB vorgesehene Zusatz wurde aber nur deshalb wieder gestrichen, weil der Gesetzgeber vermeiden wollte, dass die aktienrechtliche Bilanzierungsvorschrift (nun § 261 HGB 1897) in anderen Bereichen ebenfalls als nicht anwendbar ausgelegt werden konnte.[527] Er hielt es für ausreichend, im Rahmen der Gesetzesbegründung klarzustellen, dass die aktienrechtlichen Ansatz- und Bewertungsvorschriften nun nicht mehr für die Überschuldungsmessung maßgeblich sein sollten.[528]

In der Folgezeit wurden für die Aktiengesellschaft eigens für die Überschuldungsmessung anzuwendende Bilanzierungsvorschriften konstruiert, denen als Leitbild jeweils Liquidationswerte dienten, die sich in weiten Zügen an der Auslegung der Bewertungsvorschrift des ehemaligen Art. 31 ADHGB 1861 orientierten.[529]

Dies bedeutete allerdings keinen unmittelbaren Rückgriff auf den nunmehr in § 40 HGB 1897[530] normierten beizulegenden Wert und die mit dem HGB 1884 gleich gebliebenen Bilanzierungsvorschriften für Einzelkaufleute, da dort nicht zwingend Verkaufswerte anzusetzen waren.[531]

Weitestgehend gleich geblieben waren auch die handelsbilanziellen Wertmaßstäbe für die GmbH, die weiterhin das Umlaufvermögen mit dem beizulegenden Wert (nunmehr nach § 40 HGB 1897) anzusetzen hatten, während nach den speziellen Regelungen des GmbHG das Anlagevermögen mit dem Anschaffungswert als Höchstwertgrenze zu bewerten war. Trotz einer insoweit näheren Anbindung an den handelsbilanziell maßgeblichen beizulegenden Wert und obwohl der Überschuldungstatbestand im GmbHG spezialgesetzlich geregelt war, also trotz einer gesetzestechnisch insgesamt stärkeren Anbindung an die Handelsbilanz, wurde

---

526 *§ 240 HGB 1897* lautete, wortgleich mit § 199 S. 2 des ersten Entwurfs: „Sobald Zahlungsunfähigkeit der Gesellschaft eintritt, hat der Vorstand die Eröffnung des Konkurses zu beantragen; dasselbe gilt, wenn sich bei der Aufstellung der Jahresbilanz oder einer Zwischenbilanz ergiebt, daß das Vermögen die Schulden nicht mehr deckt.“, vgl. *Götz*, KTS 2003, S. 25.

527 Vgl. Denkschrift zum Entwurf eines Handelsgesetzbuchs 1897 in *Hahn/Mugdan*, Materialien zu den Reichs-Justizgesetzen, Band 6: Materialien zum Handelsgesetzbuch (1897), S. 307; *Götz*, KTS 2003, S. 25.

528 Vgl. Denkschrift zum Entwurf eines Handelsgesetzbuchs 1897 in Hahn/Mugdan, Materialien zu den Reichs-Justizgesetzen, Band 6: Materialien zum Handelsgesetzbuch (1897), S. 307; *Götz*, KTS 2003, S. 25.

529 Hierzu ausführlich *Götz*, KTS 2003, S. 25; *ders.*, Überschuldung (2004), S. 60 f.

530 *§ 40 II HGB 1897* lautete: „Bei der Aufstellung des Inventars und der Bilanz sind sämtliche Vermögensgegenstände und Schulden nach dem Werte anzusetzen, der ihnen in dem Zeitpunkte beizulegen ist, für welchen die Aufstellung stattfindet.“, vgl. *Höffner*, BB 1999, S. 198 Fn. 13.

531 Vgl. die Denkschrift zum Entwurf eines Handelsgesetzbuchs 1897 in Hahn/Mugdan, Materialien zu den Reichs-Justizgesetzen, Band 6: Materialien zum Handelsgesetzbuch (1897), S. 227; *Götz*, KTS 2003, S. 25.

auch bei der GmbH auf die für die Aktiengesellschaft entwickelte Liquidationswertorientierung anhand der Auslegung zu Art. 31 ADHGB 1861 zurückgegriffen.[532]

In Ergänzung zur gesetzgeberischen Kritik an den Jahresabschlusszahlen als Basis zur Überschuldungsfeststellung setzte auch eine kritische Auseinandersetzung des Schrifttums mit den inhaltlichen Voraussetzungen des Überschuldungstatbestandes ein.[533]

Die oberste Rechtsprechung hingegen verharrte zunächst noch vordergründig auf dem Standpunkt, dass die Überschuldung einer GmbH aus der Jahresbilanz abgelehnt werden konnte; mangels einer hinreichenden Anzahl gerichtlicher Streitigkeiten um den Überschuldungstatbestand konzentrierte sich auch im Zeitablauf die Entwicklung von Ansatz- und Bewertungsvorschriften vornehmlich auf das Schrifttum.[534]

Die Handelsbilanz wurde zunehmend nur als Ausgangspunkt gesehen, von der aus Berichtigungen in Richtung auf die „wahren Werte" im Sinne von beizulegenden Liquidationswerten vorgenommen wurden.[535] Insbesondere erfolgte eine Korrektur, wenn der „Gegenwartswert" im Sinne des beizulegenden (Veräußerungs-/Liquidations-) Werts höher sei als der Jahresbilanzansatz,[536] wofür vor allem das Anschaffungskostenprinzip ursächlich sein konnte.

Auch das Niederstwertprinzip sollte nicht gelten.[537]

Denn auch die Einführung des Niederstwertprinzips in die Handelsbilanz vertiefte die Divergenzen zwischen der zur Überschuldungsfeststellung geeigneten Bewertung und dem handelsrechtlichen Wertansatz.

bb) Niederstwertprinzip

§ 185a HGB 1897 schrieb erstmals vor, dass das Umlaufvermögen der Aktiengesellschaft („die Werthpapiere und Waaren, welche einen Börsen – oder Markpreis haben")[538] nach dem Niederstwertprinzip zu bewerten seien.

Das Niederstwertprinzip findet sich heute in § 253 HGB wieder. Abgeleitet aus dem Vorsichtsprinzip[539] und als Konkretisierung des Imparitätsprinzips[540] ist es Be-

---

532 Vgl. ausführlich *Götz*, KTS 2003, S. 25 f.

533 So erklärt auch *Wiesner* (1906) die im Gesetz vorgeschriebenen Bewertungsansätze für die Überschuldungsbilanz als nicht maßgeblich (*Wiesner*, der Konkurs der Gesellschaft mit beschränkter Haftung, Archiv für Bürgerliches Recht, Bd. 28, 1906, S. 298, 311; vgl. *Höffner*, BB 1999, S. 198).

534 Zu den Entscheidungen RGE 1910, S. 285 und RGE 1913, S. 104 näher *Götz*, KTS 2003, S. 26.

535 Beispielhaft *Levy*, Der Konkurs der Aktiengesellschaft (1933), S. 5 ff., zitiert nach *Höffner*, BB 1999, S. 198 f.

536 Vgl. *Levy*, Der Konkurs der Aktiengesellschaft (1933), S. 6–8, zitiert nach *Höffner*, BB 1999, S. 199.

537 Vgl. *Levy*, Der Konkurs der Aktiengesellschaft (1933), S. 6–8, zitiert nach *Höffner*, BB 1999, S. 199.

538 Vgl. *Götz*, KTS 2003, S. 20 Fn. 113.

539 Zur Erinnerung: Das *Vorsichtsprinzip* ist als Prinzip kaufmännischer Vorsicht ein allgemeiner Bilanzierungsgrundsatz des Handelsrechts, wonach in der Jahresbilanz nur solche Vermögensgegenstände aktiviert werden sollen, die sich im Handelsverkehr konkretisiert und einen Wert haben (§ 252 I 4. HGB), vgl. *Gabler*, Wirtschaftslexikon, 15. Aufl. (2000), Stichw. „Vorsichtsprinzip".

540 Zur Erinnerung: Das *Imparitätsprinzip* besagt als Ausfluss des Vorsichtsprinzips, dass vorhersehbare Verluste und Risiken durch Bildung von Rückstellungen bzw. Abwertungen bereits vor standteil der Grundsätze ordnungsmäßiger Buchführung (GoB) und ordnungsmäßiger Bilanzierung.[541]

Zu unterscheiden sind das *gemilderte*, für Gegenstände des Anlagevermögens geltende und das *strenge*, für Gegenstände des Umlaufvermögens geltende Niederstwertprinzip, welches letztlich auf § 185a HGB 1897 zurückgeht.

Nach dem *gemilderten* Niederstwertprinzip besteht bei Vermögensgegenständen des Anlagevermögens grundsätzlich ein Wahlrecht zwischen der Bewertung zu Anschaffungskosten bzw. Herstellungskosten und dem am Abschlussstichtag beizulegenden niedrigeren Wert. Dieses Wahlrecht wandelt sich zu einer Abschreibungspflicht auf den niedrigeren Wert, wenn eine voraussichtlich dauernde Wertminderung vorliegt (§ 253 II HGB).[542]

Dem *strengen* Niederstwertprinzip zufolge ist von drei möglichen Wertansätzen, den Anschaffungs- bzw. Herstellungskosten, dem Börsen- oder Marktpreis und dem am Abschlussstichtag beizulegenden Wert bei den Vermögensgegenständen des Umlaufvermögens stets der niedrigste Wert anzusetzen. Dieser Grundsatz der Aufwandsantizipation gilt analog bei der Bewertung von Verbindlichkeiten und führt hier zu einem Höchstwertprinzip.

Dadurch soll (vor allem) zu Zwecken des Gläubigerschutzes das Vorsichtsprinzip bei der Bewertung verwirklicht werden.

Folge einer Bewertung nach dem Niederstwertprinzip ist, dass im Gegensatz zu nicht realisierten Gewinnen nicht realisierte Verluste ausgewiesen werden, so dass stille Rücklagen entstehen können, wenn bei späterem Wegfall der Abschreibungsgründe keine Zuschreibung vorgenommen wird.[543]

Die Einführung des Niederstwertprinzips bedingte somit – wie auch das steuer- und handelsrechtliche Maßgeblichkeitsprinzip (s.u.) – eine Tendenz zu einem niedrigeren Ausweis des Eigenkapitals in der Handelsbilanz, als es unter dem Primat der Bewertung nach dem beizulegenden Wert der Fall wäre.

Damit aber war die Handelsbilanz unter dem Postulat des Ansatzes „wahrer Werte“ in der Überschuldungsbilanz zur Messung des Schuldendeckungspotentials und damit zur Überschuldungsfeststellung weniger geeignet.

cc) Maßgeblichkeit von Handels- und Steuerbilanz

In der Wirkung dem Niederstwertprinzip entsprechend war auch die Einführung des Maßgeblichkeitsprinzip für die Auseinanderentwicklung von Handels- und Überschuldungsbilanz mitverantwortlich.[544]

---

ihrer Realisation zu berücksichtigen sind, vgl. *Gabler*, Wirtschaftslexikon, 15. Aufl. (2000), Stichw. „Vorsichtsprinzip“.

541 Vgl. *Gabler*, Wirtschaftslexikon, 15. Aufl. (2000), Stichw. „Niederstwertprinzip“.

542 Ausnahme: Abschreibungen wegen nur vorübergehender Wertminderung von immateriellen Anlagegütern und Sachanlagen sind bei Kapitalgesellschaften unzulässig (nicht jedoch bei Finanzanlagen, vgl. § 279 I HGB).

543 Vgl. *Gabler*, Wirtschaftslexikon, 15. Aufl. (2000), Stichw. „Niederstwertprinzip“.

544 Vgl. *Götz*, KTS 2003 S. 29.

Die Anbindung der steuerlichen Gewinnermittlung an die handelsrechtliche Rechnungslegung erfolgte 1891, in Sachsen und Bremen bereits 1874.[545]

Seitdem mussten die Bilanzierungspflichtigen bei der Ausübung handelsrechtlicher Ansatz- und Bewertungsvorschriften auch steuerliche Konsequenzen mitberücksichtigen, denen sie aufgrund der unmittelbar anknüpfenden Zahlungswirkungen zumeist höhere Bedeutung beimaßen. Dadurch aber entstand die Tendenz eines dem Zeitwert gegenüber niedrigeren Wertansatzes in der Handelsbilanz.[546]

Daneben hätte eine explizite Anbindung der Überschuldungsbilanz an die handelsbilanziellen Werte für den Gesetzgeber eine Fessel darstellen können, die ihn an Lenkungsmöglichkeiten steuerlicher Folgen über Änderungen der Handelsbilanzgrundsätze hätte hindern können, so dass auch insoweit die Abkehr von der Handelsbilanz von gesetzgeberischer Seite her motiviert war.[547]

c) Abkehr vom Bilanzerfordernis bei Insolvenzverschleppung als Folge der Abkehr von der Überschuldungsmessung anhand Handelsbilanzwerten

In Konsequenz der Loslösung von Überschuldungsbilanz und handelsbilanziellem Wertansatz ist auch verständlich, dass das Bilanzerfordernis im Rahmen der Insolvenzverschleppungshaftung im Laufe der Zeit aufgegeben wurde; von Gesetzes wegen für die Aktiengesellschaft durch das AktG 1937[548], für die Genossenschaft durch die Novelle des GenG 1973[549] und für die GmbH bis zum 2. WiKG 1986 nach Auffassung von Literatur und Teilen der Rechtsprechung.[550] So führt auch *K. Schmidt* die „praktische Aushöhlung" des Bilanzerfordernisses darauf zurück, dass die Koppelung von Überschuldung und Bilanzausweis schon deshalb nicht sachgemäß sei, weil die Handelsbilanz kein Überschuldungsstatus sei[551] und eine Anknüpfung der Antragspflicht an den Ausweis der Überschuldung in einer Bilanz rechtspolitisch im Hinblick auf eine dem Gläubigerschutz zuträgliche Verhaltenssteuerung verfehlt sei.[552]

Hinsichtlich der Insolvenzverschleppungs*delikte* erfolgte die Abkehr vom Bilanzerfordernis allerdings zögerlicher. Hier wurde – wegen der strafschärfenden Auswirkungen eines Verzichts – weitestgehend von der Rechtsprechung daran festgehalten,[553] allerdings die Unverträglichkeit von Überschuldungsmessung und

---

545 § 14 PreußEStG 1891, § 22 Sächsisches EStG 1874, § 5 Bremer EStG 1874, vgl. *Götz*, KTS 2003, S. 29 m.w.N.
546 Vgl. *Götz*, KTS 2003, S. 29.
547 Vgl. *Götz*, KTS 2003, S. 29.
548 Aktiengesetz vom 30. Januar 1937, RGBl. I, S. 107, vgl. *Schmidt/Meyer-Landrut* in Großkommentar AktG, Bd. I, 2. Aufl. (1961), Einleitung S. 2, 4.
549 Vgl. Gesetzesentwurf der Bundesregierung zur Änderung des GenG, BT-Drs. 7/97 und hierzu *K. Schmidt*, AG 1978, S. 339.
550 Vgl. *K. Schmidt* in Scholz, GmbHG, 6. Aufl. (1978/83), § 64 Rn. 11, *Schulze-Osterloh*, in Baumbach/Hueck, GmbHG, 16. Aufl. (1995), § 64 Rn. 1, *Ulmer* in Hachenburg, GmbHG, 7. Aufl. (1984), § 64 Rn. 6. Vgl. zur Rechtsprechung beispielhaft *OLG Stuttgart*, MDR 1971, 509 sowie die Nachweise bei *K. Schmidt* in Scholz, GmbHG, 6. Aufl. (1978/83), § 64 Rn. 11.
551 *K. Schmidt* in Scholz, GmbHG, Bd. II, 6. Aufl. (1978/83), § 64 Rn. 11.
552 *K. Schmidt*, AG 1978, S. 338.
553 Vgl. zur strafgerichtlichen Praxis RGSt 44, S. 51; *BGH*, BB 1958, S. 891 und hierzu *K. Schmidt*, AG 1978, S. 338.

Handelsbilanzerfordernis (s.o.) dadurch berücksichtigt, dass die Anforderungen an die Qualität der Bilanz auf ein Minimum reduziert wurden. So reichte ein „Zettel mit schätzungsweise gegriffenen Zahlen“ [554], bzw. eine „schriftliche Gegenüberstellung von Aktiven und Passiven“.[555]

d) *Abkehr von der Illusion des „wahren Wertes“*

Zudem setzte sich nach und nach die Erkenntnis durch, dass das Leitbild des Gesetzgebers von 1855 und 1877 hinsichtlich der anzusetzenden Werte in der Überschuldungsbilanz nicht der Realität entsprach.

So einfach die gesetzgeberische Vorgabe zur Ermittlung der Überschuldung auch formuliert war (Vergleich von Vermögen und Schulden), die Schwierigkeiten einer theoretischen Interpretation der Vorschrift und die damit verbundenen Messprobleme wurden alsbald realisiert.

Bereits Mitte des 20. Jahrhunderts bemerkten Stimmen aus der betriebswirtschaftswissenschaftlichen Literatur, worüber heute in der Betriebswirtschaftslehre Einigkeit besteht:[556] „Jeder Wert ist Subjektiv, weil er vom Wertenden abhängig ist. Der „wahre Wert“ ist eine Utopie.[557]

Früh wurde erkannt, dass die exakte Bestimmung der Überschuldungsvoraussetzungen aufgrund der Komplexität des ihr zugrunde liegenden Sachverhalts nur annäherungsweise gelingen kann.

Wenn daher auch in der jüngeren Literatur und Rechtsprechung noch gefordert wird, Schulden und Vermögensgegenstände seien in der Überschuldungsbilanz mit ihrem „wahren Wert“ anzusetzen,[558] ist dies vor allem als Forderung einer zielentsprechenden Bewertung in Abgrenzung zu dem in der Handelsbilanz geltenden Niederstwertprinzip (bei Vermögensgegenständen) bzw. Höchstwertprinzip (bei Verbindlichkeiten) zu verstehen.[559]

e) *Zunehmende Abkehr von der Überschuldungsmessung auf reiner Liquidationswertbasis – Entwicklung verschiedener Überschuldungsmodelle*

Zeitlich parallel zu der Einsicht von der Subjektivität von Vermögensbewertung vollzog sich auch zunehmend eine Abkehr von der statischen Überschuldungsmes-

---

554 *RGSt* 44, S. 48, 50. Vgl. auch *RGSt* 47, S. 312, wonach bei Unterlassen der Bilanzerstellung noch nicht gleich eine strafrechtliche Verantwortlichkeit ausscheidet und hierzu *K. Schmidt*, AG 1978, S. 338.

555 *BayObLG*, GmbH-Rsch. 1982, S. 273. Vgl. hierzu auch *Ulmer* in Hachenburg, GmbHG, 7. Aufl. (1984), § 64 Rn. 17 f.

556 Vgl. zu den Ausprägungen des subjektiven Wertverständnisses im Rahmen der Unternehmensbewertung sowie dem überholten Streit zwischen subjektiver und objektiver Wertlehre *Arens*, Überschuldungsprüfung (1991), S. 109, 111 f. m.w.N.

557 Vgl. *Pribilla*, KTS 1958, Teil 1,1; Teil 2, 17, 6; und hierzu *Höffner* BB 1999, 198 (199), auch *Arens*, Überschuldungsprüfung (1991), S. 1112.

558 *BGH* Urt. v. 8.1.2001, DStR 2001, S. 175, *Förschle/Hoffmann* in Budde/Förschle, Sonderbilanzen, 3. Aufl. (2002), Kap. N Rn. 72.

559 Vgl. hierzu bereits oben „Phänomen Überschuldung – bilanzielle Ermitllung“ und *Heinen*, Handelsbilanzen, 12. Aufl. (1986), S. 501.

sung auf Basis ausschließlicher Liquidationswerte, ohne dass dieser ganz aufgegeben wurde.

Eine eindeutige Vorgehensweise oder eine als gefestigt anzusehende Meinung konnte sich zunächst nicht durchsetzen; das Meinungsbild war höchst uneinheitlich.[560]

Weitgehende Einigkeit herrschte lediglich darin, dass die Handelsbilanz keinen notwendigen Bestandteil einer Überschuldungsprüfung im Sinne des Eröffnungstatbestandes bildete.[561] Von dem schließlich aufgegebenen Bilanzerfordernis für eine Insolvenz*antragspflicht* abgesehen fehlten gesetzliche Ausgestaltungsvorschriften und die Überschuldung blieb ein weitgehend unbestimmter Rechtsbegriff.[562] Die sich hierunter entwickelnden Strömungen in der Literaturdiskussion um den Insolvenzauslöser „Überschuldung“ lassen sich wie folgt systematisieren:[563]

aa) Einstufig statisches Überschuldungsmodell

Entsprechend einem *statischen* Überschuldungsverständnis wurde danach die Bewertung wie zuvor *allein* unter der Prämisse der *Liquidation* des Unternehmens vorgenommen, wobei dies nicht zwangläufig auch die sofortige, unmittelbare Zerschlagung implizieren musste.[564] In Tradition zu der früher herrschenden Ansicht hielten die Vertreter des statischen Überschuldungsmodells an der rein bilanziellen Ermittlung anhand einer Einzelbewertung zu Liquidationswerten fest, um das den Gläubigern *aktuell* zur Verfügung stehende Befriedigungspotential zu ermitteln.[565]

Die Überschuldungsbestimmung nach der Liquidationsprämisse zielte auf die Erhaltung einer Vermögensmasse im Interesse der Gläubiger, die diesen im Liquidationsfall haften kann. Unterschritt die so definierte Vermögensmasse die Schulden, bestand danach eine Vermögensinsuffizienz, die Zerschlagung oder geregelte Sanierung zur Folge hatte.[566]

Das Festhalten an der liquidationswertorientierten Bewertung erklärt sich vor allem auch dadurch, dass bis zur Aufnahme der Möglichkeit zur Beantragung eines

---

560 Vgl. *Götz*, KTS 2003, S. 27; *ders.*, Überschuldung (2004), S. 60 f.; *Höffner*, BB 1999, S. 199.

561 Vgl. *Schürer*, Überschuldung (1962), S. 56 ff.

562 Vgl. *Götz*, KTS 2003, S. 27 f.

563 So *Auler*, DB 1976, S. 2169; vgl. ebenso *K. Schmidt*, AG 1978, S. 336, 337; *Götz*, KTS 2003, S. 27; *ders.*, Überschuldung (2004), S. 60 ff.

564 So *Schmalenbach*, Dynamische Bilanz, 13. Aufl. (1962), S. 229; *Kühn*, Konkursantragspflicht (1969), S. 46 ff. Vgl. hierzu *Drukarczyk/Schüler*, Kölner Schrift zur InsO, 2. Aufl. (2000) S. 120, Rn. 64; *Götz*, KTS 2003, S. 27; *Höffner*, BB 1999, S. 201.

565 So Bereits *Berliner*, Buchhaltungs- und Bilanzlehre, Bd. II, 3. Aufl. (1911), S. 107 f.; *Wiesner*, Archiv Bürgerliches Recht Bd. 28 (1906), S. 298, 310; später dann *Rowedder* in Rowedder, GmbHG, 2. Aufl. (1990), § 63 Rn. 11; *Meyer-Landrut* in Großkommentar AktG, 3. Aufl, (1973), § 92 Anm. 7; *Dahl*, GmbHR 1964, S. 112 ff.; *Kühn*, Konkursantragspflicht (1969), S. 46 ff. Vgl. hierzu *Groth*, Überschuldung (1995), S. 29; *Götz*, ZinsO 2000, S. 78; *ders.*, KTS 2003, S. 27; *Drukarczyk/Schüler* in MüKo, InsO, (2001), § 19 Rn. 22.

566 Vgl. hierzu auch *Drukarczyk/Schüler*, MüKo, InsO (2001), § 19 Rn. 22.

Vergleichsverfahrens nach der VerglO von 1927[567] die Überschuldungsbestimmung im Lichte der Konkursverwertung stand.[568]

Die *Liquidationswerte* waren damals wie heute der Höhe nach von der Geschwindigkeit und der Intensität abhängig, mit der die Liquidation erwartungsgemäß betrieben würde und bewegten sich zwischen dem Schrottwert verringert um die Beseitigungskosten als Wertuntergrenze und dem Marktwert abzüglich der Veräußerungskosten als Wertobergrenze.[569]

Als *einstufig* ist dieses Verfahren zu bezeichnen, weil sich aufgrund *prinzipieller* Festlegung der Prüfungsstrategie der Prüfungsvorgang im Ergebnis in der Aufstellung einer Bilanz erschöpft[570], als *statisch*, weil bei Wertermittlung des Vermögens die künftige Entwicklung des Unternehmens außer Betracht blieb.[571]

Gegen die Ermittlung der Überschuldung auf Basis ausschließlicher Liquidationswerte wurde eingewandt, dass unbillige Eigentümerschädigungen auftreten könnten,[572] z.B. wären fremdfinanzierte Unternehmen unter Umständen auch dann überschuldet, wenn der Eintritt der Unternehmensliquidation nach menschlichem Ermessen ausgeschlossen sei. Die Annahme der Unternehmenszerschlagung hätte in diesem Fall zur Folge, dass eine Vielzahl rentabler, aber in hohem Maße fremdfinanzierter Unternehmungen aufgrund einer Überschuldung ein Insolvenzverfahren beantragen müsste.[573] Hierbei reiche das Zerschlagungsvermögen unter Umständen sogar nicht aus, sämtliche Gläubigeransprüche zu befriedigen, obwohl diese bei Unternehmensfortführung höchstwahrscheinlich keiner Gefährdung ausgesetzt gewesen wären.[574] Um einer so verfrühten Liquidation zu entkommen, müsse ein Unternehmen höhere Eigenkapitalanteile realisieren und strengere Ausschüttungslimitierungen akzeptieren, als dies die handelsrechtlichen Ansatz- und Bewertungsvorschriften vorsehen, was zu einer Inkonsistenz von handelsrechtlichen Kapitalerhaltungsvorschriften und Insolvenzregelung führen würde.[575]

---

567 Vergleichsordnung vom 5.7.1927, RGBl. 1927 I, S. 21.

568 Ebenso *Pribilla*, KTS 1958, S. 23; *Gurke*, Verhaltensweisen (1982), S. 48; *Harneit*, Überschuldung (1984), S. 20; *Klar*, Überschuldung (1987), S. 30.

569 Vgl. *Auler*, DB 1976, S. 2171; *Uhlenbruck*, Krise, 2. Aufl. (1988), S. 284; *Möhlmann*, Berichterstattung (1999), S. 98 ff.; *Penzlin*, Auswirkungen der InsO (2000), S. 84; *IDW*, WP-Handbuch, Bd. II, 12. Aufl. (2002), Kap. A Rn. 343 ff., 346.

570 Begriffliche Systematisierung entsprechend *Drukarczyk/Schüler* in MüKo, InsO (2001), § 19 Rn. 21.

571 Gegenstand der statischen Bilanzauffassung ist das additive Vermögen als Summe aller einzeln verwertbaren Vermögensgegenstände im Gegensatz zum Vermögen als Quelle zukünftiger Erfolge, vgl. *Stüdemann*, WPg 1978, S. 420, 429; *Klar*, Überschuldung (1987), S. 37; auch *Spliedt*, DB 1999, S. 1941.

572 Vgl. *Kupsch*, BB 1984, S. 162.

573 Vgl. auch unter Würdigung der Problematik des empirischen Nachweises dieser Tatsache *Harneit*, Überschuldung (1984), S. 20 f. m.w.N.; ebenso heute *Druckarcyk/Schüler* in Kölner Schrift zur InsO, 2. Aufl. (2000), S. 120 Rn. 64.

574 Vgl. *Moxter* in seiner grundlegenden Schrift: Finanzwirtschaftliche Risiken (1976), S. 223 und hierzu *Heinen*, Handelsbilanzen, 12. Aufl. (1986), S. 502; *Drukarczyk*, ZGR 1979, S. 575–577; vgl. auch *Penzlin*, Auswirkungen der InsO (2000), S. 83.

575 So heute *Drukarczyk/Schüler*, MüKo, InsO (2001), § 19 Rn. 23; *dies.* in Kölner Schrift zur InsO S. 120 Rn. 64.

Dieser Kritik an Liquidationswerten als zu strengem Wertmaßstab in der Überschuldungsbilanz lag in tatsächlicher Hinsicht eine Entwicklung zugrunde, wonach zunehmend weniger stille Reserven in den handelsbilanziell ausgewiesenen (abgeschriebenen) Anschaffungs- und Herstellungspreisen enthalten waren. Während aufgrund des Aktiengesetzes von 1884 und auch später aufgrund des Aktiengesetzes von 1937 die Vermögenswerte, wie sie sich in der Jahresbilanz darstellten, z.T. erhebliche stille Reserven enthielten, erwiesen sich die Buchwerte im Zeitablauf zunehmend nur selten als realisierbar. Auch wenn damals schon ein längere Zeit dahinsiechendes Unternehmen kaum mehr stille Reserven aufzuweisen hatte, so war doch die Wahrscheinlichkeit eines über oder zumindest nahe bei dem Anschaffungs- oder Herstellungspreis liegenden Einzelveräußerungspreises ungleich höher als heute.[576] Eine Feststellung von Überschuldung auf der Basis von Liquidationswerten hatte damit in vielen Fällen nicht die Bedeutung, wie sie ihr seit der zweiten Hälfte des 20. Jahrhunderts für die weitere Existenz der Unternehmen zukam.[577] Die Gefahr einer schlechten Vermögens-Schulden-Relation auch bei rentablen Unternehmen erhöhte sich dazu nochmals bei – allerdings umstrittenem – vollständigem Ansatz von Pensionsrückstellungen und Sozialplanverpflichtungen auf der Passivseite der Überschuldungsbilanz, welche allenfalls teilweise im handelsrechtlichen Bilanzausweis zu berücksichtigen waren.[578] Handelsbilanziell nicht überschuldete Unternehmen gerieten insgesamt zunehmend in Gefahr, durch die bloße Prämisse der Liquidation in die Überschuldung getrieben zu werden,[579] während die Gläubiger nahezu kein Ausfallrisiko zu tragen hätten.[580]

Die liquidationswertbasierte Überschuldung wurde so als Übererfüllung des Gläubigerschutzgedankens empfunden.

Durch die Bindung einer zu Einzelveräußerungspreisen bewerteten Vermögensmasse in Höhe der bestehenden Verbindlichkeiten hätten die Gläubiger nahezu kein Ausfallrisiko zu übernehmen, so dass ein überzogener Gläubigerschutz durch die Gefahr erkauft werde, gesunde Unternehmen zum Nachteil von Eigentümern und Gläubigern in den Konkurs zu zwingen.[581]

---

576 Vgl. *Klar*, Überschuldung (1987), S. 29; *Pribilla*, KTS 1958, S. 23.
577 Vgl. *Klar*, Überschuldung (1987), S. 29.
578 Vgl. *Klar*, Überschuldung (1987), S. 36.
579 *Klar*, Überschuldung (1987), S. 36.
580 Vgl. auch heute *Drukarczyk/Schüler* in Kölner Schrift zur InsO, S. 120 Rn. 67.
581 So aus der jüngeren Literatur *Drukarczyk/Schüler*, MüKo, InsO (2001), § 19 Rn. 25. Überzogen sei ein so verstandener Gläubigerschutz, weil es im Marktgeschehen keine gefahr- oder risikolosen Gläubigerpositionen geben könne. Wer mit einer Gesellschaft kontrahiere, deren Haftung beschränkt ist, müsse generell ein höheres Ausfallrisiko in Kauf nehmen; insbesondere lasse sich dieses durch einzelvertragliche Abreden auch durch den Gläubiger selbst minimieren (*Mönning* in Nerlich/Römermann, InsO (2005), § 19 Rn. 12). Auch im Hinblick auf die Finanzierungsfreiheit der Gesellschafter, von denen nicht eine den jeweiligen Geschäftsumfang wechselnd angepasste Kapitalsausstattung verlangt wird, sondern lediglich ein durch Gesetz und Satzung definierter Eigenkapitalanteil, wäre eine rein liquidationswertorientierte Überschuldungsfeststellung als unzulässige Einschränkung der Gesellschaft zu werten. Das verbleibende Restrisiko insbesondere bei deliktischer Schädigung und sonstiger unfreiwilliger Gläubiger der Gesellschaft müsse im Rahmen der Interessenabwägung hinter den Gesellschaftsinteressen zurücktreten (*BGH*, WM 1980, 589; *Uhlenbruck*, Insolvenzrecht (1994), S. 76 ff.; *Drukarczyk*, FS-Moxter (1994), S. 1236 ff.;

Aus diesen Gründen und weil mit der Schaffung des gerichtlichen Vergleichsverfahrens als alternativer Möglichkeit insolvenzrechtlicher Schuldenbereinigung auch der Gesetzgeber zu erkennen gab, dass nicht nur allein der Gesichtspunkt der Liquidation, sondern auch der Fortführung des Betriebes dem gesetzlichen Insolvenzdenken entsprach,[582] wurden dynamische Überschuldungsmodelle entwickelt. Diese sind:

bb) Einstufig dynamisches Überschuldungsmodell

Danach erfolgt die Bewertung *allein* unter Prämisse der *Fortführung* des Unternehmens.[583] Dieser *dynamische* Überschuldungsbegriff nahm erstmals ein prognostisches Element auf und machte die Ertragserwartung des Unternehmens zum alleinigen Maßstab.[584] Mit *„dynamisch“* ist also die Prognose der künftigen Unternehmensentwicklung gemeint[585]; *„einstufig“* ist dieses Modell, da zum einen im Überschuldungstatus *stets* Fortführungswerte angesetzt werden und damit der anzusetzende Wert nicht von einer vorangestellten Prüfung der Fortführungsfähigkeit abhängt und zum anderen auch keine Korrektur des bilanziell ermittelten Ergebnisses durch eine nachgestellte Prognose der Überlebensfähigkeit des Unternehmens erfolgt; der Prüfungsvorgang erschöpft sich vielmehr auch hier in der Aufstellung einer Bilanz.

Manche Vertreter beschränkten sich sogar ausschließlich auf ein Prognoseurteil und verzichteten ganz auf einen bilanziellen Ansatz.[586]

Diesem Vorgehen liegt die Überzeugung zugrunde, dass sich Überschuldung befriedigend *nur* messen lasse als „Unfähigkeit zur Auszahlungsdeckung im *Zeitablauf.*“ [587] Überschuldung sei Zeitraumilliquidität.[588]

Das nicht mehr die Schulden deckende Vermögen müsse in einem mehr aktiven Sinne interpretiert werden, da sich eine bilanziell-statische Betrachtung anhand von Liquidationswerten an einem ganz anderen Zweck der Vermögensermittlung orientiere und der Komplexität des Überschuldungssachverhaltes nicht gerecht werde.[589]

Ulmer in Hachenburg, GmbHG 8. Aufl. (1997), § 64 Rn. 32; vgl. *Mönning* in Nerlich/Römermann, InsO (2005), § 19 Rn. 11).

582 Vgl. hierzu auch *Harneit*, Überschuldung (1984), S. 21 und eingehend auch *Klar*, Überschuldung (1987), S. 30 ff.

583 So *Düring*, WPg 1949, 193 f.; *Hefermehl* in Geßler/Hefermehl/Eckard/Kropff, AktG (1973/74), § 92 Rn. 17; *Hirsch* in FS-Hueck (1959), S. 311 f.; *Baier*, NJW 1956, S. 1302, 1305. Später noch *Egner/Wolff*, AG 1978, S. 101–102; *Arens*, Überschuldungsprüfung (1991), S.167 ff. Vgl. hierzu auch *Haack*, BB 1981, S. 884.

584 Vgl. *Fromm*, ZinsO 2004, S. 944 m.w.N.

585 Vgl. zur Terminologie *K. Schmidt*, Gesellschaftsrecht, 3. Aufl. (1997) S. 332; *Ulmer*, KTS 1981, S. 469 (473 ff.); *Spliedt*, DB 1999, S. 1941.

586 So *Moxter*, Finanzwirtschaftliche Risiken (1976), S. 630 ff.; später auch *Fischer*, Überschuldungsbilanz (1980); *ders.*, DB 1981, S. 1345 ff.; *Haak*, Überschuldung (1980), S. 92; so auch noch *Arens*, Überschuldungsprüfung (1991), S. 167 ff.

587 *Moxter*, Finanzwirtschaftliche Risiken (1976), S. 635; vgl. *Höffner*, BB 1999, S. 201.

588 *Moxter*, Finanzwirtschaftliche Risiken (1976,) S. 635 f.; vgl. *Spliedt*, DB 1999, S. 1942.

589 *Moxter*, Finanzwirtschaftliche Risiken(1976), S. 635 f.; vgl. *Höffner*, BB 1999, S. 201.

Die ausschließliche Bewertung zu Fortführungswerten im Überschuldungsstatus sah sich dem Einwand ausgesetzt, dass sie mit dem Sinn des Konkursgrundes der Überschuldung, das Konkursverfahren *vor* Eintritt der Zahlungsunfähigkeit auszulösen,[590] wenn die Aussicht der Gläubiger auf Befriedigung ihrer Forderungen verhältnismäßig größer ist, nicht vereinbar sei.[591]

Stattdessen wurde eine Kombination von Liquidations- und Fortführungswerten bei der Überschuldungsprüfung für vorzugswürdig gehalten, um der Einseitigkeit[592] der einstufigen Modelle zu entgehen. Vertreten wurden zunächst kumulative wie alternative Prüfungsansätze:

cc) Kumulative Überschuldungsprüfung

Die kumulative Überschuldungsprüfung sah eine Bewertung des Vermögens sowohl nach der Liquidations- als auch der Fortführungsprämisse vor, da die Überschuldung einerseits ein Konkursverfahren (Liquidationsprämisse), andererseits aber auch ein Vergleichsverfahren (Fortführungsprämisse) zur Folge haben konnte und die Entscheidung über das Schicksal der Gesellschaft zur Zeit der Aufstellung des Überschuldungsstatus noch nicht gefallen sei, so dass zwei interne Überschuldungsbilanzen aufzustellen waren.[593]

Nach einer Auffassung war dann stets das schlechtere Ergebnis maßgeblich, also nur dann Überschuldung zu verneinen, wenn weder nach Fortführungs- noch nach Liquidationswerten Überschuldung vorlag.[594]

Dieser kumulativen Prüfung wurde vorgeworfen, dass sie „von einem übertriebenen Gläubigerschutz“[595] ausgehe und eine zu frühe Verfahrenseröffnung in Kauf nehme.[596]

Nach anderer Ansicht war daher Überschuldung nur gegeben, wenn unter Ansatz von Fortführungswerten ebenfalls Überschuldung vorlag.[597]

Wenn – ausnahmsweise – eine Bewertung zu Fortführungswerten zu einem geringeren Wertausweis kam als bei einer Bewertung zu Liquidationswerten, trat Überschuldung ein, obwohl das vorhandene Vermögen zur aktuellen Schuldendeckung durchaus reichen würde. Der Begründung, es könne mit der unvermeidbaren Auf-

---

590 Vgl. *K. Schmidt*, AG 1978, S. 338 unter Hinweis auf den Willen des Konkursgesetzgebers, Materialien zur KO, 1881, S. 390.

591 Vgl. *K. Schmidt*, AG 1978, S. 337.

592 Zur Kritik insoweit *Drukarczyk/Schüler*, MüKo, InsO (2001), § 19 Rn. 35.

593 So *W. Schmidt* in Hachenburg, GmbHG, 6. Aufl. (1959), § 63 Anm. 5 b cc; *Biermann*, Überschuldung (1963) S. 62 ff. *Rinklin*, Konkursreife Unternehmung (1960), S. 63 f.; hierzu *Klar*, Überschuldung (1987), S. 43; *Harneit*, Überschuldung (1984), S. 16 f.; *K. Schmidt*, AG 1978, 334 (337) und *Groth*, Überschuldung (1995), S. 30; *Arens*, Überschuldungsprüfung (1991), S. 170.

594 *W. Schmidt* in Hachenburg, GmbHG, 6. Aufl. Anm. 5, vgl. *Harneit*, Überschuldung (1984), S. 17.

595 *Ulmer*, KTS 1981, S. 474.

596 Eingehend *Klar*, Überschuldung (1987), S. 43 ff.; vgl. auch *Groth*, Überschuldung (1995), S. 30 Fn. 39.

597 *Biermann*, Überschuldung (1963), S. 62 f. und hierzu *Harneit*, Überschuldung (1984), S. 17.

lösung nicht früh genug begonnen werden,[598] wurde entgegnet, dass es dann mangels konkreter Gläubigergefährdung aber noch keiner Zwangsliquidierung bedürfe.[599]

Symptomatisch für die geringe Anerkennung dieser Methode verwirft *K. Schmidt* diese Lösung denn auch mit dem knappen Hinweis, das hierzu „auch von wirtschaftswissenschaftlicher Seite das Entscheidende bereits gesagt worden“ sei.[600]

dd) Alternative (traditionell zweistufige) Überschuldungsprüfung

Die traditionell zweistufige Prüfungsmethode[601] basiert auf dem Bestreben, die Bewertung des Vermögens in Abhängigkeit von der im Einzelfall bestmöglichen Strategie für die Vermögens*ver*wertung vorzunehmen. Überlebensfähige Unternehmenseinheiten sollten nicht durch eine aus Gläubigersicht nicht notwendige Zerschlagung daran gehindert werden, durch eine Teilnahme am Markt auch den Gläubigern zugute kommende Vermögenszuwächse zu erwirtschaften. Zur Ermittlung der bestmöglichen Verwertungsstrategie wurde auf der Basis von entsprechenden Kalkülen (insbesondere Finanzpläne und Ertragswertkalküle) die Überlebensfähigkeit des Unternehmens geprüft und eine *Prognose* dahingehend aufgestellt, ob die Fortführung (Erhaltung) des Unternehmens nach den Umständen überwiegend wahrscheinlich ist (sog. Fortführungsprognose). In Abhängigkeit vom Ausgang der Prognose war dann entweder zu Fortführungs- oder zu Liquidationswerten zu bewerten.[602]

Dahinter stand die Überlegung, dass ein Unternehmen je nach dessen Zukunftschancen – auch unter Berücksichtigung restrukturierender Maßnahmen – einer unterschiedlichen Bewertung bedarf.[603] Die Prognose über die Überlebensfähigkeit der Gesellschaft sollte mithin die Weiche für den zu wählenden Wertansatz stellen.[604]

---

598 *Biermann*, Überschuldung (1963), S. 62 f.

599 Vgl. *K. Schmidt*, AG 1978, S. 337; *Groth*, Überschuldung (1995), S. 30.

600 *K. Schmidt*, AG 1978, S. 337; *Hirtz*, Vorstandspflichten (1966), S. 111.

601 Auch *herkömmlich* oder *einfach* zweistufiges Überschuldungsmodell genannt (vgl. *Röhm*, Abhängigkeit des Insolvenzstrafrechts (2002), S. 169) Eingehend hierzu *Klar*, Überschuldung (1987), S. 47 ff.

602 So zunächst *Klebba*, BFuP 1953, S. 691 ff. (702); *Pribilla*, KTS 1958, S. 1, 6 ff.; *Schürer*, Überschuldung (1962), S. 69 ff.; *Zilias*, WPg 1963, S. 93 ff., 95; *Hirtz*, Vorstandspflichten (1966), S. 64 ff.; dann auch *Siedschlag*, Ansatzpunkte (1971), S. 91 f.; *Mertens* in Kölner Kommentar z. AktG (1970/1973), § 92 Rn. 13; *Obermüller*, DB 1973, S. 267 ff., 269; *Hefermehl* in Geßler/Hefermehl/Eckhardt/Kropff, AktG (1973/74), § 92 Rn. 17; *Herget*, AG 1974, S. 137 ff., 138; *Auler*, DB 1976, S. 1537 ff., 1538; *ders.*, DB 1976, S. 2169 ff., 2170; *Blumers*, BB 1976, S. 1441 ff. (1442); *Heinen*, Handelsbilanzen, 8. Aufl. (1976), S. 410; *Deutler*, GmbHR 1977, S. 36 ff., 38 f.; *Mühlberger*, GmbHR 1977, S. 146 ff., 149 f.; *Bangert/Graw*, Arbeitskreis Insolvenzwesen (1980), S. 287 ff., 313 ff.; *Bilo* GmbHR 1981, S. 73 ff., 76; *Gurke*, Verhaltensweisen (1982), S. 53 ff.. Vgl. insoweit auch bereits oben; und *Harneit*, Überschuldung (1984), S. 18; *Röhm*, Abhängigkeit des Insolvenzstrafrechts (2002), S. 169; *Höffner*, BB 1999, S. 201; *Drukarczyk/Schüler*, MüKo, InsO (2001), § 19 Rn. 35, *Spliedt*, DB 1999, S. 1941.

603 *Pribilla*, KTS 1958, S. 1, 6 ff.; *Zilias*, WPg 1977, S. 448; *Schmidt*, AG 1978, 337; *Herfermehl* in Geßler/Eckardt/Kropff, AktG § 92 Rn. 17; *Auler*, DB 1976, S. 2169; vgl. hierzu auch *Höffner*, BB 1999, S. 201; *Fromm*, ZinsO 2004, S. 944.

604 Vgl. zu den historischen Ansätzen *Götz*, KTS 2003, S. 27; *Höffner*, BB 1999, S. 201.

5. Zwischen-Feststellungen im Hinblick auf die Ausgangsfrage nach dem Verhältnis des strafrechtlichen Überschuldungsbegriffs zur zivilrechtlichen Vorgabe

Im Rahmen der historischen Auslegung wird die GmbH-Regelung – Liquidationswertorientierung anhand 31 ADHGB 1861 statt anhand 40 HGB 1897 – zu berücksichtigen sein. Sie zeigt, dass der historische Gesetzgeber die gesetzliche Regelungssystematik weniger stark gewichten wollte, als eine betriebwirtschaftlich sinnvolle Auslegung.

Bereits damals ist eine Toleranz des Gesetzgebers gegenüber einer inkongruenten Regelungssystematik erkennbar; dieses spricht für ein eher funktionsorientiertes Verständnis auch strafrechtlicher Begriffsauslegung im Gegensatz zu einer zwingenden Zivilrechtsakzessorietät aufgrund des gesetzessystematischen Regelungszusammenhangs.

V. Das 1. Wirtschaftskriminalitätsgesetz von 1976

Das Erste Gesetz zur Bekämpfung der Wirtschaftskriminalität vom 29.7.1976 (1. WiKG)[605] erging vor dem Hintergrund eines weiterhin uneinheitlichen Meinungsbildes in der Diskussion um den zivilrechtlichen Überschuldungsbegriff. Sämtliche oben angeführten Strömungen in der Literatur beanspruchten weiterhin Gültigkeit, ohne dass sich ein allgemein verbindlicher Überschuldungsbegriff herauskristallisierte, den das Strafrecht akzessorisch hätte übernehmen können.[606] Weitgehend Einigkeit herrschte lediglich darin, dass die Handelsbilanz keinen notwendigen Bestandteil einer Überschuldungsprüfung bildete.[607]

Das nicht zuletzt auf die GmbH & Co zielende 1. WiKG 1976 erweiterte den Konkursgrund der Überschuldung auf die kapitalistischen Personengesellschaften.[608] Damit war erstmals auch bei der OHG und der KG Überschuldung Konkursgrund, wenn kein persönlich haftender Gesellschafter eine natürliche Person ist (§ 209 I 3 KO). Den Regelungen zu den juristischen Personen entsprechend wurden auch hier strafbewehrte Konkursantragspflichten bei Zahlungsunfähigkeit und Überschuldung normiert (§§ 133a, 133b HGB).[609]

Zugleich wurde mit dem 1. WiKG die Überschuldung – zusammen mit drohender und eingetretener Zahlungsunfähigkeit – erstmals seit dem PrALR 1794 als tatbestandliches Krisenerfordernis in die nun wieder kernstrafrechtlich geregelten Bankrotttatbeständen der §§ 283, 283c/d StGB aufgenommen.[610]

---

605 Erstes Gesetz zur Bekämpfung der Wirtschaftskriminalität vom 29.7.1976, BGBl S. 2034, in Kraft seit 1.9.1976.

606 Vgl. *Höffner*, BB 1999, S. 2000; *Röhm*, Abhängigkeit des Insolvenzstrafrechts (2002), S. 166; *Götz*, KTS 2003, S. 27 f.

607 Vgl. *Götz*, KTS 2003, S. 27; *Schürer*, Überschuldung (1962), S. 56 ff.; WP-Handbuch, Bd. I. 12. Aufl. 2000, Abschnitt V, Rn. 14.

608 Vgl. insoweit *K. Schmidt*, AG 1978, S. 334 f., eingehend dazu *Uhlenbruck*, Krise (1977), S. 14 ff.

609 Vgl. insoweit *K. Schmidt*, AG 1978, S. 334 f.

610 Vgl. Art. 1 Nr. 5 des 1. WikG v. 29. Juli 1976, BGBl 1976 I, S. 2034; abgedruckt auch in

Im Hinblick auf die Zulässigkeit einer strafrechtsautonomen Begriffsauslegung des bankrottstrafrechtlichen Überschuldungsbestandes ist dabei die systematische Rückführung ins Kernstrafrecht von geringerem Interesse als die Diskussion um das Krisenerfordernis:

Die Rückführung der Bankrotttatbestände erfolgte allein mit dem Ziel einer Erhöhung ihrer generalpräventiven Wirkung: Trotz einer vorangehenden inflationären Zunahme von wirtschaftsstrafrechtlichen Regelungen des Nebenstrafrechts herrschte eine allgemeine Geringschätzung der Wirtschaftsdelikte als Kavaliersdelikte vor, der mit einer Rückführung in das Kenstrafrecht begegnet werden sollte, da mit ihr die Hoffnung verbunden war, dass die große Bedeutung der Bankrottdelikte angesichts der durch sie verursachten wirtschaftlichen Schäden in Milliardenhöhe verdeutlicht würde.[611] Ein systematisches Anliegen dahingehend, Unabhängigkeit von den zivilrechtlichen Regelungen zu signalisieren, verband der Gesetzgeber von 1976 – wie bereits der Gesetzgeber der Konkursordnung von 1877 – mit der Rückverlagerung ins Kernstrafrecht hingegen *nicht*.

Aufschlussreich für die Frage der Zivilrechtsakzessorietät ist hingegen die Funktion des Krisenmerkmals, die der Gesetzgeber der Überschuldung bei Schaffung des § 283 StGB beimaß:

Der Ausgestaltung des § 283 StGB mit dem tatbestandlichen Erfordernis einer Krise liegt die Kritik an der alten Rechtslage zugrunde, letztere habe im Rahmen des einfachen Bankrotts auch Fälle nicht strafwürdigen Verhaltens umfasst und habe daher in Konflikt mit dem *Schuldprinzip* gestanden.[612] Der so empfundene Konflikt mit dem Schuldprinzip lässt sich wie folgt skizzieren: Das Schuldprinzip ist ein grenzziehend wirkendes aus dem Rechtsstaatsprinzip und Art. 1 II abgeleitetes Prinzip mit Verfassungsrang, das die Einhaltung der rechtsstaatlich notwendigen Grenzen der Strafgewalt gewährleistet, indem es ein Schuldüberschreitungsverbot dergestalt aufstellt, dass die strafrechtliche Sanktionierung nicht über das Maß der vom Täter verwirklichten Schuld hinausgehen darf.[613] Aus dem Schuldprinzip folgt der Idee nach unter anderem, dass kriminalstrafrechtliches Unrecht grundsätzlich nur dann verwirklicht wird, wenn der Täter durch sein Verhalten für das betreffende Rechtsgut ein reales Gefährdungsrisiko bewirkt. Fehlt es aber daran, weil das im Regelfall abstrakt gefährliche Verhalten im Einzelfall keine tatsächliche Gefahr für die Gläubigerinteressen darstellt, mangelt der Tat das spezifische Erfolgsunrecht und das in Wirklichkeit ungefährliche Handeln entspricht nicht mehr dem Vollbild des herkömmlichen Unrechts.[614]

Der Regierungsentwurf zum EGStGB 1974 wollte den Bedenken durch eine Umwandlung des Bankrotts in ein konkretes Gefährdungsdelikt begegnen und nur den

---

Vormbaum/Welp, Sammlung der Änderungsgesetze und Neubekanntmachungen, Bd. III, (1999), S. 191 ff. Vgl. zu den Änderungen auch *Achenbach*, Schlüchter-Gds. (2002), S. 260.

611 Vgl. *Hiltenkamp-Wisgalle*, Bankrottdelikte (1987), S. 40 ff. m.w.N.

612 BT-Drs. 7/3341 S. 19.

613 Vgl. *Roxin*, AT I, 3. Aufl. (1997), § 3 Rn. 48 ff.; *ders.*, JuS 1966, S. 384 f.; Sch/Sch-*Lencker*, 26. Aufl. (2001), Vor §§ 13 ff. Rn. 103/104.

614 Vgl. Sch/Sch-*Heine*, 26. Aufl. (2001), Vor § 306 ff. Rn. 3a.

bestrafen, der durch die tatbestandliche Handlung die Befriedigung seiner Gläubiger gefährde.[615] Aufgrund von Befürchtungen der Sachverständigenkommission[616], die Ausgestaltung als konkretes Gefährdungsdelikt verursache der Strafverfolgungspraxis unüberwindbare Hindernisse[617], schloss sich der unter Zeitdruck stehende Sonderausschuss dem Vorschlag der Sachverständigenkommission an, die Bankrottdelikte als abstrakte Gefährdungsdelikte zu gestalten und das Tatbestandsmerkmal der wirtschaftlichen Krise einzuführen. Dabei verweigerte sich der Regierungsentwurf aber der für den Grundtatbestand des Bankrotts von der Kommission vorgesehenen Differenzierung zwischen ganz *allgemein* und nur in einer *Krisensituation* gefährlichen Bankrotthandlungen und schuf einen einheitlichen Grundtatbestand.[618]

Von der drohenden Überschuldung als Krisensituation wurde abgesehen wegen Bedenken gegen die hinreichende Bestimmtheit und extrem früh einsetzender Strafbarkeit.[619]

Der Gesetzgeber von 1976 wählte mit der Überschuldung bewusst einen Begriff, der aufgrund seiner mehr als hundertjährigen zivilrechtlichen Verwendung bereits inhaltlich durch die Rechtspraxis fest ausgestaltet und der „Gesetzessprache seit langem bekannt“[620] war, so dass davon auszugehen ist, dass er das Krisenmerkmal im Sinne des Konkursauslösers verstanden wissen wollte.[621]

Zum Zeitpunkt der Einführung des Krisenmerkmals leitete sich die Überschuldung noch immer aus den Antragspflichten zu Lasten der Gesellschaftsorgane (§§ 92 II AktG, 130a HGB, 64 I GmbHG, GenG) sowie aus §§ 207, 209 Konkursordnung (KO) ab.

Die Frage, ob der Gesetzgeber en detail eine zwingend zivilrechtsakzessorische Auslegung damit verband oder ob lediglich das grobe Verständnis von der Überschuldung als „Überwiegen der Passiva“ zivilrechtsgleich vorherrschte, bleibt dadurch allerdings unbeantwortet.

Auch die Aufrechterhaltung des Bilanzerfordernisses im Rahmen des § 64 GmbHG weckt Zweifel daran, dass für die Akzessorietätsfrage eindeutige Schlussfolgerungen aus dem gesetzgeberischen Vorstellungsbild von der Überschuldung im Rahmen des § 283 StGB gezogen werden können.

---

615 BT-Drs. 7/550, S. 27, 256 f.
616 Vom Bundesjustizminister 1972 eingesetzte Sachverständigenkommission zur Bekämpfung der Wirtschaftskriminalität – Reform des Wirtschaftsstrafrechts.
617 *Schlussbericht der Sachverständigenkommission* zur Bekämpfung der Wirtschaftskriminalität – Reform des Wirtschaftsstrafrechts (1980), S. 168 f.
618 *Schlussbericht der Sachverständigenkommission* zur Bekämpfung der Wirtschaftskriminalität – Reform des Wirtschaftsstrafrechts (1980), S. 38 ff., 129 ff.; RegE-1. WiKG, BT-Drs. 7/3341, S. 20.
619 Bericht und Antrag des Sonderausschusses zum 1. WiKG, *BT-Drs.* 7/5291, S. 16 f. Zu Allem: ausführliche Darstellung der Hintergründe bzgl. der Einführung der Krisenmerkmale bei *Achenbach*, Schlüchter-Gds. (2002), S. 260 f.; *Hiltenkamp-Wisgalle*, Bankrottdelikte (1987), S. 38 ff., 287.
620 BT/Drs. 7/3441, S. 20.
621 Ebenso *Achenbach*, Schlüchter-Gds. (2002), S. 264; *Röhm*, Abhängigkeit des Insolvenzstrafrechts (2002), S. 86, 156; *Bieneck* in Müller-Gugenberger/Bieneck, 3. Aufl. (2000), § 76 Rn. 19 Fn. 34; *Höffner* BB 1999, S. 198; *Göhler/Wilts*, DB 1976, S. 1659; *Müller-Emmert/Maier* NJW 1976, S. 1663.

Mangels einer gesetzlichen Anpassung der GmbH-rechtlichen Insolvenzantragspflicht nach § 64 I GmbHG und wegen der nach überwiegender Ansicht daher vertretenen Aufrechterhaltung des Bilanzerfordernisses für die deliktische Haftung nach § 84 I GmbHG wurde insoweit der Straftatbestand der Insolvenzverschleppung mit der zivil*gesetzlich* normierten Antragsvoraussetzung zwar einheitlich ausgelegt. Jedoch trat insoweit bereits eine Inkongruenz zwischen der strafrechtlichen und zivilrechtlichen Lage auf, als die zivilrechtliche Antragsnorm selbst von der ganz überwiegenden Meinung in Anlehnung an die aktienrechtlichen Vorschriften unter Verzicht auf das Bilanzerfordernis verschärfend ausgelegt wurde.[622]

Die Tatsache, dass erst im Rahmen des 2. WiKG 1986 eine Anpassung erfolgte, deutet darauf hin, dass der Gesetzgeber von 1976 bei Normierung der Bankrotttatbestände Inkongruenzen zwischen zivil- und strafrechtlicher Rechtslage nicht für so „unerträglich“[623] erachtete, dass diese umgehend hätten geändert werden müssen.

Vor allem aber kann im Hinblick auf den Überschuldungstatbestand des Bankrotts davon ausgegangen werden, dass der Gesetzgeber von 1976 einen zwingenden Gleichlauf von Zivilrecht und Strafrecht ablehnte, indem er die Überschuldung bewusst zum Krisenmerkmal auch bei natürlichen Personen machte:[624]

Der Regierungsentwurf des 1. WikG rechtfertigte die personelle Divergenz von Zivil- und Strafrecht mit dem Unterschied zwischen der zivilrechtlichen Haftung und der strafrechtlichen Verantwortlichkeit für die Begehung „wirtschaftlich sinnloser oder zumindest gefährlicher Handlungen“, deren Unterlassung von jedem – auch dem zahlungsfähigen – Teilnehmer am Wirtschaftverkehr verlangt werden müsse, sofern er überschuldet ist.“[625]

Dass der Gesetzgeber trotz der offenen Täterformulierung („Wer...“) dabei als Normadressaten nur den Schuldner sah, folgt daraus, dass der Gesetzgeber ausweislich der Gesetzesmaterialien insoweit keine Abweichungen gegenüber der alten Rechtslage beabsichtigte; danach wurde in den Bankrottdelikten der §§ 239 ff. KO ausdrücklich der Schuldner als Normadressat bezeichnet.[626]

Festzuhalten ist ferner, dass der Gesetzgeber von 1976 trotz der damals bereits bestehenden Streitigkeiten über den zu verwendenden Wertmaßstab und trotz der ihm bekannten Prognoseprobleme, die die Abkehr von einer reinen Liquidationswertermittlung mit sich brachte, eine Bankrottstrafbarkeit gerade auch im Falle der Überschuldung wollte.

---

622 Vgl. im Einzelnen dazu bereits oben.

623 So wie *Uhlenbruck* eine unterschiedliche Auslegung der Überschuldung in Zivil- und Strafrecht für die Rechtssicherheit als unerträglich empfindet, *Uhlenbruck*, Schimmelpfeng-Review Nr. 25 (1980), S. 58, vgl. hierzu auch *Harneit*, Überschuldung (1984), S. 103 Fn. 117 und *Penzlin*, Auswirkungen der InsO (2000), Fn. 325, S. 71

624 Ebenso *Achenbach*, Schlüchter-Gds. (2002), S. 268.

625 BT-Drs. 7/3441, S. 20; vgl. hierzu auch *Achenbach*, Schlüchter-Gds. (2002), S. 264.

626 Vgl. BT-Drs. 7/3441, S. 19 f.; ebenso *Grub*, Insolvenzstrafrechtliche Verantwortlichkeit (1995), S. 4; *Grosche*, Generalklausel (1992), S. 29; *Ohde*, Wirtschaftsstrafrecht (1998), S. 33, *Penzlin*, Auswirkungen der InsO (2000), S. 55; *Röhm*, Abhängigkeit des Insolvenzstrafrechts (2002), S. 241 Fn. 809.

Unter dem Gesichtspunkt der Gefährdung der Gläubiger sei der Zustand der Überschuldung gegenüber dem der Zahlungsunfähigkeit der gravierendere: Der Schuldner, der zahlungsunfähig und nicht überschuldet ist,[627] biete eine größere Gewähr dafür, dass im Falle der Liquidation die Gläubiger zu ihrem Geld kommen, als derjenige, der noch zahlen kann, aber schon überschuldet ist.[628] Diese Auffassung steht auch hinter der Rangfolge der beiden Zustände im Eingang des Abs. 1 in § 283 StGB.[629]

VI. Entwicklung des Überschuldungsbegriffs in Rechtsprechung und Literatur unter der Rechtslage nach dem 1. WiKG bis zur Insolvenzordnung

1. Zivilrechtlicher Eröffnungsgrund und Konkursantragsgrund

a) *Inhalt und Argumentation der zweistufigen Modelle*

Zunehmend schloss sich die Mehrzahl der Autoren der *zweistufigen* Überschuldungsermittlung an, nach der statische und dynamische Elemente miteinander zu kombinieren waren.[630]

Dabei gesellte sich zu der zunächst nach wie vor aktuellen *traditionell zweistufigen Methode* die von *K. Schmidt* und *Ulmer* entwickelte sog. *neue* oder *modifiziert zweistufige* Methode[631], mit der die Literatur im Zeitablauf erstmals wieder zu einer herrschenden Meinung gelangte,[632] der sich auch die höchstrichterliche Rechtsprechung kurz

---

627 Denkbar ist dieser Fall unter dem damals herrschenden Verständnis von Zahlungsunfähigkeit („das auf dem Mangel an Zahlungsmitteln beruhende dauernde Unvermögen des Schuldners, seine sofort zu erfüllenden und ernsthaft eingeforderten Zahlungspflichten im wesentlichen zu begleichen"), wenn das vorhandene Vermögen zur Begleichung der Verbindlichkeiten auf absehbare Zeit nicht herangezogen werden kann; vgl. *Hiltenkamp-Wisgalle*, Bankrottdelikte (1987), S. 286 f. m.w.N. und zur Zahlungsunfähigkeit ausführlich *Hiltenkamp-Wisgalle*, Bankrottdelikte (1987), S. 275 ff.; *Röhm*, Abhängigkeit des Insolvenzstrafrechts (2002), S. 90 ff.

628 Vgl. *Wilts*, Protokoll der 89. Sitzung des Sonderausschusses für die Strafrechtsreform vom 10.5.1976, Stenographische Berichte 7. Wahlperiode, S. 2818 und hierzu *Hiltenkamp-Wisgalle*, Bankrottdelikte (1987), S. 287.

629 Vgl. *Hiltenkamp-Wisgalle*, Bankrottdelikte (1987), S. 287.

630 Vgl. bereits oben *Auler*, DB 1976, S. 1537 ff., 1538; *ders.*, DB 1976, S. 2169 ff., 2170; *Bangert/Graw*, Arbeitskreis Insolvenzwesen (1980), S. 287 ff., 313 ff.; *Bilo* GmbHR 1981, S. 73 ff., 76; *Blumers*, BB 1976, S. 1441 ff. (1442); *Deutler*, GmbHR 1977, S. 36 ff., 38 f.; *Gurke*, Verhaltensweisen (1982), S. 53 ff.; *Hefermehl* in Geßler/Hefermehl/Eckhardt/Kropff, AktG (1973/74), § 92 Rn. 17; *Heinen*, Handelsbilanzen, 8. Aufl. (1976), S. 410; *Herget*, AG 1974, S. 137 ff., 138; *Hirtz*, Vorstandspflichten (1966), S. 64 ff.; *Klebba*, BFuP 1953, S. 691 ff. (702); *Mertens* in Kölner Kommentar z. AktG (1970/1973), § 92 Rn. 13; *Mühlberger*, GmbHR 1977; S. 146 ff., 149 f.; *Obermüller*, DB 1973, S. 267 ff., 269; *Pribilla*, KTS 1958, S. 1 ff., 6 f.; *Schürer*, Überschuldung (1962), S. 69 ff.; *Siedschlag*, Ansatzpunkte (1971), S. 91 f. *Zilias*, WPg 1963, S. 93 ff., 95. Vgl. insoweit auch bereits oben; und *Harneit*, Überschuldung (1984), S. 18; *Höffner*, BB 1999, S. 201.

631 Vgl. erstmals *K. Schmidt*, AG 1978, 334 ff., 337. Ausführlich *ders.*, Wege zum Insolvenzrecht (1990), S. 46 ff.; *Ulmer* KTS 1981, S. 469, 477 ff. und hierzu *Spliedt*, DB 1999, S. 1942.

632 Zustimmend zunächst *Ulmer*, KTS 1981, S. 473 ff.; später z.B. auch *Kupsch*, BB 1984, S. 163; *Schulze-Osterloh* in Baumbach/Hueck, GmbHG, 15. Aufl. (1988), § 63 Rn. 8; *Lutter/Hommelhoff*, GmbHG, 13. Aufl. (1991), § 63 Rn. 6 f., *Rowedder* in Rowedder, GmbHG, Aufl. (1990), § 63 Rn. 10 f.;

vor Verabschiedung der Insolvenzordnung anschloss.[633] Im Zeitraum bis 1986 hatte die Rechtsprechung noch die Handelsbilanz als Ausgangspunkt der Überschuldungsmessung gewählt, wobei allerdings auch hier bereits Modifikationen als erforderlich erachtet wurden, um historische Buchwerte an realistische Werte anzupassen und so definierte stille Reserven aufzulösen.[634]

1987 billigte die Rechtsprechung dann ausdrücklich ein zweistufiges Vorgehen bei der Überschuldungsprüfung, hielt aber zunächst noch an der Aufstellung einer Bilanz fest und folgte damit der traditionell zweistufigen Methode.[635]

In der Literaturdiskussion war die Überschuldungsprüfung anhand zweistufiger Modelle bereits vor dem Wandel der Rechtsprechungspraxis fest verankert. In Weiterentwicklung der zweistufigen Ansätze, vor allem die modifiziert zweistufige Methode ergänzend, wurden sogar – allerdings zumeist ohne relevante inhaltliche Änderungen – vereinzelt Vorschläge unterbreitet, die Überschuldung dreistufig zu prüfen.[636]

Daneben kehrten einige Autoren aus Gründen der Justitiabilität – entsprechend den vorübergehend diskutierten Vorschlägen der Insolvenzrechtskommission[637] – zu einer Verwendung des *handelsrechtlichen Jahresabschlusses* zurück, wobei sowohl für ein einstufig bilanzielles als auch für ein zweistufiges Vorgehen plädiert wurde.[638]

K. Schmidt in Scholz, GmbHG, 8. Aufl. (1995), § 63 Rn. 10; vgl. hierzu auch *K. Schmidt*, Wege zum Insolvenzrecht (1990), S. 46 Fn. 36.

633 *BGH* v. 13.7.1992 – II ZR 269/91, *BGHZ* 119, S. 2114 = NJW 1992, S. 2891, 2894 = ZIP 1992, S. 1382 = DB 1992, S. 2022, 2025 = GmbHR 1992, S. 659, 662 f.; *BGH* v. 6.6.1994 – II ZR 292/91, *BGHZ* 126, S. 181, 199 = NJW 1994, S. 2220, 2224 = GmbHR 1994, S. 539, 545; *BGH* v. 20.3.1995 – II ZR 205/94, *BGHZ* 129, S. 136, 154 = NJW 1995, S. 1739, 1743 = GmbHR 1995, S. 665 = AG 1995, S. 386; *BGH* v. 2.12.1996 – II ZR 243/95, NJW RR-1997, S. 606, 607 = GmbHR 1997, S. 501, 503; *BGH* v. 16.6.1997 – II ZR 154/96, NJW 1997, S. 3026 f. = GmbHR 1997, S. 793 f.; *BGH* v. 30. 3. 1998 – II ZR 146/96, ZIP 1998, S. 776, 778 = GmbHR 1998, S. 594, 596.
Vgl. zu allem auch WP- Handbuch, Bd. I, 12. Aufl. 2000, Kap. V Rn. 16 ff.; *K. Schmidt* in Schmidt/Uhlenbruck, Krise, Sanierung und Insolvenz, 3. Aufl. (2003), Rn. 852; *Götz*, KTS 2003, S. 28; *Höffner*, BB 1999, S. 198 ff.; *Röhm*, Abhängigkeit des Insolvenzstrafrechts (2002), S. 169 f.

634 Der *BGH* verwandte zur Feststellung der Überschuldung eine konsolidierte Handelsbilanz. Die Jahresbilanz war im Sinne einer Vermögensbilanz auszuwerten, insbesondere musste das Stammkapital außer Ansatz bleiben und die stillen Reserven waren zu aktivieren (*BGHZ* 31, 258, 272, *BGHSt* 15, 306, 309); vgl. *Höffner*, BB 1999, S. 203, *Drukarczyk/Schüler*, MüKo, InsO (2001), § 19 Rn. 14. Dass die Handelsbilanz seit 1986 nicht mehr als Grundlage der Überschuldungsprüfung auch in der Rechtsprechung galt, ist nicht zuletzt auf das Aufgeben des Handelsbilanzerfordernisses auch bei der GmbH durch das 2. WiKG von 1986 (Zweites Gesetz zur Bekämpfung der Wirtschaftskriminalität vom 15.5.1986 (2.WiKG) in Kraft ab 1.8.1986 (BGBl 721 ff.) zurückzuführen. Vgl. auch *Drukarczyk/Schüler*, MüKo, InsO (2001), § 19 Rn. 14.

635 Urt. v. 3.2.1987, *BGH*, WM 1987, S. 556 f., welches vereinzelt auch bereits als Anschluss des *BGH* an die in der Literatur vordringende modifiziert zweistufige Methode gewertet wurde, vgl. hierzu ausführlich *Vonnemann*, Überschuldung (1989), Rn. 25 ff., 29; *Höffner*, BB 1999, S. 203.

636 Vgl. *Götz*, ZinsO 2000, S. 78; dazu näher sogleich unter Erster Teil VI. 1. a) bb).

637 Hierzu eingehend *Götz*, KTS 2003, S. 30–33.

638 Im Wege einer zweistufigen Überschuldungsprüfung: *Drukarczyk/Schüler*, Kölner Schrift zur InsO 1. Aufl. (1997), S. 91 ff.; *Mertens* in Kölner Kommentar z. AktG, 2. Aufl. 1996, § 92 Fn. 31, unter Verweis auf Kommission für Insolvenzrecht, Erster Bericht 1985, Leitsatz 1.2.6 Abs. 1, wonach Überschuldung als Zustand zu definieren sei, in dem „eine nach den Grundsätzen ordnungsgemäßer Buchführung und Bilanzierung erstellte Handelsbilanz ausweist, daß das Eigenkapital

Auf den Gesamtzeitraum bezogen standen sich allerdings vornehmlich die *traditionell* und die *modifiziert zweistufige* Methode als maßgebliche Konkretisierungsmodelle der Überschuldung entgegen,[639] deren Ergebnisse maßgeblich davon abhingen, welcher betriebswirtschaftlichen Methode man sich zur Ermittlung von Liquidations- oder Fortführungswert bediente.[640]

Unabhängig von einer etwaigen gesetzlichen Festschreibung der traditionell zweistufigen Methode in § 19 II InsO wird auch heute noch die Eignung der *modifiziert zweistufigen* Methode für die zivil- wie auch strafrechtliche Überschuldungsermittlung in Abgrenzung zur *traditionell zweistufigen* Methode – nicht nur *de lege ferenda* – diskutiert.[641]

Ebenso wird auch heute noch für eine Überschuldungsermittlung anhand von Handelsbilanzwerten plädiert.[642] Eine genauere Gegenüberstellung der zweistufigen Modelle sowie der handelsbilanziellen Ansätze ist daher angezeigt:

aa) Modifiziert zweistufige Methode (und dreistufige Methode in Anlehnung an die modifiziert zweistufige)

Die *modifiziert zweistufige Methode* basierte auf der Grundüberlegung, dass die mit einer Ermittlung von Fortführungswerten untrennbar verbundene Prognose der aus einem Vermögensgegenstand resultierenden Einzahlungsüberschüsse als selbständiges Element in der Überschuldungsprüfung zu implementieren sei.[643] Ein Unternehmen war danach überschuldet, wenn das auf der Basis der Liquidationsprämisse bewertete Vermögen nicht ausreichte, sämtliche Gläubigeransprüche zu befriedigen *und* – zusätzlich – eine Prognose über die Fortführungs- oder Überlebensfähigkeit des Unternehmens zu einem negativen Ergebnis gekommen war.[644]

---

durch Verluste aufgezehrt ist" (rechnerische Überschuldung) und auf Basis eines dokumentierten Finanz- und Ertragsplans keine begründete Prognose dahingehend aufgestellt werden könne, dass die die Zahlungsunfähigkeit in mittelfristiger Hinsicht nicht gefährdet sei. Vgl. hierzu auch kritisch *Götz*, Überschuldung (2004), S. 292. Einstufig allein aufgrund einer *modifizierten* Handelsbilanz: *Vonnemann*, BB 1991, S. 867, 870; eingehend *ders.*, Überschuldung (1989); ähnlich *Lütkemeyer*, Überschuldung (1983), S. 150 ff. Vgl. zu allem *Höffner*, BB 1999, S. 202 f.

639 Vgl. zu dieser Diskussion mit ausführlicher Aufarbeitung der Argumentationslinien *Arens*, Überschuldungsprüfung (1991), S. 170 ff.

640 Daher auch kritisch gegenüber einer auf die Frage nach der Art der Zweistufigkeit reduzierte Überschuldungsdiskussion *Höffner*, BB 1999, S. 199 Fn. 25; vgl. eingehend sogleich unter Erster Teil A. VI. 1.) c).

641 Hinsichtlich des zivilrechtlichen Überschuldungsbegriff machen sich auch nach In-Kraft-Treten der Insolvenzordnung für die modifiziert zweistufige Methode (wohl *de lege ferenda*) stark *Götz*, ZinsO 2002, S. 77 ff., 82 f. *K. Schmidt* in Scholz, GmbHG, 9. Aufl. (2002), Vor § 64 Rn. 17, 20; (ausdrücklich *de lege ferenda*) *Penzlin*, Auswirkungen der InsO (2000), S. 89 ff., 159, 213; Für die Konkretisierung des strafrechtlichen Überschuldungsbegriffs nach der modifiziert zweistufigen Methode bereits *de lege lata* bei Insolvenzverschleppung und Bankrott *Penzlin*, Auswirkungen der InsO (2000), S. 89 ff., 213.

642 So jüngst noch *Reck*, ZinsO 2004, S. 661 ff.

643 Vgl. erstmals *K. Schmidt*, AG 1978, 334 ff., 337. Ausführlich *ders.*, Wege zum Insolvenzrecht (1990), S. 46 ff.; *Ulmer* KTS 1981, S. 469 ff., 491 f. und *K. Schmidt* in Kölner Schrift zur InsO, 2. Aufl. (2000), S. 1206.

644 Vgl. *K. Schmidt*; AG 1978, S. 334 ff.; *ders.*, ZIP 1980, S. 233 ff.; *ders.*, JZ 1982; 165 ff.; *Ulmer* KTS 1981, S. 469 ff., 491 f.

Nach der modifiziert zweistufigen Methode wurde – regelmäßig, aber nicht zwingend (s.u.) – in einem *ersten Schritt* die sog. *rechnerische* Überschuldung anhand einer bilanziellen Gegenüberstellung des zu Liquidationswerten bewerteten Vermögens und der bestehenden Verbindlichkeiten des Unternehmens ermittelt, unter Berücksichtigung der stillen Reserven bei Ansatz und Bewertung des Vermögens. Lag danach keine rechnerische Überschuldung vor, entfiel eine weitere Prüfung.[645]

Im Falle rechnerischer Überschuldung war dann in einem *zweiten Schritt* eine Überlebensprognose (Fortführungsprognose) anzustellen, die darauf gerichtet war, festzustellen, ob die Finanzkraft der Gesellschaft nach überwiegender Wahrscheinlichkeit mittelfristig zur Fortführung des Unternehmens (nicht) ausreicht.

Ergab sich aufgrund sorgfältiger betriebswirtschaftlicher Analyse der in der Konzeption von *Karsten Schmidt* zunächst offen gelassenen und in der Literatur umstrittenen Parameter (mittelfristige Rentabilität, Ertragsfähigkeit oder Zahlungsfähigkeitsprognose),[646] dass die Überlebensfähigkeit nicht gegeben ist, lag endgültig Überschuldung im Rechtssinne vor; ergab die Analyse indes nachvollziehbar und beweiskräftig, dass Grund zur Annahme besteht, dass die Gesellschaft lebensfähig ist und mittelfristig damit zu rechnen ist, dass die Finanzkraft zur Fortführung des Unternehmens ausreicht, brauchten aus der gegebenen rechnerischen Überschuldung keine weiteren Folgerungen gezogen zu werden.[647]

Eine positive Fortführungsprognose fungierte nach dieser Auffassung also als Ausscheidungskriterium, wodurch Fälle der rechnerischen Überschuldung (Überschuldungsstatus zu Liquidationswerten) – mittels teleologischer Reduktion des Überschuldungstatbestandes – von der rechtlichen Überschuldung auszunehmen seien, wenn ein Unternehmen mittelfristig überlebensfähig sei.[648]

Aus dieser qualitativen Gleichwertigkeit von Fortführungsprognose (prognostisches Element)[649] und Liquidationsbilanz (rechnerische Überschuldung als exekutorisches Element)[650], wonach bereits das positive Ergebnis der Fortführungsprognose zur Verneinung der Überschuldung ausreichte, folgte, dass der Schuldner mangels gesetzlich vorgeschriebener Prüfungsreihenfolge auch gleich mit der Erstellung der Fortführungsprognose beginnen konnte und bei positivem Ergebnis nicht einmal mehr eine Bilanz erstellen musste.[651]

Dieses modifiziert zweistufige Vorgehen folgte vorrangig aus dem Bestreben, die präventive Funktion der Überschuldung als Eröffnungstatbestand bestmöglich zu

---

645 Vgl. *Uhlenbruck*, Kölner Schrift zur InsO, 2. Aufl. (2000), Rn. 875.
646 Dazu sogleich unter Erster Teil A. VI. 1.) b) aa).
647 Vgl. *Uhlenbruck* in Kuhn/Uhlenbruck, KO, 11. Aufl. (1994), § 102 Rn. 5e m.w.N.
648 Vgl. zu allem *K. Schmidt,* AG 1978, S. 337 f.
649 In Anlehung an die Terminologie bei *Wolf*, Überschuldung (1998), S. 22; Braun/Uhlenbruck, Unternehmensinsolvenz (1997), S. 290.
650 In Anlehung an die Terminologie bei *Uhlenbruck*, Kölner Schrift zur InsO, 2. Aufl. (2000), Rn. 875; *Wolf*, Überschuldung (1998), S. 22; *Braun/Uhlenbruck*, Unternehmensinsolvenz (1997), S. 290.
651 *K. Schmidt* in Scholz, GmbHG, 8. Aufl. (1995), § 63 Rn. 10 und hierzu *Wolf*, Überschuldung (1998), S. 22. Auch *Braun/Uhlenbruck*, Unternehmensinsolvenz (1997), S. 291, *Meyer-Cording*, BB 1985, S. 1926.

verwirklichen, ohne die Zerschlagung lebensfähiger Unternehmen zu forcieren.[652] Ausgangspunkt dieser *funktionsbezogenen* Argumentation war, den Zeitpunkt zu bestimmen, der eine Zwangsliquidierung oder rettende Sanierung aus Gründen des Gläubigerschutzes wirklich erfordert:[653]

Mangels Gefährdung der Gläubigerbefriedigungsinteressen dürfe die Fortführung des Unternehmens nicht untersagt werden, wenn bei Zugrundelegung von Liquidationswerten alle Gläubiger befriedigt werden können.[654] Ebenso wenig dürfe die Fortführung mangels hinreichender Gläubigergefährdung untersagt werden, wenn die Gesellschaft für absehbare Zeit zahlungsfähig, also mittelfristig überlebensfähig, bleibe.[655]

Nur wenn das Vermögen zur Befriedigung der Gläubiger auch verwertet werden *müsse*, bedürfe es der Prüfung, ob diese Verwertung des Vermögens für die Gläubigerbefriedigung ausreichen würde; dann allerdings seien konsequenterweise nur Liquidationswerte zugrunde zu legen.[656] *Ob* das Vermögen zur Befriedigung der Gläubiger verwertet werden müsse, sei indes eine andere Frage, die nicht in die bilanzielle Überschuldungsprüfung einzubeziehen, sondern von dieser zu trennen ist (Fortführungsprognose).[657]

Hingegen müsse die Überschuldung bei positiver Fortführungsprognose stets zu verneinen sein, anstatt – wie die traditionell zweistufige Methode – lediglich Betriebsbestehenswerte in den Überschuldungstatbestand einzusetzen, denen keine Aussagekraft für die zahlungsstromorientierte Frage der Gläubigerbefriedigung zukomme.[658]

Gläubigerbefriedigung durch Unternehmensfortführung sei ein Prozess, der keinen Platz im als statisch zu begreifenden Überschuldungsstatus habe und auch durch eine dynamische Unternehmensbewertung hierin nicht dargestellt werden könne.[659]

Ein Unternehmen war demnach als konkurs- bzw. insolvenzreif zu bewerten, wenn es im Zerschlagungsfall nicht alle Forderungen bedienen könnte („rechnerische Überschuldung“) es sei denn, der Zerschlagungsfall war nicht zu erwarten (fehlende „rechtliche Überschuldung“).[660]

---

652 So vor allem *K. Schmidt,* AG 1978, S. 335, 338.
653 *K. Schmidt,* AG 1978, S. 337.
654 *K. Schmidt,* AG 1978, S. 337. So auch heute noch *K. Schmidt* in Schmidt/Uhlenbruck, Krise, Sanierung und Insolvenz, 3. Aufl. (2003), Rn. 852.
655 So auch heute noch *K. Schmidt* in Schmidt/Uhlenbruck, Krise, Sanierung und Insolvenz, 3. Aufl. (2003), Rn. 852.
656 *K. Schmidt* in Scholz, GmbHG, 8. Aufl. (1995), § 63 Rn. 11 b.
657 *K. Schmidt* in Scholz, GmbHG, 8. Aufl. (1995), § 63 Rn. 11 c.
658 Eingehend hierzu *Penzlin,* Auswirkungen der InsO (2000), S. 86, 132 m.w.N. unter Hinweis auf die Herkunft der Fortführungsbewertung nach Substanz- oder Ertragsbewertungsmethoden aus dem Unternehmenskauf.
659 Vgl. zu allem *K. Schmidt,* AG 1978, S. 337 f.
660 *K. Schmidt,* AG 1978, S. 334, 338; *ders.,* Wege zum Insolvenzrecht (1990), S. 50; *ders.* in Schmidt/Uhlenbruck, Krise, Sanierung und Insolvenz, 3. Aufl. (2003), Rn. 856.

Dass die Prognose der Unternehmensfortführung nicht als bloße Bewertungsprämisse in der rechnerischen Überschuldung aufgeht, sondern von dieser getrennt werden sollte, wurde neben den funktionsspezifischen Gründen mit einem Plus an *Rechtsklarheit* begründet.[661]

Durch die besonders ausgewiesene und begründete Fortführungsprognose sollte „dem einer bloßen Überschuldungsbilanz (im Sinne der traditionell zweistufigen Methode) anhaftende Schein der Objektivität entgegengewirkt" werden und die dem Überschuldungstatbestand immanenten Unwägbarkeiten offen zu Tage treten.[662] Denn nach dem traditionell zweistufigen Verfahren sei in aller Regel das durch den Überschuldungsstatus erst zu ermittelnde Ergebnis bereits durch das Resultat der Überlebensprognose wegen der daraus folgenden unterschiedlichen Bewertungsmaßstäbe präjudiziert und die Überschuldungsrechnung damit zu einer bloßen Bestätigungsrechnung degradiert.[663] Dies verstoße gegen das Gebot der Methodenehrlichkeit.

In Ergänzung des modifiziert zweistufigen Verfahrens wurde von einigen Autoren angeregt, in einem dritten Prüfungsschritt zusätzlich eine Abwägung zwischen dem aktuellen Ausfallrisiko und den prognostizierten mittelfristigen Überlebenschancen des Unternehmens vorzunehmen.[664]

Inwieweit der dritte Schritt dabei notwendiger Bestandteil der Überschuldungsfeststellung sein sollte, ist allerdings nicht immer eindeutig. Beispielsweise formuliert *Götz* zur aktuellen Rechtslage den dritten Prüfungsschritt lediglich im Sinne einer Sollvorgabe, nicht aber als zwingenden Bestandteil der Überschuldungsprüfung, wenn er vorschlägt, dass im Anschluss an die Ermittlung der rechnerischen Überschuldung anhand einer Bilanz zu Liquidationswerten (Schritt 1) und die Aufstellung einer Fortbestehensprognose (Schritt 2) „das Management" in einem dritten Schritt „eine Abwägung zwischen den Chancen und Risiken einer Fortführung im Vergleich zur sofortigen Liquidation anstellen *sollte*", wobei „der betriebene Aufwand immer in angemessener Relation zur Leistungsfähigkeit der Unternehmensverwaltung stehen" müsse.[665] Bei Befolgung aller drei Schritte sei das Management dann vor einer Haftung sicher.[666] Sofern mit dieser – für den Fall der Durchführung aller drei Prüfungsschritte vorgesehenen – Freizeichnung von jeder Haftung keine eindeutige Sanktion für den Fall seines Unterlassens korrespondiert, scheidet die dreistufige Methode als straftatbestandliche Konkretisierungsmethode aus. An eine nicht verbindliche Sollvorgabe kann keine strafrechtliche Sanktion geknüpft wer-

---

661 So auch heute noch *K. Schmidt* in Schmidt/Uhlenbruck, Krise, Sanierung und Insolvenz, 3. Aufl. (2003), Rn. 852. Auch *Groth*, Überschuldung (1995), S. 32.

662 *K. Schmidt,* AG 1978, S. 338. *ders.* in Schmidt/Uhlenbruck, Krise, Sanierung und Insolvenz, 3. Aufl. 2003, Rn. 856; vgl. zur Kritik an den Unwägbarkeiten auch *Egner/Wolff*, AG 1978, S. 99 ff.

663 So *Ulmer* in Hachenburg, GmbHG, 7. Aufl. (1984), § 63 Rn. 33; *K. Schmidt* AG 1978, S. 337; *ders.*, Wege zum Insolvenzrecht (1990), S. 50; *Egner/Wolff*, AG 1978; S. 99, 102; *Haak*, Überschuldung (1980), S. 89; *Höfner*, Überschuldung (1981), S. 226; *Groth*, Überschuldung (1995), S. 31, 114 ff.

664 Vgl. *Hommelhoff* in FS-Döllerer (1988), S. 247 ff.; hierzu auch *Götz*, ZinsO 2000 S. 78.

665 So *Götz*, ZinsO 2000, S. 83.

666 So *Götz*, ZinsO 2000, S. 83.

den. Hierzu müsste der dritte Prüfungsschritt zwingender Bestandteil der Überschuldungsprüfung sein. Und selbst dann führt diese *dreistufige Methode* gegenüber der modifiziert zweistufigen im Ergebnis zu solch minimalen Abweichungen,[667] dass sie als eine Spielart der modifiziert zweistufigen Überschuldungsfeststellung gelten und mangels ergebnisrelevanter Abweichungen bei der Diskussion um die Übertragbarkeit des zivilrechtlichen Überschuldungstatbestands vernachlässigt werden kann.

bb) Traditionell zweistufige Methode

Im Gegensatz zur modifiziert zweistufigen Methode reichte gemäß der auch weiterhin vertretenen[668] *traditionell zweistufigen Methode* die überwiegende Wahrscheinlichkeit der Unternehmensfortführung allein noch nicht aus, eine Überschuldung auszuschließen. Ihr zufolge kam der Fortführungsprognose lediglich die Funktion einer Bewertungsprämisse zu, deren Ergebnis über den anzuwendenden Wertmaßstab bei Ansatz der Vermögensgegenstände in der Überschuldungsbilanz entschied. Die Überschuldung selbst wurde dann rein bilanziell ermittelt.[669]

Über die genaue Prüfungsreihenfolge und damit auch über die Relevanz der Fortführungsprognose herrschte jedoch Uneinigkeit. Insbesondere kamen die verschiedenen Ansätze zu unterschiedlichen Ergebnissen in dem – allerdings seltenen – Fall[670], dass die Fortführungsprognose positiv war, aber das zu Fortführungswerten bewertete Vermögen nicht zur Schuldendeckung ausreichte, hingegen bei Bewertung zu Liquidationswerten das Vermögen zur aktuellen Schuldendeckung ausreichte, jedoch eine Korrekturprüfung anhand von Liquidationswerten nicht vorgesehen war.

Der überwiegenden Meinung zufolge war in einem *ersten Schritt* eine *Prognose* dahingehend aufzustellen, ob die Fortführung (Erhaltung) des Unternehmens nach den Umständen überwiegend wahrscheinlich ist (sog. Fortführungsprognose).[671] Bejahendenfalls waren die Vermögensgegenstände in der Überschuldungsbilanz mit ihrem Fortführungswert anzusetzen; fiel die Fortführungsprognose negativ aus, waren die Vermögensgegenstände zu Liquidationswerten anzusetzen.[672]

---

667 Vgl. *Götz*, ZinsO 2000 S. 78.

668 So z.B. *Uhlenbruck*, Krise, 2. Aufl. (1988), S. 281–282; *Wolf*, Überschuldung (1998), S. 24; der Berufsstand der Wirtschaftsprüfer (vgl. WP-Handbuch, (*IDW*) Band II, 12. Aufl. 2002, Kap. L Rn. 84 und *IDW* FAR 1/1996, WPg 1997, S. 22 ff.; Kommissions- und Referentenentwurf zu § 21 II EInsO, vgl. Diskussionsentwurf I S. V 16 f. und Referentenentwurf, S. B. 20 und hierzu *K. Schmidt*, Wege zum Insolvenzrecht (1990), S. 47.

669 Vgl. etwa *Uhlenbruck* in Kuhn/Uhlenbruck, KO, 11. Aufl. (1994), § 102, Rn. 5c, 6d; *Auler*, DB 1976, S. 2169 f.; *Pribilla* KTS 1958, S. 7; *Wolf*, Überschuldung (1998), S. 23 f.

670 Denkbar ist dies insbesondere bei Unternehmen mit einem großen Anteil an festem Anlagevermögen, Maschinen, Grundstücke vgl. insoweit auch *Röhm*, Abhängigkeit des Insolvenzstrafrechts (2002), S. 180.

671 Diese Reihenfolge war mangels gesetzlicher Fixierung nicht zwingend, wurde jedoch als ökonomisch sinnvollste Vorgehensweise nahezu einhellig vertreten; vgl. Auler, DB 1976, S. 2169 und später *IDW* FAR 1/1996, WPg 1997, S. 23; *Uhlenbruck* in Schmidt/Uhlenbruck, Krise, Sanierung und Insolvenz, 3. Aufl. (2003) Rn. 877, *ders.*, wistra 1996, S. 6.

672 So z.B. *Mertens* in Kölner Kommentar z. AktG (1970/1973), § 92 Anm. 13; *Zilias/Götz*, WP-Hdb. 1985/86 Bd. I, S. 370.

Ergab sich nun bei *negativer* Fortführungsprognose unter Ansatz von Liquidationswerten, dass die Verbindlichkeiten das Vermögen der Gesellschaft übersteigen, war die Gesellschaft überschuldet. Reichte hingegen das zu Liquidationswerten bewertete Vermögen der Gesellschaft aus, all ihre Verbindlichkeiten zu bedienen, schied eine Überschuldung aus. Alle Gläubigeransprüche könnten mit dem durch die Liquidierung des Gesellschaftsvermögens erzielten Veräußerungserlös befriedigt werden.[673]

Fiel die Fortführungsprognose hingegen *positiv* aus, war die Gesellschaft also nach überwiegender Wahrscheinlichkeit überlebensfähig, war eine Überschuldung ausgeschlossen, wenn das zu Fortführungswerten bewertete Vermögen die Verbindlichkeiten der Gesellschaft überstieg.

Unterschritt hingegen das zu Fortführungswerten angesetzte Gesellschaftsvermögen die bestehenden Verbindlichkeiten, war die Gesellschaft *einer Ansicht* zufolge grundsätzlich überschuldet, es sei denn, es würde tatsächlich die Liquidationsoption ergriffen und das zu Liquidationswerten bewertete Vermögen würde ausreichen, die Unternehmensverbindlichkeiten zu decken.[674] Denn mittels Liquidierung des Gesellschaftsvermögens könnten sonst noch immer sämtliche Gläubiger befriedigt werden, so dass bei fehlender Überschuldung nach Liquidationswerten im Ergebnis stets Überschuldung zu verneinen wäre. Da diese Ansicht offenbar davon ausgeht, dass die Unternehmensleitung bei positiver Fortführungsprognose die Liquidationsoption nicht ergreifen wird, kommt sie zu dem Schluss, dass eine Bewertung nach Liquidationswerten „nur in einem Teil der überhaupt möglichen Fälle stattfindet, nämlich bei negativer Fortbestehensprognose“,[675] entweder weil der Schuldner nicht fortführen kann oder nicht fortführen will.

Nach *anderer Ansicht* war sogar unabhängig davon, ob die Liquidationsprämisse tatsächlich ergriffen würde und damit unabhängig von dem Ergebnis der Fortführungsprognose Überschuldung stets ausgeschlossen, solange nur nach Liquidationswerten das Vermögen als Gläubigerbefriedigungspotential theoretisch ausreiche.[676]

Demgegenüber vertrat die Gegenansicht aus Gründen der Prüfungsökonomie und zwecks Eingrenzung der Relevanz der Fortführungsprognose einen dreistufigen Prüfungsansatz dergestalt, dass zunächst stets eine Überschuldungsbilanz anhand von Liquidationswerten zu erstellen war, und wenn das so ermittelte Vermögen die Verbindlichkeiten überstieg, bereits Überschuldung verneint werden könne. Reiche hingegen das zu Liquidationswerten bewertete Vermögen nicht aus, die Verbind-

---

673 Vgl. *Mertens* in Kölner Kommentar z. AktG, 1. Aufl. (1970/1973), § 92 Anm. 13; *Zilias/Götz*, WP-Hdb. 1985/86 Bd. I S. 370; *IDW FAR* 1/1996, WPg 1997, S. 23 und – insoweit inhaltsgleich – zur Interpretation der traditionell zweistufigen Methode nach aktueller Rechtslage *Drukarczyk/Schüler*, MüKo, InsO (2001), § 19 Rn. 37, 43, 44 ff.

674 So ist auch heute *Drukarczyk/Schüler*, MüKo, InsO (2001), § 19 Rn. 46 zu verstehen, wenn er bei positiver Liquidationsbilanz Überschuldung erst ablehnt, wenn auch die Liquidationsbilanz ergriffen würde.

675 *Drukarczyk/Schüler*, MüKo, InsO (2001), § 19 Rn. 48; *Eisele*, Rechnungswesen, 7. Aufl. (2002), 7. Aufl. (2002), S. 1128.

676 Ebenso *IDW FAR* 1/1996, WPg 1997, S. 23.

lichkeiten zu decken, sei in einem zweiten Schritt eine Fortführungsprognose zu erstellen und bei positivem Ergebnis in einem dritten Schritt anhand einer zu Fortführungswerten erstellten Überschuldungsbilanz zu ermitteln, ob Überschuldung vorliege.[677]

Durch die traditionell zweistufige Methode wird das prognostische Element bei der Beurteilung der Überschuldung gegenüber der modifiziert zweistufigen Methode zwar nicht völlig beseitigt, aber doch eingegrenzt.[678]

Die Relevanz der Fortführungsprognose einzugrenzen war erklärtes Ziel der traditionell zweistufigen Methode, da in ihren Augen das der Fortführungsprognose immanente Risiko einer Fehleinschätzung zu groß sei, um über den Ausgang der Überschuldungsermittlung gegebenenfalls allein entscheiden zu können:

„Eine positive Prognose für die Lebensfähigkeit des Unternehmens – die leicht vorschnell unterstellt wird – darf die Annahme einer Überschuldung noch nicht ausschließen; sie rechtfertigt nur eine andere Art der Bewertung des Vermögens.“[679]

Denn auch wenn, wie von Vertretern der modifiziert zweistufigen Methode betont wird, die Fortführungsprognose durch das Erfordernis einer nach betriebswirtschaftlichen Grundsätzen orientierten Liquiditätsplanung objektiviert werde und damit der Unternehmensleitung keine „Freiheit zum Selbstbetrug“[680] gelassen werde, so fehle es doch regelmäßig an der „geistigen Disziplin“ des antragspflichtigen Schuldners, seine bisherigen, objektiv falschen unternehmerischen Entschei-

---

677 Vgl. *Uhlenbruck*, Krise, 2. Aufl. (1988), S. 281–282 und – insoweit inhaltsgleich – zur Interpretation der traditionell zweistufigen Methode nach aktueller Rechtslage *Uhlenbruck*, Insolvenzrecht (1994), S. 290 f.; *ders.* in Gottwald, Insolvenzrechtshandbuch 2. Aufl. (2001), § 8 Rn. 20.

678 Die verbleibende Relevanz der Fortführungsprognose zu Lasten der Gläubiger, deren Befriedigungsinteresse bei einer rein rechnerischen, von potentiellen Fehleinschätzungen befreiten Überschuldungsfeststellung zu Liquidationswerten stärker berücksichtigt würde, wird damit begründet, dass es im Marktgeschehen keine gefahr- oder risikolosen Gläubigerpositionen geben könne. Wer mit einer Gesellschaft kontrahiere, deren Haftung beschränkt ist, müsse generell ein höheres Ausfallrisiko in Kauf nehmen; insbesondere lasse sich dieses durch einzelvertragliche Abreden auch durch den Gläubiger selbst minimieren (*Mönning* in Nerlich/Römermann, InsO (2005), § 19 Rn. 12). Auch im Hinblick auf die Finanzierungsfreiheit der Gesellschafter, von denen nicht eine den jeweiligen Geschäftsumfang wechselnd angepasste Kapitalsausstattung verlangt werde, sondern lediglich ein durch Gesetz und Satzung definierter Eigenkapitalanteil, wäre eine rein liquidationswertorientierte Überschuldungsfeststellung als unzulässige Einschränkung der Gesellschaft zu werten (*BGH*, WM 1980, 589; *Uhlenbruck*, Insolvenzrecht (1994), S. 76 ff.; *Drukarczyk*, FS-Moxter (1994), S. 1236 ff.; *Ulmer* in Hachenburg, GmbHG, 7. Aufl. (1984), § 63 Rn. 32; vgl. *Mönning* in Nerlich/Römermann, InsO (2005), § 19 Rn. 11). Das verbleibende Restrisiko insbesondere bei deliktischer Schädigung und sonstiger unfreiwilliger Gläubiger der Gesellschaft müsse im Rahmen der Interessenabwägung hinter den Gesellschaftsinteressen zurücktreten (*BGH* WM 1980, 589; *Uhlenbruck*, Insolvenzrecht (1994), S. 76 ff.; *Drukarczyk*, FS-Moxter (1994), S. 1236 ff.; *Ulmer* in Hachenburg, GmbHG 7. Aufl. (1984), § 63 Rn. 32; vgl. *Mönning* in Nerlich/Römermann, InsO (2005), § 19 Rn. 11).

679 So der Diskussionsentwurf zu § 21 II EInsO, wie auch der spätere Referentenentwurf, vgl. Diskussionsentwurf I, S. B 16 f.; Referentenentwurf, S. B 20, zustimmend *Meyer-Cording*, ZIP 1989, S. 486; vgl. hierzu auch *K. Schmidt*, Wege zum Insolvenzrecht (1990), S. 47. Ähnlich auch die Beratungen des Rechtsauschusses zu § 23 EInsO, BT-Drs. 12/7302, 157, dazu näher unter Zweiter Teil A. I.

680 Vgl. *K. Schmidt* in Scholz, GmbHG, 8. Auf. (1992), § 63 Rn. 11 b.

dungen in die Prognoserechnung nicht doch einfließen zu lassen.[681] Von den Antragspflichtigen seien überwiegend positive Prognosen zu erwarten, die sich auch in den Planungsrechnungen wieder fänden und dadurch das Risiko einer Fehlprognose dahingehend erhöhen, dass eine Überschuldung zu Unrecht verneint werde.[682]

Der Versuch, durch eine Beweislastverteilung zu Lasten des antragspflichtigen Schuldners hinsichtlich der Fortführungsfähigkeit seines Unternehmens, also durch Vermutung der rechtlichen Überschuldung bei Vorliegen einer rechnerischen Überschuldung der Gefahr einer Aushöhlung des Überschuldungstatbestandes entgegenzutreten,[683] laufe letztlich auf eine *ex-post*-Betrachtung hinaus und eigne sich daher insbesondere auch im Hinblick auf eine rechtsstaatlichen Grundsätzen genügende Handhabung des Überschuldungsbegriffs im Strafrecht nicht, welche bei Bestimmung auch des zivilrechtlichen Überschuldungsbegriff mitberücksichtigt werden müsse.[684]

Auch die Gesetzesformulierung der Überschuldung als *Überwiegen der Schulden über das Vermögen* sei auf eine bilanzielle Betrachtung angelegt[685] und verlange eine Bewertung.[686] Die Ermittlung der Finanzkraft sei hingegen kein Bewertungsvorgang und der Verzicht auf die Bilanzerstellung verstoße gegen die gesetzlich angeordnete Vorgehensweise, wonach die Feststellung, ob Überschuldung vorliege oder nicht, stets auf der Grundlage einer Gegenüberstellung von Vermögen und Schulden zu treffen sei.[687]

Als drittes Argument für die Integration der Fortführungsprognose als Bewertungsprämisse in die Überschuldungsbilanz wurde angeführt, dass auch im Falle einer allein durch langfristige Kreditaufnahme am Markt bedingten positiven Fortführungswahrscheinlichkeit eines Unternehmens die Befriedigungsinteressen der Gläubiger gefährdet sein könnten, wenn man bedenke, dass Schuldentilgung – bezogen auf die Gesamtlebensdauer einer Gesellschaft – ein Produkt von Absatzleistungen (*Cashflow*) sei, welches aber durch Kreditaufnahme nicht unmittelbar positiv beeinflusst werde.[688]

---

681 So *Lütkemeyer*, Überschuldung (1983), S. 215; vgl. hierzu auch *Wolf*, Überschuldung (1998), S. 23.

682 So *Wolf*, Überschuldung (1998), S. 23.

683 Vgl. z.B. *Schulze-Osterloh* in Baumbach/Hueck, GmbHG, 16. Aufl. (1996), § 63 Rn. 11, demzufolge die Beweislast für Aufstellung und Richtigkeit der Prognose den Insolvenzantragspflichtigen trifft.

684 So *Wolf*, Überschuldung (1998), S. 24.

685 So der Diskussionsentwurf zu § 21 II EInsO, wie auch der spätere Referentenentwurf, vgl. Diskussionsentwurf I, S. B 16 f.; Referentenentwurf, S. B 20, zustimmend *Meyer-Cording*, ZIP 1989, S. 486; vgl. hierzu auch *K. Schmidt*, Wege zum Insolvenzrecht (1990), S. 47

686 *Burger/Schellberg*, KTS 1995, S. 571; *Spliedt*, DB 1999, S. 1944.

687 So der Diskussionsentwurf zu § 21 II EInsO, wie auch der spätere Referentenentwurf, vgl. Diskussionsentwurf I, S. B 16 f.; Referentenentwurf, S. B 20, zustimmend *Meyer-Cording*, ZIP 1989, S. 486; *Wolf*, Überschuldung (1998), S. 23; vgl. hierzu auch *K. Schmidt*, Wege zum Insolvenzrecht (1990), S. 47.

688 Vgl. insoweit *Uhlenbruck* in Kuhn/Uhlenbruck, KO, 10. Aufl. (1986), § 102 Rn. 5 f.; *Wolf*, Überschuldung (1998), S. 24. Vgl. bereits hier auch die Beratungen des Rechtsauschusses zu § 23 EInsO, wonach der Ausschuss „entschieden“ von der modifiziert zweistufigen Methode abweiche. Denn

b) *Die Aufstellung der Fortführungsprognose nach den zweistufigen Modellen*

Ob in der Funktion als reine Bewertungsprämisse oder als letztlich für das Ergebnis der Überschuldung entscheidendes Moment: die Fortführungsprognose (auch Fortbestehensprognose) ist das qualitative, wertende Gesamturteil über die Lebensfähigkeit des Unternehmens in der vorhersehbaren Zukunft.[689]

aa) Inhalt der Fortführungsprognose

Der nähere Inhalt der Fortführungsprognose war höchst umstritten. Einigkeit bestand nur insoweit, dass die Überlebensfähigkeit daran zu messen war, ob die Finanzkraft (im weiteren Sinne)[690] nach überwiegender Wahrscheinlichkeit mittelfristig ausreichte, um das Unternehmen fortzuführen.[691]Uneinheitlich beantwortet wurde bereits, ob die Finanzkraft anhand der künftigen Rentabilität[692], Ertragskraft[693] oder Zahlungsfähigkeit[694] zu messen sei.

Das Abstellen auf künftige *Rentabilität* im Sinne der Fähigkeit des Unternehmens, Gewinne zu erwirtschaften,[695] wurde ganz überwiegend als eine unzulässige Übererfüllung des Gläubigerschutzgedankens gesehen. Mangels einer tatsächlichen Gläubigergefährdung im Falle einer gewinnlosen, aber verlustfreien Unternehmensführung sei der Entzug der Dispositionsbefugnis über das Unternehmen über die Antragspflicht als schwerwiegender Eingriff in den Rechtskreis des Schuldners nicht mehr zu rechtfertigen,[696] wodurch besonders Unternehmen in der Gründungsphase zu Unrecht betroffen wären.[697] Teilnehmer am Wirtschaftsverkehr

---

„wenn eine positive Prognose stets zu einer Verneinung der Überschuldung führen würde, könnte eine Gesellschaft trotz fehlender persönlicher Haftung weiter wirtschaften, ohne dass ein die Schulden deckendes Kapital zur Verfügung steht. Dies würde sich erheblich zum Nachteil der Gläubiger auswirken, wenn sich die Prognose (...) als falsch erweist." BT-Drs. 12/7302, 157.

689 *IDW* FAR 1/1996, WPg 1997, S. 24.

690 Nicht zu verwechseln mit der „Finanzkraft" wie sie der *BGH* im engeren Sinne als Synonym für Zahlungsfähigkeit gebraucht, vgl. *BGHZ* 119, S. 201, 210, 214 = ZIP 1992, 1382; *BGHZ* 129, S. 136, 154.

691 *IDW* FAR 1/1996, WPg 1997, *Uhlenbruck* in Kuhn/Uhlenbruck, KO, 11. Aufl. (1994), § 102, Rn. 5 f. sowie *Bork*, ZIP 2000, S. 1709 Fn. 2 mit jeweils zahlreichen weiteren Nachweisen auf Rechtsprechung und Literatur.

692 *Egner/Wolf*, AG 1978, S. 99, 102 f.; *Bähner*, KTS 1988, S. 443, 447; *Blumers*, BB 1976, S. 1442; *Zilias*, WPg 1977, S. 448; *Plate*, DB 1980, S. 222. Auf dauerhafte Einzahlungsüberschüsse abstellend *Heinen*, Handelsbilanzen, 12. Aufl. (1986), S. 503.

693 *Götker*, Geschäftsführer (1999), Rn. 131 ff.; *Uhlenbruck* in Kuhn/Uhlenbruck, KO, 11. Aufl. (1994), § 102 Rn. 5d; Für die Ertragsfähigkeit als Grundlage der Fortführungsprognose auch der Vorschlag der Kommission für Insolvenzrecht, vgl. Erster Kommissionsbericht, S. 112 Leitsatz 1.2.6. Abs. I und hierzu *K. Schmidt*, Wege zum Insolvenzrecht (1990), S. 47.

694 So die wohl überwiegende Meinung, *IDW* FAR 1/1996, WPg 1997, S. 23 f.; *Groth*, Überschuldung (1995), S. 35; *Obermüller*, DB 1973, S. 269; *Uhlenbruck*, Krise (1977), S. 28; heute *ders.* in Schmidt/Uhlenbruck, Krise Sanierung und Insolvenz, 3. Aufl. (2003), Rn. 878; *Hundertmark/Herms*, BB 1972, S. 1118; *BGH*, ZIP 1992; S. 1382; vgl. *Drukarczyk*, WM 1994, S. 1741.

695 Vgl. *Bähner*, KTS 1988, S. 443, 450 f.; *Blumers*, BB 1976, S. 1142; *Zilias*, Wpg 1977, S. 448.

696 So *Drukarczyk*, ZfbF 1986, S. 207, 217 und zur identischen Problematik unter aktueller Rechtslage *Röhm*, Abhängigkeit des Insolvenzstrafrechts (2002), S. 178; *Teller*, Rangrücktrittsvereinbarung, 2. Aufl. (1995), S. 51 f.; *Temme*, Eröffnungsgründe (1997), S. 119.

697 Vgl. *Drukarczyk*, ZfbF 1986, S. 217 und aktuell *Penzlin*, Auswirkungen der InsO (2000), S. 88; *ders.*, NZG 2000, S. 467.

dürften nicht verpflichtet werden, den Gang zum Insolvenzgericht anzutreten, weil sich ihr Eigenkapital nicht risikoadäquat verzinse.[698]

Weniger eindeutig war das Meinungsbild hinsichtlich der Frage, ob die anhand einer modifizierten Ertragsüberschussrechnung zu prognostizierende[699] künftige *Ertragslage* des Unternehmens über dessen Lebensfähigkeit zu entscheiden hatte, oder ob die zukünftige *Zahlungsfähigkeit* maßgeblich sein sollte, die anhand der Finanzplanung des Unternehmens durch Aufstellung von Planbilanzen[700] zu ermitteln ist:

Selbst von *K. Schmidt* in seiner Konstruktion zunächst offen gelassen[701], konnte sich mangels einer fundierten Auseinandersetzung in der Literatur lange Zeit keiner der beiden theoretischen Ansätze als herrschend durchsetzen.[702]

Ein Unternehmen nur dann als überlebensfähig zu bezeichnen, wenn es ertragsfähig ist, d.h. ohne Verlust fortgeführt werden kann,[703] beruht auf der Überlegung, dass von Lebensfähigkeit nur dann die Rede sein könne, wenn sich das Unternehmen aus eigener Kraft heraus finanzieren könne.[704] Ein Rückgriff auf Quellen der Außenfinanzierung (Gesellschafterdarlehen, Eigenkapitalzuführung, weitere Kredite) ist bei dieser Betrachtung verwehrt, Überlebensfähigkeit also nur dann anzunehmen, wenn das Unternehmen die Kosten der Unternehmensführung einschließlich der Fremdkapitalzinsen aus den erwirtschafteten Erträgen decken kann.[705]

Ebenso wie im Rahmen der Ertragswertmethode nach jüngerem Verständnis sei der danach theoretisch richtige Wert der *Einzahlungsüberschüsse* anhand einer modifizierten, d.h. um eine Finanzierungsrechnung erweiterte Ertragsüberschussrechnung zu ermitteln.[706]

---

698 *Drukarczyk*, ZfbF 1986, S. 207, 217; *Temme*, Eröffnungsgründe (1997), S. 119, 123.

699 Vgl. insoweit ausführlich *Kupsch*, BB 1984, S. 165 und hierzu *Höffner*, BB 1999, S. 202; *Temme*, Eröffnungsgründe (1997), S. 119 ff.

700 Vgl. *Höffner*, BB 1999, S. 202 m.w.N.

701 Liquiditäts- *und* Erfolgsprognosen gleichermaßen anführend *K. Schmidt*, JZ 1982, S. 165, 169; vgl. hierzu *Drukarczyk*, FS-Moxter (1994), S. 1231; *Höffner*, BB 1999, S. 202.

702 Vgl. nur *Ulmer* in Hachenburg, GmbHG, 7. Aufl. (1984), § 63 Rn. 32, demzufolge eine Erarbeitung geeigneter Prognoseinstrumente juristisch weder möglich noch nötig sei. Vgl. hierzu *Vonnemann*, Überschuldung (1989), S. 7 und *Höffner*, BB 1999, S. 202.

703 Vgl. *Uhlenbruck* in Kuhn/Uhlenbruck, KO, 11. Aufl. (1994), § 102, Rn. 5 d; *Rowedder* in Rowedder, GmbHG, 2. Aufl. (1990), § 63 Rn. 10; *Kupsch*, BB 1984, S. 165; *Lüderssen* in Kaufmann-Gds. (1989), S. 682; *Möhlmann*, Berichterstattung (1999), S. 96.

704 Vgl. *Drukarczyk*, WM 1994, S. 1737, 1743; vgl. auch *Haas*, Insolvenzrecht 1998 (1999), S. 21 f., *Temme*, Eröffnungsgründe (1997), S. 120; *Röhm*, Abhängigkeit des Insolvenzstrafrechts (2002), S. 178.

705 So *Kupsch*, BB 1984, S. 165. Eine Überlebensfähigkeitsprognose anhand der künftigen Ertragsfähigkeit zu treffen, habe jedenfalls im Strafrecht gegenüber einer Zahlungsfähigkeitsprognose den zusätzlichen Vorteil, Überschneidungen mit der drohenden Zahlungsunfähigkeit zu vermeiden, die als Krisenmerkmal im Rahmen des § 283 StGB bereits vor der Insolvenzordnung eine Rolle spielte; dieses Argument gilt umso mehr, als der drohenden Zahlungsunfähigkeit zugleich die Funktion eines (freiwilligen) Insolvenzantragsgrund hat; vgl. z.B. *Drukarczyk*, WM 1994, S. 1742 f.

706 *Heinen*, Handelsbilanzen, 12. Aufl. (1986), S. 503; *Kupsch*, BB 1984, S. 165; vgl. dazu näher unter Zweiter Teil A. V. 2. und B. II. 1. sowie auch *Höffner*, BB 1999, S. 202.

Doch das Abstellen auf die Ertragsfähigkeit wurde zunehmend als zu streng kritisiert. Solange noch Möglichkeiten bestünden, über eine Außenfinanzierung liquide Mittel zu erhalten, seien die Gläubigerbefriedigungsinteressen nicht gefährdet und ein Eingriff in die Unternehmensführung daher nicht gerechtfertigt.[707]

Es bleibe nur die künftige Zahlungsfähigkeit als Ausdruck der Finanzkraft und damit der Lebensfähigkeit des Unternehmens, die auch durch Quellen der Außenfinanzierung aufrechterhalten werden könne, ohne dass dadurch die Gläubigerbefriedigungsinteressen gefährdet würden.[708] Der dadurch hergestellte Überschneidungsgrad von drohender Zahlungsunfähigkeit und Überschuldung nach den zweistufigen Modellen führte unter Geltung der Konkursordnung nur zur Infragestellung der eigenständigen Bedeutung der Überschuldung im Rahmen des § 283 StGB, sofern eine zivilrechtsgleiche Auslegung favorisiert wurde; als zivilrechtlichen Eröffnungsgrund gab es die drohende Zahlungsunfähigkeit noch nicht.

Der Überschneidung kam daher keine maßgebliche Bedeutung als Gegenargument gegen eine Zahlungsfähigkeitsprognose zu, weil es für den Täter des § 283 keine Rolle spielt, ob gleichzeitig neben der Überschuldung auch das Krisenmerkmal der drohenden Zahlungsunfähigkeit eintritt.[709] Und auch dann konnten deren Anhänger gegen die Behauptung der Deckungsgleichheit das Beispiel der Carl F. W. Borgwand GmbH anführen, wonach trotz drohender und sogar eingetretener Zahlungsunfähigkeit die Liquidationswerte des Anlagevermögens zur Deckung sämtlicher Verbindlichkeiten ausgereicht hatten, weil ein großer Bestand an wertvollen Produktionsanlagen vorhanden war.[710]

Inwieweit daneben auch eine rein *indikatorengestützte*, nicht anhand detaillierter Ertragsplanungen oder Finanzplanungen ausgerichtete Überprüfung der Fortführungsfähigkeit möglich ist (externe Prognose)[711], war bereits vor In-Kraft-Treten der InsO zivilrechtlich umstritten.

Die zunächst auch in der zivilrechtlichen Praxis der Überschuldungsfeststellung bei juristischen Personen und kapitalistischen Personengesellschaften praktizierte Vorgehensweise, anhand von äußeren Anzeichen sinkender oder auch hinreichender Liquidität und Kreditwürdigkeit, (z. B. Wechselproteste, Kündigungsdrohungen von Krediten seitens der Hausbank, wachsendes Verlangen von Lieferanten nach Sicherheiten einerseits bzw. Freigabe von Kreditsicherheiten durch die Hausbank andererseits) Rückschlüsse auf die Überlebensfähigkeit des Unternehmens zu ziehen,[712]

---

707 *K. Schmidt* in Scholz, GmbHG, 8. Aufl. (1995), § 63 Rn. 13; *Temme*, Eröffnungsgründe (1997), S. 123; aktuell auch *Röhm*, Abhängigkeit des Insolvenzstrafrechts (2002), S. 179.

708 So *Drukarczyk* ZfbF 1986, S. 207, 217 und auch die zuletzt herrschende Meinung, vgl. *Teller*, Rangrücktrittsvereinbarungen, 2. Aufl. (1995), S. 50; *Bork*, ZIP 2000, S. 710.

709 Vgl. ebenso *Röhm*, Abhängigkeit des Insolvenzstrafrechts (2002), S. 182.

710 Vgl. *Groth*, Überschuldung (1995), S. 123 und aktuell auch noch *Temme*, Eröffnungsgründe (1997), S. 122 f.; *Röhm*, Abhängigkeit des Insolvenzstrafrechts (2002), S. 180.

711 Vgl. hierzu *Tiedemann*, Insolvenzstrafrecht, 2. Aufl. (1996), Vor § 283 Rn. 142.

712 Vgl. bzgl. einer positiven Prognose *BGHZ* 119, S. 115 f. = ZIP 1992, S. 1382 f. = WM 1992, S. 1650, 1654; *K. Schmidt* in Scholz, GmbHG, 8. Aufl. (1995), § 63 Rn. 38 m.w.N.; vgl. insgesamt auch *BGH* v. 20.3.1995 – II ZR 205/94, *BGHZ* 129, S. 136, 155 f.; *Bork*, ZIP 2000, S. 1713; *Temme*, Eröffnungsgründe (1997), S. 79 f., 125.

wurde jedoch zunehmend als zu ungenau kritisiert und stattdessen entsprechend der heute herrschenden Zivilrechtspraxis die Aufstellung eines dokumentierten Ertrags- bzw. Finanzplans im Rahmen einer *internen* Prognose grundsätzlich für notwendig erachtet,[713] die, anders als das Strafrecht, unstreitig nur die Überschuldung bilanzierungspflichtiger Personen feststellen muss und damit im Regelfall auf bestehende Buchführungsunterlagen zurückgreifen kann.[714]

bb) Prognosezeitraum

Der Prognosezeitraum wurde aufgrund der im Zeitablauf abnehmenden Prognosequalität *mittelfristig* ausgerichtet.[715]

Was unter „mittelfristig“ zu verstehen ist, wurde allerdings uneinheitlich beantwortet: Die Annahmen bewegten sich in einem Zeitraum von „6 Monaten“[716] bis hin zu „zwei bis drei Jahren“.[717]

Die überwiegende Ansicht ging zuletzt im Regelfall von einem Zeitraum bis zu zwei Jahren aus, der das laufende und das nächste Geschäftsjahr umfasst; dieser konnte in Abhängigkeit vom konkreten Einzelfall bei unternehmens- oder branchenspezifischen Besonderheiten auch ausgedehnt werden, sofern die Zahlungen plausibel prognostizierbar sind.[718]

c) Der Wertansatz auf der Aktivseite der Überschuldungsbilanz – Betriebswirtschaftliche Bewertungsmethoden im Überschuldungsstatus

Die Auffassungen, welche auf dem Boden der zweistufigen Modelle zur Überschuldungsfeststellung die unkorrigierten Werte des *handelsrechtlichen Jahresabschlusses* heranzogen, widersprachen der zuletzt ganz herrschenden Meinung, wonach sich der anhand handelsrechtlicher Ansatz- und Bewertungsgrundsätze (Anschaffungskosten-, Imparitäts-, Realisations- und Vorsichtsprinzip) aufgestellte Jahresabschluss wegen Zweckverschiedenheit zur Überschuldungsfeststellung nicht eignete und lediglich als praktischer Ausgangspunkt für eine nach eigenen Regeln aufzustellende Überschuldungsbilanz heranzuziehen war.[719]

---

713 Vgl. *Nonnemacher* in FS-Moxter (1994), S. 1322; *BGH* v. 2.6.1997 – II ZR 211/95, ZIP 1997, S. 1648 f., in dem der *BGH* trotz fehlender Finanzplanung einen Sachverständigen mit der nachträglichen Erstellung eines Liquiditätsplanes beauftragte und heute *OLG* Sachsen-Anhalt Urt. v. 20.8.2003, AZ: 5 U 67/03 in ZInsO 2004, S. 512, 514; GmbHR 2004, S. 361, 362; *Drukarczyk/Schüler*, Kölner Schrift zur InsO, 2. Aufl. (2000), S. 128; *Götz*, Überschuldung (2004), S. 178.

714 Die Frage des personellen Anwendungsbereichs von § 283 I Var. 1 StGB und damit die Frage, ob auch die Überschuldung nicht Bilanzierungspflichtiger zu prüfen ist, wird unter Zweiter Teil C. III. dargestellt und im Dritten Teil unter A. bewertet. Vgl. bereits hier *Tiedemann*, Insolvenzstrafrecht, 2. Aufl. (1996), Vor § 283 Rn. 142.

715 Einvernehmlich Rechtsprechung und Literatur, vgl. *BGHZ* 119, S. 201, 214; *BGH*, ZIP 1995, S. 825; *Lutter/Hommelhoff*, GmbHG 14. Aufl. (1995), § 63 Rn. 8; *Schaub*, DStR 1993, S. 1483, 1484, vgl. auch *Temme*, Eröffnungsgründe (1997), S. 126.

716 So *Müller*, ZGR 1985, S. 191, 201.

717 *Bähner*, KTS 1988, S. 443, 452; *Wimmer* NJW 1996, S. 2547.

718 *IDW* FAR 1/1996, WPg, 197, S. 24; *Wagner W.*, Überschuldung (1995), S. 179; *Ulmer* in Hachenburg, GmbHG, 8. Aufl. (1987), § 63, Rn. 37; *Lutter/Hommelhoff*, GmbHG, 14. Aufl. (1995), § 63 Rn. 8 unter gleichzeitiger Festlegung auf die Zahlungsunfähigkeit.

719 Vgl. *Egner/Wolf*, AG 1978, S. 102; *Klar*, Überschuldung (1987) S. 23 ff.; *Kupsch*, BB 1984,

Der Versuch, der allgemeinen Bewertungsnorm des § 40 II HGB einen für die Überschuldungsbilanz verbindlichen Wertansatz zu entnehmen, wich schon bald der Erkenntnis, dass § 40 II HGB a. F. (ebenso wie die Nachfolgernormen der § 240 II, § 253 HGB) kein Bewertungsprinzip für den *beizulegenden Wert* enthielt, sondern lediglich die Rahmenvorgabe einer zielentsprechenden Bewertung.[720] Wenn § 40 II HGB formuliere, dass „sämtliche Vermögensgegenstände und Schulden nach dem Wert" anzusetzen seien, „der ihnen in dem Zeitpunkt beizulegen ist, für welche die Aufstellung stattfindet", so sei damit nur gesagt, dass derjenige Wert anzusetzen sei, den man anzusetzen habe, um „zu einer fachgerechten Bilanz zu gelangen."[721] Je nach Unternehmungsart, Bilanzobjekt und überwiegenden Bilanzzwecken sei dieser Wert aber verschieden,[722] so dass der Hinweis auf den *beizulegenden Wert* im Sinne des § 40 II HGB nicht weiter führe und daher überflüssig sei.[723]

Vielmehr seien *wirkliche Gegenwartswerte (Zeitwerte)*[724] dem Überschuldungstatbestand zweckentsprechend anhand der im Folgenden dargestellten Ansatz- und Bewertungsregeln zu ermitteln, wobei je nach dem zugrunde liegenden Überschuldungsmodell als Zeitwerte Liquidations- oder Fortführungswerte in Betracht kamen:[725]

aa) Zur Wertfindung von Liquidationswerten im Überschuldungsstatus (in Ausfüllung der *zweistufigen* wie *einstufig statischen* Modelle)

Liquidationswerte, die nach der *modifiziert zweistufigen* Methode als alleiniger bilanzieller Wertansatz in Frage kamen und die im Rahmen der *traditionell zweistufigen* Methode für das *Anlage*vermögen nur im Fall einer negativen Fortführungsprognose für das *Umlauf*vermögen stets anzusetzen waren[726], waren anhand der Frage zu ermitteln, welche Erlöse sich aus einem fiktiven Verkauf der Vermögensgegenstände erzielen ließe.[727]

S. 159–165; *IDW* FAR 1/1996, WPg 1997, S. 24; und zu allem auch *Drukarczyk/Schüler*, MüKo, InsO (2001), § 19 Rn. 29; *Lutter* in Leffson/Rückle/Großfeld (1986), S. 188. Zu den handelsbilanziellen Ansätzen näher sogleich unter „Verwendung des Jahresabschlusses".

720 Vgl. nur *Schmalenbach*, Grundlagen dynamischer Bilanzlehre, 3. Aufl. (1925), S. 278; *Egner/Wolff*, AG 1978, S. 99 ff., 102; *Uhlenbruck*, in Krise, Konkurs, Vergleich (1981), S. 188; vgl. auch *Höffner*, BB 1999, S. 199.

721 *Schmalenbach*, Grundlagen dynamischer Bilanzlehre, 3. Aufl. (1925), S. 278, *Hildebrand* in Schlegelberger, HGB, 4. Aufl. (1960), § 40 Rn. 4 unter Hinweis auf die Begründung zum Gesetzesentwurf 1897 und hierzu ausführlich *Harneit*, Überschuldung (1984), S. 13 f.

722 *Schmalenbach*, Grundlagen dynamischer Bilanzlehre, 3. Aufl. (1925), S. 278.

723 *Harneit*, Überschuldung (1984), S. 14.

724 Vgl. *BGH*, BB 1958, S. 891; *Höfner*, Überschuldung (1981), S. 106 ff.; *Richter*, GmbHR 1984, S. 139; auch *BGHSt* 15, S. 306, 309; zu allem auch *Tiedemann*, Insolvenzstrafrecht, 2. Aufl. (1996), Vor § 283 Rn. 151.

725 Vgl. insoweit auch *IDW FAR* 1/1996, WPg 1997, S. 24.

726 Vgl. *Coenenberg*, Jahresabschluss und Jahresabschlussanalyse, 17. Aufl. (2000), S. 1085.

727 Vgl. *IDW FAR* 1/1996, WPg 1997, S. 25; *Uhlenbruck* in Schmidt/Uhlenbruck, Krise, Sanierung und Insolvenz, 3. Aufl. (2003), Rn. 883; *Biermann*, Überschuldung (1963), S. 68; *Dahl*, GmbHR 1964, S. 112 ff.; vgl. hierzu auch *Höffner*, BB 1999, S. 199; *Penzlin*, Auswirkungen der InsO (2000), S. 84; *Röhm*, Abhängigkeit des Insolvenzstrafrechts (2002), S. 189.

Eingestellt in die Überschuldungsbilanz, sollen diese Aufschluss darüber geben, ob die Einzahlungen aus einer fiktiven Totalliquidation des Schuldnervermögens ausreichen, sämtliche Verbindlichkeiten zu decken.[728]

Als Liquidationswerte wurden danach die Werte bezeichnet, die für den Fall einer zum Stichtagszeitpunkt vorzunehmenden, durchgeführten Liquidation zu erzielen wären.[729] Für die Vermögensgegenstände seien die Tageswerte unter Berücksichtigung der Realisierbarkeit zum Stichtag der Überschuldungsbilanz anzusetzen.[730]

Das gesamte Schuldendeckungspotential gemäß der Liquidationsprämisse war als Summe der Preise, die sich bei Veräußerung der Unternehmensgegenstände im Rahmen einer Unternehmensauflösung erzielen ließe, zugleich identisch mit dem Gesamtliquidationswert des Unternehmens.[731]

(1) Liquidationswertbestimmung anhand eigenständiger Ansatz- und Bewertungsvorschriften

Die herrschende Praxis wandte – auf Grundlage der zweistufigen Modelle – zur Ermittlung von Liquidationswerten eigenständige Ansatz- und Bewertungsvorschriften an, anstatt die Buchwerte der Handelsbilanz im Überschuldungsstatus anzusetzen.

Da das Ergebnis stark von den zu treffenden Annahmen, vor allem von dem Grad der Zerteilung der Unternehmensbestandteile, dem sog. Einzelveräußerungsgrad (bestimmend für die *Auflösungs-* oder *Liquidationsintensität*) und dem zur Veräußerung zur Verfügung stehenden Zeitraum (*Auflösungs-* oder *Liquidationsgeschwindigkeit*) abhängt,[732] wurden verschiedene Versuche unternommen, die Liquidationswertermittlung im Überschuldungsstatus bestimmten Vorgaben zu unterwerfen, um so die Schwankungsbreite des Liquidationswertes zwischen dem Schrottwert abzüglich der Beseitigungskosten (Wertuntergrenze)[733] und dem Marktwert abzüglich der Veräußerungskosten (Wertobergrenze) zu minimieren.[734]

---

728 *Heinen*, Handelsbilanzen, 12. Aufl. (1986), S. 502.
729 Vgl. *Uhlenbruck* in Schmidt/Uhlenbruck, GmbH in Krise Sanierung und Insolvenz, 3. Aufl. (2003), Rn. 875.
730 *Heinen*, Handelsbilanzen, 12. Aufl. (1986), S. 502.
731 *Moxter*, Unternehmensbewertung (1976), S. 41; vgl. hierzu *Höffner*, BB 1999, S. 199.
732 Eingehend zu den Schwierigkeiten der Liquidationsbewertung *Klar*, Überschuldung (1987), S. 33 ff. Vgl. auch *IDW FAR* 1/1996, WPg 1997, S. 25; *Uhlenbruck* in Schmidt/Uhlenbruck, Krise, Sanierung und Insolvenz, 3. Aufl. (2003), Rn. 883; *Kühn*, Insolvenzindikatoren und Unternehmenskrise (1991), S. 133 f.; *Höffner*, BB 1999, S. 199. Vgl. hierzu auch *Penzlin*, Auswirkungen der InsO (2000), S. 84; *Röhm*, Abhängigkeit des Insolvenzstrafrechts (2002), S. 189 f.
733 Absolute Wertuntergrenze, vgl. *Uhlenbruck* in Kuhn/Uhlenbruck, KO, 11. Aufl. (1994), § 102 Rn. 6 i. ff.; aktuell auch *Möhlmann*, Berichterstattung (1999), S. 98 ff., *Penzlin*, Auswirkungen der InsO (2000), S. 84; für eine Berücksichtigung der Liquidationskosten nur bei unabwendbarer Liquidation *Uhlenbruck* in Schmidt/Uhlenbruck, Krise, Sanierung und Insolvenz, 3. Aufl. (2003), Rn. 884.
734 Vgl. *Kupsch*, BB 1984, S. 159, 165; *IDW* FAR 1996, WPg 1997, S. 25; zur aktuellen Rechtslage *Uhlenbruck* in Kuhn/Uhlenbruck, KO, 10. Aufl. (1986), § 102 Rn. 6 i. ff.; *Möhlmann*, Berichterstattung (1999), S. 98 ff.; *Penzlin*, Auswirkungen der InsO (2000), S. 84; *Höffner*, BB 1999, S. 199; *Förschle/Hoffmann* in Budde/Förschle, Sonderbilanzen, 3. Aufl. (2002), Kap. N Rn. 90 f.

Daher waren Ansätze gefordert, die das subjektive Bewertungsermessen einschränken und somit eine „Objektivierung“ der Wertfindung vor allem im Bereich des schwieriger zu bewertenden Anlagevermögens[735] ermöglichen.[736]

Unter Anerkennung der Tatsache, dass „angesichts der vielfältigen Abwicklungsmöglichkeiten keine *generellen* Richtlinien und Bewertungsgrundsätze“ denkbar waren, wonach die Bewertungsunsicherheiten des Einzelfalls umfassend hätten beseitigt werden können,[737] formulierte der IDW 1983/1996 zwei für die Bewertungspraxis der Wirtschaftsprüfer maßgebliche Maximen, die auch in Literatur und Rechtsprechungspraxis weitestgehend anerkannt waren.[738]

Die Bestimmung des Gesamtliquidationswertes eines Unternehmens war danach unter Berücksichtigung in *zeitlicher* Hinsicht auf Grundlage einer von der *bestmöglichen* Verwertungsmöglichkeit ausgehenden Verwertungsfiktion vorzunehmen.[739]

Für die Wertfindung Im Überschuldungsstatus war den späteren Empfehlungen des IDW zufolge „bei der Ermittlung der Liquidationswerte (...) auf Grundlage von Unternehmenskonzept und Finanzplanung von der jeweils *wahrscheinlichsten* Verwertungsmöglichkeit“ auszugehen.[740]

Daraus entwickelte sich in Literatur und Rechtsprechung folgendes überwiegend praktiziertes Vorgehen bei der Liquidationswertbestimmung im Überschuldungsstatus:

Hinsichtlich der Zerschlagungs*geschwindigkeit* war die *bestmögliche* Verwertungsprämisse maßgeblich. Da der unter Zeitdruck, insbesondere bei einer sofortigen Zerschlagung, erzielbare Wert (sog. Zerschlagungswert aufgrund Sofortverkauf) regelmäßig niedriger ist, als bei einer allmählichen Auflösung unter Normalbedingungen (sog. Liquidationswert aufgrund geordneter Liquidation),[741] war im Regelfall von einer geordneten Liquidation auszugehen, sofern nicht eine sofortige Zerschlagung im konkreten Fall unvermeidlich war.[742]

---

735 Vgl. insoweit *Förschle/Hoffmann* in Budde/Förschle, Sonderbilanzen, 3. Aufl. (2002), Kap. N Rn. 101.

736 Zur Objektivierung als Bezeichnung der Einschränkung von Bewertungsermessen vgl. *Moxter*, Rechnungslegung (2003), S. 33 ff.; *Spliedt*, DB 1999, S. 1943.

737 Vgl. *IDW*, WPg 1983, S. 468, 474 und hierzu *Höffner*, BB 1999, S. 198; *Kühn*, Insolvenzindikatoren und Unternehmenskrise (1991), S. 133 f.

738 Vgl. hierzu auch *Röhm*, Abhängigkeit des Insolvenzstrafrechts (2002), S. 190 m.w.N.

739 *IDW*, WPg 1983, S. 468, 479. Entsprechend auch *Piltz*, Unternehmensbewertung, 3. Aufl. (1994), S. 32: „Generelle Regeln für die Ermittlung des Liquidationswertes gibt es nicht. Auszugehen ist von der *vorteilhaftesten* Verwertung.“; *Höffner*, BB 1999, S. 199.

740 *IDW FAR* 1/1996, WPg, 1997, S. 25; vgl. auch *Uhlenbruck* in Schmidt/Uhlenbruck, Krise, Sanierung und Insolvenz, 3. Aufl. (2003), Rn. 883.

741 Differenzierung nach *Burger/Schellberg*, BB 1995, S. 266 und *Piltz*, Unternehmensbewertung, 3. Aufl. (1994), S. 32; vgl. auch *Hommel*, ZfB 1998 S. 306; *Kühn*, Insolvenzindikatoren und Unternehmenskrise (1991), S. 133 f., *Höffner* BB 1999, 199; *Krüger-Knief*, Leitfaden (1999), S. 35; *Schmerbach*, in FK-InsO, 2. Aufl. (1999), § 19 Rn. 10, *Temme*, Eröffnungsgründe (1997), S. 146, *Ulmer* in Hachenburg, GmbHG, 8. Aufl. (1997), § 63 Rn. 39; *Fischer*, Überschuldungsbilanz (1980), S. 52; *Röhm*, Abhängigkeit des Insolvenzstrafrechts (2002), S. 190; *Bittmann*, wistra 1999, S. 11.

742 Vgl. *Haas*, Insolvenzrecht 1998 (1999), S. 25; *Temme*, Eröffnungsgründe (1997), S. 146; *Krüger-Knief*, Leitfaden (1999), S. 35 f.; *Uhlenbruck*, Krise (1977), S. 283; *ders.* in Schmidt/Uhlenbruck, Krise, Sanierung und Insolvenz, 3. Aufl. (2003), Rn. 883; *Mönning* in Nerlich/Römermann, InsO (2005), § 19 Rn. 27; vgl. *Röhm*, Abhängigkeit des Insolvenzstrafrechts (2002), S. 190.

Begründet wurde diese Vorgehensweise mit der Gefahr eines unter Ansatz von Zerschlagungswerten bestehenden Zirkelschlusses: Der dem Zerschlagungswert innewohnende Zeitdruck entstehe erst bei einer Veräußerung im Insolvenzverfahren, dessen Erforderlichkeit, also die Unmöglichkeit einer Liquidation im normalen Geschäftsablauf, durch die Überschuldungsprüfung gerade erst überprüft werden müsse, so dass bei einem vorschnellen Ansatz von Zerschlagungswerten die Rechtsfolgen der Überschuldung vorweggenommen würden.[743]

Hinsichtlich der Zerschlagungs*intensität* war nach ganz h.M. vor allem aus Objektivierungsgründen[744] grundsätzlich von einem insoweit die Unsicherheiten beseitigenden *Einzelbewertungsgrundsatz* auszugehen.[745] Nur wenn Umstände erkennbar waren, die „mit an Sicherheit grenzender Wahrscheinlichkeit eine Veräußerung des ganzen Unternehmens oder zumindest ganzer Unternehmensteile erwarten ließen“, z.B. wenn es bereits konkrete Verkaufsverhandlungen gab und ein Vertragsabschluss sehr wahrscheinlich war,[746] war der bei der Veräußerung ganzer Betriebsteile oder Artikelgruppen regelmäßig aufgrund von Verbundeffekten erzielbare höhere Wert[747] zugrunde zu legen.[748]

Die grundsätzliche Annahme der Einzelverwertungsprämisse wurde auch damit begründet, dass die Gläubigergefährdung nach negativer Fortführungsprognose besonders hoch und daher ein besonderer Schutz der Gläubigerinteressen erforderlich sei.[749]

Die Ansicht, die mittels einer Prognose bestimmen will, ob das Unternehmen in selbständig verwertbare Teile gespalten werden kann und insoweit höhere Werte anzusetzen sind, kam hingegen erst vor dem Hintergrund der Insolvenzrechtsreform und der gesetzlichen Verankerung der Fortführungsprognose vermehrt auf. Einzelne Stimmen bestimmten aber bereits unter Geltung der Konkursordnung die Wettbewerbsfähigkeit der einzelnen Unternehmensteile unvoreingenommen mittels einer Prognose, um dann bei positivem Ausgang von dem höheren *en-bloc-*

---

743 *Krüger-Knief*, Leitfaden (1999), S. 36; *Temme*, Eröffnungsgründe (1997), S. 146; aktuell auch *Röhm*, Abhängigkeit des Insolvenzstrafrechts (2002), S. 190.

744 Vgl. insoweit *Moxter*, Unternehmensbewertung (1976), S. 33.

745 Sogar stets von Einzelveräußerungswerten ausgehend *Kupsch*, BB 1984, S. 159, 165.

746 Vgl. auch *Förschle/Hoffmann* in Budde/Förschle, Sonderbilanzen, 3. Aufl. (2002), Kap. N Rn. 92; *Uhlenbruck* in Gottwald Insolvenzrechtshandbuch, 1. Aufl. (1990), § 6 Anm. 29, *Habersack* in Großkommentar AktG, 4. Aufl. (1999), § 92 Rn. 54.

747 *Piltz*, Unternehmensbewertung, 3. Aufl. (1994), S. 32; ebenso *Heinen*, Handelsbilanzen, 12. Aufl. (1986), S. 502; Verbundeffekte ergeben sich insbesondere bei der Veräußerung von geschlossenen Unternehmensteilen, die über den Wert der Substanz hinausgehende Wertschöpfung bringen, weil sie als Ganzes noch lebensfähig und damit sofort einsetzbar sind; nur im Einzelfall erzielen kleinere Vermögenseinheiten (dann aber auch nur geringfügig) höhere Preise wie z.B. *sinnvoll* zusammengestellte Büroeinrichtungen; vgl. insoweit auch *Helbling*, Unternehmensbewertung und Steuern, 8. Aufl. (1995), S. 193.

748 *Auler*, DB 1976, S. 2170; *Kühn*, DB 1970, S. 551; *K. Schmidt* in Scholz, GmbHG, 8. Aufl. (1995), § 63 Rn. 11, 18; *Ulmer* in Hachenburg, GmbHG, 7. Aufl. (1984), § 63 Rn. 38 f.; *Haas*, Insolvenzrecht 1998 (1999), S. 25 Vgl. hierzu auch *Höffner*, BB 1999, S. 199; *Wolf*, Überschuldung (1998), S. 51 f.; *Uhlenbruck* in Schmidt/Uhlenbruck, Krise, Sanierung und Insolvenz, 3. Aufl. (2003), Rn. 883; *Röhm*, Abhängigkeit des Insolvenzstrafrechts (2002), S. 191.

749 Vgl. die Nachweise bei *Röhm*, Abhängigkeit des Insolvenzstrafrechts (2002), S. 191.

Verkaufswert, bei negativem Ausgang von Einzelveräußerungspreisen auszugehen.[750]

Eine gedankliche Zuordnung des Anteils, den der einzelne Vermögensgegenstand am Wert dieses Vermögensverbundes hat, würde ein Herunterbrechen des Gesamtwertes auf die Einzelgegenstände im Sinne einer Teilwertermittlung erfordern. *Teilwert* ist der anteilige Wert einer Bilanzposition am Ertragswert des Unternehmens.[751]

---

750 Zunächst *Ulmer* in Hachenburg, GmbHG, 7. Aufl. (1984), § 63 Rn. 39; sodann *Burger/Schellberg*, BB 1995; S. 261, 266; *Temme*, Eröffnungsgründe (1997), S. 147 f.; *Krüger-Knief*, Leitfaden (1999), S. 36.

751 Als der Betrag, den der Erwerber des ganzen Betriebes oder eines Teils im Rahmen des gesamten Kaufpreises für das einzelne Wirtschaftsgut ansetzt, hat der ***Teilwert*** Eingang ins Steuerrecht gefunden. § 6 I Nr. 1 S. 3 EStG *lautet: „Teilwert ist der Betrag, den ein Erwerber des ganzen Betriebes im Rahmen des Gesamtkaufpreises für das einzelne Wirtschaftsgut ansetzen würde; dabei ist davon auszugehen, dass der Erwerber den Betrieb fortführt“.* Zur Ermittlung der Einzelwerte wird danach gefragt, wie nach Vorstellung des fiktiven Erwerbers der Gesamtpreis, den er für das Unternehmen zahlen würde, auf die einzelnen Wirtschaftsgüter aufzuteilen wäre und als Anhaltspunkt wurde der Wiederbeschaffungswert des einzelnen Wirtschaftsgutes gewählt, da er Ausdruck des Wertes sei, den der Erwerber dem einzelnen Wirtschaftsgut im Gesamtbetrieb beimisst (Vgl. *Coenenberg*, Jahresabschluss und Jahresabschlussanalyse, 17. Aufl. (2000), S. 1085 mit Verweisen auf *Simon* (1898); *Schaub*, DStR 1993, S. 1485; *Wagner He.*, InsO (1998) S. 302 und näher *Höffner*, ZIP 1999, S. 2090) Der Teilwertbegriff wird im Kontext der Überschuldung regelmäßig für *Fortführungswerte* gebraucht und ist dann der anteilige Wert einer Bilanzposition am Unternehmensgesamtwert, der daran gemessen wird, was ein potentieller Unternehmenskäufer insgesamt zu zahlen bereit ist. Da die Zahlungsbereitschaft des Dritten sowohl von dessen Ertragserwartung als auch von alternativen (Wieder-)Beschaffungskosten abhängig gemacht werden kann, wird der Teilwertbegriff sowohl auf Basis der Ertragswertmethode als auch auf Basis von Wiederbeschaffungskosten im Überschuldungsstatus bemüht. So wird der Teilwert sowohl als Bestandteil am Ertragswert des Unternehmens verstanden (*Coenenberg*, Jahresabschluss und Jahresabschlussanalyse, 17. Aufl. (2000), S. 1085 mit Verweisen auf *Simon* (1898)) als auch als Ergebnis eines Ansatzes von Wiederbeschaffungswerten (*Habersack* in Großkommentar AktG, 4. Aufl. (1999), § 92 Rn. 55). Die direkte Übernahme der *steuerlichen* Teilwerte in die Überschuldungsbilanz wird wegen der fiskalisch geprägten Ansatz- und Bewertungsvorschriften und der damit verbundenen Entfernung von den künftigen Einzahlungsüberschüssen abgelehnt, vgl. *Götz*, Überschuldung (2004), S. 244 f. Bei negativer Fortführungsprämisse und dem Ausnahmefall, dass sich ein (Teil-)Unternehmensgesamtverkauf abzeichnet, meint Teilwert dementsprechend den Wert, der dem Einzelgut im Rahmen des veräußerten Verbundes zukommt. Da die Aufteilung der wertsteigernden Synergieeffekte von immateriellen Wirtschaftsgütern (Marktstellung, Konzessionen, gewerbliche Schutzrechte, Lizenzen, Kundenkarteien, gewerbliche Erfahrung, Vertriebsstrukturen, die Kompetenz der Mitarbeiter, Geschäfts- oder Firmenwert) auf das einzelne Gut zunehmend als unmöglich eingestuft wurde, wurde die steuerrechtliche Teilwertdefinition des § 6 I Nr. 1 S. 3 EStG, in der Zivilrechtspraxis als zur Überschuldungsfeststellung ungeeignet erklärt (*Haak*, BB 1981, S. 887; *Höffner*, ZIP 1999, S. 2089; vgl. auch *Piltz*, Unternehmensbewertung, 3. Aufl. (1994), S. 325). Da die Diskussion um den Teilwert letztlich in der Diskussion um die richtige Bewertungsmethode im Überschuldungsstatus aufgeht, kommt dem Teilwertbegriff keine eigenständige Funktion zu und wird daher auch nur im Rahmen der zukunftsgerichteten Bewertungsmethoden erwähnt. Eingehend zum Teilwert *Altmeppen*, ZIP 1997, S. 1173, 1175; *Piltz*, Unternehmensbewertung, 3. Aufl. (1994), S. 324 ff.; *Götz*, ZinsO 2000, S. 78; auch *Schaub*, DStR 1993, S. 1485; *Wagner He.*, InsO (1998), S. 302; *Uhlenbruck* in Schmidt/Uhlenbruck, Krise, Sanierung und Insolvenz, 3. Aufl. (2003), Rn. 883.

(2) Rückgriff auf die Handelsbilanzwerte zur Liquidationswertbestimmung

Vereinzelt fanden sich auch Auffassungen, die wegen der ihres Erachtens nach gleichlaufenden Grundentscheidungen bei Handels- und Überschuldungsbilanz (z.B. Einzelbewertungsgrundsatz und Vorsichtsprinzip) zur Bestimmung von *Liquidationswerten* auf die Werte aus der Handelsbilanz zurückgriffen.

Ihnen lag ein einstufig-statisches Überschuldungsverständnis zugrunde, wonach also *stets* und ausschließlich eine Überschuldungsbilanz anhand von Liquidationswerten zu erstellen sei, da nur eine nach dem Einzelbewertungsansatz erstellte Bilanz Aufschluss darüber geben könne, inwieweit die Vermögensgegenstände zur Befriedigung der Gläubigeransprüche herangezogen werden könnten.[752]

Ebenso wie die in den Anfängen der Konkursordnung 1877 herrschende einstufig-statische Methode, hielten die Vertreter dieses Ansatzes zur Verwirklichung des Gläubigerschutzes eine bilanzielle Ermittlung des tatsächlichen Schuldendeckungspotentials im Augenblick der Überschuldungsprüfung für erforderlich[753] und entgegneten dem Einwand der Gefahr einer verfrühten Zerschlagung rentabler Unternehmen,[754] dass die Überschuldung lediglich ein ergebnisoffenes Insolvenzverfahren eröffne, eine Zerschlagung damit nicht präjudiziert sei.[755]

Ein Rückgriff auf die Handelsbilanz sei erforderlich, weil es für einen funktionsfähigen Überschuldungstatbestand hinreichend objektivierter Bilanzierungsregeln bedürfe und allein die handelsrechtlichen Rechnungslegungsgrundsätze als einzig kodifizierte Regelungen eine hinreichend objektive Abgrenzung des Bilanzinhalts und eine sichere Bewertung der Vermögensgegenstände leisten könnten.[756] Dabei entsprächen die handelsrechtlichen Bilanzierungs- und Bewertungsvorschriften – vor allem angesichts des Einzelbewertungsgrundsatzes (§ 252 I Nr. 3 HGB) – im Regelfall der Liquidationsprämisse, so dass zum Zweck der Überschuldungsfeststellung lediglich einzelne Korrekturen bei der Wahl des Bilanzinhaltes angebracht seien.[757] Dass somit durch die Wertobergrenze von Anschaffungs- und Herstellungskosten (§ 253 I HGB) sowie der planmäßigen Abschreibungen (§ 253 II HGB) auch bei der Aufstellung der Überschuldungsbilanz keine stillen Reserven berücksichtigt würden, sei angesichts des überwiegenden Vorteils eines objektivierten Ansatz- und Bewertungsmaßstabes hinnehmbar.[758]

bb) Zur Wertfindung von Fortführungswerten im Überschuldungsstatus (in Ausfüllung der *traditionell zweistufigen* Methode)

Die Vertreter einer Überschuldungsfeststellung auf Basis von Fortführungswerten begriffen ebenso wie heute Vermögen und Schulden als Fortführungsvermögen bzw. als Fortführungsschulden.

---

752 So *Vonnemann*, Überschuldung (1989), Rn. 35.
753 *Vonnemann*, Überschuldung (1989), Rn. 107.
754 So z.B. *Klar*, DB 1990, S. 2078.
755 *Vonnemann*, BB 1991, S. 868; *ders.*, Überschuldung (1989) und hierzu *Höffner*, BB 1999, S. 203.
756 So *Vonnemann*, BB 1991, S. 869.
757 So *Vonnemann*, BB 1991, S. 870.
758 So *Vonnemann*, BB 1991, S. 870. Vgl. zu allem auch *Höffner*, BB 1999, S. 203.

Im Mittelpunkt der Betrachtung steht die Fähigkeit des Schuldners, entsprechend dem normalen Geschäftsablauf durch Einsatz der Vermögensgegenstände im Produktionsprozess eine Schuldendeckung zu erreichen.[759]

Unter Rückgriff auf die in der Unternehmensbewertung entwickelten Verfahren zur Bewertung ganzer Unternehmen wurden für die Ermittlung von Fortführungswerten (*Betriebsbestehenswerten, echten Gegenwartswerten*)[760] im Überschuldungsstatus entsprechend der *traditionell zweistufigen Methode* höchst unterschiedliche Vorgehensweisen vertreten.[761]

Anstelle eines unkorrigierten Rückgriffs auf die handelsbilanziellen Werte wurden nach herrschender Praxis eigene Ansatz- und Bewertungsvorschriften für den Überschuldungstatus herangezogen, die sich einteilen lassen in Gesamt- und Einzelbewertungsansätze in Anlehnung an die Grundsätze der Unternehmensbewertung zum einen und in Einzelbewertungsansätze in Anlehnung an das handelsbilanzielle Mengengerüst zum anderen. Um den innerhalb des § 19 II InsO festgeschriebenen Mindestinhalt fundiert bewerten zu können, insbesondere für die Beantwortung der Frage, ob sich der für eine bestimmte Bewertungsmethode entschieden hat, wie es gelegentlich diskutiert wird,[762] ist bereits an dieser Stelle eine ausführlichere Auseinandersetzung mit den fortführungsbezogenen Bewertungsansätzen im Überschuldungsstatus angebracht.

(1) Wertfindung unter Rückgriff auf die Grundsätze der Unternehmensbewertung im Überschuldungsstatus

(a) Gründe für den Rückgriff auf die Grundsätze der Unternehmensbewertung im Überschuldungstatus

Der entgegen vorgebrachter Kritik[763] überwiegend[764] praktizierte Rückgriff auf die Grundsätze der Unternehmensbewertung zur Überschuldungsfeststellung ist die Konsequenz der Zielvorgabe einer zweckentsprechenden Bewertung.[765]

Von den möglichen Bewertungszielen der Unternehmensbewertung[766] kommt aus Anlass der Überschuldungsprüfung in Konsequenz der alleinigen Informations-

---

759 Z.B. *Klar*, Überschuldung (1987), S. 36.

760 Zur Terminologie *Tiedemann*, Insolvenzstrafrecht, 2. Aufl. (1996), Vor § 283 Rn. 154.

761 Überblick bei *Helbling*, Unternehmensbewertung und Steuern, 9. Aufl. (1998), S. 72 ff.

762 Hierzu *Spliedt*, DB 1999, S. 1941, 1945 einerseits und *Förschle/Hoffmann*, in Budde/Förschle, Sonderbilanzen, 3. Aufl. (2002), Kap. N Rn. 101 anderseits.

763 U.a. *v. Oncuil*, Rechtzeitige Auslösung (2000), S. 151 f. und *Tiedemann*, Insolvenzstrafrecht, 2. Aufl. (1996), Vor § 283 Rn. 157 stellt unter Hinweis auf das statische Wesen der Überschuldung die Eignung der vornehmlich für eine eher dynamisch ausgerichtete Verkaufssituation entwickelten Grundsätze zur Unternehmensbewertung in Frage. Vgl. auch ausführlich *Klar*, Überschuldung (1987), S. 57 ff.

764 Vgl. *Lütkemeyer*, Überschuldung (1983), S. 150; *Klar*, Überschuldung (1987), S. 57 ff.; *Ulmer*, KTS 1981, 469, 478; *Kupsch*, BB 1984, S. 159, 165; vgl. hierzu auch *Höffner*, BB 1999, S. 202.

765 Vgl. *Auler*, DB 1976, S. 2170; *Hirtz*, Vorstandspflichten (1966). Zur Maßgeblichkeit des Bewertungszwecks vgl. *IDW* S 1, WPg 2000, S. 825 ff. = *IDW-FN* 2000, S. 415 ff. und aktuell *IDW* S 1 n.F. v. 18.10.2005, WPG 2005, S. 1306.

766 Mögliche Ziele der Unternehmensbewertung sind die Ermittlung des Entscheidungswerfunktion des Überschuldungsstatus nur die Ermittlung des sog. „objektiven“ bzw. „objektiveren/objektivierten“[767] Wertes in Betracht.[768]

Der Überschuldungsstatus soll möglichst genau Aufschluss über die Vermögenslage der Gesellschaft geben und ist damit eine Größe, die auch im Rahmen einer klassischen Unternehmenskaufsituation zumindest im Zwischenstadium der Wertfindung einen relevanten preisbildenden Faktor darstellt.[769]

Die Frage, inwieweit das vorhandene Vermögen bei Fortführung der Gesellschaft ausreicht, in Zukunft die Verbindlichkeiten der Gesellschaft zu bedienen, wurde zunehmend als eine Frage nach dem aus dem Unternehmen künftig „*Herausholbaren*“ erkannt, die sich ähnlich einem Unternehmenskäufer stellt, der in der Situation des Unternehmenskaufs zur Preisfindung als „Durchgangswert“ eruiert, inwieweit man „objektiv(er)“ – noch frei von den Wirkungen der durch das Hinzutreten seiner Person entstehenden Möglichkeiten und Wirkungen – das Unternehmen mit seinem vorhandenen Vermögen zur Gewinnerzielung einsetzen kann.[770]

Konsequenterweise entspricht der *objektive bzw. objektivere Wert* dann auch dem Preis, der für das Unternehmen bei einem Verkauf am Stichtag erzielt werden könnte.[771]

Allerdings wurden dabei von vorn herein solche, im Rahmen des Unternehmenskaufs angewandten Methoden der Unternehmensbewertung zur Wertermittlung des Überschuldungsstatus als ungeeignet ausgeschlossen, die – anders als der Insolvenztatbestand mit den an ihn geknüpften schwerwiegenden Konsequenzen für den Unternehmensinhaber/die Unternehmensleitung – zur Erfüllung einer Beratungs-, Vermittlungs-, oder Argumentationsfunktion keine so genaue Auskunft über die Vermögenslage erforderten.[772]

---

tes, des Schiedswertes sowie der in Abgrenzung dazu als „objektiv“ verstandene Wert; vgl. *Piltz*, Unternehmensbewertung, 3. Aufl. (1994), S. 9.

767 Mit dem „*objektiven*“ bzw. „*objektivere/objektivierten*“ Wert, ist der Wert gemeint, den der Gegenstand allgemein hat, d.h. für jedermann hat (*pretium commune*) in Abgrenzung zum subjektiven Wert, den der Gegenstand für eine ganz bestimmte einzelne Person hat (*pretium singulare*). Der *objektive* Unternehmenswert ist der Wert, den das Unternehmen für einen gedachten „objektiven normalen Dritten“ hat, wenn er das Unternehmen anstelle des Inhabers fortführen würde (*BGH* Urt. v. 9.3.1977, BB 1977, S. 616 und Urt. v. 14.12.1972, WM 1973, S. 286). Die von der Rechtsprechung gewählte Bezeichnung als „objektiv“ wich in der Betriebswirtschaft aufgrund Erkenntnis, dass es *den wahren* Wert nicht gibt, weil er stets vom Wertenden abhängt, und wurde durch die Bezeichnung des „objektiveren/objektivierten“ Wertes ersetzt. Gemeint ist inhaltsgleich der Wert, den das Unternehmen ohne Einbeziehung eines neuen Eigners hat (vgl. *Piltz*, Unternehmensbewertung, 3. Aufl. (1994), S. 12, 93 f.) Oder konkretisierend formuliert: Der objektivierte Unternehmenswert ist ein typisierter Zukunftserfolgswert, der sich bei Fortführung des Unternehmens in unverändertem Konzept und mit allen realistischen Zukunftserwartungen im Rahmen der Marktchancen und -risiken, finanziellen Möglichkeiten des Unternehmens sowie sonstigen Einflussfaktoren ergibt. (*IDW* S 1 n.F. v. 18.10.2005, WPG 2005, S. 1308) Im Folgenden sei aus Gründen der Exaktheit nur vom „objektivierten“ Wert die Rede.

768 Vgl. *Piltz*, Unternehmensbewertung, 3. Aufl. (1994), S. 15, 88.

769 Vg. *Piltz*, Unternehmensbewertung, 3. Aufl. (1994), S. 15, 88; *Gelhausen* in WP-Handbuch (*IDW*), Band II 12. Aufl. (2002), Kap. L Rn. 83, 86; *Klar*, Überschuldung (1987), S. 58.

770 Vgl. *Piltz*, Unternehmensbewertung, 3. Aufl. (1994), S. 12.

771 *Piltz*, Unternehmensbewertung, 3. Aufl. (1994), S. 97.

772 Vgl. hierzu auch *Klar*, Überschuldung (1987), S. 57 ff.

So schieden die vornehmlich zur Ermittlung von Entscheidungs- und Schlichtungswert (Arbitriumwert) beim Unternehmenskauf zunächst herangezogenen *Vergleichsverfahren (Verfahren des Market approach)*[773] oder *Umsatzverfahren*[774] wegen ihrer Ungenauigkeit als mit der spezifischen Informationsfunktion (Deklarationsfunktion)[775] der Überschuldungsbilanz unvereinbar aus.[776] Denn diese überschlagsartigen Vermögensschätzungen vermögen es nicht, über den Vermögensstatus des Unternehmens möglichst genau Auskunft zu geben, um ermitteln zu können, ob die Verbindlichkeiten der Gesellschaft durch eine mittels Unternehmensfortführung oder Liquidation erfolgende Verwertung des Gesellschaftsvermögens in vollem Umfang bedient werden können.[777]

Auch die innerhalb einer Methode getroffenen Annahmen, wie beispielsweise die unterstellte fiktive ewige Lebensdauer im Rahmen der Gesamtbewertungsverfahren, wurden teilweise Modifizierungen unterworfen, um dem Ausweis des Schuldendeckungspotentials nahe zu kommen.

(b) Die einzelnen Methoden der Unternehmensbewertung im Rahmen der Überschuldungsfeststellung im Zeitablauf

Bis Anfang der achtziger Jahre des 20. Jahrhunderts standen sich unter den – auch zur Überschuldungsermittlung herangezogenen – Bewertungsmethoden *ganzer* Unternehmen in der Diskussion um die richtige Methode zur Findung des „objektivierten" Wertes noch Ansätze der Einzelbewertung und Gesamtbewertung, Verfah-

---

773 Beim *Börsenkursvergleich* (*Stock Approach*) wird der – starken Schwankungen unterliegende – Börsenkurs eines vergleichbaren Unternehmens zur Wertermittlung herangezogen (Anzahl der Aktien multipliziert mit dem Börsenkurs). Betrachtet werden können neben den Eignerpapieren (Aktien = stocks) auch Gläubigerpapiere (z. B. Anleihen) (*Dept Approach*). Da die Börsenkursbildung von vielfältigen Einflussfaktoren bestimmt wird, die über den Barwert der prognostizierten Überschüsse hinausgehen, nämlich Marktenge, Spekulationen, Zinsniveau, Währungskurse, politische Ereignisse und psychologische Momente, sind diese zur Überschuldungsermitlung ungeeignet; hierzu *IDW* S 1 in WPg 2000, S. 827. Beim *Comparative Company Approach* im Wege des *Leistungswertvergleichs* wird der Unternehmenswert überschlagsartig durch Vergleich der Leistungswerte des zu bewertenden Unternehmens mit denen eines anderen Unternehmens derselben Branche ermittelt, dessen Wert bekannt ist. Beim *Kaufpreisvergleich* wird der Unternehmenswert entsprechend dem bekannt gewordenen Kaufpreis eines vergleichbaren Unternehmens grob geschätzt, so dass es hier an einer echten Vergleichbarkeit fehlt. Auch die auf Erfahrungswerten beruhende Bewertung mittels *Branchenmultiplikatoren* ist für die Überschuldungsermittlung zu ungenau. Vgl. *IDW* S 1 in WPg 2000, S. 827; *Piltz*, Unternehmensbewertung, 3. Aufl. (1994), S. 40 f., 49; Praxis der Unternehmensbewertung, *Ernst&Young*, Praxis der Unternehmensbewertung (2004), Kap. 3.1.5 hierzu auch *Klar*, Überschuldung (1987), S. 58.

774 Ebenso ungenau ist auch das *Umsatzverfahren*, das den Wert des Unternehmens in einem Prozentsatz des durchschnittlichen Jahresgeldumsatzes ausdrückt. Vgl. *Piltz*, Unternehmensbewertung, 3. Aufl. (1994), S. 40 f., 49; hierzu auch *Klar*, Überschuldung (1987), S. 58).

775 Vgl. *Klar*, Überschuldung (1987), S. 58.

776 Aufgrund der hohen Unsicherheiten wurde auch in der betriebswirtschaftlichen Unternehmensbewertung) die Eignung der Vergleichsverfahren in Frage gestellt; vgl. *Piltz*, Unternehmensbewertung, 3. Aufl. (1994), S. 132 f.; *Barthel*, DStR 1995, S. 1164.

777 Vgl. *Uhlenbruck* in Schmidt/Uhlenbruck, Krise, Sanierung und Insolvenz, 3. Aufl. (2003), Rn. 883; *Heinen*, Handelsbilanzen12. Aufl. (1986), S. 501; vgl. auch *Gelhausen* in WP-Handbuch, Bd. II, 12. Aufl. (2002), Kap. L Rn. 84. Zu den Bilanzfunktionen übersichtlich *Piltz*, Unternehmensbewertung, 3. Aufl. (1994), S. 15.

ren der Ertragswert- und Substanzwertermittlung, theoretische Verfahren und Praktikerverfahren, objektive und subjektive sowie vergangenheitsbezogene und zukunftsbezogene Verfahren „wild durcheinander“ gegenüber.[778] Dementsprechend wurde zunächst auch in der Rechtsprechung die Vielzahl von anerkannten und richterlich anzuerkennenden möglichen Bewertungsmethoden betont.[779] Das zunächst in der Betriebswirtschaft und auch später noch von der Rechtsprechung präferierte *Substanzwertverfahren* wurde zur Ermittlung von Fortführungswerten ganzer Unternehmen in Reinform wie auch kombiniert mit anderen zukunftsorientierten Methoden zunehmend für ungeeignet gehalten,[780] ohne dass damit in der Rechtspraxis, vor allem der Rechtsprechung, eine Festschreibung des Ertragswertverfahrens als einzig anzuerkennende Methode einherging.[781] Vielmehr waren die Richter angehalten, die für jeden einzelnen Bewertungsfall richtige Methode zu bestimmen, wobei sich die Erkenntnisse der Betriebswirtschaft und die sich danach entwickelten Präferenzen in der Auswahl der Methode mit immer geringer werdender Zeitverzögerung niederschlugen.[782]

Die sich in Betriebswirtschaft und Rechtsprechung bis Ende der neunziger Jahre durchziehende Tendenz in Richtung einer Vermögensgesamtbewertung anhand des *Ertragswertverfahrens*,[783] fand auch im Überschuldungsstatus seinen Niederschlag, der zunehmend anhand einer Gesamtbewertung des Vermögens erstellt wurde.[784]

Aber auch das zwischenzeitlich in der Unternehmensbewertung überwiegend herrschende Ertragswertverfahren sah sich wegen seiner Prognoselastigkeit zunehmender Kritik ausgesetzt, so dass einige Stimmen in der betriebswirtschaftlichen Lehre zum Substanzwertverfahren zurückkehrten;[785] es entwickelte sich auf theoretischer Ebene der sich auch auf die Überschuldungsfeststellung auswirkende Trend, den zwischenzeitlich nahezu erreichten Alleingültigkeitsanspruch der Ertragswertmethode durch eine neue Methodenvielfalt abzulösen.[786]

Theoretisch kann der Unternehmensgesamtwert und damit das Gesamtvermögen im Überschuldungsstatus aus der Summe der einzeln bewerteten Vermögensgüter (*Einzelbewertungsansatz*) unter anschließender Berücksichtigung etwaiger Verbundeffekte ermittelt werden oder umgekehrt der Unternehmensgesamtwert als Einheit

---

778 Vgl. *Piltz*, Unternehmensbewertung, 3. Aufl. (1994), S. 8.

779 Sogar noch *OLG München*, Urt. v. 15.1.1988, BB 1988, S. 429. Vgl. *Piltz*, Unternehmensbewertung, 3. Aufl. (1994), S. 132.

780 Vgl. hierzu mit ausführlicher Auswertung der Rechtsprechung *Piltz*, Unternehmensbewertung, 3. Aufl. (1994), S. 4, 16, 351 ff. und *Drukarczyk/Schüler*, DStR 1999, S. 648.

781 Vgl. auch Baumbach/Hopt, HGB, 31. Aufl. (2003), Vor § 1 Rn. 33 ff.

782 Vgl. *Piltz*, Unternehmensbewertung, 3. Aufl. (1994), S. 13 f., 46, 143 unter Hinweis auf *OLG Düsseldorf* Urt. v. 11.1.1990.

783 Vgl. *Piltz*, Unternehmensbewertung, 3. Aufl. (1994), S. 132 f., 137 mit vollständiger Übersicht zu den in den Gerichtsentscheidungen angewandten Verfahren, S. 351 ff.; *Großfeld*, Unternehmens- und Anteilsbewertung, 4. Aufl. (2002), S. 68; *Barthel*, DStR 1995, S. 1164.

784 Z.B. *Fischer*, Überschuldungsbilanz (1980), S. 65 ff.; *Lütkemeyer*, Überschuldung (1983), S. 163 ff.; *Arens*, Überschuldungsprüfung (1991), S. 1 ff.

785 So *Löhr*, Ertragswertverfahren (1993), der für den Substanzwert unter Einschluss der immateriellen Güter plädiert.

786 Vgl. *BGH*, DB 1992, S. 622; *BGH*, DB 1993, S. 1614; *BayObLG*, DB 1998, S. 2315 ff. und hierzu *Barthel*, DStR 1995, S. 1684; *Spliedt*, DB 1999, S. 1942.

begriffen werden, mit der Konsequenz eines ganzheitlichen Ansatzes zur Ermittlung des Unternehmensgesamtwertes.

Um im Überschuldungsstatus zu Ergebnisgleichheit mit dem Gesamtbewertungsansatz zu gelangen, wäre bei Anwendung des Einzelbewertungsansatzes neben den ermittelten Vermögenswerten ein zusätzlicher Aktivposten (Goodwill) bzw. Passivposten (Badwill) anzusetzen, der sich aus der Differenz von Unternehmensgesamtwert und der Summe der einzeln bewerteten Wirtschaftsgüter zusammensetzt.

Folgte man einem *Gesamtbewertungsansatz*, wäre der so ermittelte Wert gedanklich auf die einzelnen Vermögensgüter des Unternehmens entsprechend ihrem anteiligen Beitrag zum Unternehmensgesamtwert zu verteilen, um den Wert des einzelnen Wirtschaftsgutes, den „Teilwert", zu erhalten.

Dass ein solches „*Herunterbrechen*" des Unternehmensgesamtwertes sinnvoll möglich ist, ist angesichts der Schwierigkeiten, den Leistungsbeitrag eines Wirtschaftgutes zum Gesamterfolg zu messen, zweifelhaft.[787] Hält man eine sinnvolle Bildung solcher Teilwerte für nicht durchführbar, ist die Unzulässigkeit des Gesamtbewertungsansatzes zu folgern, wenn der Wertausweis der einzelnen Vermögensgegenstände für zwingend erachtet wird.[788]

Hält man hingegen mangels Auswirkungen auf das Ergebnis der Überschuldungsfeststellung eine Aufteilung für überflüssig, weil es letztlich auf die Frage ankommt, ob das Gesamtvermögen zur Bedienung der Verbindlichkeiten ausreicht,[789] bedarf es zur Überschuldungsfeststellung lediglich der Gegenüberstellung des Unternehmensgesamtwertes (Betriebsvermögen nach dem Gesamtbewertungsansatz zuzüglich sonstiger, einzeln bewerteter Vermögensgegenstände und der Verbindlichkeiten).

Allen Methoden zur Ermittlung objektivierter Fortführungswerte unter Anwendung der Grundsätze zu Unternehmensbewertung im Überschuldungsstatus ist gemein, dass sie den Wert danach bemessen, was ein objektiver Dritter für den Erhalt des gesamten Unternehmens zu zahlen bereit wäre.[790]

Bei der objektivierten Bewertung handelt es sich damit um einen typisierten Zukunftserfolgswert aus der Perspektive eines potenziellen inländischen, unbeschränkt steuerpflichtigen Anteilseigners bei Fortführung des Unternehmens mit unverändertem Konzept auf so genannter „Stand-alone-Basis".[791]

Folgende Modelle versuchten in Beantwortung dieser Frage die im Überschuldungsstatus anzusetzenden Fortführungswerte zu ermitteln:

---

787 Ablehnend daher im Rahmen der Überschuldungsdiskussion *Klar*, Überschuldung (1987), S. 56; *Harneit*, Überschuldung (1984), S. 38; *Höfner*, Überschuldung (1981), S. 194; *Temme*, Eröffnungsgründe (1997), S. 148; *Röhm*, Abhängigkeit des Insolvenzstrafrechts (2002), S. 188.
788 So *Drukarczyk*, ZfB 1981, S. 235.
789 So *Klar*, Überschuldung (1987), S. 56; *Harneit*, Überschuldung (1984), S. 38; *Höfner*, Überschuldung (1981), S. 194; *Temme*, Eröffnungsgründe (1997), S. 148; *Röhm*, Abhängigkeit des Insolvenzstrafrechts (2002), S. 188.
790 Vgl. *Piltz*, Unternehmensbewertung 3. Aufl. (1994), S. 12.
791 Vgl. *Ernst & Young*, Praxis der Unternehmensbewertung (2004), Kap. 3.4.2.2, S. 1.

(aa) Substanzwertverfahren

Das Substanzwertverfahren bestimmt den Preis, den ein objektiver Käufer für das Unternehmen zum Zwecke der Fortführung zu zahlen bereit wäre und damit den objektivierten Unternehmenswert danach, welche Aufwendungen nötig wären, um ein gleiches Unternehmen zu errichten, es „nachzubauen“.[792]

Dem liegt die Vorstellung zugrunde, dass eine Unternehmensreproduktion sich dann lohne, wenn damit zu rechnen sei, dass der Barwert der zukünftigen Einzahlungsüberschüsse zumindest den Betrag des Unternehmensreproduktionswertes erreicht.[793] Das in das Unternehmen „Hineinzusteckende“ gebe Aufschluss über das aus ihm „Herausholbare“.[794] Der Gesamtwert des Unternehmens entspricht danach der Summe der Aufwendungen, die erforderlich wären, um das Untenehmen in seiner jetzigen Form wieder zu errichten.

Dabei wurden unterschiedliche Ansätze zur Ermittlung des Unternehmenssubstanzwertes vertreten. Nach einer Ansicht war der Substanzwert der mittels Einzelbewertung zu bestimmende *Teilreproduktionswert*, nach anderer Ansicht der im Wege einer Gesamtbewertung zu ermittelnde *Vollreproduktionswert.*

(α) Ermittlung des Substanzwertes nach dem Teilreproduktionswertverfahren (Einzelbewertung)

Zur Ermittlung des Substanzwertes als Schuldendeckungspotential waren nach (zunächst) überwiegender[795] Ansicht die einzelnen Wirtschaftsgüter mit ihren *Wiederbeschaffungswerten* (Teilreproduktionswerten)[796] anzusetzen und zu addieren, wobei nur die selbständig wiederbeschaffbaren Wirtschaftsgüter, also die materiellen und immateriellen selbständig verkehrsfähigen Güter, nicht aber die nicht verkehrsfähigen, schwer greifbaren immateriellen Werte, wie z.B. Kundenstamm, Lieferantenbeziehungen und die Organisationsstruktur in den Substanzwert eingingen.[797] Wertminderungen der Vermögensgegenstände wurden bei Addition aktueller Wiederbeschaffungspreise durch einen Abschlag berücksichtigt.[798]

Gegen die Substanzwertermittlung nach dem Teilreproduktionsverfahren zur Feststellung der Überschuldung wurde vorgebracht, dass auch die nicht selbständig

---

792 Vgl. *Piltz*, Unternehmensbewertung, 3. Aufl. (1994), S. 34 m.w.N.

793 Vgl. hierzu *Förschle/Hoffmann* in Budde/Förschle, Sonderbilanzen, 3. Aufl. (2002), Kap. N Rn. 106.

794 Vgl. *Piltz*, Unternehmensbewertung, 3. Aufl. (1994), S. 34 m.w.N.

795 Vgl. *Drukarczyk/Schüler*, DStR 1999, S. 648; *Piltz*, Unternehmensbewertung, 3. Aufl. (1994), S. 34.

796 Die Begriffe *Wiederbeschaffungswert* und *Reproduktionswert* finden im Schrifttum zumeist synonyme Verwendung. Der Begriff Reproduktionswert bezieht sich bei strenger Auslegung aber nur auf die Wieder*herstellung* eines Gutes. Wenn dennoch der allgemeinen Übung folgend auch hier beide Begriffe synonym verwendet werden, so deshalb, weil die Wiederherstellung oft eine Wiederbeschaffung einschließt; ebenso *Klar*, Überschuldung (1987), S. 40 Fn. 82.

797 So *Müller* in WP-Handbuch, BD I 11. Aufl. 1996, S. 1662; *Uhlenbruck* in Kuhn/Uhlenbruck, KO, 11. Aufl. (1994), § 102 Rn. 61. Vgl. *Klar*, Überschuldung (1987), S. 40; *Piltz*, Unternehmensbewertung, 3. Aufl. (1994), S. 34 f. m.w.N.

798 Vgl. *Helbling*, Unternehmensbewertung und Steuern, 6. Aufl. (1991), S. 157 ff.; *Groth*, Überschuldung (1995), S. 104.

verkehrsfähigen Güter im Zusammenwirken mit den selbständig verkehrsfähigen Vermögensgegenständen zum betrieblichen Erfolg und damit auch zur Gläubigerbefriedigung beitrügen, so dass mit dem Teilreproduktionswertverfahren das Schuldendeckungspotential nur unvollständig ermittelt werde.[799]

Darüber hinaus sei – von dem Abschlag für eingetretene Wertminderungen ganz abgesehen – die Ermittlung eines eindeutigen Wiederbeschaffungswertes ausgeschlossen und daher letztlich auch bei solchen Vermögensgegenständen nur eine Schätzung möglich, die nicht oder nur wenig marktgängig sind und für die kein Beschaffungsmarkt existiert, der einen Vergleich ermögliche. Als Beispiel wurden Spezialmaschinen oder gebrauchte Anlagen angeführt, die wegen technischer Neuerungen so am Markt nicht mehr erhältlich sind.[800]

(β) Ermittlung des Substanzwertes nach dem Vollreproduktionswertverfahren (Gesamtbewertung)

In Reaktion auf die Schwäche der Unvollständigkeit war daher nach anderer Ansicht zur Ermittlung des vollständigen Schuldendeckungspotentials von der Vollreproduktion des Unternehmens auszugehen.[801]

Zur Ermittlung des Substanzwertes waren demnach *alle* Vermögensgegenstände heranzuziehen, die durch Einsatz im Produktionsprozess und damit auch durch Kombination mit anderen – auch nicht selbständig verkehrsfähigen – Vermögensgegenständen einen wirtschaftlichen Wert erlangen.[802]

Der mittels Addition der einzelnen Wiederbeschaffungskosten ermittelte Teilreproduktionswert, erhöht bzw. gemindert[803] um die geschätzten Wiederbeschaffungskosten für die nicht bilanzierungsfähigen immateriellen Wirtschaftsgüter, den originären Firmenwert (Goodwill), ergab danach den Vollreproduktionswert.[804]

Dieser Vorgehensweise lag die Auffassung zugrunde, dass der als theoretisch richtig erkannte Zukunftserfolgswert wegen der Schwierigkeiten bei der Schätzung künftiger Erträge und wegen der Undurchführbarkeit einer verursachungsgerechten Zuordnung der Einzelvermögensgegenstände nur unter Rückgriff auf die Substanzwerte praktisch ermittelbar sei. Denn der Ertragswert der Gesellschaft abzüglich des Firmenwertes entspreche dem Substanzwert.[805]

---

799 *Stüdemann*, WPg 1978, S. 420; *Klar*, Überschuldung (1987), S. 41.
800 *Klar*, Überschuldung (1987), S. 41.
801 So z.B. *Auler*, DB 1976, S. 2171.
802 *Auler*, DB 1976, S. 2170 f. Vgl. hierzu *Klar*, Überschuldung (1987), S. 41.
803 Ein negativer Goodwill ist z.B. denkbar bei schlecht ausgebildeter Organisationsstruktur, geringem Kundenstamm oder mangelnder Arbeits- und Ideenkraft der Mitarbeiter oder auch einfach bei zu erwartenden Verlusten.
804 *Auler*, DB 1976, S. 2171. Vgl. hierzu *Groth*, Überschuldung (1995), S. 104; *Klar*, Überschuldung (1987), S. 40 ff.; zur aktuellen Rechtslage *Kallmeyer*, GmbHR 1999, S. 16 f.
805 *Auler*, DB 1976, S. 2170.

(γ) Kritik am Substanzwert als geeigneter Maßstab in der Überschuldungsbilanz

Teilreproduktionswert- und Vollreproduktionswertverfahren bestimmen gleichermaßen den Unternehmenswert von der Beschaffungsseite her und wurden aus diesem Grund als zur Ermittlung der Aktiva im Überschuldungsstatus ungeeignet kritisiert.[806]

Die Forderung nach einer Bewertung unter der Prämisse der Fortführung leite sich aus der Funktion des Vermögens ab, durch Einsatz im Produktionsprozess Erträge zur Deckung der Verbindlichkeiten zu erwirtschaften (Vermögen als Quelle zukünftiger Erfolge).[807]

Wiederbeschaffungswerte hingegen ließen den Erfolg wirtschaftlichen Handelns, der sich erst durch den Einsatz des Vermögens im Produktionsprozess ergebe, unberücksichtigt und seien lediglich Maßstab dafür, welche Beträge für die Bereitstellung von Vermögen aufzuwenden sind.[808] Beispielhaft wurden verlustbringende Investitionen, wie z.B. die Anschaffung einer Maschine, die nicht gewinnbringend eingesetzt werden und auch nicht ohne weiteres wieder veräußert werden kann, angeführt, welche den Reproduktionswert, nicht aber den Zukunftserfolg, unberücksichtigt lassen; hier werde die Schuldendeckungsfähigkeit durch den Reproduktionswert falsch abgebildet.[809]

Die Frage, inwieweit unter Einsatz seines Vermögens das Unternehmen in der Lage ist, künftig seine Verbindlichkeiten zu bedienen, sei daher eine Frage des aus dem Unternehmen „Herausholbaren“, nicht nach dem „Hineinzusteckenden“.[810] Die Kosten eines Betriebsaufbaus würden hingegen keinen Rückschluss auf den Gefährdungsgrad der Gläubigeransprüche bei Fortführung des Unternehmens ermöglichen.[811]

Der Substanzwert könne allenfalls unter Zugrundelegung der Liquidationsprämisse, also unter der Annahme einer tatsächlichern Veräußerung der Unternehmensvermögensgegenstände, über den damit erzielbaren Preis Aufschluss darüber geben, ob das so ermittelte Vermögen ausreiche, die Schulden zu decken. Dies widerspreche aber der getroffenen Annahme der Fortführung.[812] Der Ansatz von Wiederbeschaffungswerten (Teilreproduktionswert) im Überschuldungsstatus nivelliere damit die Unterscheidung nach der Fortführungsfähigkeit des Unterneh-

---

806 Vgl. z.B. *Klar*, Überschuldung (1987), S. 37; *Groth*, Überschuldung (1995), S. 104; *Burger/Schellberg*, BB 1995, S. 266; *Piltz*, Unternehmensbewertung, 3. Aufl. (1994), S. 34; *Heinen*, Handelsbilanzen, 12. Aufl. (1986), S. 503.
807 *Klar*, Überschuldung (1987), S. 37 m.w.N.
808 *Klar*, Überschuldung (1987), S. 37.
809 *Burger/Schellberg*, BB 1995, S. 266, vgl. hierzu auch *Röhm*, Abhängigkeit des Insolvenzstrafrechts (2002), S. 187.
810 *Piltz*, Unternehmensbewertung, 3. Aufl. (1994), S. 34.
811 *Fischer*, DB 1981, S. 1346; *Burger/Schellberg*, BB 1995, S. 266; *Heinen*, Handelsbilanzen, 12. Aufl. (1986), S. 503; *Temme*, Die Eröffnungsgründe (1997), S. 130 f.; v. *Oncuil*, Rechtzeitige Auslösung (2000), S. 150, *Penzlin*, NZG 2000, S. 466.
812 Ausführlich hierzu *Klar*, Überschuldung (1987), S. 37 ff.; *Groth*, Überschuldung (1995), S. 104; vgl. auch *Großfeld*, Unternehmens- und Anteilsbewertung, 4. Aufl. (2002), S. 37.

mens.[813] Und auch der pauschale Zu- bzw. Abschlag für den Firmenwert nach der Vollreproduktionsmethode könne diese bereits im Ansatz zweckfremde Methode nicht korrigieren, insbesondere weil eine pauschale Wertkorrektur noch unsicheren Schätzungen unterworfen und daher manipulationsanfälliger sei, als die von vornherein am Zukunftserfolgswert ausgerichteten, analytischen Methoden. Nur schätzbar sei auch der Wiederbeschaffungswert eines Gutes.

Daher wurden reine Wiederbeschaffungswerte und Vollreproduktionswert nach dem Substanzwertverfahren für eine zukunftsorientierte Unternehmensbewertung letztlich als ebenfalls unsicheren Schätzungen unterworfene, nicht zweckkonforme Wertansätze verworfen.[814]

Heute wird dem Substanzwert des Unternehmens bei Bestimmung des Zukunftserfolgswertes daher auch „keine eigenständige" Bedeutung mehr beigemessen.[815]

Der Substanzwert findet heute allenfalls Anwendung als Hilfsposten zu dessen Ermittlung.[816]

In Reflexion darauf vollzog sich auch bei Aufstellung des Überschuldungsstatus zunehmend ein Wechsel vom Wiederbeschaffungswert zum Zukunftserfolgswert[817] oder es wurde zumindest eine Kombination von Substanzwerten mit Zukunftserfolgswerten vertreten (vgl. dazu unten).[818]

(bb) Am Zukunftserfolgswert ausgerichtete Bewertungsverfahren (Gesamtbewertung)

Die Verfahren zur Ermittlung von Fortführungswerten anhand des Unternehmenserfolgswertes basieren auf der Grundüberlegung, dass zur Ermittlung des zukunftsbezogenen Schuldendeckungspotentials eines Unternehmens die betriebsnotwendigen[819] Vermögensgegenstände so zu bewerten sind, wie es ihrem Leistungsbeitrag im betrieblichen Produktions- und Verteilungsprozess entspricht.[820]

Als Konsequenz ist allen Verfahren zur Ermittlung des Zukunftserfolgswertes der *Gesamtbewertungsansatz* gemein, da der zukünftige Erfolg erst aus dem Zusammen-

---

813 Vgl. zur Rechtslage unter der InsO auch *Röhm*, Abhängigkeit des Insolvenzstrafrechts (2002), S. 187.

814 *Egner/Wolf*, AG 1978, 99, 103; *K. Schmidt*, AG 1978, S. 337; *Burger/Schellberg*, BB 1995, S. 266; *OLG Düsseldorf*, AG 1999, S. 321, 324; *BGHZ* 70, S. 224; vgl hierzu *Großfeld*, Unternehmens- und Anteilsbewertung, 4. Aufl. (2002); S. 36. Ausführlich zur Entwicklung vor allem in der Rechtsprechung die Entscheidungsübersicht bei *Piltz*, Unternehmensbewertung, 3. Aufl. (1994), S. 351 ff. sowie S. 37.

815 Vgl. *IDW* S 1, WPg 2000, S. 825.

816 Vgl. *Piltz*, Unternehmensbewertung, 3. Aufl. (1994), S. 37.

817 Vgl. nur *Klar*, Überschuldung (1987); *Drukarczyk/Schüler*, DtStR 1999, S. 648; *Röhm*, Abhängigkeit des Insolvenzstrafrechts (2002), S. 186 m.w.N.

818 So z.B. *Möhlmann* DStR 1998, S. 1847; krit. hierzu *Drukarczyk/Schüler*, DtStR 1999, S. 648.

819 Betriebsnotwendiges Vermögen dient dem eigentlichen Unternehmenszweck, nicht betriebsnotwendiges Vermögen, oder betriebsneutrales Vermögen hingegen ist das Vermögen, das nicht dem eigentlichen Unternehmenszweck dient; vgl. Piltz, Unternehmensbewertung, 3. Aufl. (1994), S. 30.

820 *Auler*, DB 1976, S. 2170; *Warneke*, WPR 1949, S. 34.

wirken aller Vermögensgegenstände entsteht und die so entstehenden Synergieeffekte[821] nur unter einem unitären Vermögensverständnis im Sinne einer durch die Verbundenheit der Vermögensgegenstände gekennzeichneten Vermögensgesamtheit berücksichtigt werden können.[822]

Ein anschließendes Herunterbrechen des Unternehmensgesamtwertes auf die einzelnen Vermögensgegenstände zur Bildung von Teilwerten wurde zunehmend als willkürlich erkannt, weil sich der durch Einsatz der Vermögensgesamtheit erzielbare Erfolg nicht verursachungsgerecht zuordnen lasse und daher überwiegend abgelehnt.[823] Auffassungen, die an dem Einzelausweis der Vermögensgegenstände festhielten, leiteten daraus die Unanwendbarkeit des als theoretisch richtig erkannten Gesamtbewertungsansatzes wegen praktischer Undurchführbarkeit ab.[824] Zunehmend wurde aber eine Gegenüberstellung von Unternehmensgesamtwert und Verbindlichkeiten im Überschuldungsstatus für ausreichend gehalten, weil auch die Gesetzesvorgabe nur eine Gegenüberstellung des Vermögens und der Schulden (*insgesamt*) fordere.[825] Wie die Aufteilung der Aktivseite der Bilanz auszusehen habe, sei für die Frage, ob die Aktiva insgesamt die Passiva übersteigen, irrelevant.[826]

Insgesamt vollzog sich in der zivilrechtlichen Literatur eine immer stärker werdende Tendenz zum Gesamtvermögensausweis im Überschuldungsstatus.[827]

Ob dann eine Gegenüberstellung von Gesamtvermögenswert und Gesamtwert der Verbindlichkeiten in einer Bilanz erfolgen sollte oder ob auf eine Bilanz gänzlich verzichtet werden sollte und an deren Stelle der Wert der Verbindlichkeiten vom (Brutto)Ertragswert einfach abzuziehen war und ein negativer Nettoertragswert dann die Überschuldung bedeutete,[828] ist ohne Relevanz für das Ergebnis und daher nicht weiter zu verfolgen.

---

821 Synergien sind in diesem Zusammenhang als technisch unechte Synergien gemeint. Davon zu unterscheiden sind die echten Synergien, die Verbundeffekte bezeichnen, welche sich erst nach dem potentiell zu betrachtenden Unternehmenserwerb durch einen Dritten ergeben (vgl. *Großfeld*, Unternehmens- und Anteilsbewertung, 4. Aufl. (2002), S. 65).

822 Vgl. ausführlich *Klar*, Überschuldung (1987), S. 37.

823 So *Klar*, Überschuldung (1987), S. 55 f.; *Stüdemann* in Uhlenbruck/Klasmeyer/Kübler, 100 Jahre KO (1977), S. 430; *Hommel*, ZfB 1998, S. 307; *Harneit*, Überschuldung (1984), S. 38; *Höfner*, Überschuldung (1981), S. 194; *Temme*, Eröffnungsgründe (1997), S. 148; *Röhm*, Abhängigkeit des Insolvenzstrafrechts (2002), S. 188; *Penzlin*, Auswirkungen der InsO (2000), S. 133.

824 So *Auler*, DB 1976, S. 2170, *Drukarczyk* ZfB 1981, S. 430; *Kupsch* BB 1984, S. 162; *Lütkemeyer*, Überschuldung (1983), S. 249. Zum Postulat der Einzelbewertungsfähigkeit heute *Götz*, ZinsO 2000, S. 79.

825 So *Klar*, Überschuldung (1987), S. 58; *Röhm*, Abhängigkeit des Insolvenzstrafrechts (2002), S. 187; Zum Gesamtbewertungsansatz in der Überschuldungsbilanz eingehend *Klar*, Überschuldung (1987), S. 58 ff.

826 So auch heute noch *Spliedt*, DB 1999, S. 1941; 1944 ff.; *Götz*, ZinsO 2000, S. 79.

827 Vgl. auch *Klar*, Überschuldung (1987), S. 56.

828 So *Klar*, Überschuldung (1987), S. 193 f.; *Fischer*, DB 1981, S. 1345 ff. Bruttoertragswert ist nicht zu verwechseln mit der Bruttomethode. Der Bruttoertragswert ergibt sich aus der Kapitalisierung der zukünftigen Reinerträge, wobei Fremdkapitalzinsen unberücksichtigt bleiben; hier wird also im Wege des Nettoverfahrens zunächst der Wert des Eigenkapitals ermittelt. Nach Abzug der kapitalisierten Verbindlichkeiten inkl. Fremdkapitalzinsen erhält man den Nettoertragswert. Ist dieser positiv, liegt keine Überschuldung vor. „Brutto“ entspricht damit in diesem Zu-

In beiden Fällen waren die Fremdkapitalzinsen erst im Rahmen des Schuldenabzugs bzw. auf der Passivseite der Bilanz zu berücksichtigen.[829]

Der Unternehmenswert wurde als *Barwert des Zukunftserfolges* (des „Herausholbaren") verstanden.[830]

Da der Zukunftserfolg des Unternehmens allein durch den Einsatz des *betriebsnotwendigen* Vermögens beeinflusst wird, ist das nicht betriebsnotwendige Vermögen danach zu Einzelveräußerungswerten anzusetzen und dem Zukunftserfolgswert des betriebsnotwendigen Vermögens zuzuschlagen, um den Wert des Gesamtvermögens zu ermitteln.[831] Nichtbetriebsnotwendige Vermögensgegenstände waren damals wie heute daher auch bei positiver Fortführungsprognose zu ihrem Liquidationswert in den Überschuldungsstatus einzustellen.[832]

Der Zukunftserfolgswert eines Unternehmens richtet sich nach den Vorteilen, die seinen aktuellen oder potentiellen Eignern aus der Nutzung des Eigentums künftig erwachsen werden, dem *Nutzwert*.[833] Ein objektiver Unternehmenskäufer würde nur zahlen, was er bei einer alternativen Investition aufwenden müsste, um den gleichen Erfolg wie aus dem Unternehmen zu erhalten.[834]

Vorteile, die sich allein durch Synergieeffekte im weiteren Sinn[835] ergeben, sprich Effekte im Verbund mit Unternehmen, die bereits im Eigentum des künftigen Eigners stehen, Synergien aufgrund von Folgemaßnahmen im Rahmen einer Akquisitionsstrategie[836] oder auch allein der Vorteil, sich mit dem Kauf eines Unternehmens eines Konkurrenten entledigt zu haben, müssen bei Ermittlung des objektivierten Unternehmenswertes außer Acht bleiben, da es sich um Faktoren handelt, die in der Person des Unternehmenskäufers gründen.[837]

So wurde im Zeitablauf der *finanzielle Nutzwert* als richtiger Zukunftserfolgswert einer Gesamtbewertung erkannt.[838]

Um den finanziellen Nutzwert des Unternehmens und damit den Fortführungswert des Anlagevermögens zu ermitteln, wurden verschiedene Vorgehensweisen entwickelt.

---

sammenhang nur der Aussage auf der Aktivseite einer Bilanz, der *Netto*ertragswert wäre also bei bilanzieller Betrachtung das Vergleichsergebnis Aktiv-/Passivseite.

829 Vgl. *Klar*, Überschuldung (1987), S. 194; *Fischer*, DB 1981, S. 1345 ff.

830 *Piltz*, Unternehmensbewertung, 3. Aufl. (1994), S. 16 f.

831 Vgl. *Auler*, DB 1976, S. 2170; *Piltz*, S.135 m.w.N. und heute WP-Handbuch, Bd. II, 12. Aufl. Kap. A Rn. 159.

832 Vgl. *Siepe* in WP-Handbuch Bd. II, 12. Aufl. (2002), Kap. A Rn. 148; *Wolf*, DStR 1995, S. 862; *Piltz*, Unternehmensbewertung, 3. Aufl. (1994), S. 17, 135; *Großfeld*, Unternehmens- und Anteilsbewertung, 4. Aufl. (2002), S. 54., 152, 168, 203.

833 *Siepe* in WP-Handbuch Bd. II, 12. Aufl. (2002), Kap. A Rn. 76, 87.

834 *Großfeld*, Unternehmens- und Anteilsbewertung, 4. Aufl. (2002), S. 38.

835 Synergien im weiteren Sinne meint hier alle Effekte, die im Käuferunternehmen oder auch zu kaufenden Unternehmen zu einer Wertsteigerung führen können.

836 Vgl. *Siepe* in WP-Handbuch Bd. II, 12. Aufl. (2002), Kap. A Rn. 138, 141.

837 Vgl. *Siepe* in WP-Handbuch Bd. II, 12. Aufl. (2002), Kap. A Rn. 76; *Piltz*, Unternehmensbewertung, 3. Aufl. (1994), S. 12.

838 Auch heute noch aktuelles Verständnis, vgl. *IDW*, WPg 2000, S. 415; *Großfeld*, Unternehmens- und Anteilsbewertung, 4. Aufl. (2002), S. 46.

Zu unterscheiden sind das klassische *Ertragswertverfahren* und die *Discounted Cash Flow (DCF)* Methoden.[839] Sie bilden die Gruppe der *kapitalwertbasierten* Verfahren und kommen im Gegensatz zu den ebenfalls zukunftsorientierten, aber ungenauen Gesamtbewertungsverfahren des *Market Approach* (Vergleichsverfahren) als einzige Gesamtbewertungsverfahren in der Überschuldungsbilanz in Frage.[840]

Um den Barwert des künftigen finanziellen Nutzens im Einzelfall mathematisch bestimmen zu können, bedarf es im Rahmen all dieser zukunftserfolgsorientierten Verfahren einer Aussage über

- die Höhe künftiger *Erfolge*,
- über die Höhe des anzuwendenden *Abzinsungsfaktors* (Kapitalisierungszinsfußes) und
- den zugrundezulegenden *Abzinsungszeitraum*.[841]

Hinsichtlich der *Berechnungssystematik* zur Ermittlung der künftigen Erfolge sind im Rahmen der kapitalwertbasierten Verfahren Nettomethoden und Bruttomethoden zu unterscheiden.

Während die *Ertragswertmethode* und das DCF-Verfahren des *Flow to Equity* den Wert des Eigenkapitals (Equity Value) als maßgebliche Größe für den Zukunftserfolgswert direkt ermitteln (*Nettomethode*), bestimmen die DCF-Verfahren nach dem *WACC-Ansatz* und dem *APV-Ansatz* zunächst den Wert des Eigenkapitals und des Fremdkapitals als Gesamtwert, um dann den Wert des Fremdkapitals vom Zwischenergebnis abzuziehen (*Bruttomethode*).[842]

Daneben unterscheiden sich die Kapitalwertverfahren noch hinsichtlich der *Finanzierungsprämissen*, die der Erfolgs- und Zinssatzhöhe bestimmenden Unternehmensplanung zugrunde gelegt werden.[843] Zu unterscheiden sind dabei das Ertragswertverfahren, welchem eine *explizite* Finanzierungsprämisse der Vollausschüttung (alle ausschüttungsfähigen Beträge sind tatsächlich auszuschütten und nicht (auch) zu thesaurieren) zugrunde lag,[844] sowie die DCF-Verfahren, bei denen es üblich ist, dass eine bestimmte Kapitalstruktur (z.B. 60 % Eigenkapital- und 40 % Fremdkapi-

---

839 *Piltz*, Unternehmensbewertung, 3. Aufl. (1994), S. 18; *Barthel*, DStR 1995, S. 1164.

840 Vgl. *IDW*, WPg 2000, S. 836. Zu den Verfahren des Market Approach bereits oben unter Erster Teil A. VI. 1. c) bb) (1) (a). Vgl. auch die Übersicht der Bewertungsverfahren bei *Ernst & Young*, Praxis der Unternehmensbewertung (2004), Kap. 3.1.5.1.

841 Vgl. *Klar*, Überschuldung (1987), S. 57; *Piltz*, Unternehmensbewertung, 3. Aufl. (1994), S. 26, 46.

842 Vgl. zu den Verfahren statt aller *Ernst&Young*, Praxis der Unternehmensbewertung (2004), Kap. 3 und 4.

843 Vgl. *Ernst&Young*, Praxis der Unternehmensbewertung (2004), Kap. 3.1.5.1 S. 10, 12.

844 Vgl. *IDW* S 1, WPg 2000, S. 831, vgl. *Ernst&Young*, Praxis der Unternehmensbewertung (2004), Kap. 3.1.5.1 S. 12. Allerdings soll nach *IDW* S 1 n.F. v. 18.10.2005 und zuvor bereits nach *IDW* ES 1 vom 30.12.2004 wegen Einführung des steuerrechtlichen Halbeinkünfteverfahrens bei Kapitalgesellschaften nicht mehr grundsätzlich von der Vollausschüttungshypothese ausgegangen werden, da die Vollausschüttung für die Unternehmenseigner nicht mehr nur vorteilhaft ist; zumindest in der ersten Phase (Detailplanungsphase) soll die Ausschüttung aus dem individuellen Unternehmenskonzept abgeleitet werden, vgl. IDW-FN 2004, S. 621 zu *IDW* ES 1 v. 9.12.2004, WPg 2005, S. 13 ff. sowie *IDW* S 1 n.F. v. 18.10.2005, WPG 2005, S. 1306 und hierzu ausführlich *Kunowski*, DStR 2005, S. 570.

talquote) vorgegeben wird und die Verwendung der Überschüsse dann implizit durch die Realisierung der vorgegebenen Kapitalstruktur bestimmt wird.[845]

(α) Das Ertragswertverfahren (Nettomethode / Equity-Ansatz)

Die Ertragswertmethode[846] war das in der betriebswirtschaftlichen Praxis bis Mitte der neunziger Jahre absolut herrschende und in der Rechtsprechung auch nach In-Kraft-Treten der Insolvenzordnung noch immer nahezu ausschließlich angewandte Verfahren zur Bestimmung des Zukunftserfolgswertes ganzer Unternehmen[847] und wurde von der traditionell zweistufigen und der einstufig statischen Methode auch im Rahmen der Überschuldungsprüfung zur Bestimmung des den Verbindlichkeiten gegenüberzustellenden Gesamtvermögens herangezogen.[848]

Dieser *„Ertragswert“* war danach der Barwert der auf den Stichtag abgezinsten (diskontierten) Zukunfts„erträge“,[849] wobei in diesem Zusammenhang mit „Ertrag“ nicht notwendigerweise das Ergebnis der handelsrechtlichen Gewinn- und Verlustrechnung, also der Jahresüberschuss bzw. -fehlbetrag, gemeint ist.[850] Vielmehr war die überwiegend vorherrschende Ermittlungsweise einem Wandel unterworfen:

Unternehmenserfolge

Zukunftserfolg im Sinne des Jahresüberschusses

Die Ertragswertmethode ermittelte die Summe der Zukunftserfolge des Unternehmens bezogen auf den Bewertungsstichtag anfangs anhand einer *reinen Ertrags*überschussrechnung.[851] *Ertragsüberschuss* ist der Überschuss der Erträge über die Aufwendungen, die im Rahmen der GuV nach dem *Verursachungsprinzip* periodengerecht

---

845 Vgl. *Ernst&Young*, Praxis der Unternehmensbewertung (2004), Kap. 3.1.5.1 S. 12.

846 Eingehend hierzu *Lütkemeyer*, Überschuldung (1983), S. 136 und *Piltz*, Unternehmensbewertung, 3. Aufl. (1994), S. 16–33.

847 Vgl. *Barthel*, DStR 1995, S. 1164; *Piltz*, Unternehmensbewertung, 3. Aufl. (1994), S. 138; *Großfeld*, Unternehmens- und Anteilsbewertung, 4. Aufl. (2002) S. 44.

848 Vgl. *Egner/Wolff*, AG 1978, S. 99, 104; *Groth*, Überschuldung (1995), S. 105 ff.; *Röhm*, Abhängigkeit des Insolvenzstrafrechts (2002), S. 187, *Klar*, Überschuldung (1987), S. 56; *Fischer*, Überschuldungsbilanz (1980), S. 101 ff.; *ders.*, DB 1981, S. 1345 ff.; *Zilias*, WPg 1977, S. 449. Zum Ertragswertverfahren allgemein *Heinen*, Handelsbilanzen, 12. Aufl. (1986), S. 503, *Piltz*, Unternehmensbewertung, 3. Aufl. (1994), S. 16, 138; *Barthel*, DStR 1995, S. 1164; anders aber wegen zu großer Prognoselastigkeit noch *BGH* v. 23.8.1978, JZ 1979 S. 75, dazu *Tiedemann*, NJW 1979, S. 254. Eine Bewertung des Vermögens zu Fortführungswerten war nur im Rahmen der traditionell zweistufigen Methode vorgesehen. Darüber hinaus aber war die Ertragswertmethode gedanklicher Ausgangspunkt zur Ermittlung einzelner Fortführungswerte im Rahmen der Konkurseröffnungsbilanz nach §§ 123, 124 KO, dem Vermögensverzeichnis nach § 11 I GesO und der Vermögensübersicht nach § 5 I VerglO; vgl. hierzu *Höffner*, ZIP 1999, S. 2088 sowie zum Teilwert bereits oben unter Erster Teil A. VI. 1. c) aa) (2), Fn. 751.

849 Vgl. *Piltz*, Unternehmensbewertung, 3. Aufl. (1994), S. 138, 142; *Burger/Schellberg*, BB 1995, S. 265; *OLG Düsseldorf* Urt. v. 7.6.1990, AG 1990, S. 491; *Heinen*, Handelsbilanzen, 12. Aufl. (1986), S. 503.

850 Vgl. nur *Groth*, Überschuldung (1995), S. 106 ff.

851 Vgl. *Lütkemeyer*, Überschuldung (1983), S. 157; *Groth*, Überschuldung (1995), S. 106 zum theoretischen Hintergrund auch *Großfeld*, Unternehmens- und Anteilsbewertung, 4. Aufl. (2002), S. 39. *Piltz*, Unternehmensbewertung, 3. Aufl. (1994), S. 17.

erfasst werden.[852] Er stellt nach Abzug eines evtl. bestehenden Verlustvortrages und gesetzlich oder einer gesellschaftsvertraglich vorgeschriebenen Rücklagendotierung den *gesellschaftsrechtlich* ausschüttungsfähigen Bilanzgewinn dar.[853]

Dieser Vorgehensweise lag noch die Auffassung zugrunde, dass der Nutzwert allein durch den wahrscheinlich nachhaltig erzielbaren Zukunftsgewinn der Unternehmung bestimmt werde,[854] so dass der gesamte, auch der mangels Finanzierbarkeit tatsächlich *nicht* ausschüttungsfähige Gewinn, insoweit mitberücksichtigt wurde.[855]

Zukunftserfolg im Sinne des tatsächlich „Ausschüttbaren“

Als dann aber zunehmend der finanzielle Nutzwert im Sinne eines *Entnahmewertes* angesichts der investitionstheoretischen Überlegungen in den Vordergrund rückte, wurde der Zukunftserfolgswert anhand der *Summe der künftigen Nettoausschüttungen* bestimmt; maßgeblicher Zukunftserfolgswert war danach der finanzielle Überschuss,[856] die erwarteten gesellschaftsrechtlich zulässigen, tatsächlichen Nettoausschüttungen an die Eigner.[857] Dies entspricht auch der heutigen Auffassung von der Ertragswertermittlung.[858]

Mangels einer direkten praktischen Ermittlungsmöglichkeit zukünftiger Nettoausschüttungen[859] entwickelten sich unterschiedliche Vorgehensweisen, um das künftig finanziell „Ausschüttbare“ zu ermitteln; die eine näherte sich dem Wert der ausschüttungsfähigen Beträge von Seiten einer *Einnahmeüberschuss-Rechnung,*[860] die andere von Seiten einer *Aufwands-Ertrags-Rechnung* (Ermittlung des Jahresüberschusses anhand der GuV).[861]

Dabei bargen beide Vorgehensweisen Inkonsistenzen bezüglich des maßgeblichen Wertes der Nettoausschüttungen in sich, die es auszugleichen galt und mancher Ansicht als Grund für die Ablehnung einer der Vorgehensweisen diente.[862]

---

852 *Winnefeld*, Bilanzhandbuch, 3. Aufl. 2002, Einf. Rn. 145.
853 Vgl. *Siepe* in WP-Handbuch, Bd. II, 12. Aufl. (2002), Kap. A Rn. 90.
854 Vgl. zum älteren Ertragswertbegriff: Viel/Bredt/Renard, Die Bewertung von Unternehmen und Unternehmensanteilen, 5. Aufl. (1975), S. 63 und *Lütkemeyer*, Überschuldung (1983), S. 157.
855 Vgl. *Lütkemeyer*, Überschuldung (1983), S. 157 und *Siepe* in WP-Handbuch, Bd. II, 12. Aufl. (2002), Kap. A Rn. 90.
856 Vgl. *Großfeld*, Unternehmens- und Anteilsbewertung, 4. Aufl. (2002), S. 38.
857 Vgl. *Groth*, Überschuldung (1995), S. 106; *Piltz*, Unternehmensbewertung, 3. Aufl. (1994), S. 18; *Lütkemeyer*, Überschuldung (1983), S. 157.
858 Vgl. *IDW* S 1 n.F. v. 18.10.2005, WPG 2005, S. 1306 ff.; *Siepe* in WP-Handbuch, Bd. II, 12. Aufl. (2002), Kap. A Rn. 87 ff.; *Großfeld*, Unternehmens- und Anteilsbewertung, S. 39; *Piltz*, Unternehmensbewertung, 3. Aufl. (1994), S. 18. Speziell zur Überschuldung *Burger Schellberg*, BB 1995, S. 266.
859 Vgl. *Piltz*, Unternehmensbewertung, 3. Aufl. (1994), S. 18.
860 *Groth*, Überschuldung (1995), S. 108 und *Piltz*, Unternehmensbewertung, 3. Aufl. (1994), S. 18; *Burger/Schellberg*, BB 1995, S. 266.
861 *Egner/Wolff*, AG 1978, S. 99, 104, *Höfner*, Überschuldung (1981), S. 211 ff.; und hierzu krit. *Groth*, Überschuldung (1995), S. 108.
862 Vgl. z.B. *Groth*, Überschuldung (1995), S. 108 und *Piltz*, Unternehmensbewertung, 3. Aufl. (1994), S. 18 gegen die Ertragswertermittlung anhand der GuV.

Ermittlung des künftigen Unternehmenserfolges

Einnahmeüberschuss-Rechnung

Einnahmeüberschuss ist der Überschuss der Einnahmen über die Ausgaben, welche im Rahmen einer Überschussrechnung im Zeitpunkt des Zahlungseingangs bzw. -ausgangs erfasst werden. *Einnahme* ist danach jede Erhöhung, *Ausgabe* jede Minderung des Geld*vermögens*.[863] Es finden sich Auffassungen, welche auf den *Einnahme*überschuss als maßgebliche Größe der Überschuldungsermittlung abstellen,[864] andere halten ausdrücklich den im Hinblick auf das tatsächliche Schuldendeckungspotential präziseren *Einzahlungs*überschuss für die zu ermittelnde Größe im Überschuldungsstatus[865] und entsprechen damit vom Ansatz her dem Nettoverfahren der Discounted Cashflow Methode, dem sog. *Flow to Equity* Verfahren.[866] *Einzahlungen* und *Auszahlungen* sind Geschäftsvorfälle, die den Zahlungsmittelbestand des Unternehmens (Kassenbestand zuzüglich jederzeit verfügbarer Bankguthaben) erhöhen oder vermindern.[867] Damit mehren oder mindern sie zugleich den Geldvermögensbestand, sind also auch Einnahmen bzw. Aufwendungen. Der Einnahmebegriff ist weiter und umfasst neben den Einzahlungen bereits den Erwerb von Forderungen als Erhöhung des Geldvermögensbestandes.

Sofern nicht die Vertreter einer „Einnahme-Überschuss-Rechnung" zur Ertragswertermittlung ohnehin eine Einzahlungsüberschuss-Rechnung meinten und nur ungenau in ihrer Wortwahl waren,[868] sondern bewusst Forderungen bereits bei Erwerb statt erst bei Zahlungseingang berücksichtigt werden sollten, führte das Abstellen auf Einnahmen anstelle von Einzahlungen bei der Ertragswertermittlung *im Sinne der Unternehmensbewertung* zu keinem unterschiedlichen Ergebnis, da nach den auf den Zukunftserfolg ausgerichteten Verfahren der Unternehmensbewertung grundsätzlich von der fiktiven ewigen Lebensdauer des Unternehmens auszugehen ist und daher die Vermögenszuflüsse einer endlosen Anzahl von Perioden in die Berechnung eingehen[869], so dass sich zeitliche Verschiebungen von Forderungserwerb und Zahlungseingang auf das Endergebnis nicht auswirken.[870] Im Rahmen der *Überschuldungsprüfung* ist allerdings die Ergebnisrelevanz von Einnahmeüberschuss-Rechnung einerseits und Einzahlungsüberschuss-Rechnung andererseits nicht ganz so einfach zu negieren: Hier wird nicht immer von der fiktiven Lebensdauer

---

863 *Winnefeld*, Bilanzhandbuch, 3. Aufl. (2002), Einf. Rn. 145; *Großfeld*, Unternehmens- und Anteilsbewertung, 4. Aufl. (2002), S. 41; *Piltz*, Unternehmensbewertung, 3. Aufl. (1994), S. 18.
864 Z. B. *Groth*, Überschuldung (1995), S. 108.
865 *Burger/Schellberg*, BB 1995; *Temme*, Eröffnungsgründe (1997), S. 134.
866 Dazu sogleich unter Erster Teil A. VI. 1. c) bb) (1) (b) (bb). Vgl. insoweit auch *I IDW* S 1 n.F. v. 18.10.2005, WPG 2005, S. 1316 ff.
867 Vgl. *Temme*, Eröffnungsgründe (1997), S. 134.
868 Oftmals wird nicht genau zwischen Einnahmen und Einzahlungen unterschieden, auch wenn auf den Kassenbestand abgestellt wird, z. B. *Großfeld*, Unternehmens- und Anteilsbewertung, 4. Aufl. (2002), S. 41.
869 *Piltz*, Unternehmensbewertung, 3. Aufl. (1994), S. 16; hierzu auch *Haas*, Insolvenzrecht 1998 (1999), S. 26; *Temme*, Eröffnungsgründe (1997), S. 135; *Großfeld*, S. 22, 59; *Röhm*, Abhängigkeit des Insolvenzstrafrechts (2002), S. 188.
870 Vgl. zur Parallelproblematik der Abschreibungen *Piltz*, Unternehmensbewertung, 3. Aufl. (1994), S. 18.

des Unternehmens ausgegangen.[871] Es finden sich in der zivilrechtlichen Literatur Auffassungen, wonach zur Ermittlung des Schuldendeckungspotentials nur solche Vermögenszuflüsse berücksichtigt werden dürfen, die auch zum *Zeitpunkt des Großteils der zuletzt fällig werdenden Verbindlichkeiten*[872] als Deckungspotential zur Verfügung stehen. Weiter in der Zukunft liegende Erträge dürften danach mangels Verfügbarkeit zum Fälligkeitszeitpunkt auch der letzten Verbindlichkeit nicht berücksichtigt werden.[873] Da allerdings die in weiterer Ferne liegenden Erträge aufgrund ihrer Abzinsung auf den Stichtag den Zukunftserfolgswert nur minimal erhöhen,[874] fallen die Meinungsunterschiede hinsichtlich des zu berücksichtigenden Zeitraums kaum ins Gewicht.

Diese Abweichungen sind daher im Verhältnis zu den Ergebnisdivergenzen aufgrund unterschiedlich getroffener Annahmen und im Verhältnis zu den Einschätzungsspielräumen bei der Wahl eines konkreten Wertansatzes nicht von Bedeutung im Hinblick auf die Frage, wie den der Überschuldung inhärenten Unsicherheiten und der Meinungsvielfalt im Strafrecht zu begegnen ist, so dass sie zugunsten einer verständnisfördernden Darstellung zu vernachlässigen sind.

Vereinfacht kann daher festgehalten werden, dass die Einnahme-Überschuss-Rechnung letztlich auf effektive Geldzu und -abflüsse (Kapitalflussrechnung) abstellt.[875]

Die Einnahme-Überschuss- bzw. Einzahlungs-Überschuss-Rechnung hat den Vorteil, dass der Überschuss der Einnahmen über die Ausgaben die im Zeitablauf zu- und abfließenden liquiden Mittel zeigt und damit vom Ansatz her den künftigen Nettoauszahlungen näher kommt als die Ertragsüberschüsse und wurde daher oftmals für die einzig vertretbare Vorgehensweise gehalten.[876] Da die Ausschüttungsfähigkeit der Einnahmeüberschüsse aber zugleich von gesellschaftsrechtlichen Gewinnverwendungsregeln und den ertragssteuerlichen Bemessungsgrundlagen abhängt,[877] waren und sind auch bei einer Bewertung aufgrund von Einnahmeüberschüssen zusätzlich die handelsrechtlichen Ertragsüberschüsse zu berechnen. Durch das Heranziehen der im Rahmen der GuV ohnehin zur Verfügung stehenden Aufwand-Ertrags-Rechnung[878] kann ausgeglichen werden, dass mangels einer peri-

---

871 Auch im Rahmen der Überschuldungsermittlung ist nach *Klar* von einer unbegrenzten Fortführung der Unternehmung auszugehen; *Klar*, Überschuldung (1987), S. 194.

872 Außer Betracht zu lassen waren danach Verbindlichkeiten, die allein zwecks Verlängerung des Berechnungszeitraums begründet wurden, vgl. *Temme*, Eröffnungsgründe (1997), S. 137.

873 Vgl. und zur inhaltsgleichen Problemstellung unter der Insolvenzordnung *Temme*, Eröffnungsgründe (1997), S. 137; *Röhm*, Abhängigkeit des Insolvenzstrafrechts (2002), S. 189.

874 Vgl. das Rechenbeispiel bei *Temme*, Eröffnungsgründe (1997), S. 136.

875 *Winnefeld*, Bilanzhandbuch, 3. Aufl. 2002, Einf. Rn. 145; *Großfeld*, Unternehmens- und Anteilsbewertung, 4. Aufl. (2002), S. 41.

876 So *Piltz*, Unternehmensbewertung, 3. Aufl. (1994), S. 18, *Temme*, Eröffnungsgründe (1997), S. 134; *Burger/Schellberg*, BB 1995, S. 266. Vgl. auch *Siepe* in WP-Handbuch, Bd. II 12. Aufl. (2002), Kap. A Rn. 91.

877 Mit Ausnahmen von aktiven und passiven Rechnungsabgrenzungsposten (§ 250 I HGB) erfolgen die Einnahmen und Ausgaben grundsätzlich nach den zugehörigen Erträgen und Aufwendungen. Hierzu *Klar*, Überschuldung (1987), S. 97.

878 Vgl. *Piltz*, Unternehmensbewertung, 3. Aufl. (1994), S. 18, *Lütkemeyer*, Überschuldung (1983), S. 157.

odengerechten Zuordnung der Überschussausweis bei der Einnahmeüberschuss-Rechnung den Zufälligkeiten von Periodenverschiebungen ausgesetzt ist und damit aufgrund der divergierenden Ertragslage nicht unmittelbar ausschüttungsfähige Einnahmeüberschüsse zugrunde gelegt werden.[879]

Aufwands-Ertrags-Rechnung

Die oftmals nicht zeitgenaue Erfassung der Einnahmen und Ausgaben erschwert die Ermittlung anhand einer Einnahmeüberschuss-Rechnung[880] und war neben der besseren Einsicht in die Ertragslage des Unternehmens mit ein Grund dafür, dass die finanziellen Überschüsse aus prognostizierten Ertragsüberschüssen abgeleitet wurden.[881]

Wegen des Grundsatzes der Periodenabgrenzung, wonach Erträge und Aufwendungen der Verursachungsperiode zuzuordnen sind, gehen bei einer Aufwands-Ertrags-Rechnung allerdings die Unwägbarkeiten von Abschreibungen und Rückstellungen in die Rechnung mit ein.[882] So führt die Barzahlung bei Kauf eines Wirtschaftsgutes des Anlagevermögens zur sofortigen Minderung des Kassenbestandes und damit des zur Schuldentilgung unmittelbar verfügbaren Geldes, wird allerdings mittels Aktivierung und anschließender Abschreibung als Aufwand über einen längeren Zeitraum verteilt. Diese Inkongruenz führte dazu, dass die Orientierung am Ertragsüberschuss der GuV für die Unternehmensbewertung zumindest für korrigierungsbedürftig gehalten wurde,[883] und auch heute noch wird eine ergänzende Finanzbedarfsrechnung gefordert, um die Abweichungen von den Zahlungsströmen und den daraus resultierenden Auswirkungen auf die Finanzierung durch angemessene Berücksichtigung abzufedern.[884] Dadurch soll sichergestellt werden, dass nur die unter dem Gesichtspunkt der Finanzierbarkeit tatsächlich ausschüttungsfähigen Gewinne in die Rechnung eingehen.[885]

Dass im Hinblick auf die Überschuldung die abschreibungsbedingten Inkongruenzen eine Aufwands-Ertrags-Rechnung darüber hinaus sogar für gänzlich ungeeignet gehalten wurde,[886] lässt sich wiederum dadurch erklären, dass – anders als unter Zugrundelegung der fiktiven Lebensdauer des zu bewertenden Unternehmens[887] – von diesen Auffassungen nur solche Erträge berücksichtigt wurden, die bis zum Tag des Großteils der zuletzt fällig werdenden Verbindlichkeiten zu prognostizieren waren,[888] also ein Ausgleich über die Totalperiode nicht erfolgen kann.

---

879 *Siepe* in WP-Handbuch, Bd. II 12. Aufl. (2002), Kap. A Rn. 90.
880 Vgl. *Großfeld*, Unternehmens- und Anteilsbewertung, 4. Aufl. (2002); S. 39.
881 Vgl. *Siepe* in WP-Handbuch, Bd. II, 12. Aufl. (2002), Kap. A Rn. 94; *Groth*, Überschuldung (1995), S. 108 zu *Egner/Wolff*, AG 1978, S. 99, 104; *Höfner*, Überschuldung (1981), S. 211 ff.
882 Vgl. *Großfeld*, Unternehmens- und Anteilsbewertung, 4. Aufl. (2002); S. 39; *Piltz*, Unternehmensbewertung, 3. Aufl. (1994), S. 18; eingehend mit Beispiel *Temme*, Eröffnungsgründe (1997), S. 134.
883 Vgl. *Piltz*, Unternehmensbewertung, 3. Aufl. (1994), S.18.
884 *Siepe* in WP-Handbuch, Bd. II, 12. Aufl. (2002), Kap. A Rn. 95.
885 Vgl. *Siepe* in WP-Handbuch, Bd. II 12. Aufl. (2002), Kap. A Rn. 99.
886 So *Temme*, Eröffnungsgründe (1997), S. 134 ff.
887 So *Klar*, Überschuldung (1987), S. 194.
888 So *Temme*, Eröffnungsgründe (1997), S. 137.

Insgesamt aber sind die unterschiedlichen methodischen Vorgehensweisen von Ertragsüberschuss-Rechnung und Einnahme-Ausgabenüberschuss-Rechnung auf dasselbe Ziel, die Nettoausschüttungen zu ermitteln, gerichtet und führen bei äquivalenten Annahmen zum gleichen Ergebnis;[889] eine Divergenz bei der Ermittlung von Fortführungswerten entsteht daher nicht aufgrund der Methodenwahl, sondern vielmehr aufgrund der getroffenen Annahmen.[890] Ergebnisdifferenzen werden insbesondere generiert durch eine unterschiedliche Wahl bei der Höhe des Kapitalisierungszinsfußes[891] oder dass in beiden Verfahren implizit oder explizit unterschiedliche Finanzierungsannahmen hinsichtlich der temporären Differenzen zwischen Einnahmen und Erträgen sowie zwischen Ausgaben und Aufwendungen getroffen werden können.[892]

Wird zudem die gesellschaftsrechtliche Ausschüttungsfähigkeit in den ergänzenden Nebenrechnungen zur Einnahmeüberschuss-Rechnung strikt beachtet und werden somit gleiche Finanzierungsannahmen und damit identische Nettoauszahlungen unterstellt, mutiert die Einnahmeüberschuss-Rechnung damit im Ergebnis sogar zu einer Ertragsüberschussrechnung.[893]

Die Problematik der Ergebnisunsicherheit ist damit primär in den Ermessensspielräumen begründet, die dem Bewertenden aufgrund der Zukunftsorientierung der Berechnungsgrundlagen (Planbilanzen, etc.) zustehen.

Analytische Methode versus pauschale Methode

Unabhängig davon, ob der künftige Ertrag anhand einer Einnahmeüberschuss-Rechnung oder einer Ertragsüberschuss-Rechnung bestimmt wird, ist der zukünftige Erfolg zu schätzen. Von den beiden denkbaren Methoden, der *analytischen* und der *pauschalen*, kam letztere im Überschuldungsstatus wegen zu großer inhärenter Unsicherheiten und Einschätzungsspielräumen sowie wegen Vorgreiflichkeit nicht in Betracht; die *pauschale* Methode, die den Durchschnitt der Vergangenheitserträge in uneinheitlicher Gewichtung als Zukunftsertrag festlegt, führte bei krisengeschüttelten Unternehmen zwangsläufig zu einer Überschuldung. Sie wurde daher von den Vertretern einer Gesamtbewertung im Überschuldungsstatus einhellig abgelehnt.[894]

Stattdessen wurde nach der *analytischen* Methode im Überschuldungsstatus so verfahren, dass die Analyse der bisherigen Unternehmensentwicklung (Absatzniveau, Verkaufspreise, Kostenniveau, usw.) lediglich als Grundlage für eine Schätzung der künftigen Erfolge diente.[895] Detailliert betrachtet wird dabei ein Zeitraum von ca.

---

889 Vgl. *Siepe* in WP-Handbuch, Bd. II, 12. Aufl. (2002), Kap. A Rn. 98; *Piltz*, Unternehmensbewertung, 3. Aufl. (1994), S. 18; *IDW* S 1, WPg 2000, S. 825, 829.
890 Vgl. *Piltz*, Unternehmensbewertung, 3. Aufl. (1994), S. 46; *IDW*, WPg 2000, S. 835; *Siepe* in WP-Handbuch, Bd. II, 12. Aufl. (2002), Kap. A Rn. 98; allerdings in Bezug auf das Verhältnis *aller* kapitalwertbasierten Verfahren zueinander.
891 Vgl. *Piltz*, Unternehmensbewertung, 3. Aufl. (1994), S. 46.
892 Vgl. *Siepe* in WP-Handbuch, Bd. II, 12. Aufl. (2002), Kap. A Rn. 98.
893 *Siepe* in WP-Handbuch, Bd. II, 12. Aufl. (2002), Kap. A Rn. 100.
894 *Temme*, Eröffnungsgründe (1997), S. 138 ff., 140; *Fischer*, Überschuldungsbilanz, S. 66; *Lütkemeyer*, Überschuldung (1983), S. 165 f.; *Harneit*, Überschuldung (1984), S. 33.
895 Vgl. *Wolf*, DStR 1995, S. 861 (3 Geschäftsjahre).

zwei Jahren (sog. Detailplanungsphase), auf dessen Basis eine pauschale Prognose für die weiteren Jahre gestellt wird.[896]

Die Schätzung der künftigen Erträge erfolgt für die Detailplanungsphase anhand einer *Plan-Gewinn- und Verlustrechnung*, welche um eine Investitions- und Finanzierungsplanung ergänzt wird, die sicherstellt, dass die geplanten Investitionen/Ausschüttungen auch tatsächlich finanzierbar sind. Aus der Investitions- und Finanzierungsplanung wird dann eine Plan-Bilanz entwickelt; alle drei Rechenwerke werden dabei unter Analyse der Vergangenheitserfolge errichtet.[897]

Kapitalisierungszinsfuß

Der *Kapitalisierungszinsfuß* dient zum einen der Diskontierung der erwarteten Erträge auf den Bewertungsstichtag (spätere Erträge sind mangels renditebringender Reinvestitionsmöglichkeit weniger wert), zum anderen soll er die Investition eines imaginären Unternehmenskäufers bzw. des gesamten Kapitalmarktes mit der ihm möglichen Alternativinvestition vergleichbar machen.[898] Der Kapitalisierungszinsfuß wird daher – damals wie heute – anhand der Rendite einer alternativ vorzunehmenden Investition ermittelt. Dem liegt die Überlegung zugrunde, dass jeder streng rational handelnde Kapitalgeber sich der Alternativinvestition zuwenden würde, wenn die Rendite des in der Unternehmung eingesetzten Kapitals unter der Rendite der Alternativinvestition lägen.[899] Um die Höhe des Kapitalisierungszinsfußes zu ermitteln, wurde in der Unternehmensbewertung bislang vom landesüblichen Zinssatz als sog. Basiszinsfuß ausgegangen, der sich nach der Durchschnittsrendite inländischer festverzinslicher Wertpapiere „erster Adressen" bemisst und eine gewisse Allgemeingültigkeit als Zinssatz risikoarmer Anlagen besitzt.[900] Auf diesen Basiszinssatz wurde ein Zuschlag für das allgemeine Unternehmerrisiko gemacht. Der Zuschlag für das Unternehmerrisiko basiert auf der Überlegung, dass ein objektiver Unternehmenskäufer nur gegen einen Aufpreis das unternehmerische Risiko anstelle der risikolosen Investition von festverzinslichen Wertpapieren eingehen würde.[901] Daneben wurden noch weitere, im Einzelnen umstrittene Zu- und Abschläge diskutiert, z. B. ein Zuschlag für schwere Weiterverkäuflichkeit des Unternehmens einerseits oder einen Abschlag für einen besseren Schutz vor Inflationsgefahren.[902]

Bereits an dieser Stelle sei angemerkt, dass dem IDW zufolge nunmehr als Ausgangsgröße bei der Bestimmung des *Kapitalisierungszinsfußes* die Rendite von *Unter-*

---

896 Vgl. *Ernst & Young*, Praxis der Unternehmensbewertung (2004), Kap. 3.1.5, S. 1.

897 Vgl. *Temme*, Eröffnungsgründe (1997), S. 140; Praxis der Unternehmensbewertung, *Ernst & Young*, Praxis der Unternehmensbewertung (2004), Kap. 4.1.4., S. 1 und Kap. 3.1.5.1.1.; *Piltz*, Unternehmensbewertung, 3. Aufl. (1994), S. 20 f.

898 Vgl. *Piltz*, Unternehmensbewertung, 3. Aufl. (1994), S. 26.

899 Vgl. *Klar*, Überschuldung (1987), S. 59.

900 Vgl. *Klar*, Überschuldung (1987), S. 59.

901 *Piltz*, Unternehmensbewertung, 3. Aufl. (1994), S. 27; *Ernst & Young*, Praxis der Unternehmensbewertung (2004), Kap. 3.1.5.1, S. 6.

902 *Piltz*, Unternehmensbewertung, 3. Aufl. (1994), S. 27; vgl. hierzu auch *Sieben*, BFuP 1984, S. 566 ff.

nehmensanteilen anstelle derer von festverzinslichen Wertpapieren heranzuziehen ist. Die dahinter stehende Annahme einer Alternativanlage in Unternehmensanteilen soll dem Grundsatz der *Äquivalenz* von zu bewertendem Unternehmen und Alternativanlage verbessert Rechnung tragen. Als objektivierte Datenbasis stehen die durchschnittlichen Renditen von am Kapitalmarkt notierten Aktien zur Verfügung.[903]

Die Neufassung des IDW S 1 wird aufgrund einer Neuorientierung bei der Ermittlung des Kapitalisierungszinsfußes in der Tendenz zur Ermittlung niedriger Unternehmenswerte führen, als die Anwendung der vormals geltenden Grundsätze des IDW S 1.[904]

Im Rahmen der Überschuldung war jedoch umstritten, ob überhaupt und wenn ja, ob nach denselben Kriterien wie im Rahmen der allgemeinen Unternehmensbewertung abzuzinsen sei. Die hier vertretenen Ansätze haben auch unter der Insolvenzordnung noch Gültigkeit.

Einer Ansicht zufolge führt die Besonderheit, dass das Schuldendeckungspotential zu ermitteln ist, nicht nur zu einer Befristung des bei der Ermittlung künftiger Erträge zu betrachtenden Zeitraums (auf den Zeitpunkt des Großteils der zuletzt fällig werdenden Forderungen, s.o) sondern auch dazu, dass überhaupt nicht abzuzinsen sei.[905] Später anfallende Erträge seien hier nicht weniger wert als früher anfallende, weil sie anstatt zu Investitionszwecken ausschließlich zur Schuldendeckung verwendet werden müssten; auch seien nicht die alternative Anlagemöglichkeiten eines potentiellen Käufers zu ermitteln, sondern Überschuldung.[906]

Eine andere Ansicht hält vom Ansatz her eine Ermittlung nicht aus Sicht eines potentiellen Käufers, sondern aus Gläubigersicht für theoretisch korrekt,[907] greift dann mangels praktischer Durchführbarkeit im Ergebnis auf den risikolosen Basiszinssatz zurück; risikolos trotz risikoreicher Lage der Gläubiger deshalb, um ein mögliches Ergebnis der Prüfung nicht bereits in den Prüfungsmaßstab einfließen zu lassen.[908]

Teilweise wird aber auch pauschal für die Anwendung der ertragswertorientierten Bewertungsmethoden plädiert, so dass mangels korrigierender Aussagen davon auszugehen ist, dass diese Auffassungen für den Überschuldungsstatus keine Modifikationen hinsichtlich der Ermittlungsweise erwägen.[909]

Auch wenn eine Streitentscheidung an dieser Stelle – Bestandsaufnahme des strafrechtlich zu überprüfenden zivilrechtlichen Phänomens – nicht gefordert ist, sei an-

---

903 *IDW Hauptfachausschuss* Information vom 8.11.2004 zu dem Entwurf des heutigen IDW S 1, IDW-FN 2004, S. 621. Vgl. auch WPg-Themenheft Nr. 17/2004.
904 IDW Hauptfachausschuss, IDW-FN 2004, S. 622.
905 So *Temme*, Eröffnungsgründe (1997), S. 142 ff.
906 *Temme*, Eröffnungsgründe (1997), S. 143.
907 *Lütkemeyer*, Überschuldung (1983), S. 170; ebenso *Klar*, Überschuldung (1987), S. 59, der allerdings wegen vermeintlicher Undurchführbarkeit die Ertragswertmethode ablehnt.
908 So *Lütkemeyer*, Überschuldung (1983), S. 171.
909 Vgl. *Spliedt*, DB 1999, S. 1944 ff., inzident auch *Moosmayer*, Einfluß der InsO (1997), S. 165.

gemerkt, dass die hinsichtlich der Abzinsung modifizierenden Ansätze nicht überzeugen.

Gegen eine Zinsermittlung aus Gläubigersicht spricht bereits in theoretischer Hinsicht, dass nicht Ziel der Überschuldungsprüfung ist, festzustellen, ob die Gläubiger rentabel investiert haben oder eine andere Anlage für sie besser gewesen wäre.[910]

Der unkorrigierte Rückriff auf den Basiszinssatz führt zu einem zu hohen Fortführungswert des Vermögens, da ein Risikozuschlag nicht aus Gläubigersicht sondern aus Käufersicht zu fordern ist, um eine Vergleichbarkeit der Alternativinvestition zu gewährleisten.

Gegen einen gänzlichen Verzicht auf eine Abzinsung spricht, dass auch im Detailplanungszeitraum der ersten Jahre bis zum Zeitpunkt des Großteils der zuletzt fällig werdenden Forderungen ertragssteigernde Reinvestitionen denkbar sind, so dass bereits aus diesem Grund ein Zinsfuß von Null nicht überzeugt. Konsequent wäre nur eine Anpassung des Kapitalisierungszinses insoweit, wie sich die Begrenzung des Planungszeitraums (zuletzt fällig werdende Forderungen) auf diesen auswirken kann.

Eine Verringerung bzw. Abschaffung des Kapitalisierungszinsfußes würde angesichts eines dann bei weitem höheren Gesamtvermögenswertes zudem dem Gläubigerschutzgedanken nicht ausreichend Rechnung tragen.

Die generelle Kritik, dass nicht auf die Alternativinvestitionen eines potentiellen Käufers abzustellen sei, ist inkonsequent, weil sie zum einen die Anwendung eines Gesamtbewertungsansatzes anhand der Ertragswertmethode gänzlich in Frage stellt, also auch die vorgeschlagenen Modifikationen nicht ausreichen würden, ein stimmiges Ergebnis zu erzielen; zum anderen aber ist gerade der Fortführungswert – wie jeder Wert – nur an einem Markt messbar; auf den potentiellen Unternehmenskäufer als objektiv Dritten abzustellen ist im Hinblick auf die Ermittlung eines objektiven Wertes mangels alternativer Ansatzpunkte durchaus geeignet: Die fortführungsbezogene Bewertung soll gerade ermitteln, wieviel das Unternehmen für einen *potentiellen* Käufer wert wäre. Dieser Ansatz passt angesichts hinreichender Objektivierungsmaßnahmen – wir sprechen nur von dem Zwischenwert – auch für die Überschuldungsbilanz.

Nicht betriebsnotwendiges Vermögen

Da nach der Ertragswertmethode in die Zukunftsprognose nur das betriebsnotwendige Vermögen einbezogen wird und die nicht betriebsnotwendigen Vermögensgegenstände zum Liquidationswert angesetzt werden, ist der Unternehmenswert gleich dem Ertragswert zuzüglich der zuzuschlagenden Liquidationswerte.[911] Ist

910 Ebenso *Temme*, Eröffnungsgründe (1997), S. 143.
911 Vgl. *IDW* S 1 n. F., WPg 2005, S. 1315 und *IDW* S 1 a. F., WPg 2000, S. 838.

der so ermittelte Unternehmenswert negativ, ist das Unternehmen nach der Ertragswertmethode überschuldet.[912]

Zweiter Schritt? – Der Teilwertansatz

Der Teilwertansatz will nun, dem § 6 I S. 3 EStG ähnlich, in einem zweiten Schritt den Gesamtunternehmenswert jedem einzelnen Wirtschaftsgut je nach seinem Leistungsbeitrag anteilig zuordnen.[913]

Eine Teilwertermittlung unter Herunterbrechen des Gesamtunternehmenswertes wurde allerdings von nahezu allen Vertretern der Ertragswertmethode wegen seiner als nahezu unlösbar erkannten praktischen Zurechnungsprobleme und mangels eigenständiger Objektivierungsfunktion als „überflüssige Bestätigungsrechnung“ abgelehnt.[914] Denn anders als bei der Bewertung von Unternehmensanteilen[915] ist im Überschuldungsstatus ohnehin das gesamte Vermögen des Unternehmens zu ermitteln, so dass die Auffassungen zur Anteilsbewertung nicht ohne weiteres auch für die Vermögensermittlung zur Feststellung der Überschuldung Geltung haben.[916]

Trotz der Ähnlichkeiten der Formulierung des Teilwertansatzes bei Überschuldung mit der Definition des § 6 I 3 EStG[917] wurde eine *direkte* Übernahme steuerlicher Teilwerte als Hilfskonstrukt im Regelfall abgelehnt, weil mit den fiskalisch gepräg-

912 Oftmals ist auch die Formulierung anzutreffen, dass Überschuldung vorliege, „wenn der Ertragswert den Wert der Schulden unterschreitet“ (z.B. *Röhm*, Abhängigkeit des Insolvenzstrafrechts (2002), S. 187; ähnlich *Temme*, Eröffnungsgründe (1997), S. 202). Diese Formulierung ist jedoch insoweit problematisch, als darin nicht zum Ausdruck kommt, dass die Verbindlichkeiten bereits im Rahmen der Ertragswertermittlung (Nettoverfahren) berücksichtigt wurden. Zu empfehlen ist daher die Formulierung des *IDW*, der von negativem Reinvermögen spricht, *IDW* FAR 1/1996, WPg 1997, S. 25.

913 Sogar der Fachausschuss Recht des *IDW* (*IDW* FAR) formuliert in der noch immer einzigen Stellungnahme zur Überschuldungsermittlung den Begriff des Fortführungswertes im Sinne eines Teilwerts, will sich diesem jedoch offenbar durch eine Einzelbewertung nähern, wie implizit durch seine restriktive Haltung zur Berücksichtigungsfähigkeit eines originären Goodwill deutlich wird, so dass er letztlich doch nicht einen Vollzug der Teilwertermittlung aus dem Unternehmensgesamtwert empfiehlt. vgl. *IDW* FAR 1/1996, WPg 1997, S. 25.

914 Vgl. bereits oben sowie *Egner/Wolff*, AG 1978, S. 99; *Harneit*, Überschuldung (1984), S. 37 f.; *Groth*, Überschuldung (1995), S. 108 Fn. 375; *Piltz*, Unternehmensbewertung, 3. Aufl. (1994), S. 16; *Hommel*, ZfB 1998, S. 307; *Haak*, BB 1981, S. 887; *Lütkemeyer*, Überschuldung (1983), S. 250; und aktuell *Höffner*, ZIP 1999, S. 2089; *Höfner*, Überschuldung (1981), S. 194; *Bittmann*, wistra 1999, S. 12; *Temme*, Eröffnungsgründe (1997), S. 135; *Röhm*, Abhängigkeit des Insolvenzstrafrechts (2002), S. 188; *Götz*, Überschuldung (2004), S. 244.

915 Vgl. hierzu insbesondere die Stellungnahme zur Rechnungslegung „Anwendung der Grundsätze des *IDW* S 1 bei der Bewertung von Beteiligungen und sonstigen Unternehmensanteilen“ (*IDW* RS HFA 10, kurz „RS 10“) vom 18.10.2005, WPg 2005, S. 1322 f., zuvor bezugnehmend auf *IDW* S 1 a.F. RS 10 vom 29.9.2003, WPg 2003 S. 1257 f.

916 Vgl. insoweit bereits oben unter Erster Teil A. VI. 1. c) bb) (a).

917 Vgl. die Formulierung in der Empfehlung des Rechtsausschusses zur Überschuldungsermittlung *IDW* FAR 1/1996, WPg 1997, S. 25: „Die Vermögenswerte und Schulden sind grundsätzlich mit dem Betrag anzusetzen, der ihnen als Bestandteil des Gesamtkaufpreises bei konzeptgemäßer Fortführung beizulegen wäre.“

ten Ansatz- und Bewertungsvorschriften eine zu starke Entfernung von dem Ziel, die zukünftigen Einzahlungsüberschüsse zu ermitteln, einhergehe.[918]

Zwischenergebnis

Somit bleibt festzuhalten: Auch unter den Vertretern der Ertragswertmethode ist hinsichtlich der Überschuldung kein einheitliches Ergebnis wegen des Streits um den ergebnisrelevanten Abzinsungsfaktors erzielbar.

(β) Discounted Cash flow-Methode nach dem Entity-Ansatz

Als Alternative zur Ertragswertmethode wurde zur Bestimmung eines zukunftsgerichteten Unternehmenswertes zunehmend die *Discounted Cashflow Methode* der sog. „neuen Lehre vom objektiven Wert des Unternehmens" herangezogen.[919] Ursprünglich amerikanischen Ursprungs sind die DCF-Verfahren seit 1998 vom Institut der Wirtschaftsprüfer (IDW) neben der klassischen Ertragswertmethode zur Unternehmensbewertung zugelassen.[920]

Da die Mehrzahl der Unternehmen ihren Jahresabschluss nach den Rechnungslegungsvorschriften des HGB aufstellten und somit ohnehin eine Ertragsrechnung zur Verfügung stand, haben die DCF-Methoden erst mit der zunehmenden Rechnungslegungsmöglichkeit deutscher Unternehmen nach den zahlungsstrombezogenen internationalen Rechnungslegungsvorschriften (Generally Accepted Accounting Principles (US-GAAP) und International Financial Reporting Standards (IFRS/IAS) vermehrt Anwendung gefunden.[921] Von einer festen Implementierung in der Rechtspraxis kann daher eigentlich erst unter Geltung der Insolvenzordnung die Rede sein, wobei selbst heute noch die Rechtsprechung Zurückhaltung bei der Anwendung der DCF-Methode zur Ermittlung von Zukunftserfolgswerten übt;[922] dennoch erfolgt die Darstellung auch der DCF-Methode bereits an dieser Stelle, da sie bereits vor 1999 Gegenstand der Überschuldungsdiskussion war[923] und die Frage der Entscheidungstiefe des Gesetzgebers hinsichtlich der Bewertungsmethoden in § 19 II InsO nur vor dem Hintergrund einer vollständigen Erläuterung aller vertretenen und dem Gesetzgeber bekannten Modelle sinnvoll ist.

Anders als das Ertragswertverfahren auf der Basis einer Aufwands-Ertragsrechnung bestimmen die DCF-Verfahren den Unternehmenswert nicht durch die Kapitali-

---

918 Den Autoren der Stellungnahme *IDW* FAR 1/1996 schwebte trotz Ähnlichkeit ihrer Teilwertformulierung mit der Teilwertdefinition des § 6 I 3 EStG nicht der Rückriff auf steuerliche Teilwerte vor; vgl. hierzu auch *Götz*, Überschuldung (2004), S. 244 Fn. 9, S. 245.
919 Vgl. *Piltz*, Unternehmensbewertung, 3. Aufl. (1994), S. 18; Vgl. *IDW* S 1, WPg 2000, S. 837.
920 Vgl. *IDW* S 1, WPg 2000, S. 835; ausführlich *Schulze*, Unternehmensbewertung (2001), S. 1 m.w.N.
921 Vgl. zu den internationalen Rechnungslegungsvorschriften und deren Bedeutung für die Rechnungslegung deutscher Unternehmen ausführlich *Götz*, Überschuldung (2004) S. 247 ff., 293; *ders.*, KTS 2003, S. 34 f.; *ders.*, DStR 2005, S. 260 sowie sogleich unter Zweiter Teil B. III 1.b) aa) (2).
922 Vgl. *Piltz*, Unternehmensbewertung, 3. Aufl. (1994), S.18 f., 333 ff. und *Großfeld*, Unternehmens- und Anteilsbewertung, 4. Aufl. (2002), S. 45, 152.
923 Dazu näher unter Erster Teil A. VI. 1. c) bb) (b) (cc).

sierung der an die Eigenkapitalgeber ausschüttbaren *Erträge,* sondern durch die direkte Diskontierung des *Cashflow* im Sinne eines Kassenüberschusses.[924] Die Cashflows stellen die erwarteten Zahlungen an die Kapitalgeber dar.[925] Sie werden ebenfalls auf der Basis von Plan-GuV und Planbilanz bestimmt.[926]

Im Gegensatz zur Ertragswertmethode, die unmittelbar den Wert des Unternehmens aus der Sicht der Eigentümer ermittelt (Nettomethode), existieren verschiedene Varianten der DCF-Methode sowohl als Netto-(equity) als auch als Bruttoansätze (entity).[927]

Die *Nettomethode* diskontiert die Überschüsse, die das zu bewertende Unternehmen an die *Eigen*kapitalgeber plant (Flow-to-Equity); der Barwert des Flow-to-Equity entspricht dem Unternehmenswert (Equity Value).[928]

Das DCF-Nettoverfahren des Flow to Equity unterschied sich von der Ertragswertmethode vornehmlich dadurch, dass – trotz theoretischer Möglichkeit – bei den DCF-Verfahren in der Regel nicht von der *expliziten* Finanzierungsprämisse der Vollausschüttung ausgegangen wurde, sondern von einer aufgrund vorgegebener Kapitalstruktur *impliziten* Finanzierungsprämisse. Dabei war also in Abhängigkeit von der konkreten Kapitalstruktur im Einzelfall ein Teil der Gewinne zu thesaurieren und nur der Rest an die Eigner auszuschütten. Vor Verabschiedung der IDW ES 1 und anschließend IDW S 1 neue Fassung war demgegenüber bei der Ertragswertmethode immer von der Vollausschüttungshypothese auszugehen.[929]

Die *Bruttoverfahren* der DCF-Methode (WACC-Ansatz: Weighted Averaged Cost of Capital und APV-Ansatz: Adjusted Present Value)[930] weichen demgegenüber von der Ertragswertmethode nicht nur durch die im Regelfall ebenfalls zugrunde liegende implizite Finanzierungsprämisse ab, sondern unterscheiden sich darüber hinaus dadurch, dass sie zunächst alle erwarteten Nettoausschüttungen an Eigen- *und* Fremdkapitalgeber, den sog. *Free Cashflow,* als Gesamtwert von Fremd- und Eigenkapital ermitteln, also neben den Nettoausschüttungen an die Eigner die zukünftigen Fremdkapitalzinsen sowie die Tilgungen einbeziehen.[931]

Der *Free Cashflow* entspricht damit der Summe aus zukünftigen Dividenden der Eigenkapitalgeber und Zinserträgen der Fremdkapitalgeber. Er bedarf zu seiner Diskontierung eines Mischzinses, der die Eigenkapital- und Fremdkapitalkosten

---

924 *Piltz,* Unternehmensbewertung, 3. Aufl. (1994), S. 18; *Hafner,* BFuP 1993, S. 83, vgl. auch bereits *IDW* S 1 a.F., 7.3.1, WPg 2000, S. 825 ff. dann *IDW* ES 1 v. 9.12.2004, IDW-FN 2005, S. 33 ff. nunmehr *IDW* S 1 n.F. v. 18.10.2005, WPG 2005, S. 1313 ff.

925 Vgl. *IDW* S 1 n.F. v. 18.10.2005, WPG 2005, S. 1303 ff., 1307; zuvor *IDW* ES 1 v. 9.12.2004, IDW-FN 2005, S. 33 ff., davor bereits *IDW* S 1 a.F., 7.3.1, WPg 2000, S. 825 ff.

926 Vgl. IDW S 1 n.F. v. 18.10.2005, WPG 2005, S. 1303 ff., 1307, 311 und bereits *IDW* ES 1 v. 9.12.2004, IDW-FN 2005, S. 33 ff., *Ernst & Young,* Praxis der Unternehmensbewertung (2004), Kap. 4.3.1.

927 Schulze, Unternehmensbewertung (2001), S. 205

928 *IDW* S 1 n.F. v. 18.10.2005, WPg 2005, S. 1313.

929 Vgl. IDW S 1 a.F. WPg 2000, S. 835.

930 Vgl. hierzu *IDW* S 1 n.F. 18.10.2005, WPG 2005, S. 1313.

931 Vgl. *Schulze,* Unternehmensbewertung (2001), S. 226 und *IDW* S 1 n.F. v. 18.10.2005, WPG 2005, S. 1316.

berücksichtigt. Der so errechnete Barwert von Fremd- und Eigenkapital (Entity Value) ist anschließend um den Marktwert des Fremdkapitals zu vermindern, dann erhält man den Marktwert des Unternehmens.[932]

Die zwei Ausprägungen des Bruttoverfahrens, WACC-Ansatz[933] und der APV-Ansatz,[934] unterscheiden sich dabei im Wesentlichen nur darin, wie die steuerlichen Effekte der Fremdkapitalfinanzierung (*Tax Shield*) dargestellt werden, haben aber bei gleichen Annahmen keine Auswirkung.[935] Und auch zwischen Brutto- und Nettomethode im Rahmen der DCF-Verfahren besteht in der Theorie bei gleichen zugrunde gelegten Annahmen auch kein Unterschied.[936]

(γ) Zwischenfeststellung: ergebniswirksame Unterschiede zwischen DCF-Verfahren und Ertragswertmethode

Lässt man die speziell im Rahmen der Überschuldungsfeststellung diskutierten Modifikationen der Bewertungsmethoden zunächst einmal außer Betracht, so hat sich gezeigt, dass im Rahmen der *Ertragswertmethode* die unterschiedlichen Vorgehensweisen zur Ermittlung der Nettoausschüttungen (Ertragsüberschuss- oder Einnahmeüberschuss-Rechnung) bei gleichen Annahmen zum theoretisch gleichen Zukunftserfolgswert führen. Gleiches galt für die DCF-Verfahren untereinander.

Betrachtet man nun alle Kapitalwertverfahren im Verhältnis zueinander, so zeigt sich, dass Ergebnisunterschiede hinsichtlich der Höhe des zu ermittelnden Zukunftserfolges zwischen Ertragswertmethoden und DCF-Verfahren nicht darauf beruhen, dass bei den einen Ertragsüberschussrechnungen (mit) herangezogen werden und bei den anderen direkte Cashflow-Rechnungen angestellt werden, mit je nach Verfahren unterschiedlichen Verzinsungen (Eigenkapitalzinsen beim Nettoverfahren, Mischzins beim Bruttoverfahren).

Sondern auch hier gilt: Ergebnisdivergenzen hinsichtlich der Höhe des Zukunftserfolges sind allein auf unterschiedlich getroffene Annahmen zurückzuführen.[937]

Eine maßgebliche Rolle spielt bei den zu treffenden Annahmen die zugrunde gelegte *Finanzierungsprämisse*. So entstehen Unterschiede bei der Ermittlung des Unternehmenswertes unter allen kapitalwertbasierten Verfahren, wenn unterschiedliche

---

932 Vgl. *IDW* S 1 n.F. v. 18.10.2005, WPG 2005, S. 1316.

933 Konzept der gewogenen Kapitalkosten (Wheighted Averaged Costs), vgl. hierzu *IDW* S 1 n.F. v. 18.10.2005, WPG 2005, S. 1316.

934 Konzept des angepassten Barwerts, vgl. hierzu *IDW* S 1 n.F. v. 18.10.2005, WPG 2005, S. 1317.

935 Vgl. *IDW* S 1 n.F. v. 18.10.2005, WPG 2005, S. 1313; *Ernst & Young*, Praxis der Unternehmensbewertung (2004), Kap. 4.1.2, S. 4.

936 Vgl. *IDW* S 1 n.F. v. 18.10.2005, WPG 2005, S. 1313 und zuvor *IDW* S 1, WPg 2000, S. 835 bzw. *IDW* ES 1 v. 9.12.2004, *IDW*-FN 2005 S. 33; *Siepe* in WP-Handbuch, Bd. II, 12. Aufl. (2002), Kap. A Rn. 98; *Piltz*, Unternehmensbewertung, 3. Aufl. (1994), S. 18; *Ernst & Young*, Praxis der Unternehmensbewertung (2004), Kap. 3. 1. 5. 1.

937 Vgl. *IDW* S 1 n.F. v. 18.10.2005, WPG 2005, S. 1313; *Siepe* in WP-Handbuch, Bd. II, 12. Aufl. (2002), Kap. A Rn. 98; *Piltz*, Unternehmensbewertung, 3. Aufl. (1994), S. 18; *Schulze*, Unternehmensbewertung (2001), S. 360, 387; *Ernst & Young*, Praxis der Unternehmensbewertung (2004), Kap. 3.1.5.1.

Finanzierungsprämissen getroffen werden, wenn – wie es den Regelannahmen entsprach – im Rahmen der Ertragswertmethode die Vollausschüttung[938] und im Rahmen einer DCF-Methode eine teilweise Gewinnthesaurierung[939] angenommen wird. Dies liegt daran, dass die Höhe des Unternehmenswertes durch den Werttreiber Kapitalkosten beeinflusst wird. In der Regel ist eine Fremdkapitalfinanzierung günstiger als eine Eigenkapitalfinanzierung, da die Fremdkapitalgeber eine geringere Rendite fordern als die Eigenkapitalgeber. Denn den Fremdkapitalgebern wird eine vom wirtschaftlichen Erfolg des Unternehmens unabhängige, der Höhe nach fixe Zinszahlung gewährt, während die Eigenkapitalgeber für das Tragen des unternehmerischen Risikos eine Risikoprämie verlangen. In begrenztem Rahmen kann der Unternehmenswert durch eine Steigerung der Fremdkapitalquote erhöht werden, indem teures Eigenkapital durch billigeres Fremdkapital ersetzt wird (*Leverage-Effect*); dies gilt nur soweit, bis das Ansteigen der Fremdkapitalquote zu einer Bedrohung der Investitionen seitens der Eigner führt, weil ungünstige wirtschaftliche Entwicklungen nicht mehr aufgefangen werden können.[940]

Bereits an dieser Stelle sei darauf hingewiesen, dass der auf den im Regelfall divergierenden Finanzierungsprämissen beruhende Ergebnisunterschied von DCF-Verfahren und Ertragswertverfahren seit IDW ES 1 und IDW S 1 n.F. zum größten Teil zurückgenommen wurde, weil nunmehr auch im Rahmen des Ertragswertverfahrens bei Kapitalgesellschaften von einer Ausschüttungsprämisse entsprechend dem konkreten Unternehmenskonzept und nicht mehr zwingend von einer Vollausschüttung auszugehen ist.[941]

Da seit der Einführung des Halbeinkünfteverfahrens eine Vollausschüttung der Gewinne für die Anteilseigner oftmals nicht mehr vorteilhaft ist, soll nunmehr bei Kapitalgesellschaften in der ersten Phase (Detailplanungszeitraum) des Prognosezeitraums die Ausschüttung aus dem *individuellen Unternehmenskonzept* abgeleitet werden. Für die anschließende Phase wird ein zur *Alternativanlage äquivalentes* Ausschüttungsverhalten für nahe liegend gehalten und dementsprechend die Reinvestition der thesaurierten Mittel abgeschätzt.[942]

Als weitere ergebnisrelevante Annahme ist die Wahl des konkreten *Kapitalisierungszinsfußes* zu nennen. Sie hat die materiellrechtlich größte Auswirkung auf das Ergebnis der Bewertung, da bereits ein nur geringfügig höherer Zinssatz erhebliche Minderungen des Zukunftserfolgswertes nach sich zieht.[943]

---

938 Die Regelannahme der Vollausschüttung war vom *IDW* S 1 vorgeschrieben, vgl. *IDW* S 1 vom 28.6.2000, Abschnitt 7.3.2., WPg 2000, S. 831.

939 Auch dies entsprach dem Regelfall der in der Praxis vertretenen Vorgehensweise, auch wenn sie nicht explizit vorgegeben war, vgl. *Ernst & Young,* Praxis der Unternehmensbewertung (2004), Kap. 4.1.4.5., S. 1 und *IDW* S 1 n.F. v. 18.10.2005, WPG 2005, S. 1316 ff.

940 Vgl. zu allem auch *Ernst & Young,* Praxis der Unternehmensbewertung, Kap. 4.1.4.5., S. 1.

941 Vgl. *IDW* ES 1 n.F. vom 9.12.2004, WPg 2005, S. 28 ff. = IDW-FN 2005, S. 13 ff.; nunmehr *IDW* S 1 n.F. v. 18.10.2005, WPG 2005, S. 1308.

942 *IDW Hauptfachausschuss* Information von 8.11.2004, IDW-FN 2004, S. 621; *IDW* S 1 n.F. v. 18.10.2005, WPG 2005, S. 1308.

943 Vgl. *Piltz,* Unternehmensbewertung, 3. Aufl. (1994), S. 168, 27; *Siepe* in WP-Handbuch Bd. II, 12. Aufl. (2002), Kap. A Rn. 241; *Temme,* Eröffnungsgründe (1997), S. 142.

Speziell im Kontext der Überschuldung ist die Schwankungsbreite des Kapitalisierungszinsfußes dabei aufgrund des Streits, ob es zur Ermittlung des Zukunftserfolgswertes überhaupt einer Abzinsung bedarf,[944] besonders groß.

Aber auch innerhalb der Auffassungen, die eine Abzinsung für erforderlich halten, treten aufgrund unterschiedlicher Zinssätze Ergebnisdivergenzen auf.

Dabei resultiert die Ergebnisdivergenz nicht bereits aus den theoretisch unterschiedlichen Ansätzen von Ertragswert- und DCF-Verfahren: So geht zwar die Bruttokapitalwertmethode des DCF-Verfahrens nach dem WACC-Ansatz von einem Misch-Zins von Fremdkapital- und Eigenkapitalzinsen aus, während die Ertragswertmethode von einem reinen Eigenkapitalzins ausgeht; dieser Unterschied wird jedoch in der Gesamtrechnung durch die verschiedenen Ansätze (Brutto-/Nettomethode) kompensiert.

Vielmehr beruhen die Unterschiede bei der Bestimmung der Zinshöhe darauf, dass die insoweit maßgebliche Planbilanz auf Investitions- und Finanzierungsrechnungen zurückgeht, denen ganz unterschiedliche Annahmen zugrunde gelegt werden können.[945]

Insgesamt bleibt festzuhalten: Da gerade in der Wahl der Annahmen ein gewisser Entscheidungsspielraum besteht, kann die Feststellung der Überschuldung nach allen anerkannten Methoden, Ertragswertverfahren und DCF-Methoden, unterschiedlich ausfallen.

(δ) Kritik an der Überschuldungsermittlung anhand des Zukunftserfolgswertes – Ertragswert und freier Cash Flow

Die – im Überschuldungsstatus allein für zulässig erachtete – analytische Vorgehensweise einer stichtagsbezogenen Überschuldungsermittlung wurde bereits aufgrund ihrer aufwendigen Planungsrechnungen als nur schwer praktikable Wertermittlungsmethode zur Überschuldungsfeststellung kritisiert.[946]

Die erschwerte Nachprüfbarkeit der einzelnen Rechengrößen durch Außenstehende legt die Feststellung des Überschuldungstatbestandes weitgehend in das Ermessen des bilanzierenden Schuldners und wurde aus diesem Grunde wegen Manipulationsanfälligkeit für die Überschuldungsermittlung als ungeeignet gehalten.[947] Insbesondere berge die durch den Gesamtbewertungsansatz bedingte Bilanzierbarkeit selbst erstellter immaterieller Güter und stiller Reserven eine hohe Manipulierbarkeit bei Aufstellung der Überschuldungsbilanz in sich.[948] Zudem wurde die Vereinbarkeit eines Gesamtbewertungsansatzes mit der Gesetzesvorgabe in

---

944 Nochmals: Für einen nicht diskontierten Fortführungswert im Sinne der bloßen Summe künftiger Erträge, *Temme*, Eröffnungsgründe (1997), S. 143 f. Anders *Lütkemeyer*, Überschuldung (1983), S. 170, der eine Abzinsung aus Sicht der *Gläubiger* vornehmen will.

945 Vgl. *Ernst & Young*, Praxis der Unternehmensbewertung (2004), Kap. 4.1.4.1, S. 3.

946 So *Tiedemann*, Insolvenzstrafrecht, 2. Aufl. (1996), Vor § 283 Rn. 157.

947 Vgl. *Heinen*, Handelsbilanzen, 12. Aufl. (1986), S. 503; *Piltz*, Unternehmensbewertung, 3. Aufl. (1994), S. 351 ff.

948 Vgl. hierzu *Köchling*, BuW 2003, S. 45 ff., auch Handwörterbuch Unternehmensrechnung und Controlling S. 1790.

Frage gestellt, die als Forderung einer bilanziellen Gegenüberstellung verstanden wurde.[949]

Daneben wurde in Abgrenzung zu den liquidationswertorientierten Verfahren stets auf die einer *zukunftsorientierten* Bewertung generell inhärenten Bewertungsrisiken hingewiesen.[950]

(cc) Kombinationsverfahren unter Synthese von Substanzwert und Zukunftserfolgswert[951]

Die Kombinationsverfahren (sog. Praktikermethoden)[952] streben eine Synthese von Substanz- und Ertragswertverfahren bzw. DCF-Verfahren an, weil sie – unter Anerkennung des Zukunftserfolgswertes als (theoretisch) alleinig befriedigendem Wert – an dem vermeintlich exakt zu bestimmenden Substanzwert festhalten wollen.[953] Dazu wird dem Substanzwert als Summe der zu Einzelwiederbeschaffungskosten einzeln bewerteten Vermögensgegenstände die Differenz zum (Gesamt-)Zukunftserfolgswert des Geschäftswerts (good will)[954] gesondert hinzugerechnet. Im Geschäftswert werden alle *nicht* selbständig verkehrsfähigen Vermögensgegenstände ebenso wie ein vorhandener Kapitalisierungsmehr oder –minderwert erfasst.[955]

(α) Mittelwertverfahren (Berliner Verfahren)

Als Beispiel kann das *Mittelwertverfahren („Berliner Verfahren“)* angeführt werden, dem die Überlegung zugrunde liegt, dass Unternehmen, die große Erträge bei im Verhältnis dazu geringer Substanz erwirtschaften, einen großen Anreiz für die Errichtung von Konkurrenzunternehmen bieten.[956] Diese Gefahr wird wertmindernd berücksichtigt, indem der Unternehmensgesamtwert als Mittelwert[957] von Ertrags- und Substanzwert bestimmt wird, es sei denn, der Substanzwert ist größer als der Ertragswert, mit der Folge, dass dieser dann allein maßgebend ist.[958]

Eine Bewertung der einzelnen Vermögensgegenstände entsprechend der Mittelwertmethode im Überschuldungsstatus wurde auch unter Anerkennung seiner

949 Vgl. z.B. *Kupsch*, BB 1984, S. 162.

950 Vgl. z.B. *Kupsch*, BB 1984, S. 162.

951 Hierzu eingehend *Klar*, Überschuldung (1987), S. 62 ff.

952 Vgl. *Großfeld*, Unternehmens- und Anteilsbewertung, 4. Aufl. (2002), S. 42.

953 So z.B. *Jaensch*, Wert und Preis (1966), S. 74.

954 Vgl. hierzu Zweiter Teil B. III.

955 Der *Kapitalisierungsmehrwert* ist die Summe von Mehrwerten der Wirtschaftsgüter, die zwar in der Bilanz ausgewiesen sind, dort aber aufgrund der bei der Ermittlung des Reproduktionswertes erfolgten preisabhängigen Bewertung unter dem Wert angesetzt worden sind, der sich bei einer ertragsabhängigen Bewertung ergeben hätte (Synergieeffekte usw.); der Goodwill ist vereinfacht gesagt der über die – aus materiellen und einzelveräußerbaren immateriellen Vermögensgegenständen bestehende – Substanz hinausgehende Mehrwert; vgl. sogleich unter Zweiter Teil B. III. 2. und *Klar*, Überschuldung (1987), S. 62.

956 Eingehend hierzu *Lütkemeyer*, Überschuldung (1983), S. 136 ff.

957 Die Gewichtung wird nicht einheitlich vorgenommen. Es findet sich z.B. auch eine Gewichtung 2 zu 1 zugunsten des Ertragswertes, vgl. *Piltz*, Unternehmensbewertung, 3. Aufl. (1994), S. 38.

958 Vgl. *Piltz*, Unternehmensbewertung, 3. Aufl. (1994), S. 38.

theoretischen Unzulänglichkeiten durch den Substanzwertbezug als eine rechtssichere Möglichkeit der Wertfeststellung akzeptiert.[959]

(β) Stuttgarter Verfahren

Auch das für die steuerrechtliche Bewertung von Unternehmensanteilen entwickelte *Stuttgarter Verfahren,* das den Unternehmensgesamtwert aus zwei Dritteln Reproduktionswert und einem Drittel Ertragswert zusammensetzt, wurde zur Überschuldungsermittlung herangezogen. Danach war ein Abschlag von 15 bzw. 25 Prozent auf den Reproduktionswert vorzunehmen, um der Tatsache gerecht zu werden, dass für den Dritten die Reproduktion des Unternehmens einen geringeren Wert hat, als für die Geschäftsleitung. Der Ertragswertanteil ergibt sich aus dem durchschnittlichen körperschaftssteuerlichen Gewinn der letzten drei Jahre, korrigiert um einen 30-prozentigen Risikoabschlag.[960]

(γ) Übergewinnmethode

Die *Übergewinnmethode* (Methode der Übergewinnkapitalisierung) begreift den Geschäftswert als Zusammensetzung aus dem kapitalisierten Normalgewinn (einer normalerweise zu erwartenden Verzinsung des Substanzwertes) und einem angesichts aufkommender Konkurrenz besonders risikobehafteten Übergewinn (einer über dem Normalgewinn liegenden Verzinsung des Substanzwertes), der mit einem höheren Zinsfuß zu kapitalisieren ist. Die kapitalisierten Beträge von Normal- und Übergewinn ergeben zusammen mit dem Substanzwert den Gesamtwert des Unternehmens als Aktivposten in der Überschuldungsbilanz.[961]

(δ) Kombinationsverfahren unter Verwendung der DCF-Methode

Zur Ermittlung des vollständigen Schuldendeckungspotentials wurde in Anlehnung an das Substanzwertverfahren vorgeschlagen, zunächst alle verwertbaren Vermögensgegenstände aus Gründen der Justiziabilität mit ihren Wiederbeschaffungskosten einzeln zu bewerten, um den so gewonnenen *Teilreproduktionswert* dem nach der DCF-Methode zu ermittelnden Unternehmens*gesamt*wert gegenüberzustellen und die Differenz zum Teilreproduktionswert hinzuzurechnen. Der so gewonnene Wert war dann den Verbindlichkeiten im Überschuldungsstatus gegenüberzustellen.[962]

---

959 *Uhlenbruck*, Krise (1977), S. 84; vgl. ausführlich hierzu auch *Lütkemeyer*, Überschuldung (1983), S. 140 ff.

960 Vgl. zu allem *Klar*, Überschuldung (1987), S. 63 und *Lütkemeyer*, Überschuldung (1983), S. 145

961 Vgl. *Klar*, Überschuldung (1987), S. 64 m.w.N.

962 So *Möhlmann*, DStR 1998, S. 1847 auch bereits mit Blick auf die Rechtslage unter der InsO Kritisch hierzu *Drukarczyk/Schüler*, DStR 1999, S. 648 näher dazu auch sogleich unter Darstellung des Meinungsstandes nach der InsO, Zweiter Teil B. 1. b).

(ε) Kritik an der Überschuldungsermittlung mittels der Kombinationsverfahren Substanz-/Zukunftserfolgswert.

Sämtliche Kombinationsverfahren waren derselben Kritik ausgesetzt wie die reine Substanzwertmethode: angesichts der Orientierung an der Beschaffungsseite keine dem Fortführungszweck entsprechende Aussage treffen zu können. Die Orientierung am Substanzwert verzerre das Bild der wahren Vermögenslage; es bringe keinen zusätzlichen Gewinn, die Unsicherheiten der Ertragswertermittlung dadurch ausgleichen zu wollen, ihm einen ergebnisverfälschenden Wert an die Seite zu stellen.[963] Das Problem der Justiziabilität, lasse sich nicht dadurch lösen, „dass eine ökonomisch irrelevante Größe“ dem Unternehmenserfolgswert beigemischt werde.[964]

Das theoretische Fundament einer Kombination von Ertrags- und Substanzwert wurde als praxisfern kritisiert, da eine große Differenz zwischen dem Wert der Substanz und dem Wert des aus der Substanz Herausholbaren nicht maßgeblich für das Maß der Konkurrenzgefährdung sei: zum einen bestehe die viel praktizierte Möglichkeit, in diesem Fall seine Stellung am Markt durch Patente abzusichern, zum anderen sei die Divergenz nicht allein maßgeblich zur Bestimmung des Konkurrenzrisikos: nicht unmittelbar ertragswirksame Standortfaktoren und die Kapitalintensität seien z. B. ebenfalls Faktoren der Konkurrenzgefahr.[965]

Darüber hinaus wurde allen Kombinationsverfahren entgegengehalten, dass die in den Zukunftserfolgswertmethoden (Ertragswert und DCF) begründeten Unwägbarkeiten auch hier bestehen.[966]

Gegen *Mittelwertverfahren* und *Stuttgarter Verfahren* wurde zusätzlich eingewendet, die rein schematische Vorgehensweise passe nicht ohne weiteres auf den zu prüfenden Einzelfall.[967] Die Abschläge im Rahmen des Stuttgarter Verfahrens würden zudem in der Steuerbemessungsfunktion fußen, seien daher für die Überschuldungsermittlung ungeeignet.[968]

Ausschlaggebend für die Ablehnung der Kombinationsverfahren seitens der herrschenden Meinung war wegen Zweckinkonsistenz vor allem der Substanzwertbezug.[969]

---

963 *Lütkemeyer*, Überschuldung (1983), S. 138; *Fischer*, Überschuldungsbilanz (1980), S. 50.
964 So *Drukarczyk/Schüler*, DStR 1999, S. 648 im Kontext der Kombination von Substanzwert- und DCF-Methode.
965 *Lütkemeyer*, Überschuldung (1983), S. 138.
966 *Klar*, Überschuldung (1987); S. 65; *Lütkemeyer*, Überschuldung (1983), S. 250.
967 Vgl. *Klar*, Überschuldung (1987); S. 65; *Fischer*, Überschuldungsbilanz (1980), S. 56; *Lütkemeyer*, Überschuldung (1983), S. 138 ff.
968 Vgl. *Klar*, Überschuldung (1987); S. 65.
969 Vgl. *Klar*, Überschuldung (1987); S. 65; *Fischer*, Überschuldungsbilanz (1980), S. 56; *Lütkemeyer*, Überschuldung (1983), S. 140 ff.

(2) (Korrigierte) Handelsbilanzwerte als Wertansatz in der Überschuldungsbilanz unter Annahme der Fortführung auf dem Boden der traditionell zweistufigen Methode

Wertfindung von Fortführungswerten anhand eigenständiger Bilanzierungsregelungen:

In Rechtsprechung und Literatur lassen sich zahlreiche Urteile und Meinungen finden, die bei der Bewertung der Vermögensgegenstände in der Überschuldungsbilanz auf die Buchwerte der Handelsbilanz zurückgriffen bzw. diese als ausreichend erachteten,[970] auch wenn die herrschende Meinung die historischen Anschaffungskosten als wenig aufschlussreich im Hinblick auf das Maß der Gläubigergefährdung kritisierte.[971]

Nicht zuletzt um den Schwierigkeiten der Einzelbewertung zu Fortführungswerten zu entgehen,[972] wurde zur Erstellung der fortführungsbezogenen Überschuldungsbilanz vielfach auch einfach die Handelbilanz als Mengengerüst herangezogen und entsprechend dem alleinigen Informationszweck der Überschuldungsbilanz modifiziert.

Die Auffassungen, welche zur Überschuldungsfeststellung die Werte des handelsrechtlichen Jahresabschlusses heranzogen, lassen sich in einstufige und zweistufige Ansätze gliedern.[973]

Dazu waren grundsätzlich die nach dem Grundsatz des *going concern* angesetzten Buchwerte im Überschuldungsstatus (fortgeschriebene Herstellungs- und Anschaffungskosten) anzusetzen, es sei denn der Einzelveräußerungspreis eines Vermögensgegenstandes liege über dem Buchwert; nur dann sei dieser Liquidationswert anzusetzen.[974] Hinsichtlich der Ansatzvorschriften wurden ebenfalls Modifikationen vorgenommen, die einen „tatsächlichen“ Vermögensausweis garantierten sollten; so waren auch originäre immaterielle Wirtschaftsgüter in der Überschuldungsbilanz anzusetzen, soweit sie selbständig veräußerbar waren.[975]

Dieser Vorgehensweise stand ebenso wie den übrigen Ansätzen der Einzelbewertung wegen Nichtberücksichtigung wertsteigernder Synergieeffekte der Einwand der Unvollständigkeit entgegen. Die Anlehnung an die Handelsbilanz sei zudem nicht zweckadäquat, weil sie in ihrem Kern auf die Ermittlung eines ausschüttungs-

---

970 Vgl. *Mertens* in Kölner Kommentar z. AktG, 2. Aufl. (1989), § 92 Rn. 31; *OLG Celle*, GmbHR 1997, S. 907; *BGH*, GmbHR 1996, S. 200; *BGH*, GmbHR 1995, 462 ff. (dieser Entscheidung lag allerdings die alte Fassung des GmbHG vor dem 1.8.1986 zugrunde); *OLG Düsseldorf*, wistra 1997. Vgl. insoweit bereist zur aktuellen Rechtslage 113; *Reck*, Insolvenzstraftaten (1999), Rn. 131; *ders.*, ZinsO 2004, S. 616 ff. und 728 ff., BuW 1998, S. 63 ff. *Schlüchter*, MDR 1978, 265; *dies.* wistra 1984, 43 ff.; vgl. *Reck*, ZinsO 2004, S. 661; ähnlich *Förschle/Hoffmann* in Budde/Förschle, Sonderbilanzen 3. Aufl. (2003), Kap. N Rn. 103.

971 Vgl. *Heinen*, Handelsbilanzen 12. Aufl. (1986), S. 504.

972 Vgl. hierzu *Bieneck* in Müller-Gugenberger/Bieneck, 3. Aufl. (2000), § 76 Rn. 20.

973 Gliederung entsprechend der Darstellung bei *Höffner*, BB 1999, S. 202.

974 Vgl. *Förschle/Kofahl* in Budde/Förschle, Sonderbilanzen 2. Aufl. (1999), Kap. P Rn. 102.

975 Vgl. ebenso – allerdings unter einem einstufigen, stets fortführungsbezogenen Ansatz – *Wolf*, DStR 1995, S. 862.

fähigen Betrages und damit auf einer von der Überschuldungsmessung abweichenden Vermögenskonzeption beruhen.[976]

cc) Überschuldungsermittlung anhand der Handelsbilanzwerte auf Grundlage eigenständiger Überschuldungsmodelle

(1) „Jüngere“ einstufige Modelle auf Grundlage der Handelsbilanz unmittelbar vor der Insolvenzrechtsreform

Die Handelsbilanz wurde vereinzelt als ausschließlicher Prüfungsmaßstab für die Überschuldungsbilanz sowohl von Befürwortern einer Überschuldungsermittlung unter ausschließlicher *Liquidationsprämisse* als auch von Vertretern eines rein *fortführungsbezogenen* Ansatzes bemüht, je nachdem, ob die Ähnlichkeit mit der handelsbilanziellen Grundentscheidung des *going concern* oder des *Einzelbewertungsgrundsatzes* im Vordergrund stand. Daneben finden sich Dritte, bei denen dem Postulat der Handelsbilanzwerte keine Entscheidung für eine der Bewertungsprämissen vorausgeht, sondern gerade diese fehlende Eindeutigkeit der Handelsbilanz als Vorteil gesehen wird.[977]

Die rein liquidationswertorientierten Ansätze wurden bereits unter (1.) (b.) dargestellt.

Den rein *fortführungsbezogenen* Ansätzen zufolge eignet sich die Handelsbilanz als schematische Erfassung der *künftigen* Erträge trotz Deckelung der *going concern* Werte durch das Herstellungs- und Anschaffungskostenprinzip, weil dieses dem Vorsichtsprinzip entspringe, einer Grundentscheidung, die besonders dem Gläubigerschutz Rechnung trage und daher in die für einen Überschuldungsstatus richtige Richtung ziele.[978]

Dabei sei an dieser Stelle angemerkt, dass im Rahmen der Unternehmensbewertung das bilanzielle Vorsichtsprinzip grundsätzlich nicht gilt, da § 252 I Nr. 4 HGB eine generelle Höhergewichtung der Gläubigerinteressen an Kapitalerhaltung durch Ausschüttungssperren gegenüber den Eignerinteressen an voller Ausschüttbarkeit erwirtschafteter Gewinne darstellt, während im Rahmen der Unternehmenswertermittlung das Gebot der Unparteilichkeit gilt.[979]

Die mittels der Handelsbilanz nur ungefähr erzielbare Aussage über die Überschuldung eines Unternehmens sei aufgrund ihres höheren Objektivierungsgrades der Ermittlung anhand ebenfalls nur ungefährer Ertragswertmethoden vorzuziehen; das hohe Maß an Objektivität der kodifizierten handelsrechtlichen Ansatz- und Bewertungsregeln ermögliche eine größere Rechtssicherheit, mit der eine stärkere Funktionalität einhergehe.[980]

---

976 Vgl. insoweit *Hommel*, ZfB 1998, S. 307. Zur weiteren Kritik an den Handelsbilanzwerten sogleich unter Erster Teil A. VI 1. c) cc) (4).

977 Vgl. *Wolf*, DStR 1995, S. 862.

978 So *Lütkemeyer*, Überschuldung (1983), S. 261; *Wolf*, DStR 1995, S. 862.

979 *Siepe* in WP-Handbuch Bd II, 12. Aufl. (2002), Kap. A Rn. 155 ff.

980 *Lütkemeyer*, Überschuldung (1983), S. 292 ff., 301, 302; hierzu auch *Höffner*, BB 1999, S. 203.

Diese Argumente werden inhaltsgleich auch von Anhängern der Handelsbilanzwerte angeführt, welche unabhängig von der Grundentscheidung Liquidationsprämisse/Fortführungsprämisse die handelsrechtlichen Rechnungslegungsvorschriften im Überschuldungsstatus vertreten.[981]

(2) „Jüngere" zweistufige Modelle auf Grundlage der Handelsbilanz vor der Insolvenzrechtsreform

Die auf K. Schmidt zurückgehende *modifiziert zweistufige* Überschuldungsprüfung war Ausgangspunkt für ein an Handelsbilanzwerten orientiertes Überschuldungsmodell, wonach in einem ersten Schritt ebenfalls bilanziell die rechnerische Überschuldung des Unternehmens zu ermitteln war, allerdings anhand der Handelsbilanzwerte anstelle eigens ermittelter Liquidationswerte. War die Gesellschaft danach rechnerisch überschuldet, war auch rechtliche Überschuldung anzunehmen, wenn die in einem zweiten Schritt anzustellende Fortführungsprognose auf Basis der Finanz- und Ertragsplanung der Gesellschaft ergab, dass der Fortbestand der Gesellschaft auf absehbare Zeit nicht gefährdet und ihre Zahlungsfähigkeit mittelfristig gesichert sei.[982]

Ebenfalls auf Basis eines zweistufigen Vorgehens ähnlich der modifiziert zweistufigen Methode von K. Schmidt aber unter Verwendung der *Mittel*, die sich aus der handelsrechtlichen Rechnungslegung ergeben, war nach einer zweiten Ansicht aus Gründen der Kostenersparnis und zugunsten einer geringeren Manipulationsanfälligkeit die Überschuldung so zu prüfen, dass in einem ersten Schritt festzustellen war, ob die Gesellschaft in einer den HGB-Vorschriften entsprechenden Handelsbilanz keine positiven Eigenkapitalbestände mehr ausweist.[983] Nur dann war in einem zweiten Schritt anhand einer Plan-Gewinn- und Verlustrechnung zu prüfen, ob die Gesellschaft in Zukunft ertragsfähig sein würde. Ertragsfähig sei sie erst dann, wenn sie im Prüfungszeitraum mindestens ausgeglichene Plan-GuV vorlegen könne.[984]

(3) Das dreistufige Konzept der Kommission für Insolvenzrecht (1985)

In ihrem ersten Bericht schlug die Kommission für Insolvenzrecht in Anlehnung an das Konzept von *Drukarczyk* vor, die Konzeption der Überschuldungsprüfung auf drei Stufen zu stellen:

Danach war auf erster Stufe die rechnerische Überschuldung anhand einer Einzelbewertung zu Liquidationswerten zu prüfen. Nur wenn insoweit das Vermögen zur Deckung der Verbindlichkeiten nicht ausreichte, kam Überschuldung in Betracht, so dass weiterzuprüfen war.

---

981 *Wolf*, DStR 19995, S. 862.
982 So *Mertens*, in FS Forster (1992), S. 415, 421; vgl. hierzu auch *Höffner*, BB 1999, S. 203.
983 *Drukarczyk*, in FS-Moxter (1994), S. 1231, 1249 ff.; *Drukarczyk/Schüler* in Kölner Schrift zur InsO, 1. Aufl. (1997), S. 57 Rn. 91–94; *Drukarczyk*, ZGR 1979, 553, 560 ff.; *ders.*, WM 1994, S. 1737, 1745 f., vgl. hierzu auch *Spliedt*, DB 1999, S. 1942, *Höffner*, BB 1999, S. 203, *Drukarczyk/Schüler*, MüKo, InsO (2001), § 19 Rn. 30.
984 *Drukarczyk*, in FS-Moxter (1994), S. 1231, 1249 ff.; *Drukarczyk/Schüler* in Kölner Schrift zur Insolvenzordnung 1. Aufl. (1997), S. 57 Rn. 95 ff., vgl. hierzu auch *Höffner*, BB 1999, S. 203.

Auf zweiter Stufe war dann zu prüfen, ob in einer nach handelsrechtlichen Rechnungslegungsvorschriften aufgestellten Bilanz negatives Eigenkapital ausgewiesen wurde. Bejahendenfalls sollte rechtliche Überschuldung vorliegen.

Ansonsten war in einem dritten Prüfungsschritt zu ermitteln, ob die Ertragsfähigkeit des Unternehmens innerhalb eines bestimmten Zeitfensters wiederhergestellt werden konnte, d.h. ob im Prognosezeitraum grundsätzlich mindestens ausgeglichene Plan-Gewinn und Verlustrechnungen zu erwarten waren. War dies nicht zu erwarten, sollte ebenfalls Überschuldung vorliegen.[985] Dieses starke Parallelen zur Rechtslage von 1855/1877 aufweisende Überschuldungskonzept blieb allerdings im späteren Gesetzgebungsprozess weitestgehend folgenlos[986] und spielt auch in der aktuellen Diskussion um den zivil- wie auch strafrechtlichen Überschuldungstatbestand keine Rolle, so dass eine weitere Auseinandersetzung mit dieser Konzeption unterbleibt.

(4) Das Für und Wider der handelsbilanziellen Ansätze

Begründet wurde die Orientierung an Handelsbilanzwerten nicht nur mit dem Zweck der Vereinfachung und der Optimierung von Überschuldungsprüfungen,[987] soweit es um die Berücksichtigung von Gewinnen statt Liquidität geht, sondern auch mit der Vermeidung von Widersprüchen zu den gesellschaftsrechtlichen Bestimmungen der §§ 49 III GmbHG, 92 I AktG, wonach bei Verlust der Hälfte des handelsbilanziell zu ermittelnden Stammkapitals Warnpflichten eintreten. Würde die Überschuldungsbilanz nicht anhand derselben Bewertungsmaßstäbe errichtet, könnte Überschuldung eingetreten sein, ohne die als Vorstadium gedachte Warnsituation durchlaufen zu haben.[988]

Dem wurde entgegnet, dass die zum Vergleich herangezogene Verlustanzeigepflicht allein Rechtswirkungen im Innenverhältnis der Gesellschaft erzeuge, der Überschuldungstatbestand hingegen im Außenverhältnis den Gläubigern der Gesellschaft gegenüber, so dass es an einer Vergleichbarkeit der Fälle fehle und ein Argument für den Ansatz handelsbilanzieller Werte hieraus nicht abgeleitet werde könne.[989]

Das Argument, die entsprechend dem handelsrechtlichen *Vorsichtsprinzip* fortgeschriebenen Anschaffungs- und Herstellungskosten eigneten sich besonders auch zur Überschuldungsfeststellung, weil gerade bei Insolvenz zur effektiven Verwirklichung des Gläubigerschutzes das Vorsichtsprinzip gelten müsse[990], sah sich dem Einwand ausgesetzt, dass die Handelsbilanz keinen Aufschluss über das tatsäch-

985 Vgl. Begründung der *Kommission für Insolvenzrecht* zum Leitsatz 1.2.6., in *Kommission für Insolvenzrecht,* Erster Bericht (1985), S. 109 ff., S. 111, 112 und hierzu *Götz,* KTS 2003, S. 1.

986 Bereits der Diskussionsentwurf 1988 und der Referentenentwurf 1989, die wortgleich in den Regierungsentwurf 1992 eingingen und auch vom Rechtsausschuss 1994 nicht mehr *inhaltlich* verändert wurden kehrten zu einem Überschuldungsmodell in Anlehnung an die zweistufigen Modelle zurück. Vgl. hierzu ausführlich *Götz,* KTS 2003, S. 31 f.

987 Vgl. *Wolf,* DStR 1995, S. 862; eingehend *Lütkemeyer,* Überschuldung (1983), S. 253 ff., 263.

988 Vgl. hierzu *Spliedt,* DB 1999, S. 1942 mit Hinweis auf *Drukarczyk/Schüler* a.a.O.

989 *Spliedt,* DB 1999, S. 1945.

990 *Wolf,* DStR 1995 S. 862.

liche Maß der Gläubigergefährdung geben könne.[991] Für eine verlässliche Auskunft über das Maß der Gläubigergefährdung müsse feststellbar sein, ob den Fremdmitteln eine ausreichende Mittelbindung gegenübersteht;[992] eine Großzügigkeit dahingehend, handelsbilanziell ermittelte Näherungswerte aus Gründen der Vereinfachung insoweit ausreichen zu lassen, könne man sich angesichts der einschneidenden Konsequenzen für das insolvente Untenehmen (Verlust der uneingeschränkten Verfügungsbefugnis sowie drohende zivil- und strafrechtliche Haftung) nicht erlauben.

Bereits die Tatsache, dass ein Ansatz ausschließlicher Handelsbilanzwerte sowohl von Vertretern der einstufig statischen als auch der einstufig dynamischen Überschuldungsmodelle vertreten wurde, stellt die handelsbilanzielle Vorgehensweise in Frage. So mussten sich die Vertreter eines zweistufigen Verfahrens, welche die Handelsbilanzwerte als Fortführungswerte begreifen, die Frage gefallen lassen, inwieweit Handelsbilanzwerte tatsächlich Fortführungswerte im Sinne des Überschuldungstatbestandes sein können, wenn doch zugleich der Einzelbewertungsgrundsatz eher der Liquidationsprämisse entspricht. Die Auffassungen, die unabhängig von der Fortführungsfähigkeit des Unternehmens Handelbilanzwerte ansetzten, konnten keine hinreichende Differenzierung zwischen der Überschuldungsfeststellung fortführungswürdiger und liquidationswürdiger Unternehmen vorweisen.

dd) Ergebnisunterschiede unter Anwendung der denkbaren Überschuldungsmodelle

Inwieweit sich die verschiedenstufigen Überschuldungsmodelle im Ergebnis voneinander unterscheiden, ist vorrangig davon abhängig, welches Bewertungsmodell anschließend – in Ausfüllung der jeweiligen Methode – zur Bestimmung des anzusetzenden Liquidations- oder Fortführungswertes vertreten wurde.[993] Doch auch die Modelle selbst, die zur Bestimmung der Bewertungsprämisse eingesetzt werden, generieren bereits Ergebnisunterschiede.

Da für die Klärung der strafrechtlichen Problematik ausreicht, festzustellen, *ob* die verschiedenen Modelle und Bewertungsansätze auch in relevanter Weise zu unterschiedlichen Ergebnissen führen, soll die folgende Darstellungen aus Gründen des Umfangs auf stichprobenartige Feststellungen begrenzt bleiben.[994]

---

991 Vgl. zur wertverzerrenden Wirkung des Vorsichtsprinzips im Rahmen der Unternehmensbewertung *IDW*, WPg 2000, S. 832: Das für die handelsrechtliche Bilanzierung verbindliche Vorsichtsprinzip bringe eine Ungleichgewichtung zugunsten der Gläubiger zum Ausdruck und sei daher für die Unternehmensbewertung unbeachtlich. Vertretern eines Gesamtbewertungsansatzes zur Überschuldungsermittlung ermöglicht diese Feststellung, gegen die Verwendung von Handelsbilanzwerten einzuwenden, dass sie eine Überbewertung des Gläubigerschutzgedankens und damit eine Vorgreiflichkeit hinsichtlich einer vorschnellen Überschuldungsprüfung forciere.
992 Vgl. *Klar*, Überschuldung (1987), S. 176.
993 Ebenso *Höffner*, BB 1999, S. 199.
994 Zu einem Überblick vgl. *Kupsch*, BB 1984, S. 160.

(1) Unterschiede zwischen den einstufigen und zweistufigen Methoden

Dass die einstufig statischen Methoden, nach denen immer Liquidationswerte maßgeblich sein sollen, gegenüber den zweistufigen Modellen im Falle einer positiven Fortführungsprognose des Unternehmens zu einem früheren Überschuldungseintritt kommen, wurde bereits eingehend dargelegt.

Ebenso klar war zu sehen, dass die einstufig dynamischen Methoden, wonach stets Fortführungswertes anzusetzen sind, den spätesten Zeitpunkt des Überschuldungseintritts markieren.

(2) Unterschiede zwischen der modifiziert und der traditionell zweistufigen Methode

Der Grad der Ergebnisverschiedenheit unter den verschiedenen Modellen ist vornehmlich davon abhängig, wie man sich bei der Wahl der Bewertungsmethode im Falle der Fortführungsfähigkeit des Unternehmens und hinsichtlich einzelner umstrittener Bilanzposten entscheidet.

Vertreter eines Gesamtbewertungsansatzes im Sinne der Kapitalwertverfahren kommen im Regelfall zu gleichen Ergebnissen sowohl nach der traditionell zweistufigen als auch der modifiziert zweistufigen Methode, weil ein Schuldner bei positiver Fortführungsprognose, also wenn laut Ausweis im Liquiditätsplan dem Verständnis der h.M. zufolge keine Zahlungsunfähigkeit droht, im Regelfall auch genügend Erträge erwirtschaften wird, die zur Deckung seiner Verbindlichkeiten ausreichen.[995]

Dies gilt umso mehr für die Auffassungen, wonach die Fortführungsprognose als Ertragsfähigkeitsprognose aufzufassen ist.

Ergebnisdivergenzen zwischen der traditionell zweistufigen Methode und der modifiziert zweistufigen Methode treten hingegen auf, wenn eine Fortführungsbewertung des Vermögens anhand von Wiederbeschaffungswerten vorgenommen wird, da in diesem Falle die Aussage über den Reproduktionswert eines Unternehmens nicht notwendigerweise mit seiner künftigen Zahlungs- oder Ertragsfähigkeitsprognose in Einklang stehen muss; dies gilt vor allem bei geringer Ausstattung eines Unternehmens mit Wertgegenständen des Anlagevermögens und zugleich mit starken, nicht einzelveräußerbaren, immateriellen Vermögenswerten.

Maßgeblichen Einfluss auf das Ergebnis hat daher auch der originäre Firmenwert (Goodwill). Folgte man der stark umstrittenen[996] Ansicht, dieser sei als Aktivposten

---

995 Vgl. *Temme*, Eröffnungsgründe (1997), S. 144; *Schüppen*, DB 1994, S. 199. Eine gar zwingende Ergebnisgleichheit von Fortführungsprognose und einer Überschuldungsbilanz nach Fortführungswerten nehmen an *Egner/Wolf*, AG 1978, S. 104; *K. Schmidt*, AG 1978, S. 334, 337.

996 Die Aktivierbarkeit des Firmenwertes wurde und wird teils bejaht (*K. Schmidt* in Scholz, GmbHG, 9. Aufl. (2002), Vor § 64 Rn. 22), teils verneint (*Pape* in Kübler/Prütting, InsO (2005), § 19 Rn. 11), teils davon abhängig gemacht, ob dieser Firmenwert sogleich durch Veräußerung aktivierbar oder eben doch nur eine Zukunftsprognose ist (*Kind* in Braun, InsO, 1. Aufl. (2002), § 19 Rn. 26); vgl. hierzu auch *K. Schmidt*, in Schmidt/Uhlenbruck, Krise Sanierung und Insolvenz, 3. Aufl. (2003), Rn. 856.

in die Überschuldungsbilanz unter der Fortführungsprämisse einzustellen, mindert sich die Divergenz beider Modelle.[997] Denn der Hauptunterschied beider Modelle stellt das Gewicht der Fortführungsprognose dar: gemäß dem modifiziert zweistufigen Überschuldungsmodell ist bei positiver Prognose *stets* Überschuldung zu verneinen. Nach der traditionell zweistufigen Methode kann sich hingegen auch unter Ansatz von Fortführungswerten Überschuldung ergeben, da die positive Fortführungsprognose nicht zwingend auch das Bilanzergebnis zu Fortführungswerten bestimmt.

Da nun aber der originäre Firmenwert maßgeblich durch die im Rahmen der Fortführungsprognose zu prognostizierenden Zukunftsaussichten des Unternehmens mitbestimmt wird, ist er bei positiver Zukunftsprognose, also bei Verneinung der Überschuldung nach der modifiziert zweistufigen Methode, ein oftmals maßgeblicher Vermögenswert, der bei Einstellung in die Überschuldungsbilanz auch das zu Fortführungswerten ausgewiesene Vermögen so maßgeblich mehren könnte, dass dann unter Umständen alle bestehenden Verbindlichkeiten gedeckt werden könnten. Dies trifft ganz besonders bei jungen Dienstleistungsunternehmen ohne nennenswertes Anlagevermögen zu, wo der Firmenwert einen Großteil des Gesamtunternehmenswertes ausmacht.[998] Andersherum würde eine Nichtberücksichtigung im Überschuldungsstatus hier zu einem sehr viel niedrigeren Ausweis von Vermögen führen, so dass das Unternehmen auch eher überschuldet wäre, als es sich im Rahmen des zweistufigen Überschuldungsmodells wegen positiver Fortführungsprognose darstellen würde.

Je nach der Berücksichtigung des Firmenwertes im Überschuldungsstatus führt die traditionell zweistufige Methode damit mehr oder weniger zu einem tendenziell früheren Überschuldungseintritt als die modifiziert zweistufige.[999]

Und im Rahmen der traditionell zweistufigen Methode führte eine mit der Aufstellung einer Liquidationsbilanz beginnende, sog. dreistufige Prüfung mangels Ergebnisüberprüfung bei positiver Liquidationsbilanz stets zu einer Verneinung der Überschuldung, während bei Voranstellen der Fortführungsprognose unter Umständen trotz Ausreichens des zu Liquidationswerten bewerteten Vermögens bei positiver Fortführungsprognose mangels Ergreifens der Liquidationsoption eine Bewertung zu Fortführungswerten zu erfolgen hat, die im Ausnahmefall dann zu einer Überschuldung führt.[1000]

---

997 Siehe *K. Schmidt*, in Schmidt/Uhlenbruck, Krise Sanierung und Insolvenz, 3. Aufl. (2003), Rn. 856.

998 Vgl. *K. Schmidt* in Schmidt/Uhlenbruck, Krise Sanierung und Insolvenz, 3. Aufl. (2003), Rn. 856.

999 Vgl. insoweit auch *Bork*, Einführung (1998), Rn. 93; *Kallmeyer*, GmbH-R 1997, S. 16 ff.; *Mönning* in Nerlich/Römermann, InsO (2005), § 19 Rn. 56.

1000 Vgl. insoweit *Drukarczyk/Schüler* in MüKo, InsO (2001), § 19 Rn. 46. Fälle in denen der Liquidationswert eines Unternehmens über dem Ertragswert, also eine Überschuldungsprüfung anhand einer Liquidationsbilanz besser ausfällt als unter der Fortführungsprämisse, sind aufgeführt bei *Piltz*, Unternehmensbewertung, 3. Aufl. (1994), S. 357, so z.B. *OLG Stuttgart* Urt. v. 11.10.1984, *LG Berlin* Urt. v. 24.11.1982.

(3) Ergebnisabweichungen aufgrund unterschiedlicher Wertansätze in der Überschuldungsbilanz

(a) Besonderheiten unter dem Ansatz von Handelsbilanzwerten

Der handelsbilanzielle Ansatz zur ausschließlichen Ermittlung von *Liquidationswerten* kann bei unkorrigierter Übernahme der Buchwerte wegen der Nichtberücksichtigung stiller Reserven vor allem bei im Verhältnis großem Anlagevermögen zu einer noch früheren Annahme der Überschuldung führen, als es bereits nach der klassischen *einstufig statischen* Methode zu Einzelveräußerungswerten der Fall wäre.

Umgekehrt kann der Rückgriff auf die Buchwerte der Handelsbilanz mangels Berücksichtigung stiller Lasten unter Umständen auch gegenüber den *zweistufigen Methoden* eine spätere Überschuldungsannahme bedingen, nämlich dann, wenn der Erfolgswert des Unternehmens, d.h. der Wert der Erwarteten Zuflüsse unter Einsatz seiner einzelnen Vermögensgegenstände trotz positiver Fortführungsprognose (z.B. wegen schlechter Geschäftsführung) geringer ausfällt als der Preis, der sich bei Liquidation der einzelnen Vermögensgegenstände erzielen ließe.

Im Falle der Fortführungsfähigkeit des Unternehmens führt ein Rückgriff auf die Handelsbilanzwerte trotz der Tatsache, dass in der Handelsbilanz die Prämisse des *going concern* gilt (§ 252 I Nr. 2 HGB),[1001] in der Regel zu einer gegenüber der traditionell zweistufigen Methode früheren Überschuldungsannahme, weil in der Handelsbilanz aufgrund des Einzelbewertungsprinzips der originäre Firmenwert außer Ansatz bleiben muss und zudem die Bewertung der übrigen Wirtschaftsgüter dem Vorsichtsprinzip mit all seinen Ausprägungen (Realisations-/Imparitäts-/Niederstwert-/Anschaffungskostenprinzip) unterliegt, was zu einem tendenziell geringeren Vermögensausweis führt, als bei einer eigenständigen Ertragsbewertung des Realvermögens.[1002]

Umgekehrt führt der stete Ansatz von Buchwerten wegen der zugrunde liegenden Annahme des *going concern* in den Fällen, in denen es an der Fortführungsfähigkeit des Unternehmens fehlt und bei denen deshalb nach der traditionell zweistufigen Methode Liquidationswerten anzusetzen wären, in der Regel zu einem späteren Ausweis der Überschuldung. Dies gilt unabhängig von der Fortführungsfähigkeit des Unternehmens gegenüber dem einstufig statischen Modell (stets Liquidationswerte).

Insgesamt also besteht bei einem unkorrigierten Ansatz von Handelsbilanzwerten die Gefahr, dass stille Reserven oder stille Lasten nicht aufgedeckt werden, und Synergieeffekte, die bei Einsatz des Vermögens erzielt werden können unberücksichtigt bleiben, so dass das bilanziell ermittelte Vermögen vom Realvermögen abweichen kann.[1003]

1001 Hierzu ausführlich *Lutter* in Leffson/Rückle/Großfeld (1986), S. 185.
1002 Vgl. insoweit bereits oben und *Moxter*, Rechnungslegung (2003), S. 19.
1003 Vgl. auch hier *Moxter*, Rechnungslegung (2003), S. 19.

(b) Unterschiede Gesamtbewertung – Einzelbewertungsansätze

Sämtliche Einzelbewertungsansätze – sei es der Ansatz korrigierter Handelsbilanzwerte oder das Substanzwertverfahren unter Ansatz von Wiederbeschaffungswerten – lassen wertsteigernde Verbundeffekte von Gegenständen des Betriebsvermögens sowie den gesamten (auch nicht selbständig veräußerbaren) Geschäftswert außer Acht und führen damit regelmäßig zu einem geringeren Vermögensausweis, als es nach der Gesamtbewertungsmethode der Fall wäre.[1004]

d) Der Wertansatz auf der Passivseite

Nach einhelliger Meinung waren die zum Stichtag *bestehenden*, nicht notwendigerweise auch fälligen Verbindlichkeiten grundsätzlich mit ihrem *Nennwert* zu passivieren, also dem Geldbetrag, der zur Tilgung der Schulden am Stichtag erforderlich ist.[1005]

Abgesehen von der umstrittenen Frage, ob gewisse Verbindlichkeiten (z.B. wiederkehrende Leistungen) im Einzelfall nicht mit dem Nennbetrag einzustellen, sondern zu kapitalisieren seien[1006], folgten die Meinungsstreitigkeiten hinsichtlich des Wertausweises auf der Passivseite nicht der Entscheidung für eine bestimmte Bewertungsmethode zur Ermittlung des Vermögens im Wege des Einzel- oder Gesamtbewertungsverfahrens.

Die Posten auf der Passivseite der Überschuldungsbilanz unterliegen mangels eines werterhöhenden oder wertmindernden Zusammenwirkens denklogisch dem Einzelbewertungsansatz, so dass sich die Frage, *welche* Verbindlichkeiten in der Überschuldungsbilanz *wie* zu berücksichtigen seien, in gleicher Weise im Rahmen der Gesamtbewertungsverfahren von Ertragswertmethode und DCF-Verfahren wie bei den Einzelbewertungsverfahren stellte; die Tatsache, dass die Verbindlichkeiten im Rahmen der Ertragswertmethode und den DCF-Verfahren nach dem Nettoverfahren (*Equity*-Ansatz, z.B. AVP) von vornherein bei der Ermittlung des Eigenkapitalwertes berücksichtigt werden, oder dass bei den Bruttoverfahren (*Entity*-Ansatz, z.B. *WAAC*) der kapitalisierte Wert des Fremdkapitals isoliert ermittelt wird, ändert nichts daran, dass sich auch hier dieselben Problematiken mit denselben Lösungsansätzen stellen.[1007]

Primär umstritten war zum einen, ob auch Verbindlichkeiten im Überschuldungsstatus anzusetzen seien, die erst durch die Eröffnung des Konkursverfahrens ver-

---

1004 Vgl. insoweit *Habersack* in Großkommentar AktG, 4. Aufl. (1999), § 92 Rn. 55; *Förschle/Hoffmann* in Budde/Förschle, Sonderbilanzen, 3. Aufl. (2002), Kap. N Rn. 104.

1005 Vgl. *Uhlenbruck* in Kuhn/Uhlenbruck, KO, 11. Aufl. (1994), § 102 Rn. 6s; *Ulmer* in Hachenburg, GmbHG, 7. Aufl. (1984), § 63 Rn. 46; *Weber* in Jaeger, KO, 8. Aufl. (1972), §§ 207, 208 Rn. 21; *Fischer*, Überschuldungsbilanz (1980), S. 126; *Müller/Haas* in Kölner Schrift zur InsO, 2. Aufl. (2000), S. 1811 Rn. 30; vgl. auch *Uhlenbruck*, Krise Sanierung und Insolvenz, 3. Aufl. (2003), S. 444.

1006 Hierzu *Uhlenbruck* in Kuhn/Uhlenbruck, KO, 11. Aufl. (1994), § 102 Rn. 6n m.w.N.

1007 Zu den Gesamtbewertungsverfahren von DCF- Methoden und der Ertragswertmethode *IDW* S 1 n.F. v. 18.10.2005, WPG 2005, S. 1313 f. Sofern hier die Bewertung der Schulden vor allem nach den Equity-Ansätzen in die Ermittlung des Nettoeigenkapitalwertes eingeht, ohne eigenständig bilanziell ausgewiesen zu werden, wird im Folgenden aus Vereinfachungsgründen dennoch von der „Passivseite der Überschuldungsbilanz" gesprochen.

ursacht werden; dies wurde je nachdem, ob der Ansatz von Verbindlichkeiten in Abhängigkeit vom Ausgang der Fortführungsprognose vollzogen wurde oder nicht, unterschiedlich beantwortet.

Einer Ansicht zufolge waren unabhängig vom Ausgang der Fortführungsprognose solche Verbindlichkeiten *nie* zu berücksichtigen, die erst mit Eröffnung des Verfahrens entstehen (Sozialplanverbindlichkeiten, Abwicklungskosten wie z. B. Gerichtskosten, Verwalterkosten, etc.), um das erst zu überprüfende Vorliegen der Überschuldung nicht vorwegzunehmen.[1008]

Zahlreiche Vertreter des traditionell zweistufigen Ansatzes hingegen wollten grundsätzlich auch die durch die Eröffnung des Konkursverfahrens entstehenden Kosten im Überschuldungsstatus passivieren, wenn die Fortführungsprognose negativ war, um zwecks Sicherstellung einer hinreichenden Gläubigerbefriedigung zu berücksichtigen, dass schließlich die Abwicklungskosten aus der Insolvenzmasse zu entrichten sind.[1009]

Daraus resultierten vor allem die Meinungsverschiedenheiten um die Behandlung von Rückstellungen für diverse Verbindlichkeiten, wie etwa die Frage nach der Kapitalisierung von Pensionsverpflichtungen und die Frage, ob auch Pensionsanwartschaften (in Abhängigkeit vom Ausgang der Fortführungsprognose) im Überschuldungsstatus zu berücksichtigen seien.[1010]

Unabhängig vom Ergebnis der Fortführungsprognose war neben weiteren Einzelpositionen auf der Passivseite vor allem umstritten, ob eigenkapitalersetzende Gesellschafterdarlehen nur im Falle des Rangrücktritts auch in der Überschuldungsbilanz wie Eigenkapital zu behandeln seien[1011] oder ob allein die gesellschaftsrechtliche Umqualifizierung aufgrund der Eigenkapitalersatzregelungen dazu führen sollte, dass die Darlehensverbindlichkeit außer Ansatz zu bleiben hatte.[1012] Da die unterschiedlichen Auffassungen von der Ansatzpflichtigkeit einzelner Verbindlichkeiten nicht auf einer grundsätzlichen Entscheidung für ein Überschuldungsmodell oder eine Bewertungsmethode basieren, sind sie im Rahmen der historischen Betrachtung für die Ausgangsfrage von untergeordneter Bedeutung.

1008 Vgl. die zahlreichen Nachweise zur alten Rechtslage bei *Temme*, Eröffnungsgründe (1997), S. 167 ff. und *Müller/Haas* in Kölner Schrift zur InsO, 2. Aufl. (2000), S. 1813 Rn. 33.

1009 Z. B. *Uhlenbruck* in Kuhn/Uhlenbruck, KO, 11. Aufl. (1994), § 102 Rn. 6s mit Einschränkungen; *Hommelhoff* in FS-Döllerer (1988), S. 145, 253 ff.; sogar einschließlich. Abwicklungskosten *Müller/Haas* in Kölner Schrift zur InsO, 2. Aufl. (2000), S. 1813 Rn. 34.

1010 Vgl. hierzu *Ulmer* in Hachenburg, GmbHG, 7. Aufl. (1984), § 63 Rn. 45; 48 einerseits und *Uhlenbruck* in Kuhn/Uhlenbruck, KO, 11. Aufl. (1994), § 102 Rn. 6n, 6p, *Müller/Haas* in Kölner Schrift zur InsO, 2. Aufl. (2000) S. 1813 Rn. 36 andererseits.

1011 *K. Schmidt*, NJW 1980, S. 1769, 1772; *ders.*, ZIP 1981, S. 689, 695; *Ulmer*, GmbH-Recht (1981), S. 67; *Uhlenbruck* in Kuhn/Uhlenbruck, KO, 11. Aufl. (1994), § 102 Rn. 6v m. w. N.

1012 *Hommelhoff* in FS-Döllerer (1988), S. 256; *Groth*, Überschuldung (1995), S. 84 ff.; *Joecks* BB, 1986, S. 1682; *Rowedder* in Rowedder, § 63 GmbHG, 2. Aufl. (1990),§ 63 Rn. 14; *Lutter/Hommelhoff*, GmbHG 14. Aufl. (1995), § 63 Rn. 7; *Weber* in Jaeger, KO, 8. Aufl. (1972), §§ 207, 208 Rn. 21; *Ulmer* in Hachenburg, GmbHG, 8. Aufl. (1997), § 63 Rn. 46a.

Inwieweit die Ergebnisdivergenzen bei dem Streit um den Ansatz einzelner Passivposten in der Überschuldungsbilanz bestehen, soll daher im Rahmen der zivilrechtlichen Auslegung des aktuellen Überschuldungstatbestandes erfolgen. Vor allem die Frage, ob der Ansatz und die Bewertung der Verbindlichkeiten ebenfalls in Abhängigkeit von der Fortführungsfähigkeit des Unternehmens erfolgen sollen, wird vornehmlich als potentieller Inhalt einer gesetzlichen Festschreibung durch § 19 II InsO für die Frage der strafrechtlichen Begriffsbildung interessant.

2. Überschuldung im Strafrecht

a) *In sachlicher Hinsicht*

Der für Bankrott und Insolvenzverschleppungsdelikte geführte Streit darum, welcher Überschuldungsbegriff dem Strafrecht zugrunde zu legen war, wird nach In-Kraft-Treten der Insolvenzordnung dem Ergebnis nach unverändert fortgeführt.

Da sich nahezu alle bereits damals vertretenen Auffassungen auch unter Geltung der Insolvenzordnung wieder finden lassen oder zumindest noch Gültigkeit besitzen und sich die damalige Diskussion im Hinblick auf die Überschuldungsfrage auch nicht ergiebiger zeigt als die aktuelle,[1013] erfolgt eine detaillierte Auseinandersetzung der vertretenen Auffassungen im Strafrecht nach aktueller Rechtslage im zweiten Teil dieser Arbeit. An dieser Stelle sei daher der Vollständigkeit halber nur ein grober Überblick über den strafrechtlichen Meinungsstand vor In-Kraft-Treten der Insolvenzordnung gegeben.

In der Literatur zum strafrechtlichen Überschuldungsbegriff ging lange Zeit die ganz herrschende Meinung sowohl hinsichtlich der Insolvenzverschleppungsdelikte als auch bezüglich des Bankrotts von der *traditionell zweistufigen Überschuldungsprüfung* aus, und zwar in der Reihenfolge, dass zunächst mit der Fortführungsprognose zu beginnen war und dann entsprechend Liquidations- oder Fortführungswerte anzusetzen waren.[1014]

Allerdings war nach verbreiteter Ansicht aus strafrechtsautonomen Gründen die Fortführungsprognose zugunsten des Täters insofern zu modifizieren, als von der

---

1013 Vgl. den Überblick bei *Schlüchter*, wistra 1984, S 42; insoweit auch *Harneit*, Überschuldung (1984), S. 99 mit Nachweisen zu den damaligen Auffassungen, die sich zumeist in der Vertretung eines Überschuldungsmodells erschöpften, ohne sich der strafrechtlichen Problematik bewusst zu werden.

1014 *Schlüchter*, Grenzbereich (1977), S. 65 ff., 68; *dies.* MDR 1978, S. 265; *Tiedemann*, Schröder-Gds. (1978), S. 289 ff., 296 f.; LK-*Tiedemann*, 10. Aufl. (1978), Vor § 283 Rn. 144; *Bieneck* in Preisendanz, StGB, 30. Aufl. (1978), § 283 Anm. 5a; *Otto*, Bruns-Gds. (1980), S. 265, 270; *Bilo*, GmbHR 1981, S. 73, 75; *Drebes* in Poerting, Wirtschaftskriminalität (1983), S. 256 f.; *Richter*, GmbHR. 1984, S. 140 f.; *Schlüchter*, wistra 1984, S. 41, 43;*Tiedemann* in Scholz, GmbHG, 7. Aufl. (1986), § 84 Rn. 47; *Kruse*, Kapitalersetzende Gesellschafterdarlehen in der Krise der GmbH (1987), S. 61; *Schulze-Osterloh* in Baumbach/Hueck, GmbHG, 15. Aufl. (1988), § 84 Rn. 23; *Lüderssen* in Kaufmann-Gds. (1989), S. 675, 678; *Fuhrmann* in Rowedder, GmbHG, 2. Aufl. (1990), § 84 Rn. 14; *Lackner*, StGB 20. Aufl.(1993), § 283 Rn. 6; *Kohlmann* in Hachenburg, GmbHG, 8. Aufl. (1997), § 84 Rn. 43; *Pfeiffer* in FS-Rowedder (1994), S. 347, 360; *OlG Düsseldorf*, wistra 1997, S. 113. Vgl. hierzu auch *Groth*, Überschuldung (1995), S. 101, 114; *Temme*, Eröffnungsgründe (1997), S. 61; *Moosmayer*, Einfluß der InsO (1997), S. 161 m.w.N.

Fortführung des Unternehmens auszugehen war, bis die Liquidation *sicher bevorstand*.[1015] Im Gegensatz zur Interpretation des zivilrechtlichen Überschuldungsbegriffs musste die Unternehmensfortführung folglich nicht von *überwiegender Wahrscheinlichkeit* sein.

Ebenfalls wurde nach herrschender Meinung auch der in der Überschuldungsbilanz anzusetzende *Bewertungsmaßstab* aus Gründen der Tatbestandsbestimmtheit im Sinne des Art. 103 II GG zugunsten des Täters so gewählt, dass Überschuldung nur dann vorliegen sollte, wenn sich dieses Ergebnis nach allen im konkreten Fall einschlägigen betriebswirtschaftlichen Bewertungsmethoden ergebe.[1016]

Nur zögerlich reagierte auch das strafrechtliche Schrifttum auf den in der zivilrechtlichen Literatur vollzogenen Wandel hin zum *modifiziert zweistufigen* Überschuldungsbegriff und nur vereinzelt schlossen sich Stimmen der Literatur und der Rechtsprechung diesem an und wählten dabei zumeist dieselben Modifikationen beim Grad der Fortführungswahrscheinlichkeit wie die Vertreter der traditionell zweistufigen Methode.[1017]

Daneben fanden sich immer auch Auffassungen, wonach zumindest beim Bankrott,[1018] teils sogar bei den Insolvenzverschleppungsdelikten,[1019] *stets* Liquidationswerte anzusetzen seien ebenso wie Auffassungen, wonach stets Fortführungswerte maßgeblich sein sollen.[1020]

Im Regelfall wurde der Überschuldungstatbestand für das Strafrecht insgesamt diskutiert[1021] und allenfalls zwischen den Insolvenzverschleppungsdelikten auf der einen Seite und dem Bankrott auf der anderen Seite differenziert[1022]; bezüglich der

---

1015 LK-*Tiedemann*, 10. Aufl. (1978), Vor § 283 Rn. 144; *Schulze-Osterloh* in Baumbach/Hueck, GmbHG, 15. Aufl. (1988), § 84 Rn. 23; *Fuhrmann* in Rowedder, GmbHG, 2. Aufl. (1990), § 84 Rn. 14; *Lackner*, StGB 20. Aufl. (1993), § 283 Rn. 6; *OlG Düsseldorf*, wistra 1997, S. 113; *Lüderssen* in Kaufmann-Gds. (1989), S. 675, 677; *Pfeiffer* in FS-Rowedder (1994), S. 347, 360. Vgl. hierzu auch *Groth*, Überschuldung (1995), S. 101 und *Temme*, Eröffnungsgründe (1997), S. 62.

1016 LK-*Tiedemann*, 10. Aufl. (1978), Vor § 283 Rn. 147; *Tiedemann* in Scholz, GmbHG, 7. Aufl. (1986), § 84 Rn. 47; *ders.* in Schröder-Gds. (1978), S. 289, 299; *Otto*, Bruns-Gds, S. 271; *Lackner*, StGB 20. Aufl. (1993), § 283 Rn. 6; *Schlüchter*, Grenzbereich (1977), S. 127; *dies.* wistra 1984, S. 42 f.; *Otto*, Bruns-Gds. (1980), S. 265, 271; *Wessels*, BT 2, 16. Aufl. (1993), § 12 II 3. Vgl. hierzu auch *Groth*, Überschuldung (1995), S. 101 und kritisch *Richter*, GmbHR 1984, S. 140.

1017 Für eine *modifziert* zweistufige Überschuldungsprüfung auch bei Insolvenzverschleppungsdelikten und Bankrott aus funktionalen Gründen traten ein *Harneit*, Überschuldung (1984), S. 76 ff., 109; *OLG München*, NJW 1994, S. 3112, 3114 gegen die übrige Rechtsprechung; *Groth*, Überschuldung (1995), S. 114–125 mit Nachweisen zum insgesamt nur leisen Echo des Strafrechts auf die fortschreitende Verankerung des modifiziert zweistufigen Begriffs im Zivilrecht (S. 102).

1018 *Franzheim* NJW 1980, S. 2500 ff., 2501; *ders.*, wistra 1984, S. 212 f.; *Hiltenkamp-Wisgalle*, Bankrottdelikte (1987), S. 239 ff.

1019 So z. B. *Klug* in Großkommentar AktG, 3. Aufl. (1975), § 401 Anm. 6.

1020 So z. B. *Schlüchter*, MDR 1978, S. 9 77 ff. für Insolvenzverschleppung und nicht bereits abstrakt gefährliche Bankrotthandlungen; insgesamt auch *Samson*, SK-StGB (1983), Vor § 283 Rn. 8; für das Strafrecht wie für das Zivilrecht gleichermaßen: *Düring*, WPg 1949, S. 193 ff. Vgl. hierzu auch *Richter* GmbHR 1984, S. 140.

1021 Vgl. insoweit nochmals die Nachweise bei *Harneit*, Überschuldung (1984), S. 76 ff.

1022 Z. B. *Franzheim*, der unter Rückgriff auf den unterschiedlichen Rechtsgüterschutz für § 283 StGB stets Zerschlagungswerte und für die Insolvenzverschleppungsdelikte stets Fortführungswerte ansetzen wollte, NJW 1980, S. 2501.

Überschuldung auch *innerhalb* des Bankrotts zwischen solchen Tatbestandsalternativen zu unterscheiden, die wirtschaftlich auch ohne Krise abstrakt gefährlich sind und solchen, deren Gefährlichkeit nur in der Krise selbst besteht,[1023] wurde von der herrschenden Meinung wegen Erhöhung der Rechtsunsicherheiten abgelehnt.[1024]

Vereinzelt wurde der Überschuldungstatbestand wegen fehlender Bestimmtheit auch einfach für verfassungswidrig gehalten.[1025]

b) In personeller Hinsicht

Obwohl der Gesetzgeber des 1. WiKG ausweislich der Regierungsbegründung auch natürliche Personen als potentiellen Täterkreis von § 283 StGB in der Variante der Strafbarkeit bei Überschuldung erfassen wollte, wurde alsbald das speziell mit der Überschuldung einhergehende Problem der Täterschaft natürlicher Personen und nichtkapitalistischer Personengesellschaften, besonders von Nichtkaufleuten (Privatpersonen, Selbständige, Angestellte, Kleingewerbetreibende, auch in der Rechtsform der Gesellschaft bürgerlichen Rechts (GbR)) aufgeworfen. Da die GbR selbst als Außengesellschaft von der ganz überwiegenden Meinung noch nicht als teilrechtsfähig anerkannt war, sondern die einzelnen Gesellschafter als Zuordnungssubjekt von Rechtsbeziehungen gesehen wurden (Lehre von der Doppelverpflichtung)[1026] und auch eine dem heutigen § 11 II Nr. 1 InsO entsprechende gesetzliche Normierung fehlte, wonach die GbR ebenso wie die Personenhandelsgesellschaften selbständig insolvenzfähig ist, ging das Problem einer Strafbarkeit der GbR wegen Bankrotts in dem Problem einer Strafbarkeit natürlicher Personen, die nicht dem Kaufmannsbegriff unterfallen, auf.

Die Gesetzesbegründung selbst veranlasste auf den ersten Blick zur Frage, ob nach dem Willen des Gesetzgebers auch die *Herbeiführung* der Krise für natürliche Personen strafbar sein soll. Denn einerseits gewichtete der Gesetzgeber – zwar im Kontext der Unternehmerhaftung, aber dennoch generell formuliert – ausdrücklich den Unrechtsgehalt unwirtschaftlichen Handelns in der Krise und unwirtschaftlichen Handelns, das die Krise erst herbeiführt, als *„von gleichem Gewicht“*.[1027]

Andererseits aber rechtfertigte er den personellen Unterschied zwischen der zivilrechtlichen und strafrechtlichen Insolvenzverschleppungshaftung nur beschränkt haftender Subjekte und der strafrechtlichen Haftung jedermanns im Rahmen des Bankrotts damit, dass die Unterlassung „wirtschaftlich sinnloser oder zumindest gefährlicher Handlungen“ „von jedem – auch dem zahlungsfähigen – Teilnehmer am Wirtschaftsverkehr verlangt werden“ müsse, „sofern er überschuldet ist“, weil das „Vorwerfbare des tatbestandsmäßigen Verhaltens nicht in der Herbeiführung

1023 So *Schlüchter*, wistra 1984, S. 46; *dies.* Grenzbereich (1977), S. 65 ff.

1024 *Stypmann*, wistra 1985, S. 91; *Tiedemann*, Insolvenzstrafrecht, 2. Aufl. (1996), Vor § 283 Rn. 148.

1025 *Höfner*, Überschuldung (1981), S. 85 ff., 270 ff.

1026 Heute wird die GbR von der herrschende Meinung als teilrechtsfähig anerkannt, d.h. Zuordnungssubjekt im Rechtsverkehr ist die Gesamthand als solche, die Gruppe selbst und nicht mehr die einzelnen Gesellschafter (Akzessorietätstheorie).

1027 Vgl. BT-Drs. 7/3441, S. 20.

oder dem Vorhandensein der Krise, sondern in der Vornahme von Handlungen *während* der Krise, die ein sorgfältiger Teilnehmer am Wirtschaftsverkehr zu unterlassen hat“, liege.[1028]

Allerdings ist im Wege der grammatikalischen Auslegung erkennbar, dass der Gesetzgeber – insoweit in Tradition zu den Bankrottregelungen seit dem *Code de Commerce* – den Schwerpunkt auf den *Handlungsunwert* der Katalogtaten legen wollte und nicht das Handeln *in* der Krise von dem Handeln unter *Herbeiführung* einer Krise abgrenzen wollte; ansonsten hätte der grammatikalische Gegensatz zur sorgfaltswidrigen Handlung nicht die „Herbeiführung“ *und* das „Vorhandensein der Krise“ umfasst. Insofern spiegelt sich die Wertung des Gesetzgebers von krisenverursachendem Handeln und krisenzeitgleichem Handeln als „von gleichem Gewicht“ auch hier wieder.[1029]

Damit ist davon auszugehen, dass der Gesetzgeber beide Tatvarianten des § 283 I und II StGB auf *jeden* Schuldner angewendet wissen wollte.

Bezweifelt aber wurde, ob der Wille des historischen Gesetzgebers für die Auslegung des § 283 StGB in personeller Hinsicht überhaupt maßgeblich ist; es wurde diskutiert, ob aus rechtstaatlichen Gründen, speziell wegen der nach Art. 20 III GG zu fordernden Verhältnismäßigkeit strafrechtlicher Sanktionen, der personelle Anwendungsbereich des § 283 I, II StGB in verfassungskonformer Auslegung teleologisch zu reduzieren sei.

Die Ansicht, die in Übereinstimmung mit dem zivilen Konkursrecht in der Überschuldung von natürlichen Personen und Personengesellschaften aufgrund ihrer unbeschränkten Haftung keine Gläubigergefährdung sah, kam zum Ergebnis, dass zur Wahrung der Verhältnismäßigkeit der Täterkreis des § 283 I Var. 1, II StGB auf den Kreis der insolvenzantragspflichtigen Rechtsformen zu beschränken sei.[1030]

Die Gegenansicht hielt bereits die von den Tatbestandshandlungen des § 283 I StGB ausgehende abstrakte Gläubigergefährdung – mit Einschränkung bei § 283 I Nr. 2 – für ausreichend, um in Entsprechung zum Willen des Gesetzgebers unabhängig von der Art der Krise alle Schuldner gleichermaßen der Strafandrohung des Bankrotts zu unterwerfen.[1031]

Aus systematischen Gründen war auch denkbar, den Anwendungsbereich auf Kaufleute zu beschränken, weil die Generalklausel des § 283 I Nr. 8 StGB durch Bezugnahme auf die „Anforderungen einer ordnungsgemäßen Wirtschaft“ sich dahingehend interpretieren lässt, dass sämtliche Tatmodalitäten auf das Wirtschaften von Unternehmen zugeschnitten seien.[1032] Allerdings rückte die Differenzierung nach

---

1028 Vgl. BT-Drs. 7/3441, S. 20, Hervorhebung durch den Verfasser.

1029 Vgl. ähnlich auch *Achenbach*, Schlüchter-Gds. (2002), S. 268.

1030 *Otto*, Jura 1989, S. 33; *ders.* in Bruns-Gds. (1980), S. 273; *ders.*, BT, 5. Aufl. (1998), § 61 Kap. VI a) aa).

1031 *Tiedemann*, Insolvenzstrafrecht, 2. Aufl. (1996), Vor § 283 Rn. 147; *Dreher*/Tröndle, StGB, 46. Aufl. (1993), Vor § 283 Rn. 9.

1032 Diese Ansicht findet sich vornehmlich zur Rechtslage unter Geltung der InsO, *Bieneck*, StV 1999, S. 43; *Moosmayer*, Einfluß der InsO (1997), S. 81, 166, 172, 181, ließe sich aber bereits zur Rechtslage der KO vertreten.

dem Maß der unternehmerischen Tätigkeit erst nach Schaffung eines vereinfachten Insolvenzverfahrens für Verbraucher (§§ 304 ff. InsO) verstärkt in das Blickfeld von Literatur und Rechtsprechung, weil bis dahin wegen Kompliziertheit und Kostenintensität des Gesamtvollstreckungsverfahrens im Regelfall die Gläubiger eines zahlungsunfähigen Privatschuldners im Wege der Einzelvollstreckung Befriedigung suchten und folglich das strafwürdige Verringern des Vermögensbestandes von § 288 StGB erfasst wurde, bei § 283 StGB hingegen die objektive Bedingung der Strafbarkeit fehlte.

Besonders die Vertreter, die für eine (zivilrechtsgleiche) Einschränkung des personellen Anwendungsbereichs auf juristische Personen und kapitalistische Personengesellschaften plädierten, hatten sich anschließend mit dem Problem auseinanderzusetzen, wie eine Strafbarkeit in der ersten Variante des § 283 I, II StGB dann überhaupt denkbar sein konnte, wenn dem Wortlaut des § 283 VI StGB zufolge der *Täter* Anknüpfungspunkt für die objektive Bedingung der Strafbarkeit (Zahlungseinstellung, Verfahrenseröffnung und Ablehnung derselben mangels Masse) sein soll, mangels einer Strafbarkeit von Verbandspersonen[1033] nur das das handelnde Organ zur Verantwortung gezogen werden kann, diesem aber die erforderliche Schuldnereigenschaft fehlte.

Bereits damals wurden drei Möglichkeiten kontrovers diskutiert, die sich auch in der aktuellen Diskussion stellen:[1034]

eine berichtigende Auslegung des § 283 VI StGB in *„Schuldner"* statt *„Täter"*,[1035] mangels berichtigender Auslegungsmöglichkeit wegen des Analogieverbotes aus Art. 103 II GG Unanwendbarkeit des § 283 I 1. Var., II StGB in diesem Fall,[1036] oder direkte Anwendbarkeit des § 14 StGB, der nicht verlange, dass der Täter das persönliche Merkmal *erfülle*, sondern dass es bei ihm nur *vorliege*.[1037]

1033 *Verbandspersonen* fehlte es nach bereits damals absolut herrschender Meinung an der für eine Strafanknüpfung erforderlichen Handlungs- und Schuldfähigkeit. *Handlungsunfähig* sei die Verbandsperson, weil ihr mangels psychisch-geistiger Substanz die eigene Willensfähigkeit fehle; in Konsequenz dessen sei auch keine Missbilligung persönlich vorwerfbaren, begangenen Unrechts und damit *Schuld* vorgeworfen werden („societas delinquere non potest"). Vgl. *RGSt* 16, S. 123; *RGSt* 47, S. 91; *BGHSt* 12, S. 245; *Tiedemann*, Insolvenzstrafrecht, 2. Aufl. (1996), Vor § 283 Rn. 63; *Maurach/Zipf*, AT/1, 8. Aufl. (1992), § 15 Rn. 6 ff.; Sch/Sch-*Cramer*, 24. Aufl. (1991), Vor § 25 Rn. 118 f.; *Roxin*, AT I (1997), § 8 Rn. 58 ff. und hierzu *Moosmayer*, Einfluß der InsO (1997), S. 84, 87, 119; *Röhm*, Abhängigkeit des Insolvenzstrafrechts (2002), S. 243.

1034 Vgl. ausführlich *Röhm*, Abhängigkeit des Insolvenzstrafrechts (2002), S. 242 ff.

1035 So die h.M., darunter *Tiedemann*, NJW 1977, S. 780; *ders.* in FS-Dünnebier, S. 535; *ders.*, Insolvenzstrafrecht, 2. Aufl. (1996), Vor § 283 Rn. 63; *Otto*, BT, 6. Aufl. (2002), § 61 Kap. VI 1 d; *Grub*, Insolvenzstrafrechtliche Verantwortlichkeit (1995), S. 11 ff.; *Weyand*, Insolvenzdelikte, 2. Aufl. S. 28 f.

1036 *Labsch*, wistra 1985; *Matzen*, Zahlungsunfähigkeit (1993), S. 20.

1037 *Wehleit*, Bankrott und Untreue (1985), S. 12 ff., 14; *Samson* in SK-StGB (1983), § 283 Rn. 28; *Hoyer* in SK-StGB (2002), § 283 Rn. 97.

B. Erkenntnisse aus der historischen Entwicklung für die strafrechtliche Überschuldungsproblematik nach geltender Rechtslage – Eine Zwischenbilanz

I. Legitimation einer strafrechtlichen Anknüpfung an den Überschuldungstatbestand – Strafbedürftigkeit des Handelns in der Krise (§ 283 I StGB), der Herbeiführung einer Krise (§ 283 II StGB) und das Weiterwirtschaften trotz der „Krise" (§§ 84 GmbHG, 402 AktG u.a.)

Die Überschuldung muss als Markierungspunkt einer Insolvenzantragspflicht ebenso wie als Markierungspunkt für den Beginn erhöhter Sorgfaltsanforderungen hinsichtlich der Wirtschaftlichkeit schuldnerischen Handelns neben der Zahlungsunfähigkeit (bei Bankrott auch neben der drohenden Zahlungsunfähigkeit) eine eigene Berechtigung aufweisen können, um die Anknüpfung strafrechtlicher Sanktionen legitimieren zu können; fehlt es an einem eigenständigen Unwertgehalt solcher Handlungen gegenüber den entsprechenden Situationen bei Zahlungsunfähigkeit – unterlassene Antragstellung bei Zahlungsunfähigkeit oder Begehen einer Katalogtat nach § 283 StGB in der Zone der drohenden oder eingetretenen Zahlungsunfähigkeit – entbehrt die strafrechtliche Anknüpfung der Legitimationsgrundlage, die vor allem auch aus der *Strafbedürftigkeit* des Handelns besteht.

Die Strafbedürftigkeit des Handelns in der Überschuldung (§ 283 I StGB), in Herbeiführung der Überschuldung (§ 283 II StGB) und des Unterlassens trotz der Überschuldung (§§ 84 I Nr. 2 GmbHG; 401 I Nr. 2 AktG usw.) wäre hingegen in Frage zu stellen, wenn zum Schutz der Gläubiger der Antragsgrund der Zahlungsunfähigkeit und die Krisenmerkmale der eingetretenen und drohenden Überschuldung ausreichend wären.

In diesem Zusammenhang ist die vorgebrachte Kritik zu untersuchen, Überschuldung sei als Antragsgrund überflüssig[1038] und als Krisenmerkmal mit der drohenden Zahlungsunfähigkeit nahezu identisch.[1039]

Die historische Betrachtung hat jedoch zweierlei gezeigt:

1. Mit der Entstehung wirtschaftlicher Beziehungen entstand zeitgleich das Bedürfnis nach staatlicher Regulierung zum Schutz der Gläubiger bei Vermögensinsuffizienz des Schuldners; Überschuldung als ursprüngliches Leitbild des Insuffizienztatbestandes ist kein lebensfremdes Konstrukt, sondern Ausdruck eines mit den wirtschaftlichen Beziehungen gewachsenen Bedürfnisses des Gläubigerschutzes. Ein auf Überschuldung gestütztes Insolvenzstrafrecht kann aufgrund seiner historischen Wurzeln bis in die Anfänge von Wirtschaftsbewegungen auf ein *gewachsenes*, nicht im leeren Raum konstruiertes Strafbedürfnis verweisen. Um der Überschuldung ihre über Jahrhunderte bewiesene Relevanz als Tatbestand des Gläubigerschutzes absprechen zu können, bedarf es gewichtiger Gründe.

1038 Vgl. *Bichlmeier* in Bichlmeier/Engberding/Oberhofer (1998) S. 169.
1039 So *Penzlin*, Auswirkungen der InsO (2000), S. 114 ff., 134 ff., 137. Vgl. hierzu auch *Röhm*, Abhängigkeit des Insolvenzstrafrechts (2002), S. 181.

2. Durch die Tatsache des einheitlichen (zwischen Zahlungsunfähigkeit und Überschuldung nicht differenzierenden) Verständnisses bezüglich des Insolvenzgrundes, solange keine Kreditverflechtungen bestanden und damit ähnliche Bedingungen herrschten wie unter Annahme eines vollkommenen Marktes (vollständige Information aller Marktteilnehmer, Effizienz (keine oder geringe Transaktionskosten, beliebige Teilbarkeit der Güter)

und der erst mit der Zunahme wirtschaftlichen Handels und der Entstehung von Kreditverflechtungen beginnenden Differenzierung zwischen Zahlungsunfähigkeit und Überschuldung wird belegt, dass ein eigenständiges Bedürfnis für eine Anknüpfung von Sanktionen an den Überschuldungstatbestand neben der Zahlungsunfähigkeit besonders dann besteht, wenn der Markt aufgrund von verflochtenen Kreditbeziehungen für die Marktteilnehmer nicht ohne weiteres durchschaubar ist. Auf den modernen Märkten bestehen Informationsgefälle gerade zwischen den über die Geschäftsabläufe informierten Schuldnern und den in der Regel außen stehenden Gläubigern; aus den Erfahrungen der Vergangenheit spricht die Vermutung für ein Bedürfnis eigenständiger Überschuldungsstrafbarkeit gerade auf modernen, komplexen Märkten.

II. Das Hand-in-Hand der strafrechtlichen und zivilrechtlichen Entwicklung einer Mitberücksichtigung von Belangen des Schuldners – die Ursprünge einer fortführungsbezogenen Vermögensbewertung und der Beginn eines Strafwürdigkeitsverständnisses unter Berücksichtigung des Handlungsunwerts

Die Berücksichtigung der schuldnerischen Belange nimmt ihren Anfang in den zivilrechtlichen Regelungen. So ist im Zeitablauf zu beobachten, dass der Zweck der gesetzlichen Normierungen um die Überschuldung einem schnellen Wandel unterlegen war, der sich bereits in den Anfängen der Insolvenzgesetzgebung vollzogen hatte:

Während zu Beginn der Gesetzgebung, in Zeiten der Personalexekution unter Androhung drakonischer Strafen, noch die Abschreckungsfunktion im Vordergrund stand,[1040] kam über das Institut der *cessio bonorum* dem Überschuldungstatbestand auch die Funktion der Schadensbegrenzung insoweit zu, als dadurch der Wert aller Zahlungsansprüche maximiert werden sollte.[1041]

Es folgte die Funktion der Unternehmenserhaltung bereits mit Einführung der *distractio bonorum*, wonach durch eine erfolgreiche Einzelvollstreckung die Schande der bonorum venditio abgewendet werden konnte.[1042] Der Gedanke des Unternehmenserhalts und der Berücksichtigung schuldnerischer Belange klang dann verstärkt auch schon in den Motiven zur Konkursordnung 1877 bei Einführung der

1040 Vgl. hierzu auch *Arens*, Überschuldungsprüfung (1991), S. 33.
1041 Vgl. zur Schadensbegrenzungsfunktion *Arens*, Überschuldungsprüfung (1991), S. 32.
1042 Ähnlich *Arens*, Überschuldungsprüfung (1991), S. 34 f.

Zahlungsunfähigkeit als allgemeinem Insolvenzgrund an[1043] und wurde dann im Rahmen der Insolvenzrechtsreform umgesetzt,[1044] wobei der Einführung des Planverfahrens mit dem Zweck, dem Schuldner die Verfügungsbefugnis über sein Vermögen, insbesondere sein Unternehmen, in Abstimmung mit den Gläubigern aufrechtzuerhalten, insoweit eine maßgebliche Rolle zukommt.

Das Institut der missio in bona kann bereits als Wurzel einer fortführungbezogenen Bewertung betrachtet werden, wonach es auf das aus dem Unternehmen Herausholbare ankommt.[1045]

In strafrechtlicher Hinsicht führte die Berücksichtigung der schuldnerischen Belange zu einer Entwicklung eines das Handlungsunrecht einbeziehenden Strafwürdigkeitsverständnisses: Während zunächst noch der Erfolgsunwert ausschlaggebend für die Sanktionierung von Verhalten war, indem der Strafgrund noch das Insolventwerden an sich war, und damit allein die Gläubigerbefriedigungsinteressen berücksichtigt wurden, hielt die Berücksichtigung auch der Schuldnerbelange Einzug in das Strafrecht, als erstmals die Bankrotthandlung in den Vordergrund trat und damit erstmals ein Unwertgehalt des Verhaltens gefordert wurde. Dies entspricht dem modernen Verständnis von Strafwürdigkeit, die neben dem Erfolgsunrecht der Gläubigergefährdung auch die sich im Verhalten widerspiegelnde Verwerflichkeit der Tätergesinnung fordert.[1046]

III. Aspekte zur Zivilrechtsakzessorietät

In der geschichtlichen Entwicklung ist zu beobachten, dass sich zivilrechtliche und strafrechtliche Veränderungen der Insolvenzregelungen einschließlich der Überschuldungsregelungen gegenseitig bedingten und einem generellen Gleichlauf unterlagen. Eindeutige Schlussfolgerungen aus dem historischen Gesetzgeberwillen zur Frage der Zivilrechtsakzessorietät des strafrechtlichen Überschuldungstatbestandes zu ziehen, erweist sich jedoch bei genauerer Betrachtung schon wegen fehlender Eindeutigkeit der Äußerungen des Gesetzgebers selbst als nicht zweifelsfrei möglich.

Pars pro toto ist die verzögerte Anpassung der Regelungen zum Bilanzerfordernis anzuführen.

Einerseits ist die Nichtanpassung der Regelungen zum Bilanzerfordernis durch den Gesetzgeber des 1. WiKG Indiz für die Toleranz des historischen Gesetzgebers gegenüber einer im Kern inkongruenten Regelungssystematik. Selbst innerhalb der Insolvenzverschleppungsstrafbarkeit hat der Gesetzgeber abweichende Rechtsprechungsrealitäten zur zivil- und strafrechtlichen Lage vorübergehend ertragen. Da-

---

1043 Vgl. Motive zum Entwurf der Konkursordnung, abgedruckt bei *Hahn/Mugdan*, Materialien zu den Reichs-Justizgesetzen, Band 4 (1881), S. 291 und hierzu *Arens*, Überschuldungsprüfung (1991), S. 34, 99, 213.

1044 Vgl. BT-Drs. 2443, S. 104, 109 zum ausdrücklichen Ziel des Unternehmenserhaltes.

1045 Ebenso *Burger/Schellberg*, BB 1995, S. 265.

1046 Vgl. hierzu *Otto*, AT § 1 Rn. 49; konkret auch *Penzlin*, Auswirkungen der InsO (2000), S. 151.

raus sogleich abzuleiten, der Gesetzgeber folge einem funktionsorientierten, eher punktuellen Akzessorietätsverständnis oder gar der Autonomie, wäre jedoch vorschnell.

Die gegenseitige Einflussnahme der rechtsformspezifischen Insolvenzverschleppungsregelungen, insbesondere der Anpassungsdrang bei der GmbH-spezifischen Auslegung an die aktienrechtlichen Regelungen, zeigen ein Harmonisierungsbestreben, dem auch der Gesetzgeber letztlich in der Anpassung der Regelungen nachgegeben hat.[1047] Ein Wille des Gesetzgebers zur Vereinheitlichung wird hier wie auch durch die gesamte historische Entwicklung hindurch belegt. Nun Maß der Dringlichkeit bzw. Gelassenheit, mit der der Gesetzgeber das Bestreben um Vereinheitlichung umsetzte, graduell gewichten zu wollen und im Sinne eines „eher akzessorisch" oder „eher funktional" über die Frage des gesetzgeberischen Verständnisses von Akzessorietät entscheiden zu lassen, läge im Bereich des Spekulativen. Als Resumée festzuhalten ist daher nur die vom Gesetzgeber praktizierte Tendenz einer langfristig auf Gleichlauf zivilrechtlicher und strafrechtlicher Überschuldungsregelungen ausgerichteten Gesetzgebung. Nicht hingegen soll danach die Regelungssystematik Selbstzweck sein.

IV. Erkenntnisse zu den diskutierten Wertansätzen in der Überschuldungsbilanz

Als Zwischenergebnis konnte bereits im Rahmen der historischen Betrachtung festgehalten werden, dass die historische Tatsache einer schon lang geübten Praxis des Zivilrechts, zur Überschuldungsfeststellung die Grundsätze der *Unternehmensbewertung* heranzuziehen, den Vorwurf der Inkompatibilität von Methode und Bewertungsanlass in Zweifel zieht.

Im Hinblick auf die Eignung der *Handelsbilanz* zur Überschuldungsfeststellung gilt:

Die historischen Entwicklungslinien haben verdeutlicht, dass der Impuls für das Auseinanderentwickeln von Handelsbilanz und Überschuldungsbilanz handelsrechtlichen Ursprung hatte. Eine veränderte Ermittlung handelsbilanziellen Nettovermögens im Rahmen der internationalen Rechnungslegungsvorschriften ist jedoch eine Chance für ein Zusammenwachsen der Rechenwerke.[1048]

Hinsichtlich der *Ergebnisrelevanz* unterschiedlicher Ansätze hat sich gezeigt, dass in theoretischer Hinsicht die Gesamtbewertungsverfahren nicht von einander abweichen. Nur in der praktischen Umsetzung durch die Begünstigung unterschiedlicher Annahmen, insbesondere bezüglich des Kapitalisierungszinses, entstehen Ergebnisdivergenzen.

1047 Vgl. nur *Ulmer* in Hachenburg, GmbHG, 7. Aufl. (1984), § 64 Rn. 6: Dass eine Anpassung nicht bereits im Rahmen der GmbH-Novelle von 1980 erfolgte, sondern erst im Rahmen des 2. WiKG *„hindert nicht in Korrektur des insoweit überholten* (weil dem Vergleich mit den Vorschriften für die übrigen Kapitalgesellschaften nicht standhaltenden (Rn. 18)) *Wortlauts von* (§ 64) *Abs. I schon nach geltendem Recht Rechnung zu tragen."* Vgl. auch *Schmidt/Meyer-Landrut* in Großkommentar, AktG, 2. Aufl. (1961), § 83 Anm. 10.

1048 *Götz*, KTS 2003, S. 34 und sogleich ausführlich unter Zweiter Teil B. III. 1.b) aa) (2).

Bereits in theoretischer Hinsicht bestehen hingegen starke Abweichungen zwischen Gesamt- und Einzelbewertungsverfahren.

Dabei unterliegt der Substanzwert zudem der Kritik, nicht theoretisch kompatibel zu sein, das Schuldendeckungs-/Gläubigerbefriedigungspotential nicht zweckadäquat abzubilden.

Die Divergenz zwischen einstufigen und zweistufigen Vorgehensweisen ist so gravierend, dass eine Anerkennung beider Ansätze im Strafrecht und Geltung der im Einzelfall tätergünstigeren Variante voraussichtlich nicht mehr durchführbar ist.

Der Überschuldungstatbestand würde vermutlich jede Handhabbarkeit verlieren.

Die Divergenz zwischen modifiziert zweistufiger und traditionell zweistufiger Methode allein wäre im Rahmen des Straftatbestandes bei Berücksichtigung des im Einzelfall tätergünstigeren wohl noch hinnehmbar; allerdings in Kombination mit den unterschiedlichen Wertansätzen in der Fortführungsbilanz der traditionell zweistufigen Methode führen auch die verschiedenen Methoden zu unterschiedlichen Werten.

Zweiter Teil: Die Diskussion um den Überschuldungstatbestand nach In-Kraft-Treten der InsO am 1.1.1999

Der in § 19 I InsO konzentrierte Überschuldungsbegriff bündelt die zuvor verstreuten Regelungen zur Überschuldung, die sich vormals in Konkurs-, Vergleichs- und Gesamtvollstreckungsordnung sowie den spezialgesetzlichen Normierungen zur Konkursantragspflicht bei Aktiengesellschaft, GmbH, Genossenschaft und kapitalistischer Personengesellschaft befanden.[1049] Die gesellschaftsrechtlichen Spezialkodifizierungen beschränken sich nunmehr auf die Verwendung des in § 19 InsO erstmals konkreter legaldefinierten Überschuldungsbegriffs.

Überschuldung ergibt sich seitdem nicht mehr (nur) aus den spezialgesetzlichen Regelungen zur Konkursantragspflicht, die inhaltlich identisch mit § 19 II 1 InsO Überschuldung als Situation umschrieben, in der „das Vermögen der Gesellschaft nicht mehr die *Schulden* deckt",[1050] sondern einheitlich aus § 19 InsO.

§ 19 I InsO normiert nunmehr Überschuldung als Situation, in der „das Vermögen des Schuldners die bestehenden *Verbindlichkeiten* nicht mehr deckt" (§ 19 II 1 InsO), und legt im zweiten Teil der insolvenzrechtlichen Legaldefinition erstmals gesetzlich fest, dass bei der Bewertung des Vermögens des Schuldners „die Fortführung des Unternehmens zugrunde zu legen" ist, „wenn diese nach den Umständen überwiegend wahrscheinlich ist" (§ 19 II 2 InsO).

Die Überschuldung ist als *Eröffnungsgrund* nach wie vor allein rechtsformbezogen normiert, ohne nach dem Maß der unternehmerischen Tätigkeit zu unterscheiden;[1051] sie ist Eröffnungsgrund bei juristischen Personen einschließlich rechts-

---

1049 Zur Erinnerung: Überschuldung als *Eröffnungsgrund* war normiert: für die Aktiengesellschaft in § 207 KO, für die juristischen Personen allgemein in § 213 KO unter Verweis auf § 207 KO, die GmbH daher in § 213 KO und § 63 GmbHG, die KGaA in § 209 I 2 KO, die kapitalistische OHG/KG in § 209 I 3 KO. Die Pflicht der Geschäftsleitung zur Antragstellung auf Eröffnung von Konkurs- bzw. Gesamtvollstreckungsverfahren oder Vergleichsverfahren ergaben sich aus § 92 II AktG (i.V.m. § 268 II) AktG für die AG, für die KGaA aus §§ 278 III, 283 Nr. 14 AktG, für die GmbH aus § 64 I GmbHG, für die kapitalistische OHG/KG aus §§ 130a (161 II) HGB. (Vergleichsordnung vom 26.2.1935, RGBl. I S. 321, 356; veröffentlicht in BGBl III 311-1 nach Stand 1.8.1958; Gesamtvollstreckungsordnung vom 6.6.1990, GBl. DDR I, 285, in der Fassung des Einigungsvertrages vom 31.8.1990 BGBl II, 889, Anl. II, Kap III, A, Abschnitt II Nr. 1). Vgl. auch die Übersicht im Anschluss an den Vierten Teil und die Zusammenfassung der Ergenisse (Anlage).

1050 Vgl. pars pro toto § 92 II 2 AktG in seiner letzten Fassung vor dem 1.1.1999. Nach Auffassung der Rechtsprechung war dies zu dieser Zeit der Fall, wenn „die Passiva die Aktiva überwiegen" (*BGH*, wistra 1987 28, NJW 2433).

1051 Der Vorschlag der Kommission für Insolvenzrecht, vom Überschuldungstatbestand des § 19 InsO die Rechtspersonen auszunehmen, welche keine unternehmerische Tätigkeit ausüben, so dass ein prognostisches Element nicht passe (Erster Kommissionsbericht, S. 111, 114 f.), wurde fähiger Vereine, Stiftungen und Genossenschaften ohne unbeschränkte Nachschusspflicht (§ 98 Nr. 1, 2 GenG) sowie aufgelösten Genossenschaften (§ 98 Nr. 3 GenG), bei kapitalistischen Personenhandelsgesellschaften ohne persönlich haftende natürliche Person (§ 19 III InsO) und nichtrechtsfähigen Vereinen (§§ 19 I, 11 I 2 InsO), beim Nachlass (§ 320 S. 1 InsO) und bei der fortgesetzten Gütergemeinschaft (§§ 332 I, 320 S. 1 InsO).

Insolvenzantragspflichtig sind bei Überschuldung nur der Verein (§ 42 II 1 BGB), die Stiftung (§§ 86 S. 1; 42 II 1 BGB), die Aktiengesellschaft (§ 92 II AktG), die GmbH (§ 64 I GmbHG), die kapitalistische OHG (§ 130a I, IV HGB), die kapitalistische KG (§§ 161 II, 130a I, IV HGB) sowie die in § 98 GenG aufgeführten Genossenschaften (§ 99 I GenG); eine Insolvenzantragspflicht besteht nicht bei Insolvenz von Nachlass und Gütergemeinschaft.

Strafrechtlich flankiert ist das Unterlassen der Antragstellung nach wie vor nur bei den Handelsgesellschaften, d.h. bei der AG (§ 401 Nr. 2 AktG), der GmbH (§ 84 I Nr. 2 GmbHG), der Genossenschaft (§ 148 I Nr. 2, II GenG) und den kapitalistischen Personengesellschaften (§§ 130 b, 161 II HGB).

Durch die erstmals als Insolvenzgrund normierte (§ 18 I InsO) und gesetzlich definierte (§ 18 II InsO) *drohende Zahlungsunfähigkeit*, die seit dem 1. WiKG 1976 bereits als Krisenmerkmal des § 283 I StGB gesetzlich verankert war,[1052] ergeben sich auch über die Festlegungen des § 19 II InsO hinaus inhaltliche Auswirkungen, indem die auf einer Zahlungsunfähigkeitsprognose basierenden Interpretationen der Fortführungsprognose nach § 19 II InsO nunmehr den Inhalt des § 17 II InsO zu berücksichtigen haben.

Vor allem aber die im Zusammenhang mit der Einführung des § 17 II InsO getätigten Äußerungen der am Gesetzgebungsverfahren Beteiligten veranlassten zu der Vermutung, der Gesetzgeber des EGInsO folge generell einem zivilrechtsakzessorischen Begriffsverständnis bei der Inhaltsbestimmung aller strafrechtlichen Krisenmerkmale und Insolvenzantragspflichtenauslöser, auch der Überschuldung.[1053]

Grundlage dieser Auffassung ist die Äußerung der Entwurfverfasser zu Art. 60 EGInsO, wonach zu beachten sei, dass „der Begriff der drohenden Zahlungsunfähigkeit, den das Konkursstrafrecht schon bisher verwendet, in Zukunft durch die neue Definition dieses Begriffs in § 22 II des Entwurfs der Insolvenzordnung konkretisiert wird. Im Übrigen erscheinen Änderungen des Strafgesetzbuches von den Zielen der Insolvenzreform her nicht erforderlich.“[1054]

---

abgelehnt und der personelle Anwendungsbereich des § 19 InsO der alten Rechtslage entsprechend beibehalten, vgl. BT-Drs. 12/2443, S. 115 zur § 23 EinsO; vgl. hierzu *Mönning* in Nerlich/Römermann, InsO (2005), § 19 Rn. 4, 14.

1052 Vgl. insoweit und zu den inhaltlichen Auswirkungen auf den Begriff der drohenden Zahlungsunfähigkeit *Tiedemann*, Insolvenzstrafrecht, 2. Aufl. (1996), Vor § 283, Rn. 139.

1053 So *Beck* in Wabnitz/Janovsky, 2. Aufl. (2004), Kap. 2 Rn. 65–67, 119 und *Moosmayer*, Einfluß der InsO (1997), S. 164 unter Hinweis auf die Begründung zu Art. 38 Nr. 3a EEGInsO, BT-Drs. 12/3803, S. 81.

1054 BT-Drs. 12/3803 S. 100; vgl. auch *Achenbach*, Schlüchter-Gds. (2002), S. 257 f.

In dieselbe Richtung geht die amtl. Begründung mit der Zielvorgabe, dass durch die erstmalige Definition der drohenden Zahlungsunfähigkeit in § 18 II InsO „auch für das Strafrecht größere Klarheit" erreicht werden solle.[1055]

Damit schrieben die Entwurfverfasser der zivilrechtlichen Definition drohender Zahlungsunfähigkeit zwar einen konkretisierenden Einfluss auf das Insolvenzstrafrecht zu, so dass sich *insoweit* ein zivilrechtsakzessorisches Verständnis des historischen Gesetzgebers tatsächlich andeutet. Eine generelle Aussage zur Frage der Zivilrechtsakzessorietät strafrechtlicher Krisenmerkmale kann daraus nicht abgeleitet werden.

Diese Äußerung betrifft nur *einen* insolvenzrechtlichen Eröffnungsgrund, der zudem von der Überschuldungsproblematik verschiedene Fragen und Problemkreise aufwirft. Einem zweifelsfreien Rückschluss auf ein zivilrechtsakzessorisches Überschuldungsverständnis des Gesetzgebers steht entgegen, dass hierzu eindeutige Hinweise auf die gesetzgeberische Annahme einer generellen Abhängigkeit strafrechtlicher Begriffsbildung erforderlich wären, an denen es jedoch aktuell fehlt und angesichts der in der Vergangenheit vom Gesetzgeber „ertragenen" Inkompatibilitäten zwischen strafrechtlicher und zivilrechtlicher Sanktion im Rahmen der Insolvenzverschleppung.[1056]

Auch kann der Äußerung der Entwurfverfasser kein autonomes Überschuldungsverständnis im Sinnes eines *e contrario* Schlusses entnommen werden, in dem Sinn, dass *nur* die drohende Zahlungsunfähigkeit durch die zivilrechtliche Vorgabe konkretisiert werde, nicht aber die Überschuldung; vor dem Hintergrund der bis dahin fortwirkenden Auffassung des Strafgesetzgebers von 1976 (1.WiKG) hätte es zur Annahme eines nun strafrechtsautonomen Begriffsverständnisses auf Seiten des Gesetzgebers einer deutlichen Abkehr von seiner bisherigen Auffassung bedurft.

Daher kann aus der Auffassung des Gesetzgebers zur konkretisierenden Wirkung des Begriffs der drohenden Zahlungsunfähigkeit nicht ohne weiteres auf die Überschuldungsfrage geschlossen werden; die Unterstellung, der Gesetzgeber gehe generell von der Zivilrechtsakzessorietät aller Krisenmerkmale aus, entbehrt einer eindeutigen Grundlage.[1057]

Die Frage der Zivilrechtsakzessorietät des strafrechtlichen Überschuldungsbegriffs ist damit vom Gesetzgeber nicht vorentschieden.

Um nun die Wirkung der konkretisierten Legaldefinition auf das Strafrecht untersuchen zu können, muss aus verschiedenen Gründen zunächst analysiert werden, inwieweit der Gesetzgeber mit § 19 II 2 InsO die Modalitäten der Überschuldungsermittlung für das Zivilrecht verbindlich festgeschrieben hat:

1055 BT-Drs. 12/2443 S. 114; vgl. hierzu auch *Tiedemann*, Insolvenzstrafrecht, 2. Aufl. (1996), Vor § 283 Rn. 139.

1056 Vgl. insoweit die Aufrechterhaltung des Bilanzerfordernisses bei der GmbH trotz abweichender Auslegungspraxis bis zum 2. WikG und auch die zivilrechtsinternen Ungenauigkeiten des Gesetzgebers Erster Teil A. IV. 4. c) und 5.

1057 Zur fehlenden Aussagekraft der Gesetzesbegründung für die Überschuldungsfrage auch *Achenbach*, Schlüchter-Gds. (2002), S. 257.

Die außerhalb dieses Rahmens stehenden Auffassungen[1058] zum zivilrechtlichen Überschuldungsbegriff sind unter der Fragestellung, ob der zivilrechtliche Ist-Zustand ins Strafrecht *übertragbar* ist, nur dann einzubeziehen, wenn eine von der zivilrechtlichen Definition unabhängige, d.h. strafrechtlich autonome Begriffsbildung zulässig ist und die Übertragbarkeit des gesetzlich festgeschriebenen Inhalts von § 19 II InsO aus strafrechtsautonomen Gründen abzulehnen ist.

Denn bisher in der zivilrechtlichen Diskussion vertretene Auffassungen zur Überschuldungsfeststellung, die nicht mit dem in § 19 II InsO festgeschriebenen Inhalt in Einklang zu bringen sind, sind zivilrechtlich unhaltbar und damit auch nicht mehr Bestandteil des zivilrechtlichen Überschuldungsbergriffs als potentiellem Übertragungsgegenstand ins Strafrecht.[1059]

Und auch für die strafrechtliche Diskussion ist gegenüber der Rechtslage vor In-Kraft-Treten der InsO zu beachten, dass einer gesetzlichen Festlegung ein stärkerer Verbindlichkeitscharakter zukommt als einer bloß gesetzeskonkretisierenden zivilrechtlichen Auslegungspraxis. Dementsprechend richtet sich auch die methodologische Herangehensweise bei der Frage nach der Zivilrechtsakzessorietät danach, ob es um die Übertragbarkeit bzw. den Übertragungszwang einer Legaldefinition (Akzessorietät) oder nur einer Auslegungspraxis in Literatur und Rechsprechung geht, die unter dem Aspekt der hinreichenden Tatbestandsbestimmtheit und dem Subsidiaritätsprinzip zu untersuchen ist. Der in § 19 II InsO festgeschriebene Inhalt wirkt zugleich strafrechtlich inhaltsbestimmend für die Auffassungen, die eine zwingende Akzessorietät von Insolvenzverschleppungsdelikten und/oder Bankrott annehmen, selbst, wenn das Akzessorietätsurteil zu alten Rechtslage erging; der Grad der Festschreibung entscheidet damit, ob die ehemaligen Ansichten widerspruchsfrei auch unter der aktuellen Rechtslage Geltung beanspruchen können.

Insbesondere ist die Frage, welche der bisherigen Auffassungen unter Geltung des § 19 II InsO im Zivilrecht unvertretbar geworden sind, hinsichtlich der für das Strafrecht diskutierten Lösung interessant, wonach alle „ernsthaft vertretenen Methoden" in dubio pro reo zu berücksichtigen sind.[1060]

Zuletzt schafft das Ausscheiden einer bisher zivilrechtlich vertretenen Methode der Überschuldungsfeststellung eine neue Tatsachenbasis für die Beurteilung der Frage, ob der Überschuldungstatbestand dem strafrechtlichen Bestimmtheitserfordernis genügt.

1058 Z.B. *Penzlin*, Auswirkungen der InsO (2000), S. 89.

1059 Dazu sogleich näher unter Zweiter Teil A am Anfang. Vgl. auch *Zippelius*, Methodenlehre, 9. Aufl. (2005), S. 10; *Larenz*, Methodenlehre, 6. Aufl. (1991), S. 313.

1060 Vgl. *Tiedemann*, Insolvenzstrafrecht, 2. Aufl. (1996), Vor § 283 StGB Rn. 158.

A. Entscheidungstiefe des Gesetzes – Verbindliche Festsetzungen in § 19 II InsO

I. Das Gerechtigkeitsurteil des Gesetzgebers als verbindliche Grenze der Auslegung und die Instrumente zur Bestimmung des Gesetzesinhalts

Bei der Auslegung, der Suche nach der „richtigen" Wortbedeutung innerhalb der Grenzen des Wortsinns,[1061] ist der Bedeutungsspielraum des Gesetzesbegriffs methodisch einzugrenzen.

Dabei werden die insoweit anzuwendende Methode und die Grenzen der Auslegung durch den Gegenstand selbst bestimmt; sie bemisst sich unter anderem nach der Funktion des Rechts, Rechtsprobleme gerecht zu lösen.[1062] So hat § 19 II InsO als Terminierungsregel die Aufgabe und die Funktion, einen gerechten Ausgleich von Schuldner- und Gläubigerinteressen herbeizuführen, indem er genau den Zeitpunkt markieren soll, ab dem ein ungehindertes Weiterwirtschaften außerhalb der Kontrolle des Insolvenzgerichts und der Gläubigergesamtheit auch unter Berücksichtigung der schuldnerischen Interessen an der Weiterführung seines Unternehmens aus Gründen des Gläubigerschutzes nicht mehr tragbar ist.[1063] Eine Terminierung, die zu einem optimalen Ausgleich zwischen Gläubiger- und Schuldnerinteressen führt, wäre insoweit gerecht.

Ziel der Auslegung ist also, eine insoweit möglichst gerechte Interpretation des auszulegenden Gesetzesbegriffs zu formulieren,[1064] den Überschuldungsbegriff mit Inhalt so zu füllen, dass der insoweit optimale Zeitpunkt bestimmt wird, ab wann der Schuldner die alleinige Verfügungsbefugnis über sein Unternehmen verliert.

Auf der Suche nach einer möglichst gerechten Lösung sind dem Rechtsanwender jedoch Grenzen gesetzt: Soweit der Gesetzgeber Rechtsfragen entschieden hat und der Inhalt des gesetzlichen Tatbestandes mit den Mitteln der Auslegung unzweideutig festgestellt werden kann, sind für den Rechtsanwender grundsätzlich die im gesetzlichen Tatbestand festgelegten Problemlösungen und Entscheidungskriterien verbindlich. Insofern sind auch die Gerechtigkeitsfragen vom Gesetzgeber vorentschieden.[1065]

Denn die Auslegung muss sich auch an der Funktionenteilung des Staates messen lassen.[1066] Bei der Auslegung spezialgesetzlicher Bestimmungen, wie der des § 19 II InsO, ist zu erforschen, „welchen Inhalt und welche Begrenzung der Gesetzgeber im allgemeinen, insbesondere aber in dem anzuwendenden Spezialgesetz und schließlich in der anzuwendenden Einzelnorm dem Begriff gegeben hat".[1067]

1061 *Zippelius*, Methodenlehre, 9. Aufl. (2005), S. 11.
1062 *Zippelius*, Methodenlehre, 9. Aufl. (2005), S. 2 f.
1063 Vgl. *K. Schmidt*, AG 1978, S. 337.
1064 *Zippelius*, Methodenlehre, 9. Aufl. (2005), S. 11.
1065 *Zippelius*, Methodenlehre, 9. Aufl. (2005), S. 10.
1066 *Zippelius*, Methodenlehre, 9. Aufl. (2005), S. 48 f.
1067 *Larenz*, Methodenlehre, 6. Aufl. (1991), S. 313.

Über die damit bezeichneten Grenzen einer vom Gesetz offengelassenen Sinnpräzisierung und einem legitimen Sinneswandel hinaus, darf die (mit der Gesetzesanwendung betraute) Rechtsprechung nicht auf das Gebiet der Ziel- und Zweckmäßigkeitsentscheidungen übergreifen. Sie übernähme damit eine Funktion, die nach dem Gewaltenteilungsgrundsatz dem Gesetzgeber zukommt.[1068]

Über die damit bezeichneten Grenzen einer vom Gesetz offengelassenen Sinnpräzisierung und einem legitimen Sinneswandel hinaus darf die Rechtsprechung nicht auf das Gebiet der Ziel- und Zweckmäßigkeitsentscheidungen übergreifen. Sie übernähme damit eine Funktion, die nach dem Gewaltenteilungsgrundsatz dem Gesetzgeber zukommt. Dieser ist zu solchen rechtspolitischen Entscheidungen auch sachlich berufener als ein Gericht: Ihm stehen für diese Entscheidungen in der gebotenen Auseinandersetzung mit der Öffentlichkeit und damit unter Rückbindung an die Allgemeinheit demokratische Kontrollen zur Verfügung, wie sie für alle politischen Orientierungsprozesse, auch für die Wahl und Abgrenzung rechtspolitischer Ziele erforderlich sind.[1069]

Eine Auslegung des zivilrechtlichen Überschuldungsbegriffs hat daher in zwei Schritten zu erfolgen. Im ersten Schritt ist – wieder mit den Mitteln der Auslegung – der gesetzliche Rahmen zu ermitteln, innerhalb dessen sich die als gerecht empfundenen Lösungsvorschläge halten *müssen* (der von § 19 II InsO zwingend festgeschriebene Inhalt). Wenn dieser zwingende Rahmen ermittelt ist, ist unter den verbleibenden Interpretationsmöglichkeiten ein Diskurs möglich, der anhand verschiedener Auslegungsgrundsätze entschieden werden kann und sich legitimerweise danach entscheidet, welche der verbleibenden Auslegungsalternativen zu einer möglichst gerechten Lösung führt (Abwägungsvorgang).[1070]

Hinsichtlich der Frage der Zivilrechtsakzessorietät strafrechtlicher Begriffsbildung interessiert allein der erste Schritt, da nur insoweit von einer zivilrechtlichen Vorgabe die Rede sein kann.

Zur Ermittlung des gesetzlichen Rahmens kommt es nun maßgeblich auf den Willen des Gesetzgebers an, sofern er nur in irgendeiner Form in der Gesetzesnorm Niederschlag gefunden hat, allerdings nicht ausschließlich. Dass der subjektive, entstehungszeitliche Gesetzgeberwille allein nicht maßgeblich sein kann, ist heute allgemein anerkannt und das ehemals bestehende Spannungsfeld zwischen subjektiver und objektiver Auslegungsmethode wurde durch eine Kombination beider Verfahren aufgelöst:[1071]

Die subjektiv entstehungszeitliche Theorie war überspitzt formuliert der Ansicht, die Auslegung müsse den persönlichen Vorstellungen der am Gesetzesbeschluss Mitwirkenden zum Zeitpunkt des Gesetzeserlasses möglichst nahe kommen, da Gesetze verbindliche Äußerungen seien, die ihre Grundlage im Willen der am Gesetz-

---

1068 *Larenz*, Methodenlehre, 6. Aufl. (1991), S. 313.
1069 *Zippelius*, Methodenlehre, 9. Aufl. (2005), S. 52.
1070 *Zippelius*, Methodenlehre, 9. Aufl. (2005), S. 11.
1071 Vgl. *Lütkemeyer*, Überschuldung (1983), S. 45; *Zippelius*, Methodenlehre, 9. Aufl. (2005), S. 21 m.w.N.; grundlegend *Engisch*, Einheit der Rechtsordnung (1935), S. 71, 72 f., 77.

gebungsverfahren beteiligten Personen haben.[1072] Die *gegenwartsbezogene objektive* Theorie stellte überspitzt formuliert von den Vorstellungen der am Gesetzgebungsprozess Beteiligten losgelöst auf den „Willen des Gesetzes“ ab, wie er sich nach der gegenwärtig konsensfähigen Meinung der „Rechtsgenossen“ darstellt.

Die heute anerkannte Auslegungsmethode erkennt einerseits an, dass Gesetzte stets Ausdruck menschlicher Vorstellungen sind und der Gefahr der Konturenlosigkeit bei einer beliebigen Wahl des Bezugspunkts – „Mehrheit der Rechtsgenossen oder tonangebende Schicht?“ – dadurch zu begegnen ist, dass die Zielvorstellungen des historischen Gesetzgebers den maßgeblichen Ausgangspunkt der Auslegung darstellen. Andererseits findet die Tatsache Berücksichtigung, dass eine Norm ständig im Kontext der sozialen Verhältnisse steht und damit einem Bedeutungswandel unterliegen kann, der angesichts einer nur in der Gegenwart liegenden Legitimitätsgrundlage zu berücksichtigen ist.[1073] Und auch wenn der Gesetzgeber bereits bei Erlass des Gesetzes eine subjektive Ansicht vertritt, die im Widerspruch zum grammatikalischen und systematischen Zusammenhang sowie dem *telos* der Norm steht, ist „der Rechtsanwender gehalten, dem Recht, wie es objektiv und richtig ist, zu folgen.“[1074]

Der historische Gesetzgeberwille ist damit Ausgangspunkt einer wortlautkonkretisierenden Auslegung, die sowohl potentielle Irrtümer als auch einen Bedeutungswandel berücksichtigt, sofern er sich im Rahmen des möglichen Wortsinns bewegt und auch dem noch anzuerkennenden Gesetzeszweck entspricht;[1075] dabei gilt die Faustformel: „je größer der zeitliche Abstand zwischen dem Erlass und der Anwendung der Gesetzesnorm wird, desto größer wird auch die Freiheit zur Gesetzesfortbildung und desto stärker kann die gebotene Rücksichtnahme auf die gewandelten sozialethischen Vorstellungen die Forderung verdrängen, den ursprünglichen Gesetzeszweck unverändert zu verwirklichen.“[1076]

Für die Frage des gesetzlich festgelegten Inhaltes kommt es wegen der zeitlichen Nähe also maßgeblich auch auf die subjektive Vorstellung des Gesetzgebers von 1999 an, der unter anderem anhand der Gesetzesbegründungen erschlossen werden kann.

Systematischer und historischer Kontext haben ebenfalls argumentatives Gewicht, weil sie Sinn und Zweck des gesetzgeberischen Handelns verdeutlichen.[1077]

Nach diesen Grundsätzen erfolgt nun die Klärung, inwieweit der Gesetzgeber den denkbaren Gerechtigkeitslösungen Grenzen setzt.

1072 Vgl. *Zippelius*, Methodenlehre, 9. Aufl. (2005), S. 20.
1073 *Zippelius*, Methodenlehre, 9. Aufl. (2005), S. 25 ff.; BVerfGE 34, S. 288 f.
1074 Vgl. *Lutter*, ZIP 1999, S. 646 unter Hinweis auf RGZ 1, S. 250, wonach die subjektiven Ansichten der Gesetzesverfasser „von keinem entscheidenden Gewichte gegenüber den Konsequenzen der richterlichen Auslegung des Gesetzes aus dessen Worten, Normenzusammenhange, Grundprincipe und Endzwecke“ sind.
1075 Vgl. insoweit auch *Larenz*, Methodenlehre, 6. Aufl. (1991), S. 328 ff.
1076 *Zippelius*, Methodenlehre, 9. Aufl. (2005), S. 26.
1077 *Zippelius*, Methodenlehre, 9. Aufl. (2005), S. 48.

II. Entscheidung des Gesetzgebers für die traditionell zweistufige Methode

Dass § 19 II InsO in Abkehr von der modifiziert zweistufigen Methode und von den einstufigen Modellen das traditionell zweistufige Überschuldungsmodell nunmehr verbindlich festschreibt, ist in der Literatur nahezu einhellig anerkannt[1078] und ist auf die insoweit eindeutige Regierungsbegründung zu § 19 II 2 InsO (ehemals § 23 II EinsO) zurückzuführen, der zufolge die Überschuldungsdefinition um den zweiten Satz ergänzt wurde „aus dem sich ergibt, dass" anders als nach der modifiziert zweistufigen Methode „auch bei einer positiven Prognose für die Fortführung des Unternehmens nicht von vornherein ausgeschlossen ist, daß Überschuldung vorliegt."[1079] „Damit weicht der Ausschuss entschieden von der Auffassung ab, die in der Literatur vordringt und der sich kürzlich auch der Bundesgerichtshof angeschlossen hat (BGHZ 119, 201, 214)"[1080], und welche auch von der Insolvenzrechtskommission ursprünglich selbst vorgeschlagen worden war.[1081]

Stattdessen fungiert die Fortführungsprognose nach dem ausdrücklichen Willen des Gesetzgebers ausschließlich als Bewertungsprämisse, wonach „bei einer solchen positiven Prognose das Vermögen mit Fortführungswerten anzusetzen" ist.[1082]

Ausweislich der Regierungsbegründung bezweckte der Gesetzgeber eine Erhöhung des Gläubigerschutzes, indem das zu Gläubigerlasten gehende Risiko einer fehlerhaften Fortführungsprognose dadurch eingeschränkt werden sollte, dass eine positive Fortführungsprognose nun nicht mehr ausreicht, das Weiterwirtschaften haftungsbeschränkter Rechtssubjekte trotz unzureichenden Schuldendeckungspotentials (i.w.S.) zu ermöglichen.[1083] Das geminderte Gewicht der Fortführungsprognose vermeide zudem Überschneidungen der Überschuldung mit dem nunmehr gesetzlich normierten Insolvenzgrund der Zahlungsunfähigkeit und sei daher auch aus diesem Grund vorteilhaft.[1084]

1078 *BGH* Urt. v. 23.2.2004 – II ZR 207/01; *Altmeppen*, ZIP 1997, S. 1173; *Lutter*, ZIP 1999, S. 644; *Reck*, ZInsO 1999, S. 195, *ders.*, GmbHR 1999, S. 273 f.; *ders.*, Insolvenzstraftaten (1999) Rn. 145; *Drukarczyk/Schüler* in MüKo, InsO (2001), § 19 Rn. 52; *dies.* in Kölner Schrift zur InsO, 2. Aufl. (2000), S. 124 Rn. 82, S. 127 Rn. 91; *Haarmeyer/Wutzke/Förster* Handbuch der InsO (1998), S. 88; *Bittmann*, wistra 1999, S. 10; *Spliedt*, DB 1999, S. 1941; *Röhm*, Abhängigkeit des Insolvenzstrafrechts (2002), S. 172; *Hüffer*, AktG, 6. Aufl. (2004), § 92 Rn. 10; *Fromm*, ZinsO 2004, S. 943; *Müller*, WP-Handbuch Band I, Abschn. V, Rn. 15 f.; *Kirchhof*, Leitfaden InsO, 2. Aufl. (2000), Rn. 119; *Penzlin*, NZG 2000, S. 468; *ders.*, Auswirkungen der InsO (2000), S. 131, 134; *K. Schmidt* in Scholz, GmbHG, 9. Aufl. (2002), Vor § 64 Rn. 20; *Mönning* in Nerlich/Römermann, InsO (2005), § 19 Rn. 6; *Kind* in Braun, InsO, 1. Aufl. (2002), § 19 Rn. 23; *Haas*, Insolvenzrecht 1998 (1999), S. 18 f.; *Temme*, Eröffnungsgründe (1997), S. 141; *Uhlenbruck*, KTS 1994, S. 173; *Beintmann*, BB 1999, S. 1546; Sch/Sch-*Stree/Heine*, 26. Aufl. (2001), § 283 Rn. 51; a.A. offenbar nur *Hess/Weiss*, InVo 1996, S. 255, die davon ausgehen, der Gesetzgeber habe auch dieses Modell abgelehnt, was allerdings aufgrund der eindeutigen Regierungsbegründung nicht vertretbar ist.

1079 BT-Drs. 12/7302 S. 157.

1080 BT-Drs. 12/7302 S. 157.

1081 Vgl. Erster Kommissionsbericht S. 111 ff. und zur Diskussion um diesen Vorschlag *Uhlenbruck*, KTS 1986, 37 ff.; *Mönning* in Nerlich/Römermann, InsO (2005), § 19 Rn. 3, *Röhm*, Abhängigkeit des Insolvenzstrafrechts (2002), S. 170 Fn. 608 m.w.N.

1082 BT-Drs. 12/7302 S. 157.

1083 Vgl. BT-Drs. 12/7302 S. 157.

1084 Vgl. BT-Drs. 12/7302 S. 157.

In Konsequenz der gesetzlichen Regelung in § 19 II 2 InsO ist unstreitig, dass nunmehr das Vorziehen einer allein ergebnisbestimmenden Fortführungsprognose ebenso wie die Korrektur einer rechnerischen Überschuldung zu Liquidationswerten allein durch eine positive Prognose mit dem Gesetzeswortlaut unvereinbar wären, wonach ausdrücklich eine bilanzielle Gegenüberstellung erforderlich ist.[1085] Insoweit hat der gesetzgeberische Wille seinen unmittelbaren Niederschlag in der Gesetzesnorm gefunden.

Selbst *K. Schmidt*, der anfangs noch prognostizierte, die Rechtsprechung werde sich nur die Formeln des Gesetzgebers zu eigen machen, ohne sachlich von der bisherigen Praxis abzuweichen,[1086] formuliert angesichts der in der Literatur überwiegenden Hinweises auf Art. 20 III HS 2 GG, wonach die Rechtsprechung aufgrund der Gesetzesbindung auch inhaltlich zur Anwendung der traditionell zweistufigen Methode verpflichtet ist,[1087] nunmehr vorsichtiger: Die Fortbestehensprognose sei trotz ihrer Reduzierung auf eine bloße Bewertungsprämisse aus der Natur der Sache für die Überschuldung im Unternehmensrecht ebenso bedeutsam, wie unter der Herrschaft der modifiziert zweistufigen Methode und stehe auch weiterhin im Mittelpunkt der Überschuldungsfeststellung.[1088] Dass sich sachlich nicht viel ändern werde, sei auf eine Ergebnisähnlichkeit von traditionell zweistufiger und modifiziert zweistufiger Methode im Falle der Aktivierbarkeit des Firmenwertes zurückzuführen, räumt dann aber ein, dass die Aktivierbarkeit des Firmenwertes überwiegend abgelehnt werde[1089] und belässt es vornehmlich an der Kritik, dass der Gesetzgeber die modifiziert zweistufige Methode, insbesondere den Inhalt der Fortführungsprognose, missverstanden habe.[1090]

Das bereits dem Wortlaut und der subjektiv-historischen Auslegungsmethode nach eindeutige Plädoyer des § 19 II InsO gegen die modifiziert zweistufige Methode wird durch ein systematisch-teleologisches Argument gestützt: Im Kontext der Zweigleisigkeit des Insolvenzverfahrens (Sanierung im Planverfahren und Liquidierung als gleichrangige Instrumente des Insolvenzverfahrens) spricht auch die Implementierung des Sanierungszwecks gegen die modifiziert zweistufige Methode,

---

1085 Vgl. *Spliedt*, DB 1999, S. 1941, *Röhm*, Abhängigkeit des Insolvenzstrafrechts (2002), S. 172; *Fromm*, ZinsO 2004, S. 944 f.; *Müller*, WP-Handbuch Band I, Abschn. V, Rn. 15 f.; *Altmeppen*, ZIP 1997, S. 1175; *Höffner*, BB 1999, S. 205, 253; *Penzlin*, Auswirkungen der InsO (2000), S. 134; *ders.*, NZG 2000, S. 468; *Haarmeyer/Wutzke/Förster*, InsO, 2. Aufl. (1998), Rn. 1, 97 f.; *Drukarczyk/Schüler* in MüKo, InsO (2001), § 19 Rn. 52; *Hüffer*, AktG, 6. Aufl. (2004), § 92 Rn. 10 m.w.N.

1086 *K. Schmidt* in Uhlenbruck, Krise, 1. Aufl. (1977), S. 262 Rn. 489.

1087 So *Altmeppen*, ZIP 1997, S. 1175; *Höffner*, BB 1999, S. 205, 253; *Penzlin*, Auswirkungen der InsO (2000), S. 134; *ders.*, NZG 2000, S. 468; *Röhm*, Abhängigkeit des Insolvenzstrafrechts (2002), S. 172; *Haarmeyer/Wutzke/Förster*, InsO, 2. Aufl. (1998), Rn. 1, 97 f.; *Drukarczyk/Schüler* in MüKo, InsO (2001), § 19 Rn. 52; *Schulze-Osterloh* in Baumbach/Hueck, GmbHG, 17. Aufl. (2000), § 64 Rn. 11; *Hess*, Insolvenzrecht (1999), § 19 Rn. 24; *Pape* in Kübler/Prütting, InsO (2005), § 19 Rn. 5 f.

1088 So *K. Schmidt* in Scholz, GmbHG, 9. Aufl. (2002), Vor § 64 Rn. 16; *ders.* in Schmidt/Uhlenbruck, Krise, Sanierung und Insolvenz, 3. Aufl. (2003), Rn. 580; ähnlich *Kallmeyer*, GmbHR 1999, S. 16 f.

1089 Vgl. *K. Schmidt* in Schmidt/Uhlenbruck, Krise, Sanierung und Insolvenz, 3. Aufl. (2003), S. 400 Rn. 856.

1090 Vgl. *K. Schmidt* in Schmidt/Uhlenbruck, Krise, Sanierung und Insolvenz, 3. Aufl. (2003), S. 400 Rn. 856.

die erst dann die Überschuldung als Eröffnungsgrund ansieht, wenn eine Fortführung nicht überwiegend wahrscheinlich ist. Das Insolvenzplanverfahren mit dem Ziel der Sanierung würde nach der zweistufigen Methode erst eingeleitet, wenn dessen Erfolgschancen gering sind, weil eine Fortführung gar nicht wahrscheinlich ist.[1091] Nach der traditionell zweistufigen Methode ist hingegen auch bei positiver Fortführungsprognose eine Einleitung des Sanierungsverfahrens denkbar und sinnvoll, nämlich in dem Fall, dass ein Schuldner trotz Vermögensunzulänglichkeit doch noch Kredit erhält.[1092]

Damit scheiden auch alle Vorschläge zur Überschuldungsprüfung de lege lata aus, die auf dem Boden der modifiziert zweistufigen Methode erfolgen, beispielsweise eine dreistufige Vorgehensweise dergestalt, dass nach der Ermittlung der rechnerischen Überschuldung zu Liquidationswerten gegebenenfalls die Fortbestehensprognose aufzustellen ist und anschließend eine zusätzliche Abwägung zwischen aktuellem Ausfallrisiko und prognostizierter mittelfristiger Überlebenschance der Gesellschaft erfolgen soll.[1093]

Die Gesetzesbindung der Rechtsprechung an die Vorgabe der traditionell zweistufigen Überschuldungsmethode ist insgesamt nicht mehr in Frage zu stellen.

So geht denn auch bereits die untergerichtliche Rechsprechung bei der zivilrechtlichen Überschuldungsfeststellung von der traditionell zweistufigen Methode des § 19 II 2 InsO aus:

In der neueren oberlandesgerichtlichen Rechtsprechung (OLG Naumburg)[1094] heißt es dazu bereits: „1. Die Überschuldung eines Unternehmens ist im Geltungsbereich des § 19 II InsO allein anhand des Ergebnisses der Überschuldungsbilanz zu beurteilen, das – je nach Wahrscheinlichkeit der Unternehmensfortführung – unterschiedlich zu ermitteln ist. 2. Ist bereits das Ergebnis der Überschuldungsbilanz zu Fortführungswerten negativ, besteht grundsätzlich Insolvenzantragspflicht trotz positiver Fortführungsprognose (*Absage an die modifiziert zweistufige Methode*). 3. Da in der Überschuldungsbilanz die Aktivposten nur dann mit den Fortführungswerten angesetzt werden dürfen, wenn eine positive Fortbestehensprognose gestellt werden kann und die Wahrscheinlichkeit der Fortführung des Unternehmens bereits die in der Überschuldungsbilanz einzusetzenden Werte beeinflusst, hat der Geschäftsführer in der Krise zunächst der Frage der Fortführungsmöglichkeit des Unternehmens nachzugehen (traditionell zweistufige Methode)."

Auch das OLG Sachsen-Anhalt[1095] bestätigt die Abkehr von dem modifiziert zweistufigen Überschuldungsbegriff und führt aus, dass eine Antragspflicht mangels Gefährdung der Gläubigerbefriedigungsinteressen abzulehnen sei, wenn nach Fortführungswerten Überschuldung vorliegt, nach Liquidationswerten allerdings nicht.

1091 Ebenso *Plathner*, Bankrottatbestand (2002), S. 197.

1092 Vgl. das Beispiel bei *Haas*, Insolvenzrecht 1998 (1999), S. 18 f. und *Röhm*, Abhängigkeit des Insolvenzstrafrechts (2002), S. 180; vgl. insoweit auch *Reck*, Insolvenzstraftaten (1999) Rn. 144.

1093 Vgl. *Götz* in ZInsO 2000, 78 Fn. 24.

1094 *OLG Naumburg*, Urt. v. 20.8.2003, GmbHR 2004, 361.

1095 *OLG Sachsen-Anhalt*, Urt. v. 20.8.2003, Az: 5 U 67/03.

Höchstrichterliche Entscheidungen sind zu der Frage, inwieweit § 19 II InsO *zwingende Vorgaben für die Ermittlung* der Überschuldung im Zivilrecht enthält, hingegen noch nicht ergangen, da sich die zu entscheidenden Sachverhalte vor dem (vollständigen) In-Kraft-Treten der Insolvenzordnung am 1.1.1999 ereigneten (sog. Altfälle). Vereinzelt finden sich in den nicht tragenden Passagen der Entscheidungen aus dem hier betrachteten Zeitraum von 1995 [1096] bis 2005 Hinweise auf die Auswirkungen des neuen Insolvenzrechts auf das zivilrechtliche Überschuldungsverständnis.

So kann auch dem Urteil des BGH vom 23.2.2004 [1097] aus der Leitsatzformulierung „Im Rahmen der Ermittlung der Überschuldung i.S.d. Eigenkapitalersatzregeln nach dem *bis zum In-Kraft-Treten der Insolvenzordnung geltenden zweistufigen Überschuldungsbegriff*…“ noch nicht in einem e contrario Schluss entnommen werden, der BGH halte unter der Geltung der Insolvenzordnung eine Überschuldungsermittlung entsprechend der modifiziert zweistufigen Methode für contra legem und entscheide sich für die traditionell zweistufige Methode.

Und auch das Urteil des BGH vom 7.3.2005, in dem korrigierte Handelbilanzwerte für zulässig gehalten werden, ist noch zur Rechtslage unter der KO ergangen und bezieht sich damit auf die Aufstellung einer Liquidationsbilanz.[1098]

Jedoch ist vor dem Hintergrund des Art. 20 III HS 2 GG die Bestätigung der oberlandesgerichtlichen Rechtsprechung durch den BGH insoweit sicher.

Ergebnis:

§ 19 II InsO legt die traditionell zweistufige Vorgehensweise für den zivilrechtlichen Eröffnungsgrund als zwingend fest. Eine positive Fortführungsprognose allein reicht nicht mehr aus, die Überschuldung auszuschließen; es bedarf neben der Fortführungsprognose stets einer Bilanzerstellung.

Zivilrechtlich *contra legem* und daher nicht mehr haltbar ist die Vorgehensweise, zunächst eine Bilanz zu Liquidationswerten [1099] oder eine Bilanz anhand korrigierter Handelsbilanzwerte [1100] aufzustellen und bei insoweit rechnerischer Überschuldung eine positive Fortführungsprognose allein ausreichen zu lassen, die rechtliche Überschuldung zu verneinen, oder gar mit einer Fortführungsprognose zu beginnen und es bei positivem Ausgang dabei zu belassen.[1101]

1096 Mit Blick auf die bereits am 5.10.1994 ausgefertigte und verkündete Insolvenzordnung. Vgl. zum Gang der Gesetzgebung *Balz/Landerfmann*, Insolvenzgesetze, 2. Aufl. (1999), S. 1.

1097 *BGH*, BB 2004, S. 1240–1244.

1098 *BGH* Urt. v. 7.3.2005 AZ: II ZR 138/03, BB 2005, S. 1181: „Mindestens muss der Insolvenzverwalter die Ansätze der Handelsbilanz daraufhin überprüfen und erläutern, ob und ggf. in welchem Umfang stille Reserven oder sonstige daraus nicht ersichtliche Veräußerungswerte vorhanden sind.“

1099 Vgl. insoweit nochmals *K. Schmidt*, AG 1978, S. 334, 338; *Hommelhoff* in FS-Döllerer (1988), S. 245, 248.

1100 So noch *Mertens* in Kölner Kommentar, AktG, 2. Aufl. (1989), § 92 Rn. 31.

1101 Ebenso u.a. *Fromm*, GmbHR 2004, S. 945.

III. Entscheidung des Gesetzgebers für eine Reihenfolge der Prüfungsschritte? Zwei- oder dreistufige Vorgehensweise?

Der Wortlaut des § 19 II 2 InsO wird von Vertretern zweier divergierender Vorgehensweisen herangezogen, um darzulegen dass der Gesetzgeber die von ihnen auch aus teleologischen Gründen für richtig erachtete Prüfungsreihenfolge vorgeschrieben habe.

Einer Ansicht nach ist § 19 II 2 InsO dahingehend zu interpretieren, dass aufgrund der offensichtlichen Funktion der Fortführungsprognose als Bewertungsprämisse stets mit der Fortführungsprognose zu beginnen und der Überschuldungsstatus in Abhängigkeit derselben aufzustellen sei.[1102] Dieser Auffassung zufolge erschöpft sich damit (im Regelfall)[1103] die Überschuldungsprüfung in zwei Schritten (*zweistufige Vorgehensweise*).[1104]

Die Gegenauffassung entnimmt dem Wortlaut des § 19 II 2 InsO, wonach „jedoch" eine Bewertung zu Fortführungswerten bei einer überwiegenden Fortführungswahrscheinlichkeit zu erfolgen habe, dass der Gesetzgeber damit das Ergebnis einer Bilanzerstellung unter der Liquidationsprämisse korrigieren wolle.[1105] Daraus sei zu schließen, dass der Gesetzgeber zunächst stets eine Bilanzerstellung unter der Liquidationsprämisse vorgesehen habe. Die Prognose als korrigierendes Element setze denknotwendig voraus, dass etwas zum Korrigieren existiert.[1106] Ergebe sich danach bereits, dass das Vermögen zur Deckung der bestehenden Verbindlichkeiten ausreicht, sei es nicht mehr nötig, zusätzlich eine Fortführungsprognose zu erstellen, weil eine aktuelle Gefährdung der Gläubiger angesichts eines *derzeit* noch ausreichenden Schuldendeckungspotentials ausgeschlossen sei. Decke das Vermögen dagegen nach dieser ersten Überschuldungsbilanz die bestehenden Verbindlichkeiten nicht, sei zusätzlich eine Fortführungsprognose zu erstellen. Ein negatives Prognoseergebnis habe dann die Annahme der Überschuldung zur Folge. Anderenfalls sei jedoch in einem dritten Schritt eine Bilanz auf Basis von Fortführungswerten aufzustellen, die dann endgültig über das Vorliegen der Überschuldung entscheide (*dreistufige Vorgehensweise*).

Neben dem Wortlaut führen die Vertreter in teleologischer Hinsicht an, dass einer mit der Aufstellung des Liquidationsstatus beginnenden Prüfung eine stärkere

---

1102 *Bittmann*, wistra 1999, S. 11; *Reck*, ZinsO 1999, S. 200; *ders.*, GmbHR 1999, S. 272; *Mönning* in Nerlich/Römermann, InsO (2005), § 19 Rn. 17; *IDW* FAR 1/1996, WPg 1997, S. 24; *Drukarczyk/Schüler* in Kölner Schrift zur InsO S. 126 Rn. 84 ff., *dies.* in MüKo, InsO (2001), § 19 Rn. 44 ff., 50.

1103 Zur Ausnahme einer von manchen für erforderlich gehaltenen Korrektur anhand einer Liquidationsbilanz (dritter Schritt) sogleich unten.

1104 Nicht zu verwechseln mit der zweistufigen Methode in Abgrenzung zu den einstufigen Überschuldungsmodellen; die zweistufige Vorgehensweise in dem hier verwendeten Sinn ist eine Auslegungsmöglichkeit im Rahmen der traditionell zweistufigen Methode.

1105 *Uhlenbruck* in Kuhn/Uhlenbruck, KO, 11. Aufl. (1994), § 102 Rn. 5 f. zur aktuellen Rechtslage; *Uhlenbruck*, InsO, 12. Aufl. (2003), § 19 Rn. 24; *Uhlenbruck* KTS 1994, S. 173; *ders.*, wistra 1996, S. 6; *Schmerbach* in FK-InsO, 2. Aufl. (1999), § 19 Rn. 6a; *Pape* in Kübler/Prütting, InsO (2005), § 19 Rn. 7 f.; *Burger/Schellberg*, KTS 1995, S. 570 f.; *Moosmayer*, Einfluß der InsO (1997), S. 34 f. Dagegen *Penzlin*, Auswirkungen der InsO (2000), S. 131.

1106 Vgl. *Fromm*, GmbHR 2004, S. 945, der die dreistufige Vorgehensweise allerdings nur für dogmatisch „vorzugswürdiger", nicht aber für zwingend von § 19 II InsO vorgeschrieben hält.

disziplinierende Wirkung zukomme, die dem Insolvenzreformzweck einer Verstärkung des Gläubigerschutzes Rechnung trage; denn die Fortführungsprognose werde dann sorgfältiger erstellt, wenn bereits zuvor der „Warnschuss" einer bilanziellen Überschuldung zu Liquidationswerten ergangen sei.[1107]

Das teleologische Argument wird jedoch als wirkungslos enttarnt, soweit die drohenden schadensersatzrechtlichen und strafrechtlichen Konsequenzen der Überschuldung als die eigentlich spürbaren Sanktionen jede disziplinierende Wirkung durch die Erstellung einer Liquidationsbilanz überlagern.[1108]

Eine dritte Ansicht[1109] geht davon aus, dass beide Auffassungen mit dem Wortlaut des § 19 II InsO vereinbar seien. Und sogar ein weiterer Vorschlag[1110] wird für gesetzeskonform gehalten,[1111] wonach zuerst mit einem Status zu Fortführungswerten zu beginnen ist, bei insoweit fehlender Überschuldung dann anhand einer Fortführungsprognose zu bestimmen ist, ob man es beim Status zu Fortführungswerten belassen könne oder ob die Fortführungswahrscheinlichkeit negativ ist, so dass dann in einem dritten Schritt ein Status zu Liquidationswerten aufzustellen ist.[1112]

Da sich die Vorgehensweisen zudem in sachlicher Hinsicht in keiner Weise unterscheiden und zum selben Ergebnis kommen, sei es dem Rechtsanwender freigestellt, nach welcher Reihenfolge er vorgehen wolle.[1113] Je nach Situation des Einzelfalles sei zu entscheiden, welcher Prüfungsreihenfolge der Vorzug gegeben wird, wobei ein entscheidender Gesichtspunkt die Kostenintensität der Prüfung sei.[1114]

Dabei findet sich das Kostenargument sowohl bei Vertretern, die eine bestimmte Vorgehensweise für verbindlich erachten,[1115] als auch bei Vertretern, die nach dem Einzelfall entscheiden.[1116] Das Kostenargument wird sowohl für die Empfehlung heran-

---

1107 *Uhlenbruck* in Kuhn/Uhlenbruck, KO, 11. Aufl. (1994), § 102 Rn. 5 f. bereits zur aktuellen Rechtslage.

1108 Ebenso *Temme*, Eröffnungsgründe (1997), S. 116; *Röhm*, Abhängigkeit des Insolvenzstrafrechts (2002), S. 173.

1109 *Götz*, Überschuldung (2004); S. 186; *Röhm*, Abhängigkeit des Insolvenzstrafrechts (2002), S. 174; *Bittmann*, wistra 1999, S. 11; *Bork*, Einführung (1998), Rn. 92; *Temme*, Eröffnungsgründe (1997), S. 116, *Schmerbach* in FK-InsO, 2. Aufl. (1999), § 19 Rn. 6a.

1110 *Häsemeyer*, Insolvenzrecht, 1. Aufl. (1992), S. 141.

1111 *Temme*, Eröffnungsgründe (1997), S. 117.

1112 Da diese Vorgehensweise mit dem praktisch am schwierigsten zu ermittelnden Prüfungsschritt, der Statuserstellung zu Fortführungswerten, beginnt, ohne zu wissen ob es darauf ankommt, ist diese Auffassung nicht ökonomisch und wird daher auch kaum vertreten; die Erstellung eines Liquidationsstatus und selbst die Prognose selbst sind weitaus einfacher zu ermitteln, so dass das Risiko einer überflüssigen Statuserstellung zu Fortführungswerten höher wiegt als das einer Liquidationswertermittlung. Mangels nachhaltiger Relevanz in der zivilrechtlichen Diskussion bleibt diese Auffassung bei der Frage der Übertragbarkeit des Überschuldungsbegriffs ins Strafrecht daher im Folgenden unberücksichtigt.

1113 Vgl. *Röhm*, Abhängigkeit des Insolvenzstrafrechts (2002), S. 174; *Fromm*, GmbHR 2004, S. 945.

1114 *Röhm*, Abhängigkeit des Insolvenzstrafrechts (2002), S. 174; im Ergebnis auch *Temme*, Eröffnungsgründe (1997); S. 116; *Bittmann*, wistra 1999, S. 11; *Bork*, Einführung (1998), Rn. 92; *Schmerbach* in FK-InsO, 2. Aufl. (1999), § 19 Rn. 6a.

1115 *Reck*, Insolvenzstraftaten, S. 47 Rn. 141.

1116 *Temme*, Eröffnungsgründe (1997); S. 116; *Röhm*, Abhängigkeit des Insolvenzstrafrechts (2002), S. 174.

gezogen, zweistufig vorzugehen, also mit der Fortführungsprognose zu beginnen, um einen dritten Prüfungsschritt zu vermeiden,[1117] als auch für die Empfehlung, immer zuerst einen Liquidationsstatus aufzustellen, weil sich dann bei negativem Überschuldungsergebnis jeder weitere Prüfungsschritt erübrige.[1118]

Stellungnahme:

Zuzustimmen ist der letzten Ansicht insoweit, dass der Wortlaut hinsichtlich der Prüfungsreihenfolge keine Festschreibung enthält. Die Formulierung, dass „jedoch" Fortführungswerte anzusetzen seien, wenn die Fortführung überwiegend wahrscheinlich sei, kann sich ebenso auf das faktische Regel-Ausnahme-Verhältnis beziehen, dass – insbesondere in Anbetracht der hohen Anforderungen an die Fortführungswahrscheinlichkeit („überwiegend") – zahlenmäßig die Fälle überwiegen, in denen von einer negativen Fortführungsprognose auszugehen ist.[1119]

Und auch aus der Funktion der Fortführungsprognose als Bewertungsprämisse ist noch nicht zu folgern, dass die Prämisse im ersten Prüfungsschritt gelegt werden muss. Festgeschrieben ist insoweit nur, dass die Bewertung in Abhängigkeit von der Überlebensfähigkeit des Unternehmens zu erfolgen hat.

Der Aussage, die zweistufige und die dreistufige Vorgehensweise kämen zum selben Ergebnis, ist jedoch nur bedingt zuzustimmen; zu einem unterschiedlichen Ergebnis führen die zweistufige und die dreistufige Methode in dem zwar seltenen, aber realen Fall, dass das Unternehmen fortführungs*fähig* und der Unternehmer auch fortführungs*willig* ist und das zu Liquidationswerten bewertete Vermögen ausreicht, die Verbindlichkeiten zu decken, nicht aber das zu Fortführungswerten bewertete Vermögen.[1120]

Nach der *zweistufigen Vorgehensweise* wäre in einem ersten Schritt eine Fortführungsprognose zu erstellen. Aufgrund des Fortführungswillens des Unternehmensinhabers wäre der anschließende und dann allein maßgebliche Überschuldungsstatus zu Fortführungswerten aufzustellen, das Unternehmen danach überschuldet. Nur wenn der Unternehmensinhaber keinen Fortführungswillen hat, also die Liquidationsoption tatsächlich ergreifen will, könnte ein Status zu Liquidationswerten erstellt werden.[1121]

1117 So *K. Schmidt* in Scholz, GmbHG 9. Aufl. (2002), Vor § 64 Rn. 20; *Gelhausen* in WP-Handbuch, Bd. I, 12. Aufl. (2002), Kap. L Rn. 87; *Röhm*, Abhängigkeit des Insolvenzstrafrechts (2002), S. 174, ähnlich *Temme*, Eröffnungsgründe (1997), S. 116; *Kirchof* in HK-InsO, 3. Aufl. (2003), § 19 Rn. 16.

1118 Vgl. *Moosmayer*, Einfluß der InsO (1997), S. 34 f. Vgl. hierzu auch hypothetisch im Ergebnis aber anders *Drukarczyk/Schüler* in Kölner Schrift zur InsO, 2. Aufl. (2000) S. 126 Rn. 86, *dies.* in MüKo, InsO (2001), § 19 Rn. 46, im Ergebnis aber für eine zweistufige Vorgehensweise.

1119 So auch *Bittmann*, wistra 1999, S. 11; *Pape* in Kübler/Prütting, InsO (2005), § 19 Rn. 18; *Röhm*, Abhängigkeit des Insolvenzstrafrechts (2002), S. 174.

1120 Vgl. das Fallbeispiel bei *Drukarczyk/Schüler* in Kölner Schrift zur InsO S. 125, Rn. 82 und zum Fall der Carl F. W. Borgward GmbH als Nachweis dafür, dass das Liquidationsvermögen durchaus größeren Wert haben kann als das Fortführungsvermögen bereits oben sowie *Röhm*, Abhängigkeit des Insolvenzstrafrechts (2002), S. 180 Fn. 640 m.w.N.

1121 So *Drukarczyk/Schüler* in Kölner Schrift zur InsO, 2. Aufl. (2000) S. 126 Rn. 86, *dies.* in MüKo, InsO (2001), § 19 Rn. 46; *Reck*, Insolvenzstraftaten (1999), S. 47 Rn. 141.

Die *dreistufige Vorgehensweise* würde in dem geschilderten Fall mit dem Liquidationsstatus beginnend *immer* zur Ablehnung einer Überschuldung kommen, auch wenn der Unternehmensinhaber die Liquidationsoption nicht ergreift, mit dem vorhandenen Vermögen weiterwirtschaftet und durch den weiteren Einsatz des Vermögens im Unternehmensprozess neue Fakten schafft, die dann das tatsächliche Befriedigungspotential der Gläubiger ausmachen. Da das Gesetz lediglich verlangt, dass die Fortführung zugrunde zu legen ist, wenn diese überwiegend *„wahrscheinlich" ist* und nicht dass diese *„möglich und sinnvoll"* ist, also die Wahl der tatsächlichen Strategie (Fortführung oder Liquidation) beim Schuldner belässt, anstatt die günstigste Verwertungsoption vorzuschreiben, muss bei der Überschuldungsprüfung die – u.U. auch unwirtschaftliche – Entscheidung des Unternehmensinhabers von Gesetzes wegen bei der Prüfung maßgeblich bleiben.[1122]

Dies entspricht auch dem *telos* des § 19 II InsO, der ein Mittel zur Prüfung der Frage ist, ob die Gläubiger bei der vom Management gewählten Strategie zu schaden kommen.[1123]

Dass die Wahl der Bewertungsprämisse strategieabhängig gefällt werden muss, ergibt sich – abgesehen von dem insoweit eindeutigen Wortlaut des § 19 II 2 InsO – auch aus der Regierungsbegründung, die ausdrücklich den zu wählenden Wertansatz von dem Willen des Unternehmensinhabers abhängig macht.[1124]

Eine Vorgehensweise, die dieses ignoriert wäre *contra legem* und würde sich zu der Annahme in Widerspruch setzen, dass die Fortführungsprognose gerade auch ein subjektives Element enthält.[1125]

Vermehrt ist auch eine Ansicht anzutreffen, die auf dem Boden der zweistufigen Vorgehensweise mit der Fortführungsprognose beginnt, bei deren positivem Ausgang den Überschuldungsstatus entsprechend zu Fortführungswerten erstellt, dann aber trotz Überschuldung nach Fortführungswerten im Ergebnis eine rechtliche Überschuldung verneint, wenn eine Vermögensbewertung zu Liquidationswerten ergibt, dass das Vermögen zur Deckung der Verbindlichkeiten ausreichen würde, unabhängig davon, ob der Unternehmensinhaber die Liquidationsoption ergreift oder nicht.[1126] Mangels einer Gläubigergefährdung bei Vorhandensein einer

---

1122 Vgl. hierzu ausführlich *Drukarczyk/Schüler* in Kölner Schrift zur InsO S. 126 Rn. 88, *dies.* in MüKo, InsO (2001), § 19 Rn. 48.

1123 Vgl. hierzu ausführlich *Drukarczyk/Schüler* in Kölner Schrift zur InsO S. 126 Rn. 86, *dies.* in MüKo, InsO (2001), § 19 Rn. 46.

1124 In der Begründung zu § 23 RegE heißt es: „Betreibt der Schuldner ein Unternehmen, so dürfen nur dann Fortführungswerte angesetzt werden, wenn die Fortführung des Unternehmens beabsichtigt ist und das Unternehmen wirtschaftlich lebensfähig erscheint; andernfalls [also nur wenn entweder nicht überlebensfähig oder wenigstens nicht überlebenswillig] sind die Werte zugrunde zu legen, die bei einer Liquidation des Unternehmens zu erzielen wären." BT-Drs. 12/2243, S. 115.

1125 Ebenso *Drukarczyk/Schüler* in Kölner Schrift zur InsO, 2. Aufl. (2000), S. 126 Rn. 88.

1126 So z.B. *Müller/Haas* in Kölner Schrift zur InsO, 2. Aufl. (2000), S. 1803 Rn. 10 demzufolge ohne Begründung „das Gesetz offensichtlich – trotz negativer Fortführungsprognose – die Fortführung der Kapitalgesellschaft" zulasse „weil das Bestehen eines vielleicht nur geringen Risikopolsters aus dem Überschuldungsstatus zu entnehmen ist."

potentiellen Liquidationsmasse, reiche bereits der Status zu Liquidationswerten aus, Überschuldung zu verneinen.[1127]

Diese Auffassung ist inhaltsgleich mit der dreistufigen Vorgehensweise und sieht sich daher auch demselben Einwand ausgesetzt: sie „impliziert einen Anspruch, den das Gesetz nicht stellt".[1128] Sie wäre daher ebenso zu modifizieren, dass neben der Tatsache des ausreichenden Liquidationsvermögens auch das Ergreifen der Liquidationsoption durch den Schuldner zur Voraussetzung gemacht wird, Überschuldung am Ende doch zu verneinen.

In Umsetzung dieser Forderung aber würde diese Ansicht bereits im ersten Schritt (Fortführungsprognose) zu dem Ergebnis kommen, dass das Ergreifen der Liquidationsoption zur Verneinung des Fortführungswillens als notwendiger Voraussetzung der Fortführungsannahme in § 19 II 2 InsO führt und damit ohnehin zu Liquidationswerten bewertet würde.

Daher sähe sie sich gar nicht in Gefahr, zu Unrecht das Insolvenzverfahren über ein Unternehmen zu eröffnen, das seine Gläubiger hinreichend befriedigen kann.

Nach „gesetzeskonformer Anpassung" geht sie in der zweistufigen Vorgehensweise auf und bedarf somit keiner eigenständigen Berücksichtigung mehr.

Ergebnis:

Daher ist die dreistufige Vorgehensweise dahingehend zu korrigieren, dass nach Aufstellung des Liquidationsstatus Überschuldung erst endgültig abgelehnt werden kann, wenn neben der fehlenden rechnerischen Überschuldung die Prognose ergibt, dass entsprechend der individuellen Unternehmensstrategie auch tatsächlich liquidiert wird.[1129]

Dann wird von der *dreistufigen* und der *zweistufigen* Vorgehensweise gleichermaßen der ausdrücklichen Forderung des Gesetzes entsprochen, Fortführungswerte anzusetzen, wenn die Fortführung in Abhängigkeit von der konkreten Unternehmensstrategie überwiegend wahrscheinlich *ist*; beide Vorgehensweisen sind insoweit und auch im Übrigen von § 19 InsO gedeckt und kommen dann auch zum selben Ergebnis.

Welche Vorgehensweise ökonomischer ist, ist dann nur noch eine Frage der Empfehlung im Einzelfall, nicht aber eine Frage verbindlicher Festschreibung durch § 19 II InsO.[1130]

1127 *Burger/Schellberg*, WiSt 1995, S. 226 f.; *Müller/Haas* in Kölner Schrift zur InsO, 2. Aufl. (2000), S. 1803 Rn. 10; *Drews*, Überschuldung (2003), S. 68.

1128 *Drukarczyk/Schüler* in Kölner Schrift zur InsO, 2. Aufl., S. 126 Rn. 88.

1129 Im Ergebnis ebenso, allerdings aus Gründen der ökonomischen Legitimation *Burger/Schellberg*, BB 1995, S. 266: „Die auflösungsorientierte Konzeption ist ökonomisch nur dann legitimiert, wenn tatsächlich die Unternehmensauflösung beabsichtigt ist. Andernfalls verkennt sie die Zweckwidmung des Unternehmensvermögens, das nicht unmittelbar veräußert sondern im Kombinationsprozess zur Hervorhebung von Absatzleistungen und auf diese Weise über die Rückflüsse aus den Absatzmärkten ach zur Deckung der Schulden beitragen soll."

1130 Im Ergebnis ebenso *Temme*, Eröffnungsgründe (1997), S. 116; *Röhm*, Abhängigkeit des Insolvenzstrafrechts (2002), S. 174.

Aus diesem Grunde kann es in das ökonomische Ermessen des Rechtsanwenders gestellt werden, ob er die zweistufige oder die dreistufige Vorgehensweise mit der gebotenen Modifikation wählt. Nach der Ökonomie des Einzelfalls zu entscheiden, empfiehlt sich für die Staatsanwaltschaft und das Gericht angesichts des von ihnen verlangten Kostenbewusstseins.[1131]

Aufgrund der Ergebnisgleichheit beider Vorgehensweisen folgen aus der Wahlfreiheit auch keine zusätzlichen Unsicherheiten für ein entsprechendes Vorgehen zur Tatbestandsbestimmung im Strafrecht. Insoweit wäre bei einer Anwendung der traditionell zweistufigen Methode auch hier ein dreistufiges oder zweistufiges Vorgehen gleichermaßen möglich.

IV. Entscheidung des Gesetzgebers für eine der Bewertungsmethoden?

1. Prämisse der Liquidation

Fraglich ist, ob im Umkehrschluss aus § 19 II 2 InsO, wonach bei positiver Fortführungsprognose Fortführungswerte anzusetzen sind, abgeleitet werden kann, dass bei negativer Fortführungsprognose zwingend ein Status zu Liquidationswerten im Sinne von Einzelveräußerungswerten aufzustellen ist und damit ein Ansatz von entsprechend den GoB ermittelten Handelsbilanzwerten[1132] bei negativer Fortführungsprognose als contra legem unzulässig ist.[1133]

Vertreter einer Bilanzerstellung auf Grundlage der handelsrechtlichen GoB auch nach der Einführung des § 19 II InsO argumentierten zunächst, um diesen Wertansatz als gesetzeswidrig ausschließen zu können, müsste der Gesetzgeber in § 19 II InsO darüber entschieden haben, dass der Gegensatz zu Fortführungswerten Liquidationswerte sind.[1134]

Dem sei aber nicht so, der Gesetzgeber habe vielmehr gar keine Aussage über den zu wählenden Wertansatz für den Fall getroffen, dass die Fortführungsprognose negativ ausfalle.[1135]

1131 Die Staatsanwaltschaft (Nr. 72 II RistBV) und das Gericht (§ 78 StPO) haben dem Sachverständigen einen genau umgrenzten Auftrag zu erteilen; die Staatsanwaltschaft ist dabei angehalten, an der Senkung der Verfahrenskosten mitzuwirken (Nr. 5 a RistBV, interne Verwaltungsvorschrift von Bund und Ländern). Auch wenn die fachliche Durchführung, z.B. Methodenwahl, weitgehend allein Sache des Sachverständigen ist (Kleinknecht/Meyer-Goßner § 78 Rn. 6), so kann doch bei der juristisch determinierten Frage, ob dreistufig oder zweistufig vorzugehen ist eine Vorgabe durch Staatsanwaltschaft und Gericht erfolgen. Daher ist auch aus Gründen des Kostenbewusstseins zu empfehlen, die Wahl der Vorgehensweise von der Ökonomie des Einzelfalls abhängig zu machen. Die untergesetzliche Norm Nr. 5 a RistBV zwingt nicht zu einer bestimmten Auslegung des § 19 II InsO, eignet sich aber als Anhaltspunkt für eine praktikable Lösung.

1132 So *Mertens* in Kölner Kommentar z. AktG, 2. Aufl. (1988), § 92 Rn. 31; *Drukarczyk/Schüler* in Kölner Schrift zur InsO, 1. Aufl. (1997), Rn. 95.

1133 Dafür ausdrücklich *Temme*, Eröffnungsgründe (1997), S. 112, 115; wohl auch *Bork*, Einführung (1998), Rn. 92; *Uhlenbruck*, KTS 1994, S. 169, 173; *Burger/Schellberg*, BB 1995, S. 266.

1134 So *Drukarczyk/Schüler* Kölner Schrift zur InsO 1. Aufl. (1997), Rn. 95.

1135 So *Drukarczyk/Schüler* Kölner Schrift zur InsO 1. Aufl. (1997), Rn. 95.

Tatsächlich geben weder Gesetzeswortlaut noch die Regierungsbegründung begründeten Anlass zu der Annahme, der Gesetzgeber habe einen bestimmten Wertmaßstab, z.B. Einzelveräußerungswerte, unter der Liquidationsprämisse vorgeschrieben:

Allein aus der Forderung der Regierungsbegründung zu § 23 EinsO, wonach *„das vorhandene Vermögen realistisch zu bewerten"* ist,[1136] kann noch nicht abgeleitet werden, die aufgrund der Gewinnausschüttungsbemessungsfunktion nach dem Vorsichtsprinzip erstellten Handelsbilanzwerte könnten keine *realistische* Aussage über die Schuldendeckungsfähigkeit des Vermögens treffen.[1137]

Seit der Einführung des Überschuldungstatbestandes wurden dem Postulat einer „realistischen" Bewertung so verschiedene Wertansätze, darunter auch handelbilanzielle, zugeordnet, dass der Gesetzgeber damit bewusst einen Begriff gewählt hat, der über die Forderung einer zweckentsprechenden Bewertung hinaus keine Aussage trifft.[1138]

Insbesondere aber ist dem Kontext zu entnehmen, dass der Gesetzgeber eine „realistische" Bewertung in Abgrenzung zu einer vorschnellen Fortführungsbewertung versteht:

„Dabei ist das vorhandene Vermögen realistisch zu bewerten, damit das Ziel einer rechtzeitigen Verfahrenseröffnung nicht gefährdet wird. Betreibt der Schuldner ein Unternehmen, so dürfen nur dann Fortführungswerte angesetzt werden, wenn die Fortführung des Unternehmens beabsichtigt ist und das Unternehmen wirtschaftlich lebensfähig ist; andernfalls sind die Werte zugrunde zu legen, die bei einer Liquidation des Unternehmens zu erzielen wären."[1139]

Aus der letzten Passage der Regierungsbegründung kann daher nur entnommen werden, dass bei nicht überwiegender Fortführungswahrscheinlichkeit unter der Liquidationsprämisse zu bewerten ist,[1140] nicht aber, welcher Wert unter der Prämisse der Liquidation konkret anzusetzen ist.

Auch der Wortlaut des § 19 II 2 InsO trifft keine Entscheidung darüber, ob der Gegensatz zu Fortführungswerten Einzelveräußerungswerte sind, sondern nur darüber, dass der Gegensatz zu einer Fortführungsbewertung eine Bewertung unter der Prämisse der Liquidation ist.[1141]

Ob Handelsbilanzwerte damit als Wertansatz unter der Liquidationsprämisse *contra legem* ausscheiden, ist daher allein davon abhängig, ob sie einer Wertermittlung

---

1136 Regierungsbegründung zu § 23 EinsO, BT-Drs. 2443, S. 115.

1137 Ähnlich aber *Uhlenbruck*, InsO, 12. Aufl. (2003), § 19 Rn. 24; *Moxter*, Bilanzlehre (1974), Bd. I S. 81–105.

1138 Vgl. insoweit das Vorstellungsbild des Gesetzgebers von 1877, für eine realistische Bewertung noch von liquidationsorientierten Handelsbilanzwerten ausging. Vgl. auch Art. 31 ADHGB und die Ausführungen hierzu bereits obe unter A.

1139 Regierungsbegründung zu § 23 EinsO, BT-Drs. 2443, S. 115.

1140 *Drukarczyk/Schüler*, Kölner Schrift zur InsO, 2. Aufl. (2000), S. 134 Rn. 112.

1141 Im Ergebnis ebenso *Bittmann*, wistra 1999, S. 11, spricht sich aber aus ökonomischen Gründen für Einzelveräußerungswerte aus (Handelsbilanzwerte seien nicht „realistisch"); *Drukarczyk/Schüler*, Kölner Schrift zur InsO, 1. Aufl. (1997), Rn. 95; *dies.*, WPg 2003, S. 57; *Uhlenbruck*, InsO, 12. Aufl. (2003), § 19 Rn. 24.

unter der Prämisse der Liquidation gerecht werden. Daher ist nach inzwischen einhelliger Meinung ein Heranziehen der Handelsbilanz nur dann mit § 19 II InsO vereinbar, wenn Modifikationen im Hinblick auf den Bewertungszweck „Schuldendeckungspotential" getätigt werden, so z.B. im Rahmen der Bewertung die Aufdeckung stiller Reserven und im Rahmen der Ansatzvorschriften Abweichungen bzgl. auch originärer immaterieller Güter.[1142]

Ergebnis:

§ 19 II 2 InsO schreibt keinen konkreten Bewertungsansatz, jedoch die Liquidationsprämisse als Maßstab für eine zweckentsprechende Bewertung vor, sofern nicht von der Fortführung des Unternehmens auszugehen ist.

Die Zulässigkeit eines bestimmten Wertansatzes bemisst sich danach, ob er unter der Prämisse der Liquidation haltbar ist, oder wegen Zweckinkonsistenz der Bewertungsmethode zum Informationszweck der Überschuldungsbilanz Aufschluss darüber zu geben vermag, ob das Vermögen unter der Prämisse, dass das Unternehmen nicht fortgeführt wird, die Verbindlichkeiten decken kann.

2. Prämisse der Fortführung

Inwieweit § 19 II 2 InsO eine Festschreibung der anzuwendenden bzw. sicher auszuschließenden Bewertungsmethode unter der Fortführungsprämisse enthält, ist streitig.

Diskutiert wird zunächst eine *Absage* des Gesetzgebers an die *Ertragswertmethode* aus zwei Gründen:

Im Rahmen des § 19 II InsO sei die Ertragswertmethode aufgrund ihrer Prognoselastigkeit nicht mehr vertretbar, weil sich der Gesetzgeber ausweislich der Regierungsbegründung nicht allein auf Zukunftserwartungen verlassen wollte, sondern bei der Bewertung die haftende Vermögenssubstanz erfassen wollte.[1143]

In der Gesetzesbegründung findet diese Auffassung jedoch keine Stütze, weil dort lediglich der modifiziert zweistufige Überschuldungsbegriff des BGH abgelehnt wird, dem zufolge eine positive Prognose ausreicht und der überhaupt keine Fortführungsbewertung verlangte.[1144]

Aus der Absage an die alleinige Relevanz der Fortführungsprognose zugleich eine Absage an die Ertragswertmethode abzuleiten, mit der Begründung, der Gesetzgeber lehne jede Relevanz der Zukunftserwartung ab,[1145] ist eine Überdehnung der

---

1142 Vgl. *Uhlenbruck*, InsO, 12. Aufl. (2003), § 19 Rn. 15 m.w.N.; auch *Drukarczyk/Schüler*, Kölner Schrift zur InsO, 2. Aufl. (2000), S. 121 Rn. 70, S. 134 Rn. 114.

1143 So *Kirchof* in HK-InsO, 3. Aufl. (2003), § 19 Rn. 14 unter Hinweis auf BT-Drs. 12/7302, S. 157.

1144 Ebenso *Penzlin*, Auswirkungen der InsO (2000), S. 132 Fn. 613; *Spliedt*, DB 1999, S. 1941, 1945; *Götz*, ZInsO 2000, S. 80; *Bittmann*, wistra 1999, S. 14; *Temme*, Eröffnungsgründe (1997), S. 144; v. *Oncuil*, Rechtzeitige Auslösung (2000), S. 149 f.

1145 So aber *Kirchof* in HK-InsO, 3. Aufl. (2003), § 19 Rn. 14.

tatsächlichen Entscheidungstiefe. Vielmehr ist die Inkaufnahme eines gewissen Restprognoserisikos seitens des Gesetzgebers vor dem Hintergrund der allgemein anerkannten Tatsache, dass es im Marktgeschehen keine gefahr- oder risikolosen Gläubigerpositionen geben kann,[1146] wahrscheinlicher, als dass der Gesetzgeber die bereits vor der Insolvenzrechtsreform stark vertretene Auffassung, Ertragswerte seien der richtige Wertansatz unter der Fortführungsprämisse, ignoriere. Allein die Tatsache, dass der Gesetzgeber an der Fortführungsprognose festgehalten und ihr nur eine geringer gewichtige Rolle (als ausschließliche Bewertungsprämisse) zugeteilt hat, zeigt, dass das prognostische Element bei der Beurteilung der Überschuldung zwar eingegrenzt, nicht aber völlig beseitigt werden sollte.[1147]

Auch der Einwand, „es wäre nicht im Sinne der Regelung der InsO, die eine Gegenüberstellung der Aktiva und Passiva fordert, den Gesamtwert des Unternehmens im Sinne einer Unternehmensbewertung zu ermitteln",[1148] greift nicht.

Der Gesetzgeber verlangt lediglich eine Gegenüberstellung von Verbindlichkeiten und Vermögen, gibt jedoch keinen Anhaltspunkt dafür, dass die Aktivseite im Wege der Auflistung einzelner Bilanzpositionen erstellt werden müsste; vielmehr kann auch der Ausweis des Gesamtvermögenswertes auf der einen und der Ausweis der Verbindlichkeiten auf der anderen Seite noch als Bilanz gewertet werden, so dass insoweit ein Konflikt mit der Norm des § 19 II InsO nicht entsteht.[1149]

Auch kann beispielhaft widerlegt werden, dass die Ertragswertmethode nicht schon deswegen von Gesetzes wegen auszuscheiden habe, weil eine Statuserstellung nach der Ertragswertmethode das Ergebnis der Fortführungsprognose stets nur bestätige und damit der eigenständigen Funktion entbehre, die der Gesetzgeber aber gerade gewollt hat.[1150] Jedenfalls bei einer an der künftigen Zahlungsfähigkeit ausgerichteten positiven Überlebensprognose kann eine ertragsorientierte Fortführungsbewertung zu einem Überschuldungsausweis in der Bilanz führen und behält damit seine eigenständige Funktion bei.[1151]

Vielmehr ist umgekehrt zu fragen, ob § 19 II 2 InsO mit der Forderung nach einer Bewertung zu Fortführungswerten im Falle der überwiegenden Fortführungswahrscheinlichkeit festlegt, dass die Vermögensgegenstände entsprechend ihrem Leistungsbeitrag im betrieblichen Kombinationsprozess zu bewerten sind[1152] und ob daraus *positiv* eine Festschreibung der *Gesamtbewertungsverfahren,*[1153] zumindest aber

---

1146 Dies ergibt sich bereits aus den gesetzlichen Regelungen zur Kapitalerhaltung nach den §§ 30 ff. GmbHG, die keine Nachschusspflicht hinsichtlich der Aufrechterhaltung des Stammkapitals fordern, und damit eine Schmälerung der den Gläubigern zustehenden Mindesthaftungsmasse durch normale Geschäftsvorfälle geschehen lässt und nur Ausschüttungen an die Gesellschafter unterbindet. Vgl. auch *Mönning* in Nerlich/Römermann, InsO (2005), § 19 Rn. 11.

1147 So auch *Mönning* in Nerlich/Römermann, InsO (2005), § 19 Rn. 11.

1148 *Müller/Haas,* Kölner Schrift zur InsO, 2. Aufl. (2000), S. 1807.

1149 Ebenso bereits *Klar,* Überschuldung (1987), S. 56, heute *Röhm,* Abhängigkeit des Insolvenzstrafrechts (2002), S. 188.

1150 In diese Richtung aber *Förschle/Hoffmann* in Budde/Förschle, 3. Aufl. (2002) Kap. N Rn. 102.

1151 Vgl. nochmals die Berechnungen bei *Groth,* Überschuldung (1995), S. 113 f.

1152 So *Burger/Schellberg,* BB 1995, S. 261 (265).

1153 So *K. Schmidt* in Scholz, GmbHG, 9. Aufl. (2002), Vor § 64 Rn. 20.

eine *Absage* an die Einzelbewertungsmethode des *Substanzwertverfahrens* in § 19 II 2 InsO folgt.

Um von einer gesetzlichen Festschreibung einer bestimmten Methode durch den historischen Gesetzgeber positiv ausgehen zu können, hätte es angesichts der auch unmittelbar vor der Insolvenzordnung stark umstrittenen Frage, ob eine Fortführungsbewertung im Rahmen der Überschuldungsermittlung anhand von Substanzwerten oder von Zukunftserfolgswerten (insbes. Ertragswerten) zu erfolgen habe,[1154] einer ausdrücklichen Stellungnahme zumindest im Rahmen der Regierungsbegründung für den einen oder anderen Wertansatz bedurft. Bereits aus diesem Grund ist zu bezweifeln, dass der Gesetzgeber das Gesamtbewertungsverfahren allein durch das Postulat, der Bewertung sei die Fortführung des Unternehmens zugrunde zu legen, festlegen wollte; dass eine Bewertung des Wirtschaftsgutes ausschließlich nach seinem Leistungsbeitrag im betrieblichen Kombinationsprozess zu bewerten ist und aus diesem Grund nur die Gesamtbewertungsverfahren (Ertragswert- und DCF-Verfahren) anzuerkennen sind und damit das Substanzwertverfahren und die Kombinationsmethoden ausscheiden sollen, folgt daraus noch nicht.

Näher zu untersuchen ist hingegen eine Absage an das Substanzwertverfahren aus anderem Grund: Der Gesetzgeber verlangt, dass die Bewertung bei positiver Fortführungsprognose so zu erfolgen hat, dass in dem anzusetzenden Wertmaßstab die Fortführung der Gesellschaft auch ausgedrückt wird, und damit zumindest ein Unterschied zu einer Bewertung unter der Prämisse der Liquidation entstehen muss. Dies ergibt sich bereits aus dem Gesetzeswortlaut, wonach „*jedoch* die Fortführung des Unternehmens" im Falle der überwiegenden Fortführungswahrscheinlichkeit der Bewertung zugrunde zu legen ist und sich damit von einer Bewertung der Liquidation abheben soll. Eine unter der Prämisse der Fortführung gewählte Bewertungsmethode, die bei der Bewertung des betriebsnotwendigen Vermögens zum selben Ergebnis kommt wie eine Bewertung zu Liquidationswerten, widerspräche daher dem gesetzlichen Gebot eines differenzierten Wertansatzes und wäre als *contra legem* auszuscheiden.

Dem Substanzwertverfahren wird nun vorgeworfen, es nivelliere den Unterschied zwischen einer Überschuldungsbilanz nach Fortführungswerten bei positiver und nach Liquidationswerten bei negativer Prognose, da dann der Bewertung ergebnisgleich jeweils ein fiktiver Kauf bzw. Verkauf der einzelnen Vermögensgegenstände des Unternehmens zugrunde gelegt würde.[1155]

Doch nur dann, wenn eine Bewertung der Vermögensgegenstände zu Wiederbeschaffungswerten nach der Substanzwertmethode tatsächlich immer zum selben Ergebnis käme wie eine Bewertung unter der Prämisse der Liquidation, müsste die Substanzwertmethode aufgrund ihrer Unterschiedslosigkeit als Bewertungsme-

---

1154 Dabei kam den Substanzwerten speziell im Rahmen der Überschulung eine noch größere Bedeutung zu als bei den übrigen Bewertungsanlässen, bei denen die Gesamtbewertungsverfahren (Ertragswert- und DCF-Verfahren) nahezu alleinige Geltung beanspruchten; vgl. *Burger/Schellberg*, BB 1995 und *Piltz*, Unternehmensbewertung, 3. Aufl. (1994), S. 17; *IDW* S 1, WPg 2000, S. 828.
1155 *Röhm*, Abhängigkeit des Insolvenzstrafrechts (2002), S. 187; *Klar*, Überschuldung (1987), S. 37 ff.; *Groth*, Überschuldung (1995), S. 104; *Großfeld*, Unternehmens- und Anteilsbewertung, 4. Aufl. (2002), S. 37.

thode unter der Prämisse der Fortführung als contra legem ausscheiden. Ansonsten sind die Bedenken der Nivellierung nur im abwägenden Teil des Auslegungsvorgangs unter teleologischen Aspekten zu berücksichtigen.

Zu unterscheiden ist insoweit zwischen der Substanzwertmethode nach dem Teilreproduktionsansatz und der Substanzwertmethode nach dem Vollreproduktionsansatz.

Zwar kann der Substanzwert unter der Prämisse der *Vollreproduktion*, der *stets* auch die nicht veräußerbaren immateriellen Güter (Know-how, Kundenbeziehungen, usw.) durch einen Wertaufschlag/-abschlag berücksichtigt, unter Umständen mit dem Liquidationswert übereinstimmen, nämlich dann, wenn auch unter der Prämisse der Liquidation von der Veräußerung ganzer Unternehmensteile ausgegangen werden kann.[1156]

Jedoch ist unter der Prämisse der Liquidation nur dann von einer Veräußerung geschlossener Unternehmensanteile oder gar des ganzen Unternehmens auszugehen, wenn Umstände erkennbar sind, die *mit an Sicherheit grenzender Wahrscheinlichkeit* eine derartige Verwertung erwarten lassen,[1157] bzw. wenn *die im Einzelfall prognostizierte Wettbewerbsfähigkeit der Unternehmensanteile* für einen Wertansatz geschlossener Unternehmensanteils spricht.[1158] Im Regelfall aber sind Einzelveräußerungswerte anzusetzen, so dass die nicht einzelveräußerbaren immateriellen im Liquidationsstatus unberücksichtigt bleiben. Die Substanzwertmethode nach dem Vollreproduktionsansatz und eine Bewertung unter der Prämisse der Liquidation sind daher nicht ergebnisgleich.

Insbesondere ist die Übereinstimmung von Liquidationsbewertung und Substanzwertmethode unter dem Vollreproduktionsansatz im Fall der Veräußerbarkeit ganzer Unternehmensteile kein der Substanzwertmethode eigenes Phänomen, sondern diese Übereinstimmung ist bei den Gesamtbewertungsansätzen von Ertragswertmethode und DCF-Verfahren ebenso gegeben, weil sich dieser Fall der Liquidationsbewertung allein dadurch auszeichnet, dass eine identische Bewertung wie unter der Prämisse der Fortführung erfolgt. Aus diesem Grund ordnet *K. Schmidt* sogar den Fall, in dem von der Veräußerbarkeit des ganzen Unternehmens ausgegangen werden kann, nicht mehr als einen Sonderfall im Rahmen der Bewertung unter der Prämisse der Liquidation, sondern als einen Fall der Bewertung unter der Prämisse der Fortführung ein. Ihm zufolge ergebe sich daher auch ein neuer Inhalt der Fortführungsprognose: „Nach der Vorstellung des Gesetzgebers müsste die Fortführung schon dann wahrscheinlich sein, wenn die überwiegende Wahrscheinlichkeit dafür spricht, dass das Unternehmen entweder ohne Eröffnung eines Insolvenzverfahrens saniert oder ohne Zerschlagung aus der Masse veräußert wird, denn

---

1156 Vgl. zu diesem unverändert gebliebenen Aspekt bereits oben unter A. I. 6. a) bb) (1).

1157 So auch heute noch die herrschende Meinung, *Haas*, Insolvenzrecht 1998 (1999), S. 25; *Röhm*, Abhängigkeit des Insolvenzstrafrechts (2002), S. 191; *K. Schmidt* in Scholz, GmbHG, 9. Aufl. (2002), Vor § 64 ohne Abstand zu nehmen von *dems.* in Scholz, GmbHG, 8. Aufl. (1995), § 63 Rn. 11, 18; vgl. auch bereits *Auler*, DB 1976, S. 2170; *Kühn*, DB 1970, S. 551.

1158 *Krüger-Knief*, Leitfaden (1999), S. 36; *Temme*, Eröffnungsgründe (1997), S. 148; *Ulmer* in Hachenburg, GmbHG, 7. Aufl. (1984), § 63 Rn. 39.

auch in diesem Fall ist das Unternehmen als ganzes den Passiven gegenüberzustellen."[1159]

An dieser Stelle ist jedenfalls festzuhalten, dass die Substanzwertmethode nach dem Vollreproduktionswert nicht wegen Ergebnisgleichheit mit einer Liquidationsbewertung als *contra legem* ausscheidet.

Bei der Substanzwertmethode unter dem *Teilreproduktionsansatz*, die den Gesamtwert des Vermögens durch die Summe der Wiederbeschaffungskosten jedes einzelnen Wirtschaftsgutes ausdrückt, ist zu unterscheiden:

In dem Fall, dass unter der Prämisse der Liquidation Einzelveräußerungswerte anzusetzen sind (Regelfall), wäre der Wert des einzelnen Wirtschaftsgutes im Rahmen einer Liquidationsbewertung und bei einer Fortführungsbewertung nach der Substanzwertmethode unter der Annahme eines effizienten Marktes tatsächlich gleich. Denn aufgrund der vollkommenen Information aller Marktteilnehmer würde der Veräußerer eines Wirtschaftsgutes genau den Preis verlangen können, den ein potentieller Erwerber zwecks Aufbaus eines genau gleichen Unternehmens zu zahlen bereit wäre.[1160]

Auf dem realen Beschaffungs- und Verkaufsmarkt, der trotz aller Objektivierung für die Wertermittlung im Rahmen der Überschuldungsprüfung noch immer Maßstab bleibt, führen hingegen Informationsverzerrungen zu unterschiedlichen Gegebenheiten und zu unterschiedlichen Preisen.[1161]

Der andere Fall, wonach auch unter der Prämisse der Liquidation mit *an Sicherheit grenzender Wahrscheinlichkeit* bzw. nach positiver *Prognose deren Wettbewerbsfähigkeit* davon auszugehen ist, dass ganze Unternehmensteile wertsteigernd veräußert werden können, führt stets zu einem anderen Wert des Gesamtvermögens als das Substanzwertverfahren. Denn die Ermittlung des Substanzwertes erfolgt von der Beschaffungsseite her, wo stets der Wert des einzelnen Vermögensgegenstandes maßgeblich bleibt, so dass hier keine positiven Verbundeffekte entstehen können.

Daher kann der Ansatz von Liquidationswerten im Einzelfall auch zu einem höheren Gesamtwert führen, als ein nach der Substanzwertmethode (Teilreproduktion) ermittelter Wert.

Aufgrund der spezifischen Annahmen unter der Prämisse der Liquidation und der Prämisse der Fortführung unter Annahme der Teilreproduktion kommen also beide Bewertungsmethoden trotz des Einzelbewertungsansatzes nicht zum selben Ergebnis.

Die Substanzwertmethode läuft damit den zwingenden Festlegungen des § 19 II InsO nicht zuwider, bleibt allerdings Zweifeln ausgesetzt, ob sie sich zur Überschuldungsfeststellung wegen der Abweichung hinsichtlich des Informationszwecks („Was ist das Hereinzusteckende?" statt „Was ist das Herausholbare?") eignet.

1159 *K. Schmidt* in Scholz, GmbHG, 9. Aufl. (2002), Vor § 64 Rn. 18.
1160 Vgl. hierzu auch *Götz*, Überschuldung (2004), S. 246 f.
1161 Vgl. hierzu auch *Götz*, Überschuldung (2004), S. 224, 247 ff.

Diese sind im abwägenden Teil der Gesetzesauslegung zu berücksichtigen, nicht aber bereits bei der Frage, ob sie dem in § 19 II InsO festgelegten Inhalt widersprechen.

Damit ist erst recht keine Festschreibung des Gesamtbewertungsverfahrens als einzig richtige Ermittlungsmethode erfolgt.[1162]

Ergebnis:

§ 19 II 1 InsO schreibt weder eine Methode zur Fortführungsbewertung positiv vor, noch erteilt er eine Absage an die Gesamtbewertungsverfahren, insbesondere das Ertragswert- und die DCF-Verfahren, noch an das Substanzwertverfahren.

§ 19 II 1 InsO schreibt lediglich vor, dass im Falle überwiegender Fortführung der Gesellschaft die Bewertung so zu erfolgen hat, dass in dem gewählten Wertmaßstab die Fortführung der Gesellschaft irgendwie zum Ausdruck kommt.

V. Festlegungen im Hinblick auf den Inhalt der Fortführungsprognose?

1. Ziel der Fortführungsprognose Fortführungsfähigkeit und Fortführungswille?

Der insoweit offene Wortlaut des § 19 II InsO, wonach maßgeblich ist, ob *die Fortführung des Unternehmens nach den Umständen überwiegend wahrscheinlich ist*, ist Grund dafür, dass auch das Ziel der Fortführungsprognose umstritten ist.

Die herrschende Meinung geht nach wie vor davon aus, dass es für eine positive Überlebensprognose nicht nur der Fortführungsabsicht des Unternehmensinhabers, sondern auch der objektiven Lebens- und Leistungsfähigkeit des Unternehmens bedarf.[1163]

Die Gegenansicht legt § 19 II InsO rein subjektiv aus: Es komme allein darauf an, ob der Unternehmensinhaber die Fortführung beabsichtige oder nicht. Eine darüber hinausgehende objektive Überlebensfähigkeit des Unternehmens sei nicht zu fordern, da diese mit der anschließend im Rahmen der Bilanz nach Fortführungswerten zu prüfenden künftigen Ertragsfähigkeit identisch und damit für das Ergebnis einer Bilanz zu Fortführungswerten vorgreiflich sei.[1164] Dann aber würde sich der Gesetzgeber angesichts einer Anerkennung ertragswertorientierter Fortführungswerte in der Überschuldungsbilanz in Widerspruch zu seiner ausdrücklichen Forderung nach einer bilanziellen Überschuldungsprüfung setzen.

1162 Vgl. im Ergebnis ebenso *Penzlin*, Auswirkungen der InsO (2000), S. 132.

1163 *Bittmann*, wistra 1999, S. 14; *Tiedemann*, Insolvenzstrafrecht, 2. Aufl. (1996), Vor § 283 Rn. 153; *Bieneck* in Müller-Gugenberger/Bieneck, 3. Aufl. (2000), § 76 Rn. 25; *Haas*, Insolvenzrecht 1998 (1999), S. 20 f.; *Breuer*, Insolvenzrecht (1998), S. 44; *Beintmann*, BB 1999; S. 1546; *Götker*, Geschäftsführer (1999), Rn. 208; *Mönning* in Nerlich/Römermann, InsO (2005), § 19 Rn. 19; *Fenske*, AG 1997, S. 557; *Müller/Haas* in Kölner Schrift zur InsO, 2. Aufl. (2000), S. 1805 ff., Rn. 14 ff., *Kirchof* in HK-InsO, 3. Aufl. (2003), § 19 Rn. 8 f.; *Götz*, Überschuldung (2004), S. 179.

1164 *Burger/Schellberg*, KTS 1995, S. 571.

Der Gesetzgeber könne daher den Begriff der Fortführungswahrscheinlichkeit nur weit, nämlich subjektiv gemeint haben.[1165]

Die Herleitung der These, der Gesetzgeber könne die Fortführungswahrscheinlichkeit nur subjektiv gemeint haben, beruht jedoch auf einer falschen Prämisse. Davon, dass der Gesetzgeber die Ertragswertmethode nicht positiv festgeschrieben hat, einmal abgesehen, ist bei einer Bewertung zu Ertragswerten selbst dann Überschuldung denkbar, wenn eine Prognose der künftigen Lebensfähigkeit des Unternehmens positiv ausfällt, nämlich dann, wenn die Fortführungswahrscheinlichkeit der herrschenden Meinung entsprechend[1166] anhand einer mittelfristig ausgerichteten Zahlungsfähigkeitsprognose gemessen wird. Dann werden im Rahmen der Fortführungsprognose noch bestehende Möglichkeiten der Außenfinanzierung berücksichtigt, die bei der Vermögensbewertung nach der Ertragswertmethode von vornherein und bei den DCF-Methoden nach dem Bruttoverfahren (Entity-Ansatz) nach Abzug des Fremdkapitalwertes unberücksichtigt bleiben. Ein Beispiel ist der Fall, dass ein zu Fortführungswerten überschuldeter Schuldner doch noch Kredit erhält, was angesichts von Informationsverzerrungen der Marktteilnehmer durchaus denkbar ist.[1167]

Allein darauf abzustellen, ob der Schuldner die Auflösung oder die Fortführung plane, ist darüber hinaus weder mit dem Wortlaut des Gesetzes vereinbar, noch mit dem ausdrücklich geäußerten Willen des Gesetzgebers.

Der Wortlaut des § 19 II 2 InsO verlangt die Ermittlung des Wahrscheinlichkeitsgrades der Unternehmensfortführung, der auch immer von objektiven Begebenheiten abhängig ist. Auch wenn der Schuldner sein Unternehmen noch so sehr fortführen *will*, ist die Fortführung unwahrscheinlich, wenn er es mangels mittelfristiger Finanzkraft nicht fortführen *kann*.

Die Erläuterungen des Rechtsausschusses, dass die Formulierung der Entscheidung BGHZ 119, S. 201 entnommen sei und also zum Ausdruck bringen solle, „daß die Fortführung nach den Umständen wahrscheinlicher ist als die Stillegung“,[1168] beseitigen letzte Zweifel an dem Inhalt des § 19 II InsO: Die vom Gesetzgeber ausdrücklich in Bezug genommene Entscheidung schreibt in ihrem zweiten Leitsatz als Prüfungsinhalt der „Überlebens- oder Fortbestehensprognose“ ausdrücklich vor, dass zu prüfen ist, ob „die Finanzkraft der Gesellschaft mittelfristig nicht zur Fortführung des Unternehmens ausreicht.“[1169]

Und auch die Regierungsbegründung zum Vorgängerfassung des § 23 EinsO verlangte bereits ausdrücklich, dass nur dann Fortführungswerte angesetzt werden dürfen, „wenn die Fortführung des Unternehmens beabsichtigt ist und das Unternehmen wirtschaftlich lebensfähig erscheint.“[1170]

1165 *Burger/Schellberg*, KTS 1995, S. 571.
1166 Vgl. sogleich unter Zweiter Teil B. II. 1.
1167 Vgl. insoweit auch *Bork*, Einführung (1998), Rn. 94; *Röhm*, Abhängigkeit des Insolvenzstrafrechts (2002), S. 180.
1168 BT-Drs. 12/7302, S. 157.
1169 *BGHZ* 119, S. 201, 214.
1170 BT-Drs. 12/2443, S. 115.

Dass auch in teleologischer Hinsicht zum Schutz vor Gläubigerbenachteiligungen verlangt werden muss, dass der Schuldner nicht allein durch eine Beteuerung seiner Fortführungsabsicht eine Bewertung zu Fortführungswerten erzwingen kann,[1171] bestätigt das bereits eindeutige historische Auslegungsergebnis.

Ergebnis:

Das objektive Vorliegen der Überlebensfähigkeit ist neben der Absicht, das Unternehmen fortzuführen, gesetzlich vorgegebenes Postulat für die Aufstellung der Überschuldungsbilanz nach Fortführungswerten.

2. Entscheidung für den Prognoseinhalt – Zahlungsfähigkeitsprognose, Ertragsfähigkeitsprognose oder Rentabilitätsprognose?

Die Vermutung, der Gesetzgeber habe sich für eine Zahlungsunfähigkeitsprognose als Inhalt der Fortführungsprognose entschieden,[1172] wäre dann eindeutig und ohne Zweifel begründbar, wenn sich der Gesetzgeber auch ausdrücklich für die Ertragswertmethode als Wertmaßstab für eine Überschuldungsbilanz unter der Prämisse der Fortführung entschieden hätte. In diesem Fall würde eine positive Fortführungsprognose auf Basis der zukünftigen *Ertragsfähigkeit* stets zur Verneinung der Überschuldung führen, weil der dann anhand derselben Planrechnungen (Plan GuV usw.) ermittelte Wert des Vermögens nach Abzug der bestehenden Verbindlichkeiten (§ 19 I) stets positiv wäre und damit das prognostizierte „Herausholbare" zur Schuldendeckung ausreichen würde. Dann aber würde das erklärte Ziel des Gesetzgebers, in Absage an den modifziert zweistufigen Überschuldungsbegriffs die Relevanz der Fortführungsprognose so einzudämmen, dass sie allein nicht mehr über das Nichtvorliegen der Überschuldung entscheiden dürfe,[1173] konterkariert werden. In diesen Zusammenhang ließe sich auch die Einschätzung des Gesetzgebers einordnen, dass nicht in *jedem* Fall die traditionell zweistufige Methode bei positiver Prognose auch zu einem positiven Vermögensausweis im Überschuldungsstatus kommt, sondern nur *„häufig"* eine positive Fortführungsprognose dazu führen werde „daß der Wert des Vermögens die Summe der Verbindlichkeiten übersteigt."[1174] Eine Ertragsfähigkeitsprognose liefe dann sogar dem Wortlaut des § 19 II InsO zuwider, der auch bei positiver Fortführungsprognose an dem Erfordernis einer Bilanz festhält.

Der Gesetzgeber hat sich aber gerade nicht für die Ertragswertmethode als alleinigem Wertmaßstab in der Bilanz zu Fortführungswerten entschieden, so dass es für einen zwingenden Ausschluss der Ertragsfähigkeitsprognose als potentiellem Inhalt der Fortführungsprognose bereits an der Prämisse fehlt.

1171 Ebenso *Röhm*, Abhängigkeit des Insolvenzstrafrechts (2002), S. 176; *Schmerbach* in FK-InsO, 2. Aufl. (1999), § 19 Rn. 23.

1172 So offenbar *Röhm*, Abhängigkeit des Insolvenzstrafrechts (2002), S. 179 und auch *Bieneck*, StV 1999, S. 44, der das Abstellen auf die Ertragsfähigkeit im Strafrecht für eine unzulässige Analogie hält.

1173 BT-Drs. 12/7302 S. 157.

1174 Vgl. BT-Drs. 12/7302 S. 157.

Die Ansicht, wonach eine Zahlungsunfähigkeitsprognose über die Fortführungsfähigkeit entscheiden soll, bemüht vor allem den Wortlaut des § 19 II InsO, um aus ihm ein Argument für ihre Verbindlichkeit zu gewinnen. Wenn der Gesetzgeber auf die „nach den Umständen" wahrscheinliche Lebens(un)fähigkeit abstelle, so sei hiermit „nach allen Umständen" gemeint, so dass auch alle Finanzierungsquellen, auch die der Außenfinanzierung, mit zu berücksichtigen seien.[1175]

Dem ist nicht zu folgen: Zwar lässt der Wortlaut die Berücksichtigung aller Finanzierungsquellen, also aller Umstände in diesem Sinne zu; jedoch ist umgekehrt nicht zwingend die Berücksichtigung aller Umstände gefordert, sondern lediglich nach *den* Umständen, welchen auch immer, zu urteilen. Der Wortlaut ist insoweit neutral, eine Festschreibung für einen der Prognoseinhalte – Zahlungsunfähigkeit oder Ertragsfähigkeit – ist durch den Gesetzgeber nicht erfolgt.

Stattdessen ist zu untersuchen, inwieweit die Einführung der drohenden Zahlungsunfähigkeit als fakultativem Insolvenzantragsgrund *für* eine *Ertrags*fähigkeitsprognose als vom Gesetzgeber gewollter Inhalt der Fortführungsprognose spricht.

Denn zum einen wollte die Insolvenzrechtskommission anfangs sogar nur auf die Ertragsfähigkeit abstellen[1176], zum anderen hat die Ertragsfähigkeitsprognose gegenüber der Zahlungsunfähigkeitsprognose den Vorteil, dass sie Überschneidungen mit der drohenden Zahlungsunfähigkeit vermeidet; ein Argument, das nunmehr unmittelbare Relevanz auch im Zivilrecht – nicht nur im Rahmen der Krisenmerkmals nach § 283 StGB – erhält.[1177]

Aus diesem Grund wird vertreten, dass eine Zahlungsunfähigkeitsprognose als Bestandteil der Überschuldungsprüfung mit dem neuen Regelungssystem nicht kompatibel sei, weil im Gegensatz zur Überschuldung bei nur drohender Zahlungsunfähigkeit im Sinne des § 18 II InsO keine Insolvenzantragspflicht bestehe und daher die Überschuldungsprüfung und die Prüfung der drohenden Zahlungsunfähigkeit zu unterschiedlichen Ergebnissen führen müssen, um nicht in Widerspruch zu den Regelungen der fakultativen und zwingenden Insolvenzantragspflichten zu geraten.

Eine Analyse der Marktabläufe ergebe aber, dass Unternehmen, bei denen Zahlungsunfähigkeit drohe, auch immer rechnerisch überschuldet seien, weil ein Unternehmen bei hinreichendem Substanzvermögen oder bei hinreichenden Ertragserwartungen stets noch Kredit erhalte und damit über Quellen der güterwirtschaftlichen oder der abgeleiteten Liquidität verfüge, die es im Regelfall auch bereit sei zu nutzen.[1178]

1175 So *Bieneck* in Müller-Gugenberger/Bieneck, 3. Aufl. (2000), § 76 Rn. 23; *Röhm*, Abhängigkeit des Insolvenzstrafrechts (2002), S. 179.

1176 Vgl. Erster Bericht der Kommission für Insolvenzrecht, S. 111 und hierzu *Temme*, Eröffnungsgründe (1997), S. 119.

1177 Vgl. insoweit *Drukarczyk*, WM 1994, S. 1742 f.; *Penzlin*, Auswirkungen der InsO (2000), S. 138 ff.; *ders.*, NZG 2000, S. 469; *Wolf*, Überschuldung (1998), S. 37; *Temme*, Eröffnungsgründe (1997), S. 121.

1178 *Drukarczyk*, WM 1994, S. 1737 (1742) und *ders.*, Finanzierung, 9. Aufl. (2003), S. 23 ff., vgl. hierzu auch die Kritik bei *Temme*, Eröffnungsgründe (1997), S. 122.

Daher sei der Eintritt der Zahlungsunfähigkeit an das Vorliegen der entsprechenden Vermögensinsuffizienz, also der rechnerischen Überschuldung zu Liquidationswerten (güterwirtschaftliche Liquidität) und zu Fortführungswerten (abgeleitete Liquidität), gekoppelt, mit der Folge, dass beide Tatbestände in der Regel zugleich eintreten, der eine aber die Insolvenzantragspflicht nach sich ziehe, der andere nicht. Dieser gesetzliche Widerspruch könne nicht gewollt sein.[1179]

Grund zur Annahme, der Gesetzgeber habe durch das Regelungssystem der Insolvenzantragsgründe daher eine verbindliche Absage an eine Zahlungsfähigkeitsprognose erteilt, besteht jedoch nicht:

Denn trotz weitgehender Überschneidungen von Überschuldung und drohender Zahlungsunfähigkeit bei Interpretation der Fortführungsprognose in § 19 II 2 InsO als Zahlungsfähigkeitsprognose decken sich die Antragsgründe nicht. Anzuführen sind insoweit dieselben Beispiele, die auch im Rahmen der Diskussion um die traditionell zweistufige oder modifiziert zweistufige Methode als ein Argument für den Sinn einer Bilanzerstellung zu Fortführungswerten führen: Trotz negativer Zahlungsunfähigkeitsprognose ist Überschuldung abzulehnen, wenn angesichts eines großen Bestands an wertvollen, auf den Schuldner zugeschnitten Gegenständen des Anlagevermögens deren Liquidationswert größer ist als der Wert dessen, was sie durch Einsatz im Produktionsprozess erwirtschaften könnten.[1180]

Und auch wenn eine rechtlich verbindliche Ausgleichspflicht der Mutter- gegenüber ihrer Tochtergesellschaft besteht, ist durchaus denkbar, dass ein Unternehmen lebensfähig ist, ohne eine positive Ertragsprognose vorweisen zu können.[1181]

Die Zusammenschau von gesetzlicher Definition der drohenden Zahlungsunfähigkeit in § 18 II InsO und der Regierungsbegründung zu § 19 II InsO, wonach die Einschränkung des Überschneidungsgrades zwischen Überschuldung und drohender Zahlungsunfähigkeit speziell einen Vorteil der *Absage an den modifiziert zweistufigen* Überschuldungsbegriff darstelle,[1182] deutet sogar eher darauf hin, dass der Gesetzgeber eine Ertragsfähigkeitsprognose *nicht* als Maßstab der Überlebensfähigkeit wollte:

Wäre der vom Gesetzgeber zugrunde gelegte Inhalt eine Ertragsfähigkeitsprognose oder gar Rentabilitätsprognose, so wären die modifziert zweistufige Methode und die traditionell zweistufige Methode jedenfalls unter Ansatz von Ertragswerten als Fortführungswerte von einer Überschneidung mit der drohenden Zahlungsunfähigkeit zwar weniger, aber gleich stark betroffen, weil das Ergebnis der Fortführungsprognose durch eine Fortführungsbewertung nicht korrigierbar wäre. Dann aber wäre der ausdrücklich der traditionell zweistufigen Methode zugeschriebene Vorteil geringerer Überschneidungen mit der drohenden Zahlungsunfähig-

---

1179 *Drukarczyk*, WM 1994, S. 1737 (1742) und *ders.*, Finanzierung, 9. Aufl. (2003), S. 23 ff., vgl. hierzu auch die Kritik bei *Temme*, Eröffnungsgründe (1997), S. 122.

1180 Vgl. das Beispiel der Cal F. W. Borgward GmbH als Präzedenzfall der Praxis und hierzu *Temme*, Eröffnungsgründe (1997), S. 122 f.; *Groth*, Überschuldung (1995), S. 123; *Röhm*, Abhängigkeit des Insolvenzstrafrechts (2002), S. 180.

1181 Vgl. zu diesem Beispiel *Temme*, Eröffnungsgründe (1997), S. 120.

1182 Vgl. BT-Drs. 12/7302 S. 157.

keit bei Ertragswerten im Fortführungsstatus und damit in einem nicht unbedeutenden, weil ernsthaft diskutierten[1183] Fall, nicht mehr gegeben.[1184]

Dieser Zusammenhang und die Tatsache, dass während der Insolvenzrechtsreform die herrschende Meinung die Überlebensfähigkeit anhand der künftigen Zahlungsunfähigkeit prognostizierte und sich der Gesetzgeber hiergegen aber – anders als bei der modifziert zweistufigen Methode – nicht ausdrücklich aussprach, zeigen, dass mit § 19 II InsO keine Absage an die Zahlungsunfähigkeitsprognose als Inhalt der Fortführungsprognose erteilt wurde.

Ergebnis:

In § 19 II InsO erfolgt keine Entscheidung des Streits um den richtigen Inhalt der Fortführungsprognose (künftige Rentabilität, Ertragsfähigkeit, Zahlungsunfähigkeit); insoweit bleiben die bisherigen Ansichten aktuell.[1185]

3. Veräußerung ganzer Unternehmen als Fall der Fortführung in der Prognose bereits zu berücksichtigen?

Eine inhaltskonkretisierende Aussage des § 19 II InsO wird auch dahingehend angenommen, dass nach der Vorstellung des Gesetzgebers die Fortführung schon dann wahrscheinlich sein müsse, wenn die überwiegende Wahrscheinlichkeit dafür spricht, dass das Unternehmen ohne Zerschlagung aus der Masse veräußert wird,[1186] denn auch in diesem Fall sei das Unternehmen als Ganzes den Passiven gegenüberzustellen,[1187] so dass eine Bewertung nach dem Gesamtbewertungsansatz zu erfolgen habe, den der Gesetzgeber für die Bewertung unter der Prämisse der Fortführung vorgeschrieben habe.[1188]

Dieser Auffassung zufolge ist damit der Fall, dass ein Unternehmen durch seinen eigenen Schuldner mittelfristig wahrscheinlich nicht mehr fortgeführt werden kann, jedoch ein Verkauf der Unternehmensgesamtheit an einen Dritten überwiegend wahrscheinlich ist, ein Fall der Unternehmensfortführung im Sinne des § 19 II InsO, weil der Käufer zwecks Fortführung des Unternehmens einen Fortführungs-

1183 Zur zunehmenden Relevanz der Ertragswertmethode in der Diskussion um den Überschuldungsstatus in den letzten Jahren vor der Insolvenzrechtsreform bereits oben.

1184 Den Vorwurf von Überschneidungen zwischen drohender Zahlungsunfähigkeit und Überschuldung im Falle einer Fortführungsprognose, die sich an der künftigen Zahlungsfähigkeit ausrichtet, kehrt *Röhm* in ein Argument gegen die modifiziert zweistufige Methode um: unter Zugrundelegung der herrschenden Meinung (Zahlungsunfähigkeitsprognose) sei die modifiziert zweistufige Methode mangels einer Korrekturmöglichkeit über einen Fortführungsstatus wegen Unterschiedslosigkeit zur drohenden Zahlungsunfähigkeit nicht mehr haltbar. Vgl. *Röhm*, Abhängigkeit des Insolvenzstrafrechts (2002), S. 181 Fn. 642 gegen *Penzlin*, Auswirkungen der InsO (2000), S. 114 ff., 134 ff., 137.

1185 Vgl. zu den unterschiedlichen Auffassungen unten.

1186 Ein Beispiel bildet hierfür die Übertragung des Unternehmensvermögens auf eine Auffanggesellschaft.

1187 *K. Schmidt* in Scholz, GmbHG, 9. Aufl. (2002), Vor § 64 Rn. 18.

1188 *K. Schmidt* in Scholz, GmbHG, 9. Aufl. (2002), Vor § 64 Rn. 20.

preis zu zahlen bereit sein wird, da die immateriellen Güter wie Know-how und Kundenstamm auch für ihn einen eigenständigen Wert haben.

Die herrschende Meinung hingegen sieht den Fall, dass der bisherige Unternehmensinhaber selbst keine Unternehmensfortführung beabsichtigt und sein Unternehmen veräußert, stets als einen Fall der Liquidation, egal, welches Schicksal das Unternehmen unter der Führung des neuen Inhabers nimmt und berücksichtigt erst im Rahmen der Bewertung die zu erwartende Werterhöhung um den Wert der immateriellen Güter im Rahmen eines der Fortführung entsprechenden Wertansatzes. Danach ist es aber noch kein Fall der Fortführung.[1189]

Im Ergebnis wirkt sich der Meinungsunterschied kaum aus. Leichte Ergebnisunterschiede ergeben sich beim erforderlichen Wahrscheinlichkeitsgrad:

Während die früher herrschende und auch heute noch vertretene Meinung unter der Prämisse der Liquidation nur dann Fortführungswerte ansetzt, wenn *mit an Sicherheit grenzender Wahrscheinlichkeit* ein Verkauf des ganzen Unternehmens zu erwarten ist,[1190] ist nach dem Ansatz von *K. Schmidt*, der die Gesamtveräußerung als einen Fall der Fortführung begreift, eine *überwiegende Wahrscheinlichkeit* für den Unternehmensverkauf ausreichend.[1191] Doch zunehmend finden sich auch Ansichten, die zwar die Gesamtveräußerung als einen Fall der Liquidation begreifen, jedoch auch insoweit eine *überwiegende Wahrscheinlichkeit* ausreichen lassen.[1192] Und selbst die sich in dem geforderten Wahrscheinlichkeitsgrad unterscheidenden Ansichten stellen in Ausfüllung ihrer Maßgabe gleichermaßen beispielhaft auf laufende Verkaufsverhandlungen als Indiz ab.[1193]

Hingewiesen wird auch darauf, dass eine *K. Schmidt* folgende Differenzierung den Unterschied zu der modifziert zweistufigen Überschuldungsprüfung vermindern würde.[1194]

Stellungnahme:

Davon, dass der Gesetzgeber in § 19 II InsO festgelegt hat, die Möglichkeit der Unternehmensveräußerung als ganzes sei bereits im Rahmen der Fortführungsprognose zu berücksichtigen, ist nicht auszugehen:

Wenn der Schuldner sein Unternehmen veräußern will, fehlt es ihm an dem *eigenen* Fortführungswillen. Weder geht aus der Gesetzesbegründung eindeutig hervor, ob der Gesetzgeber ausdrücklich den Fortführungswillen des *Schuldners* als notwendig

---

1189 *Götz*, Überschuldung (2004), S. 188; *Müller/Haas* in Kölner Schrift zur InsO, 2. Aufl. (2000), S. 1804 Rn. 12 m.w.N.

1190 *Haas*, Insolvenzrecht 1998 (1999), S. 25; *Auler*, DB 1976, S. 2170; *Kühn*, DB 1970, S. 551; *K. Schmidt* in Scholz, GmbHG, 8. Aufl. (1995), § 63 Rn. 11, 18; heute noch *Röhm*, Abhängigkeit des Insolvenzstrafrechts (2002), S. 191.

1191 *K. Schmidt* in Scholz, GmbHG, 9. Aufl. (2002), Vor § 64 Rn. 18.

1192 *Götz*, Überschuldung (2004), S. 188; *Müller/Haas* in Kölner Schrift zur InsO, 2. Aufl. (2000) S. 1804.

1193 Vgl. *Götz*, Überschuldung (2004), S. 188; *Müller/Haas* in Kölner Schrift zur InsO, 2. Aufl. (2000) S. 1804 ebenso wie *Röhm*, Abhängigkeit des Insolvenzstrafrechts (2002), S. 191.

1194 *Müller/Haas* in Kölner Schrift zur InsO, 2. Aufl. (2000), S. 1804 Rn. 12 Fn. 32.

für eine positive Fortführungsprognose erachtet, noch ob die Fortführung durch einen Dritten hiervon umfasst sein soll: „Betreibt der *Schuldner* ein Unternehmen, so dürfen nur dann Fortführungswerte angesetzt werden, wenn die Fortführung des Unternehmens *beabsichtigt ist* und das Unternehmen wirtschaftlich lebensfähig erscheint; andernfalls sind die Werte zugrunde zu legen, die bei einer Liquidation des Unternehmens zu erzielen wären.“ [1195]

Einerseits stellt der Gesetzgeber ausdrücklich auf das Betreiben durch den Schuldner ab, was dafür spricht, auch die Fortführungsannahme ausschließlich danach zu richten, ob der Schuldner die Fortführung beabsichtigt, andererseits lässt die neutrale Formulierung „*beabsichtigt ist*“ Raum, auch die Beabsichtigung durch einen potentiellen Käufer ausreichen zu lassen.

Da die grammatikalische Auslegung allein nicht weiterhilft, die vom Gesetzgeber insoweit getroffene Festlegung zu ermitteln, ist teleologisch vorzugehen:

Der Zweck des Insolvenzeröffnungsgrundes Überschuldung, die Gläubiger vor einem Ausfall ihrer Forderung zu schützen, und der ausdrückliche Wunsch des Gesetzgebers, aus Gläubigerschutzgründen eine zeitliche Vorverlagerung des Überschuldungseintritts zu bewirken, könnten ein Indiz dafür sein, höhere Anforderungen an den Wahrscheinlichkeitsgrad der Unternehmensveräußerung im Ganzen zu stellen und eine mit *an Sicherheit grenzende Wahrscheinlichkeit* zu fordern, anstatt die *überwiegende Wahrscheinlichkeit* ausreichen zu lassen; den Verkauf des Unternehmens im Ganzen als Fall der Liquidation zu begreifen, entsprach auch dem in der Rechtspraxis herrschenden und dem Gesetzgeber bei Normierung des § 19 II InsO bekannten Verständnis, gegen das er sich – im Gegensatz zur modifiziert zweistufigen Methode – nicht ausdrücklich gewandt hat.

Auch eine Minderung der Unterschiede zur ausdrücklich vom Gesetzgeber abgelehnten modifiziert zweistufigen Prüfung spricht eher für das bisherige Verständnis von der Veräußerung als einem Fall der Liquidation.

Ob hieraus im Gegenteil zu schließen ist, der Gesetzgeber habe in § 19 II InsO festgeschrieben, dass der Fall einer Gesamtveräußerung als Liquidationsfall zu begreifen sei, ist mangels klarer Anhaltspunkte zu bezweifeln: Auch die Verminderung der Unterschiede zur modifiziert zweistufigen Methode sprechen nicht zwingend gegen eine Berücksichtigung der Gesamtveräußerung als einen Fall der Fortführung im Rahmen der Überlebensprognose, da das erklärte Ziel des Gesetzgebers, die Relevanz der Fortführungsprognose durch Reduzierung auf eine bloße Bewertungsprämisse einzudämmen,[1196] dadurch unangetastet bleibt.

Ergebnis:

Eine Festschreibung des Gesetzgebers dahingehend, der Unternehmensverkauf im Gesamten sei zwingend ein Fall der Fortführung oder der Liquidation, lässt sich nicht begründen. § 19 II InsO lässt nur den Schluss zu, dass bei einer positiven Fort-

1195 BT-Drs. 12/2443, S. 115.
1196 BT-Drs. 12/7302, S. 157.

führungsprognose Fortführungswerte anzusetzen sind, nicht aber dass der Ansatz eines Fortführungswertes auch zwingend bedeutet, dass die Fortführungsprognose des Unternehmens positiv sei.

Im Hinblick auf das Ergebnis ist daher der verbleibende Streit um die Einordnung der Gesamtveräußerung eines Unternehmens nicht von Bedeutung; eine Streitentscheidung kann insoweit dahinstehen.

VI. Festlegungen bezüglich Ansatz- und Bewertungsvorschriften auf der Passivseite?

1. Differenzierende Bewertung auch der Passiva?

Nach § 19 II InsO ist *bei der Bewertung des Vermögens* das Ergebnis der Fortführungsprognose entscheidend für den in der Überschuldungsbilanz anzusetzenden Wertmaßstab. Umstritten ist, ob damit eine Festlegung des Gesetzgebers dahingehend erfolgt ist, dass ausschließlich die Aktivseite der Überschuldungsbilanz in Abhängigkeit von der Fortführungsfähigkeit des Unternehmens aufzustellen ist und die Passivseite unabhängig davon nach einheitlichen Regeln zu erfolgen hat,[1197] oder ob mit „Vermögen“ in § 19 II 2 InsO umfassend das Gesamtvermögen im Sinne des Aktiv- *und* Passivvermögens gemeint ist und infolgedessen auch die Verbindlichkeiten in Abhängigkeit von der Fortführungsfähigkeit unterschiedlich zu bewerten sind.[1198]

Die Auffassung, der zufolge auch bei dem Ansatz von Verbindlichkeiten und deren Bewertung je nach Ergebnis der Fortführungsprognose unterschiedlich vorzugehen ist, argumentiert teleologisch, dass „auch für diese unterschiedliche Bewertungen je nach gegebener oder fehlender Fortführungsmöglichkeit notwendig sein können;“ [1199] und vermutet, dass die Intention des Gesetzgebers „wohl auf eine einheitliche Behandlung von Aktiva und Passiva abzielt.“[1200]

Die Gegenauffassung argumentiert anhand der systematischen Auslegung des Wortlautes: Wenn § 19 II 1 ausdrücklich zwischen Verbindlichkeiten und Vermögen differenziere, so stehe die unmittelbar folgende Verwendung des Begriffs „Vermögen“ unter dem Eindruck der vorherigen Differenzierung und müsse insoweit inhaltsgleich gemeint sein.[1201]

1197 So *Haas*, Insolvenzrecht 1998 (1999), S. 24; *Röhm*, Abhängigkeit des Insolvenzstrafrechts (2002), S. 175 Fn. 623; keine Unterscheidung auf der Passivseite auch bei *K. Schmidt* in Scholz, GmbHG, 9. Aufl. (2002), Vor § 64 Rn. 33 wohl auch *Altmeppen* in Roth/Altmeppen, GmbHG, 5. Aufl. (2005), § 64 Rn. 23.

1198 So *Müller/Haas* in Kölner Schrift zur InsO, 2. Aufl. (2000), S. 1803 Rn. 9; *Reck*, Insolvenzstraftaten (1999), S. 47 Fn. 112; *Drews*, Überschuldung (2003), S. 136; wohl auch *Förschle/Hoffmann* in Budde/Förschle, 3. Aufl. (2002), Kap. N Rn. 117.

1199 *Müller/Haas* in Kölner Schrift zur InsO, 2. Aufl. (2000) S. 1803 Rn. 9.

1200 *Reck*, Insolvenzstraftaten (1999), S. 47 Fn. 112.

1201 So *Haas*, Insolvenzrecht 1998 (1999), S. 24; *Röhm*, Abhängigkeit des Insolvenzstrafrechts von (2002), S. 175 Fn. 623.

Selbst wenn der Gesetzgeber in § 19 II 2 InsO nur das Vermögen im technischen Sinne meinte und eine Bewertung in Abhängigkeit vom Ausgang der Fortführungsprognose auch nur für das Aktivvermögen festschreiben wollte, so kann dem nicht entnommen werden, der Gesetzgeber wolle damit die Verbindlichkeiten stets einheitlich bewertet sehen. Vielmehr ist davon auszugehen, dass der Gesetzgeber über die Frage, ob Verbindlichkeiten in Abhängigkeit von der Prämisse der Liquidation oder der Fortführung zu bewerten sind, gar nicht entschieden hat, auch nicht positiv in dem Sinn, dass er den Vermögensbegriff in Satz 2 weiter verstanden wissen wollte als in Satz 1: Denn die Bewertung der Passivseite ist seit jeher ungleich weniger Schwierigkeiten und Meinungsstreitigkeiten unterliegt als der Wertansatz auf der Aktivseite,[1202] und hier ist keine Unterscheidungsmöglichkeit zwischen einem Gesamtbewertungsansatz und Einzelbewertungsansätzen denkbar. Verbindlichkeiten unterliegen denknotwendig einer Einzelbewertung, die sich nach einhelliger Meinung im Regelfall am Nennwert orientiert.[1203]

Einzig die Tatsache, dass die Vermögensbewertung in Abhängigkeit von der Fortführungsfähigkeit vor allem deswegen gesetzlich festgeschrieben wurde, um auszuschließen, dass allein über die als unsicher und manipulationsanfällig empfundene Fortführungsprognose Überschuldung verneint werden kann,[1204] spricht dafür, dass der Gesetzgeber überhaupt nur eine Aussage hinsichtlich der *insoweit* im Vordergrund stehenden Frage der Aktivenbewertung treffen wollte.

Warum die Passiva nicht in Abhängigkeit von der Prämisse erfolgen können soll, ist auch sachlich nicht begründbar: In der Regel führt eine Betrachtung der Verbindlichkeiten unter der Prämisse der Liquidation und der Prämisse der Fortführung zum selben Ergebnis,[1205] jedoch können bei Fortführung des Unternehmens Einsparungen auftreten, die bei Liquidation des Unternehmens nicht möglich sind. Beispielsweise billigt das Bundesarbeitsgericht einem in der Krise befindlichen Unternehmen Kürzungen bis hin zur Einstellung von Pensionszusagen zu, wenn die damit verbundenen Einsparungen Teil eines erfolgsversprechenden Sanierungskonzepts sind,[1206] die bei der Höhe der Rückstellungen für laufende Pensionsverpflichtungen in der Überschuldungsbilanz zu berücksichtigen wären.[1207]

1202 Vgl. zu den Streitpunkten hinsichtlich der Passivseite *Drews*, Überschuldung (2003), S. 100–134 und S. 136–138.

1203 Vgl. *Mönning* in Nerlich/Römermann, InsO (2005), § 19 Rn. 37 m.w.N. auf die Kommentarliteratur zur Rechtslage vor der Insolvenzrechtsreform.; *Gelhausen* in WP-Handbuch, Bd. II, 12. Aufl. (2002), Kap. L Rn. 124; *K. Schmidt* in Scholz, GmbHG, 9. Aufl. (2002), Vor § 64, Rn. 23, 25. Zur Ausnahme einer diskutierten Abzinsung von längerfristigen niedrigverzinslichen und eine Aufzinsung von längerfristigen hochverzinslichen Verbindlichkeiten vgl. *Drews*, Überschuldung (2003), S. 101.

1204 Vgl. Regierungsbegründung, BT-Drs. 12/2443 „ Eine positive Prognose für die Überlebensfähigkeit, die leicht vorschnell zugrunde gelegt wird – darf die Annahme einer Überschuldung noch nicht ausschließen."

1205 Folge der Einzelbewertung. Vgl. auch *Drews*, Überschuldung (2003), S. 136.

1206 *BAG* v. 20.1.1987, DB 1987, S. 1947 f. und hierzu *Drews*, Überschuldung (2003), S. 105.

1207 Vgl. hierzu *Drukarczyk*, ZGR 1979, S. 553, 571; *Temme*, Eröffnungsgründe (1997), S. 168; *Drews*, Überschuldung (2003), S. 105.

In diesem Fall den vollen, nach versicherungsmathematischen Grundsätzen zu bestimmenden Rentenbarwert[1208] auf der Passivseite der Überschuldungsbilanz auszuweisen, leuchtet nicht ein.

Gleiches gilt für Sozialplanverpflichtungen aus Sozialplänen (§§ 111 ff. BetrVG), die bei Liquidation oder bei Sanierung unterschiedlich ausgehandelt werden können; sollen sie im Überschuldungsstatus Berücksichtigung finden, so entscheidet die Prämisse der Liquidation oder der Fortführung mit unterschiedlichem Ergebnis darüber, wie viele Arbeitnehmer zu entlassen sind und in welcher Höhe Sozialplanverbindlichkeiten entstehen.[1209]

Zwischenergebnis:

§ 19 II 2 InsO kann nicht im Wege eines *e contrario* Schlusses entnommen werden, Wertansatz und Werthöhe der Passiva im Überschuldungsstatus hätten unter der Prämisse der Liquidation und der Prämisse der Fortführung stets gleichen Regeln zu folgen. Ebenso ist aus eindeutigen grammatikalischen Gründen der Vermögensbegriff nicht anders auszulegen als in Satz 1 der Norm. Daher ist die These, der Gesetzgeber habe eine differenzierte Bewertung auch der Passiva festgeschrieben, nicht haltbar.

Vielmehr enthält § 19 II InsO keine Festlegung, inwieweit die Passiva zu bewerten sind.

§ 19 II InsO ist somit grundsätzlich offen für eine – sinnvolle, weil zweckentsprechende – Bewertung auch der Passiva in Abhängigkeit der Fortführungsprognose, ebenso wie für eine – sachlich zweifelhafte – stets gleiche Bewertung der Verbindlichkeiten.

2. Ausschluss unsicherer Schulden (Rückstellungen) aus den „bestehenden Verbindlichkeiten" im Überschuldungsstatus?

Zunächst stellt sich die Frage, ob mit dem Wandel in der vom Gesetzgeber gewählten Bezeichnung von „*Schulden*" hin zu „*Verbindlichkeiten*" eine inhaltliche Festschreibung von Ansatzvorschriften einhergeht.

Denn Schulden lassen sich einteilen in solche, die dem Grunde und der Höhe nach gewiss sind (Verbindlichkeiten) und solche, die bereits dem Grunde oder zumindest der Höhe nach ungewiss sind (Rückstellungen, § 249 I S. 1 HGB).[1210] Ob die nach

1208 Vgl. dazu *Lutter/Hommelhoff*, GmbHG, 15. Aufl. (2000), § 64 Rn. 19; *Förschle/Hoffmann* in Budde/Förschle, Sonderbilanzen, 3. Aufl. (2002), Kap. N Rn. 116; *Drews*, Überschuldung (2003), S. 104.

1209 Im Einzelnen hierzu *Drews*, Überschuldung (2003), S. 108, 136 f. m.w.N.

1210 Vgl. hierzu *Adler/Düring/Schmalz*, Rechnungslegung und Prüfung, 6. Aufl. (1995), § 249 Rn. 28. Davon zu unterscheiden sind *Rechnungsabgrenzungsposten* (§ 250 HGB) die einer periodengenauen Erfassung von Ein- und Auszahlungen dienen. *Passive* Rechnungsabgrenzungsposten (§ 250 II HGB) für Vorauszahlungen auf eine Leistung, die der Schuldner erst im kommenden Geschäftsjahr zu erbringen hat, werden bereits bei den bestehenden Verbindlichkeiten auf der Passivseite der Überschuldungsbilanz berücksichtigt, wenn sie bei vorzeitiger Vertragsauflösung zurückzuzahlen sind; ob auch die bei Vertragsabwicklung zu erbringende Gegenleistung zu pas-

§ 249 I S. 1 Var. 1 HGB in der Handelsbilanz zu bildenden Rückstellungen für ungewisse Verbindlichkeiten, z. B. für Pensionsverpflichtungen[1211] und künftige Sozialverbindlichkeiten aus Sozialplänen (§ 111 BetrVG)[1212] zu berücksichtigen sind, ist angesichts des Gesetzeswortlauts („bestehende Verbindlichkeiten“) auf den ersten Blick zweifelhaft.

Ausweislich der Regierungsbegründung zum Entwurf des § 23 EInsO wollte der Gesetzgeber jedoch im ersten Teil der Überschuldungsdefinition an die bisherigen Normierungen der Überschuldung in den gesellschaftsrechtlichen Antragsnormen anknüpfen, wonach noch das Übersteigen der *„Schulden“* maßgeblich war, und *„in Anlehnung an § 92 Abs. 2 AktG, § 64 Abs. 1 Satz 2 GmbHG und § 98 Abs. 1 Nr. 2 GenG“* dem Vermögen, das im Falle einer Insolvenzeröffnung als Insolvenzmasse zur Verfügung stände, die Verbindlichkeiten gegenüberstellen, *“die im Falle der Verfahrenseröffnung gegenüber Insolvenzgläubigern beständen.“*[1213]

Mit dieser Anknüpfung an den Schuldenbegriff der vormaligen Regelungen und der hypothetischen, auf den Fall der Verfahrenseröffnung abstellenden Formulierung sind Rückstellungen als ungewisse Schulden im Überschuldungsstatus von Seiten des Gesetzgebers nicht per se ausgeschlossen. Eine Schuld, die dem Grund oder der Höhe nach zum Stichtag noch ungewiss ist, kann zum Zeitpunkt der potentiellen Verfahrenseröffnung, auf die der Gesetzgeber ausdrücklich abstellt, durchaus gewiss sein. Dahingehend ist auch die Regierungsbegründung zu § 23 EInsO einzuordnen, die ausdrücklich von einer „Gegenüberstellung von Vermögen und *Schulden*“ spricht, obwohl bereits dem Wortlaut der Norm nach „Verbindlichkeiten“ anzusetzen waren.[1214]

Der vom Gesetzgeber für maßgeblich erachtete Zeitpunkt der *hypothetischen* Verfahrenseröffnung ist auch mit dem Wortlaut des § 19 II 1 InsO, der ausdrücklich auf die „bestehenden“ Verbindlichkeiten abstellt, vereinbar, weil daraus nicht abzuleiten ist, dass die Verbindlichkeit am Tag der Überschuldungsermittlung, dem Stichtag der Statusaufstellung, bereits bestehen muss; vielmehr ergibt sich aus dem Zweck der Überschuldungsermittlung (Ermittlung des Gläubigerbefriedigungspotentials zwecks Entscheidung über die Notwendigkeit einer Verfahrenseröffnung), dass es nur auf den Zeitpunkt der hypothetischen Verfahrenseröffnung ankommen kann. Dass auf das Befriedigungspotential der bei Insolvenzeröffnung bestehenden Insolvenzgläubiger abzustellen ist, ergibt sich aus dem Gesetz selbst, § 38 InsO.

---

sivieren ist, wird je nachdem, ob ein Vermögensabfluss oder nur ein Abfluss liquider Mittel für berücksichtigungsfähig gehalten wird, uneinheitlich beantwortet. Vgl. zum Streitstand *Drews*, Überschuldung (2003), S. 110; *Vonnemann*, BB 1991, S. 1991, S. 867, 871 und zu Rechnungsabgrenzungsposten in der Handelsbilanz auch *Götz*, Überschuldung (2004), S. 131 f.

1211 Zu laufenden Pensionsverpflichtungen und verfallbaren sowie unverfallbaren Pensionsanwartschaften ausführlich *Drews*, Überschuldung (2003), S. 104 ff., 136 ff.

1212 Dass Sozialverpflichtungen aus bereits bestehenden Sozialplänen gegenüber den Arbeitnehmern zu den „bestehenden“ Verbindlichkeiten zählen ist unstreitig, vgl. *Drews*, Überschuldung (2003), S. 108 m.w.N.; wieweit erst im Rahmen der Unternehmensliquidation auszuhandelnde Sozialplanverbindlichkeiten zu berücksichtigen sind, ist streitig; vgl. zum Streitstand *Drews*, Überschuldung (2003), S. 108.

1213 Vgl. BT-Drs. 12/2443, S. 115.

1214 BT-Drs. 12/2443, S. 115.

Folglich sind Schulden, die nur der Höhe nach am Stichtag der Überschuldungsermittlung noch ungewiss sind, in jedem Fall zu berücksichtigen, weil sie als festgestellte rechtliche Tatbestände Ansprüche gegen das zu beurteilende Unternehmen auslösen.[1215]

Schulden, die auch dem Grunde nach ungewiss sind, sind ebenfalls berücksichtigungsfähig, sofern sie bei Verfahrenseröffnung zu veranschlagen wären, also *„bestehen"*, was dahingehend ausgelegt wird, dass sie anzusetzen sind, wenn *aufgrund konkreter Anhaltspunkte ernsthaft mit einer Inanspruchnahme zu rechnen* ist.[1216]

Zu den betroffenen unsicheren Verbindlichkeiten zählen insbesondere Rückstellungen im Sinne des § 249 HGB.

Welcher Betrag in diesen Fällen anzusetzen ist, ist umstrittene Auslegungsfrage und vom Gesetzgeber nicht vorentschieden.[1217]

Zwischenergebnis:

Das Gesetz schließt die Berücksichtigung unsicherer, erst im Zeitpunkt der hypothetischen Verfahrenseröffnung zu erwartender Schulden im Überschuldungsstatus nicht zwingend aus. Welche Verbindlichkeiten mit welcher Höhe zu berücksichtigen sind, ist Auslegungsfrage, die maßgeblich davon abhängt, ob Verbindlichkeiten in Abhängigkeit von der Fortführungsprognose unterschiedlich bewertet werden, oder nicht.[1218]

3. Zwingende Berücksichtigung *aller* bestehenden, auch der *nachrangigen* Verbindlichkeiten, insbesondere eigenkapitalersetzende Gesellschafterdarlehen?

Der Gesetzesentwurf zur Modernisierung des GmbH-Rechts und zur Bekämpfung von Missbräuchen (MoMiG) differenziert hinsichtlich des Ranges – im Gegensatz zu der noch geltenden Rechtslage – nicht mehr zwischen eigenkapitalergebenden Gesellschafterdarlehen und sonstigen Gesellschafterdarlehen. Stattdessen sieht der Entwurf vor, dass sämtliche Rückzahlungsansprüche aus Gesellschaftsdarlehen in der Insolvenz der Gesellschaft nachrangig zu befriedigen sind. Dementsprechend soll auch § 19 II InsO im Satz 2 hinzugefügt werden, der wie folgt lautet: „Forderungen auf Rückgewähr von Gesellschafterdarlehen und gleichgestellte Forderungen, die nach § 39 I Nr. 5 in einem Insolvenzverfahren über das Vermögen einer Gesellschaft nachrangig berichtigt werden, sind nicht bei den Verbindlichkeiten nach Satz 1 zu berücksichtigen." (Artikel 9 Ziffer 3 MoMiG).

1215 Vgl. WP-Handbuch (1996), Bd. 1 Kap. T Rn. 26; *Müller/Haas* in Kölner Schrift zur InsO, 2. Aufl. (2000), S. 1811 Rn. 30; *Temme*, Eröffnungsgründe (1997), S. 164 m.w.N.; *Mönning* in Nerlich/Römermann, InsO (2005), § 19 Rn. 37 m.w.N.

1216 WP-Handbuch (1996), Bd. 1 Kap. T Rn. 26; *Müller/Haas* in Kölner Schrift zur InsO, 2. Aufl. (2000), S. 1811 Rn. 30; *Temme*, Eröffnungsgründe (1997), S. 165 m.w.N.

1217 Vgl. zum unveränderten Meinungsstreit insoweit *Temme*, Eröffnungsgründe (1997), S. 164 und *Drews*, Überschuldung (2003), S. 102 ff.

1218 Näher dazu sogleich unter Zweiter Teil B. III. 3.

Diese Regelung ist jedoch noch nicht geltendes Gesetz. Zudem steht die geplante Nachrangigkeit sämtlicher Gesellschafterdarlehen im Zusammenhang mit der Abschaffung der §§ 32a, 32b GmbHG und der Aufgabe der Differenzierung zwischen eigenkapitalisierenden und sonstigen Gesellschafterdarlehen in der Insolvenz überhaupt.

Zukunftscharakter und die massive Kehrtwende, die mit dieser geplanten Regelung einhergehen, verbieten daher eine Übertragung der mit dem MoMiG verbundenen Regelungsintention des Gesetzgebers auf die hier zu behandelnde Frage, wie nach noch geltender Rechtslage eigenkapitalersetzende Gesellschafterdarlehen in der Überschuldungsbilanz ausgelegt werden und auszulegen sind. Für das derzeit geltende Regime des Eigenkapitalersatzrechts sind die folgenden Überlegungen maßgeblich.

Da § 19 II InsO in der derzeit geltenden Fassung dem Wortlaut nach nur verlangt, dass eine Verbindlichkeit nur *bestehen* muss, um im Überschuldungsstatus berücksichtigt zu werden, stellt sich nach geltender Rechtslage noch immer die seit je her umstrittene Frage, wie eigenkapitalersetzende Darlehen im Überschuldungsstatus zu behandeln sind.[1219] Eigenkapitalersetzend und damit kraft Gesetzes (§ 32a I GmbHG) ähnlich wie Eigenkapital zu behandeln ist ein vom Gesellschafter in der Krise (nach Eintritt der Kreditunwürdigkeit der Gesellschaft)[1220] gewährtes oder stehen gelassenes Darlehen mit der Rechtsfolge, dass eine Rechtshandlung zur Rückgewähr des Darlehens an den Gesellschafter innerhalb eines Jahres vor Insolvenzeröffnung gem. § 135 Nr. 2 InsO bzw. § 32a GmbHG anfechtbar ist und dass bei Rückgewähr in der Zone der Unterbilanz ein Anspruch der Gesellschaft aus §§ 30, 31 GmbHG entsteht.[1221] Eine Umwandlung in statutarisches Eigenkapital findet hingegen nach gefestigter Rechtsprechung nicht statt, sondern das Darlehen behält trotz seiner (Um)Qualifizierung den Charakter einer Verbindlichkeit bei.[1222]

Angesichts der gleichzeitig erstmalig gesetzlichen Erfassung von Rückzahlungsansprüchen aus eigenkapitalersetzenden Gesellschafterdarlehen als nachrangige Forderungen im Sinne des § 39 I Nr. 5 InsO erhielt der Streit um die Pflicht, Rückzahlungsverbindlichkeiten aus eigenkapitalersetzenden Darlehen im Überschuldungsstatus zu passivieren, einen neuen Inhalt. Wegen des durch Art. 48 Nr. 2a EGInsO geänderten § 32a GmbHG und der neu eingefügten Vorschrift des § 39 I Nr. 5 InsO ist das zuvor tragende Argument für eine Nichtpassivierung eigenkapitalersetzender Darlehensverbindlichkeiten unter der Geltung des derzeitig geltenden Kapitalerhaltungsregime weggebrochen:[1223]

1219 Ausführlich zum alten wie auch aktuellen Streitstand *Röhm*, Abhängigkeit des Insolvenzstrafrechts (2002), S. 191 ff.; *Drews*, Überschuldung (2003), S. 116 ff.

1220 Krise im Sinne der §§ 30 ff. GmbHG, nicht im Sinne des § 283. Die Krise liegt vor, wenn der Gesellschafter in ordnungsgemäßer Erfüllung seiner Finanzierungsverantwortlichkeit Eigenkapital gewährt hätte, was anzunehmen ist, wenn unter Marktbedingungen kein Kredit mehr erhältlich ist, die Gesellschaft kreditunwürdig ist; ständige Rspr. vgl. *BGH* Urt. v. 2.6.1997, ZIP 1997, S. 1648, 1649; *BGH* Urt. v. 12.7.1999, ZIP 1999, S. 1524.

1221 Vgl. hierzu näher *Wolf*, Überschuldung (1998), S. 124 und *Drews*, Überschuldung (2003), S. 116 ff. m.w.N.

1222 Vgl. *BGH* Urt. v. 8.1.2001, DB 2001, S. 430, 432.

1223 Ebenso *Röhm*, Abhängigkeit des Insolvenzstrafrechts (2002), S. 194 ff.; *Drews*, Überschuldung (2003), S. 119; *Temme*, Eröffnungsgründe (1997), S. 196 f.

Da auf der Passivseite (nur) die Verbindlichkeiten auszuweisen sind, die im Falle der Insolvenzeröffnung Insolvenzforderungen darstellen, konnte § 32 GmbHG a. F., der eine Geltendmachung solcher Rückforderungen im Konkurs noch ausgeschlossen hatte, dahingehend angeführt werden, dass mangels einer denkbaren Gefährdung der Gläubigerbefriedigungsinteressen Rückzahlungsverbindlichkeiten aus eigenkapitalersetzenden Gesellschafterdarlehen nicht zu passivieren seien.[1224] Dies geht unter der Geltung des § 39 I Nr. 5 InsO bei gleichzeitiger Geltung der §§ 32a, 32b GmbHG so nicht mehr.

Ob aus der Regelung der §§ 32a GmbHG, 39 I Nr. 5 InsO i.V.m. dem nur das Bestehen einer Verbindlichkeit fordernden Wortlaut positiv eine gesetzliche Festschreibung dahingehend zu folgern ist, dass Rückzahlungsverbindlichkeiten aus eigenkapitalersetzenden Darlehen, für die kein bedingter Verzicht und auch kein Rangrücktritt erklärt wurde, im Überschuldungsstatus zu passivieren sind, wird uneinheitlich beantwortet. Je nach Interpretation der Gesetzesbegründung und des Regelungssystems der §§ 32a GmbHG, 39 InsO wird § 19 II InsO verschieden ausgelegt;[1225] vertreten werden nach derzeitiger Rechtslage auch heute noch im Wesentlichen drei Positionen:

- *stets* eine Nichtpassivierung von Rückzahlungsverbindlichkeiten aus eigenkapitalersetzenden Gesellschafterdarlehen,[1226]
- Nichtpassivierung von Rückzahlungsverbindlichkeiten aus eigenkapitalersetzenden Gesellschafterdarlehen nur, wenn sie mit einer schuldrechtlichen *Rangrücktrittserklärung* für den Fall der Eröffnung eines Insolvenzverfahrens versehen wurde oder ein auf diesen Fall bedingter Forderungserlass erklärt wurde,[1227]
- Nichtpassivierung von Rückzahlungsverbindlichkeiten aus eigenkapitalersetzenden Gesellschafterdarlehen nur bei *bedingtem Forderungserlass*.[1228]

Zwingende Festschreibung einer Passivierungspflicht jedenfalls für Verbindlichkeiten aus eigenkapitalersetzenden Darlehen, bei denen weder Rangrücktritt noch Forderungserlass vereinbart wurde?

1224 So *Hommelhoff* in FS-Döllerer (1988), S. 256 ff.; *Groth*, Überschuldung (1995), S. 84 ff.; *Fleischer*, ZIP 1996, S. 777 f.; *Joecks*, BB 1986, S. 1682.

1225 Von einer Festschreibung unter Bezugnahme auf die Gesetzesbegründung geht z. B. aus Hefermehl/Spindler in MüKo, AktG, 2. Aufl. (2004), § 92 Rn. 27 Fn. 62. *Noak*, FS-Claussen (1997), S. 314 f. hält hingegen die Gesetzesbegründung wegen Widerspruchs zu Regelungssystematik und Zweck des § 39 II InsO für nicht bindend.

1226 *OLG München*, NJW 1994, S. 3112; *OLG Düsseldorf*, GmbHR 1997, S. 699; *OLG Stuttgart*, NZG 1998, S. 308; *OLG* Köln, DB 2000, S. 264; *Hirte*, DStR 2000, S. 1829 ff.; *Lutter*/Hommelhoff, GmbHG, 15. Aufl. (2000), § 64 Rn. 17 ff.; *ders.*, ZIP 1999, S. 641, 645; *Fleischer*, ZIP 1996, S. 773, 778; *Noak*, FS-Claußen, S. 315; *Gerkan*, ZGR 1997, S. 173, 199; *Hommelhoff* in FS-Döllerer (1988), S. 258; *Fleck*, EWiR 1997, S. 1093 f.

1227 *BGH* Urt. v. 8.1.2001, BB 2001, S. 430, 432; *OLG* Dresden, EWiR 2002, S. 489 f.; *Altmeppen*, ZHR 2000, S. 373; *R. Fischer R.*, GmbHR 2000, S. 66, 67; *Ehlers*, DStR 1998, S. 1756, 1758; *Bittmann*, wistra 1999, S. 10, 15; *K. Schmidt*, ZIP 1999, S. 1241, 1246; *ders.*, GmbHR 1999, S. 9 ff.; *Früh*, GmbHR 1999, S. 842, 846; *Kirchof* in HK-InsO, 3. Aufl. (2003), § 19 Rn. 26; *Lenz*, GmbHR 1999, S. 283; *Holzapfel*, InVO 1999, S. 1, 3; *Schaal* in Rowedder/Schmidt-Leithoff, GmbHG, 4. Aufl. (2002), § 84 Rn. 42.

1228 Unter Hinweis auf BT-Drs. 12/2443, S. 115 *Hess*, Insolvenzrecht (1999), § 19 Rn. 43; *Hess/Weiss*, InVo 1999, S. 33 f.; *Mönning* in Nerlich/Römermann, InsO (2005), § 19 Rn. 38; *Bieneck*, StV 1999, S. 43; *Röhm*, Abhängigkeit des Insolvenzstrafrechts (2002), S. 191 ff., 195; Tröndle/*Fischer*, StGB, 52. Aufl. (2004), Vor § 283 Rn. 7; *Reck*, Insolvenzstraftaten (1999) Rn. 309 f.; *ders.*, GmbHR 1999, S. 274; *Holzer* in Kübler/Prütting, InsO (2005), § 39 Rn. 22 a f.

Einer Ansicht nach sind Rückzahlungsverbindlichkeiten aus eigenkapitalersetzenden Darlehen grundsätzlich im Überschuldungsstatus zu passivieren. Dies ergebe sich eindeutig aus der Gesetzesbegründung, die im Wortlaut des § 19 II InsO ihren Niederschlag finde, wonach nur das *Bestehen*, nicht aber auch die Erstrangigkeit der Verbindlichkeit gefordert werde, und aus dem Regelungskomplex der §§ 32a GmbHG, 39 I Nr. 5 InsO.[1229] Die in Bezug genommene Gesetzesbegründung lautet: „Auf der Passivseite sind auch die nachrangigen Verbindlichkeiten im Sinne des § 46 des Entwurfs (§ 39 InsO), z.B. Zahlungspflichten aus kapitalersetzenden Darlehen, zu berücksichtigen. Dem Bedürfnis der Praxis, durch den Rangrücktritt eines Gläubigers den Eintritt einer Überschuldung zu vermeiden oder eine bereits eingetretene Überschuldung wieder zu beseitigen, kann in der Weise Rechnung getragen werden, daß die Forderung des Gläubigers für den Fall der Eröffnung eines Insolvenzverfahrens erlassen wird.“[1230]

Diese für bindend erachtete Auffassung des Gesetzgebers stehe auch in Tradition des Regierungsentwurfs einer GmbH-Novelle von 1980, in dem eine ausdrückliche gesetzliche Normierung der Passivierungspflicht vorgesehen war (§ 32a I 5 des Entwurfs),[1231] und die nur um einer besseren Handhabbarkeit des Gesetzes Willen, nicht aber aus materiellen Gründen nicht Gesetz geworden war,[1232] und decke sich mit dem Ziel des Insolvenzgesetzgebers, die Anzahl masseloser Insolvenzen durch eine frühe Verfahrensöffnung zu reduzieren.[1233]

Da die Qualifizierung/Umqualifizierung eines krisenbestimmten oder in der Krise gewährten/stehengelassenen Darlehens als Eigenkapitalersatz nicht zu einem Erlöschen des Rückzahlungsanspruchs führe, fordere § 19 II 1 InsO im Rahmen der „bestehenden Verbindlichkeiten“ auch die Berücksichtigung solcher Rückzahlungsansprüche im Überschuldungsstatus.[1234]

Aus diesem Grund wird sogar vertreten, dass eine generelle Nichtberücksichtigung nachrangiger eigenkapitalersetzender Darlehen eine Auslegung unter Überschreitung der absoluten Wortlautgrenze darstelle.[1235]

Teleologische und rechtstaatliche Argumente dienen dieser strengen Auffassung als Untermauerung:

Solange der Schuldner nicht zumindest durch eine Rangrücktrittserklärung die Bereitschaft signalisiere, mit seinen Ansprüchen nicht in Konkurrenz mit den übrigen Drittgläubigern zu treten, bestehe auch kein schützenswertes Interesse der Gesellschafter an einer Nichtpassivierung.[1236] Wenn allein der eigenkapitalersetzende Charakter eines Darlehens und nicht erst eine Erklärung des Schuldners über den

---

1229 So *Röhm*, Abhängigkeit des Insolvenzstrafrechts (2002), S. 191 ff., 195; *Reck*, Insolvenzstraftaten (1999) Rn. 309 f.
1230 BT-Drs. 12/2443, S. 115.
1231 BT-Drs. 8/1347, S. 9, 40, vgl. *Röhm*, Abhängigkeit des Insolvenzstrafrechts (2002), S. 196.
1232 BT-Drs. 8/3908, S. 16, 73 ff.; *Röhm*, Abhängigkeit des Insolvenzstrafrechts (2002), S. 196 Fn. 692.
1233 *Hess/Weiss*, InVo 1999, S. 33, 34.
1234 *Röhm*, Abhängigkeit des Insolvenzstrafrechts (2002), S. 195.
1235 *Drews*, Überschuldung (2003), S. 124.
1236 So *BGH* Urt. v. 8.1.2001, DB 2001, S. 433.

Nichtansatz in der Überschuldungsbilanz entscheiden könnte, werde die ohnehin schon schwierige Überschuldungprüfung mit weiteren Unwägbarkeiten einer extrem schwierigen Rechtsfrage belastet und der Geschäftsführer, der über den eigenkapitalersetzenden Charakter zu entscheiden habe, einem unzulässigen Haftungsrisiko ausgesetzt.[1237]

Gegen die Ansicht, das Gesetz schreibe aufgrund der §§ 32a GmbHG, 39 I Nr. 5 InsO vor, dass Verbindlichkeiten aus eigenkapitalersetzenden Darlehen als „bestehende Verbindlichkeiten“ im Sinne des § 19 I 1 InsO grundsätzlich zu passivieren seien, wird vorgebracht, dass die Regelung der §§ 32a GmbHG, 39 I Nr. 5 InsO einen von der Überschuldungsfeststellung unabhängigen Zweck verfolge: den Zweck, eine Vollabwicklung des Unternehmensträgers bis zu dessen Löschung (§ 199 InsO) zu gewährleisten, anstatt wie zuvor einen nur teilabgewickelten Torso in die Freiheit zu entlassen und die Aufgabe der Restabwicklung den Liquidatoren aufzubürden.[1238]

Das Argument der fehlenden Schutzwürdigkeit von Schuldnern, die zu keiner Rangrücktritts- oder Erlasserklärung bereit seien, wird dahingehend umgekehrt, dass die „normalen“ (erstrangigen) Gläubiger keines Schutzes vor einer Geltendmachung nachrangiger Forderungen bedürften, weil diese erst nach vollständiger Befriedigung der erstrangigen Forderungen bedient würden und damit die Darlehensgeber gar nicht in Verteilungskonflikt mit den übrigen Gläubigern treten. Dass das Gesetz aber nur die Gläubiger erstrangiger Verbindlichkeiten vor einer Minderung ihrer Befriedigungsquote schützen wolle und nicht auf den Schutz auch der nachrangigen Gläubiger ziele, ergebe sich wiederum aus § 174 III InsO, demzufolge nachrangige Forderungen erst nach einer besonderen Aufforderung durch das Insolvenzgericht zum Verfahren anzumelden sind.[1239]

Die Regelung der §§ 32a GmbHG, 39 II InsO wird vielmehr dahingehend herangezogen, um einen Widerspruch der Gesetzesbegründung zu den übrigen gesetzlichen Regelungen aufzuzeigen:[1240] Das Rechtsinstitut des Rangrücktritts verlöre jede rechtliche Bedeutung, wenn sein Hauptanwendungsfall – Vermeidung von Überschuldung – nicht mehr eintreten könnte, weil mit der Gesetzesbegründung für eine Nichtpassivierung im Überschuldungsstatus stets ein bedingter Forderungserlass zu verlangen sei.[1241]

1237 *Röhm*, Abhängigkeit des Insolvenzstrafrechts (2002), S. 196; *Fischer*, GmbHR 2000, S. 68 m.w.N.

1238 *Lutter*, ZIP 1999, S. 645; *K. Schmidt* in Kölner Schrift zur InsO, 1. Aufl. (1997), S. 917; *ders.*, GmbHR 1999, S. 11 f., allerdings im Ergebnis für die Notwendigkeit einer Rangrücktrittserklärung zur Vermeidung der Passivierung.

1239 *Lutter*, ZIP 1999, S. 645; *Teller*, Rangrücktrittsvereinbarung (1995), S. 167 ff.; *K. Schmidt* in Kölner Schrift zur InsO, 1. Aufl. (1997), S. 917; *ders.*, GmbHR 1999, S. 11 f.

1240 Vgl. *Teller*, Rangrücktrittsvereinbarung, S. 169 f.; *Temme*, Eröffnungsgründe (1997), S. 197, allerdings im Ergebnis für die Notwendigkeit einer Rangrücktrittserklärung zur Vermeidung der Passivierung und hierzu *Röhm*, Abhängigkeit des Insolvenzstrafrechts (2002), S. 199.

1241 Vgl. *Teller*, Rangrücktrittsvereinbarung, S. 169 f.; *R. Fischer*, GmbHR 2000, S. 66, 68; *Temme*, Eröffnungsgründe (1997), S. 197, allerdings im Ergebnis für die Notwendigkeit einer Rangrücktrittserklärung zur Vermeidung der Passivierung und hierzu *Röhm*, Abhängigkeit des Insolvenzstrafrechts (2002), S. 200, der dieses Argument zwar anerkennt, jedoch für gering gewichtig erachtet.

Stellungnahme:

Auch wenn der Gesetzgeber mit der geplanten Ergänzung des § 19 II InsO ausdrücklich klargestellt hat, dass Rückzahlungsansprüche aus Gesellschafterdarlehen aufgrund ihrer Nachrangigkeit stets außer Ansatz bleiben müssen, so gilt diese Aussage für ein neues gesetzliches Regime, dass die Differenzierung zwischen eigenkapitalersetzenden und sonstigen Gesellschafterdarlehen aufgegeben hat. Sie dient daher für die Auslegung nach geltender Rechtslage allenfalls als Indiz. Im Folgenden soll daher die Frage der Berücksichtigung eigenkapitalersetzender Gesellschafterdarlehen nach geltender Rechtslage auch nach geltenden Argumentationsmöglichkeiten beurteilt werden:

Eine zwingende Berücksichtung von Rückzahlungsverpflichtungen aus eigenkapitalersetzenden Darlehen kann nicht schon dem *Gesetzeswortlaut* entnommen werden. Der Behauptung, eine Auslegung, der zufolge eigenkapitalersetzende Darlehen keine Berücksichtigung finden, würde die Wortlautgrenze als äußerste Schranke[1242] überschreiten,[1243] weil eigenkapitalersetzende Darlehen selbst nach Eröffnung des Insolvenzverfahrens als Verbindlichkeiten bestehen blieben und § 19 II 1 InsO auf die „bestehenden Verbindlichkeiten" abstelle ist zu widersprechen: Das Bestehen einer Verbindlichkeit ist allein dem Wortlaut nach *notwendige, nicht* aber zugleich *hinreichende* Bedingung. Ob damit *alle* Verbindlichkeiten zu berücksichtigen sind, sofern sie nur bestehen, geht daraus nicht hervor, sondern nur, dass eine Verbindlichkeit im Zeitpunkt der hypothetischen Verfahrensöffnung (vgl. § 38 InsO) bestehen muss. Insbesondere aber wäre im Falle einer tatsächlich durch die *„bestehenden Verbindlichkeiten"* markierten zwingenden Wortlautgrenze auch der Nichtansatz von solchen Darlehen, die nur mit einer Rangrücktrittserklärung versehen wurden und damit noch *bestehen*, wegen Überschreitung des Wortlauts unzulässig. Da sich aber die Ansicht, wonach eine Nichtberücksichtigung von bestehenden Darlehen eine Überschreitung der Wortlautgrenze darstelle, gegen eine Passivierung eigenkapitalersetzender Darlehen ausspricht, sobald der Rückzahlungsanspruch mit einer Rangrücktrittserklärung versehen ist und also noch *besteht*, setzt sie sich in Widerspruch zu ihrer eigenen Annahme.[1244]

Die Wendung der „bestehenden Verbindlichkeiten" ist vielmehr nur eine sprachliche Notwendigkeit, um von künftigen Forderungen abzugrenzen.

Die Frage, ob der Ansatz von Rückzahlungsverpflichtungen aus eigenkapitalersetzenden Darlehen nunmehr vom Gesetz verbindlich vorgeschrieben ist, ist *allein* eine Frage der Berücksichtigungsfähigkeit der zitierten *Gesetzesbegründung* im Kontext der übrigen Insolvenzregelungen:

Weder der Wortlaut allein noch systematische oder teleologische Gründe vermögen dem Gesetz eine objektiv eindeutige Wertung zu entnehmen, da ihnen stets ein systematisches oder teleologisches Argument entgegensteht. Dass der historische Gesetzgeber eine Berücksichtigung unbedingter eigenkapitalersetzender Darlehen

---

1242 Vgl. hierzu *Larenz*, Methodenlehre, 6. Aufl. (1991), S. 143.
1243 So *Drews*, Überschuldung (2003), S. 124.
1244 Vgl. *Drews*, Überschuldung (2003), S. 124.

im Überschuldungsstatus bezweckte, ist angesichts der insoweit eindeutigen Gesetzesmaterialen hingegen unbestreitbar.[1245]

Nur wenn sich die der Gesetzesbegründung entsprechende Auslegung widerspruchsfrei in den Normenzusammenhang der Insolvenzordnung einfügt und darüber hinaus irgendeine Andeutung in § 19 II InsO gefunden hat, kann von einer verbindlichen Festschreibung ausgegangen werden.[1246]

Die Tatsache, dass der Gesetzgeber bereits 1980 im Rahmen einer Novellierung des GmbH-Rechts von der Passivierungspflichtigkeit ausging und damit seine Auffassung einer gewissen Konstanz unterliegt, steht der Annahme, der Gesetzgebers habe sich geirrt, nicht entgegen. Ob insoweit von einem „Irrtum" des subjektiven Gesetzgebers auszugehen ist bemisst sich nicht an der Konstanz seiner Auffassung, sondern allein anhand der objektiven Kriterien der Auslegung: grammatikalischer, systematischer, objektiv teleologischer Zusammenhang.[1247]

Vielmehr ist die Gesetzesbegründung im Ganzen nicht maßgeblich, weil sie sich mit der Forderung einer bedingten Erlasserklärung in Widerspruch zu den eigenen gesetzlichen Regelungen setzt, und weil auch eine geltungserhaltende Reduktion in dem Sinn, der Gesetzgeber habe dann zumindest die Nichtpassivierung eigenkapitalersetzender Darlehensverbindlichkeiten an die Erklärung einer Rangrücktrittserklärung knüpfen wollen, nicht denkbar ist; dass der Gesetzgeber genau so entschieden hätte, wenn er die Widersprüchlichkeit seiner Regelungsintention erkannt hätte, ist nicht zwingend.

Vielmehr zeigt § 39 II InsO, dass das Institut der Rangrücktrittserklärung seine Berechtigung beibehalten soll, die es unbestrittenermaßen[1248] verlöre, wenn zur Vermeidung der Passivierung die Vereinbarung eines Rangrücktritts nicht mehr ausreichen würde. Und § 174 III InsO macht unmissverständlich klar, dass der Schutz zweitrangiger Forderungen vom Gesetz für so gering erachtet wird, dass eine Berücksichtigung ohne Aufforderung zur Anmeldung gar nicht vorgesehen ist, so dass es höchst widersprüchlich ist, auf der anderen Seite sogar mit Rangrücktritt versehene Darlehensforderungen im Überschuldungsstatus für passivierungspflichtig zu halten und damit den strengsten Maßstab anzulegen.

Dadurch allein ist zwar noch kein logischer, so doch ein Wertungswiderspruch von Regierungsbegründung und Insolvenzregelungen gegeben, der ausreicht, die Gesetzesbegründung als Argument zu erschüttern.[1249]

Wenn aber die Gesetzesbegründung nicht widerspruchslose Geltung beanspruchen kann, fehlt es an dem insoweit einzigen Maßstab, anhand dessen sich eine gesetzliche Wertentscheidung im konkreten Fall eindeutig hätte ablesen lassen können.

1245 Bereits oben und BT-Drs. 12 2443, S. 115.
1246 Vgl. bereits oben und in diesem konkreten Zusammenhang *Lutter*/Hommelhoff, GmbHG, 15. Aufl. (2000), § 64 Rn. 17b; *ders.*, ZIP 1999, S. 645 f.
1247 *RGZ* 1, S. 250 zit. nach *Lutter*, ZIP 1999, S. 647.
1248 Nicht einmal *Röhm* als Vertreter der strengsten Auffassung bestreitet diese Tatsache, vgl. *Röhm*, Abhängigkeit des Insolvenzstrafrechts (2002), S. 200.
1249 Vgl. auch *Lutter*, ZIP 1999, S. 646.

Insbesondere die Frage, ob gegebenenfalls ein Rangrücktritt ausreichen oder ein bedingter Forderungserlass notwendig sein soll, um eine Passivierung im Überschuldungstatus zu vermeiden, verliert damit die Basis eines eindeutigen Werturteils.

Welcher der drei Ansichten zu folgen ist, ist eine Frage der Abwägung im Rahmen der zivilrechtlichen Auslegung; alle drei Ansichten bewegen sich jedenfalls innerhalb der Grenzen der von § 19 InsO unmittelbar vorgegebenen Wertentscheidung.

Zwischenergebnis:

§ 19 II InsO in der derzeit geltenden Fassung trifft keine eindeutige, verbindliche Aussage, wie eigenkapitalersetzende Gesellschafterdarlehen im Überschuldungsstatus zu behandeln sind. Sollte das MoMiG in der derzeitigen Entwurfsfassung in Kraft treten, werden Gesellschafterdarlehen außer Ansatz bleiben müssen.

B. Meinungsstand zur Überschuldungsermittlung in Ausfüllung der gesetzlichen Vorgaben von § 19 II InsO im Zivilrecht

Im Rahmen der traditionell zweistufigen Methode sind in der Diskussion um die richtige Vorgehensweise der Überschuldungsfeststellung die im Folgenden aufgeführten Auffassungen als gesetzeskonkretisierende Möglichkeiten des Zivilrechts in der strafrechtlichen Diskussion zu berücksichtigen. Eine als einheitlich zu bezeichnende Tendenz, an der sich das Strafrecht zwecks Erhöhung der Tatbestandsbestimmtheit orientieren könnte und je nach Ergebnis der Akzessorietätsfrage sogar müsste, ist nur in Einzelaspekten der Überschuldungsprüfung zu erkennen, worauf an gegebener Stelle hingewiesen wird.

I. Mehrstufige Vorgehensweisen im Rahmen der traditionell zweistufigen Methode

Die ganz überwiegende Meinung beginnt entsprechend der *zweistufigen Vorgehensweise* mit der Aufstellung der Fortführungsprognose und erstellt in Abhängigkeit davon den Status zu Liquidations- oder Fortführungswerten. Dieses Vorgehen sei ökonomischer, da es eine überflüssige Aufstellung eines Liquidationsstatus vermeide.[1250]

Die *dreistufige Vorgehensweise* findet sich nahezu ausschließlich unter den Vertretern, die offenbar eine Überschuldung bereits verneinen wollen, wenn sich bei einer Bewertung zu Liquidationswerten ergibt, dass das Vermögen zur Deckung der Verbindlichkeiten ausreicht, ohne zu überprüfen, ob die Liquidationsoption auch tatsächlich

---

1250 So *Drukarczyk/Schüler* in Kölner Schrift zur InsO, 2. Aufl. (2000), S. 124 ff. Rn. 83–90; *dies.* in MüKo, InsO (2001), § 19 Rn. 50; *Temme*, Eröffnungsgründe (1997), S. 116 f.; *Mönning* in Nerlich/Römermann, InsO (2005), § 19 Rn. 10; *Kirchof* in HK-InsO, 3. Aufl. (2003), § 19 Rn. 16; *Haas* in Insolvenzrecht 1998 (1999), S. 19 f.; *Röhm*, Abhängigkeit des Insolvenzstrafrechts (2002), S. 174; *Groß*, WPg 2003, S. 67; *Gelhausen*, WP-Handbuch, Bd. II, 12. Aufl. (2002), Kap. L Rn. 87; *Götz*, Überschuldung (2004), S. 176; *Hüffer*, AktG, 6. Aufl. (2004) § 92 Rn. 12; *Lutter/Hommelhoff*, GmbHG, 15. Aufl. (2000), § 64 Rn. 13; *Häsemeyer*, Insolvenzrecht, 2. Aufl. (1998), Rn. 7.25.

ergriffen wird.[1251] Da im seltensten Fall ein Unternehmer bei der Fortführungsfähigkeit seines Unternehmens die Liquidation betreiben wird, sondern im Regelfall der Fortführungswille mit der Fortführungsfähigkeit des Unternehmens einhergeht und auf der anderen Seite auch die Fortführungsentscheidung von der Fortführungsfähigkeit abhängig gemacht wird, geht die Prüfung, ob tatsächlich die Liquidationsoption ergriffen wird, im Regelfall mit der Aufstellung einer vollständigen Fortführungsprognose einher. Aus diesem Grund wird die gesetzeskonform angewandte dreistufige Vorgehensweise regelmäßig als unökonomisch abgelehnt.[1252]

Mangels eines Ergebnisunterschiedes zwischen beiden Vorgehensweisen resultieren aus diesen Meinungsverschiedenheiten auch keine Unsicherheiten, die sich auf den strafrechtlichen Überschuldungstatbestand im Falle einer zivilrechtsgleichen Auslegung negativ, weil die Bestimmtheit des Tatbestandes beeinträchtigend, auswirken könnten. Die Unsicherheit der Prüfungsreihenfolge kann daher bereits an dieser Stelle als für das Strafrecht unproblematisch bewertet werden; Probleme für die Übertragbarkeit des zivilrechtlichen Überschuldungstatbestandes ergeben sich daraus nicht.

II. Auffassungen zur Ermittlung der Fortführungsfähigkeit

1. Prognoseinhalt

Mangels eines vom Gesetz vorgegebenen Prüfungsinhaltes bei Ermittlung der Fortführungs*fähigkeit* im Rahmen der Fortführungswahrscheinlichkeit sind weiterhin in Ausfüllung der gesetzlichen Definition sämtliche Auffassungen zu berücksichtigen, die im Rahmen der traditionell zweistufigen Methode entweder auf eine Zahlungsunfähigkeitsprognose[1253] oder auf eine Ertragsfähigkeitsprognose[1254] oder gar auf eine Rentabilitätsprognose[1255] abstellen.

1251 *Uhlenbruck*, Krise (1977), S. 281–282; *ders.*, Das neue Insolvenzrecht (1994), S. 126; *ders.*, wistra 1996, S. 6; *ders.*, KTS 1994, S. 173; *ders.* in Gottwald, Insolvenzrechtshandbuch, 2. Aufl. (2001), § 6 Rn. 15; *ders.*, InsO, § 19 Rn. 33; *Schmidt-Leithoff* in Rowedder/Schmidt-Leithoff, GmbHG, 4. Aufl. (2002), § 63 Rn. 74 a. E.; *Pape* in Kübler/Prütting, InsO (2005), § 19 Rn. 7 f.; *Häsemeyer*, Insolvenzrecht, 2. Aufl. (1998), Rn. 7.25.

1252 *Drukarczyk/Schüler* in Kölner Schrift zur InsO, 2. Aufl. (2000), S.124 ff. Rn. 83–90; *dies.* in MüKo, InsO (2001), § 19 Rn. 50; *Götz*, Überschuldung (2004), S. 176.

1253 So die h. M.; *IDW* FAR 1/1996, WPg 1997, S. 24; *BGHZ* 119, S. 213 f.; *Fenske*, AG 1997, S. 557; *Früh/Wagner*, WPg 1998, S. 911; *Mönning* in Nerlich/Römermann, InsO (2005), § 19 Rn. 19 f.; *Reck*, Insolvenzstraftaten (1999), Rn. 146; *ders.*, ZInsO 1999, S. 199; *ders.*, GmbHR 1999, S. 271; *Picot/Aleth*, Unternehmenskrise (1999), Rn. 101; *Röhm*, Abhängigkeit des Insolvenzstrafrechts (2002), S. 177 ff.; *Temme*, Eröffnungsgründe (1997), S. 119 ff.; *v. Oncuil*, Rechtzeitige Auslösung (2000), S. 139 ff.; *Götz*, Überschuldung (2004), S. 176; *Moosmayer*, Einfluß der InsO (1997), S. 165; *Bieneck*, StV 1999, S. 44; *Bork*, ZIP 2000, S. 1710; *Drukarczyk/Schüler*, Kölner Schrift zur InsO, 2. Aufl. 2000, S. 95; *dies.* DStR 1999, S. 647; *dies.* WPg 2003, S. 60; *Schaub*, DStR 1993, S. 1485; *Förschle/Hoffmann*, Sonderbilanzen, 3. Aufl. (2002), Kap. N Rn. 73–75; *Groß/Amen*, WPg 2003, S. 67; vgl. auch die Übersichten bei *Höffner* BB 1999, S. 202 und *Bork*, ZIP 2000, S. 1710 jeweils m.w.N.

1254 *Götker*, Geschäftsführer (1999), Rn. 210 ff., 226, 231; *Uhlenbruck* in Kuhn/Uhlenbruck, KO, 11. Aufl. (1994), § 102, Rn. 5 d; *Rowedder* in Rowedder, GmbHG, 2. Aufl. (1990), § 63 Rn. 10; *Kupsch*, BB 1984, S. 165; *Lüderssen* in Kaufmann-Gds. (1989), S. 682; *Möhlmann*, Berichterstattung (1999), S. 96; *Müller/Haas* in Kölner Schrift zur InsO, 2. Aufl. (2000) S. 1805 Rn. 16; *Wolf*, Überschuldung (1998), S. 38; *Karollus*, Fortbestehensprognose (1997), S. 29. Und auch zuvor die Insolvenzrechts-

Auch die Vertreter eines modifiziert zweistufigen Überschuldungsmodells[1256] sind in der Diskussion um die Frage der gesetzeskonkretisierenden Auslegung mit ihrer Entscheidung für einen bestimmten Inhalt der Fortführungsprognose zu berücksichtigen, soweit ihre Entscheidung für einen Prognoseinhalt nicht ausschließlich eine Folge des Plädoyers für eine Überschuldungsermittlung nach dem modifiziert zweistufigen Überschuldungsmodell ist.[1257] Dabei ist zu beachten, dass diese Ansichten sich nicht der Kritik ausgesetzt sehen, eine Fortführungsprognose unter planmäßiger Schätzung der künftigen Erträge sei bei einer Fortführungsbewertung entsprechend dem Ertragswertansatz für das Ergebnis der Überschuldungsbilanz vorgreiflich.[1258] Nach der modifiziert zweistufigen Methode entsteht dieser Konflikt nicht, weil eine Statuserstellung zu Fortführungswerten ganz unterbleibt.[1259]

Die verschiedenen Ansätze beruhen überwiegend auf derselben Argumentation wie bereits vor der Insolvenzrechtsreform.[1260] Dabei haben sich die Bedenken gegen eine Analyse der künftigen *Rentabilität* als zu strengem, vom Bedürfnis des Gläubigerschutzes nicht mehr gedeckten Ansatz weitestgehend durchgesetzt.[1261]

Diskutiert wird daher vornehmlich, ob auf die künftige *Ertragsfähigkeit* abzustellen und eine Ertragsüberschussrechnung anhand einer Plan-GuV anzustellen ist oder auf die künftige *Zahlungsunfähigkeit* abzustellen und demnach eine Finanzplanungsrechnung anhand von Finanzplänen und Planbilanzen anzustellen ist;[1262] wie zuvor werden Ertragsfähigkeitsprognose und Zahlungsfähigkeitsprognose je nach zugrunde liegender Ansicht zur Berücksichtigung der Möglichkeiten der Außenfinanzierung für vorzugswürdig gehalten: Eine Aufnahme neuer Fremdmit-

---

kommission selbst, vgl. Erster Bericht der Kommission für Insolvenzrecht, S. 111 und hierzu *Temme*, Eröffnungsgründe (1997), S. 119. Und auch das *OlG Sachsen-Anhalt*, 5. Zivilsenat, Urteil vom 20. August 2003, Az: 5 U 67/03 stellt auf die Einzahlungsüberschüsse ab: Die Prognose sei positiv, wenn sich anhand eines dokumentierten Ertrags- und Finanzplanes die überwiegende Wahrscheinlichkeit ergebe, dass die Gesellschaft mittelfristig Einnahmeüberschüsse erzielen wird, aus denen die gegenwärtigen und künftigen Verbindlichkeiten gedeckt werden können.

1255 Vgl. zu *Bähner*, KTS 1988, S. 447; *Blumers*, BB 1976, S. 1442; *Zilias* WPg 1977, S. 448 bereits oben; aktuell auch noch *Kirchof* in HK-InsO, 3. Aufl. (2003), § 19 Rn. 12.

1256 *Penzlin*, Auswirkungen der InsO (2000), *de lege* ferenda für das Zivilrecht S. 89, *de lege lata* für das Strafrecht, S. 165.

1257 So folgt die Begründung für eine Überlebensprognose anhand der Zahlungsunfähigkeitsprognose z.B. bei *Penzlin*, Auswirkungen der InsO (2000), S. 87; *ders.*, NZG 2000, S. 467 zwar einer Entscheidung für die modifiziert zweistufige Methode (de lege ferenda), jedoch mit denselben Argumenten, wie entsprechende Ansichten im Rahmen der traditionell zweistufigen Methode.

1258 Vgl. die entsprechende Kritik von *Burger/Schellberg*, KTS 1995, S. 571 und nochmals zur Diskussion um eine gesetzliche Festschreibung des Prognoseinhalts Erster Teil B. I. 5. b)

1259 Vgl. zu den Unterschieden beider Modelle bereits oben, Erster Teil A. VI. 1. c) dd) (2).

1260 Vgl. *Temme*, Eröffnungsgründe (1997), S. 119 ff.

1261 Schwerwiegender Eingriff ohne Rechtfertigung durch Gläubigergefährdung, die dann noch nicht besteht, wenn verlustfrei aber gewinnlose Unternehmensführung, vgl. *Drukarczyk*, ZfbF 1986, S. 217; *Teller*, Rangrücktrittsvereinbarung (1995), S. 50 und hierzu oben; auch *Gelhausen* in WP-Handbuch, Bd. II, 12. Aufl. 2002, Kap. L Rn. 92; *Temme*, Eröffnungsgründe (1997), S. 123; *Bork*, ZIP 2000, S. 1709; *v. Oncuil*, Rechtzeitige Auslösung (2000), S. 139; *Smid* in Smid, InsO (1999), § 19 Rn. 13; implizit auch *Götz*, Überschuldung (2004), S. 179.

1262 Verfügt der Schuldner über keine Planungsrechnungen, werden entsprechende Zahlungswerke mit Unterstützung von Sachverständigen nachträglich erstellt, vgl. hierzu näher *Burger/ Schellberg*, ZIP 2000, S. 1712 mit Nachweisen zur Rechtsprechungspraxis.

tel zwecks Herstellung der Zahlungsbereitschaft im Falle drohender Überschuldung stellt als Verstärkung der Vermögensinsuffizienz für die Vertreter der Ertragsfähigkeitsprognose eine nicht hinnehmbare Gläubigergefährdung dar.[1263] Die Gegenansicht hält eine hinreichende Gläubigergefährdung für ausgeschlossen, solange die vollständige Gläubigerbefriedigung – auch aus Fremdmitteln – zu erwarten ist.[1264]

Und auch die Einführung des fakultativen Eröffnungsgrundes der drohenden Zahlungsunfähigkeit wird für die Diskussion fruchtbar gemacht: Nunmehr argumentieren die Vertreter der Ertragsfähigkeitsprognose, ihre Ansicht vermeide Überschneidungen mit der drohenden Zahlungsunfähigkeit und entgehe somit einem Wertungswiderspruch zwischen der Antragspflichtigkeit bei Überschuldung einerseits und nur fakultativer Antragsmöglichkeit bei drohender Zahlungsunfähigkeit andererseits.[1265] Wie bereits ausgeführt, kann sich die herrschende Meinung jedoch auf die fehlende Deckungsgleichheit beider Eröffnungsgründe berufen.

Vertreten wird zudem noch immer, dass die künftige Zahlungsunfähigkeit auch allein anhand externer Indikatoren ermittelt werden könne.[1266] Dieser Ansatz findet allerdings heute weniger Resonanz in der zivilrechtlichen Literatur und Rechtspraxis als unter alter Rechtslage. Mit der Begründung, dass eine überschlagsartige Vorgehensweise angesichts der überragenden Bedeutung der Fortführungsprognose – von ihr hängt die ergebnisentscheidende Wahl der Bewertungsprämisse ab – für den Ausgang der Überschuldungsprüfung nicht vertretbar sei, wird eine indikatorgestützte Methode zunehmend für unzureichend gehalten,[1267] was angesichts der gegenüber der alten Rechtslage eingeschränkten Relevanz der Fortführungsprognose überraschen mag, sich jedoch durch die Veränderung des psychologischen Moments nach aktueller Rechtslage erklären lässt: Anders als unter der Herrschaft der modifiziert zweistufigen Methode dient bei § 19 II InsO die Fortführungsprognose nicht mehr nur einer für den Schuldner günstigen Korrektur einer bilanziell bereits ermittelten Überschuldung, sondern steht als Maßstab für die entscheidende Wahl der anzuwendenden Bewertungsmethoden nach herrschender Praxis am Anfang der Prüfung, so dass sie ihre Relevanz auch in für den Schuldner negativer Hinsicht stärker offenbart. Aus diesem Grund wird in der zivilrechtlichen Lite-

---

1263 *Müller/Haas* in Kölner Schrift zur InsO, 2. Aufl. (2000), S. 1805 Rn. 16; *Karollus*, Fortbestehensprognose (1997), S 29; *Ulmer* KTS 1981, S. 469, 487, *Kupsch*, BB 1984, S. 162.

1264 *Röhm*, Abhängigkeit des Insolvenzstrafrechts (2002), S. 178 f.; *Fenske*, AG 1997, S. 557; *Haas*, Insolvenzrecht 1998 (1999), S. 21 ff.; *Penzlin*, Auswirkungen der InsO (2000), S. 88.

1265 Vgl. insoweit bereits oben und *Müller/Haas* in Kölner Schrift zur InsO, 2. Aufl. (2000); S. 1805 Rn. 16; gegen eine Zahlungsunfähigkeitsprognose im Rahmen der traditionell zweistufigen Methode auch *Drukarczyk*, WM 1994, S. 1742 f.; *Penzlin*, Auswirkungen der InsO (2000), S. 138 ff., 144 f., 162 f.; hierzu ausführlich auch *v. Oncuil*, Rechtzeitige Auslösung (2000), S. 139 ff.; *Röhm*, Abhängigkeit des Insolvenzstrafrechts (2002), S. 181.

1266 Vgl. zum Rückgriff auf Indikatoren wie Wechselproteste, Androhung und Kündigung von Bankkrediten einerseits und die Freigabe von Sicherheiten durch die Hausbang andererseits bereits oben; dafür zu § 19 II InsO noch *Temme*, Eröffnungsgründe (1997), S. 79 f., 125; *Bork*, ZIP 2000, S. 1713; *Drews*, Überschuldung (2003), S. 193 ff.

1267 *OLG* Sachsen-Anhalt Urt. v. 20. 8. 2003 Az.: 5 U 67/03; ZinsO 2004, S. 512, 514 = GmbHR, S. 361 f.; *Drukarczyk/Schüler* in Kölner Schrift zur InsO, 2. Aufl. (2000), S. 128; *Götz*, Überschuldung (2004), S. 178 m.w.N.

ratur teilweise vertreten, dass externe Indikatoren nur *zusätzlich*, dann aber auch zwecks Fundierung der internen, auf Planungsrechnungen gestützten Prognose *stets* heranzuziehen sind.[1268]

Nach ganz überwiegender Ansicht hat daher die Zukunftsprognose mit dem Ziel einer Zahlungsfähigkeitsanalyse anhand einer mehrwertigen Finanzplanrechnung unter Aufstellung von Planbilanzen zu erfolgen,[1269] wobei auch hier – ebenso wie bei der Einnahme-Überschussrechnung im Rahmen der Ertragswertmethode[1270] – das Heranziehen einer vorangehenden und nur unterstützenden Ertragsplanung unter Aufstellung einer Plan-GuV gefordert wird,[1271] um zu berücksichtigen, dass das Unternehmen über selbst generierte Erträge seine Liquiditätslage beeinflussen kann[1272] und um voraussichtliche Steuerzahlungen, die steuerliche Nutzung von Verlustvor- und -rückträgen und die Wahrung gesellschaftsrechtlicher Kapitalerhaltungs- und Ausschüttungssperrvorschriften in der Finanzplanung berücksichtigen zu können.[1273]

Aus Planbilanzen und Plan-GuV wird dann der Finanzplan als Grundlage des Prognoseurteils entwickelt.[1274] Das Erfordernis einer *mehrwertigen* Analyse, d.h. der Berücksichtigung unterschiedlicher Zustände, in denen sich das Unternehmen potentiell bewegen wird, folgert die h.M. aus der gesetzlichen Forderung, dass die Fortführungsfähigkeit *„überwiegend wahrscheinlich"* sein muss.[1275]

Kommen alle zustandsabhängigen Finanzpläne zu einem mindestens ausgeglichenen Ergebnis, ist die Überlebenswahrscheinlichkeit ebenso eindeutig zu bejahen wie sie in dem Fall, dass die zustandsabhängigen Finanzpläne stets ein Zahlungsmitteldefizit ausweisen, zu verneinen ist.[1276]

Für die Fälle aber, in denen die mehrwertige Planung nicht mehr zu eindeutigen Ergebnissen führt, existieren drei Ansätze zur Interpretation, wann eine überwiegende Fortführungswahrscheinlichkeit anzunehmen ist.[1277]

1268 So *Mönning* in Nerlich/Römermann, InsO (2005), § 19 Rn. 19; gegen die Notwendigkeit einer kumulativen Prüfung ausdrücklich *Tiedemann*, Insolvenzstrafrecht, 2. Aufl. (1996), Vor § 283 Rn. 142.

1269 Vgl. *Förschle/Hoffmann* in Budde/Förschle, Sonderbilanzen, 3. Aufl. (2002), Kap. N Rn. 73–75; *Götz*, Überschuldung (2004), S. 178; *Gelhausen* in WP-Handbuch, Bd. II, 12. Aufl. (2002), Kap. L Rn. 88; *IDW FAR* 1/1996, WPg 1997, S. 24; *Bork*, ZIP 2000, S. 1711; *Drukarczyk/Schüler* in MüKo, InsO (2001), § 19 Rn. 56 m.w.N.

1270 Vgl. dazu oben Erster Teil A. VI. 1. c) bb) (1) (b) (bb).

1271 So ist auch *OLG* Sachsen-Anhalt 5. Zivilsenat, Urt. v. 20.8.203, GmbHR 2004, S. 361, 362. = ZinsO 2004, S. 512, 514 zu verstehen, wenn es einen „dokumentierten Ertrags- und Finanzplan" fordert.

1272 Vgl. *Penzlin*, Auswirkungen der InsO (2000), S. 87 m.w.N.

1273 *Götz*, Überschuldung (2004), S. 178 m.w.N.; vgl. insgesamt auch *Höffner*, BB 1999, S. 202.

1274 Vgl. zur Vorgehensweise im Einzelnen *Götz*, Überschuldung (2004), S. 178 ff. m.w.N.

1275 Vgl. *Götz*, Überschuldung (2004), S. 178 m.w.N.; ausführlich zur Auslegung der überwiegenden Wahrscheinlichkeit und zur Planungsrechnung i.R.d. Fortführungsprognose auch *Drukarczyk/Schüler*, WPg 2003, S. 56 ff. und *Groß/Amen*, WPg 2003, S. 67 ff.

1276 Vgl. *Götz*, Überschuldung (2004), S. 179 m.w.N.

1277 Vgl. hierzu die ausführlichen Darstellungen bei *Harneit*, Überschuldung (1984), S. 67 f. und *Götz*, Überschuldung (2004), S. 179 ff.

Die erste Interpretationsmöglichkeit orientiert sich an der *größten Eintrittswahrscheinlichkeit* und kommt zur Fortführungsfähigkeit, wenn der Finanzplan mit der größten Eintrittswahrscheinlichkeit mindestens zu einem ausgeglichen Ergebnis kommt.[1278]

Die zweite Interpretationsmöglichkeit stellt auf die *kumulierten Wahrscheinlichkeiten* der Zustände ab, bei denen die Finanzpläne ein mindestens ausgeglichenes Ergebnis aufweisen. Wenn über 50 % aller Finanzpläne ein mindestens ausgeglichenes Ergebnis aufweisen, ist die Fortführung wahrscheinlich.[1279]

Die dritte Interpretationsmöglichkeit stellt auf den *erwarteten Finanzplan* als dem „Konzentrat aller zustandsabhängigen" Finanzpläne ab. Dieser berücksichtigt die betragsmäßigen Finanzplanüberschüsse und -defizite, indem die zustandsabhängigen Finanzplanergebnisse mit ihren Wahrscheinlichkeiten gewichtet werden; der erwartete Finanzplan ergibt sich dann aus der Summe der gewichteten Ergebnisse. Ist der erwartete Finanzplan mindestens ausgeglichen, ist das Unternehmen überlebensfähig.[1280]

Insgesamt lässt sich daher festhalten, dass im Zivilrecht eine eindeutige Tendenz besteht, die Fortführungsprognose anhand der künftigen Zahlungsunfähigkeit auszurichten und diese anhand detaillierter, einem einheitlichen Grobschema folgenden Planungsrechnungen systematisch zu ermitteln. Die Vertreter einer Rentabilitätsprognose fallen zahlenmäßig kaum ins Gewicht; die Vertreter einer Ertragsfähigkeitsprognose hingegen erhöhten als gewichtige Mindermeinung die reflexiven Unsicherheiten der Überschuldungsfeststellung im Strafrecht, das die Frage der Berücksichtigungsfähigkeit von Quellen der Außenfinanzierung im strafrechtlichen Überschuldungsbegriff zu beantworten hat.

Die der Überschuldung inhärenten Unsicherheiten, die mit der Abhängigkeit der Statuserstellung von dem Ergebnis einer Zukunftsprognose einhergehen, werden durch theoretisch fundierte Planungsrechnungen eingegrenzt, jedoch nicht völlig beseitigt; die verbleibenden Einschätzungsspielräume bei Aufstellung der Planungsrechnungen sind zahlreich und ergebniswirksam.

2. Prognosezeitraum

Wie zuvor wird der zeitliche Anwendungsbereich der Überlebensprognose aufgrund der im Zeitablauf abnehmenden Prognosequalität auf eine mittelfristige Prognose beschränkt,[1281] wobei die genaue Konkretisierung weiterhin umstritten

---

1278 So *Gutenberg*, Unternehmensführung (1962), S. 84 ff. Vgl. hierzu *Fischer*, Überschuldungsbilanz (1980), S. 90 ff.; *Harneit*, Überschuldung (1984), S. 66 f.; *Götz*, Überschuldung (2004), S. 179 f.
1279 So *Nonnemacher*, Sanierung, Insolvenz und Bilanz (1994), S. 1327; *Moxter*, Finanzwirtschaftliche Risiken (1976), Sp. 636; *Steiner*, BFuP 1986, S. 428.
1280 *Drukarczyk/Schüler* in Kölner Schrift zur InsO, 2. Aufl. (2000), S. 130 ff.; *Götz*, Überschuldung (2004), S. 181.
1281 *Pape*, in Kübler/Prütting, InsO (2005), § 19 Rn. 16; *Früh/Wagner*, WPg 1998, S. 911; *Müller/Haas* in Kölner Schrift zur InsO, 2. Aufl. (2000), Rn. 17; *Temme*, Eröffnungsgründe (1997),

ist. Teils werden kürzere Zeiträume vorgeschlagen, um eine stärkere Differenzierung zur nun auch als (fakultativer) Insolvenzantragsgrund eingeführten drohenden Zahlungsunfähigkeit zu erreichen.[1282] Teils aber auch, um im Hinblick auf die Verwendung des Überschuldungstatbestandes ein erhöhtes Maß an Tatbestandsbestimmtheit zu garantieren.[1283] Die Annahmen bewegten sich nunmehr in einem Zeitraum von „3 Monaten“ [1284] über „ maximal ein Jahr“,[1285] bis hin zu „zwei bis drei Jahren“.[1286] Die überwiegende Ansicht geht nach wie vor von einem Zeitraum bis zu zwei Jahren aus, der das laufende und das nächste Geschäftsjahr umfasst,[1287] der aber in Abhängigkeit vom konkreten Einzelfall bei unternehmens- oder branchenspezifischen Besonderheiten und bei zunehmender Komplexität auch ausgedehnt werden kann, sofern die Zahlungen plausibel prognostizierbar sind.[1288]

III. Ansatz- und Bewertungsvorschriften im Überschuldungsstatus

Die Suche nach dem richtigen Wertansatz auf der Aktivseite wie auch auf der Passivseite der Bilanz ist auch nach der Insolvenzrechtsreform noch in vollem Gange. Dabei gestaltet sich die Bewertung des Aktivvermögens unter der Prämisse der Fortführung ungleich schwieriger, als unter der Prämisse der Liquidation, da bei letzterer für den Regelfall eine Einzelbewertung der Vermögensgegenstände allgemeiner Konsens ist und im Rahmen dessen die Prognoseschwierigkeiten (Schätzung von Zerschlagungsgeschwindigkeit und Zerschlagungsintensität) graduell geringer sind, als bei der Prognostizierung künftiger Wertschöpfung. Inhärente (prognosebedingte) wie reflexive (durch unterschiedliche Ansichten bedingte) Unsicherheiten sind hier verhältnismäßig gering. Ähnliches gilt für die Bewertung der Passivseite, da sie stets anhand einer Einzelbewertung zu erfolgen hat und nur der Ansatz bzw. die Frage der Ab-/Aufzinsung einzelner Schulden umstritten ist.

S. 126; *Röhm*, Abhängigkeit des Insolvenzstrafrechts (2002), S. 184; *Götz*, Überschuldung (2004), S. 178 m.w.N.

1282 Z.B. *Röhm*, Abhängigkeit des Insolvenzstrafrechts (2002), S. 185.

1283 *Röhm*, Abhängigkeit des Insolvenzstrafrechts (2002), S. 185.

1284 *Reck*, GmbHR 1999, S. 273.

1285 *Röhm*, Abhängigkeit des Insolvenzstrafrechts (2002), S. 185.

1286 *Bähner*, KTS 1988, S. 443, 452; *Wimmer*, NJW 1996, S. 2547; OlG Sachsen-Anhalt, 5. Zivilsenat, Urteil vom 20. August 2003, Az: 5 U 67/03.

1287 So *IDW* FAR 1/1996, WPg, 1997, S. 24; *Pape*, in Kübler/Prütting, InsO (2005), § 19 Rn. 16; *Früh/Wagner*, WPg 1998, S. 911; *Müller/Haas* in Kölner Schrift zur InsO, 2. Aufl. (2000), S. 1806 Rn. 17; *Drukarczyk/Schüler*, in Kölner Schrift zur InsO, 2. Aufl. (2000), S. 128, S. 95; *dies.*, WPg, 2003 S. 60 mit entsprechender Einschätzung des Meinungsstandes; *K. Schmidt* in Scholz, GmbHG, 9. Aufl. (2002), Vor § 64 Rn. 14; *Picot/Aleth*, Unternehmenskrise (1999), Rn. 101; *Förschle/Hoffmann* in Budde/Förschle, Sonderbilanzen, 3. Aufl. (2002), Kap. N Rn. 73–75; *Ulmer* in Hachenburg, GmbHG, 8. Aufl. (1997), § 63 Rn. 37; *Röhm*, Abhängigkeit des Insolvenzstrafrechts (2002), S. 184; *Uhlenbruck*, InsO, 12. Aufl. (2003), § 19 Rn. 30; vgl. auch *Götz*, Überschuldung (2004), S. 178.

1288 Vgl. *Gelhausen* in WP-Handbuch, Bd. II, 12. Aufl. 2002, Kap. L Rn. 89; *Früh/Wagner*, WPg 1998, S. 911; *Bork*, ZIP 2000, S. 1710; *Schmerbach* in FK-InsO, 2. Aufl. (1999), § 19 Rn. 22; *Temme*, Eröffnungsgründe (1997), S. 127; *Götz*, Überschuldung (2004), S. 179; *OLG* Sachsen-Anhalt, 5. Zivilsenat, Urteil vom 20. August 2003, Az: 5 U 67/03.

Bei der Bewertung des Fortführungsvermögens hingegen stehen sich Einzelbewertungsverfahren und Gesamtbewertungsverfahren als in der Praxis noch immer nahezu gleichberechtigt gegenüber, die wiederum durch verschiedene Vorgehensweisen konkretisiert werden (Substanzwerte/Handelbilanzwerte bzw. Ertragswertmethode/DCF-Verfahren); die reflexiv bedingten Unsicherheiten der Überschuldungsfeststellung sind insoweit besonders hoch. Und auch die vor allem für die Gesamtbewertungsansätze erforderlichen Zukunftsprognosen sind viel weitreichender und zugleich schwieriger zu erstellen als bei der Wertermittlung unter der Prämisse der Liquidation:

1. Die Ermittlung des Vermögens auf der Aktivseite – Methoden der Vermögensbewertung

a) Liquidationswertermittlung

Die Ermittlung von Liquidationswerten folgt auch nach In-Kraft-Treten der Insolvenzordnung weitestgehend der zuvor üblichen Praxis. Der Liquidationswert des gesamten Vermögens ergibt sich danach als Summe der Erlöse, die sich aus dem fiktiven Verkauf der einzelnen Vermögensgegenstände – nach Abzug der Veräußerungskosten – erzielen ließe, die im Falle eines Insolvenzverfahrens zu den verwertbaren Bestandteilen der Masse gehören.[1289] Die nichtbetriebsnotwendigen Vermögensgegenstände unterliegen wie zuvor auch dann einer Bewertung zu Liquidationswerten, wenn von der Fortführung des Unternehmens auszugehen ist; dann gehen sie additiv zum Wert des betriebsnotwendigen Vermögens in den Fortführungsgesamtwert mit ein.[1290]

Nach Einführung des § 19 InsO hat sich nur insoweit eine leichte Veränderung ergeben, als eine Zunahme bei den Vertreten einer in Teilen auch prognoseabhängigen Liquidationswertermittlung spürbar ist:

Hinsichtlich der *Zerschlagungsgeschwindigkeit* ist nach herrschender Ansicht weiterhin die *bestmögliche* Verwertungsprämisse maßgeblich und daher im Regelfall von einer geordneten Liquidation auszugehen, sofern nicht eine sofortige Zerschlagung im konkreten Fall unvermeidlich ist, d.h. wenn die Finanzplanung in näherer Zukunft nachhaltige Zahlungsschwierigkeiten erwarten lässt.[1291]

1289 Vgl. zu Liquidationswertermittlung *Drukarczyk* in MüKo, InsO (2001), § 19 Rn. 91; *Mönning* in Nerlich/Römermann, InsO (2005), § 19 Rn. 27; *Gelhausen*, WP-Handbuch, Bd II, 12 Aufl. (2002), Kap. L Rn. 102; *Temme*, Eröffnungsgründe (1997), S. 145 f.; *Röhm*, Abhängigkeit des Insolvenzstrafrechts (2002), S. 189 ff.; *Uhlenbruck*, InsO, 12. Aufl. (2003) § 19 Rn. 35; *Förschle/Hoffmann* in Budde/Förschle, Sonderbilanzen, 3. Aufl. (2002), Kap. N Rn. 90 ff.; *Eisele*, Rechnungswesen, 7. Aufl. (2002), S. 1126; *Röhm*, Abhängigkeit des Insolvenzstrafrechts (2002), S. 189 ff.; *Drews*, Überschuldung (2003), S. 74 ff.; vgl. auch *IDW* S 1 n.F. v. 18.10.2005, WPG 2005, S. 1317.

1290 *Gelhausen*, WP-Handbuch, Bd II, 12 Aufl. (2002), Kap. L Rn. 101 f.

1291 Vgl. *IDW FAR* 1/1996, WPg 1997, S. 25; *Drews*, Überschuldung (2003), S. 75; *Haas*, Insolvenzrecht 1998 (1999), S. 25; *Temme*, Eröffnungsgründe (1997), S. 146; *Krüger-Knief*, Leitfaden (1999), S. 35 f.; *Uhlenbruck*, Krise, Sanierung und Insolvenz, 3. Aufl. (2003) Rn. 883; *Mönning* in Nerlich/Römermann, InsO (2005), § 19 Rn. 27; *Burger/Schellberg*, BB 1995, S. 266; *Höffner*, BB 1999, 199; *Schmerbach* in FK-InsO, 2. Aufl. (1999), § 19 Rn. 10; *Bittmann*, wistra 1999, S. 11; *Röhm*, Abhängigkeit des Insolvenzstrafrechts (2002), S. 190, jeweils m.w.N.

Hinsichtlich der Zerschlagungs*intensität* ist nach ganz h.M. aus Objektivierungsgründen[1292] und aus Gläubigerschutzgründen an dem Grundsatz der Einzelbewertung festzuhalten.[1293]

Nur wenn Umstände erkennbar sind, die „mit an Sicherheit grenzender Wahrscheinlichkeit"[1294] eine Veräußerung des ganzen Unternehmens oder zumindest ganzer Unternehmensteile, in Einzelfällen auch wertsteigernde Artikelgruppen, erwarten lassen bzw. in der Sprache des §19 II 2 InsO diese „überwiegend wahrscheinlich"[1295] oder auch „sehr wahrscheinlich"[1296] ist, ist der insoweit höhere Wert anzusetzen. Ergebnisunterschiede ergeben sich durch den Unterschied in der Formulierung nicht; beide Ansichten stellen insoweit auf das Erfordernis bereits konkreter Vertragsverhandlungen ab.[1297]

Die Ansicht, die mittels einer Prognose bestimmen will, ob das Unternehmen oder zumindest einzelne Teilbetriebe als im Verbund veräußerbare Vermögensgesamtheiten aufrechterhalten werden können, um so höhere Werte generieren zu können, nimmt die in § 19 II 2 InsO verankerte Idee einer prognoseabhängigen Wertermittlung auf und bestimmt die Wettbewerbsfähigkeit der einzelnen Unternehmensteile unvoreingenommen mittels einer Prognose, um dann bei positivem Ausgang von dem höheren *en-bloc*-Verkaufswert, bei negativem Ausgang von Einzelveräußerungspreisen auszugehen.[1298]

Sie sieht sich jedoch dem Einwand ausgesetzt, durch eine erneute Prognoseentscheidung die Rechtsunsicherheit zu erhöhen und die Tatbestandsbestimmtheit zu strapazieren, ohne dass diese zur Berücksichtigung der Belange des Schuldners angezeigt sei; bei negativer Fortführungsprognose und entsprechend hoher Gefahr für die Gläubiger sei vielmehr der strengere und zugleich das subjektive Bewertungsermessen einschränkende Einzelbewertungsansatz auch aus Gründen des Gläubigerschutzes vorzuziehen.[1299]

Zur konkreten Ermittlung der Liquidationswerte greift nun die Zivilrechtspraxis auf das Mengengerüst der Handelbilanz als Ausgangspunkt zurück[1300] und modifi-

---

1292 Vgl. *Moxter*, Rechnungslegung (2003), S. 33.

1293 Vgl. *Röhm*, Abhängigkeit des Insolvenzstrafrechts (2002), S. 191 m.w.N.; *Drews*, Überschuldung (2003), S. 76 m.w.N.; stets von Liquidationswerten ausgehend wohl nur *Kupsch*, der die Berücksichtigung preislicher Verbundeffekte mit dem Wesen der bilanziellen Überschuldungsermittlung für inkompatibel hält, in BB 1984, S. 165.

1294 *Auler*, DB 1976, S. 2170; *Kühn*, DB 1970, S. 551; *Ulmer* in Hachenburg, GmbHG, 7. Aufl. (1984), § 63 Rn. 38 f.; *Haas*, Insolvenzrecht 1998 (1999), S. 25; *Wolf*, Überschuldung (1998), S. 51 f.; *Uhlenbruck* in Schmidt/Uhlenbruck, Krise, Sanierung und Insolvenz, 3. Aufl. (2003), Rn. 883; *Röhm*, Abhängigkeit des Insolvenzstrafrechts (2002), S. 191; vgl. auch *Höffner*, BB 1999, S. 199.

1295 *K. Schmidt* in Scholz, GmbHG, 9. Aufl. (2002), Vor § 64 Rn. 18.

1296 *Förschle/Hoffmann* in Budde/Förschle, Sonderbilanzen, 3. Aufl. (2002), Kap. N Rn. 92; *Uhlenbruck* in Gottwald, Insolvenzrechtshandbuch 1. Aufl. (1990), § 6 Anm. 29.

1297 *K. Schmidt* in Scholz, GmbHG, 9. Aufl. (2002), Vor § 64 Rn. 18 und *Röhm*, Abhängigkeit des Insolvenzstrafrechts (2002), S. 191 m.w.N. Hierzu bereits unter Teil I B. I. 5. c).

1298 Zunächst *Ulmer* in Hachenburg, GmbHG, 7. Aufl. (1984), § 63 Rn. 39; sodann *Burger/Schellberg*, BB 1995, S. 261, 266; *Temme*, Eröffnungsgründe (1997), S. 147 f.

1299 Vgl. *Röhm*, Abhängigkeit des Insolvenzstrafrechts (2002), S. 191.

1300 Absolut Standard in Praxis und Lehre vgl. *BGH* Urt. v. 2.4.2001 – II ZR 261/99; *IDW* FAR 1/1996, WPg 1997, S. 24; *Eisele*, Rechnungswesen, 7. Aufl. (2002), S. 1127, 1086; *Gelhausen* in WPziert sowohl die Werthöhe der Vermögensgegenstände, z. B. durch Heben von stillen Lasten und stillen Reserven, als auch den Ansatz einzelner Vermögensgegenstände danach, ob sie eigenständig veräußerbar sind,[1301] bzw. im Ausnahmefall der Veräußerung ganzer Betriebsteile im Verbund wertsteigernd zu berücksichtigen sind.[1302] Das Heranziehen der Handelsbilanz ist aber nur Ausgangspunkt einer insoweit eigenständigen Bilanzerstellung zu Liquidationswerten und nicht zu verwechseln mit der Auffassung, die sich darüber hinaus für eine Liquidationswertermittlung unter direktem Rückgriff auf die Handelbilanz ausspricht:[1303]

Die Gemeinsamkeiten von handelsrechtlichen Bilanzierungs- und Bewertungsvorschriften, vor allem die Übereinstimmung in dem Grundsatz der Einzelbewertung (§ 252 I Nr. 3 HGB) bewertet die zuletzt genannte Ansicht als so gewichtig, dass sie zum Zweck der Überschuldungsfeststellung unter der *Liquidationsprämisse*[1304] lediglich einzelne Korrekturen der Handelsbilanz bei der Wahl des Bilanzinhaltes für erforderlich hält.[1305] Dass durch die Wertobergrenze von Anschaffungs- und Herstellungskosten (§ 253 I HGB) sowie der planmäßigen Abschreibungen (§ 253 II HGB) auch bei der Aufstellung der Überschuldungsbilanz dann aber – entgegen der h.M. – keine stillen Reserven berücksichtigt würden, sei angesichts des überwiegenden Vorteils eines objektivierten Ansatz- und Bewertungsmaßstabes hinnehmbar.[1306]

Die überwiegende Ablehnung dieses Ansatzes beruht auf seiner Ungenauigkeit hinsichtlich der Verwirklichung des Bilanzzwecks, das vorhandene Schuldendeckungs-

---

Handbuch, Bd. II, 12. Aufl. (2002), Kap. L Rn. 98; *Drukarczyk/Schüler*, Kölner Schrift zur InsO, 2. Aufl. (2000), S. 134 Rn. 114 m.w.N.; *Müller/Haas* in Kölner Schrift zur InsO, 2. Aufl. (2000), S. 1808 Rn. 21; *Götz*, Überschuldung (2004), S. 187, 120 m.w.N.

1301 Vgl. zum Beispiel des handelsbilanziell erfassten (§ 248 II HGB) aber in der Überschuldungsbilanz nicht berücksichtigungsfähigen, weil nicht werthaltigen *derivativen Geschäftswert* *Uhlenbruck*, InsO, 12. Aufl. (2003), § 19 Rn. 40; *Bork*, ZInsO 2001, S. 147; Im Gegensatz zur Handelsbilanz können auch nicht entgeltliche, selbständig veräußerbare immaterielle Vermögensgegenstände (Patente, Lizenzen, gewerbliche Schutzrechte u.a.) in der Überschuldungsbilanz berücksichtigt werden; in der Liquidationsbilanz ebenso wie als nicht betriebsnotwendige Vermögensbestandteile in der Fortführungsbilanz. Hierzu *Eisele*, Rechnungswesen, 7. Aufl. (2002), S. 1127, 1086.

1302 Z.B. der *originäre Firmenwert* als im Unternehmen gewachsene, über den Wert der Vermögensgegenstände hinausgehende Wertsteigerung aufgrund von technischem Know-how, Qualität der Ware, Ruf des Unternehmens, qualifizierter Mitarbeiterstamm, Kundenbeziehungen usw., ist in diesem Fall nach einhelliger Meinung zu berücksichtigen; vgl. *Uhlenbruck*, InsO, 12. Aufl. (2003), § 19 Rn. 40 m.w.N.; *Förschle/Hoffmann* in Budde/Förschle, Sonderbilanzen, 3. Aufl. (2002), Kap. N Rn. 110, 111; *Eisele*, Rechnungswesen, 7. Aufl. (2002), S. 1127, 1086; *Habersack* in Großkommentar AktG, 4. Aufl. (1999), § 92 Rn. 54.

1303 Vgl. nochmals *Vonnemann*, Überschuldung (1989), Rn. 35. Dieser Ansicht liegt ein einstufig-statisches Überschuldungsverständnis zugrunde und wählt Handelsbilanzwerte, um so über ein Rechtsicherheit schaffendes, weil objektiviertes, stark ausdifferenziertes Regelwerk einen Wert zu erhalten, der dem Liquidationswert möglichst nahe kommt. Ein prognoseunabhängiger, steter Ansatz von Liquidationswerten läuft der Grundentscheidung des Gesetzes für die traditionell zweistufige Methode entgegen und ist *insoweit* im Zivilrecht und in der strafrechtlichen Diskussion um die Übertragung des Überschuldungsbegriffs nicht berücksichtigungsfähig.

1304 Hiervon wiederum zu trennen ist der Ansatz von Handelsbilanzwerten unter der Prämisse der Fortführung. Dazu sogleich unter b).

1305 *Vonnemann*, BB 1991, S. 870.

1306 *Vonnemann*, BB 1991, S. 870. Vgl. zu allem auch *Höffner*, BB 1999, S. 203.

potential abzubilden.[1307] Das Risiko, den tatsächlich erzielbaren Liquidationserlös im Überschuldungsstatus nicht genau abzubilden, sondern einen darunter liegenden Wert auszuweisen, wird unter Berücksichtigung der Belange des Schuldners für nicht mehr legitimierbar gehalten; angesichts des mit einer Pflicht zur Verfahrensbeantragung verbundenen massiven Eingriffs in die Rechte des Schuldners dürfe das Risiko eines falschen Wertausweises nicht hingenommen werden, solange es Möglichkeiten gebe, dieses (z.B. durch Aufdeckung stiller Reserven ebenso wie Lasten) zu vermeiden.[1308]

b) *Ermittlung der Fortführungswerte*

Zur Ermittlung von Fortführungswerten in der Handelsbilanz sind auch unter der Geltung des § 19 II InsO im Wesentlichen zwei Strömungen zu unterscheiden: die Einzelbewertungsansätze und die Gesamtbewertungsansätze, die größtenteils unverändert fortbestehen, aber auch durch internationale Einflüsse eine stärkere Annäherung an das Ziel der Überschuldungsbilanz erfahren, nämlich den Zeitwert des Unternehmensvermögens unter der Prämisse des *going concern* auszuweisen:

In Anlehnung an die international gängige Methode des DCF-Verfahrens kehrt nunmehr auch die Ertragswertmethode von der stetigen Vollausschüttungsprämisse ab,[1309] so dass der Unterschied zwischen den Gesamtbewertungsverfahren aufgrund einer Vereinheitlichung der ihnen zugrunde liegenden Annahmen im Ergebnis geringer ist als bisher.

Innerhalb der verschiedenen Einzelbewertungsansätze ist der Einfluss der internationalen Rechnungslegungsvorschriften (US-GAAP, IFRS/IAS, Vorschriften der 4. und 7. EG-Richtlinie) auf die deutsche Rechnungslegung im Jahresabschluss als eine Annäherungsmöglichkeit von Jahresabschlussbilanz- und einer Überschuldungsbilanz zu Wiederbeschaffungswerten nach dem Substanzwertverfahren zu berücksichtigen.[1310] Denn die internationalen Rechnungslegungsvorschriften verwirklichen – wenn auch nicht durchgängig,[1311] so doch stärker als bisher – den Gedanken des *fair value* („Zeitwert" / „beizulegender Zeitwert")[1312] und stellen in der Jahresabschlussbilanz bereits stärker darauf ab, welchen Wert ein Vermögensgegenstand aus der Sicht der Unternehmenseigner hat.[1313]

1307 Vgl. zur der Zweckdivergenz *Gelhausen* in WP-Handbuch, Bd. II, 12. Aufl. (2002), Kap. L Rn. 98 ff.

1308 *BGH*, Urt. v. 28.2.2005 – II ZR 103/02 in DStR 2005, S. 705 ff.; *BGH*, Urt. v. 7.3.2005 – II ZR 138/03, NJW-RR 2005, S. 766 Vgl. in ähnlichem Zusammenhang auch *Drews*, Überschuldung (2003), S. 77 f.

1309 Vgl. *IDW* S 1 n.F. v. 18.10.2005, WPG 2005, S. 1308 und bereits *IDW* ES 1 vom 9.12.2004, WPg 2005, S. 28 ff. = IDW-FN 2005, S. 13 ff.

1310 Hierzu *Götz*, Überschuldung (2004), S. 247.

1311 Vgl. insoweit *Götz*, Überschuldung (2004), S. 247, 251 zu den Ausnahmen bzgl. langlebiger Vermögensgegenstände.

1312 Vgl. *Götz*, Überschuldung (2004), S. 247, 251 mit ausführlichen Belegen für den Paradigmenwechsel weg von einer vornehmlich an Anschaffungs- und Herstellungskosten ausgerichteten Rechnungslegung hin zu einer Zeitwertbilanzierung.

1313 Vgl. hierzu ausführlich *Götz*, Überschuldung (2004), S. 240 ff., 251 auch *ders.* in KTS 2003, S. 34 ff.

Der *Zeitwert* im Sinne der internationalen Rechnungslegungsvorschriften (z.B. IAS 39 (2000), par. 8) entspricht dem Betrag, zu dem im gewöhnlichen Geschäftsverkehr zwischen gut informierten, kontraktwilligen und voneinander unabhängigen Vertragspartnern („at arm's length") unter Marktbedingungen ein Vermögenswert hingegeben oder eine Schuld beglichen werden könnte; Transaktionskosten bleiben regelmäßig unberücksichtigt.[1314] Der beizulegende Zeitwert entspricht damit im Wesentlichen dem Einzelveräußerungspreis des Vermögenswertes (bzw. der Schuld).[1315]

Da dem deutschen Gesetzgeber durch die EU-Verordnung vom 19 Juni 2003[1316] ein Wahlrecht eingeräumt ist, auch die Aufstellung des Einzelabschlusses nach IFRS statt nach HGB für alle Rechtsformen zuzulassen oder gar vorzuschreiben, bleibt trotz bisher nur eingeschränkter Umsetzung durch den deutschen Gesetzgeber[1317] abzuwarten, ob in Zukunft das Anschaffungs- und Herstellungskostenprinzip der handelsrechtlichen Jahresabschlussbilanz[1318] weiterhin als maßgebliche Hürde eines Rückgriffs auf Werte der Jahresabschlussbilanz bestehen bleibt, oder ob vielmehr der ausgeprägte Harmonisierungswille auf der Ebene der EU eine Entwicklung zu einer zeitwertnahen handelsrechtlichen Rechnungslegung forcieren wird und damit neue Möglichkeiten eröffnet, die Jahresabschlusswerte in der Überschuldungsbilanz heranzuziehen.[1319]

Gesamtbewertungsansätze einerseits und Einzelbewertungsverfahren andererseits haben sich hingegen nicht einander angenähert, da der zwischen ihnen bestehende Unterschied bereits im Ansatz besteht: Die den Gesamtbewertungsansätzen eigene Ermittlung des Gesamtvermögenswertes als dem künftig finanziell Ausschüttbaren anhand von Planungsrechnungen, Planbilanzen und Plan-GuV ist grundverschieden von einem Einzelbewertungsansatz, der von dem Mengengerüst der Handelsbilanz ausgeht und eine eigenständige Überschuldungsbilanz durch Korrekturen hinsichtlich des Wert*ansatzes* einzelner Aktiva (Einstellung noch nicht berücksichtigter Vermögensgegenstände und Streichung von Aktiva, hinter denen kein werthaltiger Vermögensgegenstand steht)[1320] wie auch der Wert*höhe* erstellt; dabei orientieren sich die Korrekturen an dem Ziel eines stichtagsbezogenen Vermögensausweises unter der Fortführungsprämisse.

Gesamtbewertungsansätze und Einzelbewertungsansätze stehen sich in der Zivilrechtspraxis nahezu gleichwertig gegenüber.[1321]

1314 Vgl. bereits *IDW* EPS 315 v. 29.9.2003, Ziff. 1, WPg 2004, S. 80 ff. und *Götz*, Überschuldung (2004), S. 255, 306.

1315 Bereits *IDW* EPS 315 v. 29.9.2003, Ziff. 1., WPg 2004, S. 80 ff.

1316 VO EG R 1606/2002 19.7.2002 – L 234/1.

1317 Vgl. sogleich unter Zweiter Teil B. III. 1. b) aa) (3).

1318 Vgl. zu dessen Einführung vor dem Hintergrund der Betrügereien und Bankrotte in der zweiten Hälfte des 19. Jh. bereits oben. Vgl zum Zeitwertausweis in den internationalen Rechnungslegungsvorschriften *Götz*, Überschuldung (2004), S. 283.

1319 Vgl. insoweit auch *Götz*, Überschuldung (2004), S. 323 und zur potentiellen Eignung der internationalen Rechnungslegungsvorschriften S. 251 ff., 284 ff., 291, 322 ff.

1320 Vgl. insoweit bereits oben und *Uhlenbruck*, InsO, 12. Aufl. (2003), § 19 Rn. 40.

1321 Vgl. insoweit die zahlreichen widersprüchlichen Einschätzungen: die h.M. präferiere die Einzelbewertung (*Eisele*, Rechnungswesen, 7. Aufl. (2002), S. 1127, der allerdings den Teilwert-

Insbesondere fehlt es noch an einer gefestigten Rechtsprechungspraxis zum Wertansatz in der Überschuldungsbilanz, da selbst die neueren Urteile, in denen die Aufstellung einer aus einer Handelsbilanz zu entwickelnden, aber eigenständigen Überschuldungsbilanz gefordert wird, in der Regel noch Altfälle betreffen, bei denen es sich entsprechend dem damals herrschenden modifiziert zweistufigen Überschuldungsbegriff ausschließlich um Liquidationsbilanzen handelt, oder aber nur negativ die Eignung einer unkorrigierten Handelsbilanz zur Überschuldungsermittlung abgelehnt wird.[1322]

Selbst die Stellungnahme des IDW FAR 1/1996 lässt keinen eindeutigen Schluss auf eine gefestigte Tendenz in der aktuellen Praxis der Wirtschaftsprüfung zu, weil diese Empfehlung unter Berücksichtigung der vor 1992 herrschenden Rechtsprechungspraxis einer Bewertung nach dem Einzelbewertungsgrundsatz erging und in der nachfolgenden insolvenzrechtlichen Diskussion zunehmend die Gesamtbewertungsverfahren propagiert wurden.[1323]

aa) Einzelbewertungsverfahren

Die Einzelbewertungsverfahren unterscheiden sich auch heute noch primär darin, unter welcher Fragestellung die erforderlichen Modifikationen vorgenommen werden, ob darauf abgestellt wird, was für den Wiederaufbau eines gleichen Unternehmens erforderlich wäre (*Wiederbeschaffungswerte* nach dem klassischen *Substanzwertverfahren*), oder ob die *Handelsbilanzwerte* an sich für eine Bewertung des *going concern* – ggf. mit Ausnahme von für erforderlich gehaltenen Wertberichtigungen (z.B. Heben von stillen Reserven oder stillen Lasten) und Ansatzberichtigungen (z.B. Korrektur um Aufwandsrückstellungen nach § 249 I 2, 3 HGB) – als aussagekräftig erachtet werden.

Wegen seines konzeptionellen Bezuges auf den Wert der einzelnen Vermögensgegenstände ist das zweite Verfahren ebenfalls ein Substanzwertverfahren; anders als das klassische Substanzwertverfahren orientiert sich diese Methode jedoch am historischen Konstruktionswert. Je nach Art und Maß der für erforderlich erachteten Korrekturen kommen die Vertreter von korrigierten Handelsbilanzwerten den von vorn herein auf Wiederbeschaffungswerte abstellenden Substanzwertmethoden nahe.

Beide Verfahren korrigieren die Aktivseite der Handelsbilanz dahingehend, dass grundsätzlich Vermögensgegenstände,[1324] die einen eigenen Wert verkörpern, aber

---

ansatz als Einzelbewertungsansatz sieht, anstatt ihn richtigerweise als zweiten Schritt des Herunterbrechens eines nach der Gesamtbewertungsmethode ermittelten Unternehmenswertes zu verstehen.) und *Burger/Schellberg*, BB 1995, S. 266, wonach die herrschende Meinung von einer ertragswertorientierten (Gesamt-)Bewertung ausgehe und der Ansatz von Substanzwerten, also die Einzelbewertung, nur „ernsthaft erörtert“ werde.

1322 Vgl. *BGH* Urt. v. 2.4.2001 – II ZR 261/99, NZG 2001, S. 562 = DStR 2001, S. 860 (Altfall); *BGH* Urt. v. 18.12.2000 – II ZR 191/99, DStR 2001, S. 139; *BGH* Urt. v. 1.12.2003 II ZR 216/01 (Altfall); *BGH* Urt. v. 23.2.2004 – II ZR 207/01 (Altfall); *BGH* Urt. v. 28.2.2005, II ZR 103/02 DStR 2005, S. 705 ff. (Altfall); *BGH* Urt. v. 7.3.2005 II ZR 138/03, NJW-RR 2005, S. 766.

1323 Vgl. *Klar*, Überschuldung (1987); S. 72 ff.; *Röhm*, Abhängigkeit des Insolvenzstrafrechts (2002), S. 187; *Höfner*, Überschuldung (1981), S. 211 ff.; *Burger/Schellberg*, BB 1995, S. 266.

1324 Vgl. zum Begriff des Vermögensgegenstandes *Götz*, Überschuldung (2004), S. 123 m.w.N.

einem handelsbilanziellen Ansatzverbot unterliegen (originäre immaterielle Vermögensgegenstände, § 248 II HGB) in der Überschuldungsbilanz anzusetzen sind;[1325] ebenso haben sie Aktivposten der Handelsbilanz, die lediglich als Bilanzierungshilfe dienen, ohne einen tatsächlichen Wert zu verkörpern, zu entfernen.[1326] Die Substanzwertmethode zur Ermittlung von Widerbeschaffungswerten nimmt im Einzelnen andere Wertkorrekturen vor als die handelsbilanziellen Ansätze; Unterschiede entstehen auch innerhalb der Einzelbewertungsverfahren insbesondere aufgrund der unterschiedlichen Behandlung des Firmenwertes (Goodwill):

(1) Substanzwerte nach dem Substanzwertverfahren unter dem Teil- und dem Vollreproduktionsansatz

Unter aktueller Rechtslage finden sich noch immer Teilreproduktionsansätze,[1327] die zur Vermeidung von Bewertungsunsicherheiten das Gesamtvermögen auf der Aktivseite durch Addition der stichtagsbezogenen Einzelwiederbeschaffungskosten aller materiellen sowie der einzelveräußerbaren immateriellen Werte (Patente, Lizenzen usw.)[1328] ermitteln, ebenso, wie die Ansätze, die unter zusätzlicher Aktivierung des Firmenwertes (Goodwill) auf die Vollreproduktion des Unternehmens abstellen, um so trotz Beibehaltung des Einzelbewertungsansatzes den Ertragswertgedanken der Fortführungsbewertung berücksichtigen zu können.[1329] Das Vollreproduktionsverfahren und mehr noch das Teilreproduktionsverfahren werden dabei nach wie vor als nicht zwecktauglich kritisiert, weil sie primär die Nachbaukosten des Unternehmens widerspiegeln würden, ohne seine prospektive Zahlungsfähigkeit verlässlich abzubilden. Dies werde ganz besonders bei Fehlinvestitionen deutlich.[1330] Auch sei der vermeintliche Vorteil der genauen Bestimmbarkeit bei Wiederbeschaffungswerten konkret genutzter Güter insbesondere dann nicht gegeben, wenn es aufgrund technischen Fortschritts keinen Markt für entsprechende Güter mehr gebe, Wiederbeschaffungspreise somit nur schwer feststell-

---

1325 Ob auch der Goodwill ein immaterieller Vermögensgegenstand ist, der nur einem Aktivierungsverbot (§ 248 II HGB) unterliegt, oder ob er schon gar keinen Vermögensgegenstand darstellt, so dass § 248 II HGB nur deklaratorisch wirkt, ist die dogmatische Grundlage des Streits, ob der Goodwill in der Überschuldungsbilanz nach korrigierten Handelsbilanzwerten berücksichtigen ist, oder nicht. Vgl. *Götz*, Überschuldung (2004), S. 134 und S. 121 zum theoretischen Hintergrund.

1326 Vgl. zu den Korrekturen insoweit *Gelhausen* in WP-Handbuch, Bd. II, (2002), Kap. L Rn. 98; zu den Ansatzwahlrechten sogleich unter (2.) (b.).

1327 Z.B. *Pape* in Kübler/Prütting, InsO (2005), § 19 Rn. 11. Vgl. hierzu *Henselmann*, Unternehmensrechnungen (1999), S. 23.

1328 Vgl. *Pape* in Kübler/Prütting, InsO (2005), § 19 Rn. 11.

1329 *Mönning* in Nerlich/Römermann, InsO (2005), § 19 Rn. 25, 35 f.; an bestimmte Voraussetzungen knüpfend auch *Kallmeyer*, GmbHR 1999, S. 16 f.; *Hüffer*, AktG, 6. Aufl. (2004), § 92 Rn. 11a, der allerdings nur durch Bezugnahme auf *Kallmeyer* deutlich macht, dass er auch den Goodwill und nicht nur die selbständig veräußerbaren immateriellen Vermögensgegenstände meint, wenn er von einer grundsätzlichen Aktivierbarkeit originärer immaterieller Vermögensgegenstände ausgeht. Nur bei Realisierbarkeit im Liquidationsfall *Altmeppen* in Roth/Altmeppen, GmbHG, 5. Aufl. (2005), § 64 Rn. 20.

1330 *Hommel*, ZfB 1998, S. 307; *Eisele*, Rechnungswesen, 7. Aufl. (2002), S. 1126; *Röhm*, Abhängigkeit des Insolvenzstrafrechts (2002), S. 186; vgl. die fundierte Auseinandersetzung bei *Götz*, Überschuldung (2004), S. 224 f.; *Drukarczyk/Schüler* in MüKo, InsO (2001), § 19 Rn. 113.

bar seien.[1331] Speziell das Teilreproduktionsverfahren führe zu einem falschen Ausweis des Schuldenbefriedigungspotentials bei Unternehmen mit hauptsächlich personellem Know-how.[1332]

(2) (Modifizierte) Jahresabschlusswerte – Handelsbilanzwerte

Die Vertreter, die sich weiterhin wegen gleichlaufender Grundentscheidungen (z. B. Vorsichtsprinzip) und aus Objektivierungsgründen für eine generelle Übernahme von Handelsbilanzwerten in den Überschuldungsstatus unter der Fortführungsprämisse aussprechen,[1333] gehen in der Regel – ebenso wie die Vertreter des klassischen Substanzwertverfahrens – von der Notwendigkeit aus Modifikationen vornehmen zu müssen.

Die Auffassungen, die sich für einen Rückriff auf die Handelsbilanz *ohne Modifikationen* aussprechen,[1334] gingen zumeist noch von dem nun zivilrechtlich nicht mehr haltbaren modifiziert zweistufigen Überschuldungsbegriff aus, wonach ausschließlich eine Statuserstellung unter der Prämisse der Liquidation gefordert war, und bei dem die Ungenauigkeiten hinsichtlich des Ausweises des tatsächlichen Schuldendeckungspotentials, bedingt durch Funktionsdivergenz der Bilanzen (Ausschüttungsbemessungsfunktion einerseits, reine Informationsfunktion andererseits) noch über die Fortführungsprognose vollständig ausgeglichen werden konnten;[1335] aus diesem Grund kann nicht ohne weiteres davon ausgegangen werden, dass diese Ansichten auch unter der geltenden Rechtslage den Vermögensausweis unter der Prämisse der Fortführung unmittelbar aus einer unkorrigierten Handelsbilanz entnehmen wollen. Im Gegenteil: Die Funktionsdivergenzen von Handels- und Überschuldungsbilanz verbieten sogar nach nunmehr unbestrittener Meinung einen Rückgriff auf unkorrigierte Handelsbilanzwerte unter der geltenden Überschuldungskonstruktion.[1336]

Zu den daher für erforderlich erachteten Modifikationen gehört, stille Reserven dadurch zu realisieren, dass anstatt der fortgeschriebenen Herstellungs- und Anschaffungskosten Einzelveräußerungspreise angesetzt werden sollen, wenn diese den

1331 *Bittmann*, wistra 1999, S. 12.
1332 *Röhm*, Abhängigkeit des Insolvenzstrafrechts (2002), S. 187.
1333 *Wolf*, DStR 1995, S. 861 ff.; *Reck*, ZInsO 2004, S. 662 ff.; *ders.*, Insolvenzstraftaten (1999), Rn. 163–171; *Bittmann*, wistra 1999, S. 10, 13; *Drukarczyk/Schüler* in MüKo, InsO (2001), § 19 Rn. 999; *Förschle/Hoffmann* in Budde/Förschle, Sonderbilanzen, 3. Aufl. (2002), Kap. N Rn. 103; vgl. hierzu auch *Bieneck* in Müller-Gugenberger/Bieneck, 3. Aufl. (2000), § 76 Rn. 20, der diese Vorgehensweise als herrschend bezeichnet.
1334 *Mertens* in Kölner Komm. AktG, 2. Aufl. (1996), § 92 Rn. 31.
1335 Vgl. *Mertens* in Kölner Komm. AktG, 2. Aufl. (1996), § 92 Rn. 31; *Drukarczyk/Schüler*, Kölner Schrift zur InsO, 1. Aufl. (1997), S. 91 ff.; Kommission für Insolvenzrecht, Erster Bericht (1985), S. 111.
1336 Vgl. *Drukarczyk/Schüler*, Kölner Schrift zur InsO, 2. Aufl. (2000), S. 134 Rn. 114 ff., der unter Verzicht auf ein Plädoyer für Handelsbilanzwerte im Gegenteil klarstellt, dass Anschaffungswertprinzip, Prinzip der Einzelbewertung, Vorsichtsprinzip, Realisationsprinzip und Imparitätsprinzip bei der Überschuldung nicht gelten (Rn. 114). Vgl. auch *Götz*, Überschuldung (2004), S. 292, die unveränderten Handelsbilanzwerte gegen die geltende Überschuldungskonstruktion abgrenzend.

Wertausweis in der Handelsbilanz übersteigen und „zuverlässig am Markt bestimmt werden können".[1337] In Reaktion auf die Schätzprobleme, die auch beim Heben stiller Reserven auftreten,[1338] wird teilweise – ebenfalls unter Rückgriff auf die Bestimmbarkeit am Markt, aber eine Nuance strenger – nur bei „erkennbaren und nachprüfbaren echten stillen Reserven" eine Durchbrechung der Anschaffungs- und Herstellungskosten-Wertobergrenze für zulässig gehalten.[1339]

Sind die handelsbilanziell höchst zulässigen *going concern* Werte hingegen höher als die Liquidationswerte, so sind danach die Handelsbilanzwerte anzusetzen.[1340]

Die Fortführungsannahme würde gegenüber der Liquidationswertannahme – von der Nichtberücksichtigung liquidationsbedingter Schulden abgesehen – insoweit eine „Besserung" für den Schuldner darstellen, als auf der Aktivseite keine Abwertung von Vermögen unter die höchstzulässigen handelsrechtlichen Werte erforderlich ist.[1341]

Insbesondere wird die Handelsbilanz auch hier um Aktiva bereinigt, hinter denen kein werthaltiger Vermögensgegenstand steht,[1342] und es werden handelsbilanziell nicht berücksichtigungsfähige, aber werthaltige immaterielle Vermögensgegenstände angesetzt. Letzteres gilt unbestrittener Maßen für selbständig veräußerbare, im Unternehmen entstandene (*originäre*), immaterielle Vermögensgegenstände (§ 248 II HGB);[1343] inwieweit auch ein über die Substanz hinausgehender *Goodwill* in der Bilanz unter der Prämisse der Fortführung berücksichtigt werden kann, betrifft in der Sache genau den Aspekt, den die auf Wiederbeschaffungskosten abstellenden Substanzwertmethoden unter der Frage diskutieren ob auf die Teil- oder die Vollreproduktion abzustellen ist.[1344]

Ansichten, die einen Ansatz des *originären*, im Unternehmen entstandenen *Goodwill* in der Fortführungsbilanz mit dem Argument ablehnen, er realisiere sich nur bei einer Unternehmensveräußerung als Zuwachs der den Gläubigern zustehenden Substanz, kommen *insoweit* im Ergebnis den Substanzwertmethoden nach dem Einzelreproduktionsansatz gleich.[1345] Die Ansicht, die demgegenüber auch in der Fort-

---

1337 *Förschle/Hoffmann* in Budde/Förschle, Sonderbilanzen 3. Aufl. (2002), Kap. N. Rn. 103; *Gelhausen* in WP-Handbuch, Bd. II, 12. Aufl. (2002), Kap. L Rn. 98; *Altmeppen* in Roth/Altmeppen, GmbHG, 5. Aufl. (2005), § 64 Rn. 18, 20; *Reck*, Insolvenzstraftaten (1999), Rn. 172.

1338 Vgl. *Vonnemann*, BB 1991, S. 870.

1339 *Wolf*, DStR 1995, S. 862.

1340 *Förschle/Hoffmann* in Budde/Förschle, Sonderbilanzen, 3. Aufl. (2002), Kap. N Rn. 103; *Hüffer*, AktG, 6. Aufl. (2004). *Gelhausen* in WP-Handbuch, Bd. II, 12. Aufl. (2002), Kap. L Rn. 98; *Wolf*, DStR 1995, S. 862.

1341 Vgl. *Förschle/Hoffmann* in Budde/Förschle, Sonderbilanzen, 3. Aufl. (2002), Kap. N Rn. 103.

1342 Z.B. § 269 HGB.

1343 Vgl. *Pape* in Kübler/Prütting, InsO (2005), § 19 Rn. 11; *Wolf*, DStR 1995, S. 862; *Uhlenbruck*, InsO, 12. Aufl. (2003), § 19 Rn. 40 m.w.N.

1344 Die Identität der Problematik lässt sich bereits daran ablesen, dass im Streit um die Aktivierung des Goodwill Vertreter eines Teilreproduktionsansatzes von Vertretern korrigierter Handelsbilanzwerte zitiert werden bzw. Vertreter eines Vollreproduktionsansatzes als Gegenansicht dargestellt werden, vgl. *Förschle/Hoffmann* in Budde/Förschle, Sonderbilanzen, 3. Aufl. (2002), Kap. N Rn. 111 zu *Pape* in Kübler/Prütting, InsO, § 19 Rn. 11 einerseits und gegen *Kallmeyer*, GmbHR 1999, S. 17 anderseits.

1345 Z.B. *Förschle/Hoffmann* in Budde/Förschle, Sonderbilanzen, 3. Aufl. (2002), Kap. N Rn. 111; *Wolf*, DStR 1995, S. 862.

führungsbilanz den Goodwill grundsätzlich berücksichtigen will,[1346] kommt dem Substanzwertverfahren nach dem Vollreproduktionsansatz nahe.

Die Auffassung, die im Rahmen einer Fortführungsbilanz eine Aktivierung des originären Goodwill ablehnt will stattdessen den auch in der Handelsbilanz aktivierungsfähigen derivativen Geschäftswert in der Überschuldungsbilanz ansetzen; dies sei sachgerecht, weil er künftige Ertragserwartungen verkörpere, so dass dadurch auch unter einem Einzelbewertungsansatz und selbst bei Ablehnung einer Übernahmen des originären Geschäftswertes sich der Fortführungsgedanke in der Überschuldungsbilanz niederschlage.[1347] Die Ablehnung einer Aktivierung des origniären Goodwill und den auch sonst nur *sehr restriktiv korrigierten Rückgriff auf Handelsbilanzwerte* und die damit verbundene Gefahr eines zu geringen Vermögensausweises rechtfertigt dieses Ansicht damit, dass das hinter dem Anschaffungs-/Herstellungskosten-Höchstwertprinzip stehende Vorsichtsprinzip gerade auch in der Insolvenz gelten müsse[1348] und dass zugunsten einer höheren Objektivierung die detaillierten Ansatz- und Bewertungsregeln der Handelsbilanz unmittelbar unter Inkaufnahme eines nur annähernd dem Überschuldungszweck entsprechenden Wertausweises heranzuziehen seien.[1349]

Die vorgenannte Ansicht kann zwar darauf verweisen, dass ein zu geringer Wertausweis weniger gravierend ist als unter alter Rechtslage, da das Insolvenzverfahren nach der InsO weniger zerschlagungsorientiert ausgerichtet ist.[1350] Dennoch stellt auch der Verlust der uneingeschränkten Verwaltungs- und Verfügungsbefugnis über das Unternehmen einen hinreichend gravierenden Eingriff in die Rechte des Schuldners dar, so dass die Handelsbilanzwerte wegen ihrer Ausrichtung auf die (vorsichtige) Ermittlung eines ausschüttungsfähigen Betrages überwiegend als nicht hinreichend aufschlussreich bzgl. des Grades der Gläubigerbefriedigung und als zu streng abgelehnt werden.[1351]

Weitere Modifikationen, die unter den Vertretern einer Übernahme der Handelsbilanzwerte in den Überschuldungsstatus für erforderlich gehalten werden, betreffen die handelbilanziellen *Ansatzwahlrechte*: Z. B. *Reck*, der aus der dem steuerrecht-

---

1346 *Kallmeyer*, GmbHR 1999, S. 17, der den Ansatz des Goodwill allerdings unter die Bedingung stellt, dass der Markt nach sachverständigem Urteil dazu bereit wäre, beim Verkauf des Unternehmens einen Firmenwert in der angegebenen Höhe zu bezahlen. *Kallmeyer* hält diese Einschränkung für erforderlich, um der Forderung des Gesetzes zu entsprechen, die Fortführungsprognose allein nicht mehr über den Ausgang der Überschuldungsprüfung entscheiden zu lassen und lehnt damit zugleich die Gesamtbewertungsansätze als Wertermittlungsmethode im Überschuldungstatus inzident wegen Ergebnisgleichheit mit dem modifiziert zweistufigen Verfahren ab. Dem liegt offenbar die Vorstellung zugrunde, die Fortführungsprognose und Ertragswertermittlung führten stets zum selben Ergebnis.

1347 *Förschle/Hoffmann* in Budde/Förschle, Sonderbilanzen, 3. Aufl. (2002), Kap. N Rn. 112.

1348 *Wolf*, DStR 1995, S. 861.

1349 *Wolf*, DStR 1995, S. 862.

1350 Vgl. insoweit *Wolf*, DStR 1995, S. 863.

1351 Vgl. *Hommel*, ZfB 1998, S. 307 insoweit auch *Drukarczyk* in MüKo, InsO (2001), § 19 Rn. 112 ff.; vgl. in diesem Zusammenhang auch *IDW*, FAR 1/1996, WPg 1997, S. 22: „Im Kern handelt es sich um die gleiche Fragestellung, jedoch unter unterschiedlichem Blickwinkel und mit unterschiedlichem Prüfungsansatz."

lichen Teilwertbegriff ähnlichen Formulierung des IDW FAR 1/1996[1352] heraus das Postulat einer direkten Übernahme des steuerrechtlichen Teilwertbegriffs (§ 6 I Nr. 1 S. 3 EStG) aufstellt und diesen Teilwertbegriff unter Verweis auf konkretisierende Hinweise aus den Einkommenssteuerrichtlinien durch die handelsbilanziellen Anschaffungs- und Herstellungskosten ausfüllen will (*„Primat der Buchwerte unter Berücksichtigung des Teilwertgedankens“*),[1353] entwickelt aus dem Gedanken des (umgekehrten) Maßgeblichkeitsprinzips zwischen Handels- und Steuerbilanz, dass bei Aufstellung der Überschuldungsbilanz wie im Steuerrecht ein Ansatzzwang bei handelsrechtlichen Aktivierungswahlrechten bestehen müsse. *Reck* begründet das mit dem Steuerrecht parallel laufende Ergebnis mit dem Zweck des Vermögensausweises unter dem Blickwinkel des bestehenden Gläubigerdeckungspotentials.[1354] Im Ergebnis entspricht diese Korrektur der im Rahmen aller Einzelbewertungsverfahren üblichen vorgehensweise, nicht in der Handelsbilanz aktivierte (weil nicht aktivierungsfähig oder einfach nur nicht aktiviert) Vermögenswerte in der Überschuldungsbilanz anzusetzen und stille Reserven zu heben.[1355]

Allerdings ist die direkte Anknüpfung an die steuerrechtlichen Regelungen in konzeptioneller Hinsicht fragwürdig, wo genau dieser Wirkungszusammenhang zwischen Steuer und Handelsbilanz in der geschichtlichen Entwicklung zu einer Abkehr von einer Überschuldungsmessung anhand der Handelsbilanz geführt hatte.[1356]

Denn wegen des Einflusses steuerrechtlicher Gesichtspunkte bei Aufstellen der Handelsbilanz, die dann zur Vermeidung höherer Steuern eine Tendenz zu einer geringeren Ausweisung der Aktiva zeigt, war mit der Anbindung der Steuerbilanz an die Handelsbilanz und umgekehrt die Diskrepanz zwischen dem handelsrechtlichen Vermögensausweis und der für die Gläubigergesamtheit kritischen Vermögenslage, die ein Einschreiten aus Gründen des Gläubigerschutzes mit der Konsequenz einer Vermögenssicherung mit anschließender Zerschlagungsfolge überhaupt rechtfertigen konnte, verstärkt worden.

Die zwangsweise Eröffnung eines – aus Gläubigerschutzgesichtspunkten nicht mehr zu rechtfertigenden – Konkursverfahrens konnte nur über eine insolvenzrechtliche Überschuldungsbilanz anhand eigener Bewertungsprämissen verhindert werden.[1357]

Und so verhält es sich auch nach heutiger Rechtslage unter Geltung der Insolvenzordnung.

1352 *IDW* FAR 1/1996, WPg 1997, S. 24.
1353 *Reck*, Insolvenzstraftaten (1999), Rn. 165 ff. unter Hinweis auf Einkommensteuerrichtlinie (EStR) 36.
1354 Vgl. *Reck*, Insolvenzstraftaten (1999), Rn. 205, 212. Bei den steuerrechtlichen Passivierungswahlrechten (z.B. Rückstellungen für Reparaturen) nimmt er hingegen Abwägung zwischen Gläubigerschutz und Schuldprinzip vor und dem gibt dem Schuldprinzip den Ausschlag, um dem Schuldner nicht unvorhersehbar eintretende Vermögensbelastungen anzulasten, *Reck* a.a.O. Rn. 211.
1355 Vgl. insoweit oben zuvor unter Zweiter Teil B. III. 1. b) aa) (2.).
1356 Vgl. bereits oben unter Erster Teil A. IV. 4. b) und *Götz*, KTS 2003, S. 28 f.
1357 Vgl. *Götz*, KTS 2003, S. 29.

Zwar ist zu beachten, dass das Konkursverfahren als reines Liquidationsverfahren ausgestaltet war, so dass mit dem weitestgehend „bewahrenden" Charakter des Insolvenzverfahrens nach der InsO entgegnet werden könnte, dass mit der Insolvenzrechtsreform gerade wieder ein Schritt in Richtung einer Anbindungsmöglichkeit an die Handelsbilanz getan worden sei.

Jedoch ist dagegen einzuwenden, dass zum einen noch unter Geltung der Konkursordnung immerhin auch ein Vergleichsverfahren nach der VerglO vorgesehen war und dennoch eine Diskrepanz zu dem für den Gläubigerschutz wirklich Notwendigen empfunden wurde. Zum anderen stellt auch unter der Insolvenzordnung die Einleitung eines Insolvenzverfahrens selbst dann noch eine extreme Belastung dar, wenn dem Schuldner weitgehende Verfügungsbefugnisse (Insolvenzplanverfahren, Eigenverwaltung) verbleiben. Dies gilt insbesondere angesichts schnell auf die Insolvenz reagierender Märkte. Eine solche Belastung darf nicht leichtfertig in Kauf genommen werden, sondern bedarf einer fundierten Erforderlichkeitsprüfung im Hinblick auf den Gläubigerschutz.

Wann nun eine so eingreifende Maßnahme zum Schutz der Gläubiger erforderlich ist, kann nicht ohne weiteres anhand eines handelsbilanziellen Vermögensausweises geprüft werden, wenn die Gefahr besteht, dass aus steuerlichen Gründen das Vermögen in der Bilanz niedriger bewertet wurde, als bei einer Veräußerung desselben erzielt werden könnte.

Daher ist auch heute noch ein Rückgriff auf unkorrigierte Handelsbilanzwerte aus denselben Gründen abzulehnen, die bereits in der Vergangenheit ein Grund der Trennung von Handels- und Überschuldungsbilanz waren.

Selbst vor dem Hintergrund des zunehmenden Einflusses internationaler Rechnungslegungsvorschriften und ihrer stärkeren Berücksichtigung des *fair value* Gedankens (mit der Konsequenz einer Annäherung an Zeitwerte)[1358] ist eine Anknüpfung der Überschuldungsermittlung an die Handelsbilanz derzeit noch der Kritik eines nicht zweckentsprechenden Wertausweises ausgesetzt: Der deutsche Gesetzgeber hat die Anschaffungs- und Herstellungskosten als ausschließliche Bewertungsobergrenze in der Handelbilanz als verbindliche Maßgabe beibehalten und auf die weitergehende Zeitwertbilanzierung verzichtet, die ihm die 4. EG-Richtlinie eröffnet.[1359]

Und auch der mit einer Bilanzierung nach US-GAAP, IFRS (IAS) verbundene Zeitwertausweis[1360] mit seinem tendenziell höheren Aktivierungspotential[1361] ist unter

---

1358 Vgl. hierzu ausführlich *Götz*, Überschuldung (2004), S. 287 ff.
1359 Die Mitgliedsstaaten haben danach die Option, vom allgemeinen Grundsatz einer Bewertung zu fortgeführten Anschaffungs- und Herstellungskosten abweichend die Bewertung von abnutzbaren Sachanlagen und Vorräten mit Wiederbeschaffungskosten, die Bewertung aller Jahresabschlusspositionen mit einer anderen, (zu Wiederbeschaffungskosten alternativen) der Inflation Rechnung tragenden Methode und die Neubewertung von Sach- und Finanzanlagen zuzulassen. (Art. 33 I a–c der 4. EG-Richtlinie 2001/65/EG); ausführlich hierzu *Götz*, Überschuldung (2004), S. 251, 287 ff. und *Handelsrechtsausschuss* des *DAV*, NZG 2005, S. 465.
1360 Vgl. zum gegenüber dem HGB verwirklichten Zeitwertbezug und dem dadurch bedingten erhöhten Aktivierungspotential sowie zur der Möglichkeit deutscher Unternehmen, ihren Einzelabschluss nach US-GAAP/IFRS(IAS) aufzustellen: ausführlich *Götz*, Überschuldung (2004), S. 309 ff.
1361 Der tendenziell höhere Wertausweis beruht vornehmlich darauf, dass nach der Bewer-

dem Postulat des „Primats der Buchwerte“[1362] bei einer Anknüpfung an die *Handelsbilanzwerte/Jahresabschlusswerte* nicht berücksichtigungsfähig, da die vom – Jahresabschluss nach HGB strikt zu trennenden[1363] – Bilanzierungsregelungen der US-GAAP und IFRS (IAS) primär nur für Konzernabschlüsse deutscher Unternehmen gelten und bei der Aufstellung von Einzelabschlüssen im Regelfall keine und wenn, nur eine auf Publizitätszwecke begrenzte Rolle spielen, eine Aufstellung eines HGB-Abschlusses aber nicht entbehrlich machen.[1364]

---

tungskonzeption der IFRS(IAS) aufgrund der vergleichsweise geringeren Bedeutung des Vorsichtsprinzips die Bildung stiller Reserven nur eingeschränkt möglich ist. Vgl. insoweit *Schildbach*, StuB 2003, S. 1073; *Götz*, Überschuldung (2004), S. 291 ff., 304 m.w.N.

1362 Vgl. insoweit nochmals *Reck*, Insolvenzstraftaten (1999), Rn. 158 ff.

1363 Aus diesem Grund spielen auch die 4. Bilanzrichtlinie und die Rechnungslegungsvorschriften des HGB keine Rolle mehr, soweit IFRS zur Anwendung kommen, *Handelsrechtsausschuss* des *DAV*, NZG 2005, S. 465.

1364 Ab 1.1.2005 *müssen* entsprechend der EU-Verordnung vom 19. Juni 2003 (VO EG R 1606/2002 19.7.2002 – L 234/1) alle kapitalmarktorientierten Unternehmen (nur) ihren *Konzernabschluss* nach internationalen Rechnungslegungsgrundsätzen (IFRS) aufstellen, sofern sie nicht zuvor von dem Recht nach § 292a HGB Gebrauch gemacht haben, ihren Konzernabschluss nach US-GAAP aufzustellen und ihnen daher eine Umstellungsfrist bis zum 1.1.2007 gewährt wird. Das am 10.12.2004 in Kraft getretene Bilanzrechtsreformgesetz hat die Pflicht zur Konzernrechnungslegung nach IFRS in § 315a HGB niedergelegt. Eine entsprechende Pflicht gilt für Unternehmen, die für den jeweiligen Bilanzstichtag die Zulassung eines Wertpapiers zum Handel an einem organisierten Markt im Inland beantragt haben. Für kapitalmarktorientierte Unternehmen, die lediglich Schuldtitel zum Handel in einem geregelten Markt eines Mitgliedstaats der Europäischen Union zugelassen haben, gilt die Verpflichtung erst für Wirtschaftsjahre, die nach dem 31.12.2006 beginnen (Art. 57 Abs. 1 BilReG). Gleiches gilt für Unternehmen, von denen Wertpapiere zum öffentlichen Handel in einem Drittstaat zugelassen sind und die zu diesem Zweck seit dem Geschäftsjahr, das vor dem 11.9.2002 begann, international anerkannte Rechnungslegungsstandards verwenden (Art. 57 Abs. 2 BilReG).
Darüber hinaus räumt die Verordnung ein Mitgliedsstaatenwahlrecht dahin gehend ein, dass auch Konzernabschlüsse von Nicht-Kapitalmarktunternehmen und Einzelabschlüsse ebenfalls nach internationalen Rechnungslegungsvorschriften aufgestellt werden dürfen. Deutschland hat von diesem Wahlrecht im Bilanzrechtsreformgesetz insoweit Gebrauch gemacht, als den nicht kapitalmarktorientierten Unternehmen ein Wahlrecht gegeben wird, den *Konzern*abschluss nach internationalen Rechnungslegungsvorschriften oder nach HGB aufzustellen, und kapitalmarktorientierte Unternehmen (i. S. von § 267 Abs. 3 HGB) die Möglichkeit haben, ihren zu publizierenden Einzelabschluss ebenfalls nach internationalen Rechnungslegungsvorschriften zu *veröffentlichen*. Die Möglichkeit der Offenlegung eines nach IFRS aufgestellten Einzelabschlusses macht die Aufstellung eines HGB-Abschlusses nicht entbehrlich; Einzelabschlüsse sind in Deutschland weiterhin zwingend nach den Vorschriften des HGB aufzustellen. Auf Einzelabschlussebene kann ein Jahresabschluss nach IFRS nur für Offenlegungszwecke, und das auch nur beschränkt auf große Kapitalgesellschaften (i.S. von § 267 Abs. 3 HGB) erstellt werden. Demnach kann bei der Offenlegung von großen Kapitalgesellschaften im Bundesanzeiger an die Stelle des Jahresabschlusses ein Einzelabschluss treten, der nach den internationalen Rechnungslegungsstandards aufgestellt worden ist. Voraussetzung für die befreiende Offenlegung eines nach IFRS aufgestellten Einzelabschlusses ist nicht nur, dass Unternehmen, die für Zwecke der Offenlegung von diesem Wahlrecht Gebrauch machten, alle Regelungen der IFRS vollständig befolgen und dass der offengelegte Bestätigungsvermerk des Abschlussprüfers (oder der Vermerk über dessen Versagung) sich auf den IFRS-Einzelabschluss bezieht. Insbesondere müssen der Vorschlag und gegebenenfalls der Beschluss über die Verwendung des Ergebnisses unter Angabe des nach den Bilanzierungsvorschriften des HGB ermittelten Jahresüberschusses oder Jahresfehlbetrags in die Offenlegung einbezogen werden. Grundlage für die Gewinnverwendung ist auch bei Offenlegung eines Einzelabschlusses nach IFRS der nach HGB aufgestellte Jahresabschluss. Zusätzlich ist der nach HGB aufgestellte Jahresabschluss mit dem dazu erteilten Bestätigungsvermerk oder dem

Die dem deutschen Recht unterliegenden Unternehmen haben ihren Einzelabschluss noch immer nach den Rechnungslegungsvorschriften des HGB und damit nach den handelrechtlichen GOB aufzustellen, die auf die vorsichtige Ermittlung eines ausschüttungsfähigen Betrages ausgerichtet sind. Allein eine Konzernmuttergesellschaft, die keine eigene Geschäftstätigkeit aufweist und damit nur eine Holdinggesellschaft ist, stellt ausschließlich einen Konzernabschluss auf, der dann zur Ermittlung der Überschuldung heranzuziehen wäre, sofern die Handelsbilanzansätze nicht auch hier eine Anwendung der HGB-Grundsätze verlangen würden. In der Diskussion um den richtigen Wertansatz in der Fortführungsbilanz bleibt dieser Sonderfall allerdings unberücksichtigt.

Die handelsbilanziellen Ansätze beziehen sich auf den handelsrechtlichen Einzelabschluss nach HGB.

Im Hinblick auf die zu beantwortende Frage der potentiellen Zivilrechtsakzessorietät strafrechtlicher Begriffsbildung ist ferner festzuhalten, dass die Einzelbewertungsansätze aufgrund der größeren Möglichkeiten, im Einzelnen verschiedene Ansatzposten in der Überschuldungsbilanz zu begründen oder abzulehnen – ohne bereits durch die Wahl der generellen Herangehensweise (Handelsbilanzwerte oder Substanzwerte) festgelegt zu sein – zu unterschiedlichen Ergebnissen bei der Überschuldungsermittlung kommen, so dass sich eine pauschale Gegenüberstellung von *dem* Substanzwertverfahren zu Wiederbeschaffungskosten und *dem* Handelsbilanzansatz verbietet.

(3) (Modifizierte) Übernahme internationaler Rechnungslegungsregeln für den Jahresabschluss

Eine neuere Ansicht des Schrifttums macht sich den Zeitwertbezug der internationalen Rechnungslegungsvorschriften zunutze und will im Rahmen der modifiziert zweistufigen Methode des § 19 II InsO die Fortführungsbilanz anhand des IFRS-Normensystems aufstellen, um so auf ein objektivierend wirkendes, ausdifferenziertes Regelwerk der Einzelbewertung zurückgreifen zu können, ohne durch die Funktionsdivergenz von handelsbilanzieller Ausschüttungsbemessungsfunktion und vermögensbezogener Informationsfunktion dem Vorwurf ausgesetzt zu sein, einen zweckinkonsistenten Wert auszuweisen.[1365] Der Rückgriff auf die internationalen Rechnungslegungsvorschriften im Rahmen der Überschuldungsbilanz verlange nicht, dass diese zugleich auch für den handelsrechtlichen Einzelabschluss gelten müssen, da § 19 II InsO die Wahl der konkreten Bewertungsmethode im Überschuldungsstatus zu Fortführungswerten freistelle und damit den Rückgriff auf jedes, selbst ein in der deutschen Gesetzgebung *nicht* verankertes Regelungssystem ermögliche, sofern es nur dem Zweck Rechnung trage, das vorhandene Vermögen unter der Fortführungsprämisse stichtagsbezogen auszuweisen.[1366]

Vermerk über dessen Versagung beim Handelsregister einzureichen. Die Offenlegung des IFRS-Einzelabschlusses ist somit auf die Bekanntgabe der Abschlüsse großer Kapitalgesellschaften im Bundesanzeiger beschränkt (durch das BilRiG neu eingefügter § 325 Abs. 2b HGB). Vgl. hierzu *Wulf/Klein/Azaiz*, DStR 2005, S. 261 f.; *Handelsrechtsausschuss* des *DAV*, NZG 2005, S. 465.

1365 *Götz*, Überschuldung (2004), S. 247 ff.; 329 ff., 335.

1366 *Götz*, Überschuldung (2004), S. 329.

Diese Ansicht kann darauf verweisen, dass die in der Herstellungs- und Anschaffungskostenwertobergrenze umgesetzte Funktion der Handelsbilanz, den ausschüttungsfähigen Betrag unter Beachtung des Vorsichtsprinzips zu ermitteln, bei den internationalen Rechnungslegungsvorschriften gerade nicht gilt, weil hier die *alleinige Informationsfunktion* über den fair value im Vordergrund steht;[1367] die IFRS sind nach dem Vorbild der US-GAAP gestaltet, welche – anders als der handelsrechtliche Einzelabschluss nach HGB – keine Gläubigerschutzfunktion haben, weil der Gläubigerschutz im US-amerikanischen Rechtsraum nicht über den Einzelabschluss verwirklicht wird, sondern hier sich die Gläubiger durch private Kreditverträge (corporate identures) absichern.[1368]

Doch auch wenn die internationalen Rechnungslegungsvorschriften mit der Überschuldungsbilanz gemein haben, dass sie ausschließlich Informationsfunktion besitzen, sind sie ohne Modifikationen nicht geeignet, ein möglichst realistisches Bild der Vermögenslage zur Überschuldungsfeststellung zu liefern: Die zahlreichen Ansatz- und Bewertungswahlrechte, die die IFRS im Rahmen der Zeitwertbilanzierung eröffnen, z.B. die fakultative Neubewertung von immateriellen Vermögensgegenständen (IAS 38),[1369] dürfen bei der Überschuldungsermittlung nicht gelten; andernfalls würde dem zur Rechenschaft Verpflichteten ermöglicht, Wissensvorsprünge zum eigenen Nutzen einzusetzen und die insoweit gewährten Ermessensspielräume für eine möglichst günstige Darstellung der Unternehmenslage auszunutzen, um so durch Verschleierung der tatsächlichen Gläubigergefährdungslage den Überschuldungsausweis zu deren Lasten hinauszuzögern.[1370]

Aus diesem Grund sieht diese Ansicht eine Korrektur zu hoch angesetzter Werte über eine Ertragsfähigkeitsprognose vor[1371] und will im übrigen die Wahlrechte dahingehend einschränken, dass bei der Überschuldungsfeststellung stets höhere Zeitwerte anzusetzen sind, auch wenn nach IFRS wahlweise eine andere Zuschreibungsmöglichkeit auf die historischen Anschaffungs- und Herstellungskosten besteht, wie bei der Bewertung des Sachanlagevermögens nach IAS (1998), par. 29 ff. oder bestimmter immaterieller Vermögenswerte nach IAS 38 (1998), par 64 ff.[1372]

Ein weiteres Problem der Zeitwertbilanzierung ist, dass es bei Nichtvorhandensein von marktmäßig beobachtbaren Preisen möglicherweise zu einer erheblichen Diskrepanz zwischen dem anteiligen Gebrauchswert und dem bilanzierten Zeitwert kommt, die sich ebenso wie nicht identifizierbare Ertragswertbestandteile (z. B. aufgrund von Verbundeffekten) im Goodwill niederschlägt. Den Vertretern der beiden

---

1367 Ob die Informationsbedürfnisse der Marktteilnehmer durch IFRS(IAS) besser als durch HGB-Abschlüsse befriedigt werden wird allerdings stark bezweifelt, vgl. nur *Schildbach*, BFuP 1998, S. 3 ff.; *ders.*, WPg 1998, S. 946 f.

1368 Aus der Ausrichtung auf die alleinige Informationsfunktion heraus lässt sich auch erklären, warum die Bilanzierungsmöglichkeit nach US-GAAP und IFRS – mit Ausnahme der Publizierungserleichterung nach § 235 b II HGB (s.o.) – auf die Konzernrechnungslegung beschränkt ist. Auch die Konzernrechnungslegung dient der Information des Marktes.

1369 Vgl. hierzu die ausführliche Analyse bei *Götz*, Überschuldung (2004), S. 315 ff., 318.

1370 Vgl. *Götz*, Überschuldung (2004), S. 240, 318 f. m.w.N.

1371 Vgl. *Götz*, Überschuldung (2004), S. 319 f., 330, 332 ff.

1372 Vgl. *Götz*, Überschuldung (2004), S. 320.

anderen Einzelbewertungsverfahren ähnlich, will diese Ansicht die dadurch entstehende Unschärfe durch eine eingeschränkte Berücksichtigungsfähigkeit des Goodwill lösen: Bei fehlenden Marktpreisen und festgestellter Diskrepanz zwischen bilanziertem Zeit- und Gebrauchswert sollen fortgeschriebene Anschaffungs- und Herstellungskosten angesetzt werden, sofern sie nicht den Gebrauchswert übersteigen.[1373]

Dass die Zeitwertbilanzierung nach IFRS nicht lückenlos durchgehalten ist, sondern planmäßige Abschreibungen auch hier zu einer Bildung von stillen Reserven führen können,[1374] ist nach dieser Auffassung tragbar: zum einen, weil diese Fälle auf ein akzeptables Maß begrenzt seien, zum anderen, weil die planmäßigen Abschreibungen vereinfachend als unkomplizierte funktionsadäquate Zeitwertschätzung gesehen werden könnten, deren Risiko eines falschen Wertausweises nicht größer sei als die Schätzungsrisiken, denen sich die anderen Bewertungsmethoden ausgesetzt sehen.[1375]

Um das verbleibende Restrisiko eines nicht exakten Vermögensausweises zu minimieren, soll zudem im Anschluss an die Bilanzerstellung nach IFRS eine Ertragsfähigkeitsprognose anhand einer Plan-GuV helfen, Rückschlüsse auf eine mögliche zukünftige Entwertung der Gläubigeransprüche zu gewinnen.[1376]

Im Ergebnis will diese Ansicht entsprechend der traditionell zweistufigen Methode in Abhängigkeit vom Ausgang der Fortführungsprognose anhand der künftigen Zahlungsfähigkeit zu Liquidations- oder zu Fortführungswerten bilanzieren, dann aber abweichend von den bisher diskutierten Lösungen die Fortführungsbilanz nach dem IFRS-Normensystem erstellen und das dort ausgewiesene Ergebnis über eine Ertragsfähigkeitsprognose präzisieren.[1377] Überschuldung liegt im Falle der prognostizierten Überlebensfähigkeit danach vor, wenn ein positiver überschuldungsbilanzieller Eigenkapitalbestand durch künftige Ertragsdefizite aufgezehrt oder ein negativer Eigenkapitalbestand nicht durch künftige Ertragsüberschüsse ausgeglichen wird.[1378]

bb) Gesamtbewertungsansätze von Ertragswertverfahren und DCF-Verfahren

Die Gesamtbewertungsverfahren DCF- und Ertragswertmethode stehen sich hinsichtlich ihres konzeptionellen Ansatzes als gleichberechtigte Methoden[1379] in der Diskussion um den Wertansatz in der Überschuldungsbilanz zu Fortführungswerten gegenüber und werden gleichermaßen zunehmend als die insoweit *theoretisch* richtige Wertermittlungsmethode eingestuft,[1380] deren praktische Umsetzbarkeit

1373 *Götz*, Überschuldung (2004), S. 325.
1374 Vgl. insoweit *Götz*, Überschuldung (2004), S. 251, 325 m.w.N.
1375 *Götz*, Überschuldung (2004), S. 321.
1376 *Götz*, Überschuldung (2004), S. 332 f.
1377 *Götz*, Überschuldung (2004), S. 334.
1378 *Götz*, Überschuldung (2004), S. 330 ff.
1379 Zur Gleichberechtigung in der Unternehmensbewertung *IDW* S 1 n.F. v. 18.10.2005, WPG 2005, S. 1313 und bereits *IDW* ES 1 v. 9.12.2004, *IDW*-FN 2005, S. 29 ff.
1380 Vgl. *Burger/Schellberg*, BB 1995, S. 266; *Drukarczyk/Schüler* in MüKo, InsO (2001), § 19 Rn. 112 f.; *Eisele*, Rechnungswesen, 7. Aufl. (2002), S. 1127; *Förschle/Hoffmann* in Budde/Förschle, Sonderbilan-

jedoch aufgrund ihrer Prognoselastigkeit und der Gewährung von Einschätzungsspielräumen und damit wegen zu großer Unsicherheiten und einer hohen Manipulationsanfälligkeit noch immer bezweifelt wird; dadurch, dass sie die Überschuldungsfeststellung weitestgehend in das Ermessen des bilanzierenden Schuldners stelle, sei der Überschuldungstatbestand nicht mehr justitiabel.[1381]

Und auch die nahezu einhellige Erkenntnis in Rechtsprechung und Literatur, dass eine sinnvolle Zuordnung der Werte einzelner Vermögensgegenstände zum Gesamtwert praktisch undurchführbar ist,[1382] dient noch immer einigen Ansichten als Grund für eine vollständige Ablehnung der Gesamtbewertungsverfahren im Überschuldungsstatus,[1383] auch wenn die überwiegende Meinung den gescheiterten Versuch der so verstandenen Teilwertmethode[1384] mangels Auswirkung auf den Gesamtvermögensausweis insoweit für unschädlich und die Teilwertmethode für eine überflüssige Bestätigungsrechnung ohne eigene Objektivierungsfunktion hält.[1385]

Trotz der Manipulationsanfälligkeit der Zahlungsstromprognosen und der allgemeinen Prognoseunsicherheiten findet eine Anwendung der Gesamtbewertungsverfahren im Überschuldungsstatus unter der Prämisse der Fortführung zunehmend Anhänger.[1386]

Die theoretische Gleichberechtigung von Ertragswert- und DCF-Verfahren beruht auf ihrem in konzeptioneller Hinsicht gemeinsamen *Ansatz*, den Wert des Vermögens im betrieblichen Leistungsprozess danach zu beurteilen, welche Ausschüttungen ein potentieller Erwerber aufgrund von Planungsrechnungen zu erwarten hat, folglich zu zahlen bereit wäre, und der daraus folgenden *Ergebnisgleichheit* trotz unterschiedlicher Ermittlungsmethode bei gleichen Annahmen. [1387]

---

zen, 3. Aufl. (2002), Kap. N Rn. 102; *Spliedt*, DB 1999, S. 1941 ff.; *Höffner*, BB 1999, S. 201; *Röhm*, Abhängigkeit des Insolvenzstrafrechts (2002), S. 187 m.w.N.; *Wolf*, DStR 1999, S. 861.

1381 Vgl. *Drukarczyk/Schüler* in MüKo, InsO § 19 Rn. 111 f.; *Eisele*, Rechnungswesen, 7. Aufl. (2002), S. 1127; *Förschle/Hoffmann* in Budde/Förschle, Sonderbilanzen, 3. Aufl. (2002), Kap. N Rn. 102; *Wolf*, DStR 1995, S. 861; *Hommel* ZfB 1998, 307; *Reck*, Insolvenzstraftaten (1999), Rn. 159; *Klar*, Überschuldung (1987), S. 195, 227 f.

1382 Vgl. dazu bereits oben unter A I 6 a. cc (2) (a) (bbb) (α) *Haak*, BB 1981, S. 887; *OLG Düsseldorf* Urt. v. 7.6.1990; *Piltz*, Unternehmensbewertung, 3. Aufl. (1994), S. 325 und aktuell *Götz*, Überschuldung (2004), S. 244; *Eisele*, Rechnungswesen, 7. Aufl. (2002), S. 1127; *Röhm*, Abhängigkeit des Insolvenzstrafrechts (2002), S. 188; *Höffner*, ZIP 1999, S. 2089; *Bittmann*, wistra 1999, S. 12; *Temme*, Eröffnungsgründe (1997), S. 135; *Höffner*, ZIP 1999, S. 2089.

1383 Z.B. *Eisele*, Rechnungswesen, 7. Aufl. (2002), S.1127.

1384 Davon zu unterscheiden ist der Teilwertbegriff bei *Reck*, der nicht erst einen Gesamtunternehmenswert ermitteln und diesen dann den Vermögensgegenständen zuordnen will, sondern der Teilwerte als modifizierte Handelsbilanzwerte ermitteln will, welche in der Summe dann den Gesamtwert ergeben, vgl. *Reck*, Insolvenzstraftaten (1999), Rn. 165 ff.

1385 *Klar*, Überschuldung (1987), S. 56; *Hommel*, ZfB 1998 S. 307; *Bittmann*, wistra 1999, S. 12; *Röhm*, Abhängigkeit des Insolvenzstrafrechts (2002), S. 188; *Temme*, Eröffnungsgründe (1997), S. 148; *Harneit*, Überschuldung (1984), S. 38; *Höfner*, Überschuldung (1981), S. 194; *Spliedt*, DB 1999, S. 1944 ff.; *Götz*, ZinsO 2000, S. 79 f.

1386 *Burger/Schellberg*, BB 1995, S. 265 f.; *Bieneck* in Müller-Gugenberger/Bieneck 3. Aufl. (2000), § 76 Rn. 35; *Röhm*, Abhängigkeit des Insolvenzstrafrechts (2002), S. 188; *Temme*, Eröffnungsgründe (1997), S. 143 ff.; *Spliedt*, DB 1999, S. 1944 ff.

1387 Vgl. *IDW* S 1 n.F. v. 18.10.2005, WPG 2005, S. 1313.

Dabei werden sich künftig wegen der Aufgabe der Vollausschüttungsannahme für die Ertragswertmethode auch die Ergebnisse von Ertrags- und DCF-Verfahren wegen ähnlicher Annahmen stärker angleichen.[1388]

In der Überschuldungspraxis ist dennoch eine deutliche Bevorzugung der Ertragswertmethode gegenüber der DCF-Verfahren zu beobachten,[1389] was zum einen darauf zurückzuführen ist, dass die Ertragswertmethode direkt an das auf die Ermittlung von Erträgen ausgerichtete Rechenwerk der GuV anknüpfen kann, die ohnehin von nahezu jedem Unternehmen im Rahmen des Jahresabschlusses aufzustellen ist. Zum anderen findet die Rechtsprechungspraxis Berücksichtigung, die die Ertragswertmethode ausdrücklich als Gesamtbewertungsmethode anerkennt, während eine Praxis zu den DCF-Verfahren aufgrund der zeitlichen Verzögerung, mit der die Gerichte auf die betriebswirtschaftliche Diskussion reagieren,[1390] noch fehlt. Im Hinblick auf eine gerichtliche Anerkennung wird daher überwiegend in der Rechtspraxis und damit einhergehend in der Überschuldungsdiskussion der juristischen Literatur noch auf „gerichtsfeste" Ertragswerte zurückgegriffen, obwohl demgegenüber die DCF-Verfahren in der Betriebswissenschaft mindestens als gleichberechtigt erachtet, wenn nicht gar wegen ihres direkten Ausschüttungsansatzes sogar für vorzugswürdig gehalten werden.[1391]

Im *Vergleich zu den Einzelbewertungsverfahren* unterscheiden sich die Gesamtbewertungsansätze vor allem dadurch, dass sie per definitionem den Goodwill als den über den Wert der Substanz hinausgehenden Mehrwert berücksichtigen.[1392]

Innerhalb des Ertragswertverfahrens besteht die Diskussion um Modifikationen hinsichtlich des Betrachtungszeitraums fort: Vertreten wird, dass auch bei der Ertragswertermittlung im Rahmen der Überschuldungsfeststellung von der fiktiven ewigen Lebensdauer des Unternehmens auszugehen ist.[1393] Vertreten wird aber auch, dass zur Ermittlung des Schuldendeckungspotentials nur solche Vermögenszuflüsse berücksichtigt werden dürfen, die zum *Zeitpunkt des Großteils der zuletzt fällig werdenden Verbindlichkeiten*[1394] als Deckungspotential zur Verfügung stehen. Weiter in der Zukunft liegende Erträge dürften danach mangels Verfügbarkeit zur Schuldentilgung nicht berücksichtigt werden.[1395]

1388 Hierzu *IDW* S 1 n.F. v. 18.10.2005, WPG 2005, S. 1313 ff.

1389 Vgl. z.B. *Röhm*, Abhängigkeit des Insolvenzstrafrechts (2002), S. 187 ff.; *Temme*, Eröffnungsgründe (1997), S. 132 ff.

1390 Vgl. *Piltz*, Unternehmensbewertung, 3. Aufl. (1994), S. 4.

1391 Vgl. insoweit *IDW* S 1 n.F. v. 18.10.2005, WPG 2005, S. 1306, 1313 ff. und in der Überschuldungsdiskussion bereits *Drukarczyk/Schüler* in MüKo, InsO (2001), § 19 Rn. 111 ff.

1392 Vgl. *Klar*, Überschuldung (1987), S. 56, 62; *Spliedt*, DB 1999, S. 1941 ff.; aus diesem Grund *Förschle/Hoffmann* in Budde/Förschle, Sonderbilanzen, 3. Aufl. (2002), Kap. N Rn. 102 ausdrücklich gegen den Gesamtbewertungsansatz von *Spliedt*, DB 1999, S. 1941 ff.

1393 Auch im Rahmen der Überschuldungsermittlung ist nach *Spliedt* und *Klar* von einer unbegrenzten Fortführung der Unternehmung auszugehen; *Spliedt*, DB 1999, S. 1944 f.; *Klar*, Überschuldung (1987), S. 194.

1394 Außer Betracht zu lassen waren danach Verbindlichkeiten, die allein zwecks Verlängerung des Berechnungszeitraums begründet wurden, vgl. *Temme*, Eröffnungsgründe (1997), S. 137.

1395 Vgl. *Temme*, Eröffnungsgründe (1997), S. 137; *Röhm*, Abhängigkeit des Insolvenzstrafrechts (2002), S. 189.

Wie bereits erläutert, sind diese Meinungsdifferenzen kaum ergebniswirksam, was im Rahmen der strafrechtlichen Diskussion entsprechend zu würdigen ist.

Als weitere Modifikation ist der für das Zivilrecht vorgebrachte Vorschlag zu berücksichtigen, dass eine Abzinsung der künftigen (bis zum letzten Fälligkeitstermin maßgeblicher Verbindlichkeiten) Erträge zu unterbleiben habe. Bei der Ermittlung des potentiellen Schuldendeckungspotentials seien später anfallende Erträge nicht weniger wert als früher anfallende, weil sie nicht reinvestiert, sondern zur Schuldendeckung verwendet werden sollen.[1396] Dies widerspricht allerdings der Fortführungsannahme, die gerade die Reinvestitionsmöglichkeit zur Erwirtschaftung des Schuldendeckungspotentials beinhaltet.

Ob diese Modifikation strafrechtlich als Bestandteil der „vertretbaren Auffassungen" zu berücksichtigen ist, ist daher zweifelhaft.

cc) Kombinationsverfahren

Kombinationsverfahren aus Substanz- und Gesamtbewertungsverfahren werden im Zivilrecht heute nur noch ganz selten vertreten. In Reaktion auf ihre Ablösung durch das Ertragswertverfahren in der Praxis der Unternehmensbewertung,[1397] sind die klassischen Kombinationsverfahren (Mittelwertverfahren, Stuttgarter Verfahren, Übergewinnmethode) aus der aktuellen Überschuldungsdiskussion sogar vollständig verschwunden. Nur soweit es um die Ansatzfähigkeit des originären Goodwill geht, finden sich Auffassungen, die auf den zu Wiederbeschaffungswerten ermittelten Teilreproduktionswert einen Wertaufschlag in Höhe der Differenz von Gesamtunternehmenswert (z. B. ermittelt nach den DCF-Verfahren) und Teilreproduktionswert vornehmen und diesen als Goodwill aktivieren wollen.[1398]

Da dieses Verfahren aber ohnehin eine vollständige Ermittlung des Zukunftserfolgswertes erfordert und dessen Ergebnisrelevanz nicht dadurch eingeschränkt wird, dass zusätzlich der daran anteilige der Wert der Substanz ausgewiesen wird,[1399] ist diese Ansicht nicht weniger der Kritik der Manipulationsanfälligkeit ausgesetzt als die reinen Ertrags- und DCF-Methoden. Es ist darüber hinaus durch die Notwendigkeit einer zusätzlichen Ermittlung des – ohnehin als zweckuntauglich kritisierten –[1400] Teilreproduktionswertes aufwendiger, so dass sie sich in der zivilrechtlichen Diskussion nicht hat durchsetzen können.

1396 *Temme*, Eröffnungsgründe (1997), S. 143.

1397 Vgl. insoweit *Piltz*, Unternehmensbewertung, 3. Aufl. (1994), S. 3, 18 ff., 351 ff. zur Rechtsprechungsentwicklung.

1398 Z. B. *Möhlmann*, DStR 1998, S. 1847.

1399 Daher auch *Drukarczyk/Schüler*, BB 1999, S. 648 in direkter Kritik an *Möhlmann*: Die Justiziabilität des Gesamtwertes steige nicht, „nur weil man eine ökonomisch hier irrelevante Größe in Form des Substanzwertes beimischt."

1400 Vgl. *Drukarczyk/Schüler*, BB 1999, S. 648.

2. Im Einzelnen streitige Bilanzpositionen auf der Aktivseite der Überschuldungsbilanz

a) *Der Goodwill in der Überschuldungsbilanz*

Inwieweit der handelsbilanziell nicht erfasste *originäre Goodwill*, d.h. der im Unternehmen entstandene oder auch unentgeltlich übernommene Geschäftswert (Firmenwert) in der Überschuldungsbilanz Berücksichtigung finden soll, ist für die Liquidations- wie auch für die Fortführungsbilanz als Folge der unter § 19 II InsO aufrechterhaltenen Vielfalt an Bewertungsmethoden noch immer umstritten.[1401]

Die unterschiedliche Behandlung dieses Streitpunktes stellt zugleich den ergebniswirksamsten Unterschied zwischen den Bewertungsmethoden dar.[1402] Er soll daher nochmals gesondert betrachtet werden.

Vom originären Goodwill zu unterscheiden ist der handelsbilanziell erfasste (§ 248 II HGB) entgeltlich erworbene *derivative Goodwill* (Unterschiedsbetrag zwischen dem Gesamtkaufpreis des Unternehmens und dem Wert der einzelnen Vermögensgegenstände, § 255 IV 1 HGB),[1403] dessen Ansatzfähigkeit in der Überschuldungsbilanz ebenfalls umstritten ist, jedoch insbesondere aufgrund planmäßiger Abschreibung in der Regel von geringerem Gewicht und daher weniger ergebnisrelevant ist, als der Streit um den originären Geschäftswert.

Vom originären und derivativen Geschäftswert zu trennen sind die in der Handelsbilanz nicht aktivierten immateriellen Vermögensgegenstände, die selbständig veräußerbar sind, da sie einen eigenständig realisierbaren Vermögenswert verkörpern und damit Bestandteil der Substanz sind.[1404]

aa) Der derivative Goodwill

Die Frage der Ansatzfähigkeit eines derivativen Goodwill stellt sich nur im Rahmen der Einzelbewertungsverfahren, da die Gesamtbewertungsverfahren nicht von dem Mengengerüst der Handelsbilanz ausgehend über die Aufrechterhaltung einzelner Ansatzposten entscheiden, sondern eigenständige Planungsrechnungen aufstellen, um den potentiell ausschüttungsfähigen Betrag zu ermitteln.

In der Überschuldungsbilanz als überhaupt nicht berücksichtigungsfähig wird der *derivative* Geschäftswert von einigen Vertretern des Einzelbewertungsansatzes mit der Begründung gehalten, er verkörpere nur den (fortgeschriebenen) *historischen* Mehrwert, den der Schuldner bei Erwerb des Unternehmens oder einer Tochter

1401 Vgl. insoweit *Uhlenbruck*, InsO, 12. Aufl. (2003), § 19 Rn. 40 m.w.N.

1402 Vgl. insoweit *K. Schmidt* in Schmidt/Uhlenbruck, Krise, Sanierung und Insolvenz, 3. Aufl. (2003), Rn. 856.

1403 Er hat im Gegensatz zum originären Goodwill bereits eine Markterprobung durchlaufen, so dass seine Bilanzierung dem Vorsichtsprinzip nicht zuwiderläuft; vgl. hierzu *Harz*, ZinsO 2001, S. 200; *Fromm*, ZinsO 2004, S. 949.

1404 Zu beachten ist insoweit nochmals, dass die einzelveräußerungsfähigen immateriellen Vermögensgegenstände Bestandteil der Substanz sind. Der Geschäftswert ist hingegen nicht ohne den konzeptgemäßen Einsatz der Substanz realisierbar; vgl. *Bork*, ZInsO, 2001, S. 145, 148; *Uhlenbruck*, InsO, 12. Aufl. (2003), § 19 Rn. 40 m.w.N.

über den Wert der Substanz hinausgehend zu zahlen bereit war, ohne dass ein tatsächlicher Vermögenswert hinter ihm stehe.[1405]

Die Gegenansicht im Rahmen der Einzelbewertungsverfahren will den derivativen Geschäftswert hingegen in der Bilanz zu *Fortführungswerten* als Repräsentant künftiger Ertragserwartungen angesetzt lassen. Die Ansatzfähigkeit in der Überschuldungsbilanz bemesse sich danach, ob er auch im handelsrechtlichen Jahresabschluss angesetzt bleiben dürfte, weil er auch hier nur angesetzt bleiben dürfe, wenn unter der Annahme des *going concern* insgesamt entsprechende Einzahlungsüberschüsse zu erwarten sind.[1406]

Darüber hinaus sei der derivative Geschäftswert bereits durch eine Markttransaktion bestätigt worden und damit das Risiko seiner Realisierung im Überschuldungsstatus gering.[1407]

Unter der Annahme der *Liquidation* übernehmen beide Ansichten den derivativen Geschäftswert dementsprechend in den Überschuldungsstatus nur insoweit, wie von einer Veräußerung des ganzen Unternehmens oder ganzer Teilbetriebe und somit von einer Fortführung (unter fremder Hand) auszugehen ist. Einer Ansicht nach ist er dann aber zwingend zu berücksichtigen, weil bei Fortführung des Unternehmens durch den Käufer die Funktion des derivativen Goodwill als Repräsentant künftiger Ertragserwartungen bestehen bleibt,[1408] und beiden Ansichten zufolge, weil er sich im Kaufpreis realisieren wird.[1409]

bb) Der originäre Goodwill

Der *originäre* Geschäftswert stellt demgegenüber unstreitig einen potentiell realisierbaren Vermögenswert dar.[1410] Allerdings führen die Prognoseschwierigkeiten und Einschätzungsspielräume bei seiner Ermittlung zu Meinungsverschiedenheiten, ob und wenn ja, unter welchen Umständen der originäre Goodwill in der Überschuldungsbilanz berücksichtigt werden darf.

Dabei geht die Frage, inwieweit der *originäre Goodwill* als Bestandteil des Unternehmensvermögens bei einer Bewertung unter der *Fortführungsprämisse* zu berücksichtigen ist, teilweise in der dargelegten Diskussion um die richtige Bewertungsmethode auf:[1411] Eine Bewertung des Fortführungsvermögens nach den Gesamtbewertungsansätzen und den noch vertretenen Kombinationsverfahren (DCF/

1405 Vgl. hierzu *Uhlenbruck*, InsO, 12. Aufl. (2003), § 19 Rn. 40; *Bork*, ZInsO 2001, S. 147.
1406 *Förschle/Hoffmann* in Budde/Förschle, Sonderbilanzen, 3. Aufl. (2002), Kap. N Rn. 112.
1407 *Förschle/Hoffmann* in Budde/Förschle, Sonderbilanzen, 3. Aufl. (2002), Kap. N Rn. 112.
1408 *Förschle/Hoffmann* in Budde/Förschle, Sonderbilanzen, 3. Aufl. (2002), Kap. N Rn. 104, 112, 92.
1409 Vgl. *Förschle/Hoffmann* in Budde/Förschle, Sonderbilanzen, 3. Aufl. (2002), Kap. N Rn. 104, 112, 92; *Wolf*, Überschuldung (1998), S. 69 f.; *Schulze-Osterloh* in Baumbach/Hueck, GmbHG, 17. Aufl. (2000), § 64 Rn. 14; *Lutter*, ZIP 1999, S. 644; *Uhlenbruck*, InsO, 12. Aufl. (2003), § 19 Rn. 40 m.w.N.
1410 Vgl. *Hefermehl/Spindler* in MüKo, AktG, 2. Aufl. (2004), § 92 Rn. 26; *Hüffer*, AktG, 6. Aufl. (2004), § 92 Rn. 11; *Bork*, ZInsO 2001, S. 145, 148; *Uhlenbruck*, InsO, 12. Aufl. (2003), § 19 Rn. 40 m.w.N.
1411 Vgl. insoweit auch *Götz*, ZInsO 2000, S. 79.

Ertrags- und Substanzwertkombination) berücksichtigt bereits den Goodwill über die Messung des aus dem Zusammenwirken der einzelnen materiellen wie selbständig veräußerbaren immateriellen Wirtschaftsgüter (Substanz) aus dem Unternehmen „Herausholbaren" einschließlich des über die Substanz hinausgehenden Mehrwerts. Die Gesamtbewertungsansätze scheuen die Prognoseschwierigkeiten und Manipulationsanfälligkeit nicht, die mit der Bezugnahme auf die erwarteten Ausschüttungen verbunden sind, sondern versuchen sie mittels detaillierter Planungsrechnungen gering zu halten und nehmen dic verbleibende Unsicherheit als Tribut an einen theoretisch richtigen, weil zweckkonformen Ansatz in Kauf.[1412]

Vertreter eines Einzelbewertungsverfahrens hingegen gehen in ihrem grundsätzlich vorhandenen Bedürfnis nach Objektivierung und Eingrenzung von Schätzrisiken unterschiedlich weit: Teilweise wird der originäre Goodwill unter der *going concern* Annahme stets für ansatzfähig gehalten,[1413] so dass letztlich die Vollreproduktion des Unternehmens zugrunde gelegt wird. Vielfach wird der originäre Goodwill aber auch nur dann in der Überschuldungsbilanz angesetzt, wenn der Markt nach sachverständigem Urteil bereit wäre, einen Firmenwert in der angegebenen Höhe zu bezahlen,[1414] oder sogar nur, wenn sich eine konkrete Veräußerungsmöglichkeit für das Gesamtunternehmen oder Unternehmensteile nachweisen lassen.[1415] Andere lehnen die Aktivierung des originären Goodwill in der Überschuldungsbilanz zu Fortführungswerten ganz ab und ermitteln damit stets nur den Teilreproduktionswert des Unternehmens.[1416]

Inwieweit der *originäre Goodwill* in der Überschuldungsbilanz zu *Liquidationswerten* Berücksichtigung finden soll, ist hingegen vollkommen unabhängig von der Entscheidung für eine Bewertungsmethode umstritten.[1417] Die Behandlung des Goodwill im Liquidationsstatus ist vielmehr durch die Beantwortung der Frage vorgegeben, inwieweit auch unter der Prämisse der Liquidation eine Veräußerung ganzer Unternehmen oder selbständiger Teilbetriebe anzunehmen ist.

So wie die h.M. von einer Gesamtveräußerung bzw. einer Veräußerung geschlossener Teilbetriebe ausgeht, wenn dementsprechend konkrete Vertragsverhandlungen bestehen, will sie auch den originären Geschäftswert in der Liquidationsbilanz berücksichtigen, wenn „Aussichten bestehen, Unternehmensteile tatsächlich zu veräußern."[1418] Selbst Vertreter, die in der Fortführungsbilanz den Ansatz eines originären Goodwill vollständig ablehnen, aktivieren ihn entsprechend in der Liquidationsbilanz, wenn über die Veräußerung der Unternehmensgesamtheiten bereits

---

1412 Vgl. nochmals *Röhm*, Abhängigkeit des Insolvenzstrafrechts (2002), S. 187 ff.

1413 Z.B. *Mönning* in Nerlich/Römermann, InsO (2005), § 19 Rn. 35.

1414 Z.B. *Kallmeyer*, GmbHR 1999, S. 17; *Hüffer*, AktG, 6. Aufl. (2004), § 92 Rn. 11a.

1415 *IDW* FAR 1/1996, WPg 1997, S. 25.

1416 Z.B. *Förschle/Hoffmann* in Budde/Förschle, Sonderbilanzen, 3. Aufl. (2002), Kap. N Rn. 111; *Wolf*, DStR 1995, S. 862; *Pape* in Kübler/Prütting, InsO (2005), § 19 Rn. 11.

1417 Dabei kann in Ermangelung einer klaren Differenzierung zwischen Fortführungs- und Liquidationsbilanz sehr oft nur aus dem Kontext geschlossen werden, ob der Verfasser gerade eine Aussage zur Liquidations- oder zur Fortführungsprämisse trifft, z.B. *Hüffer*, AktG, 6. Aufl. § 92 Rn. 11; *Hefermehl/Spindler* in MüKo, AktG, 2. Aufl. (2004), § 92 Rn. 26.

1418 *Hefermehl/Spinder*, MüKo, AktG, 2. Aufl. (2004), § 92 Rn. 26; *Hüffer*, AktG, 6. Aufl. (2004), § 92 Rn.11; *Förschle/Hoffmann* in Budde/Förschle, Sonderbilanzen, 3. Aufl. (2002), Kap. N Rn. 111.

verhandelt wird und ein Vertragsabschluss sehr wahrscheinlich ist,[1419] weil sich der originäre Geschäftswert in diesem Fall durch eine Markttransaktion bestätigt und sich damit das Risiko einer Fehlbewertung sowie die Manipulationsmöglichkeiten bei Ausnutzung der Bewertungsspielräume eingrenzen lassen.[1420]

b) *Sonstige Aktivposten der Überschuldungsbilanz*

Für unterschiedliche Ansichten hinsichtlich der Bilanzierungsfähigkeit sonstiger Aktivposten in der Überschuldungsbilanz ist nur Raum, wenn der Gesamtwert des Vermögens durch die Addition einzelner Vermögensgegenstände und damit nach einem Einzelbewertungsverfahren ermittelt wird. Beispielsweise die Frage, inwieweit *geschäftswertbildende Wertdeterminanten*, d.h. selbständig veräußerbare immaterielle Bestandteile des Geschäftswertes wie z.B. die unternehmenseigene Kundendatei und Vertriebsstruktur, im Überschuldungsstatus berücksichtigungsfähig sind, stellt sich nur im Rahmen der Einzelbewertungsverfahren, die nicht zwingend auch eine Aktivierung des Goodwill erfordern und dementsprechend auch bei grundsätzlicher Ablehnung einer Goodwillaktivierung vertreten können, dass sie als Substanzbestandteil aktiviert werden, wenn sich ihr Wert aufgrund konkreter Kaufangebote konkretisieren lässt.[1421]

Insbesondere entstehen nur im Rahmen der Einzelbewertungsverfahren Meinungsstreitigkeiten hinsichtlich der Berücksichtigungsfähigkeit bestimmter Aktivposten, so zum Beispiel hinsichtlich der Berücksichtigung eigener Gesellschaftsanteile, die nach einer Ansicht mangels Werthaltigkeit nie,[1422] nach anderer Ansicht hingegen unter der Annahme des *going concern* stets wegen entsprechender Verkörperung von Ertragskraft in die Überschuldungsbilanz einzustellen sind.[1423] Weiter umstrittene Aktivposten sind auch die gesetzlichen Ausgleichsansprüche der Tochtergesellschaft im Mehrmutterkonzern[1424] und die Behandlung „harter Patronatserklärungen" eines Dritten, z.B. einer Muttergesellschaft zugunsten aller Gläubiger, d.h. aus der Verpflichtung des Dritten, dafür Sorge zu tragen, dass der Primärschuldner, ggf. die Tochtergesellschaft, finanziell so ausgestattet ist, dass er jederzeit in der Lage ist, seinen Zahlungsverpflichtungen nachzukommen.[1425]

1419 *Förschle/Hoffmann* in Budde/Förschle, Sonderbilanzen, 3. Aufl. (2002), Kap. N Rn. 111.

1420 Vgl. etwa *Förschle/Hoffmann* in Budde/Förschle, Sonderbilanzen, 3. Aufl. (2002), Kap. N Rn. 112.

1421 Vgl. *Wolf*, Überschuldung (1998), S. 76; *Uhlenbruck*, InsO, 12. Aufl. (2003), § 19 Rn. 39; *Müller/Haas* in Kölner Schrift zur InsO, 2. Aufl. (2000), S. 1811; *Drews*, Überschuldung (2003), S. 84.

1422 Z.B. *Lutter*, ZIP 1999, S. 644; *Meyer-Landrut*, Großkommentar AktG, 3. Aufl. (1973), § 92 A. 7; *Veit*, Konkursrechnungslegung (1982), S. 30.

1423 *Uhlenbruck*, InsO, 12. Aufl. (2003), § 19 Rn. 43 m.w.N.

1424 Vgl. zur Problematik „Teilschuld oder Gesamtschuld" *Uhlenbruck*, InsO, 12. Aufl. (2003), § 19 Rn. 41 einerseits und *K. Schmidt* in Scholz, GmbHG, 9. Aufl. (2002), Vor § 64 Rn. 24 andererseits.

1425 Für eine Aktivierung als einseitiger Anspruch auf Kapitalausstattung jedenfalls bei der Tochtergesellschaft; *K. Schmidt* in Scholz, GmbHG 9. Aufl (2002), Vor § 64 Rn. 24; *Lutter/Hommelhoff*, GmbHG, 15. Aufl. (2000), § 64 Rn. 15; *Temme*, Eröffnungsgründe (1997), S. 158; *Uhlenbruck*, InsO, 12. Aufl. (2003), § 19 Rn. 46. Gegen eine Berücksichtigung im Überschuldungsstatus *Haak*, Überschuldung (1980), S. 179; *Obermüller*, ZGR 1975, S. 31, weil nur einen Schadensersatzanspruch den Gläubigern gewährt werde, nicht aber das Vermögen des Protégés gemehrt werde.

Beigelegt ist hingegen offenbar der Streit, ob Vermögensgegenstände, deren Aussonderung bei Insolvenz verlangt werden kann oder die der abgesonderten Befriedigung zugunsten gesicherter Gläubiger unterliegen, ohne Abzüge aktivierbar sind.[1426]

Bei der Frage der strafrechtlichen Anknüpfung an den zivilrechtlichen Überschuldungstatbestand ist daher zu berücksichtigen, dass die Verminderung der überschuldungsinhärenten Prognoseprobleme und Einschätzungsspielräume durch die Einzelbewertungsansätze von einer gleichzeitigen Erhöhung der reflexiven Unsicherheiten begleitet wird, die durch Meinungsstreitigkeiten in Umsetzung der Einzelbewertungsverfahren bedingt werden.

3. Die Meinungsunterschiede bei der Wertermittlung auf der Passivseite

Ansatz und Werthöhe der im Überschuldungsstatus nach allen Methoden einzeln zu beurteilenden Verbindlichkeiten werden im Rahmen aller Einzel- und Gesamtbewertungsverfahren unter Zuhilfenahme des *handelbilanziellen Mengengerüsts* entwickelt[1427] bzw. anhand vereinzelter Ansatz- und Bewertungsvorschriften und der Grundsätze von IFRS/IAS ermittelt.[1428]

Die Korrekturen erfolgen spiegelbildlich zu denen auf der Aktivseite unter den Einzelbewertungsansätzen danach, ob der Passivposten eine effektive Nettovermögensminderung verkörpert.[1429] Passivposten, die keine Verbindlichkeiten gegenüber Dritten verkörpern (z. B. Aufwandsrückstellungen i. S. d. § 249 I 2, 3 HGB) sind daher zu bereinigen,[1430] tatsächlich bestehende Verbindlichkeiten, die in der Handelsbilanz bisher nicht berücksichtigt wurden, gegebenenfalls einzustellen.[1431]

Welche Passiva in welcher Höhe im Einzelnen zu bilanzieren sind, wird insbesondere infolge des Meinungsstreits um eine unterschiedliche Bewertung der Passiv-

---

Vgl. insgesamt hierzu *Temme*, Eröffnungsgründe (1997), S. 157 ff. und *Uhlenbruck*, InsO, 12. Aufl. (2003), § 19 Rn. 46. m. w. N.

1426 Vgl. vormals *Uhlenbruck*, Krise (1977), S. 81 und hierzu *Temme*, Eröffnungsgründe (1997), S. 160; *Kupsch* BB 1984, S. 164; *Haak*, Überschuldung (1980), S. 99 ff.; nunmehr *Uhlenbruck*, InsO, 12. Aufl. (2003), § 19 Rn. 38 ebenfalls für eine volle Ansatzfähigkeit.

1427 Vgl. zu den *Einzelbewertungsverfahren IDW* FAR 1/1996, WPg 1997, S. 24 ff.; *Pape* in Kübler/ Prütting, InsO (2005), § 19 Rn. 9, 13; *Kirchhof* in HK-InsO, 3. Aufl. (2003), § 19 Rn. 23 ff.; *Müller/ Haas* in Kölner Schrift zur InsO, 2. Aufl. (2000), S. 1811 ff., 1813; *Uhlenbruck*, InsO, 12. Aufl. (2003), § 19 Rn. 49 ff.; *Temme*, Eröffnungsgründe (1997), S. 161 ff.; *Drews*, Überschuldung (2003), S. 100 ff.; zu den Gesamtbewertungsverfahren von DCF-Methoden bereits oben und *IDW* S 1 n. F. v. 18.10.2005, WPG 2005, S. 1313 f. Sofern hier die Bewertung der Schulden vor allem nach den Equity-Ansätzen in die Ermittlung des Nettoeigenkapitalwertes eingeht, ohne eigenständig bilanziell ausgewiesen zu werden, wird weiterhin von der „Passivseite der Überschuldungsbilanz" gesprochen; ein materieller Ergebnisnterschied besteht zwischen Einzelbewertungsverfahren und Gesamtbewertungsverfahren *insoweit* nicht, vgl. bereits oben unter Erster Teil A. VI. 1. d).

1428 *Götz*, Überschuldung (2004), S. 312 ff., 325.

1429 Vgl. insoweit auch *Uhlenbruck*, InsO, 12. Aufl. (2003), § 19 Rn. 38.

1430 Vgl. *IDW* FAR 1/1996, WPg 1997, S. 24; *Vonnemann*, BB 1991, S. 867, 871; auch *Drews*, Überschuldung (2003), S. 107.

1431 Dies ist vor allem eine Frage der Berücksichtigung von Abwicklungs- und Folgekosten, dazu solgleich unter a).

seite unter der Annahme der Liquidation und der Annahme der Fortführung unterschiedlich beantwortet.

Die Auffassung, der zufolge auch beim Ansatz von Verbindlichkeiten und bei deren Bewertung je nach Ergebnis der Fortführungsprognose unterschiedlich vorzugehen ist,[1432] hat die im Einzelnen entstehenden Verbindlichkeiten gesondert daraufhin zu überprüfen, inwieweit sie im Überschuldungsstatus oder im Liquidationsstatus zu berücksichtigen sind; gesondert zu betrachten ist dieser Ansicht nach, welche Verbindlichkeiten im Falle der Liquidation als Insolvenzforderungen i.S.d. § 39 InsO voraussichtlich bestehen werden und welche Verbindlichkeiten, die zum Kreis der potentiellen Insolvenzforderungen im Sinne des § 39 InsO gehören, bereits unter der Annahme der Unternehmensfortführung zu berücksichtigen sind.

Die Gegenauffassung, der zufolge Ansatz und Bewertung der Verbindlichkeiten für die Unternehmensfortführung und die Liquidation stets gleich zu erfolgen hat,[1433] kann bereits vom Ansatz her solche Verbindlichkeiten nicht in der Überschuldungsbilanz berücksichtigen, welche erst infolge einer Liquidation entstehen würden, z.B. Verbindlichkeiten aus künftigen Sozialplänen oder gar die Verfahrenskosten, da diese im Falle der Unternehmensfortführung denknotwendig unberücksichtigt bleiben müssen, und angesichts der Prämisse der Gleichbehandlung auch nicht abweichend im Falle der Liquidation angesetzt werden.

Vorentschieden ist hier vor allem der Streit um die Berücksichtigungspflicht von Abwicklungs- und Folgekosten bei einer zu erwartenden Liquidation; ein Ansatz dieser Kosten, die bei Fortführung des Unternehmens nicht entstehen würden, hat danach stets zu unterbleiben.

Und auch unabhängig von der Wahl einer einheitlichen oder nach der Fortführungsprognose differenzierenden Bewertung der Passiva führt der Streit um einzelne Bilanzpositionen zu unterschiedlichen Ergebnissen bei der Überschuldungsprüfung. Heftig umstritten ist beispielsweise die Frage, ob und in welchem Umfang Risiken, für die nach § 249 a I S. 1 HGB Rückstellungen zu bilden sind, auch in der Überschuldungsprüfung zu berücksichtigen sind.[1434] Stark umstritten ist auch die Frage, inwieweit verfallbare Pensionsanwartschaften als dem Grunde nach unsichere Schulden zu passivieren sind,[1435] und ob langfristige Verbindlichkeiten jedenfalls dann mit ihrem diskontierten Barwert statt dem Nennwert angesetzt werden dürfen, wenn sie unverzinslich sind.[1436]

1432 *Müller/Haas* in Kölner Schrift zur InsO, 2. Aufl. (2000), S. 1803 Rn. 9; *Reck*, Insolvenzstraftaten (1999), S. 47 Fn. 112; *Uhlenbruck*, InsO, 12. Auf. (2003), § 19 Rn. 49; *Drews*, Überschuldung (2003), S. 136.

1433 *Haas*, Insolvenzrecht 1998 (1999), S. 24; *Röhm*, Abhängigkeit des Insolvenzstrafrechts (2002), S. 175 Fn. 623; keine Unterscheidung auch bei *K. Schmidt* in Scholz, GmbHG, 9. Aufl. (2002), Vor § 64 Rn. 33.

1434 Vgl. hierzu mit zahlreichen Nachweisen *Uhlenbruck*, InsO, 12. Aufl. (2003), § 19 Rn. 56; *Gelhausen* in WP-Handbuch, Bd. II, 12. Aufl. (2002) Kap. L Rn. 166.

1435 Vgl. hierzu *Temme*, Eröffnungsgründe (1997), S. 168 ff. und *Uhlenbruck*, InsO, 12. Aufl. (2003), § 19 Rn. 56.

1436 Dafür *Müller/Haas* in Kölner Schrift zur InsO, 2. Aufl. (2000), S. 1118; *Uhlenbruck*, InsO,

Im Hinblick auf eine spätere Bewertung, inwieweit der zivilrechtliche Überschuldungstatbestand im Strafrecht verwendet werden kann, ist eine beispielhafte Erläuterung der Streitigkeiten auf der Passivseite der Überschuldungsbilanz ausreichend; die folgende Darstellung orientiert sich dabei nur an den grundsätzlichen Streitigkeiten.

a) Streitige Passivposten im Rahmen einer differenzierenden Bewertung in Abhängigkeit vom Ergebnis der Fortführungsprognose

aa) Antizipierte Verbindlichkeiten und Kosten: Rückstellungen für Folgekosten bei Auslösung des Insolvenzverfahrens und Abwicklungsverluste

Heillos umstritten ist, ob bei negativer Fortführungsprognose die durch die Eröffnung des Insolvenzverfahrens erst ausgelösten Verbindlichkeiten (Folgekosten) und Abwicklungsverluste bereits in der Überschuldungsbilanz zu berücksichtigen sind.

Die insoweit maßgeblichen Abwägungsgesichtspunkte sind zum einen, dass im Falle der Verfahrenseröffnung, die laut Gesetzesbegründung zwecks Ermittlung der anzusetzenden Verbindlichkeiten gerade zu fingieren ist,[1437] die Folgekosten und Abwicklungsverluste tatsächlich die Gläubigerbefriedigungsmasse schmälern und eine Berücksichtigung im Überschuldungsstatus einem effektiven Gläubigerschutz dienlich wäre.[1438]

Der Gegenaspekt betrifft den Schutz des Schuldners vor verfrühtem Verlust seiner Verfügungsbefugnisse über das Unternehmen, der vor einer Vorwegnahme der Rechtsfolgen eines eröffneten Verfahrens geschützt werden muss, dessen Voraussetzung gerade zu überprüfen ist.[1439]

In unterschiedlicher Gewichtung der gegenläufigen Belange bei den einzelnen Folgekosten und Verlusten wird nahezu jedes denkbare Ergebnis vertreten:

Eine Pflicht zur Bildung von Rückstellungen für alle Abwicklungsverluste, die durch Masseverbindlichkeiten entstehen, wird von der strengsten Auffassung unter der Einschränkung vertreten, dass zwar zur Vermeidung eines Zirkelschlusses nicht die unmittelbaren Insolvenzkosten im Sinne des § 54 InsO (Verfahrenskosten und Verwalterkosten), so doch aber die übrigen Masseverbindlichkeiten (§ 55 InsO) und Abwicklungsverluste, die bei einer außergerichtlichen Abwicklung nach Abzug etwa noch zu erwartender Erträge (Realisierung stiller Reserven im Rahmen der Abwicklung) entstünden.[1440]

---

12. Aufl. (2003), § 19 Rn. 49; dagegen stets für eine Berücksichtigung mit dem vollen Nennwert *Gelhausen* in WP-Handbuch, Bd. II, 12. Aufl. (2002) Kap. L Rn. 149.

1437 Vgl. insoweit nochmals BT-Drs. 12/2443, S. 115.

1438 In diese Richtung vor allem *Müller/Haas* in Kölner Schrift zur InsO, 2. Aufl. (2000), S. 1813; *Hommelhoff* in FS-Döllerer (1988), S. 253 ff.

1439 In diese Richtung besonders *Uhlenbruck*, InsO, 12. Aufl. (2003), § 19 Rn. 49, 55; *Tiedemann*, Insolvenzstrafrechts, 2. Aufl. (1996) Vor § 283 Rn. 154.

1440 *Müller/Haas* in Kölner Schrift zur InsO, 2. Aufl. (2000), S. 1813; *Hommelhoff* in FS-Döllerer (1988), S. 253 ff.

Und auch Folgekosten, beispielsweise Schadensersatzverpflichtungen wegen vorzeitiger Beendigung von Verträgen durch den Insolvenzverwalter (§ 103 ff. InsO) und Sozialplanansprüche der Arbeitnehmer aus erst noch zu erstellenden Sozialplänen (§ 123 InsO), werden von dieser Ansicht ohne Einschränkung für passivierungspflichtig erachtet.[1441]

Überwiegend werden die erst durch das Insolvenzverfahren ausgelösten Kosten jedoch zumindest so lange für nicht berücksichtigungsfähig gehalten, wie es gerade um die Frage geht, ob zu liquidieren ist. Eine Antizipierung der Verfahrensfolgen soll so vermieden werden.[1442] Daher seien Sozialplanansprüche der Arbeitnehmer nur aus bereits am Stichtag geschlossenen Sozialplänen zu berücksichtigen oder wenn die ganze oder teilweise Liquidation unabwendbar ist, weil ein entsprechender Betriebsstilllegungsbeschluss bereits gefasst wurde[1443] und damit mit einer Inanspruchnahme ernsthaft gerechnet werden muss.[1444]

bb) Laufende Pensionsverpflichtungen

Laufende Pensionsverpflichtungen sind als zum Stichtag bereits bestehende Verbindlichkeiten unstreitig im Überschuldungsstatus unter Liquidations- und Fortführungsprämisse zu berücksichtigen, da sie auch bei Eintritt des Pensionsversicherungsvereins im Insolvenzfall aufgrund Forderungsübergangs nach § 9 II BetrAVG ihm gegenüber bestehen bleiben.[1445]

Neben dem unter Liquidations- und Fortführungsprämisse gleichermaßen geführten Streit, ob Rückstellungen für Pensionsverpflichtungen unabhängig von dem Zeitpunkt ihrer Fälligkeit grundsätzlich mit ihrem versicherungsmathematischen Barwert in vollem Umfang anzusetzen sind[1446] oder ob nur solche Pensionsansprüche berücksichtigt werden müssen, welche in dem Prognosezeitraum fällig werden, der für die Aufstellung der Fortführungsprognose relevant ist,[1447] ist *allein*

1441 *Müller/Haas* in Kölner Schrift zur InsO, 2. Aufl. (2000), S. 1813; *Hommelhoff* in FS-Döllerer (1988), S. 253 ff.; vgl. auch *Lutter/Hommelhoff*, GmbHG, 15. Aufl. (2000), § 64 Rn. 18.

1442 *Uhlenbruck*, InsO, 12. Aufl. (2003), § 19 Rn. 49, 55; *K. Schmidt* in Scholz, GmbHG, 9. Aufl. (2002), Vor § 64 Rn. 33; *Burger/Schellberg*, KTS 1995, S. 570; *Pape* in Kübler/Prütting, InsO (2005), § 19 Rn. 15; *Ulmer* in Hachenburg, GmbHG, 7. Aufl. (1984), § 63 Rn. 26; *Hommel*, ZfB 1998, S. 306.

1443 *Uhlenbruck*, InsO, 12. Aufl. (2003), § 19 Rn. 55 m.w.N.

1444 *Drukarczyk*, ZGR 1979, S. 572 f., ähnlich *Förschle/Hoffmann* in Budde/Förschle, Sonderbilanzen, 3. Aufl. (2002), Kap. N Rn. 116.

1445 Vgl. hierzu *Temme*, Eröffnungsgründe (1997), S. 166 m.w.N.; *Förschle/Hoffmann* in Budde/Förschle, Sonderbilanzen, 3. Aufl. (2002), Kap. N Rn. 116; *Uhlenbruck*, InsO, 12. Aufl. (2003), § 19 Rn. 59 m.w.N.

1446 So die ganz herrschende Meinung vgl. *Gelhausen* in WP-Handbuch, Bd. II, 12. Aufl. (2002), Kap. L Rn. 177; *Temme*, Eröffnungsgründe (1997), S. 167 m.w.N.; *Pape* in Kübler-*Prütting*, InsO, § 19 Rn. 13; *Förschle/Hoffmann* in Budde/Förschle, Sonderbilanzen, 3. Aufl. (2002), Kap. N Rn. 116; *Uhlenbruck*, InsO, 12. Aufl. (2003), § 19 Rn. 59 m.w.N.; vgl. hierzu auch *Drews*, Überschuldung (2003), S. 136 ff.

1447 So bereits *Uhlenbruck* in Kuhn/Uhlenbruck KO, 10. Aufl. (1986), § 102 Rn. 6; aus der Rechtsprechung zu § 19 InsO VG Hannover, 13.8.1997, GewArch 2000, S. 420 ff. mit der Begründung dass „andernfalls fast jedes Unternehmen mit einer Ruhegeldzusage überschuldet wäre." Das Ziel der Fortführungsprognose, Unternehmen vor einer verfrühten Zerschlagung oder Sanierung zu bewahren, werde konterkariert, wenn durch die Berücksichtigung sämtlicher Pensionsverpflichunter der Prämisse *Fortführung* auch die Kürzungsmöglichkeit zu berücksichtigen, die nach der Rechtsprechung des BAG dem Unternehmen gewährt wird, wenn dadurch das Unternehmen noch gerettet werden kann.[1448]

cc) Verfallbare Pensionsanwartschaften

Dass aufgrund Vereinbarung oder aufgrund Gesetzes (§ 1 BetrAVG) unverfallbar gewordene Pensionsanwartschaften in der Bilanz zu Liquidationswerten wie auch zu Fortführungswerten zu berücksichtigen sind, da die Anspruchsposition des Arbeitnehmers nicht mehr, auch nicht durch Liquidation zerstört werden kann, ist weitestgehend unbestritten.[1449]

Umstritten ist hingegen weiterhin, ob (i) verfallbare Pensionsanwartschaften, die im Falle der Insolvenzeröffnung nicht mehr bestehen würden, nur für den Fall der Liquidation, also bei negativem Ausgang der Fortführungsprognose, nicht in den Überschuldungsstatus einzustellen sind,[1450] oder (ii) unabhängig von dem Ergebnis der Fortführungsprognose *nie* zu passivieren sind, weil auch unter der Fortführungsprämisse zur Ermittlung der bestehenden Verbindlichkeiten hypothetisch auf den Fall der Verfahrenseröffnung abzustellen sei, bei dem die Anwartschaft verfalle,[1451] oder ob es (iii) auf die Kündbarkeit ankommt und nur dann nicht zu passivieren ist, wenn die Pensionszusage gekündigt wird[1452].

b) Eigenkapitalersetzendes Darlehen

Der Meinungsstreit um die Passivierungspflichtigkeit von Rückzahlungsverbindlichkeiten aus eigenkapitalersetzenden Gesellschafterdarlehen besteht nach derzeit noch geltender Rechtslage unabhängig von der Grundfrage, ob die Verbindlichkeiten in Abhängigkeit von der Fortführungsprognose oder stets nach gleichen Maßstäben zu ermitteln sind, fort. Als potentielle Konkretisierungsmöglichkeit des § 19 II InsO sind sämtliche Auffassungen bei der Tatbestandsbestimmung im Strafrecht zu berücksichtigen:

– *Stets* eine Nichtpassivierung von Rückzahlungsverbindlichkeiten aus eigenkapitalersetzenden Gesellschafterdarlehen, weil sie aufgrund gesetzlich angeordneter Nachrangigkeit nicht mit den übrigen Insolvenzforderungen konkurrieren, so dass es bereits an einer Gefährdung der Gläubigerbefriedigungsinteressen fehlt;[1453]

---

tungen und -anwartschaften durch „die eine Hand genommen werde, was durch die andere gegeben wurde".

1448 Vgl. *BAG*, BB 1972, S. 317 und hierzu *Temme*, Eröffnungsgründe (1997), S. 167 f.; *Förschle/Hoffmann* in Budde/Förschle, Sonderbilanzen, 3. Aufl. (2002), Kap. N Rn. 116.

1449 Vgl. *Temme*, Eröffnungsgründe (1997), S. 169 f. m.w.N.

1450 So z.B. *Drukarczyk*, ZGR 1979, S. 571.

1451 So z.B. *Temme*, Eröffnungsgründe (1997), S. 170; *Bilo*, GmbHR 1981, S. 104 ff.;

1452 So z.B. *Uhlenbruck*, InsO, 12. Aufl. (2003), § 19 Rn. 60 m.w.N.

1453 *OLG München*, NJW 1994, S. 3112; *OLG Düsseldorf*, GmbHR 1997, S. 699; *OLG Stuttgart*, NZG 1998, S. 308; *OLG* Köln, DB 2000, S. 264; *Hirte*, DStR 2000, S. 1829 ff.; *Götker*, Geschäftsführer (1999), Rn. 296 ff.; *Lutter/Hommelhoff*, GmbHG, 15. Aufl. (2000), § 64 Rn. 17 ff.; *ders.*, ZIP 1999, S. 641, 645 f.; *Fleischer*, ZIP 1996, S. 773, 778; *Noak*, FS-Claußen (1997), S. 315; *Gerkan*, ZGR 1997, S. 173, 199; *Hommelhoff* in FS-Döllerer (1988), S. 258; *Fleck*, EWiR 1997, S. 1093 f.; *Wolf*, DB 1997, S. 1834 f.; *Schulze-Osterloh* in Baumbach/Hueck, GmbHG, 17. Aufl. (2000), § 64 Rn. 18 mit zahlreichen weiteren Nachweisen.

- Nichtpassivierung von Rückzahlungsverbindlichkeiten aus eigenkapitalersetzenden Gesellschafterdarlehen nur, wenn sie mit einer schuldrechtlichen *Rangrücktrittserklärung* für den Fall der Eröffnung eines Insolvenzverfahrens versehen wurden oder ein auf diesen Fall bedingter Forderungserlass erklärt wurde, weil die Überschuldungsprüfung einerseits nicht allein von so schwierig zu beurteilenden Rechtsfragen wie der Qualifizierung eines Gesellschafterdarlehens als kapitalersetzend abhängig gemacht werden darf (auch im Hinblick auf Art. 103 II GG) und andererseits auch eine Rangrücktrittsvereinbarung ausreicht, um der rechtlich schwierigen Prüfung des Eigenkapitalersatzcharakters zu entgehen,[1454]
- Nichtpassivierung von Rückzahlungsverbindlichkeiten aus eigenkapitalersetzenden Gesellschafterdarlehen nur bei *bedingtem Forderungserlass*, um nicht das kuriose Ergebnis zu erzielen, dass man durch eine nochmalige Vereinbarung eines bereits gesetzlich festgelegten Nachrangs einer Passivierungspflicht entgehen kann und, um dem subjektiven Willen des historischen Gesetzgebers gerecht zu werden.[1455]

c) *Abweichungen aufgrund einer Zeitwertbilanzierung in Anlehnung an IFRS*

Götz, der das Vermögen auf der Aktivseite unter modifizierter Anwendung des IFRS-Regelungssystems ermitteln will, geht unter Berücksichtigung der Ankündigungen des International Accounting Standards Committee (IASC)[1456] auch auf der *Passivseite* von einer Zeitwertbilanzierung als künftiger Regelbewertung aus, ohne allerdings schon auf ein der Aktivseite entsprechend differenziertes System expliziter Regelungen zurückgreifen zu können;[1457] vielmehr sind finanzielle Schulden nur im Ausnahmefall ausdrücklich zum Zeitwert zu bilanzieren, nämlich nur allein zu Handelszwecken gehaltene finanzielle Verpflichtungen (financial liabilities held for trading), z. B. Finanzderivate, die Schulden darstellen.[1458]

Alle übrigen finanziellen Verbindlichkeiten, Finanzinstrumente im Sinne der IAS 39,[1459] sind mit den *historischen* Kosten als dem Zeitwert zum Zeitpunkt ihres erst-

---

1454 *BGH* v. 8.1.2001, BB 2001, S. 430, 432; *OLG* Dresden, EWiR 2002, S. 489 f.; *Altmeppen*, ZHR 2000, S. 340, 373; *R. Fischer*, GmbHR 2000, S. 66, 67; *Ehlers*, DStR 1998, S. 1756, 1758; *Bittmann*, wistra 1999, S. 10, 15; *K. Schmidt*, ZIP 1999, S. 1241, 1246; *ders.*, GmbHR 1999, S. 9 ff.; *Früh*, GmbHR 1999, S. 842, 846; *Kirchof* in HK-InsO, 3. Aufl. (2003), § 19 Rn. 26; *Lenz*, GmbHR 1999, S. 283; *Holzapfel*, InVO 1999, S. 1, 3; Müller/Haas in Kölner Schrift zu InsO, 2. Aufl. (2000), S. 1817 f.

1455 *Hess*, Insolvenzrecht (1999), § 19 Rn. 43; *Hess/Weiss*, InVo 1999, S. 33 f.; *Mönning* in Nerlich/Römermann, InsO (2005), § 19 Rn. 38; *Bieneck*, StV 1999, S. 43; *Röhm*, Abhängigkeit des Insolvenzstrafrechts (2002), S. 191 ff., 195; Tröndle/*Fischer*, StGB, 52. Aufl. (2004), Vor § 283 Rn. 7; *Reck*, Insolvenzstraftaten (1999) Rn. 309 f.; *ders.*, GmbHR 1999, S. 274; *Holzer* in Kübler/Prütting, InsO, § 39 Rn. 22 a f.; *Drukarczyk/Schüler* in MüKo, InsO (2001), § 19 Rn. 106.

1456 Vgl. *Götz*, Überschuldung (2004), S. 314, 321 m.w.N.

1457 *Götz*, Überschuldung (2004), S. 312 ff.

1458 Vgl. IAS 39 (2000), par. 93 und hierzu *Götz*, Überschuldung (2004), S. 313.

1459 Nach der Definition in IAS 39 sind Finanzinstrumente alle auf vertraglicher Grundlage beruhenden Ansprüche und Verpflichtungen, die unmittelbar oder mittelbar auf den Austausch von Zahlungsmitteln gerichtet sind; gegenüber dem Begriff der Finanzinstrumente im Rahmen des HGB ist er damit weiter gefasst; vgl. *Wagener* in WP-Handbuch, Bd. I, 12. Aufl. (2000), Kap. J Rn. 303.

maligen Ansatzes zu bewerten, der dem Wert der erhaltenen Gegenleistung entspricht.[1460]

Eine Zeitwertermittlung von Schulden orientiert sich an dem Betrag, den ein potentieller Unternehmenserwerber am Bilanzstichtag als Belastung berücksichtigen würde,[1461] was danach zu bemessen ist, welche finanziellen Mittel zur Erfüllung der Verbindlichkeit aufgewendet werden müssten.[1462] Eine Zeitbewertung aus investitionstheoretischer Sicht des potentiellen Unternehmenserwerbers impliziert, dass langfristige Verbindlichkeiten auf den Bewertungsstichtag abzuzinsen sind, soweit die darauf zu entrichtenden Zinsen unter dem marktüblichen Zinssatz vergleichbarer Verbindlichkeiten liegen.[1463]

Eine entsprechende Diskontierung zukünftiger Zahlungsabflüsse ist auch bei einer Bilanzierung nach dem IFRS-Normengefüge bei den langfristigen Verbindlichkeiten vorzunehmen.[1464] Die Diskontierung sowie die Überprüfung der von IAS 39 ausgeklammerten Verbindlichkeiten, z.B. aus Versicherungsverträgen oder Beteiligungen, ob ihr Wert am Stichtag noch der erhaltenen Gegenleistung entspricht und zur Erfüllung der Verpflichtung ausreicht,[1465] veranlassen *Götz,* bereits unter der geltenden Lage, die IFRS-Regelungen als eine spezielle Ausprägung der Zeitwertbilanzierung zu verstehen.[1466]

Ob dieser Zeitwertinterpretation zu folgen ist, kann dahinstehen. Vielmehr interessiert allein die dahinter stehende Tatsache der Diskontierung langfristiger Verbindlichkeiten: Sie stellt bei einer Bilanzierung anhand der IFRS-Normen den maßgeblichen Unterschied gegenüber der traditionellen Vorgehensweise der herrschenden Meinung dar, die Verbindlichkeiten in Anlehnung an HGB grundsätzlich zum Nennwert ansetzt[1467] und auch langfristige Verbindlichkeiten entweder gar nicht[1468] oder nur dann abzinst, wenn es sich um zinslose Verbindlichkeiten handelt.[1469]

Modifikationen werden bei einer Passivenbewertung in Ahnlehnung an IFRS, insbesondere IAS 39, erforderlich, sofern Zeitwerte für finanzielle Schulden anzusetzen sind. Bonitätsbedingte Zeitwertschwankungen müssen ausgeschlossen werden, weil sich andernfalls das absurde Ergebnis erzielen ließe, dass sich bei sinkender Bonität des Unternehmens der Zeitwert der Verbindlichkeiten so stark minimieren

1460 Vgl. *Götz,* Überschuldung (2004), S. 313 mit ausführlicher Darstellung der Bewertungsgrundsätze bei den verschiednen Schulden nach IFRS.

1461 Vgl. *Moxter,* BB 1999, S. 523; *Götz,* Überschuldung (2004), S. 315.

1462 Vgl. *Götz,* Überschuldung (2004), S. 313 mit ausführlicher Darstellung der Bewertungsgrundsätze bei den verschiednen Schulden nach IFRS.

1463 Vgl. *Götz,* Überschuldung (2004), S. 313 unter Hinweis auf IAS 32 (1998), par. 82.

1464 Vgl. *Götz,* Überschuldung (2004), S. 312 f. m.w.N.

1465 Vgl. Baetge/Kirsch/Thiele, Bilanzen (2002), S. 351.

1466 So *Götz,* Überschuldung (2004), S. 312.

1467 Vgl. zum Grundsatz der Newertbewertung *BGH,* NJW 1983, 677; *Uhlenbruck,* InsO, 12. Aufl. (2003), § 19 Rn. 49; *Pape* in Kübler/Prütting, InsO, § 19 Rn. 13; *Gelhausen* in WP-Handbuch, Bd. II, 12. Aufl. (2002), Kap. L Rn. 149.

1468 So *Gelhausen* in WP-Handbuch, Bd. II, 12. Aufl. (2002), Kap. L Rn. 149.

1469 So *Müller/Haas* in Kölner Schrift zur InsO, 2. Aufl. (2000), S. 1181; *Uhlenbruck,* InsO, 12. Aufl. (2003), § 19 Rn. 49.

ließe, bis eine Überschuldung auszuschließen wäre.[1470] Denn gelingt es dem Management, Bonität und Rating des Unternehmens zu verbessern und damit Kredite zu niedrigerem Zinssatz aufnehmen zu können, steigt der Barwert der bereits bestehenden Schulden mit negativen Auswirkungen auf das überschuldungsbilanzielle Ergebnis. Hat hingegen die Politik der Manager Bonität und Rating absinken lassen, sinkt auch der Wert der Schulden des Unternehmens mit positiven Folgen für den überschuldungsbilanziellen Ausweis.[1471]

Götz bereinigt daher den Zeitwert einer finanziellen Verbindlichkeit, indem er bei der Berechnung des stichtagsbezogenen Zeitwertes die Bonitäts- und Risikoverhältnisse unterstellt, wie sie beim erstmaligen Ansatz der Verbindlichkeit bestanden, und danach den hypothetischen Zeitwert allein durch Abzinsung ermittelt.[1472] Götz beschränkt sich damit darauf, allein der Veränderung des vom Managements nicht beeinflussbaren Marktrisikos (systematisches Risiko) Rechnung zu tragen und die Veränderungen des unternehmensspezifischen Risikos (unsystematisches Risiko) unberücksichtigt zu lassen.

Insgesamt sind – mit Ausnahme der ergebniswirksamen Unterschiede bei der Diskontierung von Verbindlichkeiten – die Ergebnisunterschiede zu einer herkömmlichen Bewertung der Passiva in Anlehnung an die Handelsbilanz eher gering:

Hinsichtlich der Rückstellungsproblematik, z.B. für Pensionsverpflichtungen im Überschuldungsstatus, reiht sich diese Ansicht in die nach traditionellen Grundsätzen bestehende Problematik ohne große Besonderheiten ein;[1473] nur eine Korrektur um Aufwandsrückstellungen entfällt regelmäßig im Gegensatz zu einer Anlehnung an HGB-Bilanzwerte, da mit Ausnahme von Restrukturierungsrückstellungen nach IFRS keine Aufwandsrückstellungen gebildet werden.[1474]

Die durch den Einzelbewertungsansatz[1475] bedingten Wertverzerrungen im Hinblick auf den Zweck, das Fortführungsvermögen zu ermitteln, korrigiert diese Ansicht über eine zusätzliche Ertragsfähigkeitsprognose im Anschluss an eine Bewertung nach dem IFRS-Regelungssystems.[1476] Ist das Unternehmen nach Zeitwerten bilanziell überschuldet, ist dennoch Überschuldung zu verneinen, wenn die erwarteten Erträge ausreichen, um alle Verbindlichkeiten zu bedienen.

1470 *Götz*, Überschuldung (2004), S. 322, 325.
1471 Vgl. *Schildbach*, US-GAAP, 2. Aufl. (2002), S. 236; *Götz*, Überschuldung (2004), S. 321 f.
1472 *Götz*, Überschuldung (2004), S. 263.
1473 Zur Behandlung insoweit ausführlich *Götz*, Überschuldung (2004), S. 314.
1474 *Götz*, Überschuldung (2004), S. 327.
1475 *IDW* EPS 315 v. 29.9.2003, Ziff. 2, WPg 2004, S. 80 ff.
1476 Vgl. *Götz*, Überschuldung (2004), S. 330, 332 ff.

IV. Die Konretisierungswirkung von IDW-Verlautbarungen bei der Überschuldungsfeststellung

1. Rechtscharakter und Inhalt der IDW-Verlautbarungen – Eignung als Maßstab zur Tatbestandskonkretisierung?

Die *Verlautbarungen* des IDW sind standesrechtliche Vorgaben des Instituts der Wirtschaftsprüfer und hinsichtlich ihrer *faktischen* Verbindlichkeit gestaffelt.

Eine *rechtliche* Verbindlichkeit der Verlautbarungen im Sinne eines zwingenden Ge- oder Verbotes besteht nicht.[1477] Für den Prüfer entsteht aber bei Abweichung von den Verlautbarungen des IDW gegebenenfalls eine Rechtfertigungspflicht seiner Vorgehensweise.[1478] Seine Abweichung muss er auch in zivilrechtlichen und strafrechtlichen Verfahren Dritter sachlich begründen, da die Gerichte diese Verlautbarungen auch in der Zivil- und Strafrechtspraxis – gewissermaßen als Reflex auf die standesrechtliche Verbindlichkeit – als maßgeblich erachten.[1479] Dem Prüfer selbst droht bei unbegründeter Abweichung unter Umständen sogar zivilrechtlich Regress.[1480]

Zu unterscheiden sind zum einen die vom *IDW* ***Hauptfachausschuss*** verabschiedeten Verlautbarungen zur Prüfung als *IDW Prüfungsstandards (IDW PS)*[1481], *IDW Stellung-*

1477 Vgl. *Jacob*, WPg, 2001, S. 237: „Eine unmittelbare Verpflichtung der an die Mitgliedsorganisationen gerichteten internationalen Standards (in Deutschland WPK und *IDW*) besteht nicht."

1478 Vgl. bereits an dieser Stelle zur Verbindlichkeit der *IDW Stellungnahmen zur Rechnungslegung* und der *IDW Prüfungsstandards* den *IDW* selbst in *IDW* PS 201 Rechnungslegungs- und Prüfungsgrundsätze für die Abschlussprüfung vom 13.9.2000, Ziff. (28), (29), WPg 2000, S. 710 ff. Dort heißt es unter Bezug auf die handelsrechtliche Abschlussprüfung: „Eine Abweichung von den *IDW PS* kann im Rahmen der Eigenverantwortlichkeit des Wirtschaftsprüfers nur in begründeten Einzelfällen erfolgen, die im Prüfungsbericht hervorzuheben und ausführlich zu begründen." Vgl. die analogen Regelungen zur Abweichung von den *IDW RS* in *IDW* PS 201 vom 13.9.2000, Ziff. (28), (29), WPg 2000, S. 710 ff. Zu allem auch WP-Handbuch, Band I, 12. Aufl. (2000), Anh. 3, Rn. 6 f. S. 2144 f.

1479 Vgl. hierzu WP-Handbuch, Band I, 12. Aufl. (2000), Anh. 3, Rn. 6 f. und Kap. E Rn. 5.

1480 So heißt es in *IDW* PS 201 dementsprechend weiter „Werden die *IDW PS* vom Abschlussprüfer nicht beachtet, ohne dass dafür gewichtige Gründe vorliegen, so ist damit zu rechnen, dass eine solche Abweichung von der Berufsauffassung ggf. in Regressfällen, in einem Verfahren der Berufsaufsicht oder in einen Strafverfahren zum Nachteil des Abschlussprüfers ausgelegt werden kann." *IDW* PS 201, Ziff. 28, 29, WPg 2000, S. 710 ff. Analog die Regelungen zur Abweichung von den *IDW RS*; vgl. WP-Handbuch, Band I, 12. Aufl. (2000), Anh. 3, Rn. 6 f. S. 2144 f.

1481 Definition aus *IDW* PS 201 Ziff. (28), (29), WPg 2000, S. 710 ff.: „Die *IDW* **Prüfungsstandards** enthalten die vom *IDW* festgestellten Grundsätze ordnungsmäßiger Abschlussprüfung (GoA), die Berufsauffassung der Wirtschaftsprüfer zu *fachlichen Fragen der Prüfung*. Es handelt sich um die Grundsätze zur Durchführung von Abschlussprüfungen sowie Festlegungen zu den dabei vorzunehmenden Prüfungshandlungen. Eine Abweichung von den *IDW* Prüfungsstandards kann im Rahmen der Eigenverantwortlichkeit des Wirtschaftsprüfers nur in begründeten Einzelfällen erfolgen, die im Prüfungsbericht hervorzuheben und ausführlich zu begründen sowie im beschreibenden Abschnitt des Bestätigungsvermerks zu nennen sind. Werden die *IDW* Prüfungsstandards vom Abschlussprüfer nicht beachtet, ohne dass dafür gewichtige Gründe vorliegen, so ist damit zu rechnen, dass eine solche Abweichung von der Berufsauffassung ggf. in Regressfällen, in einem Verfahren der Berufsaufsicht oder in einem Strafverfahren zum Nachteil des Abschlussprüfers ausgelegt werden kann." *(Es besteht Rechtsfertigungszwang)*.

nahmen zur Rechnungslegung (IDW RS)[1482] sowie die Regelungen zu den anderen Tätigkeitsbereichen der Wirtschaftsprüfer als *IDW Standards (IDW S)*[1483], welche allesamt die graduell höchste Verbindlichkeit für den Wirtschaftsprüfer besitzen und bei Abweichung Rechtfertigungszwang auslösen.[1484]

Zum anderen stellen auch die Auffassungen der ***Fachgremien*** des IDW zu einzelnen Fragen Verlautbarungen des IDW dar, die jedoch hinsichtlich ihrer Verbindlichkeit nicht so weit gehen, wie die Verlautbarungen des IDW Hauptfachausschusses, da ihre Anwendung lediglich empfohlen wird.[1485] Sie existieren in Form von *IDW Prüfungshinweisen (IDW PH)*[1486], *IDW Rechnungslegungshinweisen (IDW RH)*[1487] und weiteren Verlautbarungen, zu denen auch die Empfehlungen des Fachausschusses Recht zur Überschuldungsprüfung (*IDW FAR 1/1996*) zählen.[1488]

Für die Überschuldungsfeststellung relevante Verlautbarungen sind

- für die Vertreter eines Gesamtbewertungsansatzes im Überschuldungsstatus *IDW S 1*, Grundsätze zur Durchführung von Unternehmensbewertungen,[1489] ersetzt zunächst *IDW ES 1* n.F. vom 9.12.2004, in Kraft getreten als *IDW* S 1 n.F. v. 18.10. 2005,[1490] sowie

---

1482 Definition aus *IDW* PS 201 (13), WPg 2000, S. 710 ff.: „Die von den Fachausschüssen des Instituts der Wirtschaftsprüfer abgegebenen *IDW* **Stellungnahmen** zur Rechnungslegung legen die Berufsauffassung zu *Rechnungslegungsfragen* dar. Werden die *IDW* Stellungnahmen zur Rechnungslegung vom Abschlussprüfer nicht beachtet, ohne dass dafür gewichtige Gründe vorliegen, so ist damit zu rechnen, dass eine solche Abweichung von der Berufsauffassung ggf. in Regressfällen, in einem Verfahren der Berufsaufsicht oder in einem Strafverfahren zum Nachteil des Abschlussprüfers ausgelegt werden kann.“ *(Es besteht Rechtsfertigungszwang).*

1483 **DW S 1,** Grundsätze zur Durchführung von Unternehmensbewertungen vom 28.6.2000, WPg 2000, S. 825 ff. = IDW-FN 2000, S. 415 ff. lautet insoweit: „Dieser *IDW-Standard* legt vor dem Hintergrund der in Theorie und Praxis und Rechtsprechung entwickelten Standpunkte die Grundsätze dar, nach denen Wirtschaftsprüfer Unternehmen bewerten. Die Ausführungen stellen wesentliche allgemeine Grundsätze dar. (... Sie legen) den Rahmen (fest), in dem die eigenverantwortliche Lösung im Einzelfall liegen muss. *Fälle vertraglicher oder auftragsmäßiger Wertfeststellung, die sich nach abweichenden vorgegebenen Regelungen richten, bleiben von diesem IDW-Standard unberührt.*“ Hieraus lässt sich e contrario die tatsächliche Verbindlichkeit der Prüfungsstandards für die vom Gesetzgeber geforderte Überschuldungsprüfung ableiten.

1484 Vgl. nochmals *IDW* PS 201 Ziff. (13), (28), (29), WPg 2000, S. 710 ff.

1485 WP-Handbuch, Band I, 12. Aufl. (2000), Anh. 3, Rn. 6 f. (S. 2144 f.).

1486 Definition aus *IDW* PS 201 Ziff. (29), WPg 2000, S. 710 ff.: „Durch *IDW* **Prüfungshinweise** wird die Auffassung der Fachgremien zu *einzelnen Prüfungsfragen* – meist *ergänzend* zu den *IDW* Prüfungsstandards – erläutert. Sie geben eine Orientierung für die Berufsangehörigen. Sie haben nicht den gleichen Grad der Verbindlichkeit wie *IDW* Prüfungsstandards, gleichwohl wird *ihre Anwendung empfohlen.*“

1487 Definition aus *IDW* PS 201 Ziff. (14), WPg 2000, S. 710 ff.: „*IDW* **Rechnungslegungshinweise** geben den Berufsangehörigen eine Orientierung über die *Auslegung* von Rechnungslegungsgrundsätzen. *IDW* Rechnungslegungshinweise haben nicht den gleichen Grad der Verbindlichkeit wie *IDW* Stellungnahmen zur Rechnungslegung, gleichwohl wird *ihre Anwendung empfohlen.*“

1488 *IDW* FAR 1/1996, Empfehlungen zur Überschuldungsprüfung bei Unternehmen; WPg 1997, S. 22 ff. = IDW-FN 1996 S. 523 ff.

1489 *IDW* S 1, Grundsätze zur Durchführung von Unternehmensbewertungen vom 28.6.2000, WPg 2000, S. 825 ff.= IDW-FN 2000, S. 415 ff.

1490 *IDW* ES 1 n.F. vom 9.12.2004, WPg 2005, S. 28 ff. = IDW-FN 2005, S. 13 ff. und *IDW* S 1 n.F. v. 18.10.2005, WPG 2005, S. 1303 ff.

- speziell zur Überschuldungsprüfung die Stellungnahme des IDW Fachausschusses Recht zur Überschuldungsfeststellung *IDW FAR 1/1996*.[1491]

a) *Stellungnahme des IDW-Fachausschusses Recht FAR 1/1996: Empfehlungen zur Überschuldungsprüfung bei Unternehmen*

Der IDW Fachausschuss Recht formuliert hierin (auch) zur Rechtslage nach In-Kraft-Treten der InsO „Grundsätze zur Vorgehensweise bei der Durchführung bzw. Beurteilung von insolvenzrechtlichen Überschuldungsprüfungen", die nach Eigenaussage nur als Leitgedanken zur Regelorientierung aufzufassen sind,[1492] und welche im Regelfall den mit der Überschuldungsfeststellung betrauten Wirtschaftsprüfern rechtsformübergreifend als Basis für die Überschuldungsprüfung dienen sollen.[1493] Da sie nur den Charakter einer Empfehlung haben, löst eine vom IDW FAR 1/1996 abweichende Vorgehensweise bei der Überschuldungsprüfung nicht unmittelbaren Rechtfertigungszwang aus, so dass der Prüfer letztlich in der Wahl der konkreten Methode zur Überschuldungsfeststellung frei ist. Entsprechend zurückhaltend formuliert auch der IDW selbst, dass „angesichts lediglich rudimentärer gesetzlicher Regelungen (...) die Unternehmensleitung in der inhaltlichen Ausgestaltung der Überschuldungsfeststellung weitgehend frei" ist.[1494]

IDW FAR 1/1996 empfiehlt eine Überschuldungsprüfung anhand des traditionell zweistufigen Überschuldungsmodells und steht damit im Einklang mit der aktuellen Rechtslage.[1495] Hinsichtlich des Ansatzes von Fortführungswerten vertritt IDW FAR einen dem Teilwertbegriff ähnlichen Zukunftserfolgswert, der allein der Formulierung nach ein Herunterbrechen des Unternehmensgesamtwertes implizieren könnte, was allerdings mangels Durchführbarkeit nicht gemeint sein kann.[1496]

Inwieweit diesem theoretisch als richtig erkannten zugleich aber nicht operationalisierbaren Wert nahe zu kommen ist, durch einen Einzelbewertungsansatz,[1497] oder einfach durch das Stehenbleiben bei dem Ausweis des Gesamtvermögenswertes, ohne den gedanklich folgenden Schritt der Zuordnung zu den Einzelgegenständen zu vollziehen,[1498] wird vom IDW nicht explizit entschieden; jedoch neigt der IDW

1491 *IDW* FAR 1/1996, Empfehlungen zur Überschuldungsprüfung bei Unternehmen; WPg 1997, S. 22 ff. = IDW-FN 1996, S. 523 ff.

1492 *IDW* FAR 1/1996, WPg 1997, S. 22.

1493 *IDW* FAR 1/1996, WPg 1997, S. 23.

1494 Vgl. *IDW* FAR 1/1996, WPg 1997, S. 23 „Zur Erreichung eines begründeten Urteils ist jedoch ein sachgerechtes, methodisches Vorgehen erforderlich. (...)" Mit der Überschuldungsfeststellung betraute Wirtschaftsprüfer „werden diese im Regelfall auf Basis der nachstehenden Grundsätze treffen". Vgl. zu den Gründen sogleich unter b).

1495 Vgl. hierzu bereits oben und *IDW* FAR 1/1996, WPg 1997, S. 23 „Zur Erreichung eines begründeten Urteils ist jedoch ein sachgerechtes, methodisches Vorgehen erforderlich. (...)" Mit der Überschuldungsfeststellung betraute Wirtschaftsprüfer „ werden diese im Regelfall auf Basis der nachstehenden Grundsätze treffen".

1496 *IDW* FAR, Ziff. 4.2, WPg 1997, S. 25.

1497 So z.B. *Reck*, der die vom *IDW* gewählte Definition des Fortführungswertes nach steuerrechtlichem Vorbild durch einen Ansatz modifizierter Handelsbilanzwerte ausfüllen will, Insolvenzstraftaten (1999), Rn. 163.

1498 So z. B. *Röhm*, Abhängigkeit des Insolvenzstrafrechts (2002), S. 187; *Höfner*, Überschuldung (1981), S. 211 ff.

offenbar zu einem Einzelbewertungsansatz, wenn er für eine nur eingeschränkte Ansatzfähigkeit des Goodwill plädiert, der bei einem Gesamtbewertungsansatz per definitionem Wertbestandteil ist; dabei dient ihm die Handelsbilanz als Ausgangspunkt zur Erstellung der Überschuldungbilanz.[1499]

Über Ansatz und Bewertung einzelner Aktiva trifft die Stellungnahme des IDW FAR nur ganz vereinzelt Aussagen, über die Bewertung von Verbindlichkeiten sogar gar keine. Bezüglich der Fortführungsprognose geht die Regelungstiefe der Empfehlung hingegen weiter; der IDW empfiehlt die Überlebensfähigkeit anhand der künftigen Zahlungsfähigkeit mittels Planungsrechnungen so vorzunehmen, wie es auch der herrschenden Praxis entspricht.[1500]

b) *IDW Standard: Grundsätze zur Durchführung von Unternehmensbewertungen vom 18.10.2005 (IDW S 1)*

Vom faktischen Verbindlichkeitsgrad her stärker sind hingegen die Prüfungsstandards als vom Hauptfachausschuss entschiedene Regelwerke mit der Wirkung eines Begründungszwangs im Falle der Abweichung, dem auch die Zivilgerichte entsprechend im Rahmen der Beweiswürdigung folgen.[1501]

Der IDW gibt mit seinem Standard IDW S 1 n. F.[1502] Vorgaben zur Vorgehensweise im Rahmen einer Unternehmensbewertung nach dem Gesamtbewertungsansatz. Er beansprucht insoweit Verbindlichkeit, als dass eine Abweichung von den im S 1 niedergelegten Standards auf Seiten des Bewertenden durch die Besonderheiten des Einzelfalles begründet sein muss, um nicht als Gutachter unter Umständen sogar selbst in Regress genommen zu werden oder um im Rahmen eines gerichtlichen Verfahrens die Richtigkeit des Ergebnisses darlegen zu können. Denn die Standards tragen die Vermutung der Richtigkeit für den Regelfall in sich und werden im Rahmen einer gerichtlichen Beweiswürdigung als Maßstab für den Regelfall herangezogen.[1503]

Dies betrifft jedoch primär nur Rechtsstreitigkeiten, bei denen es um die herkömmlichen Anwendungsbereiche der Unternehmensbewertung, z.B. Unternehmenskäufe, geht. Geht es hingegen um die richtige Vorgehensweise in der Überschuldungsbilanz, wo ein Verfahren nach dem Gesamtbewertungsansatz gerade nicht verbindlich vorgeschrieben ist, ist die faktische Bindungswirkung an die dargelegten Vorgaben auch nach Wahl des Gesamtbewertungsansatzes bereits dadurch geringer, dass die Überschuldungsprüfung an sich schon eine vom Regelanwendungsfall der Unternehmensbewertung abweichende Zielsetzung verfolgt. Die Überschuldungsprüfung stellt an sich schon einen Sonderfall dar, der Abweichungen rechtfertigen kann, solange sie nur aus dem Zweck der Überschuldungsbilanz heraus vertreten werden.[1504]

1499 *IDW* FAR 1/1996, WPg 1997, S. 24 f.
1500 *IDW* FAR 1/1996, WPg 1997, S. 23 f.
1501 *IDW* PS 201 Ziff. (28), (29), WPg 2000, S. 710 ff.
1502 *IDW* S 1 n. F. v. 18.10.2005, WPG 2005, S. 1303 ff.
1503 Vgl. insoweit *IDW* PS 201, Ziff. 13–15, 28–30, WPg 2000, S. 710 ff.
1504 Vgl. etwa *Röhm*, Abhängigkeit des Insolvenzstrafrechts (2002), S. 187 ff. unter Verkürzung des Betrachtungszeitraums von künftigen Erträgen.

Wenn auch nicht von hoher Verbindlichkeit, so enthält IDW S 1 doch konkretisierende Vorgaben, wie bei der Ermittlung des Gesamtunternehmenswertes nach dem Ertragswertverfahren oder den DCF-Methoden konkret vorzugehen ist, die sich auch im Rahmen der Überschuldungsbilanz eignen. Beide Verfahrensansätze werden insoweit vom IDW als gleichwertig anerkannt und haben sich im Ergebnis sogar durch die Abkehr der Ertragswertmethode von der Vollausschüttungsannahme einander angenähert.

Sofern (überhaupt) im Rahmen einer gerichtlich zu überprüfenden Überschuldungsfeststellung nach dem Gesamtbewertungsansatz verfahren wird, wird daher auch hier den IDW S 1 die Vermutung der Richtigkeit zukommen, sofern nicht überschuldungsspezifische Besonderheiten oder Besonderheiten des konkreten Sachverhalts eine abweichende Vorgehensweise als vertretbar erscheinen lassen.[1505]

2. Eignung der IDW-Verlautbarungen zur Tatbestandskonkretisierung

Obwohl IDW-Grundsätze zur Ermittlung der handelsrechtlichen GOB herangezogen werden und sich insoweit als tauglich erwiesen haben, neben dem Gesetz und höchstrichterlicher Rechtsprechung Entscheidungshilfen zu bieten,[1506] sind IDW-Grundsätze nicht geeignet, eine Entscheidung der Überschuldungsfrage herbeizuführen.

Ein Alleingültigkeitsanspruch der IDW-Verlautbarungen mit der Konsequenz, dass die von § 19 InsO gedeckten Alternativlösungen auszuscheiden wären, scheitert an der fehlenden Legitimation des IDW als standesrechtlichem Verband zum Erlass derartiger, auch in den Rechtskreis Dritter (des Schuldners) eingreifender Normenkonkretisierungen:

Zum einen muss dem *Demokratieprinzip* zufolge (Art. 20 II 1 GG) alle staatliche Gewalt auf die Legitimation durch den Willen des Volkes zurückführbar sein; sowohl die staatlichen Organe als auch ihre Maßnahmen müssen ihre Grundlage letztlich in einer Entscheidung des Volkes finden.[1507] Zum anderen bedürfen Eingriffe der Exekutive in schützenswerte individuelle Rechtspositionen nach dem Prinzip des *Gesetzesvorbehaltes* einer formalgesetzlichen Grundlage,[1508] und grundlegende (wesentliche) Entscheidungen (insbesondere mit Grundrechtsrelevanz) sind dem parlamentarischen Gesetzgeber vorbehalten (Wesentlichkeitstheorie).[1509]

Da mit der Bestimmung über die Voraussetzungen der Überschuldung ein wesentlicher Eingriff in geschützte Rechtspositionen des Schuldners, z.B. die allgemeine Handlungsfreiheit (Art. 2 I GG) und das Eigentum (Art. 14 GG) bzw. das Recht am

---

1505 Vgl. ähnlich *Gelhausen* in WP-Handbuch 12. Aufl. (2000), Band I, Kap. E Rn. 5.
1506 Vgl. *Gelhausen* in WP-Handbuch 12. Aufl. (2000), Band I, Kap. E Rn. 5.
1507 *Schnapp* in v. Münch/Kunig, GGK, Bd. II, 5. Aufl. (2001), Art. 20 Rn. 18.
1508 *Schnapp* in v. Münch/Kunig, GGK, Bd. II, 5. Aufl. (2001), Art. 20 Rn. 53.
1509 BVerfGE 33, S. 125, 163; *Schnapp* in v. Münch/Kunig, GGK, Bd. II, 5. Aufl. (2001), Art. 20 Rn. 56 m.w.N. Ist mit dem Gesetzesvorbehalt ein Delegationsverbot verbunden, spricht man vom *Parlamentsvorbehalt*.

eingerichteten und ausgeübten Gewerbebetrieb (Art. 12 GG), verbunden ist, wenn bei Überschuldung zivilrechtlich der Verlust der Verfügungsbefugnis und eine Schadensersatzhaftung drohen, und wenn in Abhängigkeit vom Vorliegen der Überschuldung auch strafrechtliche Sanktionen von Insolvenzverschleppung und Bankrott drohen, bedarf es einer Regelung durch den Gesetzgeber selbst, soweit alternative Überschuldungskonzepte ausgeschlossen werden sollen, die im Einzelfall für den Schuldner günstiger sein können. Denn auch wenn die IDW-Stellungnahmen selbst in der Regel eine Öffnungsklausel enthalten, so dass Abweichungen von den Empfehlungen und Prüfungsstandards im Einzelfall gerechtfertigt sein können,[1510] würde zumindest die Auferlegung eines Rechtfertigungszwanges bei Anwendung der alternativ diskutierten Feststellungsmethoden von Überschuldung und Ertragswerten durch den IDW in den Rechtskreis des betroffenen Schuldners belastend eingreifen.

Einer standesrechtlichen Vereinigung wie dem IDW fehlt es an einer auf das Volk zurückgehenden Legitimation (Demokratieprinzip), um diese wesentlichen Regelungen auch zu Lasten des Schuldners entscheiden zu können.

Dies gilt insbesondere für die strafrechtlichen Regelungen. Hier wäre die Wesentlichkeitsgrenze eindeutig überschritten, so dass der Gesetzesvorbehalt einem Alleingeltungsanspruch von IDW-Grundsätzen entgegensteht.[1511]

Allerdings wäre es aufgrund einer rein tätergünstigen Wirkung möglich, die IDW-Empfehlungen bei der Auslegung des strafrechtlichen Überschuldungsmerkmals als anzuerkennenden Mindestmaßstab heranzuziehen und stets dann von einer Bestrafung abzusehen, wenn der Geschäftsführer bzw. der Schuldner eine Überschuldungsprüfung nach den IDW-Verlautbarungen vorgenommen hat und danach Überschuldung auszuschließen war. Hierauf wird im Rahmen der Lösung der strafrechtlichen Überschuldungsproblematik näher einzugehen sein.

V. Zwischenergebnis – einheitlich erkennbare Tendenzen im Zivilrecht

Auf zivilrechtlicher Seite lässt sich damit festhalten, dass Überschuldung ausnahmslos nach dem traditionell zweistufigen Überschuldungsmodell anhand der Aufstellung einer Fortführungsprognose und einer Überschuldungsbilanz erfolgt, wobei die umstrittene Reihenfolge der Aufstellung beliebig ist,[1512] sofern nur eine Bewertung bei Bilanzerstellung in Abhängigkeit von der Prognose erfolgt.

1510 Vgl. zu den Prüfungsstandards *IDW* PS 201 vom 13.9.2000, Ziff. (28), (29), WPg 2000, S. 710 ff.: „Eine Abweichung von den *IDW PS* kann im Rahmen der Eigenverantwortlichkeit des Wirtschaftsprüfers nur in begründeten Einzelfällen erfolgen, die im Prüfungsbericht hervorzuheben und ausführlich zu begründen sind (…).“

1511 Vgl. *Tiedemann*, Tatbestandsfunktionen (1969), S. 242 f.

1512 Festgestellt wurde bereits, dass ein ausreichender Vermögensausweis in der Liquidationsbilanz nur ausreicht, wenn die Liquidationsoption auch tatsächlich ergriffen wird und damit die Reihenfolge egal wird.

Hinsichtlich des Inhaltes der Fortführungsprognose wird zwar nicht ausdrücklich eine Zahlungsunfähigkeitsprognose vorgeschrieben, jedoch ist insoweit eine als nahezu einhellig zu bezeichnende Tendenz zu einer Zahlungsunfähigkeitsprognose unter Aufstellung mehrwertiger Finanzpläne bezogen auf einen Zeitraum von im Regelfall bis zu zwei Jahren, laufendes Geschäftsjahr und das folgende, festzustellen.[1513] Ob über die Planungsrechnungen hinaus auch externe Faktoren bei der Aufstellung der Überlebensfähigkeitsprognose zu berücksichtigen sind, ist weiterhin streitig. Überwiegend wird jedenfalls eine positive Prognose aufgrund von externen Faktoren für zulässig erachtet. Die nähere Vorgehensweise bei Aufstellung der Finanzpläne ist vornehmlich eine Frage des bestmöglichen Umgangs mit den Prognoserisiken und Einschätzungsspielräumen; die Einzelheiten der Finanzplanerstellung unterliegen unterschiedlichsten Vorgehensweisen. Die genaue Vorgehensweise ist eine Frage des Einzelfalles. Der Versuch einheitlicher Vorgaben würde an der Unterschiedlichkeit der Lebenssachverhalte scheitern, die sich besser durch einzelfallbezogene Methoden erfassen lassen.

Die Aufstellung der Überschuldungsbilanz unter der Liquidationsprämisse erfolgt im Grundsatz nahezu einheitlich nach Einzelveräußerungswerten, wobei die Ausnahme eines Gesamtbewertungsansatzes bei der Veräußerbarkeit ganzer Unternehmensgesamtheiten von der ganz herrschenden Meinung nur dann angenommen wird, wenn bereits konkrete Kaufverhandlungen im Gange sind; allerdings nehmen die Vertreter eines prognoseabhängigen Urteils über die Gesamtveräußerungsmöglichkeit zu.

Die Bilanzerstellung unter der Fortführungsprämisse ist heillos umstritten.

Der in der Literatur vielfach erhoffte „gemeinsame Nenner“[1514] lässt sich bei der Fortführungsbewertung nicht finden.

Gesamtbewertungsansätze und Einzelbewertungsansätze stehen sich immer mehr als gleichberechtigt gegenüber, insbesondere auch, weil die Bewertungspraxis aufgrund der geringen Bindungswirkung der Empfehlungen zur Überschuldungsfeststellung (IDW FAR 1/1996) keiner faktischen Bindung an einen Einzelbewertungsansatz unterliegt und eine ständige Rechtsprechungspraxis noch fehlt. Kombinationsverfahren werden nur vereinzelt vertreten, dann auch nicht in der klassischen Variante, z. B. des Mittelwertverfahrens, sondern in spezieller Kombination von Substanzwert- und DCF-Verfahren oder in der Variante einer „Korrektur“ eines bilanziell nach IFRS ermittelten Ergebnisses durch eine Ertragsfähigkeitsprognose.

Die Berücksichtigung von Verbindlichkeiten ist mit Ausnahme des Einzelbewertungsgrundsatzes, der auch im Rahmen der Gesamtbewertungsverfahren einfließt, umstritten, ohne dass insoweit eine einheitliche Tendenz festgestellt werden könnte.

1513 Ebenso die Wertung bei *Reck*, Insolvenzstraftaten (1999), Rn. 146.

1514 Vgl. z. B. *Bittmann*, wistra 1999, S. 12.

C. Meinungsstand zur Feststellung der Überschuldung im Strafrecht (seit 1.1.1999) – eine kritische Analyse der seit Geltung des § 19 II InsO vertretenen Auffassungen zum strafrechtlichen Überschuldungsbegriff

Mangels konkreter inhaltlicher Aussagen seitens des Reformgesetzgebers zu der Frage, wie der Überschuldungstatbestand angesichts der Existenz der in § 19 II InsO eingeführten Definition nunmehr auszulegen ist, sind den Auslegungsmöglichkeiten der Überschuldung im Strafrecht von dieser Seite aus keine unmittelbaren Grenzen gesetzt.

I. Zur strafgerichtlichen Rechtsprechung

Die höchstrichterliche Rechtsprechung hatte bisher nur wenig Gelegenheit, sich zur Inhaltsbestimmung des strafrechtlichen Überschuldungsbegriffs zu äußern. Gegenstand der Rechtsprechung waren im Betrachtungszeitraum von 1995 (nach Verabschiedung der Insolvenzordnung von 1994) bis 2005 überwiegend Sachverhalte, die sich noch vor dem (vollständigen) In-Kraft-Treten der Insolvenzordnung am 1.1.1999 ereigneten.[1515]

Da der zur Tatzeit geltende modifiziert zweistufige Überschuldungsbegriff tendenziell zu einem späteren Insolvenzeintritt, insbesondere zu späterem Überschuldungseintritt, führt als die traditionell zweistufige Vorgehensweise entsprechend § 19 II InsO,[1516] musste die neue Rechtslage als Strafschärfung bei der Urteilsfindung im Rahmen der Altfälle noch außer Betracht bleiben (§ 2 III StGB).[1517]

In den wenigen Fällen, in denen der Strafsenat des BGH Stellung nehmen konnte, erschöpfen sich die Ausführungen weitestgehend in der Bestätigung seiner Rechtsprechung aus der Zeit vor Geltung der InsO.[1518] Dies betrifft in *sachlicher* Hinsicht

---

1515 Vgl. für den Zeitraum 1995–2003 auch die Auswertung insolvenzstrafrechtlicher Rechtsprechung von *Rönnau*, NStZ 2003, S. 525–532. Vgl. auch *Achenbach*, NStZ 2000, S. 524 ff. zum Rechtsprechungszeitraum 1999/2000; *ders.*, NStZ 2003, S. 520 ff. zum Rechtsprechungszeitraum 2002/2003; *ders.*, NStZ 2004, S. 549 ff. zum Rechsprechungszeitraum 2003/2004. Vgl. vor allem die Entscheidungen:
BGH Urt. v. 20.7.1999, 1 StR 668/98, NJW 2000, S. 154 ff. (Alffall);
BGH Urt. v. 10.5.2000, 3 StR 101/00, NJW 2000, S. 2285 ff. (Altfall);
BGH Urt. v. 22.2.2001, 4 StR 437/02, NZI 2001, S. 485 f. (nur zur Zahlungsunfähigkeit);
BGH Urt. v. 14.1.2003, 4 StR 336/02, wistra 2003, S. 301 ff. (Altfall);
BGH Urt. v. 30.1.2003, 3 StR 437/02, wistra 2003, S. 232 ff. = NStZ 2003, S. 546 f. (Altfall); *BGH* Urt. v. 23.4.2004, BB 2004, S. 1241 (Altfall).

1516 Vgl. bereits oben und *Moosmayer*, Einfluß der InsO (1997), S. 152, 176 f.; *Bieneck*, StV 1999, S. 43, *Tiedemann* in Scholz, GmbHG, 9. Aufl. (2002), Vor §§ 82 ff. Rn. 30; zum ausdrücklichen Bestreben des Gesetzgebers einer Vorverlagerung auch BT-Drs. 12/2433, S. 81 und hierzu *Achenbach*, Schlüchter-Gds. (2002), S. 265 f.

1517 Vgl. auch *Rönnau*, NStZ 2003, S. 525; *Tiedemann* in Scholz, GmbHG, 9. Aufl. (2002), § 84 Rn. 5b; *Penzlin*, Auswirkungen der InsO (2000), S. 73 f.

1518 *BGH* Urt. v. 1.3.2005, 2 StR 504/04, BeckRs 2005, 03590, Fall nach aktueller Rechtslage ohne weitgehende Konkretisierungen zur Überschuldungsfrage; Erfordernis eines Überschuldungsstatus konstatiert.

insbesondere das Erfordernis einer Bilanzerstellung, das der BGH bereits zur Rechtslage unter der KO mehrmals betont hatte, und der BGH sich damit für den traditionell zweistufigen Überschuldungsbegriff entschieden hatte, ohne zugleich konkrete Aussagen hinsichtlich einer potentiellen Zivilrechtsakzessorietät des strafrechtlichen Überschuldungstatbestandes zu treffen.[1519]

Implizit Stellung genommen hat der BGH zur Akzessorietätsfrage hingegen bisher nur für das Krisenmerkmal der Zahlungsunfähigkeit in seinem Urteil v. 22.2. 2001.[1520] Der 4. Strafsenat bezieht in seinem Urteil die hergebrachte Definition der Zahlungsunfähigkeit analog § 2 StGB allein auf die Anwendung des zur Tatzeit geltenden Konkursrechts und führt aus, auf die ernsthafte Geltendmachung der fälligen Verbindlichkeiten komme es nach § 17 II InsO nunmehr nicht an. Wenn aber *Tröndle/Fischer* und *Achenbach* meinen, der BGH vertrete „wohl" inzident in seinem Urteil v. 22.2.2001 die Auffassung einer zwingenden Zivilrechtsakzessorietät des strafrechtlichen Krisenbegriffs, kann dies jedenfalls nicht ohne weiteres für die Überschuldung angenommen werden.[1521] In dieser Entscheidung ging es ausschließlich um das Krisenmerkmal der Zahlungsunfähigkeit, aber die Überschuldungsdefinition wirft gegenüber den übrigen Krisendeterminanten eigenständige Probleme auf,[1522] so dass sich die Andeutung des BGB – ebenso wie die Äußerung des historischen Gesetzgebers über die konkretisierende Wirkung der Definition der drohenden Zahlungsunfähigkeit in § 18 II InsO – auf die Überschuldungsfrage nicht übertragen lassen. Welcher Auffassung der BGH insoweit folgt, ist noch offen.

Im Hinblick auf den *personellen* Anwendungsbereich des § 283 StGB hat der BGH zwar bereits ausdrücklich Stellung bezogen und auch insoweit seine bisherige Auffassung aufrechterhalten, dass sich § 283 StGB auch auf Nichtkaufleute, insbesondere Privatleute, erstrecke, woran die insolvenzrechtlichen Regelungen zum Verbraucherinsolvenzverfahren nichts ändern würden.[1523] Aber diese Stellungnahme entstammt derselben Entscheidung, die nur zum Krisenmerkmal der Zahlungsunfähigkeit erging, so dass überschuldungsspezifische Probleme des personellen Anwendungsbereichs in der Stellungnahme des BGH ebenso unberücksichtigt blieben wie die Frage der Zivilrechtsakzessorietät des strafrechtlichen Überschuldungsbegriffs.

BGH Urt. v. 15.6.2005, 2 StR 30/05, BeckRs 2005, 08206, Fall nach aktueller Rechtslage, aber ohne jede Ausführung zur Überschuldung.

1519 Vgl. insoweit zu den Altfällen *BGH* Urt. v. 20.7.1999, NJW 2000, S. 154, 56 = wistra 2000, S. 18, 20 f.; *BGH* Urt. v. 10.5.2000, 3 St 101/00, NJW 2000, S. 2285 ff.; und unter Hinweis auf einen prognoseabhängigen Wertansatz auch *OLG Düsseldorf* v. 5.11.1996, 5 Ss 303/96 – 93 /96 I, BB 1997, S. 517; *BGH* Urt. v. 30.1.2003, 3 StR 437/02, wistra 2003, S. 232 ff. Vgl. zur aktuellen Rechtslage *BGH* Urt. v. 1.3.2005, 2 StR 507/04, BeckRs 2005, 03590 unter direktem Verweis auf *BGH* Urt. v. 30.1.2003, 3 StR 437/02, wistra 2003, S. 232 ff. = NStZ 2003, S. 546 f.

1520 *BGH* Urt. v. 22.2.2001, 4 StR 437/02, NZI 2001, S. 485 f. = NJW 2001, S. 1874 ff. = NStZ 2001, 496 ff. und hierzu *Rönnau,* NStZ 2003, S. 529.

1521 Tröndle/*Fischer*, StGB, 52. Aufl. (2004), Vor § 283 Rn. 6; *Achenbach*, Schlüchter-Gds. (2002), S. 259 Fn.12.

1522 Vgl. nochmals Einleitung, B. II, III und Einleitung D. II.1.

1523 *BGH* Urt. v. 22.2.2001 – 4 StR 437/02, NZI 2001, S. 485 f. = NJW 2001, S. 1874 ff. = NStZ 2001, 496 ff. und hierzu *Rönnau,* NStZ 2003, S. 529.

Den Äußerungen des BGH zum Schutzzweck des § 283 StGB, demzufolge Schutzzweck der Insolvenzdelikte sei, „die Sicherung der Konkursmasse im Interesse der gesamten Gläubigerschaft, also die Gesamtheit der Gläubigerinteressen am schuldnerischen Vermögen, soweit diese zivilrechtlich im Rahmen des Insolvenzverfahrens als Befriedigungsinteressen anerkannt sind",[1524] bereits ein generell zivilrechtsakzessorisches Verständnis zu unterstellen, wäre Spekulation; denn dass allein aus einer Schutzzweckidentität des Vermögensschutzes auch bei insolvenzrechtlicher Überformung (statt Einzelansprüchen par conditio omnium creditorum) noch nicht zwingend Zivilrechtsakzessorietät zu folgern ist, verdeutlicht die nachstehende Diskussion.

Von einer BGH-Rechtsprechung zur Frage der Zivilrechtsakzessorietät des strafrechtlichen Überschuldungsbegriffs in sachlicher wie auch in personeller Hinsicht nach In-Kraft-Treten der Insolvenzordnung kann daher noch nicht die Rede sein. Sofern in einzelnen Entscheidungen aber bereits Tendenzen zu erahnen sind, die das aktuelle Verständnis des BGH zur Frage der Zivilrechtsakzessorietät des Überschuldungsbegriffs im Insolvenzstrafrecht durchscheinen lassen, wird auf sie im Rahmen der jeweiligen Teilfragestellungen zum Überschuldungsbegriff hingewiesen. Dies gilt auch für Entscheidungen, in denen sich der BGH zu Fragestellungen äußert, die mit der Zivilrechtsakzessorietät dieselben Vorfragen grundlegender Natur teilen; bei unterstellter Konsequenz des BGH hinsichtlich seines Grundverständnisses lassen sich an entsprechender Stelle künftige Tendenzen der Rechtsprechung vermuten.

II. Die vertretenen Auffassungen zum Überschuldungstatbestand in sachlicher Hinsicht

Nahezu alle denkbaren Konkretisierungsmöglichkeiten werden für den strafrechtlichen Überschuldungsbegriff auch tatsächlich vertreten. Die Meinungsvielfalt ist aufgrund der unterschiedlichen Argumentationsweisen und der stark divergierenden Ergebnisse sogar bei einheitlichem Argumentationsansatz unübersichtlich. Systematisierungsversuche dahingehend, die Auffassungen anhand ihres Akzessorietätsgrades zum Zivilrecht zu ordnen, sind hilfreich, jedoch nicht hinreichend.

Diese Arbeit schlägt daher eine Systematisierung unter Neuordnung und stärkerer Differenzierung der bereits gängigen Begrifflichkeiten von „strenger Akzessorietät", „funktionaler Akzessorietät", „punktueller Akzessorietät" und „Autonomie" vor, die zum einen nach der Art des gewählten *Begründungsansatzes (strafrechtsautonom oder zivilrechtsakzessorisch)* differenziert und zum anderen dem *Ergebnis* nach unterscheidet, inwieweit der strafrechtliche Überschuldungsbegriff – gleich aufgrund welcher Begründung – in Übereinstimmung mit § 19 II InsO oder davon abweichend ausgelegt wird (*ergebnisautonom* oder in unterschiedlichem Grade *ergebnisakzessorisch*).[1525]

1524 *BGH* Urt. v. 22.2.2001 – 4 StR 421/99, NStZ 2001, S. 485 unter Hinweis auf *Krause*, NStZ 1999, S. 161 f.

1525 Die Begriffe funktionaler/punktueller/autonomer Auslegung werden je nach gradueller

Dem *Begründungsansatz* nach als *streng zivilrechtsakzessorisch* sind solche Auffassungen zu bezeichnen, die ohne einen erhöhten Begründungsaufwand der Definition in § 19 InsO auch für das Strafrecht unmittelbare Verbindlichkeit beimessen (*zwingende* Akzessorietät), sei es, weil sie *stets* und für *alle* Tatbestände des Strafrechts z.B. aus Gründen der Rechtseinheit oder bereits wegen gleichlaufender Schutzrichtungen von Zivil- und Strafrecht eine zivilrechtsgleiche Inhaltsbestimmung für verbindlich halten (*generell* zwingende Akzessorietät) als auch solche, die nicht in jedem Fall, sondern erst nach näherer Untersuchung des konkreten Funktionszusammengangs zwischen Zivil- und Strafnorm bestimmte Tatbestände inhaltlich zwingend zivilrechtsgleich auslegen (*konkret* zwingende Akzessorietät). Zu den Vertretern einer *konkret* zwingenden Akzessorietät zählen zum einen die Auffassungen, welche die Insolvenzverschleppungstatbestände als Tatbestände des Nebenstrafrechts den dortigen Begriffsvorgaben zwingend folgen lassen,[1526] zum anderen die Ansichten, die eine Übernahme der zivilrechtlichen Definition des § 19 II InsO auch für § 283 StGB für rechtlich *zwingend* und nicht nur aus strafrechtsautonomen Gründen für sinnvoll oder geboten erachten.[1527]

Vertreter einer zwingenden Akzessorietät halten eine mit dem Zivilrecht ergebnisgleiche Auslegung bereits allein aufgrund des Regelungszusammenhangs von Straf- und Zivilrechtsnorm – generell oder zumindest im konkreten Einzelfall – für unüberwindbar.

In Abgrenzung zu einem streng akzessorischen Begründungsansatz mit der Folge der zwingenden Akzessorietät zeichnet sich ein *strafrechtsautonomer Begründungsansatz dadurch aus,* dass über die Frage der Begriffsauslegung allein spezifisch strafrechtliche Wertungen entscheiden, ohne dass eine Abhängigkeit von außerstrafrechtlichen Begriffskonkretisierungen besteht, die auf den Inhalt der Auslegung Einfluss nehmen könnte.[1528] Auch unter einem strafrechtsautonomen Begründungsansatz ist im Ergebnis ein vollständiger Gleichlauf der strafrechtlichen Begriffsausfüllung mit den zivilrechtlichen Vorgaben denkbar, nur bedarf es gegenüber den Vertretern einer zwingenden Zivilrechtsakzessorietät eines erhöhten Begründungsaufwands, bei dem spezifisch strafrechtliche Wertungen darüber entscheiden, ob einer dem Zivilrecht gleichenden Auslegung oder einer der denkbaren Alternativen der Vorzug zu geben ist (Effektivität und Effizienz bzgl. der Verhal-

---

Gewichtung der getroffenen Abweichungen sehr unterschiedlich verwendet; zu finden ist daher auch die Bezeichnung *funktionaler* Zivilrechtsakzessorietät als Sammelbezeichnung für die strafrechtsautomen Begründungsansätze, die nahezu ganz oder in Teilen zivilrechtsgleich auslegen. Z.B. Tröndle/*Fischer*, StGB 52. Aufl. (2004), Vor § 283 Rn. 6. *Plathner* hingegen bezeichnet genau diese Fälle, die aus strafrechtsautonomen Gründen eine zivilrechtsgleiche Auslegung vertreten, als *punktuelle* Akzessorietät, vgl. *Plathner*, Bankrottatbestand (2002), S. 17. Diese Arbeit schlägt zwecks detaillierter Systematisierung vor, beide Begriffe zu verwenden und ihnen bestimmte Abhängigkeitsgrade zuzuordnen.

1526 Z.B. *Achenbach*, Schlüchter-Gds. (2002), S. 269.

1527 Ähnlich die Systematisierung bei *Plathner*, Bankrottatbestand (2002), S. 17, der ebenfalls zwischen zwingender Akzessorietät und autonomem Begründungsansatz danach unterscheidet, ob eine zivilrechtsgleiche Auslegung für zwingend verbindlich oder nur für sinnvoll erachtet wird, die Rechtsteile trotz gleicher Schutzrichtung aber für autonom gehalten werden.

1528 Vgl. beispielhaft die Argumentation bei *Plathner*, Bankrottatbestand (2002), S. 201 ff.

enssteuerung, Sanktionierung nur strafbedürftigen Verhaltens). Dabei sind mangels einer Bindung an die Vorgaben des § 19 II InsO auch solche Konkretisierungsmöglichkeiten in die Lösungsfindung einzubeziehen, die außerhalb des § 19 II InsO diskutiert werden, wie beispielsweise die modifiziert zweistufige Methode oder die einstufigen Ansätze.

Von dem so verstandenen strafrechtsautonomen Begründungsansatz, der eine bestimmte Begriffsauslegung aus rein strafrechtlichen, *sachlich-inhaltlichen* Gründen als die richtige vorschlägt (*sachlich-inhaltliche* Begründungsautonomie/Begründungsautonomie im *eigentlichen Sinn*),[1529] ist eine in der Überschuldungsdiskussion vielfach anzutreffende Argumentationsweise abzugrenzen, die zunächst von einem allein auf strafrechtsexternen Gründen basierenden, streng zivilrechtsakzessorischen Überschuldungsverständnis ausgeht, jedoch die strenge Ergebnisakzessorietät unter den Vorbehalt stellt, dass eine Übernahme des zivilrechtlichen Begriffs in das Strafrecht nicht mit dem Bestimmtheitsgebot aus Art. 103 II GG kollidiert.[1530] Im Kollisionsfall will diese Ansicht strafrechtsautonom korrigierend auslegen, sei es durch Einschränkung[1531] oder gar durch Abweichung[1532] von der im Übrigen für verbindlich erachteten Definition des § 19 II InsO. Da diese Argumentation einerseits allein auf dem formalen Prinzip des verfassungsrechtlichen Gebots der Tatbestandsbestimmtheit beruht ohne strafrechtsspezifisch sachlich-inhaltliche Wertentscheidungen zu treffen, andererseits aber Art. 103 II GG insbesondere auch ein strafrechtsspezifisches Prinzip darstellt, das als Legitimation für eine im Ergebnis nicht mehr (streng) akzessorische Begriffsauslegung herangezogen wird, ist diese Argumentation weder als strafrechtsautonom im eigentlichen (sachlich-inhaltlichen) Sinn zu bezeichnen, noch als (streng) zivilrechtsakzessorisch. Aufgrund ihrer im Ergebnis gegenüber dem Zivilrecht eigenständigen Auslegung unter Beschränkung auf ein formalrechtliches Prinzip wird dieser Ansatz als *formalrechtliche* Begründungsautonomie/Begründungsautonomie *im weiteren Sinn* bezeichnet.

Im Hinblick auf das im sachlich-inhaltlichen oder auch nur formal-rechtlichen Sinn *autonom begründete* Ergebnis ist nach dem Grad der vorgeschlagenen Abweichungen von den inhaltlichen Festsetzungen des § 19 II InsO zu unterscheiden zwischen *vollständiger Ergebnisautonomie, punktueller Akzessorietät (teilweise funktionale, d.h. im weitesten Sinn strafrechtsautonom begründete, Akzessorietät) und voll funktionaler Akzessorietät (nahezu vollständig funktionale Akzessorietät).*

Bezugspunkt für den Grad der Abweichung ist der in § 19 II InsO eindeutig festgelegte Inhalt, wonach bei der Überschuldungsfeststellung

erstens zweistufig in Abhängigkeit von der Fortführungsfähigkeit vorzugehen ist (Verankerung eines *zweistufigen* Vorgehens überhaupt);

1529 Vgl. ähnlich *Plathner*, Bankrottatbestand (2002), S. 16 f.
1530 Vgl. *Moosmayer*, Einfluß der InsO (1997), S. 144; *Penzlin*, Auswirkungen der InsO (2000), S. 155 ff.; *Röhm*, Abhängigkeit des Insolvenzstrafrechts (2002), S. 80 ff., 165.
1531 *Röhm*, Abhängigkeit des Insolvenzstrafrechts (2002), S. 80 ff., 165.
1532 *Penzlin*, Auswirkungen der InsO (2000), S. 155 ff.

zweitens im Fortführungsfall eine Bilanzerstellung zu Fortführungswerten zu erfolgen hat (Verankerung speziell des *traditionell* zweistufigen und Absage an den modifiziert zweistufigen Überschuldungsbegriffs);

dritter Bezugspunkt sind die übrigen Festschreibungen, wie z.B. die Anforderungen an den Wahrscheinlichkeitsgrad einer Fortführung und der insoweit geregelten Beweislastverteilung.

Erstens: Als *vollständig ergebnisautonom* werden die Auffassungen bezeichnet, die bereits von der Zweistufigkeit der Überschuldungsprüfung abweichen und im Strafrecht stets Liquidationswerte oder stets Fortführungswerte ansetzen.

Vertreter einer *punktuellen* und einer *voll funktionalen* Akzessorietät hingegen halten auch im Strafrecht eine mehrstufige Vorgehensweise in Abhängigkeit von der Fortführungsprognose für den richtigen, zwar nicht zwingenden, aber sinnvollen Ansatz, und übernehmen damit die in § 19 II InsO getroffene Grundentscheidung für eine Zweistufigkeit der Prüfung.

Zweitens: Eine weitergehende Differenzierung zwischen *voll funktionaler* und *punktueller* Akzessorietät ist nicht immer üblich,[1533] empfiehlt sich jedoch vor dem Hintergrund, dass § 19 II InsO mehrere Grundentscheidungen getroffen hat, nicht nur für ein zweistufiges Vorgehen überhaupt, sondern auch für die traditionell zweistufige Methode konkret.

Die Auffassung, die auch die Entscheidung des § 19 II InsO für die traditionell zweistufige Methode für das Strafrecht übernimmt, wird aufgrund höheren Akzessorietätsgrades daher als *voll funktional*,[1534] hingegen die Auffassung, die auch nach der Insolvenzrechtsreform den modifiziert zweistufigen Ansatz für das Strafrecht als maßgeblich erachtet,[1535] als nur *punktuell akzessorisch* bezeichnet.

Drittens: Die darüber hinausgehenden Modifikationen, z.B. der Vorschlag, im Strafrecht die Anforderungen an den Wahrscheinlichkeitsgrad der Unternehmensfortführung im Rahmen der Fortführungsprognose zu reduzieren, sind so zahlreich, dass eine weitere Systematisierung mangels vereinfachender Wirkung unterbleibt.

Überblicksartig lässt sich die Struktur der strafrechtlichen Überschuldungsdiskussion wie folgt darstellen:

1533 Z.B. Tröndle/*Fischer*, StGB, 52. Aufl. (2004), Vor § 283 Rn. 6 erfasst beide Fälle als „funktionale Akzessorietät".
1534 Z.B. *Röhm*, Abhängigkeit des Insolvenzstrafrechts (2002), S. 84 ff., 155 ff.
1535 Z.B. *Penzlin*, Auswirkungen der InsO (2000), S. 101, 134, 162.

I. zwingende Akzessorietät	II. strafrechts-autonomer Begründungsansatz (sachlich-inhaltlich und formal-rechtlich)
1. Strafrecht zwingend akzessorisch zu den Regelungen der von ihm geschützten Rechtsgüter (generell zwingende Akzessorietät) Insoweit gleiche Begriffe „müssen“ stets gleich ausgelegt werden.	1. Nahezu vollständiger Gleichlauf mit den Festsetzungen des § 19 II InsO aus strafrechtsautonomen Gründen „sinnvoll“, nur vereinzelt Abweichungen aus strafrechtsautonomen Gründen (voll funktionale Akzessorietät).
2. Strafrecht zwingend akzessorisch bzgl. einzelner Tatbestände, z.B. des Nebenstrafrechts zur selben Teilrechtsordnung (nur konkret zwingende Akzessorietät), in Abhängigkeit vom konkreten Normenzusammenhang „müssen“ strafrechtliche Begriffe gleich ausgelegt werden.	2. Weitestgehend zivilrechtsgleiche Auslegung unter Abweichung in mehreren Punkten insbes. von der traditionell zweistufigen Vorgehensweise, aus strafrechtsautonomen Gründen (punktuelle Akzessorietät).
	3. Bereits von der grundlegenden Festsetzungen des § 19 II InsO abweichende Überschuldungsfeststellung im Strafrecht, einstufige Prüfungsverfahren (vollständige Ergebnisautonomie).

1. Strenge Zivilrechtsakzessorietät aufgrund des Regelungszusammenhangs

Die Auffassung, die strafrechtliche Begriffsbildung müsse zwingend mit der zivilrechtlichen Definition des § 19 II InsO übereinstimmen, wird teils für alle Tatbestände des Strafrechts gleichermaßen getroffen (generell zwingende Akzessorietät), teils in Abhängigkeit von der Funktion des Tatbestandes als eine konkrete Normen des Zivilrechts flankierende Norm des Nebenstrafrechts (nur konkret zwingende Akzessorietät). Letztere Ansicht differenziert regelmäßig zwischen Insolvenzverschleppungsdelikten als zur zivilrechtlichen Insolvenzantragspflicht und dem Eröffnungsgrund akzessorische Strafnorm einerseits und Bankrott als eigenständiger Strafnorm andererseits.[1536]

Höchst unterschiedlich beantworten die Vertreter einer zwingenden Zivilrechtsakzessorietät die Frage, wie die für zwingend erachteten Vorgaben im Strafrecht ausgefüllt werden sollen; dabei wird teilweise die Frage des zu wählenden Wertansatzes in der Überschuldungsbilanz (insbesondere zu Fortführungswerten) offen gelassen,[1537] teilweise unter Berücksichtigung aller Bewertungsmethoden zur Gewährleistung hinreichender Tatbestandsbestimmtheit und unter Beachtung des Subsidiaritätsprinzips so entschieden, dass alle vertretbaren Methoden zur Über-

1536 So *Achenbach*, Schlüchter-Gds. (2002), S. 269.
1537 Vgl. *Moosmayer*, Einfluß der InsO (1997), S. 165, der allerdings durchscheinen lässt, Ertragswerte ansetzen zu wollen; vgl. insoweit auch *Penzlin*, Jura 1999, S. 56.

schuldung kommen müssen,[1538] oder auch für einen bestimmten Wertansatz plädiert.[1539]

Und auch die Reichweite der Akzessorietät, insbesondere die Frage, ob die Verbindlichkeit des § 19 II InsO für das Strafrecht so weit geht, dass auch bei Insolvenzverschleppung und Bankrott erst dann Fortführungswerte anzusetzen sind, oder bereits dann, wenn sie nicht ganz unwahrscheinlich ist, wird selbst unter den Vertretern einer ansonsten streng akzessorischen Begriffskonkretisierung unterschiedlich beantwortet.[1540]

a) Strenge Zivilrechtsakzessorietät bei Bankrott und Insolvenzverschleppungsdelikten – Zwingende Akzessorietät bereits bei gleicher Schutzrichtung als durchgängige Interpretationsmethode des Strafrechts (generelle Akzessorietät)?

Die Auffassung, der strafrechtliche Überschuldungstatbestand müsse *unabhängig von seiner konkreten Funktion im Deliktszusammenhang* zwingend in Übereinstimmung mit der zivilrechtlichen Vorgabe des § 19 II InsO ausgelegt werden,[1541] geht zum Teil auf die Theorie von *Binding* zurück, dem zufolge das Strafrecht ein unselbständig akzessorischer Teil zu den Normen seiner geschützten Rechtsgüter ist. Nach *Binding* verhalten sich daher die Strafnormen, die den Schutz der zivilrechtlichen Eigentumsordnung bezwecken, indem sie Rechtsgüter wie Eigentum und Vermögen schützen, final-akzessorisch und sind aus diesem Grund stets zwingend gleich auszulegen.[1542] In Anknüpfung an die von Binding als durchgängige Interpretationsmethode des Strafrechts formulierte Akzessorietät bei *gleicher Schutzrichtung* folgern Vertreter einer generellen Zivilrechtsakzessorietät bereits aus der gemeinsamen Schutzrichtung von Insolvenzverschleppungsdelikten, Bankrott und zivil-

---

1538 Ausdrücklich für Insolvenzverschleppungsdelikte, *Haffke*, KritV 1991, S. 174; *Tiedemann* in Scholz, GmbHG, 9. Aufl. (2002), § 84 Rn. 5, 5b; *ders.* in Schröder-Gds. (1978), S. 289 ff.

1539 Für die Ertragswertmethode *Röhm*, Abhängigkeit des Insolvenzstrafrechts (2002), 165, 187 ff.; für einen durch modifizierte Handelsbilanzwerte ausgefüllten Teilwertansatz, *Reck*, Insolvenzstraftaten (1999), Rn. 167; *Weyand*, Insolvenzdelikte, 6. Aufl. (2003), Rn. 36. Zur Kritik am Teilwert vgl. *Penzlin*, wistra 2004, S. 134.

1540 Vgl. *Bieneck* in Müller-Gugenberger/Bieneck, 3. Aufl. (2000), § 76 Rn. 33 für eine strikte Übernahme des gesetzlichen Wahrscheinlichkeitsanspruchs und dagegen *Beck* in Wabnitz/Janovsky, 2. Aufl. (2004), Kap. 6 Rn. 100 f. Näher dazu sogleich unter Zweiter Teil, C II. 4.

1541 So *Beck* in Wabnitz/Janovsky, 2. Aufl. (2004), Kap. 6 Rn. 100 f.; *Bieneck*, StV 1999, S. 43; *ders.* in Müller-Gugenberger/Bieneck, 3. Aufl. (2000), § 76 Rn. 33, 56; *Höffner*, BB 1999, S. 253; *Weyand*, Insolvenzdelikte, 6. Aufl. (2003), Rn. 33 f.; *Pelz*, Strafrecht in Krise und Insolvenz (2004), Rn. 82; *Hoyer* in SK-StGB (2002), § 283 Rn. 14. *Kindhäuser* in LPK-StGB, 2. Aufl. (2005), § 283 Rn. 4; *Fromm*, ZinsO 2004, S. 944, 950; *Reck* GmbHR 1999, S. 267 ff.; *ders.*, ZinsO 2004, S. 661 ff. und 728 ff., *ders.*, Insolvenzstraftaten (1999), S. 135 ff.; *Reck* allerdings will im Rahmen der strafrechtlichen Überschuldungsfeststellung aus der Sicht *ex post* offenbar die Fortführungsprognose danach ausrichten, ob der Unternehmer *ex ante*, zum Stichtag der Überschuldungsfeststellung, sein Unternehmen für fortführungsfähig *hält* und will damit so lange von Fortführungswerten ausgehen, wie nicht Insolvenz angemeldet wurde (Insolvenzstraftaten, Rn. 147, 256). Jedenfalls im Ergebnis akzessorisch auch *Kühl* in Lackner/Kühl, StGB, 25. Aufl. (2004), § 283 Rn. 6, sowie *Wessels/Hillenkamp*, BT 2, 27. Aufl. (2004), Rn. 461.

1542 Vgl. *Binding*, Handbuch des Strafrechts, Bd. I (1885), S. 8 ff., 9: „Das ganze Schutzrecht ist ja nur ein großer accessorischer Rechtsteil" und hierzu *Engisch*, Einführung, 8. Aufl. (1989), S. 80 f.; *Jescheck/Weigend*, AT, 5. Aufl. (1996); S. 53; *Felix*, Einheit der Rechtsordnung (1998), S. 215 ff.

rechtlichen Insolvenzregelungen, Gläubiger vor masseschmälernden Handlungen des Schuldners im Zusammenhang mit dem wirtschaftlichen Zusammenbruch zu schützen, so dass „eine prinzipiell gleich laufende Auslegung des im Insolvenzstrafrecht und im Insolvenzrecht verwendeten Begriffs der Überschuldung unabdingbar“ sei.[1543]

Ein anderer Teil dieser Ansicht folgert eine grundsätzlich strenge Zivilrechtsakzessorietät des strafrechtlichen Überschuldungsbegriffs aus dem *Prinzip der Einheit der Rechtsordnung* als einem Postulat, zivilrechtliche Definitionen zwingend zur Ausfüllung begriffsgleicher Tatbestandsmerkmale des Strafrechts heranzuziehen, soweit nicht dadurch die unterschiedlichen Aufgaben beider Rechtsgebiete beeinträchtigt werden.[1544] Mangels einer ernsthaften Beeinträchtigung der Schutzzwecke von Insolvenzverschleppungsdelikten und Bankrott bei einheitlicher Auslegung sei Überschuldung zwingend inhaltsgleich mit § 19 II InsO zu definieren, der damit zugleich eine unmittelbare Ausfüllungsnorm für das Insolvenzstrafrecht sei.[1545] Die Einheit der Rechtsordnung wird auch in einer mehr funktionsbezogenen Auslegung für den zwingenden Gleichlauf von zivilrechtlicher Überschuldungsdefinition und dem bankrottstrafrechtlichen Krisenmerkmal angeführt: „Es hieße die Einheit der Rechtsordnung zu missachten, wenn strafrechtliches Erfolgsunrecht schon in einem Stadium bekämpft würde, in dem zivilrechtlich noch kein Anlass dafür gesehen wird, den eingetretenen Erfolg auch nur im mindesten als bedrohlich negativ vorzubewerten.“[1546] Erst recht ist danach die Überschuldung im Rahmen der Insolvenzverschleppungsdelikte zwingend zivilrechtsgleich auszulegen.

Wiederum andere belassen es ohne nähere Ausführungen bei der Begründung, es handle sich bei der Überschuldungsdefinition um eine „grundsätzliche Entscheidung des Gesetzgebers“, die auch im Strafrecht zu beachten sei.[1547]

Im Ergebnis sind sich die Vertreter dieser Ansicht jedoch einig: Von den Grundentscheidungen in § 19 II InsO dürfe auch im Strafrecht nicht abgewichen werden.

Welche Festlegungen des § 19 II InsO zu den insoweit verbindlichen Grundentscheidungen zählen sind, ist umstritten, mit der Folge, dass die Reichweite der zwingenden Akzessorietät unterschiedlich bestimmt wird.

Teils wird die strenge Begriffsgleichheit von Zivil- und Insolvenzrecht aufgeweicht, soweit strafrechtlichen Grundsätzen partiell Vorrang eingeräumt werden soll: Vertreter einer ansonsten generell zwingenden Zivilrechtsakzessorietät wollen

---

1543 So *Beck* in Wabnitz/Janovsky, 2. Aufl. (2004), Kap. 6 Rn. 100 f., *Kühl* in Lackner/Kühl, StGB, 25. Aufl. (2004), § 283 Rn. 5. Vgl. zur Schutzrichtung des Zivilrechts, insbesondere zur Ordnungsfunktion des Überschuldungstatbestandes, Mindesthaftungsmassen in Abhängigkeit vom Umfang der Schulden festzuschreiben, ausführlich *Arens*, Überschuldungsprüfung (1991), S. 31. Zur Funktion des Strafrechts, die aus die Masse bezogenen Gläubigerbefriedigungsansprüche zu schützen, *BGH* Urt. v. 22.2.2001, 4 StR 437/02, NZI 2001, S. 485 f.

1544 So z.B. *Bieneck*, StV 1999, S. 43; *ders.* in Müller-Gugenberger/Bieneck, 3. Aufl. (2000), § 76 Rn. 32 ff.

1545 So z.B. *Bieneck*, StV 1999, S. 43; *ders.* in Müller-Gugenberger/Bieneck, 3. Aufl. (2000), § 76 Rn. 32 ff.

1546 *Hoyer* in SK-StGB (2002), § 283 Rn. 9, vgl. auch Rn. 14.

1547 *Höffner*, BB 1999, S. 253.

beispielsweise die Anforderungen an den Wahrscheinlichkeitsgrad einer Fortführungsprognose „zur sinnvollen Begrenzung der strafrechtlichen Verantwortlichkeit“ und teils auch mit dem Hinweis auf das Problem der Tatbestandsbestimmtheit (Art. 103 II GG) den Grundsatz des *in dubio pro reo* mit der bisherigen Strafrechtspraxis von einem „überwiegend wahrscheinlich“ auf ein „nicht ganz unwahrscheinlich“ herunterschrauben.[1548] Inwieweit dann noch systematisch sinnvoll von einem Ansatz zwingender Akzessorietät gesprochen werden kann, oder diese Auffassung aufgrund ihrer Abweichung von den ausdrücklichen Festsetzungen der funktionalen Akzessorietät zuzuordnen ist, ist allerdings fraglich.[1549]

Nach anderer Ansicht ist § 19 II InsO in *all* seinen Festschreibungen auch für das Strafrecht verbindlich: Die Anforderungen an den Wahrscheinlichkeitsgrad könnten weder unter Heranziehung des Grundsatzes *in dubio pro reo* heruntergeschraubt werden, der nur für die Anknüpfungstatsachen einer Wahrscheinlichkeitsprognose gelten könne, nicht aber für die Rechtsfrage des Wahrscheinlichkeitsurteils selbst; noch sei eine Korrektur aus Gründen des Strafrechts erforderlich, da Wahrscheinlichkeitsprognosen dem Strafrecht auch sonst nicht fremd seien, wie bereits § 56 StGB zeige.[1550] Vielmehr sei schon aus Gründen des Gläubigerschutzes und aus Rücksicht auf die Einheit der Rechtsordnung auch hier eine Akzessorietät zum Zivilrecht anzunehmen.[1551] Insoweit ist anzumerken, dass § 56 StGB allerdings kein Tatbestand ist, sondern lediglich die Voraussetzung einer Strafaussetzung ist, die der Täter gerade nicht vorher kennen muss, um sein Verhalten danach auszurichten; die Prognoserisiken können sich hier nicht negativ auf die Verhaltenssteuerung auswirken, da das sanktionierte Verhalten bereits geschehen ist, wenn die Norm greift, mit der Folge, dass sich der Täter auch gar nicht darauf einstellen *kann*, so dass zumindest das Problem der Tatbestandsbestimmtheit hier nicht in der Weise entstehen kann, wie bei dem Wahrscheinlichkeitsurteil im Rahmen des Überschuldungs*tatbestandes.*

Argumentativ nur unterstützend wird von den Vertretern einer *generell* zwingenden Zivilrechtsakzessorietät strafrechtlicher Begriffsbildung konkret für den strafrechtlichen Überschuldungstatbestand der vermeintliche Wille des historischen Gesetzgebers herangezogen: Vermutet wird, der Gesetzgeber der InsO gehe von einer zwingenden Akzessorietät des Insolvenzstrafrechts einschließlich des Bankrotts aus, wenn er unter Bündelung der bisher in den Einzelgesetzen verstreuten Überschuldungsdefinitionen meint, dass nur terminologische Anpassungen, nicht aber eine Neuordnung des Insolvenzstrafrechts indiziert seien,[1552] und wenn er der Defi-

---

1548 *Beck* in Wabnitz/Janovsky, 2. Aufl. (2004), Kap. 6 Rn. 101; vgl. insoweit auch unter den Vertretern einer konkret zwingenden Akzessorietät *Moosmayer*, Einfluß der InsO (1997), S. 165 und unter den Vertretern einer funktionalen Akzessorietät *Tiedemann*, Insolvenzstrafrecht, 2. Aufl. (1996), Vor § 283 Rn. 155.

1549 Vgl. sogleich unter b).

1550 *Bieneck* in Müller-Gugenberger/Bieneck, 3. Aufl. (2000), § 76 Rn. 34; *Bittmann*, wistra 1999, S. 17.

1551 *Hoyer* in SK-StGB (2002), § 283 Rn. 14.

1552 Vgl. *Dannecker* in Wabnitz/Janovsky, 1. Aufl. (2000), Kap. 2 Rn. 65–67, 119 zu BT-Drs. 12/7303 S. 71 und BT-Drs. 12/3803 S. 100, ebenso *ders.* in Wabnitz/Janovsky, 1. Aufl. (2000), Kap. 6 Rn. 101 f.

nition der drohenden Zahlungsunfähigkeit in § 22 II des Regierungsentwurfes (§ 18 II InsO) konkretisierenden Einfluss auf das Insolvenzstrafrecht beimesse.[1553]

Letztlich aber kommt es nach dieser Ansicht nicht mehr darauf an.

Gegen diesen generellen Begründungsansatz wird zu Recht vorgebracht, ein Vergleich der Schutzgüter ermögliche aufgrund seiner Allgemeinheit noch keine fundierte Aussage über das Verhältnis von Normen zueinander.[1554] Es ist durchaus denkbar, dass zwei gleiche Schutzrichtungen von zwei vollkommen unterschiedlichen Rechtsteilen verfolgt werden, und oftmals wird dasselbe Rechtsgut von systematisch vollkommen verschiedenen Delikten geschützt.[1555]

Daher wird auch überwiegend angenommen, ein eventuelles Abhängigkeitsverhältnis der Strafnorm zu außerstrafrechtlichen Normen könne nur über die spezifische und daher allein aussagekräftige Stellung des Straftatbestandes im Normengefüge ermittelt werden. Die Schutzzweckidentität sei notwendige, aber nicht hinreichende Voraussetzung zwingender Akzessorietät.[1556]

b) Strenge Zivilrechtsakzessorietät nur in Abhängigkeit vom konkreten normsystematischen Zusammenhang (nur konkret zwingende Akzessorietät) bei Bankrott und Insolvenzverschleppung bzw. nur bei Insolvenzverschleppung?

Unter Berücksichtigung der Kritik an den generell formulierten Akzessorietätsauffassungen, dass sich allein aus der Gleichheit der Schutzrichtungen noch keine Zivilrechtsakzessorietät strafrechtlicher Begriffsinhalte ableiten lasse, ist nach anderer Auffassung eine zwingende Übernahme zivilrechtlicher Begriffskonkretisierungen ins Strafrecht nur dann begründbar, wenn neben der erforderlichen *Identität der Normschutzzwecke* von Zivilnorm und Strafnorm auch der in Frage stehende Rechtsbegriff trotz seines unterschiedlichen Normenkontextes konkret eine *vergleichbare Funktion* einnimmt.[1557]

1553 Vgl. BT-Drs. 12/2243 S. 114, wo ausgeführt wird, die Definition der drohenden Zahlungsunfähigkeit sei geeignet, auf für das Strafrecht größere Klarheit zu bringen; hierzu und zur Unbrauchbarkeit hinsichtlich der Überschuldungsfrage bereits oben sowie *Penzlin*, Auswirkungen der InsO (2000), S. 70.

1554 *Achenbach*, Schlüchter-Gds. (2002), S. 260 Fn. 17. Im Ergebnis so auch *Plathner*, Bankrottatbestand (2002), S. 4, 16; *Moosmayer*, Einfluß der InsO (1997), S. 145.

1555 Vgl. nur die konkreten Gefährdungsdelikte § 307 und § 308 StGB, die als gemeingefährliche Straftat eine konkrete Individualgefahr für Leib und Leben ausreichen lassen und doch vollkommen verschieden von den Verletzungsdelikten der §§ 223 ff. StGB sind, welche gleichermaßen den Schutz von Leib und Leben bezwecken, vgl. Sch/Sch-*Heine*, 26. Aufl. (2001), Vor § 306 ff. Rn. 8 und § 307 Rn. 1; Sch/Sch-*Cramer/Heine*, 26. Aufl. (2001), § 308 Rn. 1. Vgl. hierzu näher unter Zweiter Teil B. I. 1. Vgl. auch *Achenbach*, Schlüchter-Gds. (2002), S. 260 Fn. 17.

1556 So bereits *Engisch*, Einheit der Rechtsordnung (1935), S. 29; auch *Groth*, Überschuldung (1995), S. 98; *Harneit*, Überschuldung (1984), S. 99; *Moosmayer*, Einfluß der InsO (1998), S. 145, 169; *Penzlin*, Auswirkungen der InsO (2000), S. 71; *Maurach/Zipf*, AT/1, 8. Aufl. (1992), § 9 Rn. 19 ff.; *Achenbach*, Schlüchter-Gds. (2002), S. 260 Fn. 17; *Plathner*, Bankrottatbestand (2002), S. 147; *Röhm*, Abhängigkeit des Insolvenzstrafrechts (2002), S. 85.

1557 *Moosmayer*, Einfluß der InsO (1997), 144 f., 155; im Ansatz auch *Röhm*, Abhängigkeit des Insolvenzstrafrechts (2002), S. 85, allerdings mit Vorschlägen zu einzelnen Modifikationen der Definition des § 19 II InsO. Aus diesem Grund werden *Moosmayer* und *Röhm* auch als Vertreter eines funktional akzessorischen Ansatzes eingestuft (vgl. Tröndle/*Fischer*, StGB, 52. Aufl. (2004), Vor

Denn sofern diese beiden Kriterien erfüllt seien, Parallelität des Rechtsgüterschutzes und konkret vergleichbare Begriffsfunktion in Zivil- und Strafrecht, sei der Straftatbestand nur mehr eine technische Umsetzung seiner (zivilrechtlichen) vorgelagerten Normschutzintention, so dass dann zur Vermeidung einer Normspaltung das Strafrecht an das außerstrafrechtliche Begriffsverständnis gebunden sei.[1558]

Im Falle eines unmittelbaren Schutzzweckzusammenhangs zwischen Strafnorm und zivilrechtlicher Insolvenzregelung sei der Weg für eine strafrechtsautonome Begriffsauslegung versperrt.[1559]

Die *Methode*, mit der ermittelt werden soll, ob ein entsprechender Schutzzweckzusammenhang besteht, ist unterschiedlich: *Moosmayer* zufolge ist die Ermittlung des Funktionszusammenhangs im Hinblick auf den konkreten Schutzzweck ein integrierter Bestandteil der Begriffsauslegung selbst, mit der Folge, dass er insoweit auch auf objektiv-telologische Argumente zurückgreifen kann.[1560]

Plathner hingegen geht zweistufig vor: Die Frage der Zulässigkeit einer strafrechtsautonomen Begriffsbildung werde durch den vom historischen Gesetzgeber festgelegten Unrechtstypus vorgegeben, so dass vorab geklärt werden müsse, ob einer strafrechtsautonomen Begriffsbildung zwingende Akzessorietät entgegenstehe, um anschließend die konkreten Auslegungsmöglichkeiten auch unter Rückgriff auf objektiv-teleologische Argumente überhaupt gegeneinander abwägen zu können.[1561] Welcher Unrechtstypus vom Gesetz vorgegeben sei (eine unmittelbar im Schutzzweckzusammenhang mit einer außerstrafrechtlichen Norm stehende, nur flankierend wirkende Strafnorm oder ein insoweit eigenständiges Delikt), sei unmittelbar aus Wortlaut und Systematik der Norm zu entnehmen.[1562]

Uneinheitlich ist auch der Umgang mit dem potentiellen Konflikt zwischen einer grundsätzlich akzessorischen Begriffsauslegung und den Anforderungen an eine hinreichende *Tatbestandsbestimmtheit* (Art. 103 II GG):

Vor allem Vertreter eines integrativen Ansatzes (Akzessorietätsfrage als Bestandteil der Begriffsauslegung selbst) sehen für eine eigene strafrechtliche Konkretisierung in dem Ausnahmefall Raum, dass das strafrechtliche Bestimmtheitsgebot (Art. 103 II GG) dieses zwingend erfordere.[1563] Sofern der vom Straftatbestand in Bezug genommene außerstrafrechtliche Begriff zu unbestimmt sei, könne diese Unbe-

---

§ 283 Rn. 6). Da sie jedoch grundsätzlich von einem strengen Übertragungszwang aus regelungstechnischen Gründen ausgehen und einen strafrechtsautonomen Begründungsansatz zunächst strikt ablehnen, sind *Moosmayer* und *Röhm* nach der hier vorgeschlagenen Differenzierung den Vertretern strenger Zivilrechtsakzessorietät zuzuordnen, solange sie nicht über Art. 103 II GG doch eine strafrechtsautonome Begriffsauslegung für erforderlich erachten.

1558 *Moosmayer*, Einfluß der InsO (1997), 144 f., 155.

1559 *Plathner*, Bankrottatbestand (2002), S. 146 ff., 149.

1560 *Moosmayer*, Einfluß der InsO (1997), S. 147.

1561 Vgl. *Plathner*, Bankrottatbestand (2002), S. 146 ff., 150.

1562 *Plathner*, Bankrottatbestand (2002), S. 146 ff.; ähnlich auch *Achenbach*, Schlüchter-Gds. (2002), S. 268. Beide kommen aufgrund ihrer spezifischeren Untersuchung des Normzusammenhangs daher im Ergebnis auch zur Autonomie des Bankrotttatbestandes.

1563 *Moosmayer*, Einfluß der InsO (1997), 144 f., 155.

stimmtheit nicht in den Straftatbestand transferiert werden; ansonsten läge ein Verstoß gegen das strafrechtliche Bestimmtheitsgebot des Art. 103 II GG vor, der die Nichtigkeit der gesamten Strafnorm zur Folge hätte. Zur Vermeidung dieser Konsequenz sei in diesem Fall eine originär strafrechtliche Begriffskonkretisierung als verfassungskonforme Auslegung nicht nur gestattet, sondern auch erforderlich.[1564]

Im Hinblick auf die hier vorgenommene Einteilung der Akzessorietätsgrade ist zwischen zwei Interpretationsmöglichkeiten der „Öffnungsklausel Art. 103 II GG" zu unterscheiden:

Von einem Ansatz zwingender Akzessorietät kann dann noch sinnvoll die Rede sein, wenn mit „verfassungskonformer Auslegung" gemeint ist, dass gegebenenfalls nur von den definitions*ausfüllenden* Interpretationsmöglichkeiten der Überschuldung abgewichen werden soll, z.B. in dem Sinn, dass beispielsweise (*„in dubio pro reo"*) Überschuldung im Strafrecht nach allen vertretbaren Bewertungsmethoden vorliegen müsse.

Wird hingegen zur Gewährleistung hinreichender Tatbestandsbestimmtheit bei der strafrechtlichen Begriffsbestimmung eine Abweichung auch von den Festsetzungen des § 19 II InsO gefordert, so kann eigentlich nicht mehr von strenger Akzessorietät die Rede sein: Denn angenommen, Schutzrichtung und konkrete Funktion des Überschuldungstatbestandes im Insolvenzrecht und in den Strafrechtsnormen sind wirklich gleich und der strafrechtliche Überschuldungstatbestand wäre zwingend zivilrechtsakzessorisch auszulegen, dann würde daraus folgen, dass die Wortlautgrenze des strafrechtlichen Überschuldungsbegriffs unmittelbar durch die Wortlautgrenze der dann maßgeblichen Definition des § 19 II InsO bestimmt würde.[1565] Eine Abweichung vom zivilrechtlichen Begriffsinhalt unter Überschreitung der ausdrücklichen Festsetzungen in § 19 II InsO würde damit auch im Strafrecht Auslegung in Überschreitung der für maßgeblich erklärten Wortlautgrenze sein.

Eine Auslegung unter Überschreitung der Wortlautgrenze ist aber auch bei einer verfassungskonformen Auslegung nicht möglich, da auch hier die Grenzen der allgemeinen Auslegungsmethodik gelten.[1566] Wer daher grundsätzlich § 19 II InsO für strafrechtlich verbindlich hält, aber im Hinblick auf Art. 103 II GG Abweichungen von den Festsetzungen des § 19 II InsO für erforderlich und im Wege verfassungskonformer Auslegung de lege lata für realisierbar hält,[1567] verlässt streng genommen den Pfad der strengen Akzessorietät, die bei entsprechendem Verstoß gegen Art. 103 II GG Nichtigkeit zur Folge hätte.[1568]

Wer hingegen im Hinblick auf Art. 103 II GG nur Korrekturen in Betracht zieht, die noch von den ausdrücklichen Festsetzungen des § 19 II InsO gedeckt sind,[1569] kann

1564 *Moosmayer*, Einfluß der InsO (1997), 146 unter Hinweis auf *Tiedemann*, ZStW 1995, S. 642.
1565 Vgl. *Zippelius*, Methodenlehre, 9. Aufl. (2005), S. 45 und *Plathner*, Bankrottatbestand (2002), S. 106 f.
1566 *Degenhart*, Staatsrecht I, 20. Aufl. (2004), Rn. 633.
1567 Z.B. *Penzlin*, Auswirkungen der InsO (2000), S. 156 f.
1568 Vgl. *Degenhart*, Staatsrecht I, 20. Aufl. (2004), Rn. 635.
1569 Z.B. *Moosmayer*, Einfluß der InsO (1997), S. 146, 165.

trotz geforderter „Öffnungsklausel" als Vertreter einer konsequent zwingenden Zivilrechtsakzessorietät betrachtet werden. Dies gilt auch, obwohl streng genommen und unter Berücksichtigung des weitergehenden Subsidiaritätsprinzips auch hier eine Abweichung von dem Pfad strenger Akzessorietät vorläge: Bei einer konsequenten Verfolgung strenger Akzessorietät verböte sich unter Beachtung des Subsidiaritätsprinzips selbst eine Entscheidung für einen konkreten Wertansatz, weil eine streng akzessorische, nur flankierend wirkende Strafrechtsnorm Streitigkeiten im Rahmen der ihr vorgelagerten Zivilrechtsnorm nicht entscheiden dürfte. Da aber eine solche Stringenz fast von keiner Auffassung durchgehalten wird, soll dieser Aspekt auch hier vernachlässigt werden, um den Sinn der vorliegenden Systematisierung noch aufrechterhalten zu können.

Insolvenzverschleppungsdelikte

Die Identität der Schutzzweckrichtung der zivilrechtlichen Insolvenzregelungen zur Antragspflicht bei Überschuldung und bei den Insolvenzverschleppungsdelikten ist einhellig anerkannt.[1570] Ebenfalls ist nahezu unstreitig, dass der Überschuldungstatbestand in den zivilrechtlichen und strafrechtlichen Insolvenzverschleppungsregelungen dieselbe Funktion, nämlich die Funktion als Auslöser der Insolvenzantragspflicht, einnimmt:

Wortlaut und Systematik zeigten, dass die *Insolvenzverschleppungsdelikte* sich darin erschöpfen, die Funktionsfähigkeit des Insolvenzverfahrens und das Verteilungsprinzip der Befriedigung *par conditio omnium creditorum* zu schützen[1571] und Überschuldung hier in ihrer Funktion als insolvenzrechtlicher Eröffnungsgrund fungiere, der gewährleisten solle, dass die frühzeitige Eröffnung des Insolvenzverfahrens mit all seinen Zielen möglich wird (Befriedigung der Gläubiger durch Vermögensliquidierung, Sanierung oder übertragene Sanierung sowie Befreiung des Schuldners von der Restschuld).[1572]

Die Insolvenzverschleppungsdelikte stellen daher nach ganz überwiegender Auffassung lediglich eine Flankierung der zivilrechtlichen Antragspflicht dar.

In systematischer Hinsicht sei dies bereits dem klar definierten Anwendungsbereich der Insolvenzverschleppungsdelikte zu entnehmen, die ausdrücklich auf die zivilrechtlichen Regelungen zur Antragspflicht verweisen und sie damit inkorporieren.[1573] Der Zweck der Insolvenzverschleppungsdelikte erschöpfe sich folglich darin, die zivilrechtliche Antragspflicht strafrechtlich abzusichern, ohne eine

---

1570 Vgl. ausdrücklich *Moosmayer*, Einfluß der InsO (1997), S. 144 f., 155; *Plathner*, Bankrottatbestand (2002), S. 148 Fn. 486; *Röhm*, Abhängigkeit des Insolvenzstrafrechts (2002), S. 89, 158; *Tiedemann*, Insolvenzstrafrecht, 2. Aufl. (1996), Vor § 283 Rn. 2; inzident auch *Uhlenbruck*, wistra 1996, S. 6; *Achenbach*, Schlüchter-Gds. (2002), S. 258.

1571 *Plathner*, Bankrottatbestand (2002), S. 146 ff., 148 f.

1572 *Achenbach*, Schlüchter-Gds. (2002), S. 268.

1573 So z.B. *Moosmayer*, Einfluß der InsO (1997), S. 56; *Achenbach*, Schlüchter-Gds. (2002), S. 258; *Uhlenbruck*, wistra 1996, S. 6; *ders.*, NZI 1998, 33; *Höffner*, Insolvenzverschleppung (2003), S. 61; *Tiedemann* in Scholz, GmbHG, 9. Aufl. (2002), § 84 Rn. 5, 5b; *Ransiek*, ZGR 1992, S. 209; sogar *Penzlin*, Auswirkungen der InsO (2000), S. 95; *Otto*, Aktienstrafrecht, 4. Aufl. (1997), § 401 Rn. 5, 8.

eigene zu begründen,[1574] was bereits daran erkennbar sei, dass ohne das zivilrechtliche Gegenstück der ausdrücklich vom Straftatbestand der §§ 401 I Nr. 2, II AktG, 84 I Nr. 2, II GmbHG, 130b HGB, 148 I Nr. 2, II GenG in Bezug genommenen Gebotsnormen der §§ 92 II AktG, 64 I GmbHG, 130a I, IV HGB, 99 I GenG, die Verbotsnorm entfiele, so dass die Strafnormen §§ 401 I Nr. 2, II AktG, 84 I Nr. 2, II GmbHG, 130b HGB, 148 I Nr. 2, II GenG Teil des zivilrechtlichen Regelungskomplexes seien. Ein derart enger Funktionszusammenhang wie zwischen Antragspflichtennorm und Strafnorm, die gewissermaßen als ein einziger Normenkomplex vom Gesetzgeber geschaffen worden seien, weise darauf hin, dass die Insolvenzverschleppungsdelikte als Norm des Sekundärstrafrechts zwingend inhaltsakzessorisch zu den zivilrechtlichen Antragspflichten mit dem von ihnen in Bezug genommenen Eröffnungstatbestand des § 19 II InsO auszulegen seien.[1575] Dies entspreche dem Regelfall, dass Normen des Nebenstrafrechts die Handlungsanweisungen aus den anderen Normen derselben Teilrechtsordnung mit Strafe bewehren und sich folglich als unmittelbar flankierende Norm des Sekundärstrafrechts auch inhaltsakzessorisch verhalten.[1576]

In Konsequenz dessen ist nach überwiegender Meinung für eine von § 19 II InsO abweichende Auslegung der Überschuldung im Rahmen der Insolvenzverschleppungsdelikte kein Raum.[1577] Eine Ausnahme bildet insoweit *Penzlin*, der in dem traditionell zweistufigen Überschuldungsbegriff gerade den Sonderfall der fehlenden Tatbestandsbestimmtheit im Falle der traditionell zweistufigen Methode verwirklicht sehen will, weil der Gesetzgeber insoweit notwendige Festlegungen hinsichtlich der zu wählenden Bewertungsmethode unterlassen habe; aufgrund der Unsicherheiten einer Statuserstellung zu Fortführungswerten verstoße § 19 II InsO in seiner geltenden Fassung gegen Art. 103 II GG, so dass eine Übernahme des

---

1574 Vgl. *Moosmayer*, Einfluß der InsO (1997), S. 56; *Achenbach*, Schlüchter-Gds. (2002), S. 258; *Höffner*, Insolvenzverschleppung (2003), S. 57; *Ransiek*, ZGR 1992, S. 209; *Plathner*, Bankrottatbestand (2002), S. 148 f.

1575 *Plathner*, Bankrottatbestand (2002), S. 105, 109, 122 ff., 132 ff., S. 148 Fn. 486, dem zufolge – jedenfalls in Bezug auf die Antragspflichtnormierung bei Überschuldung – ein zwingend akzessorisch auszulegendes offenes Blankett vorliegt, S. 115 f. Hinsichtlich der Inkorporierung der Überschuldungsdefinition selbst hingegen liegt nur ein verdecktes, weil nur den Begriff verwendendes, nicht ausdrücklich durch Zitat des § 19 InsO darauf verweisendes Blankett vor (vgl. insoweit auch *Tiedemann* in Scholz, GmbHG, 9. Aufl. (2002), § 84 Rn. 5 b).

1576 Vgl. *Tiedemann*, Tatbestandsfunktionen (1969), S. 46; *Moosmayer*, Einfluß der InsO (1997), S. 56; vgl. auch *Plathner*, Bankrottatbestand (2002), S. 17, 34 f., 131, 148 Rn. 486. *Sekundärstrafrecht* ist materiellrechtlich zu verstehen und läuft nicht immer zwingend gleich mit der systematischen Verortung im Nebenstrafrecht (systematische Verankerung der Norm außerhalb des StGB), wie die ständige Umgliederung des Bankrottstraftatbestandes vom Kernstrafrecht (StGB) ins Nebenstrafrecht aus rein rechtspolitischen Gründen zeigt; jedoch folgt einer Verortung im Nebenstrafrecht im Regelfall eine akzessorische Begriffsbestimmung auch dann, wenn die rein flankierende Funktion des Straftatbestandes nicht ohne Zweifel anzunehmen ist, um den Rechtsanwender nicht einer unzumutbaren Tatbestandsunbestimmtheit auszusetzen, vgl. eingehend *Plathner* a.a.O., S. 131.

1577 So z.B. *Moosmayer*, Einfluß der InsO (1997), S. 56; *Achenbach*, Schlüchter-Gds. (2002), S. 258; *Uhlenbruck*, wistra 1996, S. 6; *Höffner*, Insolvenzverschleppung (2003), S. 61; *Tiedemann* in Scholz, GmbHG, 9. Aufl. (2002), § 84 Rn. 6, *Weyand*, Insolvenzdelikte, 6. Aufl. (2003), Rn. 34; *Schaal* in Rowedder/Schmidt-Leithoff, GmbHG, 4. Aufl. (2002), § 84 Rn. 41; *Röhm*, Abhängigkeit des Insolvenzstrafrechts (2002), S. 158.

Begriffsinhaltes von § 19 II InsO ins Strafrecht verwehrt sei.[1578] *Otto* zufolge ist mangels Strafbedürftigkeit eine strafrechtliche Sanktionierung in Anknüpfung an den traditionell zweistufigen Überschuldungsbegriff nicht legitimierbar, wenn er die prospektive Zahlungsunfähigkeit nicht zuverlässig abbilden könne, auf die es als Maßstab der Gläubigergefährdung gerade ankomme, so dass insoweit ein Rückgriff auf § 19 II InsO versperrt sei.[1579] Da *Penzlin* und *Otto* eine verfassungskonforme strafrechtsautonome Begriffsauslegung für möglich halten, die von den ausdrücklichen Feststetzungen des § 19 II InsO abweicht, zählen sie nach der hier vorgeschlagenen Systematisierung zu den Vertretern eines strafrechtsautonomen Ansatzes.

Bankrott

Die Frage nach der Funktionsidentität mit dem zivilrechtlichen Eröffnungsgrund der Überschuldung ist für den Überschuldungstatbestand in § 283 I StGB – anders als bei den Insolvenzverschleppungsdelikten – stärker umstritten. Unter Hinweis auf seine eigenständige Begrenzungsfunktion (strafwürdiges von strafunwürdigem Verhalten abgrenzendes *Krisenmerkmal* und nicht Grenzlinie zwischen insolvenzexterner Unternehmensfortführung und Insolvenzverfahren) wird eine Funktionsidentität und daher eine strenge Zivilrechtsakzessorietät verneint.[1580]

Die Vertreter einer insoweit strengen Zivilrechtsakzessorietät, die auch zwischen Überschuldung als Tatbestandsmerkmals des Bankrotts und zivilrechtlichem Eröffnungsgrund eine identische Funktion annehmen,[1581] basiert letztlich auf einer allgemeiner gehaltenen Funktionsbestimmung des bankrottstrafrechtlichen Krisenmerkmals, die aus der Gemeinsamkeit der Schutzgüter entwickelt und in die eigentliche Auslegung des Tatbestandsmerkmal integriert wird:[1582]

Die Schutzgüter der zivilrechtlichen Insolvenzreglungen und des Bankrotts unterlägen nicht nur derselben Regelungsintention, die Vermögensinteressen der (späteren) Insolvenzgläubiger zu schützen (*Schutzzweckidentität*), sondern darüber hinaus

---

1578 *Penzlin*, Auswirkungen der InsO (2000), S. 155–158, *ders.*, Jura 1999, S. 56.

1579 So *Otto*, Aktienstrafrecht, 4. Aufl. (1997), § 401 Rn. 37; hinsichtlich der Ungeeignetheit zur Messung der Gläubigergefährdung auch *Penzlin*, Auswirkungen der InsO (2000), S. 87; beide zurückgehend auf *K. Schmidt*, AG 1978, S. 335.

1580 So *Achenbach*, Schlüchter-Gds. (2002), S. 268 f.; *Harneit*, Überschuldung (1984), S. 100; *Plathner*, Bankrottatbestand (2002), S. 200 f.

1581 So *Moosmayer*, Einfluß der InsO (1997), S. 121, zustimmend *Uhlenbruck*, NZI 1998, S. 33; nach genauerer Untersuchung letztlich auch *Röhm*, Abhängigkeit des Insolvenzstrafrechts (2002), S. 89, 156 ff., 165, der durch seinen Argumentationsansatz, nach der klassischen Einteilung Savigny's Wortlaut, Systematik, historischen Gesetzgeberwillen und Telos kumulativ heranzieht, letztlich aber dem Funktionsvergleich von Insolvenz- und -strafrecht den Ausschlag gibt, S. 158 ff., 319. Wegen Kollidierens mit Strafzweck kritisch zum pauschalen Vorgehen Röhms *Penzlin*, WM 2004, S. 156.

1582 Anders als *Plathner*, der die Frage der Zivilrechtsakzessorietät als Vorfrage der Auslegung lösen will, um anhand eines eingeschränkten Repertoires zulässiger Auslegungsprinzipien (z.B. nicht das obj. teleologische Argument) den Rahmen abzustecken, in der sich die Begriffsauslegung halten muss, begreifen *Moosmayer* und auch *Röhm* die Frage der Akzessorietät bereits als Ergebnis der Auslegung selbst; vgl. insoweit *Moosmayer*, Einfluß der InsO (1997), S. 144 und *Röhm*, Abhängigkeit des Insolvenzstrafrechts (2002), S. 82 ff., 88 ff., 156 ff. einerseits und *Plathner*, Bankrottatbestand (2002), S. 143 ff. andererseits.

diene auch der Bankrotttatbestand dem Schutz der Gläubigerinteressen im Hinblick auf eine quotale Befriedigung ihrer Ansprüche, schütze gerade die Positionen, die das Insolvenzrecht mit seinen auf eine Befriedigung *par conditio omnium creditorum* ausgerichteten Schutzmechanismen schaffe.[1583] Der Überschuldungstatbestand des § 283 StGB diene in seiner Funktion als Krisenmerkmal eben diesem insolvenzrechtlich überformten Schutzgut, wenn er die Anforderungen an das schuldnerische Verhalten deshalb in die Höhe schraubt, um eine Gefährdung der Gläubigerinteressen durch eine weitere Schmälerung der Masse im Fall der auch formell bestätigten Insolvenz zu verhindern.[1584] Er sei damit die technische Umsetzung seiner vorgelagerten (insolvenzrechtlichen) Normschutzintention und zur Vermeidung einer nicht hinnehmbaren Normspaltung zwingend akzessorisch auszulegen.[1585]

Zur Begründung der Funktionsidentität zwischen Bankrott und zivilrechtlichen Insolvenzregelungen mit der Konsequenz einer zwingenden Zivilrechtsakzessorietät des strafrechtlichen Überschuldungsbegriffs wird neben dem Gleichlauf der Schutzintentionen[1586] von Insolvenzverfahren und Bankrotttatbestand auch die konkrete Systematik des § 283 StGB angeführt: Wenn § 283 StGB in Abs. 6 die objektive Bedingung der Strafbarkeit unmittelbar an zivilrechtliche Verfahrensvorschriften anknüpfe und dabei eine zivilrechtlich vorgeprägte Terminologie wähle, um das insolvenzrechtlich überformte Schutzgut eines Gläubigerbefriedigungsinteresses *par conditio omnium creditorum* zu schützen, „entspricht es dem Sinn und Zweck der §§ 283 StGB, auch die außerstrafrechtlichen Norminhalte bei der Auslegung der strafrechtlichen Tatbestandsmerkmale zu übernehmen. Nur so kann die sachliche Nähe beider Rechtsgebiete und ihr besonderes Abhängigkeitsverhältnis im Sinne eines Sich-einander-Bedingens hinreichend zum Ausdruck gebracht werden."[1587] Dies gelte für die Gründe der eingetretenen und drohenden Zahlungsunfähigkeit und müsse dann auch für das dritte Krisenmerkmal der Überschuldung zur Wahrung einer Kongruenz von insolvenzrechtlicher und bankrottstrafrechtlicher „Dreiheit" gelten.[1588]

Unproblematisch wird auch die Inkongruenz des personellen Anwendungsbereichs von insolvenzrechtlichem Eröffnungsgrund (§ 19 I, III InsO) und dem für *jeden* Schuldner geltenden Krisenmerkmal des § 283 I StGB gesehen: Sofern überhaupt die personelle Inkongruenz als potentielles Hindernis für ein zivilrechtsakzessori-

---

1583 Vgl. *Moosmayer*, Einfluß der InsO (1997), S. 144 ff., 177.

1584 Vgl. *Moosmayer*, Einfluß der InsO (1997), S.164, 155; unter einer vordergründig abweichenden methodologischen Vorgehensweise in Anlehnung an den Kanon der klassischen Auslegungstechniken, speziell unter dem Punkt der „teleologisch und funktionalen Argumentation" ebenso *Röhm*, Abhängigkeit des Insolvenzstrafrechts (2002), S. 89, der allerdings eine weitergehende Untersuchung der Funktionsidentität anstellt (S. 156 ff.); dazu sogleich. Zum so interpretierten Schutzgut der Insolvenzdelikte auch *Tiedemann*, Insolvenzstrafrecht 2. Aufl. (1996), Vor § 283 Rn. 2, 45 m.w.N.

1585 Vgl. *Moosmayer*, Einfluß der InsO (1997), S. 145.

1586 Vgl. *Röhm*, Abhängigkeit des Insolvenzstrafrechts (2002), S. 89, 156 Fn. 568, 158.

1587 *Röhm*, Abhängigkeit des Insolvenzstrafrechts (2002), S. 89, 156 Fn. 568, 158; ähnlich nun auch *Bittmann*, StV 2002, S. 229.

1588 *Röhm*, Abhängigkeit des Insolvenzstrafrechts (2002), S. 157.

sches Begriffsverständnis in sachlicher Hinsicht thematisiert wird,[1589] wird ihr im Ergebnis auch von *Röhm* keine Bedeutung beigemessen.[1590]

Neben das funktionale, ausschlaggebende Argument stellt *Röhm* in Konsequenz seines integrativen Argumentationsansatzes (keine Vorabklärung der Akzessorietätsfrage) weitere Argumente nach Art der auf Savigny zurückgehenden Ordnung der Auslegungsinstrumentarien:

Die *historische* Auslegung und *systematische* Auslegung ergebe, dass der Gesetzgeber bei Schaffung des noch im Nebenstrafrecht (KO) verankerten Bankrotttatbestandes des 1. WiKG 1976 auf den zivilrechtlich geprägten und systematisch nahe stehenden Begriff der Überschuldung bewusst zurückgreifen wollte.[1591] Und auch der Gesetzgeber der InsO offenbare in seiner Regierungsbegründung zur Streichung der gesellschaftsrechtlichen Überschuldungsdefinitionen durch Art. 38 Nr. 3a, Art. 35 Nr. 4, Art. 46 Nr. 7, Art. 47 Rn. 15 EGInsO, dass er einen einheitlichen Überschuldungsbegriff innerhalb der gesamten Rechtsordnung bevorzuge, weil er nicht wolle, dass der Eindruck erweckt werde, dass in anderen Gesetzen vom allgemeinen Begriff der Überschuldung in der InsO abgewichen würde.[1592]

Jedoch muss sich diese Argumentation zunächst den Einwand gefallen lassen, dass die Regierungsbegründung den Art. 38, 35, 46, 47 EGInsO allein zum gesellschaftsrechtlichen Normengefüge erfolgte und damit hinsichtlich des § 283 StGB überhaupt keine Stellungnahme erfolgte. Damit beschränkt sich das Votum des Gesetzgebers für eine einheitliche Begriffsauslegung insoweit allein auf die zivilrechtlichen Regelungen. Und auch in der Begründung zu Art. 60 EGInsO hat der Gesetzgeber zur Akzessorietätsfrage Andeutungen allein zum Insolvenzgrund und Krisenmerkmal der drohenden Zahlungsunfähigkeit gemacht, die nicht auf alle Krisenmerkmale übertragbar sind.[1593] Auch die systematische Nähe des Bankrotts aufgrund seiner vormaligen Verankerung im Nebenstrafrecht der KO ist als Argument für eine Zivilrechtsakzessorietät des strafrechtlichen Überschuldungstatbestandes begründeten Zweifeln ausgesetzt, weil selbst die Verankerung in der KO nur auf rechtspolitische Erwägungen zurückzuführen ist; der Bankrotttatbestand war – zwar ohne einschränkende Krisenmerkmale, aber dennoch – bei seiner Schaffung im Kernstrafrecht des Preußischen Strafgesetzbuchs und anschließend im Reichsstrafgesetzbuch von 1871 angesiedelt.[1594] Die rein rechtspolitisch begründete Verlagerung in das Nebenstrafrecht der KO vermag an dem ursprünglich dem Bankrott beigelegten Charakter als Norm des Kernstrafrechts nichts zu ändern.

1589 Keine Berücksichtigung z.B. bei *Moosmayer*, Einfluß der InsO (1997); berücksichtigt hingegen bei *Röhm*, Abhängigkeit des Insolvenzstrafrechts (2002), S. 158 ff.

1590 Vgl. *Röhm*, Abhängigkeit des Insolvenzstrafrechts (2002), S. 161 ff., der mit seiner Begründung, sein Korrekturvorschlag de lege ferenda vermeide schädliche Inkongruenzen, in Konflikt mit seinem Ziel einer Begriffsklärung de lege lata gerät.

1591 *Röhm*, Abhängigkeit des Insolvenzstrafrechts (2002), S. 85, 156 Fn. 568; *Höffner*, BB 1999, S. 198.

1592 *Röhm*, Abhängigkeit des Insolvenzstrafrechts (2002), S. 157 und *Moosmayer*, Auswirkungen der InsO, S. 164 unter Hinweis auf BT-Drs. 12/3803, S. 26, 81 und die hierauf Bezug nehmenden BT-Drs. 12/3803, S. 29, 85; S. 32, 90; S. 33, 91.

1593 Vgl. bereits oben zu BT-Drs. 7/3341, S. 20 und *Achenbach*, Schlüchter-Gds. (2002), S. 261.

1594 RGBl. 1871, S. 127–205; vgl. hierzu bereits oben.

Kumulativ, letztlich aber nur von indizieller Bedeutung und als förderungswürdige Prinzipien, jedoch nicht als ausschlaggebende Gründe werden die Einheit der Rechtsordnung, die Förderung von Rechtsklarheit, Rechtsvorhersehbarkeit und Rechtssicherheit angeführt, sowie der historische Gesetzgeberwille, an Begriffe anknüpfen zu wollen, die in der Gesetzessprache aus dem Zivilrecht seit langem bekannt waren.[1595]

Einen Verstoß gegen das Bestimmtheitsgebot aus Art. 103 II GG mit der Folge der Nichtigkeit oder der Notwendigkeit einer verfassungskonformen Auslegung[1596] sieht diese Ansicht bei einer strafrechtlichen Anknüpfung an den traditionell zweistufigen Überschuldungsbegriff des § 19 II InsO nicht.[1597] Im Gegenteil: Sie kann zunächst darauf verweisen, dass unter Annahme der Zivilrechtsakzessorietät des Überschuldungstatbestandes zum einen der Grad an reflexiven (durch die Meinungsvielfalt bedingten) Unsicherheiten sinkt, weil einstufige Modelle ebenso wie das modifiziert zweistufige Verfahren ausscheiden;[1598] zum anderen wird durch die Reduzierung der Fortführungsprognose auf eine bloße Bewertungsprämisse die Relevanz dieses prognoselastigen Prüfungsbestandteils der Einschätzungsspielraum und damit die Feststellungsunsicherheit (inhärente Unsicherheiten) des Überschuldungstatbestandes reduziert.[1599] Jedoch kehren mit ihr weitere inhärente wie reflexive Unsicherheiten ein, die der modifiziert zweistufige Überschuldungsbegriff umschiffen konnte:

Wie mit der Vielzahl der dann zu berücksichtigenden Bewertungsmethoden zur Fortführungsbewertung im Überschuldungsstatus (reflexive Unsicherheiten) als massiver Erhöhung der Unsicherheit für den Normadressaten umzugehen ist, wird unterschiedlich beantwortet: Während die Mehrzahl mit der bisherigen Rechtspraxis[1600] Rechtssicherheit erreichen will, indem sie nur dann Überschuldung annehmen will, wenn alle anerkannten betriebswirtschaftlichen und rechtlichen Bewertungsmethoden zu diesem Ergebnis gelangen, lehnen andere wegen der Gefahr einer vollständigen Funktionsuntüchtigkeit des Überschuldungstatbestandes in der Praxis diese Lösung ab und halten stattdessen eine Entscheidung für einen bestimmten Wertansatz in der Überschuldungsbilanz im Strafrecht für erforderlich.[1601]

Und auch inhärenten Unsicherheiten aufgrund der Prognoserisiken im Rahmen der Gesamtbewertungsverfahren lösen ebenso, wie bei der – auch als bloße Bewertungs-

---

1595 *Röhm*, Abhängigkeit des Insolvenzstrafrechts (2002), S. 157.
1596 So aber *Penzlin*, Auswirkungen der InsO (2000), S. 155 ff., 158.
1597 Vgl. *Moosmayer*, Einfluß der InsO (1997), S. 164; *Röhm*, Abhängigkeit des Insolvenzstrafrechts (2002), S. 165, der allerdings zur Wahrung der Tatbestandsbestimmtheit im Strafrecht die Entscheidung für eine konkrete Bewertungsmethode (Ertragswertmethode) für erforderlich hält, vgl. S. 165, 187 ff.
1598 So z. B. *Röhm*, Abhängigkeit des Insolvenzstrafrechts (2002), S. 165, 321.
1599 In dieser Richtung auch *Reck*, Insolvenzstraftaten (1999), Rn. 145.
1600 Vgl. *Tiedemann*, 2. Aufl. (1996), Vor § 283 Rn. 158; *OLG Düsseldorf*, wistra 1998, S. 360 f.; *Lüderssen* in Kaufmann-Gds. (1989), S. 677.
1601 So *Röhm*, Abhängigkeit des Insolvenzstrafrechts (2002), S. 165, 187 für die Ertragswertmethode.

prämisse für den Ausgang der Überschuldungsprüfung sehr relevanten[1602] – Fortführungsprognose, Bedenken hinsichtlich einer hinreichenden Tatbestandsbestimmtheit (Art. 103 II GG) aus,[1603] die aber nicht zur Ablehnung des § 19 II InsO als Vorgabe des Strafrechts dienen, sondern allenfalls zu Modifikationen hinsichtlich einzelner Elemente, wie z.B. dem Wahrscheinlichkeitsmaßstab bei Aufstellung der Fortführungsprognose.[1604]

2. Strafrechtsautonomer Begründungsansatz

a) *Faktische Betrachtungsweise als durchgängige Interpretationsmethode? Insolvenzverschleppung und Bankrott*

Nach Auffassung der Mehrzahl unter den Vertretern eines strafrechtsautonomen Begründungsansatzes ist eine von den zivilrechtlichen Vorgaben entbundene Begriffsauslegung nicht allein auf dem Boden der Theorie von der *„faktischen"* (*„tatsächlichen") und „wirtschaftlichen" Betrachtungsweise* denkbar.[1605]

Die „faktische" und die „wirtschaftliche" Betrachtungsweise postulieren eine vom Zivilrecht autonome Begriffsbestimmung als eine im Strafecht allgemeingültige Auslegungsmethode. Ihr gemeinsames Anliegen ist zwecks Erzielung materieller Gerechtigkeit die spezifisch strafrechtliche Auslegung bei Begriffen, die gleichlautend vor allem im Zivilrecht verwendet werden.[1606] Dabei ist eine *wirtschaftliche* Betrachtungsweise anzustellen, wenn es um die Auslegung strafrechtlicher Tatbestandsmerkmale mit vermögensbezogenem Charakter geht, eine *faktische* Betrachtungsweise hingegen bei sonstigen, z.B. personenbezogenen Tatbestandsmerkmalen.

Welchen Inhalt die *faktische bzw. die wirtschaftliche Betrachtungsweise* dabei genau verkörpert ist vehement umstritten[1607] und nicht abschließend geklärt.[1608]

Sofern die faktische/wirtschaftliche Betrachtungsweise aus dem vermeintlichen Rechtsgedanken des § 14 III StGB ein allgemeines Prinzip folgern will, dem zufolge sich das strafrechtliche Gerechtigkeitsurteil und damit die strafrechtliche Begriffsbildung allein durch strafrechtseigene Prinzipien leiten lassen müsse, weil so unter

---

1602 Zur Ergebnisrelevanz des gewählten Wertansatzes bereits oben und *Götz*, Überschuldung (2004), S. 178.
1603 Z.B. bei *Moosmayer*, Einfluß der InsO (1997), S. 165.
1604 Dazu sogleich unter Zweiter Teil C. II. 4. a) bb).
1605 Die faktische Betrachtungsweise für den Überschuldungstatbestand des Bankrotts unter Bezugnahme auf die Untersuchungen von *Cadus*, Faktische Betrachtungsweise (1984), S. 101 ff. sogar ablehnend *Tiedemann*, Tatbestandsfunktionen (1969), S. 57; *ders.*, NJW 1977, S. 779; *ders.*, Insolvenzstrafrecht, 2. Aufl. (1996), Vor § 283 Rn. 68 ff.; *Plathner*, Bankrottatbestand (2002), S. 96. Auch *Hiltenkamp-Wisgalle*, Bankrottdelikte (1987), S. 226 ff. greift hinsichtlich der Überschuldungsfrage nicht auf die Figur der faktischen Betrachtungsweise zurück.
1606 *Cadus*, Faktische Betrachtungsweise (1984), S. 26.
1607 Vgl. zu den verschiedenen Auffassungen *Cadus*, Faktische Betrachtungsweise (1984), S. 101 ff., *Hiltenkamp-Wisgalle*, Bankrottdelikte (1987), S. 125–160.
1608 Vgl. *Cadus*, Faktische Betrachtungsweise (1984), S. 60; *Hiltenkamp-Wisgalle*, Bankrottdelikte, S. 144.

Eingrenzung der Rechtsumgehungen eine erhöhte materielle Gerechtigkeit erzielt werden könne, und weil sich die „gesteigerte Wirklichkeitsnähe“ aufgrund der „realistischen Natur“ des Strafrechts als methodische Leitlinie anbiete,[1609] wird sie als durchgängige Interpretationsmethode des Strafrechts überwiegend abgelehnt: Zum einen erkaufe sie den Vorteil einer materiellen Gerechtigkeit mit der Ablösung von der durch Art. 103 II GG garantierten förmlichen Gesetzesbindung und gebe damit einen bedeutenden Bestandteil strafrechtlicher Gerechtigkeit wieder auf.[1610] Zum anderen verstoße sie gegen den Willen des Gesetzes, das durch die im jeweiligen Einzelfall für notwendig erachteten Normierungen, z.B. des § 14 StGB, erklärtermaßen die faktische Betrachtungsweise der Rechtsprechung ablösen wollte.[1611]

Vor allem aber genüge die faktische Betrachtungsweise nicht den Anforderungen, die an ein selbständiges Auslegungsprinzip zu stellen seien, weil sie sich methodisch darin erschöpfe, auf die Fallkonstellationen zu verweisen, in denen die faktische Vorgehensweise schon einmal Anwendung gefunden habe,[1612] bzw. letztlich nichts anderes sei als die objektiv teleologische Auslegung im Strafrecht und damit keine eigenständige Aussage verkörpere, also überflüssig sei.[1613]

Teilweise wird sie aber auch nur in ihrem Aussagegehalt reduziert und dahingehend verstanden, dass im Rahmen strafrechtlicher Auslegung innerhalb der Wortsinngrenze die tatsächlichen Gegebenheiten ohne Einschränkung wichtiger seien als die formale Rechtsgestaltung, so dass innerhalb der Wortsinngrenze dem Tatbestandsmerkmal die Bedeutung beizumessen sei, die „sein wahrer Sinn erfordere“.[1614]

Doch selbst wenn der faktischen Betrachtungsweise eine eigenständige Bedeutung im Sinne eines Vorrangs der „wahren Sinnbedeutung“ tatsächlich beizumessen wäre, so würde noch immer die Prämisse zu beachten sein, dass sich der im Strafrecht beigemessene Bedeutungsinhalt eines Tatbestandsmerkmals innerhalb der Wortlautgrenzen bewegen muss.[1615] Die hier zunächst interessierende Frage ist aber gerade, *welche* Wortlautgrenze für den Überschuldungsbegriff des Strafrechts gilt: die natürliche Grenze des Wortes „Überschuldung“ (Autonomie) oder die von § 19 II InsO detaillierter gefasste Beschreibung (zwingende Akzessorietät). Über die Verbindlichkeit der zivilrechtlichen Definition vermag die „faktische Betrachtungsweise“ mangels eines dahingehend konkret fassbaren Inhalts keinen Aufschluss zu geben. Der dann verbleibende Aussagegehalt, dass im Rahmen der Wortlautgrenze

---

1609 Vgl. *Bruns*, GA 1982, S. 19 ff.; *ders.*, JR 1984, S. 132, 136 unter Hinweis auf *Binding*; *ders.*, Die Befreiung vom civilistischen Denken (1938), S. 1 ff.; ähnlich *Wiesner*, Strafrechtliche Verantwortlichkeit (1971), S. 15 f.
1610 So *Tiedemann*, Tatbestandsfunktionen (1969), S. 57; *ders.*, NJW 1977, S. 779; *ders.*, NJW 1979, S. 1851; *ders.*, Insolvenzstrafrecht, 2. Aufl. (1996), Vor § 283 Rn. 68 ff. m.w.N.
1611 *Tiedemann*, NJW 1977, S. 779.
1612 *Cadus*, Faktische Betrachtungsweise (1984), S. 60, 101 ff., 145 ff.
1613 *Cadus*, Faktische Betrachtungsweise (1984), S. 145 ff.; *Plathner*, Bankrottatbestand (2002), S. 96; hiergegen aber ausdrücklich, *Hiltenkamp-Wisgalle*, Bankrottdelikte (1987), S. 144 ff., 160.
1614 So *Hiltenkamp-Wisgalle*, Bankrottdelikte (1987), S. 160 in Anlehnung an *BGHSt* 20, S. 338.
1615 Vgl. insoweit auch *BGHSt* 20, S. 338 und hierzu *Hiltenkamp-Wisgalle*, Bankrottdelikte (1987), S. 147.

der „natürliche Sinn" ausschlaggebend ist, hilft für die Frage der Überschuldung nicht weiter, weil es dementsprechend keine über § 19 II InsO hinausgehenden formalen Regelungen der Überschuldung gibt, die gegebenenfalls durch eine so verstandene faktische Betrachtungsweise überwunden werden könnten.

Vor allem ist auch die Interpretation der faktischen Betrachtungsweise als Postulat, dass innerhalb der Wortsinngrenze dem Tatbestandsmerkmal „die Bedeutung beizumessen sei, die sein wahrer Sinn erfordere", letztlich ohne positiven Aussagewert, weil sie sich mit der Forderung nach einer Auslegung nach dem „wahren Sinn" nicht dazu äußert, was der wahre Sinn ist. Sie besagt nur, dass das Tatbestandsmerkmal X in der Norm A eine andere Bedeutung haben kann als bei der Norm B; dies ist möglich aber nicht sicher.[1616] Die faktische Betrachtungsweise hilft mangels positiven Aussagegehalts nicht weiter.

Ein strafrechtsautonomer Begründungsansatz wird daher auch überwiegend anhand der Kriterien von Regelungsintention des historischen Gesetzgebers, Systematik des Regelungszusammenhangs und insbesondere der konkreten Funktion im Normzusammenhang für den Einzelfall begründet, ohne auf den Ansatz der faktischen Betrachtungsweise zurückgreifen zu müssen.[1617]

b) *Das Bestimmtheitsgebot des Art. 103 II GG als legitimierend wirkendes Prinzip – Insolvenzverschleppung und Bankrott*

Dass sich die Feststellung der Überschuldung beim Bankrott und den Insolvenzverschleppungsdelikten in Einklang mit dem strafrechtlichen Bestimmtheitsgrundsatz des Art. 103 II GG vollziehen muss, ist im Insolvenzstrafrecht unbestritten.[1618]

Uneinheitlich ist hingegen das Meinungsbild hinsichtlich der Frage, inwieweit der zivilrechtliche Überschuldungsbegriff bei seiner Übertragung ins Strafrecht mit Art. 103 II GG tatsächlich in Konflikt steht und welche Rechtsfolge sich aus einem eventuellen Konflikt ergibt. Sogar, unter den Auffassungen, die sich einig sind, dass der strafrechtliche Überschuldungsbegriff grundsätzlich zivilrechtsgleich auszulegen sei, soweit nicht Art. 103 II GG dem entgegenstehe,[1619] führen verschiedene Einschätzungen der Überschuldungsmodelle und Feststellungsmodalitäten zu unterschiedlichen Ergebnissen, die wiederum auf die Frage „strenge Akzessorietät oder autonomer Begründungsansatz?" reflektieren:

1616 So auch *K. Schmidt*, FS-Rebmann (1989), S. 431 f.

1617 Vgl. insbesondere *Plathner*, Bankrottatbestand (2002), S. 88 ff., 96; und auch unter den Vertretern eines streng akzessorischen Überschuldungsverständnisses wird eine Stellungnahme zur faktischen Betrachtungsweise für entbehrlich gehalten, vgl. *Moosmayer*, Einfluß der InsO (1997), S. 144.

1618 Vgl. *Tiedemann*, ZStW 1995, S. 642; *ders.*, Insolvenzstrafrecht, 2. Aufl. (1996), Vor § 283 Rn. 158; *Moosmayer*, Einfluß der InsO (1997), S. 146, 160; *Penzlin*, Auswirkungen der InsO (2000), S. 72; *Röhm*, Abhängigkeit des Insolvenzstrafrechts (2002), S. 165; *Ransiek*, Unternehmensstrafrecht (1995), S. 154; Sch/Sch-*Stree*, § 283 Rn. 51 bereits auch *BGHSt* 4, S. 32; *BGH*, NJW 1977, S. 1695 f.; *Franzheim*, NJW 1980, S. 2502; *Lüderssen* in Kaufmann-Gds. (1989), S. 685.

1619 *Moosmayer*, Einfluß der InsO (1997), S. 146; *Röhm*, Abhängigkeit des Insolvenzstrafrechts (2002), S. 83 ff., 157 ff., 165; *Penzlin*, Auswirkungen der InsO (2000), S. 72.

Die Vertreter, denen zufolge kein konkreter Verstoß gegen Art. 103 II GG feststellbar ist, kommen in Begründung und Ergebnis zu einer strengen Zivilrechtsakzessorietät des strafrechtlichen Überschuldungstatbestandes.[1620]

Soweit zwar der *traditionell zweistufige Überschuldungsbegriff* für das Strafrecht als verbindlich erachtet wird, jedoch zur Vermeidung eines Konflikts mit Art. 103 II GG die Entscheidung für eine *bestimmte Methode der Fortführungsbewertung* für erforderlich gehalten wird,[1621] wird das Bestimmtheitsgebot aus Art. 103 II GG primär als ein *grenzziehendes* Prinzip herangezogen, welches die Auslegungsmöglichkeiten des § 19 II InsO für das Strafrecht eingrenzt, indem es aus dem Kreis der mit § 19 II InsO selbst noch zu vereinbarenden Feststellungsmodalitäten nur eine strafrechtlich vertretbar sein lässt, die anderen ausscheidet. Auf den ersten Blick ist auch diese Auffassung, die eine Abhängigkeit der strafrechtlichen Begriffsbildung aus dem Regelungszusammenhang mit dem zivilen Insolvenzrecht fordert und vom Wortlaut des § 19 II InsO gedeckt ist, noch als streng zivilrechtsakzessorisch zu bezeichnen. Allerdings zeigt sich bei näherer Betrachtung, dass hier bereits der Grundsatz der Tatbestandsbestimmtheit aus Art. 103 II GG auch als ein *legitimierendes* Prinzip dafür herangezogen wird, zivilrechtliche Meinungsstreitigkeiten auch zu Lasten des Täters zu entscheiden. Denn im Falle einer streng durchgehaltenen zwingenden Akzessorietät des Strafrechts würde das Prinzip der Subsidiarität mit dem Inhalt folgen, dass das Strafrecht nicht zivilrechtliche Meinungsstreitigkeiten zu entscheiden hat,[1622] so dass streng genommen die einzig denkbare Rechtsfolge einer zu hohen Unbestimmtheit des § 19 II InsO mit seinen verschiedenen Feststellungsmodalitäten die Nichtigkeitsfolge im Wege der Verfassungsgerichtsentscheidung wäre (§§ 13 Nr. 6, Nr. 6a; 78 S. 1; 31 Abs. 2 S. 1 BVerfG bzw. §§ 13 Rn. 8 a; 95 Abs. 3 S. 1, S. 2; 31 Abs. 2 S. 2 BVerfG bzw. §§ 13 Nr. 11, 82 Abs. 1; 78 S. 1; 31 Abs. 2 S. 1 BVerfG). Bei einem Plädoyer für einen bestimmten Wertansatz wird hingegen die Subsidiarität als Konsequenz einer strengen Akzessorietät des Strafrechts und damit die Akzessorietät selbst durchbrochen.

So lange sich allerdings die für geboten erachteten Abweichungen von der strengen Akzessorietät in Vorschlägen zur Begriffskonkretisierung erschöpfen, die von der Wortlautgrenze des § 19 II InsO gedeckt sind, ist auch bei der direkten Übertragung der zivilrechtlichen Wortlautgrenze ins Strafrecht für eine verfassungskonforme Auslegung an sich Raum, so dass ein entsprechender Auslegungsvorschlag für das Strafrecht noch im weitesten Sinne vom Begründungsansatz her als zivilrechtsakzessorisch bezeichnet werden kann.

Nur auf dem Boden einer strafrechtsautonomen Begriffsbildung ist hingegen der Vorschlag denkbar, im Wege der verfassungskonformen Auslegung den strafrechtlichen Überschuldungsbegriff unter Überschreitung der Wortlautgrenze des § 19 II

1620 Zu den Nachweisen vgl. bereits oben, Zweiter Teil C. II. 1. und 2. Vgl. insbesondere nocheinmal *Bieneck* in Müller-Gugenberger/Bieneck, 3. Aufl. (2000), § 76 Rn. 33.

1621 So ist *Röhm*, Abhängigkeit des Insolvenzstrafrechts (2002), S. 165, 187 ff. zu verstehen, der bei Insolvenzverschleppungsdelikten und Bankrott die Verbindlichkeit der Zivilrechtsdefinition bereits aus Gründen der Rechtssicherheit fordert und im Rahmen derer allein die Ertragswertmethode für vertretbar hält.

1622 Vgl. bereits oben und *Haffke*, KritV 1991, S. 174, 170, 166.

InsO abweichend zu bestimmen, beispielsweise nach *der modifiziert zweistufigen* Methode, wie *Penzlin* und *Otto* es bereits de lege lata vorschlagen.[1623]

Denn bei tatsächlich zwingender Akzessorietät würde die auch für eine verfassungskonforme Auslegung maßgebliche Wortlautgrenze des strafrechtlichen Überschuldungsbegriffs unmittelbar durch den Wortlaut des § 19 II InsO bestimmt,[1624] mit der Folge, dass bei zu großer Unbestimmtheit des traditionell zweistufigen Überschuldungsbegriffs für das Strafrecht wegen Verfassungswidrigkeit auch die Nichtigkeit der Norm anzunehmen wäre (§§ 13 Nr. 6, Nr. 6a; 78 S. 1; 31 Abs. 2 S. 1 BVerfG bzw. §§ 13 Rn. 8a; 95 Abs. 3 S. 1, S. 2; 31 Abs. 2 S. 2 BVerfG bzw. §§ 13 Nr. 11, 82 Abs. 1; 78 S. 1; 31 Abs. 2 S. 1 BVerfG).

Stattdessen Art. 103 II GG als Legitimationsnorm für eine strafrechtsautonome Auslegung heranzuziehen, ist methodischen Zweifeln ausgesetzt, weil sich der in diesem Zusammenhang maßgebliche Aussagegehalt des Art. 103 II GG, § 2 StGB, die *lex certa,*[1625] darauf beschränkt, festzulegen, an welchem Maßstab der Bestimmtheit sich eine Norm messen lassen muss; er selbst sagt nichts darüber aus, *wie* diese Bestimmtheit außerhalb des Normschaffungsprozesses hergestellt werden soll, ob z. B. eine korrigierende Auslegung insoweit zulässig und geboten ist.[1626]

Dazu bedarf es Prinzipien, aus denen positiv abzuleiten ist, ob im Einzelfall eine einschränkende Auslegung zur Wahrung der Anforderungen an die *lex certa* zulässig ist, beispielsweise die *gewohnheitsrechtlich verfestigte Tatbestands-Einengung* durch milde Auslegung,[1627] die für eine von § 19 II InsO abweichende Auslegung nach der modifiziert zweistufigen Methode relevant wird. Denn die modifiziert zweistufige unterscheidet sich von der traditionell zweistufigen Methode allein dadurch, dass sie in den Fällen einer bilanziellen Überschuldung nach Fortführungswerten aufgrund positiver Fortführungsprognose Überschuldung verneint und damit zugunsten des Täters tatbestandseinschränkend wirkt. Insoweit ist aus der gewohnheitsrechtlich verfestigten Zulässigkeit einer tätergünstigen Tatbestandseinengung aber wiederum nur abzuleiten, dass jedenfalls das Gebot der *lex scripta* einer entsprechenden Auslegung nicht entgegensteht; sie sagt aber nichts darüber aus, ob im konkreten Fall der Regelungszusammenhang zwischen strafrechtlicher Norm und Zivilnorm einer autonomen Begriffsauslegung entgegensteht.

Demgegenüber wird sich die in diesem Zusammenhang erwähnte Auffassung *Röhms*, der eine Anwendung der Ertragswertmethode zwecks höherer Bestimmtheit für das Strafrecht festschreiben will,[1628] selbst an Art. 103 II GG in der Variante der *lex scripta*[1629] messen lassen müssen, weil sich das Ausscheiden der übrigen Bewertungsmethoden aus der strafrechtlichen Überschuldungsermittlung auch straf-

---

1623 *Penzlin*, Auswirkungen der InsO (2000), S. 72, 155 ff.; *Otto*, BT, 6. Aufl. (2002), § 61 Rn. 86.
1624 Vgl. insoweit bereits oben und auch *Plathner*, Bankrottatbestand (2002), S 106 f. sowie *Zippelius*, Methodendlehre, 9. Aufl. (2005), S. 45; Sch/Sch-*Eser*, 26. Aufl. (2001), § 1 Rn. 37.
1625 Zu den Inhalten des tatbestandlichen Bestimmtheitsgebotes, der *lex scripta, lex certa, lex stricta* und *lex praevia* Sch/Sch-*Eser*, 26. Aufl., § 1 Rn. 6 ff. Ausführlich Driter Teil C.V. 2.
1626 Vgl. zum Inhalt des Art. 103 II GG auch Sch/Sch-*Eser*, 26. Aufl. (2001), § 1 Rn. 6.
1627 Vgl. Sch/Sch-*Eser*, 26. Aufl. (2001), § 1 Rn. 13.
1628 *Röhm*, Abhängigkeit des Insolvenzstrafrechts (2002), S. 165, 187 ff.
1629 Vgl. Sch/Sch-*Eser*, 26. Aufl. (2001), § 1 Rn. 6, 9.

schärfend auswirken kann. Beispielsweise der von ihm verworfene Teilreproduktionsansatz kann in dem zwar seltenen, aber dennoch auftretendem Fall, dass wegen schlecht ausgebildeter Organisationsstruktur, geringen Kundenstamms oder mangelnder Arbeits- und Ideenkraft der Mitarbeiter nach der Ertragswertmethode ein Badwill anzusetzen wäre, wegen alleiniger Berücksichtigung des Substanzvermögens zu einem höheren Vermögensausweis in der Überschuldungsbilanz zu Fortführungswerten kommen.

Die Ungeeignetheit des Art. 103 II GG, eine konkrete Auslegung positiv zu legitimieren, weil er insoweit zu weit ist und keine klaren über das bloße Ausschlussprinzip hinausgehenden Entscheidungsleitlinien vermittelt, zeigt bereits die Ergebnisverschiedenheit der darauf gründenden Ansichten von *Penzlin* (modifiziert zweistufiger Überschuldungsbegriff)[1630] und *Röhm* (traditionell zweistufiger Überschuldungsbegriff und Ertragswertmethode)[1631]. Auch ist bezeichnend, dass vor allem dann, wenn die Zulässigkeit einer strafrechtsautonomen Auslegung auf Art. 103 II GG als legitimierendes Prinzip gestützt wird, auch für die Insolvenzverschleppungsdelikte eine insoweit abweichende Auslegung für zulässig erachtet wird, während die Vertreter, welche die Zulässigkeit einer autonomen Begriffsauslegung aus dem konkreten Funktionszusammenhang des Begriffs ableiten, zu einer klaren Differenzierung zwischen Bankrott und Insolvenzverschleppungsdelikten kommen.[1632]

Als Zwischenfeststellung ist daher festzuhalten, dass das Bestimmtheitsgebot aus Art. 103 II GG trotz methodischer Bedenken als Legitimation für eine strafrechtsautonome Auslegung herangezogen wird, wenn unter Überschreitung der Wortlautgrenze des § 19 II InsO eine verfassungskonforme Auslegung (nach der modifiziert zweistufigen Methode) im Strafrecht gefordert wird.

Als legitimierendes Prinzip fungiert es auch für Vertreter ansonsten strenger Zivilrechtsakzessorietät, wenn in Ausfüllung des § 19 II InsO einer bestimmten Bewertungsmethode alleinige Gültigkeit auch im Strafrecht beigemessen wird. Neben die Zweifel an einem insoweit legitimierend wirkenden Aussagegehalt von Art. 103 II GG treten auch Bedenken mit der Vereinbarkeit der übrigen Inhalte von Art. 103 II GG.

c) *Autonomie aufgrund von Funktionsdivergenzen der Überschuldung in Insolvenz- und Strafrecht hinsichtlich des konkreten Rechtsgüterschutzes – Bankrott*

Vorwiegend wird die Frage nach der Zulässigkeit einer strafrechtsautonomen Begriffskonkretisierung nach der konkreten Funktion des Überschuldungstatbestandes im Hinblick auf den Rechtsgüterschutz aus dem Deliktszusammenhang heraus beantwortet.

Die strafrechtliche Begriffsbildung sei allein nach dem Schutzzweck des betreffenden Strafrechtssatzes und unter Berücksichtigung der sozialethischen Handlungs-

1630 *Penzlin*, Auswirdkungen der InsO (2000), S. 72, 155 ff.
1631 *Röhm*, Abhängigkeit des Insolvenzstrafrechts (2002), S. 165, 187 ff.
1632 Vgl. *Plathner*, Bankrottatbestand (2002), S. 148; *Achenbach*, Schlüchter-Gds. (2002), S. 258, 268.

werte auszurichten, die bei der Aufstellung der Strafvorschrift entscheidend mitgesprochen haben.[1633]

Welcher Unrechtstypus vorliegt, eine unmittelbar im Schutzzweckzusammenhang mit einer außerstrafrechtlichen Norm stehende, nur flankierend wirkende Strafnorm oder ein insoweit eigenständiges Delikt, wird unmittelbar aus Wortlaut und Systematik der Norm entnommen.[1634] Nur wenn sich aus Wortlaut und Systematik eine *völlige* Gleichheit der von Insolvenzordnung und Strafnorm geschützten Rechtsgüter ergibt, sei der Unrechtstypus als nur flankierende Norm festgelegt und der Weg für eine strafrechtsautonome Begriffsauslegung versperrt.[1635]

Wortlaut und Systematik des Bankrotts zeigten aber, dass der Überschuldungstatbestand hier eine vollkommen andere Begrenzungsfunktion wahrnehme als der für die Insolvenzverschleppungsdelikte maßgebliche zivilrechtliche Eröffnungsgrund nach § 19 II InsO: Überschuldung als Eröffnungsgrund solle gewährleisten, dass eine frühzeitige Eröffnung des Insolvenzverfahrens mit all seinen Zielen möglich wird. Überschuldung als Krisenmerkmal solle hingegen die Grenzlinie ziehen, wann „wirtschaftlich sinnlose oder zumindest gefährliche Handlungen" strafwürdig sind und wann nicht.[1636] Überschuldung habe insoweit die Funktion, sicher zu stellen, dass die im Katalog des § 283 I StGB aufgeführten, an sich unterschiedlich gefährlichen Angriffshandlungen die geschützten Rechtsgüter in typisierter Form konkret und in gleichem Maße gefährden, ohne dass eine konkrete Gefahr im Einzelfall nachgewiesen werden müsste.[1637] Ob daher § 283 StGB den gemischt abstrakt-konkreten Gefährdungsdelikten[1638] oder mangels eines konkreten Gefahrerfolges den abstrakten Gefährdungsdelikten zuzuordnen ist,[1639] ist für das Ergebnis der Autonomie nicht entscheidend. Einig sind sich die Vertreter eines autonomen Begründungsansatzes darin, dass § 283 StGB jedenfalls nicht in flankierender Weise die Funktionsfähigkeit des Insolvenzverfahrens schützt. § 283 StGB setze bereits im Vorfeld der Insolvenz ein, wie sich unmittelbar aus § 283 II StGB ableiten lasse, der – ohne das Insolventwerden an sich zu bestrafen – verhindern wolle, dass ein wirtschaftlich sinnloses oder gefährliches Verhalten zum Eintritt der Insolvenz führt.[1640]

1633 Vgl. bereits oben unter Zweiter Teil II. 1. b) und *Jescheck/Weigend*, AT, 5. Aufl. (1996), S. 51, 157 f.; *Plathner*, Bankrottatbestand (2002), S. 126, 133.

1634 Z.B. *Plathner*, Bankrottatbestand (2002), S. 146 ff.; *Achenbach*, Schlüchter-Gds. (2002), S. 268; *Otto*, Bruns-Gds. (1980), S. 271 f.

1635 Vgl. *Plathner*, Bankrottatbestand (2002), S. 146 ff., 149.

1636 So *Achenbach*, Schlüchter-Gds. (2002), S. 268 unter Hinweis auf BT-Drs. 7/3441, S. 20; *Wegner* in Achenbach/Ransiek, HWSt (2004), Kap. VII 1 Rn. 36 (S. 501).

1637 So *Otto*, Bruns-Gds. (1980), S. 267 f., 271. Vgl. in diesem Zusammenhang auch die Regierungsbegründung zum 1. WiKG 1976, die den Verzicht auf eine Gestaltung als (echtes) konkretes Gefährdungsdelikt wegen dann unüberwindlicher Hindernisse für die Strafverfolgungspraxis ablehnte, BT-Drs. 7/3341, S. 20 und *Schlussbericht der Sachverständigenkommission* zur Bekämpfung der Wirtschaftskriminalität – Reform des Wirtschaftsstrafrechts (1980), S. 168 f.

1638 So *Otto*, Bruns-Gds. (1980), S. 268.

1639 So *Tiedemann*, Insolvenzstrafrecht, 2. Aufl. (1996), § 283 Rn. 3; *Kühl* in Lackner/Kühl, StGB, 25. Aufl. (2004), § 283 Rn. 1; *Kindhäuser*, NK-StGB (1998), Vor § 283 Rn. 35 ff.; Sch/Sch-*Stree*, 26. Aufl. (2001), § 283 Rn. 1.

1640 Vgl. *Achenbach*, Schlüchter-Gds. (2002), S. 268 und *Plathner*, Bankrottatbestand (2002), S. 148. Vgl. auch *Tiedemann*, Insolvenzstrafrecht 2. Aufl. (1996), § 283 Rn. 6.

Wegen der unterschiedlichen Begrenzungsfunktionen des insolvenzrechtlichen Eröffnungstatbestandes und des bankrottstrafrechtlichen Krisenmerkmals bedürfe der Überschuldungsbegriff im Rahmen des § 283 StGB einer eigenständigen Auslegung.[1641]

Auch der Gesetzgeber gehe von keiner zwingenden Akzessorietät aus, weil er bereits in personeller Hinsicht bewusst von den insolvenzrechtlichen Regelungen abweiche.[1642]

Der Überschuldungstatbestand sei ein Fall der Relativität von Rechtsbegriffen, der Topos der *Einheit der Rechtsordnung* sei hier fehl am Platz.[1643]

3. Inhaltsbestimmung der Überschuldung auf Grundlage eines strafrechtsautonomen Begründungsansatzes

So einmütig die Vertreter eines autonomen Begründungsansatzes diesen herleiten, so umstritten sind die anschließenden Auslegungsvorschläge, um einen gerechten Ausgleich zu erzielen zwischen einem effektiven Rechtsgüterschutz, vor allem der auf die quotale Befriedigung ausgerichteten Gläubigerinteressen, und dem Schutz des überindividuellen Rechtsguts (Kredit- bzw. Gesamtwirtschaft) einerseits, und der Wahrung rechtsstaatlicher Garantien für den Schuldner bzw. dessen Organe andererseits.

a) *Vollständige Autonomie (Einstufige Modelle)*

aa) Immer Liquidationswerte

Bankrott

Die überwiegend noch zur alten Rechtslage geäußerte, aber vor dem Hintergrund eines autonomen Begriffsverständnisses noch immer aktuelle Ansicht, die aus Gründen des Gläubigerschutzes beim *Bankrott stets* Liquidationswerte ansetzen will,[1644] beruft sich darauf, dass das tragbare Maß an Gläubigergefährdung überschritten werde, wenn selbst noch dann, wenn eine Einzelveräußerung der Vermögensgegenstände nicht einmal mehr die bestehenden Verbindlichkeiten decken könnte (rechnerische Überschuldung nach Liquidationswerten), dem Schuldner bei Aufstellung der Fortführungsprognose anhand mehrwertiger Liquidationsplanungen zahlreiche Ermessensspielräume verblieben.[1645] Insbesondere stehe das Bestimmtheitsgebot aus Art. 103 II GG einer strafrechtlichen Überschuldungsdefini-

---

1641 *Achenbach*, Schlüchter-Gds. (2002), S. 268; *Plathner*, Bankrottatbestand (2002), S. 149; *Otto*, Bruns-Gds. (1980), S. 271 f.

1642 Vgl. *Achenbach*, Schlüchter-Gds. (2002), S. 268, 264 unter Hinweis auf BT-Drs. 7/3441, S. 20.

1643 Vgl. *Achenbach*, Schlüchter-Gds. (2002), S. 260, 268, 273; *Wegner* in Achenbach/Ransiek, HWSt (2004), Kap. VII 1 Rn. 36 (S. 501).

1644 So jedenfalls vor der Existenz des § 19 II InsO auch *Franzheim*, NJW 1980, S. 2500 ff.; *Hiltenkamp-Wisgalle*, Bankrottdelikte (1987), S. 239; *Müller* in Müller/Wabnitz, Wirtschaftskriminalität (1982), S. 64.

1645 *Franzheim*, NJW 1980, S. 2501 f.; *Hiltenkamp-Wisgalle*, Bankrottdelikte (1987), S. 232; *Müller* in Müller/Wabnitz, Wirtschaftskriminalität (1982), S. 64.

tion entgegen, deren Ausgang von einem Wahrscheinlichkeitsurteil abhängig gemacht würde.[1646]

Um darüber hinaus auch die Prognoserisiken hinsichtlich der Zerschlagungsintensität bei der Liquidationswertermittlung auszuschalten, geht die insoweit strengste Ansicht sogar stets von den niedrigsten Einzelveräußerungswerten im Sinne von Zerschlagungswerten aus.[1647]

Dem Einwand, durch den ausschließlichen Ansatz von Liquidationswerten, vor allem von Zerschlagungswerten, würde den Überschuldungseintritt für die Mehrzahl auch wirtschaftlich stabiler Unternehmen bedeuten,[1648] entgegnet diese Ansicht berechtigterweise, dass sich die damit verbundene Gefahr einer zu frühen Zerschlagung nicht im Rahmen des § 283 StGB realisieren könne, weil dieser dem Schuldner gar kein Insolvenzverfahren zumute, sondern nur eine erhöhte Sorgfalt in wirtschaftlichen Entscheidungen verlange. Der Hinweis auf eine im Einzelfall zu früh eintretende Insolvenzreife habe nur dort seine Berechtigung, wo sie auch Bedeutung erlangt.[1649]

Ähnliches gilt hinsichtlich der Kritik, die „Einheit der Rechtsordnung“ im Sinne einer *„einheitlichen Sollensordnung“* werde durch eine ausschließliche Liquidationswertbetrachtung missachtet,[1650] weil *„die Rechtswidrigkeit eines Verhaltens der gesamten Rechtsordnung zu entnehmen sein müsse“*,[1651] die zivilrechtlichen Kapitalerhaltungsvorschriften aber zeigten, dass eine geringe Eigenkapitalausstattung an sich von der Zivilrechtsordnung noch toleriert werde.[1652] Insoweit kann diese Ansicht entgegnen, dass auch bei reinem Liquidationsansatz der Bankrott nicht die geringe Eigenkapitalausstattung *an sich* sanktioniert, sondern das gegen die Anforderungen einer ordnungsgemäßen Wirtschaft grob verstoßende, unwirtschaftliche Verhalten (vgl. insoweit auch § 283 I Nr. 8 StGB), welches bei geringer Eigenkapitalausstattung ein hohes Maß an Gläubigergefährdung in sich birgt.[1653]

1646 *Hiltenkamp-Wisgalle*, Bankrottdelikte (1987), S. 232.

1647 *Franzheim*, NJW 1980, S. 2501 f., wohl auch *Hiltenkamp-Wisgalle,* Bankrottdelikte (1987), S. 239, die allerdings zwischen Zerschlagungswerten und Liquidationswerten im Allgemeinen nicht differenziert.

1648 Bereits *Samson* in SK-StGB (1983), Vor § 283 Rn. 8; *Ulmer*, KTS 1981, S. 469, 474; *Schlüchter*, wistra 1984, S. 43.

1649 *Franzheim*, NJW 1980, S. 2502 f. Für die generelle Zulässigkeit einer extensiveren Auslegung bei § 283 StGB aus diesem Grund auch *Otto*, Bruns-Gds., S. 278; *BayOblG*, wistra 1988, S. 363. Hinsichtlich der bei § 283 StGB fehlenden Gefahr zu früher Zerschlagung ebenso *Harneit*, Überschuldung (1984), S. 103; *Groth*, Überschuldung (1995), S. 129; *Plathner*, Bankrottatbestand (2002), S. 203.

1650 Vgl. zum so verstandenen Prinzip der Einheit der Rechtsordnung *Seebode* in FS-Klug, Bd. II (1983), S. 359, 367 und hierzu ausführlich *Felix*, Einheit der Rechtsordnung (1998), S. 82.

1651 Vgl. zum so verstandenen Prinzip der Einheit der Rechtsordnung *Seebode* in FS-Klug, Bd. II (1983), S. 359, 367 und hierzu ausführlich *Felix*, Einheit der Rechtsordnung, S. 82.

1652 Es gibt gerade keine Nachschusspflicht bei geringer Eigenkapitalausstattung.
Vgl. insbesondere das nur vor Ausschüttungen *societatis causa* schützende Haftungssystem der §§ 30 ff. GmbHG, das gerade keine „Wiederauffüllung“ bis zur Stammkapitalziffer kennt. Vgl. zu all dem *Wilhelm*, Kapitalgesellschaftsrecht (1998), Rn. 260 ff.

1653 Ähnlich offen für eine strengere Auslegung im Ansatz auch *Otto*, Bruns-Gds. (1980), S. 272; *Achenbach*, Schlüchter-Gds. (2002), S. 268 f.

Die Notwendigkeit einer reinen Liquidationswertbetrachtung folge aus der Funktion des Bankrotttatbestands, bei Strafe die Unversehrtheit der potentiellen Insolvenzmasse in einer gefährlichen Krisensituation bzw. bei Eignung zur Herbeiführung dieser Situation zu gewähren, damit bei Liquidation ein möglichst großer Haftungsfonds zur Verfügung stehe.[1654] Aus diesem Grunde müssten auch die Werte, die sich bei einer tatsächlichen Liquidation erzielen ließen, bei der Bewertung zum Tragen kommen, also Liquidationswerte.[1655] Sie seien zudem als (allein hinreichend) frühzeitige Grenzmarke erforderlich, um im Interesse der Gläubiger und der Kreditwirtschaft bereits bei einer dementsprechend geringen Eigenkapitalausstattung das Maß der Sorgfaltsanforderungen an den Schuldner im Hinblick auf den Erhalt seiner potentiellen Befriedigungsmasse höher zu schrauben.[1656] Die Wahrung der rechtsstaatlichen Garantien für den Schuldner werde durch das Erfordernis der objektiven Bedingung der Strafbarkeit nach § 283 VI StGB gewährleistet.[1657]

Die *Gegenansicht* sieht aber gerade im Falle einer Überschuldung zu Liquidationswerten bei positiver Fortführungsprognose (und positivem Vermögensausweis unter der Fortführungsprämisse) noch keine Gläubigergefährdungslage, die entsprechend hohe Sorgfaltsanforderungen an den wirtschaftlichen Handelnden rechtfertigen könnte:

Der zur Legitimation eines solch schwerwiegenden Eingriffs in die Rechte des Schuldners erforderliche Grad an Gläubigergefährdung sei trotz einer Überschuldung nach Liquidationswerten so lange nicht erreicht, wie die künftige Liquiditätslage[1658] bzw. die künftigen Ertragserwartungen eine Befriedigung aller Ansprüche erwarten ließen.[1659] Dem Ansatz ausschließlicher Liquidationswerte wird damit vorgeworfen, ihm fehle die für eine strafrechtliche Sanktionsnorm erforderliche Legitimation durch den Zweck des Rechtsgüterschutzes, weil für eine nochmalige Vorverlagerung über den ohnehin schon gegenüber der Zahlungsunfähigkeit zeitlich vorgelagerten Zeitpunkt einer Überschuldung nach dem zweistufigen Konzept kein Bedürfnis bestehe, auch nicht im Hinblick auf die zusätzlichen Schutzinteressen potentieller Gläubiger und der Kreditwirtschaft allgemein.[1660] Daher verstoße ein ausschließlicher Ansatz von Liquidationswerten gegen das Schuldprinzip, weil auch nicht strafwürdiges Verhalten erfasst würde, das kein reales Gefährdungsrisiko schaffe:

„Für das Strafrecht wäre ein ausschließlicher Ansatz von Liquidationswerten nicht akzeptabel, weil man in Gefahr geriete, unternehmerisch riskantes Verhalten mit

---

1654 Vgl. *Hiltenkamp-Wisgalle*, Bankrottdelikte (1987), S. 239.
1655 Vgl. *Hiltenkamp-Wisgalle*, Bankrottdelikte (1987), S. 238 f.; *Franzheim*, NJW 1980, S. 2502.
1656 *Hiltenkamp-Wisgalle*, Bankrottdelikte (1987), S. 240.
1657 Vgl. *Kindhäuser*, NK-StGB (1998), § 283 Rn. 101.
1658 Vgl. *Penzlin*, Auswirkungen der InsO (2000), S. 162, 110; *Otto*, Bruns-Gds. (1980), S. 273; *ders.*, BT, 6. Aufl. (2002), § 61, Rn. 83 ff.; *ders.*, Aktienstrafrecht, § 401, 4. Aufl. (1997), Rn. 37; *Groth*, Überschuldung (1995), S. 129 als Vertreter des modifiziert zweistufigen Überschuldungsbegriffs.
1659 *Plathner*, Bankrottatbestand (2002), S. 206 und *Tiedemann*, Insolvenzstrafrecht, 2. Aufl. (1996), Vor § 283 Rn. 154 als Vertreter des traditionell zweistufigen Überschuldungsbegriffs.
1660 *Tiedemann*, Insolvenzstrafrecht, 2. Aufl. (1996), Vor § 283 Rn. 149, 53 ff.

sozialgefährlichem, sozialschädlichem Verhalten zu identifizierten.“[1661] „Rechtlich neutrale Handlungsweisen“ würden damit „als kriminelles Unrecht erfaßt“.[1662]

Darüber hinaus wird gegen den Liquidationswertansatz auch vorgebracht, dass sogar Zerschlagungswerte nicht ohne weiteres als „feststehende Zahlen“ zur Verfügung stünden, sondern hinsichtlich Zerschlagungs*geschwindigkeit* und Marktpreis selbst Schätzungen unterlägen;[1663] erst recht gelte dies, wenn – wie es unter den Vertretern einer reinen Liquidationsbewertung üblich ist – auch die Zerschlagungs*intensität* im Einzelfall zu prognostizierten ist.[1664] Wenn selbst durch eine reine Liquidationsbewertung die Schätzrisiken nicht ausgeschaltet werden könnten, das Strafrecht damit in jedem Fall Prognoseunsicherheiten ertragen müsse, dann könne auch gleich der Fortführungsgedanke in die strafrechtliche Überschuldungsprüfung integriert werden, wenn und weil das dann zusätzliche Maß an Gläubigergefährdung durch förderungswürdige Ziele kompensiert werde.[1665]

Rechtsdogmatisch wird diese Argumentation über die Rechtsfigur des *erlaubten Risikos* eingeführt, wonach ein Verhalten trotz des damit verbundenen Risikos für ein geschütztes Rechtsgut von der Gemeinschaft toleriert wird, weil es im Interesse des sozialen Nutzens ist und damit als sozial wertvolles Verhalten aus dem Bereich des Strafbaren herausgehalten werden soll.[1666] In der Sache aber treffen die angeführten Nutzfaktoren ausnahmslos die Fortführungsfähigkeit des Unternehmens, so dass diese Argumentation nur gegen einen Liquidationswertansatz bei den Insolvenzverschleppungsdelikten greifen kann.

Aus einer stärker zivilrechtsakzessorischen Sichtweise heraus wird gegen den ausschließlichen Ansatz von Liquidationswerten vorgebracht, bereits bei einer mit § 19 II InsO gleichlaufenden Überschuldungsdefinition träfen den Schuldner im Vorfeld der Krise wegen § 283 II StGB erhöhte Sorgfaltsanforderungen; eine nochmalige Vorverlagerung des erhöhten Sorgfaltsmaßstabs über den ohnehin schon im Verhältnis zur alten Rechtslage früher eintretenden Eröffnungsgrund würde strafrechtliches Unrecht in einem Stadium konstituieren, in der nicht einmal das Zivilrecht Handlungsbedarf sehe, so dass die *Einheit der Rechtsordnung* missachtet werde.[1667]

Insolvenzverschleppung

Begründete Ansichten eines ausschließlichen Ansatzes von Liquidationswerten auch bei *Insolvenzverschleppungsdelikten* sind weder vor noch nach Einführung des § 19 II InsO zu finden.[1668] Ein ausschließlicher Ansatz von Liquidationswerten wird

---

1661 *Otto*, Bruns-Gds. (1980), S. 271.
1662 *Groth*, Überschuldung (1995), S. 129.
1663 *Schlüchter*, wistra 1984, S. 42.
1664 *Schlüchter*, wistra 1984, S. 42.
1665 *Schlüchter*, wistra 1984, S. 42 und *Harneit*, Überschuldung (1984), S. 75.
1666 *Harneit*, Überschuldung (1984), S. 75, 81.
1667 *Hoyer* in SK-StGB (2002), § 283 Rn. 9 f.
1668 Selbst *Franzheim* als Verfechter von Zerschlagungswerten bei § 283 StGB stellt bei Insolvenzverschleppungsdelikten ausschließlich auf Fortführungswerte ab, vgl. NJW 1980, S. 2502. Ebenso *Schlüchter*, die für einen reinen Liquidationswertansatz einen erhöhten Unwertgehalt der

aus vielerlei Gründen abgelehnt, vornehmlich bereits wegen seines unmittelbaren *Schutzzweck-* und *Funktionszusammenhangs* mit der zivilrechtlichen Antragspflicht, die auf § 19 II InsO verweist und nach nahezu einhelliger Meinung die Insolvenzverschleppungsdelikte als flankierende, streng akzessorische Strafnormen qualifiziert.[1669] Infolge einer strengen Akzessorietät aber wäre ein ausschließlicher Ansatz von Liquidationswerten als strafschärfende und daher unzulässige Analogie (Art. 103 II GG) zu werten, weil die dann maßgebliche Wortlautgrenze des § 19 II InsO überschritten würde, der ausdrücklich ein zweistufiges Vorgehen in Abhängigkeit von der Fortführungsfähigkeit vorschreibt.

Vorbehaltlich ihrer Existenzberechtigung als Rechtsfigur steht bei einer alleinigen Liquidationsbewertung ein Verstoß gegen die *Einheit der Sollensordnung* im Raum, wonach das Strafrecht ein Verhalten nicht sanktionieren darf, was zivilrechtlich ausdrücklich erlaubt ist,[1670] nämlich – wie § 19 II InsO i.V.m. den gesellschaftsrechtlichen Normen der Antragspflicht (§ 64 I GmbHG, § 92 I AktG, usw.) nunmehr ausdrücklich erlaubt – weiterzuwirtschaften, wenn das Vermögen zu Liquidationswerten zwar nicht zur Schuldendeckung ausreicht, aber das Unternehmen überlebensfähig ist und das zu Fortführungswerten bewertete Vermögen die bestehenden Verbindlichkeiten auch deckt.[1671]

Eine Differenzierung nach der Fortführungsfähigkeit wird trotz der Erhöhung der Prognoserisiken für die Insolvenzverschleppungsdelikte auch aus strafrechtsautonomen Gründen für erforderlich gehalten: Es liege nicht nur im Interesse des Schuldners, die uneingeschränkte Verfügungsbefugnis über ein zwar zu Liquidationswerten überschuldetes, aber mit guten Zukunftsaussichten ausgestattetes Unternehmen zu behalten; es liege auch im Gläubigerinteresse, lebensfähige Wirtschaftseinheiten nicht verfrüht der Insolvenz zuzuführen und damit die eigenen Befriedigungsinteressen zu gefährden.[1672]

Der alleinige Ansatz von Liquidationswerten würde damit der so verstandenen Grenzlinienfunktion des Überschuldungsmerkmals zwischen uneingeschränkter Unternehmensfortführung und Überleitung in das gerichtlich beaufsichtigte Insol-

---

tatbestandsmäßigen Handlung fordert, die in dem bloßen Weiterwirtschaften hingegen nicht gegeben ist (*Schlüchter*, wistra 1984, S. 42). Auch *Hiltenkamp-Wisgalle*, Bankrottdelikte (1987), S. 240 deutet an, für die Insolvenzverschleppungsdelikte nicht ausschließlich Liquidationswerte ansetzen zu wollen, wenn sie betont, dass der Fortbestand des Unternehmens bei einer Fortführungsfähigkeit im Interesse der Gläubiger liege.

1669 Vgl. bereits oben, *Moosmayer*, Einfluß der InsO (1997), S. 144 f., 155; *Plathner*, Bankrottatbestand (2002), S. 148 Fn. 486; *Röhm*, Abhängigkeit des Insolvenzstrafrechts (2002), S. 89, 158; *Tiedemann*, Insolvenzstrafrecht, 2. Aufl. (1996), Vor § 283 Rn. 2; inzident auch *Uhlenbruck*, wistra 1996, S. 6; *Achenbach*, Schlüchter-Gds. (2002), S. 258.

1670 Vgl. zum so verstandenen Prinzip der Einheit der Rechtsordnung *Seebode* in FS-Klug, Bd. II (1983), S. 359, 367 und hierzu ausführlich *Felix*, Einheit der Rechtsordnung (1998), S. 82.

1671 Im Ergebnis ebenso, in der Begründung ähnlich *Achenbach*, Schlüchter-Gds. (2002), S. 258, der allerdings noch weitergehend positiv einen vollständigen Gleichlauf von Zivil- und Strafrecht fordert.

1672 *Schlüchter*, Grenzbereich (1977), S. 67 f.; *dies.*, MDR 1978, S. 265 für Insolvenzverschleppungsdelikte und nicht schon abstrakt gefährliche Bankrotthandlungenn; *Harneit*, Überschuldung (1984), S. 86, 103; *Hiltenkamp-Wisgalle*, Bankrottdelikte (1987), S. 240; *Groth*, Überschuldung (1995), S. 129.

venzverfahren nicht gerecht,[1673] sondern würde zirkelschlussartig den Eintritt der Rechtsfolge vorwegnehmen, über deren Vorliegen erst noch entschieden werden soll.[1674]

Im Rahmen des *erlaubten Risikos* seien desweiteren der soziale Nutzen einer nach der Fortführungsfähigkeit differenzierenden Überschuldungsermittlung zu berücksichtigen, namentlich der Erhalt von Arbeitsplätzen, der Erhalt kleinerer, wirtschaftlich vom notleidenden Unternehmen abhängiger Unternehmen, und die Stärkung der Wettbewerbsintensität der Märkte.[1675] Wenn eine wirtschaftlich sorgfältig, entsprechend einem gewissenhaften Geschäftsleiter aufgestellte Prognose ergebe, dass das Unternehmen trotz rechnerischer Überschuldung zu Liquidationswerten fortführungsfähig sei, müsse das Unternehmen fortgeführt werden dürfen, weil dann der Nutzen der Fortführung das von den Gläubigern zu tragende Risiko einer Fehlprognose überwiege.[1676] Ein strafrechtsautonom begründetes erlaubtes Risiko aber muss unter dem Gesichtspunkt der Strafwürdigkeit und Strafbedürftigkeit des Verhaltens zu einem Ausschluss eines rein liquidationswertbasierten Überschuldungstatbestandes führen, weil dieser strafrechtlich nicht legitimierbar wäre.[1677]

bb) Immer Fortführungswerte

Für einen ausschließlichen Ansatz von Fortführungswerten wird vornehmlich im Rahmen der Insolvenzverschleppungsdelikte plädiert.[1678] Soweit vereinzelt vertreten wird, dass zwar dem Grundsatz nach traditionell zweistufig zu prüfen ist, aber zur Vermeidung von Prognoserisiken der Ansatz von Fortführungs- oder Liquidationswerten in typisierter Form danach entschieden werden soll, ob die Tathandlung selbst schon ein hohes Maß an Pflichtwidrigkeit in sich birgt, wird im Ergebnis ein ausschließlicher Ansatz von Fortführungswerten auch für solche *Bankrott*handlungen vertreten, die nicht schon abstrakt gefährlich sind.[1679] Zu dem Ergebnis, dass auch beim Bankrott in jeder Begehungsform Fortführungswerte anzusetzen sind, kommt die Ansicht, die den traditionell zweistufigen Überschuldungsbegriff anwenden will, aber die Fortführungsprognose rein subjektiv versteht und diese in der Situation der strafrichterlichen Beurteilung stets als gegeben ansieht.[1680]

1673 *Groth*, Überschuldung (1995), S. 129.
1674 Vgl. *Tiedemann*, Insolvenzstrafrecht, 2. Aufl. (1996), Vor § 283 Rn. 154, der dieses Argument zu § 283 StGB anführt, obwohl eine Vorwegnahme der Insolvenzfolgen nur im Rahmen der Insolvenzverschleppung denkbar ist.
1675 *Harneit*, Überschuldung (1984), S. 86 f.
1676 *Harneit*, Überschuldung (1984), S. 98, 112.
1677 Diesen Schluss zieht *Harneit* a.a.O. allerdings nicht mehr.
1678 Allerdings noch zur alten Rechtslage *Franzheim*, NJW 1980, S. 2501 und im Ergebnis auch *Schlüchter*, wistra 1984, S. 46, die aufgrund ihres Begründungsansatzes aber den aktuellen Vertretern einer funktionalen Akzessorietät nahe steht und deshalb dort nähere Berücksichtigung findet. Im Ergebnis auch *Reck*, der zwar den traditionell zweistufigen Überschuldungsbegriff des § 19 II InsO im Strafrecht anwenden will, aber davon ausgeht, dass die Voraussetzungen einer (von ihm rein subjektiv verstandenen) positiven Fortführungsprognose im Strafrecht immer vorliegen, *Reck*, Insolvenzstraftaten (1999), Rn. 147. Vgl. dazu sogleich unter Zweiter Teil C.4.a.
1679 *Schlüchter*, wistra 1984, S. 46.
1680 *Reck*, Insolvenzstraftaten (1999), Rn. 147, 156.

Begründet wird ein ausschließlicher Ansatz von Fortführungswerten auch bei den Insolvenzverschleppungsdelikten damit, dass eine strafrechtliche Haftung nicht von einer Wahrscheinlichkeitsprognose abhängig gemacht werden dürfe, die ein zu hohes Maß an Unbestimmtheit in den Tatbestand transferieren würde und damit gegen das Gebot der *lex certa* aus Art. 103 II GG verstoße.[1681] Insbesondere sei einer modifizierenden Lösung entsprechend dem Rechtssatz *in dubio pro reo* der Weg versperrt, demzufolge erst dann Liquidationswerte anzusetzen seien, wenn die Fortführung des Unternehmens gänzlich unwahrscheinlich wäre: Für die Wahl zwischen Liquidations- und Zerschlagungswerten sei *„in dubio pro reo"* nicht anwendbar, weil es sich hierbei nicht um eine Tatsachen-, sondern um eine Rechtsfrage handle.[1682]

Da aber im Rahmen der Insolvenzverschleppungsdelikte ein Rückgriff auf ausschließliche Liquidationswerte – von dem unter aktueller Rechtslage im Raum stehenden Verbot strafschärfender Analogien ganz abgesehen – wegen der mit ihnen verbundenen Gefahr einer zu frühen Unternehmensinsolvenz nicht möglich sei, sei stattdessen auf Fortführungswerte auszuweichen.[1683]

Gegen einen steten Ansatz von Fortführungswerten wird sowohl hinsichtlich der Insolvenzverschleppungsdelikte als auch des Bankrotts argumentiert, dass den Gläubigerinteressen im Falle tatsächlicher Liquidation nicht hinreichend Rechnung getragen werde.[1684]

b) Punktuelle Akzessorietät (modifiziert zweistufige Methode)

Der Grundentscheidung einer zweistufigen, von der Fortführungsfähigkeit abhängigen Überschuldungsprüfung wollen auch die Vertreter einer nur punktuellen Akzessorietät, namentlich *Otto*, *Penzlin* und *Ransiek,* bei Insolvenzverschleppungsdelikten und Bankrott folgen.[1685]

Hinsichtlich ihrer Begründung zur *insoweite* vertretenen Übernahme der Vorgabe der Zweistufigkeit aus § 19 II InsO für das Strafrecht ähneln sie den Vertretern, die aufgrund der gleichen Schutzrichtung von zivilem Insolvenzrecht und dem Insolvenzstrafrecht sowie aufgrund der konkret vergleichbaren Funktion des strafrechtlichen Überschuldungsmerkmals (jedenfalls im Rahmen der Insolvenzverschleppungsdelikte) grundsätzlich eine mit § 19 II InsO übereinstimmende Überschuldungsdefinition bevorzugen und eine einheitliche Begriffsauslegung zur Förderung der Verständlichkeit für den Normadressaten und aus „Gründen der Einheit der Rechtsordnung" anstreben.[1686] Jedoch verstoße der traditionell zweistufige Überschuldungsbegriff wegen zu großer Unbestimmtheit gegen das Gebot der Tat-

---

1681 *Franzheim*, NJW 1980, S. 2501, 2503.
1682 Vgl. *Franzheim*, NJW 1980, S. 2501, 2503.
1683 Vgl. *Franzheim*, NJW 1980, S. 2501.
1684 So *Ulmer*, KTS 1981, S. 469, 474; vgl. hinsichtlich der bereits abstrakt gefährlichen Tathandlungen des Bankrotts auch *Schlüchter*, wistra 1984, S. 42.
1685 Vgl. *Penzlin*, Auswirkungen der InsO (2000), S. 70 f., 153, 163; *Otto*, BT § 61, Rn. 83 ff.; *ders.*, Aktienstrafrecht, § 401, Rn. 37; *Ransiek*, Unternehmensstrafrecht (1996), S. 153 ff.
1686 Vgl. *Penzlin*, Auswirkungen der InsO (2000), S. 70 f.

bestandsbestimmtheit nach Art. 103 II GG. Desweiteren erfasse der traditionell zweistufige Überschuldungsbegriff auch nicht strafwürdiges und nicht strafbedürftiges Verhalten, sei daher zu weit und durch das Gläubigerschutzbedürfnis nicht legitimierbar.

Zu *unbestimmt* sei der traditionell zweistufige Überschuldungsbegriff, weil der Gesetzgeber das so vehement umstrittene Verfahren fortführungsorientierter Bilanzierung als wesentlichen Bestandteil der Überschuldungsprüfung offen gelassen habe, ohne dass Raum für eine konkretisierende Rechtsprechung sei, weil das Gebot der *lex certa* aus Art. 103 II GG fordere, dass die wesentlichen Regelungen dem Gesetz selbst zu entnehmen sein müssen, die Frage der Fortführungsbewertung wesentlich sei, und sich daher eine Übertragung des Konkretisierungsgebots auf die Rechtsprechung verbiete.[1687]

Neben den reflexiven Unsicherheiten werden insbesondere auch die tatsächlichen Ermittlungsschwierigkeiten von Fortführungswerten angeführt, die kaum ermittelbar seien, wenn nicht gerade der Verkauf des gesamten Unternehmens tatsächlich bevorstehe.[1688] Insbesondere die Gesamtbewertungsverfahren seien nicht weit entfernt von „Kaffeesatzleserei".[1689] Die bereits auf zivilrechtlicher Ebene kritisierten Feststellungsschwierigkeiten werden im Strafrecht angesichts der wegen verschärfter Eingriffsintensität nochmals erhöhten Bestimmtheitsanforderungen an strafrechtliche Tatbestände für nicht mehr tragbar gehalten.[1690]

Die Annahme der fehlenden *Legitimation* einer Insolvenzverschleppungs- und Bankrottstrafbarkeit in dem Fall, dass von der Überlebensfähigkeit des Unternehmens auszugehen sei, aber der traditionell zweistufige Überschuldungsbegriff wegen eines trotz Fortführungsbewertung nicht ausreichenden Vermögens dennoch zu Überschuldung kommt, basiert auf einer liquiditätsbezogenen Interpretation der Fortführungsprognose im Sinne der künftigen Zahlungsunfähigkeit und der Überzeugung von deren alleinigen Aussagekraft nach dem Vorbild *Karsten Schmidts*.[1691]

Wenn der modifiziert zweistufige Begriff als einzige Möglichkeit gesehen wird, im Rahmen der Insolvenzverschleppungsdelikte und des Bankrotts zu verhindern, dass „unternehmerisch riskantes Verhalten mit sozialgefährlichem, sozialschädlichen Verhalten" identifiziert werde, und „um strafwürdiges Verhalten hinreichend deutlich von nicht strafwürdigem Verhalten zu trennen",[1692] so trifft dies im Kern denselben Punkt, der auch auf zivilrechtlicher Ebene für den modifiziert zweistufigen Überschuldungsbegriff angeführt wird: Bereits bei positiver Fortführungsprognose verfüge der Schuldner aufgrund seiner mittelfristigen Liquidität über die Fähigkeit, seine Gläubiger zu befriedigen, „weil Gläubigerbefriedigung

---

1687 *Penzlin*, Auswirkungen der InsO (2000), S. 157.
1688 So *Otto*, Aktienstrafrecht, 4. Aufl. (1997), § 401 Rn. 37; *ders.*, BT, 6. Aufl. (2002), § 61 Rn. 6.
1689 *Otto*, NJW 1999, S. 555.
1690 *Penzlin*, Auswirkungen der InsO (2000), S. 156 f.
1691 Vgl. *K. Schmidt*, AG 1978, S. 337.
1692 *Otto*, Bruns-Gds. (1980), S. 273 vornehmlich gegen den liquidationswertbezogenen Überschuldungsbegriff und *ders.*, BT, 6. Aufl. (2002), § 61 Rn. 86 ausdrücklich für den modifiziert zweistufigen Überschuldungsbegriff.

durch Unternehmensführung ein Prozess" sei, „der keinen Platz im Überschuldungsstatus hat und auch durch eine dynamische Unternehmensbewertung nicht dargestellt werden kann."[1693]

Dic vormals im Zivilrecht geführte Diskussion wird damit unverändert über das Erfordernis der Strafwürdigkeit und Strafbedürftigkeit im Hinblick auf den Gläubigerschutz in das Strafrecht transferiert.

Auch die speziell an den Gesamtbewertungsverfahren geäußerte Kritik, eine auf die Situation des Unternehmenskaufs ausgerichtete Ermittlungsmethode sei zur Ermittlung des Schuldendeckungspotentials ungeeignet,[1694] spielt in das Problem von Strafbedürfnis und Strafwürdigkeit und damit in die Frage einer hinreichenden Legitimation einer hieran anknüpfenden Strafnorm hinein, da der traditionell zweistufige Überschuldungsbegriff dann wegen Ungeeignetheit, über das Schuldendeckungspotential verlässlich Auskunft geben zu können, weder geeigneter Anknüpfungspunkt einer strafrechtlich sanktionierten Antragspflicht wäre, noch geeignet wäre, die Gläubigergefährdungslage im Sinne der Krise verlässlich abzubilden. Letzterer bedarf es aber, um wegen einer typisiert konkreteren Gefahr den erhöhten Sorgfaltsmaßstab in § 283 StGB rechtfertigen zu können.

Dementsprechend plädiert *Otto* ausdrücklich für den modifiziert zweistufigen Überschuldungsbegriff als einziger Überschuldungsmethode, die verhindern könne, dass leistungsstarke Unternehmen zu früh dem Insolvenzverfahren zugeführt würden.[1695]

Im Wege der verfassungskonformen Auslegung müsse der strafrechtliche Überschuldungsbegriff daher sowohl bei Insolvenzverschleppungsdelikten als auch beim Bankrott im Ergebnis strafrechtsautonom nach der *modifiziert zweistufigen Methode* ausgelegt werden, weil sie die funktional richtige Methode zur Erfüllung von Krisen- und Antragspflichtenauslöser sei und die mit einer Fortführungsbewertung verbundenen Unsicherheiten vermeide.[1696] Wegen des zeitlich späteren Überschuldungseintritts und damit wegen ihrer tätergünstigen Wirkung gerät diese Auffassung nicht in Konflikt mit dem Analogieverbot (Gebot der *lex scripta*) des Art. 103 II GG.[1697]

Von Vertretern einer strengen Zivilrechtsakzessorietät wird die vermeintlich verfassungskonforme Auslegung entsprechend der modifiziert zweistufigen Methode zunächst als methodisch gefährlich kritisiert.[1698]

1693 So für das Zivilrecht *K. Schmidt*, AG 1978, S. 337; auch *v. Oncuil*, Rechtzeitige Auslösung (2000), S. 132 f. Auf strafrechtlicher Ebene ähnlich *Penzlin*, Jura 1999, S. 56 unter Hinweis auf *Groth*, Überschuldung (1995), S. 125.
1694 Vgl. insbes. *v. Oncuil*, Rechtzeitige Auslösung (2000), S. 130 ff.
1695 *Otto*, BT, 6. Aufl. (2002), § 61 Rn. 86.
1696 So *Penzlin*, Auswirkungen der InsO (2000), S. 70 f., 153, 163; *ders.*, Jura 1999, 56; *ders.*, NZG 2000, S. 466 ff.; *Otto*, BT, 6. Aufl. (2002), § 61, Rn. 83 ff.; *ders.*, Aktienstrafrecht, 4. Aufl. (1997), § 401 AktG Rn. 37; *v. Oncuil*, Rechtzeitige Auslösung (2000), S. 130 ff.
1697 Ausdrücklich *Penzlin*, Auswirkungen der InsO (2000), S. 159.
1698 *Bittmann*, StV 2002, S. 229.

Aber auch Vertreter eines strafrechtsautonomen Begründungsansatzes suchen den Einklang mit der gesetzlichen Definition, wonach allein der bilanzielle Vermögensausweis letztlich über die Überschuldung entscheiden soll,[1699] weil sie die Prognoseunsicherheiten und Unwägbarkeiten der von „Subjektivität" geprägten Fortführungsprognose für gravierender halten als eine Bewertung nach Fortführungswerten, so dass sie im Gegenzug einen Überschuldungsbegriff, bei dem die Fortführungsprognose allein über den Ausgang der Überschuldungsprüfung entscheidet, für einen Verstoß gegen das Bestimmtheitsgebot aus Art. 103 II GG halten.[1700]

Vor allem im Hinblick auf die Insolvenzverschleppungsdelikte wird das Ergebnis der modifiziert zweistufigen Methode für unvertretbar gehalten, weil dadurch eines der wesentlichen Defizite des früheren Konkursrechts, das zu späte Eingreifen der Auslösetatbestände, wieder eingeführt werde und damit die Vorverlagerung der Verfahrenseröffnung als wesentliches Reformziel konterkariert werde.[1701]

Um den Prognoseproblemen bei einer Überschuldungsprüfung in Abhängigkeit von der Fortführungsprognose zu begegnen, fällt nur ein geringer Teil aus der Strafrechtsliteratur in eine reine Liquidationswertbetrachtung zurück, und auch dann nur im Rahmen des Bankrotts.[1702] Der überwiegende Teil der Auffassungen hält die Einschränkung des Prognosegewichts über die traditionell zweistufige Methode für ausreichend.[1703]

c) *Voll funktionale Akzessorietät (traditionell zweistufige Methode)*

Eine Vorgehensweise entsprechend der traditionell zweistufigen Methode wird daher auch aufgrund sachlich-strafrechtlicher Wertungen sowohl bei Insolvenzverschleppung als auch beim Bankrott für passend und sinnvoll erachtet:[1704] Im Einklang mit den Wertungen des Gesetzgebers müsse das Gewicht der Fortführungsprognose zur Aufrechterhaltung einer hinreichenden Tatbestandsbestimmtheit eingeschränkt werden, ohne dass auf die am wenigsten prognoselastigen Liquidationswerte zurückgegriffen werden könne, weil sie als zu streng vom Gläubigerschutzzweck nicht mehr gedeckt seien.[1705] Hinsichtlich der Absage an eine reine

---

1699 So z.B. *Plathner*, Bankrottatbestand (2002), S. 202 ff., 210; im Ansatz auch *Schlüchter* bereits unter der alten Definition, die sich noch in dem Überwiegen der Schulden über das Vermögen erschöpfte, wistra 1984, S. 42; und auch wenn sie nun keine Stellung zu § 19 InsO mehr nehmen konnte, so bleibt dieses Argument angesichts der gesetzlichen Absage an die modifiziert zweistufige Methode in gestärkter Form aktuell.

1700 So *Schlüchter*, wistra 1984, S. 42.

1701 *Röhm*, Abhängigkeit des Insolvenzstrafrechts (2002), *ders.*, NZI 2000, S. 467.

1702 Vgl. bzgl. § 283 StGB *Franzheim*, NJW 1980, S. 2501 f.

1703 Dazu sogleich unter c).

1704 So *Plathner*, Bankrottatbestand (2002), S. 17, 210; *Tiedemann*, Insolvenzstrafrecht, 2. Aufl. (1996), Vor § 283 Rn. 155; Sch/Sch-*Stree/Heine*, 26. Aufl. (2001), § 283 Rn. 50.

1705 Vgl. wie zuvor *Plathner*, Bankrottatbestand (2002), S. 205. Vgl. auch *Schlüchter*, wistra 1984, S. 43; *dies.* Grenzbereich (1977), S.65 ff., 68; *Tiedemann*, NJW 1979, S. 254, 255; ihren streng zivilrechtsakzessorischen Ansatz ergänzend auch *Höffner*, BB 1999, S. 252 ff.; *Bittmann*, wistra 1999, S. 10 ff.; *Bieneck*, StV 1999, S. 43 f.; *Uhlenbruck*, wistra 1996, S. 6; *Moosmayer*, Einfluß der InsO (1997), S. 164.

Liquidationsbewertung führen die Vertreter einer voll funktionalen Akzessorietät die nahezu selben Argumente an, wie auch die Vertreter einer nur punktuellen Akzessorietät: Auch im Rahmen des Bankrotts könne von einer wirtschaftlichen *Krise*, die allein eine Pönalisierung der tatbestandlich aufgeführten Bankrotthandlungen zu legitimieren vermag, zumindest dann nicht gesprochen werden, wenn das zu Fortführungswerten bewertete Vermögen eines fortführungsfähigen Unternehmens zur Deckung der Verbindlichkeiten ausreiche, was § 283 StGB vor allem dadurch deutlich mache, dass die im übrigen aufgeführten Krisensituationen (Zahlungsunfähigkeit und drohende Zahlungsunfähigkeit) ein gewisses Maß an Schwere verlangten.[1706]

Diesem Argument ist allerdings mit Vorsicht zu begegnen. Der systematische Vergleich mit den übrigen Krisensituationen lässt unter einem strafrechtsautonomen Ansatz keinen eindeutigen Schluss zu; allenfalls könnte die Trias der Krisenmerkmale wegen Gleichlaufs mit der Trias der Eröffnungsgründe der InsO als Indiz für ein streng zivilrechtsakzessorisches Verständnis gelten.[1707] Denn gerade weil der Gesetzgeber auch die drohende Zahlungsunfähigkeit als einen zeitlich sehr weit vorgelagerten Krisenbegriff in § 283 StGB aufgenommen hat, könnte man ebenso gut vermuten, der Gesetzgeber zeige, dass er tendenziell einen frühen Kriseneintritt wünsche, vor allem wenn man bedenkt, dass die drohende Zahlungsunfähigkeit bereits Krisenmerkmal war, bevor sie mit der InsO auch als Insolvenzgrund in das zivile Insolvenzrecht Einzug gehalten hat.

Und auch die Ablehnung der modifiziert zweistufigen Methode aus dem Grund, dass der Schutz durch § 283 StGB nicht später einsetzen dürfe als der zivilrechtliche Schutz des Insolvenzverfahrens, weil § 283 StGB unter anderem die potentielle Insolvenzmasse des Schuldners zu schütze,[1708] ist letztlich eine Absage an eine strafrechtsautonome Auslegung überhaupt. Dass der teilweise Gleichlauf insolvenzrechtlicher und insolvenzstrafrechtlicher Schutzzwecke nicht allein ausreicht, wird sogar von den Vertretern einer konkret zwingenden Akzessorietät im vorliegenden Fall anerkannt.[1709]

Demgegenüber sind auch Auffassungen anzutreffen, die grundsätzlich einen streng zivilrechtsakzessorischen Ansatz vertreten, diesen aber durch strafrechtsautonome Begründungen stützen:

In Zusammenschau der Regelungen von Insolvenzverschleppung und Bankrott mit Blick auf den personell umfassenden Anwendungsbereich von § 283 StGB wird beispielsweise vertreten, dass eine im Ergebnis zivilrechtsgleiche Auslegung auch des bankrottstrafrechtlichen Überschuldungstatbestandes geboten sei, *um* dem Schutzsystem der zivilrechtlichen wie strafrechtlichen Regelungen der Insolvenzordnung zu genügen: Der Verzicht auf eine strafbewehrte Antragspflicht natürlicher Personen bei Überschuldung sei angesichts der massiven Gläubigergefährdung durch überschuldete natürliche Personen nur tragbar, weil § 283 StGB dem Schuldner ver-

---

1706 *Plathner*, Bankrottatbestand (2002), S. 205 f.
1707 So wie es bei *Röhm* der Fall ist, vgl. Abhängigkeit des Insolvenzstrafrechts (2002), S. 155.
1708 *Plathner*, Bankrottatbestand (2002), S. 209.
1709 Vgl. *Moosmayer*, Einfluß der InsO (1997), S. 144.

schärfte Pflichten auferlege; daher dürfe die Überschuldung im Sinne des § 283 I StGB nicht an engere Voraussetzungen geknüpft werden als der zivilrechtliche Eröffnungsgrund, da ansonsten kein hinreichender Ausgleich der fehlenden Insolvenzverschleppungshaftung zum Schutz der Gläubiger erfolge.[1710]

Hier wird der Krisenfunktion eine eigenständige Bedeutung dahingehend zugeschrieben, dass sie als paralleles Schutzsystem maßgeblicher Garant für das Funktionieren eines Wirtschaftslebens ist, bei dem natürliche Personen und Personengesellschaften bei Vermögensinsuffizienz nicht insolvenzantragspflichtig sind.

Als zumindest formal-rechtlich strafrechtautonome Gründe für eine Auslegung, die den Festsetzungen des § 19 II InsO entspricht, werden desweiteren Gesichtspunkte der Rechtssicherheit für den Normadressaten unter dem Stichwort der „Einheit der Rechtsordnung" angeführt: Es sei danach grundsätzlich *„wünschenswert"*, die teilrechtsordnungsübergreifend gleichen Begriffe, gleich auszulegen. Da dieser Auffassung zufolge mit dem traditionell zweistufigen Begriff auch keine Verletzung des Bestimmtheitsgebotes aus Art. 103 II GG verbunden sei, die sich nicht auch innerhalb diese Ansatzes, z.B. durch eine Festschreibung einer bestimmten *going concern* Bewertungsmethode, lösen ließe oder durch Modifikationen der Wahrscheinlichkeitsanforderungen an die Fortführungsprognose, sei es *sinnvoll*, dem zivilrechtlichen Vorbild zu folgen.[1711]

Besonderheiten und Abweichungen werden von Vertretern einer voll funktionalen Akzessorietät auf allen Ebenen vertreten, die aus denselben Gründen erfolgen und sich im Ergebnis gleichen. Daher werden sie unabhängig vom Argumentationsansatz dargestellt:

4. Im Einzelnen geforderte Abweichungen von § 19 II InsO von Vertretern des traditionell zweistufigen Überschuldungsbegriffs auch im Strafrecht

Sofern im Ergebnis für die Übernahme des traditionell zweistufigen Überschuldungsbegriffs ins Strafrecht plädiert wird, gleich ob unter der Annahme zwingender oder nur funktionaler Akzessorietät, werden zur Wahrung rechtsstaatlicher Grundsätze hinsichtlich der übrigen Festsetzungen des § 19 II InsO im Strafrecht auf verschiedenen Ebenen Modifikationen für erforderlich gehalten. Diskutiert wird vor allem, inwieweit ein Tatbestandsmerkmal, dessen Vorliegen maßgeblich durch eine anzustellende Prognose geprägt ist, dem Bestimmtheitsgebot aus Art. 103 II GG genügt, demzufolge der Täter erkennen können muss, ab welchem Punkt sein Verhalten strafbar ist. Weitere Streitpunkte im Rahmen der Fortführungsprognose sind der maßgebliche Prognoseinhalt und die Länge des Prognosezeitraums. Besonders umstritten ist vor allem auch der Umgang mit den zahlreichen Bewertungsmethoden.

1710 So *Hoyer* in SK-StGB (2002), § 283 Rn. 10.

1711 Vgl. *Plathner*, Bankrottatbestand (2002), S. 152 ff.; ähnlich aber stärker zivilrechtsakzessorisch auch *Röhm*, Abhängigkeit des Insolvenzstrafrechts (2002), S. 165.

a) *Strafrechtliche Besonderheiten und Modifizierungen hinsichtlich der Fortführungsprognose*

aa) Subjektive Fortführungsabsicht oder objektive Überlebensfähigkeit?

Dass es zur Beurteilung der Fortführungswahrscheinlichkeit nicht allein auf den Fortführungs*willen*, sondern auch auf die Fortführungs*fähigkeit* des Unternehmens ankommt, wird auf strafrechtlicher Seite kaum in Frage gestellt. Soweit ersichtlich, will offenbar nur *Reck* als Vertreter eines ansonsten zivilrechtsgleichen Überschuldungsbegriffs im Strafrecht die Entscheidung, ob Fortführungswerte oder Liquidationswerte anzusetzen sind, allein von den subjektiven Einschätzungen des Schuldners bzw. dessen Organe abhängig machen, wenn er der Fortführungsprognose nur eine untergeordnete Funktion zuschreibt, weil „solange der Unternehmer nicht anmeldet (...) davon ausgegangen werden [kann], dass er das Unternehmen *für* fortführungsfähig *hält*. (...) Im Rahmen einer strafrechtlichen Überprüfung dürfte dies (...) immer gegeben sein.“ [1712]

Die Mehrheit geht hingegen wie selbstverständlich davon aus, dass die Fortführungsfähigkeit des Unternehmens im Augeblick der Tathandlung objektiv vorliegen muss, unabhängig davon, ob dies bereits *ex ante* erkennbar war oder erst *ex post* festgestellt wird.[1713]

Der Annahme einer Fortführungsfähigkeit solange, wie nicht Insolvenz angemeldet wird, steht der der Einwand einer *petitio principii* entgegen.[1714]

Unabhängig von der Frage eines eventuell zwingenden Gleichlaufs der strafrechtlichen mit der zivilrechtlichen Überschuldungsdefinition liegt die Notwendigkeit einer auch von objektiven Begebenheiten abhängigen Fortführungsprognose auf der Hand, soweit für die Übernahme des zweistufigen Überschuldungsbegriffs plädiert wird: Würde die regelmäßig ergebnisentscheidende Wahl der Bewertungsprämisse von Liquidation oder Fortführung in das Belieben des Schuldners gestellt, indem allein *er* durch seine Entscheidung, weiterzuwirtschaften und damit Fortführungsabsichten zu signalisieren, eine Überschuldung abwenden könnte, die wegen objektiv fehlender Fortführungsfähigkeit bei Ansatz von Liquidationswerten eigentlich – im Zivilrecht sogar zwingend – vorläge, würden vor allem die Insolvenzverschleppungsdelikte ihrer Garantiefunktion im Hinblick auf die Gewähr-

---

1712 *Reck*, Insolvenzstrafrecht (1999), Rn. 147, der fälschlicherweise auch *Uhlenbruck* unterstellt, darauf abzustellen, ob der Schuldner sein Unternehmen für fortführungsfähig hält (Fn. 120). Stattdessen aber geht auch *Uhlenbruck* davon aus, das zur Annahme der Fortführung das Unternehmen fortführungsfähig sein muss, vgl. *Uhlenbruck*, KTS 1994, S. 173: positive Fortführungsprognose heiße „ist die Fortführung des Unternehmens beabsichtigt und erscheint das Unternehmen wirtschaftlich lebensfähig“, wobei es darauf ankommt, ob objektiv eine positive Prognose der Lebensfähigkeit gestellt werden kann. Vgl. auch *Uhlenbruck*, wistra 1996, S. 6. Für das Zivilrecht plädieren auch *Burger/Schellberg*, KTS 1995, S. 571 für eine rein subjektive Fortführungsprognose.
1713 *Tiedemann*, Insolvenzstrafrecht, 2. Aufl. (1996), Vor § 283 Rn. 155; *Moosmayer*, Einfluß der InsO (1997), S. 162; *Röhm*, Abhängigkeit des Insolvenzstrafrechts (2002), S. 165, 176; *Bieneck* in Müller-Gugenberger/Bieneck, 3. Aufl. (2000), § 76 Rn. 25; Sch/Sch-*Stree/Heine*, 26. Aufl. (2001), § 283 Rn. 51; *Pelz*, Strafrecht in Krise und Insolvenz (2004), Rn. 82, 19; *Fromm*, ZInsO 2004, S. 945 f.; implizit auch *Weyand*, Insolvenzdelikte, 6. Aufl. (2003), Rn. 31 ff., 34.
1714 So auch *Fromm*, ZInsO 2004, S. 946.

leistung eines frühzeitig einsetzenden Insolvenzverfahrens[1715] zum Schutz der Gläubigerbefriedigungsinteressen *par conditio omnium creditorum* beraubt.

Die Insolvenzverschleppungsdelikte, die gerade den Schuldner dazu anhalten sollen, rechtzeitig nach Eintritt des in § 19 II InsO vom Gesetz selbst als für den Gläubigerschutz maßgeblich festgelegten Zeitpunktes die Verfahrenseröffnung zu beantragen, würden sinnentleert, wenn dem Schuldner die Möglichkeit eingeräumt würde, allein durch subjektive Entscheidungen die Verfahrenseröffnung legitimerweise hinauszuzögern. Der Sinn der Insolvenzverschleppungsdelikte würde sogar in sein Gegenteil verkehrt, wenn Schuldner für sein gläubigergefährdendes Weiterwirtschaften bei nicht mehr vorhandenem Schuldendeckungspotential damit belohnt würde, dass die Sanktion der Insolvenzverschleppungsdelikte wegen des zugleich dargelegten Fortführungswillens ausbliebe.

Und auch die Funktion des Krisenmerkmals in § 283 I StGB, den Gläubigergefährdungsgrad verlässlich zu markieren, ab dem vom Schuldner eine erhöhte Sorgfalt beim Umgang mit seinem zur Gläubigerbefriedigung benötigten Vermögen verlangt werden kann, erfordert eine Festlegung der kritischen Lage nach *objektiven* Kriterien. Die typisiert konkrete Gefährlichkeit masseschmälernden Handelns im Sinne der Bankrotthandlungen bemisst sich nach der tatsächlich noch vorhanden Masse, und nicht etwa nach den berechtigten oder gar unberechtigten Hoffnungen des Schuldners, die er durch ein Weiterwirtschaften ausdrückt.

Wenn und soweit der traditionell zweistufige Überschuldungsbegriff für das Strafrecht als verbindlich erachtet wird, ist konsequenterweise auch die Vorgabe des § 19 II InsO zu übernehmen, wonach die Fortführungsbewertung von der objektiven Fortführungsfähigkeit des Unternehmens abhängt.

Innerhalb des zweistufigen Überschuldungsbegriffs ist eine allein subjektiv zu bestimmende Fortführungsprognose nicht durchführbar. Wollte man das Ergebnis einer ausschließlichen Fortführungsbewertung im Strafrecht erreichen, so ist dies nur im Rahmen eines einstufigen, rein fortführungswertbezogenen Überschuldungsmodells denkbar.

Eine andere Frage ist, ob die Entscheidung über den Wertansatz im Strafrecht sogar *allein* von der objektiven Fortführungs*fähigkeit* abhängt, so dass es nicht mehr darauf ankäme, ob der Schuldner beabsichtigt, das Unternehmen fortzuführen.

Im Regelfall wird auch für das Strafrecht ohne nähere Begründung davon ausgegangen, dass im Gleichlauf mit § 19 II InsO der Fortführungswille fester Bestandteil der Fortführungsprognose ist,[1716] allerdings mit der Einschränkung, dass es auf die Frage eines etwaigen Fortführungswillens nicht mehr ankomme, wenn bereits nach Liquidationswerten Überschuldung zu verneinen ist.[1717]

1715 Vgl. insoweit auch *Achenbach*, Schlüchter-Gds. (2002), S. 268.

1716 Vgl. *Tiedemann*, Insolvenzstrafrecht, 2. Aufl. (1996), Vor § 283 Rn. 158; *Röhm*, Abhängigkeit des Insolvenzstrafrechts (2002), S. 175 f.; *Bittmann*, wistra 1999, S. 14; *Bieneck* in Müller-Gugenberger/Bieneck, 3. Aufl. (2000), § 76 Rn. 25; *Höffner*, BB 1999, S. 253.

1717 Z.B. Sch/Sch-*Stree/Heine*, 26. Aufl. (2001), § 283 Rn. 51; *Bittmann* wistra 1999, S. 17; vgl. zur parallelen Diskussion im Zivilrecht bereits oben unter Zweiter Teil A. III. bei der Frage der Ergebnisrelevanz unterschiedlicher Prüfungsreihenfolgen.

Vorbehaltlich der noch zu klärenden Frage einer übergeordneten Zivilrechtsakzessorietät, lässt sich bereits aus strafrechtsautonomen Gründen für die Insolvenzverschleppungsdelikte begründen, dass es auch des Fortführungswillens für eine positive Fortführungsprognose bedarf, um den Ansatz von Fortführungswerten zu legitimieren. Denn im Rahmen der Insolvenzverschleppungsdelikte soll der Unternehmer, der nur eine beschränkte Haftung eingehen will, gerade dazu angehalten werden, Insolvenz anzumelden, wenn seiner gewählten Unternehmensstrategie zufolge das Vermögen künftig zur Deckung der Verbindlichkeiten nicht mehr ausreicht. Fehlt es dem Unternehmer trotz der Fortführungsfähigkeit seines Unternehmens an der Fortführungsabsicht, ist es nur konsequent, ihn im Hinblick auf die dann eintretende Antragspflicht „beim Wort zu nehmen" und auf die Einleitung eines Insolvenzverfahrens hinzuwirken.

Vorbehaltlich der eventuell bestehenden Auslegungshindernisse aufgrund einer noch zu prüfenden Zivilrechtsakzessorietät des Bankrotttatbestandes liegt die Vermutung nahe, dass es bei § 283 StGB allein auf die Fortführungsfähigkeit ankommen muss, weil die Krise hier allein durch den *Zustand* der Vermögensinsuffizienz bestimmt wird. Dies ergibt sich bereits auf den ersten Blick daraus, dass § 283 StGB nicht die Einleitung des Insolvenzverfahrens sicherstellen will, sondern, dass Überschuldung als Krisenmerkmal nur den Gläubigergefährdungsgrad in Bezug auf das vorhandene Vermögen anzeigen soll.[1718]

Die Krise soll nur anzeigen, wann das Vermögen so schwach ist, dass eine erhöhte Sorgfalt einsetzen muss, sie drängt nicht darauf, dem Schuldner nahe zu legen, seine Unternehmensstrategie dahingehend zu ändern, Insolvenz anzumelden; hier kommt es auf die Unternehmensstrategie und eine Insolvenzanmeldung als unmittelbar verfolgtem Zweck der Verhaltenssteuerung gerade nicht an, so dass auch der Fortführungswille keine Relevanz für die Frage hat, befindet sich das Unternehmen in einer so verstandenen Krise der Vermögensinsuffizienz oder nicht. § 283 I StGB fragt nicht danach, ab wann ein Wirtschaften am Markt *an sich* für die Gläubigerbefriedigungsinteressen zu gefährlich wird, sondern ab wann beim Wirtschaften der Schuldner zum Erhalt seines Vermögens erhöhte Sorgfalt üben muss.

bb) Wahrscheinlichkeitsgrad

(1) Going concern Annahme, solange sie nicht ganz unwahrscheinlich, Liquidation nicht sicher bevorsteht („in dubio pro reo")

Von einigen Vertretern einer im übrigen zwingenden Akzessorietät[1719] und von Vertretern einer funktionalen Akzessorietät[1720] wird für Insolvenzverschleppungsdelikte und Bankrott gleichermaßen eine Korrektur hinsichtlich der Anforderun-

1718 Vgl. zu dieser Schutzzweckdivergenz bereits die Ausführungen zur Ersatzfunktion im Hinblick auf die Ausgestaltung des Bankrotts als konkretes Gefährdungsdelikt (BT 7/3341, S. 20). Vgl. auch *Tiedemann*, Insolvenzstrafrecht, 2. Aufl. (1996), Vor § 283 Rn. 158; *Otto*, Bruns-Gds. (1980), S. 272; *Achenbach*, Schlüchter-Gds. (2002), S. 268.

1719 Vgl. insoweit die Darstellung unter Zweiter Teil C. II.

1720 Z.B. *Tiedemann*, Insolvenzstrafrecht, 2. Aufl. (1996), Vor § 283 Rn. 155; *Wegner* in Achenbach/Ransiek, HWSt (2004), Kap. VII 1 Rn. 36 (S. 501).

gen an den Wahrscheinlichkeitsgrad einer Fortführungsprognose „zur sinnvollen Begrenzung der strafrechtlichen Verantwortlichkeit" und zur Wahrung einer hinreichenden Tatbestandsbestimmtheit (Art. 103 II GG) gefordert: Von Fortführungswerten ist danach im Strafrecht nicht erst auszugehen, wenn die Fortführung des Unternehmens „überwiegend wahrscheinlich" ist, sondern bereits, wenn sie „nicht ganz unwahrscheinlich", d.h. „der Zusammenbruch nicht evident" ist.[1721] Umgekehrt formuliert, müsse zugunsten des Angeklagten so lange von einer für den Schuldner günstigeren Fortführung ausgegangen werden, wie ein Zusammenbruch nicht offensichtlich bevorsteht.[1722] Die ungünstigeren Liquidationswerte sind danach nur dann anzusetzen, wenn aus der Sicht *ex ante* die Nichtfortführung des Unternehmens feststeht.[1723] Unter Berücksichtigung des Sonderfalls, dass z.B. wegen besonders werthaltiger Bestandteile des Anlagevermögens aber schlechtem Management die Liquidationswerte die Fortführungswerte übersteigen, sind demnach bei nicht eindeutiger Forstbestehensprognose Liquidations- *und* Fortbestehenswerte zu ermitteln, wobei der günstigere zählt.[1724]

Im Hinblick auf Art. 103 II GG wird insoweit argumentiert, die mit dem Wahrscheinlichkeitsurteil verbundene Unsicherheit, beantworten zu müssen, ob die Fortführung nach den Umständen wahrscheinlicher ist als die Stilllegung,[1725] dürfe nicht zu Lasten des Schuldners in den Straftatbestand transferiert werden.[1726]

Inwieweit dieses Ergebnis unter entsprechender Anwendung des Grundsatzes *in dubio pro reo* erzielt[1727] oder unmittelbar auf Art. 103 II GG gestützt wird,[1728] um sich nicht dem Einwand ausgesetzt zu sehen, dass bei Zweifeln hinsichtlich einer Rechtsfrage das Gericht nicht die dem Angeklagten günstigste, sondern die richtige

---

1721 So *Tiedemann*, Insolvenzstrafrecht, 2. Aufl. (1996), Vor § 283 Rn. 155; *ders.* in Scholz, GmbHG, 9. Aufl. (2002), § 84 Rn. 47; *Beck* in Wabnitz/Janovsky, 2. Aufl. (2004), Kap. 6 Rn. 101; *Kühl* in Lackner/Kühl, StGB, 25. Aufl. (2004), § 283 Rn. 6; *Pelz*, Strafrecht in Krise und Insolvenz (2004), Rn. 86; *Wessels/Hillenkamp*, BT 2, 27. Aufl. (2004), Rn. 461; *Bieneck*, StV 1999, S. 44; *ders.* in Müller-Gugenberger/Bieneck, 3. Aufl. (2000), § 76 Rn. 34; *Uhlenbruck*, wistra 1996, S. 6; *Lüderssen* in Kaufmann-Gds. (1989), S. 677; offenbar auch *Moosmayer*, Einfluß der InsO (1997), S. 165; zwar nicht ausdrücklich aber hierzu offenbar tendierend Sch/Sch-*Stree/Heine*, 26. Aufl. (2001), § 283 Rn. 51; *Wegner* in Achenbach/Ransiek, HWSt (2004), Kap. VII 1 Rn. 58 (S. 505). Ähnlich *BGH*, DStR 1994, S. 1054 wenn „begründete Anhaltspunkte für eine Fortführung sprechen." Für Insolvenzverschleppungsdelikte auch *Temme*, Eröffnungsgründe (1997), S. 69, 72 f.; *Schulze-Osterloh*, Baumbach/Hueck, GmbHG, 17. Aufl. (2000), § 84 Rn. 23; *Altmeppen* in Roth/Altmeppen, GmbHG, 5. Aufl. (2005), § 84 Rn. 22.

1722 *OLG Düsseldorf* Urt. v. 25.11.1996, DB 1997, S. 418 = wistra 1997, S. 113.

1723 *Tiedemann* in Scholz, GmbHG, 9. Aufl. (2002), § 84 Rn. 47.

1724 *Beck* in Wabnitz/Janovsky, 2. Aufl. (2004), Kap. 6 Rn. 101; *Tiedemann*, Insolvenzstrafrecht, 2. Aufl. (1996), Vor § 283 Rn. 155; *Moosmayer*, Einfluß der InsO (1997), S. 165.

1725 So die zivilrechtliche Interpretation der überwiegenden Wahrscheinlichkeit laut Gesetzgeber der InsO und der einhelligen Meinung der Literatur, vgl. BT-Drs. 12/7302, S. 157; *OLG München*, GmbHR 1998, S. 282; *Höffner*, BB 1999, S. 204; *Groß/Amen*, WPg 2003, S. 67.

1726 Vgl. *Tiedemann*, Insolvenzstrafrecht, 2. Aufl. (1996), Vor § 283 Rn. 155; *Beck* in Wabnitz/Janovsky, 2. Aufl. (2004) Kap. 6 Rn. 101; *ders.* in Scholz, GmbHG, 9. Aufl. (2002), § 84 Rn. 47.

1727 So *Tiedemann*, Insolvenzstrafrecht, 2. Aufl. (1996), Vor § 283 Rn. 155; *Beck* in Wabnitz/Janovsky, 2. Aufl. (2004), Kap. 6 Rn. 101.

1728 So z.B. *BGH*, DStR 1994, S. 1045; *OLG Düsseldorf* Urt. v. 25.11.1996, DB 1997, S. 418 = wistra 1997, S. 113.

Auslegung zu wählen habe,[1729] ist mangels Ergebnisrelevanz hier nicht von Interesse und kann zunächst dahinstehen.

(2) Keine Korrekturen des § 19 II InsO

Einige Vertreter strenger Zivilrechtsakzessorietät lehnen eine Modifizierung der Wahrscheinlichkeitskriterien bereits ab, weil sie infolge ihres streng akzessorischen Begründungsansatzes auch im Ergebnis davon ausgehen, dass die Vorgabe des § 19 II InsO in all ihren Festsetzungen ausnahmslos verbindlich sein muss.[1730] Speziell im Hinblick auf ein akzessorisches Wahrscheinlichkeitsurteil wird das mit § 19 II 2 verfolgte Anliegen des Gesetzgebers für allgemeinverbindlich erklärt: Ausweislich der Gesetzesbegründung ist es ein tatsächliches Anliegen des § 19 II 2 InsO, aus Gläubigerschutzgründen zu verhindern, dass ein Unternehmen auf der Basis einer positiven Prognose weiter wirtschaftet, obwohl sich diese als falsch erweisen kann; deshalb sollte es darauf ankommen, dass die Fortführung auch nach den Umständen wahrscheinlicher ist als die Stilllegung.[1731]

Dieses konkrete Gläubigerschutzanliegen des Gesetzgebers beanspruche rechtseinheitliche Geltung und müsse daher auch für das Strafrecht gelten.[1732] Dem bankrottstrafrechtlichen Ziel der Unversehrtheit der potentiellen Insolvenzmasse diene am besten die vollständige Übernahme des § 19 II InsO.[1733] Selbst Vertreter eines strafrechtsautonomen Begründungsansatzes argumentieren unterschwellig zivilrechtsakzessorisch, wenn sie die Befürchtung äußern, „der Clou des § 19 II InsO", zu verhindern, dass Unternehmen allein aufgrund einer günstigen Fortführungsprognose weiterwirtschaften, werde durch eine Modifizierung des Wahrscheinlichkeitsurteils in *dubio pro reo* konterkariert.[1734]

Anzumerken ist insoweit, dass diese Argumentation nur für die Insolvenzverschleppungsdelikte Geltung beanspruchen kann, bei denen es gerade um die Frage geht, ab wann ein Weiterwirtschaften aus Gründen des Gläubigerschutzes nicht mehr tragbar ist. Da § 283 StGB hingegen das Weiterwirtschaften nicht untersagen will, sondern dem Wirtschaftenden nur eine höhere Sorgfalt im Umgang mit seinem Vermögen abverlangt, kann auch das gesetzgeberische Anliegen, das Weiterwirtschaften allein über eine positive Prognose zu verhindern, keine Wirkung auf den Überschuldungstatbestand des Bankrotts entfalten.

Im Hinblick auf § 283 StGB werden aber auch spezifisch strafrechtliche Gesichtspunkte gegen eine Modifikation angeführt: Neben dem (zweifelhaften) Vergleich mit § 56 StGB als Nachweis, dass Wahrscheinlichkeitsurteile dem Strafrecht nicht

1729 Vgl. zur Ablehnung eines dem prozessualen Grundsatz *„in dubio pro reo"* entsprechenden materiellrechtlichen Grundsatzes „in dubio mutius" *BGHSt* 6, S. 131, 133; *BGHSt* 14, S. 69, 73 und im Zusammenhang mit der Überschuldung *Groth*, Überschuldung (1995), S. 126; *Bittmann*, wistra 1999, S. 17; *Fromm*, ZInsO 2004, S. 950.
1730 ZB. *Bieneck*, StV 1999, S. 44; *Hoyer* in SK-StGB (2002), § 283 Rn. 14.; *Röhm*, Abhängigkeit des Insolvenzstrafrechts (2002), S. 184.
1731 Vgl. insoweit BT-Drs. 12/7302, S. 157 und auch *Achenbach*, Schlüchter-Gds. (2002), S. 267.
1732 In diese Richtung *Bittmann*, wistra 1999, S. 17; *Hoyer* in SK-StGB (2002), § 283 Rn. 14.
1733 *Bittmann*, wistra 1999, S. 17.
1734 *Achenbach*, Schlüchter-Gds. (2002), S. 267.

fremd seien,[1735] wird die Sinnlosigkeit einer Modifikation im Hinblick auf das Ziel, „die strafrechtliche Haftung sinnvoll zu beschränken“[1736] behauptet: Eine entsprechende Einschränkung, dass Liquidationswerte erst bei sicherem Bevorstehen der Liquidation anzusetzen seien, könne im Rahmen des § 283 StGB nicht haftungsbeschränkend wirken, weil bei einer nicht mehr überwiegenden Wahrscheinlichkeit künftiger Zahlungsunfähigkeit (Fortführungswahrscheinlichkeit unter 50 %) bereits Zahlungsunfähigkeit drohe und damit schon die Krise tatbestandlich vorliege.[1737] Im Rahmen der Insolvenzverschleppungsdelikte entfaltet diese Argumentation allerdings keine Wirkung, weil hier eine Antragspflicht durch drohende Zahlungsunfähigkeit noch nicht ausgelöst wird. Und auch das in dogmatischer Hinsicht angeführte Argument, *in dubio pro reo* könne nur für die Anknüpfungstatsachen einer Wahrscheinlichkeitsprognose gelten, nicht aber für die Rechtsfrage des Wahrscheinlichkeitsurteils selbst,[1738] greift insoweit nicht, als die Modifizierung des Wahrscheinlichkeitsgrades direkt auf Art. 103 II GG gestützt werden kann, ohne dass es der Anwendung des *in dubio pro reo* bedarf.

Die Kritik an deiner milden Auslegung *in dubio pro reo* geht sogar so weit, dass manche Vertreter bei Zweifeln an einer überwiegenden Wahrscheinlichkeit der Fortführung diese zu Lasten des Täters gehen lassen wollen:

(3) In dubio contra reum – Im Zweifel Liquidationswerte

Vertreten wird dass im Hinblick auf Art. 103 II GG die Prognoseunsicherheiten des Wahrscheinlichkeitsurteils *in dubio contra reum* auszuräumen seien. Zweifel bei der Fortbestehensprognose müssten im Rahmen von Insolvenzverschleppung und Bankrott zu Lasten des Täters gehen.

Parallel zur überwiegenden Auffassung von der zivilrechtlichen Beweislastverteilung[1739] wird zum einen argumentiert, der für das Strafrecht als verbindlich erachtete § 19 II InsO erlaube nur dann entgegen dem gesetzlichen Regelfall einer Liquidationsbewertung den Ansatz von Fortführungswerten, wenn sich der Schuldner auch pflichtgemäß um die insoweit erforderlichen Nachweise bemüht. Stellt hingegen der Beschuldigte keine (ernsthafte) Fortbestehensprognose auf, verletze er seine Obliegenheit; dann müsse sie aber auch im Ermittlungsverfahren nicht nachträglich erstellt werden, weil § 19 II InsO nicht „naives Gottvertrauen“ schütze.[1740]

1735 Vgl. hierzu bereits die Nachweise in Zweiter Teil C. II. 1. a).
1736 Vgl. *Beck* in Wabnitz/Janovsky, 2. Aufl. (2004), Kap. 6 Rn. 101.
1737 So *Röhm*, Abhängigkeit des Insolvenzstrafrechts (2002), S. 184.
1738 So vor allem *Bieneck*, StV 1999, S. 44; *Hiltenkamp-Wisgalle*, Bankrottdelikte (1987), S. 237 f.
1739 Aufgrund der Formulierung „jedoch“ (§ 19 II 2 InsO) und wegen der besseren Einsichtsmöglichkeiten in die Unternehmenslage weist die herrschende Meinung im Zivilrecht dem Geschäftführer/Vorstand die Beweislast (so *Ulmer* in Hachenburg, GmbHG, 8. Aufl. (1997), § 64 Rn. 19; *K. Schmidt* in Scholz, GmbHG, 9. Aufl. (2002), § 64 Rn. 18) bzw. über das Rechtsinstitut der sekundären Behauptungslast die Nachweispflicht im Rahmen qualifizierten Bestreitens (So *BHGZ* 126, S. 181, 200; *Bork*, ZGR 1995, S. 521) für den Nachweis der Fortführungsfähigketi zu, vgl. hierzu ausführlich *Höffner*, Insolvenzverschleppung (2003), S. 54 f.; *Altmeppen* in Roth/Altmeppen, GmbHG, 5. Aufl. (2005), § 64 Rn. 21 ff.
1740 *Bittmann*, wistra 1999, S. 17.

Zum anderen wird zugunsten eines effektiven Gläubigerschutzes eine erleichterte Annahme der *going concern* Prämisse wegen insoweit konterkarierend wirkender Risikoschaffung zu Lasten der Gläubiger abgelehnt.[1741]

Geht man allerdings – wie die Vertreter eines Wahrscheinlichkeitsurteils *in dubio contra reum* – von der Notwendigkeit einer Ermittlung des Vermögenswertes in Abhängigkeit von der Fortführungsfähigkeit erst einmal aus, und lehnt einen Ansatz ausschließlicher Liquidationswerte als zu streng ab, so gerät auch eine Zweifelsregelung zu Lasten des Schuldners bei § 283 StGB in Konflikt mit dem Schuldprinzip, dem das Krisenerfordernis gerade Rechnung tragen soll,[1742] und damit in Widerspruch zu der eigenen Einschätzung, dass bei Fortführungsfähigkeit an sich ein Ansatz von Liquidationswerten nicht gerechtfertigt ist.

Denn dann würden auch an sich wertneutrale Handlungen – wie insbesondere der Verbrauch übermäßiger Beträge durch Spiel oder Wette (§ 283 I Nr. 2 StGB) – im Einzelfall strafrechtlich erfasst, wenn sie außerhalb der Krise als einer typisiert konkreten Gefahrensituation (nach dem selbst für maßgeblich erklärten traditionell zweitstufigen Begriff) begangen würden, weil zu Fortführungswerten keine Überschuldung vorgelegen hätte und das Unternehmen möglicherweise auch fortführungsfähig war, dies aber nicht mit überwiegender Wahrscheinlichkeit nachgewiesen werden kann.

Zugleich stünde diese Konsequenz in unmittelbarem Widerspruch zum Willen des Gesetzgebers; nicht nur, weil eine Abschwächung der Krisenanforderungen an sich bereits dem Willen des Gesetzgebers zuwider laufen würde, dem sogar das Erfordernis eines konkreten Gefahrerfolges vorschwebte und von dem er nur absah, weil er wegen der erwarteten Verfolgungsschwierigkeiten die Funktionalität des Bankrotttatbestandes gefährdet sah.[1743] Vor allem brachte der Gesetzgeber selbst zum Ausdruck, Beweisschwierigkeiten zu Lasten des Täters nicht in das Krisenmerkmal aufnehmen zu wollen, als er von der Aufnahme der drohenden Überschuldung in den Kanon der Krisenmerkmals absah, weil er die damit verbundenen Beweisschwierigkeiten als untragbaren Mangel der gesetzlichen Bestimmtheit im Sinne des Art. 103 II GG empfand.[1744]

Im Hinblick auf die Insolvenzverschleppungsdelikte ist noch stärker zu bezweifeln, dass durch einen völligen Gleichlauf mit § 19 II InsO einschließlich seiner Beweislastverteilung das Schuldprinzip beachtet würde: Würden die Freiheitsrechte des Unternehmensinhabers im Hinblick auf seines unbeschränkte Verfügungsbefugnis bereits eingeschränkt, wenn seine Fortführungsfähigkeit nur nicht überwiegend wahrscheinlich aber doch möglich ist, bestünde die Gefahr, dass auch ohne ein rea-

---

1741 *Ransiek*, Unternehmensstrafrecht (1995), S. 160.

1742 Vgl. nochmals *Wilts*, Protokoll der 89. Sitzung des Sonderausschusses für die Strafrechtsreform vom 10.5.1976, Stenographische Berichte 7. Wahlperiode, S. 2815.

1743 Vgl. insoweit bereits oben unter Erster Teil A. I. 5.; *Wilts*, Protokoll der 89. Sitzung des Sonderausschusses für die Strafrechtsreform vom 10.5.1976, Stenographische Berichte 7. Wahlperiode, S. 2815 ff.

1744 Vgl. Bericht und Antrag des Sonderausschusses für die Strafrechtsreform, BT-Drs. 7/5291; *Wilts*, Protokoll der 89. Sitzung des Sonderausschusses für die Strafrechtsreform vom 10.5.1976, Stenographische Berichte 7. Wahlperiode, S. 2817 ff. und ebenso *Tiedemann*, NJW 1977, S. 781.

les Gefährdungsrisiko für die Gläubigerbefriedigungsinteressen nämlich, wenn sich im Nachhinein herausstellt, dass das Unternehmen durchaus hätte fortgeführt werden können – Strafe verhängt wird.[1745]

Anders als § 283 StGB fordern die Insolvenzverschleppungsdelikte nicht nur die Einhaltung einer besonderen Sorgfalt, so dass *ex post* gewonnene Erkenntnisse ohne gravierende Einschnitte für den Beschuldigten zu einer für ihn günstigeren Beurteilung herangezogen werden können. Die Insolvenzverschleppungsregelungen verlangen von dem Schuldner vielmehr mit der Aufgabe des Geschäftsbetriebes eine einschneidende Maßnahme mit zumeist irreversiblen Folgen, so dass eine Korrektur des Wahrscheinlichkeitsurteils *ex post* zwar die Strafbarkeit des Beschuldigten entfallen lassen kann; eine Korrektur der tatsächlichen Folgen in dem Fall, dass der Schuldner angesichts einer ihm sonst drohenden Strafbarkeit zu früh Insolvenz angemeldet hat, ist aber nicht möglich. Insoweit besteht die Gefahr einer strafrechtlichen Erfassung auch solcher Fälle, in denen kein reales Gefährdungsrisiko für die Gläubigerinteressen bestand, mit der Folge irreversibler Eingriffe in die Freiheitsrechte des Wirtschaftenden.

Insbesondere wäre die Unbestimmtheit des Überschuldungstatbestandes im Hinblick auf seine Prognoseabhängigkeit bei einer Zweifelsregelung zu Lasten des Täters mit Art. 103 II GG nicht mehr vereinbar.

Vor allem aber verstößt eine Regelung *in dubio contra reum* unmittelbar gegen den *Ermittlungsgrundsatz* und dem ihm innewohnenden *Prinzip der materiellen Wahrheitserforschung*, sowie damit zusammenhängend dem Grundsatz *in dubio pro reo*:

Wenn und soweit der traditionell zweistufige Überschuldungsbegriff auch für Insolvenzverschleppung und Bankrott als richtige Ausfüllung von Krisenmerkmal und Antragspflichtenauslöser anerkannt wird, sind die Voraussetzungen ausnahmslos von Amts wegen zu ermitteln. Denn das Strafverfahren ist ein vom Prinzip der materiellen Wahrheitsforschung beherrschter Amtprozess, in dem das Gericht von Amts wegen zur Erforschung der Wahrheit verpflichtet ist (vgl. §§ 255 II, 244 III StPO) und alle für die gerichtlichen Entscheidungen erheblichen Tatsachen (mit Hilfe der Staatsanwaltschaft) bewiesen werden müssen, § 244 II StPO.[1746] Die „Beweislast“[1747] für das Vorliegen der Tatsachen trägt der Staat, bzw. die anklagevertretende Staatsanwaltschaft; umgekehrt ausgedrückt gilt kraft gewohnheitsrechtlicher Anerkennung und gem. Art. 6 II MRK der Grundsatz *in dubio pro reo*, wonach im Zweifel in der Tatsachenfrage zugunsten des Angeklagten und damit zu Lasten des staatlichen Strafanspruchs zu entscheiden ist.[1748]

1745 Vgl. zum so entstehenden Konflikt mit dem Schuldprinzip nochmals Sch/Sch-*Heine*, 26. Aufl. (2001), Vor 306 ff., Rn. 3a.

1746 Vgl. Kleinknecht/*Meyer-Goßner*, StPO, 45. Aufl. (2001), § 155 Rn. 2; *Roxin*, Strafverfahrensrecht, 25. Aufl. (1998), § 14 Rn. 1 ff., § 24 Rn. 6.

1747 „Beweislast“ ist hier im untechnischen Sinn zu verstehen und soll den Vergleich zivilrechtlicher und strafrechtlicher Nachweisregelungen verdeutlichen. Vgl. zur Kritik des Beweislastbegriffs im Strafprozessrecht *Gössel*, Strafverfahrensrecht (1977), S. 183 f. und *Stuckenberg*, Untersuchungen (1998), S. 87 f.

1748 Vgl. *Prütting*, Gegenwartsprobleme der Beweislast (1983), S. 36 ff., 38.

Schuldvermutungen, die den Satz *in dubio pro reo* durchbrechen, kennt das Strafrecht nicht.[1749] Um die strafrechtliche Sanktion durchsetzen zu können, müssen von den Strafverfolgungsorganen sämtliche Strafbarkeitsvoraussetzungen ausnahmslos bewiesen werden.[1750]

Wenn daher der modifiziert zweistufige Überschuldungsbegriff auch hinsichtlich des in § 19 II 2 InsO normierten Wahrscheinlichkeitsurteils ins Strafrecht übernommen werden soll, so verlangt der prozessuale Grundsatz des *in dubio pro reo*, dass zumindest so lange von Fortführungswerten auszugehen ist, wie eine „überwiegende Wahrscheinlichkeit der Fortführung" nicht ausgeschlossen werden kann, sprich, solange wie nicht zweifellos feststeht, dass die Liquidierung wahrscheinlicher ist als die Fortführung.

Daher kann unabhängig von der Klärung der Akzessorietätsfrage bereits die *in dubio contra reum* modifizierende Ansicht als contra legem ausgeschlossen werden.[1751]

(4) Going concern Annahme in Abhängigkeit von der Gefährlichkeit der zu beurteilenden Tathandlung – Sonderfall einer zwischen den einzelnen Tatbestandsalternativen des § 283 StGB differenzierenden Ansicht (Schlüchter)

Schlüchter vertrat zur Rechtslage vor der Insolvenzordnung auf dem Boden eines strafrechtsautonomen Begründungsansatzes einen dem traditionell zweistufigen Überschuldungsbegriff des § 19 II InsO ähnlichen Überschuldungsbegriff für Insolvenzverschleppungsdelikte und Bankrott. Da sie jedoch zur aktuellen Rechtslage nicht mehr hat Stellung nehmen können,[1752] kann nur im Wege einer Verknüpfung ihrer zur alten Rechtslage geäußerten Ansicht nach logischen Aspekten vermutet werden, welchem Ansatz sie unter der Existenz der sich ebenfalls für einen traditionell zweistufigen Ansatz entscheidenden zivilrechtlichen Überschuldungsdefinition gefolgt wäre.

Auch wenn die nachstehende Darstellung spekulativen Charakter hat, soll sie dennoch erfolgen, um die – soweit ersichtlich – allein von *Schlüchter* vertretenen und auch unter Existenz des § 19 InsO wertvollen Aspekte in der aktuellen Diskussion berücksichtigen zu können. Die folgenden Überlegungen beanspruchen keine Alleingültigkeit im Sinne einer einzig möglichen Verarbeitung ihres nach dem Gefährlichkeitsgrad der in Frage stehenden Tathandlung unterscheidenden Überschuldungsbegriffs.[1753]

Da sie in Abweichung der damals bestehenden Tendenzen zu einem modifiziert zweistufigen Überschuldungsbegriff den Versuch einer strafrechtsautonomen Bestimmung des bankrottstrafrechtlichen Überschuldungstatbestandes unternom-

---

1749 Vgl. *Stuckenberg*, ZStW 1999, S. 422 ff.
1750 Vgl. auch *Höffner*, Insolvenzverschleppung (2003), S. 69, 72 f.
1751 Im Ergebnis ebenso *Tiedemann*, Insolvenzstrafrecht, 2. Aufl. (1996), Vor § 283 Rn. 154; *Bieneck* in Müller-Gugenberger/Bieneck, 3. Aufl. (2000), § 76 Rn. 23.
1752 Vgl. insoweit *Achenbach*, Schlüchter-Gds. (2002), S. 257.
1753 Vgl. hierzu auch die Stellungnahme bei *Tiedemann*, Insolvenzstrafrecht 2. Aufl. (1996), Vor § 283 Rn. 41, 148 f.

men hatte, zählt sie nach der hier vorgenommenen Systematisierung zu den Vertretern eines strafrechtsautonomen Begründungsansatzes. Die Funktion der Fortführungsprognose im Rahmen der *modifiziert* zweistufigen Überschuldungsmethode hielt sie aus Gründen der Rechtssicherheit im Strafrecht für nicht tragbar und entschied sich unter Abwägung des Gläubigerinteresses an einer bestmöglichen Befriedigung ihrer Ansprüche sowie des Schuldnerinteresses an einer nicht zu frühen Zerschlagung.[1754] Da sie die Überschuldung allein durch eine Bilanz erstellen will, in die je nach prognostizierter Überlebenswahrscheinlichkeit des Unternehmens Fortführungs- oder Liquidationswerte einzusetzen sind, stimmt sie in ihrer Begründung und ihrem Zwischenergebnis mit den Vertretern einer funktionalen Zivilrechtsakzessorietät überein.[1755]

Doch *Schlüchter* schlägt eine von § 19 II InsO abweichende Prüfung der Überlebenswahrscheinlichkeit vor, die zu einer abweichenden Überschuldungsdefinition führt. Zunächst noch ähnlich den Vertretern von funktionaler und zwingender Akzessorietät, die Fortführungswerte ansetzen wollen, solange die Überlebenswahrscheinlichkeit des Unternehmens nicht ganz unwahrscheinlich ist,[1756] „hat man" nach *Schlüchter* im Strafrecht „regelmäßig Fortbestehenswerte anzusetzen, soweit nicht Indizien die kurz bevorstehende Auflösung des Unternehmens *klar* anzeigen."[1757]

Abweichend von § 19 II InsO und von den übrigen Vertretern eines modifizierten Wahrscheinlichkeitsurteils im Strafrecht will *Schlüchter* die Überlebensprognose jedoch nicht anhand von Liquiditätsplanungen oder Ertragsrechnungen aufstellen, sondern auf das „tatsächliche Zahlungsgebaren" des Schuldners abstellen, welches sie danach bewerten will, ob der Schuldner an sich rechtmäßige und erst in der Krise konkret gefährlich werdende oder bereits an sich unwirtschaftliche, also abstrakt gefährliche Verhaltensweisen vornimmt. Legt der Schuldner bereits abstrakt gefährliche Verhaltensweisen aus dem Katalog des § 283 I StGB vor, sind stets Liquidationswerte anzusetzen, gehört die Verhaltensweise hingegen zu den erst durch die Krise real gefährlich werdenden Tathandlungen des § 283 StGB, sind danach stets Fortführungswerte anzusetzen.[1758] Da der Schuldner im Falle der Insolvenzverschleppung ein an sich rechtmäßiges Wirtschaften an den Tag legt, welches erst durch die Überschuldung zu einem unzulässigen Weiterwirtschaften wird, ist nach der Differenzierung *Schlüchters* bei den Insolvenzverschleppungsdelikten stets zu Fortführungswerten zu bewerten.[1759]

1754 Vgl. *Schlüchter*, MDR 1978, S. 265 und wistra 1984, S. 42. Zwar ist der Kritik von *Plathner* (Bankrottatbestand (2002), S. 203) zuzustimmen, dass es gerade im Rahmen des § 283 StGB nicht um die Auslösung eines Insolvenzverfahrens gehe und damit das Argument einer zu frühen Zerschlagung bei ausschließlichem Ansatz von Liquidationswerten für § 283 StGB nicht herangezogen werden könne, jedoch ist der Ansatz *Schlüchters* auf sämtliche Insolvenzstraftatbestände bezogen und kann jedenfalls für die Insolvenzverschleppungsdelikte Gültigkeit beanspruchen.

1755 Z.B. *Plathner*, Bankrottatbestand (2002), S. 198 ff., S. 210.

1756 Unter Annahme ansonsten zwingender Akzessorietät *Beck* in Wabnitz/Janovsky, 2. Aufl. (2004) Kap. 6 Rn. 101; vgl. insoweit auch unter den Vertretern einer konkret zwingenden Akzessorietät *Moosmayer*, Einfluß der InsO (1997), S. 165 und unter den Vertretern einer funktionalen Akzessorietät *Tiedemann*, Insolvenzstrafrecht, 2. Aufl. (1996), Vor § 283 Rn. 155.

1757 *Schlüchter*, wistra 1984, S. 43.

1758 *Schlüchter*, wistra 1984, S. 43, 46.

1759 Vgl. *Schlüchter*, wistra 1984, S. 43, 46.

Es stellt sich nun die Frage, ob der Überschuldungstatbestand im Falle bereits abstrakt gefährlicher Begehungsweisen der Bankrotttatbestand abweichend von den übrigen Begehungsvarianten strenger ausgelegt werden darf, weil das abstrakt gefährliche Handeln bereits hinreichend strafbedürftig erscheint.[1760]

Zwar hat eine Differenzierung nach dem Unrechtsgehalt der Tathandlungen den Vorteil, berücksichtigen zu können, dass bei abstrakt ungefährlichen Handlungen, insbesondere bei bloßem Weiterwirtschaften (Insolvenzverschleppungsdelikte), mangels eines eigenen Unrechtsgehalts der beschriebenen Tathandlung der Überschuldung als Krisenmerkmal bzw. als Pflichtauslöser bei Antragstellung eine erhöhte unrechtsbegründende Wirkung zukommt. In diesen Fällen sind unter Berücksichtigung der Schuldnerinteressen besonders hohe Anforderungen an das Überschuldungsmerkmal zu stellen.[1761] Einem nach der Gefährlichkeit der Tathandlung differenzierenden Ansatz wird jedoch entgegengehalten, er erhöhe das Maß der Rechtsunsicherheit und sei mit Art. 103 II GG nicht vereinbar.[1762]

Darüber hinaus kann angeführt werden, dass der Gesetzgeber des 1. WiKG selbst eine Differenzierung zwischen abstrakt und nur konkret gefährlichen Bankrotthandlungen ausdrücklich ablehnte, indem er sich dem Vorschlag der *Sachverständigenkommission zur Bekämpfung der Wirtschaftskriminalität* einer für den Grundtatbestand vorgesehenen Differenzierung zwischen ganz allgemein und nur in einer Krisensituation gefährlichen Bankrotthandlung *ausdrücklich* verweigerte, und stattdessen für alle Tatbestandshandlungen das Erfordernis der Krise einführte.[1763]

Insbesondere ist Funktionsbestandteil des Krisenerfordernisses gerade auch, zu gewährleisten, dass den – isoliert betrachtet – unterschiedlich gefährlichen Bankrotthandlungen ein *gleiches* Maß an Gefährdung der geschützten Rechtsgüter zukommt, weil sie in der typischen Situation konkreter Gefahr für die geschützten Rechtsgüter verwirklicht werden. Das Krisenmerkmal hat daher gerade auch die Funktion, ein gleiches Maß an Gefährlichkeit bei allen – isoliert betrachtet – unterschiedlich gefährlichen tatbestandlichen Handlungen zu gewährleisten.[1764]

Aber selbst abstrakt vermögensgefährdende Handlungen erreichen nicht dasselbe Maß an Gläubigergefährlichkeit, wenn sich ihr Verlustrisiko nicht zwingend allein

---

1760 Vgl. nochmals zu diesem Vorschlag *Schlüchter,* wistra 1984, S. 43; hierzu *Tiedemann*, Insolvenzstrafrecht, 2. Aufl. (1996), Vor § 283 Rn. 148, der bedauert, dass das Krisenerfordernis teils auch strafbedürftiges und strafwürdiges Handeln ausscheide, ohne allerdings Raum für eine differenzierende Auslegung zu sehen, vgl. *Tiedemann*, Schröder-Gds. (1978), S. 305.

1761 Vgl. auch *Tiedemann*, Schröder-Gds. (1978), S. 305, für eine Differenzierung de lege ferenda; *Penzlin*, der den Unwertgehalt einzelner Bankrotthandlungen für fraglich hält, Auswirkungen der InsO (2000), S. 10 f.

1762 Vgl. *Tiedemann*, Insolvenzstrafrecht, 2. Aufl. (1996), Vor § 283 Rn. 41, 148 f.; *Stypmann*, wistra 1985, S. 91.

1763 Vgl. bereits oben unter Erster Teil A. V sowie *Wilts*, Protokoll der 89. Sitzung des Sonderausschusses für die Strafrechtsreform vom 10.5.1976, Stenographische Berichte 7. Wahlperiode, S. 2815 f. und den Regierungsentwurf zum 1. WiKG, BT-Drs. 7/3341, S. 20 und zum Vorschlag der Sachverständigenkommission: *Schlussbericht der Sachverständigenkommission* zur Bekämpfung der Wirtschaftskriminalität – Reform des Wirtschaftsstrafrechts (1980), S. 168 f., vgl. auch *Achenbach*, Schlüchter-Gds (2002), S. 261.

1764 Vgl. BT-Drs. 7/3441, S. 19; ebenso *Otto*, Bruns-Gds. (1980), S. 272.

zu ihren Lasten verwirklicht, wie dies im Falle der Vermögensinsuffizienz wäre. Insbesondere wurde das Krisenerfordernis gerade konstituiert, um ein ähnliches Ergebnis zu erzielen, wie wenn § 283 StGB als konkretes Gefährdungsdelikt gestaltet worden wäre, um dem Schuldprinzip hinreichend gerecht zu werden;[1765] dass auf das Erfordernis eines konkreten Gefahrenerfolges (konkrete Gefahr für die Gläubigerbefriedigungsinteressen) verzichtet wurde – wie es noch der Entwurf zum Einführungsgesetz des 1. WiKG vorsah –, beruht allein auf der Besorgnis, der Bankrotttatbestand werde aufgrund der Nachweisschwierigkeiten eines dann erforderlichen Kausalzusammenhangs zwischen Bankrotthandlung und Krise nicht mehr funktionsfähig.[1766] Im Mittelpunkt der Reformüberlegungen, die zum heutigen § 283 StGB führten, stand *„weniger das Bedürfnis (...), die Effektivität des Konkursstrafrechts zu steigern als vielmehr das Bedürfnis, gewissen rechtsstaatlichen Bedenken, die gegen das geltende Konkursstrafrecht vorgetragen worden sind, Rechnung zu tragen. Diese Bedenken haben sich an dem § 240 der Konkursordnung entzündet, bei dem außer der Bankrotthandlung kein zusätzliches Tatbestandsmerkmal für die Bestrafung erforderlich ist und bei dem nach gefestigter Rechtsprechung die Zahlungseinstellung oder die Konkurseröffnung nicht Tatbestandsmerkmal, sondern objektive Bedingung der Strafbarkeit ist.“*[1767]

Wenn aber ein einheitlicher Gefahrenerfolg für alle Tatbestandshandlungen vom Gesetzgeber lediglich für nicht umsetzbar, aber ansonsten theoretisch für ideal gehalten wurde, so würde eine bewusste Verringerung der Krisenanforderungen durch einen reine Liquidationsbewertung bei bereits abstrakt gefährlichen Tathandlungen vom gesetzgeberischen Ideal stärker abweichen, als es im Hinblick auf eine praktikable Handhabung des § 283 StGB erforderlich wäre. Eine derartige Nichtbeachtung des gesetzgeberischen Willens wöge umso schwerer, weil die Gemeinsamkeiten des heutigen § 283 StGB mit dem als rechtsstaatlich bedenklich kritisierten § 240 KO hoch sind: Dies betrifft nicht nur die mit § 240 KO überwiegend ähnlichen Formulierungen der Tatbestandshandlungen in § 283 I StGB; auch bei § 283 VI StGB sind Verfahrenseröffnung bzw. Ablehnung und Zahlungseinstellung nur als objektive Bedingung der Strafbarkeit ausgestaltet, die dem Gesetzgeber aber offensichtlich nicht als hinreichendes Korrektiv im Hinblick auf die Wahrung des Schuldprinzips ausreichte, auch nicht bei den bereits abstrakten Gefährdungsdelikten.[1768]

Durch die allen Tathandlungen gleichermaßen vorgelagerte Stellung des Krisenerfordernisses in § 283 I StGB hat der Wille des Gesetzgebers in der Gesetzessystematik seinen eindeutigen Niederschlag gefunden.

Ein Verzicht auf das entsprechend strengen Voraussetzungen unterliegende Erfordernis einer Krise würde daher dem ausdrücklichen und mangels objektiv ent-

---

1765 Vgl. nochmals die ausdrückliche Regierungsbegründung BT-Drs. 7/3341, S. 20.
1766 Vgl. *Wilts*, Protokoll der 89. Sitzung des Sonderausschusses für die Strafrechtsreform vom 10.5.1976, Stenographische Berichte 7. Wahlperiode, S. 2815.
1767 *Wilts*, Protokoll der 89. Sitzung des Sonderausschusses für die Strafrechtsreform vom 10.5.1976, Stenographische Berichte 7. Wahlperiode, S. 2815.
1768 Vgl. *Wilts*, Protokoll der 89. Sitzung des Sonderausschusses für die Strafrechtsreform vom 10.5.1976, Stenographische Berichte 7. Wahlperiode, S. 2816.

gegenstehender Gründe auch maßgeblichen[1769] Willen des Gesetzgebers zuwiderlaufen und zugleich mit dem Schuldprinzip in Konflikt geraten. Aus diesen Gründen verbietet es sich, an abstrakt gefährliche Handlungen ein geringeres Krisenerfordernis zu knüpfen als an abstrakt ungefährliche.

cc) Prognoseinhalt: künftige Zahlungsunfähigkeit, Ertragsfähigkeit oder Rentabilität

Mit der herrschenden Meinung im Zivilrecht geht die Mehrzahl der Vertreter aller zweistufigen Ansätze auch für das Strafrecht von einer Zahlungsunfähigkeitsprognose aus.[1770] Teilweise wird sogar darauf hingewiesen, die engere Ansicht, wonach nicht nur die Liquiditätserhaltung (über ein Jahr) nötig sei, sondern darüber hinaus eine operative Liquiditätserhaltung aus eigener Ertragskraft, sei mangels gesetzlicher Verankerung in der InsO als strafschärfende Analogie im Strafrecht unzulässig.[1771] Dabei ist anzumerken, dass insoweit ein direkter Verstoß gegen das Analogieverbot des Art. 103 II GG von dieser Auffassung nur deshalb angenommen werden kann, weil sie von einer direkten Maßgeblichkeit der Definition in § 19 II InsO auch für das Strafrecht aufgrund der Annahme zwingender Zivilrechtsakzessorietät ausgeht und offenbar eine Festschreibung der Zahlungsfähigkeit als Inhalt der Überlebensprognose in § 19 II InsO annimmt. Es wurde bereits dargelegt, dass § 19 II InsO aber keine zwingende Festlegung auf einen Prognoseinhalt entnommen werden kann, so dass selbst unter der Annahme zwingender Akzessorietät die Auslegung der Fortführungsprognose als Ertragsfähigkeits- oder gar Rentabilitätsprognose die Wortlautgrenze des § 19 II InsO nicht überschritten würde, somit auch keine strafschärfende Analogie vorläge.

Daher stellt sich die Problematik, woran die Fortführungsfähigkeit des Unternehmens zu messen ist, unter Vertretern eines akzessorischen wie autonomen Begriffsverständnisses vielmehr unter dem Aspekt der Strafwürdigkeit und der Strafbedürftigkeit dahingehend, ob in den Fällen, in denen der Schuldner unter Rückgriff auf externe Liquiditätsquellen (Maßnahmen der Außenfinanzierung) unter Umständen innerhalb des Prognosezeitraums ein hinreichendes Gläubigerbefriedigungspotential beschaffen könnte, ein Strafbedürfnis bei masseschmälernden Handlungen nach § 283 StGB oder für eine unterlassene Insolvenzantragstellung besteht.

dd) Prognosezeitraum

Vereinzelt wird zu Verringerung der Risiken einer Fehlprognose und damit zur Gewährleistung einer hinreichenden Tatbestandsbestimmtheit (Art. 103 II GG) für das

---

1769 Vgl. zur Maßgeblichkeit des subjektiven historischen Gesetzgeberwillens bereits oben unter Zweiter Teil A. I.

1770 *Tiedemann*, Insolvenzstrafrecht, 2. Aufl. (1996), Vor § 283 Rn. 153 f.; *Otto*, Aktienstrafrecht, 4. Aufl. (1997), § 401 Rn. 36; *ders.*, BT 6. Aufl. (2002), § 61 Rn. 85; *Moosmayer*, Einfluß der InsO (1997), S. 165; *Penzlin*, Auswirkungen der InsO (2000), S. 160; *Bittmann*, wistra 1999, S. 17; *Röhm*, Abhängigkeit des Insolvenzstrafrechts (2002), S. 177 ff.; Anders im Strafrecht soweit ersichtlich nur *Regner*, Fahrlässigkeit (1998), S. 97 der unter Hinweis auf *Kupsch*, BB 1984, S. 165 auf die Ertragsfähigkeit abstellt.

1771 *Bieneck*, StV 1999, S. 44.

Strafrecht ein kürzerer Betrachtungszeitraum zur Beurteilung der künftigen Liquidität (bzw. Ertragsfähigkeit oder gar Rentabilität) vorgeschlagen, als bei Prüfung der Überschuldung im Zivilrecht üblich ist. Der insoweit kürzeste Zeitraum von *„drei Monaten“* wird damit begründet, dass insoweit eine Prognose anhand des Ist-Zustandes ermittelt werden könne, ohne dass auf manipulationsanfällige Plandaten zurückgegriffen werden müsse.[1772] Die Prognose sei trotz des kurzen Zeitraums, auf dem die erforderlichen Daten erhoben würden, auch für die Zukunft hinreichend aussagekräftig, weil sich die Finanzlage eines Unternehmens in der Regel nur langsam verändere.[1773] Diesen Gedanken der Minimierung von Prognoserisiken aufgreifend, jedoch zwecks einer Vereinheitlichung der Prognoseräume drohender Zahlungsunfähigkeit und Überschuldung, wird teilweise eine Begrenzung auf *„maximal ein Jahr“* vorgeschlagen.[1774]

Überwiegend wird aber kein Handlungsbedarf im Hinblick auf eine Risikoverringerung zur Wahrung der Tatbestandsbestimmtheit gesehen und mit der im Zivilrecht herrschenden Meinung zur hinreichenden Berücksichtigung künftiger Entwicklungen ein Prognosezeitraum vorgeschlagen, der in etwa das *laufende und das kommende Geschäftsjahr* umfasst und je nach branchenabhängigen Besonderheiten leicht modifiziert werden kann.[1775]

b) *Strafrechtliche Besonderheiten und Modifizierungen hinsichtlich der Bilanzerstellung unter der Prämisse der Liquidation*

aa) Zerschlagungsgeschwindigkeit

Im Rahmen einer Statuserstellung zu Liquidationswerten wird vertreten, dass im Strafrecht in *dubio pro reo* vom bestmöglichen Zeitpunkt der Veräußerung ausgegangen werden müsse,[1776] was impliziert, dass vor allem der bei einer Liquidation zumeist entstehende Zeitdruck und seine negativen Auswirkungen auf die Wertentwicklung außer Betracht zu bleiben haben. Da aber bereits im Zivilrecht nach ganz herrschender Ansicht die Zerschlagungsgeschwindigkeit anhand der bestmöglichen Verwertungsoption festzulegen ist, ergibt sich insoweit keine Abweichung von der zivilrechtlichen Überschuldungspraxis.

bb) Zerschlagungsintensität

Unter Heranziehung des Grundsatzes *in dubio pro reo* wird abweichend vom Zivilrecht für Bankrott und Insolvenzverschleppungsdelikte zudem vorgeschlagen, anstatt von Einzelveräußerungswerten von den höheren Gesamtveräußerungswerten ganzer Unternehmensteile nicht erst dann auszugehen, wenn eine Gesamtveräuße-

---

1772 So *Reck*, GmbHR 1999, S. 273.
1773 So *Reck*, GmbHR 1999, S. 273.
1774 So *Röhm*, Abhängigkeit des Insolvenzstrafrechts (2002), S. 185.
1775 So *Kühl* in Lackner/Kühl, StGB, 25. Aufl. (2004), § 283 Rn. 6; Sch/Sch-*Stree/Heine*, 26. Aufl. (2001), § 283 Rn. 51; *Uhlenbruck*, wistra 1996, S. 6; *Hoyer* in SK-StGB, (2002), § 283 Rn. 16 (das laufende und das nächste Geschäftsjahr); *Bieneck*, StV (1999), S. 44 (mindestens ein Jahr); *Bittmann*, wistra 1999, S. 17 (höchstens zwei Jahre).
1776 *Schlüchter*, wistra 1984, S. 44.

rung ganzer Betriebsteile mit *an Sicherheit grenzender* bzw. mit *überwiegender* Wahrscheinlichkeit zu erwarten ist,[1777] sondern bereits, wenn sie nicht ausgeschlossen erscheint, weil insoweit reale Anhaltspunkte bestehen.[1778]

Auf Kritik stößt diese Vorgehensweise im Rahmen des Bankrotts bei Vertretern eines ausschließlichen Ansatzes von Liquidationswerten, die aus Gründen der Objektivierung einen Einzelbewertungsansatz in der Überschuldungsbilanz stets für unabdingbar halten.[1779] Die insoweit strengste Ansicht will sogar stets von den Zerschlagungswerten als am geringsten mit Prognoserisiken (Art. 103 II GG) behafteten und allein einen effektiven Gläubigerschutz gewährenden, frühestmöglichem Zeitpunkt des Kriseneintritts ausgehen.[1780]

c) *Strafrechtliche Besonderheiten und Modifizierungen hinsichtlich der Bilanzerstellung unter der Prämisse der Fortführung*

aa) Umgang mit den verschiedenen Bewertungsmethoden – Plädoyer für einen bestimmten Wertansatz oder Anerkennung der Vielheit in dubio pro reo

Wie nach Ansicht derer, die den Inhalt des § 19 II InsO – ob aus strafrechtsautonomen Gründen oder wegen der Annahme strenger Zivilrechtsakzessorietät – ins Strafrecht übertragen wollen, mit der Vielzahl der verschiedenen Konkretisierungsmöglichkeiten und entsprechend im Zivilrecht vorgeschlagenen Methoden umzugehen ist, wird höchst uneinheitlich beantwortet.

(1) Umgang mit der Bewertungsvielfalt „in dubio pro reo“

Zunächst wird vertreten, dass Überschuldung zu Fortführungswerten bei Insolvenzverschleppungsdelikten und Bankrott nur dann anzunehmen sei, wenn alle ernsthaft im Rahmen des § 19 II InsO vertretenen Bewertungsmethoden zu dem gemeinsamen Ergebnis der Überschuldung führen.[1781]

Um dem Bestimmtheitsgebot aus Art. 103 II GG zu genügen, müsse die mit der Methodenvielfalt im Rahmen der Fortführungsbewertung verbundene Unsicherheit über den Eintritt der Überschuldung beseitigt werden. Von den beiden denkbaren Lösungsmöglichkeiten einer Konkretisierung – Entscheidung für eine bestimmte

---

1777 So aber die überwiegende Meinung im zivilrechtlichen Schrifttum, vgl. Zweiter Teil B. II.

1778 So vor allem *Tiedemann*, Insolvenzstrafrecht 2. Aufl. (1996), Vor § 283 Rn. 156; Weyand, *Altmeppen* in Roth/Altmeppen, GmbHG, 5. Aufl. (2005), § 84 Rn. 22, der als Faustformel stets von der denkbar günstigsten Möglichkeit für den Täter ausgehen will.

1779 So *Höffner*, BB 1999, S. 254.

1780 So *Hiltenkamp-Wisgalle*, Bankrottdelikte (1987), S. 239–241.

1781 So *Tiedemann*, Insolvenzstrafrecht, 2. Aufl. (1996), Vor § 283, Rn. 158; *ders.* in Scholz, GmbHG, 9. Aufl. (2002), § 84 Rn. 47; *ders.* bereits im Grundsatz in Schröder-Gds. (1978), S. 299; *Kühl* in Lackner/Kühl, StGB, 25. Aufl. (2004), § 283 Rn. 6; *Beck* in Wabnitz/Janovsky, 2. Aufl. (2004), Kap. 6 Rn. 102; Sch/Sch-*Stree/Heine*, 26. Aufl. (2001), § 283 Rn. 51; *Pelz*, Strafrecht in Krise und Insolvenz (2004), Rn. 87; *Wegner* in Achenbach/Ransiek, HWSt (2004), Kap. VII 1 Rn. 37 (S. 502); *Regner*, Fahrlässigkeit (1998), S. 94; *Bottke*, JA 1980, S. 97 (zur alten Rechtslage aber aus denselben Gründen). Jedenfalls für die Insolvenzverschleppungsdelikte auch *Haffke*, KritV 1991, S. 173 f.; *Altmeppen* in Roth/Altmeppen, GmbHG, 5. Aufl. (2005), § 84 Rn. 22; *Schulze-Osterloh* in Baumbach/Hueck, GmbHG, 17. Aufl. (2000), § 84 Rn. 23.

Methode oder Entscheidung für die Vielheit zugunsten des Täters – entscheidet sich diese Auffassung aus primär drei Gründen für die Vielheit: Zunächst wird insbesondere mit Blick auf die Insolvenzverschleppungsdelikte das Subsidiaritätsprinzip angeführt, demzufolge es nicht Aufgabe des Strafrechts sei, zu kontroversen zivilrechtlichen Fragen Stellung zu nehmen und durch Kriminalisierung wirkungsträchtig zu entscheiden.[1782] Daher sei es nur konsequent, Überschuldung erst anzunehmen, wenn alle im konkreten Fall einschlägigen betriebswirtschaftlichen Theorien und Berechnungsweisen zu dem gemeinsamen Ergebnis der Überschuldung gelangen.[1783]

Mit Blick auf das Krisenmerkmal der Überschuldung im Rahmen des § 283 StGB wird funktionsbezogen argumentiert: Solange eine einschlägig anerkannte Bewertungsmethode in nachprüfbarer Weise zu dem Ergebnis kommt, dass keine Überschuldung vorliegt, fehle es an dem für eine Krise erforderlichen Gefahrengrad, der erst anzunehmen sei, wenn die Gefahr nach objektiver Bewertung der Lage unter Hinzutreten der tatbestandsmäßig umschriebenen Handlung unausweichlich in die Verletzung der Rechtsgüter umschlägt.[1784]

Letztlich mit der größten Resonanz in der strafrechtlichen Diskussion wird aus dem prozessualen Grundsatz des *in dubio pro reo* abgeleitet, dass Unsicherheiten bei der Tatbestandskonkretisierung nur zu Tätergunsten entschieden werden dürfen. Dies impliziert dann aber auch, dass keine der betriebswirtschaftlich anerkannten Methoden ausgeschieden werden darf, um nicht im Einzelfall ein für den Täter günstigeres Ergebnis zu verhindern, so dass mit Selbstverständlichkeit sämtliche im Rahmen des § 19 II InsO vertretbaren Ansätze für beachtlich erklärt werden.[1785]

(2) Plädoyer für eine bestimmte Bewertungsmethode unter einem strafrechtsautonomen Ansatz

Unter Hinweis darauf, dass zum einen der Grundsatz *in dubio pro reo* nur für Tatsachenfragen, nicht aber für die zu diskutierende *Rechts*frage der richtigen Methodenwahl gelte, und dass zum anderen die Anerkennung aller Bewertungsmethoden als eine Auffassung *ohne abschließend bestimmten Inhalt* nicht zur Wahrung des Bestimmtheitsgrundsatzes beitragen könne, sehen andere Raum und zugleich die Notwendigkeit, sich für einen konkreten Wertansatz zu entscheiden.[1786]

1782 *Haffke*, KritV 1991, S. 173 f., 166.

1783 *Haffke*, KritV 1991, S. 174.

1784 In diese Richtung unter Berücksichtigung der vom Gesetzgeber *theoretisch* gewollten Ausgestaltung als konkretes Gefährdungsdelikt noch *Otto*, Bruns-Gds (1980), S. 271, der allerdings heute für den modifiziert zweistufigen Überschuldungsbegriff plädiert.

1785 In diese Richtung vor allem *Tiedemann*, Insolvenzstrafrecht, 2. Aufl. (1996), Vor § 283 Rn. 158.

1786 So ausdrücklich *Bittmann*, wistra 1999, S. 11; *Bieneck*, StV 1999, S. 44; *Höffner*, BB 1999, S. 253; *Röhm*, Abhängigkeit des Insolvenzstrafrechts (2002), S. 165. Ohne eine insoweit nähere Begründung entscheiden sich für einen bestimmten Wertansatz in der Fortführungsbilanz auch *Moosmayer*, Einfluß der InsO, S. 165; *Fromm* ZInsO 2004, S. 945, 950. Vgl. an dieser Stelle auch – allerdings unter Plädoyer für ausschließlich Zerschlagungswerte – *Franzheim*, NJW 1980, S. 2503, der *in dubio pro reo* Lösungen generell auch unter Hinweis darauf ablehnt, dass die immanenten Unsicherheiten innerhalb der betriebswirtschaftlichen Methoden zu lösen seien.

Je nachdem, ob Funktionalitätsgesichtspunkte oder Rechtssicherheitsaspekte im Vordergrund stehen, fällt die Entscheidung für einen Gesamtbewertungsansatz oder Einzelbewertungsansatz:

Vertreter eines *Einzelbewertungsansatzes* berufen sich darauf, dass wegen der objektivierenden Wirkung einer Einzelbewertung, welche die Ermessensspielräume des Bilanzierenden unter anderem im Hinblick auf prognostizierte Synergieeffekte reduziere, der Überschuldungstatbestand mit weniger Prognoserisiken und subjektiven Wertungen behaftet sei und dadurch ein höheres Maß an Bestimmtheit erziele, welches den Anforderungen aus Art. 103 II GG genügen könne.[1787] Der Einzelbewertungsansatz sei dabei der einzig hinreichend objektivierbare Wertansatz im Hinblick auf einen strafrechtlich gewährleisteten Gläubigerschutz.[1788]

Wegen der Anknüpfungsmöglichkeit an das stark ausdifferenzierte Regelwerk handelbilanzieller Rechnungslegung und damit wegen nochmals erhöhter Objektivierungswirkung werden überwiegend *modifizierte Handelsbilanzwerte* für maßgeblich erachtet, die entweder konkret unter Aufdeckung stiller Reserven und Streichung insoweit nicht erforderlicher Rückstellungen korrigiert werden sollen,[1789] oder entsprechend der früheren Praxis der Staatsanwaltschaft pauschal „großzügig bemessen“ werden.[1790]

Deutlich seltener finden sich im Strafrecht Vertreter, die anstatt auf die fortgeschriebenen und korrigierten historischen Herstellungs- und Anschaffungskosten aus der Handelsbilanz auf stichtagsbezogen zu ermittelnde Wiederbeschaffungswerte abstellen.[1791]

Die deutliche Tendenz der Strafrechtsliteratur zu korrigierten Handelbilanzwerten verwundert angesichts der entsprechenden staatsanwaltschaftlichen Praxis nicht.[1792]

Demgegenüber berufen sich Vertreter eines *Gesamtbewertungsansatzes* in der strafrechtlichen Überschuldungsbilanz zu Fortführungswerten darauf, dass allein der *theoretisch richtige* Wertansatz seine Funktion erfüllen könne, das für die Krise in § 283 StGB maßgebliche Maß der Gläubigergefährdung anzuzeigen und die Grenzlinie zwischen berechtigter Unternehmensfortführung und aus Gläubigerschutzgründen erforderlichem Entzug der alleinigen Verfügungsbefugnis über das Unter-

---

1787 So vor allem *Höffner*, BB 1999, S. 253 f.; auch *Bieneck*, StV 1999, S. 44; *Reck*, Insolvenzstraftaten (1999), Rn. 131; *ders.*, ZinsO 2004, S. 616 ff. und 728 ff.; *ders.*, BuW 1998, S. 63 ff.; *Fromm*, ZinsO 2004, S. 945, 950.

1788 *Höffner*, BB 1999, S. 253 f.

1789 So *Höffner*, BB 1999, S. 254; *Reck*, Insolvenzstraftaten (1999), Rn. 131; *ders.*, ZinsO 2004, S. 616 ff. und 728 ff.; *ders.*, BuW 1998, S. 63 ff.; *Bittmann*, wistra 1999, S. 12 f., der zugleich als Obergrenze den Gesamtunternehmenswert festlegen will und sich daher für eine zwischen Gesamtbewertungs- und Einzelbewertungsansatz vermittelnde Auffassung hält. Letztlich aber kommt der Begrenzung durch den Gesamtwert kaum praktische Bedeutung zu, da er im Regelfall über dem auf Basis der Einzelwerte ermittelten Unternehmenswert liegen wird; *Bittmann* ist daher den Einzelbewertungsansätzen zuzuordnen.

1790 So *Bieneck*, StV 1999, S. 44.

1791 Z.B. *Beck* in Wabnitz/Janovsky, 2. Aufl. (2004), Kap. 6 Rn. 102.

1792 Vgl. insoweit auch *Weyand*, Insolvenzdelikte, 6. Aufl. (2003), Rn. 32.

nehmen zu markieren. Theoretisch richtig sei aber nur der Gesamtbewertungsansatz, weil er allein das zur Erfüllung dieser Funktionen maßgebliche „aus dem Unternehmen Herausholbare" zuverlässig abbilde: Nur im Rahmen eines Gesamtbewertungsansatz würden die Synergieeffekte des wirtschaftenden Vermögensverbunds hinreichend berücksichtigt, ohne sich – wie das Substanzwertverfahren nach dem Gesamtreproduktionsansatz – dem Vorwurf auszusetzen, zweckinkonsistente, weil auf das „Hineinzusteckende" abstellende Wiederbeschaffungswerte zur Hilfe zu nehmen.[1793]

bb) Ansatz einzelner Aktiv- und Passivposten, insbesondere eigenkapitalersetzende Gesellschafterdarlehen

Der im Zivilrecht zur derzeit noch aktuellen Rechtslage geführte Streit um die Ansatzfähigkeit bestimmter Aktivposten und die Ansatzpflicht bestimmter Passivposten, wird im Strafrecht im Regelfall nicht gesondert aufgenommen, sondern geht hinsichtlich der Mehrzahl der zivilrechtlich umstrittenen Bilanzpositionen in der Diskussion auf, ob *in dubio pro reo* erst dann Überschuldung angenommen werden könne, wenn alle betriebswirtschaftlich vertretenen Auffassungen zum Ergebnis der Überschuldung kommen oder ob ein bestimmter Wertansatz für das Strafrecht festzulegen ist. Denn die insoweit diskutierten betriebswirtschaftlich vertretenen Auffassungen befinden auch darüber, *ob* ein bestimmter Aktivposten angesetzt werden darf, bzw. eine Verbindlichkeit zu passivieren ist:

Soweit *in dubio pro reo* alle betriebswirtschaftlichen Methoden anerkannt werden sollen, ist zunächst innerhalb eines Modells von Gesamt- bzw. Einzelbewertungsansatz die tätergünstigste der denkbaren Möglichkeiten zu wählen, indem das Aktivierungspotential durch den Ansatz auch zivilrechtlich umstrittener Aktivposten voll ausgeschöpft wird und indem eine Passivierungspflicht von Verbindlichkeiten immer dann abgelehnt wird, wenn dies auch betriebswirtschaftlich begründet vertreten wird.[1794] Anschließend sind dann die verschiedenen Bewertungsansätze untereinander zu vergleichen und der insgesamt im Einzelfall tätergünstigste zu wählen.

Und auch soweit auf strafrechtlicher Ebene eine *bestimmte* Bewertungsmethode für verbindlich erklärt wird, entscheiden diese Ansichten zugleich in der Regel inzident über den Ansatz bestimmter Bilanzposten, beispielsweise den originären Goodwill, der in den Gesamtbewertungsansätzen per definitionem berücksichtigt wird, hingegen bei den Einzelbewertungsansätzen nach modifizierten Handelsbilanzwerten im Regelfall außer acht gelassen wird, sofern nicht seine selbständige Verwertbarkeit nahezu mit Sicherheit anzunehmen ist.[1795]

1793 So vor allem *Röhm*, Abhängigkeit des Insolvenzstrafrechts (2002), S. 187 ff.; inzident auch *Moosmayer*, Einfluß der InsO (1997), S. 165.

1794 Vgl. instruktiv *Altmeppen* in Roth/Altmeppen, GmbHG, 5. Aufl. (2005), § 84 Rn. 22.

1795 Vgl. insoweit *Reck*, ZinsO 2004, S. 666; *Weyand*, Insolvenzdelikte, 6. Aufl. (2003), S. 56 m.w.N. Im Ansatz allerdings großzügiger *Fromm*, ZinsO 2004, S. 949; ohne nähere Erläuterungen auch *Wegner* in Achenbach/Ransiek, HWSt (2004), Kap. VII 1 Rn. 47 (S. 503).

Von strafrechtlich eigenständigem Gewicht ist die Diskussion um die Passivierungspflichtigkeit eigenkapitalersetzender Gesellschafterdarlehen im Überschuldungsstatus, weil sie zum einen wegen der insolvenzgesetzlichen Regelungen des § 39 I Nr. 5 InsO unmittelbar in die Frage hineinreichen, ob der strafrechtliche Überschuldungstatbestand zwingend zivilrechtsgleich auszulegen ist. Ansichten, denen zufolge der Gesetzgeber mit Festlegung ihres Nachranges verbindlich entschieden habe, dass Rückzahlungsverpflichtungen aus eigenkapitalersetzenden Gesellschafterdarlehen stets zu passivieren seien, wenn kein bedingter Forderungserlass erklärt wurde, kommen bei Annahme zwingender Akzessorietät unmittelbar zum Ergebnis, dass entsprechend auch im Strafrecht zu verfahren ist.[1796]

Zum anderen verschärfen sich die bereits zivilrechtlich gegenläufigen Bedürfnisse nach Rechtssicherheit einerseits und materieller Gerechtigkeit andererseits auf strafrechtlicher Ebene, weil sich hier die erhöhten Anforderungen an die Tatbestandsbestimmtheit gem. Art. 103 II GG und die erhöhten Anforderungen an die materielle Gerechtigkeit über das zu wahrende Schuldprinzip gegenüberstehen.

Dementsprechend wird argumentiert, das Gebot hinreichender Tatbestandsbestimmtheit gem. Art. 103 II GG sei nur gewahrt, wenn die Beurteilungsschwierigkeiten, ob ein Darlehen als eigenkapitalersetzend zu qualifizieren ist, nicht in den Straftatbestand transferiert würden. Rückzahlungspflichten aus eigenkapitalersetzenden Gesellschafterdarlehen seien daher wie jede andere Verbindlichkeit solange zu passivieren, wie nicht ein bedingter Erlass, zumindest aber eine Rangrücktrittserklärung als eindeutig identifizierbarer Akt nach außen erkennen ließen, dass ein Darlehen eigenkapitalersetzenden Charakter habe.[1797]

Die Gegenansicht hält die Unsicherheiten der materiellrechtlichen Qualifizierung eines Gesellschafterdarlehens als eigenkapitalersetzend für nicht so gravierend, dass sie einer Nichtpassivierung eigenkapitalersetzender Darlehen wegen Unvereinbarkeit mit dem Bestimmtheitsgebot entgegenstehen könnten.[1798]

Zum einen seien die Voraussetzungen eines eigenkapitalersetzenden Darlehens durch die Rechtsprechung hinreichend geklärt,[1799] zum anderen seien die verbleibenden Unsicherheiten über die Qualifizierungsvoraussetzungen als eigenkapitalersetzend auch nicht maßgeblich größer als bei anderen Positionen der Überschuldungsbilanz, die auch als der Überschuldung notwendigerweise immanente Feststellungsschwierigkeiten ertragen würden, ohne dass immer gleich *in dubio contra reum* entschieden werde.[1800] Die Problematik des eigenkapitalersetzenden

---

1796 So z.B. *Bieneck*, StV 1999, S. 43, 46; *Uhlenbruck*, wistra 1996, S. 6; *Röhm*, Abhängigkeit des Insolvenzstrafrechts (2002), S. 191 ff., 201; Tröndle/*Fischer*, StGB, 52. Auf. (2004), Vor § 283 Rn. 7.
1797 Vgl. *Röhm*, Abhängigkeit des Insolvenzstrafrechts (2002), S. 196.
1798 So *Groth*, Überschuldung (1995), S. 133; *Schulze-Osterloh* in Baumbach/Hueck, GmbHG, 17. Aufl. (2000), § 84 Rn. 23 und § 64 Rn. 18; *Altmeppen* in Roth/Altmeppen, GmbHG 5. Aufl. (2005), § 84 Rn. 22; *Fleck*, GmbHR 1989, S. 322.
1799 So vor allem *Schulze-Osterloh* in Baumbach/Hueck, GmbHG, 17. Aufl. (2000), § 84 Rn. 23 und § 64 Rn. 18; *Fleck*, GmbHR 1989, S. 322.
1800 So insbesondere *Groth*, Überschuldung (1995), S. 134; *Schulze-Osterloh* in Baumbach/Hueck, GmbHG, 17. Aufl. (2000), § 84 Rn. 23.

Darlehens sei zudem im Rahmen der Überschuldung nicht so zentral gelagert, dass ein undifferenziertes Vorgehen zur Garantierung einer hinreichenden Rechtssicherheit unbedingt erforderlich wäre.[1801]

Im Gegenteil sieht diese Ansicht bei einer pauschalen Ansatzpflicht eigenkapitalersetzender Darlehen, die nicht mit einem Rangrücktritt oder gar einem bedingten Forderungserlass versehen sind, einen den konkreten Funktionszusammenhang missachtenden, nicht mehr vom Rechtsgüterschutz legitimierten Eingriff in den Rechtskreis des Schuldners:

Ein Überschuldungstatbestand, der eigenkapitalersetzende Darlehen trotz ihrer Neutralität im Hinblick auf die Insolvenzmasse wie Fremdkapital behandle, könne seiner Grenzlinienfunktion nicht gerecht werden, die er im Rahmen der Insolvenzverschleppungsdelikte einnehme, um die Trennung insolvenzreifer und fortführungswürdiger Unternehmen zu gewährleisten, weil gerade keine Rückzahlungsverpflichtung des Unternehmens bestehe, die in gläubigergefährdender Weise masseschmälernd wirken könnte.[1802] Und auch im Hinblick auf seine Krisenfunktion im Rahmen des § 283 StGB könnte ein Überschuldungstatbestand, der eigenkapitalersetzende Darlehen wie sonstiges Fremdkapital behandelt, seine Funktion, eine wirtschaftlich kritische und für Gläubiger konkret gefährliche Situation anzuzeigen, nicht erfüllen, wenn Passiva berücksichtigt würden, die keine Verbindlichkeit des Gemeinschuldners darstellen und damit auch nicht die Masse belasten.[1803] Damit würden aber die tatbestandlich umschriebenen Handlungen bereits pönalisiert, wenn die im Hinblick auf den Gläubigerschutz kritische Marke noch nicht erreicht sei, so dass der Schuldgrundsatz verletzt würde.[1804]

Aus diesem Grund wird vertreten, eigenkapitalersetzende Darlehen aus der strafrechtlichen Überschuldungsbilanz stets außer Ansatz zu lassen[1805] bzw. bei tatsächlichen Unsicherheiten über den eigenkapitalersetzenden Charakter Rückstellungen zu bilden, deren Höhe die Wahrscheinlichkeit der Rückzahlungsverpflichtung berücksichtigt.[1806]

cc) Korrekturerfordernis aus der Sicht *ex post*

Da die Feststellung der Überschuldung im Hinblick auf Fortführungsfähigkeit, Fortführungswerte und auch Zerschlagungsintensität bzw. -zeitraum bei Liquidationswerten stets von Prognosen abhängt, entsteht das Problem, welche Erkenntnisse bei der Überschuldungsprüfung zum Zeitpunkt der strafrechtlichen Verhandlung zugrunde zu legen sind: die dem Täter *ex ante* zur Verfügung stehenden Plandaten oder das in Abweichung von der Prognose tatsächlich eingetretene

1801 *Groth*, Überschuldung (1995), S. 133.
1802 *Groth*, Überschuldung (1995), S. 134 f.
1803 *Groth*, Überschuldung (1995), S. 135 ff.
1804 *Groth*, Überschuldung (1995), S. 136.
1805 So *Schulze-Osterloh* in Baumbach/Hueck, GmbHG, 17. Aufl. (2000), § 84 Rn. 23 und § 64 Rn. 18; *Altmeppen* in Roth/Altmeppen, GmbHG 5. Aufl. (2005), § 84 Rn. 22.
1806 *Groth*, Überschuldung (1995), S. 134.

Geschehen (Problem der *tatsächlichen Überholung*), welches nunmehr aus der Sicht *ex post* eindeutig feststellbar sind.[1807]

Bei einer gegenüber der Prognose ungünstigeren Entwicklung des Unternehmenswertes wird cinc Korrektur zu Lasten des Täters zu Recht nicht erwogen,[1808] weil Art. 103 II GG in Form der *lex scripta* und *lex certa* die tatbestandliche Umschreibung des Unrechts in der Gestalt verlangt, dass der Täter sein Handeln danach ausrichten kann: Bereits *ex ante* muss der Normadressat mit Sicherheit ersehen können, ob sein Verhalten geeignet ist, den Tatbestand von Insolvenzverschleppung oder Bankrott zu erfüllen, was aber dann nicht gegeben wäre, wenn der Normadressat bei einer *ex ante* ordnungsgemäß aufgestellten Fortführungsprognose zwar nicht überschuldet wäre, er aber dennoch keine Handlungssicherheit hätte, weil er immer das Damoklesschwert der überholenden Realität mit der Folge einer *ex post* Korrektur zu seinen Lasten fürchten müsste. Dies wäre nicht nur ein unmittelbarer Verstoß gegen Art. 103 II GG, sondern auch die von Insolvenzverschleppung und Bankrott bezweckte Verhaltenssteuerung würde konterkariert, sofern der Gesetzgeber – wie zumeist angenommen – seine Handlungsanweisung (Insolvenzantragstellung/sorgfältiges Wirtschaften) unter Berücksichtigung der Fortführungsfähigkeit erteilen will.[1809] Denn der Normadressat würde in Sorge um den Eintritt des *worst case* sein Verhalten auch nach dem *worst case* ausrichten, um einer Strafbarkeit sicher zu entgehen. Dann aber würde beispielsweise das Risiko einer unzutreffenden Fortführungsprognose den Normadressaten bereits dazu veranlassen, stets Liquidationswerte anzusetzen, und eine gesetzlich gewollte Differenzierung zwischen Fortführungsfähigkeit und Insolvenzreife würde konterkariert.

Diskutiert wird hingegen, ob die an verschiedenen Punkten der Überschuldungsfeststellung relevant werdenden Prognoseurteile *zugunsten* des Beschuldigten durch die tatsächliche Entwicklung zu korrigieren sind.

1807 Von dem Problem der tatsächlichen Überholung *ex ante* getroffener Wertprognosen ist die Problematik der *Krisenüberwindung*. Anders als bei der tatsächlichen Überholung trifft bei der Krisenüberwindung das zum Tatzeitpunkt *ex ante* getroffene Urteil über den Überschuldungseintritt tatsächlich zu; aus der Sicht *ex post* ist zu bestätigen, dass zum Tatzeitpunkt tatsächlich Überschuldung vorlag. Bei der Krisenüberwindung wird – trotz Eintritts der objektiven Bedingung der Strafbarkeit – *nach* dem Zeitpunkt der zu beurteilenden Handlung die Überschuldung beseitigt, so dass sich die typischerweise mit dem Weiterwirtschaften bzw. dem sorglosem Wirtschaften in der Krise verbundene Gläubigergefahr nicht realisiert hat. Ob bei Krisenüberwindung, im Rahmen der Insolvenzdelikte bzw. vor oder nach Eintritt der Strafbarkeitsbedingung gem. § 283 VI StGB der Täter wegen entfallenen Strafbedürfnisses straflos bleibt, ist umstritten, hat aber auf die Übertragbarkeit des zivilrechtlichen Überschuldungstatbestandes in das Strafrecht keine unmittelbare Bedeutung, sondern – im Gegenteil – setzt diese voraus; sie wird daher nicht weiter verfolgt. Vgl. zu der für alle Krisenmerkmale und Eröffnungsgründe gleichermaßen geltende Problematik der Krisenüberwindung einschließlich ihrer Auswirkungen auf die objektive Bedingung der Strafbarkeit nach § 283 VI StGB *Tiedemann* in Scholz, GmbHG, 9. Aufl. (2002), Vor § 82 ff. Rn. 31 f.; *ders.*, Insolvenzstrafrecht, 2. Aufl. (1996), Vor § 283 Rn. 90, 171 ff., 180; Sch/Sch-*Stree/Heine*, 26. Aufl. (2001), § 283 Rn. 159; *Moosmayer*, Einfluß der InsO (1997), S. 191 ff.; *Plathner*, Bankrottatbestand (2002), S. 211 ff.

1808 Vgl. insoweit *Tiedemann*, Insolvenzstrafrecht, 2. Aufl. (1996), Vor § 283 Rn. 159; sogar *Richter*, GmbHR 1984, S. 137 ff., 141.

1809 Dies ist zwar noch zu überprüfen; jedenfalls im Hinblick auf die Insolvenzverschleppungsdelikte wird die zweistufige Überschuldungsprüfung durchgängig für verbindlich erachtet.

Während für die Prognose über die *Fortführungsfähigkeit* sowie im Rahmen der Liquidationswertermittlung für die Prognose über *Zerschlagungsgeschwindigkeit* und *Zerschlagungsintensität* eine Korrektur zur Wahrung des Bestimmtheitsgebots noch einhellig für erforderlich gehalten wird, weil „das unsichere betriebswirtschaftliche Prognoseurteil" nicht herangezogen werden dürfe, wenn die „tatsächliche Situation mit den höchst exakt bestimmten, nämlich geradezu zahlenmäßig feststehenden" Prognosegrundlagen inzwischen bekannt sei,[1810] ist hinsichtlich der Vermögensbewertung selbst das Meinungsbild uneinheitlich:

Eine Ansicht will *stets,* auch bei der Wertermittlung von Unternehmenseinheiten, nur den Wert zugrunde legen, wie er sich ex ante am Stichtag der zum Handlungszeitpunkt aufzustellenden Überschuldungsbilanz darstellte.[1811]

Die Gegenansicht differenziert zwischen Substanzwerten (pars pro toto für die Einzelbewertungsansätze)[1812] und den Ertragswerten (pars pro toto für die Gesamtbewertungsansätze)[1813], die sie gleichsam zu berücksichtigen hat, weil sie *in dubio pro* reo alle betriebswirtschaftlich anerkannten Bewertungsmethoden im Strafrecht gelten lassen will.[1814] Sofern die Bewertung von Unternehmensgesamtwerten auch im Substanzwertverfahren relevant wird, weil es Unternehmensbeteiligungen zu bewerten gilt, sollen auch hier die zu den Gesamtbewertungsansätzen gemachten Ausführungen gelten.[1815]

Beiden Ansichten zufolge muss es auf den *tatsächlichen Wert* des Vermögens am Stichtag der Überschuldungfeststellung ankommen, was im Hinblick auf die Funktion der Überschuldung einleuchtet, den am Stichtag bestehenden Ist-Zustand abzubilden, um die Grenzlinie zwischen Insolvenzreife und Fortführungsfähigkeit markieren zu können bzw. das Maß der Gläubigergefährdung durch unwirtschaftliche Verhaltensweisen korrekt abbilden zu können. Daher soll es auch unstreitig bei einer Einzelbewertung von Vermögensgegenständen anhand des Marktwertes auf den am Stichtag eindeutig feststellbaren Marktwert ankommen, selbst dann, wenn sich nach dem Zeitpunkt der Vornahme der tatbestandlichen Handlung der Marktwert positiv ändert.[1816]

Sobald aber am Stichtag (*ex ante*) ein Wert nur prognostizierbar ist, entweder weil ein Substanzwert sich mangels verlässlicher Marktdaten nur schätzen lässt, oder weil eine Gesamtbewertung vorzunehmen ist, die per definitionem auf Prognosen

---

1810 Vgl. *Tiedemann*, Insolvenzstrafrecht, 2. Aufl. (1996), Vor § 283 Rn. 159 m.w.N.

1811 So *Richter*, GmbHR 1984, S. 140 im Hinblick auf Unternehmensbeteiligungen.

1812 Ob aktuelle Wiederbeschaffungswerte oder die stichtagsbezogen korrigierten fortgeschriebenen historischen Anschaffungskosten der Handelbilanz maßgeblich sind, ist einerlei.

1813 Die DCF-Verfahren waren noch nicht etabliert und blieben deshalb unerwähnt. Bei ihnen stellt sich die Problematik aber in identischer Weise.

1814 *Tiedemann*, Insolvenzstrafrecht, 2. Aufl. (1996), Vor § 283 Rn. 159; *ders.*, NJW 1979, S. 254; *ders.*, Schröder-Gds. (1978), S. 302 ff.; *Otto*, Bruns-Gds. (1980), S. 273 Fn. 24.

1815 Vgl. *Tiedemann*, Insolvenzstrafrecht, 2. Aufl. (1996), Vor § 283 Rn. 159; *ders.*, Schröder-Gds. (1978), S. 302 ff.

1816 *Tiedemann*, Insolvenzstrafrecht, 2. Aufl. (1996), Vor § 283 Rn. 159; *ders.*, NJW 1979, S. 254; *ders.*, Schröder-Gds. (1978), S. 302 ff.; *Otto*, Bruns-Gds. (1980), S. 273 Fn. 24; *Richter*, GmbHR 1984, S. 141.

basiert, will die eine Ansicht die *ex post* als überholt erkannten Schätzungen durch die später tatsächlich eingetretene Wertentwicklung zu Gunsten des Täters ersetzen, indem sie die Ertragsprognosen durch die tatsächlich erzielten Erträge im Rahmen der Ertragswertmethode austauschen will und bei Substanzwerten die tatsächliche Wertentwicklung berücksichtigen will, sofern diese bereits am Stichtag (ex ante) angelegt war.[1817] Letztere Einschränkung folgt aus dem Bedürfnis, den Ist-Zustand im Zeitpunkt der tatbestandlichen Handlung abzubilden.

Der *ex ante* prognostizierte Wert sei nur Substitut für die tatsächliche Vermögensposition, deren Heranziehen gegen Art. 103 II GG verstoßen würde, würde er dem tatsächlichen, tätergünstigen Wert vorgezogen.[1818]

Die Gegenansicht, die auch in den beschriebenen Fällen eines *ex ante* nur prognostizierbaren Wertes allein diesen ansetzen will und die künftige Wertentwicklung für vollständig unbeachtlich hält, begreift diese Schätzung nicht nur als Substitut für einen dahinter stehenden Wert, sondern als den Wert selbst. Der „wahre Wert" eines Gutes lasse sich nur zu einem konkreten Zeitpunkt festlegen, der zu „diesem Zeitpunkt eben durch die Zukunftserwartung geprägt wird."[1819] Dieses Denken entspricht dem Grunde nach dem Wertdenken im Rahmen einer Verkaufsituation, in der nicht nur der Wert subjektiv, weil vom Wertenden abhängig ist, sondern auch temporär, weil allein für diese Situation maßgeblich ist.

Allerdings gestaltet sich die Situation im Strafrecht anders, weil hier nicht – wie in der Unternehmenskaufssituation – die Basis für einen sofortigen Kaufentschluss ermittelt werden soll, sondern *ex post* zu beurteilen ist, wann in der Vergangenheit ein nicht mehr tragbares Maß an Gläubigergefährdung erreicht war. Bereits unabhängig von der Frage der Zivilrechtsakzessorietät strafrechtlicher Begriffsbildung kann an dieser Stelle daraus abgeleitet werden, dass – anders als in der Situation eines Unternehmenskaufs – wegen der zeitlichen Diskrepanz zwischen der Vornahme der Tatbestandshandlung und deren Beurteilung die Möglichkeit einer tatsächlichen Korrektur zugunsten des Beschuldigten besteht, die auch ausgeschöpft werden *muss*, um nicht ein Verhalten zu pönalisieren, dessen Bestrafung es im Hinblick auf den Gläubigerschutz nicht bedarf, weil es eine konkrete Gefährdung der Gläubiger nie gegeben hat.

Für Insolvenzverschleppungsdelikte und Bankrott lässt sich damit gleichermaßen festhalten, dass Prognoseurteile zugunsten des Täters *ex post* zu korrigieren sind.

Nur am Rande sei darauf hingewiesen, dass selbst bei Unternehmenskäufen die Tendenz zu beobachten ist, die Kaufpreise mit Anpassungsteil festzulegen.

Inwieweit sich sogar diese strafrechtlich gebotene Korrektur dazu eignet, das Bestimmtheitsproblem prognoselastiger Tatbestandmerkmale zu lösen und gerade wegen der bestehenden Korrekturmöglichkeit *ex post* eine Vereinbarkeit auch eines

---

1817 Vgl. *Tiedemann*, Insolvenzstrafrecht, 2. Aufl. (1996), Vor § 283 Rn. 159; *ders.*, NJW 1979, S. 254; *ders.*, Schröder-Gds. (1978), S. 302 ff.
1818 Vgl. *Tiedemann*, Insolvenzstrafrecht, 2. Aufl. (1996), Vor § 283 Rn. 159; *ders.*, NJW 1979, S. 254; *ders.*, Schröder-Gds. (1978), S. 302 ff.
1819 *Richter*, GmbHR 1984, S. 140.

zukunftsbezogenen Überschuldungstatbestandes mit Art. 103 II GG zu erzielen, wird im dritten Teil der Arbeit näher erläutert. An dieser Stelle sei nur darauf hingewiesen, dass eine Korrektur des Prognoseurteils nicht nur Pflicht, sondern auch Chance ist, das Tatbestandsbestimmtheitsproblem der Überschuldung zu minimieren.

III. Die vertretenen Ansichten zum personellen Anwendungsbereich des Bankrotts – Darstellung und kritische Würdigung

Die Frage, ob die personelle Einschränkung des § 19 I, III InsO auch in § 283 I StGB zu transferieren ist, ist keine echte Frage der Akzessorietät, da § 19 II InsO die Überschuldung rechtformunabhängig definiert. Die Einschränkung auf juristische Personen und kapitalistische Personengesellschaften erklärt das Gesetz nicht etwa dahingehend, Überschuldung könne nur bei diesem eingeschränkten Personenkreis überhaupt vorliegen, sondern nur im Hinblick darauf, dass Überschuldung auch als Eröffnungsgrund fungieren kann. Die Aussage, wann Überschuldung auch Eröffnungsgrund ist, ist aber kein unmittelbar in § 283 I Var. 1 StGB übertragbarer Inhalt und kann daher auch nicht Gegenstand eines etwaigen Übertragungszwangs sein.

Und auch in Zusammenschau mit § 283 VI StGB ergibt sich keine Möglichkeit, eine zwingende Akzessorietät für den Überschuldungstatbestand des § 283 I StGB als Merkmal des objektiven Tatbestands abzuleiten, weil danach lediglich die Verfahrenseröffnung oder deren Ablehnung – aus welchem Grund auch immer – gefordert wird und damit nicht notwendigerweise die personelle Einschränkung des § 19 I, III InsO in den Bankrotttatbestand Einzug hält.

Die Diskussion um den personellen Anwendungsbereichs beruht daher ausschließlich auf strafrechtsautonomen Erwägungen mit der Folge, dass eine Streitentscheidung nicht notwendigerweise die Klärung des Abhängigkeitsverhältnisses des Bankrotttatbestandes zu den zivilrechtlichen Insolvenzregelungen voraussetzt.

Auf welche Schuldnergruppen § 283 I Var. 1 StGB anzuwenden ist, ist in mehreren Schritten zu untersuchen, wobei schwerpunktmäßig die Fragen zu behandeln sind, die von überschuldungsspezifischer Bedeutung sind, und die für alle Krisenmerkmale gleichermaßen bestehenden Problematiken nur soweit interessieren, als auch sie besonders bei der Begehungsvariante in der Überschuldung bzw. wegen Herbeiführung der Überschuldung relevant werden.

1. Die Anwendungsproblematik des § 283 StGB bei Verbandspersonen und Personenverbänden

a) *Spannungsfeld von Straflosigkeit und Schuldnereigenschaft der Verbandsperson – korrigierende Auslegung des § 283 VI StGB*

Besonders die Vertreter, die für eine (zivilrechtsgleiche) Einschränkung des personellen Anwendungsbereichs auf juristische Personen und kapitalistische Personengesellschaften plädieren, haben sich mit dem Problem auseinanderzusetzen, wie eine Strafbarkeit in der ersten Variante des § 283 I, II StGB dann überhaupt denkbar sein kann, wenn dem Wortlaut des § 283 VI StGB zufolge der *Täter* Anknüpfungspunkt für die objektive Bedingung der Strafbarkeit (Zahlungseinstellung, Verfahrenseröffnung und Ablehnung derselben mangels Masse) sein soll, mangels einer Strafbarkeit von Verbandspersonen also das handelnde Organ, dem Organ aber die erforderliche Schuldnereigenschaft fehlt.

Denn dass die Verbandsperson selbst bereits mangels Handlungs- und Schuldfähigkeit nicht Anknüpfungssubjekt für Strafe sein kann (*societetas deliquere non potest*), ist trotz der insoweit wieder belebten Diskussion ein unverändert bestehender Grundsatz des deutschen Strafrechts.[1820] Ergänzend wird im Hinblick auf das Insolvenzstrafrecht angeführt, dass sich eine Strafbarkeit der Verbandsperson kontraproduktiv auf das Ziel des Rechtsgüterschutzes auswirken würde: Würde eine Geldstrafe – als allein denkbare Strafandrohung – verhängt, würde dadurch die Vermögensmasse noch geschmälert, deren Aufrechterhaltung aber zugunsten der Gläubiger und ihrer Befriedigungsinteressen *par conditio omnium creditorum* von § 283 StGB und den Insolvenzverschleppungsdelikten gerade bezweckt werde.[1821] Eine Geldstrafe könnte sich auch kontraproduktiv auf den Sanierungsprozess auswirken; die Sanierung aber sei als eine zur Liquidation gleichrangige Realisierungsoption in die Dispositionsbefugnis der Gläubiger gestellt, so dass eine Gefährdung des Sanierungsprozesses durch Geldstrafe zugleich eine Beschneidung der Gläubigerbefugnisse bedeuten würde, wenn ihnen die Option der Sanierung genommen würde, weil eine Sanierung wegen erwarteter Geldstrafe nicht mehr realisierbar erschiene.[1822]

Damit besteht also für einen zentralen, wenn nicht sogar dem einzigen, Anwendungsbereich des § 283 I Var. 1, II StGB nach wie vor die Notwendigkeit, *entweder* die objektive Bedingung der Strafbarkeit nach § 283 VI StGB dahingehend korrigierend auszulegen, dass nicht die Verfahrenseröffnung bzw. deren Ablehnung über das Vermögen des *„Täters“*, sondern des *„Schuldners“* Voraussetzung für eine Strafanknüpfung sein soll,[1823] *oder* – bei Bedenken gegen eine berichtigende Auslegung wegen des Gebots der *lex scripta* (Art. 103 II GG) – über eine direkte Anwendung des § 14 I Nr. 1 StGB.[1824] Allerdings müsste dann über § 14 I Nr. 1 StGB nicht nur die Schuld-

---

1820 Vgl. *Roxin*, AT/1, 3. Aufl. (1997), § 8 Rn. 58 ff.; *Maurach/Zipf*, AT/1, 8. Aufl. (1992), § 15 Rn. 6 ff.; Sch-Sch/*Cramer*, 26. Aufl. (2001), Vor § 25 Rn. 118; *Tiedemann* in Scholz, GmbHG, 9. Aufl. (2002), Vor § 82 ff., Rn. 28; *ders.*, Insolvenzstrafrecht, 2. Aufl. (1996), Vor § 283 Rn. 63; *Müller-Gugenberger* in Müller-Gugenberger/Bieneck, 3. Aufl. (2000), § 19 Rn. 41 ff.; *Moosmayer*, Einfluß der InsO (1997), S. 86; *Röhm*, Abhängigkeit des Insolvenzstrafrechts (2002), S. 240, 243.

1821 *Röhm*, Abhängigkeit des Insolvenzstrafrechts (2002), S. 245 f.

1822 *Moosmayer*, Einfluß der InsO (1997), S. 120; *Röhm*, Abhängigkeit des Insolvenzstrafrechts (2002), S. 245.

1823 So die ganz h.M. *Tiedemann*, NJW 1977, S. 780; *ders.* in FS-Dünnebier (1982), S. 535; *ders.*, Insolvenzstrafrecht, 2. Aufl. (1996), Vor § 283 Rn. 63; *ders.* in Scholz, GmbHG, 9. Aufl. (2002), Vor § 82 Rn. 29; Tröndle/*Fischer*, StGB, 52. Aufl. (2004), Vor § 283 Rn. 21; *Kühl* in Lackner/Kühl, StGB, 25. Aufl. (2004), § 283 Rn. 26; Sch/Sch-*Stree/Heine*, 26. Aufl. (2001), § 283 Rn. 59a, 65; *Otto*, BT, 6. Aufl. (2002), § 61 Rn. 90; *Grub*, Insolvenzstrafrechtliche Verantwortlichkeit (1995), S. 11 ff.; *Weyand*, Insolvenzdelikte, 2. Aufl. (2003), Rn. 23; ohne Ausführungen zur dogmatischen Herleitung im Ergebnis ebenso *Kindhäuser* in LPK-StGB, 2. Aufl. (2005), Vor §§ 283–283d Rn. 5, 13. Von der Anwendbarkeit auf Organe juristischer Personen als selbstverständlich ausgehend *BGH*, NStZ 1995, S. 347; *BGH*, NStZ 1996, S. 543 f.; *BGH*, StV 1998, S. 432.

1824 So *Hoyer* in SK-StGB (2002), § 283 Rn. 97; *Wehleit*, Bankrott und Untreue (1985), S. 12 ff.

nereigenschaft an sich, sondern streng genommen auch die Verfahrenseröffnung bzw. deren Ablehnung dem Handelnden zurechenbar sein.

Eine Auflösung dieser Schieflage dahingehend, dass § 14 I Nr. 1 StGB nur das *Vorliegen* des besonderen Merkmals der Schuldnereigenschaft an sich verlange, nicht aber auch die *Verwirklichung* aller den Schuldner treffenden Voraussetzungen in der Person des Handelnden,[1825] ist methodisch größeren Zweifeln ausgesetzt, als eine korrigierende Auslegung des Täterbegriffs in „Schuldner", weil diese erweiterte Interpretation des § 14 StGB zum einen nicht ohne weiteres dem Wortlaut zu entnehmen ist, damit selbst in Konflikt mit Art. 103 II GG gerät, zum anderen, weil eine großzügige Interpretation der allgemeinen Zurechungsnorm zu Lasten des Täters nicht nur punktuell auf ein Delikt des besonderen Teils beschränkt bleibt, sondern Analogien zu Täterlasten auch in anderen Tatbeständen begünstigen könnte. Hingegen ist die korrigierende Auslegung allein des § 283 VI StGB mit Art. 103 II GG vereinbar, weil eine entsprechende Wortlautkorrektur sogar durch den grammatikalisch-systematischen Zusammenhang als einzig sinngebende Auslegung vorgezeichnet ist: Mit *„Täter"* in Abs. 6 ist eindeutig dieselbe Person gemeint, die in Abs. 1 mit *„wer"* bezeichnet wird. *„Wer"* aber Bestandteile „seines" Vermögens beiseite schafft (§ 283 I Nr. 1 StGB) oder *„seine* Überschuldung" herbeiführt (§ 283 II StGB) kann nur der Schuldner sein, wie sich insbesondere *e contrario* aus § 283d StGB ermitteln lässt, der im Gegenzug ausdrücklich von einem „anderen" als dem Schuldner spricht.[1826] Dass der „Täter" *„seine* Zahlungen" einstellt meint ebenfalls, dass er seine geschuldeten Zahlungen einstellt, er also Schuldner sein muss.[1827]

Wenn sich aber unzweifelhaft erkennen lässt, dass mit dem „Täter" nur der Schuldner gemeint sein *kann*, dann ist eine entsprechende Auslegung auch keine Überschreitung des Wortlautes, sondern lediglich seine *allein* sinnvolle Auslegung. Wenn aber keine sinnvollen Auslegungsalternativen existieren, besteht auch keine Unsicherheit des Normadressaten, wer gemeint ist und damit auch kein Verstoß gegen Art. 103 II GG. Aus diesem Grund ist auch die Auffassung zu verwerfen, die wegen eines vermeintlichen Verstoßes der korrigierenden Auslegung gegen das Analogieverbot aus Art. 103 II GG eine Unanwendbarkeit des § 283 I Var. 1, II StGB auf Organe von Verbandspersonen folgern will.[1828]

Insbesondere kann die korrigierende Auslegung zum einen darauf verweisen, dass der Gesetzgeber des 1. WiKG mit der Änderung des noch unter der Konkursordnung verwandten Begriffs *„Schuldner"* in „ Wer" (Abs.1) und *„Täter"* (Abs. 6) keine inhaltlichen Änderungen bezweckte.[1829] Zum anderen lässt sich die Begriffsänderung

1825 So *Hoyer* in SK-StGB (2002), § 283 Rn. 97; *Wehleit*, Bankrott und Untreue (1985), S. 12 ff.

1826 Vgl. selbst *Hoyer* in SK-StGB (2002), § 283 Rn. 96; *Tiedemann*, Insolvenzstrafrecht, 2. Aufl. (1996), Vor § 283 Rn. 59; Sch/Sch-*Stree/Heine*, 26. Aufl. (2001), § 283 Rn. 65.

1827 Vgl. *Tiedemann*, Insolvenzstrafrecht, 2. Aufl. (1996), Vor § 283 Rn. 59; Sch/Sch-*Stree/Heine*, 26. Aufl. (2001), § 283 Rn. 65; sogar *Hoyer* in SK-StGB (2002), § 283 Rn. 96.

1828 *Labsch*, wistra 1985, S. 2 f.; *Matzen*, Zahlungsunfähigkeit (1993), S. 20; kritisch, aber ohne die Konsequenz der Verfassungswidrigkeit zu ziehen *Röhm*, Abhängigkeit des Insolvenzstrafrechts (2002), S. 251.

1829 Vgl. die Regelungen der 239 ff. KO, die ausdrücklich den Schuldner als Normadressaten nannten; vgl. auch bereits oben Einleitung und *Tiedemann*, Insolvenzstrafrecht, 2. Aufl. (1996), Vor von „Schuldner“ in „Täter“ aus dem Bestreben des Gesetzgebers heraus erklären, durch eine Verallgemeinerung der Wirtschaftsdelikte die generalpräventive Wirkung des „vernachlässigten“ Bankrotttatbestandes zu erhöhen, indem er im Bewusstsein mehr als (all)gemeine Straftat denn als wirtschaftsspezifisches Kavaliersdelikt verankert werden sollte.[1830] Aus diesem Grund liegt es nahe, den allgemein üblichen Begriff des „*Täters*“ dem wirtschaftsspezifischer anmutenden „*Schuldner*“ vorzuziehen.

Eine Strafbarkeit der Organe von Verbandspersonen wegen Bankrotts ist daher von § 283 I Var. 1, II StGB bereits *de lege lata* umfasst.

Daraus folgt, dass jedenfalls nicht begründet behauptet werden kann, eine Einschränkung des personellen Anwendungsbereichs von § 283 I, II StGB in der Variante der Überschuldung auf juristische Personen und kapitalistische Personengesellschaften verbiete sich, weil ansonsten kein Anwendungsbereich für § 283 I Var. 1, II StGB verbliebe.

b) Die vermeintliche Rechtslücke bei der Gesellschaft bürgerlichen Rechts (GbR) – § 14 I Nr. 2 StGB – statische oder dynamische Verweisungsnorm?

Vor dem Hintergrund des § 11 II Nr. 1 InsO wird in der strafrechtlichen Diskussion eine vermeintliche Rechtslücke aufgetan, weil einerseits die Gesellschaft bürgerlichen Rechts (GbR) selbst und nicht ihre Gesellschafter die für § 283 StGB erforderliche Gemeinschuldnerschaft aufweise, andererseits aber eine Zurechnung an den handelnden Vertreter über § 14 I Nr. 2 StGB nicht möglich sei, weil dieser zwar auf Personen*handels*gesellschaften, nicht aber auf die Gesellschaft bürgerlichen Rechts anwendbar sei.[1831]

Das Gesetz erkennt in § 11 II Nr. 1 InsO die im Rechtsverkehr als Gesamthand auftretende Gesellschaft bürgerlichen Rechts (Außengesellschaft)[1832] *selbst* als Gemeinschuldnerin an und bringt dies auch in den §§ 101 I und 227 II InsO zum Ausdruck,

---

§ 283 Rn. 59; *Penzlin*, Auswirkungen der InsO (2000), S. 55, Fn. 272; *Röhm*, Abhängigkeit des Insolvenzstrafrechts (2002), S. 241 Fn. 809.

1830 Vgl. zum Ziel des Gesetzgebers BT-Drs. 7/3341 S. 14 und *Hiltenkamp-Wisgalle*, Bankrottdelikte (1987), S. 40.

1831 So *Penzlin*, Auswirkungen der InsO (2000), S. 62 ff., 63; ihm zustimmend *Röhm*, Abhängigkeit des Insolvenzstrafrechts (2002), S. 248.

1832 Die Gesellschaft bürgerlichen Rechts ist eine auf Vertrag beruhende Vereinigung von mindestens zwei Personen zur Förderung eines gemeinsamen Zwecks (§ 705 BGB). Von dem gesetzlichen Normaltypus der *GbR-Außengesellschaft*, die ein Gesamthandsvermögen bildet und als Gesamthandsgesellschaft als solche im Rechtsverkehr nach außen auftritt, ist die bloße *GbR-Innengesellschaft* zu unterscheiden. Die GbR-Innengesellschaft zeichnet sich durch die Nichtteilnahme am Rechtsverkehr und dementsprechend durch das Fehlen einer gemeinsamen Vertretung und den Verzicht auf die Bildung von Gesamthandsvermögen aus. Sie erschöpft sich in der schuldrechtlichen Abrede der Gesellschafter untereinander. Bei der reinen Innengesellschaft sind daher die Gesellschafter unmittelbare Zuordnungssubjekte von Rechtsbeziehungen, die dementsprechend selbst die für § 283 StGB erforderliche Schuldnereigenschaft erfüllen und als jeweils Handelnde selbst Täter des § 283 StGB sein können. § 14 I Nr. 2 StGB kommt hier somit mangels Zurechnungsbedarfs gar nicht zur Anwendung. Vgl. zur InnenGbR *Ulmer* in MüKo, BGB, Bd. V, 4. Aufl. (2004), Rn. 285 ff., 292, 295; *K. Schmidt*, Gesellschaftsrecht, 3. Aufl. (1997), § 7 I 3a.

in denen ausdrücklich zwischen dem Schuldner und seinen persönlich haftenden Gesellschaftern unterschieden wird. Insoweit hat sich der in der Regierungsbegründung betonte Wille des Gesetzgebers, *alle* in § 11 Nr. 2 InsO genannten Gesellschaftsformen sollten „Schuldner im Sinne der Insolvenzordnung", also Gemeinschuldner sein, auch die GbR,[1833] unmissverständlich im Gesetzestext niedergeschlagen.[1834]

Auf den ersten Blick ist daher unverständlich, warum die nun erforderliche Zuordnung der Schuldnereigenschaft an die handelnden Gesellschafter als organschaftliche Vertreter der GbR (§ 714 i.V.m. 709 I BGB) nicht über § 14 Nr. 2 StGB möglich sein soll, wenn andererseits die mit der GbR wesensgleiche OHG als „rechtsfähige Personengesellschaft" im Sinne des § 14 Nr. 2 StGB anerkannt wird.[1835]

Denn auch die GbR ist, wie nun auch die Rechtsprechung unter Korrektur ihrer jahrzehntelangen Auffassung inzwischen anerkennt,[1836] teilrechtsfähig in dem Sinn, dass sie selbst als Gesamthandsgesellschaft (Außengesellschaft) Zuordnungssubjekt von Rechten und Pflichten ist, solange dem nicht ihre fehlende *Rechtspersönlichkeit* (originäre, umfassende und unbeschränkbare Rechtsfähigkeit, wie sie nur juristische und natürliche Rechtspersonen besitzen) oder ihre fehlende Registerpublizität im Einzelfall entgegenstehen.[1837] Bereits der Umstand, dass allein der tatsächliche Geschäftsumfang eines von persönlich haftenden Gesellschaftern betriebenen Unternehmens darüber entscheidet, ob gem. § 1 II HGB i.V.m. § 105 I HGB noch eine GbR oder bereits eine OHG vorliegt, deren Eintragung ins Handelsregister dann nur deklaratorisch wirkt, zeigt, dass GbR und OHG von je her wesensgleich sein mussten, weil eine bloße Änderung des Geschäftsumfangs keine Änderung der rechtlichen Struktur nach sich ziehen kann.[1838] Dass § 124 HGB deshalb auch nur als firmenrechtliche Norm verstanden werden kann, die der OHG erlaubt,

---

1833 Vgl. die Regierungsbegründung zu § 13 II des Entwurfs zur InsO, BT-Drs. 12/2443, S. 156: „Nach § 13 II Nr. 1 (heute 11 I Nr. 2) kann das Insolvenzverfahren unter anderem über das Vermögen einer Gesellschaft bürgerlichen Rechts eröffnet werden. Diese Reglung verfolgt das Ziel, die Gesellschaften bürgerlichen Rechts, die als Träger eines Unternehmens am Geschäftsverkehr teilnehmen, im Grundsatz den gleichen Insolvenzrechtlichen Regelungen zu unterwerfen wie Offene Handelsgesellschaften." Vgl. auch BT-Drs. 12/2443, S. 112.

1834 Vgl. auch *Penzlin*, Auswirkungen der InsO (2000), S. 62; *Röhm*, Abhängigkeit des Insolvenzstrafrechts (2002), S. 248 f.

1835 Die Anerkennung der Personenhandelsgesellschaften als rechtsfähig im Sinne des § 14 I Nr. 2 StGB ist inzwischen ganz herrschende Meinung, vgl. *Kindhäuser* in LPK-StGB, 2. Aufl. (2005), § 14 Rn. 25; Tröndle/*Fischer*, 52. Aufl. (2004), § 14 Rn. 3; *Achenbach*, wistra 2002, S. 442 f.; *Kühl* in Lackner/Kühl, StGB, 25. Aufl. (2004), § 14 Rn. 2; *Penzlin*, Auswirkungen der InsO (2000), S. 62; *Röhm*, Abhängigkeit des Insolvenzstrafrechts (2002), S. 248 f. Dagegen früher noch *Grub*, Insolvenzstrafrechtliche Verantwortlichkeit (1995), S. 36 f., 39, 46 ff., 164. Vgl. hierzu auch *Moosmayer*, Einfluß der InsO (1997), S. 67 ff. und *Penzlin*, Auswirkungen der InsO (2000), S. 57 ff.

1836 Vgl. auf *Otto v. Gierke* zurückgehend bereits *Flume* ZHR 136 (1972), S. 188 f.; *Altmeppen*, NJW 1996, S. 1017 f.; inzwischen auch die Rechtsprechung *BGHZ* 146, S. 342 = NJW 2001, S. 1056.

1837 Vgl. statt aller *Flume*, ZHR 136 (1972), S. 192. Nicht zu verwechseln mit der Rechtspersönlichkeit ist die zwar im Ergebnis umfassende, aber nicht durchgängig originäre Rechtsfähigkeit der Personenhandelsgesellschaften.

1838 So auch *Flume*, ZHR 136 (1972), S. 194; *K. Schmidt*, Gesellschaftsrecht, 3. Aufl. (1997), § 11 IV 1a; *ders.*, Handelsrecht, 4. Aufl. (1994), § 5 II 1a; *Altmeppen*, NJW 1996, S. 1019; *Habersack* JuS 1990, S. 183.

stets auch im eigenen Namen aufzutreten, weil sie im Gegensatz zur GbR Registerpublizität hat, verbietet es, im Wege eines *argumentum e contrario* der GbR die Rechtsfähigkeit abzusprechen, weil eine dem § 124 HGB entsprechende Norm bei ihr fehle.[1839]

Zu Recht weist daher sogar die Ansicht, der zufolge § 14 Nr. 2 StGB Handelsgesellschaften, aber nicht die GbR erfasse, darauf hin, dass § 11 II Nr. 1 InsO mit der Einordnung der Personengesellschaften als solche „ohne Rechtspersönlichkeit" die Personengesellschaften lediglich zur juristischen Person als Träger von *Rechtspersönlichkeit* abgrenzen will, ohne ihr die *Teilrechtsfähigkeit* absprechen zu wollen.[1840] Dies betrifft auch die GbR, die damit auf zivilrechtlicher Ebene alle Voraussetzungen erfüllt, die sie für die Rechtsfähigkeit im Sinne des § 14 I Nr. 2 StGB braucht. Und weil der GbR nicht erst aufgrund des Meinungswandels in der Rechtsprechung in diesem Sinne Rechtsfähigkeit zuzusprechen ist, sondern die GbR-Außengesellschaft nach richtiger Ansicht wegen Wesensgleichheit zur OHG schon immer eigenständiges Zuordnungssubjekt war, ist streng genommen nicht von einem *Bedeutungs*wandel eines vom Strafrecht in Bezug genommenen Begriffs, sondern von einem *Erkenntnis*wandel über eine schon immer bestehende Begriffsbedeutung zu sprechen.[1841]

Warum dennoch auch heute vertreten wird, die in zivilrechtlicher Hinsicht als rechtsfähig anzuerkennende GbR sei nicht *„rechtsfähig"* im Sinne des § 14 I Nr. 2 StGB, ist nur dadurch erklärbar, dass der Rechtsprechungswandel als *Bedeutungs*wandel eines vom Strafrecht in Bezug genommenen Begriffs und § 14 I Nr. 2 StGB als eine *statische Verweisungsnorm* verstanden werden.

Eine statische Verweisung der Strafrechtsnorm auf außerstrafrechtliche Normen unterscheidet sich von einer dynamischen Verweisung dahingehend, dass bei einer *statischen* Verweisung der Strafgesetzgeber den außerstrafrechtlichen Bedeutungsinhalt übernehmen und festschreiben wollte, wie er sich zum Zeitpunkt des Normschaffungsprozesses, regelmäßig bei In-Kraft-Treten des Straftatbestandes, darstellte. Unterliegt nach Schaffung der strafrechtlichen Norm der in Bezug genommene Begriff einem Bedeutungswandel, nimmt der strafrechtliche Begriff an dem Bedeutungswandel nicht teil, wird in gewisser Weise autonom. Auf § 14 I Nr. 2 StGB übertragen, würde ein insoweit statischer Verweis die bei Schaffung der Norm herrschende Rechtsauffassung über die Rechtssubjektivität der GbR auch heute noch als für § 14 I Nr. 2 StGB maßgeblichen Inhalt verkörpern.

Bei einer dynamischen Verweisung bindet der Strafgesetzgeber hingegen die Strafnorm an das außertatbestandliche Recht, indem zur Vervollständigung der Verwei-

---

1839 So aber noch *Cordes*, JZ 1998, S. 545. Vgl. nochmals die grundlegende Wende in *BGHZ* 146, S. 342 = NJW 2001, S. 1056; vgl. auch *Sprau* in Palandt, BGB, 64. Aufl. (2005), § 705 Rn. 24. Zur Ungeeignetheit des Wortlautarguments aus § 718 BGB gegen die Teilrechtsfähigkeit „Vermögen der Gesellschaf*ter*" *Flume*, ZHR 136 (1972), S. 179.

1840 Vgl. *Penzlin*, Auswirkungen der InsO (2000), S. 62; zustimmend *Bieneck*, wistra 2001, S. 54; *Röhm*, Abhängigkeit des Insolvenzstrafrechts (2002), S. 248 f.

1841 Dies hat auch der Gesetzgeber der Insolvenzordnung durch seinen Wunsch der Gleichbehandlung von GbR und OHG nochmals zum Ausdruck gebracht, vgl. BT-Drs. 12/2443, S. 156.

sungsnorm die ergänzende Norm mit ihrem *jeweiligen* Inhalt (also unter Berücksichtigung späterer Gesetzesänderungen) herangezogen werden soll.[1842] Damit wird der Straftatbestand für inhaltliche Veränderungen geöffnet, die die eigentlich zuständige „(Straf)gesetzgebung und Dogmatik weder veranlasst noch auch nur kontrolliert", und wird damit akzessorisch.[1843] Welche der beiden Verweisungsarten beabsichtigt ist, ist durch Auslegung der Verweisungsnorm, insbesondere mit Blick auf deren Regelungsziele und Entstehungsgeschichte, zu ermitteln.[1844] Ausschlaggebend für die Qualifizierung der Verweisungsnorm als statisch oder dynamisch ist damit, ob die Akzessorietät „gewollte Folge der Entscheidung für ein in bestimmten Grenzen akzessorisches Strafrecht [ist], das so sein muss, um den Schutz rechtlicher Werte auch im Wandel des Rechts gewährleisten zu können."[1845] Ob § 14 I Nr. 2 StGB eine dynamische oder eine statische Verweisungsnorm ist, entscheidet sich daher nach der Regelungsintention, die der Gesetzgeber mit ihrer Einführung verfolgte:

Der durch das 2. WiKG nur unwesentlich geänderte § 14 StGB geht auf das EGOWiG v. 24.5.1968[1846] zurück, das unter Aufhebung der zahlreichen Sondervorschriften des Bundes und des Landesrechts als allgemeine Regelung die Bestimmung des § 50a a. F. in das StGB eingefügt hatte.[1847] Mit der Schaffung des § 50a a. F. wollte der Gesetzgeber die bis dahin bestehende und im Hinblick auf den Rechtsgüterschutz für unerträglich empfundene Rechtslücke in dem hier zu untersuchenden Fall schließen, dass der Statusinhaber der tatbestandsspezifischen Täterqualifikation *zivilrechtlich rechtsfähig*, aber strafrechtlich nicht *handlungs- oder schuldfähig* ist.[1848] Dabei hatte der Gesetzgeber von 1968 den vorliegend zu prüfenden Fall des § 283 StGB vor Augen, in dem die Schuldnereigenschaft eines zivilrechtlich rechtsfähigen, aber mangels geistig-physischer Substanz nicht handlungs-, nicht schuld- und damit nicht straffähigen Gemeinschuldners seinem Vertreter nicht zugerechnet werden konnte, ohne auf die wegen Verstoßes gegen das Gebot der *lex scripta* von der damals herrschenden Meinung für unanwendbar gehaltene *„Theorie der Realen Verbandsperson" (später „Organhaftungstheorie")* zurückzugreifen.[1849] Diese Lücke sollte mit § 14 StGB geschlossen werden.

Bereits an dieser Stelle lässt sich damit feststellen, dass eine Norm, die gerade dazu geschaffen wurde, solche Rechtslücken zu schließen, die dadurch entstehen, dass das Zivilrecht einer strafrechtlich nicht handlungs- und nicht schuldfähigen Gesellschaft Rechtsfähigkeit verleiht und sie damit zum Inhaber der strafrechtlichen Statusbezeichnung (Schuldnereigenschaft i.S.d. § 283 StGB) werden lässt, für einen lückenlosen Strafrechtsschutz auch *alle* Fälle unabhängig von ihrer Entstehung erfassen *muss*, in denen zivilrechtlich Rechtsfähigkeit besteht, ohne dass zugleich die

1842 Vgl. *Zippelius*, Methodenlehre, 9. Aufl. (2005), S. 35; *Herzberg*, JuS 1980, S. 472 am Beispiel der *Fremdheit* in § 246 StGB.
1843 *Herzberg*, JuS 1980, S. 472.
1844 *BVerfGE* 47, S. 311 f.; *Zippelius*, Methodenlehre, 9. Aufl. (2005), S. 35.
1845 *Herzberg*, JuS 1980, S. 472.
1846 BGBl. I, S. 503.
1847 Vgl. Sch/Sch-*Lencker/Perron*, 26. Aufl. (2001), § 14 Rn. 2.
1848 Vgl. LK-*Schünemann* (Stand 1993), 11. Aufl. (2003), § 14 Rn. 1.
1849 Vgl. LK-*Schünemann* (Stand 1993), Bd. I, 11. Aufl. (2003), § 14 Rn. 2 und näher sogleich.

Voraussetzungen der Straffähigkeit vorliegen. Würde hingegen nur der Katalog der Gesellschaftsformen erfasst, die auch schon bei Schaffung des § 14 StGB bzw. seines Vorgängers für zivilrechtlich rechtsfähig gehaltenen wurden, würde § 14 StGB seiner ureigensten Funktion beraubt, als einheitlicher Tatbestand Rechtslücken in genau dem Fall zu schließen, dass Veränderungen der zivilrechtlichen Realitäten bisher tatbestandlich erfasstes und weiterhin strafbedürftiges und strafwürdiges Unrecht ausscheiden. Um seine Funktion, lückenlosen Rechtsgüterschutz auch im Wandel des Rechts zu gewährleisten, erfüllen zu können, muss § 14 I Nr. 2 StGB *dynamisch* ausgestaltet sein.

Das hier gefunden Ergebnis überzeugt umso mehr, wenn man den historischen Hintergrund vor Einführung des § 50a StGB 1968 genauer betrachtet, der nicht nur eine parallele, sondern exakt dieselbe Konstellation wie die hier zu entscheidende Situation des Auseinanderfallens von Schuldnereigenschaft und Handelndem im Rahmen des Bankrotttatbestands betraf: In der frühesten und für die Rechtsentwicklung grundlegenden Entscheidung des preußischen Obertribunals vom 9. November 1874[1850] war die Frage zu entscheiden, ob ein Vorstandsmitglied einer in Konkurs gefallenen eingetragenen Genossenschaft, welches Bankrotthandlungen gemäß den §§ 281, 283 RStGB 1871 begangen hatte, aus diesen Vorschriften ungeachtet des Umstandes bestraft werden konnte, dass z.B. die unordentliche Buchführung nicht „*seinen*" Vermögensstand betroffen und das Vorstandsmitglied auch nicht „*seine* Zahlungen eingestellt" hatte. Und *obwohl* das preußische Obertribunal in dem vorliegenden Fall für „unabweislich" hielt, dass die gesetzlichen „Waffen" der Bankrottstrafbarkeit „nicht gerade *da* sich als stumpf erweisen, wo die Ausdehnung des Geschäftsbetriebes und die großartige Anspannung des Kredits ihre Anwendung am meisten notwendig macht, wie dies bei Aktiengesellschaften, Genossenschaften, etc." der Fall sei und *obwohl* der Generalstaatsanwalt zur dogmatischen Rechtfertigung in offenkundiger Anlehnung an die auf *v. Gierke* zurückgehende *Theorie der realen Verbandsperson* darauf abhob, dass bei einer juristischen Person „der Vorstand die Ergänzung und Vervollständigung zum handlungsfähigen Rechtssubjekt bildet" und in concreto „die physisch handelnd auftretende Genossenschaft selbst" sei, lehnte das preußische Obertribunal eine Strafbarkeit des Vorstandsmitglieds mit der rein grammatikalischen Auslegung ab, dass tauglicher Täter des Bankrotts nur derjenige sein könne, der *seine* Zahlungen eingestellt habe.[1851]

Hierdurch sind die Weichen bis zur Einführung des § 50a StGB 1968 durch das EGOWiG gestellt worden, denn der Gesetzgeber nahm die Entscheidung des preußischen Obertribunals zum Anlass, in der Reichskonkursordnung 1877[1852] die Rechtslücke durch eine Spezialregelung in § 244 KO 1877 zu schließen, wonach die Straftatbestände der §§ 239–241 und damit auch der Bankrotttatbestand „*gegen die Mitglieder des Vorstands einer Aktiengesellschaft oder eingetragenen Genossenschaft und gegen die Liquidatoren einer Handelsgesellschaft oder eingetragenen Genossenschaft, welche ihre Zahlungen eingestellt hat oder über deren Vermögen das Konkursverfahren eröffnet worden ist,*

1850 GA 23 (1875), S. 31 ff.
1851 Vgl. GA 23 (1875), S. 41, 45 f. und hierzu LK-*Schünemann* (1993), Bd. I, 11. Aufl. (2003), § 14 Rn. 2.
1852 RGBl. I Nr. 10, S. 351.

Anwendung finden, wenn sie in ihrer Eigenschaft die mit Strafe bedrohten Handlungen begangen haben.“ [1853]

Diese aus dem Bedürfnis einer *lex scripta* erwachsene Vorschrift wiederum wurde zehn Jahre später bei einer Reichsgerichtsentscheidung als *argumentum e contrario* herangezogen, um die aus der Natur der Sache heraus eigentlich gebotene Haftung von Vorstandsmitgliedern einer Aktiengesellschaft wegen Vereitelung der Zwangsvollstreckung bei § 288 StGB abzulehnen, weil eine dem § 244 KO entsprechende Vorschrift fehle.[1854] Seitdem traten zunehmend Fälle auf, in denen strafwürdiges Verhalten von Organen mangels einer ausdrücklich gesetzlichen Zurechnungsnorm entweder in strenger Beachtung des Gebotes der *lex scripta* als straflos gewertet wurde (*Lückentheorie*) oder eine Zurechnung der Statuseigenschaft an Organe im Wege „allgemeiner Rechtsgrundsätze“ [1855] erfolgte (*Organhaftungstheorie*).[1856]

Genau dieser, dem bankrottstrafrechtlichen Anwendungsbereich entstammenden Situation eines unvollständigen Katalogs an einzelfallbezogenen Zurechnungsnormen und rechtsstaatlichen Bedenken begegnenden Gewohnheitsrechts (Art. 103 II GG) wollte der Gesetzgeber mit der Einführung des § 50a StGB 1968 ein Ende bereiten.

Eine Nichtanwendung des § 14 I Nr. 2 StGB auf die GbR würde durch das Schlagen neuer Lücken diesem Ziel des Gesetzgebers eines einheitlichen Umgangs mit zivilrechtlich rechtsfähigen Personenverbänden unmittelbar zuwiderlaufen und eine Situation schaffen, die der Gesetzgeber schon seit der Reichskonkursordnung mit allen Mitteln verhindern wollte.

Damit ist die GbR- Außengesellschaft ebenso wie die OHG eindeutig „rechtsfähig“ im Sinne des § 14 I Nr. 2 StGB, weil der in der zivilrechtlichen Rechtspraxis vollzogene Erkenntniswandel (bzw. Bedeutungswandel) im Rahmen dieser *dynamisch* zu verstehenden Verweisungsnorm nachzuvollziehen ist. Selbst unter Berücksichtigung der von Art. 103 II GG geforderten *lex praevia* ist damit spätestens seit dem Rechtsprechungswandel zur Teilrechtsfähigkeit der GbR in 2001 die vermeintliche Rechtslücke geschlossen.[1857]

An § 14 I Nr. 2 scheitert die Erfassung der GbR durch § 283 StGB jedenfalls nicht.

2. Der Kreis potentieller Schuldner im Rahmen des § 283 StGB

Im Anschluss an die insolvenzrechtlichen Regelungen des Verbraucherbankrotts (§ 304 ff. InsO) wird noch stärker als zuvor in Zweifel gezogen, ob der Wille des historischen Gesetzgebers, das Krisenmerkmal der Überschuldung wortlautgemäß

1853 Vgl. LK-*Schünemann* (Stand 1993), 11. Aufl. (2003), § 14 Rn. 2.
1854 Vgl. *RGSt* 16, 121, 125 und hierzu LK-*Schünemann* (Stand 1993), 11. Aufl. (2003), § 14 Rn. 2.
1855 Vgl. *RGSt* 33, S. 261, 264.
1856 LK-*Schünemann* (Stand 1993), 11. Aufl. (2003), § 14 Rn. 3.
1857 Inzwischen ganz herrschende Meinung, unter Bezugnahme auf *BGHZ* 146, S. 342 = NJW 2001, S. 1056 Tröndle/*Fischer*, StGB, 52. Aufl. (2004), § 14 Rn. 3; *Kühl* in Lackner/Kühl, StGB, 25. Aufl. (2004), § 14 Rn. 2; *Kindhäuser* in LPK-StGB, 2. Aufl. (2005), § 14 Rn. 25; *Achenbach*, wistra 2002, S. 442 f.

auf jeden Schuldner, also auch natürliche Personen und Nichtkaufleute, anwenden zu wollen, maßgeblich sein kann.

Vor dem Hintergrund der von Art. 20 III GG verlangten Verhältnismäßigkeit strafrechtlicher Sanktion wird nun nicht mehr nur erwogen, den Anwendungsbereich des § 283 I 1. Variante in Abhängigkeit von der Rechtsform und der damit zusammenhängenden Haftungsverfassung zu definieren und alle *unbeschränkt haftenden* Personen und Personengesellschaften auszunehmen,[1858] sondern der Fokus wird insbesondere auch auf das Maß der wirtschaftlichen Tätigkeit gerichtet und es wird vermehrt gefordert, Personen, die *keine oder nur geringe wirtschaftliche Tätigkeit* ausüben, aus dem Anwendungsbereich aller Varianten des § 283 I StGB im Wege der teleologischen Reduktion auszunehmen.

a) *Variante 1: Beschränkung des Anwendungsbereichs von § 283 I Var. 1, II StGB auf juristische Personen und kapitalistische Personengesellschaften*

Aus Gründen, die unabhängig von den Neuerungen durch die InsO bereits seit der Schaffung des § 283 StGB im Rahmen des 1. WikG bestehen, sind einer Ansicht nach die personellen Einschränkungen der Überschuldung als insolvenzrechtlicher Eröffnungsgrund auf § 283 StGB zu übertragen und mittels teleologischer Reduktion natürliche Personen und „echte Personengesellschaften" (mit mindestens einer voll haftenden natürlichen Person) aus dem Anwendungsbereich des § 283 I Var. 1 StGB herauszunehmen.[1859]

Von natürlichen Personen und echten Personengesellschaften gehe aufgrund ihrer unbeschränkten Haftung auch bei einer rechnerisch feststellbaren Überschuldung keine Gefährdung der Gläubigerinteressen aus, die einen erhöhten Pflichtenkatalog im Umgang mit der Vermögensmasse rechtfertigen könnte.[1860] Daher verstoße eine strafrechtliche Sanktionierung eines nicht hinreichend gläubigergefährdenden Verhaltens wegen Verletzung des Verhältnismäßigkeitsprinzips in der strafrechtlichen Ausprägung des Schuldprinzips gegen Art. 20 III GG. § 283 I Var. 1, II StGB sei mithin durch teleologische Reduktion in Übereinstimmung mit den insolvenzrechtlichen Regelungen verfassungskonform auszulegen.

Diese Ansicht kann hinsichtlich der vorgeschlagenen Einschränkung in Kongruenz mit der InsO darauf verweisen, dass der Sinngehalt der allgemein gefassten Täterbestimmung „wer" in § 283 I StGB erhalten bleibt, weil ohne Einschränkung weiterhin jedermann potentieller Täter zumindest hinsichtlich der Zahlungsunfähigkeit bliebe.

Für eine Differenzierung des personellen Anwendungsbereichs in Übereinstimmung mit den insolvenzrechtlichen Regelungen zur Antragspflicht spricht eine tatsächlich permanent erhöhte Gefahr der Gläubigerschädigung, wenn kein persön-

---

1858 So insbesondere *Otto*, Bruns-Gds. (1980), S. 269, 273 ff., 276; *ders.*, BT, 6. Aufl. (2002), § 61 Rn. 86; *ders.*, Jura 1989, S. 33.
1859 *Otto*, Bruns-Gds. (1980), S. 269, 273 ff., 276; *ders.*, BT, 6. Aufl. (2002), § 61 Rn. 86; *ders.*, Jura 1989, S. 33.
1860 *Otto*, Bruns-Gds. (1980), S. 269, 273 ff., 276; *ders.*, BT, 6. Aufl. (2002), § 61 Rn. 86; *ders.*, Jura 1989, S. 33.

lich haftender Gesellschafter existiert, weil aufgrund der getrennten Vermögensmassen und der nur im Ausnahmefall eines zivilrechtlichen Haftungstatbestandes bestehenden Durchgriffsmöglichkeit auf das private Vermögen des Handelnden die Bereitschaft zum sorglosen Umgang mit der Vermögensmasse ungleich höher ist, als wenn eine Rückzugsmöglichkeit auf eine insoweit nicht haftende Vermögensmasse fehlt.

Haftet der Schuldner nämlich persönlich, schadet ein sorgloser Umgang mit dem Betriebsvermögen ihm insoweit selbst, als er dadurch die Gefahr erhöht, mit seinem Privatvermögen haften zu müssen; eine disziplinierende Wirkung im Hinblick auf den Erhalt des Haftungsvermögens wird hier bis zu einem gewissen Grade bereits durch die zivilrechtlich unbeschränkte Haftung erzielt, so dass sich tatsächlich die Frage stellt, ob bei Überschuldung natürlicher Personen und echter Personengesellschaften überhaupt ein der Krise entsprechendes Maß an Gläubigergefährdung besteht, welches nicht bereits durch die zivilrechtlichen Haftungsfolgen hinreichend aufgefangen wird, und ob eine strafrechtliche Sanktion *als ultima ratio* in diesem Fall überflüssig ist.

Dass die Überschuldung beschränkt haftender Rechtssubjekte eine besonders hohe Gefahr der Gläubigergefährdung in sich birgt, reicht allein aber noch nicht aus, einer Überschuldung auch persönlich haftender Schuldner per se die Gefährlichkeit abzusprechen, derer es zur Erfüllung der Funktion als Indikator für eine Krise im Sinne des § 283 I StGB bedarf.

Das Krisenmerkmal der Überschuldung wäre ebenso wie bei der insolvenzrechtlichen Antragspflicht nur dann als Korrelat zur Haftungsbeschränkung zu verstehen, wenn die Haftungsbeschränkung alleiniger Grund für die Gefährlichkeit der Bankrotthandlungen bei Vermögensinsuffizienz wäre. Dies könnte dann anzunehmen sein, wenn nur solche Handlungen von § 283 I StGB erfasst würden, die den Transfer des betrieblichen Vermögens „in die eigene Tasche" betreffen. Denn dann wäre die Verminderung des Haftungsfonds auf Gesellschaftsebene eine Gefahr für die Befriedigungsinteressen der Gesellschaftsgläubiger nur dann, wenn ihnen – vorbehaltlich des Eingreifens gesellschaftsrechtlicher Kapitalerhaltungsregelungen – der Durchgriff auf das Privatvermögen des Bereicherten verwehrt wäre. Jedoch umschreiben die Bankrotthandlungen nicht nur solche des „In-die-eigene-Tasche-Wirtschaftens", sondern umfassen auch Masseverringerungen durch Transfer nach außen wie beispielsweise Schleuderverkäufe (§ 283 I Nr. 3 StGB), bloße Vermögensverringerung (§ 283 I Nr. 8 StGB), die auch die Vermögensmasse des persönlich Haftenden umfassen.

Und auch die Gefahr einer erhöhten Gleichgültigkeit gegenüber Schädigungen der Vermögensmasse ist nicht nur im Falle einer nicht persönlich haftenden Unternehmensleitung anzutreffen, sondern mindestens von gleichem Grade auch außerhalb der beschränkt haftenden Rechtsformen bei natürlichen Personen, sogar Verbrauchern im Sinne des § 304 InsO, weil ihnen – im Gegensatz zu den Kapitalgesellschaften und kapitalistischen Personengesellschaften[1861] – die Möglichkeit der Rest-

1861 Vgl. allerdings die Befreiungsmöglichkeit im Insolvenzplanverfahren, § 227 InsO.

schuldbefreiung (§§ 286 ff. InsO) winkt, so dass ihnen nach Ablauf von sieben Jahren (§ 287 II 1 InsO) unter Erlöschen der Restansprüche ein wirtschaftlicher Neuanfang ermöglicht wird (§ 301 InsO).

Wenn aber der Schuldncr nicht davon ausgehen muss, dass seine einmal begründeten Verbindlichkeiten auch nach Durchführung des Insolvenzverfahrens bestehen bleiben, besteht für ihn im Vorfeld des geplanten Insolvenzverfahrens auch keinerlei Anreiz, noch vorsichtig mit seinem in Resten vorhandenen Vermögen umzugehen, weil ihm die Ausfallquote seiner Gläubiger egal sein kann, wenn unabhängig von der Befriedigungsquote seiner Gläubiger nach Ablauf der Wohlverhaltensperiode Schuldenfreiheit eintritt.

Im Gegenteil: Hat sich ein Schuldner wegen unmittelbar bevorstehender Zahlungsunfähigkeit für die Durchführung eines Verbraucherinsolvenzverfahrens mit dem Ziel der Restschuldbefreiung einmal entschlossen und damit nichts mehr zu verlieren, wenn er im vorhinein sein Vermögen weiter schmälert, so ist die Gefahr besonders hoch, dass er sich durch Schleuderverkäufe an Bekannte und Geschäftspartner wenigstens Sympathien zu sichern sucht, die ihm nach Ablauf der Wohlverhaltensperiode einen Neustart erleichtern sollen. Für manchen persönlich Haftenden mag es sogar attraktiv sein, sich nach planvoller Übertragung seiner Vermögensgegenstände auf Dritte im Vorfeld der Zahlungsunfähigkeit durch Beantragung der Restschuldbefreiung seiner Schulden zu entledigen.[1862]

Eine erhöhte Gläubigergefahr setzt damit auch bei natürlichen Personen, auch Verbrauchern im Sinne des § 304 InsO, bereits im Vorfeld der endgültig eingetretenen Zahlungsunfähigkeit schon bei Überschuldung ein, und dies nicht nur bei einer Haftungsverfassung, bei der die Haftung auf das Gesellschaftsvermögen beschränkt ist. Dabei ist gerade die Vermögensinsuffizienz auch in Abgrenzung zur drohenden Zahlungsunfähigkeit als eine der Zahlungsunfähigkeit zeitlich vorangehende Krisensituation ein geeigneter Indikator, um anzuzeigen, ab wann der sorgfaltswidrige Umgang mit dem zur Gläubigerbefriedigung erforderlichen Vermögen zum Schutz der Gläubigerbefriedigungsinteressen nicht mehr tragbar ist; denn dass es für die Frage, ab wann die Gefährdung der Befriedigungsinteressen eintritt, darauf ankommen muss, ob insoweit ein noch ausreichendes Befriedigungspotential zur Verfügung steht oder bereits Vermögensinsuffizienz vorliegt, ist eine rechnerisch unbestreitbare Erkenntnis, die nicht umsonst bereits im Altertum seit dem Beginn wirtschaftlicher Beziehungen vorherrschte und das Leitbild der Vermögensinsuffizienz als maßgeblicher Gefährdungsmarke prägte.[1863]

Mit Ausnahme des durch stärkere Kreditverflechtungen bedingten zeitlichen Auseinanderfallens von Zahlungsunfähigkeit und Überschuldung (auch bei Privatpersonen, die sich zahlreicher Finanzierungsangebote beim Kauf von Gütern bedienen können) hat sich hinsichtlich der Vermögensinsuffizienz auch persönlich Haftender, insbesondere hinsichtlich ihrer Gefährlichkeit für die Gläubigerbefriedigungsinteressen, nichts geändert.

1862 Ähnlich *Moosmayer*, Einfluß der InsO (1997), S. 114 f.
1863 Vgl. Erster Teil A. I, II, III. und B. I. 1., 2., 3.

Allerdings wird diskutiert, ob aus anderen Gründen als der Haftungsverfassung eine Einschränkung der Bankrottstrafbarkeit bei bzw. wegen Herbeiführung der Überschuldung auf bestimmte Personengruppen vorzunehmen ist:

b) Variante 2: Rechtsformunabhängige Beschränkung des Anwendungsbereichs von § 283 I Var. 1, II StGB auf Schuldner, die eine nicht nur geringe wirtschaftliche Tätigkeit ausüben

Nach anderer Ansicht ist statt der Haftungsbeschränkung das Maß der wirtschaftlichen Tätigkeit ausschlaggebend für die Frage, ob die Bankrotthandlungen eines Schuldners in bzw. wegen Herbeiführung der Überschuldung von § 283 I, II StGB erfasst werden sollen.

§ 283 I, II StGB sei nur dann auf Kapitalgesellschaften, kapitalistische und echte Personengesellschaften sowie natürliche Personen anwendbar, wenn sie eine *wirtschaftliche Tätigkeit von nicht nur geringem Gewicht* ausüben.

Wann von einer wirtschaftlichen Tätigkeit von nicht nur geringem Gewicht auszugehen ist, wird teilweise in Anlehnung an § 304 I, II InsO von der nach Art und Umfang bestehenden Notwendigkeit eines in kaufmännischer Weise eingerichteten Geschäftsbetriebs abhängig gemacht, und es werden demnach Gewerbetreibende von § 283 I, II StGB ausgenommen, die nicht bereits nach § 1 II HGB Kaufmann sind, sondern die Kaufmannseigenschaft erst durch eine Eintragung ins Handelsregister erwerben (ehemals als Minderkaufmann bezeichnet), ebenso wie juristische Personen, wenn sie kein dem § 304 II InsO, 1 II HGB entsprechendes Maß wirtschaftlicher Betätigung erreichen, obwohl sie kraft ihrer Rechtsform Kaufmannseigenschaft besitzen (§ 6 HGB).[1864]

Andere lassen *jedes Maß* an wirtschaftlicher Tätigkeit für eine Erfassung von § 283 StGB ausreichen und schließen damit ausdrücklich auch den Minderkaufmann im vormaligen Sinn ein.[1865]

Vom Anwendungsbereich des Bankrotttatbestandes auszunehmen ist danach in jedem Fall die überschuldete Privatperson.

Zunächst wird überschuldungsspezifisch argumentiert, bei einem Schuldner, der kein kaufmännisches Unternehmen hat, sei eine Ermittlung von Fortführungswerten nicht durchführbar. Folglich sei auch die nach § 19 II InsO gebotene (für § 283 StGB als verbindlich erachtete) Differenzierung zwischen Fortführungswerten und Liquidationswerten nicht möglich:[1866]

Während in einem Unternehmen Erlös- und Entwicklungschancen in der Unternehmensorganisation, der Stellung des Unternehmens im Markt und in dem Haftungsvermögen objektiviert seien und damit Gegenstand wissenschaftlich fundierter Prognosen des Zukunftserfolgswertes werden können, würden diese Mög-

---

1864 So *Röhm*, Abhängigkeit des Insolvenzstrafrechts (2002), S. 260 ff., 261, 279; *Penzlin*, Auswirkungen der InsO (2000), S. 204 f., 207 ff., 210.

1865 So *Moosmayer*, Einfluß der InsO (1997), S. 81, 166, 172; *Bieneck*, StV 1999, S. 43.

1866 *Moosmayer*, Einfluß der InsO (1997), S. 166; *Bieneck*, StV 1999, S. 43; *Röhm*, Abhängigkeit des Insolvenzstrafrechts (2002), S. 265.

lichkeiten bei einem Nicht-Kaufmann fehlen. Sein möglicher „Zukunftserfolgswert" gründe in seiner Arbeitskraft und seinem Willen, diese Kraft zu nutzen, und sei daher rechnerisch nicht darstellbar.[1867] Der Überschuldungstatbestand sei daher ausschließlich auf unternehmerisch Handelnde zugeschnitten.

Der Überschuldungstatbestand wird überdies angesichts der vielfältigen Bewertungsproblematiken als für einen Verbraucher zu schwer verständlich gehalten, als dass dieser tauglicher Anknüpfungspunkt für eine Strafandrohung sein könnte.[1868]

Desweiteren wird – für alle Krisendeterminanten gleichermaßen – argumentiert, das Insolvenzstrafrecht stelle mit § 283 StGB außerhalb der auf Kaufleute beschränkten Tatvarianten des § 283 I Nr. 5 und 7 StGB nur auf Unternehmen als Schuldner ab, weil die *Anforderungen an eine ordnungsgemäße Wirtschaft* als „das wesentlich abgrenzende Tatbestandsmerkmal" kein Maßstab für den privaten Schuldner sein könne.[1869]

Die Anforderungen an ein ordnungsgemäßes Wirtschaften sei allen Handlungsalternativen gemein; entweder implizit aufgrund ihres wirtschaftlichen Bezuges, wie beispielsweise bei den Verlust-, Spekulations- oder Differenzgeschäften des § 283 I Nr. 2 StGB oder den Wertpapiergeschäften des § 283 I Nr. 3 StGB,[1870] zumindest aber aufgrund der verallgemeinernden Formulierung der Generalklausel § 283 I Nr. 8 StGB, die deutlich mache, dass der Maßstab „in einer *anderen* den Anforderungen ordnungsgemäßen Wirtschaftens grob widersprechenden Weise" für alle Handlungsalternativen Geltung beanspruche.[1871]

Zugleich seien die *Anforderungen an eine ordnungsgemäße Wirtschaft* allein auf wirtschaftlich Tätige zugeschnitten, weil nur sie überhaupt unternehmerische Risiken eingehen würden, die eine Abgrenzung riskanter, aber noch erlaubter Verhaltensweisen von solchen erfordern, die aufgrund ihres Risikos bereits als sozialschädlich zu qualifizieren sind.[1872] Daher scheitere auch eine Interpretation *„der wirtschaftlichen Anforderungen widersprechenden Weise"* als eine Ausprägung der allgemeingültigen Rechtsfigur des erlaubten Risikos[1873] beim Verbraucher, weil dieser allenfalls Konsumentenkredite in Anspruch nehme und damit bei der Vornahme von Bankrotthandlungen kein – mit dem unternehmerischen Risiko vergleichbares – erhöhtes Risiko- und Gefahrpotential schaffe, und sein wirtschaftliches Verhalten der Ge-

---

1867 So bereits *Otto*, Bruns-Gds. (1980), S. 274 als unterstützendes Argument im Rahmen seiner verlangten Beschränkung auf juristische und kapitalistische Personengesellschaften. Auch *Moosmayer*, Einfluß der InsO (1997), S. 165; *Penzlin*, Auswirkungen der InsO (2000), S. 205.
1868 So *Penzlin*, Auswirkungen der InsO (200), S. 205 f.
1869 *Bieneck*, StV 1999, S. 43; *Penzlin*, Auswirkungen der InsO (2000), S. 204.
1870 Vgl. ausführlich *Röhm*, Abhängigkeit des Insolvenzstrafrechts (2002), S. 266.
1871 *Moosmayer*, Einfluß der InsO (1997), S. 70; *Bieneck*, StV 1999, S. 43; *Penzlin*, Auswirkungen der InsO (2000), S. 204; *Röhm*, Abhängigkeit des Insolvenzstrafrechts (2002), S. 267. *Insoweit* auch noch *Tiedemann*, Insolvenzstrafrecht, 2. Aufl. (1996), Vor § 283 Rn. 101.
1872 *Moosmayer*, Einfluß der InsO (1997), S. 74 ff., 166. Ihm folgend *Bieneck*, StV 1999, S. 43; *Penzlin*, Auswirkungen der InsO (2000), S. 204; *Röhm*, Abhängigkeit des Insolvenzstrafrechts (2002), S. 265, 271.
1873 So die Interpretation von *Kindhäuser* in NK-StGB (1998), Vor § 283 Rn. 70.

sellschaft auch keinen Nutzen bringe, so dass kein erhöhtes Risiko wegen seines sozialen Nutzens in Kauf zu nehmen sei.[1874]

Zum Dritten werden Inkongruenzen zwischen Insolvenzstrafrecht und der Regelungsintention des Verbraucherinsolvenzverfahrens befürchtet, wenn der private Schuldner in den Anwendungsbereich des Bankrotts fiele:

Während das mit der InsO erstmals gesondert geregelte Verbraucherinsolvenzverfahren (§§ 304 ff. InsO) insbesondere den sozialen Zweck verfolge, dem Schuldner ein kostengünstiges und vereinfachtes Insolvenzverfahren mit anschließender Restschuldbefreiung (§ 301 InsO) und damit einen erleichterten Weg zu einem wirtschaftlichen Neuanfang zu ermöglichen, würde sich die schuldnerfreundliche Regelung auf strafrechtlicher Ebene in ihr Gegenteil verkehren, weil der Schuldner, der von dieser Möglichkeit Gebrauch macht, zugleich die objektive Bedingung der Strafbarkeit herbeiführt, die sein im Vorfeld wirtschaftlich riskantes und sinnloses Verhalten erstmals strafbar werden lässt, wenn er nicht bereits seine Zahlungen eingestellt hat.[1875] Infolge eines streng zivilrechtsakzessorischen Verständnisses wird insoweit ergänzend argumentiert, dass die insolvenzrechtliche Trennung von Regelinsolvenzverfahren und Verbraucherverfahren auch im Strafrecht eine Entsprechung verlange und sich daher eine einheitliche Behandlung von wirtschaftlich tätigen Schuldnern und Verbrauchern im Rahmen des § 283 StGB verbiete.[1876]

Andererseits aber wird das Handeln eines privaten Schuldners in der Krise dann für sanktionierungswürdig gehalten, wenn der private Schuldner sich nach Übertragung seiner Vermögenswerte im Vorfeld der Insolvenz durch eine anschließende Beantragung der Restschuldbefreiung seiner Gläubiger entledigen will. Typische Handlung des Verbrauchers sei es gerade, vor Insolvenzeröffnung Vermögensbestandteile an Dritte zu übertragen oder auf sonstige Weise beiseite zu schaffen.[1877]

Da dieses Verhalten im Hinblick auf seine massive Gläubigergefährlichkeit insoweit übereinstimmend als strafbedürftig eingestuft wird, ohne dass es bereits durch §§ 263, 266 oder 288 StGB erfasst würde, weil es entweder an der bevorstehenden *Einzelvollstreckung* (§ 288 StGB) oder an der für § 263 StGB erforderlichen *Täuschungshandlung* gegenüber dem Gläubiger oder an einer Vermögensbetreuungspflicht gegenüber dem meist in Gestalt eines Konsumentenkreditgebers auftretenden Gläubiger (§ 266) fehlt, sieht diese Auffassung das Erfordernis einer entsprechenden bankrottstrafrechtlichen Erfassung.[1878]

1874 *Röhm*, Abhängigkeit des Insolvenzstrafrechts (2002), S. 27 ff. in Anlehnung an *Moosmayer*, Einfluß der InsO (1997), S. 74. *Tiedemann*, Insolvenzstrafrecht, 2. Aufl. (1996), Vor § 283 Rn. 54 hingegen konzediert auch eine geringere Gefährlichkeit der Insolvenzstraftaten privater Schuldner, geht jedoch nicht so weit, jede Gefährlichkeit für das Allgemeininteresse zu verneinen.

1875 So vor allem *Röhm*, Abhängigkeit des Insolvenzstrafrechts (2002), S. 260 f.; *Moosmayer*, Einfluß der InsO (1997), S. 166.

1876 Vgl. *Röhm*, Abhängigkeit des Insolvenzstrafrechts (2002), S. 262 ff.

1877 Vgl. *Moosmayer*, Einfluß der InsO (1997), S. 115 ff., 117.

1878 Vgl. *Moosmayer*, Einfluß der InsO (1997), S. 115 ff., 117; *Penzlin*, Auswirkungen der InsO (2000), S. 207 ff., 210; *Röhm*, Abhängigkeit des Insolvenzstrafrechts (2002), S. 275 ff.

Dazu bedienen sich die Vertreter dieser Ansicht allerdings nicht einer korrigierenden Auslegung des § 283 StGB, sondern schlagen verschiedene Lösungen über eine selbständige Erfassung des Verbraucherbankrotts zumeist durch Erweiterung des § 288 StGB vor, der vor Einführung des Verbraucherinsolvenzverfahrens bereits nahezu alle Fälle des Beiseiteschaffens von Vermögensbestandteilen privater Schuldner bei Vermögensinsuffizienz erfasst hatte.[1879] Denn wegen der Aufwendigkeit und der Kostenintensität des (Regel)konkursverfahrens, wodurch die Masse des Schuldners nochmals unverhältnismäßig stark gemindert wurde, erfolgte die Gläubigerbefriedigung bei Vermögensinsuffizienz und Zahlungsunfähigkeit eines privaten Schuldners in der Regel im Rahmen der Einzelzwangsvollstreckung; in Konsequenz dessen wurden zum einen die im Vorfeld vom Schuldner in Vereitelungsabsicht getätigten Masseschmälerungen bereits von § 288 StGB erfasst, zum anderen fand § 283 StGB außerhalb der Zahlungseinstellung mangels Eintritts der objektiven Bedingung der Strafbarkeit (§ 283 VI StGB) keine Anwendung.[1880]

Allerdings stößt eine Eingliederung von Verbraucherbankrotthandlungen vorrangig wegen einer drohenden Normspaltung bei Zusammenfassung der verschiedenen Schutzzwecke im Hinblick auf das Befriedigungsinteresse des Einzelgläubigers (Vereitelung der Zwangsvollstreckung) einerseits und dem Befriedigungsinteresse der Gläubigergesamtheit (Bankrottbestandteil) andererseits auf Kritik. Damit werde zugleich eine Schieflage bei der systematischen Einordnung des Bankrottbestandteils in den strafbaren Eigennutz des 25. Abschnitts geschaffen.[1881] Stattdessen solle der Verbraucherbankrott in einem eigenständigen Straftatbestand geregelt werden („§ 283e – Verbraucherbankrott"), der im Aufbau prinzipiell dem § 283 StGB folgt, aber Verbraucher im Sinne des § 304 InsO nur wegen Beiseiteschaffens oder Verheimlichens von Massebestandteilen in der Krise (eingetretene oder drohende Zahlungsunfähigkeit) oder wegen Herbeiführung der Zahlungsunfähigkeit bestrafen will und auch hier als objektive Bedingung der

1879 Vgl. *Moosmayer*, Einfluß der InsO (1997), S. 113, 115 ff., 117 mit Anmerkung *Röhm*, Abhängigkeit des Insolvenzstrafrechts (2002), S. 282 Fn. 928:
„*§ 288*: Wer bei einer ihm drohenden Zwangsvollstreckung *oder einem ihm drohenden Insolvenzverfahren* in der Absicht, die Befriedigung eines oder mehrer Gläubiger zu vereiteln, Bestandteile seines Vermögens veräußert, verheimlich oder beiseite schafft, wird mit Freiheitsstrafe bis zu zwei Jahren oder mit Geldstrafe bestraft."
„§ 283: (VII) Schuldner im Sinne des Absatzes 6 sind nur Betriebe und Unternehmen unabhängig von ihrem Gegenstand."
Penzlin, Auswirkungen der InsO (2000), S. 207 ff., 210:
„*§ 288*: (I) Wer bei einer ihm drohenden Zwangsvollstreckung in der Absicht, die Befriedigung eines oder mehrer Gläubiger zu vereiteln, Bestandteile seines Vermögens veräußert, verheimlich oder beiseite schafft, wird mit Freiheitsstrafe bis zu zwei Jahren oder mit Geldstrafe bestraft.
(II) Wer bei Zahlungsunfähigkeit in der Absicht, die Befriedigung seiner Gläubiger zu vereiteln, Bestandteile seines Vermögens veräußert, verheimlicht oder beiseite schafft, wird mit Freiheitsstrafe bis zu zwei Jahren oder mit Geldstrafe bestraft.
(III) Die Tat wird nur auf Antrag verfolgt.
„§ 283: (VII) Schuldner im Sinne des Absatzes 6 sind nur Betriebe und Unternehmen, soweit sie nicht dem Anwendungsbereich des § 304 ff. InsO unterfallen."

1880 Vgl. *BGH*, wistra 2001, S. 306 ff.; *Moosmayer*, Einfluß der InsO (1997), S. 27; *Röhm*, Abhängigkeit des Insolvenzstrafrechts (2002), S. 259.

1881 *Röhm*, Abhängigkeit des Insolvenzstrafrechts (2002), S. 285.

Strafbarkeit eine Verfahrenseröffnung oder deren Ablehnung bzw. Zahlungseinstellung verlangt.[1882]

In Konsequenz ihrer Annahme, die Differenzierung zwischen Fortführungsbewertung und Liquidationsbewertung sei auch für § 283 StGB verbindlich, bei Verbrauchern aber nicht durchführbar und der Überschuldungstatbestand ohnehin zu kompliziert für den Verbraucher als Normadressaten, sehen die Vorschläge keine Anknüpfung der Verbraucherstrafbarkeit an die Überschuldung vor.[1883]

Sofern vertreten wird, der Verbraucherbankrott sei in den § 288 StGB zu integrieren, wird zum Teil sogar gänzlich auf das Erfordernis einer Krise verzichtet und stattdessen als Korrektiv die Vereitelungsabsicht bzgl. der Gläubigerbefriedigungsinteressen für ausreichend gehalten.[1884]

Die Argumente, die gegen eine bankrottstrafrechtliche Erfassung des überschuldeten Verbrauchers bereits *de lege lata* vorgebracht werden, vermögen jedoch keine zwingende Notwendigkeit eines eigenen Verbraucherbankrotttatbestandes zu begründen:

Zunächst einmal ist gegen die Kritik, der Überschuldungstatbestand sei für Privatpersonen ungeeignet, weil eine Differenzierung nach Liquidations- und Fortführungswerten nicht durchführbar sei, einzuwenden, dass bei Privaten ein unmittelbarer Konflikt hinsichtlich der in § 19 II InsO normierten Differenzierungsnotwendigkeit überhaupt nur entstehen könnte, wenn insoweit von einer zwingenden Akzessorietät auszugehen ist, was beim Bankrotttatbestand gerade nicht der Fall ist, wie später gezeigt werden wird. Und selbst bei zwingender Akzessorietät würde sich ein entsprechender Konflikt als ein nur scheinbarer herausstellen, da eine zwischen Fortführungswerten und Liquidationswerten unterscheidende Bewertung auch bei Privatpersonen möglich ist. Eine Differenzierung nach Fortführungswerten oder Liquidationswerten fragt danach, ob in der Zukunft erwartete Erträge berücksichtigt werden können, die dann bei der Ermittlung des künftigen Schuldendeckungspotentials zu berücksichtigen sind, oder ob in der Zukunft mit keinen weiteren Vermögenszuflüssen zu rechnen ist. Es geht also darum, inwieweit auf der persönlichen Leistungskraft des Schuldners beruhende Zuflüsse finanzieller Mittel, z.B. gesteigerte Einnahmen aus beruflicher Tätigkeit, in naher Zukunft fällig werdende Zahlungen aus noch nicht voll eingezahlten Kapitallebensversicherungen oder gar aus privaten Beteiligungen mit unternehmerischem Risiko berücksichtigt werden können, oder ob mittelfristig damit zu rechnen ist, dass keine weiteren Mittel zufließen, sondern dem Schuldner voraussichtlich nur das Vermögen zur Verfügung stehen wird, das ihm bereits zum Stichtag gehört.[1885] Eine sinnvolle Differenzierung zwischen einer Fortführungs- und Liquidationsbewertung ist daher nicht allein durch eine Gegenüberstellung einer Fortführung

1882 Vgl. *Röhm*, Abhängigkeit des Insolvenzstrafrechts (2002), S. 287.

1883 Vgl. *Moosmayer*, Einfluß der InsO (1997), S. 113, 115 ff., 117; *Penzlin*, Auswirkungen der InsO (2000), S. 205 f., 210; *Röhm*, Abhängigkeit des Insolvenzstrafrechts (2002), S. 287.

1884 So *Moosmayer*, Einfluß der InsO (1997), S. 117.

1885 Vgl. zum Herausholbaren aufgrund der persönlichen Leistungskraft die Beispiele bei *Otto*, Bruns-Gds. (1980), S. 274 f. und *Harneit*, Überschuldung (1984), S. 106 ff.

des Schuldners *an sich* und seiner gedanklichen Liquidation möglich, sondern meint im Kern eine Differenzierung danach, ob es auf das aus dem „Unternehmen“ – gewerblich oder privat – *Herausholbare* oder auf das von dem Unternehmen bereits *Erwirtschaftete* ankommt.[1886]

§ 19 II InsO spricht daher von der Fortführungswahrscheinlichkeit des Unternehmens nur, weil der Gesetzgeber in Anbetracht dessen Funktion als Eröffnungsgrund bei Formulierung des § 19 II InsO nur den Kreis der insolvenzantragspflichtigen Rechtsformen als Träger eines Unternehmens vor Augen hatte, ohne den Überschuldungstatbestand selbst auf diesen Personenkreis beschränken zu wollen und ohne die Überlebensfähigkeit des Schuldners als materiellen Unterscheidungsgrund festlegen zu wollen. Vielmehr dient die von § 19 II InsO geforderte Beantwortung der Frage, ob ein Untenehmen mit überwiegender Wahrscheinlichkeit fortgeführt wird oder nicht, als praktischer Anknüpfungspunkt für die materiellrechtlich im Hinblick auf die Ermittlung des Gläubigerbefriedigungspotentials eigentlich interessierende Frage, ob mittelfristig Vermögenszuflüsse zu erwarten sind, oder wegen Einstellung der werbenden Tätigkeit das vorhandene Vermögen maßgebliche Verteilungsmasse ist.

Und auch im Ergebnis ist eine Fortführungsbewertung und eine Bewertung zu Liquidationswerten bei Privaten nicht unterschiedslos: Auch wenn bei einer Fortführungsbewertung in der Regel die vorhandenen Vermögensgüter des privaten Schuldners zu Einzelveräußerungswerten zu bewerten sein werden, weil sich im Regelfall keine Synergieeffekte ergeben, wirkt sich eine Unterscheidung zwischen Fortführungsbewertung und Liquidationsbewertung dennoch dahingehend aus, dass bei der Annahme der Fortführung weitere Aktiva im Hinblick auf das aus der Leistungskraft des einzelnen „Herausholbare“ zu erwarten sind.

Die Tatsache, dass es bei der Beurteilung des „Herausholbaren“ auf die persönliche Leistungskraft des Schuldners ankommt, bedeutet auch nicht, dass eine Fortführungsbewertung undurchführbar ist:

Insbesondere vermag das vermeintliche Erfordernis einer Objektivierung am Markt nicht zu überzeugen.[1887] Zunächst ist auch bei einem am Markt tätigen Unternehmen der Zukunftserfolgswert nur unter Schätzungen möglich, die dem Bilanzierenden weite Einschätzungsspielräume belassen und die maßgeblich von seiner subjektiven Unternehmensstrategie abhängen. Die Tatsache, dass bei Privaten keine Planungsrechnungen möglich sind, ist insbesondere kein Objektivierungsverlust, sondern die Konsequenz dessen, dass Fortführungswerte hier viel leichter zu prognostizieren sind, weil die Lebensplanung eines Privaten in der Regel weitaus kon-

---

1886 So aber *Röhm*, Abhängigkeit des Insolvenzstrafrechts (2002), S. 265, der wegen Unmöglichkeit der eine Differenzierung zwischen Fortführungs- und Liquidationswerten ablehnt, weil „eine Liquidation des privaten Schuldners im Sinne einer Beendigung seiner Existenz innerhalb eines Insolvenzverfahrens nicht denkbar“ sei. Wie hier im Ergebnis auch *Harneit*, Überschuldung (1984), S. 108 f.

1887 Vgl. bereits oben und *Otto*, Bruns-Gds. (1980), S. 274; in Anlehnung an diesen *Moosmayer*, Einfluß der InsO (1997), S. 165, 172; *Penzlin*, Auswirkungen der InsO (2000), S. 205; *Röhm*, Abhängigkeit des Insolvenzstrafrechts (2002), S. 265.

stanter ist als die Geschäftsstrategie eines Unternehmens und dem Privaten dadurch weniger Einschätzungsspielräume verbleiben, die er zur „Schönung" seiner Vermögenslage ausnutzen könnte.

Das künftig „Herausholbare" lässt sich verhältnismäßig leichter aus künftigen Erträgen und der praktizierten Vermögensplanung ableiten, und angesichts der weniger komplexen Vorgänge und Voraussagen hinsichtlich der Ertragserwartungen sind die Zukunftswerte von vornherein mit einem geringeren Risiko einer Fehlprognose belastet, das es demgegenüber bei Unternehmenswerten gerade durch mehrwertige Planungsrechnungen auszugleichen gilt.

Mehrwertige Planungsrechnungen sind vor allem kein Selbstzweck, sondern nur Ausgleichsinstrumente in Fällen, bei denen komplexe wirtschaftliche Zusammenhänge und zahlreiche für das Ertragsergebnis relevante Entscheidungsmöglichkeiten eine objektivierte Sicht auf die künftige Vermögenslage des Unternehmens erschweren. Ihrer bedarf es gerade dann nicht, wenn die Prognose des künftig „Herausholbaren" durch einwertige Vorhersagen bereits zuverlässig möglich ist, wie im Regelfall eines privaten Schuldners.

Eine Fortführungsbewertung ist daher auch bei Privaten durchführbar.

Und auch gegen die Annahme, der von § 283 StGB formulierte Maßstab der *Anforderungen einer ordnungsgemäßen Wirtschaft* wolle nur unternehmerisches Wirtschaften erfassen, spricht bereits der Grund, warum das Erfordernis eines Verstoßes gegen die Grundsätze einer ordnungsgemäßen Wirtschaft überhaupt eingeführt wurde: nicht, um den personellen, ausdrücklich auch Private umfassenden Anwendungsbereich einzuschränken, sondern lediglich, um der Gefahr zu entgehen, auch wirtschaftlich sinnvolle Handlungen tatbestandlich zu erfassen: „*Da der Entwurf dieses Merkmal* (Erfordernis einer durch die Handlung verursachten konkreten Gefahr der Gläubigerbefriedigungsinteressen) *nicht vorsieht, würde ohne eine sonstige Einschränkung die Gefahr bestehen, daß auch sinnvolle Handlungen erfaßt werden. Um diese Einschränkung gleichwohl zu gewährleisten, ist in Abs. 1 Nr. 1* (vgl. auch Nr. 2, Nr. 3, Nr. 8) *vorgesehen, daß diese neuen Tathandlungen* (Zerstören, Beschädigen und Unbrauchbarmachen von Vermögensgegenständen) *nur dann tatbestandsmäßig sein sollen, wenn sie gegen die Grundsätze einer ordnungsgemäßen Wirtschaft verstoßen.*"[1888]

Unterschieden werden sollen wirtschaftlich riskante aber sinnvolle Handlungen von riskanten und sinnlosen und damit insgesamt sozialschädlichen Verhaltensweisen, die – wenn auch in geringerem Maße als durch den unternehmerisch Tätigen – auch von Privaten an den Tag gelegt werden können, weil auch sie am Wirtschaftsleben teilnehmen und die Kreditwirtschaft durch Inanspruchnahme von Warenkrediten und Bankdarlehen für private Vorhaben prägen und durch wirtschaftlich sinnloses Agieren gefährden können.[1889]

Umgekehrt hat wirtschaftlich sinnvolles Verhalten von Verbrauchern einen überindividuellen Nutzen für die Gesamtwirtschaft, weil es die Binnennachfrage erhöht

---

1888 *Wilts*, Protokoll der 89. Sitzung des Sonderausschusses für die Strafrechtsreform vom 10.5.1976, Stenographische Berichte 7. Wahlperiode, S. 2816.
1889 Vgl. insoweit auch *Tiedemann*, Insolvenzstrafrecht, 2. Aufl. (1996), Vor § 283 Rn. 54 f.

und damit verbunden wirtschaftliches Wachstum begünstigen kann, so dass eine entsprechende Differenzierung nach den *Anforderungen einer ordnungsgemäßen Wirtschaft* auch bei privaten Schuldnern Sinn macht. Insoweit ist der Ansicht zu widersprechen, der zufolge „das wirtschaftliche Handeln des einzelnen Verbrauchers (...) per se keinen herausgehobenen Wert oder Nutzen für die Allgemeinheit" hat.[1890]

Dass bei der Erfassung Privater der Maßstab für die Frage der Wirtschaftlichkeit nicht der Handelsbrauch sein kann, hat nicht zur Folge, dass sich privates Handeln an keinem Maßstab messen lassen kann, sondern nur, dass der Maßstab individuell auf die Situation des Verbrauchers auszurichten ist. So wie die Einhaltung bestimmter Verkehrsgepflogenheiten richtiger Maßstab für die Bestimmung des Handlungsunrechts im Rahmen von Fahrlässigkeitsdelikten ist,[1891] wird auch zu Recht die Anforderung an ein ordnungsgemäßes Wirtschaften der Situation des Schuldners entsprechend definiert. So ist ein Verbraucher als Kreditnehmer beispielsweise den Verhaltensanforderungen der vertraglich vereinbarten Kreditlinien unterworfen, die als Maßstab herangezogen werden können. Und gerade, wenn sich der Schuldner in der Situation befindet, Kredite in Anspruch zu nehmen, denen nicht Vermögenswerte in gleicher Höhe gegenüberstehen, so kann von ihm auch ein erhöhtes Maß an Sorgfalt abverlangt werden.[1892]

Und auch wenn für den Ausschließlichkeitscharakter des § 283 StGB im Hinblick auf den unternehmerisch tätigen Schuldner angeführt wird, dass ein Großteil der Verhaltensweisen „im Falle insolventer Verbraucherschuldner allenfalls selten eine Rolle spielen", weil ein Privater mit Verlust-, Spekulations- oder Differenzgeschäften, Wertpapiergeschäften auf Kreditbasis, mit Handelsbüchern oder sonstigen nach Handelsrecht aufbewahrungspflichtigen Gegenständen „entweder gar nicht oder nur in Ausnahmefällen in Berührung" komme,[1893] spricht dies eher *für* als gegen eine Erfassung von Verbrauchern durch § 283 StGB, weil dadurch bereits die Tatbestandshandlung im Regelfall hinreichend begrenzend wirkt und keine Fragen hinsichtlich der Strafwürdigkeit von Verbraucherbankrotthandlungen aufkommen lässt, weil diese insoweit gar nicht erst erfasst werden.

Damit ist aber § 283 StGB in seiner jetzigen Ausgestaltung nicht von vornherein ungeeignet, auch die strafwürdigen Verhaltensweisen von Verbrauchern, insbesondere in der Begehungsweise des § 283 I Var. 1 Nr. 1 Alt. 1 StGB, zu erfassen und es besteht kein zwingendes Bedürfnis, für die strafwürdigen Fälle des Verbraucherbankrotts eigene Tatbestände de lege ferenda zu fordern.

Die Erfassung des Verbraucherbankrotts ist daher unter Heranziehung des bestehenden § 283 StGB auf seine Strafwürdigkeit hin zu untersuchen und gegebenenfalls durch teleologisch reduzierende Auslegung einzuschränken.

Dass § 283 StGB grundsätzlich auch auf private Schuldner Anwendung findet, wird auch in der Literatur vielfach angenommen:

1890 *Röhm*, Abhängigkeit des Insolvenzstrafrechts (2002), S. 273 in Anlehnung an *Moosmayer*, Einfluß der InsO (1997), S. 75.
1891 Vgl. *Tiedemann* in Schröder-Gds. (1978), S. 293 m.w.N.
1892 Vgl. auch *Tiedemann*, Insolvenzstrafrecht, 2. Aufl. (1996), Vor § 283 Rn. 110.
1893 *Röhm*, Abhängigkeit des Insolvenzstrafrechts (2002), S. 266.

c) *Variante 3: jedermann, auch Verbraucher i.S.d. § 304 InsO*

Von den unstreitig die Kaufmannseigenschaft (Buchführungspflichtigkeit) voraussetzenden Nr. 5 und Nr. 7 des § 283 I StGB abgesehen, wird daher in wortlautentsprechender Auslegung und in Übereinstimmung mit dem Willen des historischen Gesetzgebers von 1976 (1. WiKG)[1894] § 283 I, II StGB auch in der Variante der Überschuldung auf *jedermann*, auch den privaten Schuldner und damit Verbraucher i.S.d. § 304 I InsO, für anwendbar gehalten.[1895]

Auch der BGH lehnt eine generelle Einschränkung des personellen Anwendungsbereichs auf Schuldner, die nicht nur eine geringe wirtschaftliche Tätigkeit ausüben, unter Bezugnahme auf den ausdrücklich geäußerten Willen des Gesetzgebers von 1976 ab.[1896] Allerdings ging es in dem entschiedenen Fall um das Krisenmerkmal der Zahlungsunfähigkeit, so dass noch offen ist, wie der BGH die überschuldungsspezifischen Anwendungsprobleme sieht. In der Literatur wird hingegen auch die Überschuldung als Krisenmerkmal berücksichtigt:

Die Willensentscheidung des Gesetzgebers, welcher ausweislich der Regierungsbegründung *alle* Schuldnergruppen unabhängig von der Art der Krise gleichermaßen der Strafandrohung des Bankrotts unterwerfen wollte und sogar ausdrücklich die Überschuldung zum geeigneten Krisenmerkmal bei Privaten erklärte,[1897] sei maßgeblich, weil ein Strafbedürfnis bereits durch die *abstrakte Gefährlichkeit* begründet werde, die im Hinblick auf die Gläubigerbefriedigungsinteressen unabhängig von dem Vorliegen einer Krise von den meisten Tatbestandshandlungen des § 283 I StGB ausgehe. Das Krisenerfordernis verhindere sogar in stärkerem Maße die Sanktionierung auch strafwürdigen Verhaltens, als zur Wahrung des Schuldprinzips erforderlich gewesen wäre.[1898]

Wenn aber die Überschuldung als Krisenmerkmal nicht erst die erforderliche Gefährlichkeit einer Bankrotthandlung konstituiert, kann demnach die *spezifische* Gefährlichkeit der Überschuldung haftungsbeschränkter Personen nicht zur unabdingbaren Voraussetzung für eine Bestrafung von Bankrotthandlungen in bzw. wegen Herbeiführung der Überschuldung gemacht werden.

Lediglich für § 283 I Nr. 2 StGB bestünden aufgrund seiner weiten Fassung Bedenken, welche sich aber durch eine restriktive Auslegung auch ohne Einschränkung des personellen Anwendungsbereichs ausgleichen ließen.[1899] Vorgeschlagen wird insoweit eine generell restriktive Auslegung der normativen Tatbestandsmerkmale,

---

1894 Vgl. BT-Drs. 7/3441, S. 20.

1895 *Tiedemann*, Insolvenzstrafrecht 2. Aufl. (1996), Vor § 283 Rn. 52, 147; *ders.*, NJW 1977, S. 777; Tröndle/*Fischer*, StGB, 52. Aufl. (2004), Vor § 283 Rn. 18; *Kühl* in Lackner/Kühl, StGB, 25. Aufl. (2004), § 283 Rn. 6; *Wessels/Hillenkamp*, BT 2, 27. Aufl. (2004), Rn. 471; *Hoyer* in SK-StGB (2002), § 283 Rn. 10; *Harneit*, Überschuldung (1984), S. 106.

1896 *BGH* Urt. v. 22.2.2001, 4 StR 437/02, NZI 2001, S. 485 f. = NJW 2001, S. 1874 ff. = NStZ 2001, 496 ff. und hierzu *Rönnau* NStZ 2003, S. 529.

1897 Vgl. BT- Drs. 7/344, 1 S. 20.

1898 Vgl. *Tiedemann*, Insolvenzstrafrecht, 2. Aufl. (1996), Vor § 283 Rn. 147, 41; *ders.*, Schröder-Gds. (1978), S. 304 f.; ähnlich Tröndle/*Fischer*, StGB, 52. Aufl. (2004), Vor § 283 Rn. 18.

1899 Vgl. *Tiedemann*, Insolvenzstrafrecht, 2. Aufl. (1996), Vor § 283 Rn. 147.

beispielsweise eine Korrektur über den individuell zu formulierenden Pflichtenmaßstab hinsichtlich des in allen Tatbestandsvarianten erforderlichen Verstoßes *gegen die ordnungsgemäße Wirtschaft* und über die gesondert zu bestimmenden Fahrlässigkeitsanforderungen beim Privaten.[1900]

Und selbst Ansichten, die die abstrakte Gefährlichkeit der Bankrotthandlungen nicht in entsprechendem Maße als ausreichend anerkennen, kommen auch bei privaten Schuldnern zu dem Ergebnis, dass eine Vermögensinsuffizienz, die unter Berücksichtigung der künftigen Erwerbsmöglichkeiten des Schuldners ermittelt wurde, geeignet ist, eine nur abstrakt gefährliche Verhaltensweise auch als typischerweise konkrete Gefährdung der Gläubigerbefriedigungsinteressen erscheinen zu lassen.[1901]

Vereinzelt wird sogar eine Erfassung überschuldeter Privatpersonen durch § 283 StGB für notwendig erachtet, um den Verzicht auf die Insolvenzantragspflichtigkeit überschuldeter natürlicher Personen und echter Personengesellschaften im Hinblick auf den Gläubigerschutz überhaupt verantworten zu können.[1902]

Zwar muss die Stichhaltigkeit des letztgenannten Arguments (Rechtfertigung des Fehlens einer Insolvenzantragspflicht) bezweifelt werden, weil es vernachlässigt, dass die verfassungsrechtlich garantierte allgemeine Handlungsfreiheit (Art. 2 I GG) den Normalzustand darstellt und nicht *dieser* eine Rechtfertigung erfordert, sondern umgekehrt die in die Freiheitsrechte des Einzelnen *eingreifenden Regelungen* einer Legitimationsgrundlage bedürfen und nur unter Beachtung der Verhältnismäßigkeit (Art. 20 III GG) erfolgen dürfen. Demnach ist nicht das gesetzgeberische Unterlassen im Hinblick auf die Normierung von Insolvenzantragspflichten bei Privaten zu rechtfertigen, sondern umgekehrt eine Legitimierung durch den Rechtsgüterschutz dann erforderlich, wenn der Normalzustand eines grundsätzlich ohne Beschränkungen zulässigen privaten Wirtschaftens[1903] eingeschränkt werden soll (Schuldprinzip).[1904]

Allerdings ist der vorstehenden Ansicht darin zuzustimmen, dass zur Wahrung des Schuldprinzips nicht bereits der Ausschluss privater Schuldner aus dem Anwendungsbereich des § 283 StGB erforderlich ist, sondern die Erfassung nur strafbedürftigen und strafwürdigen Handelns mit Hilfe von Modifizierungen bei den *normativen Tatbestandsmerkmalen* und Einschränkungen bei den möglichen *Bege-*

1900 Vgl. *Tiedemann*, Insolvenzstrafrecht, 2. Aufl. (1996), Vor § 283 Rn. 147, 101, 104, 110 und *ders.*, Schröder-Gds. (1978), S. 293.
1901 *Harneit*, Überschuldung (1984), S. 108 f. ausdrücklich gegen *Otto*, Bruns-Gds. (1980), S. 276.
1902 So *Hoyer* in SK-StGB (2002), § 283 Rn. 10.
1903 Vgl. insoweit *Tiedemann*, Insolvenzstrafrecht, 2. Aufl. (1996), Vor § 283 Rn. 110.
1904 Vgl. Zum Schuldprinzip und dem erforderlichen realen Gefährdungsrisko als Rechfertigungsvoraussetzung strafrechtlicher Sanktion überhaupt Sch/Sch-*Lencker*, 26. Aufl. (2001), Vor §§ 13 ff. Rn. 108 und Sch/Sch-*Eser*, 26. Aufl. (2001), Vor §§ 306 ff. Rn. 3a; *Roxin*, AT I, 3. Aufl. (1997), Kap. 3 Rn. 53 ff. Eine Einordnung in den übergeordneten Zusammenhang der Spezial- oder Generalprävention oder auch einem *Roxin* entsprechend kombinierten Ansatz ist in dieser Hinsicht nicht ergebnisrelevant und kann daher dahinstehen. Vgl. dazu näher *Roxin*, AT I, 3. Aufl. (1997), Kap. 3 Rn. 1 ff.; Sch/Sch-*Lencker*, 26. Aufl. (2001), Vor §§ 13 ff., Rn. 113 ff.

hungsformen mittels teleologischer Reduktion gewährleistet werden kann. Dabei wird das Gebot der *lex stricta* als Verbot strafbegründender oder strafschärfender Analogie durch eine insoweit korrigierende Auslegung nicht tangiert, da es sich lediglich um eine einschränkende Auslegung handelt, die sich zugunsten des Täters auswirkt.[1905]

Insbesondere wurde gezeigt, dass weder aus den „*Anforderungen an eine ordnungsgemäße Wirtschaft*" noch aus den Besonderheiten der Haftungsverfassung eine zwingende Einschränkung auf unternehmerisch Tätige oder beschränkt haftende Rechtsformen abgeleitet werden kann. Ebenfalls wurde bereits dargelegt, dass speziell das Krisenmerkmal der Überschuldung auch bei Privaten unter Differenzierung zwischen Fortführungs- und Liquidationsbewertung anwendbar ist.

d) *Ausblick*

Im Folgenden wird nun näher darzulegen sein, warum die Bankrotthandlungen eines Privatschuldners *in* der Überschuldung – auch außerhalb der Fälle beabsichtigter Gläubigerschädigung im Hinblick auf eine erwartete Restschuldbefreiung – von § 283 I Var. 1 StGB erfasst werden müssen. Dabei werden auch Einschränkungen zur Wahrung verfassungsrechtlicher Grundsätze vor allem bei privaten Schuldnern im Hinblick auf § 283 II StGB erforderlich. Da es insoweit nur darauf ankommt, zu zeigen, dass bei bereits eingetretener *Vermögensinsuffizienz* eines nur beschränkt haftenden ebenso wie eines unbeschränkt haftenden, eines wirtschaftlich tätigen ebenso wie eines privaten Schuldners eine Erfassung masseschmälernden oder erheblich massegefährdenden Handelns im Hinblick auf § 283 I StGB erforderlich ist, ohne zugleich die Frage beantworten zu müssen, *wie* Überschuldung im Sinne des § 283 I Var. 1 StGB konkret zu ermitteln ist, kann auch unabhängig von der noch zu erläuternden Frage der begrifflichen Akzessorietät bereits eine Aussage zum personellen Anwendungsbereich getroffen werden.

Im Ergebnis wird § 283 I Var. 1 StGB dahingehend auszulegen sein, dass alle Personengruppen unabhängig von dem Maß ihrer unternehmerischen Tätigkeit, also auch Verbraucher im Sinne des § 304 InsO, Schuldner sein können und sie selbst oder ihre Vertreter sich wegen der Vornahme der auf sie zutreffenden Bankrotthandlung (Nr. 5 und 7 sind bereits von der Beschreibung der Tathandlung her auf Kaufleute beschränkt) *in* der Überschuldung strafbar machen können. Einschränkungen bei der Vorsatz-Fahrlässigkeitskombination des § 283 IV und der Fahrlässigkeits-Fahrlässigkeitskombination des § 283 V StGB im Hinblick auf Verbraucher reichen aus, um dem Schuldgrundsatz gerecht zu werden, sind insoweit aber auch erforderlich.

Einer teleologischen Reduktion bedarf es zudem beim personellen Anwendungsbereich des § 283 II StGB. Hier ist das Herbeiführen der Überschuldung von Verbrauchern im Sinne des § 304 StGB im Wege der verfassungskonformen Auslegung nur dann als tatbestandliches Unrecht zu erfassen, wenn der Schuldner die Bankrotthandlung im Hinblick auf die geplante Beantragung der Restschuld-

---

1905 Vgl. Sch/Sch-*Eser*, 26. Aufl. (2001), § 1 Rn. 6, 24, 35, 51.

befreiung in mindestens leichtfertiger im Sinne bewusst fahrlässiger Weise verursacht.

Im Hinblick auf die faktische Erweiterung der Strafbarkeit von Verbrauchern seit Einführung des Verbraucherinsolvenzverfahrens können Wertungswidersprüche zu der sozialen Zweckrichtung der insolvenzrechtlichen Regelungen (Ermöglichung eines wirtschaftlichen Neuanfangs) vermieden werden, indem das in § 283 I StGB vorgesehene Strafmaß von *bis zu fünf Jahren* in teleologischer Reduktion auf *bis zu zwei Jahre* eingeschränkt wird. Dann werden die bisher unter § 288 StGB erfassten Fälle der Einzelvollstreckung, die wegen der Möglichkeit der §§ 304 ff. InsO zunehmend von der Gesamtvollstreckung abgelöst wurden, zwar von § 283 StGB erfasst, aber ohne, dass damit eine Strafschärfung verbunden wäre.

Verständlich wird die Entscheidung zum personellen Anwendungsbereich nach Einbettung in ihren legitimationstheoretischen Zusammenhang und seinen Ausläufern der Strafbedürftigkeits- und Strafwürdigkeitskontrolle, dem Effizienzprinzip und der Subsidiarität des Strafrechts als ultima ratio der Steuerungsmöglichkeiten, mit der der zweite Teil der Arbeit beginnen wird.

IV. Zwischenbilanz

In personeller Hinsicht hat sich gezeigt, dass die für eine Insolvenzstrafbarkeit erforderliche Gemeinschuldnereigenschaft von Verbandspersonen und Personenverbänden (einschließlich der GbR) über § 14 I Nr. 2 StGB den handelnden Vertretern zugerechnet wird.

In sachlicher Hinsicht konnte aus rechtsstaatlichen Erwägungen heraus dargelegt werden, dass sich im Rahmen eines zweistufigen Vorgehens im Einklang mit § 19 II InsO beim Prognoseurteil über die Fortführungswahrscheinlichkeit eine Zweifelsregelung zu Lasten des Täters verbietet. Entweder muss der Ansatz von Liquidationswerten als der theoretisch richtige begründet werden, oder aber eine Differenzierung nach der Fortführungsfähigkeit des Unternehmens (bei Privaten der Berücksichtigung künftiger Mittelzuflüsse) wird für notwendig erachtet, mit der Folge, dass Zweifel bei der Prognose zu Gunsten des Täters wirken müssen.

Auch wurde gezeigt, dass der Ansatz von Liquidations- und Fortführungswerten nicht von dem Grad der abstrakten Gefährlichkeit einer Tathandlung abhängig gemacht werden darf.

Ebenso wurde nachgewiesen, dass Erkenntnisse, die bis zur letzten mündlichen Verhandlung gewonnen werden konnten, und die aus der Sicht *ex post* eine für den Täter günstigere Beurteilung zum Tatzeitpunkt erlaubt hätten, zu seinen Gunsten berücksichtigt werden müssen.

Hinsichtlich der unterschiedlichen Auffassungen zum strafrechtlichen Überschuldungsbegriff ließ sich feststellen, dass das Urteil über die Zivilrechtsakzessorietät bei den Insolvenzverschleppungsdelikten mit wenigen Ausnahmen bejahend ausfällt und beim Bankrott maßgeblich davon abhängt, ob der Vergleichsmaßstab eher generell oder konkret gewählt wird: Wird die ordnende und verhaltenssteuernde

Funktion des Rechts an sich in Blick genommen, wird bereits wegen der *Einheit der Rechtsordnung* eine gleiche Begriffsauslegung für zwingend erforderlich gehalten. Zum selben Ergebnis kommt auch die Auffassung, die zwar konkreter auf die den Insolvenzregelungen und Bankrottregelungen gemeinsame Gläubigerschutzfunktion abstellt, aber über den Gleichlauf der Schutzrichtungen hinaus keine näheren Betrachtungen anstellt. Zu unterschiedlichen Ergebnissen hinsichtlich des Akzessorietätsurteils – jedenfalls in Bezug auf die Begründung – kommen hingegen die meisten Ansichten bei Insolvenzverschleppung und Bankrott, die einen konkreten Funktionsvergleich der Überschuldungsbegriffe in dem konkreten Deliktszusammenhang anstellen. Hieran zeigt sich, dass der Vergleichsmaßstab möglichst konkret zu formulieren sein wird, um verlässliche Aussage über das Verhältnis der Normen zueinander zu erzielen.

Im Anschluss an die Wahl des traditionell zweistufigen Überschuldungsbegriffs (aus zivilrechtsakzessorischen oder strafrechtsautonomen Gründen) wird der Umgang mit der Bewertungsvielfalt unter der Fortführungsprämisse dadurch bestimmt, welcher Aussagegehalt Art. 103 II GG entnommen wird. Je nach Interpretation des Art. 103 II GG wird eine hinreichende Tatbestandsbestimmtheit des strafrechtlichen Überschuldungstatbestandes entweder *„in dubio pro reo"* eine Anerkennung *aller* zivilrechtlich vertretbaren Auffassungen oder eine *bestimmte* zivilrechtliche Ermittlungsmethode für das Strafrecht als verbindlich erklärt.

Und wenn ein Plädoyer für einen bestimmten Wertmaßstab unter der Fortführungsprämisse erfolgt, so hängt die Wahl der Methode in der Regel davon ab, ob dem Bedürfnis nach Rechtssicherheit (dann Einzelbewertungsansatz) oder dem Bedürfnis nach der Erfassung nur strafwürdigen Unrechts (dann Gesamtbewertungsansatz) der Ausschlag gegeben wurde.

Dabei lässt sich beobachten, dass die zivilrechtlichen Argumente in der strafrechtlichen Diskussion nahezu unverändert Einzug halten, eingegliedert unter den Aspekten der *Strafwürdigkeit* bzw. dem *Schuldprinzip* und der *Strafbedürftigkeit* bzw. der *Funktionalität* der Methode im Hinblick auf die konkrete Funktion des strafrechtlichen Überschuldungsbegriff im Normzusammenhang.

Als symptomatisch für das Spannungsfeld zwischen der von Art. 103 II GG geforderten Rechtssicherheit und dem Erfordernis von Strafbedürftigkeit und Strafwürdigkeit unter einem strafrechtsautonomen Ansatz hat sich die Diskussion um die Behandlung eigenkapitalersetzender Darlehen herausgestellt: Entweder es wurde die Erfassung von Darlehen mit eigenkapitalersetzendem Charakter wegen deren Nachrangigkeit für unzulässig erklärt, weil dadurch eine Krise ausgelöst würde, hinter der keine reale Gläubigergefährdung und damit auch kein Strafbedürfnis stehe, und in Kauf genommen, dass die Qualifizierungsschwierigkeiten eines Darlehens als eigenkapitalersetzend eine höhere Rechtsunsicherheit in den Straftatbestand tragen. Oder es wurde aus Gründen der Rechtssicherheit die Erklärung zumindest eines Rangrücktritts wegen der damit verbundenen Möglichkeit einer klar erkennbaren Abgrenzung für erforderlich gehalten und in Kauf genommen, dass im Einzelfall auch nicht konkret gefährliche Situationen als Krise definiert werden, die damit an Unschärfe bei der Abgrenzung strafbedürftigen von strafwürdigem Verhalten verliert.

Nach welchen Kriterien die Akzessorietätsfrage zu beantworten und das Spannungsfeld zwischen Rechtssicherheit und Strafbedürftigkeitserfordernis zu lösen ist, wird im Folgenden – nach abschließender Klärung des personellen Anwendungsbereichs der Insolvenzdelikte und der Grundfrage der Erforderlichkeit einer Überschuldungsstrafbarkeit überhaupt – näher erläutert.

Dritter Teil: Problemlösung: Schritte auf dem Weg der Inhaltsbestimmung des strafrechtlichen Überschuldungsbegriffs – zu Übertragungszwang und Übertragbarkeit der Inhalte von § 19 II InsO ins Strafrecht

A. Der personelle Anwendungsbereich des § 283 I Var. 1, II StGB

I. Die maßgeblichen Kriterien zur Bestimmung des personellen Anwendungsbereichs – Rechtsgüterschutz als Strafzweck, Effizienzprinzip und dessen Ausprägungen (Subsidiarität und ultima ratio)

Die Frage, welche Schuldnergruppen in der ersten Variante von § 283 StGB erfasst werden, lässt sich unmittelbar aus der *Funktion* des § 283 StGB im Speziellen und der Funktion von Strafe im Allgemeinen, ableiten:

Strafzweck ist in erster Linie der *Rechtsgüterschutz.*[1906] Diesen Rechtsgüterschutz gewährleistet die Strafnorm durch Verhaltenssteuerung, indem sie Rechtsgutsverletzungen ebenso wie Rechtsgutsgefährdungen unter Strafe stellt. Strafe dient damit vornehmlich generalpräventiven (Wirkung auf die Allgemeinheit) aber auch spezialpräventiven (Wirkung auf den Verurteilten) Zwecken.[1907]

Insoweit ist der *finalen Handlungslehre* zu widersprechen, die an die Stelle des Rechtsgüterschutzes die Rechtspflichtverletzung setzt und meint, dass primäre Funktion des Strafrechts sei, die sozialethischen Gesinnungswerte und erst mittelbar durch diese und sekundär auch die Rechtsgüter zu schützen.[1908] Da die finale Handlungslehre anführt, effektiver dauerhafter Rechtsgüterschutz lasse sich erst erreichen, wenn man schon die auf Rechtsgutsverletzung abzielenden Handlungen verbiete und so Erfolgsunwerte verhindere, sieht sich diese Auffassung dem Einwand ausgesetzt, dass sie letztlich doch den Rechtsgüterschutz als finalen Strafzweck anerkennt, sich dabei aber dem Vorwurf der Inkonsequenz aussetze, weil denklogisch eine sittliche Gesinnung nach der finalen Handlungslehre zu erzwingen wäre, sie aber nur eine legale Gesinnung verlangt.[1909]

1906 Vgl. *Roxin*, AT I, 3. Aufl. (1997), § 2 Rn. 9; *Bottke*, Bausteine (1994), S. 113; *Kindhäuser*, Bausteine (1994), S. 130.
1907 Vgl. *Roxin*, AT I, 3. Aufl. (1997), § 2 Rn. 25, 37 ff., 55; *Stratenwerth/Kuhlen*, AT, 5. Aufl. (2004), Rn. 26 ff.
1908 *Welzel*, Strafrecht, 7. Aufl. (1960), S. 1 ff.
1909 Vgl. *Baumann*, Beiträge (1987), S. 10 f.

Insbesondere aber ist der herrschenden Auffassung von der Rechtsgüterschutzfunktion des Strafrechts zuzustimmen, weil das Strafrecht als Teilgebiet des Gesamtrechts nur an dessen Funktion teilhaben kann: Die Gesamtrechtsordnung gibt Verhaltensmaßregeln, nicht Gesinnungsvorschriften. Diese Verhaltensmaßregeln dienen der Herstellung einer gewissen äußeren Ordnung im Sozialgefüge. Und wie das Gesamtrecht eine bestimmte äußere Ordnung im Sozialgefüge gibt, so hat auch das Strafrecht seine Funktion in der äußeren Ordnung menschlichen Zusammenlebens, nämlich dem Schutz besonders wichtiger und für das menschliche Zusammenleben unverzichtbarer Rechtswerte.[1910]

Die Eignung einer Strafnorm zum Rechtgüterschutz ist also unabdingbare Legitimationsvoraussetzung. Eine Strafnorm, die nicht geeignet ist, im Hinblick auf den Zweck des Rechtsgüterschutzes verhaltenssteuernd zu wirken, ist illegitim. Denn staatliche Strafe als Selbstzweck ist gesellschaftlich nicht legitimierbar und wegen ungerechtfertigten Eingriffs in die verfassungsrechtlich verbürgten Freiheitsrechte unzulässig. Strafe muss vielmehr einem realen gesellschaftlichen Zweck, dem Schutz eines schützenswerten Rechtsguts, dienen und diesen Zweck auch möglichst effektiv und effizient verwirklichen. Dies ist der Inhalt des strafrechtlichen *Effizienzprinzips*.[1911]

Das Erfordernis der *Effektivität* der Verhaltenssteuerung, die sich allein an dem Grad der Zielerreichung (Schutz des Rechtsguts) bemisst, wird durch das Erfordernis der *Effizienz* ergänzt: Wegen der Eingriffsintensität strafrechtlicher Pönalisierung in die verfassungsrechtlich verbürgten Freiheitsrechte des Einzelnen muss die Verhältnismäßigkeit als Ausfluss des verfassungsrechtlichen Rechtsstaatsgebots (Art. 20 III GG)[1912] beachtet werden. Der konkreten Ausgestaltung und Auslegung der Strafnorm ist durch das Effizienzprinzip daher eine Grenze dahingehend gesetzt, dass unter gleich gut zur Verhaltenssteuerung und zur Verwirklichung des konkreten Rechtsgüterschutzes geeigneten Ausgestaltungs-/Auslegungsmöglichkeiten diejenige zu wählen ist, die weniger stark in den Rechtskreis des Normadressaten eingreift.[1913]

So soll das Strafrecht wegen der ihm unterstellten höchsten Eingriffsintensität nur als letztes Mittel der Verhaltenssteuerung eingesetzt werden, als *ultima ratio* der Steuerungsmöglichkeiten.

Diese „strafrechtliche Variante des verfassungsrechtlichen Grundsatzes der Verhältnismäßigkeit“[1914] wird auch als *Subsidiarität* des Strafrechts oder auch als *ultima-*

1910 Vgl. *Baumann*, Beiträge (1987), S. 11.
1911 Vgl. *Haffke*, FS-Roxin (2001), S. 956; *Roxin*, AT I, 3. Aufl. (1997), § 2 Rn. 9, § 3 Rn. 55.
1912 An der vorstehenden Äußerung ändert sich auch nichts, wenn man das Rechtstaatsgebot nicht aus Art. 20 III GG ableitet, sondern als übergeordnetes Prinzip begreift. Vgl. insoweit *Schnapp* in v. Münch/Kunig, GGK 5. Aufl. (2001), Art. 20 Rn. 28.
1913 Vgl. *Haffke* in FS-Roxin, S. 963 ff.
1914 *Jakobs*, Strafrecht AT, 2. Aufl. (1983), S. 49, 2. Abschnitt, Rn. 27 im Anschluss an BVerfGE 39, 1 ff., 47.

ratio-Prinzip bezeichnet[1915] und lässt sich im Anschluss an *Haffke* für das Verhältnis von Zivil- und Strafrecht in vier Hauptaussagen konkretisieren.[1916]

Aussage 1: Dort wo die zivilrechtlichen Regelungen einen hinreichenden prophylaktischen Schutz gewährleisten, ist mangels Schutzbedürftigkeit eine zusätzliche strafrechtliche Bewehrung der Verhaltensnorm nicht nur nicht instrumentell notwendig, sondern auch illegitim. Nach dem *ultima-ratio*-Prinzip darf Strafrecht als das letzte unter allen in Betracht kommenden Maßnahmen des Rechtsgüterschutzes nur dann eingesetzt werden, wenn andere Mittel der sozialen Problemlösung, etwa zivilrechtliche Instrumentarien, versagen.[1917] Je wirksamer die zivilrechtliche Sanktion bzgl. der Verhaltenssteuerung ist, also je mehr verhaltenssteuernd die zivilrechtliche Definition wirkt, desto stärker hat das Strafrecht in seinem Anwendungsbereich zurückzutreten, desto restriktiver soll die strafrechtliche Sanktion greifen; denn ansonsten verliert das Strafrecht seine Legitimationsgrundlage, die in der Zweckverfolgung liegt.

Aussage 2: Das Strafrecht darf dort wo es eingesetzt wird, nicht kontraproduktiv wirken, darf also die Ordnung, die es zu schützen hat, nicht seinerseits destruieren.

Aussage 3: Es ist nicht Aufgabe des Strafrechts, zu kontroversen zivilrechtlichen Fragen Stellung zu nehmen und durch Kriminalisierung wirkungsträchtig zu entscheiden.[1918]

Aussage 4: Es ist nicht Aufgabe des Strafrechts, Steuerungsdefizite zivilrechtlicher Normen bei dort vorhandenem Regelungspotential auszugleichen.[1919]

Die im Hinblick auf den von § 283 StGB erfassten Personenkreis hier interessierende Aussage ist, *Aussage 1*, aus der als Ausfluss des *Effizienzprinzips* die *Strafbedürftigkeits*kontrolle als grenzziehendes Prinzip folgt:

Nur solches Verhalten darf unter Strafe gestellt werden, welches nicht auf milderem Wege so sanktioniert werden kann, dass zum Schutz der Rechtsgüter effektive Verhaltenssteuerung erreicht werden kann (*Zweckmoment des Strafe-Bedürfens*).[1920]

Das *Strafwürdigkeits*erfordernis (*Wertungsmoment des Strafe-Verdienens*)[1921] ist ebenfalls Legitimationsvoraussetzung von Strafe, allerdings primär Ausfluss des zweiten grenzziehenden Prinzips, dem *Schuldprinzip*, welches aber insoweit mit der Funktion des Strafrechts, präventiven Rechtsgüterschutz zu gewähren, im Wirkungszusammenhang steht, als einer Handlung das erforderliche Erfolgsunrecht fehlt, wenn durch sie kein reales Gefährdungsrisiko für das geschützte Rechtsgut geschaffen wird.[1922]

1915 Vgl. zur Herleitung des Subsidiaritätsgrundsatzes und ultima-ratio auch den umfassenden Überblick bei *Höffner*, Insolvenzverschleppung (2002), S. 100 ff.
1916 *Haffke*, KritV 1991, S. 165–176, 439 f. Vgl. hierzu auch *Höffner*, Insolvenzverschleppung (2002), S. 148 ff.
1917 *Roxin*, AT I, 3. Aufl. (1997), § 2 Rn. 38.
1918 *Haffke*, KritV 1991, S. 166, 173.
1919 *Haffke*, KritV 1991, S. 174, 170, 166.
1920 Vgl. insoweit *Bottke*, JA 1980, S. 93 und *Haffke*, Coimbra-Symposium (1995), S. 89.
1921 Vgl. insoweit *Haffke*, Coimbra-Symposium (1995), S. 89.
1922 Vgl. nochmals Sch/Sch-*Eser*, 26. Aufl. (2001), Vor §§ 306 ff. Rn. 3a.

Zu prüfen ist insbesondere im Hinblick auf den personellen Anwendungsbereich des § 283 StGB, ob eine Erfassung juristischer Personen und kapitalistischer Personengesellschaften legitimierbar ist, oder ob die zivilrechtlichen Kapitalerhaltungsvorschriften und die Regelungen zur Insolvenzantragspflicht zum Schutz der Gläubiger und auch der Kreditwirtschaft[1923] ausreichen.

Ergänzend zu den bereits ausgeführten Gründen ist näher darzulegen, warum das Handeln Privater in der Krise, insbesondere in der Überschuldung im Hinblick auf den Schutz vor allem der Gläubigerbefriedigungsinteressen, strafbedürftig und strafwürdig ist.

Auch *Aussage 2*, wonach strafrechtliche Regelungen nicht kontraproduktiv hinsichtlich der außerstrafrechtlichen Regelungsziele wirken dürfen, ist maßgebliches Kriterium, an dem sich eine faktische Erweiterung des Anwendungsbereichs von § 283 StGB auf Verbraucher im Hinblick auf die §§ 304 ff. InsO messen lassen muss.[1924]

II. Anwendungsbereich des § 283 I Var. 1 StGB

1. Juristische Personen und kapitalistische Personengesellschaften

Im Hinblick auf die Beachtung des Effizienzprinzips und seiner Ausprägungen stellt sich zunächst die Frage, ob die Begehung von Bankrotthandlungen strafbedürftiges Unrecht darstellt, das im Hinblick auf den Rechtsgüterschutz, insbesondere dem Gläubigerschutz, nicht bereits durch die zivilrechtlichen Kapitalerhaltungsvorschriften und die Insolvenzverschleppungsregelungen hinreichend geschützt wird.

Würden die Kapitalerhaltungsvorschriften, z.B. der §§ 30, 31 ff. GmbHG und §§ 57, 62 AktG den Gläubigern hinreichenden Schutz hinsichtlich ihrer Befriedungsinteressen gewähren, so dass für eine Bestrafung von Bankrotthandlungen kein individuelles Rechtsschutzbedürfnis bestünde, und würden auch überindividuelle Rechtsgüter insoweit keine Strafe erfordern, wäre eine Erfassung dieser Schuldnergruppe in § 283 I StGB wegen Verstoßes gegen das *ulitma-ratio-* und das Effizienzprinzip illegitim, und im Hinblick auf Art. 20 III GG wäre eine verfassungskonforme Auslegung unter Reduzierung des Anwendungsbereichs von § 283 I StGB geboten.

Allerdings erfassen die Kapitalerhaltungsvorschriften der §§ 30, 31 ff. GmbHG nur die bei Unterbilanz *causa societatis* geleisteten Zahlungen an den Gesellschafter und den ihm im weitesten Sinn zurechenbare Personenkreis, nicht aber an Dritte.[1925]

1923 Dass auch die *Kreditwirtschaft* als überindividuelles Schutzgut von § 283 StGB erfasst wird, ist nahezu unbestritten, vgl. *Tiedemann*, Insolvenzstrafrecht, 2. Aufl. (1996), Vor § 283 Rn. 55 mit zahlreichen weiteren Nachweisen.

1924 Vgl. auch Tröndle/*Fischer*, StGB 52. Aufl. (2004), Vor § 283 Rn. 18.

1925 Vgl. hierzu *Wilhelm*, Kapitalgesellschaftsrecht (1997), Rn. 254 ff., 262.

Der Gefahr, dass der Geschäftsführer, insbesondere der Gesellschafter-Geschäftsführer, sich in der Überschuldung durch einen Vermögenstransfer auf Dritte angesichts des ohnehin bevorstehenden Insolvenzverfahrens Vorteile zu sichern sucht, wird durch die Kapitalerhaltungsregelungen ebenso wenig begegnet wie den informationsbezogenen Pflichtverstößen wie bei § 283 I Nr. 5–7 StGB.

Und auch das aktienrechtliche Verbot der Einlagenrückgewähr (§ 57 I 1, II, III AktG) und der strengen Gewinnausschüttungsregelungen bezüglich des nach dem handelsbilanziellen Vorsichtsprinzip ausgewiesenen Gewinns (§ 119 I Nr. 2 AktG i.V.m. §§ 266, 272 HGB) mit der Folge zivilrechtlicher Rückgewähransprüche (§ 62 AktG)[1926] schützen die Gläubiger nicht hinreichend vor Massegefährdungen und -schmälerungen in der Krise, weil die zivilrechtlichen Rückgewähransprüche wegen des Prozessrisikos und des Ausfallrisikos bei insolventen Rückgewährschuldnern kein Äquivalent zur vorgenommenen Vermögensverringerung darstellen und auch den informationsbezogenen Pflichtverletzungen ohne § 283 StGB nicht effektiv begegnet werden könnte.

Auch die Insolvenzverschleppungsregelungen gewähren keinen ausreichenden Gläubigerschutz, weil sie keine verhaltenssteuernde Wirkung im Hinblick auf ein sorgfältiges Wirtschaften vor und in der Insolvenz, sondern nur hinsichtlich der Verfahrenseinleitung entfalten.

Damit ist eine Sanktion sorgfaltswidrigen Handelns in der Krise zum Gläubigerschutz – ebenso wie dem damit verbundenen überindividuellen Interesse zumindest der Kreditwirtschaft[1927] – mangels hinreichender Erfassung durch die zivilrechtlichen Regelungen bei Kapitalgesellschaften und kapitalistischen Personengesellschaften erforderlich. Mit Recht sah daher der Gesetzgeber 1976 – bestärkt durch eine parallele Wertung seiner Vorgänger bei Schaffung von Konkursordnung (1877), des Reichsstrafgesetzbuchs (1871), der Preußischen Konkursordnung (1855) und wiederum deren Vorgänger – bei den beschränkt haftenden Gesellschaftsformen ein Bedürfnis der Erfassung von Bankrotthandlungen.

Eine Erfassung dieser Schuldnergruppe verstößt nicht gegen das *ultima-ratio*-Prinzip und ist damit auch *nicht* wegen Missachtung des Effizienzprinzips illegitim.[1928]

Zum zweiten ist eine Erfassung von Bankrotthandlungen speziell in der *Überschuldung* als ein der Zahlungsunfähigkeit vorgelagerter Zeitpunkt im Hinblick auf einen effektiven Gläubigerschutz erforderlich, so dass auch insoweit eine Erfassung beschränkt haftender Schuldner von § 283 I Var. 1 StGB vom Strafbedürfnis gedeckt ist und eine Beschränkung auf das Krisenmerkmal der eingetretenen Zahlungsunfähigkeit Lücken im Rechtsgüterschutz bedeuten würde:

Auf einen Vergleich zum Krisenmerkmal der nur drohenden Zahlungsunfähigkeit kann verzichtet werden, weil die nur drohende Zahlungsunfähigkeit mangels des

---

1926 Vgl. hierzu *Wilhelm*, Kapitalgesellschaftsrecht (1997), Rn. 254 ff., 268.

1927 Vgl. zur Streitfrage, ob darüber hinaus auch die Gesamtwirtschaft von § 283 StGB geschützt wird, *Tiedemann*, Insolvenzstrafrecht, 2. Aufl. (1996), Vor § 283 Rn. 54 ff.

1928 Entsprechend sieht auch Kindhäuser „keine Legitimationsprobleme beim Bankrott", *Kindhäuser*, Bausteine (1994), S. 134.

kumulativen Erfordernisses, dass das Vermögen zu Liquidationswerten nicht zur Gläubigerbefriedigung ausreicht, zeitlich noch früher als die Überschuldung eingreift und insoweit nicht Vergleichsmaßstab für eine Effizienzprüfung sein kann. Insbesondere sind auch die mehrfach angeführten Überschneidungen von Überschuldung und drohender Zahlungsunfähigkeit[1929] für die Frage der Strafbedürftigkeit irrelevant, weil es an der Strafbarkeit nichts ändert, wenn neben der Überschuldung auch andere Krisenmerkmale verwirklicht sind.

Die *eingetretene* Zahlungsunfähigkeit aber ist als alleinige Grenzmarke für eine typischerweise konkrete Gläubigergefährdung aus zwei Gründen nicht geeignet: Sie setzt zum einen zeitlich zu spät ein, zum anderen ist der Insuffizienztatbestand wegen seines Bezugs zum Vermögen der eigentlich geeignete Indikator einer Gefährdung der Vermögensbefriedigungsinteressen.

Denn eine Gefährdung der Gläubigeransprüche besteht schon dann, wenn nicht mehr *alle* Gläubiger aus der vorhandenen Masse befriedigt werden können. Weil aber allein die Frage der Vermögenssuffizienz oder Insuffizienz darüber entscheidet, ob am Ende alle Gläubiger befriedigt werden können, bedarf eine zuverlässige Aussage über das Gefahrenpotential einer Bankrotthandlung des Vermögensbezugs. Aus diesem Grund ist auch nur natürlich, dass seit den Anfängen des Rechts der Vermögensinsuffizienztatbestand Anknüpfungspunkt für Sanktionen war. Dass durch den Einfluss des *Code de Commerce* auch die Zahlungsunfähigkeit in den Blick des Gesetzgebers gerückt ist, ist nicht darauf zurückzuführen, dass nunmehr die Zahlungsunfähigkeit als die eigentlich nicht mehr tolerierbare Grenzmarke für eine Gläubigergefährdung gesehen wurde, sondern, dass sich die Zahlungsunfähigkeit mit der Folge der Zahlungseinstellung wegen der komplexer gewordenen Kreditbeziehungen als nach außen sichtbares Indiz für die eigentlich sanktionswürdig gehaltene Vermögensinsuffizienz zeigte. Dass die *Überschuldung* nach wie vor, sogar bei der erstmaligen Einführung des Konkursgrundes der Zahlungseinstellung als nach außen getretener Zahlungsunfähigkeit durch die Preußische Konkursordnung 1855 als eigentlicher Konkursgrund gesehen wurde, zeigt eindrucksvoll die Gesetzesbegründung zur PrKO: *„Bei Handeltreibenden ist die Zahlungseinstellung die ausschließliche Bedingung der Konkurseröffnung; sie enthält schon den thatsächlichen Ausbruch des Konkurses in sich.“*[1930] Die Zahlungseinstellung wurde also nur als Realisierung des eigentlichen zeitlich vorgelagerten Konkurs*grundes* verstanden, der entsprechend dem bis dahin bestehenden Leitbildes der Vermögensinsuffizienz nur die Überschuldung sein konnte.[1931]

Im Hinblick auf die Funktion des Krisenmerkmals, anzuzeigen wann ein vermögensminderndes oder zumindest im Hinblick darauf gefährliches Handeln die Gläubigerbefriedigungsinteressen gefährdet, bietet sich der Vermögensinsuffizienztatbestand als das trennscharfe Kriterium an, weil ab Eintritt der Vermögens-

1929 Vgl. nur *Penzlin*, Auswirkungen der InsO (2000), S. 115.

1930 *Wentzel/Klose*, Preußische Konkursordnung (1855), S. 232 f.

1931 Vgl. insoweit bereits oben Erster Teil A. 3. b. und *Götz*, KTS 2003, S. 13; Motive zum Entwurf der Konkursordnung, abgedruckt bei *Hahn/Mugdan*, Materialien zu den Reichs-Justizgesetzen, Band 4 (1881), S. 291.

insuffizienz klar ist, dass nicht mehr alle Gläubigeransprüche befriedigt werden können und zwecks Erhalts der noch bestehenden Masse dem Schuldner bereits *vor* dem Eintritt der Zahlungsunfähigkeit erhöhte Sorgfaltspflichten auferlegt werden müssen, um die Gläubigerbefriedigungsinteressen in ausreichendem Maße schützen zu können. Denn dass der Schutz des § 283 I StGB nicht erst eingreifen darf, wenn alle externen Liquiditätsquellen erschöpft sind, leuchtet besonders im Hinblick auf solche Gläubiger ein, die dem Schuldner aufgrund von komplexen Kreditbeziehungen und damit verbundenen Informationsverzerrungen unwissentlich noch in der Krise Kredit gewähren. Bereits bei Vermögensinsuffizienz kann und muss vom Schuldner eine besondere Vorsicht im Umgang mit seinem Vermögen verlangt werden, weil der Erhalt seines Vermögens dann nicht mehr nur seine Angelegenheit ist, sondern auch die seiner Gläubiger – gleich, ob er im aktuellen Zeitpunkt noch liquide ist, oder nicht.

Dies hat auch der Gesetzgeber von 1976 erkannt, als er feststellte: „Die Unterlassung solcher (wirtschaftlich sinnloser oder zumindest gefährlicher) Handlungen muß von jedem – auch dem noch zahlungsfähigen – Teilnehmer am Wirtschaftsverkehr verlangt werden, sofern er überschuldet ist“ [1932] und sogar die Überschuldung als gefährlicher für die Gläubiger einstufte als die Zahlungsunfähigkeit.[1933]

Der Überschuldungstatbestand als Vermögensinsuffizienztatbestand hat sich über die Jahrhunderte lange Rechtsentwicklung als Ausdruck eines Handlungsbedürfnisses seitens des Strafgesetzgebers bewährt und ist auch heute noch geeignetes Kriterium, um im Hinblick auf die Gefährdung der Gläubigerbefriedigungsinteressen strafbedürftiges und strafwürdiges Verhalten von nicht strafbedürftigem, nicht strafwürdigem, weil kein reales Gefährdungsrisiko schaffendem, Verhalten zu trennen.

2. Natürliche Personen, insbesondere Verbraucher im Sinne der §§ 304 ff. InsO

Ob auch eine Erfassung natürlicher Personen und echter Personengesellschaften, einschließlich der nicht oder nur geringfügig wirtschaftlich Tätigen, durch § 283 I Var. 1 StGB im Hinblick auf das Effizienzprinzip legitimierbar ist, richtet sich allein danach, ob das Verhalten einer überschuldeten natürlichen, auch privaten Person in der Überschuldung ein konkretes Gefährdungsrisiko für die Befriedigungsinteressen der Gläubiger, wenn nicht sogar auch für die Kreditwirtschaft, darstellt. Eine zusätzliche Überprüfung im Hinblick auf die Einhaltung des Subsidiaritätsprinzips dahingehend, dass die Strafnorm nur als *ultima ratio* der Steuerungsmöglichkeiten eingesetzt werden darf, erübrigt sich, weil bei natürlichen Personen insoweit keine den Kapitalerhaltungsvorschriften oder den Insolvenzverschleppungstatbeständen entsprechende Regelungen existieren und natürliche Personen und echte

---

1932 BT-Drs. 7/3341, S. 20.
1933 Vgl. *Wilts*, Protokoll der 89. Sitzung des Sonderausschusses für die Strafrechtsreform vom 10.5.1976, Stenographische Berichte 7. Wahlperiode, S. 2818, 2020.

Personengesellschaften bei Vorliegen eines Insolvenzgrundes auch nicht insolvenzantragspflichtig sind.[1934]

Dass im Falle der Vermögensinsuffizienz auch mit ihrem Privatvermögen voll haftender Schuldner ein konkretes Gläubigergefährdungsrisiko verbunden ist, weil auch hier die vollständige Befriedigung aller Gläubiger nicht mehr voll gewährleistet ist, und die persönliche Haftung auch nicht hinreichend disziplinierend im Hinblick auf einen vorsichtigen Umgang mit dem Privatvermögen wirkt, lässt sich anhand des bereits erläuterten Falls eines Schuldners belegen, der im Hinblick auf ein ohnehin bevorstehendes Insolvenzverfahren eine gewisse Gleichgültigkeit gegenüber weiteren Masseschädigungen an den Tag legt und dementsprechend in der Begehungsform des § 283 I Nr. 1 oder Nr. 2 StGB sorglos mit seiner zur Gläubigerbefriedigung erforderlichen Masse umgeht. Die Motivation zu einem wirtschaftlich sinnvollen Verhalten ist aber auch unabhängig von einer beabsichtigten Insolvenzanmeldung dann besonders gering, wenn zusätzliche Vermögensschädigungen den Schuldner nicht mehr maßgeblich treffen, weil er ohnehin sein gesamtes Vermögen zur Gläubigerbefriedigung benötigt und weitere Vermögensminderungen damit letztlich nur seine Gläubiger treffen, die dann mit ihren Forderungen teilweise ausfallen. Dass von einem typisiert realen Gefährdungsrisiko auch bei unbeschränkt Haftenden schon dann auszugehen ist, wenn Vermögensinsuffizienz vorliegt, beruht auch unabhängig von der tendenziell höheren Gleichgültigkeit eines Schuldners, dessen „Kind bereits in den Brunnen gefallen ist", bereits darauf, dass das Vermögen letztlich die alleinige Quelle zur Aufbringung der zur Schuldendeckung erforderlichen liquiden Mittel ist und mit dem Eintritt der Insuffizienz jede weitere Vermögensminderung sich letztlich zu Lasten der Gläubiger auswirkt. Nicht umsonst war die Vermögensinsuffizienz das maßgebliche Leitbild der Insolvenz im Rahmen der gesamten geschichtlichen Entwicklung bis zur Konkursordnung 1877.

Da auch bei natürlichen Personen, sogar bei Verbrauchern im Sinne des § 304 InsO, oftmals ein hohes Maß an Kreditverflechtungen besteht – sei es aufgrund von Kreditbeziehungen im unternehmerischen Geschäftsverkehr oder auch nur im Rahmen der privaten Kreditwirtschaft privater Bankkredite und einer stetig wachsenden Anzahl von Warenkrediten – bestehen auch hier Informationsasymmetrien zwischen Schuldner und dem potentiellen Kreditgeber, die dem Rechtsverkehr den Einblick in die Vermögenslage des Schuldners erschweren. Infolgedessen können sich auch Private über den Eintritt ihrer Vermögensinsuffizienz hinaus in der Regel einen gewissen Zeitraum liquide halten, so dass der Rechtsverkehr aus der Zahlungsunfähigkeit eines Schuldners nicht ohne weiteres seine Fähigkeit zur Schuldendeckung abzulesen ist. Um ein Funktionieren auch der privaten Kreditwirtschaft gewährleisten zu können, muss daher das Vertrauen von Kreditgebern im Hinblick auf die Befriedigung ihrer Ansprüche durch einen strafrechtlich gewährleisteten Schutz im Vorfeld der Zahlungsunfähigkeit gestützt werden. Denn auch

1934 Vgl. in diesem Zusammenhang nochmals *Hoyer* in SK-StGB (2002), § 283 Rn. 10, der allerdings nicht bei der Feststellung stehen bleibt, dass ein Konflikt mit dem Subsidiaritätsprinzip nicht besteht, sondern etwas zu weitgehend bereits aus dem Fehlen zivilrechtlicher Kapitalschutznormen bei natürlichen Personen die Notwendigkeit einer Strafbarkeit nach § 283 StGB ableitet.

eine funktionsfähige Privatwirtschaft ist wegen Erhöhung der Binnennachfrage von gesamtwirtschaftlichem Nutzen und damit schutzwürdig.[1935] Daher wurde in den Beratungen zum 1. WiKG 1976 vom Sonderausschuss für die Strafrechtsreform auch die Ansicht vertreten, *„daß unter dem Gesichtspunkt der Verhinderung der Gefährdung der Gläubiger der Zustand der Überschuldung gegenüber dem der Zahlungsunfähigkeit der gravierendere ist.“*[1936]

Auch die Statistik belegt, dass die Deckungsquoten ungesicherter Gläubiger in der Insolvenz von persönlich und unbeschränkt haftenden Unternehmensträgern weder werthaltiger noch sicherer sind als in der Insolvenz beschränkt haftender.[1937] Die persönliche und unbeschränkte Haftung mindert nicht das Insolvenzausfallrisiko, sondern allenfalls das Insolvenzverursachungsrisiko, so dass die Haftungsverfassung der Unternehmensträger keinen Einfluss darauf hat, ob und in welcher Höhe die (ungesicherten) Gläubiger mit ihren Forderungen in einem etwaigen Insolvenzverfahren ausfallen.[1938] Daher besteht auch aus diesem Grund kein Unterschied hinsichtlich der Gläubigergefährdung bei unzulässiger Verminderung der Haftungsmasse oder Verschleierung der Vermögensverhältnisse im Sinne des § 283 StGB, so dass eine umfassende Anwendung auf alle Personen auch im Rahmen der Überschuldungsvariante legitimiert ist.

Die Bankrotthandlungen überschuldeter natürlicher Personen und echter Personengesellschaften sind unabhängig von dem Maß ihrer wirtschaftlichen Tätigkeit *strafbedürftig.*[1939]

Von der Strafbedürftigkeit der Bankrotthandlungen natürlicher Schuldner, auch Verbraucher, geht auch die Insolvenzordnung aus, wenn sie die Erteilung der Restschuldbefreiung von dem Nichtvorliegen einer Strafbarkeit nach § 283 StGB abhängig macht (§§ 297 I, 304 I InsO). Zu diesem Schluss kommt daher auch *K. Schmidt* zu Recht: „So richtig es ist, dass beschränkte Haftung den Überschuldungstatbestand unentbehrlich macht, so unrichtig ist der Umkehrschluss, unbeschränkte Haftung mache ihn überflüssig.“[1940]

Dass insoweit auch nur strafwürdiges, weil ein reales Gläubigergefährdungsrisiko schaffendes Verhalten erfasst wird, gewährleistet das eigens aus diesem Grund eingeführte und in alle Tatbestandsvarianten hineinzulesende Erfordernis des *groben Verstoßes gegen die Anforderungen an eine ordnungsgemäße Wirtschaft.*[1941]

1935 Daher ist *Röhm*, Abhängigkeit des Insolvenzstrafrechts (2002), S. 273 zu widersprechen, der dem wirtschaftlichen Verhalten von Verbrauchern keinen sozialen Nutzen beimisst.
1936 *Wilts*, Protokoll der 89. Sitzung des Sonderausschusses für die Strafrechtsreform vom 10.5.1976, Stenographische Berichte 7. Wahlperiode, S. 2818, 2820.
1937 Vgl. *v. Oncuil*, Rechtzeitige Auslösung (2000), S. 124 f.
1938 Vgl. *v. Oncuil*, Rechtzeitige Auslösung (2000), S. 125; *Haas*, Insolvenzrecht 1998 (1999), S. 13; auch *K. Schmidt*, ZIP 1980, S. 233, 237; *Biermann*, Überschuldung (1963), S. 87 ff.; *Schürer*, Überschuldung (1962), S. 56 ff.
1939 Ebenso wie hier *Harneit*, Überschuldung (1984), S. 109.
1940 *K. Schmidt*, JZ 1982, 165, 172; vgl. auch *v. Oncuil*, Rechtzeitige Auslösung (2000), S. 124.
1941 Vgl. insoweit bereits oben und *Wilts*, Protokoll der 89. Sitzung des Sonderausschusses für die Strafrechtsreform vom 10.5.1976, Stenographische Berichte 7. Wahlperiode, S. 2816 sowie *Tiedemann*, Insolvenzstrafrecht, 2. Aufl. (1996), Vor § 283 Rn. 101 f.

Dabei ist der Maßstab der Verkehrsgepflogenheiten der entsprechenden Schuldnergruppe heranzuziehen, so dass auch insoweit Bedenken gegen eine Erfassung von Privaten wegen vermeintlicher Unvereinbarkeit mit dem Schuldprinzip entgegengewirkt und der Sorgfaltsmaßstab schuldangemessen angepasst werden kann.[1942] Gleiches gilt auch für den Fahrlässigkeitsmaßstab im Sinne des § 283 IV, V StGB, der insoweit parallel anhand der Verkehrsgepflogenheiten zu bestimmen ist.[1943]

Daher ist der allgemeine handelsrechtliche Maßstab im Sinne des ordentlichen Kaufmanns (§ 347 StGB) auch nur als Richtschnur für den in nicht nur geringem Maße wirtschaftlich tätigen Schuldner heranzuziehen und auch dort nur in Abhängigkeit vom Gegenstand, der Größe und Branche des Unternehmens, nicht aber für den nur gering wirtschaftlich Tätigen oder gar Privaten.[1944] Für den Privaten ist ein rationales Wirtschaftsverhalten nicht von der Rechtsordnung vorgeschrieben, und der Private kann, soweit es um sein eigenes Vermögen geht, solange nach eigenem Gutdünken wirtschaften, wie er keine Rechenschaft ablegen muss, weil er wegen Inanspruchnahme von Krediten nun auch die Befriedigungsinteressen berücksichtigen muss.[1945] Sobald der Schuldner vermögensinsuffizient ist und Kredit in Anspruch nimmt, kann und muss aber von ihm ein sorgfältiger, den *Anforderungen einer ordnungsgemäßen Wirtschaft* noch im weitesten Sinn entsprechender, wirtschaftlich rationaler Umgang mit dem ihm nun nicht mehr allein, sondern auch seinen Gläubigern „zustehenden" Vermögen abverlangt werden.[1946]

Und auch dann sind zur Wahrung des Schuldprinzips die Anforderungen an den privaten Schuldner so weit wie möglich gering zu halten.

Parallel zu den *Anforderungen einer ordnungsgemäßen Wirtschaft* sind bei einem privaten Schuldner daher auch im Hinblick auf eine nur fahrlässige Unkenntnis der Überschuldung in § 283 IV und V StGB keine allzu hohen Anforderungen zu stellen, sondern es ist zwecks Erfassung nur strafwürdigen Verhaltens bei *Privaten* nur dann von einem Sorgfaltsverstoß auszugehen, wenn sich der Schuldner der Erkenntnis seiner Überschuldung bewusst verschließt:

Damit ist zur Wahrung des Schuldgrundsatzes als Prinzip von verfassungsrechtlichem Rang in verfassungskonformer Auslegung von § 283 IV Nr. 1 StGB bei privaten Schuldnern eine leichtfertige im Sinne einer *„bewusst fahrlässigen"* Unkenntnis der Überschuldung in dem Sinn zu verlangen, dass der Schuldner seine Überschuldung erahnt, aber darauf vertraut, dass es „grad noch so passt". Hinsichtlich der auch nur fahrlässigen Begehung des § 283 V Nr. 1 i.V.m I Nr. 2 (Nr. 5 und 7 scheiden wegen fehlender Buchführungspflicht bereits aus) ist der ohnehin sehr weite § 283 I

1942 Vgl. *Tiedemann*, Insolvenzstrafrecht, 2. Aufl. (1996), Vor § 283 Rn. 110 ff.
1943 Vgl. *Tiedemann*, Schröder-Gds. (1978), S. 293.
1944 Vgl. *Tiedemann*, Insolvenzstrafrecht, 2. Aufl. (1996), Vor § 283 Rn. 111; *Harneit*, Überschuldung (1984), S. 90 f.
1945 Vgl. bereits *von Schoeler* im Sonderausschuss der Strafrechtsreform 1976, Protokoll der 89. Sitzung des Sonderausschusses für die Strafrechtsreform vom 10.5.1976, Stenographische Berichte 7. Wahlperiode, S. 2819; *Tiedemann*, Insolvenzstrafrecht, 2. Aufl. (1996), Vor § 283 Rn. 110.
1946 Vgl. ähnlich *Tiedemann*, Insolvenzstrafrecht, 2. Aufl. (1996), Vor § 283 Rn. 110.

Nr. 2 StGB[1947] auf den Privaten nicht anzuwenden. Strafwürdiges Unrecht stellt ohnehin nur das bewusste Eingehen von Verlustgeschäften dar.[1948] Fahrlässiges Handeln bei Eingehen von Spekulations- und Differenzgeschäften ist nur bei fahrlässiger Verkennung der die Beurteilung tragenden Fakten denkbar,[1949] die bei Privaten mangels eines Sonderwissens, an das sinnvoll angeknüpft werden könnte, nicht vorliegen kann.

Daher sind private Schuldner aus dem Anwendungsbereich des § 283 V StGB mittels teleologischer Reduktion vollständig auszunehmen.

Von *gering wirtschaftlich Tätigen* kann hingegen schon eine größere Sorgfalt abverlangt werden, da sie zumindest im wirtschaftlichen Bereich tätig und mit den entsprechenden Geschäftsgepflogenheiten eher vertraut sind als der private Schuldner. Eine gewisse Sorgfalt in seinen Vermögensangelegenheiten ist ihm abzuverlangen, wenn er sich für eine auf Gewinnerzielungsabsicht gerichtete Tätigkeit am Markt entschließt.

Hier kann nicht nur bewusst fahrlässige Unkenntnis der Überschuldung, sondern bereits Leichtfertigkeit im Sinne „grob fahrlässiger Unkenntnis" strafwürdiges Unrecht begründen (§ 283 IV Nr. 1 StGB). Auch für die nur fahrlässige Begehung bei Eingehen von Differenz- und Spekulationsgeschäften (§ 283 V Nr. 1 StGB) ist bei leichtfertiger (grob fahrlässiger) Verkennung der die Beurteilung tragenden Fakten, eine Strafanknüpfung möglich und nötig; allerdings sind auch hier entsprechend dem geringen Maß seiner wirtschaftlichen Tätigkeit äußerst geringe Kenntnisse beim nicht privaten Verbraucher im Sinne des § 304 InsO vorauszusetzen.

Werden die im Einzelfall gebotenen Einschränkungen bei der Auslegung der normativen Tatbestandsmerkmale beachtet und insbesondere private Schuldner aus dem Anwendungsbereich des § 283 V Nr. 1 StGB gestrichen, stehen der aus Gläubigerschutzgründen gebotenen Anwendung des § 283 I StGB auf alle Schuldnergruppen Effizienz- und Schuldprinzip nicht entgegen.

III. Anwendungsbereich des § 283 II Var. 1 StGB

Dass der Gesetzgeber eine Bankrotthandlung, die „die wirtschaftliche Krise erst herbeigeführt hat", hinsichtlich des darin liegenden Unrechts als „von gleichem Gewicht" erachtet wie das Handeln in der Krise,[1950] ist für den unternehmerisch tätigen Schuldner nachvollziehbar, weil dieser bereits im Vorfeld der Überschuldung sein Handeln an den Grundsätzen ordnungsgemäßer Unternehmensführung messen lassen muss, so dass auch bereits im Vorfeld der Insolvenz sinnvoll zwischen wirtschaftlich „sinnlosen oder zumindest gefährlichen Handlungen"[1951] und an

---

1947 Vgl. *Tiedemann*, Insolvenzstrafrecht, 2. Aufl. (1996), Vor § 283 Rn. 147; Tröndle/*Fischer*, StGB, 52. Aufl. (2004), Rn. 35 die insoweit auch Eingrenzungsbedarf sehen.
1948 Vgl. auch Tröndle/*Fischer*, StGB, 52. Aufl. (2004), Rn. 35.
1949 Tröndle/*Fischer*, StGB, 52. Aufl. (2004), Rn. 35.
1950 Vgl. BT-Drs. 7/3441, S. 20.
1951 BT-Drs. 7/3441, S. 20.

sich risikoneutralen Handlungen unterschieden werden kann.[1952] Im Falle der kausalen Herbeiführung der Überschuldung wird durch die als sinnlos oder risikoreich qualifizierte, jedoch allenfalls abstrakt gefährliche Tatbestandshandlung zugleich das im Hinblick auf die Wahrung des Schuldprinzips erforderliche reale Gläubigergefährdungsrisiko geschaffen, weil die Situation der Vermögensinsuffizienz auch hier einen teilweisen Forderungsausfall der Gläubiger bedingt. Insoweit hält eine Strafbarkeit von Bankrotthandlungen wegen Herbeiführung der Überschuldung – auch bei Erfassung nur fahrlässigen, weil gegen die ordnungsgemäße Unternehmensführung in grober Weise verstoßenden Verhaltens (Abs. IV, V) – der Strafbedürftigkeits- und Strafwürdigkeitskontrolle stand.[1953]

Anders ist dies im Hinblick auf Verbraucher im Sinne des § 304 InsO, insbesondere dem privaten Schuldner, zu beurteilen. Dem Privaten obliegen im Vorfeld der Krise gerade keine besonderen Sorgfaltsanforderungen, so dass auch nicht sinnvoll zwischen „wirtschaftlich sinnlos oder gefährlich" unterschieden werden kann, ohne in unzulässiger Weise in die Freiheitsrechte des Privaten, mit seinem Vermögen nach Gutdünken umzugehen, einzugreifen.[1954] Erst wenn dem Privaten sein Vermögen de facto nicht mehr zur freien Verfügung zusteht, entsteht auch für ihn ein gewisser Zwang zu rationalem Wirtschaften.[1955] Dem Gläubiger steht sein Vermögen aber auch erst dann nicht mehr allein zu, wenn er entweder wegen bereits eingetretener Vermögensinsuffizienz die Befriedigungsinteressen der Gläubiger aktuell berücksichtigen muss (§ 283 I StGB), oder aber wenn er wegen beabsichtigter Beantragung des Insolvenzverfahrens mit dem Ziel der Restschuldbefreiung sein Vermögen bewusst der gerichtlichen Verteilung unterstellen will. Dann unterliegt der Schuldner bereits im Vorfeld der Überschuldung auch erhöhten Sorgfaltspflichten, weil er mit dem Entschluss zur Beantragung des Insolvenzverfahrens bewusst seine uneingeschränkte Vermögensherrschaft aufgibt und sein Vermögen der Tilgung seiner Verbindlichkeiten widmet, das dann gewissermaßen auch seinen Gläubigern „zusteht". Wer beabsichtigt, die Vorteile des Verbraucherinsolvenzverfahrens in Anspruch zu nehmen, unterliegt auf der anderen Seite einer erhöhten Vermögenssorge zum Erhalt der Funktion seines Vermögens als Gläubigerbefriedigungspotential.

In dieser Situation ist das Strafbedürfnis besonders hoch, die Fälle zu erfassen, in denen sich der Schuldner nach dem Beiseiteschaffen seiner restlichen Vermögensbestandteile durch Beantragung der Restschuldbefreiung seiner Gläubiger entledigen will.

Aber auch der sorglose Umgang mit dem Vermögen bedarf im Hinblick auf die Gläubigerinteressen strafrechtlicher Sanktion, wenn dem Schuldner wegen beschlossener Insolvenzanmeldung eine gesteigerte Sorgfalt in seinen Vermögensangelegenheiten obliegt, weil er weiß, dass das Vermögen zur Befriedigung der

---

1952 Vgl. auch *Tiedemann*, Insolvenzstrafrecht, 2. Aufl. (1996), Vor § 283 Rn. 111; *Harneit*, Überschuldung (1984), S. 90 f.

1953 Insoweit ist der Einschätzung des Gesetzgebers von 1976 zuzustimmen, BT-Drs. 7/3441, S. 20.

1954 Ebenso *Tiedemann*, Insolvenzstrafrecht, 2. Aufl. (1996), Vor § 283 Rn. 110.

1955 Vgl. *Tiedemann*, Insolvenzstrafrecht, 2. Aufl. (1996), Vor § 283 Rn. 110.

Gläubiger erforderlich ist, und er diese Obliegenheit leichtfertig, d.h. in gröblichem Maße verletzt.

Eine teleologische Reduktion allein auf die Fälle der beabsichtigten Vereitelung der Gläubigerbefriedigungsinteressen ist daher zu eng; es lässt im Hinblick auf den Gläubigerschutz *strafbedürftiges* und wegen Verstoßes gegen insoweit bestehende Sorgfaltspflichten und wegen Schaffung eines realen Gläubigerrisikos auch *strafwürdiges* Verhalten unbestraft. Vielmehr ist § 283 II StGB dahingehend durch verfassungskonforme Auslegung zu reduzieren, dass erst mit Entstehung der erhöhten Sorgfaltspflicht, d.h. mit der Absicht, ein Insolvenzverfahren zu eröffnen, die Bankrotthandlungen des § 283 I StGB bei Herbeiführung der Überschuldung erfasst werden. Erst dann „steht" ihm nicht mehr sein Vermögen allein „zu", sondern unterliegt einer gewissen Zweckbindung der Gläubigerbefriedigung. Statt der Gläubigerbenachteiligungsabsicht ist daher die Absicht der Insolvenzverfahrenseröffnung als maßgeblicher Grenzpunkt erhöhter Sorgfaltsanforderungen zu fordern. Gerade derjenige, der eine Restschuldbefreiung erstrebt, muss sich entgegenhalten lassen, dann aber auch erhöhte Sorgfalt walten zu lassen.

Dadurch, dass er durch den nur freiwillig möglichen Eintritt in das Verbraucherinsolvenzverfahren seine Strafbarkeit selbst in der Hand hat, wird der private Schuldner auch nicht automatisch in die Strafbarkeit gedrängt, sollte er sich im Vorfeld des Verfahrens *in* der bewusst fahrlässiger Unkenntnis der Krise tatbestandsmäßig verhalten haben (§ 283 I, IV StGB). Gleiches gilt für den geringfügig wirtschaftenden Verbraucher im Sinne des § 304 I, II InsO.

Insbesondere entsteht kein Zielkonflikt zwischen Strafsanktion und Verbraucherinsolvenzverfahren gem. §§ 304 ff. InsO, weil die InsO dem Verbraucher keine Restschuldbefreiung um jeden Preis ermöglichen will, sondern mit §§ 304 I, 297 InsO deutlich macht, dass der Schuldner im Umgang mit seinem ihm nicht mehr allein zustehenden Vermögen auch ein Mindestmaß an Vorsicht walten lassen muss.

Die Anknüpfung an die beabsichtigte Insolvenzeröffnung als Auslöser des erhöhten Pflichtenmaßstabs hat einen weiteren Vorteil: Mit ihr lässt sich zugleich das Folgeproblem bei unbegrenzter Schuldnereigenschaft und Verbraucherbankrott lösen, wann eine Pflicht zur Kontrolle der Überschuldungsprüfung entsteht, wenn keine Buchführungspflicht besteht. Mit dem Entschluss zum Eintritt in das Insolvenzverfahren weiß der Schuldner um seine schlechte Vermögenslage und das nunmehr faktisch gebundene Vermögen, so dass in diesem Augeblick auch die Pflicht zur Überschuldungsprüfung besteht.

Zusammenfassend lässt sich daher feststellen: § 283 I StGB ist auf alle Schuldner anzuwenden, § 283 V StGB auf alle Schuldnergruppen mit Ausnahme Privater. § 283 II StGB ist auf Verbraucher erst ab dem Zeitpunkt anzuwenden, ab dem sie den Entschluss zum Eintritt in das Verbraucherinsolvenzverfahren gefasst haben. Hinsichtlich der Sorgfaltsanforderungen ist bei Verbrauchern und noch mehr bei Privaten großzügig zu verfahren.

B. Das Bedürfnis strafrechtlicher Anknüpfung an den Überschuldungstatbestand – auch bei Insolvenzverschleppung

Dass als Grundvoraussetzung für eine Legitimierung strafrechtlicher Sanktion beim *Bankrott* hinsichtlich aller Schuldnergruppen das Strafbedürfnis auch in der Überschuldungsvariante vorliegt, konnte bereits bei der Ermittlung des personellen Anwendungsbereichs von § 283 StGB dargelegt werden.

Unberücksichtigt blieben bisher die *Insolvenzverschleppungsdelikte*, bei denen sich die Frage des Strafbedürfnisses wegen einer an denselben Tatbestand anknüpfenden *zivilrechtlichen* Haftungsregelung in besonderem Maße stellt.

Auch ist zu prüfen, ob der Überschuldungstatbestand in Konkurrenz zum Eröffnungsgrund der Zahlungsunfähigkeit als Auslöser der Antragspflicht geeignet ist, die Grenzziehung zwischen einer noch erlaubten werbenden Tätigkeit am Markt und bereits strafbedürftigem und strafwürdigem Weiterwirtschaften zu leisten.

Da die Insolvenzverschleppungsdelikte als echte Unterlassungsdelikte strafbares und strafloses Verhalten allein von dem Vorliegen des Insolvenzgrundes abhängig machen und die tatbestandliche Handlung außerhalb der Insolvenz keinen erhöhten Unwertgehalt verkörpert, kommt dem Insolvenzantragsgrund im Hinblick auf seine strafbegründende Wirkung eine Gewichtigkeit zu, die über jene der Krisensituation im Rahmen des § 283 StGB hinausgeht. Die alleinige Anknüpfung von Strafe an das bloße Vorliegen des Insolvenzantragsgrundes der Überschuldung erfordert daher eine besonders genaue Untersuchung, ob der zivilrechtliche Überschuldungstatbestand die Grenzziehung zu strafwürdigem und strafbedürftigem Verhalten leisten kann und er insoweit erforderlich ist.

I. Subsidiaritätsprinzip und ultima ratio im Hinblick auf die zivilrechtlichen Insolvenzverschleppungsregelungen

Es stellt sich pars pro toto für alle haftungsbeschränkten Gesellschaftsformen zunächst die Frage, ob die bei Insolvenzverschleppung drohende zivilrechtliche Haftung des Geschäftsführers bzw. des Vorstands auf Schadensersatz – sei es unter der Annahme einer Außenhaftung gegenüber den Altgläubigern (Quotenschaden) sowie den Neugläubigern (ganzer Erfüllungsschaden) über §§ 64 I GmbHG/92 II AktG i.V.m. § 823 II BGB oder auf Basis eines Innenhaftungskonzepts und einer ergänzenden Außenhaftung gegenüber den Neugläubigern allein nach den Grundsätzen der *culpa in contrahendo* (§§ 280 I, 311 II, 241 II BGB)[1956] – ausreicht, um im Hinblick auf die Wahrung der Gläubigerbefriedigungsinteressen *par conditio omnium creditorum* disziplinierend zu wirken. Dann wäre für eine strafrechtliche Regelung als *ultima ratio* der Steuerungsmöglichkeiten kein Raum (Subsidiaritätsprinzip).

1956 Vgl. zu diesem Meinungsstreit *Altmeppen* in Roth/Altmeppen, GmbHG, 4. Aufl. (2003), § 64 Rn. 24 ff., 55 ff. und 5. Aufl. (2005), § 64 Rn. 61 ff., 94 mit jeweils zahlreichen weiteren Nachweisen.

Hiervon geht beispielsweise *Höffner* aus, der die zivilrechtlichen Haftungsregelungen zur Disziplinierung der Geschäftsleitung im Hinblick auf eine rechtzeitige Insolvenzanmeldung für ausreichend hält, und daher die strafrechtliche Flankierung der Antragspflicht durch die Insolvenzverschleppungsdelikte als Missachtung des Subsidiaritätsprinzips und als einen Verstoß gegen das verfassungsrechtliche Verhältnismäßigkeitsprinzip (Art. 20 III GG) erachtet.[1957]

Dieser Einschätzung ist aber entgegenzuhalten, dass eine zivilrechtliche Haftung des Geschäftsführers oder des Vorstands keinen lückenlosen Schutz gewährt, weil sie nur dann überhaupt verhaltenssteuernd wirken kann, wenn der Geschäftsführer oder der Vorstand selbst noch nicht insolvent ist. Nur dann stellt eine Schadensersatzverbindlichkeit des Handelnden eine ihn persönlich treffende Vermögenseinbuße dar. Ist hingegen der Geschäftsführer oder Vorstand ohnehin schon insolvent, trifft eine zusätzliche Belastung seiner Vermögensmasse de facto seine Gläubiger anstatt ihn selbst, so dass von der drohenden Schadensersatzpflicht keine disziplinierende Wirkung auf ihn ausgeht. Dies trifft insbesondere in den Fällen mittelständischer oder kleinbetrieblicher Ein-Mann-GmbHs und Ein-Mann-AGs zu, in denen der Gesellschafter-Geschäftsführer/Vorstand sein gesamtes Privatvermögen in seine Gesellschaft als „sein Lebenswerk" gesteckt hat und mit der Gesellschaft zugleich privat insolvent wird. Um auch hier eine wirksame Sanktion bei unterlassener Insolvenzantragstellung in Aussicht stellen zu können, reichen nur zivilrechtlich drohende Haftungsfolgen nicht aus. Schon gar nicht reicht die verhaltensdisziplinierende Wirkung der Insolvenzantragspflicht selbst aus, die die Geschäftsleitung durch den ansonsten drohenden Verlust der Geschäftsführungsbefugnis nur zum sorgfältigen Wirtschaften im *Vorfeld* der Insolvenz anzuhalten vermag, nicht aber nach eingetretener Insolvenz zur Antragstellung motivieren kann.[1958]

Es bedarf zwingend der strafrechtlichen Sanktion.[1959]

Dass insgesamt eine zivilrechtliche Insolvenzverschleppungshaftung nicht ausreicht, erkannte schon der Gesetzgeber des Norddeutschen Bundes 1870, als er die bereits im ADHGB 1861 für die Aktiengesellschaft vorgesehene Insolvenzantragspflicht zusätzlich noch strafrechtlich flankierte.[1960] Von dieser Einschätzung ist der Gesetzgeber bis heute zu Recht nicht abgewichen. Der besonderen Insolvenzanfälligkeit haftungsbeschränkter Rechtssubjekte kann nur durch eine auch strafrechtlich sanktionierte Insolvenzantragspflicht begegnet werden.[1961]

1957 Vgl. *Höffner*, Insolvenzverschleppung (2002), S. 148 ff., 171 f.

1958 Vgl. hierzu bereits oben, Einleitung D. II. 1. b) bb).

1959 Im Ergebnis ebenso *Tiedemann* in Scholz, GmbHG, 9. Aufl. (2002), § 84 Rn. 16.

1960 Vgl. zur Schaffung der Aktiengesellschaft durch das Preußisches Aktiengesetz vom 9.11.1843 und der erstmaligen Strafsanktion bei Insolenzverschleppung im Gesetz des Norddeutschen Bundes vom 11.6.1870 unmittelbar nach Normierung der Konkursantragspflicht bei Überschuldung (§ 240 II ADHGB 1861) nochmals oben, Erster Teil A. III. 3 b).

1961 Vgl. zur besonderen Gefährdungslage im Hinblick auf das Vertrauen in beschränkt haftende Rechtssubjekte als Rechfertigung der strafrechtlich sanktionierten Antragspflicht auch den Gesetzgeber des 1. WikG 1976, BT-Drs. 7/3341, S. 20 sowie *Tiedemann* in Scholz, GmbHG, 9. Aufl. (2002), § 84 Rn. 16.

II. Subsidiaritätsprinzip und ultima ratio im Hinblick auf die übrigen Insolvenzgründe bei Insolvenzverschleppung

Das Strafbedürftigkeitserfordernis verlangt zudem, dass es zur Abgrenzung der Insolvenzreife von der Fortführungsfähigkeit eines Unternehmens speziell der *Überschuldung* bedarf.

Würde eine Insolvenzverschleppungsregelung unter alleiniger Anknüpfung an den regelmäßig später eintretenden[1962] und damit geringer in die Freiheitsrechte des Schuldners eingreifenden Insolvenzgrund der Zahlungsunfähigkeit zum Schutz der Gläubigerbefriedigungsinteressen ausreichen, würde ein zusätzliches Antragserfordernis bei Überschuldung mangels Erforderlichkeit und wegen seines intensiveren Eingriffscharakters gegen das Effizienzprinzip verstoßen. Zudem wäre aus strafrechtlicher Sicht der Zahlungsunfähigkeit, die sich anhand der Zahlungseinstellung in der Regel leicht nachweisen lässt[1963] und auch sonst mit weniger Feststellungsschwierigkeiten behaftet ist, im Hinblick auf das Bestimmtheitserfordernis aus Art. 103 II GG der Vorzug zu geben. Überschneidungen von *drohender* Zahlungsunfähigkeit und Überschuldung spielen hingegen keine Rolle, weil bei nur drohender Zahlungsunfähigkeit keine Insolvenzantragspflicht besteht.

Im Hinblick auf die Insolvenzverschleppungsdelikte ist daher zu fragen, ob sich der Tatbestand der Überschuldung als Vermögensinsuffizienztatbestand dazu eignet, den Grenzpunkt zu markieren, ab dem – auch unter Berücksichtigung des Schutzbedürfnisses der Unternehmenseigner vor einem verfrühten Eintritt in das Insolvenzverfahren – eine unveränderte Unternehmensfortführung aus Gläubigerschutzgründen nicht mehr tragbar ist.[1964]

Dem Schuldner die uneingeschränkte Verfügungsbefugnis über sein Unternehmen so lange zu belassen, bis Zahlungsunfähigkeit eintritt, wäre angezeigt, wenn erst bei Zahlungsunfähigkeit, also der Illiquidität auch nach Ausschöpfung externer Liquiditätsquellen, das reale Gefährdungsrisiko für die Gläubigerbefriedigungsinteressen einträte, das die Insolvenzverschleppungsregelungen zu verhindern suchen.

Zu untersuchen ist daher das konkrete Steuerungsziel der Insolvenzantragspflichten und ihrer flankierenden Haftungsregelungen:

Der Schutzzweck der Insolvenzverschleppungsdelikte ist auf die Befriedigungsinteressen *par conditio omnium creditorum* aller aktuellen und potentiellen Gesellschaftsgläubiger gerichtet. Der mit der Pflicht zur Antragstellung verbundene Zweck soll strafrechtlich abgesichert werden.[1965]

1962 Vgl. insoweit nochmals *Drukarczyk/Schüler* in Kölner Schrift zur InsO, 2. Aufl. (2000), S. 137 ff.; *K. Schmidt*, AG 1978, S. 338; *Egner/Wolff*, AG 1978, S. 101.

1963 Vgl. *K. Schmidt*, AG 1978, S. 335.

1964 Ebenso *K. Schmidt*, AG 1978, S. 335.

1965 Vgl. *Tiedemann* in Scholz, GmbHG, 9. Aufl. (2002), § 84 Rn. 9; *Pfeiffer*, FS-Rowedder (1994), S. 349; *Penzlin*, Auswirkungen der InsO (2000), S. 95; *Höffner*, Insolvenzverschleppung (2002), S. 58.

Hinsichtlich der konkreten Funktion der Insolvenzantragspflichtenregelung bei der Umsetzung des Schutzgedankens besteht Uneinigkeit:

Eine Ansicht sieht die strafrechtlich flankierte Insolvenzantragspflicht als Korrelat der alleinigen Haftung des Gesellschaftsvermögens, das die Gläubiger vor *sämtlichen Ausfällen* ihrer Forderungen schützen will, indem das Unternehmen vom Markt zu nehmen ist, wenn eine für die Gläubiger kritische Vermögensmasse erreicht ist, d.h. sobald die vollständige Befriedigung der Gläubiger nicht mehr garantiert ist.[1966] Diese Situation sei gefährlich, weil keine natürliche Person existiere, welche die Verantwortung für die Schulden der Gesellschaft trägt und garantiert, für diese Schulden persönlich einzustehen.[1967]

Damit untrennbar verbunden ist der Gedanke, dass wegen der Haftungsbeschränkung ab dem Eintritt der Insolvenz das unternehmerische Risiko allein die Gläubiger tragen und dementsprechend ihnen die Entscheidung über das Schicksal des Unternehmens – die Verwertungsoption von Sanierung oder Liquidation – zusteht (§ 157 S. 1 InsO) und das bisherige Management die Leitungsbefugnisse verliert, die nunmehr dem Insolvenzverwalter als Vertreter der Gläubigergesamtheit als Bestandteil der Verwertungsrechte zustehen (vgl. §§ 57, 80 InsO). Schutzzweckbestandteil sind daher seit der Insolvenzrechtsreform im Rahmen der Verwertung auch die Entscheidungsbefugnisse der Gläubiger hinsichtlich der für sie günstigsten Verwertungsalternative von Sanierung oder Liquidation (§ 157 S. 1 InsO) einschließlich des Rechts zur Bestimmung eines geeigneten Insolvenzverwalters als dem neuen „Management" (§§ 57, 80 InsO) und einschließlich der Einflussnahmerechte auf die Unternehmensführung im Falle der Sanierung im Rahmen eines Insolvenzplanverfahrens (§§ 157 S. 2, 235 ff. InsO).[1968]

Nach anderer Ansicht bezwecken die Insolvenzverschleppungsdelikte einen Schutz der Gläubiger allein vor *missbräuchlichem* Verhalten des Managements und der Unternehmenseigner.[1969]

Anhaltspunkte für eine missbrauchsbezogene Schutzrichtung der Insolvenzverschleppungsdelikte finden sich insbesondere in den Äußerungen des Gesetzgebers bei Schaffung der GmbH mit dem GmbHG von 1891, er habe mit sämtlichen Strafvorschriften des GmbHG Verhaltensweisen erfasst, die *„die Sicherheit des im Geschäfts- und Kreditverkehr mit den Gesellschaften stehenden Publikums in gemeingefährlicher Weise"* verletzen. Namentlich müssten, *„da den Gläubigern der Gesellschaft ausschließlich das Gesellschaftsvermögen haftet, jede arglistige Täuschung des Publikums über die wesentlichen*

1966 So *Lutter/Hommelhoff*, GmbHG, 15. Aufl. (2000), § 64 Rn. 7; *Ulmer* in FS-Duden (1977), S. 661; *ders.* in Hachenburg, GmbHG, 8. Aufl. (1997), § 63 Rn. 1; *K. Schmidt*, AG 1978, S. 336; *ders.* in Scholz, GmbHG, 9. Aufl. (2002), § 64 Rn. 12; *Höffner*, Insolvenzverschleppung (2002), S. 28 m.w.N.
1967 *Altmeppen* in Roth/Altmeppen, GmbHG, 5. Aufl. (2005), § 64 Rn. 1.
1968 Zu der Teilnahme der Autonomierechte am Schutzzweck der Insolvenzverschleppungsregelungen *Tiedemann*, Insolvenzstrafrecht, 2. Aufl. (1996), Vor § 283 Rn. 47 f.; *Moosmayer*, Einfluß der InsO (1997), S. 12, 25 ff.; *K. Schmidt* in Scholz, GmbHG, 9. Aufl. (2002), § 64 Rn. 12 i.V.m. *Tiedemann*, in Scholz, GmbHG (2002), § 84 Rn. 7, 74; *Beck* in Wabnitz/Janovsky, 2. Aufl. (2004), Kap. 6 Rn. 57 f. Vgl. zum erklärten Ziel der Förderung der Gläubigerautonomie auch den Regierungsentwurf zur Insolvenzordnung, BT-Drs. 12/2443, S. 77 ff.
1969 *Götz*, ZinsO 2000, S. 81 f.

finanziellen Grundlagen des Unternehmens auch strafrechtlich geahndet werden, und dasselbe gilt von einer widerrechtlichen Verkürzung des Gesellschaftsvermögens, durch welche den Gläubigern die zu ihrer Befriedigung unentbehrlichen Mittel entzogen werden.“[1970]

Allerdings kann aus der Intention des Gesetzgebers, vor allem auch missbräuchliche Verhaltensweisen zu unterbinden, nicht schon entnommen werden, der Zweck der Insolvenzverschleppungsdelikte erschöpfe sich in dem Schutz vor missbräuchlichem Verhalten. Vor allem liegen eine unzureichende Vermögensausstattung von Unternehmen in beschränkt haftender Rechtsform und die Missbrauchsgefahr durch das Management faktisch so nah beieinander, dass eine Trennung der konkreten Schutzzweckintentionen kaum möglich ist. Daher ergibt sich auch unter Zugrundelegung beider Ansätze die Notwendigkeit einer Anknüpfung der Insolvenzantragspflicht an die Überschuldung, so dass eine Streitentscheidung dahinstehen kann.[1971] Selbst die von der zweiten Ansicht geforderte Missbrauchsgefahr liegt bereits bei Überschuldung vor:

Missbrauchsgefahr

Geht man davon aus, die Pflicht zur Beantragung der Insolvenz resultiere aus der besonderen Gefährlichkeit der Unternehmenskrise haftungsbeschränkter Rechtssubjekte wegen deutlich erhöhter *Missbrauchsgefahr* zu Lasten der Gläubigerbefriedigungsinteressen,[1972] ist ein Übergang der Verfügungsrechte vom Unternehmen auf die durch den Insolvenzverwalter vertretene Gläubigergesamtheit ab dem Zeitpunkt gerechtfertigt, ab dem die Missbrauchsgefahr durch das Management so massiv ansteigt, dass die Befriedigung der bestehenden Ansprüche aktueller Unternehmensgläubiger und auch die erst entstehenden Ansprüche potentieller, noch Kredit gewährender Gläubiger, real gefährdet sind.[1973]

Dass die Ursachen für eine gesteigerte Missbrauchsgefahr in der Unternehmenskrise bereits mit der *Vermögensinsuffizienz* entstehen, also ein dementsprechend erhöhtes Schutzbedürfnis der Gläubiger bereits mit der Überschuldung entsteht, ist letztlich auf die Komplexität der Kreditbeziehungen im modernen Wirtschaftsleben zurückzuführen:

Wegen des hohen Grades an Kreditverflechtungen und der damit verbundenen Informationsasymmetrie zwischen der Gesellschaft und ihren Fremdkapitalgebern[1974] können die Fremdkapitalgeber mangels Einblick in die Vermögenslage der Gesellschaft – anders als noch zu den Anfängen des Rechts – nicht sogleich auf den Eintritt der für ihre Befriedigungsinteressen gefährlichen Situation der Vermögensinsuffizienz reagieren und sind der Gefahr ausgesetzt, unwissentlich einer bereits vermögensinsuffizienten Gesellschaft Kredit zu gewähren. Insbesondere lässt

---

1970 Vgl. den Entwurf eines Gesetzes betreffend die Gesellschaften mit beschränkter Haftung nebst Begründung und Anlagen, Amtliche Ausgabe (1891), S. 118 f.
1971 Vgl. auch *Höffner*, Insolvenzverschleppungsdelikte (2002), S. 58, der aus der Begründung zum GmbHG ebenfalls keine Beschränkung auf einen Missbrauchsschutz folgert.
1972 Vgl. *Götz*, ZinsO 2000, S. 81.
1973 Vgl. *Götz*, ZinsO 2000, S. 81 f.; *Drukarczyk*, Theorie und Politik (1993), S. 93 ff.
1974 Vgl. auch *Hommel*, ZfB 1998, S. 298.

sich nicht (mehr)[1975] aus der Handelsbilanz die Vermögensinsuffizienz der Gesellschaft ersehen, weil die Handelsbilanz wegen des Vorsichtsprinzips und seiner Ausprägungen nicht die wahre Vermögenslage der Gesellschaft abbildet.[1976] In dem Wissen, dass der handelsbilanziellen Überschulung keine insoweit verlässliche Aussagekraft zukommt, besteht die Gefahr, dass künftige Kreditgeber den Organen bereits vermögensinsuffizienter Gesellschaften Glauben schenken, die Gesellschaft habe trotz handelsbilanzieller Überschuldung hervorragende Ertragserwartungen und sie verfüge über hohe stille Reserven. Und insbesondere die für die Unternehmensentwicklung im Einzelfall aussagekräftige Wertentwicklung stiller Reserven ist für die Gläubiger nicht ersichtlich, weil durch das Vorsichtsprinzip von vornherein Wertzuwächse in der Handelbilanz unberücksichtigt bleiben, so dass auch ein kontinuierlicher oder plötzlicher Wertverlust von den Gläubigern nicht registriert wird und sie entsprechende Ableitungen für die Zukunft nicht treffen können.

Damit sind die noch kreditgewährenden Gläubiger von vornherein dem Risiko ausgesetzt, mit ihrer Forderung zumindest teilweise auszufallen, weil der vermögensinsuffiziente Schuldner seiner Rückzahlungsverpflichtung rein rechnerisch nicht mehr in vollem Umfang wird nachkommen können.[1977]

Die Informationsasymmetrie schafft aber vor allem auch Raum für eine Unternehmensstrategie, welche die desolate Vermögenslage der Gesellschaft unberücksichtigt lässt: Aufgrund des Informationsdefizits potentieller Fremdkapitalgeber unterliegt das Management hinsichtlich seiner Entscheidungen im Umgang mit seinem geringen Vermögensbestand keiner unmittelbaren Kontrolle durch den Kapitalmarkt, so dass es, anstatt notwendige Sanierungsmaßnahmen einzuleiten oder ein nicht sanierungsfähiges Unternehmen zu liquidieren, zunächst noch Liquidität (zu Lasten der Kreditgeber) verschaffen kann und unter Aufrechterhaltung der bisherigen Unternehmensstrategie die Realisierungsquote der Gläubiger weiter verschlechtert. Diese Gefahr der „Verschleppung“ ist besonders hoch, weil die nicht persönlich haftenden Eigentümer oft daran interessiert sind, das Unternehmen trotz der Krise weiterzuführen, da sie bei einer Liquidation unter Umständen mit einem vollständigen Verlust ihres eingesetzten Kapitals rechnen müssen; wird das Unternehmen fortgeführt, existiert eine zumindest geringe Chance, dass sich die Situation des Unternehmens in der Zukunft verbessert, selbst wenn eine vernünftige Unternehmensstrategie den Eintritt in das Insolvenzverfahren vorsehen müsste. Auch das Management, das nicht zugleich Anteile am Unternehmen hält, wird im Regelfall auf eine Fortführung hinwirken, da es im Fall einer Liquidation Gefahr läuft, auf künftige Gehaltszahlungen verzichten und Imageverluste erleiden zu müssen.[1978]

1975 Wie zu Zeiten einer liquidationswertorientierten Handelbilanz bei gleichzeitig rein liquidationswertorientierten Überschuldungsbegriff im 19. Jahrhundert unter Geltung von Konkursordnung 1877 und ADHGB 1861.

1976 Vgl. auch *K. Schmidt*, AG 1978, S. 338.

1977 Dies ist vor allem ein Argument für die zweite Ansicht. In diese Richtung auch *K. Schmidt*, AG 1978, S. 337.

1978 Vgl. *Drukarczyk*, DBW 1984, S. 374; *Swoboda*, Investition und Finanzierung, 4. Aufl. (1992), S. 169; *Götz*, ZinsO 2000, S. 81; *ders.*, Überschuldung (2004), S. 73 m.w.N.

Eine entsprechend gesteigerte Gefahr bewusster unternehmerischer Fehlentscheidungen zu Lasten des zur Gläubigerbefriedigung erforderlichen Vermögens setzt dabei bereits mit Beginn der Krise der Überschuldung ein. Sobald das Management von der eingetretenen Vermögensinsuffizienz erfährt, weiß es, dass die Grundlage zur Erschließung externer Liquiditätsquellen entfallen ist und dem Unternehmen in Kürze nicht mehr ohne weiteres Liquidität durch die Beleihung von Gegenständen des Anlagevermögens (verliehene Liquidität)[1979] oder durch Beleihung in Zukunft erwarteter Erträge (antizipierte Liquidität)[1980] verschafft werden kann. Damit besteht bereits vor einer entsprechenden Reaktion des Marktes die besondere Gefährdungslage, dass das Management die künftige Illiquidität in seinen unternehmerischen Entscheidungen berücksichtigt und im Hinblick auf die ohnehin erwartete Zahlungsunfähigkeit primär eigene Interessen verfolgt und weniger zum Wohl der Gesellschaft handelt.

Schon der Gesetzgeber der Konkursordnung 1877 erkannte die Notwendigkeit, eines im Vorfeld der Zahlungsunfähigkeit eintretenden Gläubigerschutzes: Die Gläubiger einer Kapitalgesellschaft dürften nicht darauf verwiesen werden, abzuwarten, bis die Zahlungsunfähigkeit einer überschuldeten Gesellschaft eintrete.[1981] Dem abstrakt massegefährdenden,[1982] weil missbrauchsanfälligen, Wirtschaften am Markt kann nur mit dem Entzug der alleinigen Verfügungsbefugnis von Eignern und Management über das Unternehmen bereits bei Überschuldung effektiv begegnet werden.[1983]

Insolvenzantragspflicht als Korrelat der alleinigen Haftungsbeschränkung – Verlust der (unbeschränkten) Leitungsmacht mit Übergang des unternehmerischen Risikos

Geht man darüber hinaus davon aus, dass die Regelungen zur Antragspflicht die Gesellschaftsgläubiger nicht nur vor missbräuchlichem Verhalten der Unternehmensleitung, sondern vor dem Ausfall ihrer Forderungen überhaupt, schützen und die den Gläubigern von der InsO verliehenen Entscheidungsbefugnisse über das Schicksal des Unternehmens (§§ 57, 80; 157; 235 ff. InsO) rechtzeitig zukommen lassen will,[1984] stellt sich die Notwendigkeit einer Anknüpfung an den Überschuldungstatbestand sogar noch deutlicher dar: Bei Vermögensinsuffizienz der Gesell-

---

1979 Vgl. in diesem Zusammenhang *Drukarczyk*, Finanzierung, 9. Aufl. (2003), S. 31. Ein nach Substanzwerten überschuldetes Unternehmen wird im Regelfall über eine Beleihung seiner Vermögensgüter keine liquiden Mittel mehr erhalten, weil der Kreditgeber aus diesen,auch den anderen Gläubigern „zustehenden“, Vermögensbestandteilen erwarten kann.

1980 Vgl. in diesem Zusammenhang *Drukarczyk*, Finanzierung, 9. Aufl. (2003), S. 31. Eine unter Berücksichtigung des „Herausholbaren“ überschuldete Gesellschaft wird ebenfalls keine hinreichende Sicherheit für einen Kreditgeber aufbringen können.

1981 Vgl. Motive zum Entwurf der Konkursordnung, abgedruckt bei *Hahn/Mugdan*, Materialien zu den Reichs-Justizgesetzen, Band 4 (1881), S. 390 und hierzu *K. Schmidt*, AG 1978, S. 338.

1982 Vgl. zur Natur der Insolvenzverschleppungsdelikte als abstrakte Gefährdungsdelikte *Tiedemann* in Scholz, GmbHG, 9. Aufl. (2002), § 84 Rn. 15.

1983 Ebenso *Ulmer*, KTS 1981, S. 491; *Lütkemeyer*, Überschuldung (1983), S. 253.

1984 Vgl. *Ulmer* in FS-Duden (1977), S. 661; *K. Schmidt*, AG 1978, S. 336; *Höffner*, Insolvenzverschleppung (2002), S. 28 m.w.N.; *Lutter/Hommelhoff*, GmbHG, 15. Aufl. (2000), § 64 Rn. 7. Zu dem eigenständigen Schutzgutbestandteil der Gläubigerautonomierechte insbesondere *K. Schmidt* in Scholz, GmbHG, 9. Aufl. (2002), § 64 Rn. 12.

schaft steht das Restvermögen *allein* den Gläubigern als Befriedigungspotential zu. Dabei erreicht diese Vermögensbindung zugunsten der Gläubiger eine andere Qualität als die im Vorfeld der Insolvenz bereits bestehende Vermögensbindung aufgrund der Kapitalerhaltungsregelungen, wonach schon keine Zahlungen mehr an die Gesellschafter geleistet werden dürfen, weil sich die Gesellschaft in der Unterbilanz befindet (§§ 32 ff. GmbHG) oder weil kein ausschüttungsfähiger Gewinn (§ 119 I Nr. 2 AktG i.V.m. §§ 266, 272 HGB) vorhanden ist. In dieser Phase vor Insolvenzeintritt besteht nur ein Verbot von Auszahlungen an die Gesellschafter/Gewinnausschüttungsverbot, das nicht auch die Zulässigkeit des Weiterwirtschaftens an sich berührt, weil auch nach Abzug aller Verbindlichkeiten noch Vermögen vorhanden ist, das entsprechend dem Unternehmenszweck eingesetzt werden kann.

Bei *Vermögensinsuffizienz* erfolgt hingegen das stets mit einem Verlustrisiko behaftete und damit abstrakt gefährliche Wirtschaften am Markt in einer Situation, in der das *gesamte* Restvermögen der Gesellschaft den Gläubigern zusteht. Die mit dem Weiterwirtschaften einhergehende abstrakte Gefahr einer Vertiefung der Vermögensinsuffizienz trifft nicht mehr die Eigentümer, sondern nur noch die Gläubigerbefriedigungsinteressen *par conditio omnium creditorum*,[1985] so dass sich das allgemeine Verlustrisiko wirtschaftlichen Handelns allein zu Lasten der Gläubiger verwirklichen kann. Ab diesem Zeitpunkt geht das unternehmerische Risiko de facto auf die Gläubiger über. Damit geht dann aber auch die Berechtigung zum Einsatz des Managements auf die Gläubiger über, wie sich vor allem aus § 57 InsO ergibt, der der Gläubigerversammlung das Recht zur Wahl eines geeigneten Insolvenzverwalters verleiht, der als Vertreter der Gläubigergesamtheit nunmehr neuer Inhaber der Verfügungsrechte über das Unternehmen ist (§ 80 InsO).[1986] Auch die wesentlichen Entscheidungen über das Schicksal des Unternehmens – Liquidation oder Sanierung – stehen ab dem Übergang des wirtschaftlichen Risikos den Gläubigern zu (§ 157 InsO).

Ein Übergang der Entscheidungsbefugnisse auf die Gläubiger in dem Augenblick, ab dem sie allein das unternehmerische Risiko tragen, also ab Vermögensinsuffizienz, ist vor allem angezeigt, weil mit Eintritt der Vermögensinsuffizienz die Gefahr steigt, dass auch unterhalb der Missbrauchsgrenze die Unternehmensleitung eine gewisse Gleichgültigkeit im Umgang mit dem Vermögen zeigt, die schon abstrakt gefährlich ist, bevor der Grad an Sorgfaltswidrigkeit erreicht ist, dessen es für ein Eingreifen des Schutzes durch § 283 I (Nr. 8) StGB bedarf. Soll zum Schutz der Gläubiger der Gefahr einer weiteren Masseschmälerung begegnet werden, muss bereits bei Vermögensinsuffizienz, also bei Überschuldung, der Eintritt ins Insolvenzverfahren verpflichtend sein, um zu gewährleisten, dass die Verfügungsrechte auf die Gläubiger rechtzeitig übergehen können, bevor das überschuldete Unternehmen durch seine werbende Tätigkeit weitere Verluste produziert, die primär seine Gläubiger treffen.[1987]

1985 Ebenso *Kupsch*, BB 1984, S. 160.

1986 Vgl. zum erklärten Ziel der Förderung der Gläubigerautonomie auch den Regierungsentwurf zur Insolvenzordnung, BT-Drs. 12/2443, S. 77 ff.; auch *Balz* in Kübler, Neuordnung des Insolvenzrechts (1988), S. 8 f., 18 f.; *Moosmayer*, Einfluß der InsO (1997), S. 12, 25 ff.

1987 In diese Richtung auch *Kupsch*, BB 1984, S. 160; *Höffner*, Insolvenzverschleppung (2002), S. 28 und *K. Schmidt*, AG 1978, S. 337 f., der darüber hinaus eine Antragspflicht bei Überschuldung

Damit ist der Überschuldungstatbestand zur Grenzziehung zwischen zulässiger Unternehmensfortführung und strafbedürftiger Insolvenzverschleppung erforderlich, *effizient* und strafrechtlich legitimiert. Daher verwundert nicht, dass die Sachverständigenkommission zur Bekämpfung der Wirtschaftskriminalität 1973 den Überschuldungstatbestand als Gläubigerschutzinstrument für unverzichtbar hielt und vielmehr dessen Anwendungsbereich ausweiten wollte.[1988] Dementsprechend wurde auch im Gesetzgebungsprozess der InsO ein Verzicht auf den Eröffnungstatbestand zu Recht nicht diskutiert, sondern – im Gegenteil – mit der Absage an den modifiziert zweistufigen Überschuldungsbegriff sogar eine Vorverlagerung der Insolvenzreife gegenüber der zum damaligen Zeitpunkt geübten Rechtspraxis zur Effektivierung des Gläubigerschutzes für notwendig erachtet.[1989]

Damit stellt die Zahlungsunfähigkeit letztlich nur einen Auffangtatbestand für die Eröffnung eines Insolvenzverfahrens dar, der hohe Gläubigerverluste nicht ausschließen kann und damit auch den Eröffnungstatbestand der Überschuldung nicht entbehrlich werden lässt.[1990]

C. Inhaltsbestimmung des strafrechtlichen Überschuldungstatbestandes

I. Ebene der Problemlösung: allein auf Tatbestandsebene oder Korrektur über die Stufen Vorsatz/Fahrlässigkeit, Rechtswidrigkeit, Schuld? – Garantiefunktion des Tatbestandes

Einleitend stellt sich die Frage, ob das Überschuldungsproblem ausschließlich auf der Tatbestandsebene zu lösen ist, oder es Korrekturmöglichkeiten außerhalb des Tatbestandes gibt.

(1) Zunächst könnte man daran denken, auf Tatbestandsebene entsprechend der früheren staatsanwaltlichen Praxis[1991] einen rechtssichereren rein liquidationsbezogenen Überschuldungsbegriff zu wählen und die damit verbundene Vorverlagerung der Überschuldung dadurch auszugleichen, indem außerhalb der Tatbestandsebene an eine Strafbarkeit erhöhte Anforderungen gestellt werden. Zu überlegen wäre eine Verminderung der Sorgfaltsanforderungen an den Handeln-

---

als eine zum Schutz der Gläubiger erforderliche Disziplinierung im Hinblick auf eine permanente Selbstprüfungspflicht der Organe hält (Frühwarnsystem).

1988 Vgl. Tagungsberichte der Sachverständigenkommisson zur Bekämpfung der Wirtschaftskriminalität, Arbeitstagung vom 20. bis 23. Februar 1973 (1973), S. 19 ff.

1989 Vgl. nochmals BT-Drs. 12/2443, S. 115. Vgl. auch *Götz*, Überschuldung (2004), S. 64 Rn. 180.

1990 Ebenso *Kupsch*, BB 1984, S. 160.

1991 Die staatsanwaltschaftliche Praxis rekurrierte zur Überschuldungsmessung meistens *in dubio pro reo* großzügig bestimmte Liquidationswerte auf Basis des handelsbilanziellen Gerüsts, vgl. *Franzheim*, wistra 1984, S. 212; *Weyand*, Insolvenzdelikte, 6. Aufl. (2003), Rn. 32; *Bieneck* in Müller-Gugenberger/Bieneck, 3. Aufl. (2000), § 77 Rn. 5; vgl. auch die Erwägungen zu einem liquidationsbezogenen Bewertungsmaßstab bei den Insolvenzverschleppungstatbeständen bei *K. Schmidt*, AG 1978, S. 337.

den, d.h. vor allem eine Erhöhung der Voraussetzungen zur Annahme einer Sorgfaltspflichtverletzung für eine fahrlässige Begehung von Insolvenzverschleppung und Bankrott (§§ 84 II GmbHG, 401 II AktG, 130b II HGB, 148 II GenG, 283 IV, V StGB) oder auf der Ebene der Rechtswidrigkeit die Verwirklichung besonderer Unrechtsmerkmale zu fordern.

Die Überlegung, über das Element der Rechtswidrigkeit einen zu weit gefassten Tatbestand auszugleichen und sicherzustellen, dass nur wirklich sozial inadäquates und auch aus der Sicht anderer Teilrechtsordnungen unzulässiges Verhalten strafrechtlich sanktioniert wird, ist dem Strafrecht durchaus nicht fremd: Im Bereich des Umweltstrafrechts beispielsweise wird der Straftatbestand des § 324 StGB, der das gesamte Tätigkeitsfeld der wasserrechtlich legalen Gewässerbenutzungen erfasst, „dem Grunde nach" kriminalisiert.[1992] Die strafrechtliche Doktrin löst diesen Konflikt über das Merkmal „unbefugt" in § 324 StGB, das als allgemeines Verbrechensmerkmal der Rechtswidrigkeit dann nicht mehr gegeben ist, wenn eine behördliche Erlaubnis vorliegt, die die konkrete Verunreinigung des Gewässers rechtfertigt.[1993] Dass jedenfalls aus Gründen „der Einheit der Rechtsordnung" nicht zwingend ein Gleichlauf zwischen strafrechtsfremden Teilrechtsordnungen und dem darauf bezugnehmenden Strafrecht bereits auf *tatbestandlicher* Ebene zu fordern sei, wurde vom Gesetzgeber im Rahmen der Änderung des Umweltstrafrechts durch das 31. StÄndG – 2. UKG ausdrücklich betont.[1994]

Dennoch versagt ein Ausgleich eines zu strengen, auch nicht strafwürdiges und strafbedürftiges Handeln umfassenden Tatbestands über die Ebene der Pflichtwidrigkeit, wenn sich das Manko des zu weiten Tatbestandsmerkmals gar nicht durch Pflichtwidrigkeitselemente ausgleichen lässt, wie es bei der Überschuldung der Fall ist: Durch einen liquidationswertorientierten Überschuldungsbegriff mit anschließender Wertungskorrektur ließe sich weder die Aufgabe des Überschuldungstatbestandes, den richtigen Zeitpunkt zu markieren, ab dem eine Gläubigergefährdung aufgrund nicht mehr hinreichenden Schuldendeckungspotentials eintritt, erfüllen, noch eine wirkliche Förderung der Tatbestandsbestimmtheit erreichen. Im Gegenteil:

Ein Tatbestandsmerkmal bewusst als zu streng und von Gläubigerschutzgesichtspunkten so nicht mehr gedeckt in Kauf zu nehmen, um zur Wiederherstellung einer materiellen Gerechtigkeit anschließend die so entstehende Schieflage über den Einsatz wertender Unrechtsmerkmale auszugleichen, würde Art. 103 II GG widersprechen, der die *tatbestandliche* Umschreibung des Unrechts verlangt, damit der Normadressat sein Verhalten danach ausrichten kann, was aber nicht durch ein grob ausgleichend wirkendes Verschuldensmoment zu erzielen wäre. Das in Art. 103 II GG konkretisierte, sich wortgleich in § 1 StGB wiederfindende *Gesetzlichkeitsprinzip* verlangt unter anderem, dass jedermann bereits auf Grund des Gesetzes voraussehen

---

1992 Vgl. *Felix*, Einheit der Rechtsordnung (1998), S. 29.

1993 Vgl. *Felix*, Einheit der Rechtsordnung (1998), S. 29 und Tröndle/*Fischer*, StGB, 52. Aufl. (2004), § 324 Rn. 7; auch Sch/Sch-*Heine*, 26. Aufl. (2001), Vor § 306 ff. Rn. 4 a.E.

1994 Zum Inhalt der Argumentationsfigur „Einheit der Rechtsordnung" näher sogleich, Dritter Teil C. IV. 1.

kann, welches Verhalten verboten und mit Strafe bedroht ist.[1995] Der Normadressat kann aber die Zulässigkeit seines Verhaltens nicht beurteilen, wenn er zum einen weiß, dass die tatbestandliche Umschreibung allein noch nicht die maßgebliche Grenze zwischen zulässigem und strafbarem Verhalten zieht, er andererseits aber nur hoffen kann, nicht in ein Maß der Sorgfaltswidrigkeit zu rutschen, das sich qua natura nur durch wenig eingrenzend wirkende Umschreibungen greifen lässt.

Im Kern missachtet wäre insbesondere, dass es zu einer Legitimation einer strafrechtlichen Sanktion nicht nur eines straf*würdigen* Verhaltens im Sinne eines nicht hinnehmbaren Fehlverhaltens (Wertungsmoment)[1996] bedarf, sondern vor allem auch der Straf*bedürftigkeit* im Hinblick auf den Schutz des von der Norm erfassten Rechtsguts (Zweckmoment).[1997] Es wurde bereits gezeigt, dass die Straf*bedürftigkeits*kontrolle als Folge der Legitimation des Strafrechts durch einen vor allem auch generalpräventiven Rechtsgüterschutz für die Auslegung einer Strafnorm grenzziehend wirkt.

Die Strafnorm ist nur dann legitimiert, wenn sie *geeignet* ist, durch ihre verhaltenssteuernde Wirkung das vom Schutzzweck umfasste Rechtsgut zu schützen (Effektivität) und dabei unter den gleich effektiven Ausgestaltungsmöglichkeiten diejenige darstellt, die am geringsten in den Rechtskreis des Normadressaten eingreift (Effizienz).[1998]

Gerade dieses Effizienzprinzip als strafrechtliche Variante des verfassungsrechtlichen Verhältnismäßigkeitsprinzips wäre aber verletzt, würde man auf Tatbestandsebene wissentlich einen offensichtlich nicht mehr vom Gläubigerschutzbedürfnis gedeckten, weil das Schuldendeckungspotential zu Lasten des Schuldners nicht richtig abbildenden, Liquidationswertansatz heranziehen, um der Problematik der Tatbestandsbestimmtheit zu entgehen. Hielte man unter der Annahme, eine Liquidationswertbetrachtung führe zu einem zu geringen Vermögensausweis, an einer strafrechtlichen Anknüpfung aus Gründen vermeintlicher Rechtssicherheit dennoch fest, würde in erster Linie das *Effizienzprinzip* missachtet weil die zur Verfügung stehenden, für den Normadressaten milderen Sanktionsmöglichkeiten von Bankrott und Insolvenzverschleppung erst bei fehlender Fortführungsfähigkeit bzw. bei zu geringem Fortführungsvermögen nicht ausgeschöpft würden.

1995 *BVerfG*E *41*, S. 314 (319), *47*, S. 109 (120), *55*, S. 144 (152), *75*, S. 329 (341), *78*, S. 374 (382); vgl. zu den Inhalten des Art. 103 II GG auch *Enderle*, Blankettstrafgesetze (2000), S. 113 ff., 115; *Roxin*, AT I, 3. Aufl. (1997), § 3 Rn. 60 ff., § 5 Rn. 19 ff.

1996 Vgl. insoweit *Otto*, Schröder-Gds. (1978), S. 56 f.

1997 Insoweit ist mit der herrschenden Meinung der *Rechtsgüterschutz* als primärer Strafzweck zu begreifen. *Roxin*, AT I, 3. Aufl. (1997), § 2 Rn. 9 ff.; *Baumann*, Beiträge (1987), S. 10 f. Primäre Funktion des Strafrechts ist es nicht, die sozialethischen Gesinnungswerte und nur mittelbar dadurch auch die Rechtsgüter zu schützen (so aber die finale Handlungslehre, vgl. *Welzel*, Strafrecht, 7. Aufl. (1960), S. 1 ff.). Primäre Funktion ist der Rechtsgüterschutz, weil das Strafrecht als Teil der Gesamtrechtsordnung an deren Funktion teilnimmt, durch *Verhaltensmaßregeln* eine gewisse äußere Ordnung des Sozialgefüges herzustellen, nicht durch Gesinnungsvorschriften. So hat auch das Strafrecht seine Funktion in der äußeren Ordnung menschlichen Zusammenlebens, nämlich dem Schutz besonders wichtiger und für das menschliche Zusammenleben unverzichtbarer Rechtswerte.

1998 Vgl. nochmals *Haffke* in FS-Roxin (2001), S. 963 ff.

Darüber hinaus geriete eine Insolvenzverschleppungsstrafbarkeit bei Anknüpfung an einen als zu streng erkannten Maßstab in Gefahr, wegen zu früher Insolvenzeröffnung auch das Gläubigerbefriedigungspotential nicht voll auszuschöpfen; dann wäre auch die *Effektivität* der Strafnorm im Hinblick auf den Schutz der Gläubigerbefriedigungsinteressen unter Umständen beeinträchtigt.

Effizienz und *Effektivität* als Voraussetzungen der Strafbedürftigkeit ließen sich durch erhöhte Anforderungen an das Maß der Pflichtwidrigkeit in keinerlei Weise beeinflussen. Die zur Erhöhung der Tatbestandsbestimmtheit in Kauf genommenen Legitimationsdefizite ließen sich auf der Ebene der Rechtswidrigkeit oder Schuld nicht ausgleichen.

(2) Entsprechend scheitert auch der Versuch, die Probleme der Tatbestandsbestimmtheit bei einer Anknüpfung an den traditionell zweistufigen Überschuldungsbegriff durch eine Verringerung des Sorgfaltsmaßstabs bis hin zum durchgängigen Vorsatzerfordernis oder durch eine Auslegung des allgemeinen Rechtswidrigkeitsmerkmals erreichen zu wollen. Dadurch würde die Ungewissheit des Normadressaten, ob er sich durch sein Verhalten strafbar macht oder nicht, gemindert werden können. Allein der Tatbestand selbst kann die Eingrenzungsfunktion durch Umschreibung des Handlungsunrechts in der Weise erfüllen, dass der Normadressat sein Verhalten danach ausrichten kann. „Die Handlung muss ‚in bestimmter Weise' die Gemeinschaftsordnung verletzen, wie es die Garantie des in Art. 103 II GG verbürgten *Tat*bestandes erfordert.“ [1999]

Auch bei Ausbildung verschiedener Tatbestandsfunktionen oder Tatbestandsbegriffe bleibt der Garantietatbestand insofern maßgebend, als infolge des Korrespondenzverhältnisses von Tatbestand und Vorsatz die Schuld gerade auf das den Typus ausfüllende konkrete *tatsächliche Geschehen* und die Erkenntnis von dessen sozialer Bedeutung zu beziehen ist.[2000] Als Mindestinhalt umfasst der materiell-rechtliche Garantietatbestand die unrechtsvertypende Handlungsdeskription,[2001] so dass auch die als Pflichtauslöser wirkende Krisensituation der Überschuldung, ebenso wie der Antragspflichten auslösende Eröffnungsgrund Überschuldung, abschließend auf der Ebene des Tatbestandes umschrieben werden kann.

Es ist daher weder möglich, an einen unsicheren Überschuldungsbegriff anzuknüpfen und eine hinreichende Tatbestandsbestimmtheit durch eine Erhöhung der Anforderungen an den Fahrlässigkeitsvorwurf/Vorsatz zu erzielen, noch lässt sich das Bestimmtheitsproblem durch einen zwar rechtssicheren, aber unter Beachtung des Verhältnismäßigkeitsgrundsatzes nicht mehr vom Zweck des Rechtsgüterschutzes gedeckten, zu strengen und daher nicht legitimierbaren Überschuldungsbegriff lösen.

Die Suche nach dem richtigen Wertmaßstab in der Überschuldungsbilanz und nach dem richtigen Überschuldungsbegriff für das Tatbestandsmerkmal der Überschuldung ist allein auf der Tatbestandsebene möglich.

1999 *Tiedemann*, Tatbestandsfunktionen (1969), S. 85.
2000 Vgl. *Tiedemann*, Tatbestandsfunktionen (1969), S. 85 f., 200, 208.
2001 Vgl. *Tiedemann*, Tatbestandsfunktionen (1969), S. 200, 208.

III. Es bleibt daher nur die dritte Möglichkeit zu untersuchen, dass auf der Tatbestandsebene selbst die Anforderungen von Tatbestandsbestimmtheit und Ausfüllung der konkreten *Funktion* im Deliktsgefüge erfüllt werden, indem sich das Strafrecht auf der Tatbestandsebene für einen bestimmte Bewertungsmethode bei Aufstellung des Überschuldungsstatus entscheidet, so wie sich *Röhm* für die Ertragswertmethode im Rahmen eines Gesamtbewertungsansatzes als seines Erachtens funktional richtige und zugleich der Tatbestandsbestimmtheit Rechnung tragende Methode entscheidet.[2002]

Zu untersuchen wäre dann, ob ein eventueller Verstoß gegen das strafrechtliche Subsidiaritätsprinzip im Falle einer tatsächlich vorliegenden strengen Akzessorietät nicht nur auf der Ebene des Tatbestandes vermieden werden kann, indem („*in dubio pro reo*“) Überschuldung nach allen anerkannten Bewertungsmethoden vorlegen muss.[2003]

Zu überlegen wäre, ob sich ein ähnliches Ergebnis auf Ebene der Schuld über die Regelungen zum Verbotsirrtum erzielen ließe:

Ein Schuldner, der eine Bankrotthandlung in einer Situation begeht, in der unter Statusermittlung zu Ertragswerten tatsächlich Überschuldung vorliegt, er aber glaubt, er sei nicht überschuldet, weil er glaubt, Überschuldung ließe sich durch einen Überschuldungsstatus zu Wiederbeschaffungswerten nach dem Teilreproduktionsansatz ermitteln, wonach er tatsächlich nicht überschuldet wäre (schlechtes Management, schlechte Zukunftsaussichten des Unternehmens), kennt alle Tatumstände, wertet aber sein Verhalten als rechtens, so dass er (nicht unumstritten) einem Verbotsirrtum unterläge.[2004] Dann aber stünde die Möglichkeit offen, den Verbotsirrtum nach § 17 II StGB als unvermeidbar zu werten, solange der Irrtum auf der Anwendung einer zivilrechtlich und betriebswirtschaftlich vertretbaren Feststellungsmethode beruht, so dass der Schuldner bzw. dessen Organ selbst schuldlos bliebe. Über die Unvermeidbarkeitserklärung eines Irrtums, der sich noch innerhalb der vertretbaren Überschuldungsmethoden bewegt würde jedoch – anders als bereits bei Ausschluss der Tatbestandsmäßigkeit nach der gängigen in *dubio-pro-reo*-Lösung – mit gläubigerschutzerhöhender Wirkung die Bestrafung von Teilnehmern ermöglicht, wobei dann die Streitfrage, ob § 28 I StGB auf die Schuldnereigenschaft anzuwenden ist,[2005] relevant wird. Bei der Fahrlässigkeitsstrafbarkeit wäre dementsprechend daran zu denken, eine Sorgfaltspflichtverletzung nur dann anzunehmen, wenn nach allen zivilrechtlich und betriebswirtschaftlich anerkannten Methoden Überschuldung anzunehmen wäre.

Da es sich bei der fahrlässigen Begehung nicht um eine teilnahmefähige Tat handelt, würde insoweit kein anderes Ergebnis erzielt, als wenn gleich *in-dubio-pro-reo*

2002 Vgl. *Röhm*, Abhängigkeit des Insolvenzstrafrechts (2002), S. 165, 187 ff.

2003 Vgl. insoweit nochmals *Haffke*, KritV 1991, S. 166, 173, ohne allerdings die auf *Tiedemann* zurückgehende Titulierung als „in dubio“-Lösung zu übernehmen.

2004 Diese Interpretation des Verbotsirrtums ist nicht unbestritten, vgl. *Tiedemann*, Tatbestandsfunktionen (1969), S. 299 ff.

2005 Vgl. insoweit Sch/Sch-Lencker, § 14 Rn. 11 einerseits und Langer, FS Lange, S. 254 andererseits und hierzu *Röhm*, Abhängigkeit des Insolvenzstrafrechts (2002), S. 248.

Überschuldung nur dann angenommen würde, wenn sie nach allen zivilrechtlich und betriebswirtschaftlich vertretbaren Auffassungen bestünde.

Um dieser Frage nachgehen zu können, ist aber zunächst zu klären, ob sich das Strafrecht tatsächlich auf Tatbestandsebene für einen konkreten Wertmaßstab zu entscheiden hat oder entscheiden kann, bzw. allgemein formuliert, wie Überschuldung auf tatbestandlicher Ebene im Strafrecht zu definieren ist.

II. Vorgaben des historischen Gesetzgebers

Die Auffassung des historischen Gesetzgebers von 1976, die mangels inhaltlicher Änderungen im Rahmen der Insolvenzordnung noch immer für den Bankrotttatbestand maßgeblich ist,[2006] setzt der Auslegung des strafrechtlichen Überschuldungsbegriffs keine Grenze, die für die Frage der Inhaltsbestimmung maßgeblich sein könnte:

Weil die Maßgeblichkeit des historischen Gesetzgeberwillens bei § 283 StGB unter dem Vorbehalt steht, dass sich die Vorstellung des historischen Gesetzgebers in den aktuellen Regelungs- und Sinnzusammenhang einfügt, dürfen die verschiedenen Gesamtbewertungsverfahren einschließlich der DCF-Methode nicht mit dem Hinweis außer acht gelassen werden, der Gesetzgeber des 1. WiKG von 1976 habe noch nicht alle Methoden gekannt, weil es insoweit auf die bestmögliche Verwirklichung des Gesetzeszwecks bei veränderten Realitäten (betriebswirtschaftliche Erkenntnisse und ein erweitertes Repertoire an Rechnungslegungsregelungen) ankommen muss. Der bankrottstrafrechtliche Überschuldungstatbestand ist vielmehr *dynamisch* zu verstehen, weil es dem Regelungszweck gemäß, die Krise abzubilden, nur auf das objektive Vorliegen von Überschuldung im Sinne der Vermögensinsuffizienz ankommt, weil der Gesetzgeber berechtigterweise kein Interesse an der Festschreibung von veralteten Ermittlungsmethoden hatte. Davon abgesehen hat der Gesetzgeber 1976 bereits um die Auseinandersetzungen der Einzelbewertungsansätze und der Gesamtbewertungsansätze gewusst und sich trotzdem für die Einführung der Überschuldung als Krisenmerkmal entschieden.

Und auch die im Zusammenhang mit der Insolvenzordnung getätigten Äußerungen des historischen Gesetzgebers, denen zufolge er der zivilrechtlichen Definition drohender Zahlungsunfähigkeit konkretisierende Wirkung auch für das Strafrecht beimisst,[2007] sind für die Überschuldungsfrage nicht zielführend:

Zunächst hat der Gesetzgeber sich nicht spezifisch zum eigenen Regeln folgenden Überschuldungstatbestand geäußert. Insbesondere müsste sich eine entsprechende

---

2006 BT-Drs. 12/3803, S. 100. Vgl. hierzu auch *Beck* in Wabnitz/Janovsky, 2. Aufl. (2004), Kap. 2 Rn. 65 ff.; *Achenbach*, Schlüchter-Gds. (2002), S. 257.

2007 Ablehnend gegenüber der These, die Begründung zum Regierungsentwurf des EGInsO, wonach der vom Konkursstrafrecht bisher schon verwendete Begriff der drohenden Zahlungsunfähigkeit durch die entsprechende Definition der InsO konkretisiert werde (BT-Drs. 12/3803, S. 100), lasse auf ein generelles akzessorisches Begriffsverständnis des Gesetzgebers schließen (*Beck* in Wabnitz/Janovsky, 2. Aufl. (2004), Kap. 2 Rn. 65 ff.), auch *Achenbach*, Schlüchter-Gds. (2002). S. 257 f.

Auffassung des historischen Gesetzgebers in den Kontext *aller* insolvenzrechtlichen, auch der insolvenzstrafrechtlichen Regelungen des 1. WikG 1976 fügen;[2008] die Äußerungen zur Akzessorietät des strafrechtlichen Krisenmerkmals der drohenden Zahlungsunfähigkeit stehen stattdessen im Kontext einer vom Gesetzgeber bewusst gewählten Abweichung des Strafrechts von der zivilrechtlichen Einschränkung des personellen Anwendungsbereichs bei der Überschuldung,[2009] an der auch der Gesetzgeber des Art. 60 EGInsO nichts geändert hat, sondern über die terminologischen Anpassungen hinausgehende „Änderungen des Strafgesetzbuchs von den Zielen der Insolvenzrechtsreform her" für „nicht erforderlich" hielt.[2010]

Aus der personellen Divergenz wiederum positiv zu schließen, der Gesetzgeber gehe bewusst von einem strafrechts*autonomen* Überschuldungsverständnis aus,[2011] ginge vor dem Hintergrund der vom Gesetzgeber getätigten Äußerung, dass § 18 II InsO auch auf das Strafrecht konkretisierend wirke, wiederum zu weit. Auch kann nicht im Sinne eines *e contrario*-Schlusses für die Überschuldung ein gegenüber der drohenden Zahlungsunfähigkeit gegenteiliges Verständnis abgeleitet werden. Denn insoweit schien sich der Gesetzgeber überhaupt keine Gedanken über die bereits damals bestehende Problematik der Zivilrechtsakzessorietät der strafrechtlichen Krisenmerkmale gemacht zu haben.

Auch das Verhalten des Gesetzgebers im Rahmen des 1. WiKG hinsichtlich des Bilanzerfordernisses im Rahmen der Insolvenzverschleppungshaftung bei der GmbH spricht zwar vordergründig für ein insoweit strafrechtsautonomes Überschuldungsverständnis, doch unter Berücksichtigung des Gesamtkontextes lässt sich aber auch hieraus keine eindeutige Sichtweise des Gesetzgebers ableiten:

Das Bilanzerfordernis bei der GmbH bis zum 2. WiKG 1986 im Gesetzeswortlaut aufrechtzuerhalten,[2012] obwohl eine Abschaffung im Rahmen des 1. WiKG 1976 diskutiert wurde und auch hätte erfolgen können, zeigt, dass der Gesetzgeber eine Diskrepanz bei der Überschuldungsfeststellung innerhalb der Insolvenzverschleppungsstrafbarkeit gegenüber dem Aktienrecht ertragen hat und es auch nicht für erforderlich hielt, auf die vom Strafrecht insoweit noch abweichende Zivilrechtspraxis einzugehen, wonach es bereits auf das materiellrechtliche Vorliegen der Überschuldung und nicht mehr auf deren Entdeckung im Rahmen einer Bilanz ankam. Allerdings kann diesem Verhalten des Gesetzgebers angesichts der dann doch noch erfolgten Änderung im Rahmen des 2. WiKG keine positive Aussage in Richtung eines strafrechtsautonomen Begriffsverständnisses entnommen werden, weil er letztendlich doch Handlungsbedarf sah.

2008 Vgl. zur Relevanz des Kontextes insoweit *Engisch*, Einheit der Rechtsordnung (1935), S. 71, 72, 77.

2009 Vgl. nochmals BT-Drs. 7/3341, S. 20.

2010 BT-Drs. 12/3803, S. 100; vgl. hierzu auch *Achenbach*, Schlüchter-Gds. (2002), S. 257.

2011 So aber *Achenbach*, Schlüchter-Gds. (2002), S. 268: „Eine unbedingte Zivilrechtsakzessorietät hat 1976 schon der Strafgesetzgeber verneint, indem er die Überschuldung zum Krisenmerkmal auch bei natürlichen Personen machte."

2012 Zweites Gesetz zur Bekämpfung der Wirtschaftskriminalität vom 15.5.1986 (2.WiKG) in Kraft seit 1.8.1986 (BGBl. 721 ff.).

Den historischen Quellen lässt sich keine eindeutige Aussage für oder gegen ein zivilrechtsakzessorisches Überschuldungsverständnis entnehmen.

III. Zielbestimmung – Die maßgeblichen Eckpfeiler für die Inhaltsbestimmung des Überschuldungsbegriffs auf Tatbestandsebene

Das Problem der Inhaltsbestimmung des strafrechtlichen Überschuldungstatbestandes ist von zwei Seiten her einzukreisen.

Zum einen von der Seite der rechtsdogmatisch, regelungstechnisch rechtlich zwingenden Vorgabe, zum anderen ist dann innerhalb des gesteckten Rahmens ein Ausgleich zwischen der Problematik der Rechtssicherheit einerseits und der Funktionalität anderseits – in strafrechtlichen Begriffen: der Legitimation, Strafbedürftigkeit/Strafwürdigkeit, Effektivität der Verhaltenssteuerung – zu finden. Dabei steht die Effektivität der Verhaltenssteuerung im Spannungsfeld zu der Frage, inwieweit das Strafrecht Entscheidungen des Zivilrechts treffen darf, oder sich subsidiär verhält; eine aus Effektivitätsgesichtspunkten heraus wünschenswerte Begriffsauslegung stößt dort an ihre Grenzen, wo zwingende Vorgaben von Zivilrechtsakzessorietät und Subsidiaritätsprinzip entgegenstehen.

Rechtssicherheit und Funktionalität bedingen einander insoweit, als ein Minus an Rechtssicherheit dann auch zu Lasten der verhaltenssteuernden Wirkung und damit auch zu Lasten der Funktionalität geht, wenn das Maß an Unsicherheit so groß wird, dass der Normadressat wegen Unsicherheit sein Verhalten nicht mehr an der Sollnorm ausrichten kann. Daneben müssen sich die einstufigen Überschuldungsmodelle und die zweistufigen Modelle auf Basis einer Einzelbewertung fragen lassen, ob das Plus an Rechtssicherheit, das durch weniger prognoselastige Liquidationswerte oder auch durch den steten Ansatz von Fortführungswerten anhand von Einzelbewertungsmethoden noch durch die Grundvoraussetzung strafrechtlicher Legitimation, der Strafbedürftigkeit, gedeckt ist.[2013] Letzteres ist insoweit fraglich, als durch eine Vernachlässigung von Ertragspotential und Verbundeffekten der Vermögensbestandteile dem Schuldner bzgl. des uneingeschränkten Weiterwirtschaftens möglicherweise eine aus Gläubigerschutzgründen nicht erforderliche, zu frühe Grenze gesetzt wird.

Damit weist jedes Verfahren zur Ermittlung von Fortführungswerten unterschiedliche Schwächen auf: Die Verfahren der Einzelbewertung vernachlässigen den Teil des Vermögens, der sich erst aus der organisatorischen Verbundenheit der Vermögensgegenstände ergibt, und geraten so in Konflikt mit dem Effizienz- und dem Schuldprinzip. Bei den Verfahren der Gesamtbewertung bestehen bisher ungelöste Probleme einer objektiven Wertermittlung, die zusammen mit der Vielzahl von Näherungslösungen Fragen hinsichtlich der Vereinbarkeit mit Art. 103 II GG aufwerfen.

2013 Vgl. *Klar*, Überschuldung (1987), S. 82; allerdings insoweit an der höheren Rechtssicherheit bei Ansatz von Wiederbeschaffungswerten zweifelnd *Drukarczyk/Schüler*, DStR 1999, S. 648.

Aufgabe der Auslegung ist, im Rahmen des Zulässigen Rechtssicherheitsaspekte und Funktionalitätsgesichtspunkte bestmöglich in Ausgleich zu bringen.[2014]

Schematisch lässt sich das Spannungsfeld von Rechtssicherheit und Legitimation wie folgt darstellen:

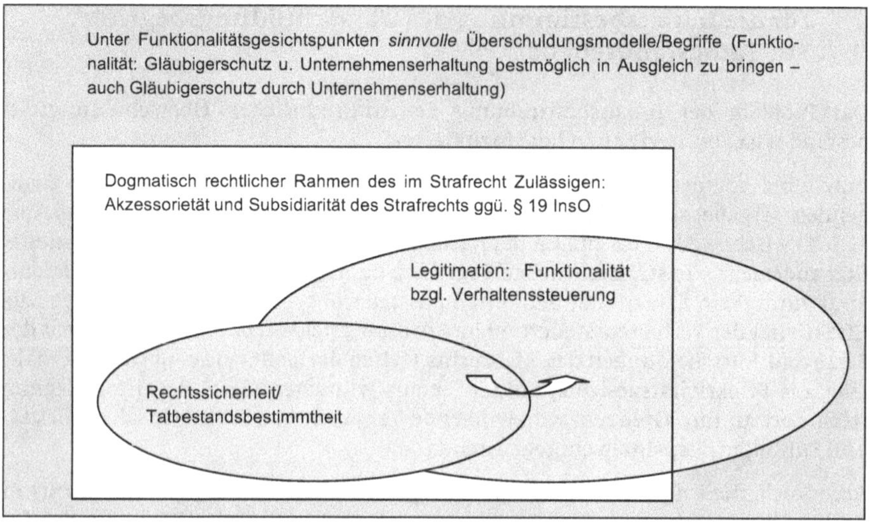

Skizze I

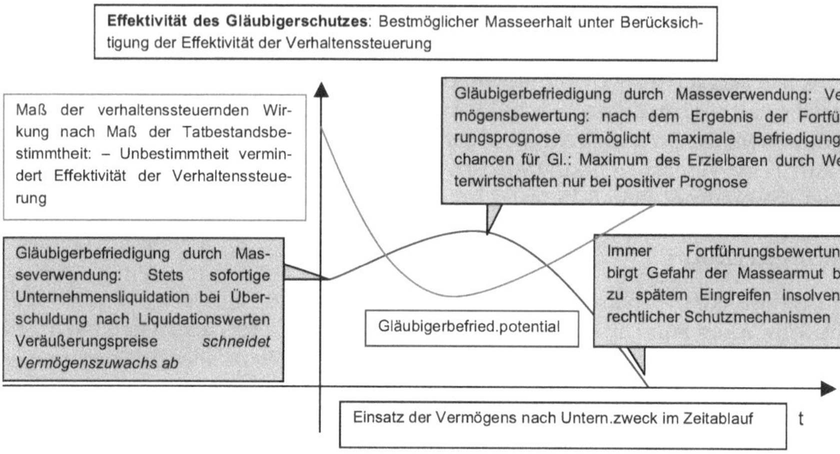

Skizze II (aggregiert)[2015]

2014 Vgl. zum Spannungsfeld Rechtssicherheit und Schuldprinzip/Verhältnismäßigkeit auch *BVerfGE* 105, S. 135.

2015 Bezugspunkt der Betrachtung ist die *Gesamtheit* aller Unternehmen.

Funktionalität des Überschuldungstatbestandes bei Insolvenzverschleppungsdelikten: maximaler Gläubigerschutz durch bestmögliche Vermögensverwertung – Funktionalität als Summe aus den Gegenspielern *Bestimmtheit* und *potentiell größtmöglicher Masseerhalt.*

Bevor eine konkrete Begriffsbestimmung des strafrechtlichen Überschuldungstatbestandes unter Rückgriff auf sämtliche Methoden der Auslegung erfolgen kann, muss daher zunächst eruiert werden, inwieweit der Auslegung und insbesondere einem Rückgriff das objektiv teleologische Argument aufgrund der Normschutzintention des Strafgesetzes Grenzen gesetzt sind. Erst nach Festlegung des rechtlich zwingend einzuhaltenden Auslegungsrahmens kann die konkrete Begriffsbestimmung anhand eines Abwägungsvorgangs erfolgen.

Zunächst ist daher zu fragen, unter welchen Voraussetzungen die zivilrechtlichen Definition des § 19 II zwingend sein kann, und ob diese Voraussetzungen auf den Überschuldungstatbestand von Insolvenzverschleppungsdelikten und Bankrott zutreffen.

Im Falle einer anzunehmenden Zivilrechtsakzessorietät wären dann weitere Auslegungsgrenzen einzuhalten, die aus dem strafrechtlichen Subsidiaritätsprinzip folgen: Dann wäre nicht nur der in § 19 II InsO festgeschriebene Inhalt zwingend auch ins Strafrecht zu transferieren, sondern auch dem Strafrecht untersagt, zivilrechtliche Streitigkeiten zu entscheiden,[2016] so dass der Lösungsweg *Röhms*, dem Erfordernis der Tatbestandsbestimmtheit (Art. 103 II GG) über eine Entscheidung für einen bestimmten Wertansatz in der Überschuldungsbilanz gerecht werden zu wollen,[2017] versperrt wäre. Aus diesem Grund ist bereits an dieser Stelle festzuhalten, dass der Gesamtansatz von *Röhm,* den strafrechtlichen Überschuldungsbegriff einerseits zwingend der zivilrechtlichen Vorgabe folgen zu lassen, sich dann aber unter Verstoß gegen den Grundsatz der Subsidiarität, den er sogar selbst hervorhebt, gewissermaßen strafrechtsautonom für einen bestimmten Wertansatz zu entscheiden, nicht haltbar ist; widerspruchsfrei hätte er dem Bestimmtheitsgrundsatz des Art. 103 II GG nur begegnen können, indem er mit *Tiedemann* Überschuldung erst dann angenommen hätte, wenn alle im Rahmen des § 19 II InsO vertretbaren Lösungen zur Überschuldung kommen.[2018]

Am Beispiel *Röhms* zeigt sich die Notwendigkeit, zunächst die regelungstechnisch zwingenden Grenzen der Auslegung zu ermitteln.

Andererseits müssen auch stets die Grenzen beachtetet werden, die das Strafrecht selbst zieht. Dies sind neben dem allgemein anerkannten Gebot der hinreichenden Tatbestandsbestimmtheit (Art. 103 II GG) Strafbedürftigkeits- und Strafwürdigkeitserfordernis.

Der Aufbau ist bereits durch die Methodik der Auslegung selbst vorgegeben. Unbedingte Auslegungsgrenze ist der Wortlaut einer Norm.[2019]

2016 Vgl. *Haffke*, KritV 1991, S. 166, 173.
2017 Vgl. auch bereits oben zu *Röhm*, Abhängigkeit des Insolvenzstrafrechts (2002), S. 165.
2018 Vgl. insoweit auch *Haffke*, KritV 1991, S. 166, 173.
2019 Vgl. insoweit *Zippelius*, Methodenlehre, 9. Aufl. (2005), S. 47.

Ob auch der Wortlaut des § 19 II InsO die unbedingte Auslegungsgrenze auch des strafrechtlichen Überschuldungsbegriffs darstellt, betrifft die Frage der strengen Zivilrechtsakzessorietät. Wenn sich insoweit das Strafrecht zwingend akzessorisch verhält, wird § 19 II InsO gewissermaßen auch Wortlautgrenze des strafrechtlichen Überschuldungsbegriffs.[2020]

IV. Strafrechtsexterne Grenze der Auslegung: § 19 II InsO als unmittelbare Wortlautgrenze auch im Strafrecht?

1. Methodik zur Bestimmung von Autonomie oder zwingender Zivilrechtsakzessorietät

Dass sich die *faktische Betrachtungsweise* ebenso wie *Art. 103 II GG als legitimierend wirkendes Prinzip* aufgrund ihrer Konturenlosigkeit und in Ermangelung eines positiven Aussagehalts nicht dazu eignet, eine verlässliche Antwort darauf zu geben, ob für eine strafrechtsautonome Begriffsauslegung von Überschuldung bei Existenz der entsprechenden Definition im Zivilrecht Raum ist, wurde bereits dargelegt.

Zu prüfen ist nun, welche Prinzipien und Auslegungsmethoden die Klärung der Frage nach der richtigen Wortbedeutung für den strafrechtlichen Überschuldungsbegriff ermöglichen. Im Vordergrund steht zunächst die Suche nach einer Methode, die ein verlässliches Urteil über die Frage erlaubt, ob der Überschuldungsbegriff des Strafrechts zwingend zivilrechtsakzessorisch zu bestimmen ist.

a) Einheit der Rechtsordnung vor dem Hintergrund der Trennung von strafrechtlicher Sanktionsnorm und vorgelagerter Verhaltensnorm

Der besonders von *Engisch* geprägte Begriff der *Einheit der Rechtsordnung*[2021] hat sich zu einer ebenso häufig verwendeten wie umstrittenen juristischen Argumentationsfigur entwickelt, die zur Lösung konkreter rechtlicher Fragestellungen sowohl seitens der rechtswirtschaftlichen Literatur und der Rechtsprechung als auch von dem Gesetzgeber selbst herangezogen wird.[2022] Speziell Im Rahmen der Untersuchung des Verhältnisses der insolvenz- und strafrechtlichen Begriffsbestimmung von Insolvenzantragsgründen bzw. Krisenmerkmalen ist das Argument der *Einheit*

2020 Vgl. ähnlich *Plathner*, Bankrottatbestand (2002), S. 18.

2021 Titel des erweiterten Abdrucks der Heidelberger Antrittsvorlesung von Karl *Engisch*, Heidelberg 1935. Engisch untersucht unter diesem Begriff bestehende Normbeziehungen. Seine Ableitungen zur *Einheit der Rechtsordnung* auf S. 43 ff., 68. Vgl. auch *Engisch*, Einführung, 8. Aufl. (1989), S. 76 113, 208 Fn. 73. Umfassende Darstellung zur *Einheit der Rechtsordnung* statt aller: *Felix*, Einheit der Rechtsordnung (2001). Den umfassenden Ausführungen von *Felix* zustimmend *Sendler*, DVBl 1999, S. 1065, *Brüning*, NVWZ 2000, S. 296. Zur Einheit der Rechtsordnung jüngst auch BVerfG v. 7.5.1998, DVBL 1998, S. 702 ff., 705 ff.

2022 So stellt die Begründung zum Entwurf des Einunddreißigsten Strafänderungsgesetzes – Zweites Gesetz zur Bekämpfung der Umweltkriminalität vom 27.6.1994 das „Gebot der Einheit der Rechtsordnung“ als zwingende Vorgabe gesetzgeberischen Handelns heraus (BT-Drs. 12/376, S. 9, 10–12, 16, 34). Vgl. *Felix*, Einheit der Rechtsordnung (1998), S. 3.

der Rechtsordnung ebenfalls in zentraler Funktion anzutreffen.[2023] Dabei zählt der Topos *„Einheit der Rechtsordnung"* zu einem der am schwersten greifbaren Auslegungskriterien des Rechts überhaupt. Unter Einheit der Rechtsordnung kann sich jeder etwas vorstellen, stellt sich aber auch inhaltlich jeder etwas anderes vor.[2024]

Speziell bei der Frage nach der Zivilrechtsakzessorietät des strafrechtlichen Überschuldungsbegriffs erzeugt seine Ingebrauchnahme je nach dem ihm beigemessenen Aussagegehalt die verschiedensten Ergebnisse:

Sofern die *Einheit der Rechtsordnung* wegen der verständlichkeitsfördernden Wirkung rechtsgebietsübergreifend einheitlicher Auslegung beim Normadressaten für ein förderungswürdiges Prinzip gehalten wird,[2025] wird ihr eine *indizielle* Wirkung für eine inhaltsgleiche Auslegung beigemessen, mit der Folge einer „Vermutung begrifflicher Akzessorietät" strafrechtlicher Begriffsauslegung zu den insolvenzrechtlichen Begrifflichkeiten.[2026] Eine eigenständig strafrechtliche Auslegung sei nur dann geboten, wenn andernfalls sich entweder funktionale Widersprüche ergäben, oder gegen den Grundsatz der Tatbestandsbestimmtheit verstoßen würde.[2027] Diese „Öffnungsklausel" aus dem Gebot einer gesamtrechtseinheitlichen Auslegung ermöglicht *Penzlin,* dem seines Erachtens durch eine § 19 II InsO entsprechende Auslegung verletzten Bestimmtheitsgrundsatz durch eine letztlich doch strafrechtsautonome Begriffsauslegung vermeintlich gerecht zu werden[2028] und hindert *Bieneck* und *Röhm* nicht daran, an der Akzessorietät festzuhalten, weil sie gerade mit der Ausscheidung der modifiziert zweistufigen Methode Rechtssicherheit schaffe.[2029]

Wird der *Einheit der Rechtsordnung* dagegen sogar das Erfordernis einer *zwingend* gleichen Begriffsauslegung der Strafnormen zu den Normen der von ihr geschützten Rechtsgüter entnommen, wird aus ihr wegen gleicher Schutzrichtung von Insol-

---

2023 Vgl. *Bieneck,* StV 1999, S. 43; *Penzlin,* Auswirkungen der InsO (2000), S. 70 f.; *Röhm,* Abhängigkeit des Insolvenzstrafrechts (2002), S. 85; *Hoyer* in SK-StGB (2002), § 283 Rn. 9; dagegen ausdrücklich *Achenbach,* Schlüchter-Gds. (2002), S. 268 Fn. 61.

2024 Vgl. auch *Felix,* Einheit der Rechtsordnung (1998), S. 13 f.

2025 So *Röhm,* Abhängigkeit des Insolvenzstrafrechts (2002), S. 85 und *Penzlin,* Auswirkungen der InsO (2000), S. 70 f.; allgemein auch *Zippelius,* Methodenlehre, 9. Aufl. (2005), S. 49.

2026 *Penzlin,* Auswirkungen der InsO (2000), S. 71 unter Hinweis auf *Tiedemann,* Tatbestandsfunktionen (1969), S. 45 ff., welcher die begriffliche Akzessorietät als (nicht ausnahmslosen) Grundsatz wirtschaftsstrafrechtlicher Auslegung verstehe.

2027 *Penzlin,* Auswirkungen der InsO (2000), S. 70, 71, 146; noch strikter *Bieneck,* StV 1999, S. 43. Eine rechtliche Einordnung des Prinzips nimmt *Penzlin* nicht vor. Er sieht die *Einheit der Rechtsordnung* offenbar in engem Zusammenhang mit dem Postulat der Rechtssicherheit und folglich auch mit dem Rechtsstaatsprinzip, wie sich aus dem unmittelbar folgenden Hinweis auf *Uhlenbruck* ergibt, der eine vom Insolvenzrecht abweichende Auslegung „für die Rechtssicherheit als unerträglich" bezeichne. Aufgrund seines vom Insolvenzrecht abweichenden Auslegungsergebnisses der strafrechtlichen Überschuldungsdefinition trägt *Penzlin* dem Prinzip der *Einheit der Rechtsordnung* nochmals ausdrücklich Rechnung: Seine Forderung einer Änderung der insolvenzrechtlichen Überschuldungsdefinition *de lege ferenda* sieht er zugleich als Versöhnung mit der *Einheit der Rechtsordnung* (S. 159, 160).

2028 So *Penzlin,* Auswirkungen der InsO (2000), S. 155 ff.

2029 So *Röhm,* Abhängigkeit des Insolvenzstrafrechts (2002), S. 155 ff., 165; *Bieneck,* StV 1999, S. 43.

venzregelungen und Insolvenzstrafrecht bei Bankrott und Insolvenzverschleppungsdelikten eine zwingend akzessorische Begriffsauslegung abgeleitet.[2030]

Noch deutlicher wird der Einsatz des Topos von der „Einheit der Rechtsordnung" als *„Mehrzweckwaffe"* für die unterschiedlichsten Ziele, nicht selten mit gegensätzlichen Ergebnissen, wenn man den Blick über das spezifische Verhältnis von Insolvenzstrafrecht und zivilem Insolvenzrecht hinaus auf das Verhältnis des Strafrechts auch zu den übrigen Teilrechtsordnungen, vor allem auch das Umwelt- und Steuerstrafrecht, richtet; die Vielfältigkeit seines Einsatzes spiegelt sich eindrucksvoll in den zahlreichen von *Felix* angeführten Beispielen wider.[2031]

In der Weite seines bisherigen Anwendungsbereichs und in der Vielfältigkeit der ihm zugeschriebenen Aussagen ist der Topos *„Einheit der Rechtsordnung"* zur Klärung der Akzessorietätsfrage nicht brauchbar. Allerdings ist er daher nicht sogleich als eine *„abstrakte Leerformel"* und bloßer *„Begründungsansatz"*[2032], als *„Allzweckwaffe in juristischer Begründungsnot"*[2033] zu verwerfen; vielmehr bedarf es seiner Verankerung in einen (wenn auch nicht zwingend verfassungsrechtlichen)[2034] normtheoretischen Zusammenhang und der Schärfung seines Aussagegehalts im Hinblick auf seine Funktion als Auslegungsmaßstab.

Um aus der *Einheit der Rechtsordnung* verlässliche Aussagen und Hinweise zur Auslegung des strafrechtlichen Überschuldungsbegriffs treffen zu können, sollen im Folgenden die ihr im konkreten Zusammenhang des Insolvenzstrafrechts zugeordneten Inhalte auf ihre Stichhaltigkeit hin überprüft werden. Die trotz seiner zentralen Stellung in der Diskussion um die Akzessorietät des Insolvenzstrafrechts fehlende Auseinandersetzung mit dem Argument „Einheit der Rechtsordnung"[2035] ist an dieser Stelle nachzuholen.

Aus dem allgemeinen Postulat *„Vermeide nach Möglichkeit Widersprüche!"* wie *Engisch* in allgemein konsensfähiger Weise, aber wegen des Vorbehalts „nach Möglichkeit" zugleich wenig aussagekräftig schlagwortartig zusammenfasst,[2036] sind speziell für die Dogmatik des Strafrechts Auslegungsregeln zu entwickeln.

Dabei ermöglicht die Fokussierung auf das Insolvenzstrafrecht angesichts der strafrechtlichen Besonderheiten eine Profilschärfung des Topos von der *Einheit der Rechtsordnung* speziell für die Auslegung strafrechtlicher Begriffe mit der Folge, dass sein Aussagehalt nicht von vornherein auf den für alle Teilrechtsordnungen gültigen

---

2030 So *Hoyer* in SK-StGB (2002), § 283 Rn. 9, 14.

2031 Vgl. *Felix*, Einheit der Rechtsordnung (1998), S. 1–139.

2032 *Wagner Ge.*, Öffentlich-rechtliche Genehmigung (1989), S. 97, vgl. hierzu *Felix*, Einheit der Rechtsordnung (1998), S. 8.

2033 *Günther*, Strafrechtswidrigkeit und Strafunrechtsausschluss (1983), S. 89, vgl. hierzu *Felix*, Einheit der Rechtsordnung (1998), S. 8.

2034 Vgl. die Untersuchung von *Felix*, Einheit der Rechtsordnung (1998), S. 168 ff., 187 mit dem Ergebnis einer fehlenden Verankerung der Einheit der Rechtsordnung im Wortlaut des Grundgesetzes.

2035 Zur generell geringen oder fehlende Auseinandersetzung mit dem Argument *Michel*, JuS 1961, S. 274, 275 f.; *Felix*, Einheit der Rechtsordnung (1998), S. 5, Fn. 42, S. 81.

2036 *Engisch*, Einheit der Rechtsordnung (1935), S. 44 ff., 68. Vgl. zu den Entwicklungen des Topos auch *Demko*, Relativität (2002), S. 13 ff.

kleinsten gemeinsamen Nenner zu reduzieren ist. Kleinster gemeinsamer Nenner ist insoweit die bereits aus dem Rechtsstaatsprinzip ableitbare Aussage, dass inhaltlich konfligierende Normen einzelner Rechtsordnungen dann unanwendbar sind, wenn sie zu einem für den Normadressaten unvermeidbaren Normenkonflikt führen und ihn dadurch in eine unlösbare Konfliktsituation bringen.[2037] Dieser hilft aber bei der Frage nach der Zivilrechtsakzessorietät des Überschuldungsbegriffs nicht weiter, weil auch bei unterschiedlicher Auslegung des Überschuldungsbegriffs keine gegenläufigen Handlungsanweisungen bestünden.

Die Möglichkeit einer Fokussierung auf die spezielle Funktion des Einheitstopos im Strafrecht ist darüber hinaus auch geboten, weil ein pauschales Postulat von Rechtseinheitlichkeit die unterschiedlichen Aufgaben der Teilrechtsordnungen, deren Auffächerung und Differenzierungen in Einzelaussagen „Errungenschaft eines um Einzelfallgerechtigkeit und Situationsnähe bemühten Rechtsstaates" ist,[2038] übergehen würde und nach Art. 3 GG sogar verfassungsrechtlich gebotene Wertungsdifferenzen zwischen Rechtsgebieten hinter einem „bloßen Ideal der Einheit verschwinden" lassen würde.[2039]

Da es bei dem Einheitstopos stets um die Vermeidung von Widersprüchen zwischen Normen und Normbestandteilen geht, bietet sich in Anlehnung an *Engisch* zunächst eine Systematisierung der denkbaren Widersprüche an, um die bei der Frage der Überschuldungsbestimmung im Strafrecht zwingend zu vermeidenden Widersprüche identifizieren zu können. Denn nur wenn die zivilrechtsakzessorische Begriffsbestimmung zur Vermeidung eines ansonsten untragbaren Widerspruchs erforderlich ist, vermag die Einheit der Rechtsordnung in ihrer spezifisch strafrechtlichen Ausprägung eine zwingende Akzessorietät begründen.

b) *Einheit der Rechtsordnung als Postulat zur Vermeidung von Widersprüchen – Systematik denkbarer Widersprüche und der Grad ihrer Tolerierbarkeit*

Zunächst ist von der *Einheit der Rechtsordnung* als dem Geltungs- und Rechtserzeugungszusammenhang höherrangiger abstrakter und untergeordneter konkreterer Normen auf *vertikaler Ebene* die *Einheit der Rechtsordnung* auf *horizontaler Ebene* als die Widerspruchsfreiheit unter gleichrangigen Normen und Normbestandteilen zu unterscheiden.[2040] Für die Frage des Abhängigkeitsverhältnisses zwischen zivilrechtlichem und strafrechtlichem Überschuldungsbegriff ist allein das Verhältnis

2037 Allein diesen Aussagegehalt misst dementsprechend auch *Felix*, Einheit der Rechtsordnung (1998), S. 252 als allgemeingültigen Inhalt der Einheit der Rechtsordnung zu. Vgl. insoweit auch die Rezension von *Sendler*, DVBl 1999, S. 1065. Im Strafrecht findet diese Aussage bei der rechtfertigenden Pflichtenkollision Anwendung, wenn zwei Unterlassungspflichten oder zwei Handlungspflichten miteinander kollidieren.

2038 *Kirchhof*, Unterschiedliche Rechtswidrigkeiten in einer einheitlichen Rechtsordnung (1978), S. 8 zitiert nach *Schröder* in Vereinigung der deutschen Staatsrechtslehrer, Heft 50 (1991), S. 205.

2039 *Schröder* in Vereinigung der deutschen Staatsrechtslehrer, Heft 50 (1991), S. 206, der allerdings nicht den Versuch einer Spezifizierung vornimmt, sondern den Einheitstopos wegen seiner Pauschalität als unbrauchbar verwirft.

2040 Vgl. *Engisch*, Einheit der Rechtsordnung (1935), S. 11 ff.

der gleichrangigen Regelungssysteme von Zivil- und Strafrecht maßgeblich. Damit sind allein die Widersprüche auf horizontaler Ebene zu untersuchen.

Zu unterscheiden sind hier rein technische Widersprüche, normative Widersprüche im weiteren Sinn und normative Widersprüche im engeren Sinn (Normwidersprüche).[2041]

aa) Technischer Widerspruch

Der *technische Widerspruch* erschöpft sich in der Bedeutungsverschiedenheit gleichlautender Begriffe. Anders als Normwidersprüche führt ein rein technischer Widerspruch nicht zu sachlichen Konflikten zu anderen Normen.[2042] Er ist „sachlich ohne Bedeutung".[2043] Eine einheitliche Begriffsausbildung ist daher auch nur bis zu einem gewissen Grad wegen ihrer verständlichkeitsfördernden Wirkung überhaupt wünschenswert, nämlich nur solange, wie eine begriffseinheitliche Auslegung nicht zu sachlichen, d.h. normativen Konflikten im engeren oder auch nur weiteren Sinn führt.[2044] Eine unterschiedliche Definition gleicher Begriffe ist hingegen geboten, wenn durch eine gleichlautende Begriffsausfüllung sachliche Konflikte im Sinne normativer Widersprüche zu anderen Normen entstehen würden.[2045]

Daher kommt der technischen Widerspruchsfreiheit kein nennenswertes Gewicht für die Auslegung des strafrechtlichen Überschuldungstatbestands zu, so dass sich aus der Vermeidung technischer Widersprüche keinesfalls ein Argument für ein zu § 19 II InsO zwingend akzessorisches Begriffsverhältnis ableiten lässt.[2046]

Im Gegenteil: Der im Einzelfall unterschiedliche Sinn gleichlautender Worte ergibt sich zwingend aus dem Eingehen der Begriffe in jeweils andere systematische und teleologische Zusammenhänge. Selbst wenn das Strafrecht als Schutzrecht der Erhaltung und Förderung oder Sicherung der vom Zivilrecht angestrebten Ziele dient und damit eine teleologische Beziehung zum Zivilrecht aufweist,[2047] wie es sich bei Insolvenzverschleppungsdelikten und Bankrott im Hinblick auf die Befriedigungsinteressen *par conditio omnium creditorum* darstellt, muss die Eindeutigkeit des juristi-

2041 Vgl. *Engisch*, Einheit der Rechtsordnung (1935), S. 46 ff.
2042 *Engisch*, Einführung, 8. Aufl. (1989), S. 161.
2043 *Engisch*, Einheit der Rechtsordnung (1935), S. 45 f.
2044 *Engisch*, Einheit der Rechtsordnung (1935), S. 45 f. Ebenso *Zippelius*, Methodenlehre, 9. Aufl. (2005), S. 49, 53; ähnlich auch *Tiedemann*, Tatbestandsfunktionen (1969), S. 41, demzufolge die Einheit der Rechtsordnung als ein „ideell widerspruchsloses Ganzes" die Ausbildung eigenständiger Teilbereiche des Rechts mit eigenen Zielsetzungen und Begriffsinhalten nicht ausschließt.
2045 *Engisch*, Einheit der Rechtsordnung (1935), S. 46. Ebenso *Zippelius*, Methodenlehre, 9. Aufl. (2005), S. 49, 53.
2046 Ebenso *Achenbach*, Schlüchter-Gds. (2002), S. 268 Fn. 61.
2047 Eine *teleologische* Beziehung in diesem Sinne liegt in Anlehnung an *Engisch* vor, wenn durch wechselseitige Ergänzung der Rechtsnomen Erfolge im verschiedensten Sinne angestrebt werden. In Abgrenzung dazu liegt eine *normative* Beziehung zwischen den Normen zweier Rechtsteile vor, wenn die Rangordnung der Wertungen und Rechtsgüter sowie die Prinzipien der Gerechtigkeit und der Gleichbehandlung des Gleichen für Rechtsteilen bestimmend sind. Vgl. *Engisch*, Einheit der Rechtsordnung (1935), S. 33 f.

schen Sprachgebrauchs hinter der sachlichen Relativität zurücktreten,[2048] die als Folge einer Vermeidungspflicht sachlicher, d.h. normativer Widersprüche eintritt.

Ob sich normative Widersprüche nur durch eine begriffsgleiche oder im Gegenteil durch eine begriffsverschiedene Auslegung vermeiden lassen, hängt von dem konkreten Beziehungszusammenhang zwischen den Rechtsnormen ab, „der sich nur scheinbar aus allgemeinen schematischen Regeln, in Wahrheit aber aus dem Inhalt der Normen“ selbst ergibt, der so beschaffen und abgestimmt ist, dass sich aus ihm jene Regeln abstrahieren lassen.[2049] Angesichts dessen verwundert die zentrale Stellung des Arguments von der technischen Widerspruchsfreiheit selbst bei Ansichten, die die Funktionsgebundenheit der Begriffsauslegung im Grundsatz anerkennen.[2050]

Auch die Auffassung, die allein die Schutzzweckidentität von zivilrechtlichen und strafrechtlichen Insolvenzregelungen für die Begründung einer zwingenden Zivilrechtsakzessorietät des strafrechtlichen Überschuldungsbegriffs ausreichen lässt,[2051] folgert letztlich den Zwang zu einem gleichen Begriffsverständnis bereits aus der vermeintlichen Pflicht zur Vermeidung *technischer Widersprüche* zwischen Normen zweier Teilrechtsordnungen, die eine teleologische Beziehung dahingehend zueinander aufweisen, dass die eine Teilrechtsordnung (das Strafrecht) dem Erhalt, der Förderung oder Sicherung der von der anderen Teilrechtsordnung (dem Zivilrecht) angestrebten Ziele dient.[2052]

Damit vernachlässigt diese Ansicht zugleich, dass mit dem Eingehen eines Begriffs in seinen konkreten Funktionszusammenhang der einzelnen Norm zur Vermeidung von normativen Widersprüchen eine veränderte Begriffsauslegung geboten sein kann:

Denn trotz einer gemeinsamen Schutzrichtung zweier Normen, sogar zweier Normen derselben Teilrechtsordnung, kann der systematische Zusammenhang vollkommen verschieden sein, wie der Vergleich der konkreten Gefährdungsdelikte §§ 307, 308 StGB mit den Verletzungsdelikten der §§ 223 ff. StGB zeigt, die gleichermaßen den Schutz von Leib und Leben bezwecken.[2053] Wenn aber einerseits der Schutzgütervergleich aufgrund seiner Allgemeinheit keine fundierte Aussage über den konkreten Funktionszusammenhang erlaubt, in den der wortgleiche Begriff eingeht, andererseits aber nur der konkrete Funktionszusammenhang des Begriffs innerhalb der Norm ausschlaggebend für die Begriffsbildung sein kann, um normativen Widersprüchen sicher zu entgehen, so kann allein anhand des Schutzgüterver-

---

2048 Vgl. *Engisch*, Einheit der Rechtsordnung (1935), S. 70; *Bruns*, JR 1984, S. 136.

2049 *Engisch*, Einheit der Rechtsordnung (1935), S. 29; ähnlich *Bruns*, JR 1984, S. 136.

2050 Vgl. nur *Penzlin*, Auswirkungen der InsO (2000), S. 70 f. und *Röhm*, Abhängigkeit des Insolvenzstrafrechts (2002), S. 85.

2051 Vgl. nochmals *Bieneck*, StV 1999, S. 43; *ders.* in Müller-Gugenberger/Bieneck, 3. Aufl. (2000), § 76 Rn. 33, 56; *Hoyer* in SK-StGB (2002), § 283 Rn. 9, 14; *Beck* in Wabnitz/Janovsky, 2. Aufl. (2004), Kap. 6 Rn. 100 f., *Kühl* in Lackner/Kühl, StGB, 25. Aufl. (2004), § 283 Rn. 5.

2052 Vgl. auch *Engisch*, Einheit der Rechtsordnung (1935), S. 33 f. und *Felix*, Einheit der Rechtsordnung (1998), S. 217.

2053 Sch/Sch-*Heine*, 26. Aufl. (2001), Vor § 306 ff. Rn. 8 und § 307 Rn. 1; Sch/Sch-*Cramer/Heine*, 26. Aufl. (2001), § 308 Rn. 1.

gleichs keine verlässliche Aussage darüber getroffen werden, ob der konkrete Begriff zur Vermeidung funktionaler Widersprüche inhaltsgleich oder abweichend gegenüber gleichlautenden Begriffen anderer Normen auszulegen ist.

Ein anschauliches Beispiel für die Notwendigkeit der Beachtung des konkreten Normzusammenhangs, in dem ein bestimmter Begriff verwendet wird, ist § 11 StGB, der für die gesamte Teilrechtsordnung des Strafrechts [2054] eine prinzipiell einheitliche Begriffsdefinition vornimmt, diese aber wiederum unter den Vorbehalt stellt, dass aufgrund des konkreten Funktionszusammenhangs bei der Eingliederung des Begriffs in die konkrete Norm keine Einschränkungen geboten sind. Je nach Deliktszusammenhang ist daher eine engere oder weitere Erfassung der von § 11 StGB angesprochenen Sachen oder Personen im Einzelfall geboten, wie beim Begriff des Amtsträgers in § 11 I Nr. 2 StGB.[2055] Wenn aber schon *innerhalb* des StGB sich aufgrund des konkreten Funktionszusammenhangs zweier Normen anerkanntermaßen Unterschiede in der Auslegung gleichlautender, sogar ausdrücklich für alle Delikte allgemeingültig definierter Begriffe ergeben können, obwohl die Strafnormen letztlich denselben Schutzcharakter teilen, ist der konkrete Funktionszusammenhang erst recht zwischen zwei Normen unterschiedlicher Teilrechtsordnungen, wo nur eine Norm den strafrechtlichen Schutznormgehalt aufweist, genau zu beachten.

Die These, gleichlautende Begriffe müssten schon bei Schutzzweckidentität zwingend gleich ausgelegt werden, ist daher nicht haltbar; sie setzt sich ebenso wie die Forderung nach einer technisch widerspruchsfreien Begriffsverwendung der Gefahr aus, durch die Nichtbeachtung der konkreten Normzusammenhänge, in denen die Begriffe jeweils stehen, unbeabsichtigter Weise relevante Normwidersprüche und sonstige normative Widersprüche zu erzeugen.

Letztlich kommt die Begriffsbestimmung auf ausschließlicher Basis eines Schutzgütervergleichs damit mangels Berücksichtigung des konkreten Funktionszusammenhangs, in den der Begriff eingeht, und damit mangels Berücksichtigung potentieller sachlicher, normativer Widersprüche dem Postulat einer bereits *technisch* widerspruchsfreien Begriffsverwendung nahe. Da aber die technische Widerspruchsfreiheit des Rechts unter dem Vorbehalt steht, dass durch eine begriffsgleiche Verwendung keine sachlichen, normativen Widersprüche entstehen, eignet sich ein Rechtsgütervergleich nicht zur Begründung zwingender Akzessorietät. Ein eventuelles Abhängigkeitsverhältnis der Strafnorm zu außerstrafrechtlichen Normen kann daher nur unter Beachtung der Stellung des Straftatbestandes im Normengefüge ermittelt werden.[2056]

2054 Trotz des Wortlautsbezugs auf das StGB besteht Einigkeit, dass § 11 StGB über das Kernstrafrecht hinaus auch für das Nebenstrafrecht gilt (Sch/Sch-*Eser*, 26. Aufl. (2001), § 11 Rn. 1; LK-*Gribbohm* (Stand 1997), 11. Aufl. (2003), § 11 Rn. 1). Das voran stehende Argument verlöre aber auch nicht an Geltung, wenn § 11 StGB nur für das Kernstrafrecht Anwendung fände.

2055 Vgl. *Stratenwerth*, ZStW 1976, S. 672 ff.; LK-*Gribbohm* (Stand 1997), 11. Aufl. (2003), § 11 Rn. 1; Sch/Sch-*Eser*, 26. Aufl. (2001), Vor § 11 Rn. 2; *Jescheck/Weigend*, AT, 5. Aufl. (1996), S. 53.

2056 Ebenso *Plathner*, Bankrottatbestand (2002), S. 4, 16; *Tiedemann*, Tatbestandsfunktionen (1969), S. 41 f.; *Engisch*, Einheit der Rechtsordnung (1935), S. 45 f.

Daher ist festzuhalten, dass aus der Schutzrichtung des Strafrechts, die (zivil)insolvenzrechtlich umschriebenen Befriedigungsansprüche *par conditio omnium creditorum* abzusichern, noch keinerlei Konsequenz für die Auslegung der strafrechtlichen Begrifflichkeit dahingehend folgt, dass die Tatbestandsmerkmale der strafrechtlichen Sanktionsnorm zwingend mit dem Zivilrecht gleich laufen müssen.[2057] Und auch eine Vermutung dafür, dass gleiche Begriffe gleich auszulegen sind, lässt sich mangels einer relevanten Beeinträchtigung der Stimmigkeit eines an dem Schutz zivilrechtlich bestimmter Rechtsgüter ausgerichteten Strafrechts nicht ableiten.[2058] Dass insoweit auf der Sanktionsebene eine eigenständige Umschreibung in Abweichung von der Terminologie des Rechtgebietes, dem das geschützte Rechtsgut zuzuordnen ist, möglich ist,[2059] betonen ausdrücklich für die insolvenzstrafrechtlichen Regelungen auch *K. Schmidt*[2060] und *Achenbach*.[2061]

„Ein Verhalten kann unerlaubt, aber nicht schadensersatzbedroht sein, und es kann unerlaubt und schadensersatzbedroht, aber doch nicht strafbedroht sein.“[2062]

bb) Normative Widersprüche

Konkrete Auslegungsregeln lassen sich daher nur aus dem Gebot zur Vermeidung sachlicher, normativer Widersprüche ableiten.

Auch hier ist allerdings zu unterscheiden zwischen *normativen Widersprüchen im engeren Sinn (Normwidersprüchen)*, die in jedem Fall zwingend zu vermeiden sind und dementsprechend ein zwingend akzessorisches Auslegungsgebot begründen können, und *normativen Widersprüchen im weiteren Sinn*, die möglichst zu vermeiden sind, aber nicht sogleich eine Unanwendbarkeit der Norm nach sich ziehen müssen, um sinnvolle Handlungsanweisungen an den Normadressaten richten zu können.[2063]

Da Rechtsnormen Verhaltensregelungen darstellen, die Handlungsanweisungen verkörpern, oder denen Handlungsanweisungen vorgelagert sind (so bei den Sanktionsnormen, dazu sogleich), bemisst sich die Unerträglichkeit eines Widerspruchs

---

2057 Vgl. *Engisch*, Einheit der Rechtsordnung (1935), S. 33 f. und *Felix*, Einheit der Rechtsordnung (1998), S. 217.
2058 Daher ist mit *Felix*, Einheit der Rechtsordnung (1998), S. 213 und dem *BVerfG*, Urt. vom 18.10.1989, JR 1990, S. 102 = NJW 1990, S. 241 ausdrücklich *Penzlin* zu widersprechen, der eine „Vermutung der begrifflichen Akzessorietät“ der bankrottstrafrechtlichen Krisenmerkmale, einschließlich der Überschuldung, aus dem vermeintlichen Postulat technischer Widerspruchsfreiheit ableitet (*Penzlin*, Auswirkungen der InsO (2000), S. 71). Auch das Bundesverfassungsgericht betont ausdrücklich die Relativität strafrechtlicher Begriffe. Vgl. insoweit auch BVerfG Beschluss v. 27.12.1991, 2 BvR 72/90 – FR 1992 S. 270 und hierzu *Felix*, Einheit der Rechtsordnung (1998), S. 212.
2059 *Felix*, Einheit der Rechtsordnung (1998), S. 217.
2060 *K. Schmidt*, FS-Rebmann (1989), S. 437 ausdrücklich auch für die Insolvenzverschleppungsdelikte.
2061 *Achenbach*, Schlüchter-Gds. (2002), S. 268 Fn. 61, der betont, dass es sich bei der Überschuldungsfrage im Rahmen des Bankrotts gerade um den Fall der Relativität der Rechtsbegriffe handele.
2062 *K. Schmidt*, FS-Rebmann (1989), S. 437 ausdrücklich auch für die Insolvenzverschleppungsdelikte.
2063 Vgl. *Engisch*, Einheit der Rechtsordnung (1935), S. 46 ff. Ähnlich auch *Zippelius*, Methodenlehre, 9. Aufl. (2005), S. 40, 49, 53.

danach, ob trotz gewisser Widersprüchlichkeiten der Normadressat einer Regelung eine sinnvolle Verhaltensanweisung entnehmen kann.

Eine sinnvolle Verhaltensanweisung ist einer Norm nicht erst dann abzusprechen, wenn sie dem Normadressaten zwei gegenläufige Handlungs- oder Unterlassungspflichten auferlegt,[2064] sondern bereits dann, wenn ein konkretes Verhalten oder sogar jedes Verhalten einer bestimmten Art zugleich für rechtmäßig und rechtswidrig erklärt wird. In diesem Fall, dass Normen sich widersprechende Imperative oder Rechtswidrigkeitsurteile enthalten, liegt ein *Normwiderspruch* (*normativer Widerspruch im engeren Sinne*) vor, der die Unanwendbarkeit einer Norm zufolge hat.[2065]

Dabei gilt das Verbot eines Normwiderspruchs nicht nur für die rechtsetzenden Organe, die verpflichtet sind, „ihre Regelungen jeweils so aufeinander abzustimmen, dass den Normadressaten nicht widersprüchliche Vorschriften erreichen, die Rechtsordnung aufgrund unterschiedlicher Anordnungen nicht widersprüchlich wird"[2066] und die Lenkungsfunktion einer gesetzlichen Regelung nicht den Lenkungszielen anderer Ordnungen zuwiderlaufen.[2067] Dies gilt auch für den Rechtsanwender im Hinblick auf die Auslegung bestehender Normen. Auch im Rahmen der Auslegung sind gleichrangige Normen so gegeneinander abzugrenzen, dass sie insoweit widerspruchsfrei nebeneinander bestehen können.[2068]

Vom Normwiderspruch (Normwiderspruch im engeren Sinn) sind die *normativen Widersprüche im weiteren Sinn* zu unterscheiden, die sich einteilen lassen in *Wertungswidersprüche*, *teleologische* Widersprüche und *Prinzipienwidersprüche*.[2069]

Wertungswidersprüche betreffen nicht die Frage, *ob* ein Verhalten für rechtswidrig erklärt wird (dann ggf. Normwiderspruch), sondern den *Grad* des gesetzgeberischen Unwerturteils. Im Falle eines Wertungswiderspruchs wird der Grundsatz, dass vom Gesetzgeber selbst für gleich Erachtetes nicht grundlos ungleich behandelt werden darf, verletzt, und es werden dadurch die vom Gesetzgeber getroffenen Wertungen missachtet.[2070] Das Gebot der Gleichbehandlung von Gleichem (Art. 3 GG) wirkt sich damit als ein Gebot der Folgerichtigkeit aus: In einem rechtlich geordneten Gemeinwesen verlangt der Gleichheitssatz, dass jede Regel auf ihr rechtliches Umfeld abgestimmt ist, sie den Widerspruch zu ihren rechtlichen Vorgaben vermeidet und vorgegebene Rechtsgedanken weiterführt. Ähnlichkeiten und Verschiedenheiten müssen im Rahmen der Gesamtrechtsordnung gewertet und entsprechend den

---

2064 Diesen Fall erkennt auch *Felix*, Einheit der Rechtsordnung (1998), S. 252 an.
2065 Vgl. *Engisch*, Einheit der Rechtsordnung (1935), S. 46 ff.; *ders.*, Einführung, 8. Aufl. (1989), S. 162. In diese Richtung auch *BVerfG*, Urt. v. 7.5.1998, 2 BvR 1876/91 u.a., DVBl 1998, S. 702 und *BVerfG* 2 BVR 1991 und 2004/95 DVBl 1998, S. 705 ff., 706, 708 f., das bei Widersprüchlichkeit der Handlungsanweisung Nichtigkeit der Normen annimmt. Vgl. hierzu *Sendler*, DVBl 1999, S. 1065.
2066 Für diesen Fall ausdrücklich *BVerfG*, Urt. v. 7.5.1998, 2 BvR 1876/91 u.a., DVBl 1998, S. 702.
2067 Für diesen Fall ausdrücklich die Entscheidung *BVerfG* 2 BVR 1991 und 2004/95 DVBl 1998, S. 705 ff., 706, 708 f.
2068 *Zippelius*, Methodenlehre, 9. Aufl. (2005), S. 41, 43; *Engisch*, Einheit der Rechtsordnung (1935), S. 46, 53, 58 f.
2069 Einteilung nach *Engisch*, Einheit der Rechtsordnung (1935), S. 62 ff.
2070 *Engisch*, Einführung, 8. Aufl. (1989), S. 163.

rechtlichen Vorgaben differenziert (Folgerichtigkeit in der Gesamtrechtsordnung) aber auch im Binnenbereich eines Teilrechtssystems folgerichtig ausgestaltet werden (Folgerichtigkeit innerhalb eines Teilrechtssystems).[2071]

Bereits die Einschränkung der Grundlosigkeit, d.h. die Erlaubnis im Falle einer sachlich gerechtfertigten Differenzierung zeigt, dass einem Wertungswiderspruch geringeres Gewicht zukommt, als einem Normwiderspruch. Ein Wertungswiderspruch ist daher nicht zwingend stets aufzulösen.[2072]

Gleiches gilt für die übrigen normativen Widersprüche im weiteren Sinn:

Ein *teleologischer Widerspruch* liegt im Falle einer Diskrepanz zwischen dem vom Gesetzgeber verfolgten Zweck und dem dazu eingesetzten Mittel vor. Der Gesetzgeber strebt einen Zweck an, ohne das notwendige Mittel zu wollen, oder er ordnet ein Mittel an, ohne den dabei allein in Frage kommenden Zweck zu wollen. Zwingend aufzulösen ist dieser Widerspruch nur, sofern der nicht gewollte Zweck oder das nicht gewollte Mittel vom Gesetzgeber zugleich als rechtswidrig verurteilt werden.[2073]

Prinzipienwidersprüche bestehen, wenn Normen eines Rechtsteils oder Rechtsteile untereinander gesetzgeberisch nach entgegengesetzten Grundgedanken gestaltet sind.[2074]

Auch sie sind nicht zwingend in jedem Fall zu beseitigen.[2075]

c) *Ableitungen für die Lösung der Akzessorietätsfrage*

Für die Auslegung des strafrechtlichen Überschuldungstatbestandes bei Insolvenzverschleppungsdelikten und bei Bankrott lassen sich daher folgende Auslegungsregeln formulieren:

Erstens: Rein technische Widersprüche (verschiedene Auslegung gleicher Begrifflichkeiten) sind irrelevant oder gar zur Vermeidung normativer Widersprüche geboten.

Zweitens: Ein Postulat rechtsgebietsinterner ebenso wie rechtsgebietsübergreifender Widerspruchslosigkeit ist nur zwingend in Form des Verbotes, im Anwendungsfall der Normen sich widersprechende Imperative aufrechtzuerhalten und widersprechende Rechtswidrigkeitsurteile über ein und dasselbe Verhalten zu fällen (Normwiderspruch).

Übrige normative Widersprüche sind ebenso wie rein technische Widersprüche je nach Konstellation unter Umständen in Kauf zu nehmen.

Drittens: Ein Gleichlauf der Schutzrichtungen von strafrechtlicher Sanktionsnorm und der von ihr geschützten Zivilrechtsnorm gebietet nicht zwingend auch eine

---

2071 *P. Kirchhof*, in Isensee/Kirchhof, Staatsrecht, Bd. V, 2. Aufl. (2000), § 124 Rn. 223.
2072 *Engisch*, Einheit der Rechtsordnung (1935), S. 62; *ders.*, Einführung, 8. Aufl. (1989), S. 165.
2073 *Engisch*, Einheit der Rechtsordnung (1935), S. 63; *ders.*, Einführung, 8. Aufl. (1989), S. 165.
2074 *Engisch*, Einführung, 8. Aufl. (1989), S. 165.
2075 *Engisch*, Einheit der Rechtsordnung (1935), S. 64 f.

einheitliche Begriffsbildung, wenn durch die abweichende Begrifflichkeit der Sanktionsnorm kein widersprechender Imperativ und kein widersprechendes Rechtswidrigkeitsurteil aufgestellt werden.

Dass bei abweichender Auslegung der zivilrechtsgleicher Begrifflichkeiten im Rahmen der Sanktionsnorm nicht zwingend ein entsprechend widersprechendes Rechtswidrigkeitsurteil über ein bestimmtes Verhalten gefällt wird, ist die Folge der inzwischen unbestrittenen Erkenntnis, dass die strafrechtliche Sanktionsnorm in der Regel selbst nicht die Verhaltensnorm aufstellt, an die sich der Normadressat zu halten hat, sondern die Sanktionsnorm nur die Folgen des Verstoßes gegen die ihr vorgelagerte, oftmals ungeschriebene Verhaltensnorm regelt.[2076] Die eigentlichen Verhaltensanforderungen an den Normadressaten formuliert die geschriebene oder auch ungeschriebene Gebots- oder Verbotsnorm (Primärnorm), die der Strafnorm vorgelagert ist. Strafnormen sind demgegenüber Sanktionsnormen (Sekundärnormen), die aus der Vielzahl der Übertretungen von Ge- und Verbotsnormen jene auswählt, die sie für strafrechtsrelevant, d.h. strafbedürftig und strafwürdig hält.[2077]

Daher kann ein Verhalten unerlaubt sein und insoweit durch eine Verhaltensnorm ein Verbot des Unerlaubten oder ein Gebot des Erlaubten enthalten, ohne dass die Übertretung der vorgelagerten Ge- oder Verbotsnorm zugleich strafbedroht sein muss.[2078]

Umgekehrt aber darf ein Verhalten, das durch eine Ge- oder Verbotsnorm zum Schutz eines Rechtsguts nicht als unerlaubt erklärt werden *kann* oder *ausdrücklich* für erlaubt *erklärt* wird, nicht über eine Strafanknüpfung in der Sanktionsnorm erfasst werden, weil dann die Sanktionsnorm ein der bestehenden Verhaltensnorm widersprechendes Unwerturteil aussprechen würde und damit einen Normwiderspruch erzeugen würde. Daraus folgt:

Viertens: Wenn das Gesetz durch eine zivilrechtliche Verhaltensnorm ein Verhalten ausdrücklich für zulässig erklärt, darf die Sanktionsnorm dasselbe Verhalten nicht unter Strafe stellen und damit zugleich ein widersprechendes Unwerturteil fällen. Diese Aussage wird insbesondere bei der Bestimmung des Überschuldungsinhaltes im Rahmen der Insolvenzverschleppungsdelikte zu berücksichtigen sein, mit der Folge, dass eine Anknüpfung an einen rein liquidationswertorientierten einstufigen Überschuldungsbegriff nicht nur wegen Verstoßes gegen das Analogieverbot aus Art. 103 II GG abzulehnen sein wird.

Aus der zweiten Aussage folgt, dass als unumstößliche Grenze der Auslegung nur das Verbot des *Normwiderspruchs* eine zwingende Akzessorietät dergestalt zu begründen vermag, dass der strafrechtliche Überschuldungsbegriff zwingend mit § 19 II InsO identisch auszulegen ist. Dass dabei nur die den Strafnormen des Bankrotts

---

2076 Vgl. hierzu ausführlich *Haffke*, Coimbra-Symposium (1995), S. 89 ff., 96 und konkret für die insolvenzstrafrechtliche Überschuldungsfrage *K. Schmidt*, FS-Rebmann (1989), S. 437.
2077 Vgl. *Haffke*, Coimbra-Symposium (1995), S. 89 ff.; *Günther*, Strafrechtswidrigkeit und Strafunrechtsausschluß (1983), S. 156; *Felix*, Einheit der Rechtsordnung (1998), S. 218.
2078 Ebenso *K. Schmidt*, FS-Rebmann (1989), S. 437.

und den Insolvenzverschleppungsdelikten vorgelagerten Verhaltensnormen Bezugspunkt für die Frage eines widersprüchlichen Imperativs oder eines widersprüchlichen Rechtswidrigkeitsurteils sein kann, ergibt sich aus der Trennung von Verhaltens- und Sanktionsnorm. Strafnormen fällen nur ein Urteil über das *Maß* der rechtlichen Missbilligung und können daher bei einer unterschiedlichen Sanktionsintensität desselben rechtlich missbilligten Verhaltens, etwa durch die Wahl einer unterschiedlichen Strafandrohung, *untereinander* Wertungswidersprüche erzeugen, die nicht zwingend aufzulösen sind und deren Vermeidung daher auch nicht Basis für die Annahme einer zwingenden Akzessorietät sein kann. Ein Widerspruch zwischen der Verhaltensnorm und der Sanktionsnorm ist ebenfalls nur als Wertungswiderspruch denkbar. Ein Wertungswiderspruch kann dahingehend entstehen, dass der Gesetzgeber eine Ge- oder Verbotsnorm aufstellt und deren Übertretung auch strafrechtlich sanktioniert, aber nicht alle gleichgewichtigen Übertretungen durch die Strafnorm erfasst, sondern manche der gegenüber den strafrechtlich sanktionierten Übertretungen von Ge- oder Verbotsnormen gleichgewichtige Übertretungen unbestraft lässt; dieser normative Widerspruch ist aufzulösen, wenn er nicht aus einer Umsetzung verfassungsrechtlicher Grundsätze resultiert und damit sachlich gerechtfertigt ist.[2079]

Daraus folgt wiederum: Liegt den Sanktionsnormen von Insolvenzverschleppungsdelikten und Bankrott dieselbe an den Überschuldungstatbestand anknüpfende Verhaltensnorm zugrunde, so muss auch die Überschuldung als Auslösetatbestand des erhöhten Pflichtenmaßstabs, dessen Nichtbeachtung die Strafsanktion nach sich zieht (Krise bei § 283 StGB), und die Antragspflicht (Insolvenzverschleppungsdelikte) in beiden Straftatbeständen gleich ausgelegt werden. Dies betrifft aber allein den Gleichlauf der Begriffsinterpretationen im Verhältnis der Sanktionsnormen untereinander.

Ob damit auch zugleich zwingend eine zivilrechtsgleiche Auslegung angeordnet ist, hängt davon ab, ob bei einer der Strafnormen eine zivilrechtsgleiche Auslegung zwingend geboten ist. Hier hilft die fünfte Erkenntnis zum Verhältnis der Sanktionsnorm und der ihr vorgelagerten Verhaltensnorm weiter, die sich aus den vorherigen Erkenntnissen ableiten lässt:

Fünftens: Weil ein unmittelbarer Normwiderspruch zwischen Verhaltensnorm und Sanktionsnorm nur dann entsteht, wenn eine Sanktionsnorm ein widersprechendes Rechtswidrigkeitsurteil fällt oder einen widersprüchlichen Imperativ aufstellt, weil es von der vorgelagerten, z. B. zivilrechtlichen Verhaltensnorm ausdrücklich für erlaubt erklärtes Verhalten unter Strafe stellt, nicht aber, wenn es kein eigens Werturteil oder keinen widersprechenden Imperativ aufstellt, erzeugt eine Sanktionsnorm keinen Normwiderspruch, wenn ihre Sanktion nicht sogleich mit der ersten Übertretung der Verbots- oder Gebotsnorm, sondern später einsetzt. Dann folgt die Sanktionsnorm dem Unwerturteil und dem Imperativ der Verhaltensnorm, ohne sich zu ihr in Widerspruch zu setzen. Daraus folgt, dass eine tätergünstige, später einsetzende Überschuldungsdefinition (etwa der ausschließliche Ansatz von Fortführungswerten) keinen Normwiderspruch erzeugt.

2079 Ebenso *K. Schmidt*, FS-Rebmann (1989), S. 437.

Eine Normspaltung zwischen Sanktions- und Verhaltensnorm, die nicht sogleich einen Normwiderspruch begründet, ist aber dann problematisch, wenn ein ausdrücklicher Gesetzeswille sich für einen gleichzeitigen Einsatz der Strafsanktion im Augenblick der Verletzung der Verhaltensnorm, also im Augenblick der Überschreitung der Ge- oder Verbotsnorm ausspricht. Ob das Gesetz den gleichzeitig einsetzenden Schutz der Sanktionsnorm bezweckt, lässt sich aus dem Vergleich der verschiedenen Haftungsnormen ablesen. Sieht das Gesetz wie im Falle der Insolvenzverschleppung zugleich eine zivilrechtliche Sanktion vor, die im Augenblick der Übertretung der zivilrechtlichen Gebots- oder Verbotsnorm (Einsetzten der Antragspflicht) einsetzt, so ist bei der bloßen strafrechtlichen Flankierung in der Regel davon auszugehen, dass der Schutz des Strafgesetzes ebenfalls ab diesem Zeitpunkt einsetzen soll. Auch *K. Schmidt* sieht das Problem einer so verstandenen „Normspaltung“ zwischen Verhaltensnorm und Sanktionsnorm darin, dass „dieses Auseinanderfallen seinen Grund regelmäßig nicht im Gesetzgeberwillen findet. Indem der Gesetzgeber dieselbe Bezugsnorm zum Anknüpfungspunkt für unterschiedliche Sanktionen erklärt, spricht er sich für den Gleichlauf der Sanktionen und gegen die Normspaltung aus. Das aber bedeutet: Die zugrunde liegende Ge- oder Verbotsnorm ist einheitlich zu interpretieren. Auch die Sanktionsnormen sind im Sinne eines Gleichlaufs zu interpretieren, sofern nicht ein nachweisbarer Gesetzeswille oder ein höherrangiges Prinzip (z. B. Art. 103 II GG) entgegensteht.“ [2080]

Im Folgenden ist daher die Frage der Zivilrechtsakzessorietät in zwei Schritten zu klären:

Erster Schritt: Zu prüfen ist, ob bei einer Sanktionsnorm eine zwingende Akzessorietät zum Überschuldungstatbestand der ihr vorgelagerten Verhaltensnorm besteht.

Weil die Verhaltensnorm bei den Insolvenzverschleppungsdelikten in der zivilrechtlich geregelten Antragspflicht bei Überschuldung eine konkrete Ausgestaltung im Gesetz erfahren hat, bietet sich wegen einer leichteren Bestimmbarkeit der Verhaltensnorm an, mit den Insolvenzverschleppungsdelikten zu beginnen. Hier ist zu prüfen, ob der Überschuldungstatbestand der Insolvenzverschleppungsdelikte mit § 19 II InsO gleich auszulegen ist.

Zweiter Schritt: Sofern sich insoweit eine zwingende Zivilrechtsakzessorietät ergibt, ist zu prüfen, ob dem Bankrotttatbestand dieselbe an diesen Überschuldungstatbestand anknüpfende Verhaltensnorm vorgelagert ist. Bejahendenfalls muss zur Vermeidung eines widersprüchlichen Unwerturteils der Überschuldungstatbestand in beiden Sanktionsnormen gleich ausgelegt werden. Ansonsten, wenn der Überschuldungstatbestand als Grenzmarke für ein Überschreitungsverbot einmal früher, einmal später greifen würde, würde dieselbe Verhaltensnorm ein Verhalten einmal für unrechtmäßig und einmal noch für rechtmäßig erklären.

Ist hingegen beiden Sanktionsnormen (Insolvenzverschleppungsdelikte und Bankrott) nicht dieselbe Verhaltensnorm vorgelagert, so kann sich kein Normwiderspruch ergeben, weil zwei voneinander unabhängige Gebots- oder Verbotsnormen

---

2080 *K. Schmidt*, FS-Rebmann (1989), S. 437.

widerspruchsfrei an unterschiedliche Auslösetatbestände anknüpfen können und jede Verhaltensnorm für sich betrachtet sinnvoll bleibt. In diesem Fall wäre selbst bei unterschiedlichem Auslösezeitpunkt der Verhaltensanforderungen kein Normwiderspruch denkbar und damit eine autonome Begriffsbestimmung insoweit zulässig. Diese müsste sich dann allein an den strafrechtsimmanenten Auslegungsgrenzen messen lassen. § 19 II InsO hingegen könnte als außerstrafrechtlicher Tatbestand nicht grenzziehend wirken.

2. Konkrete Lösung der Akzessorietätsfrage

a) Erster Schritt: Unbedingte Zivilrechtsakzessorietät der Insolvenzverschleppungsdelikte?

aa) Blankettnorm?

Die Zivilrechtsakzessorietät der Insolvenzverschleppungsdelikte wäre einfach zu bejahen, wenn es sich bei den Insolvenzverschleppungsdelikten um *„echte"* oder *„offene"* *„Blankettnormen"* handeln würde.

Ein Straftatbestand ist eine „echte" oder „offene" „Blankettnorm", wenn der Straftatbestand lediglich die Strafandrohung enthält und hinsichtlich des genauen Verbotsinhaltes expressis verbis auf eine außerstrafrechtliche Norm (formelle oder materielle Gesetze (Verordnungen)) dergestalt Bezug nimmt, dass die Strafnorm ohne die in Bezug genommene außerstrafrechtliche Norm keinen abschließenden Inhalt hätte, weil das tatbestandliche Unrecht nur unvollständig umschrieben wäre.[2081]

Im Falle eines *echten* oder *offenen* Strafblanketts wäre also die in Bezug genommene außerstrafrechtliche Norm unmittelbarer Bestandteil des Straftatbestands selbst, mit der Folge, dass die außerstrafrechtlichen Norminhalte per definitionem zwingend akzessorisch in den Straftatbestand „hineinzulesen" wären. Dementsprechend wäre die Änderung der blankettausfüllenden Norm zugleich eine Änderung des Blankrettstrafgesetzes[2082] und die mit § 19 II InsO eingetretene Abweichung von der vorherigen Zivilrechtspraxis zugleich für die Strafnorm maßgeblich.

Davon zu unterscheiden ist – neben der bloßen Verwendung eines außerstrafrechtlich besetzten Begriffs wie bei § 283 StGB – die volle Umschreibung des tatbestandlichen Unrechts innerhalb des Straftatbestandes im Wege der *Wiederholungstechnik*, also unter Wiederholung der in der außerstrafrechtlichen Norm umschriebenen Norminhalte. So verhält es sich bei den Insolvenzverschleppungsdelikten, soweit sie die Antragspflicht bei Vorliegen des Eröffnungsgrundes formulieren: Der jeweilige Straftattatbestand von §§ 401 I Nr. 2, II AktG, 84 I Nr. 2, II GmbHG, 130b HGB, 148 I Nr. 2, II GenG benennt hier zwar unter ausdrücklicher Bezugnahme auf die

---

2081 Vgl. *BVerfGE* 14, S. 245, 252; *BGHSt* 6, S. 30, 40 f.; *BGHSt* 21, S. 277, 279; LK-*Gribbohm* (Stand 1992), StGB, 11. Aufl. (2003), § 2 Fn. 34 f.; *Kohlmann* in Hachenburg, GmbHG, 7. Aufl. (1984), § 84 Rn. 53; *Enderle*, Blankettstrafgesetze (1999), S. 79ff., 110; *Plathner*, Bankrottatbestand (2002), S. 115; *Tiedemann* in Scholz, GmbHG, 9. Aufl. (2002), § 84 Rn. 5.

2082 Vgl. *BGHSt* 20, S. 177, 180 f.; LK-*Gribbohm* (1992), StGB, 11. Aufl. (2003), § 2 Rn. 34.

zivilrechtlichen Antragsregelungen in §§ 92 II AktG, 64 I GmbHG, 99 I GenG, 130a I, IV HGB die gebotene Handlung, jedoch umschreibt die Strafnorm auch mit eigenen Worten das tatbestandliche Unrecht: Vgl. § 84 I Nr. 2 GmbHG *„Mit Freiheitsstrafe wird bestraft, wer es (...) als Geschäftsführer entgegen § 64 I oder als Liquidator entgegen § 71 IV unterlässt, bei Zahlungsunfähigkeit oder Überschuldung die Eröffnung des Insolvenzverfahrens zu beantragen"*, anstatt beispielsweise zu formulieren *„Mit Freiheitsstrafe wird bestraft, wer § 64 I StGB zuwider handelt."* Allerdings ergibt sich das Erfordernis des Ablaufs der Dreiwochenfrist erst aus der in Bezug genommenen zivilrechtlichen Antragsregelung, so dass die Strafnorm insoweit ohne die zivilrechtliche Norm unvollständig wird. Je nach Gewichtung dieses Blanketteinschlags werden die Insolvenzverschleppungsdelikte daher noch als „blankettartige" bezeichnet oder ihnen die Blanketteigenschaft im Sinne eines echten Blankettstrafgesetzes abgesprochen.[2083]

bb) Norm des Sekundärstrafrechts, unechtes Sanktionsblankett

Die Frage der Zivilrechtsakzessorietät ist mit der Ablehnung des echten Blankettcharakters aber noch nicht präjudiziert. Denn insoweit stellt die Eigenschaft der Blankettnormen letztlich nur eine Klassifizierung einer besonderen Regelungstechnik bei zivilrechtsakzessorischen Rechtsnormen dar, der die Entscheidung über die Zivilrechtsakzessorietät vorgelagert ist.

Damit ist der Blankettcharakter einer streng akzessorischen Norm eine besondere Ausgestaltung, die zwar nur bei streng akzessorischen Strafnormen anzutreffen ist, jedoch keine notwendige Voraussetzung der Akzessorietät ist.

Zahlreiche Fälle, in denen wegen der inhaltlichen Anknüpfung der Strafnorm an außerstrafrechtliche Regelungen eine Übernahme der zivilrechtlichen Inhalte in den Straftatbestand erfolgt, auch ohne dass explizit auf die außerstrafrechtlichen Vorschriften Bezug genommen wird, belegen das Vorkommen strenger Akzessorietät außerhalb von Blankettatbeständen. Ein anschauliches Beispiel ist § 266a StGB, der an die sozialversicherungsrechtlichen Pflichten anknüpft, ohne sie expressis verbis in Bezug zu nehmen,[2084] ebenso nehmen die §§ 242, 246 StGB auf die zivilrechtlichen Eigentumsregelungen allein über das Merkmal „fremd" Bezug.[2085]

Materiellrechtliches Unterscheidungsmerkmall muss hingegen sein, ob der Straftatbestand sich in der Bewehrung außerstrafrechtlich formulierter Pflichten erschöpft, also die dem Straftatbestand vorgelagerte Verhaltensnorm vollständig vom Zivilrecht vorformuliert wird, weil dann die verhaltenssteuernde Wirkung der Sanktionsnorm auch nur auf diese Pflicht wirken kann. Dann muss aber auch der für die zivilrechtliche Pflicht maßgebliche Begriffszusammenhang für das Straf-

---

2083 Vgl. *Schaal* in Erbs/Kohlhaas, § 84 GmbH Rn. 3, 35: „blankettartig", zit. nach *Tiedemann*, Scholz, GmbHG, 9. Aufl. (2002), § 84 Rn. 5. Hingegen jeden Blankettcharakter bestreitend *Kohlmann* in Hachenburg, GmbHG, 7. Aufl. (1984), § 84 Rn. 53; *Tiedemann*, a.a.O.

2084 Vgl. hierzu die Ausführungen bei *Plathner*, Bankrottatbestand (2002), S. 117 ff., der insoweit von einem „verdeckten Blankett" spricht.

2085 LK-*Gribbohm* (Stand 1992), StGB, 11. Aufl. (2003), § 1 Rn. 34.

recht gelten, weil mangels einer zusätzlichen verhaltenssteuernden Funktion der Sanktionsnorm kein Raum für Abweichungen ist.

In diesem Fall, in dem die Strafvorschrift die in demselben Gesetz geregelten und fest umrissenen Tatbestände mit Strafe bewehrt und sich dabei auf die bloße Flankierung der außerstrafrechtlich vorformulierten Pflicht reduziert, soll sie als Norm des „Sekundärstrafrechts" (oder auch „unechtes Sanktionsblankett") bezeichnet werden.[2086]

Ist der Strafnorm hingegen zumindest auch eine eigenständige Verhaltensnorm mit einem eigenständigen Gebots- oder Verbotscharakter vorgelagert, soll sie als Norm des „Primärstrafrechts" bezeichnet werden.[2087]

Ob die Norm dem Sekundärstrafrecht oder dem Primärstrafrecht zuzuordnen ist, lässt sich nicht schon anhand der systematischen Eingliederung in die Gesetze des Nebenstrafrechts oder des Kernstrafrechts (StGB) ablesen, wie bereits die beliebige Umgliederung vom Reichsstrafgesetzbuch 1871 in die Konkursordnung 1877 und 1976 zurück ins StGB je nach der dem Neben- oder Kernstrafrecht beigemessenen Erhöhung generalpräventiver Wirksamkeit zeigt.[2088]

Und auch die umstrittene Einordnung des Überschuldungsmerkmals als ein *„deskriptives"*[2089], *„normativ gefärbtes"*[2090] oder gar *„normatives"*[2091] Tatbestandsmerkmal, je nach dem, ob das Gewicht auf die kognitive Feststellbarkeit der Überschuldung aus dem Vergleich der sich in der Bilanz gegenüberstehenden Zahlenreihen[2092] oder auf das der Bilanzerstellung vorgelagerte Werten bei Ermittlung der anzusetzenden Aktiv- und Passivposten gelegt wird,[2093] ist im Hinblick auf die Frage, ob die zivilrechtlichen Vorgaben zu übernehmen sind, ohne Einfluss, weil die Ansicht, Überschuldung sei deskriptiv, nicht klärt, ob der kognitiv wahrnehmbare Bilanzzustand in Abhängigkeit von zivilrechtlichen Vorgaben erstellt wurde, und auch die Ansicht, der Überschuldungsfeststellung liege eine richterliche Wertung zugrunde, nicht klärt, *wie* die Wertung vorzunehmen ist (in Anlehnung an das Zivilrecht oder autonom).

2086 In Anlehnung an BVerfGE 33, S. 206; LK-*Gribbohm* (Stand 1992), StGB, 11. Aufl. (2003), § 2 Rn. 36.

2087 So auch schon *Plathner*, Bankrottatbestand (2002), S. 118 ff.

2088 Vgl. oben unter Teil 1, A. I. 3. c), 4. b) und 4.

2089 So *Franzheim*, NJW 1980, S. 2502. *Deskriptive* Tatbestandsmerkmale beschreiben das Unrecht unter Ausschluss richterlicher Wertungen. Als deskriptiv wird ein Merkmal insbesondere dann bezeichnet, wenn es durch bloße Wahrnehmung in das Täterbewusstsein aufgenommen werden kann, weil es sich sachlich-gegenständlich beschreiben lässt, vgl. *Roxin,* AT I, 3. Aufl. (1997), § 10 Rn. 57; *Franzheim*, NJW 1980, S. 2502; *Haak*, NJW 1981, S. 1353.

2090 So *Tiedemann*, Schröder-Gds. (1987), S. 291, der sowohl normative als auch deskriptive Elemente annimmt. *Normativ* ist ein Tatbestandsmerkmal oder dessen Bestandteil, wenn die Feststellung des Tatbestandsmerkmals insoweit eine an der Rechtswidrigkeit orientierte richterliche Wertung verlangt. Bei gemischten Merkmalen kommt es beider Auslegung auf das jeweilige Element an. Vgl. *Roxin*, AT I, § 10 Rn. 11; Sch/Sch-*Lencker*, 26. Aufl., (2001), Vor § 64 Rn. 13 ff.; *Tiedemann*, Tatbestandsfunktionen (1969), S. 186 f.; *Haak*, NJW 1981, S. 1353.

2091 So *Haak*, NJW 1981, S. 1353; *Bieneck*, StV 1999, S. 43.

2092 *Franzheim*, NJW 1980, S. 2502.

2093 *Tiedemann*, Schröder-Gds. (1987), S. 291; *Haak*, NJW 1981, S. 1353; *Bieneck*, StV 1999, S. 43.

Sogar die Wiederholungstechnik der Insolvenzverschleppungsnormen mit ihrer ausdrücklichen Benennung der zivilrechtlichten Antragspflichtenregelungen kann nur indiziell wirken, weil mit der (nahezu) vollständigen Umschreibung des Unrechts der Straftatbestand ebenso gut autonom bestimmt werden könnte.

In verlässlicher Weise lassen sich Aussagen über das Verhältnis einer Strafnorm zu dem von ihr in Bezug genommenen außerstrafrechtlichen Recht allein aus der Funktion der Strafnorm selbst und der konkreten Funktion des auszulegenden Tatbestandsmerkmals im Deliktsgefüge entnehmen. Auch hier gilt in den Worten *Engischs*: *„Welcher Art die Beziehungen der Rechtsnormen zueinander sind, ergibt sich nur scheinbar aus allgemeinen schematischen Regeln, in Wahrheit aber aus dem Inhalt der Normen, der so beschaffen und abgestimmt ist, dass sich aus ihm jene Regeln abstrahieren lassen.“*[2094]

Auszugehen ist dabei von der grundlegenden Funktion der Verhaltenssteuerung im Hinblick auf den Rechtsgüterschutz. Die Insolvenzverschleppungsregelungen sollen die Organe haftungsbeschränkter Gesellschaften dazu anhalten, in dem Augenblick Insolvenz anzumelden, in dem die abstrakte Gefährlichkeit der Teilnahme am Wirtschaftsverkehr allein die Gläubigerbefriedigungsinteressen *par conditio omnium creditorum* betrifft. Denn ab dem Augenblick, ab dem eine dauerhafte Vermögensinsuffizienz auch unter Berücksichtigung der künftigen Unternehmensentwicklung anzunehmen ist, genau ab dem Zeitpunkt, den der Überschuldungstatbestand des § 19 II InsO markiert, geht das unternehmerische Risiko vollends auf die Gläubiger über, so dass das von den – bisher das unternehmerische Risiko zumindest noch mittragenden – Eigentümern eingesetzte Management seine Legitimation verliert und damit der Gläubigergesamtheit (selbst, oder vertreten durch den Insolvenzverwalter) die Leitung der Gesellschaft obliegt (vgl. insbesondere § 57 InsO).

Mit Blick auf eine maximale Verwirklichung der Gläubigerbefriedigungsinteressen markiert das Gesetz den Zeitpunkt nicht bereits dann, wenn die Liquidationswerte des Unternehmensvermögens zur Schuldendeckung nicht ausreichen, aber das Unternehmen durch künftige Erträge die Forderungen der Gläubiger zu befriedigen vermag, sondern erst dann, wenn auch unter Berücksichtigung der künftigen Ertragschancen klar wird, dass allein die Gläubiger zum Stichtag und in Zukunft das unternehmerische Risiko tragen werden, was bereits dann anzunehmen ist, wenn auch in Zukunft trotz positiver Fortführungsprognose das Vermögen zur Deckung der Verbindlichkeiten nicht ausreichen wird (traditionell zweistufiges Überschuldungmodell).

Dieser Zeitpunkt der endgültigen Vermögensinsuffizienz markiert zugleich die Marke der nicht mehr hinnehmbaren Gefährdung der Gläubigerbefriedigungsinteressen, weil das Management durch die Vermögensinteressen der Gesellschaft nicht mehr hinreichend diszipliniert wird: Eine Verletzung ihrer Vermögensinteressen trifft ohnehin nur noch die Gläubiger der Gesellschaft. Die vom Unternehmensinteresse verselbständigte Motivation der Unternehmensleitung bzw. der Gesellschafter zur Unternehmensfortführung um jeden Preis (Verhinderung von Prestige- und Einkommensverlusten der Unternehmensleitung) tritt zu dem ohne-

2094 *Engisch*, Einheit der Rechtsordnung (1935), S. 29.

hin bestehenden abstrakten Verlustrisiko wirtschaftlicher Betätigung hinzu, so dass letztlich ein Gefährdungsgrad der Gläubigerbefriedigungsinteressen erreicht ist, dem die an den Überschuldungstatbestand anknüpfenden Antragspflichten der §§ 92 II AktG, 64 I GmbHG, 99 I GenG, 130a I, IV HGB entgegentreten sollen.[2095] Um zu garantieren, dass mit dem Übergang des Verlustrisikos auf die Gläubiger das Management durch Anmeldung des Insolvenzverfahrens auch die Leitungsbefugnisse an diese abtritt, sieht das Gesetz eine zivilrechtliche und strafrechtliche Haftung im Falle der Missachtung vor.[2096]

Die Funktion der Strafsanktion erschöpft sich damit in der Gewährleistung der rechtzeitigen Eröffnung des Insolvenzverfahrens, genau *so,* wie es auch die von der Strafnorm in Bezug genommenen zivilrechtlichen Regelungen zur Antragspflicht vorsehen, also genau zu dem vom Gesetzgeber als rechtzeitig und damit maßgeblich erachteten Zeitpunkt der Überschuldung im Sinne des § 19 II InsO.[2097] Diese ausdrücklich in §§ 92 II AktG, 64 I GmbHG, 99 I GenG, 130a I, IV HGB normierte Pflicht, im Anschluss an diesen Moment der Vermögensinsuffizienz Insolvenz anzumelden, sichert die strafrechtliche Sanktionsnorm ab. Eine über das Gebot einer rechtzeitigen Anmeldung hinausgehende Verhaltensnorm, die von der strafrechtlichen Sanktionsnorm nicht abgesichert werden könnte, existiert nicht. Damit teilt die Strafnorm das Unwerturteil der zivilrechtlichen Regelungen eins zu eins. Würden die Insolvenzverschleppungsdelikte nun durch eine Bevorzugung eines erhöhte Rechtssicherheit bedingenden rein liquidationswertbezogenen Überschuldungsbegriffs von der Vorgabe des § 19 II InsO abweichen, würden sie ein Unwerturteil über die Fortführung der Unternehmenstätigkeit zu einem Zeitpunkt fällen, in dem die zivilrechtliche Ordnung dieses Verhalten noch ausdrücklich für rechtmäßig erachtet, nämlich bei positiver Fortführungsprognose und fehlender bilanzieller Überschuldung zu Fortführungswerten. Es entstünde ein Normwiderspruch. Dieser Widerspruch lässt sich nur vermeiden, wenn der Eintritt der Sanktionsnorm frühestens mit dem Eintritt der Gebotsnorm (§§ 92 II AktG, 64 I GmbHG, 99 I GenG, 130a I, IV HGB) einsetzt.

Das bedeutet, dass die in § 19 II InsO getroffene Grundentscheidung, dass eine Überschuldungsprüfung in Abhängigkeit von der Fortführungswahrscheinlichkeit zu erfolgen hat, zwingend akzessorisch ist.

Nicht entschieden wird durch das Gebot zur Vermeidung des Normwiderspruchs (normativer Widerspruch im engeren Sinne), ob hingegen ein späteres Einsetzen der Sanktionsnorm, beispielsweise unter Anwendung der modifiziert zweistufigen Methode, wie es *Otto* und *Penzlin* vorschlagen,[2098] möglich ist.

2095 Vgl. vor allem zur leichten Sinnverschiebung der Insolvenzantragsregelungen aufgrund der stärkeren Förderung des Sanierungsgedankens und der eigenständig schützenswerten, und gestärkten Rechtsstellung der Gläubiger in der InsO bereits Einleitung, D. I. 2.

2096 Vgl. auch *Tiedemann* in Scholz, GmbHG, 9. Aufl. (2002), Rn. 7.

2097 Im Ergebnis ganz herrschende Meinung. Vgl. pars pro toto *Pfeiffer*, FS-Rowedder (1994), S. 349; *Tiedemann* in Scholz, GmbHG, 9. Aufl. (2002), § 84 Rn. 7.

2098 *Penzlin*, Auswirkungen der InsO (2000), S. 70 f., 153, 163; *Otto*, BT, 6. Aufl. (2001), § 61 Rn. 83 ff.; *ders.*, Aktienstrafrecht, 4. Aufl. (1997), § 401 Rn. 37.

Durch eine modifiziert zweistufige Vorgehensweise kann aber ein *Wertungswiderspruch* (normativer Widerspruch im weiteren Sinn)[2099] entstehen, weil das Gesetz dann einerseits die unbedingte Antragstellung trotz positiver Fortführungsprognose bereits bei einer Überschuldung zu Fortführungswerten verlangt, andererseits aber erklärt, es halte eine Übertretung dieses Gebots erst dann für sanktionswürdig, wenn auch von einer negativen Fortführungsprognose auszugehen sei. Damit würde der Gesetzgeber signalisieren, dass er die endgültige Vermögensinsuffizienz, also bereits die bilanzielle Überschuldung zu Fortführungswerten, für so gefährlich im Hinblick auf die Gläubigerbefriedigungsinteressen hält, dass er eine unverzügliche Übertragung der Unternehmensführung auch wegen dann bereits erhöhter Missbrauchsgefahr auf die eigentlichen Träger des Unternehmensrisikos für unbedingt erforderlich hält, im selben Atemzug aber das Verhalten so lange nicht für sanktionswürdig hält, wie nicht eine negative Fortführungsprognose eintritt.

Ein dahin gehender Widerspruch ließe sich nur sinnvoll auflösen, wenn das Gesetz von einer Sanktionierung mittels Strafe bis zum Eintritt einer negativen Fortführungsprognose absieht, *nicht* weil es das Gläubigergefährdungsrisiko geringer einschätzt und deshalb das Verhalten nicht für sanktions*würdig* hält, sondern weil das Verhalten bis dahin nicht sanktions*fähig* ist, weil höherrangiges Recht, wie z.B. Art. 103 II GG, dem entgegensteht. Dann würde die strafrechtliche Nichterfassung der Normübertretung nicht auf einem abweichenden Werturteil des Gesetzes basieren, sondern aufgrund der Grenzziehung durch rechtsstaatliche Garantien. Dann würde der Grundsatz, dass vom Gesetzgeber selbst für gleich Erachtetes nicht grundlos ungleich behandelt werden darf, beachtet und dadurch die vom Gesetzgeber getroffenen Wertungen unberührt gelassen.[2100]

Im Ergebnis kommt auch *K. Schmidt* zu dieser Lösung, wenn er die „Sanktionsnormen im Sinne eines Gleichlaufs" interpretieren will, „sofern nicht ein nachweisbarer Gesetzeswille oder ein höherrangiges Prinzip (z.B. Art. 103 II GG) entgegensteht."

Damit ist der Zwang zur Übernahme der traditionell zweistufigen Methode auch bei den Insolvenzverschleppungsdelikten davon abhängig, ob eine Anordnung nach der modifiziert zweistufigen Methode zwingend zur Wahrung rechtsstaatlicher Erfordernisse aus Art. 103 II GG erforderlich ist. Ist hingegen die traditionell zweistufige Methode mit dem Bestimmtheitserfordernis vereinbar, eine modifiziert zweistufige Methode lediglich noch etwas vorteilhafter im Hinblick auf Art. 103 II GG, so genießt die normative Widerspruchsfreiheit (Vermeidung eines Wertungswiderspruchs) der Insolvenzregelungen angesichts der ohnehin nicht ganz auszuräumenden Prognoseunsicherheiten einer zukunftsorientierten Überschuldungermittlung und der im Ergebnis kaum bemerkbaren Unterschiede zwischen beiden Modellen Vorrang.

2099 Vgl. nochmals *Engisch*, Einführung, 8. Aufl. (1989), S. 163.
2100 Vgl. nochmals *Engisch*, Einführung, 8. Aufl. (1989), S. 163.

Ohne an dieser Stelle abschließend klären zu müssen, ob und wie sich eine Vereinbarkeit des prognoselastigen Überschuldungstatbestands nach der traditionell zweistufigen Methode mit dem Bestimmtheitsgrundsatz Art. 103 II GG herstellen lässt, kann bereits ausgeschlossen werden, dass der modifiziert zweistufige Überschuldungsbegriff den traditionell zweistufigen Überschuldungsbegriff in der Erzeugung von Rechtssicherheit für den Normadressaten übertrifft: Zunächst teilt der modifiziert zweistufige Überschuldungsbegriff mit dem traditionell zweistufigen Überschuldungsbegriff wegen der beiden gemeinsamen Anknüpfung an die Fortführungsprognose die Eigenschaft, mit Schätzungsrisiken und Unsicherheiten belastet zu sein. Diese Unsicherheiten steigen aber nicht noch mit dem zusätzlichen Erfordernis einer Bilanzerstellung zu Fortführungswerten, sondern werden – wie es der Insolvenzgesetzgeber bezweckte – durch die Korrekturfunktion im Hinblick auf die Zahlungsunfähigkeitsprognose verringert: Anders als *Penzlin*[2101] annimmt, lässt sich die mit der Vielfalt der Bewertungsmethoden verbundene Unsicherheit zu Gunsten des Täters auflösen: Nimmt man entsprechend der herrschenden Meinung nur dann eine bilanzielle Überschuldung an, wenn alle im Rahmen des § 19 II InsO vertretbaren Bewertungsmethoden zu diesem Ergebnis kommen (tätergünstigste Feststellungsmodalität),[2102] so wirkt sich die Methodenvielfalt auch nicht negativ zu Lasten des Normadressaten aus.

Dem Vorwurf, der Überschuldungtatbestand erhalte damit keinen abschließenden Inhalt und könne damit auch nicht dem Bestimmtheitserfordernis des Art. 103 II GG genügen,[2103] ist entgegenzuhalten, dass Art. 103 II GG nur verlangt, dass das Unrecht tatbestandlich abschließend umschrieben wird, so dass der Normadressat sein Verhalten danach ausrichten kann.[2104] Strafnormen müssen so konkret sein, dass Tragweite und Anwendungsbereich des Tatbestandes zu erkennen sind und sich durch Auslegung ermitteln lassen.[2105]

Zunächst ist festzuhalten, dass § 19 II InsO bereits konkret umschreibt, wann Überschuldung vorliegt, nur nicht im Einzelnen alle Feststellungsmodalitäten klärt.[2106] Diese sind aber gerade dann durch Auslegung ermittelbar, wenn sich der Normadressat darauf verlassen kann, dass unter den zivilrechtlich anerkannten Methoden die für ihn günstigste Methode Anwendung finden wird. Der Normadressat könnte sein Verhalten nur dann nicht mehr nach dem Tatbestand ausrichten, wenn die Vielheit dahingehend für beachtlich erklärt würde, dass eine jede Methode für sich zur Annahme der Überschuldung führen kann. Wenn hingegen die Vielheit der Methoden dahingehend für relevant erklärt wird, dass auch die für den Täter im

---

2101 *Penzlin*, Auswirkungen der InsO (2000), S. 155 ff.

2102 Der üblicherweise gewählte Begriff *in dubio pro reo* soll wegen seiner prozessualen Besetzung zur Vermeidung von Missverständnissen vermieden werden. Stattdessen wird „tätergünstigste Feststellungsmodalität“ als Begriff bevorzugt, da er den materiellrechtlichen Gehalt dieser Aussage erkennen lässt.

2103 So *Ransiek*, Unternehmensstrafrecht (1996), S. 154; *Penzlin*, Auswirkungen der InsO (2000), S. 157.

2104 Vgl. *Kunig* in v. Münch, GGK, Bd. III, 3. Aufl. (1996), Art. 103 Rn. 28.

2105 Vgl. *BVerfGE* 55, S. 144, 152. Vgl auch *Kunig* in v. Münch, GGK, Bd. III, 3. Aufl. (1996), Art. 103 Rn. 29.

2106 Ebenso *Tiedemann*, Insolvenzstrafrecht, 2. Aufl. (1996), Vor § 283 Rn. 147.

Einzelfall günstigste Methode zur Überschuldung kommen muss, wird letztlich nur eine Methode für den Einzelfall maßgeblich, die im Einzelfall tätergünstigste. Für jeden Sachverhalt lässt sich damit der Anwendungsbereich des strafrechtlichen Überschuldungstatbestandes eindeutig durch Auslegung ermitteln.

Dabei wird der Normadressat auch nicht mit einer unzumutbaren Menge an durchzuexerzierenden Bewertungsmethoden belastet. Denn die Analyse der verschiedenen Bewertungsmethoden hat gezeigt, dass sich für den Regelfall Tendenzen formulieren lassen, welche Methode wahrscheinlich zum für den Schuldner günstigsten Vermögensausweis führen wird, so dass er von vornherein diese Methode wählen kann:

Weil die Gesamtbewertungsansätze in jedem Fall wertsteigernde Synergieeffekte[2107] berücksichtigen, die bei den Substanzwertmethoden nach dem Teilreproduktionsansatz außer acht bleiben und die auch nach den Einzelbewertungsansätzen auf Basis korrigierter Handelsbilanzwerte und selbst bei den Substanzwertmethoden nach dem Vollreproduktionsansatz nur unzureichend berücksichtigt werden, besteht eine Regelvermutung, dass eine Wertermittlung nach dem Gesamtbewertungsansatz für den Schuldner das günstigste Ergebnis produzieren wird. Damit kann sich der Normadressat im Regelfall darauf beschränken, zur Wertermittlung seines Vermögens eines der Gesamtbewertungsverfahren heranzuziehen.

Da die verschiedenen Möglichkeiten der Gesamtwertermittlung von Ertragswertmethode und DCF-Verfahren aus ihrem theoretischen Konzept heraus keine Unterschiede aufweisen, und weil mit der Abkehr der Ertragswertmethode von der Vollausschüttungshypothese auch eine Angleichung der Regelannahmen erfolgte, kann sich der Normadressat auf die Wahl einer Gesamtbewertungsmethode beschränken, ohne befürchten zu müssen, die andere Methode käme zu einem für ihn günstigeren Ergebnis. Aufgrund der theoretischen Unterschiedslosigkeit von DCF-Verfahren und Ertragswertverfahren entstehen keine Wahlschwierigkeiten.

Und wenn im Einzelfall die Einzelbewertungsverfahren nach dem Teilreproduktionsansatz doch zu einem günstigeren Ergebnis führen, dann weil ein Badwill aufgrund eines schlechten Ausbildungsstands der Mitarbeiter oder schlechter Vertriebsstrukturen oder eines unzureichenden Kundenstamms anzusetzen ist, also aufgrund von Faktoren, die sich bereits bei oberflächlicher Betrachtung der Unternehmenszusammenhänge erkennen lassen, so dass der Schuldner bei entsprechenden Anzeichen von vornherein auf die dann günstigere Methode der Einzelbewertung wird zurückgreifen können. Er ist damit nicht vor das Problem gestellt, zunächst eine aufwendige Wertermittlung nach dem Gesamtbewertungsverfahren zu betreiben, um anschließend eine Korrektur des gefundenen Ergebnisses durch eine erneute Prüfung nach dem Einzelbewertungsansatz zu vollziehen.

2107 Der Begriff der Synergie ist auch hier nicht im technischen Sinn gemeint, weil bei der Ermittlung des objektivierten Unternehmenswertes subjektive Einflüsse durch die Person des potentiellen Käufers gerade unbeachtet bleiben sollen. Synergie meint auch hier nur das wertsteigernde Zusammenspiel der im Unternehmensprozess eingesetzten einzelnen Wirtschaftsgüter.

Insgesamt entstehen für den Normadressaten durch die verschiedenen Bewertungsmethoden daher weder relevante Rechtsunsicherheiten noch ein unzumutbarer Aufwand.

Damit aber weist die modifiziert zweistufige Methode keinen gegenüber der traditionell zweistufigen Methode in relevanter Weise erhöhten Grad an Bestimmtheit auf, der einen Wertungswiderspruch sachlich rechtfertigen könnte.

Der bei einer Anknüpfung an den modifizierten Überschuldungsbegriff entstehende Wertungswiderspruch, eine unveränderte Unternehmensfortführung trotz eingetretener Überschuldung zu Fortführungswerten sanktionslos zu belassen, würde zudem einen *Prinzipienwiderspruch* zu den Regelungen der Insolvenzordnung und damit verbunden auch Schutzlücken im Hinblick auf die geschützten Gläubigerinteressen erzeugen: Die Insolvenzordnung bezweckt den Schutz der Gläubigerbefriedigungsinteressen *par conditio omnium creditorum* nicht nur mehr über ein primär auf die Zerschlagung gerichtetes Insolvenzverfahren, sondern bezweckt verstärkt eine Befriedigung der Gläubigeransprüche über die Fortführung des Unternehmens. Der Gedanke der Fortführung und Sanierung spiegelt sich zugleich in der Stärkung der Gläubigerrechte und ihrer Einflussnahmemöglichkeiten auf die Unternehmensleitung wider (vgl. §§ 57, (69), 218 II, 235 ff., 271, 271 I Nr. 1, 2 InsO); die Gläubiger sollen als eigentliche Träger des unternehmerischen Risikos auch über die Unternehmensführung mitentscheiden. Wenn aber die am Schutzzweck selbständig teilnehmenden Gläubigerrechte auf Unternehmensfortführung mit dem Übergang des unternehmerischen Risikos effektiven Schutz genießen sollen, ist eine strafrechtliche Anknüpfung bereits im Zeitpunkt der endgültigen Vermögensinsuffizienz und nicht erst nach Ausschöpfung auch externer Liquiditätsquellen notwendig. Letzteres mag unter einem auf Zerschlagung ausgerichteten Insolvenzrecht angezeigt gewesen sein, weil es insoweit nahezu ausschließlich auf die Befähigung des Unternehmens zur Tilgung seiner Verbindlichkeiten ankam und verhindert werden musste, dass Unternehmen zu früh dem Insolvenzverfahren zugeführt werden.[2108] Unter einem auf den Unternehmenserhalt ausgerichteten Insolvenzverfahren mit dem Gedanken, dass den Gläubigern die Unternehmensleitung obliegt, sobald sie die Träger des alleinigen unternehmerischen Risikos sind, setzt sich die modifiziert zweistufige Methode auch auf der Ebene des Strafrechts in einen Prinzipienwiderspruch, weil sie insoweit das von der Insolvenzordnung verfolgte Prinzip der verstärkten Gläubigerautonomie vernachlässigt.

Die modifiziert zweistufige Methode würde damit normative Widersprüche erzeugen, ohne dass dem eine relevante Erhöhung der Tatbestandsbestimmtheit gegenüber stünde.

Damit ist zur Vermeidung der normativen Widersprüche jedenfalls von einer zwingenden Akzessorietät der Insolvenzverschleppungstatbestände hinsichtlich § 19 II InsO insoweit auszugehen, dass auch für sie der Überschuldungstatbestand nach der traditionell zweistufigen Methode auszulegen ist.

2108 Vgl. nochmals zu der Begründung der modifiziert zweistufigen Methode, warum es für die Fähigkeit der Schuldendeckung allein auf die künftige Liquidität ankommen sollte, *K. Schmidt*, AG 1978, S. 338.

Welche Modifikationen darüber hinaus zur Wahrung rechtsstaatlicher Erfordernisse erforderlich sind, wird noch zu prüfen sein.

Als Zwischenergebnis lässt sich jedenfalls festhalten:

Überschuldung ist im Rahmen der Insolvenzverschleppungsdelikte wegen insoweit zwingender Akzessorietät zu § 19 II InsO nach der traditionell zweistufigen Methode zu bestimmen.

b) Zweiter Schritt: Bestimmung der den Insolvenzverschleppungsdelikten und dem Bankrott vorgelagerten Verhaltensnorm(en)

Der Überschuldungstatbestand des § 283 I StGB ist daher ebenfalls zwingend akzessorisch, wenn der Sanktionsnorm § 283 StGB dieselbe Verhaltensnorm vorgelagert ist wie den Insolvenzverschleppungsdelikten, weil dann zur Vermeidung eines Normwiderspruchs der Zeitpunkt der Normübertretung einheitlich bestimmt werden müsste und zur Vermeidung eines durch rechtsstaatliche Erfordernisse nicht zu rechtfertigenden Wertungswiderspruchs auch die Sanktionsnorm bereits ab Beginn der Normübertretung greifen müsste.

Die Bestimmung der vorgelagerten Verhaltensnorm ist unter Vergleich der konkreten Funktionen von Insolvenzverschleppungsregelungen und dem Bankrotttatbestand abzuleiten. Auch insoweit gilt: „Welcher Art die Beziehungen der Rechtsnormen zueinander sind, ergibt sich nur scheinbar aus allgemeinen schematischen Regeln, in Wahrheit aber aus dem Inhalt der Normen, der so beschaffen und abgestimmt ist, dass sich aus ihm jene Regeln abstrahieren lassen.“ [2109]

Der Funktionsvergleich hat sich dabei an der Aufgabe der Sanktionsnorm zu orientieren, im Hinblick auf den Rechtsgüterschutz verhaltenssteuernd zu wirken. Neben dem verfolgten Schutzzweck ist der konkrete Funktionszusammenhang der Norm innerhalb des auf den Schutz des konkreten Rechtsguts gerichteten Regelungssystems zu berücksichtigen, nachdem sich eine Beschränkung auf den Vergleich der Schutzrichtungen wegen seiner Konturenlosigkeit als nicht aussagekräftig erwiesen hat.

Vorab ist festzuhalten: Die Verhaltensnorm ist unbedingt zu formulieren. Verhaltensnormen, die bereits einen Bezug zur Strafe enthalten, stellen entweder kein echtes Verbot mehr auf (*Du sollst Strafe auf dich nehmen, wenn du ein gebotenes Verhalten unterlassen oder ein verbotenes Verhalten erfüllt hast!*) oder sie unterwerfen das Unterlassen des gebotenen Verhaltens oder das Begehen von Verbotenem dem *ius cogens* des Tauschens von Unzulässigem und Strafe.[2110]

Weil das Strafrecht aus der Vielzahl der Ge- und Verbotsnormen der Rechtsordnung die Übertretungen der Ge- und Verbotsnormen selektiert und strafrechtsspezifisch ausformt, indem es nur einen Teil der Übertretungen als tatbestandsmäßige Handlung umschreibt,[2111] kann die Verhaltensnorm auch nicht schon aus einer Negativ-

2109 *Engisch*, Einheit der Rechtsordnung (1935), S. 29.
2110 *Haffke*, KritV 1991, S. 91.
2111 Vgl. nochmals *Haffke*, Coimbra-Symposium (1995), S. 96; *Günther*, Strafrechtswidrigkeit und Unrechtsausschluss (1983), S. 156; *Felix*, Einheit der Rechtsordnung (1998), S. 218.

formulierung der tatbestandsmäßig umschriebenen Handlungen abgeleitet werden, etwa dergestalt: *„Du sollst nicht bei Überschuldung oder eingetretener oder drohender Zahlungsunfähigkeit Bestandteile deines Vermögens, die im Falle des Insolvenzverfahrens zur Insolvenzmasse gehören, beiseite schaffen oder verheimlichen oder ...!“*

Damit wäre die dem § 283 I StGB vorgelagerte Verhaltensnorm nur unvollständig umschrieben, weil all jene Übertretungen der Sollensordnung unberücksichtigt blieben, die unzweifelhaft rechtlich missbilligt werden, die aber nicht zugleich strafrechtlich sanktioniert sind. Mit dieser nahezu vollständigen Identifizierung von Normwidrigkeits- und Strafbarkeitsmerkmalen ginge zudem der spezifische Erkenntnisgewinn, der mit der Differenzierung von Norm- und Strafgesetz verbunden ist, offenkundig verloren.[2112]

Andererseits darf die Verhaltensnorm auch nicht zu generell formuliert werden, etwa dergestalt: *„Du sollst ab Eintritt der Überschuldung deine Vermögensmasse nicht gefährden oder gar mindern!“* Eine entsprechende Verhaltensnorm könnte den Insolvenzverschleppungsdelikten *und* dem Bankrotttatbestand gleichermaßen vorgelagert sein: den Insolvenzverschleppungsdelikten, weil mit dem Eintritt der Vermögensinsuffizienz das abstrakt gefährliche, weil mit dem Verlustrisiko behaftete Weiterwirtschaften durch den Schuldner zum Schutz der Gläubigerbefriedigungsinteressen *par conditio omnium creditorum* untersagt wird. Es könnte ebenso dem Bankrotttatbestand vorgelagert sein, weil er ebenfalls zum Schutz der Gläubigerbefriedigungsinteressen *par conditio omnium creditorum* besonders massegefährliches und masseminderndes Verhalten ab dem Eintritt der Überschuldung sanktioniert. Allerdings würde eine Verbotsnorm in dieser Abstraktheit auch solches Verhalten für unzulässig erklären, das durch die Insolvenzordnung ausdrücklich erlaubt wird:

Würde die Verhaltensnorm tatsächlich ein absolutes Massegefährdungsverbot aufstellen, so würde sie die Einstellung der Unternehmenstätigkeit verlangen müssen, weil jedem Wirtschaften, auch dem Wirtschaften unter Aufsicht von Insolvenzverwalter, Insolvenzgericht und Gläubigergesamtheit, ein abstraktes Verlustrisiko innewohnt. Um dem Unterlassungsgebot *„Du sollst ab Eintritt der Überschuldung deine Vermögensmasse nicht gefährden oder gar mindern!“* gerecht zu werden, müsste also die Insolvenzordnung vom Schuldner die Einstellung jeder Unternehmenstätigkeit bzw. die Beantragung eines allein auf Zerschlagung gerichteten Insolvenzverfahrens verlangen. Die Insolvenzordnung verlangt stattdessen die Beantragung eines Insolvenzverfahrens, das gerade nicht mehr primär auf Zerschlagung ausgerichtet ist, sondern ausdrücklich die Sanierung als gleichrangige Verwertungsart zur Disposition der Gläubiger stellt und ihnen mit dem Insolvenzplanverfahren ein „marktkonformes“ Verfahrensinstrument zur Seite stellt.[2113] Dabei stellt die „Deregulierung“ in dem Sinne, dass das Insolvenzverfahren stärker zur Disposition der beteiligten Gläubiger stehen müsse, ein erklärtes Ziel der Insolvenzordnung dar.[2114]

2112 *Haffke*, Coimbra-Symposium (1995), S. 94.
2113 Vgl. ausdrücklich den Regierungsentwurf zur Insolvenzordnung, BT-Drs. 12/2443, S. 77 ff.
2114 Vgl. den Regierungsentwurf zur Insolvenzordnung, BT-Drs. 12/2443, S. 77 ff.; auch *Balz* in Kübler, Neuordnung des Insolvenzrechts (1988), S. 8 f., 18 f.; *Moosmayer*, Einfluß der InsO (1997), S. 12, 25 ff.

Damit will die Insolvenzordnung mit der Normierung der Antragspflicht bei Überschuldung nicht massegefährliches Wirtschaften an sich verhindern, sondern gewährleisten, dass mit dem Übergang des unternehmerischen Risikos auf die Gläubiger auch die Entscheidung über das Schicksal des Unternehmens, Sanierung oder Liquidation, auf die Gläubiger übergeht. „Der Fortbestand eines bewährten Geschäftspartners kann so eine Sanierungsentscheidung tragen, wenngleich dies für die Gläubiger einen vollständigen Forderungsausfall bedeuten mag“,[2115] solange ihnen als den eigentlichen Trägern des wirtschaftlichen Risikos nur die Verfügungsbefugnis über das Unternehmen garantiert wird.

Damit lautet die Verhaltensnorm aber nicht mehr „Du sollst ab Eintritt der Überschuldung deine Vermögensmasse nicht gefährden oder gar mindern!“, sondern „Du sollst ab dem Zeitpunkt, ab dem ausschließlich deine Gläubiger das unternehmerische Risiko tragen, weil sich das Verlustrisiko deiner Geschäftstätigkeit nur noch zu ihren Lasten realisiert, diesen auch die Entscheidung darüber überlassen, ob und inwiefern sie das Verlustrisiko auf sich nehmen wollen oder ob sie das unternehmerische Risiko ablehnen und Befriedigung durch die Liquidation des Unternehmens suchen wollen!“ ‚kürzer gefasst: „Mit dem Übergang des unternehmerischen Risikos (Überschuldung) sollst du die unternehmerischen Entscheidungen dem neuen Risikoträger überlassen!“

Demgegenüber formuliert § 283 I StGB Handlungen, die nicht nur das allgemeine unternehmerische Risiko in sich tragen, sondern Handlungen, die eine darüber weit hinausgehende Tendenz zur Masseschmälerung verkörpern, weil sie besonders „gefährlich oder sinnlos“ sind.[2116] Deren Unterlassung bezweckt § 283 I StGB, wenn sich der Schuldner in der Krise befindet. Hier geht es also nicht um den Übergang der Geschäftsführungsbefugnisse, sondern um erhöhte Sorgfaltsanforderungen an den Kredit beanspruchenden Schuldner, solange er selbst die Geschäftsführung inne hat, sei es, weil er zum Kreis der nicht insolvenzantragspflichtigen Schuldner gehört, oder weil er noch nicht Insolvenz angemeldet hat, oder weil im Insolvenzverfahren die Eigenverwaltung angeordnet wurde (§§ 270 ff. InsO), oder weil ihm im Rahmen eines Insolvenzplanverfahrens – unter Aufsicht – die Geschäftsführung noch faktisch ermöglicht wird. In all diesen Fällen soll durch § 283 I StGB gewährleistet werden, dass der Schuldner in der Krise besondere Sorgfalt mit seinem Vermögen walten lässt. Dies macht der Gesetzgeber unmissverständlich deutlich: „Wo es aber um die Zulässigkeit wirtschaftlich sinnloser oder zumindest gefährlichen Handlungen geht (...): Die Unterlassung solcher Handlungen muß von jedem – auch dem noch zahlungsfähigen – Teilnehmer am Wirtschaftsverkehr verlangt werden, sofern er überschuldet ist.“[2117] Dabei geht das Gesetz noch weiter und verlangt die Unterlassung solcher Handlungen bereits ab der drohenden Zahlungsunfähigkeit.

Die dem § 283 I StGB vorgelagerte Norm ist dann nicht: *„Mit dem vollständigen Übergang des unternehmerischen Risikos (Überschuldung) sollst du die unternehmerischen Entschei-*

2115 So ausdrücklich den Regierungsentwurf zur Insolvenzordnung, BT-Drs. 12/2443, S. 76.
2116 Vgl. nochmals die Regierungsbegründung zum 1. WikG 1976, BT-Drs. 7/3441, S. 20.
2117 Vgl. die Regierungsbegründung zum 1. WikG 1976, BT-Drs. 7/3441, S. 20.

dungen dem neuen Risikoträger überlassen!", sondern allgemein auch vor dem vollständigen Übergang des allgemeinen Verlustrisikos wirtschaftlicher Tätigkeit: „*Wenn du Kredit in Anspruch nimmst und dich in der Krise befindest, darfst du nicht mehr nach Belieben mit deinem Vermögen verfahren, sondern du musst vorsichtiger damit umgehen, weil deine Gläubiger ein berechtigtes Interesse an dem Erhalt deines Restvermögens haben!*"

Und bedenkt man nun noch, dass die Bankrottatbestände der Konkursordnung zuvor krisenunabhängig abstrakt gefährliche Handlungen unter Strafe gestellt haben, und dass mit der Einführung der Krisenmerkmale nur dem Schuldprinzip Rechnung getragen werden sollte, indem aus den strafrechtlich sanktionierten Übertretungen der Verhaltensnorm solche herausgenommen werden sollten, die kein reales Gefährdungsrisiko für die Gläubiger bedeuten, dass aber nicht die Verhaltensnorm selbst verändert werden sollte, ist die Verhaltensnorm erst vollständig formuliert, wenn sie unabhängig von dem Vorliegen einer Krise lautet: „*Wenn du Kredit in Anspruch nimmst, gehe vorsichtig mit deinem Vermögen um!*" Welche Übertretungen dann strafrechtlich erfasst werden, richtet sich danach, ob sie zum Katalog der Ziffern 1 bis 8 gehören und in der Krise vorgenommen wurden.

Auch § 283 II StGB, der allein deshalb die Herbeiführung der Krise durch eine der Katalogtaten sanktioniert, weil das in einer Bankrotthandlung liegende Unrecht gegenüber dem Handeln in der Krise „von gleichem Gewicht" ist, wenn durch sie erst die Krise herbeigeführt wurde,[2118] will – wie § 283 I StGB – zu erhöhter Vorsicht beim Umgang mit dem eigenen Vermögen anhalten. Es geht also ebenfalls um erhöhte Sorgfaltsanforderungen bei der Wahrnehmung der Geschäftsführung durch den Schuldner. Die Verhaltensnorm lautet nicht „*Du sollst nicht Überschuldung oder Zahlungsunfähigkeit verursachen!*", sondern auch hier „*Du sollst nicht sorglos mit deinem Vermögen umgehen, wenn du dadurch eine Situation schaffst, in der du die Befriedigungsansprüche Deiner Gläubiger nicht erfüllen kanns!.*", anders formuliert: „*Wenn du Kredit in Anspruch nimmst, gehe vorsichtig mit deinem Vermögen um!*" Es geht daher bei § 283 II StGB nicht um das generelle Verbot, des Sich-in-die-Krise-Bringens an sich als ein Gebot der Insolvenzvermeidung,[2119] sondern wie bei § 283 I StGB darum, dass dem Kredit in Anspruch nehmenden Schuldner eine erhöhte Sorgfalt beim Umgang mit seinem Vermögen obliegt, solange durch sein Handeln die Befriedigungsinteressen der Gläubiger beeinträchtigt werden können. Dass dabei bereits Handlungen erfasst werden, die *vor* dem Eintritt der Krise begangen wurden, zeigt einmal mehr, dass die dem § 283 StGB vorgelagerte Verhaltensnorm das Gebot vorsichtigen Wirtschaftens unabhängig von der Krise aufstellt und allein an die Inanspruchnahme von Kredit anknüpft.

Festzuhalten ist: Es geht bei § 283 I, II StGB nicht um die Pflicht, die Verwaltung des Vermögens auf die Gläubiger zu übertragen, sondern um Sorgfaltspflichten bei Inanspruchnahme von Kredit, so dass dem Bankrotttatbestand eine von den Insolvenzverschleppungsreglungen verschiedene Verhaltensnorm vorgelagert ist.

2118 Vgl. die Regierungsbegründung zum 1. WikG 1976, BT-Drs. 7/3441, S. 20.
2119 Vgl. auch ausdrücklich *Achenbach*, Schlüchter-Gds. (2002), S. 268.

Wegen der Verschiedenheit der Verhaltensnormen würde daher eine von § 19 II InsO abweichende Auslegung des Überschuldungsbegriffs in § 283 StGB keinen Normwiderspruch erzeugen. Über die den Strafsanktionen vorgelagerten Verhaltensnormen lässt sich keine zwingende Akzessorietät begründen.

Auch das direkte Normverhältnis zwischen § 19 II InsO und § 283 StGB verlangt keine strikte Begriffsakzessorietät:

c) *Strafrechtsautonomer Begründungsansatz bei § 283 I, II StGB*

Aus den soeben angeführten Gründen entstünde bei einer abweichenden Auslegung nicht einmal ein normativer Widerspruch im Sinne eines Wertungswiderspruchs zu der zivilrechtlichen Regelung in § 19 II InsO. In seiner zivilrechtlichen Funktion als Eröffnungsgrund (§ 19 I InsO) soll der Überschuldungstatbestand die Grenze markieren, ab wann dem Schuldner nicht mehr die alleinige Fortführungsbefugnis obliegt. In § 283 I und II StGB ist hingegen keine Aussage darüber enthalten, *ob* der Schuldner sein Vermögen weiter dem Unternehmenszweck entsprechend einsetzen und mit ihm wirtschaften darf, sondern allein darüber, *wie* er mit dem Vermögen umzugehen hat, wenn er mit ihm wirtschaftet, welche Sorgfalt er zu beachten hat. Damit würde aber eine zeitlich von dem Eintritt des Übergangs der Verfügungsbefugnis abweichend einsetzende Erhöhung des Sorgfaltsmaßstabs keinen Widerspruch erzeugen, weil insoweit vollkommen verschiedene Unwerturteile ab Eintritt der Überschuldung gefällt werden.

Wenn aber keinerlei Widerspruch durch eine abweichende Auslegung erzeugt wird, so ist zugleich positiv festgestellt, dass der Überschuldungsbegriff in § 283 I, II StGB nach strafrechtsautonomen Prinzipien zu bestimmen ist. Denn weil das Strafrecht grundsätzlich eine autonome Rechtsdisziplin ist, ist die Annahme einer zwingenden Zivilrechtsakzessorietät statt der Begründungsautonomie stichhaltig zu begründen. Die Begründungslast trifft die Akzessorietätslehre als Ausnahme von der Regel.[2120]

Dass die Inhaltsbestimmung bei § 283 I, II StGB autonomen Regeln folgt, legt auch der Gesetzgeber des 1. WikG durch seine vom Zivilrecht abweichende Bestimmung des personellen Anwendungsbereichs der Überschuldung nahe, mit der er eindeutig klarstellt, dass der bankrottstrafrechtliche Überschuldungstatbestand nicht zwingend den zivilrechtlichen Einschränkungen und damit den zivilrechtlichen Bestimmungen insgesamt unterliegt.[2121]

Zu klären ist nun, nach welchen Maßstäben Überschuldung in § 283 I, II StGB zu bestimmen ist, welche strafrechtseigenen Auslegungsprinzipien zur Anwendung kommen:

2120 Ebenso *Plathner*, Bankrottatbestand (2002), S. 32.
2121 Vgl. insoweit nochmals die Regierungsbegründung zum 1. WiKG BT-Drs. 7/3441, S. 20.

V. Methodik zur strafrechtsautonomen Begriffsbestimmung – Die strafrechtsimmanenten Prinzipien und Grenzen der Auslegung

1. Die maßgeblichen Auslegungsgrundsätze im gegenseitigen Ausgleich – Funktionalität, Rechtssicherheit und Subsidiarität

a) *Funktionalität hinsichtlich der Verhaltenssteuerung*

„Der Gegenstand bestimmt die Methode.“[2122] Auf welche Weise Fragestellungen, die das Recht aufwirft anzugehen sind, bemisst sich nach dem Wesen und der Funktion des Rechts. Das Recht insgesamt ist bereits Verhaltensregelung und läuft letztlich auf Handlungsvorschriften hinaus.[2123] Der verhaltenssteuernden Funktion kommt dabei im Strafrecht eine ganz besondere Funktion zu: Da die verhaltenssteuernde Wirkung des Strafrechts ausschließlich dem Rechtsgüterschutz gewidmet und zugleich die alleinige Legitimationsgrundlage strafrechtlicher Regelungen ist, muss die Begriffsfindung sich auch ausschließlich an dem Ziel eines möglichst effektiven Rechtsgüterschutz orientieren (Funktionalität). Dabei ist wegen des vergleichsweise stärksten Eingriffscharakters strafrechtlicher Sanktionen in die Freiheitsrechte des Normadressaten die besondere Einbindung des Strafrechts in die verfassungsmäßige Ordnung zu berücksichtigen.[2124] Die rechtsstaatlichen Gebote der *Gesetzlichkeit,* insbesondere der Tatbestandsbestimmtheit (Art. 103 II GG), des *Verhältnismäßigkeitsgrundsatzes* in der strafrechtspezifischen Ausprägung des Effizienzprinzips (Art. 20 III GG) und das ebenfalls aus dem Rechtsstaatsgebot folgende *Schuldprinzip,* ziehen die maßgebliche Grenze bei der Verfolgung des Rechtgüterschutzes und vermögen im Einzelfall eine den Rechtgüterschutz am effektivsten verwirklichende Auslegungsvariante zu verdrängen. Bei der Auslegung des Krisenmerkmals und des Verfahrensauslösers „Überschuldung“ geht die Frage des *Schuldprinzips,* dem zufolge Strafe nur bei individueller Verantwortlichkeit auferlegt werden darf,[2125] aufgrund seiner hier allein maßgeblichen Konsequenz, dass der Schuldner bzw. sein Organ ein Strafe rechtfertigendes Unrecht nur dann begeht, wenn dadurch ein *reales Gläubigergefährdungsrisiko* entsteht, in dem Gebot der *Effizienz* auf, das ebenfalls verlangt, dass das sanktionierte Verhalten aufgrund seiner realen Gläubigergefährlichkeit der Strafe bedarf. Das Schuldprinzip, das die Erfassung nur *strafwürdigen* Verhaltens gewährleisten soll, ist im Rahmen der Bestimmung des Überschuldungstatbestandes solange gewahrt, wie der Überschuldungstatbestand den Eintritt des Momentes markiert, ab dem es zum Schutz des konkreten Rechtsguts der Strafe bedarf, das Handeln *strafbedürftig* ist. Daher ist vorrangig die Strafbedürftigkeit, also die Effizienz der Regelung zu hinterfragen und daraus die Strafwürdigkeit des Verhaltens zu beurteilen.[2126]

2122 *Zippelius,* Methodenlehre, 9. Aufl. (2005), S. 1.
2123 *Zippelius,* Methodenlehre, 9. Aufl. (2005), S. 1.
2124 Vgl. auch *Tiedemann,* NJW 1977, S. 779.
2125 Vgl. bereits oben und *Roxin,* AT I, 3. Aufl. (1997), § 3 Rn. 48 f.
2126 Vgl. insoweit auch *Roxin,* AT I, 3. Aufl. (1997), § 5 Rn. 1.

b) *Sozialadäquanz und erlaubtes Risiko*

Strafbedürftigkeit und Strafwürdigkeit stehen in unmittelbarem Zusammenhang mit der Frage nach dem erlaubten Risiko im Sinne der Sozialadäquanz eines im Hinblick auf die Gefährdung von Rechtsgütern risikoreichen aber zu tolerierenden Verhaltens andererseits.[2127] Einige Verhaltensweisen schaffen zwar ein rechtlich relevantes Risiko für das geschützte Rechtsgut, liegen aber im Interesse des sozialen Nutzens und bleiben dabei als ein von der Gemeinschaft toleriertes Risiko straflos.[2128] Sein sozialer Nutzen beseitigt damit Strafbedürftigkeit und Strafwürdigkeit des Handelns.

Wann ein Risiko erlaubt ist, ist das Ergebnis eines Interessenabwägungsvorgangs zwischen dem Rechtsgüterschutz einerseits und der sozialen Nützlichkeit des rechtsgutsgefährdenden Verhaltens andererseits.[2129] Für die Frage der richtigen Auslegung von „Überschuldung" wäre das Gläubigerschutzinteresse gegen das positive Interesse der Gesellschaft an dem risikoverursachenden Verhalten abzuwägen.

Auf der Suche nach dem Inhalt des bankrottstrafrechtlichen Überschuldungsbegriffs wäre zu fragen, ab wann das in § 283 I umschriebene sorgfaltswidrige Handeln das tolerierbare Maß an Gefährlichkeit für die Gläubigerbefriedigungsinteressen überschreitet; dabei wäre das tolerierbare Maß an Gefährlichkeit unter dem Gesichtspunkt des erlaubten Risikos mittels Abwägung der Gläubigerbefriedigungsinteressen gegen das Interesse der Gemeinschaft an der Zulässigkeit der in § 283 I StGB umschriebenen Handlungen, d.h. an der Zulässigkeit unwirtschaftlichen Verhaltens zu ermitteln. Bereits hier zeigt sich aber, dass ein Interesse der Allgemeinheit an unwirtschaftlichem Handeln nicht begründbar ist, weil von unwirtschaftlichem Verhalten kein sozialer Nutzen ausgeht. Weil es bei § 283 StGB gerade nicht um die rechtzeitige Auslösung des Insolvenzverfahrens geht, sondern darum, ab wann dem Schuldner ein erhöhtes Maß an Sorgfalt im Umgang mit seinem Vermögen abverlangt werden kann, spielt das Interesse der Allgemeinheit, Unternehmen nicht verfrüht dem Insolvenzverfahren zuzuführen und den von wirtschaftsfähigen Unternehmenseinheiten ausgehenden sozialen Nutzen so weit wie möglich abzuschöpfen, keine Rolle. Eine Risiko-Nutzen-Abwägung ist beim Bankrotttatbestand nicht sinnvoll durchführbar.

Allein bei den Insolvenzverschleppungsdelikten ließe sich eine sinnvolle Abwägung des Gläubigerinteresses an einer frühzeitigen Insolvenz und dem Interesse der Allgemeinheit zum Erhalt ertragsfähiger Unternehmenseinheiten unter dem Topos des *erlaubten Risikos* vornehmen, vor allem, um zwischen dem ausschließlichen Ansatz von Liquidationswerten und einer Überschuldungsermittlung unter Berücksichtigung der Fortführungswahrscheinlichkeit sinnvoll zu unterscheiden. Dementsprechend wurde auch vor der Existenz des § 19 II InsO ein ausschließlicher

---

2127 Zu den hier nicht relevanten, unter dem erlaubten Risiko ebenfalls diskutierten Rechtfertigungsprinzipien *Roxin*, AT I, 3. Aufl. (1997), § 11 Rn. 59.
2128 Vgl. hierzu ausführlich *Harneit*, Überschuldung (1984), S. 81; *Roxin*, AT I, 3. Aufl. (1997), § 11 Rn. 60.
2129 Vgl. *Harneit*, Überschuldung (1984), S. 81.

Ansatz von Liquidationswerten damit begründet, es liege im Allgemeininteresse, die Zerschlagung überlebensfähiger Wirtschaftseinheiten zu verhindern, weil mit ihrem Erhalt der soziale Nutzen verbunden sei, dass Arbeitsplätze erhalten, die Existenz abhängiger Zuliefererbetriebe gesichert und angesichts der Vielzahl zu Liquidationswerten überschuldeter aber ertragsfähiger Unternehmen das Erlahmen der Gesamtwirtschaft überhaupt verhindert würde.[2130]

Wäre unter Geltung der InsO für eine strafrechtsautonome Abwägung Raum, wäre im Rahmen einer entsprechenden Risiko-Nutzen-Abwägung zu beachten, dass das Insolvenzverfahren mit der Sanierung als gleichwertiger Verwertungsoption nicht mehr ausschließlich auf die Zerschlagung des Unternehmens ausgerichtet ist und daher eine besonders frühe Verfahrenseröffnung den gesamtwirtschaftlichen Nutzen nicht in gleichem Maße konterkarieren könnte, wie noch unter der Konkursordnung.

Allerdings stellt sich die Notwendigkeit einer strafrechtsautonomen Abwägung von sozialem Nutzen und Risiko für das geschützte Rechtsgut bei der Inhaltsbestimmung von Überschuldung im Rahmen der Insolvenzverschleppungsdelikte nicht aufgrund ihrer strengen Akzessorietät zu den zivilrechtlichen Antragsregelungen: Wegen der strikten Akzessorietät der Insolvenzverschleppungsdelikte zu § 19 II InsO ist die Festschreibung der *traditionell zweistufigen Überschuldungsfeststellung* auch bei ihnen verbindlich und ließe sich durch einen entsprechend autonomen Abwägungsvorgang nicht beeinflussen.

Ebenso könnte infolge der strikten Akzessorietät keine *bestimmte Bewertungsmethode* zur Ermittlung von Fortführungswerten als allein maßgeblich festgeschrieben werden. Dass die Festschreibung einer Bewertungsmethode zu unterbleiben hat, folgt aus der strengen Subsidiarität der Insolvenzverschleppungsdelikte: Weil sich der Regelungsgehalt der Insolvenzverschleppungsdelikte darin erschöpft, die zivilrechtlichen Antragsregelungen einschließlich der Überschuldungsbestimmung zu flankieren, darf das Strafrecht die zivilrechtliche Diskussion um den richten Wertansatz nicht autonom wirkungsträchtig in einer Weise entscheiden, die über eine Aussonderung aus rechtsstaatlichen Gründen im Strafrecht nicht haltbarer Auslegungsvarianten hinausgeht und einen eigenständigen Ausgleich der beteiligten Interessen vornimmt.

So steht es dem Normadressat frei, und er ist insoweit auch verpflichtet, unter Anwendung der grenzziehenden Verfassungsprinzipien von Verhältnismäßigkeit und Rechtssicherheit (vor allem der Gesetzesbestimmtheit) zu selektieren, nicht aber unter autonomen Wertungen im Wege einer Risiko-Nutzen-Abwägung eigenständige Lösungen zu präsentieren.

Eine Abwägung unter dem Gesichtspunkt des erlaubten Risikos wäre zur Bestimmung des Überschuldungsinhalts weder bei Insolvenzverschleppungsdelikten noch beim Bankrotttatbestand zielführend.

2130 Vgl. insbesondere *Harneit*, Überschuldung (1984), S. 80 ff. m.w.N.

c) *Rechtsstaatliche Erfordernisse: Gesetzlichkeitsprinzip und ultima ratio*

Neben der Funktionalität sind das Gebot der Tatbestandsbestimmtheit sowie der Effizienz und der Subsidiarität als Ausprägungen eines rechtsstaatlichen Anforderungen genügenden Strafrechts für die Auslegung maßgebend.

Das Bestimmtheitsgebot und das Effizienzprinzip sowie das Subsidiaritätsprinzip wirken dabei ausschließlich grenzziehend.[2131] Das bedeutet:

Art. 103 II GG vermag einer Auslegungsvariante, die nicht durch die verhaltenssteuernde Wirkung im Hinblick auf den Rechtsgüterschutz legitimiert ist, keine Legitimierung zu verschaffen. Art. 103 II GG kann nur Lösungen, die sich im Hinblick auf eine effektive Verhaltenssteuerung eignen, als zu unbestimmt ausscheiden. Gleiches gilt für das *Effizienzprinzip* als Ausprägung des verfassungsmäßigen Verhältnismäßigkeitsgrundsatzes; auch das Effizienzprinzip vermag daher nur aus den effektiven Lösungen die zu stark in die Freiheitsrechte des Normadressaten eingreifenden auszuscheiden.

Für die strafrechtsautonome Auslegung sind daher die klassischen Auslegungsprinzipien – nach der Ordnung Savignys (grammatisch, logisch, historisch, systematisch)[2132] bzw. in Anlehnung an diesen in ähnlicher Anordnung (grammatisch, systematisch, teleologisch, historisch)[2133] nicht zielführend, weil sie keine Gewähr dafür bieten, dass die danach gefundene Lösung strafrechtlich legitimierbar ist. Auf der Suche nach einer möglichst gerechten Lösung[2134] ist der Abwägungsvorgang zwischen den Auslegungsgrundsätzen allein danach auszurichten, dass innerhalb der Wortlautgrenze ein optimaler Ausgleich zwischen effektiver Verhaltenssteuerung und der Wahrung rechtsstaatlicher Grundsätze erzielt wird. Dabei ist zwecks einer maximalen Verwirklichung der Steuerungsfunktion des Strafrechts zunächst die den Rechtsgüterschutz am effektivsten verwirklichende Lösung zu suchen und diese auf die Vereinbarkeit mit den rechtsstaatlichen Garantien hin zu untersuchen. Ist sie nicht haltbar, ist die zweiteffektivste Auslegungsmöglichkeit auf ihre Rechtsstaatlichkeit hin zu überprüfen, und so fort.

Im Rahmen dieser Abwägung ist auch das dritte grenzziehende Prinzip der *Subsidiarität* zu beachten, wonach es nicht Aufgabe des Strafrechts ist, zu kontroversen zivilrechtlichen Fragen Stellung zu nehmen und durch Kriminalisierung wirkungsträchtig zu entscheiden.[2135] Denn das Subsidiaritätsprinzip gilt nicht nur im Falle des sich streng akzessorisch verhaltenden *Sekundärstrafrechts* (so auch die Insolvenzverschleppungsdelikte) gegenüber den von ihm flankierten Zivilrechtsnormen (Antragspflichtenregelung mit Bezug auf § 19 II InsO),[2136] sondern auch aufgrund

---

2131 Insoweit ist *Penzlin*, Auswirkungen der InsO (2000), S. 70 f. und *Moosmayer*, Einfluß der InsO (1997), S. 114 zu widersprechen, die das Bestimmtheitsgebot für eine positive Begründung der Zulässigkeit eines strafrechtsautonomen Ansatzes als ausreichend erachten.

2132 Vgl. hierzu *Engisch*, Einführung, 8. Aufl. (1989), S. 77 ff.

2133 So z. B. *Engisch*, Einheit der Rechtsordnung (1935), S. 71 f., 77.

2134 Vgl. zum Gerechtigkeitsausgleich als Aufgabe einer abwägenden Auslegung *Zippelius*, Methodenlehre, 9. Aufl. (2005), S. 1.

2135 *Haffke*, KritV 1991, S. 166, 173.

2136 Vgl. dazu bereits oben Dritter Teil B. II.

seiner Funktionsbeschränkung, den Schutz der zivilrechtlich umschriebenen Schutzgüter durch eine entsprechende Verhaltensteuerung zu verwirklichen, für Normen des *Primärstrafrechts* (so auch § 283 StGB), die den Schutz zivilrechtlich umschriebener Rechtsgüter bezwecken (Gläubigerbefriedigung *par conditio omnium creditorum*), wenn die Erfüllung seiner strafrechtautonomen Funktion auch ohne generelle Streitentscheidung gewährleistet werden kann.

Die gebotene Zurückhaltung des Strafrechts bei der Entscheidung zivilrechtlicher Streitigkeiten aufgrund der besonderen Schutzbeziehungen zwischen beiden Rechtsteilen ist nicht zu verwechseln mit der von Vertretern einer strengen Zivilrechtsakzessorietät auch des Bankrotttatbestands vorgebrachten These, der Gleichlauf der Schutzrichtungen vermöge die Annahme der zwingenden Akzessorietät zu begründen. Das Subsidiaritätsprinzip steht unter dem Vorbehalt, dass die strafrechtsautonome Funktion erfüllt werden kann, und es wirkt nur grenzziehend, indem es dem Strafrecht untersagt, zivilrechtliche Streitigkeiten strafrechtsautonom zu entscheiden, wenn eine Streitentscheidung weder zur Wahrung des Effizienzprinzips noch zur Wahrung der Bestimmtheitsanforderungen gem. Art. 103 II GG erforderlich ist. Das Subsidiaritätsprinzip ist eine Auslegungsmaxime, die im Konfliktfall hinter den Anforderungen von Rechtssicherheit und Verhältnismäßigkeit zurücktritt und Streitentscheidungen im Strafrecht zulässt, sofern sie sich innerhalb der Wortlautgrenze des in Streit stehenden Tatbestandsmerkmals bewegen. Sofern daher zwei Auslegungsmöglichkeiten miteinander konkurrieren, die beide einen hinreichend effektiven Rechtsgüterschutz gewährleisten und dabei mit dem Bestimmtheitsgrundsatz und dem Verhältnismäßigkeitsgebot vereinbar sind, ist der Auslegungsvariante der Vorzug zu geben, die sich der Vorentscheidung zivilrechtlicher Streitigkeiten enthält.

Relevant wird das Subsidiaritätsprinzip auch beim autonom zu bestimmenden Überschuldungsbegriff des § 283 I Var. 1 StGB, sollte die traditionell zweistufige Methode auch hier maßgeblich sein, beim Umgang mit der Vielzahl möglicher Bewertungsmethoden unter der Fortführungsprämisse. Der Lösung über die für den Täter günstigste Bewertungsmethode im Einzelfall wäre dann der Vorzug gegenüber einer Festlegung auf eine bestimmte Methode im Strafrecht zu geben, wenn sie die Steuerungsfunktion des Straftatbestandes hinreichend gewährleistet und den rechtsstaatlichen Anforderungen nach Art. 103 II GG genügt.

Aufgrund seiner Vielgestaltigkeit bedarf es zunächst einer Klärung der für die Auslegung des Überschuldungstatbestandes maßgeblichen Inhalte des Art. 103 II GG.

2. Das Gesetzlichkeitsprinzip und das Bestimmtheitsgebot im Besonderen

Maßgebliches Instrument des vom Rechtsstaatsgebot (Art. 20 III GG) geforderten Schutzes des Einzelnen vor Strafe ist neben dem *Schuldprinzip* und dem Grundsatz der Verhältnismäßigkeit in Form des *Effizienzprinzips* vor allem das *Gesetzlichkeitsprinzip* (*nullum crimen sine lege*) in der Ausprägung des Bestimmtheitsgebots, das eigens in Art. 103 II GG Niederschlag gefunden hat und den Einzelnen vor willkürlicher, nicht berechenbarer Bestrafung schützen soll.[2137]

Das *Bestimmtheitsgebot* aus Art. 103 II GG, das auch in §§ 1 und 2 StGB und in Art. 7 I MRK eine einfachgesetzliche Ausprägung erhalten hat, enthält zwecks Gewähr, dass nur vor der Tat eindeutig bestimmtes Verhalten bestraft wird, im Wesentlichen vier für die Tatbestandsvoraussetzungen geltende Maxime:[2138]

- das Gebot der *lex scripta* als Verbot strafbegründenden oder strafschärfenden Gewohnheitsrechts (*nullum crimen sine lege scripta*), wobei Gewohnheitsrecht „der von der Rechtsüberzeugung getragene Brauch" im Sinne richterlicher Entscheidungspraxis ist, „der sich in allen gleichgelagerten Situationen bewährt";[2139]
- das Gebot der *lex certa*, das überwiegend als eigenständiges Prinzip,[2140] teils aber auch als spezielle Ausprägung der *lex scripta*[2141] gesehen wird, weil es das Verbot unbestimmter Strafgesetze formuliert und damit die Qualität der *lex scripta* festlegt (*nullum crimen sine lege certa*); ferner
- das Gebot der *lex stricta* als Verbot einer strafbegründenden oder strafschärfenden Analogie (nullum crimen sine lege stricta) sowie
- das Gebot der *lex praevia*, das ein Rückwirkungsverbot enthält und verlangt, dass zum Zeitpunkt der Tatbegehung alle strafbegründenden und strafschärfenden Tatbestandselemente im Straftatbestand niedergelegt waren (*nullum crimen sine lege praevia*).

Das Gebot der *lex praevia* entfaltet für die Überschuldungsfrage nur dort seine Wirkung, wo mit den auch für das Strafrecht relevanten Regelungen der Insolvenzordnung eine Strafschärfung verbunden ist; beispielsweise soweit nunmehr auch die traditionell zweistufige Methode für das Strafrecht relevant ist, löst sie eine tätergünstigere, weil später eingreifende Überschuldungsbestimmung nach dem modifiziert zweistufigen Begriff ab, so dass §§ 1 I, 2 StGB zur Anwendung kommen und jedenfalls im Falle der Zivilrechtsakzessorietät (Insolvenzverschleppung) nach dem modifiziert zweistufigen Begriff zu urteilen ist.

Das Verbot des *nullum crimen sine lege praevia* hat aber keine Auswirkungen auf die generelle Frage, wie Überschuldung nach aktueller Rechtslage im Strafrecht zu bestimmen ist, und bleibt daher im Folgenden außer Betracht.

a) Lex stricta

Relevanz für die Frage der Übertragbarkeit des zivilrechtlichen Überschuldungstatbestandes hat das Gebot der *lex stricta* als an den Richter gerichtetes Verbot strafbegründender oder strafschärfender Analogie vor allem für die Insolvenzverschleppungsdelikte, weil die aufgrund der zwingenden Akzessorietät bei ihnen maßgebliche Wortlautgrenze des § 19 II InsO insoweit eine zu Ungunsten des Täters

---

2137 Vgl. *Roxin*, AT I, 3. Aufl. (1997), § 5 Rn. 1 und § 3 Rn. 48 ff.
2138 Vgl. Sch/Sch-Eser, 26. Aufl. (2001), § 1 Rn. 6; *Roxin*, AT I, 3. Aufl. (1997), § 5 Rn. 2 ff.
2139 *Engisch*, Einführung, 8. Aufl. (1989), S. 44.
2140 So z.B. Sch/Sch-Eser, 26. Aufl. (2001), § 1 Rn. 6.
2141 So *Maurach/Zipf*, AT I, 8. Aufl. (1992), § 8 Rn. 36.

abweichende Auslegung, insbesondere den ausschließlichen Ansatz von Liquidationswerten, verbietet. Für die Frage der Bestimmung des Krisenmerkmals in § 283 I Var. 1 StGB ist mangels zwingender Akzessorietät hingegen nur die natürliche Wortlautgrenze der Überschuldung als ein Überwiegen der Passiva über die Aktiva als *lex stricta* maßgeblich, ohne dass die Art der Ermittlung – einstufig oder zweistufig – vorgegeben wäre. Das Gebot der *lex stricta* vermag daher im Rahmen eines strafrechtsautonomen Begründungsansatzes bei § 283 I Var. 1 StGB keine der diskutierten Auslegungsvarianten auszuscheiden, bleibt daher insoweit ebenfalls außer Betracht.

b) Lex scripta

Auch das Gebot der *lex scripta* als Verbot strafbegründenden oder strafschärfenden Gewohnheitsrechts vermag bei der Bestimmung des strafrechtlichen Überschuldungsbegriffs nicht grenzziehend zu wirken: Gewohnheitsrecht ist nur die Rechtsfortbildung unter Überschreitung der Wortlautgrenze aufgrund richterlicher Entscheidungspraxis; kein Gewohnheitsrecht, sondern eine Form zulässiger Auslegung liegt vor, wenn der Gesetzgeber, wie bei der strafrechtlichen Anknüpfung an den Überschuldungstatbestand, eine Begriffsausfüllung offen gelassen und der Entscheidung der Rechtsprechung überantwortet hat, um die wissenschaftliche Entwicklung nicht durch die Festschreibung eines später überholten Erkenntnisstandes zu blockieren.[2142]

Der Konflikt mit dem Bestimmtheitsgrundsatz entsteht bei entsprechend offen gestalteten Straftatbestandsmerkmalen an anderer Stelle, dem Gebot der *lex certa* als dem Verbot unbestimmter Strafgesetze. Auch der strafrechtliche Überschuldungstatbestand wirft Fragen hinsichtlich seiner hinreichenden Bestimmtheit auf. Dies gilt vor allem für den Überschuldungsbegriff des § 283 I Var. 1 StGB, der mangels strenger Zivilrechtsakzessorietät nicht an den Konkretisierungen des § 19 II InsO teilnimmt, aber auch für den insoweit akzessorischen Überschuldungsbegriff der Insolvenzverschleppungsdelikte, weil § 19 II InsO keine Aussage zur anzuwendenden Bewertungsmethode getroffen hat und daher die Vielfalt der Bewertungsmethoden unter der Fortführungsprämisse auch für die Insolvenzverschleppungstatbestände relevant bleibt.

c) Lex certa

Das Gebot der *lex certa* fußt auf zwei rechtsstaatlichen Garantien: zum einen auf dem Schutz des Einzelnen vor willkürlicher Bestrafung durch Gewährleistung eines vor der Tat gesetzlich festgeschriebenen Maßstabes, der dem Einzelnen eine klare Orientierung für sein Handeln ermöglicht,[2143] zum anderen auf dem Demokratieprinzip und dem damit verbundenen Gebot der Gewaltenteilung dahingehend, dass so massiv eingreifende Regelungen wie Strafgesetze dem Parlament als gewähltem Volksvertreter obliegen, das daher die Grenzen der Strafe selbst bestimmen

---

2142 Vgl. *Roxin*, AT I, 3. Aufl. (1997), § 5 Rn. 45, 47, 50.

2143 Vgl. *BVerfGE* 75, S. 329, 341; *BVerfGE* 78, S. 374, 382; *BVerfGE*, 85, S. 95, 131; *BVerfGE* 105, S. 135, 153;Tröndle/*Fischer*, StGB, 52. Aufl. (2004), § 1 Rn. 3.

muss, anstatt die Festlegung der für das Strafgesetz maßgeblichen Inhalte der Rechtsprechung zu überantworten (Parlamentsvorbehalt).[2144]

Weil der Gesetzgeber andererseits ein Interesse daran hat, die Funktionalität eines Straftatbestandes nicht durch eine allzu sehr ausdifferenzierte, kasuistische Regelung zu konterkarieren, sondern gewährleisten will, dass der Straftatbestand „der Vielgestaltigkeit des Lebens, dem Wandel der Verhältnisse oder der Besonderheit des Einzelfalles gerecht werden kann," dürfen die Anforderungen an die Gesetzesbestimmtheit nicht überdehnt werden.[2145] Die Gefahr eines nicht mehr funktionsfähigen Straftatbestandes im Hinblick auf seine Funktion, umfassenden Rechtsgüterschutz zu gewähren, bestünde aber, wenn der Gesetzgeber stets jeden Tatbestand bis ins letzte ausformulieren müsste.[2146]

Vor allem bei einer tatbestandlichen Anknüpfung an Begriffe, die mit den fortschreitenden betriebswirtschaftlichen Erkenntnissen über die Abbildung von Realitäten zunehmend wirklichkeitsgetreu bestimmt werden können, wie bei der Überschuldung als einem seit Jahrhunderten gleich gemeintem aber höchst unterschiedlich und zunehmend funktionsgerechter bestimmten Begriff der Vermögensinsuffizienz, müsste das Strafrecht Einbußen hinsichtlich der Effektivität seiner Steuerungsfunktion hinnehmen, wenn es auf jede neue Erkenntnis über betriebswirtschaftlich ableitbare Näherungslösungen und jede neue Entwicklung in der Rechnungslegung mit einer Gesetzesänderung reagieren müsste und bis deren In-Kraft-Treten unter Umständen anhand überholter Begriffe die exakte Grenzziehung zwischen strafbedürftigem und strafwürdigem Verhalten einerseits und erlaubtem Verhalten andererseits nicht gewährleisten könnte.

Die besonders im Wirtschaftsstrafrecht, vor allem dem Insolvenzstrafrecht, bestehende Notwendigkeit einer in Grenzen dynamisch gestalteten Anknüpfung an betriebswirtschaftlich und zivilrechtlich geprägte Begriffe erkennt auch das Bundesverfassungsgericht an und sieht dann keinen Verstoß gegen das Bestimmtheitsgebot aus Art. 103 II GG, wenn im Falle einer Verweisung hinreichend deutlich wird, worauf sich die Verweisung bezieht, und wenn im Falle eines unbestimmten Begriffes mit Hilfe strafrechtsspezifischer Auslegungsmethoden sein Inhalt ermittelbar ist oder aufgrund einer gefestigten Rechtsprechung eine zuverlässige Grundlage für die Auslegung besteht.[2147]

Im Insolvenzstrafrecht ebenso wie im übrigen Strafrecht ist danach der Parlamentsvorbehalt gewahrt, wenn das Strafgesetz die Grenzen der Strafbarkeit selbst bestimmt, so dass der Rechtsprechung klare Leitlinien für die konkretisierende Auslegung vorgegeben sind. Dann sind „Tragweite und Anwendungsbereich der Straftatbestände" so weit zu erkennen, „dass sie sich durch Auslegung ermitteln

---

2144 Vgl. *BVerfGE* 105, S. 135, 153; *Roxin*, AT I, 3. Aufl. (1997), § 5 Rn. 20.
2145 *BVerfGE* 11, S. 237; Tröndle/*Fischer*, StGB, 52. Aufl. (2004), § 1 Rn. 5a; *Roxin*, AT I, 3. Aufl. (1997), § 5 Rn. 69.
2146 *BVerfGE* 14, S. 245, 251; BVerfG, NJW 1962, S. 1563 ff.; im Zusammenhang mit dem Überschuldungstatbestand auch *Hiltenkamp-Wisgalle*, Bankrottdelikte (1987), S. 227, 194, 202; *Regner*, Fahrlässigkeit (1998), S. 9 ff.
2147 Vgl. *BVerfGE* 48, S. 48, 55 f. und hiezu *Regner*, Fahrlässigkeit (1998), S. 11.

lassen."[2148] Dann ist zugleich gewährleistet, dass dem Normadressaten eine hinreichend bestimmte Richtschnur für sein Verhalten zur Seite gestellt ist, die ihm eine klare Orientierung seines Handelns ermöglicht, und dass sein Freiraum gegen unvorhersehbare Eingriffe des Staates hinreichend abgesichert ist.

Die Verwendung unbestimmter Begriffe ist daher grundsätzlich unbedenklich, „wenn sie zum überlieferten Bestand an Strafrechtsnormen gehören und sich durch den Normzusammenhang sowie eine gefestigte Rechtsprechung eine zuverlässige Grundlage für ihre Auslegung und Anwendung gewinnen lässt."[2149]

Ein entsprechend eingrenzend wirkendes Konkretisierungsgebot wird der Judikative vom Bundesverfassungsgericht ausdrücklich auferlegt, indem es die bis dahin „entgrenzende" Auslegung des Gewaltbegriffs in § 240 II StGB als zu unbestimmt für verfassungswidrig erklärte.[2150] Nicht verbunden ist mit dem Konkretisierungsauftrag aber ein beliebiger Transfer der Konkretisierungsleistung vom Gesetzgeber auf die Judikative, sondern nur eine Handlungsbegrenzung für den Richter. Die unabhängig davon bestehende Handlungsanweisung an den Gesetzgeber, das Unrecht im Gesetzestatbestand abschließend zu umschreiben, betont daher das Bundesverfassungsgericht ausdrücklich in seiner Entscheidung vom 20.3.2002: „Das Bestimmtheitsgebot ist also Handlungsanweisung an den Strafgesetzgeber und Handlungsbegrenzung für den Strafrichter zugleich. Aus diesem Grunde versagt Art. 103 II GG dem Strafrichter auch, ein unbestimmtes Gesetz von sich aus nachzubessern."[2151]

Das von Art. 103 II GG tolerierte Maß an Unbestimmtheit ist daher nicht nur *relativ* bestimmt, etwa dahingehend, dass das Erfordernis der gesetzlichen Festschreibung beliebig durch eine konkretisierende Auslegung korrigierbar wäre, sondern es findet seine *absolute* Grenze in dem dargelegten Erfordernis der abschließenden Umschreibung des Unrechtsgehalts.

Ob das sanktionierte Unrecht vom Straftatbestand vollständig und abschließend umschrieben ist, bestimmt sich danach, ob die im Strafrecht anzuwendenden Regeln der Auslegung mit dieser tatbestandlichen Umschreibung zu eindeutigen Ergebnissen führen können.[2152] Da sich die Auslegung im Strafrecht zwingend in den Grenzen des Wortlauts vollzieht und sich dabei von der Funktion des Straftatbestandes leiten lassen muss, das konkrete Rechtsgut zu schützen, sind ein eingrenzend wirkender Wortlaut und ein eindeutig bestimmter Schutzzweck die maßgeblichen Anforderungen an den gesetzlich festgelegten Inhalt.

Danach ist eine Strafvorschrift dann noch hinreichend bestimmt, wenn und soweit sich ihr ein klarer gesetzgeberischer Schutzzweck entnehmen lässt und der Wort-

---

2148 Vgl. *BVerfG*, NJW 1989, S. 1663; *BVerfG*, NJW 1992, S. 223; Tröndle/*Fischer*, StGB, 52. Aufl. (2004), § 1 Rn. 5; vgl. hierzu auch *Regner*, Fahrlässigkeit (1998), S. 9.

2149 *BVerfGE* 4, S. 357; *BVerfGE* 11, S. 237; *BVerfGE* 26, S. 183; *BVerfGE* 48, S. 56; *BVerfGE* 64, S. 393; vgl. die weiteren Nachweise bei Tröndle/*Fischer*, StGB, 52. Aufl. (2004), § 1 Rn. 5b.

2150 *BVerfGE* 92, S. 1, 18. Vgl. hierzu *Roxin*, AT I, 3. Aufl. (1997), § 5 Rn. 79.

2151 *BVerfGE* 105, S. 135, 153; darauf Bezug nehmend auch *BGHSt* (5. Strafsenat) Beschluss vom 22.7.2004 AZ 5 StR 85/04.

2152 Vgl. auch *Roxin*, AT I, 3. Aufl. (1997), § 5 Rn. 75.

laut einer beliebigen Ausdehnung der Interpretation immerhin noch Grenzen setzt.[2153] Dann ist ein Regelungsrahmen gegeben, dessen konkretisierende Ausfüllung noch als Auslegung eines bestimmten Gesetzes gelten darf und noch nicht als Gewohnheitsrecht.[2154]

In der Literatur findet sich die Ansicht, darüber hinaus müsse sich der Gesetzgeber *„größtmöglicher Bestimmtheit“* befleißigen, so dass ein ausfüllungsbedürftiger Begriff dann verfassungswidrig würde, wenn der Gesetzgeber die Möglichkeit einer konkreteren Tatbestandsfassung hätte, sie aber nicht nutzt, sondern die ihm auferlegte Wertentscheidung „an den Richter abschiebt“.[2155]

Der Überschuldungstatbestand im Sinne des § 283 StGB, der mangels strenger Akzessorietät nicht unmittelbar an der Begriffskonkretisierung in § 19 II InsO teilnimmt, wäre dieser Ansicht nach als zu unbestimmt und damit als verfassungswidrig zu verwerfen, wenn (und weil, dazu sogleich) sich aus dem Schutzzweck des § 283 StGB heraus ein Überschuldungmodell als zur Erfüllung der Krisenfunktion allein tauglich herausstellt, weil der Gesetzgeber auf die gesetzliche Fixierung dieses Überschuldungsmodells – einstufig, traditionell oder modifiziert zweistufig – in § 283 I StGB verzichtet hat, obwohl ihm eine dem 19 II InsO entsprechende Festlegung möglich gewesen wäre.

Allerdings geht diese Ansicht zu weit, weil sie nicht jede weniger geglückte Gesetzesfassung gleich als verfassungswidrig verwerfen kann.[2156] Zudem würde sie den Gesetzgeber unter Umständen auch dann von einer für den Wandel wissenschaftlicher Erkenntnisse offenen Tatbestandsgestaltung abhalten, wenn eine offene und damit dynamische Gestaltung zur Vermeidung ständiger Gesetzesanpassungen wegen sich schnell verändernder Realitäten (vgl. konkret die Verfügbarkeit neuer Rechnungslegungswerke durch den internationalen Einfluss (IFRS/IAS und US-GAAP)) und Erkenntnisse angezeigt wäre.

Damit verstößt die Beschränkung des Gesetzes, das Krisenmerkmal in § 283 StGB nur als „Überschuldung“ zu benennen, nicht schon deshalb gegen Art. 103 II GG und dem daraus folgenden Gebot einer abschließenden Beschreibung der Tatbestandsvoraussetzungen zur Wahrung des Demokratieprinzips, weil eine Festlegung für ein bestimmtes Überschuldungsmodell in § 283 I StGB unterblieb.

Ob der Überschuldungstatbestand des § 283 I Var. 1 StGB den Bestimmtheitsanforderungen genügt, hängt daher

erstens davon ab, ob sich das aus der Funktion des Krisenmerkmals heraus zu bestimmende, für § 283 I Var. 1, II StGB maßgebliche *Überschuldungsmodell* durch Auslegung eindeutig bestimmen lässt (sogleich unter VI.) und ob

---

2153 Vgl. *Roxin*, AT I, 3. Aufl. (1997), § 5 Rn. 75; *Schroth* in Grewendorf, Rechtskultur (1992), S. 93 ff.
2154 *Roxin*, AT I, 3. Aufl. (1997), § 5 Rn. 75.
2155 So *Kohlmann*, Bestimmtheit (1969), S. 274 ff.; *Lencker*, JuS 1968, S. 305; Sch/Sch-*Eser*, 26. Aufl. (2001), § 1 Rn. 20 m.w.N.
2156 Ebenso *Roxin*, AT I, 3. Aufl. (1997), § 5 Rn. 71.

zweitens die Mittel der strafrechtsspezifischen Auslegung einen (bei § 283 I, II StGB gegebenenfalls ebenso wie bei den Insolvenzverschleppungsdelikten erforderlichen) Umgang mit der Vielfalt an *Bewertungsmethoden* ermöglichen, der dem Bürger eine klare Orientierung für sein Handeln geben kann;

drittens sind die Prognosebestandteile der Überschuldungsprüfung auf die Erforderlichkeit einer Modifikation hin zu untersuchen, damit gewährleistet ist, dass die Umschreibung des tatbestandlichen Unrechts nicht mit Unsicherheiten belastet ist, die sich zu Lasten des Schuldners bzw. seiner Organe auswirken können.

Da in der strafrechtlichen Diskussion hinsichtlich der zwei letzten Aspekte der vielfach als unpassend kritisierte Grundsatz des *„in dubio pro reo"* herangezogen wird, ist zunächst die Tauglichkeit dieses Grundsatzes zur Lösung der strafrechtlichen Überschuldungsproblematik zu untersuchen.

3. „In dubio pro reo" in der Überschuldungsdiskussion – Eine Anwendungsform des Bestimmtheitsgrundsatzes

Der Begründungsansatz für die vor allem von *Tiedemann*[2157] geprägte Auffassung, bei dem bankrottstrafrechtlichen Überschuldungsbegriff dürfe nur auf die tätergünstigste Bewertungsmethode abgestellt werden, Überschuldung also nur dann angenommen werden, wenn allen Bewertungsmethoden zufolge Überschuldung vorläge, ist problematisch, soweit er sich auf den Grundsatz des *in dubio pro reo* beruft. Gleiches gilt für die *in dubio pro reo* erforderlich gehaltene Modifikation des Wahrscheinlichkeitsgrades bei der Fortführungsprognose:

Zu beachten ist, dass der *in-dubio*-Grundsatz seiner Natur nach ein prozessrechtlicher ist, die Überschuldungsfrage aber eine Frage des materiellen Rechts. Denn der Grundsatz des *in dubio pro reo* ist für die Fälle geschaffen, in denen Unsicherheiten bei der Feststellung eines bestimmten Tatgeschehens bestehen, also nicht klar ist, ob sich der Sachverhalt in tatsächlicher Hinsicht so oder anders ereignet hat, z.B., ob der Täter tatsächlich eine bestimmte Verbindlichkeit an einem bestimmten Tag eingegangen ist oder tatsächlich den einen oder anderen Vermögensgegenstand veräußert hat, und damit die Bilanzpositionen wie auch immer beeinflusst wurden.

In *dubio pro reo* ist hingegen nicht vorgesehen für Unsicherheiten bei der *Subsumtion* eines Vorgangs, der sich erwiesenermaßen so ereignet hat. Dies ist ausschließlich eine Frage des materiellen Rechts, die auch mittels materiellrechtlicher Grundsätze zu lösen ist.[2158]

Eine Frage der Subsumtion ist aber die Ungewissheit, nach welcher Bewertungsmethode ein zum Stichtag erwiesenermaßen im Vermögen befindlicher Vermögensgegenstand oder eine erwiesenermaßen bestehende Verbindlichkeit im Überschuldungsstatus anzusetzen ist, weil es darum geht, ob ein bestimmter Sachverhalt die

---

2157 Vgl. nochmals *Tiedemann*, Insolvenzstrafrecht, 2. Aufl. (1996), Vor § 283 Rn. 158.
2158 Vgl. Sch/Sch-*Eser*, 26. Aufl. (2001), § 1 Rn. 52.

Kriterien des Überschuldungstatbestandes und damit das Tatbestandsmerkmal erfüllt oder nicht.

Die betriebswirtschaftliche Bewertungsfrage ist also auch juristisch eine Frage der Bewertung. Es geht um die Bewertung eines Verhaltens als strafbar oder nicht.

Gleiches gilt für das Urteil über die Bewertungsprämisse der Fortführung, wenn lediglich in Frage steht, ob aufgrund eines eindeutigen Sachverhaltes die Fortführungsfähigkeit angenommen werden darf oder nicht; auch hier geht es letztlich um eine juristische Wertung, weil eindeutig ermittelbare Fakten im Rahmen der Prognoseerstellung einer Wertung unterzogen werden, an deren Ende ein Urteil über die Überlebenswahrscheinlichkeit des Unternehmens steht. Welcher Wahrscheinlichkeitsgrad maßgeblich sein soll, ist eine juristische Frage, die anhand materiellrechtlicher Auslegungsgrundsätze zu beantworten ist.

Der Grundsatz des *in dubio pro reo* kann für die Auslegung des Überschuldungstatbestandes nicht herangezogen werden.

Ein materiellrechtlicher Grundsatz des *in dubio mitius* dahingehend, dass der Richter im Zweifelsfall die tätergünstigste zwischen mehreren Auslegungsmöglichkeiten zu wählen hat, existiert im deutschen Strafrecht nicht; vielmehr ist der Richter gehalten, unter Anwendung der materiellrechtlichen Auslegungsgrundsätze des Strafrechts die danach „richtige" Auslegung zu wählen und gegebenenfalls Zweifel auch zu Lasten des Täters zu lösen.[2159]

Die strafrechtlichen Auslegungsregeln beinhalten aber auch das Bestimmtheitserfordernis des Art. 103 II GG, so dass sich die „richtige" Auslegung vor allem auch danach richtet, ob sie dem Bestimmtheitsgrundsatz hinreichend Rechnung trägt.

Bestehen mehrere Konkretisierungsmöglichkeiten für einen straftatbestandlichen Begriff und verbieten strafrechtliche Auslegungsgrundsätze (z.B. das Subsidiaritätsprinzip) die generelle Entscheidung für eine der Auslegungsmöglichkeiten, so kann Rechtssicherheit nur dadurch hergestellt werden, dass sich anhand einer abstrakt formulierten Regel in jedem Einzelfall eine eindeutige Lösung erzielen lässt, die dem Normadressaten Orientierungsgewissheit und Schutz vor willkürlichen staatlichen Eingriffen zu geben vermag.

Die Regel der *„im Einzelfall tätergünstigsten Bewertungsmethode"* führt ebenso wie die Herstellung einer Beurteilungsgewissheit *„Fortführung, wenn nicht ganz unwahrscheinlich"* im Einzelfall zu eindeutigen Ergebnissen.

Eine entsprechende Anwendung des Bestimmtheitsgrundsatzes führt auch nicht zur Einführung eines Grundsatzes *in dubio mutius* „durch die Hintertür", weil letzterer in seiner einschränkenden Wirkung weiter geht als Art. 103 II GG. Das Gesetzlichkeitsprinzip fordert nicht ohne weiteres, in jedem Fall die tätergünstigste Auslegungsmöglichkeit heranzuziehen. Eine dahingehende Interpretation des Art. 103 II GG würde dessen Aussagegehalt überschreiten, der nur Orientierungsgewissheit und Willkürschutz verlangt. Vielmehr ist bei Art. 103 II GG nur dann zwingend auf

---

2159 So bereits *RGSt* 6, S. 133, 394.

die im Einzelfall tätergünstigste Lösung zurückzugreifen, wenn der strafrechtliche Begriff durch außerstrafrechtliche Normen belegt ist, deren Inhalt umstritten ist, sich das Strafrecht aber wegen seiner Subsidiarität einer Entscheidung zu enthalten hat.

Das Bedürfnis, aus dem heraus eine Lösung *in dubio pro reo* vorgeschlagen wird, ist ein rein rechtsstaatliches Bedürfnis nach Rechtssicherheit durch hinreichend bestimmte Straftatbestände. Die Lösung der „im Einzelfall tätergünstigsten Auslegungsmethode“ oder über tätergünstig modifizierte Wahrscheinlichkeitsanforderungen ist daher ein Fall der Auslegung unter Beachtung des Bestimmtheitsgrundsatzes nach Art. 103 II GG und nicht ein Anwendungsfall des *in dubio pro reo* oder eine Form des *in dubio mutius*.

VI. Strafrechtautonome Begründung für das in § 283 I, II StGB maßgebliche Überschuldungsmodell

1. Verhaltenssteuernde Funktion des Strafrechts als Maßstab für die Inhaltsbestimmung der Krise

Ob dem traditionell zweistufigen Überschuldungsbegriff im Rahmen des § 283 StGB der Vorzug vor den einstufigen und der modifiziert zweistufigen Methode zu geben ist, entscheidet allein die Funktion der Krise, die typisiert konkrete Gefährlichkeit der Katalogtaten des § 283 I StGB auch in der Begehungsvariante des § 283 II StGB abzubilden.

Das Krisenmerkmal hat eine Selektionsfunktion: Wie der Gesetzgeber des 1. WikG 1976 erkannt hatte, wirkte die tatbestandliche Umschreibung der für besonders gläubigergefährlich erachteten Übertretungen der Primärnorm *„Wirtschafte bei Inanspruchnahme von Kredit ordentlich!“* im Katalog der Sekundärnorm nicht hinreichend selektiv, vor allem, weil nicht alle der umschriebenen Normverstöße den gleichen Grad an Gläubigergefährlichkeit aufwiesen, so dass auch solche Verstöße gegen die Primärnorm von der Sekundärnorm erfasst worden wären, derer Sanktion es zum Schutz der Gläubiger nicht unbedingt bedurfte, so dass auch nicht strafbedürftiges und dementsprechend kein individuelles Unrecht verkörperndes (nicht strafwürdiges) Verhalten sanktioniert worden wäre. Dem Krisenmerkmal kommt daher die Funktion zu, aus den bereits durch die tatbestandliche Umschreibung selektierten Normübertretungen nochmals diejenigen auszuscheiden, deren Gefährlichkeitsgrad nicht das Maß erreichen, dessen es zur Rechtfertigung von Strafe zum Schutz des Rechtsguts wirklich bedarf.[2160]

Um seine Funktion als Trennziehung zwischen Strafe-Bedürfens und Strafe-Verdienens im Falle der vermögensverschleiernden und der vermögensgefährdenden Übertretungen der Verhaltensnorm *„Wirtschafte bei Inanspruchnahme von Kredit ordentlich!“* erfüllen zu können, muss der Überschuldungstatbestand genau den Moment

---

2160 Vgl. nochmals zu der so zu verstehenden Funktion der Krise BT-Drs. 7/3341, S. 19 f. und *Otto*, Bruns-Gds. (1980), S. 272 f.; *Achenbach*, Schlüchter-Gds. (2002), S. 268.

abbilden, in dem die aufgeführten Handlungen erstmals einen massiv erhöhten Grad an Gefährlichkeit für die Gläubigerbefriedigungsinteressen *par conditio omnium creditorum* erlangen.[2161] Dieser Moment liegt dann vor, wenn jede Vermögensgefährdung aufgrund tendenziell massegefährdender oder verschleiernder Handlungen unmittelbar die Gläubiger trifft, also im Falle tatsächlich eingetretener Vermögensinsuffizienz.

Dass es allein auf den Grad der Gläubigergefährdung ankommen muss, erklärt sich aus dem *Schutzzweck* des § 283 I StGB, der zunächst die Interessen der aktuellen Gläubiger an einer möglichst hohen Befriedigung ihrer Ansprüche *par condition omnium creditorum*, sodann die Kreditinteressen potentiell noch Kredit gewährender Gläubiger[2162] und durch beides das Funktionieren der Kreditwirtschaft als eines von Barzahlung und Tauschgeschäft gelösten Systems der Vorleistung von Diensten, Waren und Geld schützen will;[2163] letzteres wird über die Sanktionierung der im Einzelfall gläubigerschädlichen Handlungen erreicht, indem der Kreditverkehr auf ein gewisses Maß an Lauterkeit vertrauten kann. Das individuelle Vertrauen in die künftige Leistungsfähigkeit des Kreditnehmers generiert damit zugleich das institutionalisierte Vertrauen in die Funktionsbedingungen der Kreditwirtschaft.[2164]

Die zusätzlich überindividuelle Schutzrichtung des § 283 StGB auf die Kreditwirtschaft ist nicht unumstritten: Gegen die Annahme, § 283 StGB schütze auch das institutionalisierte Vertrauen in die Kreditwirtschaft, wird vor allem vorgebracht, sie lasse sich nicht begründen, weil der entsprechende Schutz bereits über die geschützten Vermögensinteressen umfassend erreicht werde und auch keine besondere Schutzbedürftigkeit der „Kreditwirtschaft" bestehe, die durch die besondere „Privilegierung" als Sozialrechtsgutsschutz zum Ausdruck kommen müsste.[2165]

Dem ist aber entgegenzuhalten, dass von Insolvenzstraftaten eine besondere Sog- und Spiralwirkung ausgeht, die in besonderem Maße das System der Kreditwirtschaft zu destruieren vermag: Im Bereich der Insolvenzdelikte ist die Gefahr besonders groß, dass Konkurrenten eines Bankrottstraftäters sich angesichts des enormen Leistungs- und Konkurrenzdrucks in der freien Wirtschaft herausgefordert fühlen,

---

2161 Ähnlich *Otto*, Bruns-Gds. (1980), S. 272 f.

2162 Einhellige Meinung, vgl. *Bottke*, Bausteine (1994), S. 122; *Tiedemann*, Insolvenzstrafrecht, 2. Aufl. (1996), Vor § 283 Rn. 45 ff., 58; *Uhlenbruck*, wistra 1996, S. 2; *Moosmayer*, Einfluß der InsO (1997), S. 133 ff.; *Bieneck* in Müller-Gugenberger/Bieneck, 3. Aufl. (2000), § 76 Rn. 39; *Penzlin*, Auswirkungen der InsO (2000), S. 33 ff.; Sch/Sch-*Stree/Heine*, 26. Aufl. (2001), Vor § 283 Rn. 2; *Röhm*, Abhängigkeit des Insolvenzstrafrechts (2002), S. 73 ff.; *Beck* in Wabnitz/Janovsky, 2. Aufl. (2004), Kap. 6 Rn. 57 f.; *Wessels/Hillenkamp*, BT 2, 27. Aufl. (2004), Rn. 458; Tröndle/*Fischer*, 52. Aufl. (2004), Vor § 283 Rn. 3.

2163 Vgl. *Tiedemann*, Insolvenzstrafrecht, 2. Aufl. (1996), Vor § 283 Rn. 45 ff., 58; *Uhlenbruck*, wistra 1996, S. 2; *Beck* in Wabnitz/Janovsky, 2. Aufl. (2004), Kap. 6 Rn. 57 f.; *Moosmayer*, Einfluß der InsO (1997), S. 133 ff.; *Bieneck* in Müller-Gugenberger/Bieneck, 3. Aufl. (2000), § 76 Rn. 39; *Bottke*, Bausteine (1994), S. 122; *Röhm*, Abhängigkeit des Insolvenzstrafrechts (2002), S. 73 ff. m.w.N.

2164 Vgl. hierzu ausführlich *Tiedemann*, Insolvenzstrafrecht, 2. Aufl. (1996), Vor § 283 Rn. 45 ff., 58; *Beck* in Wabnitz/Janovsky, 2. Aufl. (2004), Kap. 6 Rn. 57 f.; *Moosmayer*, Einfluß der InsO (1997), S. 121, 133 ff.; *Röhm*, Abhängigkeit des Insolvenzstrafrechts (2002), S. 74 ff.

2165 Vgl. vor allem *Penzlin*, Auswirkungen der InsO (2000), S. 33 ff., 35.

zur Nivellierung der durch die Tat erlittenen Wettbewerbsnachteile ebenfalls Bankrottstraftaten zu begehen (Sogwirkung).[2166] Zugleich lässt sich empirisch feststellen, dass Insolvenzdelikte einschließlich des Bankrotts typischerweise Begleittaten oder Taten einer Folgekriminalität desselben Täters hervorrufen (Spiralwirkung).[2167] Dadurch aber sind Bankrotttaten in besonderem Maße geeignet, das institutionalisierte Vertrauen in die Funktionsbedingungen und die Lauterkeit des Kreditverkehrs im weiten Sinne zu beeinträchtigen.[2168]

Und selbst wenn man das entsprechend stark gefährdete Vertrauen in die Kreditwirtschaft nicht als eigenständigen Schutzgutbestandteil anerkennen würde, würden sich die Rahmenbedingung für die Auslegung des Überschuldungsmerkmals nicht ändern, weil auch der Schutz der Kreditwirtschaft durch den Schutz der individuellen Gläubigerbefriedigungsinteressen *par conditio omnium creditorum* vermittelt wird, und damit der Überschuldungstatbestand auch im Hinblick auf den Schutz der Kreditwirtschaft so auszulegen ist, wie er den Schutz der individuellen Gläubigerinteressen am effizientesten und in hinreichend bestimmter Weise verwirklicht.

Die zusätzlich vorteilhaften Auswirkungen eines funktionierenden Kreditverkehrs auf die *Gesamtwirtschaft,* vor allem die Bewahrung vor Kettenreaktionen bei Unternehmen, die keine direkten Kreditbeziehungen mit dem Unternehmen, sondern nur zu Gläubigern des Bankrottstraftäters unterhalten, sind wünschenswerte Fernwirkungen, aber entgegen vielfach geäußerter Auffassung[2169] aus zwei Gründen nicht Bestandteil des Schutzguts: In Tradition zu der gesamten Rechtsentwicklung, bei der die zunehmend differenzierte Ausgestaltung der Bankrottregelungen stets in Wechselwirkung zum nach und nach aufblühenden Kreditwesen stand, waren die in der Konkursordnung 1877 eingeführten Bankrottatbestände ausschließlich zum Schutz des Kredits bestimmt; und auch mit den Neuerungen des 1. WiKG 1976 hat sich insoweit keine Änderung der Schutzrichtung ergeben. Im Gegenteil: Mit der Konzeption eines durch das Krisenerfordernis ergänzten § 283 StGB bestätigte der Gesetzgeber von 1976 die Ausrichtung der Bankrottstraftaten am Schutz von Kreditbeziehungen, weil er damit die Gefährdung von Gläubigerbefriedigungsinteressen als primär zu verhindernde Rechtsgutsgefahr nochmals in den Vorder-

---

2166 Vgl. *Höfner*, Überschuldung (1981), S. 34; *Hiltenkamp-Wisgalle*, Bankrottdelikte (1987), S. 43; *Röhm*, Abhängigkeit des Insolvenzstrafrechts (2002), S. 75.

2167 *Höfner*, Überschuldung (1981), S. 36; *Hiltenkamp-Wisgalle*, Bankrottdelikte (1987), S. 44; *Röhm*, Abhängigkeit des Insolvenzstrafrechts (2002), S. 75.

2168 Vgl. *Otto*, ZStW 1984, S. 343 ff.; *Röhm*, Abhängigkeit des Insolvenzstrafrechts (2002), S. 76 m.w.N. in Fn. 300. Wenig überzeugend ist hingegen das Argument, der Verzicht des § 283 StGB auf einen konkreten Gefahrerfolg und die Fahllässigkeitsvarianten des IV, V ließen auf einen auch überindividuell ausgerichteten Schutz des § 283 schließen (*Moosmayer*, Einfluß der InsO (1997), S. 135 f.), weil der Verzicht auf die Ausgestaltung als konkretes Gefährdungsdelikt allein durch die Vermeidung von Verfolgungsschwierigkeiten motiviert war, vgl. *Wilts*, Protokoll der 89. Sitzung des Sonderausschusses für die Strafrechtsreform vom 10.5.1976, Stenographische Berichte 7. Wahlperiode, S. 2815.

2169 So vor allem *Röhm*, Abhängigkeit des Insolvenzstrafrechts (2002), S. 79 ff.; *Wessels/Hillenkamp*, BT 2, 27. Aufl. (2004), Rn. 458; Sch/Sch-*Stree/Heine*, 26. Aufl. (2001), Vor § 283 Rn. 2; Tröndle/*Fischer*, 52. Aufl. (2004), Vor § 283 Rn. 3.

grund stellte.[2170] Vor allem klangen keine über den Schutz des Kredits hinausgehenden Schutzgedanken in der vorangehenden Diskussion an.[2171]

Desweiteren stellt sich die Notwendigkeit, als Rechtsgüter nur spezifische Funktionseinheiten auf möglichst geringer Abstraktionsstufe auszuweisen,[2172] im Besonderen bei § 283 StGB, weil die Verwendung unbestimmter Rechtsbegriffe, vor allem „den Anforderungen an eine ordnungsgemäße Wirtschaft", der im Rahmen der Generalklausel besondere Bedeutung zukommt (§ 283 I Nr. 8), nur tragbar ist, soweit sie sich durch Auslegung anhand des Schutzzwecks eindeutig ermitteln lassen. Eine entsprechend erforderliche Eingrenzung kann aber der Schutzzweck der „Gesamtwirtschaft" nicht leisten, weil er schon aufgrund seiner Zusammenfassung höchst unterschiedlicher und konträrer Ziele (Wachstumsförderung, Bekämpfung von Geldentwertung und Arbeitslosigkeit, Gleichgewicht der Außenhandels- und Zahlungsbilanz) zur Konkretisierung einer Schutzrichtung untauglich ist.[2173] Um § 283 I StGB mit dem Bestimmtheitsgebot des Art. 103 II GG in Einklang bringen zu können, *muss* der Schutzzweck auf die Gläubigerbefriedigungsinteressen und das Interesse an einer funktionsfähigen Kreditwirtschaft beschränkt bleiben.

Damit ist die Krisenbestimmung allein an den Gläubigerbefriedigungsinteressen auszurichten, die zugleich das Schutzgut der Kreditwirtschaft bedingen.

2. Stets Liquidationswerte?

Von einer endgültig eingetretenen Vermögensinsuffizienz im Sinne einer mittelfristigen Vermögensunzulänglichkeit bezüglich der bestehenden Verbindlichkeiten ist aber nicht immer schon dann auszugehen, wenn das Vermögen im Falle seiner Veräußerung nicht zur Tilgung ausreichen würde, sondern nur, wenn darüber hinaus auch kein weiterer Vermögenszuwachs mit dem bisherigen Vermögen erzielbar ist. Denn wenn der Schuldner unter Einsatz des vorhandenen Vermögens mittelfristig Erträge erzielen könnte, die zusammen mit dem bestehenden Vermögen zur Schuldentilgung vollkommen ausreichen, würde eine Realisierung der vermögensmindernden Tendenz der in § 283 I StGB beschriebenen Handlungen nicht mehr nur die Gläubiger, sondern auch den Schuldner, möglicherweise sogar ihn allein treffen. Wenn aber selbst bei Realisierung der vermögensmindernden Tendenz der in § 283 I StGB aufgeführten Handlungen nicht zwingend auch ein zumindest teilweiser Ausfall der Gläubigerforderungen verbunden ist, vermag die Vornahme der vermögensgefährdenden Handlung auch keine entsprechend typisiert konkrete Gefährlichkeit für die Gläubigerbefriedigungsinteressen zu begründen, derer es zur

2170 Vgl. die Regierungsbegründung zum 1. WikG BT-Drs. 7/3441, S. 20 sowie das Protokoll der 89. Sitzung des Sonderausschusses für die Strafrechtsreform vom 10.5.1976, Stenographische Berichte 7. Wahlperiode, S. 2815 ff.

2171 Vgl. das Protokoll der 89. Sitzung des Sonderausschusses für die Strafrechtsreform vom 10.5.1976, Stenographische Berichte 7. Wahlperiode, S. 2815 ff.

2172 Vgl. *Tiedemann*, Tatbestandsfunktionen (1969), S. 117, 122; *ders.*, Insolvenzstrafrecht, 2. Aufl. (1996), Vor § 283 Rn. 55.

2173 Vgl. auch *Tiedemann*, Insolvenzstrafrecht, 2. Aufl. (1996), Vor § 283 Rn. 56.

Legitimierung von Strafe in diesem Fall bedarf.[2174] Bei einer nach Liquidationswerten, nicht aber nach Fortführungswerten feststellbaren Überschuldung im Falle der Fortführungsfähigkeit „kann von der (erforderlichen) Feststellung einer Gefahr, die nach objektiver Bewertung unausweichlich in die Verletzung der Rechtsgüter umschlägt, noch keine Rede sein".[2175] Um den Konflikt mit dem Schuldprinzip, den der Gesetzgeber mit Einführung des Krisenerfordernisses beheben wollte, lückenlos zu beseitigen, muss die Ausgestaltung des Krisemerkmals gewährleisten, dass solche Handlungen nicht unter Strafe gestellt werden, die kein reales Risiko für die Gläubigerbefriedigungsinteressen darstellen. Solange nicht ausgeschlossen ist, dass der Schuldner unter Einsatz seines bisherigen Vermögens weiter Vermögenszuflüsse generieren kann, müssen entsprechend mögliche Vermögensmehrungen bei der Krisenbestimmung berücksichtigt werden.

Insoweit ist *Otto* zuzustimmen, wenn er meint: „Mag das Konkursrecht daher auch um eines möglichst effektiven Gläubigerschutzes willen bei der Feststellung der Überschuldung im Falle der Fortführung des Unternehmens von dessen Zerschlagungswert ausgehen, so ist dieser Weg für das Strafrecht nicht akzeptabel, wenn es nicht in Gefahr geraten will, unternehmerisch riskantes mit sozialgefährlichem Verhalten zu identifizieren."

Ein somit als theoretisch inkonsistent erkannter, nicht durch das Strafbedürfnis gedeckter einstufig statischer Überschuldungsbegriff kann auch durch ein erhöhtes Maß an Rechtssicherheit legitimiert werden, das ihm unzweifelhaft anhaftet, weil er prognoseunabhängig stets Liquidationswerte ansetzt und diese zudem geringeren Schätzrisiken unterworfen sind als Fortführungswerte. Zwar wirkt sich die eindeutige Ermittelbarkeit der Tatbestandsvoraussetzungen auch positiv auf die Funktionalität eines Tatbestandes aus, weil ein Plus an Orientierungsgewissheit die verhaltenssteuernde Wirkung positiv beeinflusst, indem sie es dem Normadressaten leichter macht, die Rechtmäßigkeit seines Verhaltens anhand des Tatbestandes zu überprüfen. Jedoch vermag das durch die Bestimmtheit vermittelte Plus an Funktionalität höchstens den Ausschlag für eine unter gleichermaßen legitimierbaren Methoden verleihen, indem die weniger rechtssicheren Möglichkeiten durch Art. 103 II GG ausgeschieden werden; ein Plus an Rechtssicherheit kann jedoch nicht die fehlende Legitimation im Hinblick auf den Rechtsgüterschutz ersetzen.

Rechtssicherheit kann nicht als Rechtfertigung dienen, das oberste Prinzip der Legitimation (Verhaltenssteuerung zum Schutz von Rechtsgütern) aufzuweichen und eine alternative Legitimationsgrundlage darzustellen; sie vermag nur grenzziehend zu wirken und ansonsten legitimierbare Lösungen als zu unbestimmt auszuscheiden.

Damit verbietet sich ein ausschließlicher Ansatz von Liquidationswerten auch bei § 283 I, II StGB.

2174 Vgl. auch *Otto*, Bruns-Gds (1980), S. 272. Vgl. im Ergebnis auch *Plathner*, Bankrottatbestand (2002), S. 206, der allerdings eine Begründung schuldig bleibt, *warum* er noch von einem „intakten" nicht in der Krise befindlichen Unternehmen ausgeht, wenn das Unternehmen zu Liquidationswerten, nicht aber zu Fortführungswerten überschuldet und fortführungsfähig ist.
2175 *Otto*, Bruns-Gds (1980), S. 272.

3. Stets Fortführungswerte?

Da ein ausschließlicher Ansatz von Liquidationswerten selbst in eindeutigen Fällen einer zu erwartenden Liquidation des Unternehmens Gläubigerschutzlücken auftun würde (weil dem Schuldner unter Umständen erst lange nach Eintritt der tatsächlichen Vermögensinsuffizienz eine erhöhte Sorgfalt im Umgang mit seinem Vermögen abverlangt würde, obwohl er den Entschluss der Liquidation bereits gefasst hat und er dementsprechend nur geringe oder gar keine Motivation zu einem vorsichtigen Umgang mit seinem Vermögen mehr hat) ist ein ausschließlicher Ansatz von Liquidationswerten wegen seiner verhältnismäßig geringeren Effektivität bzgl. des Rechtsgüterschutzes nur dann den zweistufigen Methoden vorzuziehen, wenn rechtsstaatliche Anforderungen eine von der Fortführungsprognose abhängige Ermittlung der Überschuldung verbieten.

Eine entsprechende Problematik stellt sich bei Privatpersonen als Schuldner erst gar nicht, weil hier eine Bezifferung von Fortführungswerten im Regelfall überhaupt erst möglich ist, wenn künftige Vermögenszuflüsse, in der Regel Einkünfte, tatsächlich zu erwarten sind, weil sich aus dem Privatvermögen selbst in der Regel keine Synergieeffekte ergeben können, so dass bei der fehlender Aussicht auf Vermögenszuflüsse automatisch das vorhandene Vermögen zu Einzelveräußerungswerten anzusetzen ist.

Durch den ausschließlichen Ansatz von Fortführungswerten ist überhaupt nur die Überwindung des Konfliktes der Fortführungsprognose mit dem Bestimmtheitsgrundsatz nach Art. 103 II GG denkbar. Für einen ausschließlichen Ansatz von Fortführungswerten besteht nur dann eine Notwendigkeit, wenn dem Bestimmtheitsgebot nicht auch bei einer prognoseabhängigen Wahl des Wertansatzes durch anderweitige Modifikationen Rechnung getragen werden kann. Die maßgebliche Unsicherheit besteht in der mit Einschätzungsrisiken belasteten Prognose, wann von einer „überwiegenden Wahrscheinlichkeit" der Unternehmensfortführung, d.h. davon auszugehen ist, dass die Fortführung des Unternehmens wahrscheinlicher ist als seine Stilllegung. Die Prognoseunsicherheiten lassen sich aber in einem Art. 103 II GG genügenden Maß durch zwei Modifikationen hinreichend minimieren:

Erstens können in der mündlichen Strafverhandlung die *ex post* gewonnen Erkenntnisse über die Richtigkeit der *ex ante* getroffenen Schätzungen zugunsten des Beschuldigten berücksichtigt werden, so dass insoweit *ex ante* für ihn noch nicht ersichtliche, und noch nicht erkennbare Umstände dennoch zu seinen Gunsten wirken können. Zweitens können die dann immer noch in der Entscheidungssituation des Beschuldigten *ex ante* bestehenden Einschätzungsschwierigkeiten dadurch behoben werden, dass der Wahrscheinlichkeitsgrad selbst zu seinen Gunsten modifiziert wird, und erst dann von Liquidationswerten ausgegangen wird, wenn die Liquidation sicher bevorsteht, also eine Fortführung nicht ganz unwahrscheinlich ist.

Damit aber bestehen keine Unsicherheiten mehr für den Normadressaten, ab wann er den Umgang mit seinem vorhandenen Vermögen vorsichtig gestalten muss, so dass er die von Art. 103 II GG geforderte Handlungssicherheit hat.

4. Traditionell zweistufige oder modifiziert zweistufige Methode?

Die Wahl zwischen den nun verbleibenden Möglichkeiten der traditionell oder der modifiziert zweistufigen Vorgehensweise ist danach zu treffen, welche Vorgehensweise den Gläubigerschutz am effektivsten gewährleistet und dabei noch den rechtsstaatlichen Anforderungen an einen Straftatbestand genügt. Die modifiziert zweistufige Methode, die bei positiver Fortführungsprognose stets das Vorliegen der Krise verneint, und damit Überschuldung später annimmt als die traditionell zweistufige Methode, stellt dabei die geringer in die Freiheitsrechte des Schuldners eingreifende Auslegungsvariante dar, so dass die traditionell zweistufige Methode vor dem Hintergrund des Gebotes der Verhältnismäßigkeit (Subsidiaritätsprinzip) nur haltbar ist, sofern sie ein Plus an Gläubigerschutz zu garantieren vermag.

Die Wahl zwischen der modifiziert und der traditionell zweistufigen Methode hängt maßgeblich von dem *Inhalt* der *Fortführungsprognose* ab, wie er für das Strafrecht zu fordern ist. Dass es bei der Frage, ob Fortführungswerte anzusetzen sind, nicht allein auf den Fortführungs*willen* der Unternehmensleitung ankommen kann, folgt bereits aus der Notwendigkeit, dass das Vorliegen der Krise nach objektiven Kriterien zu bestimmen ist, weil sonst die Unternehmensleitung im Einzelfall selbst den an sie gerichteten Sorgfaltsmaßstab in der Hand hätte, so dass sie sich durch den Entschluss weiterzuwirtschaften zu Lasten der Gläubiger selbst dann noch einen unbeschränkten Handlungsspielraum verschaffen könnte, wenn die Liquidation des Unternehmens schon sicher bevorsteht.

Andererseits aber muss der Fortführungswille auch bei der Prognose im Rahmen des § 283 I, II StGB eine Rolle spielen, weil nicht einzusehen ist, warum ein Schuldner, der die Liquidation seines Unternehmens bereits beschlossen hat, sich nicht entsprechend behandeln lassen sollte und entsprechend Vorsicht zu üben hat. Allerdings gilt auch insoweit: Hat der Schuldner bzw. das Management einmal den Entschluss gefasst, das fortführungsfähige Unternehmen zu liquidieren und wäre es nach Liquidationswerten, nicht aber nach Fortführungswerten überschuldet,[2176] so muss in der strafrechtlichen Verhandlung zugunsten des Beschuldigten wegen überholender Tatsachen berücksichtigt werden, wenn er sich später doch für eine Fortführung seiner Unternehmung entschlossen hat. Dann ist er so zu stellen, als hätte er von vornherein die Fortführung des Unternehmens beabsichtigt, weil durch seinen zwischenzeitlichen Entschluss keine reale Gefährdung der Gläubigerbefriedigungsinteressen entstanden ist.

Ob hinsichtlich der Fortführungsfähigkeit im Rahmen des Bankrotttatbestandes auf die *Zahlungsunfähigkeitsprognose* oder die *Ertragsfähigkeitsprognose* abzustellen ist, entscheidet sich nach dem Grad der Gläubigerbefriedigungsinteressen: Die für den Schuldner günstigere Zahlungsunfähigkeitsprognose, die ihm ermöglicht, externe Liquiditätsquellen auszuschöpfen, stellt kein erhöhtes Gläubigergefährdungsrisiko dar; denn solange der Schuldner noch in der Lage ist, sich Liquidität zu verschaffen

2176 Ob diese Einschränkung überhaupt geboten ist, oder ob insoweit die Fortführungsfähigkeit reicht, entscheidet sich mit der Wahl zwischen der modifiziert und der traditionell zweistufigen Methode; dieser Fall trifft jedenfalls nach beiden Methoden zu.

und damit sein Unternehmen mit hinreichenden Ertragsaussichten betreiben kann, besteht keine erhöhte Gefahr für die Gläubigerbefriedigungsinteressen, durch massegefährliche Handlungen unmittelbar zu Schaden zu kommen, weil für den Schuldner nicht auszuschließen ist, dass es ihn selbst „trifft".

Auf die künftige Zahlungsfähigkeit abzustellen, ist auch insoweit vorzugswürdig, als die zivilrechtliche Streitigkeit zugunsten des Täters gelöst wird, so dass letztlich dasselbe Ergebnis erzielt wird, als bliebe diese Zivilrechtsstreitigkeit unentschieden und es würde die für den Täter im Einzelfall günstigste Variante gewählt, weil die Zahlungsunfähigkeitsprognose stets günstiger ist als die Ertragsfähigkeitsprognose. Damit ist ein Konflikt mit dem Subsidiaritätsprinzip, wonach es grundsätzlich nicht Aufgabe des Strafrechts ist, zivilrechtliche Streitigkeiten zu entscheiden, ausgeschlossen. Auf die künftige Zahlungsfähigkeit abzustellen, hat im Fall der Entscheidung für die traditionell zweistufige Methode auch den Vorteil, dass sie eine Ermittlung von Fortführungswerten selbst dann nicht – nicht einmal im Einzelfall – überflüssig werden lässt, wenn die Ertragswertmethode bei der Wertermittlung Berücksichtigung findet, weil sie zum Kreis der im Einzelfall potentiell günstigsten Methode zählt und sie (zusammen mit den DCF-Methoden) auch de facto im Regelfall zum tätergünstigsten Ergebnis kommen wird.

Die Wahl zwischen der traditionell und der modifiziert zweistufigen Methode entscheidet sich nun danach, ob die künftige Zahlungsunfähigkeit als Möglichkeit, externe Liquiditätsquellen zu erschließen, alleine ausreicht, um ein reales Gefährdungsrisiko für die Gläubiger auszuschließen, oder ob zudem ein hinreichendes (zu Fortführungswerten bewertetes) Vermögen zu fordern ist. Zu fragen ist, ob vom Schuldner bereits dann eine erhöhte Sorgfalt im Umgang mit seinem Vermögen verlangt werden muss, wenn er zwar noch Kredit erhält, er aber auch beim weiteren Betreiben seiner Unternehmenstätigkeit mittelfristig nicht in der Lage sein wird, hinreichend Vermögen zu beschaffen, um seinen Verbindlichkeiten nachkommen zu können, oder ob er solange nach Belieben über sein Vermögen verfügen können soll, wie er noch Kredit beschaffen kann.

Maßgeblich ist der Zeitpunkt, ab dem *allein* die Gläubigerbefriedigungsinteressen *par condition omnium creditorum* von der Realisierung der masseschmälernden Tendenz der in § 283 I StGB aufgeführten Handlungen betroffen wären. Denn ab diesem Zeitpunkt ist die Motivation des Schuldners zum vorsichtigen Umgang mit dem Vermögen besonders gering.

Diese Situation tritt aber nicht erst ein, wenn der Schuldner sich keine Liquidität mehr beschaffen kann, sondern bereits ab dem Zeitpunkt, ab dem er davon ausgehen muss, dass er selbst unter Einsatz seines bisherigen Vermögens nicht mehr genügend Vermögenszuwachs erzielen kann, um *selbst* davon zu profitieren.

Ab diesem Zeitpunkt realisieren sich die Masseschmälerungen allein zu Lasten der Gläubiger. Ab dem Zeitpunkt, ab dem das Unternehmen auch unter Nutzung externer Liquidationsquellen seine Finanzkraft nicht mehr ertragsbringend einsetzen kann, tritt ein reales Gefährdungsrisiko von den Handlungen des § 283 I, II StGB für die Gläubigerinteressen ein. Ab diesem Zeitpunkt bedarf es bereits des Schutzes durch § 283 StGB.

Ein effektiverer und auch erforderlicher, damit *effizienter* Vermögensschutz kann daher nur durch die traditionell zweistufige Methode erzielt werden.

Die traditionell zweistufige Methode ist für § 283 I Var. 1, II StGB maßgeblich, sofern kein Konflikt mit dem Bestimmtheitsgebot aus Art. 103 II GG entsteht.

5. Vereinbarkeit einer Überschuldungsermittlung nach der traditionell zweistufigen Methode mit dem Bestimmtheitsgebot (Art. 103 II GG)

Beide Anforderungen an die Tatbestandsbestimmtheit – die Wahrung der Gewaltenteilung durch vollständige Umschreibung des tatbestandlichen Unrechts im Gesetz und die Gewähr, dem Bürger eine klare Orientierung für sein Handeln zu geben – werden durch das traditionell zweistufige Überschuldungsmodell auch im Rahmen des § 283 StGB erfüllt.

Die eindeutige Bestimmbarkeit des richtigen Überschuldungsmodells aus der gesetzlich festgelegten Funktion des § 283 StGB, den Schutz der Gläubigerbefriedigungsinteressen und die Funktionsfähigkeit der Kreditwirtschaft zu gewährleisten, hat soeben bestätigt, dass sich das tatbestandliche Unrecht eindeutig bereits dem im Gesetz selbst verankerten Schutzzweck entnehmen lässt. Insbesondere wirkt auch der Gesetzeswortlaut hinreichend eingrenzend, weil das Gesetz mit dem Begriff der „Überschuldung“ den seit jeher unstreitigen Inhalt von Überschuldung als eine Vermögensinsuffizienz im Sinne der Vermögensunzulänglichkeit im Hinblick auf die Deckung der bestehenden Verbindlichkeiten festschreibt.

Schutzzweck und Wortlaut der Norm geben dabei einen hinreichend bestimmten Rahmen, um mittels Auslegung die traditionell zweistufige Überschuldungsmethode als die richtige Ermittlungsart der Überschuldung auch bei § 283 I StGB zu erkennen. Die langjährige Praxis der Strafgerichte, die sich erst unmittelbar vor In-Kraft-Treten dem Wandel der Zivilrechtssprechung zum modifiziert zweistufigen Überschuldungsbegriff vereinzelt angeschlossen haben, über die meiste Zeit aber das traditionell zweistufige Modell angewendet hatten, bietet als konstante Auslegungspraxis dem Normadressaten zusätzliche Sicherheit, wie er sein Verhalten auszurichten hat, um sich nicht strafbar zu machen. Insbesondere hilft die Übereinstimmung des bankrottstrafrechtlichen Überschuldungsbegriffs mit der zivilrechtlichen Definition in § 19 II InsO dem Normadressaten insoweit, als sein Vorstellungsbild von Überschuldung auch durch § 19 II InsO de facto geprägt wird. So wird ihm durch § 19 II InsO trotz des Fehlens eines unmittelbaren Zusammenhangs zum Bankrotttatbestand eine gewisse Regelorientierung verschafft, die denselben Tatbestand umschreibt, der auch als Pflichtenauslöser in § 283 StGB fungiert. Insbesondere wird der Normanwender geneigt sein, durch den Vergleich der übrigen Krisenmerkmale von eingetretener und drohender Zahlungsunfähigkeit und dem über die objektive Bedingung der Strafbarkeit in Abs. 6 hergestellten Zusammenhang zum zivilen Insolvenzrecht, die insolvenzrechtliche Überschuldungsdefinition des § 19 II InsO tatsächlich auch für das Strafrecht heranzuziehen. Möglicherweise unterliegt er dabei dem Irrtum, Überschuldung im Sinne des § 283 StGB sei zwingend zivilrechtsgleich auszulegen. Dieser Irrtum über den normtheoretischen Zusammenhang ist aber irrelevant, weil er im Ergebnis keine inhaltliche Auswirkung auf die Beurteilung eines Verhaltens als noch rechtmäßig oder bereits tatbestandlich hat, und der Normadressat stets zum richtigen Ergebnis kommt.

Die verständlichkeitsfördernde Wirkung einer inhaltsgleichen Auslegung gleicher Begriffe strahlt damit unmittelbar positiv auf die Bestimmtheit des Straftatbestandes aus.

Der Vorteil der Vermeidung eines technischen Widerspruchs ist damit letztlich auch ein Plus an Tatbestandsbestimmtheit.

Die Prognoselastigkeit einer Fortführungsbewertung und die angesichts der Vielfalt an Bewertungsmethoden in den Überschuldungstatbestand transferierten Unsicherheiten können ebenfalls durch Auslegung überwunden werden.

Durch die Korrekturmöglichkeit *ex post* kann der Normadressat von dem Risiko einer für ihn zu ungünstig getroffenen Prognose befreit werden, indem tatsächliche Entwicklungen zu seinen Gunsten Berücksichtigung finden.

Ex ante kann ihm auch außerhalb einer Festschreibung *einer* Bewertungsmethode als die einzig richtige Orientierungsgewissheit hinsichtlich der anzuwendenden Bewertungsmethode gegeben werden, indem er im Einzelfal diel für ihn günstigste Methode heranziehen darf. Eine Entscheidung gegen die tätergünstigere, traditionell zweistufige Bewertungsmethode gerät auch nicht in Konflikt mit dem Subsidiaritätsprinzip dahingehend, dass das Strafrecht sich der Entscheidung zivilrechtlicher Streitigkeiten zu enthalten habe, weil das Zivilrecht selbst den bisherigen Streit um die Relevanz der Fortführungsprognose in § 19 II InsO so entschieden hat.

Die Verwendung des Überschuldungstatbestandes in § 283 StGB ist insgesamt „unbedenklich", weil der Bankrotttatbestand in der Begehungsvariante „zum überlieferten Bestand an Strafrechtsnormen" gehört und sich „durch den Normzusammenhang und eine gefestigte Rechtsprechung" zuverlässig bestimmen lässt.[2177]

VII. Die traditionell zweistufige Überschuldungsermittlung in ihrer strafrechtlichen Ausgestaltung

1. Fortführungsprognose

a) *Inhalt der Fortführungsprognose*

Bisher konnte festgestellt werden, dass sich die Insolvenzverschleppungsdelikte dahingehend streng akzessorisch verhalten, dass sie die in § 19 II InsO enthaltene Festschreibung der traditionell zweistufigen Überschuldungsmethode aufgrund ihres engen Regelungszusammenhangs mit den zivilrechtlichen Insolvenzregelungen übernehmen müssen. Auch konnte für den Bankrotttatbestand aus der Funktion des Krisenmerkmals heraus begründet werden, dass der traditionell zweistufige

2177 Vgl. insoweit noch einmal *BVerfGE* 4, S. 357; *BVerfGE* 11, S. 237; *BVerfGE* 26, S. 183; *BVerfGE* 48, S. 56; *BVerfGE* 64, S. 393; Tröndle/*Fischer*, StGB, 52. Aufl. (2004), § 1 Rn. 5b.

Überschuldungsbegriff zu wählen, und im Rahmen dessen die Fortführungsfähigkeit allein anhand der Zahlungsunfähigkeitsprognose zu ermitteln ist, und dass der Fortführungswille ebenfalls notwendiger Bestandteil für die Annahme der Fortführungswahrscheinlichkeit ist.

Die Klärung des für die Insolvenzverschleppungsdelikte maßgeblichen Inhalts der Fortführungsprognose steht ebenso wie die Klärung der maßgeblichen Ermittlungsmethode noch aus.

Die Fortführungsfähigkeit ist auch im Rahmen der Insolvenzverschleppungsdelikte aus folgenden Gründen wie bei § 283 StGB in Abhängigkeit vom Fortführungswillen und der künftigen Liquidität (Zahlungsunfähigkeitsprognose) festzustellen:

Fortführungswille

Dass nicht allein der Fortführungswille maßgeblich sein kann, wird hier bereits durch die strikte Akzessorietät begründet, weil § 19 II InsO insoweit selbst eine Festschreibung enthält, die auch für die Insolvenzverschleppungsdelikte maßgeblich ist, weil insoweit keine Besonderheiten aus der besonderen Einbindung des Strafrechts in die verfassungsmäßige Ordnung folgen. Aber auch aus strafrechtsautonomen Gründen lässt sich folgern, dass der Zeitpunkt, ab dem die Leitungsmacht auf die durch den Insolvenzverwalter vertretene Gläubigergesamtheit übergehen muss, nicht allein in das Ermessen des Bilanzierenden gestellt werden darf. Vielmehr endet die Legitimation des Managements mit dem tatsächlichen Übergang des unternehmerischen Risikos. Dies ist auch der Zeitpunkt, ab dem ein unbeaufsichtigtes Weiterwirtschaften durch den Schuldner wegen erhöhter Missbrauchsgefahr ein reales Gläubigergefährdungsrisiko darstellt, weil das bisherige Management und die Unternehmenseigner das Verlustrisiko *tatsächlich* nicht mehr zu tragen haben. Darüber hinaus würde eine alleinige Abhängigkeit der Fortführungsbewertung vom Fortführungswillen des Schuldners zu dem absurden Ergebnis führen, dass der Unternehmer, der sein Unternehmen trotz vernünftigerweise gebotener Liquidation fortführt und dadurch das Ausfallrisiko seiner Gläubiger erhöht, mit der Aussicht belohnt wird, den Eintritt seiner Überschuldung zumindest über einen gewissen Zeitraum hinauszögern, und währenddessen ungestraft Handlungen nach § 283 I oder II StGB begehen zu können.

Andererseits muss der Fortführungswille der Unternehmensleitung notwendiger Bestandteil für eine Vermögensbewertung zu Fortführungswerten sein, nicht nur, weil § 19 II InsO dies so vorschreibt, sondern auch, weil bei einem zu Liquidationswerten überschuldeten Unternehmen in dem Augenblick, in dem das Management den Unternehmenszweck nicht mehr weiter betreiben will, klar ist, dass das Vermögen des Unternehmens über den aktuellen Zustand hinaus nicht mehr wachsen wird, und dass damit die Gläubiger endgültig das Verlustrisiko tragen. Signalisiert das Management, dass es seine Leitungsmacht nicht mehr im Rahmen einer werbenden Unternehmenstätigkeit ausüben will, ist es nur konsequent, aber auch zum Schutz der Gläubiger erforderlich, dass die Entscheidungsbefugnis über das Schicksal des Unternehmens dann auch auf die wahren Träger des Unternehmensrisikos übergeht.

Zahlungsfähigkeitsprognose

Auf die künftige Zahlungsfähigkeit kommt es bei der Prognose der Fortführungsfähigkeit auch im Rahmen der Insolvenzverschleppungsdelikte an, weil die strengeren Ansichten, die eine Überlebensfähigkeit des Unternehmens aus eigener Ertragskraft oder gar seine Rentabilität fordern, dem Schuldner über die Grenze der Erforderlichkeit hinaus Restriktionen auferlegen, und damit gegen das Effizienzprinzip verstoßen: Der Schutz der Gläubigerbefriedigungsinteressen *par conditio omnium creditorum* einschließlich der damit verbundenen, insolvenzrechtlich garantierten Einflussnahmerechte auf das Schicksal des Unternehmens erfordert erst dann eine Pflicht zur Eröffnung des Insolvenzverfahrens und damit auch die strafrechtliche Sanktionierung einer Unterlassung, wenn das unternehmerische Risiko vollständig auf die Gläubiger übergegangen ist, weil sich die Verlustrisiken nur noch zu ihren Lasten auswirken – also bei endgültiger Vermögensinsuffizienz. Von einer endgültig eingetretenen Vermögensinsuffizienz kann aber dann noch nicht ausgegangen werden, wenn das Unternehmen unter Zuhilfenahme externer Liquiditätsquellen sich mittelfristig zahlungsfähig halten kann und mit der so gewonnenen Liquidität Erträge erwirtschaften kann, die zusammen mit dem vorhandenen Betriebsvermögen einen Gesamtvermögenswert ausmachen, der die Verbindlichkeiten zu decken vermag. In dieser Situation hat die Unternehmensleitung auch noch berechtigte Hoffnung, dass die zu erwirtschaftenden Erträge auch dem Unternehmen und nicht nur seinen Gläubigern zugute kommen, so dass ein hinreichender Anreiz für das Management besteht, im Interesse des Unternehmenserhalts und mit dem Ziel zu handeln, dessen Vermögen zu mehren. Solange ein ausreichend erzielbarer Vermögenszuwachs möglich ist, besteht noch kein erhöhtes Maß an Gläubigergefährdung durch Missbrauch oder einfach durch Realisierung des allgemeinen unternehmerischen Verlustrisikos allein bei den Gläubigern, so dass eine strafrechtlich flankierte Insolvenzantragspflicht einen unverhältnismäßigen, gegen das Effizienzprinzip verstoßenden Eingriff darstellen würde.

Die Entscheidung für die Zahlungsfähigkeitsprognose als der tätergünstigsten Lösung wahrt zugleich das bei den Insolvenzverschleppungsdelikten strikt zu beachtende Subsidiaritätsprinzip, weil es keine autonome Entscheidung der zivilrechtlichen Streitigkeit aus Zweckmäßigkeitserwägungen trifft, sondern lediglich das im Strafrecht grenzziehend wirkende Prinzip der Verhältnismäßigkeit in der Ausprägung des Effizienzprinzips beachtet und die nicht mehr legitimierbaren Lösungen ausscheidet. Zugleich ist dies die einzig denkbare Möglichkeit, dem Bestimmtheitsgebot gerecht zu werden, indem die von mehreren Auslegungsalternativen ausgehende Unsicherheit nicht dem Normadressaten aufgebürdet wird, sondern Orientierungsgewissheit für ihn geschaffen werden kann, dass er sich auf die für ihn günstigste Auslegung verlassen kann. Die Zahlungsfähigkeitsprognose ist *stets* die für den Täter günstigste Auslegungsvariante, weil Ertragsfähigkeit und Rentabilität immer auch hinreichende Liquidität bedingen.

Letztlich stimmt daher das gefundene Ergebnis mit der Anerkennung der Vielheit unter Maßgeblichkeit der im Einzelfall günstigsten Lösung überein; nur hinsichtlich der Fortführungsprognose kann bereits von vornherein und unabhängig vom Einzelfall davon ausgegangen werden, dass die Zahlungsunfähigkeitsprognose die für den Täter günstigste Variante darstellt. Daher ist für den strafrechtlichen Überschuldungsbegriff die Fortführungsfähigkeit stets anhand der künftigen Zahlungsunfähigkeit zu bestimmen.

Ermittlung der künftigen Zahlungsfähigkeit

Die zivilrechtlich umstrittene Frage, ob die künftige Zahlungsfähigkeit allein anhand mehrwertiger Planungsrechnungen ermittelt werden kann, oder ob auch externe Faktoren, wie das Verhalten von Geschäftspartnern und Banken, als Basis für die Zahlungsfähigkeitsprognose herangezogen werden dürfen, ist vor dem Hintergrund des Bestimmtheitsgebots nach Art. 103 II GG dahingehend zu beantworten, dass grundsätzlich die rechtssichere Ermittlungsmethode Vorrang genießt, sofern sie strafbegründend (§ 283 I Nr. 1–4, 8 StGB) oder strafschärfend (§§ 283 I Nr. 5–7) herangezogen wird.

Das bedeutet: Sofern eine mehrwertige Planungsrechnung (Planbilanzen und Ertragsplanung) durchführbar ist, also wenn der Schuldner ein Unternehmen kaufmännischen Umfangs betreibt (§ 1 II HGB), muss sich der Schuldner bzw. sein Vertreter darauf verlassen dürfen, dass er Fortführungswerte im Überschuldungsstatus ansetzen darf, wenn aufgrund seiner Planungsrechnungen die Fortführung seines Unternehmens nicht ganz unwahrscheinlich ist, selbst dann, wenn die umstehenden Beteiligten Signale einer gegenteiligen Einschätzung senden, indem die Hausbank Kredite kündigt, Warenlieferanten auf einmal gestundete Forderungen einfordern, etc. Nur wenn sich der Schuldner auf das Ergebnis der Planungsrechnungen verlassen darf, ist ihm Orientierungsgewissheit gegeben.

Wenn umgekehrt die externen Faktoren *eindeutig* darauf schließen lassen, dass der Schuldner auch in näherer Zukunft zahlungsfähig bleiben wird, z.B. weil die Hausbank des Schuldners Kreditsicherheiten freigibt, wäre es bloßer Formalismus, die Aufstellung aufwendiger Planungsrechnungen zu verlangen.

Eine positive Fortführungsprognose lässt sich daher im Einzelfall auch anhand externer Faktoren ableiten.

Daraus folgt allerdings nicht, dass auch zwingend *immer* schon dann von einer Fortführungsprognose auszugehen ist, wenn das geschäftliche Umfeld des Schuldners, also im weitesten Sinne seine Gläubiger, keine Reaktionen zeigt, die auf die künftige Zahlungsunfähigkeit schließen lassen. Eine positive Fortführungsprognose ist also nicht immer schon dann anzunehmen, wenn externe Faktoren *keine negative* Prognose zulassen, sondern erst dann, wenn externe Prognosen *eindeutig* die künftige Zahlungsfähigkeit *positiv* belegen. *Zweifel* gebieten dem Schuldner, Planungsrechungen aufzustellen.

Denn die Informationsasymmetrie zwischen Gläubigern und Schuldner bedingt, dass die Reaktion der Gläubiger auf Vermögensinsuffizienz und Liquiditätsschwierigkeiten in der Regel mit zeitlicher Verzögerung eintritt, und bis zur Offenkundigkeit der Insolvenz die Gläubiger, vor allem auch die potentiell noch Kredit gewährenden Gläubiger, ganz besonders des Schutzes durch § 283 StGB und der Insolvenzverschleppungsdelikte bedürfen.

Ein Schuldner, der anhand mehrwertiger Planungsrechnungen seine baldige Zahlungsunfähigkeit feststellen könnte, ist dazu angehalten, auch entsprechende Planungsrechnungen aufzustellen, die ihm hinreichende Orientierungsgewissheit bieten können und kann sich nicht die Informationsasymmetrie zwischen ihm und seinen Gläubigern zunutze machen und die Reaktion des Marktes abwarten. Es besteht aus Gründen eines effektiven Gläubigerschutzes das Bedürfnis, die Strafsanktionen von Insolvenzverschleppung und Bankrott ab dem Zeitpunkt greifen zu lassen, ab welchem Planungsrechnungen, deren Aufstellung vom Schuldner in zumutbarer Weise verlangt werden kann, seine künftige Zahlungsunfähigkeit *ex ante* ausweisen würden und sein zu Liquidationswerten bewertetes Vermögen zur Deckung seiner Verbindlichkeiten nicht mehr ausreicht. Entsprechend strafwürdig ist es, gebotene Planungsrechnungen nicht aufzustellen und die Reaktion des Marktes abwarten zu lassen. Aus der Sicht *ex post* zugunsten des Schuldners feststellbare Abweichungen von der ex ante prognostizierten Entwicklungen sind zu berücksichtigen, damit sich das mit einer jeden Prognose verbundene Risiko einer Fehleinschätzung nicht zu Lasten des Beschuldigten verwirklicht und Konflikte mit Art. 103 II GG vermieden werden.

Die Ermittlungsmethoden, die zur Feststellung der „überwiegenden Wahrscheinlichkeit“ diskutiert werden, wenn im Rahmen der mehrwertigen Planungsrechnung nicht alle Planungen zum selben Ergebnis führen (alleinige Maßgeblichkeit des *wahrscheinlichsten* Finanzplans, *kumulierte* Wahrscheinlichkeit aller Finanzpläne mit mindestens 50prozentiger Liquiditätswahrscheinlichkeit oder der *erwartete* Finanzplan als Synthese aller Finanzpläne),[2178] sind für das Strafrecht irrelevant, weil es insoweit nicht der überwiegenden Wahrscheinlichkeit bedarf, wie sich sogleich zeigen wird.

Bei Verbrauchern im Sinne des § 304 InsO sind mehrwertige Planungsrechnungen nicht durchführbar, aber auch nicht erforderlich. Hier umfasst die Prognose allein die künftigen Einkommensverhältnisse, die sich ohnehin nur anhand externer Faktoren bemessen lassen.

Auf sie ist im Rahmen der Verbraucherstrafbarkeit nach § 283 I Var. 1, II StGB die Prognose des „Herausholbaren“ zu stützen.

b) Wahrscheinlichkeitsurteil

Abweichend von § 19 II InsO sind nicht erst bei überwiegender Fortführungswahrscheinlichkeit, sondern bereits bei dem Bestehen irgendeiner (Rest)Wahrscheinlichkeit Fortführungswerte anzusetzen.

Zwar würde eine dem Wahrscheinlichkeitsgrad des § 19 II InsO entsprechende Auslegung auch im Strafrecht den Gläubigerschutz und den Schutz der Kreditwirtschaft weitaus effektiver gestalten, weil eine Wahrscheinlichkeitsmarke von über 50 Prozent Fortführungswahrscheinlichkeit von Inhabern von tatsächlich nicht fortführungsfähigen, zu Liquidationswerten überschuldeten Unternehmen recht-

2178 Vgl. oben Teil 1, B. 2. a.

zeitig die Einhaltung der erhöhten Sorgfaltspflichten und der Antragspflichten einfordern könnte. Auch wäre die Wahrscheinlichkeit von über 50 Prozent durchaus noch verhältnismäßig, somit *effizient*.

Eine entsprechende Wahrscheinlichkeitslösung würde aber nicht dem Bestimmtheitsgebot aus Art. 103 II GG genügen, weil der Moment, wann „eher eine Wahrscheinlichkeit für" eine Fortführung besteht, als eine „eher nicht", realiter kaum quantifizierbar ist.

Zwar lässt sich das Erfordernis „über 50 Prozent"[2179] mathematisch klar ausdrücken, klarer, als „nicht ganz unwahrscheinlich". Die Subsumtion der realen Verhältnisse unter die beiden Vorgaben hingegen führt zum genau umgekehrten Ergebnis: Es ist weitaus einfacher, die Sachlage in *„ausgeschlossen und nicht ganz unwahrscheinlich"* einzuteilen als der Versuch, eine Quantifizierung der Wahrscheinlichkeiten vorzunehmen und nach *„49 und 51 Prozent wahrscheinlich"* einzuteilen. Die Einordnung eines Verhaltens als strafbar oder noch straflos darf nicht von vagen Wahrscheinlichkeitsurteilen abhängig gemacht werden, weil der Normadressat keine Orientierungsgewissheit hätte, ob die Fortführung seines Unternehmens noch zu 51 Prozent („oder doch nur 49?") wahrscheinlich ist, oder nicht. Er muss *ex ante* bereits eindeutig feststellen können, ab wann ein sorgfaltsloses Wirtschaften schon den Bankrotttatbestand erfüllt, oder nicht, und ab wann er strafrechtlich haftbar wird, wenn er unverändert weiterwirtschaftet. Gerade im letzteren Fall ist eine Gewissheit für den Normadressaten besonders wichtig, weil die Normübertretung allein durch die Überschreitung der Grenzmarke „Vorliegen des Eröffnungsgrundes" definiert ist, ohne dass die tatbestandliche Handlung des Unterlassens also das normale Weiterwirtschaften einen eigenständigen Unrechtsgehalt aufweist. Eine dahingehende Gewissheit besteht aber erst dann, wenn der Normadressat so lange auf die Unternehmensfortführung vertrauen darf, wie nicht *ex ante* die Nichtfortführung des Unternehmens *sicher bevorsteht*.

Auf den privaten und den nur geringfügig wirtschaftlich tätigen Schuldner übertragen darf dieser beispielsweise so lange mit fortbestehenden Einkünften rechnen, wie nicht die Beendigung des Beschäftigungsverhältnisses oder eine Geschäftsaufgabe *sicher bevorsteht*.

c) *Prognosezeitraum*

Ebenso wie im Zivilrecht sollte sich im Strafrecht die Wahl des Prognosezeitraums allein daran messen lassen, ob er ein verlässliches Urteil über die künftige Unternehmensentwicklung ermöglicht.

Daher sind branchenspezifische Besonderheiten bei Insolvenzverschleppungsdelikten und Bankrott wie im Zivilrecht zu berücksichtigen und die im Zivilrecht herrschende Festlegung des Regelprognosezeitraums auf das *„laufende und das nächste Geschäftsjahr"* zu übernehmen. Der Vorschlag, den Prognosezeitraum im Strafrecht auf *„maximal ein Jahr"* oder gar *„drei Monate"* zu verkürzen, um Schätzrisiken einzu-

---

2179 So vor allem *Röhm*, Abhängigkeit des Insolvenzstrafrechts (2002), S. 184.

schränken und verlässlichere Aussagen treffen zu können, hat vordergründig zwar für sich, dass sich die Unternehmensentwicklung über einen Zeitraum von nur drei Monaten verlässlicher prognostizieren lässt als eine Entwicklung, die einen längeren Zeitraum beansprucht. Zugleich vermittelt ein kürzerer Prognosezeitraum aber auch weniger verlässliche Aussagen über die mittelfristige Entwicklung der Finanzkraft: Je kürzer der betrachtete Entwicklungszeitraum ist, desto weniger Daten können für die Prognose herangezogen werden und desto weniger repräsentativ ist das prognostizierte Ergebnis für die zu erwartende Gesamtentwicklung, so dass unter Umständen auch in einer für den Normadressaten ungünstigen Weise künftige Entwicklungschancen ausgeblendet werden. Für eine verlässliche Aussage der mittelfristigen Unternehmensentwicklung bedarf es im Regelfall eines drei Monate überschreitenden Zeitraums, weil ansonsten die Gefahr besteht, dass kurzfristige Entwicklungstendenzen das Ergebnis verfälschen.

Ein Zeitraum, der das *laufende und das kommende Geschäftsjahr* umfasst, ist kurz genug, um die Prognoserisiken im Hinblick auf das Bestimmtheitsgebot (Orientierungsgewissheit) hinreichend einzuschränken, und lang genug, um eine hinreichend repräsentative Datenbasis zu gewährleisten.

Der Prognosezeitraum ist damit bei Insolvenzverschleppung und Bankrott im Ergebnis zivilrechtsgleich zu bestimmen.

d) Entbehrlichkeit der Prognoseerstellung bei hinreichendem Liquidationsvermögen beim Bankrott

Anders als bei den Insolvenzverschleppungsregelungen, die Überschuldung in Abhängigkeit von der konkreten Unternehmensstrategie feststellen, um die Eröffnung des Insolvenzverfahrens dann zu gewährleisten, wenn diese nach der konkreten Unternehmensstrategie angezeigt ist, hat der Überschuldungstatbestand die Aufgabe, anzuzeigen, wann der Vermögensstand so gering ist, dass eine erhöhte Sorgfalt angezeigt ist. In dem seltenen, unter Anwendung der Gesamtbewertungsverfahren aber denkbaren Fall, dass ein Unternehmen wegen negativer Ertragsaussichten zu Fortführungswerten überschuldet wäre, nicht aber zu Liquidationswerten, ist eine Übertragung der Verfügungsbefugnisse auf die Gläubigergesamtheit bereits angezeigt, wenn feststeht, dass das bisherige Management die gebotene Liquidation nicht vornimmt, sondern das Verlustrisiko in Kauf nimmt, das schon bald allein die Gläubiger trifft, so dass auch dann noch im Rahmen einer Fortführungsprognose zu überprüfen ist, ob das Management tatsächlich die Liquidationsoption ergreift, wenn bereits feststeht, dass das Unternehmen zu Liquidationswerten nicht überschuldet ist.

Anders verhält es sich beim Bankrotttatbestand, der ausschließlich auf die Vermögensinsuffizienz als dem maßgeblichen Zeitpunkt abstellt, ab dem sich die masseschmälernden Tendenzen des unwirtschaftlichen Verhaltens ausschließlich bei den Gläubigern realisiert. Solange aber ausreichendes Vermögen nach Liquidationswerten vorhanden ist, ist nicht sichergestellt, dass sich die Schmälerung der Vermögensmasse durch eine der tatbestandlich umschriebenen Handlungen zwingend zu Lasten der Gläubigerbefriedigungsinteressen auswirkt.

Daher reicht bei § 283 I, II StGB die Aufstellung eines Überschuldungsstatus aus, wenn danach Überschuldung zu verneinen ist.[2180]

2. Der Umgang des Strafrechts mit der Methodenvielfalt zur Fortführungsbewertung

a) *Strafrechtsimmanente Grenzen der Auslegung: Bestimmtheitsgrundsatz und Funktionalität der Bewertungsmethoden als Bestimmungsgröße eines effizienten Überschuldungstatbestands*

Gleiche Anforderungen bei Insolvenzverschleppungsdelikten und Bankrott

Die alleinige Anknüpfung der Insolvenzverschleppungsdelikte an das bloße Vorliegen des Insolvenzantragsgrundes der Überschuldung erfordert eine besonders genaue Untersuchung, ob der zivilrechtliche Überschuldungstatbestand die Grenzziehung zu strafwürdigem und strafbedürftigem Verhalten leisten kann, und ob die Insolvenzverschleppungsdelikte in ihrer Anknüpfung an den zivilrechtlichen Überschuldungstatbestand den an einen Straftatbestand zu stellenden Bestimmtheitsanforderungen genügen.

Daraus lässt sich aber nicht im Umkehrschluss ableiten, die Wahl der Bewertungsmethoden könne im Rahmen des Bankrotttatbestands weniger sorgfältig ausfallen, weil bereits die Umschreibung der Tathandlung weitestgehend das tatbestandliche Unrecht erfasse.

Abgesehen davon, dass die Unwertdifferenzierung zwischen bloßem Unterlassen und Weiterwirtschaften einerseits und sorgfaltswidrigem Handeln andererseits hinreichend im Strafmaß von Insolvenzverschleppung (bis zu 3 Jahren) und Bankrott (bis zu 5 Jahren) zum Ausdruck kommt, sind die an einen Straftatbestand zu stellenden Anforderungen nicht relativierbar. So gilt das Gesetzlichkeitsprinzip einschließlich des Bestimmtheitsgebots für alle Strafbestimmungen in gleicher Weise und gestattet keine Nachlässe für leichtere Delikte oder bei Tatbestandsmerkmalen, denen nur eine ergänzende Funktion bei der Umschreibung des tatbestandlichen Unrechts zukommt.[2181] Ebenfalls nicht relativierbar sind die Anforderungen, die das Effizienzprinzip an einen Straftatbestand stellt, weil Strafe unabhängig von ihrer Höhe stets einen so massiven Eingriff in die Freiheitsrechte des Einzelnen bedeutet, dass jede nicht vollständig vom Erfordernis des Rechtgüterschutzes gedeckte Sanktionierung gegen Art. 20 III GG verstoßen würde.

Der Überschuldungstatbestand des Bankrotts und der Insolvenzverschleppungsdelikte muss in gleichem Maße den Bestimmtheitsanforderungen des Art. 103 II GG genügen und er muss in gleichem Maße hinreichend effizient sein.

2180 Ebenso SK-*Hoyer*, StGB (2002), § 283 Rn. 15; *Bittmann*, wistra 1999, S. 17; Sch/Sch-*Stree/Heine*, 26. Aufl. (2001), § 283 Rn. 51.

2181 Vgl. daher auch ausdrücklich *Roxin*, AT I, 3. Aufl. (1997), § 5 Rn. 70 gegen *BVerfGE* 14, 245 ff., dem zufolge das zu fordernde Maß an Tatbestandsbestimmtheit von der Deliktsschwere abhängig sein soll.

Die Auslegungsprinzipien im gegenseitigen Ausgleich

Auch hinsichtlich der Wahl der richtigen Bewertungsmethode unter der Fortführungsprämisse gilt zunächst, dass sie *geeignet* sein muss, die Vermögensinsuffizienz bei Insolvenzverschleppung und Bankrott *so* abzubilden, dass strafbedürftiges und strafwürdiges Verhalten trennscharf von nicht strafwürdigem, strafbedürftigem Verhalten abgegrenzt werden kann; sie muss insoweit *funktional* sein, d.h. die Funktion des Krisenmerkmals und des Eröffnungsgrundes erfüllen, Normübertretungen bereits und erst ab dem Zeitpunkt der tatsächlichen Vermögensinsuffizienz als dem maßgeblichen Gefährdungszeitpunkt zu erfassen (Funktionalität). Dass es auf die tatsächliche *Vermögensinsuffizienz* im Sinne der Unzulänglichkeit des Vermögens zur Tilgung aller bestehenden Verbindlichkeiten bei den Insolvenzverschleppungsdelikten und dem Bankrotttatbestand ankommt, war bereits ausschlaggebend für die Wahl der traditionell zweistufigen Methode; nun ist die Fähigkeit einer Bewertungsmethode, den Zustand der Insuffizienz zweckentsprechend abzubilden, Maßstab, an dem sich die Bewertungsmethoden im Hinblick auf das Effizienzprinzip messen lassen müssen.

Soweit eine Bewertungsmethode zur Annahme der Überschuldung kommt, *bevor* tatsächlich Vermögensinsuffizienz eingetreten ist und damit auch solches Verhalten dem Strafbaren zuordnet, das eigentlich im Hinblick auf den Schutz der Gläubigerbefriedigungsinteressen und der Kreditwirtschaft nicht der Strafe bedarf, macht sie den Straftatbestand ineffizient und damit wegen unverhältnismäßigen Eingriffs in die Freiheitsrechte des Normadressaten illegitim (Art. 20 III GG).

Führt hingegen eine Bewertungsmethode zu einer verspäteten Annahme der Überschuldung, ist die Methode zwar weniger *effektiv* und leistet keine punktgenaue Trennung des strafbedürftigen und strafwürdigen Verhaltens von nicht strafbedürftigem und nicht strafwürdigem Verhalten, dennoch wäre garantiert, dass nur solche Normübertretungen strafrechtlich erfasst würden, die zum Schutz der Gläubiger der Strafe bedürfen. Die Methode wäre durch den Schutzzweck legitimiert und sogar hinreichend effizient, wenn alle denkbaren Möglichkeiten im Umgang mit den Bewertungsmethoden, die den Rechtsgüterschutz noch effizienter verwirklichen, entweder gegen das Bestimmtheitsgebot des Art. 103 II GG oder das Subsidiaritätsprinzip verstoßen.

Zu suchen ist daher ein Umgang mit den Methoden der Fortführungsbewertung, der *erstens* gewährleistet, dass nur strafwürdiges und strafbedürftiges Verhalten erfasst wird, und dabei *zweitens* den Bestimmtheitsanforderungen des Art. 103 II genügt sowie *drittens* das Subsidiaritätsprinzip beachtet und zivilrechtliche Streitigkeiten nicht wirkungsträchtig entscheidet.

Für die Trennung von strafwürdigem und strafbedürftigem Verhalten ist unter der Fortführungsprämisse das Schuldendeckungspotential im Sinne des aus dem Unternehmen „Herausholbaren" als maßgebliche Größe vollständig abzubilden. Nur solche Bewertungsmethoden, welche die Wertsteigerungen berücksichtigen, die sich durch den Einsatz der Vermögensgegenstände in ihrer Kombination im Produktionsablauf erzielen lassen, können gewährleisten, dass sie die Überschuldung nicht zu früh ausweisen.

Hierzu gehören die Gesamtbewertungsverfahren der Ertragswertmethode und die DCF-Verfahren ebenso wie die Kombinationsverfahren, die im Anschluss an eine Einzelbewertung nach dem IFRS-Regelungssystem eine Ertragsprognose erstellen, oder die nach der Ermittlung von stichtagsbezogenen Substanzwerten eine Gesamtbewertung nach den DCF-Verfahren vorschlagen, und die Differenz zwischen Gesamtwert und Teilreproduktionswert in die Bilanz aufnehmen.

Auch wenn die Kombination von Substanzwertermittlung und DCF-Verfahren dem Zweifel ausgesetzt ist, welchen Sinn ein zusätzlicher Ausweis der zweckinkonsistenten, weil auf das Hineinzusteckende abstellenden Substanzwerte haben soll, so ist diese Methode jedenfalls strafrechtlich legitimiert.

Illegitim sind hingegen die Einzelbewertungsverfahren unter der Fortführungsprämisse, die das aus dem Unternehmen des Schuldners „Herausholbare" nur unvollständig abbilden, beispielsweise das Substanzwertverfahren nach dem Teilreproduktionsansatz, das regelmäßig zu einem zu niedrigen Wertausweis kommt, weil es nicht die (unechten) Synergieeffekte berücksichtigt, der sich durch den Einsatz des Vermögens im Unternehmensprozess erzielen lassen. Stichtagsbezogene Substanzwerte vermögen nicht das aus dem Unternehmen „Herausholbare" als dem maßgeblichen Schuldendeckungspotential, sondern vom Ansatz her nur das „Wiederhineinzusteckende" abzubilden und können damit nicht garantieren, ob sich unter Einsatz des in der Überschuldungsbilanz abgebildeten Vermögens nicht doch alle Verbindlichkeiten bedienen ließen. Gleiches gilt auch für die Methode korrigierter Handelsbilanzwerte, die den originären Goodwill auch in der Überschuldungsbilanz außer Ansatz lässt. Sie geraten in Konflikt mit dem Effizienzprinzip, weil sie das potentielle Schuldendeckungspotential, zu dem auch das noch „Herausholbare" gehört, nicht vollständig berücksichtigen und daher schon eine Krise annehmen, oder eine Antragspflicht begründen, bevor diese zum Schutz der Gläubigerbefriedigungsinteressen wirklich erforderlich ist.

Ob die Einzelbewertungsansätze auf Basis von stichtagsbezogenen Wiederbeschaffungskosten oder auf Basis korrigierter Handelsbilanzwerte, die den originären *Goodwill* des Unternehmens aktivieren wollen, hinreichend legitimiert sind, weil auch sie letztlich wie die Gesamtbewertungsansätze auf das „Herausholbare" abstellen, oder ob sie sich dem Herausholbaren nur unzureichend nähern, ist sehr fraglich.

Darauf wird es aber letztlich nicht ankommen, weil sich zeigen wird, dass sich Disfunktionalitäten, die sich zu Lasten des Täters auswirken könnten, unter dem hier vertretenen Ansatz der im Einzelfall günstigsten Bewertungsmethode nicht realisieren können.

Zunächst ist aber darzulegen, wie der Richter seinem Konkretisierungsgebot nachkommen kann, demzufolge er bei der Bestimmung des Gesetzesinhalts mittels Auslegung hinreichend umgrenzte Inhalte festlegen muss.[2182]

2182 Vgl. BVerfGE 92, S. 1 und hierzu *Roxin*, AT I, 3. Aufl. (1997), § 5 Rn. 79.

Eine Festschreibung einer der Einzelbewertungsmethoden, wie sie zwecks Erhöhung der Tatbestandsbestimmtheit denkbar wäre, vor allem um die bei den Gesamtbewertungsmethoden erforderlichen Prognosen weitestgehend vermeiden zu können, scheitert bereits an der fehlenden Legitimierbarkeit der Einzelbewertungsansätze, weil sie Synergien unberücksichtigt lassen und damit im Einzelfall *zu früh* Überschuldung annehmen.

Der Aufgabe, das künftige Schuldendeckungspotential verlässlich abzubilden, werden im Regelfall am ehesten die Gesamtbewertungsansätze gerecht, so dass sich auf den ersten Blick eine Festschreibung der Gesamtbewertungsmethode als der im Regelfall zugleich tätergünstigsten Methode anbietet.

Allerdings können die Gesamtbewertungsansätze im Einzelfall (Badwill) für den Schuldner auch ungünstiger sein, so dass eine Festschreibung der Gesamtbewertungsansätze als einzig denkbare Bewertungsmethode für das Strafrecht die zivilrechtliche Streitigkeit wirkungsträchtig unter strafrechtsautonomer Abwägung entscheiden würde. Eine derart wirkungsträchtige Entscheidung liefe aber der infolge der strikten Akzessorietät zugleich *strengen Subsidiarität* der Insolvenzverschleppungsdelikte gegenüber den zivilrechtlichen Insolvenzregelungen und dem daraus resultierenden Verbot zuwider, dass das Strafrecht zivilrechtliche Streitigkeiten nicht wirkungsträchtig entscheiden darf. [2183]

Auch im Rahmen des § 283 StGB, bei dem ein Verstoß gegen das allgemeine Subsidiaritätsprinzip nicht von gleicher Schwere, aber dennoch maßgeblich wäre, ist eine Lösung unter Anerkennung der zivilrechtlichen Bewertungsmethoden vorzugswürdig.

Vorzuziehen ist daher die Auslegung nach der *im Einzelfall tätergünstigsten Lösung*, weil sie allein das strafrechtliche Subsidiaritätsprinzip beachtet, indem sie sich einer generellen Entscheidung der zivilrechtlichen Streitigkeit enthält.

Zugleich stellt sie eine hinreichend bestimmte Auslegung dar, weil sie in jedem Einzelfall eine bestimmte Methode als ausschlaggebend festlegt und den Normadressaten von sämtlichen reflexiven Unsicherheiten befreit, indem der Normadressat darauf vertrauten darf, dass er sich nicht strafbar machen kann, wenn er nach einer Methode nicht überschuldet ist.

Welche Methode dabei im Einzelfall zum günstigsten Ergebnis kommen wird, ist in der Regel leicht vorhersehbar: Solange der Schuldner keinen Badwill vermuten muss, sind die Gesamtbewertungsansätze für ihn am günstigsten. Hat er einen Badwill anzusetzen, ist dies in der Regel bereits anhand offensichtlicher Indizien abzulesen und er kann von vorn herein auf die Einzelbewertungsansätze zurückgreifen.

Die Auslegung der im Einzelfall tätergünstigsten Lösung bietet daher maximale Orientierungsgewissheit, vor allem auch deshalb, weil eine Auslegungsmöglichkeit im Sinne der im Einzelfall günstigsten Lösung sich noch einfacher aus dem Gesetzeswortlaut ablesen lässt, als eine für den Normanwender willkürlich erscheinende Festschreibung einer bestimmten Bewertungsmethode. Sie hat zugleich den Vor-

---

2183 Vgl. auch *Haffke*, KritV 1991, S. 174, 170, 166.

teil, dass sie zugunsten des Täters dynamisch ausgerichtet ist und damit die neuesten betriebswirtschaftlichen Erkenntnisse und Entwicklungen berücksichtigen kann.

Wenn aber im Regelfall das Gesamtbewertungsverfahren ohnehin als die für den Schuldner günstigste Methode zur Anwendung kommt, und nur im Falle eines *Badwills* die Einzelbewertungsansätze zur Anwendung kommen, so bedarf es nicht eigens einer Unanwendbarkeitserklärung der Einzelbewertungsansätze, da sich ihre Zweckinkonsistenzen niemals zu Lasten des Beschuldigten auswirken können und der Überschuldungstatbestand niemals der Legitimation entbehrt.

Vielmehr hat die unterschwellige Berücksichtigung der Einzelbewertungsverfahren den Vorteil, dass sie einfach ermittelbare Näherungslösungen bieten, die durch den teilweisen pauschalen Ausgleich der Nichtberücksichtigung von Synergien (z.B. Goodwill) im Ergebnis die Realität unter Umständen ebenso abbilden können, wie ein Gesamtbewertungsverfahren.

So ermöglicht *die im Einzelfall tätergünstigste* Bewertungsmethode einen Ausgleich der Prognoserisiken dahingehend, dass sie sich nie zu Lasten des Täters realisieren können, weil die insoweit weiniger prognoselastigen Einzelbewertungsverfahren immer noch die Wertuntergrenze ausweisen, die durch Fehlprognosen nicht unterschritten werden kann.

b) *Funktionalität der Gesamtbewertungsverfahren als der im Regelfall anzuwendenden Bewertungsmethoden (Ertragswertmethode und DCF-Verfahren)*

Die daher für das Strafrecht zumeist anzuwendende Gesamtbewertungsmethode ist aus Legitimationsgesichtspunkten noch eingehender daraufhin zu überprüfen, ob ihrer generellen Eignung zur Ermittlung des Schuldendeckungspotentials gewichtige Gründe entgegenstehen.

Deshalb ist auch hier der Einwand[2184] zu untersuchen, die im Zivilrecht herrschende Vorgehensweise, Methoden der Unternehmensbewertung zur Ermittlung von Fortführungswerten im Überschuldungsstatus heranzuziehen, sei wegen Verschiedenheit der *Bewertungsanlässe* ungeeignet.

Die Eignung der Grundsätze zur Unternehmensbewertung wird durch Vergleich der Bewertungsanlässe Unternehmenskauf und Überschuldungsfeststellung unter verschiedenen Aspekten diskutiert:

Situationsvergleich statisch – dynamisch

Eingewendet wird, dass die Eignung der Grundsätze zur Unternehmensbewertung bereits aufgrund des unterschiedlichen Grades von Dynamik der eher dynamischen Verkaufsituation und der „eher statischen" Überschuldungssituation fraglich sei.[2185]

2184 Vgl. *v. Oncuil*, Rechtzeitige Auslösung (2000), S. 151 f. und *Tiedemann*, Insolvenzstrafrecht, 2. Aufl. (1996), Vor § 283 Rn. 157. Hierzu ausführlich *Klar*, Überschuldung (1987), S. 57 ff.
2185 Vgl. *Tiedemann*, Insolvenzstrafrecht, 2. Aufl. (1996), Vor § 283 Rn. 154, 157.

Dem ist zu entgegnen, dass der Fortführungswert gerade dynamisch ausgerichtet werden *soll*; eine Zwischenlösung im Sinne eines Mittelwertes zwischen Liquidationswert und „echtem", im Rahmen einer Verkaufsituation maßgeblichen, Fortführungswert macht keinen Sinn, da aufgrund der Objektivierung (Nichtberücksichtigung der Einflussmöglichkeiten eines konkreten Käufers) dieses Wertes bereits eine Abstandnahme von der „echten" Verkaufsprämisse vollzogen ist. Nicht umsonst stellt der objektivierte Unternehmenswert nur ein Zwischenstadium im Rahmen der Entscheidungsfindung beim Kauf eines Unternehmens dar.[2186]

Vielmehr bedient sich die Praxis, der Methode der Unternehmensbewertung auch zur Bewertung des Schuldendeckungspotentials lediglich des allgemeingültigen, denknotwendigen Prinzips, dass ein Gegenstand nur dann einen Wert hat, wenn es auch potentiell eine Person gibt, die bereit ist, für diesen Gegenstand einen bestimmten Preis zu zahlen. Ein Wert kann nur dann angenommen werden, wenn es für diesen Gegenstand einen potentiellen Markt gibt.

Dem „eher statischen" Wesen der Überschuldung kann auch nicht durch die Mitberücksichtigung eines wie auch immer zu bestimmenden „Krisenabschlags" Rechnung getragen werden. Denn ein solcher Krisenabschlag ist nichts anderes als die Liquidationsmöglichkeit des sich schon in der Krise befindlichen Unternehmens.

Würde für diese Liquidationsmöglichkeit eine Wertminderung angesetzt, stünde dies im Widerspruch zu der aufgrund positiver Fortführungsprognose festgelegten Prämisse der Unternehmensfortführung. Wird von einer unbegrenzten Lebensdauer des Unternehmens ausgegangen, ist der Barwert des Liquidationserlöses gleich Null,[2187] nicht negativ.

Anders ausgedrückt: Die erst unter Fortführungsgesichtspunkten zu ermittelnde Notwendigkeit, das Unternehmen dem Insolvenzverfahren zu unterstellen, wäre somit präjudiziert. Der Eintritt in ein Insolvenzverfahren soll unter Annahme der Fortführung erst als notwendig oder nicht notwendig überprüft werden.

Subjektbezug der Bewertungsgrößen – Schuldner statt Käufer

Speziell der Ertragswertmethode wird entgegengehalten, dass sie auf einer unterstellten Investitionsentscheidung eines *Käufers* basiere, während in der Krise die Bewertungsgrößen einseitig von den Vorstellungen des *Schuldners* abhängig seien.[2188]

Die Kritik an der subjektiven Inkongruenz ist allerdings nicht dahingehend zu verstehen, dass eine Angleichung der Ertragswertmethode an die subjektiven Vorstellungen des Schuldners wünschenswert wäre.

Die Tatsache, dass sich in der Vergangenheit die Vorstellungen des Schuldners auf die Unternehmensentwicklung in bestimmter Weise ausgewirkt haben[2189] und ein

---

2186 Vgl. *Piltz*, Unternehmensbewertung, 3. Aufl. (1994), S. 8.

2187 *Piltz*, Unternehmensbewertung, 3. Aufl. (1994), S. 16.

2188 So *v. Oncuil*, Rechtzeitige Auslösung (2000), S. 152. Vgl. zur Problematik der Subjektivität der wertbestimmenden Faktoren auch *Klar*, Überschuldung (1987), S. 58 ff.

2189 Vgl. insoweit *Klar*, Überschuldung (1987), S. 59. – Hierzu *Klar*, Überschuldung (1987), S. 58 ff.

objektiver Dritter seiner Investitionsentscheidung zufolge eine andere Unternehmensstrategie verfolgt hätte und auch für die Zukunft eine andere Vorgehensweise wählt, die der fiktiven Investitionsentscheidung zugrunde gelegt wird, darf nicht dazu führen, dass stattdessen die in der Vergangenheit des Schuldners an den Tag gelegten Entscheidungen auch bei der Ermittlung des Unternehmenserfolgswertes maßgeblich sein sollen. Denn dann würde – von einem aus falschen Annahmen geborenem falschen Wert ganz abgesehen – [2190] zum einen die *potentielle* Änderung der schuldnerischen Unternehmensstrategie in Richtung eines wirtschaftlich vernünftigen Handelns in der Bewertung unberücksichtigt bleiben, die Prognose auch insoweit falsch werden. Zum anderen würden strategische Fehlentscheidungen der Vergangenheit den Schuldner unter Umständen in die Insolvenz treiben, obwohl er eine Änderung der Unternehmensstrategie tatsächlich beschlossen hätte, die zu höheren Ertragserwartungen geführt hätte. Auch eine Unterscheidung nach der Wahrscheinlichkeit, mit der der Schuldner seine Unternehmensstrategie ändern wird, dahingehend, dass bei größerer Wahrscheinlichkeit eines Strategiewechsels durch den Schuldner die Sicht eines objektiv, vernünftigen Investors zugrunde zu legen ist, hingegen bei einer höheren Wahrscheinlichkeit des Geschäftsganges wie bisher die vergangenheitsbezogene Betrachtung der tatsächlich vom Schuldner getroffenen Entscheidungen maßgeblich sein soll, bietet keine sinnvolle oder gar justiziable Alternative, da dann letztlich zu beurteilen wäre, ob es sich im Einzelfall um einen besonders starrköpfigen Schuldner handelt oder nicht.

Die Kritik kann nur darin liegen, dass die *tatsächliche* Unternehmensstrategie des Schuldners von der des maßgeblichen vernünftig denkenden, objektiven Dritten abweichen kann und sich dadurch Abweichungen der tatsächlichen von der objektiv prognostizierten Ertragslage ergeben können, so dass ex post Inkongruenzen bestehen können.[2191]

Damit ist aber letztlich nichts anderes angesprochen als das den Fortführungswerten inhärente Risiko einer Fehlprognose, welches umso größer ist, umso mehr Einfluss die Einschätzung des Schuldners auf die Bestimmung der maßgeblichen Bewertungsfaktoren hat.[2192] Da das Risiko einer Fehleinschätzung zugleich – anders als beim Unternehmenskauf – nicht die Person zu tragen hat, die sich irrt, sondern insbesondere die Gläubigergesamtheit,[2193] besteht im Rahmen der Überschuldungsfeststellung ein erhöhtes Bedürfnis an einer Minimierung des Risikos einer Fehleinschätzung[2194] durch Objektivierung der Bewertungsgrößen und Minimierung subjektiver Einflüsse durch die Person des Schuldners.

Ein Abrücken von der Person des Schuldners aber ist gerade Bestandteil der Ertragswertmethode, indem auf einen „objektiven" Unternehmenskäufer abgestellt wird.[2195] Die dadurch bedingte Bereinigung um den subjektiven Einfluss eines

2190 Falsche Annahmen der Vergangenheit würden in ebenso falschem Unternehmenswert münden, vgl. *Klar*, Überschuldung (1987), S. 59. – Hierzu *Klar*, Überschuldung (1987), S. 58 ff.
2191 Ähnlich *Klar*, Überschuldung (1987), S. 59.
2192 Vgl. *Klar*, Überschuldung (1987), S. 59.
2193 *Klar*, Überschuldung (1987), S. 58 ff.
2194 *Klar*, Überschuldung (1987), S. 58 ff. – Hierzu *Klar*, Überschuldung (1987), S. 58.
2195 Dazu bereits oben und *Piltz*, Unternehmensbewertung, 3. Aufl. (1994), S. 12.

tatsächlichen Unternehmenskäufers und seiner Unternehmensstrategie führt von der eigentlichen Verkaufsituation weg und mindert damit auch die Verschiedenheit der Bewertungsanlässe.

Der Gefahr der Inkompatibilität von Bewertungsverfahren und Zweck der Überschuldungsfeststellung wird zudem dadurch vorgebeugt, dass allgemeiner Konsens ist, dass das jeweilige Verfahren gerade nicht als starre DIN-Norm zu sehen, sondern die jeweilige Methode dem jeweiligen Bewertungsanlass anzupassen und gegebenenfalls zu modifizieren ist.[2196] So kann beispielsweise der für die künftigen Vermögenszuflüsse maßgebliche Zeitraum auf den Fälligkeitszeitpunkt der letzten (maßgeblichen) Verbindlichkeit begrenzt werden und im Rahmen des Diskontierungszinssatzes die spezifische Situation der Pflicht zur Tilgung von Verbindlichkeiten berücksichtigt werden.

Daher wird ja auch der Inkonsistenz von Bewertungsanlass und Verfahren gerade durch Ausschluss der Vergleichsverfahren im Überschuldungstatus vorgebeugt.[2197]

c) Funktionalität der „im Einzelfall tätergünstigsten Bewertungsmethode"

Da sich die Zweckinkonsistenzen der Einzelbewertungsverfahren im Regelfall nicht niederschlagen werden, weil die Gesamtbewertungsverfahren wegen des günstigeren Wertausweises Anwendung finden, kommt ihnen im Strafrecht keine schädliche Relevanz zu. Dies gilt für die Substanzwertverfahren und ganz besonders für korrigierte Handelsbilanzwerte; für letztere besonders, weil hier aufgrund des Vorsichtsprinzips mit all seinen Ausprägungen auch nach Aufdeckung stiller Reserven eher ein im Verhältnis zum tatsächlich vorhandenen Schuldendeckungspotential (im Sinne des Herausholbaren) zu niedriger Vermögenswert ausgewiesen wird. Dass insoweit auch nicht strafbedürftiges, nicht strafwürdiges Verhalten erfasst werden könnte,[2198] wirkt sich nicht aus, weil erst dann Überschuldung anzunehmen ist, wenn auch die Gesamtbewertungsverfahren Überschuldung ausweisen.

Und wenn im Einzelfall wegen eines den Gesamtwert mindernden *Badwills* doch die Einzelbewertungsverfahren zur Anwendung kommen, wirken sich die Zweckinkonsistenzen der Substanzwertmethode nach aktuellen Wiederbeschaffungswerten, die auf das Hineinzusteckende abstellen und die Zweckinkonsistenzen der handelsbilanziellen Ansätze, die trotz einzelner Wertkorrekturen in der Regel die Unterbewertung durch das Vorsichtsprinzip nicht auszugleichen vermögen, jedenfalls nicht zu Lasten des Täters aus und geraten damit auch nicht in Konflikt mit dem Legitimationsprinzip.

Allenfalls drohen in diesem Falle Ineffektivitäten hinsichtlich des Rechtsgüterschutzes, weil Überschuldung unter Umständen leicht zu spät angenommen wird.

2196 Vgl. *Piltz*, Unternehmensbewertung, 3. Aufl. (1994), S. 8 und auch *Gelhausen* in WP-Handbuch (*IDW*), Band II 12. Aufl. (2002), Kap. L Rn. 83, 86; aktuell auch *IDW* S 1 n. F. v. 18.10.2005, WPg 2005, S. 1306 ff.
2197 Dazu bereits oben Erster Teil A. VI. 1. c) bb) (1).
2198 Vgl. bereits oben, Einleitung D II 2.

Diese leichten Ineffektivitäten sind aber zugunsten einer Rechtssicherheit gewährenden und das Subsidiaritätsprinzip wahrenden Auslegung in Kauf zu nehmen.

Dass die Lösung der *„im Einzelfall tätergünstigsten Bewertungsmethode“* ein besonderes Maß an Orientierungsgewissheit zukommt, mehr noch als die Festschreibung einer dem Wortlaut nicht unmittelbar entnehmbaren Auslegungsmöglichkeit, ist auch der Einheitlichkeit des Prinzips im Rahmen der Insolvenzstraftatbestände zuzuschreiben, wonach sich der Schuldner darauf verlassen darf, dass Prognoserisiken und Unsicherheiten nicht zu seinen Lasten gehen und er sich an der für ihn günstigeren Auslegungsmöglichkeit stets orientieren kann.

Die so hergestellte Orientierungsgewissheit des Normadressaten reflektiert wiederum auf die Funktionalität des Überschuldungstatbestands, indem sie die Befolgung der Verhaltensnormen[2199] bzw. das Unterlassen der strafwürdigen und strafbedürftigen Übertretungen erleichtert und damit die verhaltenssteuernde Wirksamkeit der Insolvenzstraftatbestände erhöht.

Auch in ihrer praktischen Umsetzung ist die Auslegung im Sinne *der im Einzelfall tätergünstigsten Bewertungsmethode* funktional, weil sie nicht verlangt, dass im Rahmen des Amtsermittlungsgrundsatzes stets nach allen Methoden die Überschuldung zu prüfen ist, sondern nur, dass die im Einzelfall praktikabelste Lösung zu wählen ist, und nur dann wenn Zweifel bestehen, dass eine der anderen Methoden zum Nichtvorliegen der Überschuldung kommen würden, eine weitere Überschuldungsprüfung anzustrengen ist.[2200]

Beispielsweise würde sich bei einem nach IFRS auch den Einzelabschluss erstellenden Konzern die DCF-Methode anbieten, bei dem nach HGB bilanzierenden Schuldner eher die traditionelle Ertragswertmethode zwecks eines leichteren Rückriffs auf bereits bestehende Rechenwerke; weil beide Methoden bei gleichen Annahmen zum selben Ergebnis kommen, ist hier eine aufwendige Doppelprüfung nie erforderlich.

Zum Kanon der zu berücksichtigenden Bewertungsmethoden gehören aktuell:

- die Einzelbewertungsansätze nach stichtagsbezogenen Wiederbeschaffungskosten gemäß dem Teilreproduktionsansatz ebenso wie nach dem Vollreproduktionsansatz unter pauschalem Ansatz des originären Goodwill;
- die Einzelbewertungsansätze nach korrigierten Handelsbilanzwerten;
- das Kombinationsverfahren von Einzelbewertungsansatz nach den zeitwertorientierten IFRS-Rechnungslegungsregeln und Ertragsprognose;
- das Kombinationsverfahren von stichtagsbezogenen Wiederbeschaffungswerten plus der Differenz zum Gesamtwert nach den DCF-Verfahren sowie
- die Gesamtbewertungsverfahren von Ertragswertmethode und DCF-Verfahren.

2199 „Wirtschafte vorsichtig, wenn du Kredit in Anspruch nimmst!“ und „Mit dem Übergang des unternehmerischen Risikos (Überschuldung) sollst du die unternehmerischen Entscheidungen dem neuen Risikoträger überlassen!“

2200 Vgl. auch *Tiedemann*, Insolvenzstrafrecht, 2. Aufl. (1996), Vor § 283 Rn. 156, demzufolge in dubio pro reo nicht verlangt, jede theoretische Möglichkeit zu bedenken, sondern dass reale Anhaltspunkte für den Zweifel bestehen.

3. Die Ergebnisse der „im Einzelfall tätergünstigste Lösung" im Einzelnen

a) *Umstrittene Bilanzpositionen*

Ist der Ansatz einzelner Aktiv- oder Passivposten streitig, so ist dieser ebenfalls zugunsten des Täters zu lösen: Innerhalb der Einzelbewertungsmethoden sind unter der Liquidationsprämisse ebenso wie unter der Fortführungsprämisse die umstrittenen *Aktivposten* stets in die Überschuldungsbilanz aufzunehmen; allerdings nur, soweit eine Berücksichtigung des Aktivpostens nicht zu einer anderen Bewertungsmethode führen würde. So ist innerhalb der Teilreproduktionsansätze per definitionem der Ansatz des originären Goodwill ausgeschlossen, weil dessen Nichtberücksichtigung gerade den Unterschied zum Vollreproduktionsverfahren ausmacht.

Verbindlichkeiten sind sowohl im Rahmen der Gesamtwertermittlung als auch auf der *Passivseite* der Bilanz zwecks möglichst genauen Gesamtvermögensausweises in Abhängigkeit vom Ergebnis der Fortführungsprognose dann aber nur zu berücksichtigen, wenn sie unter der jeweiligen Prämisse von Fortführung und Liquidation unstreitig die Masse belasten.

Gleiches wie für den Streit um die richtigen Ansatzvorschriften gilt für Streitigkeiten hinsichtlich der Frage, ob einzelne Aktiv- oder Passivposten abzuzinsen sind, Aktiva sind daher mit dem geringsten vertretbaren Zinssatz und Passiva sind mit dem höchsten noch vertretbaren Zinssatz zu diskontieren.

Einer besonderen Erwähnung bedürfen eigenkapitalersetzende Gesellschafterdarlehen. Dass die Rückzahlungsverbindlichkeiten aus solchen Darlehen nicht Berücksichtigung finden dürfen, ist nicht nur aus Gründen der Rechtssicherheit zu fordern, weil der Normadressat nicht mit der Unsicherheit zivilrechtlicher Streitigkeiten belastet werden darf.

Vor allem belasten entsprechende Verbindlichkeiten nicht die den Gläubigern zustehende Masse, so dass bei ihrer Berücksichtigung der Eintritt des realen Gefährdungsrisikos nicht verlässlich abgebildet werden kann, weder bei § 283 StGB noch bei den Insolvenzverschleppungsdelikten. Die Passivierung eigenkapitalersetzender Gesellschafterdarlehen ist zum Schutz der Gläubiger daher nicht erforderlich, nicht effizient und damit nicht legitimierbar. Dass ein entsprechendes Legitimationsmanko durch ein Plus an Rechtssicherheit nicht ausgeglichen werden kann, wurde bereits mehrfach erläutert. Daher kann auch der Einwand, eine Berücksichtigung solcher eigenkapitalersetzender Darlehen, die nicht zumindest mit einer Rangrücktrittserklärung versehen sind, befreie die Überschuldungsbilanz von Qualifizierungsschwierigkeiten eines Darlehens als eigenkapitalersetzend und mache die Überschuldungsprüfung rechtssicherer, nicht greifen. Eine Nichtberücksichtigung entspricht auch dem Willen des Reformgesetzgebers des MoMiG. Künftig werden sogar nicht eigenkapitalersetzende Darlehen von Gesellschaften unberücksichtigt bleiben müssen.

b) Der Umgang des Strafrechts mit den inhärenten Prognoserisiken bei der Ermittlung von Liquidationswerten

Die Prognose, inwieweit von der *Veräußerung ganzer Unternehmensteile* ausgegangen werden darf, ist aus denselben Gründen wie die Modifikationen des Wahrscheinlichkeitsgrades der Fortführungsfähigkeit ebenfalls dann anzunehmen, wenn sie *nicht ganz unwahrscheinlich* ist. Nur dann kann garantiert werden, dass der Schuldner Orientierungsgewissheit dahingehend hat, sich auf die objektiv möglich erscheinende wertsteigernde Gesamtveräußerung von Betriebseinheiten verlassen zu können. Andernfalls bestünde die Gefahr, dass der Normadressat, um sicher der Strafbarkeit zu entgehen, auch dann die für ihn ungünstigeren Einzelveräußerungswerte ansetzt, wenn eine Gesamtveräußerung höchst wahrscheinlich ist, so dass von der Strafnorm eine verhaltenssteuernde Wirkung ausginge, die auch solches Verhalten unterbindet, welches zum Schutz des Rechtsguts nicht zwingend der Strafe bedarf und damit illegitim würde.

Hinsichtlich der *Zerschlagungsintensität* und der *Zerschlagungsgeschwindigkeit* ist ebenfalls von der bestmöglichen Verwertungsmöglichkeit auszugehen.

4. Die verbleibenden inhärenten Unsicherheiten der Überschuldungsfeststellung

Die verbleibenden Prognoserisiken vor allem einer zukunftsorientierten Bewertung lassen sich durch Modifikationen zu Gunsten des Täters soweit entschärfen, dass eine hinreichende Orientierungsgewissheit und ein hinreichender Schutz vor willkürlichen Eingriffen seitens des Staates gewährleistet werden kann:

Zunächst ist der Vorteil der zeitlichen Nachgelagertheit des Strafverfahrens zu nennen. Sie eröffnet die Möglichkeit, aus der Sicht *ex post* die tatsächliche Entwicklung des Geschehens beurteilen zu können und damit ex ante zuungunsten des Täters getroffene Prognosen zu seinen Gunsten zu korrigieren.

Bereits ex ante können auch die inhärenten Prognoserisiken der Gesamtbewertungsverfahren aufgefangen werden, dass die jeweils tätergünstigsten Annahmen zur Ausgestaltung der Tatsachenbasis herangezogen werden. Die ex-post-Korrektur durch überholende Realitäten vermag vor allem hier das Risiko einer für den Schuldner zu strengen Beurteilung der Tatsachengrundlagen zu revidieren.

Vor allem aber können die Stellungnahmen des IDW bis ins Detail, wie eine Fortführungsbewertung oder eine Liquidationsbewertung vorzunehmen ist, eine Prognose zu erstellen ist, ein hohes Maß an Orientierungsgewissheit für den Normadressaten ebenso wie für die Gerichte verleihen, weil sie auch die Entwicklungen in der Rechtsprechung aufnehmen wie beispielsweise der IDW S 1, die vor dem Hintergrund auch der Rechtsprechung entwickelt wurden und damit einen verlässlichen Maßstab dafür liefern können, wie die Überschuldungsprüfung zu gestalten ist, wenn man als Schuldner „auf der sicheren Seite stehen" will. [2201]

2201 Vgl. *IDW* S 1 n. F. WPg 2005, S. 1303 ff. und bereits a. F. WPg 2000, S. 825 ff.

Dem Konkretisierungsgebot, das nunmehr auch der Rechtsprechung zur Wahrung hinreichender Tatbestandsbestimmtheit auferlegt wird, wird dadurch in besonderem Maße Rechnung getragen.[2202] Allerdings ist nochmals an die fehlende demokratische Legitimierung des IDW zu erinnern. Die IDW-Empfehlungen sind daher bei der Auslegung des strafrechtlichen Überschuldungsmerkmals nur als garantierter *Mindestmaßstab* des Zulässigen heranzuziehen. Es ist stets dann von einer Bestrafung abzusehen, wenn der Geschäftsführer bzw. der Schuldner eine Überschuldungsprüfung nach den IDW-Verlautbarungen vorgenommen hat und danach Überschuldung auszuschließen war. Der Normadressat hat dadurch Sicherheit, wie er sich verhalten muss, um sich nicht in die Strafbarkeit zu begeben. Andererseits könnte er unter den noch vertretbaren Methoden Überschuldung prüfen, und würde ebenfalls straffrei bleiben.

In diesem Zusammenhang ist anzumerken, dass aufgrund der tendenziell niedrigeren Vermögenswerte[2203] und damit frühzeitigerem Überschuldungseintritt nach dem weiterentwickelten Konzept des IDW S 1 n.F. und des IDW ES 1 eine insoweit strafschärfende Wirkung gegenüber den IDW S 1 a.F. besteht.

Entsprechend den Regelungen zur Berücksichtigung einer zu Lasten des Täters geänderten höchstrichterlichen Rechtsprechung ist dann auch die Änderung durch IDW ES 1 bzw. IDW S 1 n.F. zu behandeln, wenn die IDW Standards in Ausfüllung eines Gesamtbewertungsansatzes konkretisierend herangezogen werden. Danach ist wegen Verbots rückwirkender Strafschärfung (Art. 103 II GG) die zum Tatzeitpunkt geltende tätergünstigere Auslegung nach dem IDW S1 a.F. maßgeblich, wenn die zeitlich erste Bankrotthandlung unter Geltung des IDW S 1 a.F. erfolgte. Bei den Insolvenzverschleppungsdelikten ist dementsprechend der IDW S 1 a.F. anzuwenden, wenn der Stichtag der Überschuldungsbilanz vor Geltung der überarbeitete IDW S 1 – Fassung liegt.

2202 Vgl. BVerfGE 14, S. 1 ff. und *Roxin*, AT I, 3. Aufl. (1997), § 5 Rn. 79.
2203 Vgl. bereits oben und *IDW*-FN 2004, S. 621 f. sowie WPg 2005, S. 1303 ff.

Vierter Teil: Potentielle Auswirkungen einer Einführung internationaler Rechnungslegungsvorschriften (US-GAAP / IFRS (IAS)) für den handelsrechtlichen Einzelabschluss auf die strafrechtliche Überschuldungsproblematik

Derzeit besteht in Deutschland für Gesellschaften mit eigener Geschäftstätigkeit noch die Pflicht, den handelsrechtlichen Einzelabschluss stets (auch) nach HGB aufzustellen.

Fraglich ist jedoch, welche Auswirkungen eine derzeit im Ermessen des deutschen Gesetzgebers liegende und aufgrund europaweiter Harmonisierungstendenzen erwartete[2204] Einführung internationaler Rechnungslegungsvorschriften für den Einzelabschluss auf die strafrechtliche Überschuldungsproblematik hätte.[2205]

Auf der einen Seite hätte eine Aufstellung des Einzelabschlusses nach IFRS die Wirkung, dass das *Warnsignal einer handelsbilanziellen Überschuldung* die Unternehmensführung unter Umständen später erreicht als bei einer Rechnungslegung nach HGB: Wegen erweiterter Aktivierungsmöglichkeiten, bedingt durch eine prozentuale Erhöhung der aktivierbaren Vermögensgegenstände und wegen eines regelmäßig höheren Zeitwertausweises, sowie aufgrund ausgedehnter Ansatzwahlrechte, ist nach internationaler Rechnungslegung der Wertausweis auf der Aktivseite der Bilanz tendenziell höher als nach HGB, so dass das Warnsignal einer handelsbilanziellen Überschuldung die Unternehmensleitung unter Umständen später erreicht als bei einer Bilanzerstellung entsprechend den nach dem Vorsichtsprinzip ausgerichteten Rechnungslegungsvorschriften des HGB.[2206] Dadurch könnte die Gefahr steigen, dass die Unternehmensleitung durch Ausschöpfung der Aktivierungsmöglichkeiten die sich in der handelsbilanziellen Überschuldung üblicherweise ankündigende Krise nicht rechtzeitig erkennt, mit der Folge, dass sich unter Umständen der Zeitraum zwischen Krisenerkennung und endgültigem Zusammenbruch so stark verkürzt, dass der Unternehmensleitung zu wenig Zeit verbleibt, um auf die Krise ausreichend reagieren zu können.

Vor allem bei einer umfassenden Aktivierung der nur schwer fassbaren und Einschätzungsspielräumen ausgesetzten *immateriellen* Vermögensgegenstände besteht

2204 Vgl. insoweit auch *Götz*, Überschuldung (2004), 296 f.
2205 Vgl. nochmals Art. 5 der Verordnung (EG) Nr. 1606/2002 vom 19.7.2002 – L 243/1 und hierzu *Götz*, Überschuldung (2004), S. 293 f.
2206 Zu den Aktivierungswahlrechten und höherem Zeitwertausweis vgl. ausführlich *Götz*, Überschuldung (2004), S. 293 ff., 315 ff., 319. Vgl. auch *Schildbach*, StuB 2003, S. 1071 ff. und *Bittmann*, wistra 1998, S. 322.

die Gefahr eines im Verhältnis zur wahren Vermögenslage der Gesellschaft zu hohen Vermögensausweises mit der Folge, dass trotz bereits eingetretener Überschuldung diese unter Umständen unerkannt bleibt, und nicht rechtzeitig Insolvenzantrag gestellt wird.

Wenn aber dem Management insoweit die Einsicht in die Vermögenslage der Gesellschaft unter Anwendung der ihm vom Gesetzgeber zur Verfügung gestellten Rechnungslegungsvorschriften tatsächlich erschwert würde, so müssten auch die Sorgfaltsanforderungen an das Management entsprechend angepasst werden.

Der derzeit bereits geltende Maßstab, wonach sich – auch außerhalb des von § 92 II AktG für große Aktiengesellschaften und analog für große juristische Personen geforderten Risikomanagement- und Überwachungssystems – spätestens bei Anzeichen einer Krise das Management auch kleinerer Gesellschaften durch Aufstellung eines Überschuldungsstatus einen Überblick über die Vermögenslage der Gesellschaft verschaffen muss,[2207] müsste bei tatsächlich schlechterer Einsichtnahmemöglichkeit in die Unternehmenslage entsprechend später eingreifen, nämlich erst dann, wenn sich die Krise nach zulässiger Ausschöpfung aller Aktivierungswahlrechte tatsächlich abzeichnet, was wiederum auf die die Fahrlässigkeitsstrafbarkeit von Insolvenzverschleppung und Bankrott reflektieren würde: Hier wäre entsprechend zu berücksichtigen, dass bei rechtlich erlaubter Verwendung internationaler Rechnungslegungsvorschriften und einem dadurch bedingten „Übersehen“ der Krise die strafrechtliche Sanktion entsprechend später, nämlich bei Überschuldungsvermutung nach der international aufgestellten Handelsbilanz, greifen dürfte. Ansonsten würde der Gesetzgeber sich in einen Wertungswiderspruch begeben, wenn er die Informationsfunktion der Handelsbilanz durch ein internationales Rechnungslegungssystem ausgestaltet, aber andererseits dem Normanwender zumutet, auf die Information dieser Bilanz nicht vertrauen zu dürfen. Auch vor dem Hintergrund des Bestimmtheitsgebots aus Art. 103 II GG wäre es problematisch, wenn die Strafbarkeit an einen Sorgfaltsmaßstab geknüpft würde, der in einer für den Täter ungünstigen Weise von dem gesetzlich formulierten Regelungssystem abweicht.[2208]

Allerdings greifen die voranstehenden Überlegungen zur Verringerung der Sorgfaltsanforderungen hinsichtlich der Fahrlässigkeitsstrafbarkeit nur, wenn mit einer Einführung internationaler Rechnungslegungsvorschriften für den Einzelabschluss tatsächlich ausschließlich eine Verschlechterung der Einsichtnahmemöglichkeiten in die wahre Unternehmenslage verbunden wäre.

Das ist aber nicht ohne weiteres der Fall:

Denn *auf der anderen Seite* vermögen nach internationalen Rechnungslegungsstandards erstellte Bilanzen gerade aufgrund ihres vermehrten Zeitwertausweises eine sich im Zeitverlauf abzeichnende negative *Vermögensentwicklung* oftmals besser zu kommunizieren als die Buchwerte einer nach HGB erstellten Handelsbilanz, weil

2207 Vgl. hierzu ausführlich *Penzlin*, Auswirkungen der InsO (2000), S. 92 m.w.N.
2208 Vgl. zu den Anforderungen des Fahrlässigkeitsmaßstabs der Insolvenzdelikte an den Bestimmtheitsgrundsatz ausführlich in diese Richtung auch *Regner*, Fahrlässigkeit (1998), S. 9 ff.

sich diese an den historischen Herstellungs- und Anschaffungskosten orientieren, die nur pauschal (ordentlich) fortgeschriebenen werden, so dass sich unbemerkt stille Lasten bilden können.

Werden hingegen für das Management durch eine Zeitwertbilanzierung Vermögensentwicklungen leichter ersichtlich, kann auch ein Absinken von Vermögenswerten, wie es beispielsweise bei verlustreichen Immobilienbeteiligungen vorkommt, schneller erkannt werden, so dass das Management unter Umständen sogar noch vor Eintritt der handelsbilanziellen Überschuldung in die Lage versetzt wird, Gegenmaßnahmen einleiten zu können.

Das Signal der handelsbilanziellen Überschuldung wäre insoweit als Auslöser einer Pflicht zur Überschuldungsprüfung überholt und abgelöst durch den *Zeitwertverlust* als dem früheren und zugleich geeigneteren, weil der tatsächlichen Vermögenslage stärker angenäherten Indikator für eine sich abzeichnende Krise.

Daher würde sich empfehlen, bei Einführung internationaler Rechnungslegungsvorschriften den Sorgfaltsmaßstab, an dem sich die Fahrlässigkeitsstrafbarkeit bei Insolvenzverschleppung und Bankrott messen lassen muss, zweistufig zu formulieren:

Danach müsste das Management bereits bei einer massiven Verschlechterung der Vermögenslage von einer Schwere, die geeignet ist, Vermögensinsuffizienz zu erzeugen, dazu angehalten werden, eine Überschuldungsbilanz zu erstellen. Wenn ein entsprechend massiver Wertverlust der Vermögensgegenstände nicht erkennbar ist, ist das Management spätestens bei handelsbilanzieller Überschuldung dazu angehalten, einen eigenständigen Überschuldungsstatus aufzustellen. Dieser kann entweder nach einer der konventionellen Methoden von Substanz- oder Ertragswert- bzw. DCF-Verfahren erfolgen, oder in Anlehnung an *Götz* nach internationalen Rechnungslegungsvorschriften. Bei einer Bilanzerstellung nach internationalen Rechnungslegungsvorschriften ist dann ergänzend eine Ertragsprognose zu erstellen.[2209]

Dann wäre zum einen gewährleistet, dass dem Täter die Unsicherheiten der Überschuldungsfeststellung nicht zum Nachteil gereichen und er nur auf eindeutige Signale der Krise vor Eintritt der handelsbilanziellen Überschuldung durch Anstrengung einer eigenständigen Überschuldungsprüfung reagieren muss. Zum anderen aber wären die Gläubiger davor geschützt, dass der Schuldner bzw. dessen Organ eindeutige Signale wirtschaftlicher Verschlechterung ignoriert und den nunmehr späteren Eintritt der handelsbilanziellen Überschuldung abwarten darf, bevor er erstmals verpflichtet ist, seine Vermögenslage durch Aufstellung einer Überschuldungsbilanz (und ggf. Ertragswertprognose) auf Insuffizienz hin zu überprüfen. Damit blieben die Insolvenzstraftatbestände effizient, ohne die dem potentiellen Täter zustehenden rechtsstaatlichen Garantien zum Schutz vor Strafe zu verletzen.

2209 Vgl. *Götz*, Überschuldung (2004), S. 329. Dazu ausführlich oben unter Zweiter Teil B. III. 1. b) aa) (3).

Zusammenfassung der Ergebnisse

Der zivilrechtliche Überschuldungstatbestand ist in das Strafrecht übertragbar und für Insolvenzverschleppungsdelikte und Bankrott – mit Ausnahme einer geringen Abweichung – identisch auszulegen.

Bei Insolvenzverschleppungsdelikten ergibt sich ein Übertragungs*zwang* der maßgeblichen Inhalte des § 19 II InsO, beim Bankrott ein Übertragungs*gebot* aus strafrechtsautonomen Gründen. Danach ist Überschuldung traditionell zweistufig zu prüfen, indem in beliebiger Reihenfolge eine Fortführungsprognose und eine Überschuldungsbilanz in Abhängigkeit vom Ausgang der Fortführungsprognose nach Liquidationswerten oder Fortführungswerten aufzustellen ist.

Für eine positive Fortführungsprognose bedarf es des Fortführungswillens seitens des Unternehmensinhabers und der Fortführungsfähigkeit des Unternehmens. Die Fortführungsfähigkeit eines Unternehmens bemisst sich nach seiner künftigen Zahlungsfähigkeit, die anhand einer mittelfristigen Prognose, im Regelfall über das laufende und das darauf folgende Geschäftsjahr, zu erstrecken ist. Die Prognose ist anhand mehrwertiger Planungsrechnungen (Planbilanzen und ergänzender Ertragsplanung) aufzustellen. Externe Faktoren dürfen nur insoweit herangezogen werden, als sie eine positive Prognose zu begründen vermögen.

Von der Fortführung ist bereits auszugehen, wenn diese nicht ganz unwahrscheinlich ist.

Einer Fortführungsprognose bedarf es bei den Insolvenzverschleppungsdelikten selbst in dem höchst seltenen Fall, dass der Schuldner zu Liquidationswerten nicht überschuldet ist, um auszuschließen, dass ein fortführungsfähiges aber zu Fortführungswerten überschuldetes Unternehmen weiterbewirtschaftet wird und das Management die gebotene Liquidationsoption zu Lasten der Gläubiger nicht ergreift.

Im Rahmen des Bankrotts ist Überschuldung immer dann schon zu verneinen, wenn es zu Liquidationswerten nicht überschuldet ist.

Die Erstellung des Überschuldungsstatus unter der Liquidationsprämisse erfolgt grundsätzlich unter Aktivierung des zu Einzelveräußerungswerten bewerteten Vermögens, es sei denn, eine Veräußerung gesamter Unternehmensbestandteile erscheint möglich, d.h. ist nicht gänzlich ausgeschlossen. Dann ist der höhere Gesamtwert anzusetzen.

Ist die Aktivierung eines Vermögensgegenstandes streitig, ist zu aktivieren.

Hinsichtlich Zerschlagungsintensität und Zerschlagungsgeschwindigkeit ist von der bestmöglichen Verwertung auszugehen.

Zusammenfassung der Ergebnisse

Die Erstellung des Überschuldungsstatus unter der Fortführungsprämisse ist nach der im Einzelfall günstigsten Bewertungsmethode vorzunehmen. Im Regelfall werden dies die gleichwertigen Gesamtbewertungsverfahren von Ertragswertmethode und DCF-Verfahren sein. Sofern im Einzelfall eine Einzelbewertungsmethode zu einem höheren Vermögensausweis als die Gesamtbewertungsverfahren kommt, sind innerhalb der Methode Streitigkeiten um einzelne Bilanzpositionen auf der Aktivseite stets zugunsten des Täters zu lösen.

Passiva sind in Abhängigkeit vom Ausgang der Fortführungsprognose zu bewerten. Zivilrechtliche Streitigkeiten um Ansatz und Höhe der Verbindlichkeit sind zugunsten des Täters zu lösen, indem die Verbindlichkeit außer Ansatz bleibt, bzw. der niedrigste Wert angesetzt wird. Dementsprechend sind auch Rückzahlungsverbindlichkeiten aus eigenkapitalersetzenden Darlehen unabhängig von dem Vorliegen einer Rangrücktrittserklärung oder eines bedingten Forderungserlasses nicht zu passivieren.

Hat eine Verbandsperson oder ein Personenverband die erforderliche Gemeinschuldnereigenschaft inne, ist diese dem handelnden Vertreter gemäß § 14 Nr. 2 StGB zuzurechnen. Dies gilt auch für die Schuldnereigenschaft der GbR im Rahmen des Bankrotts.

Der personelle Anwendungsbereich des § 283 I Var. 1, II StGB umfasst grundsätzlich alle Schuldnergruppen einschließlich nur gering wirtschaftlich Tätiger und Privater (Verbraucher).

§ 283 II StGB findet bei Verbrauchern nur soweit Anwendung, wie der Schuldner in der Absicht der Beantragung von Restschuldbefreiung durch die tatbestandliche Handlung mindestens leichtfertig (gering wirtschaftlich Tätige) bzw. bewusst fahrlässig (Private) Überschuldung herbeiführt. § 283 V StGB ist auf Private nicht anwendbar.

Das in § 283 I StGB vorgesehene Strafmaß ist für Verbraucher von *„bis zu fünf Jahren“* im Wege der verfassungskonformen Auslegung auf *„bis zu zwei Jahre“* einschränkend auszulegen.

Anhang: Übersicht der Gesetze im Zeitablauf (1794–1999)

Gesetz	Zivilrecht		Strafrecht
	Insolvenzregelungen	**Handelsrechtliche Rechnungslegung**	
1794 Preußisches Allgemeines Landrecht[2210]	Überschuldung allgemeiner Konkurseröffnungsgrund	Erstmals Buchführungspflicht für Kaufleute;	Stark ausdifferenzierte *Bankrott*regelungen; Strafgrund ist das Insolventwerden als solches; Bankrott als qualifizierte Art des Betruges
	Ertragswertüberlegungen zur Bewertung ganzer Unternehmen unbekannt	Handelsbilanz nach dem Anschaffungskostenwertprinzip (§ 644 PrAlR)	
Code de Commerce 1804,1807/ 1838	Nur kaufmännischer Konkurs, ausschließlicher Konkurseröffnungsgrund Zahlungseinstellung		Strafregelungen nur für Kaufleute; zwischen betrügerischem und einfachem *Bankrott* differenzierende Regelung; Strafgrund die Bankrott*handlung*, Eintritt der Insolvenz nur obj. Bedingung der Strafbarkeit
	Ertragswertüberlegungen zur Bewertung ganzer Unternehmen unbekannt		
Preußisches Aktiengesetz von 1843	Erstmals Gründung der Aktiengesellschaft möglich; Konzessionssystem (Errichtung nur mit staatlicher Genehmigung); nur handeltreibende Aktiengesellschaften zugelassen		
Preußisches Strafgesetzbuch von 1851	Preußisches Aktiengesetz von 1843	Preußisches Aktiengesetz von 1843	Betrügerischer und einfacher *Bankrott;* Täterkreis beschränkt auf Kaufleute;

2210 Vgl. zu den Quellennachweisen die Darstellungen im laufenden Text. Fundstellennachweise erfolgen hier aus Platzgründen nur insoweit, als eine Erwähnung im Text unterblieb.

Gesetz	Zivilrecht		Strafrecht
	Insolvenzregelungen	Handelsrechtliche Rechnungslegung	
Preußisches Strafgesetzbuch von 1851			Insolventwerden selbst nur obj. Bedingung der Strafbarkeit (§§ 259, 261 PrStGB)
Preuß. Konkursordnung von 1855	Kaufmännischer Konkurs: Eröffnungsgrund Zahlungseinstellung (nur bei AG auch Überschuldung, § 281 PrKO 1855); Nichtkaufmännischer Konkurs: Eröffnungsgrund Überschuldung	Liquidationswertorientierte Rechnungslegung anhand beizulegender Werte (Liquidationswerte); Ansätze zur fortführungsorientierten Bewertung denkbar, aber zweifelhaft	
	Überschuldung von Aktiengesellschaften anhand der Jahresabschlussbilanz zu ermitteln		
1. Preuß. Entwurf zum ADHGB 1856	Überschuldungsmessung anhand Jahresabschlussbilanz	Anschaffungskostenprinzip als diskutierte Alternative zur Bewertung nach beizulegendem Wert	
2. Preuß. Entwurf zum ADHGB 1857	Überschuldungsmessung anhand Jahresabschlussbilanz	Absage an das Anschaffungskostenprinzip als nicht „wahrer Wert“	
ADHGB 1861	Nur handeltreibende Aktiengesellschaften zugelassen (Art. 207 ADHGB 1861); Konzessionssystem Überschuldungsmessung anhand Jahresabschlussbilanz (§§ 240, 31 ADHGB 1861) Konkursantragspflicht bei Überschuldung (§ 240 II, III ADHGB 1861)	§ 31 ADHGB 1861 allgemeine Bewertungsvorschrift für alle Rechtsformen bei Aufstellung der Handelsbilanz: Bewertung des Anlage- und Umlaufvermögens zum „beizulegenden Wert“	

Gesetz	Zivilrecht		Strafrecht
	Insolvenzregelungen	Handelsrechtliche Rechnungslegung	
Gesetz des Norddeutschen Bundes 1870	Änderungen des nunmehr bundesgesetzlichen ADHGB: Abschaffung des Konzessionssystems: Rechtsformwahl Aktiengesellschaft unabhängig von Unternehmensgegenstand, System der Normativbestimmungen (Errichtung ohne staatliche Genehmigung)		Insolvenzverschleppung: Unterlassen der Anzeige bei Überschuldung für die Aktiengesellschaft unter Strafe gestellt
Novelle zum ADHGB	Erhebung des ADHGB zum Reichsgesetz 16. und 22.4.1871		
Reichsstrafgesetzbuch 1871			§§ 281–283 RStGB entsprechen dem PrStGB 1855; betrügerischer und einfacher Bankrott als Sonderdelikte für Kaufleute
Entwurf der Reichskonkursordnung 1873	Dem Liquidationsverfahren vorgeschaltetes gerichtliches Vergleichsverfahren zur Abwendung des Konkurses vorgesehen		
Reichskonkursordnung 1877	Konkursverfahren als reines Liquidationsverfahren; Zahlungsunfähigkeit allgemeiner Eröffnungsgrund für alle Rechtsträger; Überschuldung nur bei Aktiengesellschaften Eröffnungstatbestand (§ 193 KO 1877), eingetragene Genossenschaften (§ 195 KO 1877), Nachlässe (§ 203 KO 1877)	Bewertung rechtsformeinheitlich anhand des beizulegenden Wertes gem. Art. 31 ADHGB 1861 (Liquidationswert)	§§ 209–214 KO ersetzen die Bankrottdelikte der §§ 281–283 RStGB; Wegfall der Beschränkung des Täterkreises; ausdrückliche Erweiterung auf die Organe juristischer Personen; Erweiterung um einzelne Tathandlungen, kein Krisenerfordernis

Gesetz	Zivilrecht		Strafrecht
	Insolvenzregelungen	Handelsrechtliche Rechnungslegung	
HGB 1884 (Aktiengesetz vom 18.7.1884)	Einführung des Bilanzerfordernisses für die AG: Konkursantragspflicht für den Vorstand einer AG bei Eintritt der Zahlungsunfähigkeit oder aus Bilanz sich ergebender Überschuldung (Art. 240 II HGB 1884)	§ 31 HGB 1884 allgemeine Bewertungsvorschrift für Kaufleute: Aufstellung der Handelsbilanz nach beizulegendem Wert; eigene Bewertungsvorschrift für AG und KGaA: Anschaffungskostenwertprinzip (§ 185a HGB 1884); erstmals auch Niederstwertprinzip für Wertpapiere/ Waren des Umlaufvermögens mit Börsen- oder Marktpreis (§ 185a HGB 1884)	Insolvenzverschleppung: Verletzung der Antragspflicht bei Überschuldung (Art. 240 II HGB 1884) unter Strafe gestellt in Art. 249c Nr. 2 HGB 1884; Bankrott weiterhin geregelt in §§ 209–214 KO, kein Krisenerfordernis
GenG von 1889	Zur Aktiengesellschaft parallele Insolvenzregelungen; auch für die Genossenschaft Überschuldung Auslöser der Konkursantragspflicht bei Ausweis durch eine Bilanz (§ 92 GenG)		
GmbHG vom 20.4.1892	Einführung der Rechtsform der GmbH; inhaltsgleich zu den aktienrechtlichen Regelungen; Überschuldung für die GmbH in § 63 GmbHG geregelt; Bilanzerfordernis auch für die GmbH übernommen	Spezielle Rechnungslegungsvorschriften für die GmbH § 43 GmbHG: Liquidationsbewertung des Umlaufvermögens gem. Art. 31 HGB; Bewertung von Anlagevermögen nach Anschaffungskostenwertprinzip als Wertobergrenze	
Erster Entwurf des HGB 1895	Antragspflicht für die AG mit Bilanzerfordernis gem. § 199 S. 2 HGB (1. Entw.): Eröffnungsantrag zu stellen bei Zahlungsunfähigkeit und „wenn sich bei *Aufstellung einer Jahres- oder Zwischenbilanz* ergibt, dass das Vermögen die Schulden nicht mehr deckt"		Insolvenzverschleppung: Verletzung der Antragspflicht bei Überschuldung unter Strafe gestellt

Gesetz	Zivilrecht		Strafrecht
	Insolvenzregelungen	Handelsrechtliche Rechnungslegung	
Zweiter Entwurf des HGB 1896	Antragspflicht für die AG ohne Bilanzerfordernis gem. § 220 S. 3 HGB (2. Entw.): *„für die Feststellung, ob (...) eine Überschuldung vorliegt,* sind die nach § 238 für die Aufnahme der Jahresbilanz geltenden Vorschriften nicht maßgebend“		Insolvenzverschleppung: Verletzung der Antragspflicht bei Überschuldung unter Strafe gestellt
Reform des Handelsgesetzbuchs vom 10.5.1897	Insolvenzantragspflicht bei Überschuldung incl. Bilanzerfordernis (§§ 240 II, 298, II HGB 1897)	Kaufleute haben in Handelsbilanz den „beizulegenden“ Wert anzusetzen (§ 40 II HGB 1897) Anschaffungskostenwertprinzip für AG, KGaA gem. § 261 HGB 1897	Insolvenzverschleppung: Verletzung der Antragspflicht bei Überschuldung Inhaltsgleich (Bilanzerfordernis) zum HGB 1884 unter Strafe gestellt (§ 315 Nr. 2 HGB 1897)
Gesetzesnovelle zur Konkursordnung vom 17.5.1898	Überschuldung Eröffnungsgrund auch für KGaA (§ 209 KO 1898), Vereine (§ 213 KO 1898); (für die AG § 207 KO 1898)		An die Stelle der §§ 209–214 KO treten die §§ 239–244 KO; Kreis tauglicher Täter des Bankrotts 1998 ausdrücklich auf die Organe juristischer Personen ausgeweitet; Straftatbestände der Insolvenzverschleppung bei Überschuldung wie zuvor
Bundesratsverordnung v. 8.8.1914[2211] (aufgehoben durch Gesetz v. 25.3.1930)	Konkursantragspflicht bei Zahlungsunfähigkeit ausgesetzt; erste gesetzliche Regelung eines gerichtlichen Verfahrens zur Abwendung des Konkurses aus Gründen des Schuldnerschutzes[2212] (überarbeitet durch		Dementsprechend Insolvenzstrafbarkeit außer Kraft gesetzt

2211 „Verordnung über die Geschäftsaufsicht“, RGBl. 1914, S. 363 ff.
2212 Vgl. *Kilger/Schmidt*, Insolvenzgesetze, 17. Aufl. (1997), Einl. I 2.

Gesetz	Zivilrecht		Strafrecht
	Insolvenzregelungen	Handelsrechtliche Rechnungslegung	
	VOen v. 14.12.1916 (RGBl. 1363); v. 8.2.1924 (RGBl. I S. 51); v. 14.6. 1924 (RGBl. I S. 641))		
Gesetz v. 24.12.1922[2213] (aufgehoben durch Gesetz v. 25.3.1930)	Konkursantragspflicht bei Überschuldung durch Valuta- oder Goldschulden infolge der Markentwertung außer Kraft gesetzt		Dementsprechend Insolvenzstrafbarkeit außer Kraft gesetzt
VerglO v. 5.7.1927[2214]	„Alte Vergleichsordnung"; außergerichtliches und gerichtliches Verfahren unter Mitberücksichtigung der Gläubigerinteressen[2215]		
Gesetz v. 25.3.1930[2216]	Pflicht zur Stellung des Insolvenzantrags nach Feststellung der Überschuldung/Eintritt der Zahlungsunfähigkeit „ohne schuldhaftes Zögern", höchstens 2 Wochen		Insolvenzstrafbarkeit wieder in Kraft gesetzt
Notverordnung vom 1.8.1931[2217]	Verlängerung der Antragsfrist bei Zahlungsunfähigkeit und Überschuldung auf 3 Wochen		
GmbHG v. 1931/1931[2218]	Überschuldung als Antragsgrund in § 63 GmbHG normiert; Bilanzerfordernis aufrechterhalten		

2213 RGBl. 1923 I, S. 21.
2214 Gesetz über den Vergleich zur Abwendung des Konkurses v. 5.7.1927; RGBl. 1927 I, S. 21, 139.
2215 Vgl. *Kilger/Schmidt*, Insolvenzgesetze, 17. Aufl. (1997), Einl. I 2.
2216 RGBl. 1930 I, S. 93.
2217 RGBl. 1931 I, S. 419
2218 Reichsgesetz v. 25.3.1930 (RGBl. I S. 93) und VO des Reichspräsidenten v. 6.8.1931 (RGBl. I, S. 433)

Gesetz	Zivilrecht		Strafrecht
	Insolvenzregelungen	Handelsrechtliche Rechnungslegung	
VerglO v. 26.2.1935 [2219] in Kraft seit 1.4.1035	Verbesserungen des Vergleichsrechts, Einführung eines Vor- und Nachverfahrens [2220]		
AktG v. 30.1.1937, in Kraft seit 1.10.1937	Ausgliederung der aktienrechtlichen Bestimmungen aus dem HGB ins AktG Streichung des Bilanzerfordernisses im Rahmen der Antragspflicht bei Überschuldung für die AG		
1. WiKG Erstes Gesetz zur Bekämpfung der Wirtschaftskriminalität v. 29.7.1976	Erweiterung des Konkursgrundes der Überschuldung auf *kapitalistische Personengesellschaften* (§ 209 I 3 KO) und Einführung der Konkursantragspflicht bei Zahlungsunfähigkeit und Überschuldung derselbigen (§§ 133a, 133b HGB) Vorerst keine Streichung des Bilanzerfordernisses bei der GmbH		Rückführung der Konkursstraftaten (Bankrott!) in das StGB (§§ 281–283d StGB); erstmals Wiedereinführung des *Krisenerfordernisses* in den §§ 283, 283c, 283d StGB Ergänzung des § 283 StGB um weitere Tatbestandshandlungen und die Generalklausel des § 283 I Nr. 8 StGB; keine gesonderte Regelung des betrügerischen Bankrotts (keine Benachteiligungsabsicht erforderlich); Verzicht auf Ausgestaltung als konkrete Gefährdungsdelikte
2. WiKG Zweites Gesetz zur Bekämpfung der Wirtschaftskriminalität v. 15.5.1986	Bilanzerfordernis im Rahmen der Insolvenzantragspflicht auch bei der GmbH gestrichen		Dementsprechende Verschärfung der Strafbarkeit von Insolvenzverschleppung

2219 RGBl. I, S. 321.
2220 Vgl. *Kilger/Schmidt*, Insolvenzgesetze, 17. Aufl. (1997), Einl. I 2.

Gesetz	Zivilrecht		Strafrecht
	Insolvenzregelungen	Handelsrechtliche Rechnungslegung	
InsO u. EGInsO v. 5.10.1994; in Kraft seit 1.1.1999 (i.V.m. dem Gesetzt zur Änderung des Einführungs-gesetztes zur InsO und anderer Gesetze vom 19.12.1998 (Art. 60 Nr.1 EGInsO))	Ersetzen der früheren Konkursordnung (1877) und Vergleichsordnung (1935) (bzw. der Gesamtvollstreckungsordnung (1990) in den neuen Bundesländern) durch die Insolvenzordnung	Einzelabschlüsse grundsätzlich nach HGB; internationale Rechnungslegung nur bei Konzernabschlüssen relevant	Rein *sprachliche Anpassungen* von Insolvenzverschleppung und Bankrott (Überschrift des 24. Abschnitts des StGB werden in „Insolvenzstraftaten" umbenannt und entsprechende sprachliche Veränderungen in den §§ 283 I Nr. 1 und 5 und 283d I und IV vorgenommen)

Gesetzeslage unmittelbar vor dem 1.1.1999			
Zivilrechtliche Konkursregelungen: AG: § 207 KO: Überschuldung Konkursgrund § 92 II AktG: Antragspflicht des Vorstands bei Überschuldung §§ 92 II AktG i.V.m. 268 II AktG: Antragspflicht des Abwicklers bei Überschuldung KGaA: § 209 I 2 KO: Überschuldung Konkursgrund § 283 Nr. 14 AktG: Antragspflicht für persönl. haftenden Gesellschafter entsprechend 92 II AktG bei Überschuldung § 278 III i.V.m 92 II, 268 II AktG: Antragspflicht des Abwicklers bei Überschuldung GmbH: § 63 I GmbHG: Überschuldung Konkursgrund § 63 II GmbHG: entsprechende Anwendung der §§ 207 II, 208 KO § 64 I GmbHG: Antragspflicht des Geschäftsführers bei Überschuldung § 71 GmbHG: Antragspflicht des Abwicklers bei Überschuldung OHG/KG, bei denen keine pers. haftende nat. Person oder Personengesellschaft mit pers. haftendem Gesellschafter als nat. Person: § 209 I 2 KO: Überschuldung Konkursgrund §§ 130a (161 II) HGB: Antragspflicht bei Überschuldung Genossenschaft: § 98 GenG: teilw. Überschuldung Eröffnungsgrund § 99 GenG: dann Antragspflicht bei Überschuldung Verein und Juristischen Personen generell: § 213 als lex generalis erklärt § 207 für anwendbar: Konkurs bei Überschuldung § 42 II BGB: Konkursantragspflicht bei Überschuldung Gütergemeinschaft: Überschuldung Konkursgrund bei gemeinschaftlich verwaltetem Gesamtgut der Gütergemeinschaft, § 236a KO	**Vergleichsordnung** vom 26.2.1935 (RGBl. I S. 321, 356; veröffentlicht in BGBl. III 311-1 nach Stand 1.8.1958) Rechtformunabhängiges gerichtliches Verfahren mit dem Ziel des Vergleichsabschlusses zur Abwendung des Konkurses (§ 213 VerglO); Vergleich wirkt für und gegen alle Gläubiger; Schuldner behält Verwaltungs- und Verfügungsbefugnis über seinen Betrieb	**Gesamtvollstreckungsordnung** vom 6.6.1990 (GBl. DDR I, 285, in der Fassung des Einigungsvertrages vom 31.8.1990 BGBl. II, 889, Anl. II, Kap. III, A, Abschnitt II Nr. 1): § 1 I GesO: In den neuen Bundesländern statt KO und VerglO	**Anfechtungsgesetz** vgl. § 7 AnfG vom 21. Juli 1879 (RGBl., S. 277) in der Fassung der Bekanntmachung vom 20.5.1898 RGBl. S. 709) = § 11 AnfG vom 5.10.1994 (BGBl. I 2911) regelt Anfechtungen außerhalb des Konkursverfahrens zur Befriedigung von Einzelgläubigern

Literaturverzeichnis

Achenbach — Hans Achenbach, Zivilrechtsakzessorietät der insolvenzstrafrechtlichen. Überschuldungsgründe? Gedächtnisschrift für Ellen Schlüchter, Köln/Berlin/Bonn/München 2002, S. 257 ff.
(zit.: Achenbach, Schlüchter-Gds.)

Hans Achenbach, Die Sanktionen gegen die Unternehmensdeliquenz im Umbruch, JuS 1990, S. 601 ff.

Hans Achenbach, Aus der 1999/2000 veröffentlichen Rechtsprechung zum Wirtschaftsstrafrecht, NStZ 2000, S. 524 ff.

Hans Achenbach, Ausweitung des Zugriffs bei den ahnenden Sanktionen gegen die Unternehmensdelinquenz, wistra 2002, S. 441 ff.

Hans Achenbach, Aus der 2002/2003 veröffentlichen Rechtsprechung zum Wirtschaftsstrafrecht, NStZ 2003, S. 520 ff.

Hans Achenbach, Aus der 2003/2004 veröffentlichen Rechtsprechung zum Wirtschaftsstrafrecht, NStZ 2004, S. 549 ff.

Achenbach/Ransiek — Hans Achenbach/Andreas Ransiek (Hrsg.) Handbuch des Wirtschaftsstrafrecht (HWSt), Heidelberg 2004
(zit.: Bearbeiter in Achenbach/Ransiek, HWSt)

Adler/Düring/Schmalz — Hans Adler/Walther Düring/Kurt Schmalz (Hrsg.), Rechnungslegung und Prüfung der Unternehmen – Kommentar zum HGB, AktG, GmbHG, PublG nach den Vorschriften des Bilanzrichtlinien-Gesetzes in Teilband 1, bearb. von Karl-Heinz Forster/Reinhard Gordeler/Josef Landerfmann/Hans-Peter Müller/Günter Siepe/Klaus Stolberg, 6. Aufl., Stuttgart 1995
(zit: Adler/Düring/Schmalz, Rechnungslegung und Prüfung)

Altmeppen — Holger Altmeppen, Haftung der Gesellschafter einer Personengesellschaft für Delikte, NJW 1996, S. 1017 ff.

Holger Altmeppen, Probleme der Konkursverschleppungshaftung, ZIP 1997, S. 1173 ff.

Holger Altmeppen, Kapitalersatz und Rangrücktritt unter Geltung der InsO, ZHR 164 (2000), S. 349 ff.

Holger Altmeppen, Insolvenzverschleppungshaftung, ZIP 2001, S. 2201 ff.

Holger Altmeppen, Zur Entwicklung eines neuen Gläubigerschutzkonzeptes in der GmbH, ZIP 2002, S. 1553 ff.

Altmeppen/Wilhelm — Holger Altmeppen/Jan Wilhelm, Quotenschaden, Individualschaden und Klagebefugnis bei der Verschlep-

	pung des Insolvenzverfahrens über das Vermögen der GmbH, NJW 1999, S. 673 ff.
Amtliche Ausgabe GmbHG (Entwurf)	Entwurf eines Gesetzes betreffend die Gesellschaften mit beschränkter Haftung nebst Begründung und Anlagen, Amtliche Ausgabe, Berlin (1981), S. 118 f.
Arens	Norbert Arens, Ertragsorientierte Überschuldungsprüfung, Frankfurt a. M./Bern/New York/Paris 1991 (zit.: Arens, Überschuldungsprüfung)
Auler	Wolf D. Auler, Der Überschuldungsstatus als Bewertungsproblem, DB 1976, S. 2169 ff.
Baetge/Kirsch/Thiele	Jörg Baetge/Hans-Jürgen Kirsch/Stefan Thiele; Bilanzen, 6. Aufl., Düsseldorf 2002 (zit.: Baetge/Kirsch/Thiele, Bilanzen)
Bähner	Bähner, Die Fortbestehensprognose im Rahmen der zweistufigen Überschuldungsrechnung, KTS 1988, S. 443 ff.
Baier	C.G. Baier, Vermögensaufgabe und Überschuldung, NJW 1956, S. 1302 ff.
Balz	Manfred Balz, Aufgaben und Struktur des künftigen einheitlichen Insolvenzverfahrens, ZIP 1988, S. 273 ff.
Balz/Landerfmann	Manfred Balz/Hans-Georg Landerfmann, Die neuen Insolvenzgesetze – Insolvenzordnung und Einführungsgesetz zur Insolvenzordnung, 2. Aufl., Düsseldorf 1999 (zit. Balz/Landerfmann, Insolvenzgesetze)
Bangert/Graw	Heinz Bangert/Winfried Graw, Arbeitskreis II: Insolvenzwesen, in: Steuerberaterkongressreport 1980, hrsg. von der Bundessteuerberaterkammer Körperschaft des öffentlichen Rechts und dem Deutschen wissenschaftlichen Steuerinstitut der Steuerberater und Steuerbevollmächtigten e.V., München 1980 (zit.: Bangert/Graw, Arbeitskreis Insolvenzwesen)
Barth	Kuno Barth, Die Entwicklung des deutschen Bilanzrechts und der auf ihm beruhenden Bilanzauffassungen, handelsrechtlich und steuerrechtlich; Band I (Handelsrechtlich), Stuttgart 1953 (zit. Barth, Bilanzrecht)
Barthel	Carl W. Barthel, Unternehmenswert: Die einzelwirtschafsgüter-orientierten Bewertungsverfahren – Vergangenheitsbezogene versus zukunftsorientierte Unternehmensbewertung, DStR 1995, S. 1684 ff.
Baumann	Jürgen Baumann, Beiträge zur Strafrechtsdogmatik – Allgemeiner Teil, Bielefeld 1987 (zit.: Baumann, Beiträge)
Baumbach/Hopt	Klaus J. Hopt/Hanno Merkt (Hrsg.), Handelsgesetzbuch mit GmbH & Co., Handelsklauseln, Bank- und Börsenrecht, Transportrecht (ohne Seerecht), begründet von Adolf Baumbach, München 2003 (zit.: Bearbeiter in Baumbach/Hopt, HGB)
Baumbach/Hueck AktG	Adolf Baumbach/Alfred Hueck (Hrsg.), Aktiengesetz, 13. Aufl., München 1968 (zit.: Bearbeiter in Baumbach/Hueck, AktG)

Baumbach/Hueck GmbHG Adolf Baumbach/Alfred Hueck (Hrsg.), GmbH-Gesetz – Gesetz betreffend die Gesellschaften mit beschränkter Haftung,
14. Aufl., München 1985,
15. Aufl., München 1988,
16. Aufl., München 1996,
17. Aufl., München 2000
(zit.: Bearbeiter in Baumbach/Hueck, GmbHG)

Baur/Stürner Fritz Baur/Rolf Stürner, Zwangsvollstreckungs-, Konkurs- und Vergleichsrecht, Erster Band: Einzelvollstreckungsrecht, 12. Aufl., Heidelberg 1995
(zit.: Baur/Stürner)

v. Bayer Hieronymus von Bayer, Theorie des Concurs-Processes nach gemeinem Rechte, 4. Aufl., München 1868
(zit.: v. Bayer, Theorie des Concurs-Processes)

Bechtel Heinrich Bechtel, Wirtschafts- und Sozialgeschichte Deutschlands, München 1967
(zit.: Bechtel, Wirtschafts- und Sozialgeschichte)

Berliner Manfred Berliner, Buchhaltungs- und Bilanzlehre, Zweiter Band, 3. Aufl., Hannover/Leipzig 1911
(zit.: Berliner, Buchhaltungs- und Bilanzlehre)

Beintmann Ulrike Beintmann, Eigenkapitalersetzende Gesellschafterdarlehen in der Überschuldungsbilanz, BB 1999, S. 1543 ff.

v. Bethmann-Hollweg M. A. v. Bethmann-Hollweg, Der Civilprozeß des gemeinen Rechts in geschichtlicher Entwicklung, Band 1: Der römische Civilprozeß,
Teil 1, Der römische Civilprozeß, Bonn 1864,
Teil 2, Legis Actiones, Bonn 1865,
Teil 3, Cognitiones, Bonn 1866
(zit.: Bethmann-Hollweg, Civilprozeß, Bd. I–III)

Bichlmeier/Engberding/Oberhofer Wilhelm Bichlmeier/Antonius Engberding/Hermann Oberhofer (Hrsg.), Insolvenzhandbuch – Ein rechtlicher und betriebswirtschaftlicher Leitfaden, Frankfurt a.M. 1998
(zit.: Bichlmeier/Engberding/Oberhofer, Insolvenzhandbuch)

Bieneck Klaus Bieneck, Strafrechtliche Relevanz der Insolvenzordnung und aktueller Änderungen des Eigenkapitalersatzrechts, StV 1999, S. 43 ff.
Klaus Bieneck, Rezension, Penzlin: Strafrechtliche Auswirkungen der Insolvenzordnung, Herbholzeim 2000, wistra 2001, S. 53 f.

Biermann Manfred Biermann, Die Überschuldung als Voraussetzung zur Konkurseröffnung, Berlin 1963
(zit.: Biermann, Überschuldung)

Bilo Franz Bilo, Zum Problemkreis der Überschuldung, GmbHR 1981, S. 73 ff. und S. 106 ff.

Binding Karl Binding, Handbuch des Strafrechts, Erster Band, Leipzig 1885

Bittmann Folker Bittmann, Zahlungsunfähigkeit und Überschuldung nach der Insolvenzordnung, wistra 1998, S. 321 ff. (Teil I) und wistra 1999, S. 10 ff. (Teil II)

	Folker Bittmann, Rezension: Dietmar Penzlin, Strafrechtliche Auswirkungen der Insolvenzordnung, Herbholzheim 2000, S. 228 ff.
Bittmann/Rudolph	Folker Bittmann/Carolin Rudolph, Untreue des GmbH-Geschäftsführers trotz Anordnung der Insolvenzverwaltung, wistra 2000, S. 401 ff.
Blomeyer	Arwed Blomeyer, Zivilprozessrecht, Vollstreckungsverfahren, Berlin 1975 (zit.: Blomeyer, ZPO)
Blumers	Wolfgang Blumers, Überschuldung als Konkursgrund bei der GmbH & Co. KG, BB 1976, S. 1441 ff.
Bork	Reinhard Bork, Einführung in das neue Insolvenzrecht, 2. Auflage, Tübingen 1998 (zit.: Bork, Einführung)
	Reinhard Bork, Wie erstellt man eine Fortbestehensprognose?, ZIP 2000, S. 1709 ff.
	Reinhard Bork, Der Firmenwert in der Überschuldungsbilanz, ZinsO 2001, S. 145 ff.
Bottke	Wilfried Bottke, Wege der Strafrechtsdogmatik – Besprechung der Gedächtnisschrift für Horst Schröder, JA 1980, S. 93 ff.
	Wilfried Bottke, Zur Legitimität des Wirtschaftsstrafrechts im engen Sinne und seiner spezifischen Deliktsbeschreibungen, in: Bernd Schünemann/Carlos Suárez González (Hrsg.), Bausteine des europäischen Wirtschaftsstrafrechts, Madrid-Symposium für Klaus Tiedemann, Köln/Berlin/Bonn/München 1994, S. 109 ff. (zit.: Bottke, Bausteine)
Braun	Eberhard Braun (Hrsg.), Insolvenzordnung (InsO), Kommentar, 1. Aufl., München 2002, 2. Aufl., München 2004 (zit.: Bearbeiter in Braun, InsO)
Braun/Uhlenbruck	Eberhard Braun/Wilhelm Uhlenbruck, Unternehmensinsolvenz- Grundlagen, Gestaltungsmöglichkeiten, Sanierung mit der Insolvenzordnung, Düsseldorf 1997 (zit.: Braun/Uhlenbruck, Unternehmensinsolvenz)
Breuer	Wolfgang Breuer, Das neue Insolvenzrecht, München 1998 (zit.: Breuer, Insolvenzrecht)
	Wolfgang Breuer, Das Regelinsolvenzverfahren in Beilage zu NJW Heft 1/1999, S. 3 ff.
Brüning	Christoph Brüning, Rezension: Dagmar Felix, Einheit der Rechtsordnung – Zur Verfassungsrechtlichen Relevanz einer juristischen Argumentationsfigur, Tübingen 1998, NVWZ 2000, S. 296 ff.
Bruns	Hans-Jürgen Bruns, Die Befreiung des Strafrechts vom civilistischen Denken, Berlin 1938 (zit.: Bruns, Befreiung)
	Hans-Jürgen Bruns, Grundprobleme der strafrechtlichen Organ- und Vertreterhaftung (§ 14 StGB, § 9 OWiG), GA 1982, S. 1 ff.

	Hans-Jürgen Bruns, Die sog. „tatsächliche" Betrachtungsweise im Strafrecht, JR 1984, S. 133 ff.
Budde/Förschle	Wolfgang Dieter Budde/Gerhardt Förschle, Sonderbilanzen – Von der Gründungsbilanz bis zur Liquidationsbilanz, 1. Aufl., München 1994, 2. Aufl., München 1999, 3. Aufl., München 2002 (zit.: Bearbeiter in Budde/Förschle, Sonderbilanzen)
Burger/Schellberg	Anton Burger/Bernhard Schellberg, Der Insolvenzplan im neuen Insolvenzrecht, DB 1994, S. 1833 ff. Anton Burger/Bernhard Schellberg, Die Auslösetatbestände im neuen Insolvenzrecht, BB 1995, S. 261 ff. Anton Burger/Bernhard Schellberg, Die Überschuldung im neuen Insolvenzrecht, WiSt 1995, S. 226 ff. Anton Burger/Bernhard Schellberg, Zur Vorverlagerung der Insolvenzauslösung durch das neue Insolvenzrecht, KTS 1995, S. 563 ff.
Cadus	Joachim-M. Cadus, Die faktische Betrachtungsweise, Ein Beitrag zur Auslegung im Strafrecht, Berlin 1984 (zit.: Cadus, Faktische Betrachtungsweise)
Canaris	Claus-Wilhelm Canaris, Die Haftung für fahrlässige Verletzungen der Konkursantragspflicht, Eine Besprechung des Beschlusses des BGH vom 1.3.1993 – II ZR 292/91, JZ 1993, S. 649 ff.
Coenenberg	Adolf Gerhard Coenenberg, Jahresabschluss und Jahresabschlussanalyse – Betriebswirtschaftliche, handelsrechtliche, steuerrechtliche und internationale Grundsätze – HGB, IAS, US-GAAP; 17. Aufl., Landsberg/Lech 2000 (zit.: Coenenberg, Jahresabschluss)
Cordes	Albrecht Cordes, Die Gesellschaft bürgerlichen Rechts auf dem Weg zur juristischen Person?, JZ 1998, S. 545 ff.
Dabelow	Christoph Christian Dabelow, Lehre vom Concurse der Gläubiger, Halle 1801 (zit.: Dabelow, Lehre vom Concurse)
Dahl	Sven Dahl, Die Bewertung bei der Ermittlung der Überschuldung einer GmbH nach § 63 GmbHG, GmbHR 1964, S. 112 ff.
Degenhart	Christoph Degenhart, Staatsrecht I, Staatsorganisationsrecht, 20. Aufl., Heidelberg 2004 (zit.: Degenhart, Staatsrecht I)
Demko	Daniela Demko, Zur „Relativität der Rechtsbegriffe" in strafrechtlichen Tatbeständen, Berlin 2002 (zit.: Demko, Relativität)
Demuth/Schneider	Heinrich Demuth/Tilmann Schneider, Die besondere Bedeutung des Gesetzes über Ordnungswidrigkeiten für Betrieb und Unternehmen, BB 1970, S. 642 ff.
Dernburg	Heinrich Dernburg, Pandekten, Band 2, 5. Aufl., Berlin 1896/1897

Deutler — Karl F. Deutler, Änderung handels- und konkursrechtlicher Vorschriften durch das 1. WiKG, GmbHR 1977, S. 36 ff.

Dreher/Tröndle — Eduard Dreher/Herbert Tröndle, Strafgesetzbuch, 46. Aufl., München 1993
(zit.: Dreher/Tröndle, StGB)

Drews — Ernesto Drews, Der Insolvenzgrund der Überschuldung bei Kapitalgesellschaften, Osnabrück 2003
(zit.: Drews, Überschuldung)

Drukarczyk — Jochen Drukarczyk, Bilanzielle Überschuldungsmessung – Zur Interpretation der Vorschriften von § 92 II AktG und § 64 I GmbHG, ZGR 1979, S. 553 ff.

Jochen Drukarczyk, Zum Problem der Auslösung insolvenzrechtlicher Verfahren, ZfB 1981, S. 235 ff.

Jochen Drukarczyk, Reorganisation und Gläubigeransprüche, in DBW 1984, S. 371 ff.

Jochen Drukarczyk, Was kann der Tatbestand der Überschuldung leisten?, ZfbF 1986, S. 207 ff.

Jochen Drukarczyk, Theorie und Politik der Finanzierung, 2. Aufl., München 1993
(zit.: Drukarczyk, Theorie und Politik)

Jochen Drukarczyk, Finanzierung, 9. Aufl., Stuttgart 2003
(zit.: Drukarczyk, Finanzierung)

Drukarczyk./Schüler — Jochen Drukarczyk, Kapitalerhaltungsrecht, Überschuldung, Konsistenz – Besprechung der Überschuldungsdefinition in BGH, WM 1994, S. 1737 ff.

Jochen Drukarczyk, Überschuldung: Zur Konstruktion eines Insolvenztatbestandes im Spannungsfeld von Kapitalerhaltungsrecht und Kreditmarkt – Bilanzrecht und Kapitalmarkt, Festschrift für Adolf Moxter, hrsg. von Wolfgang Ballwieser, Hans-Joachim Böcking, Jochen Drukarczyk und Reinhard H. Schmidt; 1994, S. 1231 ff.
(zit.: Drukarczyk in FS-Moxter)

Jochen Drukarczyk/Andreas Schüler, Die Eröffnungsgründe der InsO: Zahlungsunfähigkeit, drohende Zahlungsunfähigkeit und Überschuldung als Insolvenzauslöser, in: Kölner Schrift zum Insolvenzrecht, Arbeitskreis für Insolvenz- und Schiedsgerichtswesen e.V. Köln (Hrsg.), 1. Aufl., Herne/Berlin 1997, S. 57 ff.
(zit. Drukarczyk/Schüler in Kölner Schrift zur InsO)

Jochen Drukarczyk./Andreas Schüler, Überschuldungsprüfung auf Abwegen?, DStR, 1999, S. 646 ff.

Jochen Drukarczyk/Andreas Schüler, Die Eröffnungsgründe der InsO: Zahlungsunfähigkeit, drohende Zahlungsunfähigkeit und Überschuldung, in: Kölner Schrift zum Insolvenzrecht, Arbeitskreis für Insolvenz- und Schiedsgerichtswesen e.V. Köln (Hrsg.), 2. Aufl., Herne/Berlin 2000, S. 95 ff.
(zit. Drukarczyk/Schüler in Kölner Schrift zur InsO, 2. Aufl.)

Jochen Drukarczyk/Andreas Schüler, Insolvenztatbestände, prognostische Elemente und ihre gesetzeskonforme Handhabung – zugleich Entgegnung auf den Beitrag von O.J. Groß und M. Amen Die Fortbestehensprognose – rechtliche Anforderungen und ihre betriebswirtschaftlichen Grundlagen , WPg 2003, S. 56 ff.

Düring — Walther Düring, Die Überschuldung als Konkursgrund und die Währungsumstellung, WPg 1949, S. 193 ff.

Egner/Wolff — Henning Egner/Gerhard Wolff, Zur Unbrauchbarkeit des Überschuldungstatbestands als gläubigerschützendes Instrument, AG 1978, S. 99 ff.

Ehlers — Harald Ehlers, Die Überschuldungssituation einer GmbH, ihre Rechtsfolgen und deren Abwendung, DStR 1998, S. 1756 ff.

Eisolt/Engeler — Dirk Eisolt, Bernd-Ulrich Engeler, Behandlung rangrückgetretener Forderungen im Überschuldungsstatus gem. § 19 II InsO, NZI 1999, 306 ff.

Eisele — Wolfgang Eisele, Technik des betrieblichen Rechnungswesens, 7. Aufl., München 2002
(zit.: Eisele, Rechnungswesen)

Enderle — Bettina Enderle, Blankettstrafgesetze – Verfassungs- und strafrechtliche Probleme von Wirtschaftsstraftatbeständen, Frankfurt a.M./Berlin/Bern/Bruxelles/New York/Oxford/Wien 2000
(zit.: Enderle, Blankettstrafgesetze)

Engisch — Karl Engisch, Die Einheit der Rechtsordnung, Heidelberg 1935
(zit.: Engisch, Einheit der Rechtsordnung)

Karl Engisch, Einführung in das juristische Denken, 8. Aufl., Stuttgart/Berlin/Köln 1989
(zit.: Engisch, Einführung)

Ernst & Young — Ernst & Young (Hrsg.), Praxis der Unternehmensbewertung, Handbuch, bearb. von Stefanie Auge-Dickhut/Ulrich Moser/Bernd Widmann, Loseblattsammlung, Landsberg/Lech 2001, Stand 2004
(zit.: Ernst & Young, Praxis der Unternehmensbewertung)

Felix — Dagmar Felix, Einheit der Rechtsordnung – Zur Verfassungsrechtlichen Relevanz einer juristischen Argumentationsfigur, Tübingen 1998
(zit.: Felix, Einheit der Rechtsordnung)

Fenske — Ralf Fenske, Zur Unbrauchbarkeit des Überschuldungstatbestandes, AG 1997, S. 554 ff.

Fischer, R. — Roland Fischer, Rangrücktritt und Überschuldungsstatus einer GmbH, GmbHR 2000, S. 66 ff.

Fischer, W. — Werner Fischer, Die Überschuldungsbilanz, Köln 1980
(zit.: Fischer, Überschuldungsbilanz)

Werner Fischer, Dynamische Überschuldungsprüfung als Insolvenzindikator, DB 1981, S. 1345 ff.

FK-InsO Frankfurter Kommentar zur Insolvenzordnung, Klaus Wimmer (Hrsg.), 2. Aufl., Neuwied/Kriftel 1999 (zit.: Bearbeiter in FK-InsO)

Fleck Hans-Joachim Fleck, Zur Haftung des GmbH-Geschäftsführers, GmbHR 1974, S. 224 ff.

Hans-Joachim Fleck, Die Bilanzierung kapitalersetzender Gesellschafterdarlehen in der GmbH, in Handelsrecht und Steuerrecht, Festschrift für Georg Döllerer, hrsg. von Brigitte Knobbe-Keuk/Franz Klein/Adolf Moxter, Düsseldorf 1988, S. 109 ff. (zit. Fleck in FS-Döllerer)

Hans-Joachim Fleck, Keine schuldhafte Verletzung der Konkursantragspflicht durch den GmbH-Geschäftsführer, wenn der Steuerberater der GmbH ihn darüber belehrt, das Unternehmen sei angesichts kapitalersetzender Gesellschafterdarlehen nicht überschuldet, EWiR 1997, S. 1903 f.

Hans-Joachim Fleck, Das kapitalersetzende Gesellschafterdarlehen in der GmbH – Verbindlichkeit oder Eigenkapital GmbHR 1989, S. 313 ff.

Fleischer Holger Fleischer, Eigenkapitalersetzende Gesellschafterdarlehen und Überschuldungsstatus, ZIP 1996, S. 773 ff.

Flume Werner Flume, Gesellschaft und Gesamthand, in ZHR 136 (1972), S. 177 ff.

Förster Wolfgang Förster, Die Liquidationsbilanz: eine handelsrechtliche, betriebswirtschaftliche und steuerrechtliche Darstellung mit Fallbeispiel, 3. Aufl., Köln 1992 (zit.: Förster, Liquidationsbilanz)

Franzheim Horst Franzheim, Der strafrechtliche Überschuldungsbegriff, wistra 1984, S. 212 f.

Horst Franzheim, Das Tatbestandsmerkmal in der Krise im Bankrottstrafrecht, NJW 1980, S. 2500 ff.

Fromm Andreas Fromm, Die Überschuldungsprüfung im Insolvenzrecht, GmbHR 2004, S. 940 ff.

Andreas Fromm, Der Überschuldungsstatus im Insolvenzrecht, ZinsO 2004, S. 943 ff.

Früh Hans-Joachim Früh, Eigenkapitalersetzende Gesellschafterkredite, GmbHR 1999, S. 842 ff.

Früh/Wagner Hans-Joachim Früh/Wolfgang Wagner, Überschuldungsprüfung bei Unternehmen, WPg 1998, S. 907 ff.

Gabler Gabler, Wirtschaftslexikon, Die ganze Welt der Wirtschaft, Schriftleitung Thorsten Hadeler, 15. Aufl., Wiesbaden 2000 (zit.: Gabler, Wirtschaftslexikon, Stichwort)

Gerhardt Walter Gerhardt, Grundbegriffe des Vollstreckungs- und Insolvenzrechts, Stuttgart/Berlin/Köln/Mainz 1985 (zit.: Gerhardt, Grundbegriffe)

Gerkan Hartwin Gerkan, Das Recht des Eigenkapitalersatzes in der Diskussion, ZGR 1997, S. 173 ff.

Geßler/Hefermehl/Eckardt/Kropf — Ernst Geßler/Wolfgang Hefermehl/Ulrich Eckardt/Bruno Kropff (Hrsg.), Aktiengesetz, Kommentar, Band II, § 76–147, München 1973/1974
(zit.: Bearbeiter in Geßler/Hefermehl/Eckardt/Kropf, AktG)

Giebeler — Norbert Giebeler, die Feststellung der Überschuldung einer Unternehmung unter besonderer Berücksichtigung der Beziehung zur Zahlungsunfähigkeit, Frankfurt a.M. 1981
(zit.: Giebeler, Überschuldung)

Göhler/Wilts — Erich Göhler/Walter Wilts, Das erste Gesetz zur Bekämpfung der Wirtschaftskriminalität, DB 1976, S. 1609 ff. und S. 1657 ff.

Gössel — Karl Heinz Gössel, Strafverfahrensrecht, Stuttgart/Berlin/Köln 1977
(zit.: Gössel, Strafverfahrensrecht)

Götker — Uwe Götker, Der Geschäftsführer in der Insolvenz der GmbH – Der Einfluß der Insolvenzordnung auf die Rechts- und Pflichtenstellung eines GmbH-Geschäftsführers, Köln 1999
(zit.: Götker, Geschäftsführer)

Göttinger Kolloquium — Bericht über die Diskussion der Arbeitsgruppe Zivilrecht in Göttinger Kolloquium, Wolfgang Heyde/Christian Starck (Hrsg.), Vierzig Jahre Grundrechte in ihrer Verwirklichung durch die Gerichte, München 1990
(zit.: Bericht über die Diskussion der Arbeitsgruppe Zivilrecht, Göttinger Kolloquium)

Götz, A. — Alexander Götz, Die nicht endende Diskussion um den Überschuldungstatbestand, ZInsO 2000, S. 77 ff.

Götz, J. — Jan Götz, Entwicklungslinien insolvenzrechtlicher Überschuldungsmessung – Ein Schritt nach vorn zurück?, KTS 2003, S. 1 ff.

Jan Götz, Überschuldung und Handelsbilanz – Zur Ableitung einer insolvenzrechtlichen Überschuldung aus den Rechnungslegungsvorschriften des Handelsgesetzbuches und des International Accounting Standards Board, Berlin 2004
(zit.: Götz, Überschuldung)

Gottwald — Peter Gottwald (Hrsg.), Insolvenzrechtshandbuch,
1. Aufl., München 1990,
2. Aufl., München 2001
(zit.: Bearbeiter in Gottwald, Insolvenzrechtshandbuch)

Gracia Martin — Luis Gracia Martin, Die Strafbarkeit von Handlungen und Unterlassungen im Unternehmen nach spanischem und deutschem Recht, in: Bernd Schünemann/Carlos Suárez González (Hrsg.), Bausteine des europäischen Wirtschaftsstrafrechts, Madrid-Symposium für Klaus Tiedemann, Köln/Berlin/Bonn/München 1994, S. 13 ff.
(zit.: Gracia Martin, Bausteine)

Grosche — Ernst-Joachim Grosche, Die Generalklausel des § 283 I Nr. 8 StGB im deutschen Bankrottstrafrecht – Eine

	funktionale Untersuchung ihrer Berechtigung mit Blick auf das US-amerikanische Insolvenzdelikt, Würzburg 1992 (zit.: Grosche, Generalklausel)
Groß/Amen	Paul J. Groß/Matthias Amen, Das Beweißmaß der „überwiegenden Wahrscheinlichkeit" im Rahmen der Glaubhaftmachung einer Fortbestehensprognose, zugleich Replik auf die Entgegnung von Drukarczyk/Schüler, WPg 2003, S. 56 bis 67, in: WPg 2003, S. 67 ff.
Großfeld	Bernhard Großfeld, Unternehmens- und Anteilsbewertung im Gesellschaftsrecht, 3. Aufl., Köln 1994, 4. Aufl., Köln 2002 (zit.: Großfeld, Unternehmens- und Anteilsbewertung)
Großkommentar AktG	Großkommentar zum Aktiengesetz 2. Aufl., Erster Band §§ 1–144, Carl Hans Barz/Robert Fischer/Ulrich Klug/Konrad Mellerowicz/Joachim Meyer-Landrut/Wolfgang Schilling/Walter Schmidt (Hrsg.), Berlin 1961, 3. Aufl., Carl Hans Barz/Herbert Brönner/Ulrich Klug/Konrad Mellerowicz/Joachim Meyer-Landrut/Wolfgang Schilling/Herbert Wiedemann/Hans Würdinger (Hrsg.), Erster Band, 2. Halbd., §§ 76–147, Berlin/New York 1973, Vierter Band, §§ 291–410, Einführungsgesetz zum Aktiengesetz, Berlin/New York 1975, 4. Aufl., Klaus J. Hopt/Herbert Wiedemann (Hrsg.), 8. Lieferung, §§ 399–410, Berlin/New York 1997, 11. Lieferung, §§ 92–94, Berlin/New York 1999 (zit.: Bearbeiter in Großkommentar AktG)
Groth	Matthias Groth, Überschuldung und eigenkapitalersetzendes Darlehen – Eine konkursrechtliche und konkursstrafrechtliche Untersuchung, Baden-Baden 1995 (zit.: Groth, Überschuldung)
Grub	Maximilian Grub, Die insolvenzstrafrechtliche Verantwortlichkeit der Gesellschafter von Personenhandelsgesellschaften – Eine Untersuchung insbesondere im Hinblick auf die Anwendungsproblematik des § 14 StGB, Pfaffenweiler 1995 (zit.: Grub, Insolvenzstrafrechtliche Verantwortlichkeit)
Günther	Hans-Ludwig Günther, Strafrechtswidrigkeit und Strafunrechtsausschluss, Köln 1983 (zit.: Günther, Strafrechtswidrigkeit und Strafunrechtsausschluss)
Gurke	Michael Gurke, Verhaltensweisen und Sorgfaltspflichten von Vorstandsmitgliedern und Geschäftsführern, Berlin 1982 (zit.: Gurke, Verhaltensweisen) Michael Gurke, Zur Konkursantragspflicht des GmbH-Geschäftsführers wegen Überschuldung der Gesellschaft, DB 1982, S. 1857 f.
Gutenberg	Erich Gutenberg, Unternehmensführung – Organisation und Entscheidung, Wiesbaden 1962 (zit.: Gutenberg, Unternehmensführung)

Haack — Michael Haack, Der Konkursgrund der Überschuldung bei Kapital- und Personengesellschaften, Frankfurt a.M. 1980
(zit.: Haack, Überschuldung)
Michael Haack, Bewertungsprobleme bei der Überschuldungsfeststellung, BB 1981, S. 883 ff.
Michael Haack, Überschuldung – ein deskriptives Merkmal?, NJW 1981, S. 1353

Haarmeyer/Wutzke/Förster — Hans Haarmeyer/Wolfgang Wutzke/Karsten Förster, Handbuch der InsO, 2. Aufl., München 1998
(zit.: Haarmeyer/Wutzke/Förster)

Haas — Ulrich Haas, Eröffnungsgründe Zahlungsunfähigkeit / drohende Zahlungsunfähigkeit / Überschuldung in: Insolvenzrecht 1998 – Tagungsband zum RWS-Forum am 11. und 12. Oktober 1998 in Berlin/Köln 1999
(zit.: Haas, Insolvenzrecht 1999)

Habersack — Matthias Habersack, Zur Rechtsnatur der Gesellschaft bürgerlichen Rechts – BAG NJW 1989, 3034, in JuS 1990, S. 179 ff.

Hachenburg — Gesetz betreffend die Gesellschaften mit beschränkter Haftung (GmbHG) Großkommentar, begründet von Hans Hachenburg,
Band I 6. Aufl., Berlin, 1956,
Band I 8. Aufl., Berlin/New York, 1991,
Band II 6. Aufl., Berlin 1959,
Band III 7. Aufl., hrsg. von Hans Barz/Peter Behrens/Reinhard Goerdeler/Georg Hohner/Günter Kohlmann/Hans-Joachim Mertens/Wolfgang Schilling/Peter Ulmer, Berlin/New York 1984,
Band III 8. Aufl., hrsg. von Peter Ulmer, Berlin/New York 1997
(zit: Bearbeiter in Hachenburg GmbHG)

Hänel — Robert Hänel, Gläubigerautonomie und das Insolvenzplanverfahren, Berlin 2000
(zit.: Hänel, Gläubigerautonomie)

Häsemeyer — Ludwig Häsemeyer, Insolvenzrecht,
1. Aufl., Köln/Berlin/Bonn/München,1992
(zit.: Häsemeyer, Insolvenzrecht 1. Aufl.),
2. Aufl., Köln/Berlin/Bonn/München,1998
(zit.: Häsemeyer, Insolvenzrecht)

Haffke — Bernhard Haffke, Symbolische Gesetzgebung? – Das Wirtschaftsstrafrecht in der Bundesrepublik Deutschland, KritV 1991, Teil 1: S. 165 ff., Teil 2: S. 439 f.
Bernhard Haffke, Die Bedeutung der Differenz von Verhaltens- und Sanktionsnorm für die strafrechtliche Zurechnung, in Bausteine des europäischen Strafrechts, Coimbra-Symposium für Claus Roxin, hrsg. von Bernd Schünemann/Jorge de Figueiredo Dias, Köln/Berlin/Bonn/München 1995, S. 89 ff.
(zit. Haffke, Coimbra-Symposium)
Bernhard Haffe, Die Legitimation des staatlichen Strafrechts zwischen Effizienz, Freiheitsverbürgung und Symbolik, in Festschrift für Claus Roxin zum 70. Ge-

burtstag am 15. Mai 2001; hrsg. von Bernd Schünemann/Hans Achenbach/Wilfried Bottke/Bernhard Haffke/Hans-Joachim Rudolphi, Berlin/New York 2001, S. 955 ff.
(zit.: Haffke in FS-Roxin)

Hafner — Ralf Hafner, Unternehmensbewertung als Instrument zur Durchsetzung von Verhandlungspositionen, BFuP 1993, S. 79 ff.

Hahn/Mugdan — Carl Hahn/Benno Mugdan (Hrsg.); Die gesamten Materialien zu den Reichs-Justizgesetzen auf Veranlassung des kaiserlichen Reichs-Justizamtes, 8 Bände
Band 4: Materialien zur Konkursordnung, Berlin 188 und dem Einführungsgesetz zu derselben vom 1. Februar 1877, sowie zu dem Gesetze, betreffend die Anfechtung von Rechtshandlungen eines Schuldner außerhalb des Konkursverfahrens vom 21. Juli 1879; Berlin 1881,
Band 6: Denkschrift zum Entwurf eines Handelgesetzbuchs und eines Einführungsgesetzes, Berlin 1897,
Band 7: Materialien zum Gesetz über die Angelegenheiten der freiwilligen Gerichtsbarkeit. Materialien zum Gesetz betreffend die Änderungen der Konkursordnung nebst Einführungsgesetz; Berlin 1898
(zit.: Hahn/Mugdan, Materialien zu den Reichs-Justizgesetzen, Band)

Hammerl — Horst Hammerl, Die Bankrottdelikte – Zur strafrechtlichen und kriminologischen Problematik des einfachen und schweren Bankrotts (§§ 239, 240 KO), Frankfurt 1970
(zit.: Hammerl, Bankrottdelikte)

Handelsrechtsausschuss DAV — Handelsrechtsausschuss des Deutschen Anwaltsvereins (DAV), Stellungnahme zu den Änderungsvorschlägen der beiden Bilanzrichtlinien 68/660/EWG (4. Richtlinie) und 83/349/EWG (7. Richtlinie), NZG 2005, S. 465 ff.

Harneit — Paul Harneit, Überschuldung und erlaubtes Risiko, Köln 1984
(zit.: Harneit, Überschuldung)

Hartung — Wolfgang Hartung, Probleme bei der Feststellung der Zahlungsunfähigkeit, wistra 1997, S. 1 ff.

Harz — Michael Harz, Kriterien der Zahlungsunfähigkeit und der Überschuldung unter Berücksichtigung der Änderungen nach dem neuen Insolvenzrecht, ZinsO 2001, S. 193 ff.

Hasche — Theodor Hasche, Erläuterungen zur hamburgerischen Falliten-Ordnung, Erster Theil, Hamburg 1797–1805
(zit.: Hasche, Erläuterungen zur hamburgerischen Falliten-Ordnung)

Hauf — Claus-Jürgen Hauf, Einheit der Rechtsordnung: Die Garantenstellung im Betrug und im allgemeinen Schuldrecht, MDR 1995, S. 21 f.

Heidelberger Kommentar (HK) — Heidelberger Kommentar zur Insolvenzordnung, Dieter Eickmann/Axel Flessner/Friedrich Irschlinger/

Hans-Peter Kirchhof/Gerhart Kreft/Hans-Georg Landerfmann/Wolfgang Marotzke/Guido Stephan (Hrsg.), 3. Aufl., Heidelberg 2003
(zit.: Bearbeiter, HK-InsO)

Heinen — Edmund Heinen, Grundlagen betriebswirtschaftlicher Entscheidungen. Das Zielsystem der Unternehmung, 2. Aufl., Wiesbaden 1971
(zit.: Heinen, Grundlagen)
Edmund Heinen, Handelsbilanzen,
8. Aufl., Wiesbaden 1976,
12. Aufl., Wiesbaden 1986
(zit.: Heinen, Handelsbilanzen)

Helbling — Carl Helbling, Unternehmensbewertung und Steuern,
6. Aufl., Düsseldorf 1991,
8. Aufl., Düsseldorf 1995,
9. Aufl., Düsseldorf 1998
(zit.: Helbling, Unternehmensbewertung)

Hellmann — Friedrich Hellmann, Lehrbuch des deutschen Konkursrechts, Berlin 1907
(zit.: Hellman, Lehrbuch des deutschen Konkursrechts)

Henckel — Wolfram Henckel, Prozeßrecht und materielles Recht, Göttingen 1970
(zit.: Henckel, Prozeßrecht)

Henning — Kai Henning, Aktuelles zu Überschuldung und Insolvenzen natürlicher Personen, ZinsO 2004, S. 585 ff.

Henselmann — Klaus Henselmann, Unternehmensrechnungen und Unternehmenswert, Aachen 1999
(zit.: Henselmann, Unternehmensrechnungen)

Herget — Rudolf Herget, Das Zurücktreten mit Forderungen bei Überschuldung der Aktiengesellschaft, AG 1974, S. 137 ff.

Herzberg — Herzberg, Das Wahndelikt in der Rechtsprechung des BGH, JuS 1980, S. 469 ff.

Hess — Harald Hess, Insolvenzrecht, 5. Aufl., Köln 1999
(zit: Hess, Insolvenzrecht)

Hess/Weiss — Harald Hess/Weiss, Die Berücksichtigung nachrangiger Gesellschafterverbindlichkeiten im Überschuldungsstatus nach der Insolvenzordnung, InVo 1999, S. 33 f.

Hiltenkamp-Wisgalle — Ursula Hiltenkamp-Wisgalle, Die Bankrottdelikte, Bochum 1987
(zit.: Hiltenkamp-Wisgalle, Bankrottdelikte)

Hirsch — Ernst E. Hirsch, Zur Auslegung und Reform der Überschuldungsbestimmungen im Gesellschaftsrecht, in: Beiträge zum Arbeits-, Handels-, und Wirtschaftsrecht, Festschrift für Alfred Hueck, hrsg. von Rolf Dietz/Hans Carl Nipperdey/Eugen Ulmer, München/Berlin 1959, S. 307 ff.
(zit: Hirsch in FS-Hueck)

Hirte — Hirte, Bilanzierung kapitalersetzender Gesellschafterdarlehen im Überschuldungsstatus, DStR 2000, S. 1829

Hirtz — H. Hirtz, Die Vorstandspflichten bei Verlust, Zahlungsunfähigkeit und Überschuldung einer Aktiengesellschaft, Düsseldorf 1966 (zit.: Hirtz, Vorstandspflichten)

Hoffmann — Günther Hoffmann, Berücksichtigung von Rückstellungen bei Prüfung der Überschuldung im Sinne des Bankrottstrafrechts, MDR 1979, S. 93 ff.

Höfner — Klaus-Dieter Höfner, Die Überschuldung als Krisenmerkmal des Konkursstrafrechts, Frankfurt a.M. 1981 (zit.: Höfner, Überschuldung)

Höffner — Dietmar Höffner, Überschuldung: Ein Tatbestand im Schnittpunkt von Bilanz-, Insolvenz- und Strafrecht, BB 1999, S. 198 ff. (Teil I) und S. 252 ff. (Teil II)

Dietmar Höffner, Fortführungswerte in der Vermögensübersicht, ZIP 1999, S. 2088 ff.

Dietmar Höffner, Zivilrechtliche Haftung und strafrechtliche Verantwortung des GmbH-Geschäftsführers bei Insolvenzverschleppung – Zugleich ein Beitrag zum ultima ratio-Prinzip, Berlin 2002 (zit.: Höffner, Insolvenzverschleppung)

Hörl — Ulrich Hörl, Das strafrechtlich geschützte Vermögen im Konkurs des Gemeinschuldners, Bonn 1998 (zit. Hörl, Vermögen)

Holzapfel — Lothar Holzapfel, Überschuldung und Rangrücktritt bei der GmbH, InVO 1999, S. 1 ff.

Holzer — Johannes Holzer, Die Entscheidungsträger im Insolvenzverfahren, Köln 1996 (zit.: Holzer, Entscheidungsträger)

Hommel — Michael Hommel, Überschuldungsmessung nach neuem Insolvenzrecht: Probleme und Lösungsmöglichkeiten, ZfB (Zeitschrift für Betriebswirtschaft) 1998, 297 ff.

Hommelhoff — Peter Hommelhoff Eigenkapitalersetzende Gesellschafterdarlehen und Konkursantragspflichten in Festschrift für Georg Döllerer, Düsseldorf 1988, S. 245 ff. (zit.: Hommelhoff, FS-Döllerer)

Hoyer — Andreas Hoyer, Anmerkung zu OLG Düsseldorf, Beschluss v. 16.10.1987 – 5 S 193/87–200/87, NStZ 1988, S. 368 ff.

Hüffer — Uwe Hüffer, Aktiengesetz, Beckscher Kurzkommentar, 6. Aufl., München 2004 (zit.: Hüffer, AktG)

Hundertmark/Herms — Dedo Hundertmark/Volkmar Herms, Zur Überschuldung von Kapitalgesellschaften BB 1972, S. 1118 ff.

HWSt — Hans Achenbach/Andreas Ransiek (Hrsg.), Handbuch des Wirtschaftsstrafrechts, Heidelberg 2004 (zit.: Bearbeiter in HWSt, Kap. Rn.)

IDW ES 1 n.F. — Institut der Wirtschaftsprüfer, Entwurf einer Neufassung des IDW Standards: Grundsätze zur Durchführung von Unternehmensbewertungen (IDW ES 1 n.F.), Stand 9.12.2004, verabschiedet vom Hauptfachausschuss (HFA) am 9. 12. 2004, WPg 2005, S. 28 ff.

IDW FAR 1/1996 Stellungnahme des Fachausschusses Recht, FAR 1/1996, Empfehlungen zur Überschuldungsprüfung bei Unternehmen, WPg 1997, S. 22 ff.

IDW HFA 2/1983 Institut der Wirtschaftsprüfer, IDW Stellungnahme HFA 2/1983: Grundsätze zur Durchführung von Unternehmensbewertungen, WPg 1983, S. 468 ff.

IDW PS 201 Institut der Wirtschaftsprüfer, IDW Prüfungsstandard: Rechnungslegungs- und Prüfungsgrundsätze für die Abschlussprüfung (IDW PS 201), Stand 28.6.2000, WPg 2000, S. 710 ff.

IDW RS HFA 10 („RS 10“) Institut der Wirtschaftsprüfer, Stellungnahme zur Rechnungslegung: Anwendung der Grundsätze des IDW S 1 bei der Bewertung von Beteiligungen und sonstigen Unternehmensanteilen (IDW RS HFA 10, kurz „RS 10“), Stand 18.10.2005, WPg 2005, S. 1322 ff.

IDW S 1 a.F. Institut der Wirtschaftsprüfer, IDW Standard: Grundsätze zur Durchführung von Unternehmensbewertungen (IDW S 1), Stand 28.6.2000, WPg 2000, S. 825 ff.

IDW S 1 n.F. Institut der Wirtschaftsprüfer, IDW Standard: Grundsätze zur Durchführung von Unternehmensbewertungen (IDW S 1), Stand 18.10.2005, WPg 2005, S. 1303 ff.

Isensee/Kirchhof Josef Isensee/Paul Kirchhof (Hrsg.), Handbuch des Staatsrechts, Band V – Allgemeine Grundrechtslehren, 2. Aufl., Heidelberg 2000
(zit.: Bearbeiter in Isensee/Kirchhof, Staatsrecht, Bd.)

Jacob Hans-Joachim Jacob, Die Transformation der International Standards on Auditing in deutsche Grundsätze ordnungsgemäßer Abschlussprüfung, WPg 2001, S. 237 f.

Jaeger Jaeger (Hrsg.) Konkursordnung mit Einführungsgesetzen, Bd. II, 8. Aufl., Berlin/New York 1973
(zit.: Bearbeiter in Jaeger, KO)

Jaensch Günter Jaensch, Wert und Preis der gesamten Unternehmung, Opladen 1966,
(zit.: Jaensch, Wert und Preis, S. **XXX**)

Jakobs Günther Jakobs, Strafrecht, Allgemeiner Teil, Die Grundlagen und die Zurechnungslehre, Lehrbuch, Studienausgabe, 2. Aufl., Berlin/New York 1983
(zit.: Jakobs, Strafrecht AT)

Jescheck/Weigend Hans-Heinrich Jescheck, Thomas Weigend, Lehrbuch des Strafrechts – Allgemeiner Teil, 5. Aufl. Berlin 1996
(zit.: Jescheck/Weigend, AT)

Joecks Detlef Joecks, Kapitalersetzende Gesellschafterdarlehen und Pflicht zur Konkursanmeldung, BB 1986, S. 1681 f.

Kallmeyer Harald Kallmeyer, Good will und Überschuldung nach neuem Insolvenzrecht, GmbHR 1999, 16 ff.

Karollus Martin Karollus, Die Fortbestehensprognose im Rahmen der Überschuldungsfeststellung, Wien 1997
(zit.: Karollus, Fortbestehensprognose)

Kaser/Hackl — Max Kaser/Karl Hackl, Das Römische Zivilprozeßrecht, 2. Aufl., München 1996 (zit.: Kaser/Hackl, Römisches Zivilprozeßrecht)

Kaser/Knüttel — Max Kaser/Rolf Knüttel, Römisches Privatrecht, 17. Aufl., München 2003 (zit.: Kaser/Knüttel, Römisches Privatrecht)

Kilger/Schmidt — Begründet v. Alois Böhle-Stamschräder, weitergeführt von Joachim Kilger/Karsten Schmidt, Insolvenzgesetze – KO/VerglO/GesO, 17. Aufl., München 1997 (zit.: Kilger/Schmidt, Insolvenzgesetze)

Kindhäuser — Urs Konrad Kindhäuser, Rohe Tatsachen und normative Tatbestandsmerkmale, Jura 1984, S. 465 ff.
Urs Konrad Kindhäuser, Zur Legitimität der abstrakten Gefährdungsdelikte im Wirtschaftsstrafrecht, in: Bernd Schünemann/Carlos Suárez González (Hrsg.), Bausteine des europäischen Wirtschaftsstrafrechts, Madrid-Symposium für Klaus Tiedemann, Köln/Berlin/Bonn/München 1994, S. 125 ff. (zit.: Kindhäuser, Bausteine)

Kirchhof — Hans-Peter Kirchhof, Leitfaden zum Insolvenzrecht, 2. Aufl., Herne/Berlin 2000 (zit.: Kirchhof, Leitfaden InsO, Rn.)

Klar — Michael B. Klar, Überschuldung und Überschuldungsbilanz, Köln/Berlin/Bonn/München 1987
Michael B. Klar, Änderungen in der Auslegung des Überschuldungstatbestandes, DB 1990, S. 2077 ff.

Klebba — W. Klebba, Die Feststellung der Überschuldung, BFuP 1953, S. 691 ff.

Kleinknecht/Meyer-Goßner — Theodor Kleinknecht/Lutz Meyer-Goßner (Hrsg.), Strafprozessordnung – Gerichtsverfassungsgesetz, Nebengesetze und ergänzende Bestimmungen, 45. Aufl., München 2001, bearbeitet von Lutz Meyer-Goßner (zit.: Kleinknecht/Meyer-Goßner, StPO)

Klug — Ulrich Klug, Der Eigentumsvorbehalt bei der Waren- und Wertpapierverschleuderung im Konkursstrafrecht, JZ 1957, S. 462 ff.

Kommission für Insolvenzrecht — Bundesministerium der Justiz (Hrsg.), Kommission für Insolvenzrecht, Erster Bericht der Kommission für Insolvenzrecht, Köln 1985 (zit.: Kommission für Insolvenzrecht, Erster Bericht)

Köchling — Marcel Köchling, Immaterielle Werte in Handelbilanz und Überschuldungsstatus, Betrieb und Wirtschaft 2003, S. 45 ff.

Kölner Kommentar z. AktG — Kölner Kommentar zum Aktiengesetz, hrsg. Wolfgang Zöllner,
Band I, §§ 1–147, 1. Aufl.,Köln/Berlin/Bonn/München 1970/1973,
Band I, §§ 1–75, 2. Aufl., Köln, Berlin/Bonn/München 1996
Band II, §§ 76–94, 2. Aufl., Köln 1988,
(zit.: Bearbeiter in Kölner Kommentar z. AktG, §, Rn.)

Kölner Schrift zur InsO	Arbeitskreis für Insolvenz- und Schiedsgerichtswesen (Hrsg.), Kölner Schrift zur Insolvenzordnung, 1. Aufl., Herne/Berlin 1997, 2. Aufl., Herne/Berlin 2000
Köstlin	Reinhold Köstlin, Darstellung der Lehre vom strafbaren Bankerott überhaupt und besonders nach der neueren deutschen Gesetzgebung, GA 5 (1857), S. 721 ff. GA 6 (1858), S. 3 ff., 289 ff.
Kohler	Josef Kohler, Lehrbuch des Konkursrechts, Stuttgart 1891
Kohlmann	Günter Kohlmann, Der Begriff des Staatsgeheimnis und das verfassungsrechtliche Gebot der Bestimmtheit von Strafgesetzen, Köln 1969 (zit.: Kohlmann, Bestimmtheit)
Krause	Daniel-Marcus Krause, Ordnungsgemäßes Wirtschaften und erlaubtes Risiko – Grund und Einzelfragen des Bankrotts, Berlin 1995 (zit.: Krause, Ordnungsgemäßes Wirtschaften und erlaubtes Risiko) Daniel-Marcus Krause, Zur Berücksichtigung „beiseitegeschaffter" Vermögenswerte bei der Feststellung der Zahlungsunfähigkeit im Rahmen des § 283 II StGB, NStZ 1999, S. 161 ff.
Kressin	Kurt Kressin, Die Einleitung eines Insolvenzverfahrens für Unternehmen – Zeitpunkt, Ursachen, Gründe, Frankfurt a.M./Bern/New York/Paris 1990 (zit.: Kressin, Einleitung eines Insolvenzverfahrens)
Krüger-Knief	Hannelore Krüger-Knief, Das neue Insolvenzrecht – ein praxisorientierter Leitfaden, Stuttgart 1999 (zit.: Krüger-Knief, Leitfaden)
Krug	Peter Krug, Der Verbraucherkonkurs, Halle 1998, zugleich veröffentlicht in KTS (Konkurs Treuhand Sanierung), Schriften zum Insolvenzrecht, hrsg. von Meinhard Heinze/Rolf Stürner/Wilhelm Uhlenbruck, Band 7, Köln/Berlin/Bonn/München 1998 (zit.: Krug, Verbraucherkonkurs)
Kruse	Bruno Kruse, Kapitalersetzende Gesellschafterdarlehen in der Krise der GmbH, Frankfurt 1987
Kuhn/Uhlenbruck	Georg Kuhn/Wilhelm Uhlenbruck (Hrsg.), Konkursordnung, Kommentar, 9. Aufl., München 1979, 10. Aufl., München 1986, 11. Aufl., München 1994 (zit.: Bearbeiter in Kuhn/Uhlenbruck, KO)
Kübler/Prütting	Bruno Kübler/Hanns Prütting (Hrsg.), Kommentar zur Insolvenzordnung, Köln, Stand Febr. 2005 (zit.: Bearbeiter in Kübler/Prütting, InsO)
Kühn, G.	Günter Kühn, Die Konkursantragspflicht bei Überschuldung der GmbH, die schuldhafte Verletzung dieser Pflicht und der sich daraus ergebende Schadensersatzanspruch gegen die Geschäftsführer, Gesellschafter

	und Dritte – zugleich ein Beitrag zum Problem der unterkapitalisierten GmbH, Münster 1969 (zit.: Kühn, Konkursantragspflicht)
	Günter Kühn, Bewertungsprobleme bei Feststellung der Überschuldung einer GmbH, DB 1970, S. 549 ff.
Kühn, M.	Manfred Kühn, Insolvenzindikatoren und Unternehmenskrise, Köln 1991 (zit.: Kühn, Insolvenzindikatoren und Unternehmenskrise)
Kunowski	Stefan Kunowski, Änderung des IDW Standards zu den Grundsätzen zur Durchführung von Unternehmensbewertungen, DStR 2005, S. 269 ff
Kupsch	Peter Kupsch, Zur Problematik der Überschuldungsmessung, BB 1984, S. 159 ff.
Labsch	Karl Heinz Labsch, Die Strafbarkeit des GmbH-Geschäftsführers im Konkurs der GmbH, wistra 1985, S. 1 ff.
Lackner	Karl Lackner, StGB – Strafgesetzbuch mit Erläuterungen, 20. Aufl., München 1993 (zit.: Lackner, StGB)
Lackner/Kühl	Karl Lackner/Christian Kühl, StGB-Strafgesetzbuch mit Erläuterungen, 25. Aufl., München 2004 (zit.: Bearbeiter in Lackner/Kühl, StGB)
Landerfmann	Der Ablauf eines künftigen Insolvenzverfahrens BB 1995, S. 1649 ff.
Larenz	Karl Larenz, Methodenlehre der Rechtswissenschaft, 6. Aufl., Berlin/Heidelberg/New York/Tokio 1991 (zit.: Larenz Methodenlehre)
Leffson	Ulrich Leffson, Die Grundsätze ordnungsgemäßer Buchführung, 6. Aufl., Düsseldorf 1982 (zit.: Leffson, GoB)
Leffson/Rückle/Großfeld	Ulrich Leffson/Dieter Rückle/Bernhard Großfeld (Hrsg.), Handwörterbuch unbestimmter Rechtsbegriffe, Köln 1986 (zit. Bearbeiter in Leffson/Rückle/Großfeld)
Leipziger Kommentar (LK)	Leipziger Kommentar, Großkommentar zum Strafgesetzbuch, 10. Aufl.: Hrsg. Hans-Heinrich Jescheck/Wolfgang Ruß/Günther Wilms, Band I, Einleitung, §§ 1–31, Berlin/New York 1978 Band IV, §§ 263–302a, Berlin/New York 1988 11. Aufl.: Hrsg. Burkhard Jähnke/Heinrich Wilhelm Laufhüttte /Walter Odersky, Erster Band, §§ 1–31, Berlin 2003: Einleitung §§ 1, 2 (1. Lieferung), September 1992, §§ 3–12 (26. Lieferung), September 1997, §§ 13–14 (11. Lieferung), September 1993, §§ 15–18 (14. Lieferung), April 1994, §§ 19–21 (10. Lieferung), September 1993, §§ 22–24 (45. Lieferung), Mai 2003, §§ 25–27 (8. Lieferung), Februar 1993,

§§ 28–31 (16. Lieferung), September 1994
(zit.: LK-Bearbeiter (Jahr der Bearbeitung))
§§ 283–283d, 24. Lieferung (1996) siehe Tiedemann, Insolvenzstrafrecht.

Lencker Theodor Lencker, Wertausfüllungsbedürftige Begriffe im Strafrecht und der Satz „nullum crimen sine lege", JuS 1968, S. 249 ff. (Teil I) und S. 304 ff. (Teil II)

Lenz Tobias Lenz, Verbindlichkeiten mit Rangrücktritt im Überschuldungsstatus, GmbHR 1999, S. 283 f.

Lepa Brita Lepa, Insolvenzordnung und Verfassungsrecht – Eine Untersuchung der Verfassungsmäßigkeit der InsO und der Einwirkung verfassungsrechtlicher Wertungen auf die Anwendung dieses Gesetzes, Berlin 2002
(zit.: Lepa, InsO und Verfassungsrecht)

Loening Peter Loening, Vertragsbruch, Köln 1876
(zit.: Loening, Vertragsbruch)

Löhr Dirk Löhr, Die Grenzen des Ertragswertverfahrens – Kritik und Perspektiven, Frankfurt a.M./Berlin/New York/Paris/Wien 1993
(zit.: Löhr, Ertragswertverfahren)

LPK siehe Nomos Lehr- und Praxiskommentar

Lüderssen Klaus Lüderssen, Der Begriff der Überschuldung in § 84 GmbHG, in Gedächtnisschrift für Armin Kaufmann, Köln/Berlin/Bonn/München 1989, S. 675 ff.
(zit. Lüderssen, Kaufmann-Gds.)

Lüke Wolfgang Lüke, Die persönliche Haftung des Konkursverwalters, München 1986
(zit.: Lüke, Haftung)

Lütkemeyer Jörg Lütkemeyer, Die Überschuldung der GmbH – Ein Beitrag zum Recht der Unternehmensbewertung, Münster 1983
(zit.: Lütkemeyer, Überschuldung)

Lutter Marcus Lutter, Zahlungseinstellung und Überschuldung unter der neuen Insolvenzordnung, ZIP 1999, S. 641 ff.

Lutter/Hommelhoff Marcus Lutter/Peter Hommelhoff, GmbH-Gesetz – Kommentar,
13. Aufl., Köln 1991,
14. Aufl., Köln 1995,
15. Aufl., Köln 2000
(zit.: Lutter/Hommelhoff)

Matzen Matzen, Der Begriff der drohenden und eingetretenen Zahlungsunfähigkeit im Konkursstrafrecht, Baden-Baden 1993
(zit.: Matzen, Zahlungsunfähigkeit)

Maurach/Schroeder/Maiwald Reinhart Maurach/Friedrich-Christian Schroeder/Manfred Maiwald, Strafrecht Besonderer Teil – Teilband I, Straftaten gegen Persönlichkeits- und Vermögenswerte, 8. Aufl., Heidelberg 1995
(zit.: Maurach/Schroeder/Maiwald, BT/1)

Maurach/Zipf — Reinhart Maurach/Heinz Zipf, Strafrecht Allgemeiner Teil, Teilband 1 – Grundlehren des Strafrechts und Aufbau der Straftat – Ein Lehrbuch, 8. Aufl., Heidelberg 1992
(zit.: Maurach/Zipf, AT/1)

Mertens — Hans-Joachim Mertens, Kapitalverlust und Überschuldung bei eigenkapitalersetzenden Darlehen, Rechnungslegung, in Festschrift zum 65. Geburtstag für Karl-Heinz Forster, Adolf Moxter/Rolf Windmöller/Klaus von Wysocki (Hrsg.), Düsseldorf 1992, S. 415 ff.
(zit: Mertens, FS Forster)

Meyer-Cording — Ulrich Meyer-Cording, Mehr Klarheit für die Insolvenztatbestände!, BB 1985, S. 1925 ff.
Ulrich Meyer-Cording, Die Bedeutung der Eröffnungstatbestände für die Funktion des Konkurses, ZIP 1989, S. 485 ff.

Michalski — Lutz Michalski (Hrsg.), Kommentar zum Gesetz betreffend die Gesellschaften mit beschränkter Haftung, Band II, §§ 35–86, München 2002
(zit. Bearbeiter in Michalski, GmbHG)

Michel — Helmut Michel, Die Verfassungskonforme Auslegung, JuS 1961, S. 274 ff.

Möhlmann — Thomas Möhlmann, Die Überschuldungsprüfung nach der neuen Insolvenzordnung, DStR 1998, S. 1846 ff.
Thomas Möhlmann, Die Berichterstattung im neuen Insolvenzverfahren, Köln 1999
(zit.: Möhlmann, Berichterstattung)

Mohr — Randolf Mohr, Bankrottdelikte und übertragene Sanierung, Köln 1993
(zit.: Mohr, Bankrottdelikte)

Moosmayer — Klaus Moosmayer, Einfluß der Insolvenzordnung 1999 auf das Insolvenzstrafrecht, Pfaffenweiler 1997
(zit.: Moosmayer, Einfluß der InsO)

Moxter — Adolf Moxter, Bilanzlehre, Wiesbaden 1974
(zit.: Moxter, Bilanzlehre)
Adolf Moxter, „Finanzwirtschaftliche Risiken", in: Handwörterbuch der Finanzwirtschaft, hrsg. von Hans E. Büschgen, Sp. 630 ff., Stuttgart 1976
(zit.: Moxter, Finanzwirtschaftliche Risiken)
Adolf Moxter, Grundsätze ordnungsgemäßer Unternehmensbewertung,
1. Aufl., Wiesbaden 1976,
2. Aufl., Wiesbaden 1983
(zit.: Moxter, Unternehmensbewertung)
Adolf Moxter, Rückstellungen nach IAS: Abweichungen vom geltenden deutschen Bilanzrecht, BB 1999, S. 519 ff.
Adolf Moxter, Grundsätze ordnungsgemäßer Rechnungslegung, Düsseldorf 2003
(zit.: Moxter, Rechnungslegung)

Mühlberger — Dietmar Mühlberger, Rechtliche Bestandssicherung der GmbH & Co KG und Haftungsrisiken für Geschäftsführer und Gesellschafter bei Überschuldung, GmbHR 1977, S. 146 ff.

MüKo, AktG Bruno Kropf/Johann Semler (Hrsg.), Münchener Kommentar zum Aktiengesetz, Band III, §§ 76–117 AktG, MitbestG, § 76 BetrVG 1952, 2. Aufl., München 2004

MüKo, InsO Hans-Peter Kirchhof/Hans-Jürgen Lewowski/Rolf Stürner (Hrsg.), Münchener Kommentar zur Insolvenzordnung, Band I, §§ 1–102 InsO, InsVV, München 2001
(zit. Bearbeiter in MüKO, InsO)

MüKo, BGB Peter Ulmer (Hrsg.), Münchener Kommentar zum Bürgerlichen Gesetzbuch, Band V, Schuldrecht Besonderer Teil III, §§ 705–853, Partnerschaftsgesellschaftsgesetz, Produkthaftungsgesetz, 4. Aufl., München 2004
(zit. Bearbeiter in MüKO, BGB)

Müller F. Friedrich Müller, Juristische Methodik, 7. Aufl., Berlin 1997
(zit.: Müller, Methodik)

Müller W. Welf Müller, Der Verlust der Hälfte des Grund- oder Stammkapitals, ZGR 1985, S. 191 ff.

Müller-Emmert/Maier Adolf Müller-Emmert/Bernhard Maier, Das erste Gesetz zur Bekämpfung der Wirtschaftskriminalität, NJW 1976, S. 1657 ff.

Müller-Gugenberger/Bieneck Christian Müller- Gugenberger/Klaus Bieneck (Hrsg.), Wirtschaftsstrafrecht – Handbuch des Wirtschaftsstraf- und -ordnungswidrigkeitenrechts, 3. Aufl., Münster/ Köln 2000
(zit.: Bearbeiter in Müller-Gugenberger/Bieneck)

Müller/Haas Hans Peter Müller/Ulrich Haas, Bilanzierungsprobleme bei der Erstellung eines Überschuldungsstatus nach § 19 Abs. 2 InsO, in: Kölner Schrift zur Insolvenzordnung, hrsg. vom Arbeitskreis für Insolvenz- und Schiedsgerichtswesen e.V. Köln, 1. Aufl., Herne/Berlin 1997, S. 1799 ff.
(zit.: Müller/Haas in Kölner Schrift zur InsO)

Müller/Wabnitz Rudolf Müller/Heinz-Bernd Wabnitz (Hrsg.), Wirtschaftskriminalität – eine Darstellung der typischen Erscheinungsformen mit praktischen Hinweisen zur Bekämpfung, München 1982
(zit.: Bearbeiter in Müller/Wabnitz, Wirtschaftskriminalität)

Müller/Wabnitz/Janovsky Rudolf Müller/Heinz-Bernd Wabnitz/Thomas Janovsky, Wirtschaftskriminalität – Eine Darstellung der typischen Erscheinungsformen mit praktischen Hinweisen zur Bekämpfung, 4. Aufl., München 1997
(zit.: Bearbeiter in Müller/Wabnitz/Janovsky, Wirtschaftskriminalität)

v. Münch/Kunig Ingo von Münch/Philip Kunig (Hrsg.), Grundgesetz-Kommentar, Bd. II (Art. 20–69), 5. Aufl., München 2001
(zit.: Bearbeiter in v. Münch/Kunig, GGK)

Münstermann Wolfgang Münstermann, Wert und Bewertung der Unternehmung, 3. Aufl., München 1970
(zit.: Münstermann, Unternehmung)

Nerlich/Römermann Jörg Nerlich/Volker Römermann (Hrsg.), Insolvenzordnung – Kommentar, München Stand März 2005; Stand der Bearbeitung zu § 19 InsO (Rolf-Dieter Mönnging) 2002
(zit.: Bearbeiter in Nerlich/Römermann, InsO)

Neumeyer Karl Neumeyer, Historische und dogmatische Darstellung des strafbaren Bankerotts unter besonders eingehender Prüfung der Schuldfrage, München 1891
(zit.: Neumeyer, Darstellung des strafbaren Bankerotts)

Noak Ulrich Noak, Neues Insolvenzrecht – Neues Kapitalersatzrecht? in Festschrift für Carsten Peter Claußen zum 70. Geburtstag, hrsg. von Klaus-Peter Martens, Köln 1997, S. 307 ff.
(zit.: Noak, FS-Claußen)

Nomos Kommentar (NK) Nomos Kommentar zum Strafgesetzbuch, Gesamtredaktion Ulfried Neumann, Ingeborg Puppe, Wolfgang Schild,
Band I: Allgemeiner Teil,
Band II: Besonderer Teil,
1. Aufl., Baden-Baden 1998
(zit.: Bearbeiter in NK-StGB)

Nomos Lehr- und Praxiskommentar (LPK) Nomos Kommentar zum Strafgesetzbuch, Lehr- und Praxiskommentar, Urs Kindhäuser (Hrsg. und Bearb.), 2. Aufl., Baden-Baden 2005
(zit.: Bearbeiter in LPK-StGB)

Nonnemacher Rolf Nonnemacher, Sanierung, Insolvenz und Bilanz, in Bilanzrecht und Kapitalmarkt – Festschrift zum 65. Geburtstag von Adolf Moxter, hrsg. von Wolfgang Ballwieser/Hans-Joachim Böcking/Jochen Drukarczyk/Reinhard H. Schmidt, Düsseldorf 1994, S. 1313 ff.
(zit.: Nonnemacher, FS-Moxter)

Obermüller Manfred Obermüller, Konkursanmeldung bei Zahlungsunfähigkeit und Überschuldung, DB 1973, S. 267 ff.
Manfred Obermüller, Die Patronatserklärung, ZGR 1975, S. 1 ff

Oetker Carl Oetker, Beiträge zum Lehre vom Concurse, Kassel 1847
(zit.: Oetker, Beiträge)

Ohde Erik Ohde, Wirtschaftsstrafrecht und Handelsrecht, Hamburg 1998
(zit.: Ohde, Wirtschaftsstrafrecht)

v. Oncuil Georg Ritter von Oncuil, Die rechtzeitige Auslösung des Insolvenzverfahrens – Unternehmenskrise, Insolvenz und die Eröffnungsgründe der InsO, Berlin/New York 2000
(zit.: v. Oncuil, Rechtzeitige Auslösung)

Otto Harro Otto, Die Struktur des strafrechtlichen Vermögensschutzes, Berlin 1970
(zit.: Otto, Vermögensschutz)
Harro Otto, Grundkurs Strafrecht, Die einzelnen Delikte,

3. Aufl., Berlin/New York 1991
(zit.: Otto, BT, Seite)
5. Aufl., Berlin/New York 1998
6. Aufl., Berlin/New York 2002
(zit.: Otto, BT, Kapitel (§), Rn.)

Harro Otto, Der Zusammenhang zwischen Krise, Bankrotthandlung und Bankrott im Konkursstrafrecht, Rudolf Bruns, Gedächtnisschrift, München 1980, S. 265 ff.
(zit.: Otto, Bruns-Gds.)

Harro Otto, Konzeption und Grundsätze des Wirtschaftsstrafrechts (einschließlich Verbraucherschutz) – Dogmatischer Teil I, ZStW 1984, S. 339 ff.

Harro Otto, Die Tatbestände gegen Wirtschaftkriminalität im Strafgesetzbuch – Kriminalpolitische und damit verbundene rechtsdogmatische Probleme von Wirtschaftsdelikten, Jura 1989, S. 24 ff.

Harro Otto, Grundkurs Strafrecht, Allgemeiner Teil, 5. Aufl., Berlin/New York 1996
(zit.: Otto, AT)

Harro Otto, Aktienstrafrecht – Erläuterungen zu den §§ 399–410 AktG, Sonderausgabe zum Aktiengesetz – Großkommentar, hrsg. von Klaus J Hopt/Herbert Wiedemann, 4. Aufl., Berlin, New York 1997
(zit.: Otto, Aktienstrafrecht)

Harro Otto, Rezension: Einfluß der Insolvenzordnung 1999 auf das Insolvenzstrafrecht, von Klaus Moosmayer, NJW 1999, S. 554 f.

Palandt | Palandt, Bürgerliches Gesetzbuch, bearbeitet von Peter Bassenge/Gerd Brudermüller/Uwe Diederichsen/Wolfgang Edenhofer/Helmut Heinrichs/Andreas Heldrich/Hans Putzo/Hartwig Sprau/Heinz Thomas/Walter Weidenkaff, 64. Aufl., München 2005
(zit.: Bearbeiter in Palandt, BGB)

Passow | Richard Passow, Die Bilanzen der privaten und öffentlichen Unternehmungen, Band I: Allgemeiner Teil, 3. Aufl., Leipzig/Berlin 1921

Paulus | Christoph G. Paulus, Entwicklungslinien des Insolvenzrechts, KTS 2000, S. 239 ff.

Pelz | Christian Pelz, Strafrecht in Krise und Insolvenz, München 2004
(zit.: Pelz, Strafrecht in Krise und Insolvenz)

Penzlin | Dietmar Penzlin, Rezension: Klaus Moosmayer: Einfluß der Insolvenzordnung auf das Insolvenzstrafrecht, Jura 1999, S. 56 und WM 1999, S. 983 f.

Dietmar Penzlin, Strafrechtliche Auswirkungen der Insolvenzordnung, Herbolzheim, 2000
(zit.: Penzlin, Auswirkungen der InsO)

Dietmar Penzlin, Kritische Anmerkungen zu den Insolvenzeröffnungsgründen der drohenden Zahlungsunfähigkeit und Überschuldung, NZG 2000, S. 464 ff.

	Dietmar Penzlin, Rezension: Georg Ritter von Oncuil: Die rechtzeitige Auslösung des Insolvenzverfahrens, NZI 2001, S. 584
	Rezension: Raimund Weyand: Insolvenzdelikte – Unternehmenszusammenbruch und Strafrecht, 6. Auflage, wistra 2004, S. 133 f.
	Rezension: Peter M. Röhm: Zur Abhängigkeit des Insolvenzstrafrechts von der Insolvenzordnung, WM 2004, S. 155 f.
Pfeiffer	Gerd Pfeiffer, Unterlassung der Verlustanzeige und des Konkurs- und Vergleichsantrags nach § 84 GmbHG in Pfeiffer/Wiese/Zimmermann (Hrsg.), Festschrift für Heinz Rowedder zum 75. Geburtstag, München 1994, S. 347 ff. (zit.: Pfeiffer, FS-Rowedder)
Picot/Aleth	Gerhard Picot/Franz Aleth, Unternehmenskrise und Insolvenz – Vorbeugung, Turnaround, Sanierung, München 1999 (zit.: Picot/Aleth, Unternehmenskrise)
Piltz	Detlev Piltz, die Unternehmensbewertung in der Rechtsprechung; 3. Aufl., Düsseldorf 1994 (zit.: Piltz, Unternehmensbewertung)
Plate	Georg Plate, Eignung von Zahlungsunfähigkeit und Überschuldung als Indikatoren für die Insolvenzreife einer Unternehmung, DB 1980, S. 217 ff.
Plathner	Jan Markus Plathner, Der Einfluss der Insolvenzordnung auf den Bankrottatbestand (§ 283), Hamburg 2002 (zit.: Plathner, Bankrottatbestand)
Poerting	Peter Poerting (Hrsg.), Wirtschaftskriminalität, BKA-Schriftenreihe, Bd. 52, Wiesbaden 1983 (zit.: Bearbeiter in Poerting, Wirtschaftskriminalität)
Preisendanz	Holger Preisendanz (Hrsg.), Strafgesetzbuch, 30. Aufl., Berlin 1978 (zit.: Bearbeiter in Preisendanz, StGB)
Pribilla	Max E. Pribilla, Die Überschuldungsbilanz, KTS 1958, S. 1 ff. und S. 17 ff.
Protokoll der 89. Sitzung	Protokoll der 89. Sitzung des Sonderausschusses für die Strafrechtsreform vom 10.5.1976, Stenographische Berichte des Deutschen Bundestages, 7. Wahlperiode, S. 2815 ff. (siehe *Wilts*)
Prütting	Hanns Prütting, Gegenwartsprobleme der Beweislast: eine Untersuchung moderner Beweislasttheorien und ihrer Anwendung insbesondere im Arbeitsrecht, München 1983 (zit.: Prütting, Gegenwartsprobleme der Beweislast)
Puchelt	Ernst Sigismund Puchelt, Commentar zum Allgemeinen Deutschen Handelsgesetzbuch – Mit besonderer Berücksichtigung der Praxis des Reichs-Oberhandelsgerichts, Erster Band, 2. Aufl., Leipzig 1876 (zit.: Puchelt, Commentar zum ADHGB)

Puchta	Georg Friedrich Puchta, Cursus der Institutionen, 9. Aufl., Leipzig 1881, (zit: Puchta, Cursus der Institutionen)
Radtke	Henning Radtke, Einwilligung und Einverständnis bei der sog. GmbH-rechtlichen Untreue (Teil I), GmbHR 1998, S. 311 ff.
Ransiek	Andreas Ransiek, Unternehmensstrafrecht – Strafrecht, Verfassungsrecht, Regelungsalternativen, Heidelberg 1995 (zit.: Ransiek, Unternehmensstrafrecht)
Reck	Reinhard Reck, Das Insolvenzgesetz, eine strafrechtliche Betrachtung aus betriebswirtschaftlicher Sicht, BuW 1997, S. 743 ff.
	Reinhard Reck, Wirtschaftsstraftaten und Wirtschaftsstraftäter in den neuen Bundesländern – Gesamtvollstreckungsverschleppung und Bankrott, ZAP Ost v. 23.9.1998, Fach 21, 153 ff.
	Reinhard Reck, Insolvenzstraftaten und deren Vermeidung, Herne/Berlin 1999 (zit.: Reck, Insolvenzstraftaten)
	Reinhard Reck, Auswirkungen der Insolvenzordnung auf die GmbH aus strafrechtlicher Sicht, GmbHR 1999, S. 267 ff.
	Reinhard Reck, Auswirkungen der Insolvenzordnung auf die Insolvenzverschleppung, Bankrottstraftaten, Betrug und Untreue, ZInsO 1999, S. 195 ff.
	Reinhard Reck, Die Analyse der Überschuldung in der strafrechtlichen Praxis, ZInsO 2004, S. 616 ff. (Teil I) und S. 728 ff. (Teil II)
Regner	Reinhard Regner, Fahrlässigkeit bei Konkursdelikten, Hamburg 1998 (zit.: Regner, Fahrlässigkeit)
Richter	Hans Richter, Der Konkurs der GmbH aus der Sicht der Strafrechtspraxis, GmbHR 1984, S. 113 ff. (Teil I) und S.137 ff. (Teil II)
	Hans Richter, Auskunfts- und Mitteilungspflichten nach §§ 20, 97 I ff. InsO, wistra 2000, S. 1 ff.
Rinklin	Theo Hansjörg Rinklin, Die vergleichsfähige und die konkursreife Unternehmung, Versuch einer Typisierung notleidender Unternehmungen, Stuttgart 1960 (zit.: Rinklin, Konkursreife Unternehmung)
Risse	Winfried Risse, Betriebswirtschaftliche Aspekte der Sanierung durch Unternehmensfortführung nach der Insolvenzordnung, KT 1994, S. 465 ff.
Rosenberg/Gaul/Schilken	Leo Rosenberg, Hans Friedhelm Gaul, Eberhard Schilken, Zwangsvollstreckungsrecht, 11. Auflage, München 1997 (zit.: Rosenberger/Gaul/Schilken, Zwangsvollstreckungsrecht)
Roth	Herbert Roth, Verfassungsrecht und Insolvenzrecht, in Reinhard Mußgnug (Hrsg.), Rechtsentwicklung unter dem Bonner Grundgesetz, Heidelberg 1990, S. 187 ff. (zit.: Roth, Verfassungsrecht und Insolvenzrecht)

Roth/Altmeppen Herbert Roth/Holger Altmeppen, GmbHG – Gesetz betreffend die Gesellschaften mit beschränkter Haftung, Kommentar,
4. Aufl., München 2003,
5. Aufl., München 2005
(zit.: Bearbeiter in Roth/Altmeppen, GmbHG)

Röhm Peter M. Röhm, Zur Abhängigkeit des Insolvenzstrafrechts von der Insolvenzordnung, Herbholzheim 2002
(zit.: Röhm, Abhängigkeit des Insolvenzstrafrechts)
Peter M. Röhm, Rezension: Dietmar Penzlin: Strafrechtliche Auswirkungen der Insolvenzordnung, NZI 2000, S. 467

Rönnau Thomas Rönnau, Rechtsprechungsüberblick zum Insolvenzstrafrecht, NStZ 2003, S. 525 ff.

Rowedder Heinz Rowedder/Hans Fuhrmann/Hans-Georg Koppensteiner/Henning Rasner/Fritz Rittner/Harald Wiedemann/Klaus Zimmermann (Hrsg.), Gesetz betreffend die Gesellschaft mit beschränkter Haftung (GmbHG), Kommentar, 2. Aufl., München 1990
(zit.: Bearbeiter in Rowedder, GmbHG)

Rowedder/Schmidt-Leithoff Heinz Rowedder/Christian Schmidt-Leithoff (Hrsg.), Gesetz betreffend die Gesellschaft mit beschränkter Haftung (GmbHG), Kommentar, 4. Aufl., München 2002
(zit.: Bearbeiter in Rowedder/Schmidt-Leithoff, GmbHG)

Roxin Claus Roxin, Sinn und Grenzen staatlicher Strafe, JuS 1966, S. 377 ff.
Claus Roxin, Strafrecht Allgemeiner Teil, Band I – Grundlagen – der Aufbau der Verbrechenslehre, 3. Aufl., München 1997
(zit.: Roxin, AT I)
Claus Roxin, Strafverfahrensrecht, 25. Aufl., München 1998
(zit.: Roxin, Strafverfahrensrecht)

Schäfer Helmut Schäfer, Die Entwicklung der Rechtsprechung zum Konkursstrafrecht, wistra 1990, S. 81 ff.

Schapp Jan Schapp, Grundlagen des bürgerlichen Rechts, 2. Aufl., München 1996
(zit.: Schapp, Grundlagen)

Schaub Bernhard Schaub, Die GmbH in der Krise – Kriterien für die Feststellung von Zahlungsunfähigkeit, Überschuldung und Kreditwürdigkeit, DStR 1993, S. 1483 ff.

Schildbach Thomas Schildbach, Harmonisierung der Rechnungslegung – ein Phantom, BFuP 1998, S. 1 ff.
Thomas Schildbach, Latente Steuern auf permanente Differenzen und andere Kuriositäten – Ein Blick in das gelobte Land jenseits der Maßgeblichkeit, WPg 1998, S. 939 ff.
Thomas Schildbach, Der handelsrechtliche Jahresabschluss, 6. Aufl., Berlin 2000
(zit.: Schildbach, Jahresabschluss)

Thomas Schildbach, US-GAAP – Amerikanische Rechnungslegung und ihre Grundlagen, 2. Aufl., München 2002

Thomas Schildbach, Die Zukunft des Jahresabschlusses nach HGB angesichts neuer Trends bei der Regulierung der Rechnungslegung und der IAS-Strategien der EU, StuB 2003, S. 1971 ff.

Schlegelberger — Franz Schlegelberger (Hrsg.), Handelsgesetzbuch, Band I,
4. Aufl., Berlin/Frankfurt 1960,
5. Aufl., München 1973
(zit.: Schlegelberger, HGB)

Schlüchter — Ellen Schlüchter, Die Krise im Sinne des Bankrottstrafrechts, MDR 1978, S. 265 ff.

Ellen Schlüchter, Zur Bewertung der Aktiva für die Frage der Überschuldung, wistra 1984, S. 41 ff.

Ellen Schlüchter, Grenzbereich zwischen Bankrottdelikten und unternehmerischen Fehlentscheidungen, Tübingen 1977
(zit.: Schlüchter, Grenzbereich)

Schlussbericht der Sachverständigenkommission — Bundesministerium der Justiz (Hrsg.), Bekämpfung der Wirtschaftskriminalität, Schlussbericht der Sachverständigenkommission zur Bekämpfung der Wirtschaftskriminalität – Reform des Wirtschaftsstrafrechts, Bonn 1980
(zit.: Schlussbericht der Sachverständigenkommission zur Bekämpfung der Wirtschaftskriminalität – Reform des Wirtschaftsstrafrechts)

Schmalenbach — Eugen Schmalenbach, Grundlagen dynamischer Bilanzlehre, 3. Aufl., Leipzig 1925
(zit.: Schmalenbach, Grundlagen dynamischer Bilanzlehre)

Eugen Schmalenbach, Dynamische Bilanz, Köln/Opladen 1962
(zit.: Schmalenbach, Dynamische Bilanz)

K. Schmidt — Karsten Schmidt, Konkursgründe und präventiver Gläubigerschutz, AG 1978, S. 334 ff.

Karsten Schmidt, Grundzüge der GmbH-Novelle, NJW 1980, S. 1769 ff.

Karsten Schmidt, Vom Konkursrecht der Gesellschaften zum Insolvenzrecht der Unternehmen, ZIP 1980, S. 233 ff.

Karsten Schmidt, Gesellschafterdarlehen als Insolvenzrechtsproblem, ZIP 1981, S. 689 ff.

Karsten Schmidt, Sinnwandel und Funktion des Überschuldungstatbestandes, JZ 1982, S. 165 ff.

Karsten Schmidt, Zur Reform des Insolvenzrechts, WPg 1982, S. 634 ff.

Karsten Schmidt, Die Strafbarkeit „faktischer Geschäftsführer“ wegen Konkursverschleppung als Methodenproblem, in Festschrift für Kurt Rebmann zum 65. Geburtstag, München 1989, S. 419 ff.
(zit.: K. Schmidt, FS-Rebmann)

Karsten Schmidt, Wege zum Insolvenzrecht der Unternehmen – Befunde, Kritik, Perspektiven, Köln 1990
(zit.: K. Schmidt, Wege zum Insolvenzrecht)

Karsten Schmidt, Handelsrecht, 4. Aufl., Köln/Berlin/Bonn/München 1994
(zit. K. Schmidt, Handelsrecht)

Karsten Schmidt, Gesellschaftsrecht, 3. Aufl., Köln/Berlin/Bonn/München 1997
(zit. K. Schmidt, Gesellschaftsrecht)

Karsten Schmidt, Insolvenzordnung und Gesellschaftsrecht, ZGR 1998, S. 633 ff.

Karsten Schmidt, Eigenkapitalersatz und Überschuldungsfeststellung, GmbHR 1999, S. 9 ff.

Karsten Schmidt, Finanzplanfinanzierung, Rangrücktritt und Eigenkapitalersatz, ZIP 1999, S. 1241 ff.

Karsten Schmidt, Insolvenzordnung und Unternehmensrecht – Was bringt die Reform?, in: Kölner Schrift zum Insolvenzrecht, Arbeitskreis für Insolvenz- und Schiedsgerichtswesen e.V. Köln (Hrsg.), 1. Aufl., Herne/Berlin 1997, S. 917 ff.
(zit.: K. Schmidt in Kölner Schrift zur InsO, 1. Aufl.)

Karsten Schmidt, Insolvenzordnung und Unternehmensrecht – Was bringt die Reform?, in: Kölner Schrift zur Insolvenzordnung, hrsg. vom Arbeitskreis für Insolvenzgerichts- und Schiedswesen e.V., 2. Aufl., Köln/Berlin 2000, S. 1199 ff.
(zit.: K. Schmidt in Kölner Schrift zur InsO, 2. Aufl.)

Schmidt/Uhlenbruck — Karsten Schmidt/Wilhelm Uhlenbruck, Die GmbH in Krise, Sanierung und Insolvenz; 3. Aufl., Köln 2003
(zit.: Bearbeiter in Schmidt/Uhlenbruck, Krise, Sanierung und Insolvenz)

Scholz — Franz Scholz (Hrsg.), Kommentar zum GmbHG,
6. Aufl., Köln 1978/83,
Band I, §§ 1–40, 7. Aufl., Köln 1986,
Band II, §§ 41–85, 7. Aufl., Köln 1988,
Band I, §§ 1–44, 8. Aufl., Köln 1992,
Band II, §§ 45–85, 8. Aufl. Köln 1995,
9. Aufl., Band I, §§ 1–45, Köln 2000,
9. Aufl., Band II, §§ 45–87, Köln 2002
(zit. Bearbeiter in Scholz, GmbHG)

Schönke/Schröder (Sch/Sch) — Adolf Schönke/Host Schröder (Hrsg.), Strafgesetzbuch Kommentar,
17. Aufl., München 1974,
20. Aufl., München 1980,
24. Aufl., München 1991,
25. Aufl., München 1997,
26. Aufl., hrsg. von Theodor Lencker/Albin Eser/Peter Cramer/Walter Stree/Günter Heine/Walter Perron, München 2001
(zit: Sch/Sch-Bearbeiter)

Schröder — Meinhard Schröder, Verwaltungsrecht als Vorgabe für Zivil- und Strafrecht in: Veröffentlichungen der Vereinigung der Deutschen Staatsrechtslehrer: Der Verfas-

sungsstaat als Glied einer europäischen Gemeinschaft, Verwaltungsrecht als Vorgabe für Zivil- und Strafrecht – Berichte und Diskussionen auf der Tagung der Vereinigung der Deutschen Staatsrechtslehrer in Zürich v. 3. bis 6. Oktober 1990, Berlin/New York 1991, S. 198 ff.
(zit.: Schröder in Vereinigung der Deutschen Staatsrechtslehrer)

Schroth — Ulrich Schroth, Präzision im Strafrecht, in: Rechtskultur als Sprachkultur, Günther Grewendorf (Hrsg.), Frankfurt a.M. 1992, S. 93 ff.
(zit.: Schroth in Grewendorf, Rechtskultur)

Schubert — Werner Schubert, Verhandlungen über die Entwürfe eines Allgemeinen Deutschen Handelsgesetzbuchs und eines Einführungsgesetzes zu demselben in beiden Häusern des preußischen Landtages im Jahre 1861, Frankfurt a.M. 1986
(zit.: Schubert, Entwurfsverhandlungen)

Schubert/Schmiedel/Krampe — Werner Schubert/Burkhard Schmiedel/Christoph Krampe (Hrsg.), Quellen zum Handelsgesetzbuch von 1897, Band II – Denkschriften, Beratungen, Berichte – Erster Halbband, Frankfurt a.M. 1987
(zit.: Kapitelüberschrift in: Schubert/Schmiedel/Krampe, Bd.)

Schulze — Wolfgang Schulze, Methoden der Unternehmensbewertung – Gemeinsamkeiten, Unterschiede, Perspektiven; Düsseldorf 2001
(zit.: Schulze, Unternehmensbewertung)

Schünemann — Bernd Schünemann, Die Strafbarkeit juristischer Personen aus deutscher und europäischer Sich, in: Bernd Schünemann/Carlos Suárez González (Hrsg.), Bausteine des europäischen Wirtschaftsstrafrechts, Madrid-Symposium für Klaus Tiedemann, Köln/Berlin/Bonn/München 1994, S. 265 ff.
(zit.: Schünemann, Bausteine)

Schüppen — Matthias Schüppen, Aktuelle Fragen der Konkursverschleppung durch den GmbH-Geschäftsführer, DB 1994, S. 197 ff.

Schürer — Heinz Schürer, Der Tatbestand der Überschuldung im deutschen Insolvenzrecht – Eine Stellungnahme aus betriebswirtschaftlicher Sicht, München 1962
(zit.: Schürer, Überschuldung)

Seebode — Manfred Seebode, Polizeiliche Notwehr und Einheit der Rechtsordnung, in Festschrift für Ulrich Klug zum 70. Geburtstag, Band II (Strafrecht, Prozessrecht, Kriminologie, Strafvollzugsrecht), Köln 1983, S. 359 ff.
(zit.: Seebode in FS-Klug)

Sendler — Horst Sendler, Rezension: Dagmar Felix, Einheit der Rechtsordnung – Zur verfassungsrechtlichen Relevanz einer juristischen Argumentationsfigur, Tübingen 1998, DVBl 1999, S. 1065

Sieben — Günter Sieben, Die Bewertung eines ertragsschwachen Unternehmens im Rahmen der Bestimmung der angemessenen Barabfindung beim Abschluss eines Gewinn-

	abführungs- und Beherrschungsvertrages, BFuP 1984, S. 566 ff.
Siedschlag	Wolfgang Siedschlag, Ansatzpunkte zu einer Reform des Insolvenzrechts (Konkurs und Vergleich) anhand neuer Erfahrungen, Freiburg 1971 (zit.: Siedschlag, Ansatzpunkte)
Simon	Herman Veit Simon, Die Bilanzen der Aktiengesellschaften und der Kommanditgesellschaften auf Aktien, 1. Aufl., Berlin/Leipzig 1886, 3. Aufl., Berlin 1899 (zit.: Simon, Bilanzen der AG und KGaA, Aufl.)
SK	Systematischer Kommentar zum StGB, Loseblattausgabe, Neuwied/Kriftel/Berlin Band I: Allgemeiner Teil, 5. Aufl. (1991 ff.), 6. Aufl. (1993 ff.), 7. Aufl. (1998 ff.), 8. Aufl. (2001 ff.) Band II: Besonderer Teil, 4. Aufl. (1989 ff.), 5. Aufl. (1996 ff.), 6. Aufl. (1998/1999), 7. Aufl. (1999 ff.) (zit.: Bearbeiter in SK-StGB (Jahr der Bearbeitung))
Smid	Stefan Smid (Hrsg.), Insolvenzordnung (InsO) mit Insolvenzrechtlicher Vergütungsverordnung (InsVV), Stuttgart/Berlin/Köln, 1999 (zit.: Bearbeiter in Smid, InsO)
Spliedt	Jürgen D. Spliedt, Überschuldung trotz Schuldendeckung? – Ein Beitrag zur Interpretation des § 19 II InsO, DB 1999, S. 1941 ff.
Statistisches Bundesamt	Statistisches Bundesamt, Insolvenzen in Deutschland, veröffentlicht auf der Homepage des Statistischen Bundesamtes unter http://www.destatis.de/indicators/d/ins/110ad.htm. (Stand: 8.9.2005)
Staub	Hermann Staub, Kommentar zum Allgemeinen Deutschen Handelsgesetzbuch (ohne Seerecht), 2. Aufl., Berlin 1894, 3.u. 4. Aufl., Berlin 1896 (zit.: Staub, Kommentar zum ADHGB)
Steiner	Manfred Steiner, Prognoseorientierte Insolvenzauslösetatbestände, BFuP 1986, S. 420 ff.
Stein/Jonas	Friedrich Stein/Martin Jonas, Kommentar zur Zivilprozessordnung, Band 6 (§§ 704–863), 21. Aufl., Tübingen 1995 (zit.: Bearbeiter in Stein/Jonas, ZPO)
Stratenwerth	Günter Stratenwerth, Die Definitionen im Allgemeinen Teil des Entwurfs 1962, ZStW 1976, S. 669 ff.
Stratenwerth/Kuhlen	Günter Stratenwerth/Lothar Kuhlen, Strafrecht Allgemeiner Teil I – Die Straftat, 5. Aufl., Köln/Berlin/München 2004, (zit.: Stratenwerth/Kuhlen, AT I)
Stuckenberg	Carl-Friedrich Stuckenberg, Untersuchungen zur Unschuldsvermutung, Berlin/Bonn/New York 1998 (zit.: Stuckenberg, Untersuchungen) Carl-Friedrich Stuckenberg, Die Normative Aussage der Unschuldsvermutung, ZStW 1999, S. 422 ff.

Stüdemann Klaus Stüdemann, Die Haftung des Konkursverwalters bei Fortführung des Unternehmens – Ein Beitrag zur Reform der Konkursabwicklung, WPg 1978, S. 413 ff.
Klaus Stüdemann, Der Konkursverwalter als Unternehmer, in: Einhundert Jahre Konkursordnung 1877–1977, Festschrift des Arbeitskreises für Insolvenz- und Schiedsgerichtswesen e.V. Köln zum einhundertjährigen Bestehen der Konkursordnung vom 10. Februar 1877, hrsg. von Wilhelm Uhlenbruck/Bernd Klasmeyer/Bruno M. Kübler, Köln/Berlin/Bonn/München, 1977, S. 401 ff.
(zit.: Stüdemann in Uhlenbruck/Klasmeyer/Kübler, 100 Jahre kO)

Stypmann Rolf Stypmann, Statische oder dynamische Überschuldungskonzeption – Zugleich ein Plädoyer für die Handelsbilanz als Grundlage der Überschuldungsbilanz, wistra, 1985 S. 89 ff.

Swoboda Peter Swoboda, Investition und Finanzierung, 4. Aufl., Göttingen 1992
(zit.: Swoboda, Investition und Finanzierung)

Tagungsberichte der Sachverständigenkommission Bundesministerium der Justiz (Hrsg.), Tagungsberichte der Sachverständigenkommission zur Bekämpfung der Wirtschaftskriminalität, Reform des Wirtschaftsstrafrechts,
2. Arbeitstagung vom 20. bis 23. Februar 1973,
3. Arbeitstagung in der Zeit vom 14. bis 18. Mai 1973 in Sauglau,
4. Arbeitstagung in der Zeit vom 24. bis 28. September 1973 in Bad Kreuznach, Bonn 1973,
5. Arbeitstagung in der Zeit vom 28. bis 30. November in Hamburg, Bonn 1974,
(zit.: (Berichterstatter in) Tagungsberichte der Sachverständigenkommission zur Bekämpfung der Wirtschaftskriminalität, Arbeitstatung)

Teller Horst Teller, Rangrücktrittsvereinbarung zur Vermeidung der Überschuldung bei der GmbH, 2. Aufl., Köln 1995
(zit.: Teller, Rangrücktrittsvereinbarung)

Temme Ulrich Temme, Die Eröffnungsgründe der Insolvenzordnung, Münster 1997
(zit.: Temme, Eröffnungsgründe)

Teufel Manfred Teufel, Betrügerischer Bankrott und Kriminalistik, Hamburg, 1972
(zit.: Teufel, Betrügerischer Bankrott)
Manfred Teufel, Insolvenzkriminalität – Zur Kriminologie und Kriminalistik der Insolvenzdelikte und zu ihrer strafrechtlichen Problematik, Lübeck 1981
(zit.: Teufel, Insolvenzkriminalität)

Tiedemann Klaus Tiedemann, Tatbestandsfunktionen im Nebenstrafrecht – Untersuchungen zu einem rechtsstaatlichen Tatbestandsbegriff, entwickelt am Problem des Wirtschaftsstrafrecht, Tübingen 1969
(zit.: Tiedemann, Tatbestandsfunktionen)

Klaus Tiedemann, Wirtschaftsstrafrecht und Wirtschaftskriminalität,
Band 1: Allgemeiner Teil,
Band 2: Besonderer Teil,
Reinbeck 1976
(zit: Tiedemann, Wirtschaftsstrafrecht).

Klaus Tiedemann, Grundfragen bei der Anwendung des neuen Konkursstrafrechts, NJW 1977, S. 777 ff.

Klaus Tiedemann, Die Überschuldung als Tatbestandsmerkmal des Bankrotts, Gedächtnisschrift für Horst Schröder, hrsg. von Walter Stree/Theodor Lencker/Peter Cramer/Albin Eser, München 1978, S.289 ff.
(zit.: Tiedemann, Schröder-Gds.)

Klaus Tiedemann, Strafrechtliche Grundprobleme im Kartellrecht, NJW 1979, S. 1846 ff.

Klaus Tiedemann, Wirtschaftsstrafrecht – Eine Einführung und Übersicht, JuS 1989, 689 ff.

Klaus Tiedemann, Handhabung und Kritik des neuen Wirtschaftsstrafrechts – Versuch einer Zwischenbilanz, in: Festschrift für Hanns Dünnebier Berlin/New York 1982, S. 519 ff.
(zit.: Tiedemann, FS-Dünnebier)

Klaus Tiedemann, Kommentar zum GmbH-Strafrecht, §§ 82–85 GmbHG und ergänzende Vorschriften, Sonderausgabe zu Scholz, Kommentar zum GmbHG, 8. Aufl. (1992), 3. Aufl., Köln 1995
(zit. Tiedemann, GmbH-Strafrecht)

Klaus Tiedemann, Kommentierung in Scholz, GmbHG, 9. Aufl., Köln 2002, Vor §§ 82 ff., § 82
(zit. Tiedemann in Scholz GmbHG)

Klaus Tiedemann, Insolvenzstrafrecht; 2. Aufl., Sonderausgabe der Kommentierung der §§ 283–283d in der 11. Aufl. des Leipziger Kommentars zum Strafgesetzbuch, Berlin/New York 1996
(zit.: Tiedemann, Insolvenzstrafrecht)

Tiedemann/Sasse Klaus Tiedemann/Christoph Sasse, Delinquenzprophylaxe, Kreditsicherung und Datenschutz in der Wirtschaft, Limburg/Lahn 1973
(zit.: Tiedemann/Sasse, Delinquenzprophylaxe)

Tröndle/Fischer Herbert Tröndle/Thomas Fischer, Strafgesetzbuch und Nebengesetze,
51. Aufl., München 2003,
52. Aufl., München 2004
(zit.: Fischer/Tröndle, Verfasser schräg hervorgehoben)

Uhlenbruck Wilhelm Uhlenbruck, Zur Krise des Insolvenzrechts, NJW 1975, S. 897 ff.

Wilhelm Uhlenbruck, Probleme des Konkurseröffnungsverfahrens aus der Sicht des Gläubigervertreters, JurBüro 1976, S. 416 ff.

Wilhelm Uhlenbruck, Einhundert Jahre Konkursordnung in: Einhundert Jahre Konkursordnung 1877–1977, Festschrift zum einhundertjährigen Be-

stehen der Konkursordnung, hrsg. von Wilhelm Uhlenbruck/Bernd Klasmeyer/Bruno M. Kübler, Köln/Berlin/Bonn/München 1977, S. 3 ff.
(zit. Uhlenbruck in Uhlenbruck/Klasmeyer/Kübler)
Wilhelm Uhlenbruck, Die GmbH & Co.KG in Krise, Konkurs und Vergleich,
1. Aufl., Köln 1977,
2. Aufl., Köln 1988
(zit.: Uhlenbruck, Krise)
Wilhelm Uhlenbruck, Die zivilrechtliche und strafrechtliche Feststellung von Krise, Zahlungsunfähigkeit und Überschuldung, in: Schimmelpfeng-Review (Nr. 25) 1980, S. 55 ff.
Wilhelm Uhlenbruck, Krise, Konkurs, Vergleich und Sanierung als neue Aufgabe der Betriebswirtschaft, in: Unternehmenskrisen – Ursachen, Frühwarnung, Bewältigung, hrsg. Von Rudolf Bratschitsch/Wolfgang Schnellinger, Verband der Hochschullehrer für Betriebswirtschaft e.V., Bericht über die Pfingsttagung in Innsbruck, Juni 1979, Stuttgart 1981
(zit.: Krise, Konkurs, Vergleich)
Wilhelm Uhlenbruck, Die Pflichten des Geschäftsführers einer GmbH oder GmbH & Co.KG in der Krise des Unternehmens, BB 1985, S. 1277 ff.
Wilhelm Uhlenbruck, Das neue Insolvenzrecht – Insolvenzordnung und Einführungsgesetz nebst Materialien mit Praxishinweisen, Herne/Berlin 1994
(zit.: Uhlenbruck, Insolvenzrecht)
Wilhelm Uhlenbruck, Probleme des Eröffnungsverfahrens nach dem Insolvenzrechtsreformgesetz 1994, KTS 1994, S. 169 ff.
Wilhelm Uhlenbruck, Strafrechtliche Aspekte der Insolvenzrechtsreform von 1994, wistra 1996, S. ff.
Wilhelm Uhlenbruck, Rezension: Klaus Moosmayer: Einfluß der Insolvenzordnung 1999 auf das Insolvenzstrafrecht, NZI 1998, S. 33
Wilhelm Uhlenbruck, Strafbefreiende Wirkung des Insolvenzplans?, ZInsO 1998, S. 250 ff.
Wilhelm Uhlenbruck (Hrsg.), Kommentar zur Insolvenzordnung, 12. Aufl., München 2003
(zit.: Uhlenbruck, InsO)
Ulmer Peter Ulmer, Gesellschafterdarlehen und Unterkapitalisierung bei GmbH und GmbH & Co. KG, in: Festschrift für Konrad Duden, hrsg. von H.-M. Pawlowski/G. Wiese/G. Wüst, München 1977, S. 661 ff.
(zit.: Ulmer in FS-Duden)
Peter Ulmer, Konkursantragspflicht bei Überschuldung der GmbH und Haftungsrisiken bei Konkursverschleppung, in KTS 1981, S. 469 ff.
Peter Ulmer, Das neue GmbH-Recht in der Diskussion, Köln 1981
(zit.: Ulmer, GmbH-Recht)

Veit Klaus-Rüdiger Veit, Die Konkursrechnungslegung dargestellt am Modell der Aktiengesellschaft, Köln 1982 (zit.: Veit, Konkursrechnungslegung)

Klaus-Rüdiger Veit, Zur Feststellung einer Überschuldung, DB 2000, S. 1928 ff.

Viel/Bred/Renard Jakob Viel/Otto Bredt/Maurice Renard, Die Bewertung von Unternehmungen und Unternehmensanteilen, 5. Aufl., Stuttgart 1975

Vonnemann Wolfgang Vonnemann, Die Feststellung der Überschuldung, Köln/Berlin/Bonn/München 1989 (zit.: Vonnemann, Überschuldung)

Wolfgang Vonnemann, Die Feststellung der Überschuldung, BB 1991, S. 867 ff.

Vormbaum Thomas Vormbaum, Die rechtzeitige Auslösung des Insolvenzverfahrens, DB 1984, S. 1971 ff.

Vormbaum/Welp Thomas Vormbaum/Jürgen Welp (Hrsg.), Das Strafgesetzbuch – Sammlung der Änderungsgesetze und Neubekanntmachungen, Band III (1975–1992), Baden-Baden 1999

Wabnitz/Janovsky Heinz-Bernd Wabnitz/Thomas Janovsky; Handbuch des Wirtschafts- und Steuerstrafrechts,
1. Aufl., München 2000,
2. Aufl., München 2004
(zit.: Bearbeiter in Wabnitz/Janowsky, Aufl.)

Wabnitz/Janovsky Heinz-Bernd Wabnitz/Thomas Janovsky; Handbuch des Wirtschafts- und Steuerstrafrechts,
1. Aufl., München 2000,
2. Aufl., München 2004
(zit.: Bearbeiter in Wabnitz/Janowsky, Aufl.)

Wagner G. Gerhard Wagner, Öffentlich-rechtliche Genehmigung und zivilrechtliche Rechtswidrigkeit, Köln 1989 (zit.: Wagner Ge., Öffentlich-rechtliche Genehmigung)

Wagner H. Harald Wagner, Der Konkurs der „Muster-Bau-GmbH" – Oder: Steht die Bearbeitung von Konkursermittlungsverfahren vor dem Bankrott?, kriminalistik 1998, S. 659 ff.

Wagner H. Herbert Wagner, Insolvenzordnung – Taschenkommentar, Baden-Baden 1998 (zit.: Wagner He., Insolvenzordnung)

Wagner W. Wolfgang Wagner, Die Messung der Überschuldung, in: Neuorientierung der Rechenschaftslegung – eine Herausforderung für Unternehmer und Wirtschaftsprüfer, Düsseldorf 1995, S. 171 ff. (zit.: Wagner W., Überschuldung)

Warneke Heinz Warneke, Zur Frage der Überschuldung im Sinne des § 83 Abs. 2 S. 2 AktG, WPr 1949, S. 33 ff.

Wazlawik Thomas Wazlawik, Die Passivierung von Verbindlichkeiten im Überschuldungsstatus, NZI 2004, S. 608 ff.

Weber/Brügel Robert Weber/Florian Brügel, Die Haftung des Managements in der Unternehmenskrise: Insolvenz, Kapitalerhaltung und Existenzvernichtender Eingriff, DB 2004, S. 1923 ff.

Welzel	Hans Welzel, Das deutsche Strafrecht: eine systematische Darstellung, 7. Aufl., Berlin 1960, 11. Aufl., Berlin 1969 (zit.: Welzel, Strafrecht)
Wehleit	Burkhard Wehleit, Die Abgrenzung von Bankrott und Untreue – Zugleich ein Beitrag zur strafrechtlichen Vertreterhaftung, Hamburg 1985 (zit.: Wehleit, Bankrott und Untreue)
Wengel	Thorsten Wengel, Insolvenztatbestände Überschuldung, Zahlungsunfähigkeit und drohende Zahlungsunfähigkeit, DStR 2001, S. 1769 ff.
Wentzel/Klose	August Wentzel/Carl Klose, Preußische Konkursordnung, die Gesetze vom 8. und 9. Mai 1855, betreffend die Einführung derselben und die Befugnis der Gläubiger zur Anfechtung der Rechtshandlungen zahlungsunfähiger Schuldner außerhalb des Konkurses und die Verordnung vom 4. Juni 1855 betreffend die im Konkurse und erbschaftlichen Liquidationsprozesse zu erhebenden Gerichtskosten mit den Materialien zusammengestellt und für die Anwendung erlassen, Berlin 1855 (zit. Wentzel/Klose, Preußische Konkursordnung)
Wessels	Johannes Wessels, Strafrecht, Besonderer Teil/2, 16. Aufl., Heidelberg 1993 (zit.: Wessels, BT 2)
Wessels/Hillenkamp	Johannes Wessels/Thomas Hillenkamp, Strafrecht Besonderer Teil/2, Straftaten gegen Vermögenswerte, 26. Aufl., Heidelberg 2003, 27. Aufl., Heidelberg 2004 (zit.: Wessels/Hillenkamp, BT 2)
Wessels/Beulke	Johannes Wessels/Werner Beulke, Strafrecht Allgemeiner Teil, Die Straftat und ihr Aufbau, 33. Aufl., Heidelberg 2003 (zit.: Wessels/Beulke, AT)
Weyand	Raimund Weyand, Insolvenzdelikte, Unternehmenszusammenbruch und Strafrecht, 2. Aufl., Bielefeld 1993 6. Aufl., Bielefeld 2003 (zit.: Weyand, Insolvenzdelikte)
Wiesner A.	Axel Wiesner, Die strafrechtliche Verantwortlichkeit von Stellvertretern und Organen, Frankfurt 1971 (zit.: Wiesner, Strafrechtliche Verantwortlichkeit)
Wiesner H.	Hans Wiesner, Der Konkurs der Gesellschaft mit beschränkter Haftung, in: Archiv für bürgerliches Recht, Bd. 28, Berlin 1906, S. 298 ff.
Wilda	Wilhelm-Eduard Wilda, Geschichte des deutschen Strafrechts, 1. Band: Das Strafrecht der Germanen; Halle 1842 (zit.: Wilda, Geschichte des dt. Strafrechts, Bd. I)
Wilhelm	Jan Wilhelm, Kapitalgesellschaftsrecht, Berlin/New York 1998 (zit.: Wilhelm, Kapitalgesellschaftsrecht)

Wilts Walter Wilts (Berichterstatter), in: Protokoll der 89. Sitzung des Sonderausschusses für die Strafrechtsreform vom 10.5.1976, Stenographische Berichte des Deutschen Bundestages, 7. Wahlperiode, S. 2815 ff.

K. Wimmer Klaus Wimmer (Hrsg.), Frankfurter Kommentar zur Insolvenzordnung, 2. Aufl., Neuwied/Kriftel 1999 (zit.: Bearbeiter in FK-InsO)

R. Wimmer Richard Wimmer, Die Haftung des GmbH-Geschäftsführers – Insbesondere im Fall der Zahlungsunfähigkeit und Überschuldung, NJW 1996, S. 2546 ff.

Winckler Hugo Winckler, Die Gesetze Hammurabis – König von Babylon um 2250 v. Chr., 4. Aufl., Leipzig 1906 (zit.: Winckler, Die Gesetze Hammurabis)

Winnefeld Robert Winnefeld, Bilanzhandbuch – Handels- und Steuerbilanz, rechtsformspezifisches Bilanzrecht, Bilanzielle Sonderfragen, Sonderbilanzen, IAS/US-GAAP, 3. Aufl., München 2002 (zit.: Winnefeld, Bilanzhandbuch)

Wittig Arne Wittig, Beseitigung der Insolvenzgründe mit Bankenbeiträgen als Voraussetzung der freien Unternehmenssanierung, NZI 1998, S. 49 ff.

Wolf Thomas Wolf, Bewertung von Vermögensgegenständen im Überschuldungsstatus, DStR 1995, S. 859 ff.

Thomas Wolf, Das Erfordernis der Dokumentation von Überschuldungsbilanzen, DStR 1998, S. 126 ff.

Thomas Wolf, Überschuldung – Entstehung, Bilanzierung und Auswege, Berlin 1998 (zit: Wolf, Überschuldung)

Wolff Sebastian Wolff, in: Berliner Zeitung vom 10.9.2005, Rubrik Wirtschaft, S. 11, Titel: „Immer mehr Verbraucher Pleite – weniger Unternehmensinsolvenzen"

Wöhe Gunter Wöhe, Einführung in die Betriebswirtschaftslehre, 18. Aufl., München 1993, 21. Aufl., München 2002

WP-Handbuch Wirtschaftsprüfer-Handbuch 2000, Handbuch für Rechnungslegung Prüfung und Beratung, Institut der Wirtschafprüfer e.V. (Hrsg.), Band I, 12. Aufl., Düsseldorf 2000 (zit.: Bearbeiter, WP-Handbuch, Bd. I)

Wirtschaftsprüfer-Handbuch 2002, Handbuch für Rechnungslegung Prüfung und Beratung, Institut der Wirtschafprüfer e.V. (Hrsg.), Band II, 12. Aufl., Düsseldorf 2002 (zit.: Bearbeiter, WP-Handbuch, Bd. II)

Wulf/Klein/Azaiz Martin Wulf/Michael Klein/Karim Azaiz, Umstellung des Konzernabschlusses auf IFRS, DStR 2005, S. 260 ff. (Teil I), S. 299 ff. (Teil II)

Zilias Manfred Zilias, Unterbilanz und Überschuldung der Aktiengesellschaft, WPg 1963, S. 93 ff.

Manfred Zilias, Unterbilanz und Überschuldung der Aktiengesellschaft, WPg 1977, S. 445 ff.

Zippelius Reinhold Zippelius, Juristische Methodenlehre, 9. Aufl., München 2005
(zit.: Zippelius, Methodenlehre)

Stichwortverzeichnis

Kolibri 360 GmbH
Ferdinand-Jühlke-Straße 7
99095 Erfurt, Deutschland
produktsicherheit@kolibri360.de